本成果的整理得到国家社会科学基金项目
（13CKG004）的资助

通化万发拨子遗址
考古发掘报告

吉林省文物考古研究所
通化市文物管理办公室 编著

科学出版社
北京

内 容 简 介

万发拨子遗址是鸭绿江中上游地区新石器时代至明代晚期的大型聚落遗址。其文化堆积可分为13层，堆积最厚处达3.12米。共发现137个灰坑、20座房址、9条灰沟、1条环山围沟、56座墓葬。依据地层关系及出土物，遗存大致可以分为六期，即新石器时代、商周、春秋战国、两汉、魏晋及明代。大致涵盖了吉林省东南部、辽宁省东部及朝鲜半岛西北部的古文化遗存。其中，墓葬较有特色，分为土坑墓、石棺墓、石棺石椁墓、大盖石墓、大盖石积石墓、无坛石圹积石墓、方坛积石墓等七种形制。万发拨子高句丽早期积石墓的发现及其与该遗址高句丽时期墓葬的传承关系对研究高句丽墓葬的起源具有极为重要的启示作用。更为重要的是，在遗址中与这两种墓葬同时期的生活居址亦有发现，二者相互印证可较全面地反映出高句丽早期及先高句丽时期的社会生活，并对高句丽起源的研究产生重大影响。

本书可供考古学、历史学研究人员及高等院校相关专业师生阅读、参考。

图书在版编目（CIP）数据

通化万发拨子遗址考古发掘报告 / 吉林省文物考古研究所，通化市文物管理办公室编著. —北京：科学出版社，2019.9

ISBN 978-7-03-062266-2

Ⅰ. ①通… Ⅱ. ①吉… ②通… Ⅲ. ①古城遗址（考古）- 考古发掘 - 发掘报告 - 通化 Ⅳ. ① K878.305

中国版本图书馆CIP数据核字（2019）第193135号

责任编辑：王琳玮 / 责任校对：邹慧卿
责任印制：肖 兴 / 封面设计：陈 敬

科学出版社 出版
北京东黄城根北街16号
邮政编码：100717
http: //www.sciencep.com

中国科学院印刷厂 印刷
科学出版社发行 各地新华书店经销

*

2019年9月第 一 版 开本：889×1194 1/16
2019年9月第一次印刷 印张：39 插页：45
字数：1220 000

定价：398.00元

（如有印装质量问题，我社负责调换）

《通化万发拨子遗址考古发掘报告》
编委会

主　　编　金旭东
副 主 编　安文荣
执　　笔　余　静

目　　录

插图目录

插表目录

图版目录

第一章　遗址概况及编写说明

第一节　地理环境与历史沿革

万发拨子遗址位于吉林省通化市金厂镇东昌区跃进村与环通乡江南村交界处，北距通化市3千米，西南距桓仁的五女山山城约100千米。遗址地理坐标为东经125°56′～126°06′，北纬41°40′～41°41′，海拔370～466米。

遗址西部为相对高度约15米的小山丘，东接平缓的山脊及连绵的丘陵，地势较高，坡度较陡（多在15°～25°以上），其形酷似俯卧的乌龟，因此当地人又称之为“王八脖子”（图版一）。遗址东侧延伸的山体属长白山地西缘，大致呈东北西南走向。因旧通（化）集（安）公路从遗址中间穿过，将遗址分为东西两部分。西部山丘、山脊多见生活居址（图版二），东部则是墓葬的主要分布区（图版三，1）。遗址南侧为现代村落，向前250多米，金厂河经遗址东南注入鸭绿江中上游的主要支流——浑江（图1-1-1）。

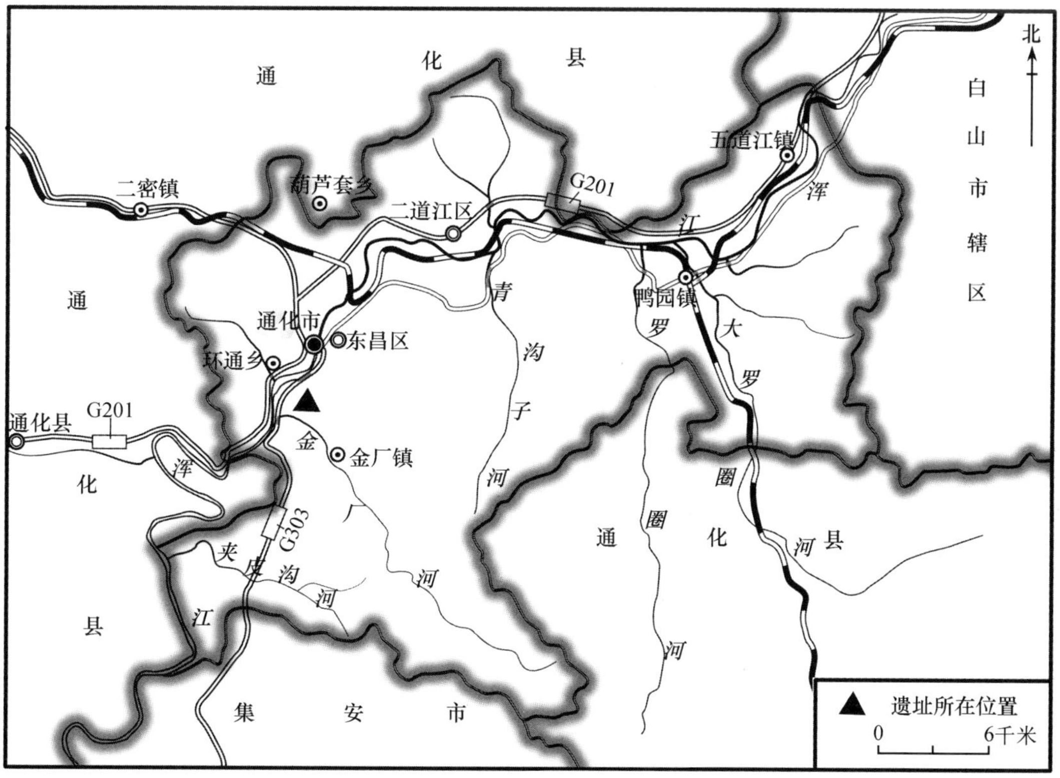

图1-1-1　通化万发拨子遗址位置示意图

遗址的地貌环境背景是两山夹一川，浑江以西山地较密集，但相对较低；浑江以东山地较稀疏，但相对较高，山地与丘陵的广泛分布为林地与山间草地植被生长提供了有利条件，同时也为陆生野生动物的栖息繁衍提供了生存空间。遗址所在区属于全省降水量与径流系数最大的鸭绿江流域，地处鸭绿江重要支流浑江中游上段，地表水及地下水资源丰富，流经遗址周围的地表水主要是浑江和金厂河，地下水以碳酸盐岩类裂隙溶洞水为主，大气降水为唯一水补给源，水量丰富。遗址周围群山环抱，河岸沃野开阔，地表水及地下水资源丰富，优越的自然地理条件及古生态地质环境，使人们上山可以狩猎，在缓坡和山间谷地上可以种田，下河可以捕鱼摸虾，居址又高出水面20多米而不受夏秋季洪水的侵袭，冬季河面封冻后，有更大的获取资源的空间，是古代人类生活较理想的场所①。

这一地区历史悠久。据史籍记载，周武王克商，商王朝贵族箕子率众出走朝鲜，在辽东地区建古朝鲜侯国，通化县亦包含在内。

战国时期，燕昭王遣秦开东击朝鲜，直至鸭绿江边，通化县一度隶属燕国统辖。

秦国统一中国时，燕人卫满亡命长白山迤西，广收中原流民建卫氏朝鲜政权，通化县在其辖境之内。

汉武帝元丰三年（公元前108年），汉王朝出兵灭卫氏朝鲜，在其地设乐浪、真蕃、林屯、玄菟四郡，通化县属玄菟郡。

汉孝元帝建昭二年（公元前37年），夫余人朱蒙（又称邹牟、东明）率众南下，在浑江中下游一带联合当地居民建立高句丽王国，臣服于中原各王朝。从此之后，这一带的居民逐渐形成高句丽族。

汉元始三年（公元3年），高句丽第二代王琉璃明王迁都国内（今集安县城）。在此以后400余年中，通化县一直是靠近高句丽京畿的重要地方。427年高句丽再迁都平壤后，这里仍属高句丽的辖境。

唐高宗总章元年（668年），高句丽灭国。唐王朝在辽东故地及高句丽旧壤设安东都护府，通化县隶安东都护府下辖的哥勿都州都督府。

唐武周圣历元年（698年），东北另一支少数民族——靺鞨族兴起，建渤海国。渤海国极兴盛时，有五京十五府六十二州，通化县隶西京鸭绿府的正州。

后唐天成元年（辽耶律亿天显元年暨926年），辽灭渤海，通化县属东京道辽阳府统辖。

金代，在东北设路、府、州、县制，并行猛安、谋克之法。通化县属东京路辽阳府婆速府路所辖。

六代隶辽阳行省辽阳路。

明代，这里是建州女真人居住的地方，属奴儿干都司建州卫统辖。据有人考订，建州女真甲部曾居快大茂附近。

清初，属兴京府。顺治年间划旺清门以东至长白山为禁区，这里因此荒芜了100余年。清光绪三年（1877年），清政府设通化县（治所在今通化市大庙沟），管理长白山区的开发。通

---

① 汤卓炜、金旭东、杨立新：《吉林通化万发拨子遗址地学环境考古研究》，《边疆考古研究》第2辑，科学出版社，2004年。

化县辖地包括通化市、通化县、集安县一部、柳河县、浑江市、长白县等广大地区。

第二节　工作概况

万发拨子遗址首次发现于1956年。

1960年，吉林省第一次文物普查中复查该遗址，并建立"王八脖子"遗址档案。

1961年，吉林省人民政府公布为吉林省文物保护单位。

1985年，吉林省第二次文物普查，通化普查队对遗址及周围区域进行了复查①。

1987年，吉林省文物考古研究所在"王八脖子遗址"控制地带进行了第一次发掘，发掘具体情况未公布。

1996年11月，国家文物局批准考古项目时，将"王八脖子遗址"更名为"万发拨子遗址"。

1997年4月～1999年11月，吉林省文物考古研究所对万发拨子遗址进行了为期三年的发掘，发掘面积6457平方米②（图版四）。共发现灰坑137个、房址20座、灰沟9条、环山围沟1条、墓葬56座。出土陶、石、骨、青铜、鎏金、银、瓷、铁器6942件。

根据万发拨子遗址的自然地势和遗迹分布情况，又可以分为八个区。

遗址西部为生活居址区。房址全部分布于这一区域，并发现大量的灰坑和灰沟，也发现少量墓葬。根据发掘区域地势不同，可以分为四个区。第Ⅰ区主要位于遗址西部山顶台地上。第Ⅱ区主要位于遗址西部山脊之上。第Ⅲ区位于遗址西部的二级环阶之上。第Ⅳ区位于遗址西部山顶平台之上（图版五、图版六）。

遗址东部主要为墓葬区，零星分布几个灰坑。根据发掘区域的不同，可以分为四个区。第Ⅴ区位于东区遗址的东侧，地势较低。第Ⅵ区位于东区遗址的西侧，地势较高（图版三，2）。第Ⅶ区和第Ⅷ区位于东区遗址的山顶之上，地势最高。

1997～1999年的发掘工作概况如下。

1997年4～5月，吉林省文物考古研究所金旭东率队与集安测绘先遣人员一起赴通化进行发掘前的准备工作。

1997年5～10月，对遗址西部第Ⅰ区及第Ⅱ区进行发掘。

1998年4～10月，对遗址西部的第Ⅲ区和第Ⅳ区进行发掘。

1999年5～11月，对遗址东部的第Ⅴ、Ⅵ、Ⅶ、Ⅷ区进行发掘。

1999年，万发拨子遗址被评为当年全国的十大考古新发现之一。

2001年6月，万发拨子遗址经国务院批准为第五批全国重点文物保护单位。编号为5-0028-1-028。

2012年11月～2017年12月，东北师范大学余静率队对这三年的发掘资料进行整理。

---

① 昊华、志新：《通化万发拨子遗址复查报告》，《博物馆研究》1988年第3期。

② 此数字是通过系统整理现存探方平面图及领队日记所记扩方情况所得出的统计数字，根据发掘者所提供的数字为6015平方米。

本报告主要对1997～1999年万发拨子遗址的发掘情况进行介绍。

第三节　报告编写说明

由于地层中出土器物较多，因此，对地层中出土的陶容器进行了全部介绍；陶纺轮及陶网坠挑选进行介绍；对其他质地的器物，主要挑选比较典型的器物进行介绍。

对于遗迹单位，当时发掘时采用年代+地名+遗迹单位的方法进行标号，如H1，为1997年发掘，发掘时编号为97TWH1。本报告在遗迹单位详述时均采用发掘时的编号形式，而仅在标题区显示分区的概念。如H1在第Ⅰ区，在标题区其编号形式为97ⅠTWH1。

文中的线图和表，均采用每章节单独编号，前面用阿拉伯数字代表第几章，后面的第一个数字代表此图在本章中的第几节，第2个数字代表此图或表在本章中的顺序号。如图3-1-1，代表是第三章第一节中的第1幅图；表5-1-1，代表是第五章第一节中的第1张表。

对于遗迹单位，按单位将现存器物进行了全面发表。然而万发拨子遗址出土器物数量较多，因发掘时间的限制，当时很多器物编号未写到器物之上，仅有小件标签，器物当时用纸包裹。由于时隔久远，加上保存条件的限制，部分包裹器物的纸及小件标签已腐朽或丢失，造成器物编号不明，甚至某些骨器已经腐朽无存。如根据存留下来的领队日记可知，第Ⅱ区地层共12层。根据小件登记表可知，第11层和第9层应该有出土器物，但在室内整理时，并未发现实物资料。推测可能由于器物标签腐朽，只能归之于采集品类了。然而为了避免由于删号带来的麻烦，报告发表时仍按照原来的编号进行介绍，这就出现了一些遗迹单位器物编号不连续的情况。

值得指出的是，在第Ⅵ区的发掘中，小件登记表中对地层出土器物未设置登记号，而是以临时编号顺次编写，因此出现了同一探方中不同地层的器物顺序编号的情况。发掘时器物上的编号均按此编号进行了登记。考虑到万发拨子遗址出土器物众多，为了避免出现实物编号与报告编写不一致的情况，在报告编写过程中仍采用了原始的编号系统。比如T769⑥：26，并非是指第6层的第26件器物，而是指T769所出的第26件器物。

第二章　地层堆积与遗址分期

第一节　遗址分区及地层堆积

万发拨子遗址共可以分为八个区。下面分区介绍其地层堆积及遗迹分布情况。

一、第　Ⅰ　区

第Ⅰ区位于遗址西部山顶台地上。1997年对此区进行发掘。共布5米×5米的探方25个（编号分别为T304～T305；T329～T340；T365～T370；T395～T399），发掘面积625平方米。

地层堆积如下：

第1层：黑色腐殖土。质地松软，含大量植物根系。出现代瓷片、泥质夹砂陶片等。厚10～20厘米。此层在工地诸方中均有分布。

开口于此层下的单位有：97TWH44、97TWH65、97TWF2。

第2层：黑褐色土。质地较硬，含一定数量的小碎石或砾石。出土泥质灰陶片、黄褐色陶罐、瓦等。此层在工地诸方中均有分布。厚5～25厘米。年代相当于魏晋时期。

开口于此层下的单位有：97TWH1、97TWH2、97TWH3、97TWH4、97TWH5、97TWH8、97TWH9、97TWH12、97TWH14、97TWH16、97TWH17、97TWH18、97TWH19、97TWH20、97TWH21、97TWH22、97TWH23、97TWH24、97TWH25、97TWH28、97TWH29、97TWH33、97TWH46、97TWH49、97TWH53、97TWH58、97TWH59、97TWH60、97TWH61、97TWH62、 97TWH64、97TWH69、97TWH70、97TWH75、97TWH117、97TWH120、97TWF7、97TWG1、97TWG14。

第3层：黑黄色土。质地较硬，部分含红烧土块或黄白色软土。出有夹砂红、褐、黑陶罐、陶豆、陶壶等残片。T338、T339、T340中未见此层。厚10～20厘米。年代相当于汉代。

开口于此层下的单位有：97TWH26、97TWH30、97TWH31、97TWH34、97TWH35、97TWH36、97TWH40、97TWH43、97TWH45、97TWH48、97TWH52、97TWH55、97TWH57、97TWH68、97TWH71、97TWH72、97TWH73、97TWH74、97TWH119、97TWH136、97TWF8、97TWG2。

第4层：黄褐色土。质地较硬。含较多碎小砾石或砂砾。出有夹砂陶罐、壶等残片。T338、T339、T340中未见此层。厚10～30厘米。年代相当于青铜时代晚期。

开口于此层下的单位有：97TWH37、97TWH38、97TWH41、97TWH42、97TWH47、97TWH66、97TWH121、97TWH123、97TWH124、97TWF3、97TWF9、97TWF12。

第5层：黄土。质地较松软，土质较纯净。出少量夹砂陶片。T338、T365、T366、T367未见此层。厚5～15厘米。年代相当于青铜时代晚期。

开口于此层下的单位有：97TWH122、97TWH130、97TWF13。

第6层：褐色土。堆积一般较厚，质地略松软。遗物出土较多，有罐、壶、亦见少量残片。此层在T395～T399均见分布。T367～T370中亦见分布。T329～T340因堆积较浅，均不见此层。厚10～25厘米。年代相当于青铜时代晚期。

开口于此层下的单位有：97TWH118、97TWH125、97TWH126、97TWH131、97TWG3。

第7a层：黄土。质地较硬，堆积深浅不一。南部地不平整处堆积较厚，北部则相对较浅。在T365、T369中此土均为房屋垫土。其他诸如T368、T370、T395～T399均见此层。厚5～10厘米。仅出土少量陶片。年代相当于青铜时代晚期。

第7b层：白色砂石层。质地疏松，含大量砾石。其堆积形态表现厚薄不一，遗物多出土于此层。此层只见于T365、T369、T395～T399中。厚5～25厘米。年代相当于青铜时代晚期。

开口于此层下的单位有：97TWH129、97TWH137、97TWH138。

第8层：灰白色土。堆积厚薄不均，只见于T369、T370、T395～T399中。厚10～35厘米。年代相当于青铜时代晚期。

开口于此层下的单位有：97TWH140。

第9层：黑褐色土。含少量砾石，夹黄褐色斑点。T395～T399均见此层，堆积层厚相差不大。此层最底部有一小层白碎石，成为第9、10层界限。厚10～30厘米。年代相当于青铜早期。

第10层：黄黑褐色土。质地疏松，浅黄色土。此层中有大量石块，石器诸如磨棒、石镐等数量明显增加。厚30～45厘米。年代相当于青铜早期。

开口于此层下的单位有：97TWH139、97TWH141、97TWH142、97TWF14。

第11层：黄土，色泽略偏红。出土器物较少，为次生土。厚5～20厘米。年代相当于新石器时代晚期。

第12层：褐色土，色偏黄红色。含一定数量的石块。此层见于T398、T399中。厚20～30厘米。年代相当于新石器时代晚期。

第13层：黄褐色土。出土少量的陶纺轮。此层见于T399中。厚约20厘米。年代相当于新石器时代晚期。

下面选取T395～T399北壁地层剖面来反映地层堆积情况（图2-1-1）。

本区文化遗迹分布情况见图2-1-2。

二、第 Ⅱ 区

第Ⅱ区位于遗址西部山脊之上。1997年对此区进行发掘。共布5米×5米探方32个（编号分别为T344～T348；T374～T378；T404～T408；T434～T438；T464～T468；T497～T501），5

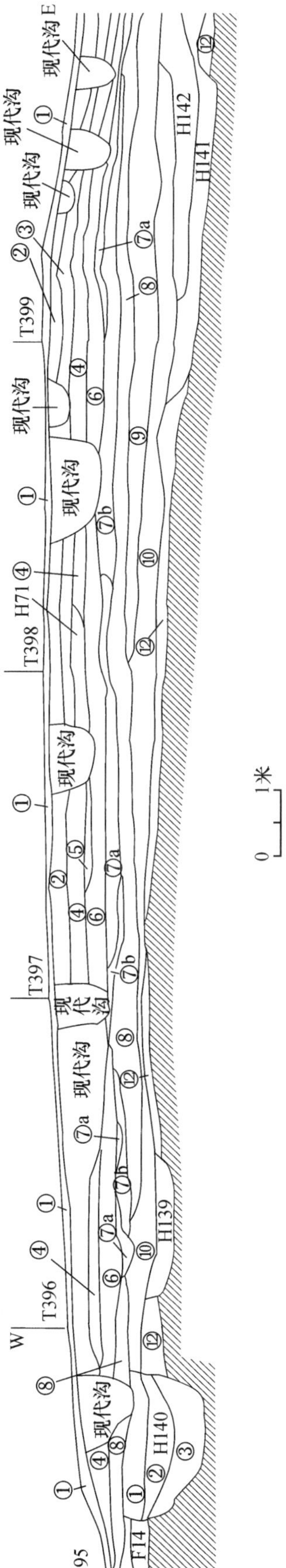

图2-1-1　T395～T399北壁剖面图

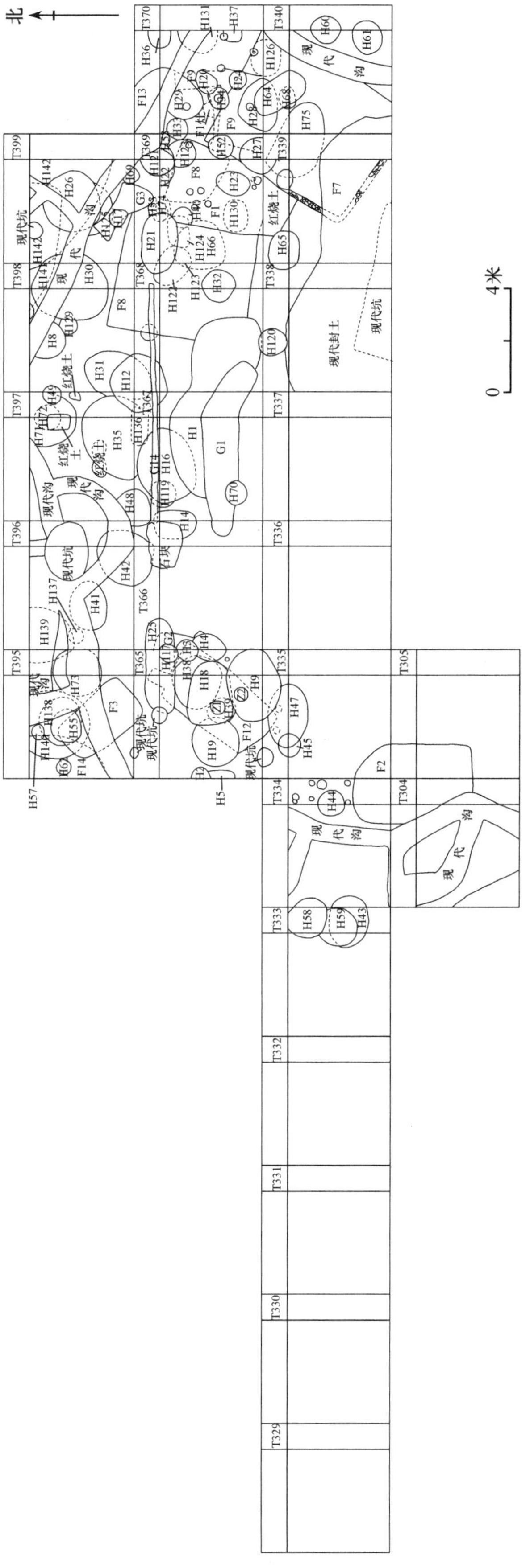

图2-1-2　第Ⅰ区总平面图

米×5.5米的探方1个（T409向东扩方0.5米），5米×6.5米的探方1个（T497向西扩方1.5米，发掘时将扩方部分编号为T496）。共计发掘面积860平方米。

地层堆积如下：

第1a层：黑色土。质地松软，含少量植物根系，各方均有分布。同山顶第1层。厚10~15厘米。为现代耕土层。

第1b层：花土。颜色偏黑，含大量大小不等石块。层中见于现代瓷片、子弹头、夹砂陶片等。此层只见于第二环阶上的探方。诸如T344、T345、T346、T375、T376、T404、T405、T406、T434、T435、T436、T464、T465。厚10~15厘米。为现代堆积层。

开口于此层下的单位有：97TWH63、97TWH90、97TWH92、97TWH94、97TWH95、97TWH105、97TWH106、97TWH110、97TWH111、97TWH112、97TWH114、97TWF4、97TWM1、97TWM2、97TWM3。

第2层：黑褐色土。质地略硬。出土大量的陶网坠，泥质或夹砂黄陶器，大量的石网坠等。诸方均有分布。厚约15~25厘米。年代相当于魏晋时期。

开口于此层下的单位有：97TWH76、97TWH77、97TWH81、97TWH82、97TWH84、97TWH93、97TWH96、97TWH97、97TWH98、97TWH100、97TWH109、97TWH116、97TWH127、97TWF10、97TWG5、97TWG6、97TWG7、97TWG13、97TWG4。

第3层：黑黄褐色土。多出土泥质黄陶或夹砂红陶罐、碗、杯等，出土数量较多的石网坠、石镞等石器，骨器数量也较多。厚约15~30厘米。仅见于T346、T347、T376、T377、T406、T435、T436、T464、T465。年代相当于汉代。

开口于此层下的单位有：97TWH78、97TWH80、97TWH83、97TWH86、97TWH87、97TWH88、97TWH89、97TWH132、97TWF16、97TWG10。

第4层：黄褐色土。多出土夹砂黑褐、夹砂红陶、泥质红陶器，出土大量石器和一定数量的骨器。见于T375、T376、T435、T464、T465。厚5~20厘米。年代相当于青铜时代晚期。

开口于此层下的单位有：97TWH101、97TWH102、97TWH103、97TWH108、97TWH133、97TWH134、97TWF11。

第5层：黄土。多出土夹砂黄褐陶器，石器、骨器、玉器等。仅分布于个别探方。厚约45厘米。年代相当于青铜时代晚期。

第6层：褐色土。多出土夹砂红褐陶器，同时可见大量石器等。见于T346、T405、T476中。厚约10~45厘米。年代相当于青铜时代晚期。

开口于此层下的单位有：97TWH107、97TWM4。

第7层：褐色土。多出土夹砂红褐陶器，石器、骨器等。见于T377、T465。厚约10厘米。年代相当于青铜时代晚期。

开口于此层下的单位有：97TWH143。

第8层：浅褐色土。多出土石器。见于T497中。厚约5~40厘米。年代相当于青铜时代早期。

开口于此层下的单位有：97TWH115、97TWF15、97TWF17。

第9层：黑褐色土。出土少量石器。厚约5~35厘米。见于T465、T466、T467中。年代相当于新石器时代晚期。

第10层：黄土。见于T497中。无出土器物。厚约5～20厘米。年代相当于新石器时代晚期。

第11层：褐色土。夹杂少量纹饰陶片。见于T466、T467、T497、T500、T501中。厚约10～25厘米。年代相当于新石器时代晚期。

下面选取了T464～T466北壁的地层剖面来反映地层堆积的情况（图2-1-3）。

本区文化遗迹分布情况见图2-1-4。

三、第 Ⅲ 区

第Ⅲ区位于遗址西部的二级环阶上。1998年对此区进行发掘。共布探方35个，其中5米×5米探方30个，5米×8米探方1个（T484），5米×7米的探方4个（分别为T173、T195、T217、T245）。共计发掘面积930平方米。

位于遗址西北部环阶的探方17个，编号分别为T451、T484、T515～T525、T552～T555。遗迹单位较少，仅发现2座灰坑。

位于遗址西部环阶的探方18个，编号分别为：T92、T111、T112、T131、T132、T152～T154、T173～T175、T195～T197、T217、T218、T245、T246。

地层堆积如下：

第1层：黑褐色。土质松软，含腐叶、植物根系及少量泥质灰陶片。厚20～30厘米，为现代耕土层。有一段现代石墙坐落于地表之上。

开口于此层下的单位有：98TWM5、98TWM6、98TWM7、98TWM8、98TWM9、98TWM10、98TWM11、98TWM12、98TWM13、98TWM14、98TWM15、98TWM16。

第2层：灰褐色。土质疏松，夹杂小石块和少量遗物。厚20～40厘米，仅分布于西北环阶T451、T524、T553、T555几个探方。为近代地表。

开口于此层下的单位有：98TWF21。

第3层：灰白色。土质较黏，夹杂大小不等的石块，出土较多夹砂纹饰陶片，石器数量也较多。厚25～30厘米，分布于西北环阶所有探方。年代相当于魏晋时期。

第4层：灰黄色。土质疏松，含草木灰和红烧土块，出土较多夹砂黄褐陶器，石器数量也较多。厚35～50厘米。在各探方均有分布。年代相当于汉代。

此层下开口的单位有：98TWH145。

第5层：黑褐色。土质疏松，厚20～35厘米。陶器多见纺轮和网坠。石器多见双翼石镞。骨器多骨凿、锥和簪。分布于西北环阶各探方。年代相当于青铜时代晚期。

第6层：黄褐色。土质较黏，厚20～40厘米。陶器可见少量鼎足、鬲足和弦纹陶片等。石器可见石斧、凿、锥、镞等，多凹底石镞，亦可见滑石坠。骨器多骨匕、骨锥、骨鱼钩、骨镞等。还可见少量玉器。分布于西北环阶各探方。年代相当于青铜时代晚期。

此层下开口的单位有：98TWH150。

第7层：黄白色。无出土器物，推测为原生土层。

本区文化遗迹分布情况见图2-1-5。

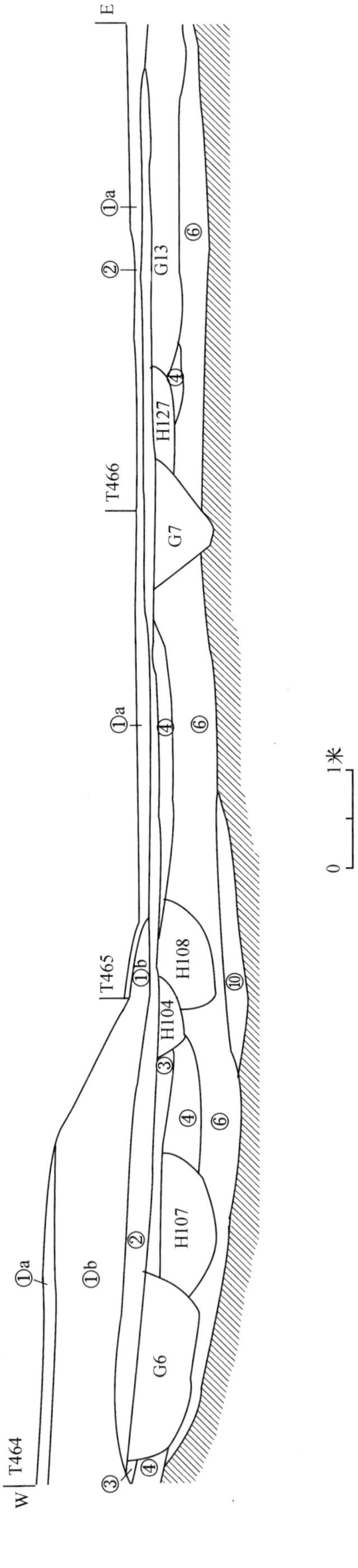

图2-1-3　T464～T466北壁剖面图

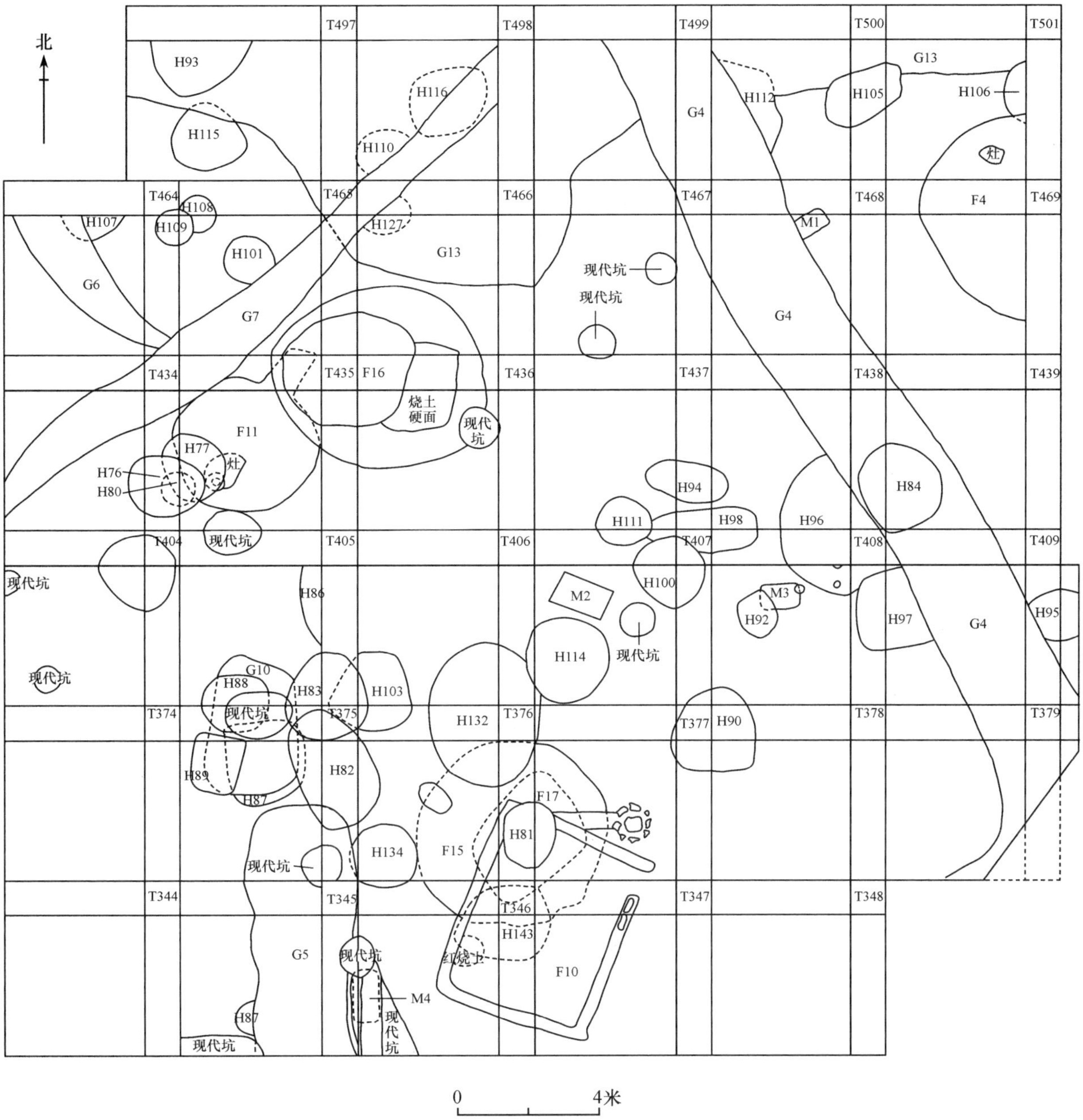

图2-1-4　第Ⅱ区总平面图

四、第　Ⅳ　区

第Ⅳ区位于遗址西部山顶平台之上，1998年对此区进行发掘。共布5米×5米探方16个，编号分别为：T118、T138～T141、T163、T185、T207、T226～T229、T254～T257。发掘面积为400平方米。

第Ⅳ区地层如下：

第1层：黑褐色。土质疏松，夹杂现代瓷片、弹片等，厚10～25厘米。为现代耕土层。

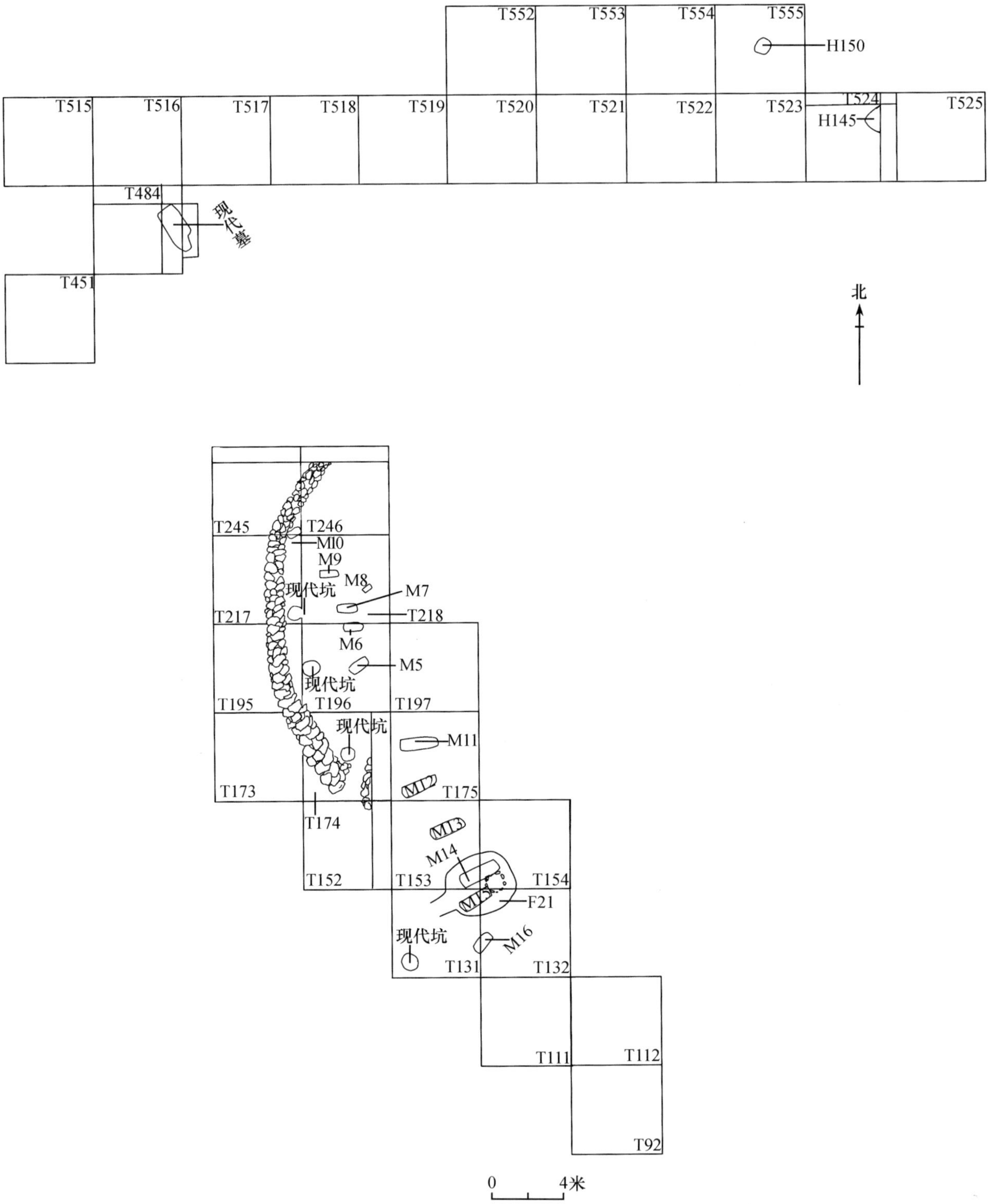

图2-1-5　第Ⅲ区总平面图

此层下开口的单位有：98TWH146、98TWF19、98TWF20。

第2层：黑褐色。土质疏松，夹杂较多的泥质灰陶片及兽骨。厚10～30厘米。在各个探方均有分布。年代相当于魏晋时期。

此层下开口的单位有：98TWH147、98TWH148、98TWH149。

第3层：灰黄色。土质疏松，夹杂少量夹砂褐陶片。厚5～15厘米。仅分布于T185、T207、T254、T255几个探方内。年代相当于汉代。

第4层：生土层。

本区文化遗迹分布情况见图2-1-6。

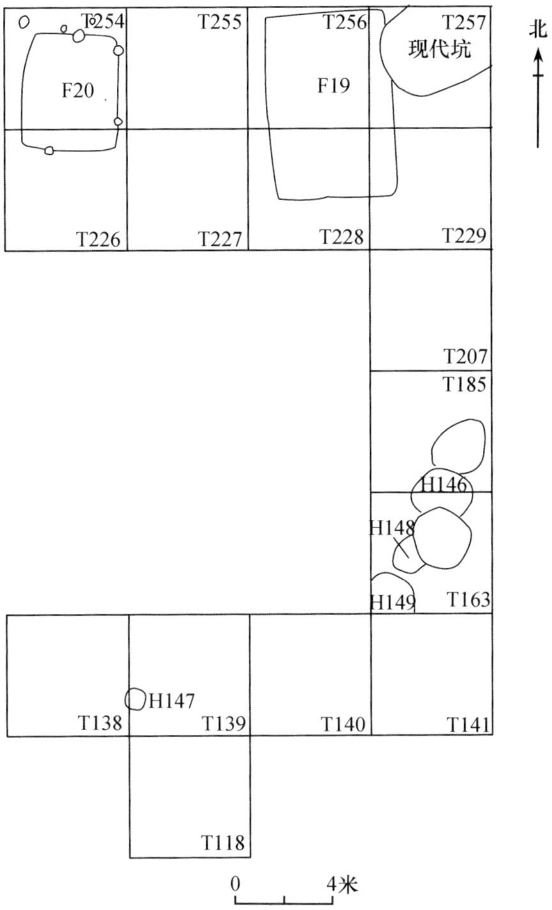

图2-1-6　第Ⅳ区总平面图

五、第　V　区

第Ⅴ区位于遗址东部，1999年对此区进行发掘。共布5米×5米的探方57个，编号分别为：T869～T900、T926～T950。发掘面积1425平方米。

此区共发掘遗迹单位19个，其中99TWM34、99TWM35、99TWM37、99TWM38、99TWM39、99TWM41、99TWM43这7座墓位于现地表之上，其余单位均位于地表以下。

第Ⅴ区地层如下：

第1层：灰褐色。土质疏松，含大量植物根系，厚10～30厘米。为现代耕土层。

此层下开口的单位有：99TWM36、99TWM40、99TWM42、99TWM44、99TWM45、99TWM46、99TWM47、99TWM48、99TWM55、99TWM56、99TWH156、99TWH157。

第2层：灰黑色细砂土。夹杂石块，厚约10～20厘米，无出土器物。

第3层：灰黄色细砂土。厚约10～20厘米，无出土器物。

第4层：黄褐色土。出土夹砂灰褐陶罐及少量石镞、石刀。厚约30～40厘米。仅分布于部分探方。年代相当于青铜时期晚期。

第5层：灰黄色细砂土。仅见1件石斧等。厚约10～20厘米，仅分布于部分探方。年代相当于青铜时期晚期。

第6层：棕黄色土。为原生土层。

本区文化遗迹分布情况见图2-1-7。

六、第　Ⅵ　区

第Ⅵ区位于东区遗址的西部，其地势较Ⅴ区低。1999年对此区进行发掘。除T793和T801（T793西侧向外扩方2米，T801西侧南段向外扩方2米）外，其余78个探方均为5米×5米。编号分别为：T754～T761、T764～T767、T769～T773、T777～T781、T785～T789、T793、

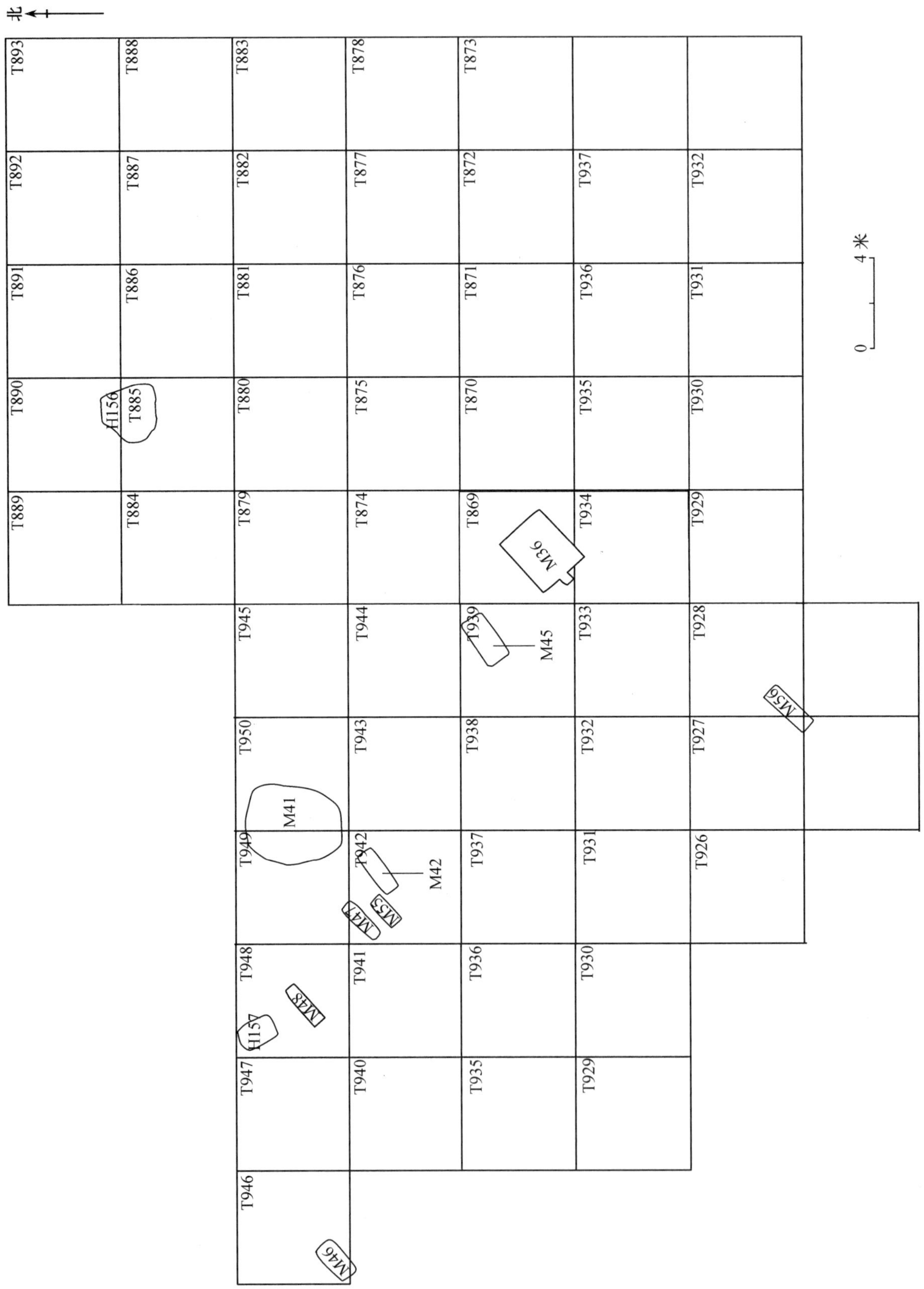

图2-1-7　第V区总平面图

T794、T801、T802、T809、T810、T817、T818、T825、T826、T833～T835、T839～T841、T845～T847、T852、T853、T858～T868、T901～T921。发掘面积2020平方米。

其中99TWM29位于地表之上，其余均位于地表以下。

Ⅵ区地层如下：

第1层：灰褐色。土质疏松，含大量植物根系，厚10～30厘米。本层出土少量铜器、银器、石网坠、双翼石镞等。为现代耕土层。

此层下开口的单位有：99TWM24、99TWM30、99TWM32、99TWM33、99TWM52、99TWM53、99TWH160。

第2层：灰黑色细砂土。厚10～15厘米。此层可见少量磨制精细的石器，如石凿、石斧、石镰、石镞、石网坠等。仅分布于部分探方。年代相当于魏晋时期。

第3层：红褐色土。厚10～20厘米。地层中可见陶纺轮、陶网坠等。石器多见石镞、石刀、石短剑、石斧等。铁器可见铁镞。大部分探方均有分布。年代相当于汉代。

第4层：黑灰色。厚30～40厘米。出土夹砂黄褐陶器及陶片，同时出土大量石器等。在各个探方均有分布。年代相当于青铜时期晚期。

此层下开口的单位有：99TWM17、99TWM18、99TWM19、99TWM22、99TWM23、99TWM25、99TWM26、99TWM27、99TWM28、99TWM31、99TWM49、99TWM50、99TWM51、99TWM54、99TWH151、99TWH152、99TWH153、99TWH154、99TWH155、99TWH158、99TWH159、99TWF22、99TWF23、99TWF24。

第5层：灰黄色细砂土。厚约10～20厘米。地层中陶器可见泥质灰褐陶罐、网坠、陶纺轮；石器数量及种类较多。在各个探方均有分布。年代相当于青铜时期晚期。

此层下开口的单位有：99TWM21、99TWM20。

第6层：黄褐色土。厚约10～15厘米。质地疏松，出土少量细石器，如刮削器、尖状器及石核等。仅分布于少数探方。年代相当于青铜时期晚期。

第7层：棕黄色土。推测为原生土层。

下面选取T864南壁地层剖面来反映地层堆积情况（图2-1-8）。

本区文化遗迹分布情况见图2-1-9。

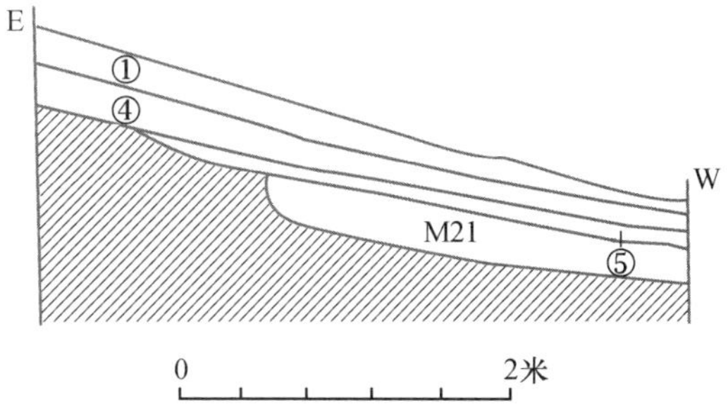

图2-1-8　T864南壁剖面图

七、第 Ⅶ 区

第Ⅶ区位于遗址东部山顶之上。1999年对此区进行发掘。因为此区墓葬均位于地表以上，当时发掘时按照墓葬的发现顺序和墓葬的大小随机对墓葬进行布方。其中，T894为5米×5米的探方；T895向东扩方1米，为5米×6米的探方；T896进行了扩方，总面积为52平方米。共发掘107平方米。

此区共分布3座墓葬（99TWM34、99TWM35、99TWM37）。其分布如图2-1-10。

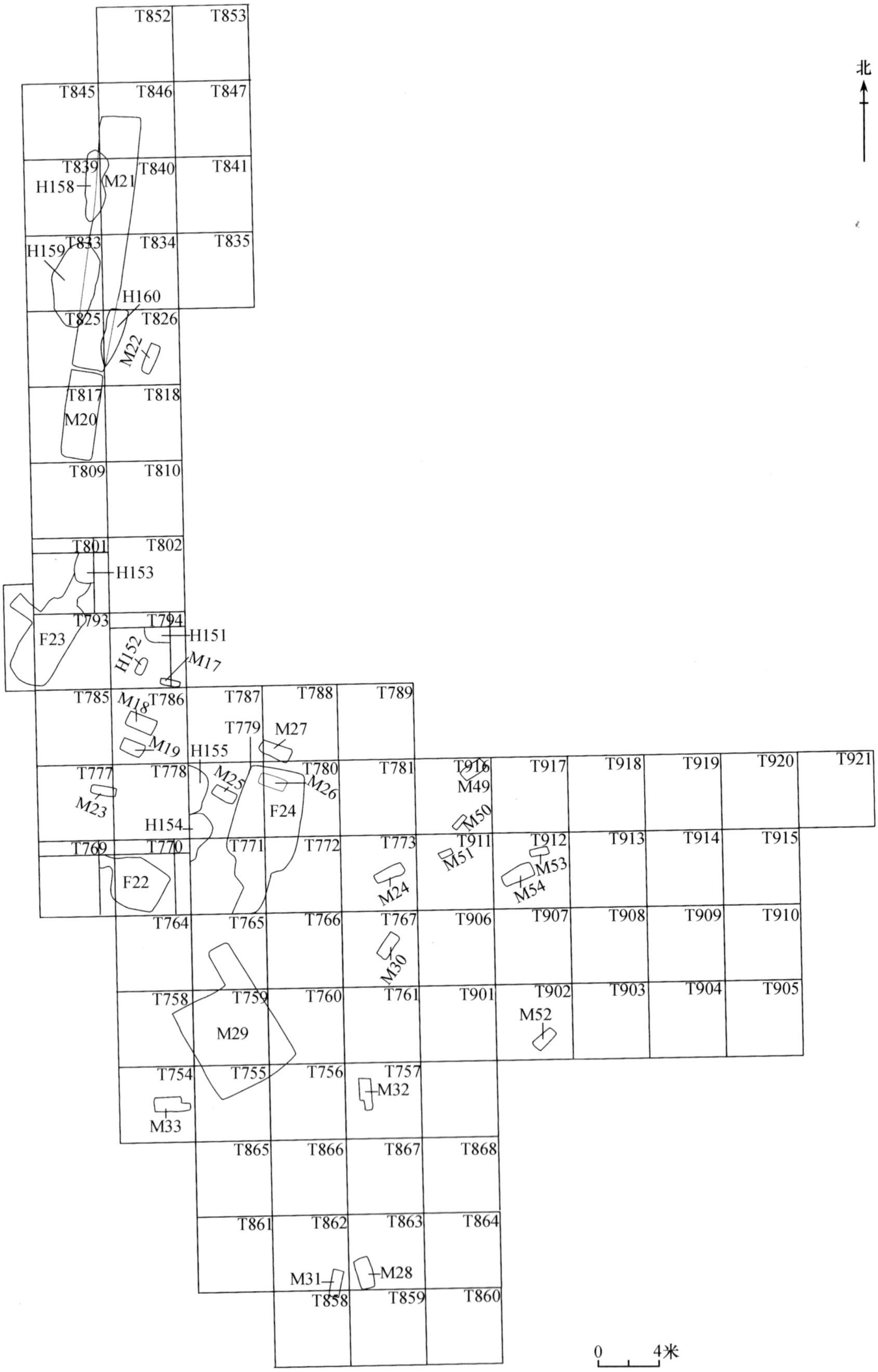

图2-1-9　第Ⅵ区总平面图

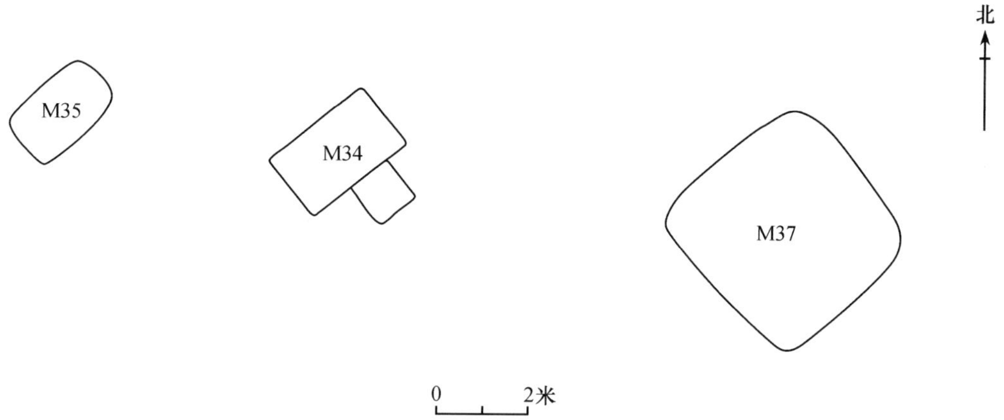

图2-1-10　第Ⅶ区墓葬分布图

八、第　Ⅷ　区

第Ⅷ区位于遗址东部山顶之上。1999年对此区进行发掘。除99TWM44位于耕土层下外，其余墓葬均位于地表以上。发掘时按照墓葬的发现顺序和墓葬的大小对墓葬进行布方。分别设5米×5米的探方2个（T899、T900）。5米×8米的探方1个，为T897（向北扩方3米）。共发掘90平方米。

此区共分布5座墓葬（99TWM38～99TWM40、99TWM43、99TWM44）。其分布如图2-1-11。

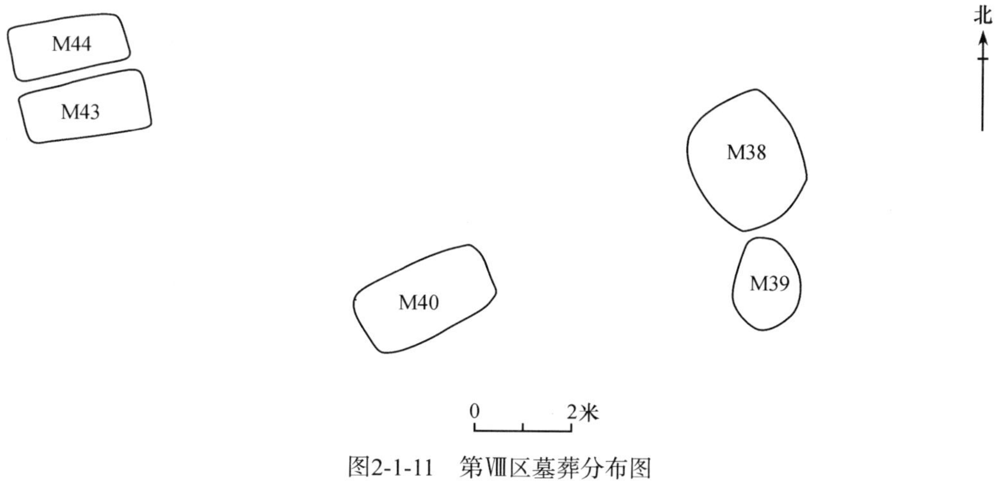

图2-1-11　第Ⅷ区墓葬分布图

第二节　各区地层堆积的对应关系及遗存的分期与年代

由于万发拨子墓葬分布在不同的分区，各分区地层堆积厚度不一。根据土质土色的变化，可以分成不同的自然层。第Ⅰ区地层共包含13层。第Ⅱ区地层包含11层。第Ⅲ区地层包含6

层。第Ⅳ区地层共包含3层。第Ⅴ区地层包含5层。第Ⅵ区地层包含6层。第Ⅶ区和第Ⅷ区均为墓葬区，因墓葬均在地表以上，因此未清理地层堆积。根据出土器物可知，各分区地层对应关系如表2-2-1。

表2-2-1　各区地层堆积对应关系表

	第一期遗存	第二期遗存	第三期遗存	第四期遗存	第五期遗存	第六期遗存	耕土层
第Ⅰ区	⑪～⑬	⑨、⑩	④～⑧	③	②		①
第Ⅱ区	⑨～⑪ 97TWF15	⑧	④～⑦、 97TWH115	③	②		①
第Ⅲ区			⑤～⑥	④	③	98TWM5～98TWM16	①～②
第Ⅳ区	98TWH146、 98TWH148、 98TWH149			③	②		①
第Ⅴ区			④～⑤				①～③
第Ⅵ区			④～⑥	②～③			①

由于万发拨子遗址在解放战争时期曾被挖过战壕，之后又屡遭开垦，在发掘之前地表大部分为耕地，因此地层多经过扰动，甚至还存在着一些倒装地层。因此，在进行分期研究时，必须结合出土器物进行反复推敲和验证。经笔者分析，万发拨子地层堆积大致梳理如下。

第一期遗存：包括第Ⅰ区的第11～13层；第Ⅱ区的第9～11层及其下开口的单位及97TWF15；第Ⅳ区的98TWH146、98TWH148、98TWH149。属于新石器时代晚期遗存，其可分为早晚两段。早段遗存年代为距今6000～5500年；晚段遗存年代为距今5500～5000年。仅发现生活居址。

第二期遗存：包括第Ⅰ区的第9、10层及其下开口的单位；第Ⅱ区的第8层及其下开口的部分单位，属于青铜早期遗存，其年代相当于晚商至西周时期。仅发现生活居址。

第三期遗存：包括第Ⅰ区的第4～8层及其下开口的单位、第3层下开口的单位、第2层下开口的部分单位；第Ⅱ区第4～7层及其下开口的单位、第8层下开口的97TWH115、第3层下开口的单位、第1、2层下开口的部分单位；第Ⅲ区第5、6层及其下开口的单位、第2层下开口的部分单位；第Ⅴ区的第4、5层、第1层下开口的部分单位；第Ⅵ区第4～6层及其下开口的单位、第1层下开口的部分单位；第Ⅶ区的2座墓葬；第Ⅷ区的3座墓葬亦属于这一时期。属于青铜晚期遗存，其可分为早晚两段。早段遗存年代为春秋时期；晚段遗存年代为战国时期。包含生活居址和墓葬。

第四期遗存：包含第Ⅰ区、第Ⅱ区的第3层、第2层下开口的部分单位、第1层下开口的部分单位；第Ⅲ区的第4层及第4层下开口的部分单位；第Ⅳ区的第3层；第Ⅵ区的第3层、第2层。其年代为两汉时期～两汉之际。包括生活居址和墓葬。

第五期遗存：第Ⅰ区第2层及第2层下开口的部分单位、第1层下开口的部分单位；第Ⅱ区第2层及第2层下开口的部分单位、第1层下开口的部分单位；第Ⅲ区第3层；第Ⅳ区第2层、第2层下开口的单位及第1层下开口的单位。其年代为魏晋时期。包括生活居址和墓葬。

第六期遗存：包括第Ⅲ区的12座墓葬（98TWM5～98TWM16），其年代为明代晚期。仅发现墓葬。

第三节　遗迹概况

1997～1999年万发拨子遗址共发现房址20座、灰坑137个、灰沟9条、环山围沟1条、墓葬56座。

房址20座，均分布于遗址西部。第Ⅰ区8座，第Ⅱ区6座，第Ⅲ区1座，第Ⅳ区5座。从第一期到第五期均有房址发现。

根据房址建造方式的不同，可分为三种形制。

第一种为半地穴式，第一期至第三期均为此种类型的房址，第四期有1座房址属于此种形制。平面多呈长方形或圆形，个别为不规则长方形或凸字形，第一期至第二期时居住面均未经修整，灶址位于房址中部，有柱洞痕迹；第三期时房址居住面多利用自然地势再加以平整，之后再用黏性较大的细黄土或黑灰土铺垫，部分经焙烧，灶址多位于房址中部或一侧，多数发现门道和柱洞痕迹。

第二种为用石头垒砌或用土夯筑墙基，居住面局部经烘烤。第四期有2座房址属于这种形制。

第三种为半地穴式建筑，室内设有取暖用的火炕。第五期3座房址均属于此种形制。这种房址多直接利用凿掘的土坎作穴壁，或沿着土坎砌筑石墙，居住面多利用自然地面平整而成，未经烘烤。火炕呈曲尺形或环形，灶址设于一角的，形成曲尺形火炕，灶址设于中央位置的，形成环形火炕。

灰坑共发现137座，集中分布于遗址西部，遗址东部亦有少量分布。第Ⅰ区80座，第Ⅱ区41座，第Ⅲ区2座，第Ⅳ区4座，第Ⅴ区2座，第Ⅵ区8座。第一期到第五期均有灰坑发现。

灰坑形制均较相似，多为圆形或椭圆形，个别呈不规则形。

灰沟9条，仅分布于遗址西部。第Ⅰ区5座，第Ⅱ区4座。第三期至第五期均有发现。

灰沟多为条带状或窄条形。

环山围沟1条，分布于遗址西部的第Ⅱ区，仅在第五期发现，呈条带状。

墓葬共56座，其中有3座（99ⅥTWM24、99ⅥTWM30、99ⅥTWM33）为近代墓，这3座墓正文不作详细介绍。墓葬分布在遗址的六个区，第Ⅱ区4座，第Ⅲ区12座，第Ⅴ区9座，第Ⅵ区23座，第Ⅶ区3座，第Ⅷ区5座。第三期至第六期均有发现。

万发拨子遗址不同分区遗迹统计情况详见表2-3-1；不同期别遗迹单位分布情况详见表2-3-2。

表2-3-1　万发拨子遗址不同分区遗迹统计表

	房址	灰坑	灰沟	环山围沟	墓葬
第Ⅰ区	8	80	5		0
第Ⅱ区	6	41	4	1	4
第Ⅲ区	1	2	0		12

续表

	房址	灰坑	灰沟	环山围沟	墓葬
第Ⅳ区	5	4	0		0
第Ⅴ区	0	2	0		9
第Ⅵ区	0	8	0		23
第Ⅶ区	0	0	0		3
第Ⅷ区	0	0	0		5
合计	20	137	9	1	56

表2-3-2　不同期别遗迹单位分布统计表

	房址	灰坑	灰沟	环山围沟	墓葬
第一期	1	6	0	0	0
第二期	2	3	0	0	0
第三期	11	70	5	0	33
第四期	3	32	2	0	7
第五期	3	16	2	1	1
第六期	0	0	0	0	12
不可分期	0	10	0	0	0
合计	20	137	9	1	53

万发拨子这53座墓葬中，有12座属于第六期（明代晚期）墓葬，其余41座墓葬根据墓葬形制的不同，可以分为七种形制。详见表2-3-3。

表2-3-3　万发拨子第三期至第五期墓葬形制统计表

形制类型	竖穴土坑墓	土坑石棺墓	土坑石椁石棺墓	大盖石墓	大盖石积石墓	无坛石圹积石墓	方坛积石墓
编号	97TWM1～97TWM4、99TWM17～99TWM19、99TWM20～99TWM23、99TWM25～99TWM28、99TWM31、99TWM32、99TWM49、99TWM50、99TWM52、99TWM54	99TWM40、99TWM42、99TWM44～99TWM48、99TWM51、99TWM53、99TWM55、99TWM56	99TWM36	99TWM34、99TWM35、99TWM39、99TWM43	99TWM38、99TWM41	99TWM37	99TWM29
总计	21	11	1	4	2	1	1

1. 竖穴土坑墓

共发现21座。即从地表往下挖一竖穴墓圹，然后直接埋入人骨及随葬品。未发现葬具痕迹。根据墓葬平面形制的差异，可以分为二型。

A型　（圆角）长方形或梯形竖穴土坑墓。除99TWM32之外的20座墓葬均属于此型。代表墓例如99TWM18、99TWM28。99TWM18为梯形竖穴土坑墓。99TWM28为长方形竖穴土坑墓。

B型　曲尺形竖穴土坑墓。仅99TWM32一座。其墓葬南侧设置长方形墓道，形似伸出的刀把。

2. 石棺墓

共发现11座。其筑墓方式为：从地表往下挖一竖穴墓圹，在墓圹内以大小不等的石块构筑石棺，个别墓葬在墓底铺云母页岩石板或河卵石。在埋入人骨后，以夹杂石块的沙土填充墓圹。发掘时，发现2座墓墓口位置是以云母页岩石板进行覆盖，可能是云母页岩石板较薄，时间太长已然风化。其余墓葬墓顶情况不不清。据发掘者描述，这些墓葬多较浅，去除厚20～30厘米的表土后，便可见墓葬的四壁。由于石棺墓分布区早年曾为耕地，很可能墓顶已经被人为破坏。

3. 石椁石棺墓

仅发现1座。此墓筑墓方式为：从地表往下挖一竖穴墓圹，然后以大小不等的石块在墓圹内砌筑石椁，在石椁内壁立砌云母页岩石板，构成箱式石棺。椁内东南角以大块云母页岩石板砌出长方形边箱，边箱上盖一云母页岩石板。

4. 大盖石墓

共发现4座。筑墓方式为：从地表往下挖一竖穴墓圹，以大小不等石块构筑墓圹四壁，个别墓底铺河卵石，葬入人骨后，以厚实的大盖石覆盖墓顶，个别墓葬在大盖石下还铺一层云母页岩石板。

5. 大盖石积石墓

共发现2座。其筑墓方式与大盖石墓基本相同，只是在墓圹口覆盖上大盖石之后，在其周围覆盖以碎石块，形成圆形或方形的大盖石积石墓。

6. 无坛石圹积石墓

仅1座。与大盖石墓及大盖石积石墓不同的是，此种墓葬形制是在地表之上砌筑墓圹。在砌出墓圹后，在墓底平铺碎石块，而后葬入人骨及随葬品，待人骨烧透后以碎石块封护墓顶，并以大石块砌筑墓域边框，再往墓域边框与墓圹之间填充碎石块，使其呈漫圆状。

7. 方坛积石墓

仅发现1座。此墓系在地表上以大石块砌筑一级阶坛，在一级阶坛上内收50厘米砌筑二级阶坛，在二级阶坛上内收50厘米砌筑第三级阶坛。在第三级阶坛上砌筑长方形墓圹。墓圹底铺河卵石，人骨平铺于河卵石之上，人骨上覆盖云母页岩石板，之上再以碎石封顶。墓葬北部设祭坛。

第四节　部分器物的类型划分

万发拨子遗址中，出土器物的种类涉及陶器、玉石器、骨、角、牙器、铜器、铁器及其他杂器等。

出土数量最多的是石器，石器以石镞、石网坠、石研磨器、石刀为大宗，这四种器物数量最多，器类非常丰富，且持续时间较长，多从第一期至第五期均有出土，因此选择这五种器物进行类型学划分；其他如石斧、石镐、石饼、石凿、石锥、石短剑、石棍棒头之类，由于出土数量有限，且器类比较简单，不进行类型划分。

其次是陶器，其中陶网坠和陶纺轮数量最多，持续时间较长，特选择这两种器物进行类型划分。而陶容器，由于不同时期器类不一致，且每一种器类出土的数量较少，因此本节器物的类型划分中不涉及陶容器。

鉴于以上六种器物无论是在地层、生活居址，还是在墓葬中均有大量发现，为了后文行文方便，故采用统一标准进行类型划分。

1. 陶网坠

万发拨子遗址共发现陶网坠796件。有2件破损严重，其余794件根据平面形制的不同，可以分为七型。

A型　45件。整体呈细长圆柱形，两端有系线凹槽。如97TWT468②：2（图2-4-1，1）。

B型　269件。整体呈卵圆形。有10件破损严重，其余259件根据有无凹槽可以分为二亚型。

Ba型　217件。一侧或两侧均有竖向凹槽。如97TWT347②：42（图2-4-1，2）。

Bb型　42件。表面较为平滑，无凹槽。如97TWT437②：20（图2-4-1，3）。

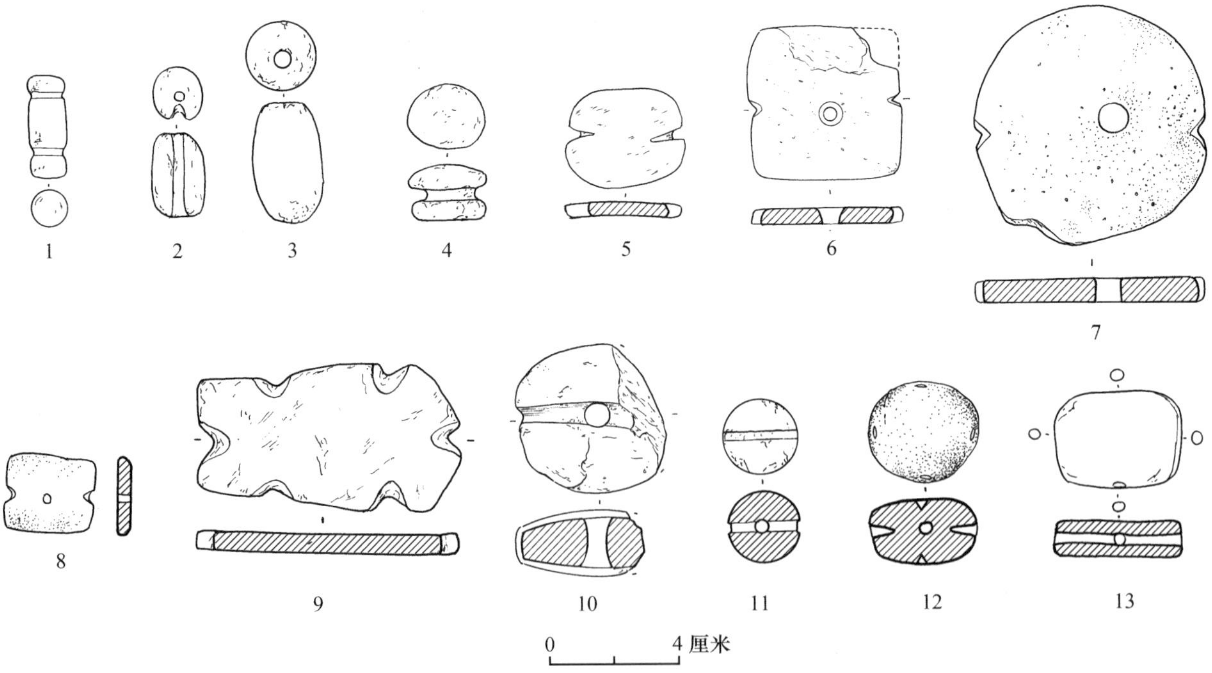

图2-4-1　陶网坠型式示意图

1. A型（97TWT468②：2）　2. Ba型（97TWT347②：42）　3. Bb型（97TWT437②：20）　4. C型（98TWT555④：45）　5. Eb型（97TWH26：5）　6. Ec型（97TWH20：1）　7. Ea型（97TWH77：1）　8. Ed型（97TWT398⑨：1）　9. Ee型（97TWT399⑨：51）　10. F型（97TWH16：2）　11、12. Ga型（97TWT367②：10、99TWM54：9）　13. Gb型（98TWT555⑥：42）

C型　164件。亚腰形。网坠中间有横向凹槽，将之分为大小相同的两部分，形成亚腰形。如98TWT555④：45（图2-4-1，4）。

D型　3件（分别为97TWT379②：9、97TWT406②：22、97TWT346①：19）。蘑菇形。网坠一侧如圆形菌盖，另一侧呈细长圆柱形。

E型　303件。均为陶片磨成的网坠。有3件破损严重，其余300件根据平面形制的不同，可分为五亚型。

Ea型　36件。平面呈圆形。如97TWH77：1（图2-4-1，7）。

Eb型　37件。平面呈椭圆形。如97TWH26：5（图2-4-1，5）。

Ec型　69件。平面呈圆角方形。如97TWH20：1（图2-4-1，6）。

Ed型　124件。平面呈圆角长方形。如97TWT398⑨：1（图2-4-1，8）。

Ee型　34件。平面呈不规则形。如97TWT399⑨：51（图2-4-1，9）。

F型　3件。整体呈算珠形。如97TWH16：2（图2-4-1，10）。

G型　7件。利用陶土制成的长方形或圆形陶网坠，器身穿两孔或四孔。根据平面形状可分为二亚型。

Ga型　2件。器身平面呈圆形。如97TWT367②：10（图2-4-1，11），99TWM54：9（图2-4-1，12）。

Gb型　5件。器身平面呈长方形。如98TWT555⑥：42（图2-4-1，13）。

2. 陶纺轮

万发拨子遗址共发现陶纺轮184件。有2件因残损严重，形制不清。其余182件根据平面形制的不同，可以分为七型。

A型　99件。整体呈圆饼形。如97TWH103：8（图2-4-2，1）。

B型　27件。整体呈墩台形。如97TWT397③：19（图2-4-2，2）。

C型　20件。整体呈算珠形。有1件残，其余19件可以分为二亚型。

Ca型　6件。纵切面呈长方形。如T555④：50，T555⑤：46。

Cb型　13件。纵切面呈八边形或六边形，侧视似两个菌盖合在一起。亦有上下两部分不对称的形制，侧视似蒜头形，如97TWT335③：3（图2-4-2，3），97TWG13：27（图2-4-2，4）。

D型　1件。整体呈鼓形。如97TWT335③：1（图2-4-2，5）。

E型　33件。整体呈菌盖形。如97TWH103：9（图2-4-2，6）。

F型　1件。上部分为钵形，下部分为实心圆柱形，中间有圆形穿孔。如99TWM49：2（图2-4-2，7）。

G型　1件。整体呈球形。如99TWM20：14（图2-4-2，8）。

3. 石镞

万发拨子遗址共发现石镞1000件。有1件为半成品，4件残损严重，形制不清，其余995件根据器形的不同，分为五型。

A型　340件。无翼。有84件残缺，其余256件可以划分为五亚型。

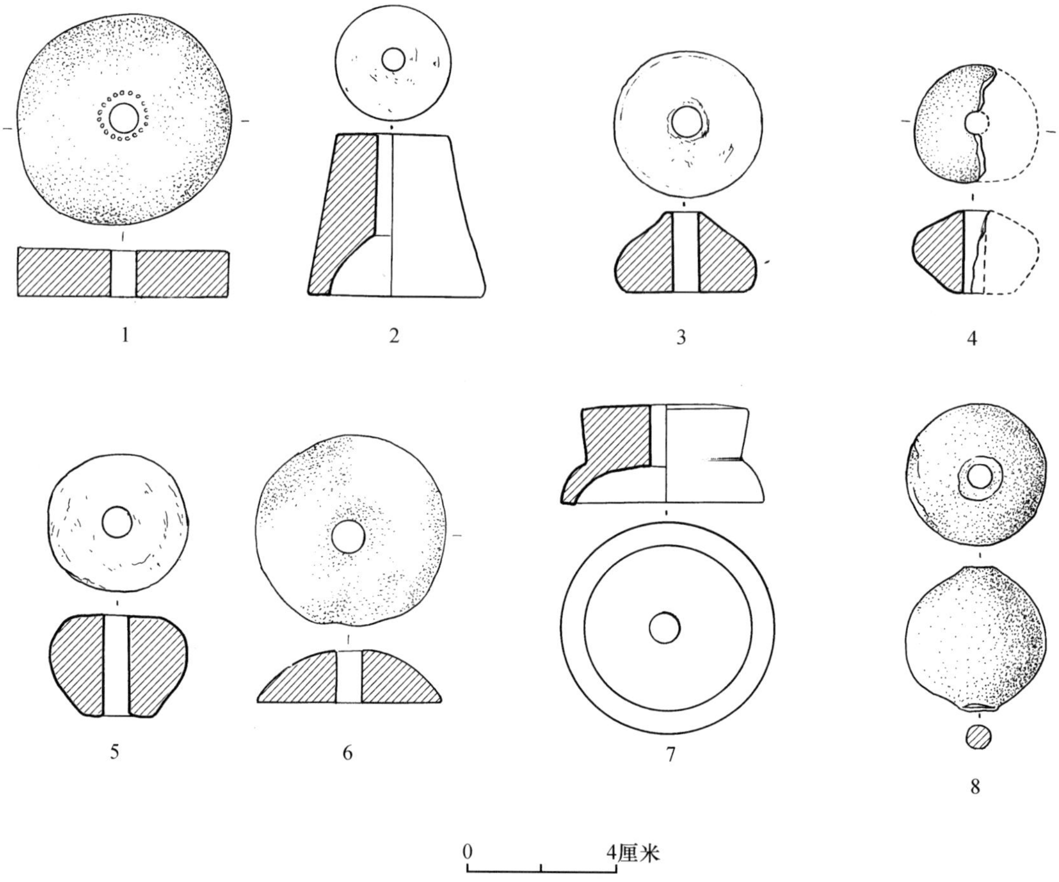

图2-4-2　陶纺轮型式示意图

1. A型（97TWH103：8）　2. B型（97TWT397③：19）　3、4. Cb型（97TWT335③：3、97TWG13：27）
5. D型（97TWT335③：1）　6. E型（97TWH103：9）　7. F型（99TWM49：2）　8. G型（99TWM20：14）

Aa型　65件。无铤，平面呈柳叶形，无脊。如97TWT340②：12（图2-4-3，1）。

Ab型　1件。有铤，平面呈不规则棱形，无脊。如97TWT376③：6（图2-4-3，2）。

Ac型　1件。有铤，平面呈三角形，无脊。如97TWT468②：6（图2-4-3，3）。

Ad型　129件。镞身平面呈柳叶形，镞身两侧磨成刃部，剖面呈六边形或变形六边形，部分镞身中间有血槽。如97TWG4：74（图2-4-3，4），97TWT398②：2（图2-4-3，5）。

Ae型　60件。平面呈圭形。即前半部分呈三角形，后半部分呈长方形，剖面呈六边形或变形六边形，部分镞身中间有血槽。如97TWT330②：27（图2-4-3，6）。

B型　423件。双翼石镞。镞身剖面呈棱形，多带铤。其中80件残损，其余343件可以划分为三亚型。

Ba型　202件。后锋有倒刺，部分倒刺较大，呈燕尾状。如97TWT366②：10（图2-4-3，7）。

Bb型　108件。后锋无倒刺，平面呈矛形。如97TWT340②：13（图2-4-3，8）。

Bc型　33件。铤身平面呈三角形。如97TWG4：75（图2-4-3，9）。

C型　221件。三棱形镞。镞身剖面呈三角形。其中41件残损严重，其余180件可以划分为三亚型。

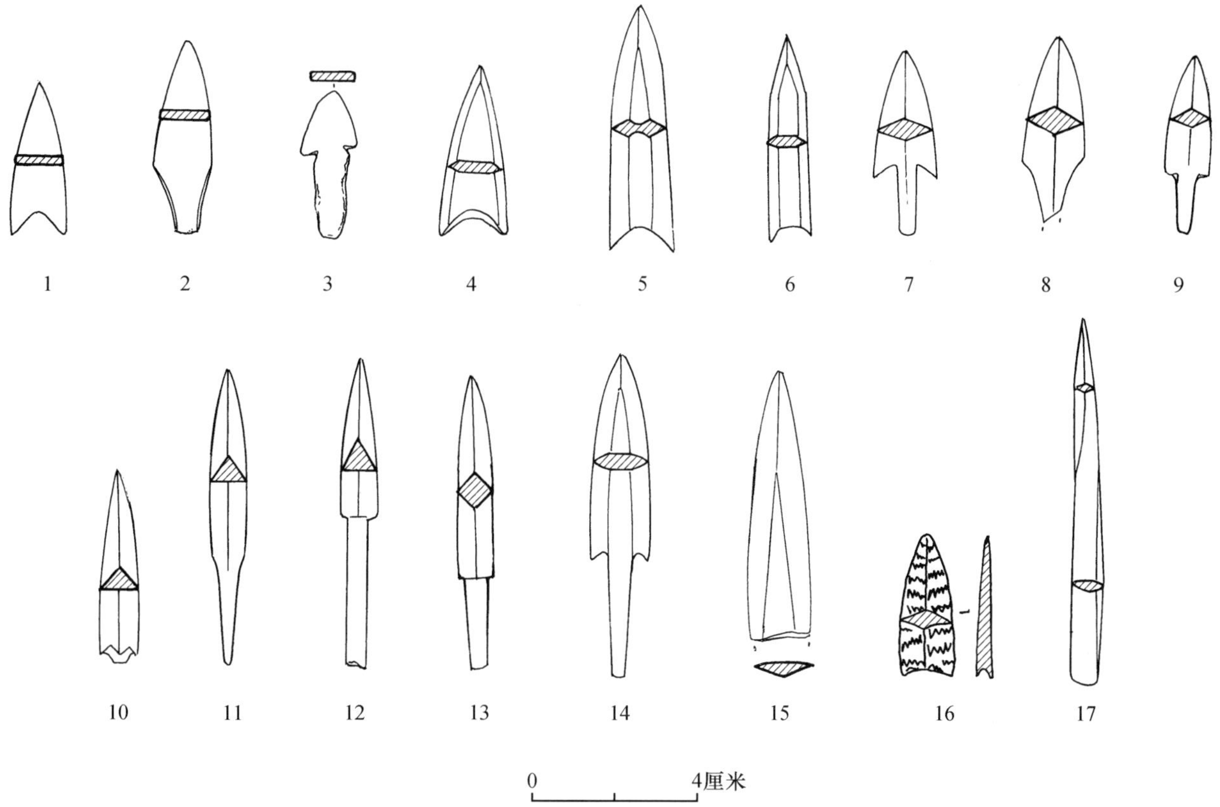

图2-4-3　石镞型式示意图

1. Aa型（97TWT340②：12）　2. Ab型（97TWT376③：6）　3. Ac型（97TWT468②：6）　4、5. Ad型（97TWG4：74、97TWT398②：2）　6. Ae型（97TWT330②：27）　7. Ba型（97TWT366②：10）　8. Bb型（97TWT340②：13）　9. Bc型（97TWG4：75）　10. Ca型（98TWT484③：2）　11. Cb型（97TWT466②：11）　12. Cc型（97TWT340②：5）　13. D型（97TWG6：4）　14～17. 异型镞（97TWT467②：12、97TWH58：17、97TWH131：2、99TWF24：65）

Ca型　51件。后锋有倒刺，平面呈燕尾状。如98TWT484③：2（图2-4-3，10）。

Cb型　107件。后锋无倒刺，平面呈矛形或不规则棱形。如97TWT466②：11（图2-4-3，11）。

Cc型　22件。平面呈三角形。如97TWT340②：5（图2-4-3，12）。

D型　5件。四棱状镞。镞身剖面呈变形四边形。如97TWG6：4（图2-4-3，13）。

异型镞　6件。97TWT467②：12，镞身平面呈圭形，剖面呈六边形，后锋倒刺呈燕尾形，方柱形铤。属于Ae型向Ba型过渡的中间类型（图2-4-3，14）。97TWH58：17，仅余部分镞身。残存镞身前部分起脊，后半部分中间带有血槽。属于Ad型与B型中间的过渡类型（图2-4-3，15）。97TWH131：2，黑曜石质，后锋呈凹窝形，器身遍布剥片疤痕，无铤（图2-4-3，16）。99TWF24：65，利用天然石棒磨制而成。镞尖及镞身前半部分起脊，剖面呈棱形。镞身下半部分未经磨砺（图2-4-3，17）。97TWG4：16，青灰色板岩。镞身平面呈三角形，镞尖起脊，镞身中间有血槽，剖面呈六边形，方柱形铤，铤残。长5.8、镞身宽1.8、厚0.5厘米（图3-5-62，4）。97TWG4：14，青灰色板岩。仅余镞身部分，柳叶形，镞身剖面呈四边形。残长2.5、镞身宽1.3、厚0.2厘米（图3-5-62，9）。

4. 石网坠

万发拨子遗址共发现石网坠566件。根据平面形制的不同可以分为五型。

A型　42件。平面呈长条形。如97TWT395⑦b：4（图2-4-4，1）。

B型　406件。平面呈椭圆形。此型数量较多。如97TWT500②：10（图2-4-4，2）。

C型　43件。平面呈不规则形。如97TWF10：3（图2-4-4，3）。

D型　67件。平面近圆形。如97TWT407②：10（图2-4-4，4）。

E型　8件。平面近正方形。如97TWH103：7（图2-4-4，5）。

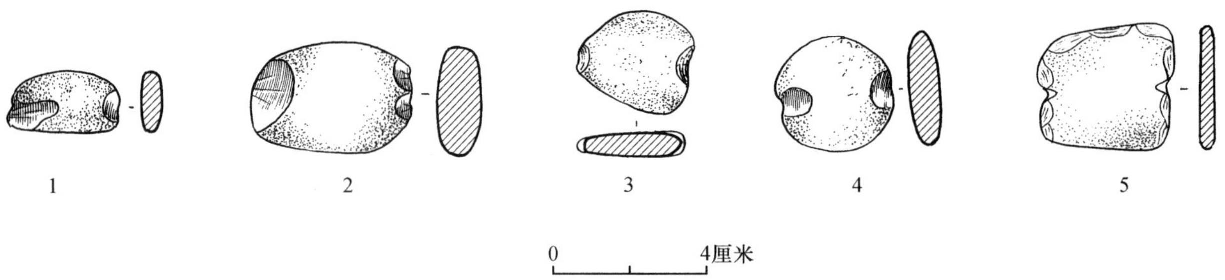

图2-4-4　石网坠型式示意图

1. A型（97TWT395⑦b：4）　2. B型（97TWT500②：10）　3. C型（97TWF10：3）
4. D型（97TWT407②：10）　5. E型（97TWH103：7）

5. 石研磨器

万发拨子遗址共发现石研磨器305件。其中2件残损严重，形制不清，2件为异型器，其余301件根据器形的不同，可以分为五型。

A型　198件。圆柱形或长条形，又称之为磨棒。如97TWH1：24（图2-4-5，1）。

B型　91件。卵圆形。如97TWH140：5（图2-4-5，2）。

C型　11件。半圆形。似人为将B型研磨器从中间切割而形成。如97TWH77：9（图2-4-5，3）。

D型　1件。枕形。如97TWH134：5（图2-4-5，4）。

异型研磨器　2件。如97TWH66：12，为不规则扁圆形，一面光滑平整，一面凸凹不平（图2-4-5，5）。

6. 石刀

万发拨子遗址共发现石刀332件。其中有26件残损严重，形制不清。其余306件根据平面形制的不同可以划分为四型。

A型　126件。平面近梯形或弯月形。其中68件残损，其余58件可以分为二亚型。

Aa型　24件。平面近梯形，刀身较宽。如99TWM20：18（图2-4-6，1），99TWM18：10（图2-4-6，2）。

Ab型　34件。平面呈弯月形，刀身较窄。如99TWM4：2（图2-4-6，3）。

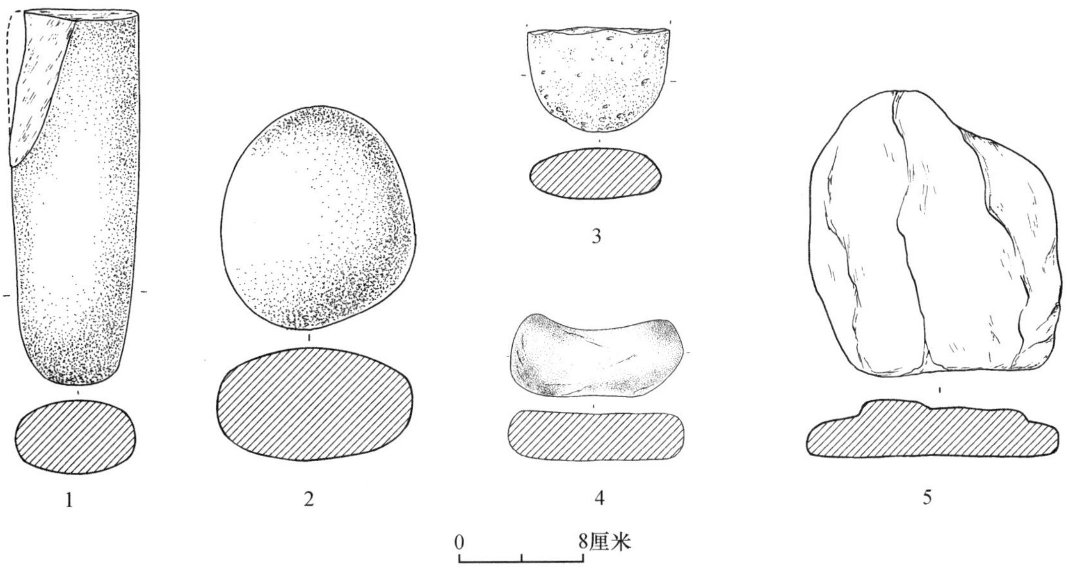

图2-4-5　石研磨器型式示意图

1. A型（97TWH1：24）　2. B型（97TWH140：5）　3. C型（97TWH77：9）
4. D型（97TWH134：5）　5. 异型研磨器（97TWH66：12）

B型　151件。平面呈长方形或圆角长方形。其中4件残损，其余147件根据形制的不同可以划分为两亚型。

Ba型　62件。刀身较宽，长宽比例小于1/2。如97TWH116：12（图2-4-6，4）。

Bb型　85件。刀身较窄，长宽比例大于1/2。如99TWM21-03：1（图2-4-6，5）。

C型　26件。平面呈不规则三角形。如99TWM49：4（图2-4-6，6）。

D型　3件。带把手，平面呈菜刀形。如99TWF22：52（图2-4-6，7）。

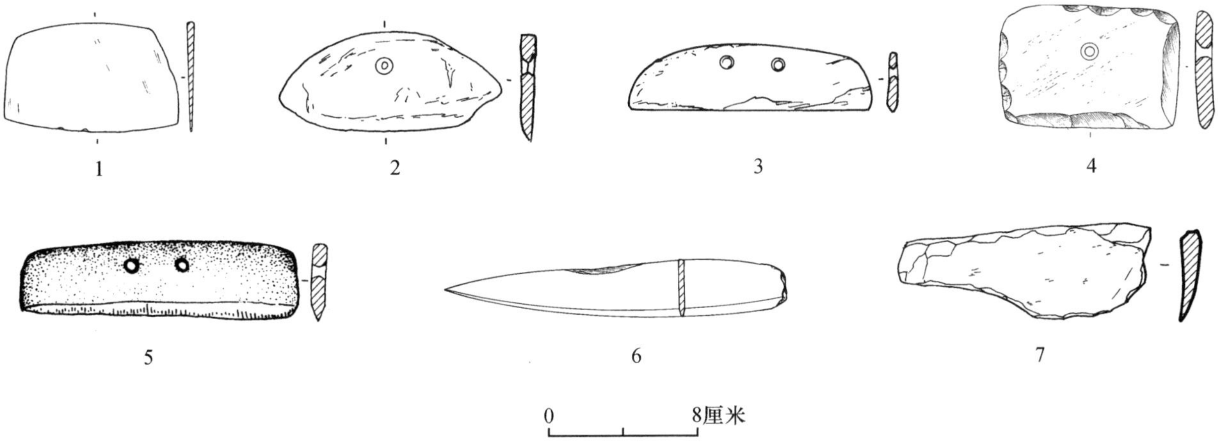

图2-4-6　石刀型式示意图

1、2. Aa型（99TWM20：18、99TWM18：10）　3. Ab型（99TWM4：2）　4. Ba型（97TWH116：12）
5. Bb型（99TWM21-03：1）　6. C型（99TWM49：4）　7. D型（99TWF22：52）

第三章　各期遗存详述

万发拨子遗址共包含六期不同时期遗存。本章主要从地层出土器物及文化遗迹两方面对这六个不同时期遗存进行介绍。文化遗迹包括房址、灰坑、灰沟、环山围沟及墓葬。

在发掘过程中灰坑编号为H1～H160，但由于个别灰坑实为房址的灶址，个别灰坑存在重复编号的问题，另有少数灰坑数据缺失，为了避免后期改号造成的不便，本文采用了原始的编号系统。存在这些问题的灰坑共计有23个，编号分别为H6、H7、H10、H11、H13、H15、H27、H32、H39、H50、H51、H54、H56、H67、H79、H85、H91、H99、H104、H113、H128 、H135、H144。对这23个灰坑进行了销号处理。

发掘过程中房址编号为F1～F24。其中4座房址（F1、F5、F6、F18）资料缺失，进行了销号处理。

发掘过程中灰沟和环山围沟编号为G1～G14。由于个别灰沟实为现代沟，个别灰沟资料缺失，因此对存在这些情况的4个灰沟（G8、G9、G11、G12）进行了销号处理。

万发拨子遗址共发现墓葬56座（M1～M56），其中有3座（M24、M30、M33）为近代墓，这3座墓不作介绍。

本章主要对万发拨子遗址的这137个灰坑、20座房址、9条灰沟、1条环山围沟、53座墓葬的资料进行报道。

第一节　新石器时代遗存

由于遗址位于台地之上，经常年雨水冲刷，其遗址地层已经不完整。解放战争时期，曾在此遗址挖战壕。前些年农民在此耕地，遗址地层经多次翻扰，因此遗址中存在着一些再生堆积。

第一期遗存，即新石器时代遗存，仅在第Ⅰ区、第Ⅱ区和第Ⅳ区发现。

包括第Ⅰ区的第13～11层；Ⅰ区T333第3层下开口的单位97TWH43，第2层下开口的单位97TWH58、97TWH59；

第Ⅱ区的第11～9层，以及第8层下开口的单位97TWF15。

第Ⅳ区开口于现代坑之下的单位98TWH146；Ⅳ区开口于第2层下的单位98TWH148、98TWH149。

下面分区介绍第一期遗存。

一、地层出土器物

（一）第Ⅰ区第13～11层出土器物

因第13～11层出土器物较少，特将这三层器物一起介绍。

第13层共出土器物7件。

陶器2件：陶纺轮2件（A2，此处表示有A型2件，余同）。

石器5件：石网坠3件（B2、D1）、石研磨器1件（B1）、砺石1件。

第12层共出土器物6件。

陶器1件：陶碗1件。

石器5件：石网坠1件（B1）、石饼3件、石料1件。

第11层共出土器物4件。

陶器1件：陶平底器1件。

石器3件：石镐1件、石研磨器2件（A2）。

1. 陶器

第13～11层共发现陶器4件。包括碗1件、陶平底器1件以及陶纺轮2件（A2）。纺轮均系用陶片改制而成。

第13～11层出土少量的陶片，以泥质陶为主。陶片纹饰可见席纹和复合纹饰。手法有刻划、压印两种。席纹为刻划而成（图3-1-1，1）。复合纹饰为压印括号纹+人字纹组成（图3-1-1，2）。

碗　1件。97TWT399⑫：1，泥质黑陶，夹滑石。手制，口部残，弧腹，平底。器壁较薄，器表光滑。残高7、底径6厘米（图3-1-2，1）。

平底器　1件。97TWT399⑪：2，泥质灰褐陶。弧腹，平底。腹部刻划席纹。残高3.6、底径8.2厘米（图3-1-2，2）。

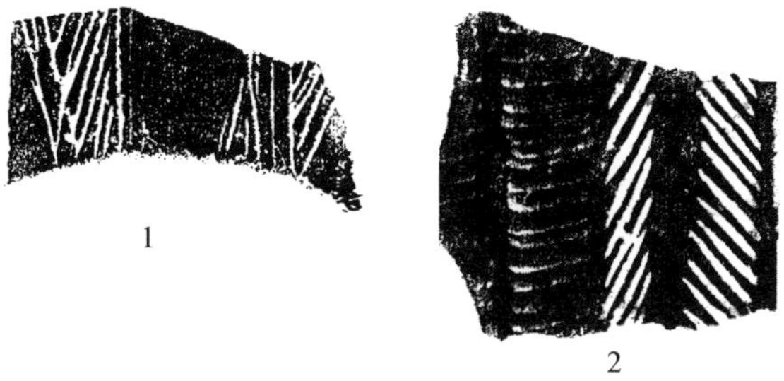

图3-1-1　第一期遗存纹饰陶片拓片

1. 刻划席纹（出自T399⑪）　2. 复合纹饰（压印括号纹+人字纹，出自T466⑪）

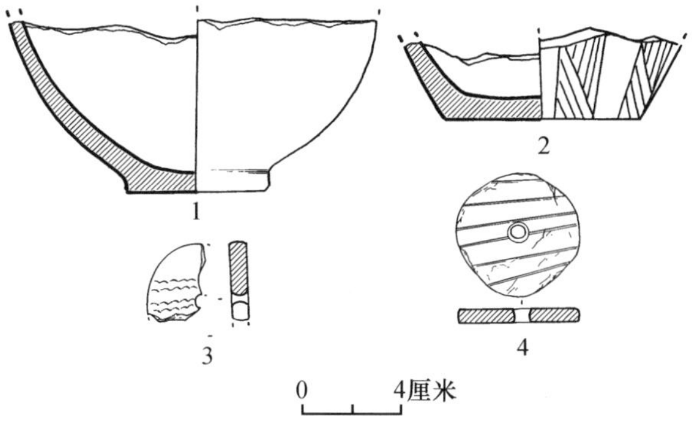

图3-1-2　第一期遗存地层中出土陶器

1. 碗（97TWT399⑫：1）　2. 平底器（97TWT399⑪：2）　3、4. A型纺轮（97TWT399⑬：6、97TWT399⑬：1）

A型纺轮　2件。97TWT399⑬：1，以夹砂黄褐陶片改制而成。呈不规则圆饼形，中间有圆形钻孔。一面为素面，一面饰6组弦纹。最大径5.1、厚0.6厘米（图3-1-2，4；图版八，1）。97TWT399⑬：6，以泥质黑褐陶片改制而成。圆饼形，中间有圆形钻孔。仅余1/4，一面为素面，一面压印成组指甲纹。厚2.7厘米（图3-1-2，3）。

2. 石器

第13～11层共发现石器13件。其中石研磨器3件（A2、B1）、石镐1件、石饼3件、石网坠4件（B3、D1）、砺石1件、石料1件。现选取比较典型的器物进行介绍。

研磨器　2件。

A型　1件。97TWT398⑪：1，黄灰色粉砂岩。圆柱形，一端残。残长18、宽6、厚4厘米（图3-1-3，2）。

B型　1件。97TWT399⑬：3，灰白色石英砂岩。卵圆形。长13、宽4、厚13.2厘米（图3-1-3，1）。

镐　1件。97TWT370⑪：7，灰色板岩。亚腰形。弧背，双面弧刃，器身遍布打制疤痕。长13、宽8、厚2.8厘米（图3-1-3，3）。

石饼　3件。97TWT397⑫：3，暗灰色石英砂岩。扁圆形。直径9.6～11、厚3厘米（图3-1-3，8）。97TWT397⑫：4，黄灰色粉砂岩。卵圆形。高8.9、长径4.8、短径2.8厘米（图3-1-3，5）。97TWT397⑫：5，灰白色石英砂岩。扁圆形。直径8.6～10、厚3厘米（图3-1-3，4）。

D型网坠　1件。97TWT398⑬：5，灰白色石英砂岩。近圆形，两端打制豁口。直径约2.8、厚1.2厘米（图3-1-3，6）。

砺石　1件。97TWT399⑬：2，暗紫色砂岩。呈不规则形，一侧磨砺成凹面。长7.6、宽6、厚3厘米（图3-1-3，7）。

（二）第Ⅱ区地层出土器物

包含Ⅱ区的第11～9层。在整理中并未发现此三层地层遗物。推测由于保存条件的限制，已无法分辨此三层器物。

二、房　　址

第Ⅱ区仅发现属于此期的房址1座，编号为97ⅡTWF15。

97ⅡTWF15

圆形浅地穴式。位于Ⅱ区T376东南部、T377西南部、T347西北角、T346东北角，跨4个探方，与M4同处于遗址区西南高地东坡二级阶地上，并彼此相邻。方向为南偏东50 度。开口于第8层下，打破生土，并被F17打破。

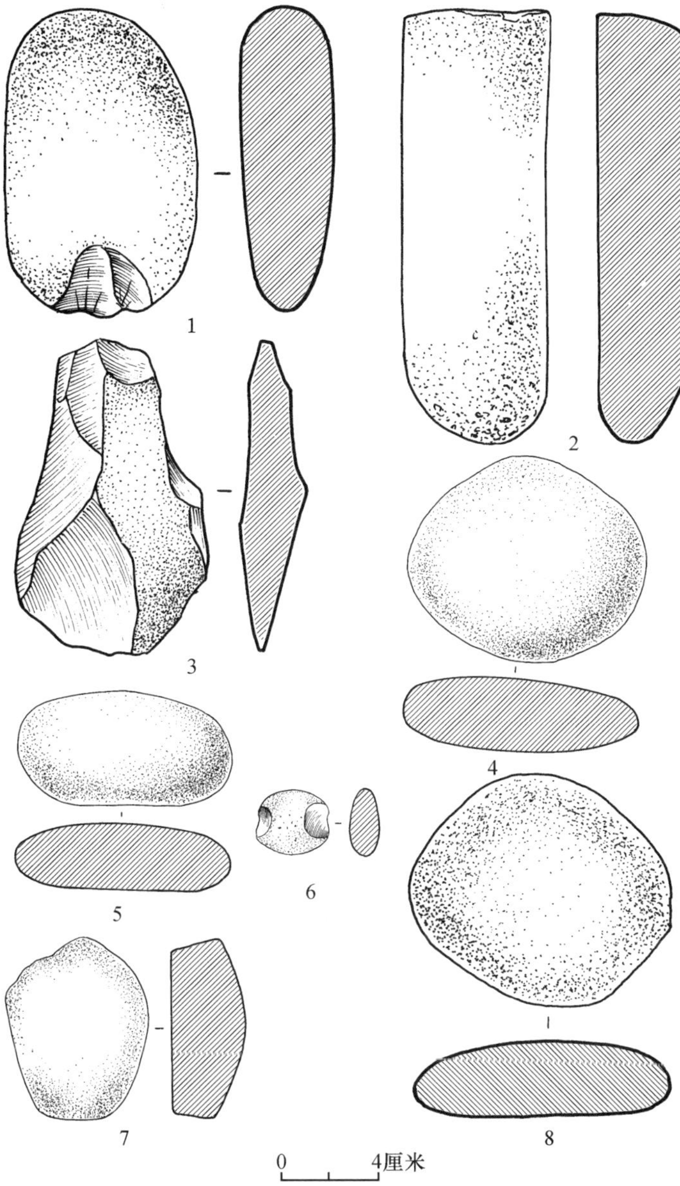

图3-1-3　第一期遗存地层中出土石器

1. B型研磨器（97TWT399⑬：3）　2. A型研磨器（97TWT398⑪：1）　3. 镐（97TWT370⑪：7）　4、5、8. 石饼（97TWT397⑫：5、97TWT397⑫：4、97TWT397⑫：3）　6. D型网坠（97TWT398⑬：5）　7. 砺石（97TWT399⑬：2）

房址平面呈圆形，直径约5.4～5.5米。为浅地穴式。居住面未经过修整。灶址位于房址中部，用长条形石块砌成，呈长方形，残长0.6米，宽0.4米（图版七，1）。靠近穴壁发现大小不等的柱洞40个，编号为D1～D40。柱洞口径6～22厘米，深8～30厘米；直壁或斜直壁；平底或圜底。房址西面有一凸起，推测为门道所在（图3-1-4，图版七，2）。

房内堆积呈灰褐色，质地松软，包含有褐色夹砂陶片。共出土器物15件。

出土器物

陶器　5件。

F15出土陶器数量不多，但出土了大量的纹饰陶片。陶片以泥质陶为主，有少量夹砂

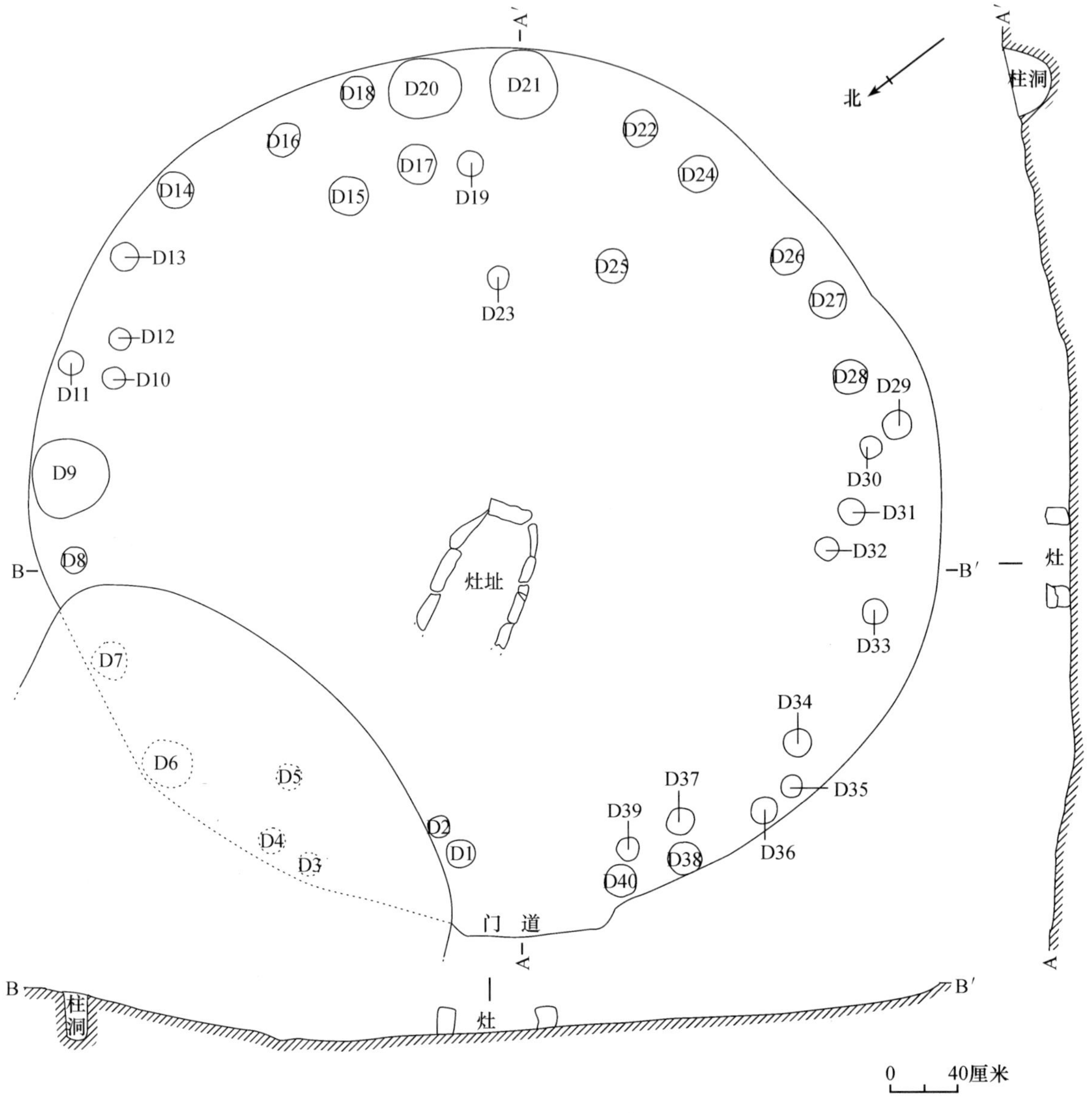

图3-1-4　97TWF15平、剖面图

陶。有红褐、褐、黑褐陶片。施纹手法较为多样，有压印、刻划等。纹饰种类有人字纹（图3-1-5，1、3～5；图3-1-6，3）、斜点纹（图3-1-5，2）、方格纹（图3-1-5，6、7）、斜线纹（图3-1-6，2、4）、席纹（图3-1-6，5、6）、篦点纹（图3-1-6，7）等，还出现了复合纹饰，有叶脉纹+斜线纹（图3-1-6，1）、括号纹+横点纹（图3-1-7，1）、横点纹+曲点纹（图3-1-7，2）、斜线纹+粗横点纹（图3-1-7，3）、括号纹+人字纹（图3-1-7，4）几种。其中，斜点纹、横点纹、斜线纹、叶脉纹、篦点纹、括号纹多以压印为主；席纹、方格纹以刻划为主。

筒形罐　3件。97TWF15：3，泥质褐陶。手制，火候较高，器壁较薄，方唇直口，器表饰刻划纵叶纹和错乱斜线纹。口径12、残高10厘米（图3-1-8，4）。97TWF15：6，夹滑石泥质黑

图3-1-5　97TWF15出土陶片纹饰拓片

1、3～5. 压印人字纹　2. 压印斜点纹　6、7. 刻划方格纹

图3-1-6　97TWF15出土陶片纹饰拓片

1. 复合纹饰（叶脉纹+斜线纹）　2、4. 压印斜线纹　3. 压印潦草人字纹　5、6. 刻划席纹　7. 压印篦点纹

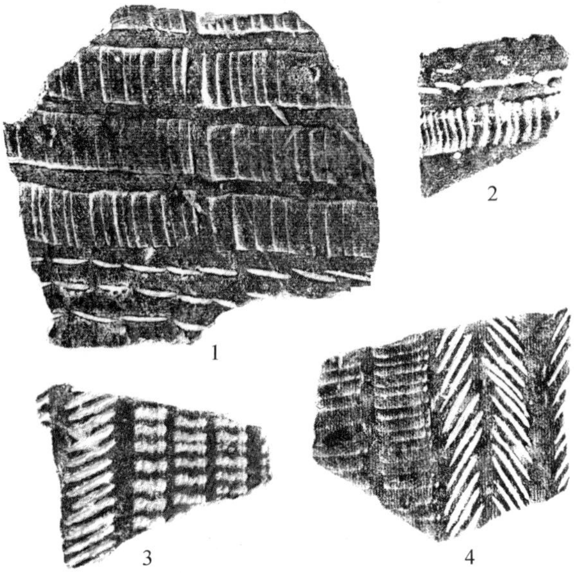

图3-1-7　97TWF15出土陶片复合纹饰拓片
1. 括号纹+横点纹　2. 横点纹+曲点纹　3. 斜线纹+粗横点纹
4. 括号纹+人字纹

陶。手制，火候较高，器壁较薄，敛口，方唇，器表饰刻划斜线纹。口径12、残高5.6厘米（图3-1-8，2）。97TWF15：10，泥质褐陶。手制，火候较高，直口，方唇，器表饰压印变形之字纹。口径12.8、残高6厘米（图3-1-8，1）。

小杯　1 件。97TWF15：1，泥质黄褐陶。器形较小，手工捏制而成。方唇，弧腹，圜底。口径3.8、高3.8厘米（图3-1-8，3）。

刻划纹陶片　1件。97TWF15：13，泥质红褐陶。器壁经慢轮修整，较薄，火候较高，器表饰刻划细线网格纹。长8.8、宽7.2、厚0.3厘米（图3-1-8，5）。

石器　7件。

网坠　5件。

B型　3件。形制相同。均为椭圆形，两端打制豁口。97TWF15：5，粉色石英砂岩。长5、宽4.2、厚1.3厘米（图3-1-9，1）。97TWF15：8，肉红色石英砂岩。长3.2、宽2.8、厚1.1厘

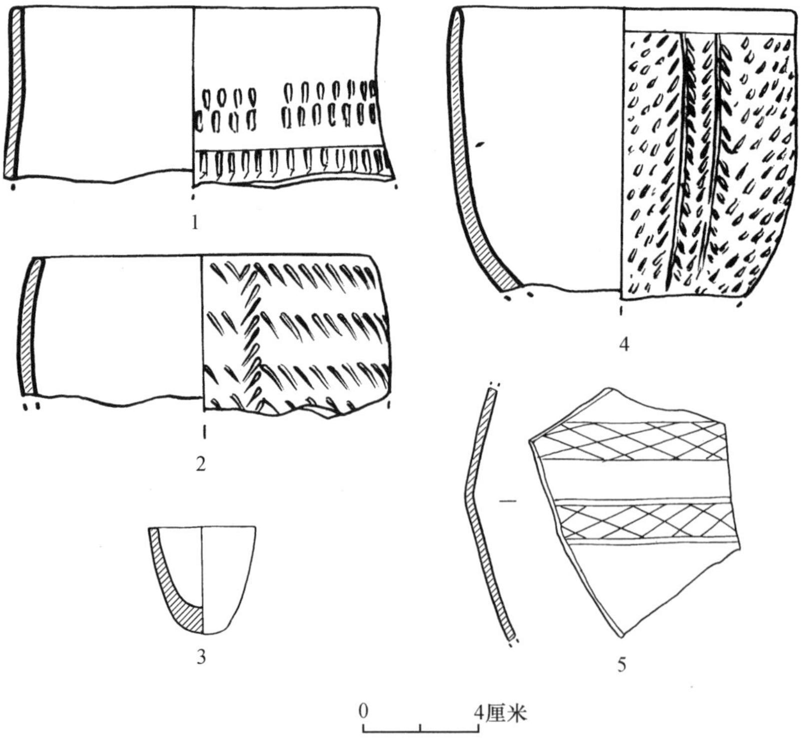

图3-1-8　97TWF15出土陶器
1、2、4. 筒形罐（97TWF15：10、97TWF15：6、97TWF15：3）　3. 小杯（97TWF15：1）　5. 刻划纹陶片（97TWF15：13）

米（图3-1-9，3）。97TWF15：9，暗红色细砂岩。长5.1、宽3.5、厚0.6厘米（图3-1-9，2）。

D型　2件。形制相同。均近圆形，两端打制豁口。97TWF15：7，深灰色细砂岩。长3、宽2.8、厚0.5厘米（图3-1-9，4）。97TWF15：16，灰色粗砂岩。直径3、厚0.3厘米（图3-1-9，5）。

Ad型镞　2件。均为柳叶形，镞身两侧磨成刃部，剖面呈变形六边形。97TWF15：11，青灰色板岩。尖、尾均残。长2.8、宽1.3、厚0.2厘米（图3-1-9，6）。97TWF15：12，青灰色板岩。锋残。残长4.6、宽1.4、厚0.2厘米（图3-1-9，7）。

牙器　3件。

尖状器　2件。97TWF15：2，以动物牙磨制而成。长5.6、尾宽1.3、厚0.4厘米（图3-1-9，8）。97TWF15：4，尖端已残，以动物牙磨制而成。残长4.3、尾宽1.4、厚0.3厘米（图3-1-9，9）。

刀　1件。97TWF15：15，已残，弧形条状，器身有磨痕，刃部较锋利。残长4、厚0.5厘米（图3-1-9，10）。

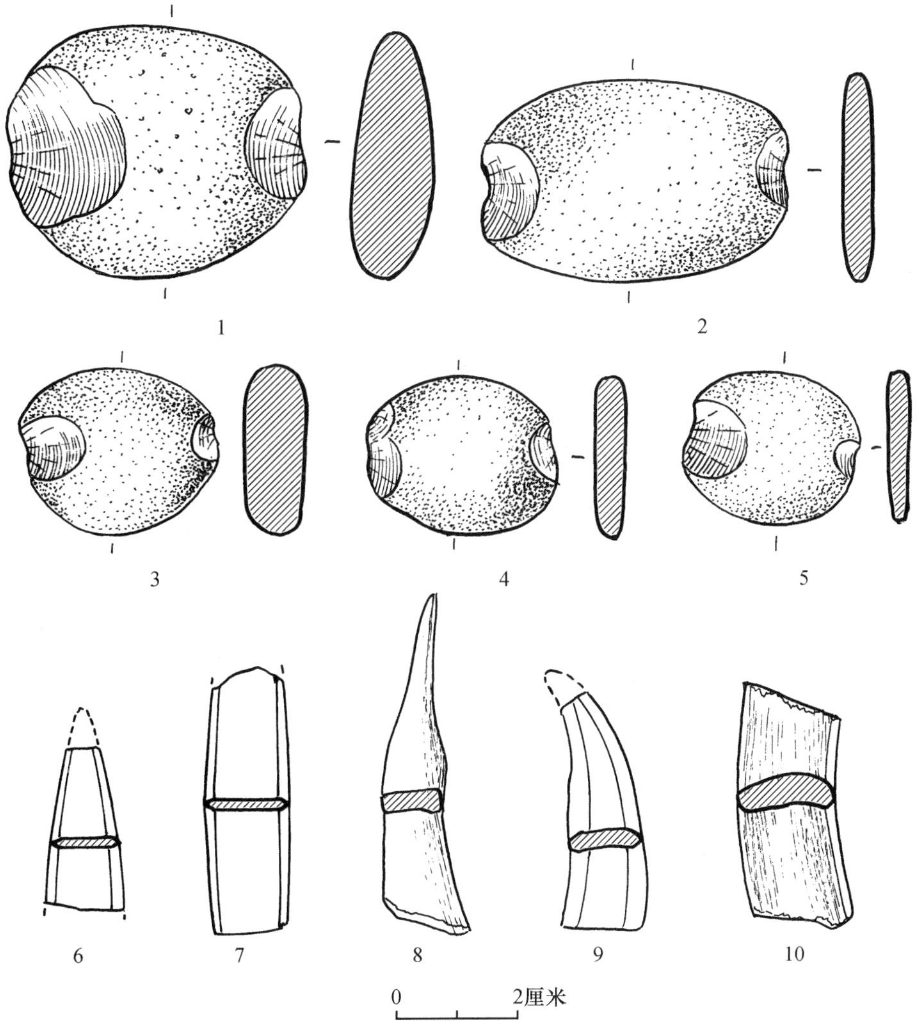

图3-1-9　97TWF15出土器物

1～3. B型石网坠（97TWF15：5、97TWF15：9、97TWF15：8）　4、5. D型石网坠（97TWF15：7、97TWF15：16）　6、7. Ad型石镞（97TWF15：11、97TWF15：12）　8、9. 牙尖状器（97TWF15：2、97TWF15：4）　10. 牙刀（97TWF15：15）

三、灰　坑

第Ⅰ区属于这一时期的灰坑有3个，编号分别为：97ⅠTWH43、97ⅠTWH58、97ⅠTWH59。

第Ⅳ区属于这一时期灰坑有3个，编号分别为98ⅣTWH146、98ⅣTWH148、98ⅣTWH149。

1. 97ⅠTWH43

位于Ⅰ区T333东部，开口于第3层下，打破第7层和第8层，并被97TWH59打破。平面呈椭圆形，弧壁，圜底。坑口长径2.05米，短径1.55米，深0.66米。坑内堆积为花土，质地疏松，出土器物22件（图3-1-10）。

出土器物

陶器　6件。

陶器以筒形罐为主。还可见部分纹饰陶片，多为红褐陶，火候较低。纹饰以刻划为主，有变形之字纹（图3-1-11，1、3）、横线纹（图3-1-11，2、4、5、8）。少量压印斜线纹（图3-1-11，6，7）。这种变形之字纹初看似横线纹，但两横线之间多有连笔，形成较小夹角。

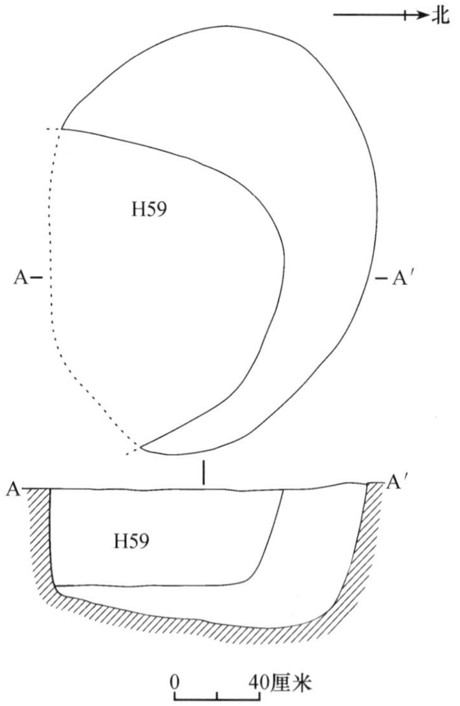

图3-1-10　97TWH43平、剖面图

图3-1-11　97TWH43出土陶片纹饰拓片

1、3. 变形之字纹　2、4、5、8. 横线纹　6、7. 斜线纹

筒形罐　4件。97TWH43：42，夹滑石红褐陶。手制，火候较低，壁较厚，上部残，器表刻划变形之字纹，器底微内凹。残高16.4、底径12厘米（图3-1-12，6）。97TWH43：43，夹

滑石红褐陶。手制，火候较低，直口，方唇，近直腹，器表饰刻划变形之字纹。口径28、残高14.4厘米（图3-1-12，1）。97TWH43∶44，泥质红褐陶。手制，火候较低，小侈口，方唇，素面。口径16、残高8厘米（图3-1-12，3）。97TWH43∶45，泥质灰褐陶。手制，火候较低，器表刻划变形之字纹，侈口，方唇，近直腹，底残（图3-1-12，2）。

器底　2件。97TWH43∶46，泥质灰褐陶。手制，火候较低，器壁较薄，器底加厚，素面。残高2、底径15厘米（图3-1-12，5）。97TWH43∶47，泥质红褐陶。手制，火候较低，素面，器底微内凹。残高3、底径9厘米（图3-1-12，4）。

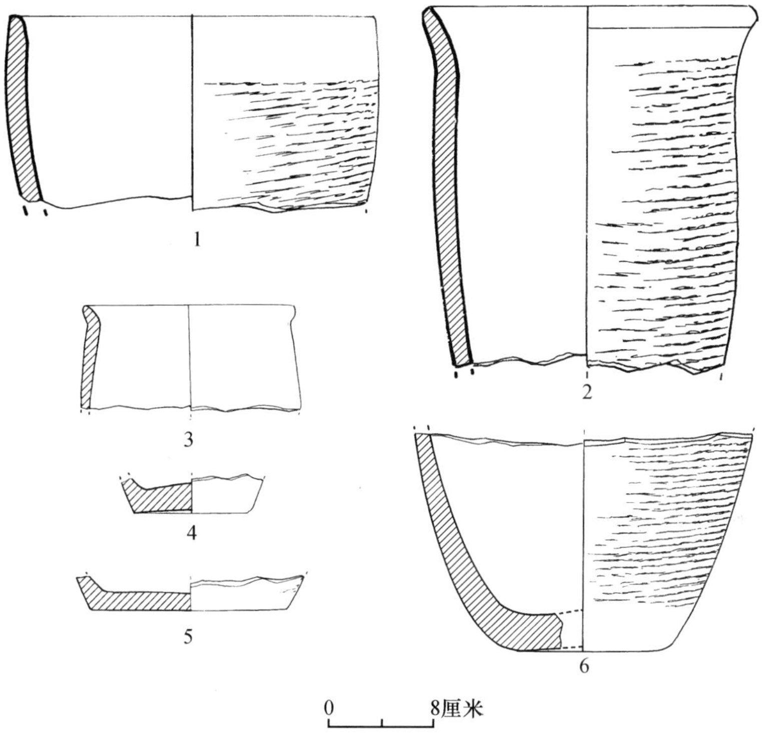

图3-1-12　97TWH43出土陶器

1～3、6. 筒形罐（97TWH43∶43、97TWH43∶45、97TWH43∶44、97TWH43∶42）

4、5. 器底（97TWH43∶47、97TWH43∶46）

石器　10件。

镞　2件。

Aa型　1件。97TWH43∶5，青灰色板岩。柳叶形，以较薄的板岩磨制而成，锋残。残长8.6、宽1.4、厚0.2厘米（图3-1-13，5）。

Ad型　1件。97TWH43∶33，青灰色板岩。柳叶形，镞身两侧磨成刃部，剖面呈变形六边形，两端均残。残长5.5、宽1、厚0.3厘米（图3-1-13，3）。

凿　2件。97TWH43∶3，深灰色板岩。长条形，顶端残断，凿身剖面为平行四边形。残长5.8、宽1、厚0.5厘米（图3-1-13，2）。97TWH43∶9，深灰色板岩。扁柱形，双面刃，顶端有石片剥落痕。长7.3、厚0.7厘米（图3-1-13，4）。

网坠　5件。

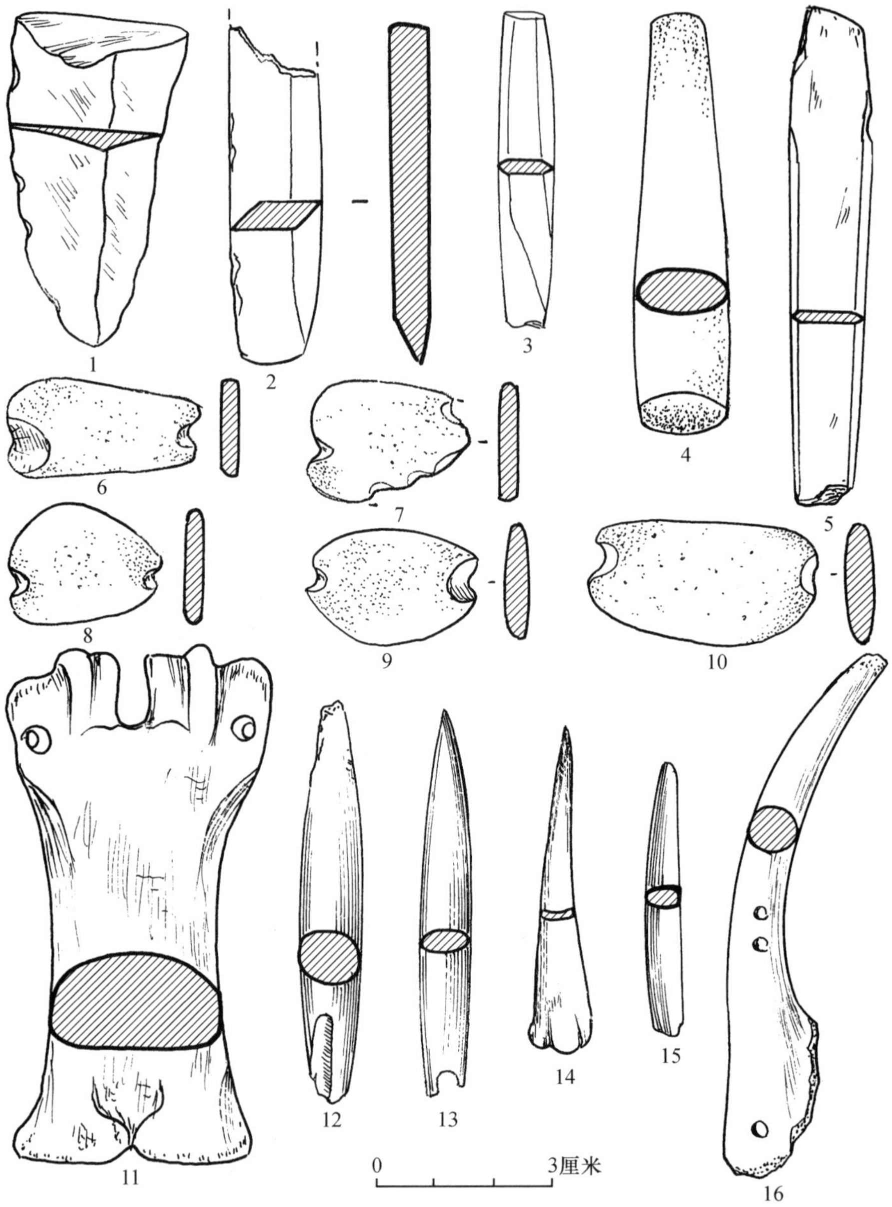

图3-1-13　97TWH43出土器物

1. 石料（97TWH43：18）　2、4. 石凿（97TWH43：3、97TWH43：9）　3. Ad型石镞（97TWH43：33）　5. Aa型石镞（97TWH43：5）　6. A型石网坠（97TWH43：22）　7. C型石网坠（97TWH43：11）　8～10. B型石网坠（97TWH43：12、97TWH43：7、97TWH43：35）　11. 骨器（97TWH43：41）　12～15. 骨锥（97TWH43：32、97TWH43：2、97TWH43：40、97TWH43：26）　16. 狍子角（97TWH43：27）

A型　1件。97TWH43：22，深灰色板岩。长条形。长3.3、宽1.7、厚0.3厘米（图3-1-13，6）。

B型　3件。97TWH43：7，深灰色板岩。椭圆形。长径3、短径2.1、宽0.4厘米（图3-1-13，9）。97TWH43：12，深灰色板岩。椭圆形。长径2.6、短径2.1、厚0.3厘米（图3-1-13，8）。97TWH43：35，深灰色板岩。长径3.8、宽径2.2、厚0.5厘米（图3-1-13，10）。

C型　1件。97TWH43：11，深灰色板岩。平面呈不规则形。长2.8、宽2.1、厚0.3厘米（图3-1-13，7）。

石料　1件。97TWH43：18，深灰色板岩。平面呈三角形，剖面呈三棱形。长5.8、宽3、厚0.3厘米（图3-1-13，1）。

骨、角器　6件。

骨锥　4件。97TWH43：2，剖面呈椭圆形，锥尾有圆形小钻孔，尾残。残长6.8、长径0.8、短径0.4厘米（图3-1-13，13）。97TWH43：26，锥尾残。方锥形，剖面呈长方形。残长4.9、锥身长0.5、宽0.4厘米（图3-1-13，15）。97TWH43：32，圆锥形，剖面近圆形。残长7、直径1.1厘米（图3-1-13，12）。97TWH43：40，以劈裂的动物管状骨制成，剖面呈凹窝形。长5.6、厚0.1厘米（图3-1-13，14）。

狍子角　1件。97TWH43：27，上端残。残长8.7厘米（图3-1-13，16）。

骨器　1件。97TWH43：41，以动物掌骨磨制，趾关节两侧各有一圆形钻孔，器身有刮磨痕。长18.5、宽8.8～9.2、厚3.2厘米（图3-1-13，11；图版八，4）。

2. 97ⅠTWH58

位于Ⅰ区T333东隔梁北段，开口于第2层下，打破97TWH59和生土。平面呈椭圆形，弧壁，圜底。坑口长径约1.54米，短径1.36、深0.52米。坑内堆积呈黄褐色，质地疏松，出土器物21件（图3-1-14）。

出土器物

陶器　2件。

无完整陶器出土。出土一定数量的纹饰陶片，以泥质红褐陶为主。纹饰多为刻划，有横线纹（图3-1-15，1、2）、变形之字纹（图3-1-15，5）、潦草人字纹（图3-1-15，3）以及斜线纹（图3-1-15，4）。

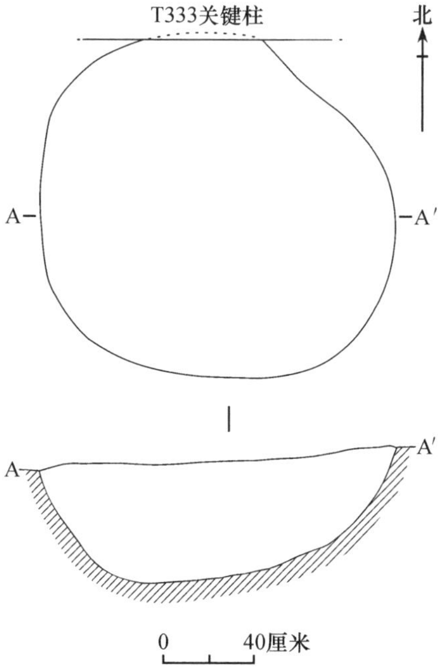

图3-1-14　97TWH58平、剖面图

图3-1-15　97TWH58纹饰拓片

1、2. 横线纹　3. 潦草人字纹　4. 斜线纹　5. 变形之字纹

器底　1件。97TWH58：9，泥质红褐陶，火候较高。手制，下腹部斜内收，平底。器表抹光，器壁外红内黑（图3-1-16，1）。

筒形罐　1件。97TWH58：10，泥质红褐陶，火候较高。仅余口沿陶片，手制，直口，圆唇，器表饰刻划横线纹，上腹部有一焗孔。残长6.1、宽5.2厘米（图3-1-16，2）。

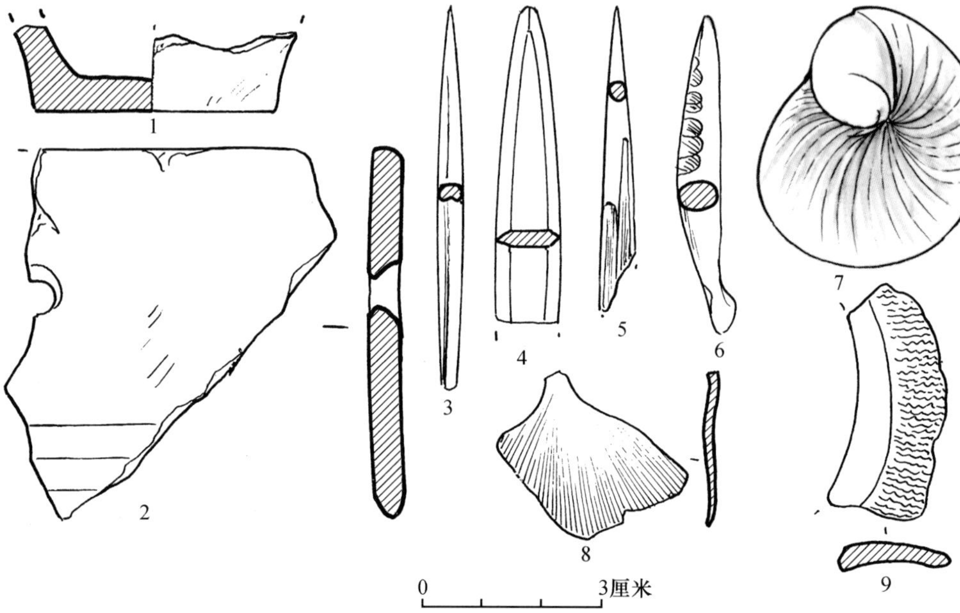

图3-1-16　97TWH58出土器物

1. 陶器底（97TWH58：9）　2. 陶筒形罐（97TWH58：10）　3、5、6. 骨锥（97TWH58：3、97TWH58：5、97TWH58：2）　4. 骨镞（97TWH58：4）　7. 河螺（97TWH58：19）　8. 鱼鳃骨（97TWH58：7）　9. 鳖甲（97TWH58：18）

石器　11件。

网坠　4件。

A型　1件。97TWH58：12，深灰色板岩，长条形，两端打制豁口。长3.8、宽1.9、厚0.2厘米（图3-1-17，4）。

B型　1件。97TWH58：13，青灰色板岩。椭圆形，两端打制豁口。长径2.8、短径2.6、厚0.6厘米（图3-1-17，1）。

C型　2件。不规则形。97TWH58：11，青灰色板岩。两端打制豁口。长2.9、宽2.3、厚0.3厘米（图3-1-17，2）。97TWH58：14，深灰色板岩。两端打制豁口。长3.5、宽1.9、厚0.4厘米（图3-1-17，3）。

镞　2件。

异型镞　1件。97TWH58：17，青灰色板岩。仅余部分镞身。残存镞身前部分起脊，后半部分中间带有血槽。残长6.5、宽1.5、厚0.4厘米（图3-1-17，6）。

镞半成品　1件。97TWH58：1，青灰色板岩。镞身前半部分起脊，剖面呈棱形；后半部分未经磨砺，尚有打制疤痕，剖面呈长方形。长10.4、镞身最宽1.5、厚0.4厘米（图3-1-17，9）。

镰　2件。均为灰绿色板岩。刃部有锯齿状磨蚀痕迹。97TWH58：21，长24、宽6.4、厚0.6厘米（图3-1-17，11）。97TWH58：22，器身及把手有部分破损。长22.4、宽9.4、厚0.4厘米（图3-1-17，8）。

凿　2件。97TWH58：15，灰绿色板岩。长条形，仅刃部经磨砺。长17.6、宽2.2、厚0.3厘米（图3-1-17，10）。97TWH58：16，灰绿色板岩。仅刃部经磨砺。长6、宽2.6、厚0.3厘米（图3-1-17，5）。

石器　1件。97TWH58：6，灰绿色板岩。长条形，一端残，一端有切割痕迹。残长4.1、宽1.7、厚0.2厘米（图3-1-17，7）。

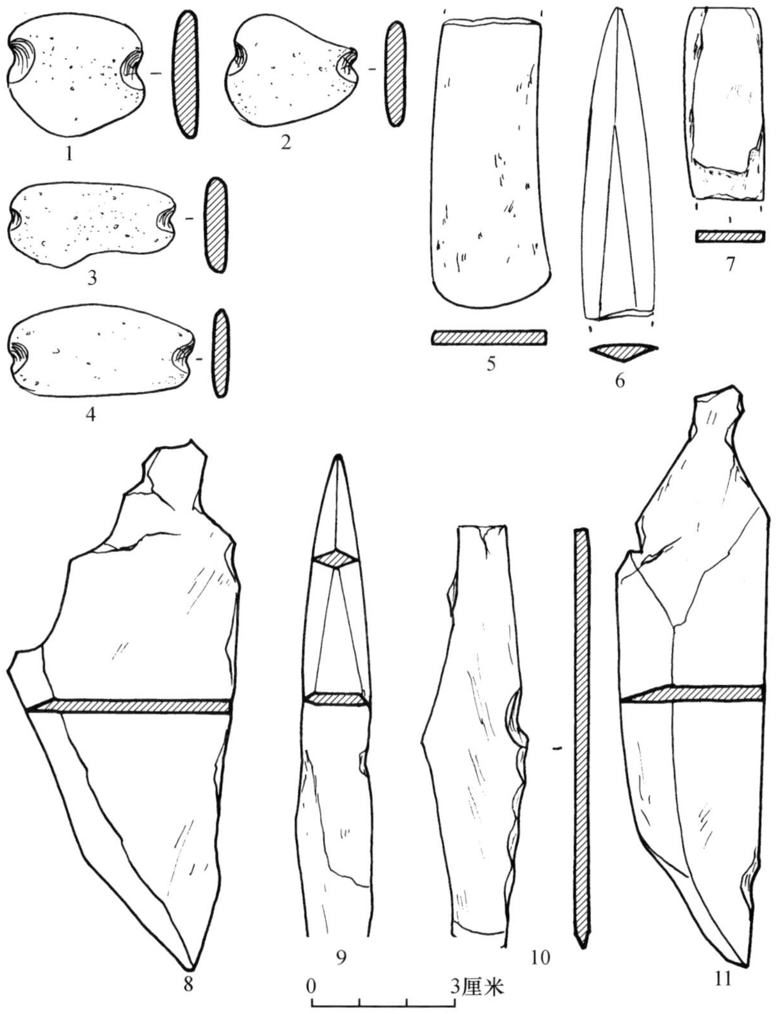

图3-1-17　97TWH58出土石器

1. B型网坠（97TWH58：13）　2、3. C型网坠（97TWH58：11、97TWH58：14）　4. A型网坠（97TWH58：12）　5、10. 凿（97TWH58：16、97TWH58：15）　6. 异型镞（97TWH58：17）　7. 石器（97TWH58：6）　8、11. 镰（97TWH58：22、97TWH58：21）　9. 镞半成品（97TWH58：1）

骨器　4件。

锥　3件。圆锥形。97TWH58：2，尖部圆钝，器身有动物啃咬痕迹，锥尾削成斜面，末端有系绳凹棱。长5.3、锥身直径0.7厘米（图3-1-16，6）。97TWH58：3，锥尖部分剖面呈圆形，锥尾剖面为长方形。长6.4厘米（图3-1-16，3）。97TWH58：5，尖部有刮磨痕，尾部残断。残长5厘米（图3-1-16，5）。

镞　1件。97TWH58：4，平面呈柳叶形，镞身两侧磨成刃部，剖面呈变形六边形，仅余镞身前半部分。残长5.3、镞身宽1.1、厚0.3厘米（图3-1-16，4）。

其他　4件。

鱼鳃骨　2片。97TWH58：7，浅黄色，扇形。长2.7、宽3、厚0.2厘米（图3-1-16，8）。97TWH58：8，长3.4、宽1.8、厚0.1厘米。

鳖甲　1块。97TWH58：18，不规则形。长3.9、宽1.5、厚0.3厘米（图3-1-16，9）。

河螺　1个。97TWH58：19，长径4.2、短径3.1厘米（图3-1-16，7）。

3. 97ⅠTWH59

位于Ⅰ区T333东部，伸入东隔梁内，开口于第2层下，打破97TWH43、第7层和生土层，并被97TWH58打破。平面呈圆形，弧壁，平底。坑口直径约1.5米，深0.5米。坑内堆积为黑花土，夹杂石块，质地疏松。出土器物27件（图3-1-18）。

出土器物

陶器　1件。

97TWH59出土陶器数量较少，但可见一定数量的红褐纹饰陶片。陶片以泥质陶为主，少量夹砂陶。施纹手法有两种，一种为刻划，一种为压印。刻划纹饰有变形之字纹（图3-1-19，1、5）、横线纹（图3-1-19，6），有潦草人字纹（图3-1-19，2）；压印纹饰有平行线纹（图3-1-19，3）和纵横线纹（图3-1-19，4）。

筒形罐　1件。97TWH59：27，夹砂红褐陶。手制，火候较低。直口，方唇，器表压印纵横直线纹。口径16、残高11厘米（图3-1-22，1）。

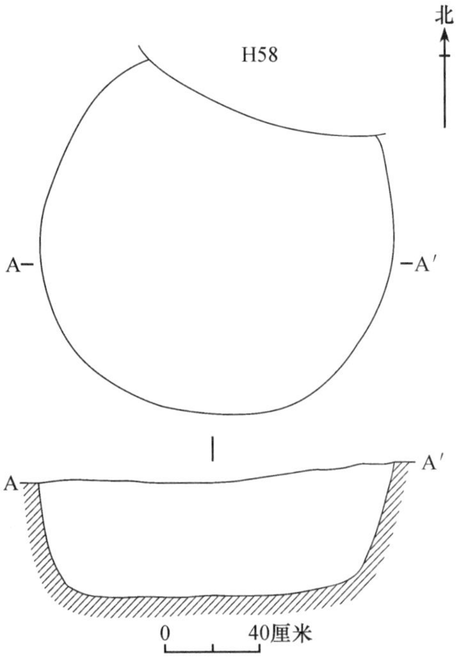

图3-1-18　97TWH59平、剖面图

图3-1-19　97TWH59出土陶器拓片

1、5. 变形之字纹　2. 潦草人字纹　3. 平行线纹　4. 纵横线纹　6. 横线纹

石器　16件。

网坠　6件。

A型　2件。长条形，两端打制豁口。97TWH59：7，深灰色板岩。长4.1、宽1.6、厚0.4厘米（图3-1-20，2）。97TWH59：21，灰绿色板岩。长4、宽1.8、厚0.5厘米（图3-1-20，5）。

B型　3件。椭圆形，两端打制豁口。97TWH59：1，灰绿色板岩。长径3.2、短径2、宽0.6厘米（图3-1-20，6）。97TWH59：2，灰色细砂岩。长径3.1、短径2.4、厚0.5厘米（图3-1-20，1）。97TWH59：11，灰白色石英砂岩。长径3.5、短径2.6、厚0.7厘米（图3-1-20，4）。

D型　1件。97TWH59：17，灰色石英砂岩。近圆形，两端打制豁口。直径3.7、厚1厘米（图3-1-20，3）。

Aa型镞　2件。柳叶形，无脊无铤。97TWH59：8，灰绿色板岩。尖残。残长7.3、宽1.7、厚0.1厘米（图3-1-20，9）。97TWH59：22，灰绿色板岩。仅余镞身中间部分。残长5.8、宽

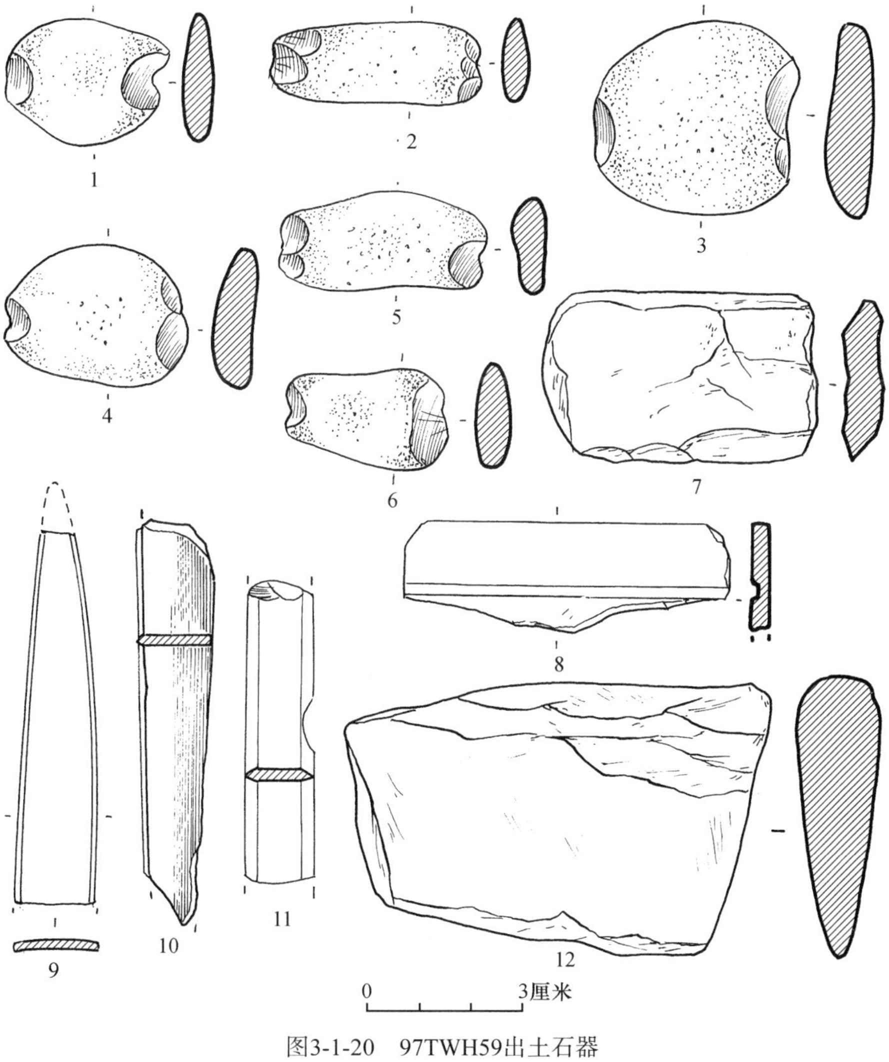

图3-1-20　97TWH59出土石器

1、4、6. B型网坠（1. 97TWH59：2、4. 97TWH59：11、6. 97TWH59：1）　2、5. A型网坠（97TWH59：7、97TWH59：21）　3. D型网坠（97TWH59：17）　7. Ba型刀（97TWH59：5）　8、10. 石料（97TWH59：28、97TWH59：29）　9、11. Aa型镞（97TWH59：8、97TWH59：22）　12. A型刀（97TWH59：15）

1.3、厚0.2厘米（图3-1-20，11）。

石饼　3件。均为扁圆形。97TWH59：16，灰色石英砂岩。长径9.6、短径7.4、厚2.8厘米（图3-1-21，2）。97TWH59：18，灰白色石英砂岩。长径12.4、短径10.2、厚3.4厘米（图3-1-21，3）。97TWH59：19，灰白色石英砂岩。长径11、短径8.4、厚2.4厘米（图3-1-21，1）。

A型研磨器　1件。97TWH59：20，紫灰色石英砂岩。扁圆柱形。长18、宽7.8、厚4厘米（图3-1-21，4）。

刀　2件。

A型　1件。97TWH59：15，灰色细砂岩。半月形，弧背弧刃，两端均残，刃部有磨损痕迹。长8.2、宽5、厚1.6厘米（图3-1-20，12）。

Ba型　1件。97TWH59：5，青灰色板岩。长条形，打制，制作粗糙。刃部一面打制，一面磨制。长5.2、宽3.3、厚0.7厘米（图3-1-20，7）。

石料　2件。长条形，有切割留下的刻划痕。97TWH59：28，灰绿色板岩。长6.4、宽2.1、厚0.3厘米（图3-1-20，8）。97TWH59：29，灰绿色板岩。为制作石镞留下的石料。长8、宽1.5、厚0.2厘米（图3-1-20，10）。

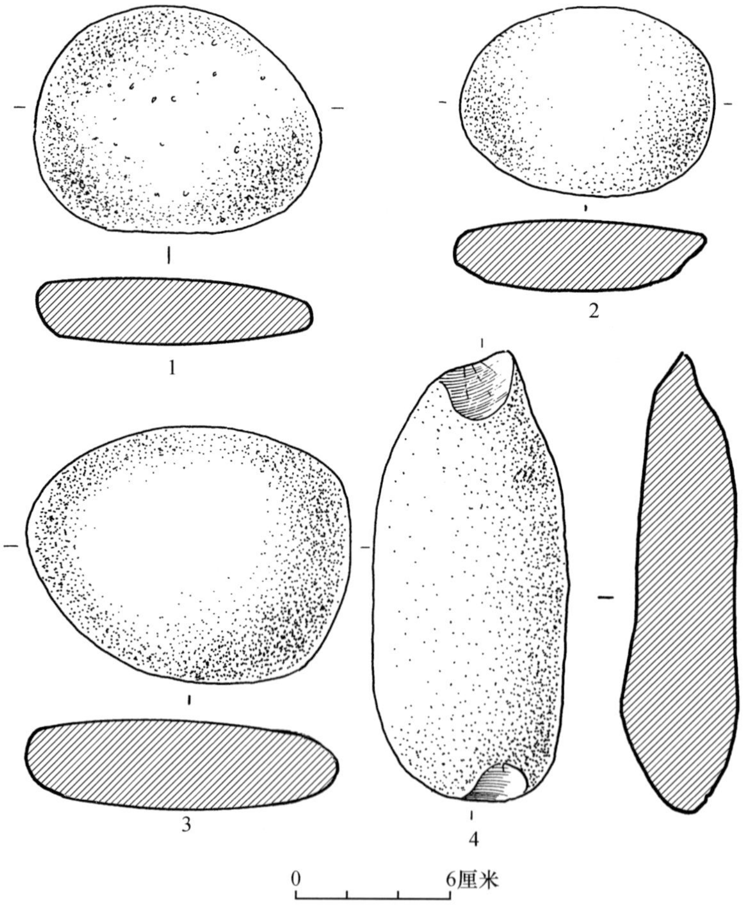

图3-1-21　97TWH59出土石器

1～3. 石饼（97TWH59：19、97TWH59：16、97TWH59：18）　4. A型研磨器（97TWH59：20）

骨、牙器　7件。

骨锥　4件。扁锥形。97TWH59：4，剖面呈凹窝形。长4.6、宽0.4厘米（图3-1-22，5）。97TWH59：6，剖面呈凹窝形。长6、宽0.2厘米（图3-1-22，4）。97TWH59：10，剖面呈椭圆形。器身遍布刮磨痕，尖残。长9.6、宽0.6米（图3-1-22，7）。97TWH59：30，仅余部分锥身。残长7.6、宽1.2、厚0.4厘米（图3-1-22，3）。

骨簪　1件。97TWH59：14，圆锥形，靠近锥尾位置有一圆形钻孔，器身遍布刮磨痕，尾残。残长11.2、宽0.6厘米（图3-1-22，8；图版八，5）。

骨管　1件。97TWH59：12，管形，两端有切割痕迹。长2.2、直径1.2厘米（图3-1-22，6）。

牙刀　1件。97TWH59：26，以野猪獠牙磨制，平面呈三角形，三边均有刃口。长5.1、宽3.2、厚0.6厘米（图3-1-22，11；图版八，6）。

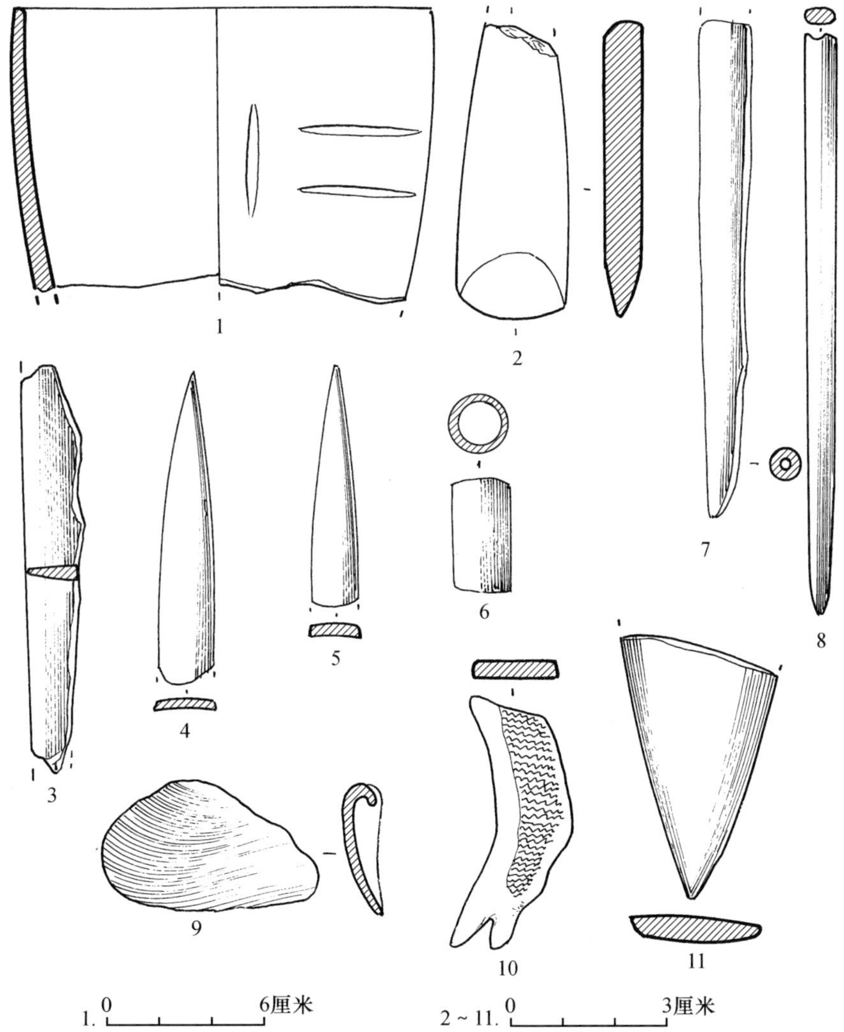

图3-1-22　97TWH59出土器物

1. 筒形陶罐（97TWH59：27）　2. 玉凿（97TWH59：25）　3～5、7. 骨锥（97TWH59：30、97TWH59：6、97TWH59：4、97TWH59：10）　6. 骨管（97TWH59：12）　8. 骨簪（97TWH59：14）　9. 河蚌（97TWH59：23）　10. 鳖甲（97TWH59：3）　11. 牙刀（97TWH59：26）

玉器　1件。

凿　1件。97TWH59：25，平面近梯形，深绿色。顶部残，刃部有磨蚀痕。残长5.8、宽2、厚0.8厘米（图3-1-22，2）。

其他　2件。

河蚌　1件。97TWH59：23，椭圆形。长4.2、宽2.5、厚0.2厘米（图3-1-22，9）。

鳖甲　1件。97TWH59：3，不规则形，表面密布坑点。长4.8、厚0.4厘米（图3-1-22，10）。

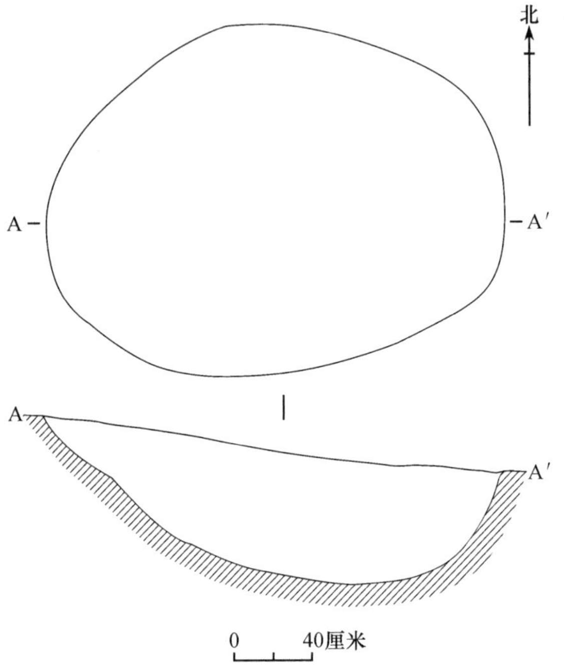

图3-1-23　98TWH146平、剖面图

4. 98ⅣTWH146

位于Ⅳ区T185东南部，部分伸入T163北隔梁内。开口于现代坑之下，打破生土。平面呈椭圆形，弧壁，不规则圜底。坑口长径为2.38米，短径1.82米。坑底长径为1.7米，短径1.35米。坑深0.6米。坑内堆积呈灰褐色，质地较硬，含较多石块。共出土器物42件（图3-1-23）。

出土器物

陶器　3件。

纹饰陶片　2件。98TWH146：40，泥质红陶，夹云母。器表饰刻划横线纹与压印指甲纹组合的复合纹饰（图3-1-24，1）。98TWH146：41，泥质红褐陶，夹云母。器表饰网格纹（图3-1-24，2）。

筒形罐　1件。98TWH146：42，夹砂黄褐陶，夹滑石及云母。仅余口沿陶片，微敛口，圆唇，器身饰数道刻划纹。口径25厘米（图3-1-24，3）。

石器　31件。

网坠　7件。

A型　1件。98TWH146：13，灰色板岩。长条形，两端打制豁口。长5.4、宽2.1、厚0.7厘米（图3-1-25，1）。

B型　4件。椭圆形，两端打制豁口。98TWH146：1，黄灰色石英砂岩。长径4.9、短径3.6、厚1.2厘米（图3-1-25，2）。98TWH146：2，灰色砂岩。长径3.9、短径2.1、厚0.6厘米（图3-1-25，3）。98TWH146：15，长径3.7、短径2.4、厚0.7厘米（图3-1-25，4）。98TWH146：29，灰色砂岩。长径3.8、短径2.9、厚0.8厘米（图3-1-25，5）。

C型　2件。不规则形。98TWH146：12，灰色砂岩。两端打制豁口。直径2.6、厚0.4厘米（图3-1-25，7）。98TWH146：16，灰色砂岩。一端打制豁口，一端豁口处有破损。直径3.3、厚0.9厘米（图3-1-25，6）。

Aa型镞　4件。98TWH146：17，灰色板岩，柳叶形，仅余镞身一段，器体较薄。残长4.3、镞身宽0.8、厚0.1厘米（图3-1-25，8）。98TWH146：30，青灰色板岩。柳叶形，无铤无

图3-1-24　98TWH146出土器物

1、2. 纹饰陶片（98TWH146：40、98TWH146：41）　3. 陶罐口沿（98TWH146：42）　4～9. A型石研磨器（98TWH146：5、98TWH146：3、98TWH146：21、98TWH146：22、98TWH146：23、98TWH146：27）　10. C型石研磨器（98TWH146：4）　11～13. B型石研磨器（98TWH146：6、98TWH146：7、98TWH146：25）　14. 石斧（98TWH146：9）　15、21. 石器（98TWH146：10、98TWH146：26）　16、17. 石剑（98TWH146：11、98TWH146：20）　18. Bb型石刀（98TWH146：14）　19. 绿石块（98TWH146：18）　20. 红石块（98TWH146：19）　22. 石坠（98TWH146：28）

脊，形体较薄。长5.2、宽1.2、厚0.1厘米（图3-1-25，9）。98TWH146：31，青灰色板岩。柳叶形，无铤无脊，形体较薄。长3.8、宽1.1、厚0.1厘米（图3-1-25，10）。98TWH146：38，青灰色板岩。柳叶形，无铤无脊，形体较薄。长4.7、宽1.3、厚0.15厘米（图3-1-25，11）。

研磨器　11件。

A型　6件。98TWH146：3，青灰色板岩。圆柱形，一端有明显的使用痕迹。通长14、最大径6厘米（图3-1-24，5）。98TWH146：5，肉红色细晶花岗岩。扁柱形，两端均有使用痕迹。通长25.2、最大径6.8厘米（图3-1-24，4）。98TWH146：21，灰白色细晶花岗岩。圆柱形，两端均有使用痕迹。通长12.4、最大径4.2厘米（图3-1-24，6）。98TWH146：22，灰白色黄岗岩。扁柱形，一端有使用痕迹。通长16、最大径6.2厘米（图3-1-24，7）。98TWH146：23，灰白色细晶花岗岩。圆柱形，两端粗细不一，一端有使用痕迹。通长12.6、最大径4.8厘米（图3-1-24，8）。98TWH146：27，暗紫色细晶花岗岩。扁柱形，通长12.6、最大径7.3厘米（图3-1-24，9）。

B型　4件。卵圆形。98TWH146：6，灰褐色细晶花岗岩。长8.4、最大径6.4厘米（图3-1-24，11）。98TWH146：7，灰白色石英砂岩。一端有使用痕迹。长8、最大径5.8厘米（图3-1-24，12）。98TWH146：24，通长11.6、最大径7厘米。98TWH146：25，肉红色细晶花岗岩。通长9.2、最大径7.6厘米（图3-1-24，13）。

C型　1件。半圆形，一端为人为切割而形成的断面，为卵圆形研磨器的一半。98TWH146：4，肉红色细晶花岗岩。残长10、最大径7.2厘米（图3-1-24，10）。

斧　1件。98TWH146：9，灰黑色板岩。平面近梯形，周身遍布打制痕，制作不规整，双面斜刃。长11.4、宽7.6、厚2.6厘米（图3-1-24，14）。

剑　2件。98TWH146：11，青灰色板岩。柳叶形，剑身两侧有锋刃，仅余剑首部分。长8.7、宽3.9、厚0.6厘米（图3-1-24，16）。98TWH146：20，青灰色板岩。剑身两侧有锋刃，仅余剑首部分。残长7.2、宽3.3、厚0.4厘米（图3-1-24，17）。

Bb型刀　1件。98TWH146：14，灰色板岩。窄长条形，仅余刀身一部分，背残，双面刃。残长8.3、宽2.3、厚0.5厘米（图3-1-24，18）。

绿石块　1件。98TWH146：18，绿色蛇纹岩。近方形，表面凸凹不平。边长近2.6、厚1.3厘米（图3-1-24，19）。

红石块　1件。98TWH146：19，鲜红色的硅质岩。不规则形。长4.3、宽4.1、厚3.8厘米（图3-1-24，20）。

石器　2件。98TWH146：10，灰色板岩。平面呈不规则五边形，一端有双面刃，器身凸凹不平，用途不清。长10.6、宽8、厚1.8厘米（图3-1-24，15）。98TWH146：26，暗紫色细晶花岗岩。平面近长方形，表面凸凹不平，用途不明。长6.5、宽5.5、厚1.8厘米（图3-1-24，21）。

石坠　1件。98TWH146：28，灰黑色砂岩。卵圆形，中间有圆形对钻孔。器身周边遍布大小不一的坑点。长径3.1、短径2.1、厚1.2厘米（图3-1-24，22）。

骨、角器　8件。

骨锥　3件。98TWH146：35，三棱锥形，锥身剖面近三角形，一端残。残长4.1、宽1、厚0.6厘米（图3-1-25，13）。98TWH146：37，圆锥形，锥身中间有裂痕。长3.8、直径0.9厘

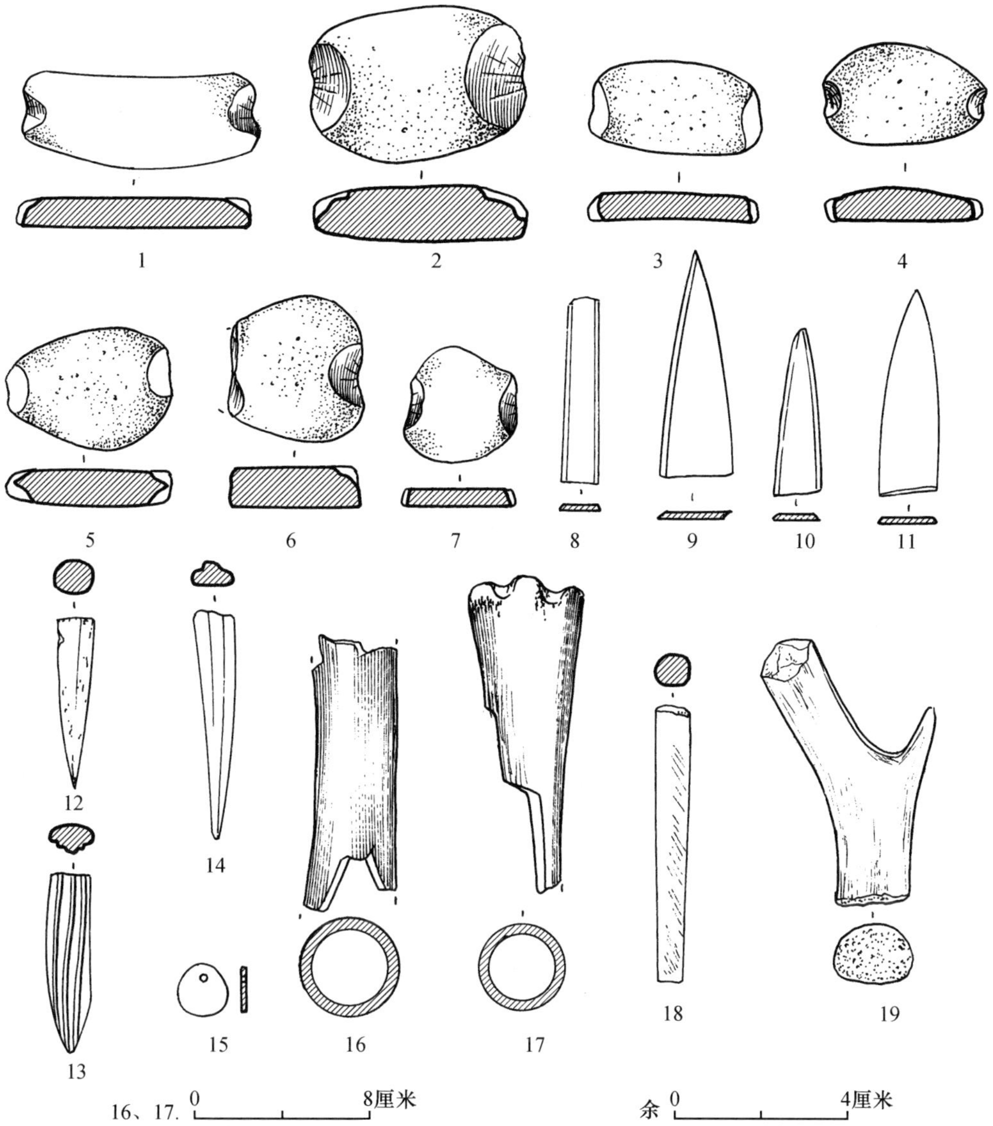

图3-1-25　98TWH146出土器物

1. A型石网坠（98TWH146：13）　2～5. B型石网坠（98TWH146：1、98TWH146：2、98TWH146：15、98TWH146：29）　6、7. C型石网坠（98TWH146：16、98TWH146：12）　8～11. Aa型石镞（98TWH146：17、98TWH146：30、98TWH146：31、98TWH146：38）　12～14. 骨锥（98TWH146：37、98TWH146：35、98TWH146：39）　15. 骨饰（98TWH146：8）　16～18. 骨器（98TWH146：32、98TWH146：33、98TWH146：36）　19. 鹿角器（98TWH146：34）

米（图3-1-25，12）。98TWH146：39，锥身一侧平滑，一侧有凸起，使其剖面呈不规则三角形，一端残。残长5.1、厚0.5厘米（图3-1-25，14）。

骨饰　1件。98TWH146：8，近圆形，周边磨出薄刃，有小钻孔。直径1.2、厚0.2厘米（图3-1-25，15）。

骨器　3件。98TWH146：32，圆柱形，两端均残，中空。一端粗，一端细，器表光滑，有一条裂痕。残长12.6、直径4.4厘米（图3-1-25，16）。98TWH146：33，管状，一端有骨关节，一端残。残长14.4、宽5.4、厚0.8厘米（图3-1-25，17）。98TWH146：36，以动物骨磨制而成，呈圆锥形，一端已残。残长6.4、直径0.7厘米（图3-1-25，18）。

鹿角器　1件。98TWH146：34，鹿角磨制，成叉形，有砍削痕迹，用途不明。长6.1厘米（图3-1-25，19）。

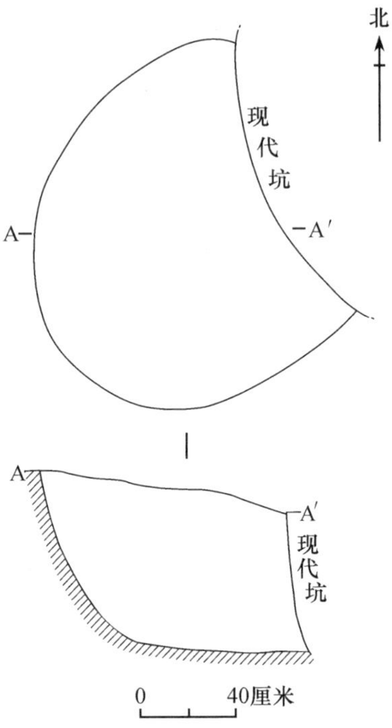

图3-1-26　98TWH148平、剖面图

5. 98ⅣTWH148

位于Ⅳ区T163西部。开口于第2层下，打破生土，并被现代坑打破。平面呈椭圆形，弧壁，平底。坑口长径不清，短径1.4米，深0.68米。坑内堆积呈灰褐色。质地较硬。出土器物20件（图3-1-26）。

出土器物

陶器　1件。

筒形罐　1件。98TWH148：19，泥质黄褐陶，夹蚌。口微侈，圆唇，器身饰压印人字纹。口径19.4、残高9厘米（图3-1-27，1）。

石器　16件。

磨盘　1件。98TWH148：1，暗紫色砂岩。仅余器身小部分。平面呈三角形，有一个磨面，磨面较光滑，其余面较粗糙。厚3.6厘米（图3-1-28，5）。

研磨器　2件。

A型　1件。98TWH148：2，灰白色石英砂岩。圆柱形，一端有使用痕迹。长10.8、最大径4.2厘米（图3-1-28，7）。

B型　1件。98TWH148：13，暗紫色石英砂岩。卵圆形，上下粗细不一，一端有使用痕迹。长12.6、宽7.4、厚3厘米（图3-1-28，3）。

凿　1件。98TWH148：3，灰色板岩。长条形，器形较宽，一端有弧形双面刃，两侧棱亦磨出双面刃，一侧棱还有豁口。长17.4、宽4.2、厚0.6厘米（图3-1-28，6）。

Aa型镞　4件。98TWH148：4，青灰色板岩。柳叶形，器表有多处磨痕，仅余镞尖部分。残长4.8、宽2.2、厚0.1厘米（图3-1-27，4）。98TWH148：5，青灰色板岩。柳叶形，刃部有多个小豁口。仅余镞尖部分。长4.1、宽1.5、厚0.2厘米（图3-1-27，5）。98TWH148：10，青灰色板岩。柳叶形，仅余镞身部分，器表光滑。残长5.9、宽3、厚0.3厘米（图3-1-27，2）。98TWH148：11，青灰色板岩。柳叶形，仅余镞身部分，镞身剖面呈变形六边形。残长5.5、宽1.5、厚0.3厘米（图3-1-27，3）。

网坠　4件。

A型　1件。98TWH148：6-2，灰色板岩。长条形，两端打制豁口。长3.8、宽1.4、厚0.4厘米（图3-1-27，9）。

B型　1件。98TWH148：6-1，灰色板岩。椭圆形，两端打制豁口。长径3.5、短径2.3、厚0.6厘米（图3-1-27，10）。

C型　1件。98TWH148：16，青灰色板岩。不规则形，两端打制豁口。长径2.7、厚0.5厘

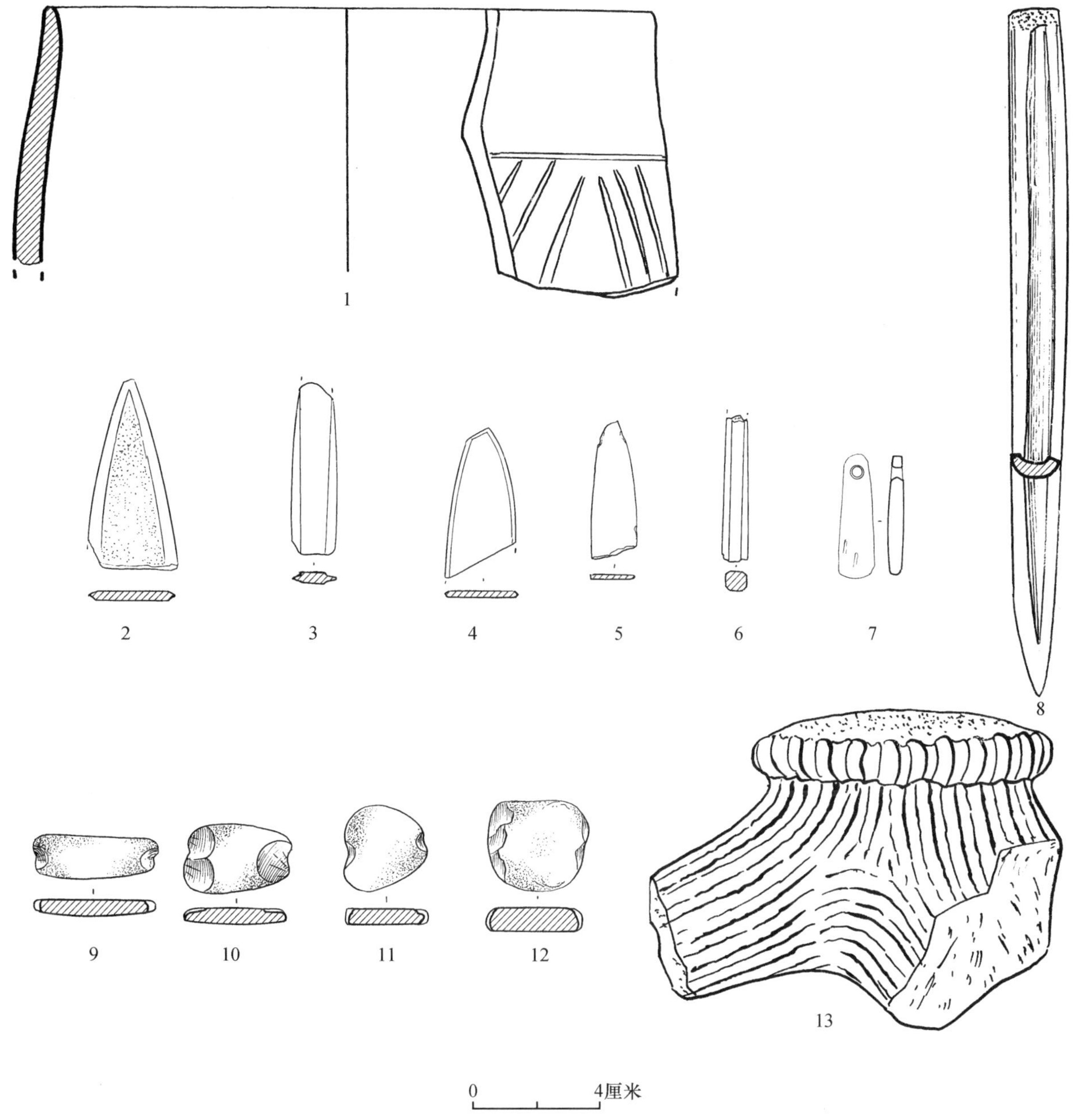

图3-1-27　98TWH148出土器物

1. 陶筒形罐（98TWH148：19）　2～5. Aa型石镞（98TWH148：10、98TWH148：11、98TWH148：4、98TWH148：5）　6. 骨器（98TWH148：12）　7. 石坠（98TWH148：8）　8. 骨锥（98TWH148：9）　9. A型石网坠（98TWH148：6-2）　10. B型石网坠（98TWH148：6-1）　11. C型石网坠（98TWH148：16）　12. E型石网坠（98TWH148：17）　13. 鹿角（98TWH148：7）

米（图3-1-27，11）。

E型　1件。98TWH148：17，褐色砂岩。近方形，两端打制豁口，豁口较大。边长约3、厚0.8厘米（图3-1-27，12）。

石坠　1件。98TWH148：8，滑石质。扁平圆角梯形，一端有对钻孔，一面有破损。长3.8、宽1.1、厚0.5厘米（图3-1-27，7；图版八，2）。

刮削器　2件。98TWH148：14，灰色板岩。平面呈不规则梯形，器身遍布打制痕。长12、宽7、厚1.4厘米（图3-1-28，2）。98TWH148：15，灰色板岩。平面呈长方形，四边遍布打击痕。长10.4、宽7.2、厚0.8厘米（图3-1-28，1）。

齿状石器　1件。98TWH148：18，灰白色花岗岩。边缘似齿状。长18、宽12.2、厚2.4厘米（图3-1-28，4；图版八，3）。

骨、角器　3件。

鹿角　1件。98TWH148：7，以鹿角制成，上有砍砸痕，用途不明。长13、高10厘米（图3-1-27，13）。

骨锥　1件。98TWH148：9，扁锥形，器表磨制光滑。长21.8、宽1.8、厚0.2厘米（图3-1-27，8）。

骨器　1件。98TWH148：12，近六边柱形，器表有磨制痕迹，两端均残。残长4.7、宽0.8厘米（图3-1-27，6）。

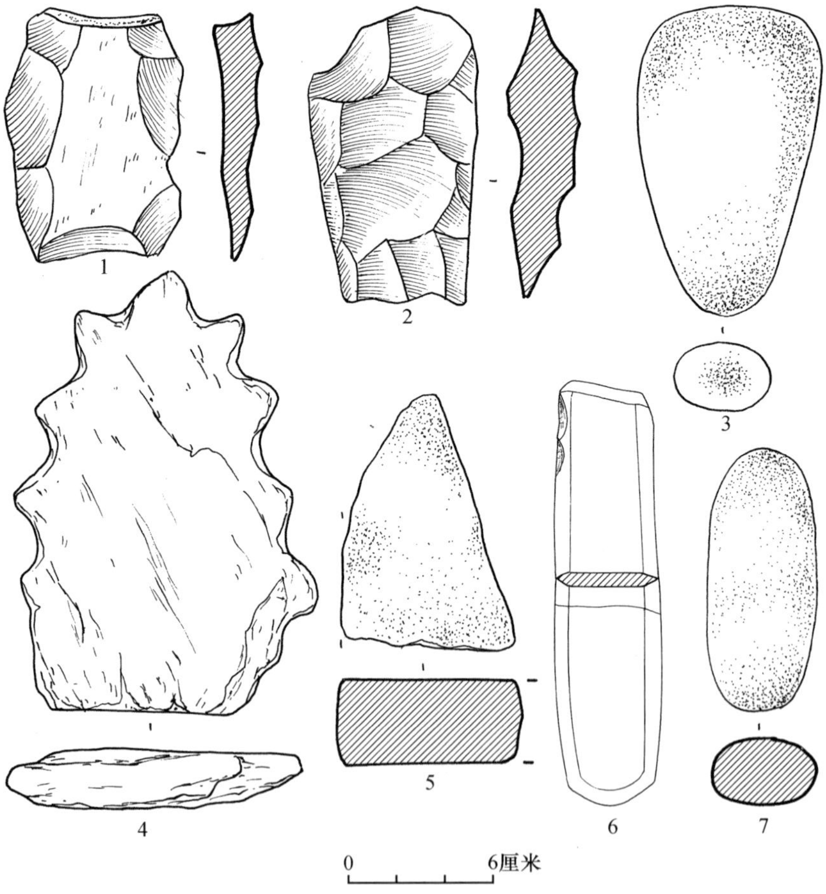

图3-1-28　98TWH148出土石器

1、2. 刮削器（98TWH148：15、98TWH148：14）　3. B型研磨器（98TWH148：13）　4. 齿状石器（98TWH148：18）　5. 磨盘（98TWH148：1）　6. 凿（98TWH148：3）　7. A型研磨器（98TWH148：2）

6. 98ⅣTWH149

位于Ⅳ区T163西南部，伸入T141北隔梁，伸入T163探方以外部分未清理。开口于第2层下，打破生土，并被现代坑打破。因伸入T163以外部分及伸入T141隔梁部分未清理，平面形制不清，弧壁，平底。坑口尺寸不清，深约0.46米。坑内堆积呈黄褐色，质地较硬，含较多细砂粒，出土器物11件（图3-1-29）。

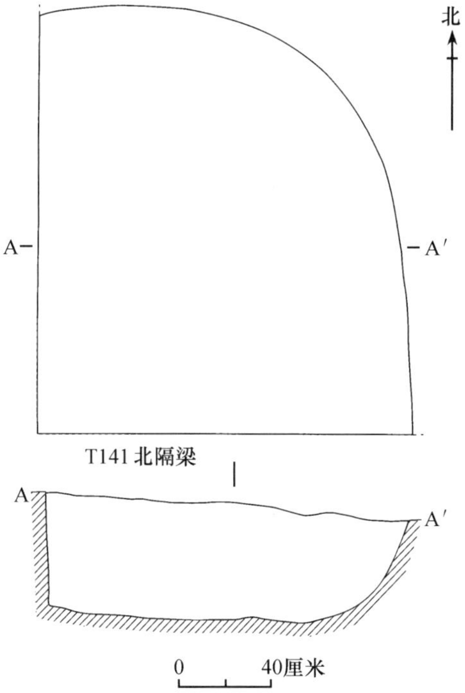

图3-1-29　98TWH149平、剖面图

出土器物

陶器　1件。

口沿　1件。98TWH149：11，夹砂黄陶，夹滑石。口微侈，圆唇，口沿下有一单钻孔，孔下刻划数条横线纹。厚0.7厘米（图3-1-30，1）。

石器　7件。

镞　3件。

Ad型　2件。均残留镞身一段，镞身剖面呈变形六边形。98TWH149：4，黄褐色板岩。残长4.7、镞身宽0.9、厚0.2厘米（图3-1-30，5）。98TWH149：6，青灰色板岩。残长5.9、宽1.5、厚0.1厘米（图3-1-30，6）。

Ba型　1件。98TWH149：7，青灰色板岩。双翼，后锋倒刺呈燕尾形。残长3.3、宽1、厚0.2厘米（图3-1-30，7）。

B型网坠　1件。98TWH149：5，灰白色细晶花岗岩。椭圆形，一面有部分破损。长径3.4、宽3.1、厚1.1厘米（图3-1-30，8）。

A型研磨器　1件。98TWH149：3，暗紫色砂岩。圆柱形，两端大小不一，一端有使用痕迹。长13.2、宽6、厚3.2厘米（图3-1-30，9）。

石饼　1件。98TWH149：2，褐灰色细晶花岗岩。圆饼形。直径约9、厚3厘米（图3-1-30，10）。

砺石　1件。98TWH149：1，褐色大理岩。长条形，一端残断，器表遍布磨蚀痕。残长7.6、宽6、厚2.8厘米（图3-1-30，11）。

骨、牙器　3件。

骨锥　2件。98TWH149：8，扁锥形。已残，锥身剖面呈凹窝形，尖部剖面呈圆形。残长4、厚0.3厘米（图3-1-30，2）。98TWH149：9，扁锥形。已残，锥身有一凹槽，锥尖呈扁圆形。长7.5、厚0.3厘米（图3-1-30，3）。

牙饰　1件。98TWH149：10，半月形，仅余小段，以野猪獠牙磨制，牙根处有一单钻孔。残长5.6、宽2、厚0.2厘米（图3-1-30，4）。

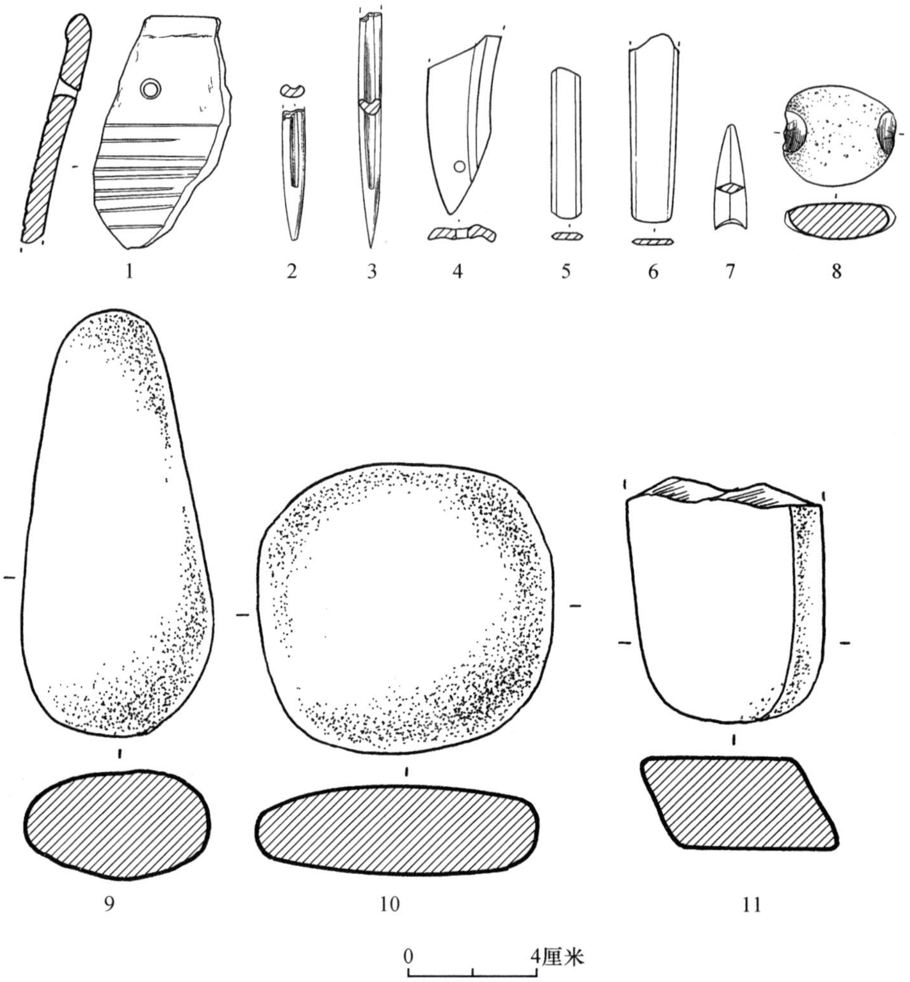

图3-1-30　98TWH149出土器物

1. 陶器口沿（98TWH149：11）　2、3. 骨锥（98TWH149：8、98TWH149：9）　4. 牙饰（98TWH149：10）　5、6. Ad型石镞（98TWH149：4、98TWH149：6）　7. Ba型石镞（98TWH149：7）　8. B型石网坠（98TWH149：5）　9. A型石研磨器（98TWH149：3）　10. 石饼（98TWH149：2）　11. 砺石（98TWH149：1）

第二节　晚商至西周时期遗存

第二期遗存，即晚商至西周时期遗存，仅在第Ⅰ区和第Ⅱ区有发现，包含Ⅰ区第10～9层，第10层下开口的单位；第Ⅱ区第8层及其下开口的部分单位。

第Ⅰ区第10层下开口的单位有：97ⅠTWH139、97ⅠTWH141、97ⅠTWH142、97ⅠTWF14。

第Ⅰ区第9层下无开口单位。

第Ⅱ区第8层下开口的单位有：97ⅡTWF17。

下面分区介绍第二期遗存。

一、地层出土器物

（一）第Ⅰ区第10层出土器物

第Ⅰ区第10层共出土器物31件。其中石器23件，骨器8件，未发现陶器。

1. 石器

第Ⅰ区第10层共出土石器23件。其中，石网坠4件（B4）、石镞3件（Ba1、Ad2）、石镐1件、石研磨器9件（A4、B3、C2）、石球2件、石砍砸器1件、石切割器2件、绿松石块1件。

共选取了14件石器进行介绍。

镞　3件。

Ba型　1件。97TWT396⑩：4，青灰色板岩。双翼，后锋倒刺呈燕尾形，方柱形铤。长6、镞身宽1.5、厚0.4厘米（图3-2-1，1；图版九，1）。

Ad型　2件。镞身呈柳叶形，镞身中间有血槽。97TWT395⑩：2，灰色板岩。仅余镞身前半部分。残长3.5、镞身宽1.2、厚0.4厘米（图3-2-1，3）。97TWT399⑩：8，深灰色板岩。仅余镞身部分。残长3.5、宽1.2、厚0.4厘米（图3-2-1，2）。

C型刀　2件。97TWT395⑩：3，灰色板岩。平面呈不规则三角形，直背，单面弧刃，器形较薄。长6.5、宽2.2、厚0.3厘米（图3-2-1，5）。97TWT395⑩：5，紫色板岩。近三角形，尖首，单面刃，刃部有磨蚀痕，器形不规整。长8.3、宽4.4、厚0.5厘米（图3-2-1，4）。

镐　1件。97TWT399⑩：4，深灰色板岩。亚腰形，双面弧刃，器身遍布打制疤痕。长17.8、宽10、厚3.4厘米（图3-2-1，6）。

研磨器　6件。

A型　3件。97TWT397⑩：7，暗紫色花岗岩。圆柱形。高19.6、长径6.8、短径4厘米（图3-2-1，7）。97TWT398⑩：6，灰色花岗闪长岩。圆柱形，残断。残高16、长径7、短径4厘米（图3-2-1，9）。97TWT399⑩：7，灰白色石英砂岩。长条形。高18、长径7.4、短径4.6厘米（图3-2-1，8）。

B型　1件。卵圆形。97TWT398⑩：12，紫色石英砂岩。扁圆形，一端残。长12.4、宽8.4、厚3.6厘米（图3-2-1，10）。

C型　2件。97TWT398⑩：10，灰色石英砂岩。半圆形。一端有切割痕。长7、厚3.8厘米（图3-2-1，12）。97TWT398⑩：11，灰色石英片麻岩。似为扁柱形魔棒从中间切断而形成。高10.5、长径7、短径3厘米（图3-2-1，11）。

砍砸器　1件。97TWT398⑩：9，灰色石英砂岩。一端有砍砸痕迹，器身中部有打击疤痕。长17、宽7.8、厚3厘米（图3-2-1，14）。

球　1件。97TWT398⑩：13，紫色石英砂岩。卵圆形，周身有打磨痕。直径7.1～7.8厘米（图3-2-1，13）。

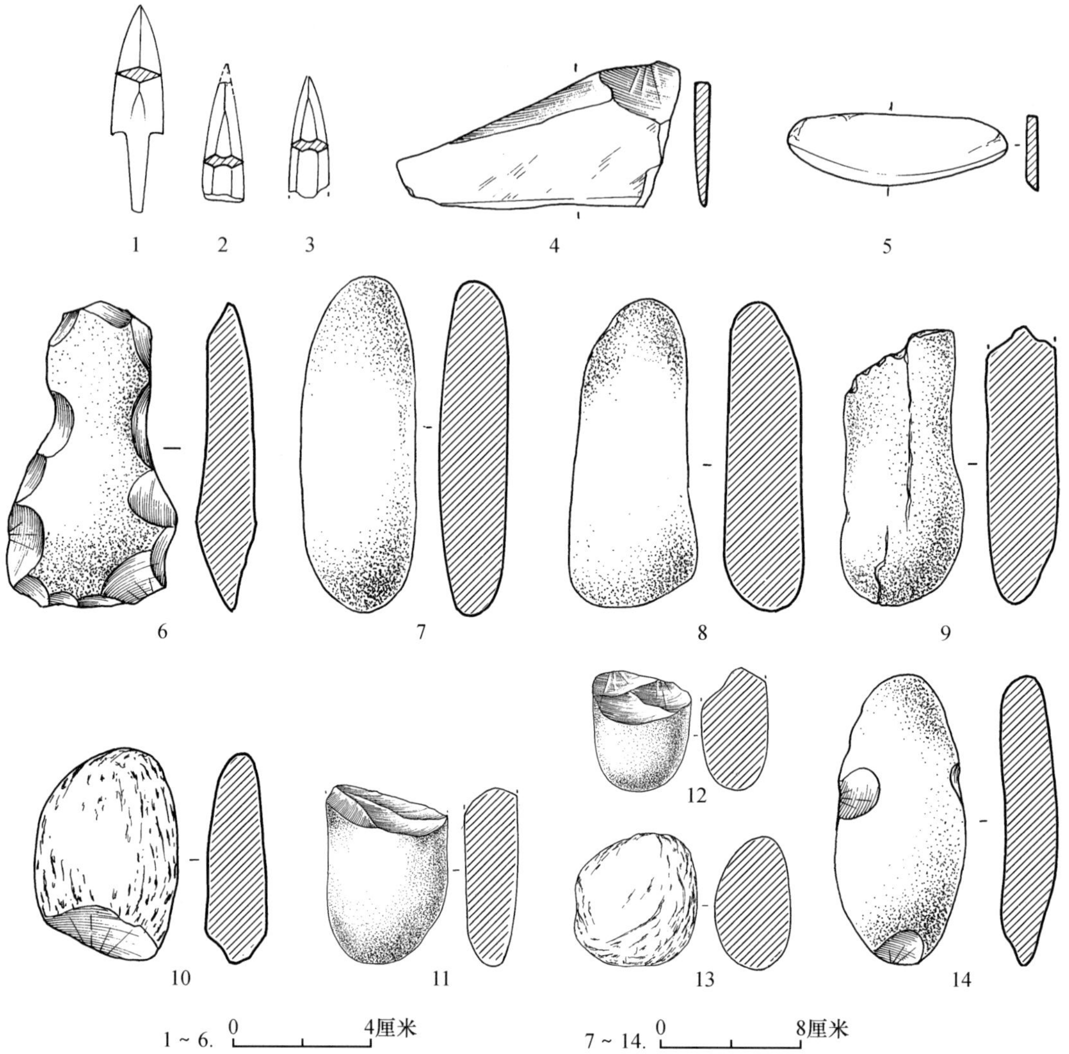

图3-2-1　第Ⅰ区第10层出土石器

1. Ba型镞（97TWT396⑩：4）　2、3. Ad型镞（97TWT399⑩：8、97TWT395⑩：2）　4、5. C型刀（97TWT395⑩：5、97TWT395⑩：3）　6. 镐（97TWT399⑩：4）　7～9. A型研磨器（97TWT397⑩：7、97TWT399⑩：7、97TWT398⑩：6）　10. B型研磨器（97TWT398⑩：12）　11、12. C型研磨器（97TWT398⑩：11、97TWT398⑩：10）　13. 球（97TWT398⑩：13）　14. 砍砸器（97TWT398⑩：9）

2. 骨、牙器

第Ⅰ区第10层共出土8件骨器。器类分别为：骨锥5件、卜骨1件、牙刀1件、骨鱼鳔1件。现选取其中的6件骨器进行介绍。

卜骨　1件。97TWT395⑩：1，牛肩胛骨制成，边缘破损。器身有裂纹及烧灼痕。长29.1、宽14.6厘米（图3-2-2，1）。

骨锥　3件。97TWT396⑩：1，以动物管状骨壁磨制。扁锥形，锥身剖面呈凹窝形，器表有刮磨痕。长5.1、厚0.4厘米（图3-2-2，2；图版九，4）。97TWT396⑩：5，以动物肢骨磨制而成。扁锥形，锥身剖面呈半圆形，锥尾残。残长5.4、厚0.4厘米（图3-2-2，3）。

97TWT399⑩：1，扁锥形，锥身剖面呈半月形，锥尾处残断，残断处可见圆形钻孔。残长4.1、镞身宽0.9、厚0.3厘米（图3-2-2，4）。

骨鱼鳔　1件。97TWT398⑩：1，以鹿骨磨制，末端残。鳔身上留有2根倒刺。长7.4、截面长径1、短径0.7厘米（图3-2-2，5；图版九，3）。

牙刀　1件。97TWT399⑩：2，以野猪獠牙劈裂后磨制，刃部较钝。长8.8、宽2.5、厚0.5厘米（图3-2-2，6）。

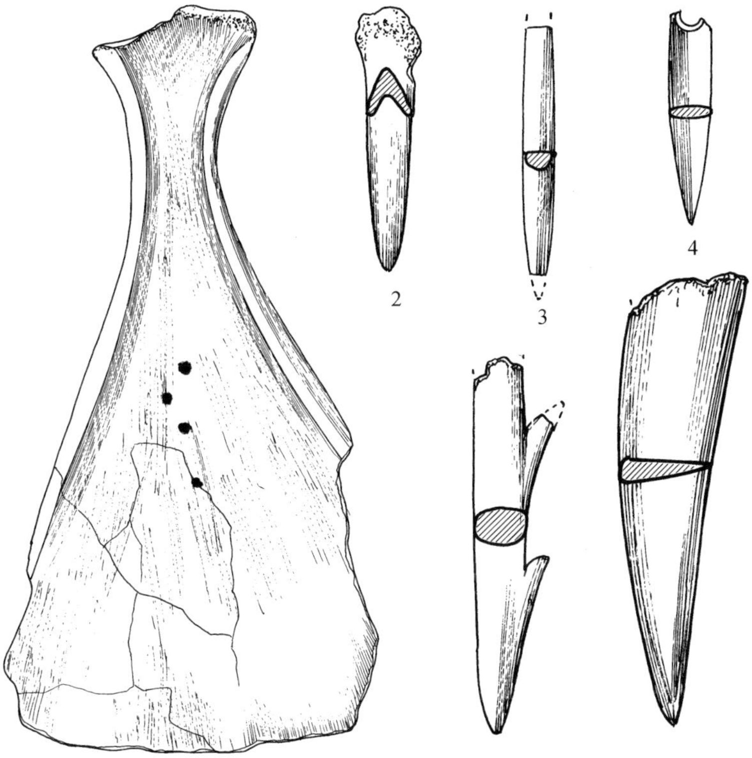

图3-2-2　第Ⅰ区第10层出土骨、牙器

1. 卜骨（97TWT395⑩：1）　2～4. 骨锥（97TWT396⑩：1、97TWT396⑩：5、97TWT399⑩：1）
5. 骨鱼鳔（97TWT398⑩：1）　6. 牙刀（97TWT399⑩：2）

（二）第Ⅰ区第9层出土器物

1. 陶器

第Ⅰ区第9层共出土26件陶器。器类主要有陶壶1件、陶罐6件、陶器底2件、陶圜底器2件、陶碗底2件、陶钵2件、陶网坠11件（Ea3、Eb4、Ec1、Ed1、Ee2）等。

共挑选24件陶器进行介绍。

壶　1件。97TWT396⑨：17，夹砂黄褐陶，素面。仅余口部，喇叭形口，圆唇。口径28厘米（图3-2-3，2）。

罐　6件。97TWT396⑨：15，夹砂褐陶。仅余口部。口微敛，斜抹口沿。口部饰一周泥条对称的凸棱纹，口下饰对称錾耳。口径13厘米（图3-2-3，12）。97TWT396⑨：16，夹砂黄褐陶。仅余口部。直口，方唇，口部以下有两道凸棱纹。口径28厘米（图3-2-3，3）。97TWT399⑨：57，夹砂黑褐陶，夹大量云母，素面。口微外侈，溜肩，肩部饰对称乳丁耳，弧腹，腹下部及底部均残。口径11厘米（图3-2-3，5）。97TWT399⑨：58，夹砂黑褐陶，素面。侈口，方唇，仰折沿，口沿内壁折棱不明显，溜肩，鼓腹，腹下部及底均残。口径24厘米（图3-2-3，1）。97TWT399⑨：59，泥质黄褐陶。手制，火候较高，器表抹光。侈口，斜抹尖唇，口沿下部饰对称乳丁耳，弧腹，腹下部及底部均残。残高6、口径16厘米（图3-2-3，8）。97TWT399⑨：60，夹砂褐陶，夹云母，素面。侈口，方唇，束颈，颈部饰对称乳丁耳，弧腹，下腹部及底部残。残高6.6、口径9.8厘米（图3-2-3，4）。

器底　2件。97TWT398⑨：81，夹砂褐陶，夹云母。素面，弧腹，器底微内凹。残高8、底径12.4厘米（图3-2-3，7）。97TWT398⑨：86，夹细砂灰陶。器身上部分已残，弧腹，大平底。底径15、残高7.8厘米（图3-2-3，6）。

碗底　2件。97TWT396⑨：18，夹细砂红陶，夹蚌粉。器身上部已残。斜直壁，平底。器壁较厚，内壁发白。底径5.6、残高5.2厘米（图3-2-3，11）。97TWT398⑨：84，夹砂黑褐陶，夹蚌。器身上部已残，弧腹，漫圆状平底。器壁较厚，内壁发白。底径5.6、残高3.4厘米（图3-2-3，13）。

钵　2件。97TWT398⑨：77，夹细砂夹蚌红陶，底残。直口，弧腹。口径7、残高4厘米（图3-2-3，14）。97TWT398⑨：82，泥质红褐陶，素面。近直口，斜抹尖唇，垂腹，底残。口径8、残高5厘米（图3-2-3，15）。

圜底器　2件。97TWT398⑨：83，夹砂红陶，素面。口部残，弧腹，圜底。残高7、底径5厘米（图3-2-3，10）。97TWT399⑨：61，夹砂红陶，夹云母。手制，火候较高，口部残，斜直腹，圜底近平。残高7.6、底径2.3厘米（图3-2-3，9）。

网坠　9件。

Ea型　3件。圆形。97TWT395⑨：1，以夹砂黄褐陶片磨制而成，两端磨制豁口。直径4.8、厚0.4厘米（图3-2-4，1）。97TWT396⑨：2，以夹砂黄褐陶片磨制而成。仅余器身一半，中间有圆形钻孔，器身残留一个豁口。直径约5.2、厚0.5厘米（图3-2-4，2）。97TWT396⑨：13，以夹砂红褐陶片磨制而成，仅余器身的1/4。中间有钻孔，器身边缘残留一个豁口。长4、宽2.8、厚0.5厘米（图3-2-4，3）。

Eb型　2件。椭圆形。97TWT396⑨：3，以夹砂黄褐陶片磨制而成，器身有一条浅凹槽，两端磨制豁口。长径4.5、短径4、厚0.7厘米（图3-2-4，7）。97TWT396⑨：14，以夹砂红褐陶片磨制而成。仅余器身的1/4，残留一个豁口。直径约5、厚0.4厘米（图3-2-4，8）。

Ec型　1件。97TWT399⑨：6，以夹砂夹云母的黑褐色陶片磨制而成。近方形，两端磨制豁口。边长约3.4、厚0.4厘米（图3-2-4，6）。

Ed型　1件。97TWT398⑨：1，以夹砂黄褐陶片磨制而成。长方形，中间有圆形钻孔，两

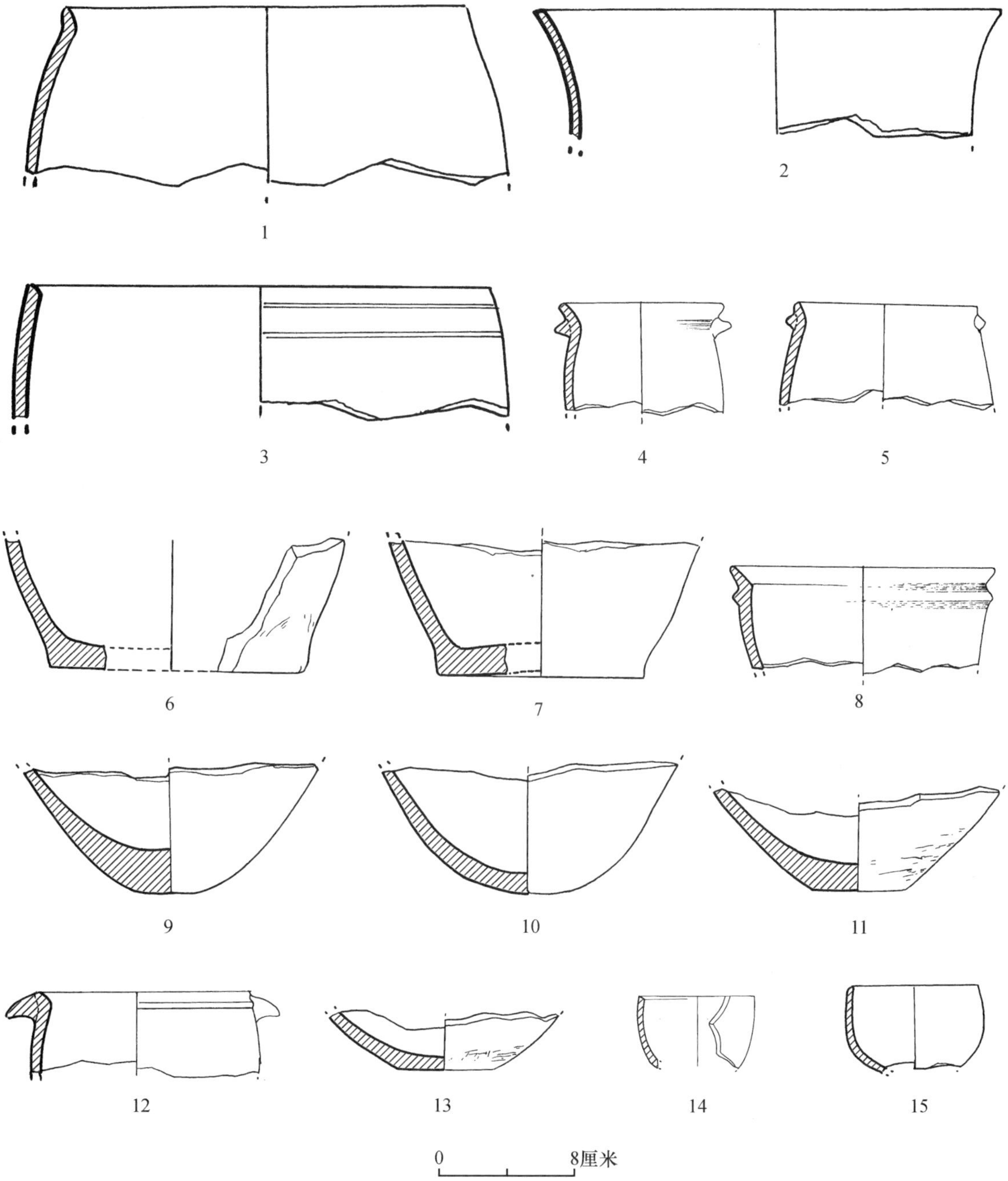

图3-2-3　第Ⅰ区第9层出土陶器

1、3～5、8、12. 罐（97TWT399⑨：58、97TWT396⑨：16、97TWT399⑨：60、97TWT399⑨：57、97TWT399⑨：59、97TWT396⑨：15）　2. 壶（97TWT396⑨：17）　6、7. 器底（97TWT398⑨：86、97TWT398⑨：81）　9、10. 圜底器（97TWT399⑨：61、97TWT398⑨：83）　11、13. 碗底（97TWT396⑨：18、97TWT398⑨：84）　14、15. 钵（97TWT398⑨：77、97TWT398⑨：82）

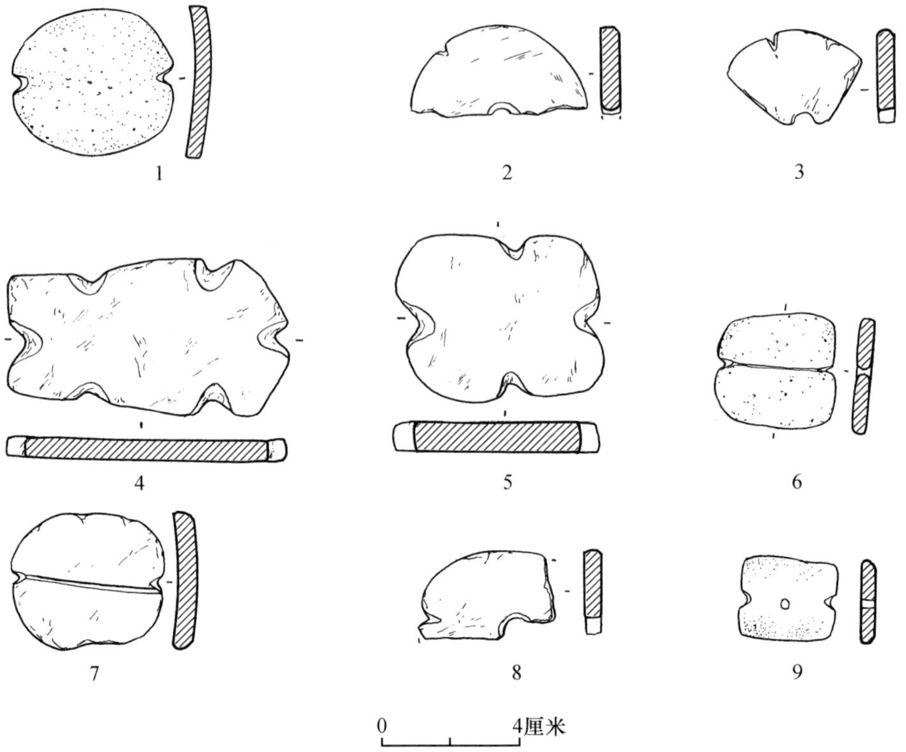

图3-2-4　第Ⅰ区第9层出土陶网坠

1～3. Ea型（97TWT395⑨：1、97TWT396⑨：2、97TWT396⑨：13）　4、5. Ee型（97TWT399⑨：51、97TWT399⑨：47）　6. Ec型（97TWT399⑨：6）　7、8. Eb型（97TWT396⑨：3、97TWT396⑨：14）　9. Ed型（97TWT398⑨：1）

端磨制豁口。长2.9、宽2.5、厚0.4厘米（图3-2-4，9）。

Ee型　2件。97TWT399⑨：47，以夹砂黄褐陶片打制而成。呈不规则形，两个长边各有2个豁口，两个短边各有1个豁口。长6、宽5.2、厚1厘米（图3-2-4，5）。97TWT399⑨：51，以夹砂黄褐陶片打制而成。平面呈不规则形，边缘打制四个豁口，豁口较大。长8.3、宽4.8、厚0.7厘米（图3-2-4，4）。

2. 石器

第Ⅰ区第9层共出土石器150件。器类分别为：石网坠48件（A5、B41、D2）、石镞5件（Aa2、Ba3）、石镐4件、石刀1件（Bb1）、石研磨器45件（A29、B12、C4）、石器10件、石凿1件、石球7件、石饼11件、石斧3件、石短剑2件、石饰1件、石料1件、磨石1件、石磨盘2件、砺石2件、石砍砸器2件、石切割器4件。

共挑选了74件石器进行介绍。

短剑　1件。97TWT398⑨：78，紫红色板岩。仅余剑尖部分，器身呈柳叶形，平身无脊，双面刃，器表光滑，刃部锋利。残长9.5、宽3.5、厚0.4厘米（图3-2-5，23）。

Ba型镞　3件。双翼，后锋倒刺呈燕尾形。97TWT399⑨：1，青灰色板岩。方柱形铤残。残长5.1、镞身宽1.2、厚0.5厘米（图3-2-5，21；图版九，2）。97TWT397⑨：5，灰色板岩。凹底无铤。长3.5、镞身宽1.1、厚0.5厘米（图3-2-5，22）。97TWT399⑨：36，青灰色板岩。

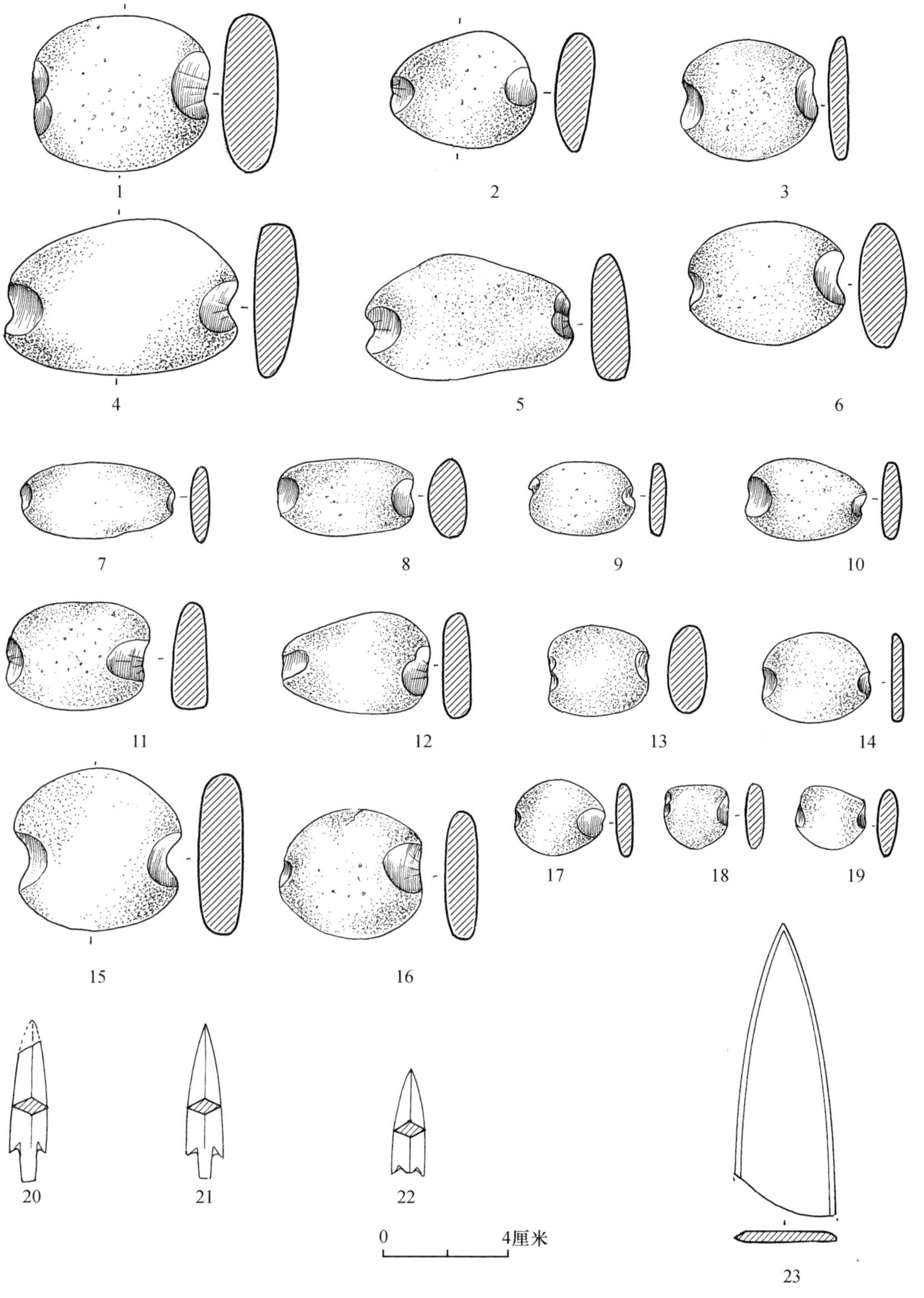

图3-2-5　第Ⅰ区第9层出土石器

1～6、9～14、17～19. B型网坠（97TWT399⑨：24、97TWT399⑨：23-1、97TWT397⑨：3、97TWT399⑨：23-2、97TWT398⑨：7、97TWT396⑨：1、97TWT397⑨：11、97TWT397⑨：10、97TWT398⑨：12、97TWT398⑨：13、97TWT398⑨：8、97TWT398⑨：46、97TWT398⑨：10、97TWT398⑨：23、97TWT398⑨：22）　7、8. A型网坠（97TWT397⑨：2、97TWT397⑨：1）　15、16. D型网坠（97TWT399⑨：22、97TWT398⑨：47）　20～22. Ba型镞（97TWT399⑨：36、97TWT399⑨：1、97TWT397⑨：5）　23. 短剑（97TWT398⑨：78）

镞尖残，圆柱形铤残。残长4.7、镞身宽1.2、厚0.6厘米（图3-2-5，20）。

网坠　19件。

A型　2件。长条形。97TWT397⑨：1，肉红色花岗细晶岩。长4.4、宽2.6、厚1.2厘米（图3-2-5，8）。97TWT397⑨：2，青灰色板岩。长5.1、宽2.5、厚0.5厘米（图3-2-5，7）。

B型　15件。椭圆形，两端打制豁口。97TWT396⑨：1，深灰色板岩。长径5.2、短径4、厚1.5厘米（图3-2-5，6）。97TWT397⑨：3，灰色闪长径岩。长径4.8、短径4、厚0.7厘米（图3-2-5，3）。97TWT397⑨：10，灰白色砂岩。长径3.9、短径2.7、厚0.8厘米（图3-2-5，10）。97TWT397⑨：11，青灰色板岩。长径3.5、短径2.3、厚0.6厘米（图3-2-5，9）。97TWT398⑨：7，灰白色石英砂岩。长6.8、宽4.1、厚1.2厘米（图3-2-5，5）。97TWT398⑨：8，灰色板岩。长径3.5、短径3、厚1.4厘米（图3-2-5，13）。97TWT398⑨：10，长径3，短径2.5、厚0.5厘米（图3-2-5，17）。97TWT398⑨：12，暗紫色砂岩。长径4.9、短径3.6、厚1.2厘米（图3-2-5，11）。97TWT398⑨：13，灰色石英砂岩。长径4.8、短径3.5、厚0.9厘米（图3-2-5，12）。97TWT398⑨：22，灰色板岩。长径2.4、短径2.2、厚0.6厘米（图3-2-5，19）。97TWT398⑨：23，黄灰色粉砂岩。长径2.2、短径2.1、厚0.6厘米（图3-2-5，18）。97TWT398⑨：46，长径3.7、短径3、厚0.4厘米（图3-2-5，14）。97TWT399⑨：23-1，灰色石英砂岩。长径4.6、短径3.9、厚1.2厘米（图3-2-5，2）。97TWT399⑨：23-2，灰白色石英砂岩。长径7.8、短径5.1、厚1.5厘米（图3-2-5，4）。97TWT399⑨：24，灰白色石英砂岩。长径5.7、短径5.3、厚1.6厘米（图3-2-5，1）。

D型　2件。近圆形。97TWT398⑨：47，灰白色石英砂岩。直径约4.4、厚1.4厘米（图3-2-5，16）。97TWT399⑨：22，灰白色石英砂岩。直径约5.2、厚1.5厘米（图3-2-5，15）。

Bb型刀　1件。97TWT399⑨：50，灰色板岩。长条形，器身较窄，直背，单面弧刃。长9.8、宽2.9、厚0.5厘米（图3-2-6，12）。

研磨器　25件。

A型　12件。圆柱形或长条形，通常被称之为“磨棒”。97TWT396⑨：12，青灰色砂岩。长条扁平状，柄部呈圆柱形，有使用痕迹。长19、宽7.4、厚2.6厘米（图3-2-6，9）。97TWT398⑨：19，灰色片麻岩。扁柱形。长18、宽6、厚3厘米（图3-2-6，3）。97TWT398⑨：25，灰白色石英砂岩。长14、宽8.2、厚3厘米（图3-2-6，7）。97TWT398⑨：27，灰白色石英砂岩。长15、宽7.4、厚3厘米（图3-2-6，5）。97TWT398⑨：38，暗紫色花岗岩。圆柱形，两端均有破损。长21.6、宽7.8、厚6厘米（图3-2-6，1）。97TWT398⑨：40，暗紫色花岗岩。扁柱形，一端粗，一端细。长17.8、宽6.6、厚4.2厘米（图3-2-6，4）。97TWT398⑨：58，灰色石英砂岩。扁柱形，一端粗，一端细。长15、宽7.4、厚3.2厘米（图3-2-6，6）。97TWT398⑨：59，灰色闪长岩。扁柱形。长16、宽7.8、厚4.4厘米（图3-2-9，8）。97TWT399⑨：17，灰色片麻岩。圆柱形。长12.2、宽4.7、厚3.2厘米（图3-2-6，8）。97TWT399⑨：20，灰色砂岩。圆柱形。长10.8、宽5、厚2.8厘米（图3-2-6，11）。97TWT399⑨：43，褐色石英砂岩。扁柱形。长19.6、宽7、厚4.4厘米（图3-2-6，2）。97TWT399⑨：53，暗紫色花岗岩。圆柱形，两端均残。长12、直径6.6厘米（图3-2-6，10）。

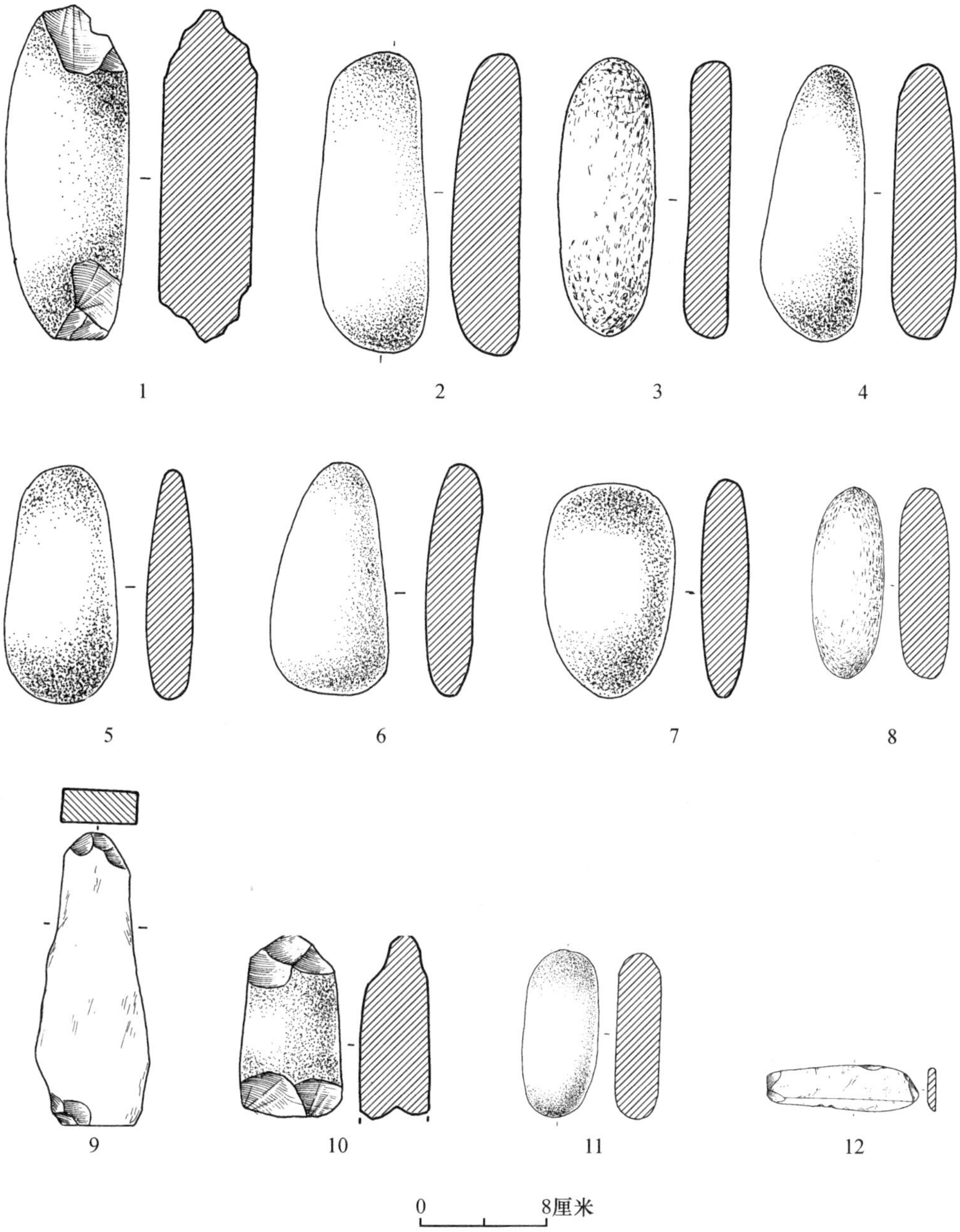

图3-2-6　第Ⅰ区第9层出土石器

1～11. A型研磨器（97TWT398⑨：38、97TWT399⑨：43、97TWT398⑨：19、97TWT398⑨：40、97TWT398⑨：27、97TWT398⑨：58、97TWT398⑨：25、97TWT399⑨：17、97TWT396⑨：12、97TWT399⑨：53、97TWT399⑨：20）
12. Bb型刀（97TWT399⑨：50）

B型　9件。卵圆形。97TWT398⑨：57，暗紫色花岗岩。高12、最大径7.6、厚3厘米（图3-2-7，9）。97TWT398⑨：79，灰黄色片麻岩。高12、最大径1.4、厚2.6厘米（图3-2-7，3）。97TWT399⑨：10，灰白色石英砂岩。一端残断。高12、最大径6.2、厚2.6厘米（图3-2-7，11）。97TWT399⑨：18，灰白色石英砂岩。高13、最大径7.2、厚3厘米（图3-2-7，2）。97TWT399⑨：21，灰绿色片麻岩。器身有部分破损。高11.4、最大径6.3、厚2.8厘米（图3-2-7，10）。97TWT399⑨：27，灰白色石英砂岩。高14.6、最大径7.6、厚4厘米

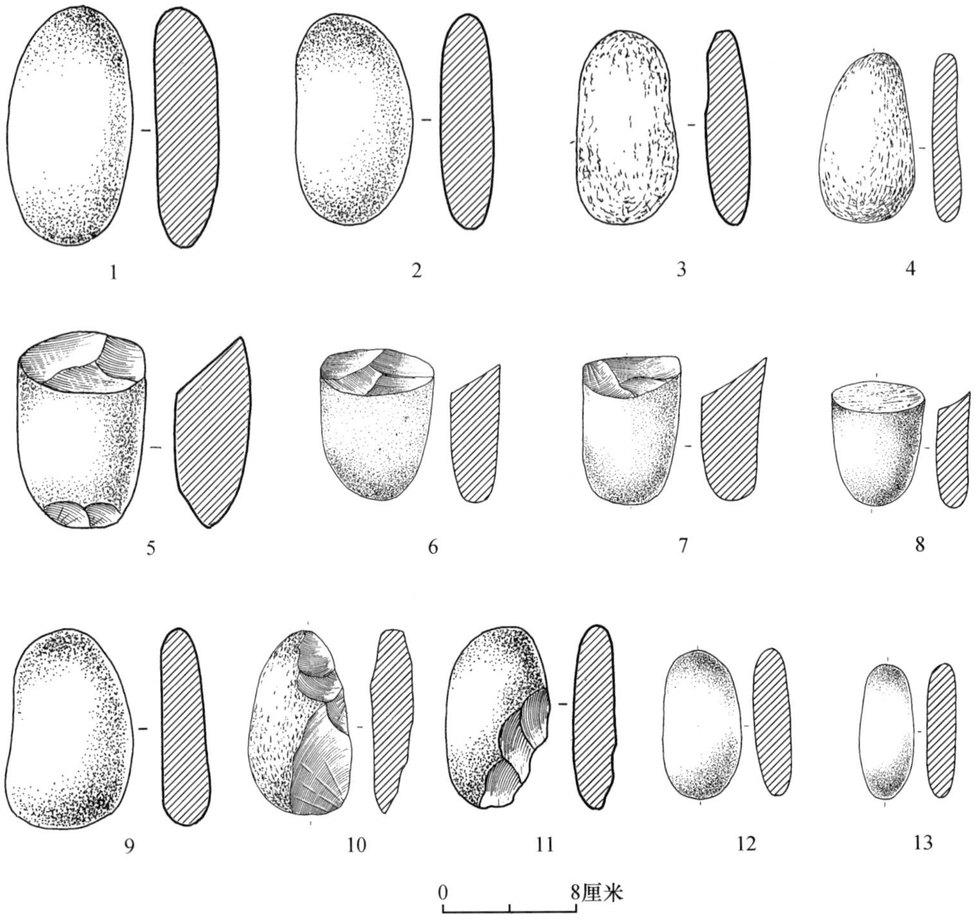

图3-2-7　第Ⅰ区第9层出土石研磨器

1～4、9～13. B型（97TWT399⑨：27、97TWT399⑨：18、97TWT398⑨：79、97TWT399⑨：33、97TWT398⑨：57、97TWT399⑨：21、97TWT399⑨：10、97TWT399⑨：49、97TWT399⑨：55）　5～8. C型（97TWT399⑨：26、97TWT399⑨：11、97TWT399⑨：56、97TWT399⑨：48）

（图3-2-7，1）。97TWT399⑨：33，灰白色石英砂岩。高10.3、最大径5.6、厚1.7厘米（图3-2-7，4）。97TWT399⑨：49，灰白色石英砂岩。高9.1、最大径4.9、厚2.2厘米（图3-2-7，12）。97TWT399⑨：55，灰白色石英砂岩。高8.3、最大径3.3、厚1.7厘米（图3-2-7，13）。

C型　4件。半圆形，一端似有切割痕，一端有使用痕迹。97TWT399⑨：11，褐色砂岩。高9.3、长径7、短径3厘米（图3-2-7，6）。97TWT399⑨：26，灰色石英砂岩。高12.2、长径8、短径4.2厘米（图3-2-7，5）。97TWT399⑨：48，灰白色石英砂岩。高7.6、长径5.6、短径1.9厘米（图3-2-7，8）。97TWT399⑨：56，灰色石英砂岩。长9.5、宽6、厚4.1厘米（图3-2-7，7）。

石饼　8件。97TWT396⑨：10，黄灰色砂岩。圆饼形，器表凸凹不平。直径5.6～6、厚1.7厘米（图3-2-8，4）。97TWT398⑨：16，圆饼形。灰白色石英砂岩。直径9.2～12、厚1.3厘米（图3-2-8，8）。97TWT398⑨：24，灰色砂岩。圆饼形。直径11.2～11.8、厚2.4厘米（图3-2-8，1）。97TWT398⑨：28，灰白色石英砂岩。平面呈不规则椭圆形。长10、宽

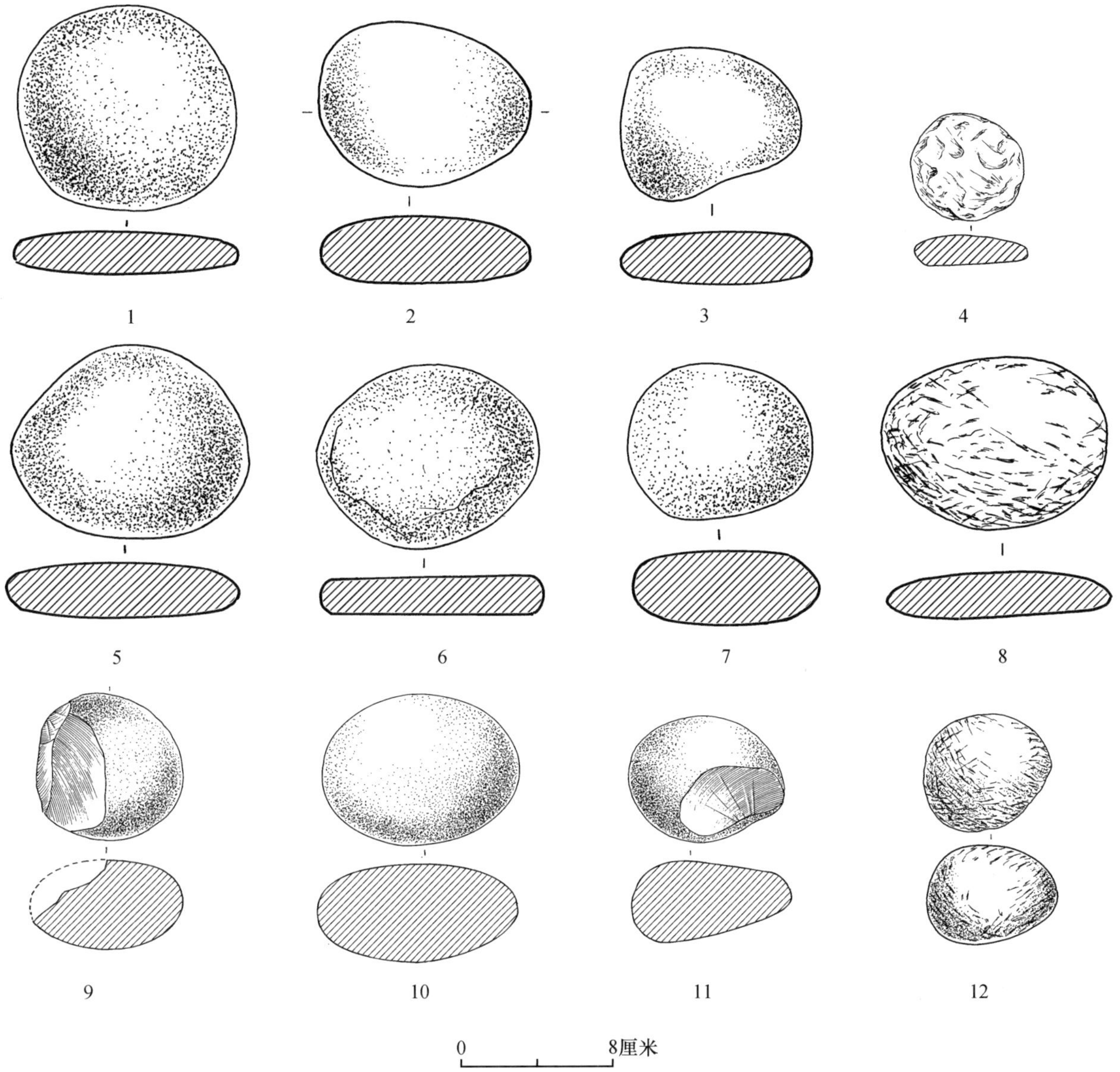

图3-2-8　第Ⅰ区第9层出土石器

1～8. 石饼（97TWT398⑨：24、97TWT399⑨：37、97TWT398⑨：28、97TWT396⑨：10、97TWT398⑨：62、97TWT398⑨：32、97TWT398⑨：63、97TWT398⑨：16）　9～12. 球（97TWT399⑨：28、97TWT398⑨：61、97TWT398⑨：18、97TWT398⑨：31）

8.2、厚3厘米（图3-2-8，3）。97TWT398⑨：32，灰色花岗岩。圆饼形。直径9.8～11.8、厚2厘米（图3-2-8，6）。97TWT398⑨：62，灰色花岗岩。圆饼形。长12.6、宽10.4、厚3厘米（图3-2-8，5）。97TWT398⑨：63，扁平圆形。长10、宽8.4、厚4厘米（图3-2-8，7）。97TWT399⑨：37，灰白色石英砂岩。长11.2、宽9、厚3.4厘米（图3-2-8，2）。

球　4件。97TWT398⑨：18，灰色砂岩。器身有敲砸痕迹。长径8.6、短径6.9、厚4.5厘米（图3-2-8，11）。97TWT398⑨：31，肉红色花岗岩。卵圆形，表面粗糙，可见打击痕迹。直径6.8、厚5.9厘米（图3-2-8，12）。97TWT398⑨：61，褐色细晶花岗岩。卵圆形。长10.5、宽8.2、厚5.3厘米（图3-2-8，10）。97TWT399⑨：28，灰色石英砂岩。圆球形，一端已残损。直径8.1、厚4.9厘米（图3-2-8，9）。

斧　3件。97TWT397⑨：7，灰色板岩。平面近长方形，打制，双面弧刃，器身遍布打制疤痕。长17、宽10.4、厚2厘米（图3-2-9，12）。97TWT398⑨：35，灰色含云母砂岩。平面近长方形，打制，背部残损，双面弧刃，器身遍布打制疤痕。长15.2、宽10、厚2.6厘米（图3-2-9，13）。97TWT399⑨：7，青灰色板岩。平面近长方形，打制，背部有切割痕，双面弧刃，器身遍布打制疤痕。长14.4、宽8.8、厚2.2厘米（图3-2-9，14）。

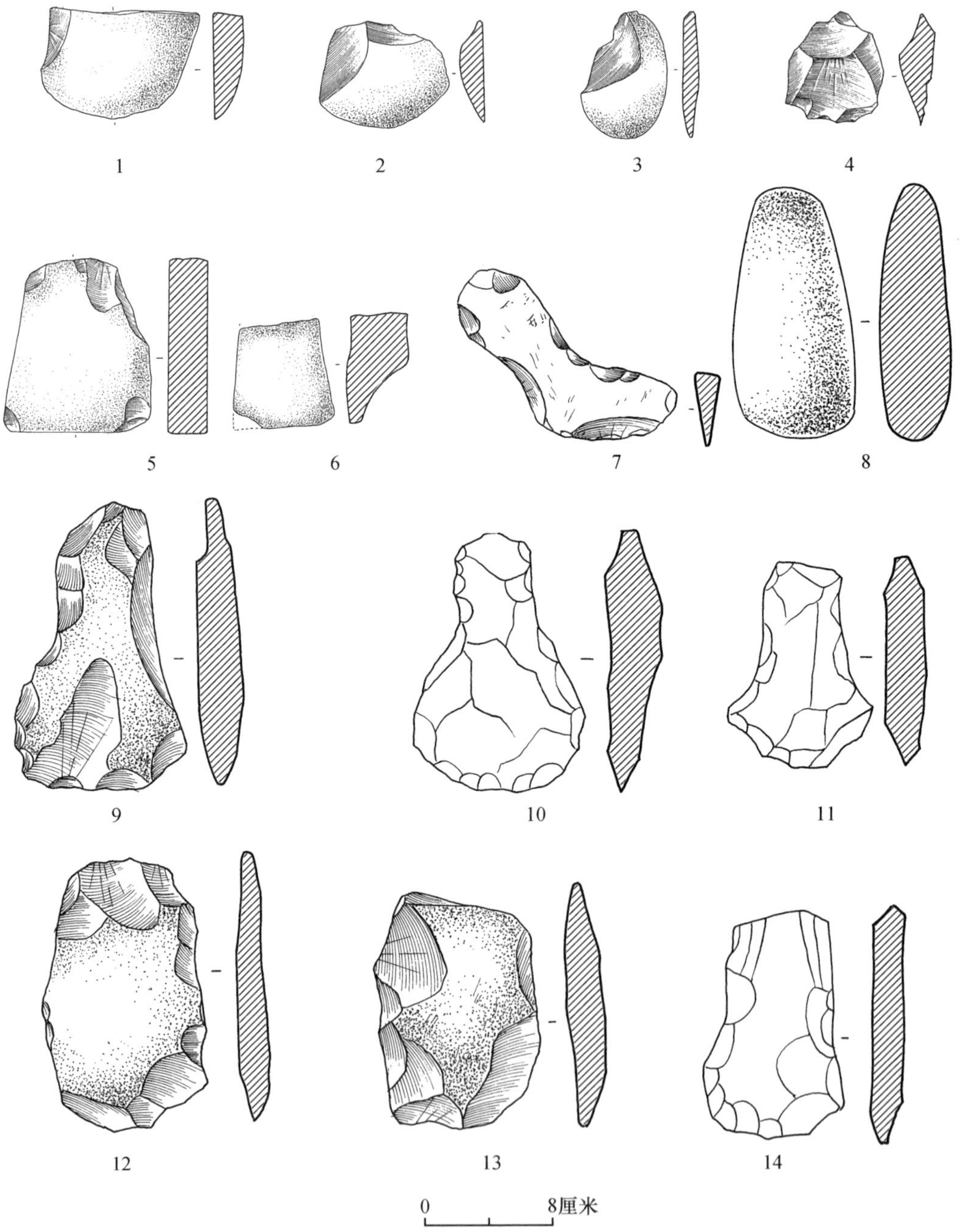

图3-2-9　第Ⅰ区第9层出土石器

1～3、7. 切割器（97TWT399⑨：29、97TWT399⑨：52、97TWT399⑨：54、97TWT398⑨：17）　4. 刮削器（97TWT399⑨：34）　5、6. 砺石（97TWT399⑨：25、97TWT396⑨：4）　8. A型研磨器（97TWT398⑨：59）　9～11. 镐（97TWT397⑨：8、97TWT399⑨：8、97TWT399⑨：42）　12～14. 斧（97TWT397⑨：7、97TWT398⑨：35、97TWT399⑨：7）

镐　3件。亚腰形，刃部呈扇形。器身遍布打制疤痕。97TWT397⑨：8，青灰色板岩。双面弧刃。长18.4、宽11、厚2.8厘米（图3-2-9，9）。97TWT399⑨：8，灰绿色板岩。双面弧刃。长16、宽11、厚3.2厘米（图3-2-9，10）。97TWT399⑨：42，灰色砂岩。双面弧刃。长13.2、宽9.4、厚2.4厘米（图3-2-9，11）。

切割器　4件。97TWT398⑨：17，深灰色板岩。平面呈靴子形，双面弧刃，刃口有磨蚀痕。长13.8、刃宽4.4厘米（图3-2-9，7）。97TWT399⑨：29，深灰色板岩。平面呈不规则长方形，一面有打制痕迹，一面为原始岩面，单面斜刃，刃部有磨蚀痕。长10.2、宽6.9、厚1.8厘米（图3-2-9，1）。97TWT399⑨：52，深灰色板岩。平面呈不规则形，一面有打制疤痕，一面为原始岩面。单面弧刃，刃部有磨蚀痕。长8.3、宽6.7、厚1.4厘米（图3-2-9，2）。97TWT399⑨：54，深灰色板岩。平面近椭圆形，一端残。一面有打制疤痕，一面为原始岩面。单面弧刃，刃部有磨蚀痕。长8.1、宽5.4、厚1厘米（图3-2-9，3）。

刮削器　1件。97TWT399⑨：34，紫色硅质岩。呈不规则圆形。长6.9、宽6.2、厚2.2厘米（图3-2-9，4）。

砺石　2件。97TWT396⑨：4，紫红色砂岩。残，一侧已磨成弧形。长6.8、宽6.5、厚4.3厘米（图3-2-9，6）。97TWT399⑨：25，灰色细砂岩。平面近梯形，器身有部分破损。有一个磨砺面。长11、宽9.6、厚2.5厘米（图3-2-9，5）。

3. 骨、角、牙器

第Ⅰ区第9层共出土骨、角、牙器17件。器类包括：鹿角器2件；骨锥7件、骨器2件、骨凿2件、卜骨1件、骨镞1件、骨饰1件；牙刀1件。现选取12件进行介绍。

骨锥　5件。97TWT370⑨：25，圆锥形，一端残。残长6、宽0.3厘米（图3-2-10，9）。97TWT397⑨：9，圆锥形。锥尖、锥尾均残。长5.8、截面直径0.5厘米（图3-2-10，7）。97TWT397⑨：13，方锥形锥身，锥身剖面呈四边形，锥尾剖面呈圆形。长5.3、宽0.5、厚0.4厘米（图3-2-10，10）。97TWT398⑨：76，圆锥形，锥尾残。残长7.1、截面最大径0.4厘米（图3-2-10，8）。97TWT399⑨：4，锥身剖面呈凹窝形，锥尖剖面呈圆形。锥尾经过修整。长6、柄宽1.4厘米（图3-2-10，6）。

骨镞　1件。97TWT396⑨：7，以兽骨磨制而成，呈柳叶形，凹底。长4.3、宽0.8、厚0.2厘米（图3-2-10，11）。

骨凿　2件。97TWT399⑨：2，以动物管状骨磨制。长条形，顶端残，双面直刃，刃部锋利。残长12.7、宽1.8、厚0.6厘米（图3-2-10，2；图版九，5）。97TWT399⑨：3，以动物管状骨磨制。长条形，顶端残，双面弧刃，刃部锋利。长10.4、宽1.5、厚0.7厘米（图3-2-10，3）。

卜骨　1件。97TWT399⑨：5，牛肩胛骨制成。边缘破损，器身上有烧灼痕。长13.6、宽9.1厘米（图3-2-10，1）。

骨饰　1件。97TWT396⑨：5，长条形，弧圆顶，器表平整光滑。顶部正中有钻孔，下部残断，其用途不明。长5.6、宽2.4、厚0.3厘米（图3-2-10，5；图版九，7）。

鹿角器　1件。97TWT370⑨：8，鹿角劈半制成，一端削尖，一端保留原状后打磨一周螺旋状凹槽。长10.6、宽3、厚1厘米（图3-2-10，4）。

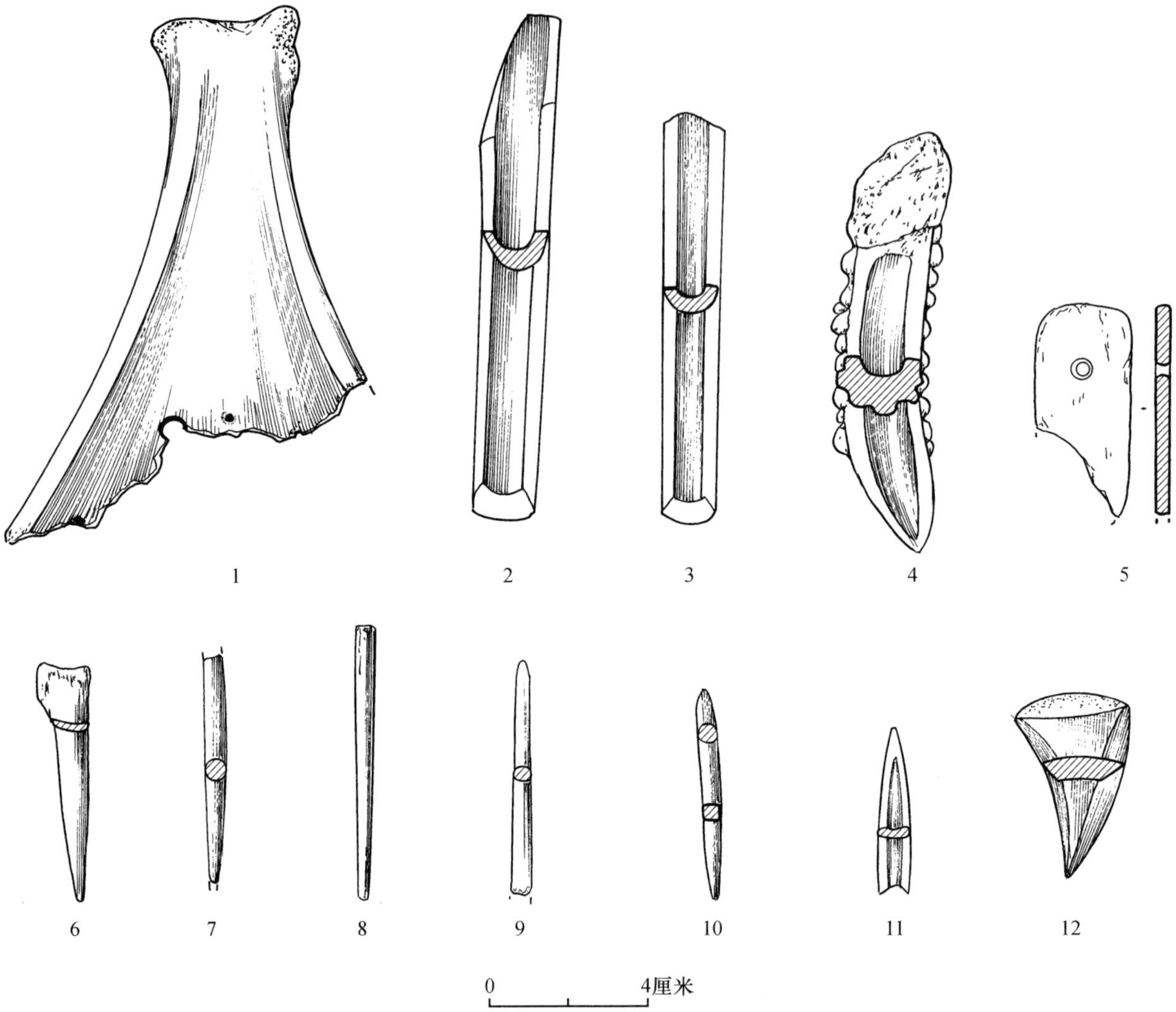

图3-2-10　第Ⅰ区第9层出土器物

1. 卜骨（97TWT399⑨：5）　2、3. 骨凿（97TWT399⑨：2、97TWT399⑨：3）　4. 鹿角器（97TWT370⑨：8）　5. 骨饰（97TWT396⑨：5）　6～10. 骨锥（97TWT399⑨：4、97TWT397⑨：9、97TWT398⑨：76、97TWT370⑨：25、97TWT397⑨：13）　11. 骨镞（97TWT396⑨：7）　12. 牙刀（97TWT396⑨：6）

牙刀　1件。97TWT396⑨：6，三角形，质地坚硬，表面光滑，刃口锋利。长4.7、宽2.9、厚0.6厘米（图3-2-10，12；图版九，8）。

（三）第Ⅱ区第8层出土器物

第Ⅱ区第8层共出土器物13件。其中，陶器1件、石器12件。

1. 陶器

第Ⅱ区第8层仅发现1件陶器。即陶碗1件。

碗　1件。97TWT376⑧：9，抹光红陶，局部发黑。弧腹，平底，器壁较厚，器表有剥片痕迹。口径19.4、底径7.8、高7.4厘米（图3-2-11）。

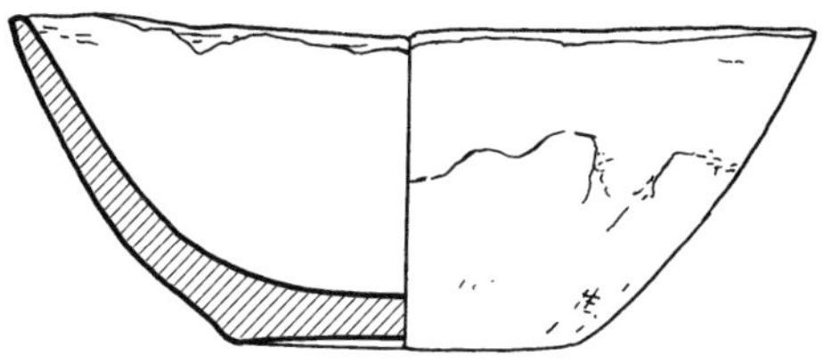

图3-2-11　第Ⅱ区第8层出土陶碗（97TWT376⑧：9）

2. 石器

第Ⅱ区第8层共出土石器12件。其中，石镞1件（Ba1）、石网坠2件（B2）、石刀4件（A1、B1、Bb2）、石研磨器1件（A1）、石器1件、石料1件、石砍砸器1件、石环1件。

二、房　　址

第Ⅰ区仅发现属于此期的房址1座，编号为97ⅠTWF14。

第Ⅱ区仅发现属于此期的房址1座，编号为97ⅡTWF17。

1. 97ⅠTWF14

位于Ⅰ区T395西北角，延伸至T395北隔梁及T395西侧，然而其延伸部位未清理，平面形制不清。开口于第10层下，打破生土，并被97TWH140打破。根据清理的部分看，居住面较为平整，且在居住面上发现了大片的红烧土块（图3-2-12）。

未出土器物。

2. 97ⅡTWF17

圆角长方形浅地穴式。位于Ⅱ区T377西部、T376东部、T346东北角。开口于第8层下，被97TWH143打破，叠压于97TWF15之上。平面呈圆角长方形，长3.4、宽2.76、深0.22米。居住面未经过修整。灶址位于房址中部，呈椭圆形。长径1、短径0.78米。靠近穴壁发现大小不等的柱洞10个，编号为D1～D10。柱洞直径0.08～0.2米，深约0.09～0.3米。未见门道迹象。房内堆积呈灰褐色，质地松软（图3-2-13）。

共出土器物5件。

出土器物

陶器　3件。

口沿　3件。97TWF17：1，泥质灰褐陶。手制，火候较高。小侈口，方唇，素面。残长6.4、宽4.6、厚0.7厘米（图3-2-14，1）。97TWF17：2，泥质灰褐陶。手制，火候较高。侈口，尖唇。口沿部有圆圈纹。残长4.5、宽4.1、厚0.6厘米（图3-2-14，2）。97TWF17：3，泥质灰褐陶。手制，火候较高。侈口，尖唇，素面。残长5、宽4.9、厚0.7厘米（图3-2-14，3）。

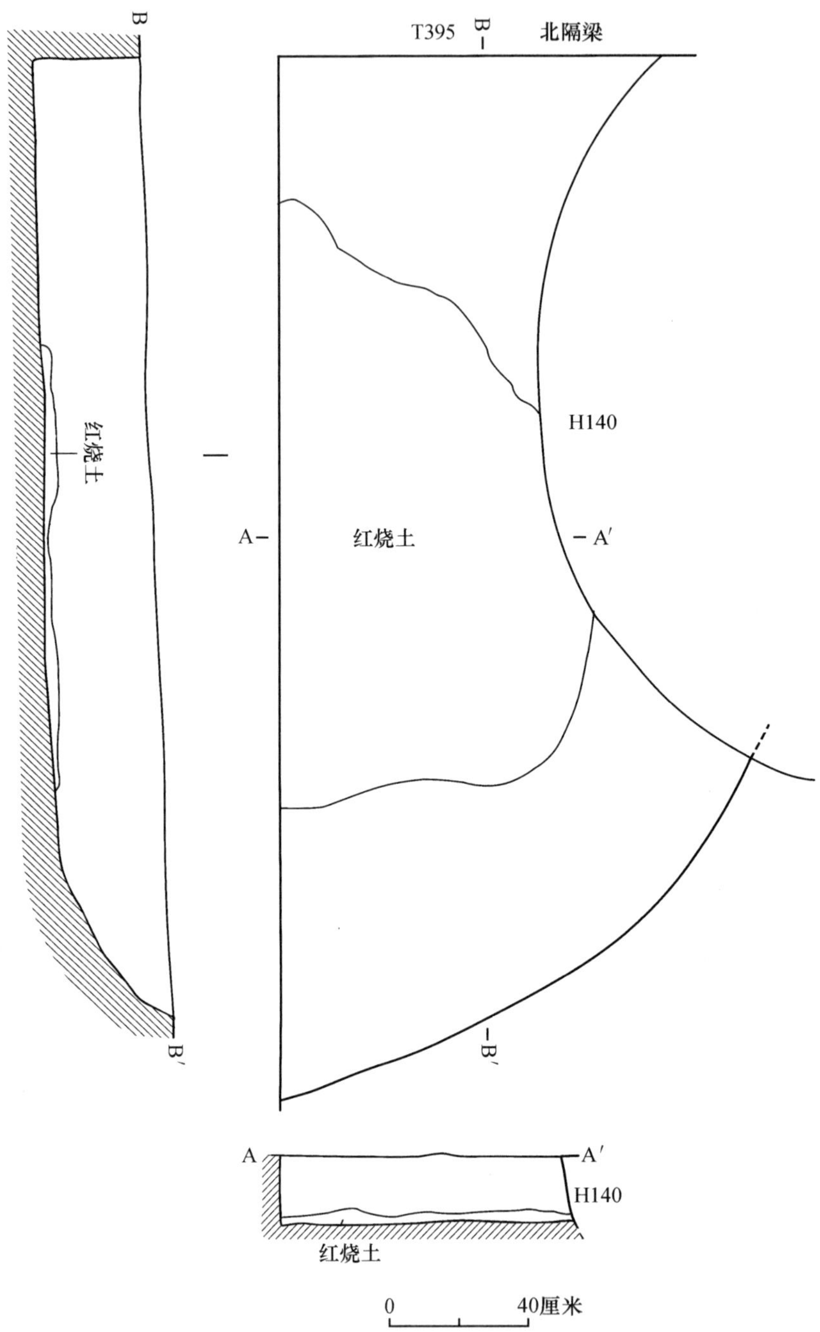

图3-2-12　97TWF14平、剖面图

石器　2件。

Ad型镞　1件。97TWF17：5，青灰色板岩。仅余镞身部分，柳叶形，镞身两侧形成刃部，剖面呈六边形。残长3.1、镞身宽1、厚0.2厘米（图3-2-14，5）。

石料　1件。97TWF17：4，青灰色板岩。平面呈不规则形，表面有切割留下的凹槽。长3.7、宽2.2、厚0.3厘米（图3-2-14，4）。

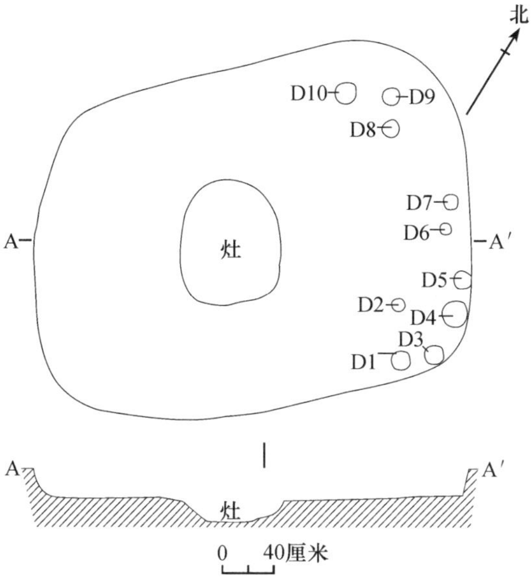

图3-2-13　97TWF17平、剖面图

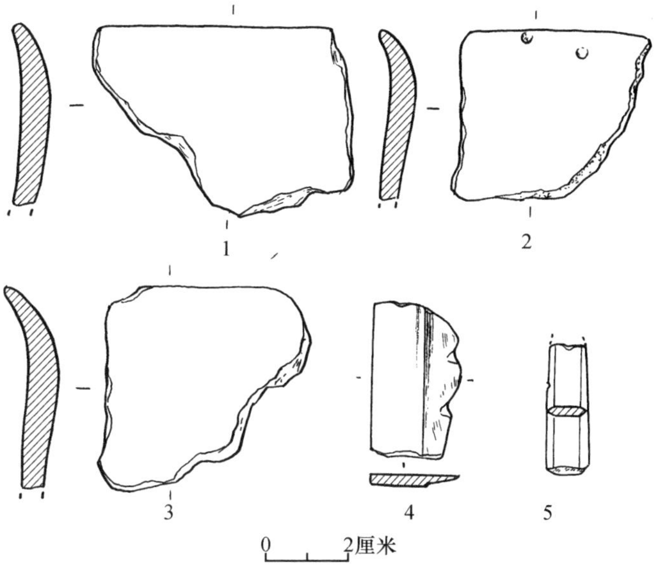

图3-2-14　97TWF17出土器物

1～3. 陶器口沿（97TWF17：1、97TWF17：2、97TWF17：3）
4. 石料（97TWF17：4）　5. Ad型石镞（97TWF17：5）

三、灰　　坑

第Ⅰ区共发现属于此期的灰坑3座，编号分别为97ⅠTWH139、97ⅠTWH141、97ⅠTWH142。

1. 97ⅠTWH139

位于Ⅰ区T396西北部，伸入其北隔梁及T395东隔梁。开口于第10层下，打破第12层和生土层。由于伸入隔梁部分未清理，其形制不清，斜壁，平底。坑口尺寸不清，深约0.25米。坑内堆积为灰土，夹杂少量砾石，质地疏松，包含夹砂褐陶片及兽骨等。共出土器物7件（图3-2-15）。

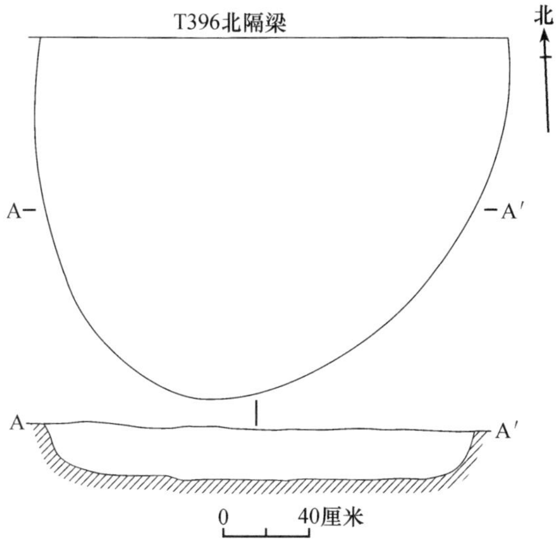

图3-2-15　97TWH139平、剖面图

出土器物

陶器　2件。

壶　1件。97TWH139：10，夹砂红褐陶。素面。口微敞，微束颈，斜抹口沿，颈部以下均残。口径18厘米（图3-2-16，3）。

罐　1件。97TWH139：11，夹砂黑褐陶，陶土中所含砂粒较细。直口，尖唇，广肩，肩部以下残。口径20厘米（图3-2-16，1）。

石器　4件。

B型网坠　2件。近椭圆形。97TWH139：2，灰色板岩。长径5、短径3.3、厚1.1厘米（图3-2-16，2）。97TWH139：9，灰白色石英砂岩。长径3.4、短径2.6、厚0.9厘米（图3-2-16，4）。

石器　2件。97TWH139：7，云母片岩。长条形，横截面近梯形，刃部有使用痕迹。长17.2、宽5.8、厚0.8厘米（图3-2-16，7）。97TWH139：8，含云母砂岩。平面近长方形，器身布满打制疤痕。长16、宽6.6、厚2厘米（图3-2-16，6）。

其他　1件。

蚌壳　1件。97TWH139：1，已残缺不全。长5.8、宽3.2厘米（图3-2-16，5）。

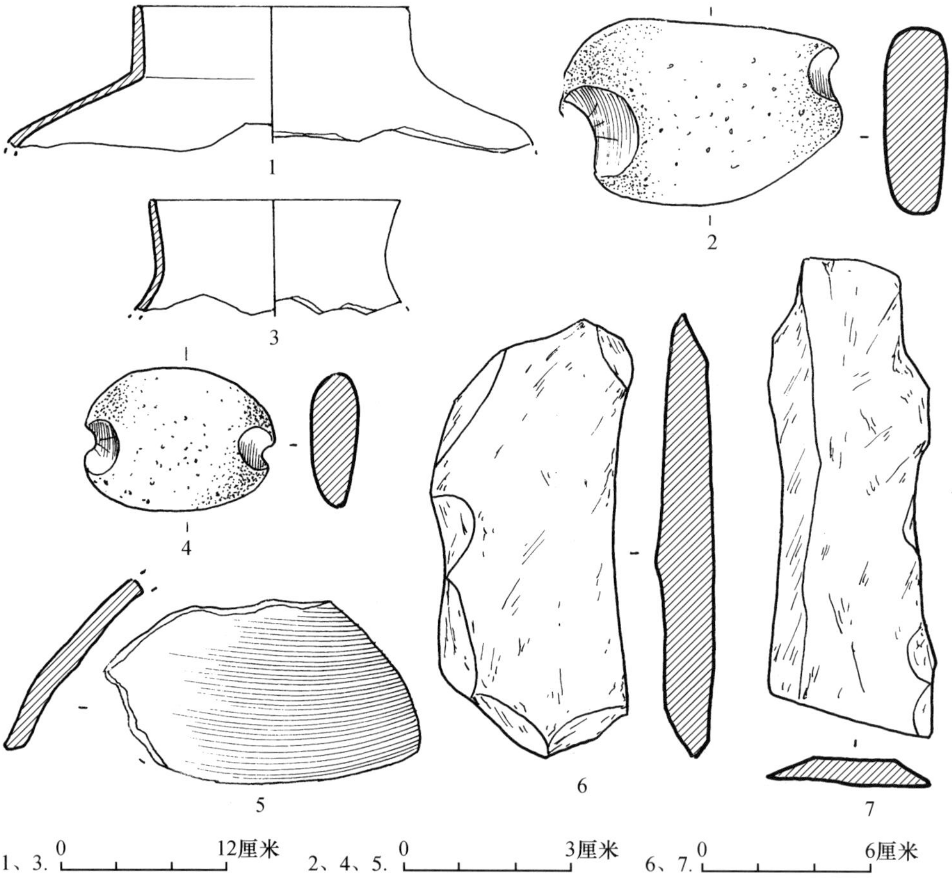

图3-2-16　97TWH139出土器物

1. 陶罐（97TWH139：11）　2、4. B型石网坠（97TWH139：2、97TWH139：9）　3. 陶壶（97TWH139：10）
5. 蚌壳（97TWH139：1）　6、7. 石器（97TWH139：8、97TWH139：7）

2. 97ⅠTWH141

位于Ⅰ区T398东北角，进入T399北部及隔梁内。开口于第10层下，打破第11层，并被97TWH142打破。因伸入隔梁部分未清理，平面形制不清，弧壁，平底。坑口尺寸不清，深0.4米。坑内堆积呈黑褐色，质地疏松（图3-2-17）。

共出土器物7件。

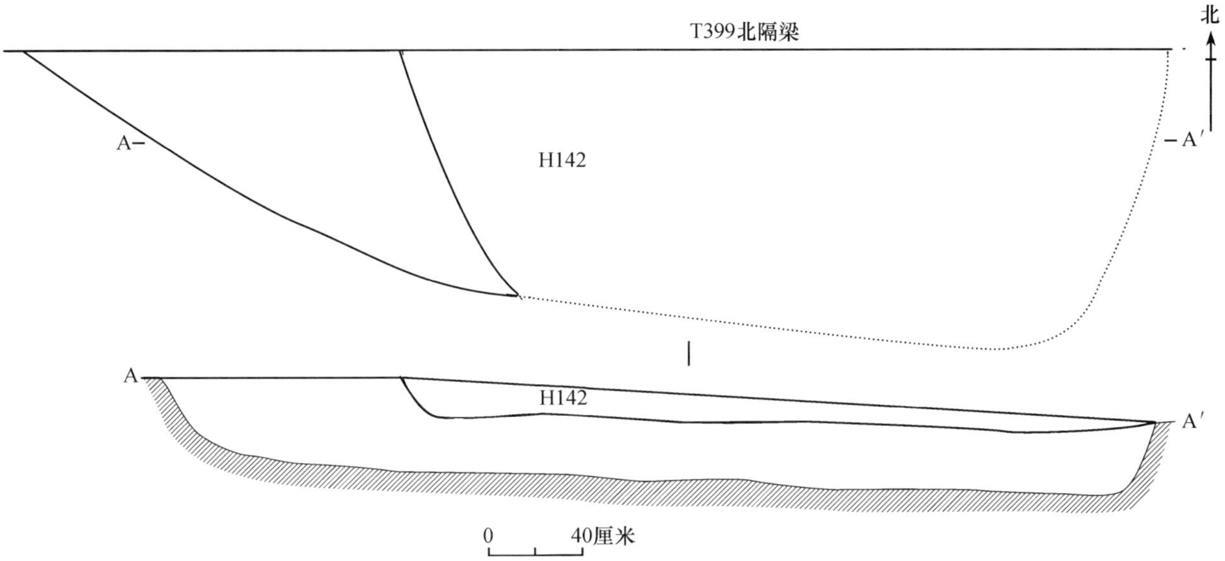

图3-2-17　97TWH141平、剖面图

出土器物

陶器　1件。

罐　1件。97TWH141：9，夹砂褐陶，素面。器表颜色不纯正，黄、黑、褐色相间。敛口，方唇，溜肩，下部残。口径17厘米（图3-2-18）。

石器　6件。

镐　3件。97TWH141：1，灰色闪长玢岩。器表遍布打制疤痕，刃部有磨蚀痕。长13.6、刃宽11、厚2.6厘米（图3-2-19，4；图版九，6）。97TWH141：2，灰色砂岩。器表遍布打制疤痕，刃部有磨蚀痕。长11.2、刃宽10、厚2.8厘米（图3-2-19，3）。97TWH141：3，灰色砂岩。器表留有石皮，刃部有磨蚀痕。长11.2、刃宽9、厚2厘米（图3-2-19，1）。

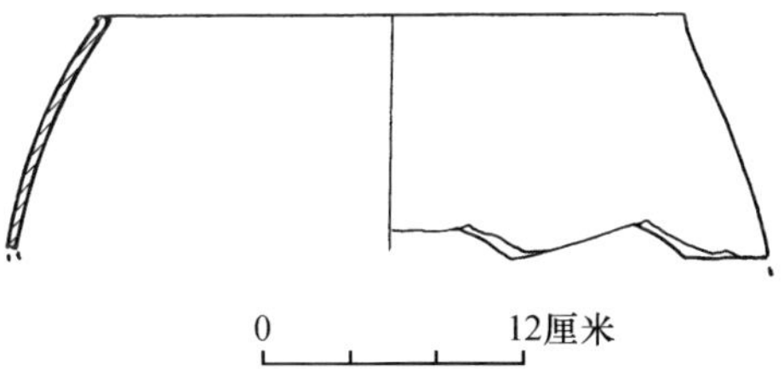

图3-2-18　97TWH141出土陶罐（97TWH141：9）

A型研磨器　1件。97TWH141：7，灰色石英砂岩。圆柱形。长20.2、最大径6.6厘米（图3-2-19，6）。

石器　1件。97TWH141：4，灰色板岩。已残断，通体磨砺，刃部锋利。长8.4、宽4.2、厚2.2厘米（图3-2-19，2）。

Bb型刀　1件。97TWH141：8，灰色板岩。长条形，双面刃，刃口有磨蚀痕。长16、宽5.4、厚0.8厘米（图3-2-19，5）。

3. 97 Ⅰ TWH142

位于Ⅰ区T398东北角，进入其东隔梁及北隔梁。开口于第10层下，打破97TWH141和第11层。因进入隔梁部分未清理，平面形制不清，弧壁，平底。坑口尺寸不清，坑深0.32米。坑内堆积呈黑褐色，夹杂少量砾石，质地较硬。出土器物12件（图3-2-20）。

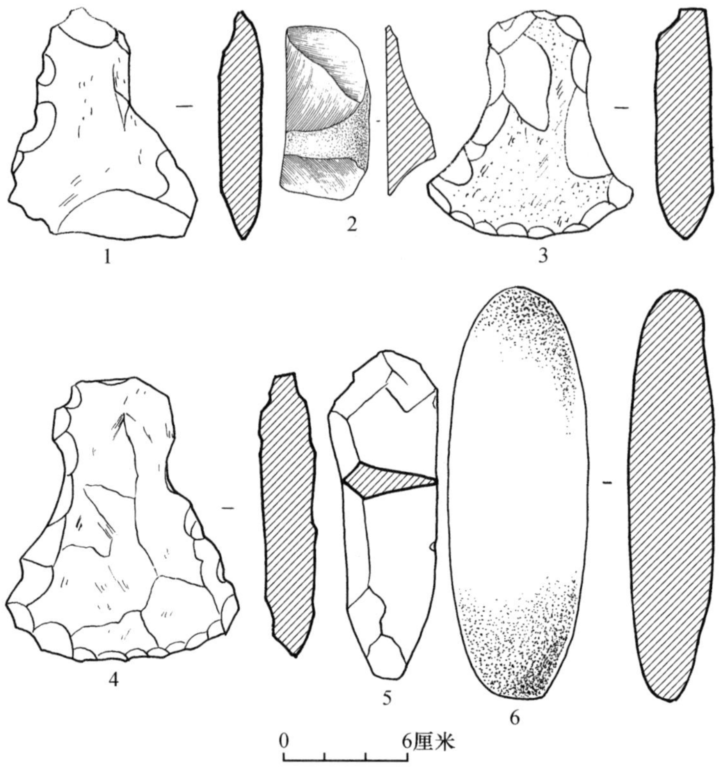

图3-2-19　97TWH141出土石器

1、3、4. 镐（97TWH141：3、97TWH141：2、97TWH141：1）　2. 石器（97TWH141：4）

5. Bb型刀（97TWH141：8）　6. A型研磨器（97TWH141：7）

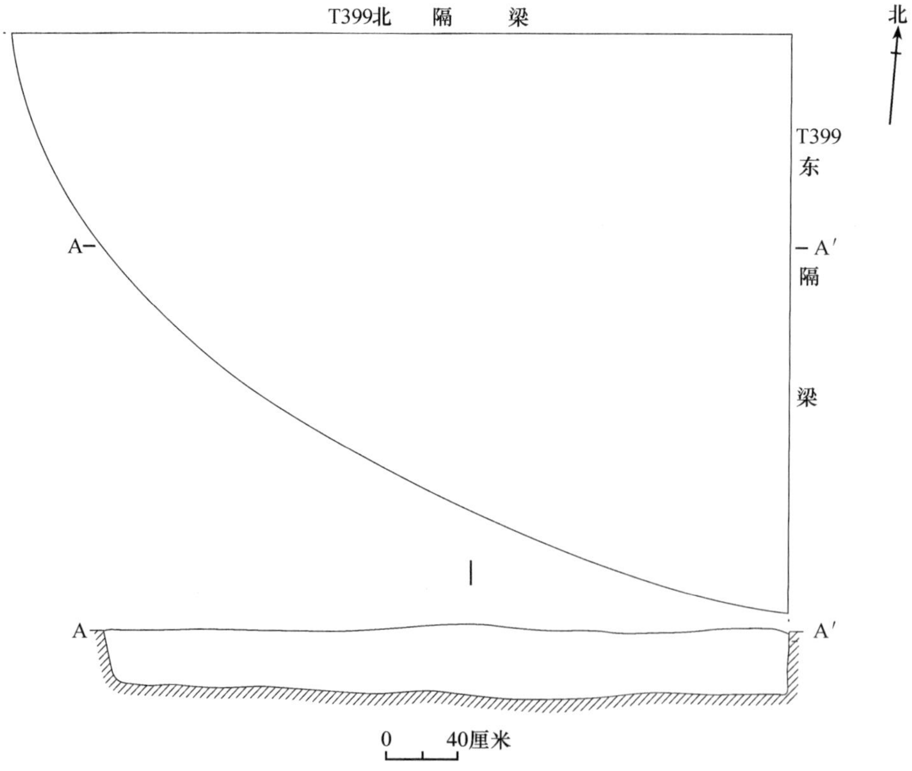

图3-2-20　97TWH142平、剖面图

出土器物

石器　12件。

网坠　2件。

D型　1件。97TWH142：18，近圆形。直径4、厚1厘米（图3-2-21，1）。

B型　1件。97TWH142：16，暗紫色石英砂岩。椭圆形。长径5、短径3.3、厚1.5厘米（图3-2-21，2）。

石饼　1件。97TWH142：8，灰白色石英砂岩。平面近圆形。直径8.3、厚4厘米（图3-2-21，3）。

石核　1件。97TWH142：6，灰色板岩。器形较特别，中间厚，两边薄。长12.3、宽5.4、厚1.3厘米（图3-2-22，2）。

研磨器　5件。

A型　4件。97TWH142：5，暗紫色石英砂岩。圆柱形，一端残。残长12.6、最大径7厘米（图3-2-22，5）。97TWH142：7，黄褐色石英砂岩。长条形。长12.6、宽5.6、厚1.6厘米（图3-2-22，4）。97TWH142：13，暗紫色石英砂岩。长条形，长12.6、宽6.2、厚3.5厘米（图3-2-22，7）。97TWH142：17，暗紫色石英砂岩。长条形，一端残。残长13.6、宽10、厚3.4厘米（图3-2-21，4）。

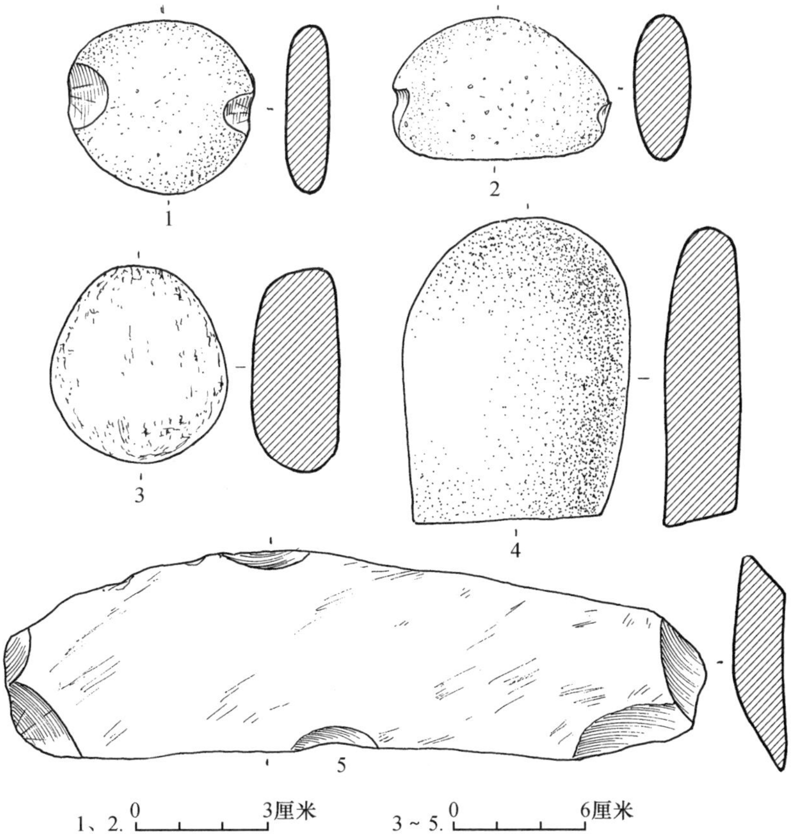

图3-2-21　97TWH142出土石器

1. D型网坠（97TWH142：18）　2. B型网坠（97TWH142：16）　3. 石饼（97TWH142：8）
4. A型研磨器（97TWH142：17）　5. 镰（97TWH142：12）

B型　1件。97TWH142：15，暗紫色石英砂岩。卵圆形。长10.6、宽7.6、厚3厘米（图3-2-22，6）。

镰　1件。97TWH142：12，灰色板岩。弧背直刃，柄已残。长15.8、宽4.5、厚1.1厘米（图3-2-21，5）。

石器　1件。97TWH142：14，青灰色板岩。平面呈不规则形，用途不详。长8.8、厚0.5厘米（图3-2-22，1）。

砺石　1件。97TWH142：4，黄灰色砂岩。平面呈不规则四边形，一面光滑，呈坡状，上有多处划痕。残长8、宽7.8、厚1厘米（图3-2-22，3）。

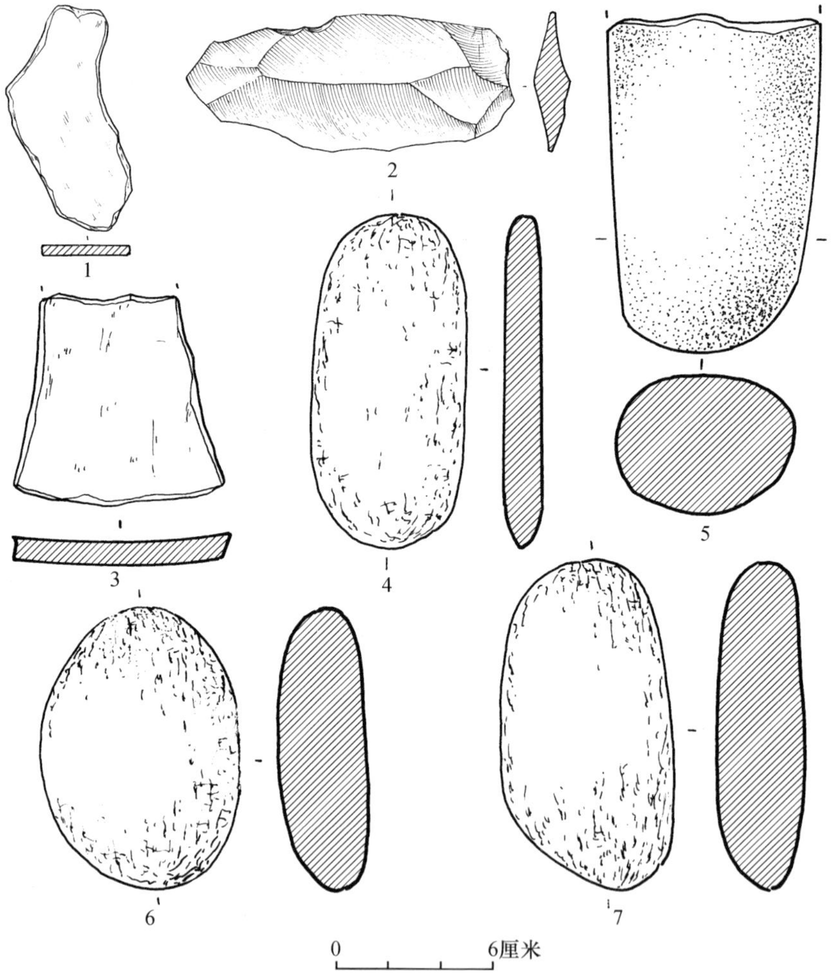

图3-2-22　97TWH142出土石器

1. 石器（97TWH142：14）　2. 石核（97TWH142：6）　3. 砺石（97TWH142：4）　4、5、7. A型研磨器（97TWH142：7、97TWH142：5、97TWH142：13）　6. B型研磨器（97TWH142：15）

第三节　春秋战国时期遗存

万发拨子遗址中，第三期遗存堆积最厚，文化内涵最为丰富。

第三期遗存，即春秋战国时期遗存，在第Ⅰ区、第Ⅱ区、第Ⅲ区、第Ⅴ区、第Ⅵ区、第Ⅶ区、第Ⅷ区均有分布。

第Ⅰ区属于第三期的遗存有第Ⅰ区的第8～4层以及以下单位；第3层及第2层下开口的部分单位也属于这一时期遗存。

第Ⅰ区第8层下开口的单位有：97ⅠTWH140。

第Ⅰ区第7层下开口的单位有：97ⅠTWH129、97ⅠTWH137、97ⅠTWH138。

第Ⅰ区第6层下开口的单位有：97ⅠTWH118、97ⅠTWH125、97ⅠTWH126、97ⅠTWH131、97ⅠTWG3。

第Ⅰ区第5层下开口的单位有：97ⅠTWH122、97ⅠTWH130、97ⅠTWF13。

第Ⅰ区第4层下开口的单位有：97ⅠTWH37、97ⅠTWH38、97ⅠTWH41、97ⅠTWH42、97ⅠTWH47、97ⅠTWH66、97ⅠTWH121、97ⅠTWH123、97ⅠTWH124、97ⅠTWF3、97ⅠTWF9、97ⅠTWF12。

第Ⅰ区第3层下开口的单位有：97ⅠTWH26、97ⅠTWH30、97ⅠTWH31、97ⅠTWH34、97ⅠTWH35、97ⅠTWH36、97ⅠTWH40、97ⅠTWH45、97ⅠTWH48、97ⅠTWH52、97ⅠTWH55、97ⅠTWH57、97ⅠTWH68、97ⅠTWH71、97ⅠTWH72、97ⅠTWH73、97ⅠTWH74、97ⅠTWH119、97ⅠTWH136、97ⅠTWF8、97ⅠTWG2。

另外，根据出土器物的组合关系及特征，可以推测第Ⅰ区第2层下开口的单位97ⅠTWH16、97ⅠTWH61应属于此期遗存。

第Ⅱ区的第7～4层及其下开口的单位，第8层下开口的单位97TWH115；第3～1层下开口的部分单位。

第Ⅱ区第8层下开口的单位有：97ⅡTWH115。

第Ⅱ区第7层下开口的单位有：97ⅡTWH143。

第Ⅱ区第6层下开口的单位有：97ⅡTWH107、97ⅡTWM4。

第Ⅱ区第5层下无遗迹单位。

第Ⅱ区第4层下开口的单位有：97ⅡTWH101、97ⅡTWH102、97ⅡTWH103、97ⅡTWH108、97ⅡTWH133、97ⅡTWH134、97ⅡTWF11。

第Ⅱ区第3层下开口的单位有：97ⅡTWH78、97ⅡTWH80、97ⅡTWH83、97ⅡTWH86、97Ⅱ ⅡTWH87、97ⅡTWH88、97ⅡTWH89、97ⅡTWH132、97ⅡTWG10、97ⅡTWF16。

第Ⅱ区第2层下开口的单位：97ⅡTWH93、97ⅡTWH116、97ⅡTWG5、97ⅡTWG13。

第Ⅱ区第1层下开口的单位：97ⅡTWM1～97ⅡTWM3。

第Ⅲ区第6～5层：第6层下开口的1个灰坑，以及第2层下开口的1座房址。

第Ⅲ区第6层下开口的单位有：98ⅢTWH150。

第Ⅲ区第5层下无开口单位。

第Ⅲ区第2层下开口的房址：98ⅢTWF21。

第Ⅴ区的第5～4层、第1层下开口的部分单位。

第Ⅴ区第5层、第4层下均无开口单位。

第1层下开口的单位：99ⅤTWH156、99ⅤTWH157、99ⅤTWM42、99ⅤTWM47、

99ⅤTWM48、99ⅤTWM55、99ⅤTWM56。

第Ⅵ区的第6～4层及其下开口的单位，以及第1层下开口的部分单位。

第Ⅵ区的第6层无任何开口单位。

第Ⅵ区第5层开口的单位有：99ⅥTWM21、99ⅥTWM20。

第Ⅵ区第4层下开口的单位有：99ⅥTWH151、99ⅥTWH152、99ⅥTWH153、99ⅥTWH154、99ⅥTWH155、99ⅥTWH158、99ⅥTWH159、99ⅥTWF22、99ⅥTWF23、99ⅥTWF24、99ⅥTWM17、99ⅥTWM18、99ⅥTWM19、99ⅥTWM22、99ⅥTWM23、99ⅥTWM25、99ⅥTWM26、99ⅥTWM27、99ⅥTWM28、99ⅥTWM31、99ⅥTWM49、99ⅥTWM50、99ⅥTWM51、99ⅥTWM53、99ⅥTWM54。

第1层下开口的单位有：99ⅥTWM32、99ⅥTWM52、99ⅥTWH160。

第Ⅶ区位于地表之上的2座墓葬，分别为99ⅦTWM34、99ⅦTWM35。

第Ⅷ区位于地表之上的3座墓葬，分别为99ⅧTWM39、99ⅧTWM40、99ⅧTWM43。

一、地层出土器物

（一）第Ⅰ区第8层出土器物

第Ⅰ区第8层共出土器物205件。其中，陶器18件、石器165件、骨、角、牙器共21件、玉器1件。

1. 陶器

第Ⅰ区第8层共出土陶器18件。其中，陶纺轮2件（A2）、陶网坠12件（Ea3、Eb1、Ec4、Ed2、Ee2）、陶罐1件、陶碗2件、陶豆1件。现选取6件陶器进行介绍。

罐　1件。97TWT396⑧：13，夹砂褐陶，器表磨光。器表颜色不纯正，黑褐，红褐相间。器形制作不规整，口、腹均略有弯曲。敞口，斜腹，平底。口径25.6、底径8、高19.5厘米（图3-3-1，1）。

碗　2件。97TWT398⑧：34，夹砂红褐陶，素面。口近直，斜弧壁，矮圈足底。口径9.2、底径4.2、高6.1厘米（图3-3-1，4）。97TWT398⑧：54，夹砂夹蚌红陶。口沿已残。弧腹，圜底近平，器壁较厚。器表有抹刷痕，内壁亦呈红色。底径3.6、残高9厘米（图3-3-1，3）。

豆　1件。97TWT397⑧：32，夹砂红褐陶，局部发黑。仅余器底及圈足，器壁较厚。喇叭形圈足。底径11.2、残高11.4厘米（图3-3-1，2）。

A型纺轮　1件。97TWT397⑧：17，夹砂红褐陶，夹蚌夹云母。圆饼形，素面，中间有一钻孔，器表遍布磨痕。直径5.6、厚0.9、孔径0.7厘米（图3-3-1，5）。

Ec型网坠　1件。97TWT370⑧：11，以夹砂黄陶片磨制而成。近长方形，中间有斜向钻孔，两端磨制豁口。器身一侧有三道明显刻划痕。长5.8、镞身宽5.4、厚0.6厘米（图3-3-1，6）。

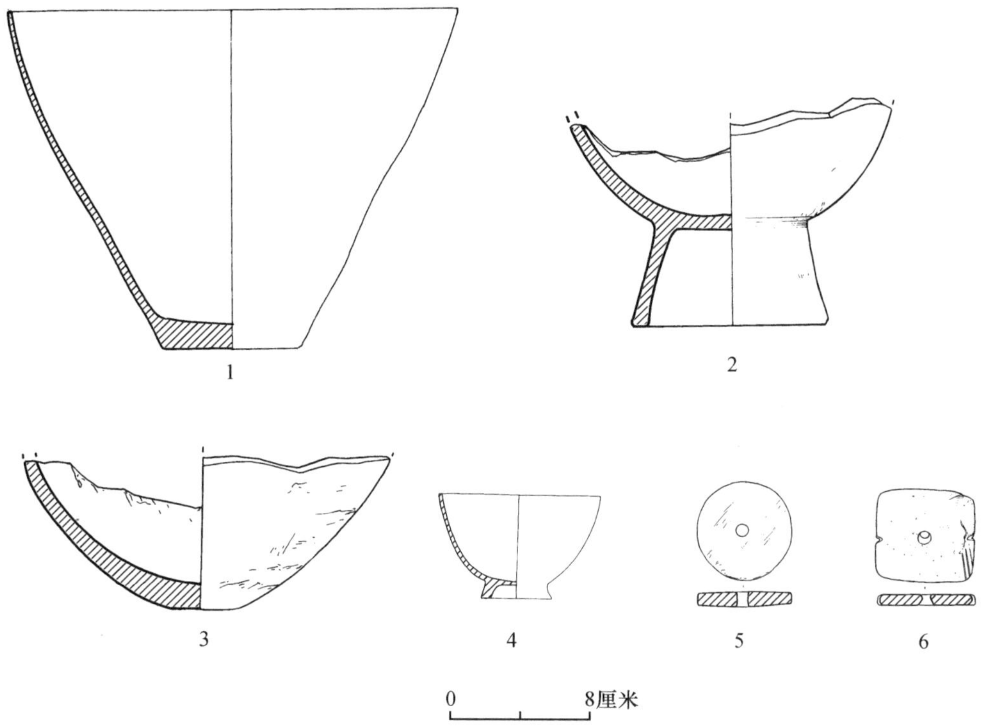

图3-3-1　第Ⅰ区第8层出土陶器

1. 罐（97TWT396⑧：13）　2. 豆（97TWT397⑧：32）　3、4. 碗（97TWT398⑧：54、97TWT398⑧：34）
5. A型纺轮（97TWT397⑧：17）　6. Ec型网坠（97TWT370⑧：11）

2. 石器

第Ⅰ区第8层共出土石器165件。其中，石网坠47件（A3、B38、C5、D1）、石镞7件（Aa5、Ad1、Ca1）、石镐9件、石刀4件（Ba2、Bb1、?1）、石研磨器31件（A19、B11、C1）、石器18件、沸石块2件、石凿2件、石球3件、石饼22件、石斧5件、石短剑2件、石饰1件、石砧1件、石楔1件、石镞料1件、砺石2件、石砍砸器6件、石切割器1件。

现挑选5件石器进行介绍。

镐　2件。亚腰形。97TWT370⑧：1，深灰色板岩。背部近直，双面弧刃。长14、宽9.8厘米（图3-3-2，1；图版一二，8）。97TWT398⑧：32，灰色板岩。斜背，背端有较多崩片，双面弧刃，器表厚薄不均，遍布打击痕。长11.9、宽8.9、厚2厘米（图3-3-2，2；图版一二，7）。

刀　2件。

Bb型　1件。97TWT397⑧：4，深灰色板岩。仅余刀身一段，窄长条形，弧背，双面弧刃，靠近刃部有两个圆形钻孔。残长5.6、宽2.4、厚0.5厘米（图3-3-2，4）。

未分型　1件。97TWT399⑧：16，深灰色板岩。残半，整体形制不清。弧背，双面弧刃，器表有部分破损。残长8.4、宽4.4、厚0.8厘米（图3-3-2，3）。

石饰　1件。97TWT397⑧：5，灰色板岩。椭圆形，边缘处有一斜向钻孔。直径3.1、短径

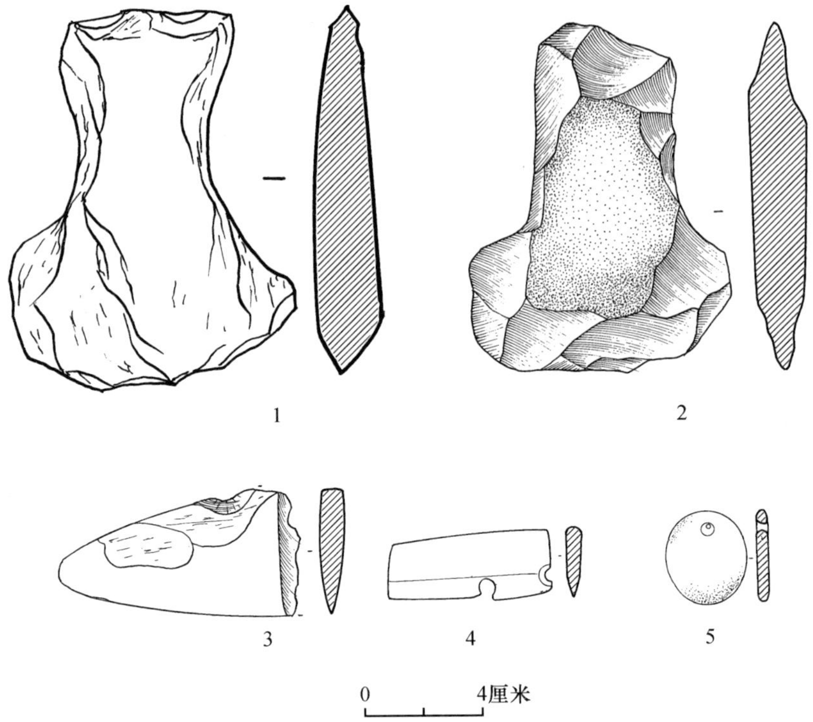

图3-3-2　第Ⅰ区第8层出土石器

1、2. 镐（97TWT370⑧：1、97TWT398⑧：32）　3. 未分型刀（97TWT399⑧：16）　4. Bb型刀（97TWT397⑧：4）　5. 石饰（97TWT397⑧：5）

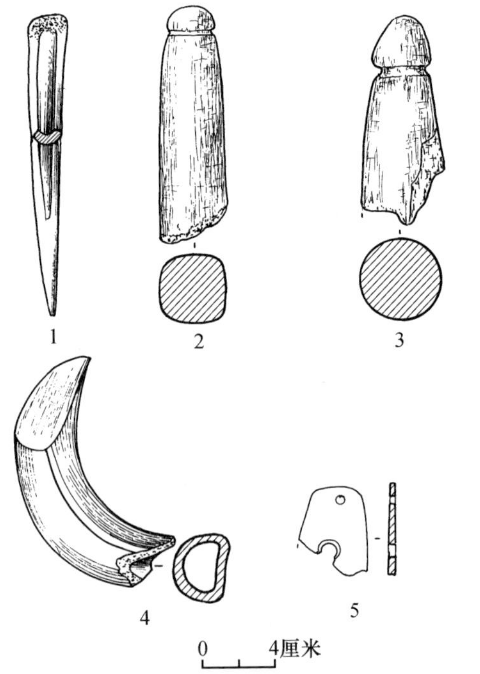

图3-3-3　第Ⅰ区第8层出土器物

1. 骨锥（97TWT370⑧：29）　2、3. 鹿角坠（97TWT370⑧：18、97TWT370⑧：53）　4. 兽牙（97TWT399⑧：71）　5. 玉饰（97TWT395⑧：1）

2.6、厚0.4厘米（图3-3-2，5）。

3. 骨、角、牙器

第Ⅰ区第8层共出土骨、角、牙器21件。其中，鹿角坠2件、骨器4件、骨锥13件、骨针1件、兽牙1件。

现挑选了4件骨器进行介绍。

骨锥　1件。97TWT370⑧：29，以兽骨磨制而成。锥身剖面呈凹窝形，一端磨尖。长5.7、宽1.1、厚0.3厘米（图3-3-3，1）。

鹿角坠　2件。圆柱形，两端粗细不一。粗端残，较细那端中间有一圈凹槽。97TWT370⑧：18，残长5.8、最大径2.3厘米（图3-3-3，2）。97TWT370⑧：53，残长6.5、最大径1.8厘米（图3-3-3，3）。

兽牙　1件。97TWT399⑧：71，一端残，中空，一侧刃部较锋利。残长6.4、外径1.8、孔径1.5厘米（图3-3-3，4）。

4. 玉器

仅发现1件玉器。

玉饰　1件。97TWT395⑧：1，近梯形，一角残。弧形顶，器身有一大钻孔，顶部有一小钻孔，器表光滑，加工精细。长2.5、宽1.9、厚0.2厘米（图3-3-3，5；图版一二，6）。

（二）第Ⅰ区第7层出土器物

第Ⅰ区第7层共出土器物59件（均出土于第7b层中）。其中，陶器10件、石器42件、骨器7件。

1. 陶器

第Ⅰ区第7层共出土陶器10件。其中，陶纺轮1件（E1）、陶网坠8件（Eb1、Ed7）、陶罐1件。

现选取5件陶器进行介绍。

罐　1件。97TWT395⑦b：14，夹砂褐陶，素面。直口，方唇。鼓腹，口下饰对称錾耳，腹部饰对称横桥耳，底残。口径24、残高25.8厘米（图3-3-4，1）。

网坠　3件。

Eb型　1件。97TWT395⑦b：1，以夹砂灰褐陶片打制而成。平面近椭圆形，中间斜向钻孔，两端豁口不太明显。长径5、短径4.3、厚0.5厘米（图3-3-4，4）。

Ed型　2件。以夹砂红褐陶片磨制而成。平面呈长方形，中间有圆形钻孔，两端有豁口。97TWT395⑦b：2，长3.6、宽3、厚0.6厘米（图3-3-4，3）。97TWT395⑦b：3，长5.9、宽

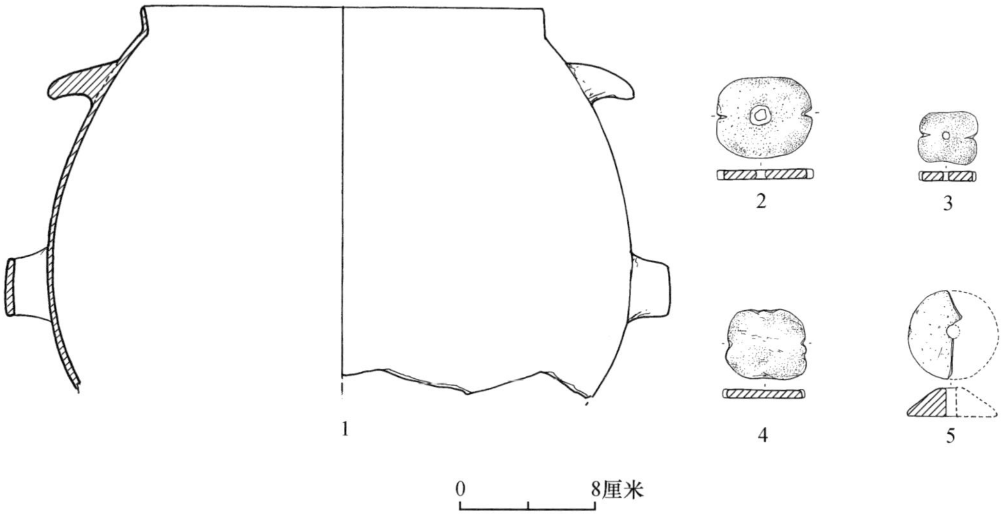

图3-3-4　第Ⅰ区第7层出土陶器

1. 罐（97TWT395⑦b：14）　2、3. Ed型网坠（97TWT395⑦b：3、97TWT395⑦b：2）　4. Eb型网坠（97TWT395⑦b：1）　5. E型纺轮（97TWT398⑦b：3）

4.9、厚0.5厘米（图3-3-4，2）。

E型纺轮　1件。97TWT398⑦b：3，夹砂灰陶。菌盖形，器身中间有一单面钻孔，仅余器身一半。高5.5、直径1.7、厚2.3厘米（图3-3-4，5）。

2. 石器

第Ⅰ区第7层共出土石器42件。其中，石网坠23件（A6、B14、C2、D1）、石镞3件（Aa1、Bb1、Ad1）、石镐3件、石刀3件（Aa2、C1）、石研磨器1件（A1）、石器2件、石凿1件、石斧1件、砺石4件、打制石器1件。

现选取7件石器进行介绍。

网坠　2件。

A型　1件。97TWT395⑦b：4，灰色细砂岩。长条形，两端打制豁口。长2.9、宽1.6、厚0.6厘米（图3-3-5，5）。

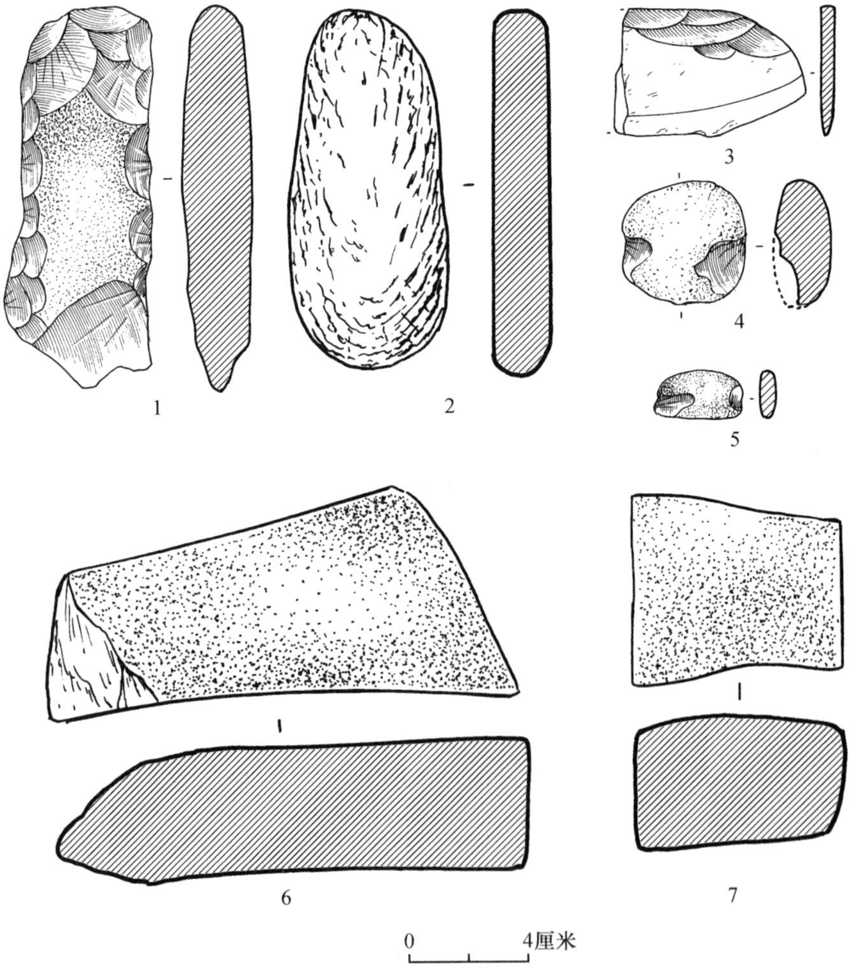

图3-3-5　第Ⅰ区第7层出土石器

1. 斧（97TWT395⑦b：12）　2. A型研磨器（97TWT395⑦b：10）　3. Aa型刀（97TWT395⑦b：11）　4. D型网坠（97TWT395⑦b：9）　5. A型网坠（97TWT395⑦b：4）　6、7. 砺石（97TWT395⑦b：7、97TWT395⑦b：5）

D型　1件。97TWT395⑦b：9，灰白色石英砂岩。圆形，一面破损严重，两端打制豁口。长4.2、宽4.2、厚2厘米（图3-3-5，4）。

Aa型刀　1件。97TWT395⑦b：11，深灰色板岩。一端残断，器身残断，弧背，双面弧刃。残长6.5、宽4.4、厚0.5厘米（图3-3-5，3）。

斧　1件。97TWT395⑦b：12，灰色板岩。平面近长方形，背端残断，双面弧刃。长13、宽5、厚2.3厘米（图3-3-5，1）。

A型研磨器　1件。97TWT395⑦b：10，灰白色片麻岩。圆柱形，一端有使用痕迹。长12、宽5.4、厚2厘米（图3-3-5，2）。

砺石　2件。97TWT395⑦b：5，褐灰色石英砂岩。近长方形，一侧磨砺成凹面。长7.4、宽6.4、厚4.6厘米（图3-3-5，7）。97TWT395⑦b：7，青灰色砂岩。呈不规则形，一侧磨砺成凹面。长16.2、宽7、厚4.6厘米（图3-3-5，6）。

3. 骨器

第Ⅰ区第7层共出土骨器7件。其中，骨锥5件、骨簪1件、卜骨1件。

现选取1件卜骨介绍如下。

卜骨　1件。97TWT395⑦b：6，以牛肩胛骨制成，残，器身上有烧灼痕。残长15.2、残宽7.8厘米（图3-3-6）。

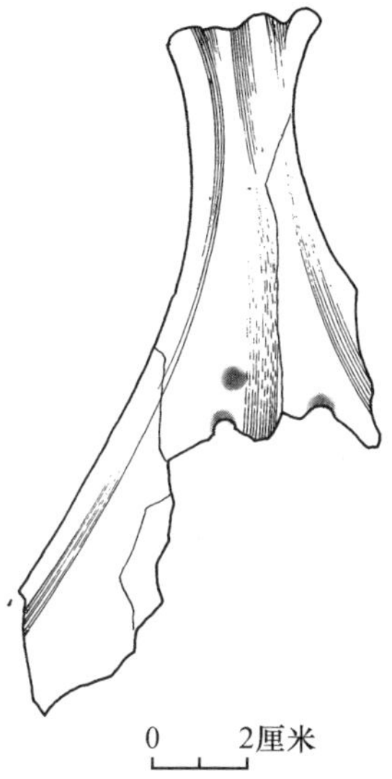

图3-3-6　第Ⅰ区第7层出土卜骨（97TWT395⑦b：6）

（三）第Ⅰ区第6层出土器物

第Ⅰ区第6层共出土器物100件。其中，陶器16件、石器49件、骨、角器35件。

1. 陶器

第Ⅰ区第6层共出土陶器16件。其中，陶纺轮4件（A3、C1）、陶网坠8件（Eb2、Ec3、Ed1、Ee2）、陶罐2件、陶碗1件、鼎足1件。

现选择部分陶器介绍如下。

碗　1件。97TWT370⑥：3，夹砂红褐陶，素面。器表有烟熏痕。口微敛，方唇，弧腹，假圈足底。口径12、高7、底径5.4厘米（图3-3-7，3）。

罐　2件。97TWT396⑥：3，夹砂黑陶，夹云母夹蚌粉。口沿残，弧腹，上腹部饰对称横桥耳，台足。底径5.2、残高7.8厘米（图3-3-7，2；图版一四，6）。97TWT397⑥：27，夹砂黑褐陶。侈口，圆唇，仰折沿，内壁折棱不太明显，弧腹，下腹部内收，小平底。口径8.2、底径5、高12.6厘米（图3-3-7，1；图版一四，5）。

A型纺轮　2件。圆饼形。中间有斜向钻孔。97TWT398⑥：2，泥质黄陶，夹蚌夹云母。一面素面，一面饰三组放射性指甲纹。直径6.2、孔径0.8、厚0.9厘米（图3-3-7，5）。

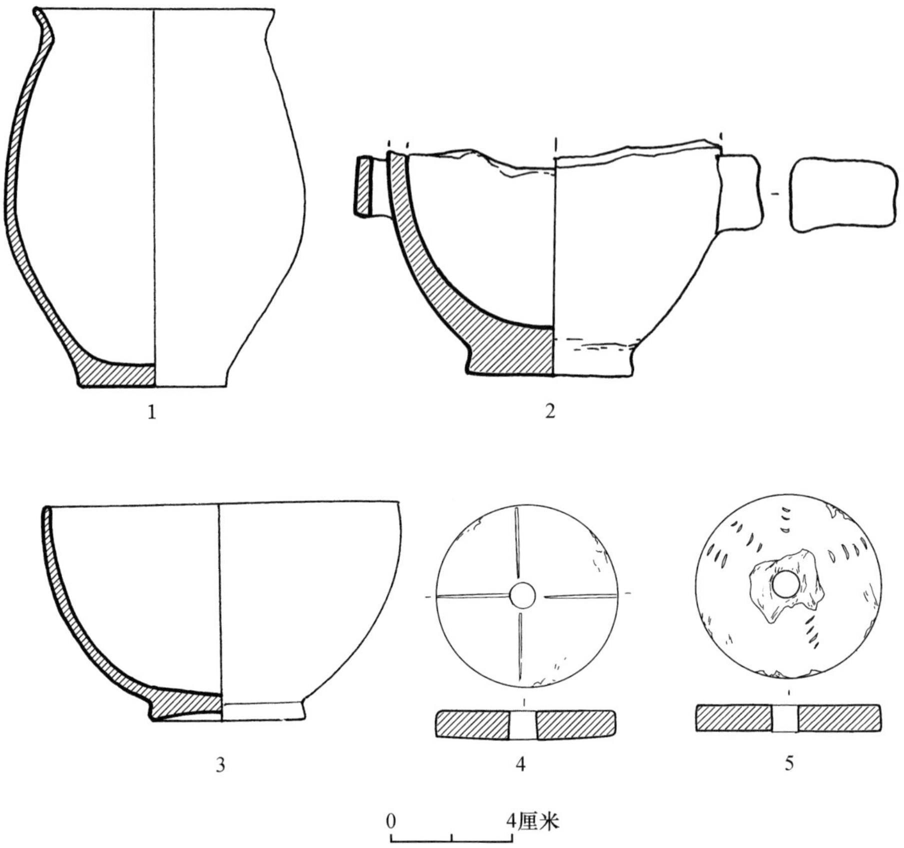

图3-3-7　第Ⅰ区第6层出土陶器

1、2. 罐（97TWT397⑥：27、97TWT396⑥：3）　3. 碗（97TWT370⑥：3）　4、5. A型纺轮（97TWT397⑥：11、97TWT398⑥：2）

97TWT397⑥：11，泥质黄褐陶，夹蚌。一面素面，一面刻划四组直线纹，形成十字纹。直径6.1、孔径1、厚0.9厘米（图3-3-7，4；图版一六，1）。

2. 石器

第Ⅰ区第6层共出土石器49件。其中石网坠5件（B5）、石镞15件（Aa4、B1、Ba8、Ad1、Cc1）、石镐1件、石刀4件（A2、Bb1、C1）、石研磨器4件（A2、B2）、石器2件、沸石块3件、石凿1件、石球1件、石饼5件、石斧3件、石料1件、石坠1件、石杵1件、砺石1件、石加重器1件。

现选取6件石器介绍如下。

镞　5件。

Ba型　4件。双翼，后锋倒刺呈燕尾形。97TWT368⑥：1，灰色板岩。圆柱形铤较长。镞身长3.1、镞身宽1.1、铤长7厘米（图3-3-8，4）。97TWT397⑥：7，深灰色板岩。方柱形铤。长4.9、镞身宽1.5、厚0.6厘米（图3-3-8，3）。97TWT397⑥：8，方柱形铤。长6.5、镞身宽1.4、厚0.5厘米（图3-3-8，5）。97TWT397⑥：21，青灰色板岩。方柱形铤。长5、镞身宽

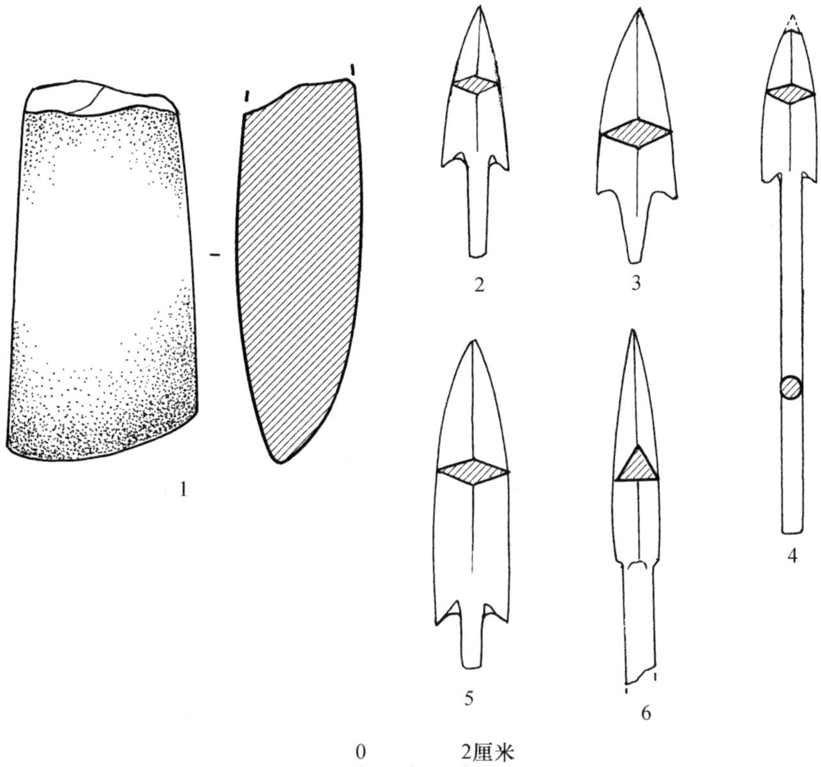

图3-3-8　第Ⅰ区第6层出土石器

1. 斧（97TWT397⑥：9）　2～5. Ba型镞（97TWT397⑥：21、97TWT368⑥：7、97TWT368⑥：1、97TWT397⑥：8）
6. Cc型镞（97TWT398⑥：16）

1.3、厚0.3厘米（图3-3-8，2；图版二二，6）。

Cc型　1件。97TWT398⑥：16，三棱石镞，镞身平面呈三角形，圆柱形铤略残。残长6.9、镞身宽0.9、厚0.6厘米（图3-3-8，6；图版二二，2）。

斧　1件。97TWT397⑥：9，青灰色砂岩。平面近梯形，背端残断，双面斜刃，刃部打磨痕迹明显。残长7.3、宽3.7、厚2.7厘米（图3-3-8，1）。

3. 骨、角器及贝类

第Ⅰ区第6层共出土骨、角器及贝类35件。其中，骨锥10件、骨凿1件、骨针4件、骨簪3件、卜骨2件、骨镳1件、角器1件、鱼骨3件、鸡胫骨1件、河螺1件、河蚌1件、贝壳1件、鳖甲6件。

现选取4件骨器进行介绍。

针　3件。97TWT369⑥：4，针细长，针眼很小。长3.7、厚0.15厘米（图3-3-9，4）。97TWT369⑥：5，器身较短，针眼较细。长3.9、厚0.2厘米（图3-3-9，3）。97TWT399⑥：1，器身较长，针眼残。残长9.8、直径0.2厘米（图3-3-9，2）。

镳　1件。97TWT398⑥：6，方柱形，微弧，器身有6个长方形凿孔。长11.5、宽2、厚3.1厘米（图3-3-9，1；图版二五，5）。

（四）第Ⅰ区第5层出土器物

第Ⅰ区第5层共出土器物65件。其中，陶器4件、石器42件、骨、角、牙器19件。

1. 陶器

第Ⅰ区第5层共出土陶器4件。其中，陶竖耳罐2件、陶碗1件、陶纺轮1件（A1）。

竖耳罐　2件。97TWT369⑤：19，夹砂黑褐陶，颜色不均匀，局部呈黑色，局部呈褐色。直口，口沿不平整，鼓腹，上腹部饰对称竖桥耳，平底。口径10、底径7、高16厘米（图3-3-10，2；图版一三，6）。97TWT369⑤：23，夹砂黑褐陶，素面。形制不甚规整。直口，方唇，弧腹，口沿下饰大致对称的竖桥耳，平底。口径9.8、底径7、高16厘米（图3-3-10，1）。

碗　1件。97TWT397⑤：7，夹砂褐陶，器表磨光。敞口，方唇，斜弧腹，假圈足外撇。口径17.4、底径7.4、高9.2厘米（图3-3-10，3）。

A型纺轮　1件。97TWT399⑤：8，泥质褐陶，夹蚌。圆饼形，一面素面，一面戳刺四组篦点纹，纹饰平面呈不规则十字，中间有一圆形钻孔。直径5.8、厚0.7厘米（图3-3-10，4）。

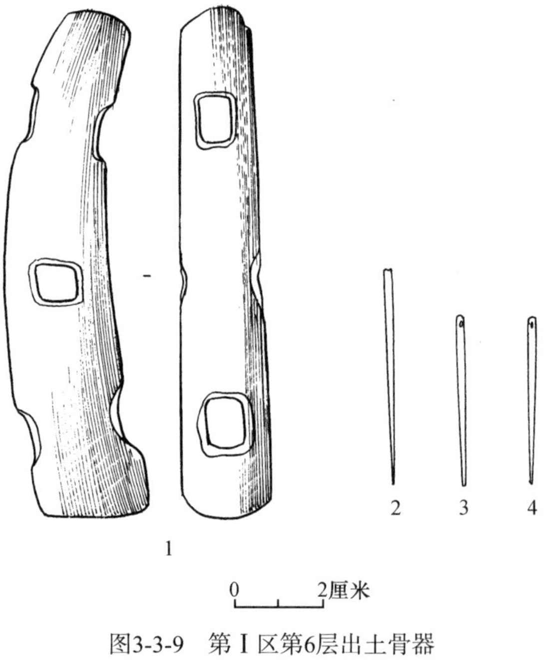

图3-3-9　第Ⅰ区第6层出土骨器

1. 镳（97TWT398⑥：6）　2～4. 针（97TWT399⑥：1、97TWT369⑥：5、97TWT369⑥：4）

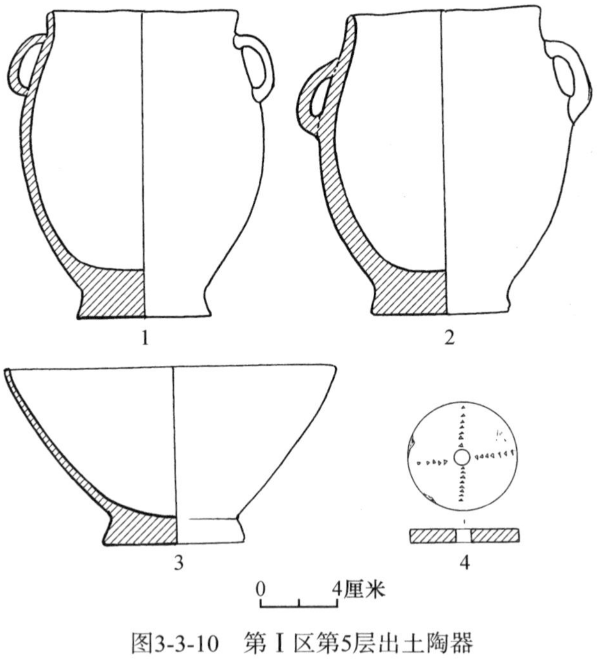

图3-3-10　第Ⅰ区第5层出土陶器

1、2. 竖耳罐（97TWT369⑤：23、97TWT369⑤：19）　3. 碗（97TWT397⑤：7）　4. A型纺轮（97TWT399⑤：8）

2. 石器

第Ⅰ区第5层共出土42件。其中，石网坠7件（A1、B4、C2）、石镞15件（Aa2、Ad2、B1、Ba6、Bc1、Ca1、Cc1、D1）、石镐1件、石刀13件（A3、Aa1、Bb7、C1、？1）、石研

磨器1件（B1）、石器1件、石凿1件、石球1件、石斧1件、石切割器1件。

现选取8件石器介绍如下。

网坠　2件。

A型　1件。97TWT330⑤：1，灰色板岩。平面近长条形，两端打制豁口。长4.7、宽2.9、厚1厘米（图3-3-11，4）。

B型　1件。97TWT396⑤：3，黄灰色花岗细晶岩。平面呈椭圆形，两端打制豁口。长径6.3、短径5.7、厚1.6厘米（图3-3-11，5）。

镞　3件。

Ba型　1件。97TWT398⑤：2，青灰色板岩。双翼，后锋倒刺呈燕尾形，方柱形铤。长4.3、镞身宽1.5、厚0.5厘米（图3-3-11，7）。

Ad型　1件。97TWT396⑤：11，灰色板岩。双翼，镞身平面呈矛形，铤与镞身连在一起，剖面呈扁圆形。长3.9、镞身宽1.8、厚0.4厘米（图3-3-11，8）。

Bc型　1件。97TWT397⑤：2，青灰色板岩。双翼，镞身平面呈三角形，铤身剖面呈六边形，铤残。残长6.2、镞身宽1.7、厚0.6厘米（图3-3-11，6）。

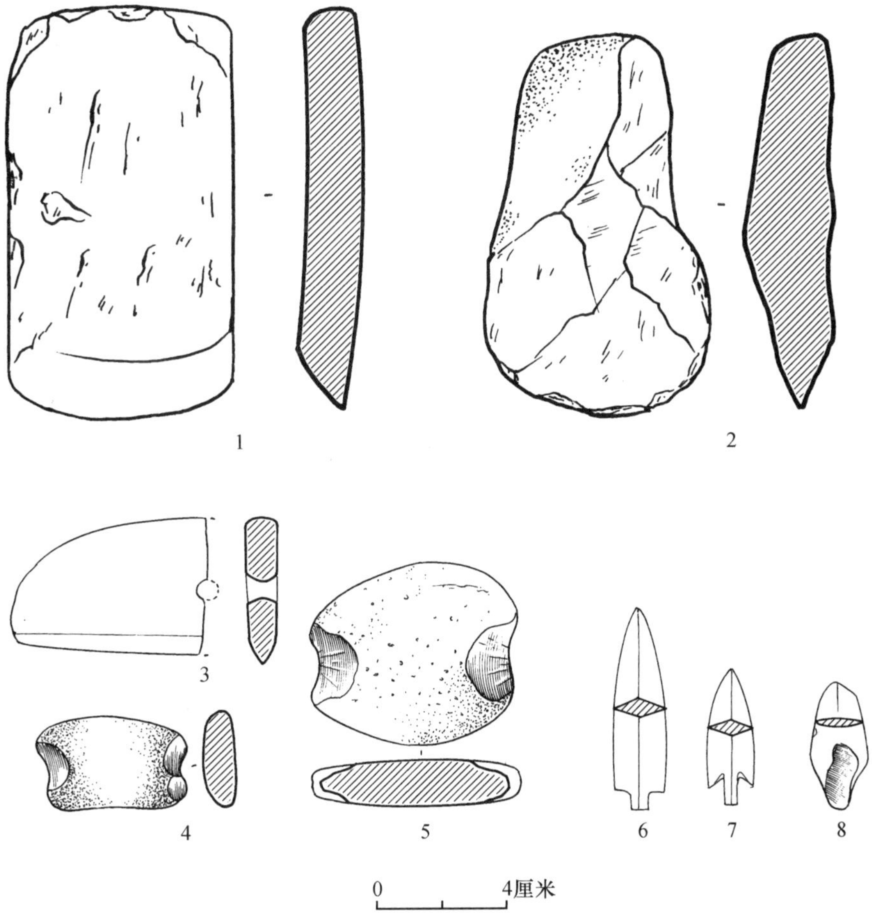

图3-3-11　第Ⅰ区第5层出土石器

1. 斧（97TWT396⑤：9）　2. 镐（97TWT396⑤：7）　3. Aa型刀（97TWT397⑤：4）　4. A型网坠（97TWT330⑤：1）　5. B型网坠（97TWT396⑤：3）　6. Bc型镞（97TWT397⑤：2）　7. Ba型镞（97TWT398⑤：2）　8. Ad型镞（97TWT396⑤：11）

Aa型刀　1件。97TWT397⑤：4，云母千枚岩。一端残。弧背，器身中间有一圆形钻孔，双面弧刃。残长6.8、宽4.4、厚1.1厘米（图3-3-11，3）。

镐　1件。97TWT396⑤：7，褐灰色板岩。亚腰形，弧背，器身遍布打制疤痕，双面弧刃，刃部有豁口，器身不规整。长12、宽7.2、厚3.8厘米（图3-3-11，2）。

斧　1件。97TWT396⑤：9，深灰色板岩。平面近长方形，直背，单面弧刃，刃部有使用痕迹。长13.2、宽7、厚1.8厘米（图3-3-11，1）。

3. 骨、角、牙器

第Ⅰ区第5层共出土骨、角、牙器19件。其中，狍子角1件、野猪牙2件、骨器1件、骨锥9件、骨凿2件、骨镞2件、骨匕1件、卜骨1件。

现选取5件骨器介绍如下。

镞　2件。97TWT369⑤：20，三棱形镞，镞身平面呈矛形，圆柱形铤。长8.5、宽0.7、厚0.5厘米（图3-3-12，5；图版二四，5）。99TWT399⑤：7，镞身已残失，仅余燕尾形倒刺及圆柱形铤，可看出为三棱形镞。残长5.8、宽1、厚0.6厘米（图3-3-12，4）。

匕　1件。97TWT397⑤：9，以大型动物管状骨磨制，器身呈扁方形。长17.5、宽2.5、厚1.1厘米（图3-3-12，2）。

卜骨　1件。97TWT398⑤：7，以牛肩胛骨制成。一角残，器身有纵向排列的烧灼点三排，最左侧一排共4个黑色烧灼点，有2个穿透；中间一排共3个烧灼点；第三排1个烧灼点。长19.9、宽13.1、厚0.4厘米（图3-3-12，1；图版二三，4）。

锥　1件。兽骨劈裂后磨制而成。一面较平滑，一面有凹槽。97TWT397⑤：8，长11.2、宽1、厚0.5厘米（图3-3-12，3）。

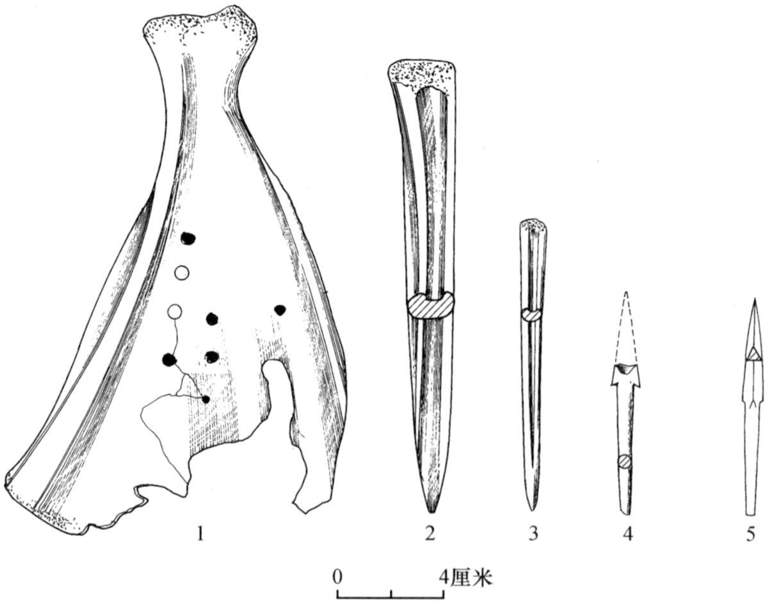

图3-3-12　第Ⅰ区第5层出土骨器

1. 卜骨（97TWT398⑤：7）　2. 匕（97TWT397⑤：9）　3. 锥（97TWT397⑤：8）
4、5. 镞（97TWT399⑤：7、97TWT369⑤：20）

（五）第Ⅰ区第4层出土器物

第Ⅰ区第4层共出土器物230件。其中，陶器66件、石器127件、骨、角、牙器及其他器物37件。

1. 陶器

第Ⅰ区第4层共出土陶器66件。分别为：陶竖耳小罐1件、陶壶2件、小陶杯1件、陶豆1件、陶碗2件、陶管饰1件、陶鼎足1件、陶饼1件、陶布纹瓦1件、陶哨1件、陶范1件、陶纺轮6件（A6）、陶网坠46件（Ba1、Bb1、C10、E1、Ea1、Eb2、Ec9、Ed12、Ee4、F1、Gb3、？1）、陶球1件。

现选取26件典型陶器进行介绍。

豆　1件。97TWT343④：5，夹砂黄陶，器表磨光。豆盘为敞口，斜方唇，盘身较深，斜弧壁，豆座呈喇叭形。口径26.6、底径8.2、高18.2厘米（图3-3-13，1）。

碗　2件。97TWT343④：25，夹砂黑褐陶，素面。敞口，弧腹，平底。口径13、底径5、高6.2厘米（图3-3-13，7）。97TWT398④：15，泥质红褐陶，器表磨光。敞口，圆唇，弧腹，矮圈足。口径12、底径4、高5.6厘米（图3-3-13，6）。

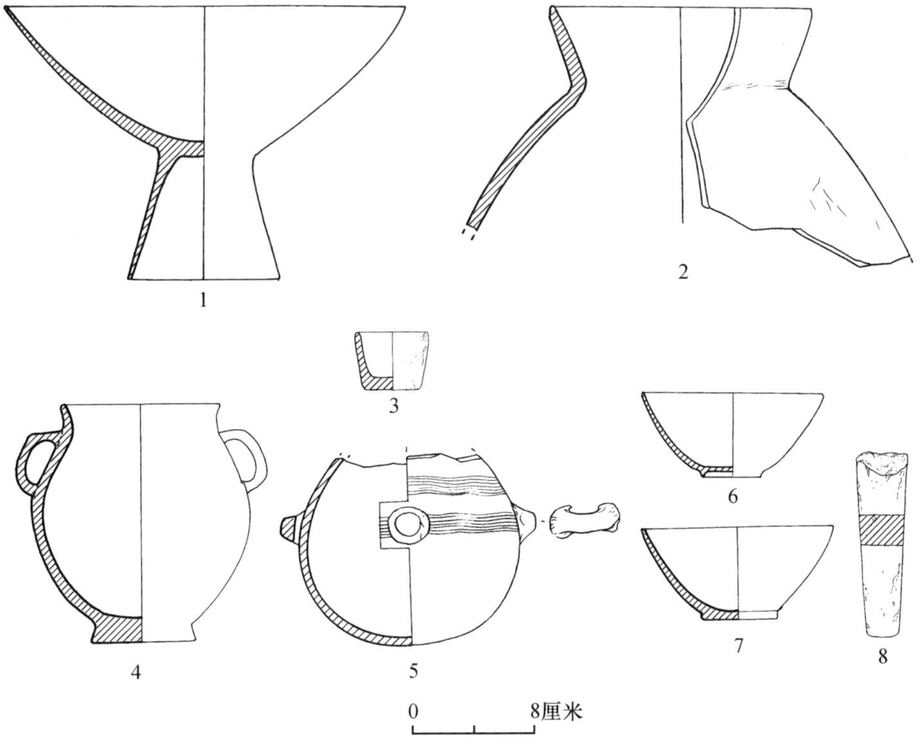

图3-3-13　第Ⅰ区第4层出土陶器

1. 豆（97TWT343④：5）　2、5. 壶（97TWT395④：41、97TWT366④：6）　3. 小杯（97TWT331④：31）　4. 竖耳小罐（97TWT395④：40）　6、7. 碗（97TWT398④：15、97TWT343④：25）　8. 鼎足（97TWT398④：20）

壶　2件。97TWT366④：6，泥质黄陶，口沿残，圆鼓腹，腹部饰一对横桥耳，两耳之间贴塑一对圆饼形贴耳，贴耳微内凹，圜底，耳部以上饰两组凹弦纹。底径6.4、残高12.6厘米（图3-3-13，5）。97TWT395④：41，夹砂黄陶，仅余器身上部，侈口，斜直颈，弧腹。口径17.2、残高17厘米（图3-3-13，2）。

小杯　1件。97TWT331④：31，夹砂灰褐陶，夹蚌夹云母，局部发黑。直口，斜直腹，平底。口径4.8、底径3.8、高4厘米（图3-3-13，3；图版一五，1）。

竖耳小罐　1件。97TWT395④：40，泥质黄褐陶，器表磨光。口微敞，方唇，鼓腹，上腹部饰对称竖桥耳，假圈足底。口径5.2、底径3.4、高7.9厘米（图3-3-13，4）。

鼎足　1件。97TWT398④：20，夹砂褐陶。方柱形。长12.2、宽3.5、厚2厘米（图3-3-13，8）。

网坠　11件。

Bb型　1件。97TWT395④：5，夹砂灰陶。卵圆形，中间有圆形穿孔。最大径1.6、高3.4厘米（图3-3-14，11）。

C型　3件。亚腰形，器身中间有横向凹槽。97TWT343④：6，夹砂黑陶。一端凸起，一端较平。直径2、高1.5厘米（图3-3-14，12）。97TWT343④：12，夹砂红褐陶，夹蚌夹云母。两端微弧。高1.7、长径3、短径1.8厘米（图3-3-14，14）。97TWT369④：13，夹砂红褐陶。一端凸起，一端内凹。直径2.2、高1.6厘米（图3-3-14，13）。

Ec型　2件。97TWT343④：20，以夹砂红褐陶片磨制而成。方形，四边侧棱磨出锯齿形花纹，器身微弧，中间有一对钻孔。边长4.6、厚0.4厘米（图3-3-14，4）。97TWT367④：1，泥质黄褐陶。平面呈方形，器身部分破损，仅余1个豁口。中间有圆形斜向钻孔。边长7.8、厚0.8厘米（图3-3-14，8）。

Ed型　1件。平面呈长方形，中间有圆形钻孔，两端磨制豁口。形制规整。97TWT331④：24，以泥质灰褐陶片磨制而成。长4.2、宽2.8、厚0.5厘米（图3-3-14，6）。

Ee型　1件。97TWT367④：4，以泥质黄褐陶片打制而成。平面呈不规则形，四边共磨制4个豁口。长6.1、宽3.2、厚0.6厘米（图3-3-14，5）。

Gb型　3件。97TWT328④：5，以夹砂的黄褐陶土制成。平面呈长方形，四边有对称穿孔，穿孔呈十字形。长4.7、宽3.7、厚2厘米（图3-3-14，10）。97TWT368④：10，以夹蚌粉的夹砂灰陶陶土制成。平面呈长方形，四边各有一孔，均可对穿。长4.3、宽3、厚1厘米（图3-3-14，7）。

A型纺轮　4件。圆饼形，中间有圆形钻孔。97TWT331④：11，夹砂黑陶。器形较小，通体磨光，中间有一对钻孔。直径2.4、厚0.6厘米（图3-3-14，15）。97TWT332④：7，泥质黄褐陶。一面刻划五组三角纹，另一面围绕穿孔饰一周圆圈纹。直径6.2、厚0.9厘米（图3-3-14，1）。97TWT335④：4，泥质褐陶，夹蚌夹云母，火候不均，局部呈黑色。一面饰戳刺的篦点纹，一面为素面。直径5.7、厚0.9厘米（图3-3-14，2）。97TWT343④：24，夹砂黄陶。仅余器身一半，磨制精细。直径5.4、厚0.7厘米（图3-3-14，3）。

陶饼　1件。97TWT366④：5，泥质灰陶，夹云母及滑石。以陶器腹片磨制而成。直径7.1、厚0.6厘米（图3-3-14，9）。

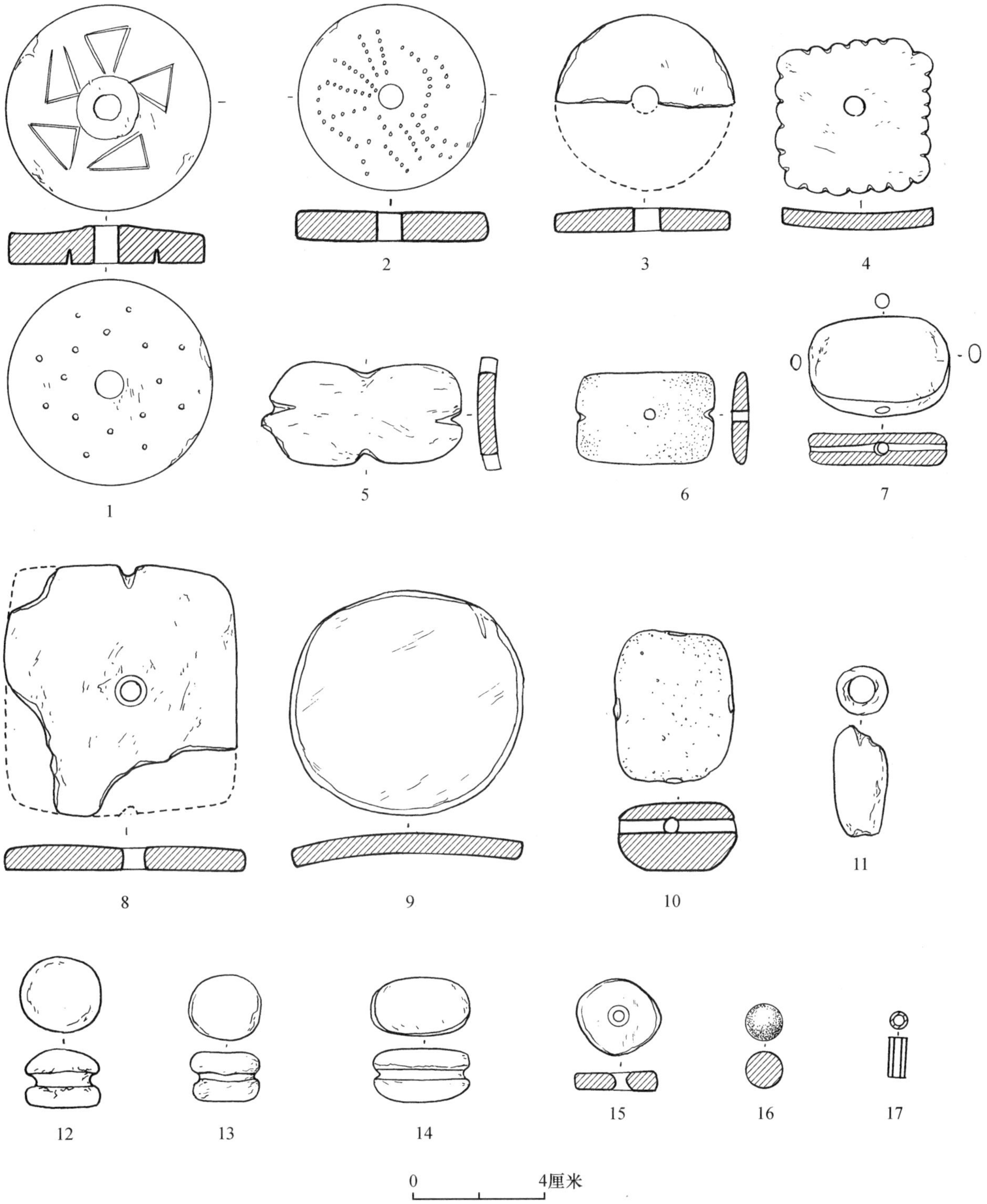

图3-3-14　第Ⅰ区第4层出土陶器

1～3、15. A型纺轮（97TWT332④：7、97TWT335④：4、97TWT343④：24、97TWT331④：11）　4、8. Ec型网坠（97TWT343④：20、97TWT367④：1）　5. Ee型网坠（97TWT367④：4）　6. Ed型网坠（97TWT331④：24）　7、10. Gb型网坠（97TWT368④：10、97TWT328④：5）　9. 陶饼（97TWT366④：5）　11. Bb型网坠（97TWT395④：5）　12～14. C型网坠（97TWT343④：6、97TWT369④：13、97TWT343④：12）　16. 球（97TWT399④：7）　17. 管饰（97TWT331④：22）

球　1件。97TWT399④：7，泥质黄陶。实心球状。直径1厘米（图3-3-14，16）。

管饰　1件。97TWT331④：22，泥质红陶。中间有圆形钻孔。长1.2、直径0.5厘米（图3-3-14，17）。

2. 石器

第Ⅰ区第4层出土石器127件。分别为：石网坠28件（A8、B16、C3、D1）、石镞41件（A1、Aa3、Ad6、Ae1、B2、Ba12、Bb2、C2、Ca3、Cb7、Cc2）、石镐2件、石刀19件（A7、Ab1、Ba5、Bb3、C3）、石研磨器5件（A2、B2、？1）、石器2件、环状石器1件、沸石块1件、石凿3件、石饼1件、石短剑1件、石斧11件、石锛1件、石饰1件、石坠1件、石锥1件、石料1件、砺石3件、石磨盘2件、石刮削器1件、黑曜石片1件。

现选取14件石器介绍如下。

短剑　1件。97TWT331④：3，青灰色板岩。仅余部分剑身及剑柄，两面起脊，剑身剖面呈棱形，方柱形剑柄。残长7.9、宽3.8、厚0.9厘米（图3-3-15，5）。

斧　1件。97TWT368④：3，黑灰色细砂岩。磨制较精细，平面近长方形，直背，双面弧刃。长11.8、宽5、厚3厘米（图3-3-15，3；图版一八，3）。

Bb型刀　1件。97TWT395④：28，灰色板岩。平面呈长方形，器身较窄，直背，双面直刃，靠近背部有两个圆形钻孔。长15、宽3.4厘米（图3-3-15，2；图版一九，2）。

镞　5件。

Ad型　1件。97TWT369④：9，青灰色板岩。柳叶形，镞身中间有血槽。长7.9、镞身宽7.2、厚0.4厘米（图3-3-15，12）。

Ae型　1件。97TWT397④：2，青灰色板岩。镞尖残。镞身两侧磨成刃部，剖面呈六边形。残长5.1、镞身宽1.2、厚0.3厘米（图3-3-15，11）。

Cb型　1件。三棱形，镞身平面呈矛形。97TWT397④：7，青灰色板岩。圆柱形铤，铤尾残。残长8、镞身宽1.3、厚0.8厘米（图3-3-15，6）。

Cc型　2件。三棱形，镞身平面近三角形，圆柱形铤。97TWT398④：8，青灰色板岩。圆柱形铤尾残断。残长8.1、镞身宽0.7、厚0.5厘米（图3-3-15，7；图版二二，3）。97TWT398④：18，镞身较小，铤较长较粗。长5.8、镞身宽0.8、厚0.6厘米（图3-3-15，8）。

凿　1件。97TWT396④：12，双面直刃，背端较尖。长9.2、宽1.7、厚0.9厘米（图3-3-15，10）。

石坠　1件。97TWT399④：11，滑石质。平面近长方形，一端有一对钻孔。长2、宽1.4、厚0.4厘米（图3-3-15，14）。

Ab型刀　1件。97TWT365④：22，平面呈弯月形。通体磨光，直背，双面弧刃。长15.8、宽4.9、厚0.9厘米（图3-3-15，1）。

石饰　1件。97TWT397④：3，滑石质。平面近圆角方形，器身上有两个对钻孔。长4.3、宽3.4、厚0.4厘米（图3-3-15，13）。

环状石器　1件。97TWT368④：2，已残，呈半圆形，中间有一圆形钻孔，钻孔亦残半。直径8.5、厚1.8、孔径2厘米（图3-3-15，4）。

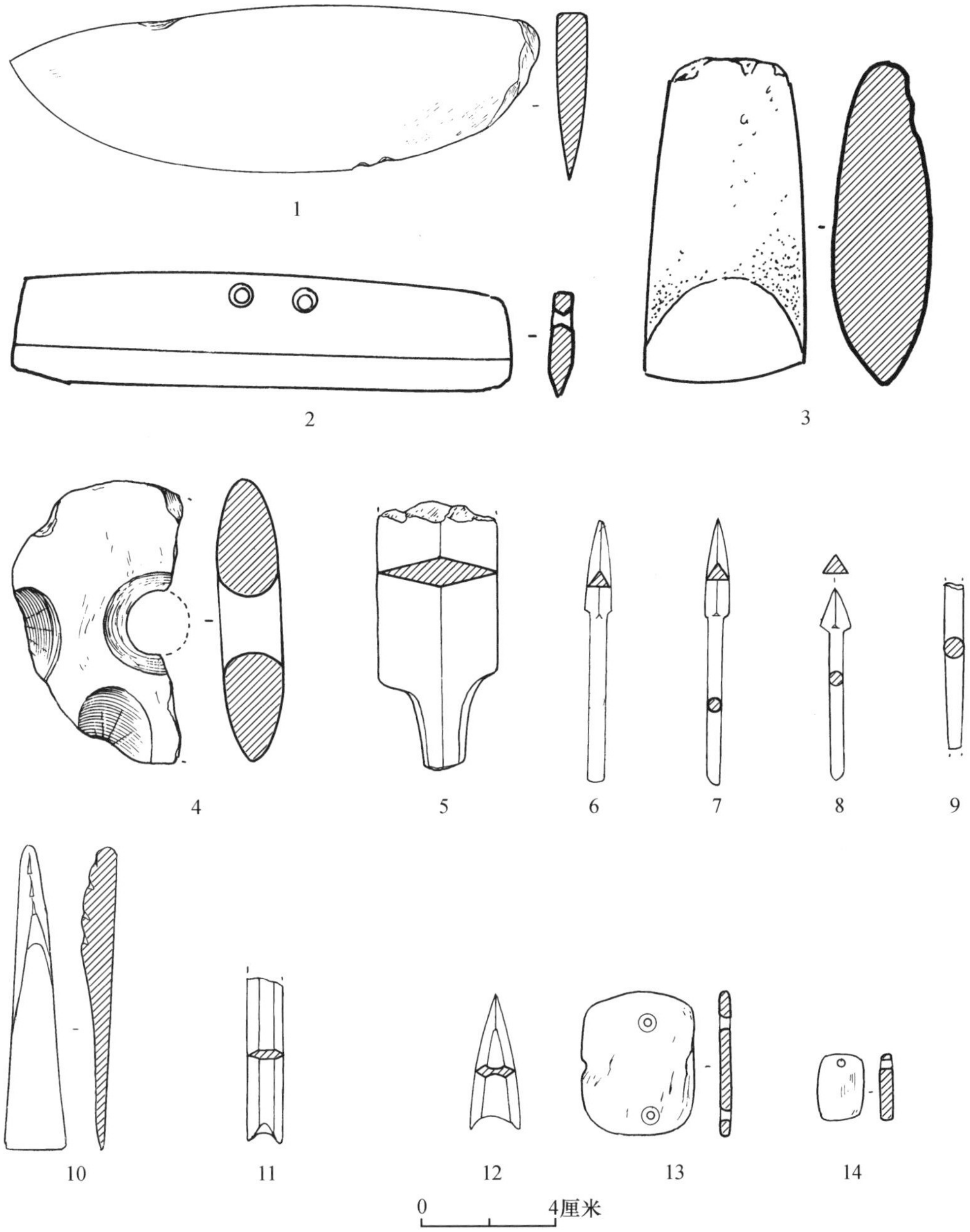

图3-3-15　第Ⅰ区第4层出土石器

1. Ab型刀（97TWT365④：22）　2. Bb型刀（97TWT395④：28）　3. 斧（97TWT368④：3）　4. 环状石器（97TWT368④：2）　5. 短剑（97TWT331④：3）　6. Cb型镞（97TWT397④：7）　7、8. Cc型镞（97TWT398④：8、97TWT398④：18）　9. 锥（97TWT333④：9）　10. 凿（97TWT396④：12）　11. Ae型镞（97TWT397④：2）　12. Ad型镞（97TWT369④：9）　13. 石饰（97TWT397④：3）　14. 石坠（97TWT399④：11）

锥　1件。97TWT333④：9，圆锥形，两端均残，通体磨光。残长5.1、截面直径0.4厘米（图3-3-15，9）。

3. 骨、角、牙器及铜、玉器

第Ⅰ区第4层出土骨、角、牙器及铜、玉器合计37件。

其中，骨、角、牙器共发现35件。其中，骨锥19件、骨器3件、骨凿2件、骨针1件、骨簪2件、骨镞2件、骨钩1件、骨匕1件、蚌壳1件、兽牙1件、野猪牙1件、鹿角器1件。另有铜器（青铜斧）1件。玉器（玉锛）1件。

现选取11件器物进行介绍。

骨锥　1件。97TWT365④：20，近圆锥形。以兽骨磨制而成。长14.4厘米（图3-3-16，3）。

骨簪　1件。97TWT367④：2，圆柱形，骨质坚硬，表面光滑，一端残。残长9.2、径0.7厘米（图3-3-16，4）。

骨凿　2件。97TWT395④：29，以兽骨磨制而成，器身剖面呈凹窝状，双面直刃。长17.3、厚1.4厘米（图3-3-16，1）。97TWT396④：25，以兽骨劈裂后磨制而成。长条形，器身剖面呈凹窝状，单面直刃。长8.3、厚0.6厘米（图3-3-16，7）。

骨匕　1件。97TWT398④：16，以大型动物管状骨磨制而成，呈扁锥形，器身较长。长17.9厘米（图3-3-16，2；图版二三，1）。

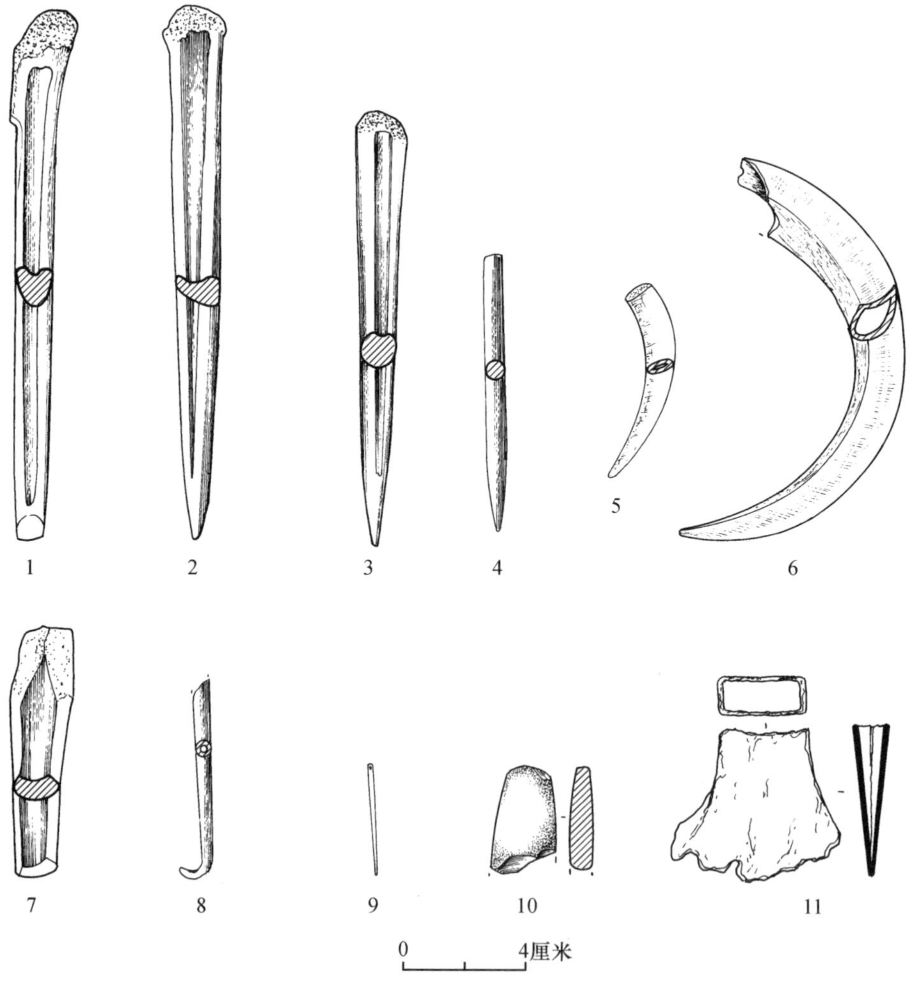

图3-3-16　第Ⅰ区第4层出土器物

1、7. 骨凿（97TWT395④：29、97TWT396④：25）　2. 骨匕（97TWT398④：16）　3. 骨锥（97TWT365④：20）　4. 骨簪（97TWT367④：2）　5. 兽牙（97TWT397④：11）　6. 野猪牙（97TWT396④：24）　8. 骨钩（97TWT365④：2）　9. 骨针（97TWT397④：20）　10. 玉锛（97TWT334④：4）　11. 铜斧（97TWT331④：25）

骨钩　1件。97TWT365④：2，以动物管状骨磨制而成。两端均残。残长6.5、截面最大径0.5厘米（图3-3-16，8）。

骨针　1件。97TWT397④：20，针细长，针眼很小。残长3.9、厚0.2厘米（图3-3-16，9）。

兽牙　1件。97TWT397④：11，器身剖面呈椭圆形。长6.3、厚0.1厘米（图3-3-16，5）。

野猪牙　1件。97TWT396④：24，弯月形，中空，一端残。残长12.8、壁厚0.2厘米（图3-3-16，6；图版二五，4）。

铜斧　1件。97TWT331④：25，扇形，长方形銎孔，双面刃，刃部呈不规则弧形。长5.7、宽5.1、厚0.7厘米（图3-3-16，11；图版二五，8）。

玉锛　1件。97TWT334④：4，平面近梯形，弧肩，刃部已残，通体磨制精细。残长3.6、宽2.2、厚0.8厘米（图3-3-16，10）。

（六）第Ⅱ区第7层出土器物

第Ⅱ区第7层共出土器物33件。其中，陶器10件、石器18件、骨、角、牙器共5件。

1. 陶器

第Ⅱ区第7层共出土陶器10件。包括陶罐2件、陶碗3件、陶网坠5件（Ed3、E1、Ec1）。

现选取6件陶器介绍如下。

碗　3件。97TWT465⑦：11，泥质黑陶，仅余口沿残片。敛口，口沿斜抹，弧腹。口径19、残高3.4厘米（图3-3-17，2）。97TWT496⑦：10，夹砂红褐陶。敛口，尖唇，

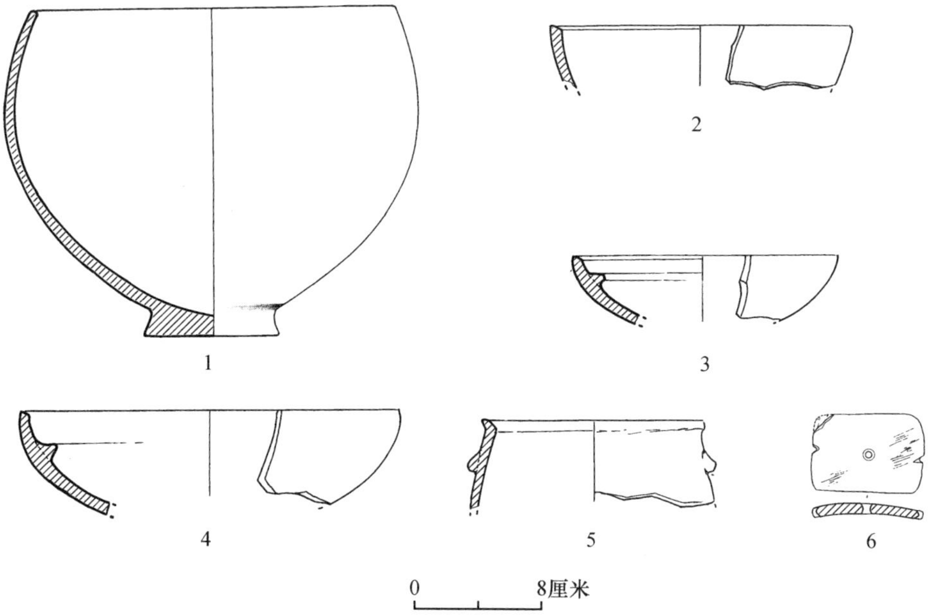

图3-3-17　第Ⅱ区第7层出土陶器

1、5. 罐（97TWT496⑦：14、97TWT465⑦：10）　2～4. 碗（97TWT465⑦：11、97TWT496⑦：10、97TWT496⑦：11）

6. Ed型网坠（97TWT465⑦：7）

弧腹，口沿内侧贴附一周扉棱，底残。口径16.6、残高4.6、厚0.8厘米（图3-3-17，3）。97TWT496⑦：11，夹砂红陶。敛口，圆唇，弧腹，口沿内侧贴附一周扉棱，底残。口径24、残高6.6、厚0.8厘米（图3-3-17，4）。

罐　2件。97TWT465⑦：10，夹砂红褐陶，局部发黑。仅余器身上部。侈口，圆唇，口沿内部斜抹，弧腹，上腹部饰对称錾耳，錾耳残半。口径14、残高5.6、厚0.3厘米（图3-3-17，5）。97TWT496⑦：14，夹砂黄褐陶。敛口，圆鼓腹，小台足，器形较大。口径23、底径8.4、高21厘米（图3-3-17，1；图版一四，3）。

Ed型网坠　1件。97TWT465⑦：7，以泥质黄陶片磨制而成。一角略残，平面呈长方形，器身微弧，器身中间有圆形钻孔，两端磨制凹槽。长7.2、宽5.1、厚0.7厘米（图3-3-17，6）。

2. 石器

第Ⅱ区第7层共出土石器18件。其中，石镞4件（Aa1、Ad2、Ba1）、石网坠4件（B1、D3）、石刀4件（A2、Aa1、Bb1）、石研磨器1件（A1）、石斧2、石饼2、石凿1。

现选取4件石器介绍如下。

Ba型镞　1件。97TWT465⑦：4，青灰色板岩。双翼，后锋倒刺呈燕尾形。柱形铤。长5.6、宽1.2、厚0.5厘米（图3-3-18，2）。

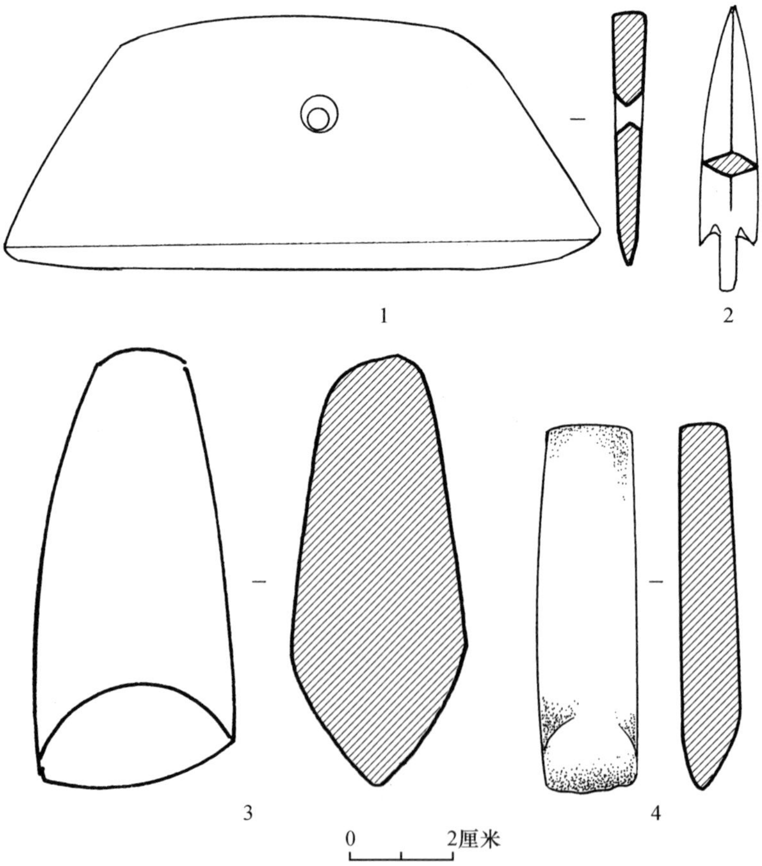

图3-3-18　第Ⅱ区第7层出土石器

1. Aa型刀（97TWT464⑦：2）　2. Ba型镞（97TWT465⑦：4）　3. 斧（97TWT465⑦：2）　4. 凿（97TWT464⑦：1）

凿　1件。97TWT464⑦：1，灰白色细砂岩。长条形，直背，双面弧刃，刃部有磨痕。长7.3、宽1.9、厚1.1厘米（图3-3-18，4）。

斧　1件。97TWT465⑦：2，深灰色板岩。磨制精细，器形较小，弧背，双面弧刃。长8.6、宽4、厚3.4厘米（图3-3-18，3；图版一八，2）。

Aa型刀　1件。97TWT464⑦：2，深灰色板岩。平面呈圆角梯形，通体磨光。近直背，单面直刃，器身中央有一圆形斜向钻孔。长11.7、宽5、厚0.6厘米（图3-3-18，1）。

3. 骨、角、牙器

第Ⅱ区第7层共出土骨、角、牙器5件。分别为卜骨1件、骨锥1件、骨器1件、角锥1件、牙器1件。

现选取2件较典型的介绍如下。

角锥　1件。97TWT496⑦：13，以狍子角磨制而成，圆锥形。长13.4、截面直径1.1厘米（图3-3-19，1；图版二三，3）。

卜骨　1件。97TWT465⑦：3，残，器表留有一个圆形灼痕。残长10.5、厚0.5厘米（图3-3-19，2）。

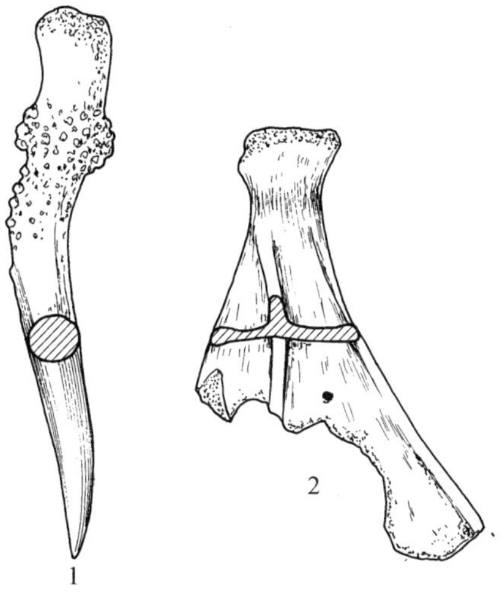

图3-3-19　第Ⅱ区第7层出土骨、角器
1. 角锥（97TWT496⑦：13）　2. 卜骨（97TWT465⑦：3）

（七）第Ⅱ区第6层出土器物

第Ⅱ区第6层共出土器物139件。其中，陶器33件、石器84件、骨、角、牙器共计20件、玉器2件。

1. 陶器

第Ⅱ区第6层共出土陶器33件。包括陶碗2件、陶豆2件、小陶杯3件、陶管1件、陶网坠19件（C2、E3、Ea2、Eb3、Ec3、Ed6）、陶纺轮3件（A1、B1、E1）、弦纹陶片1件、陶饰件1件、陶饼1件。

现选取11件器物介绍如下。

碗　2件。97TWT496⑥：67，夹砂红陶，夹蚌粉，局部发黑。敛口，方唇，弧腹，台足。口径16.2、底径7、高10厘米（图3-3-20，4；图版一五，6）。97TWT496⑥：68，泥质黄褐陶，器表抹光，局部发黑。口部残，圆鼓腹，器腹较深，平底，内壁发黑。底径8.2、残高9.6厘米（图3-3-20，2）。

豆　2件。97TWT405⑥：1，夹砂红褐陶，素面。仅余豆把，高圈足，空心。残高8、圈足径8厘米（图3-3-20，5）。97TWT496⑥：2，夹砂红褐陶，器表磨光。豆盘呈钵状，敞口，斜抹口沿，弧壁。喇叭形矮圈足，圈足上饰四个大致对称的三角形镂孔。口径26.6、通高13.8、圈足径12、圈足高5.2厘米（图3-3-20，1；图版一五，7）。

小杯　3件。97TWT465⑥：9，夹砂褐陶，素面。手制，器形不规整，口部一边低，

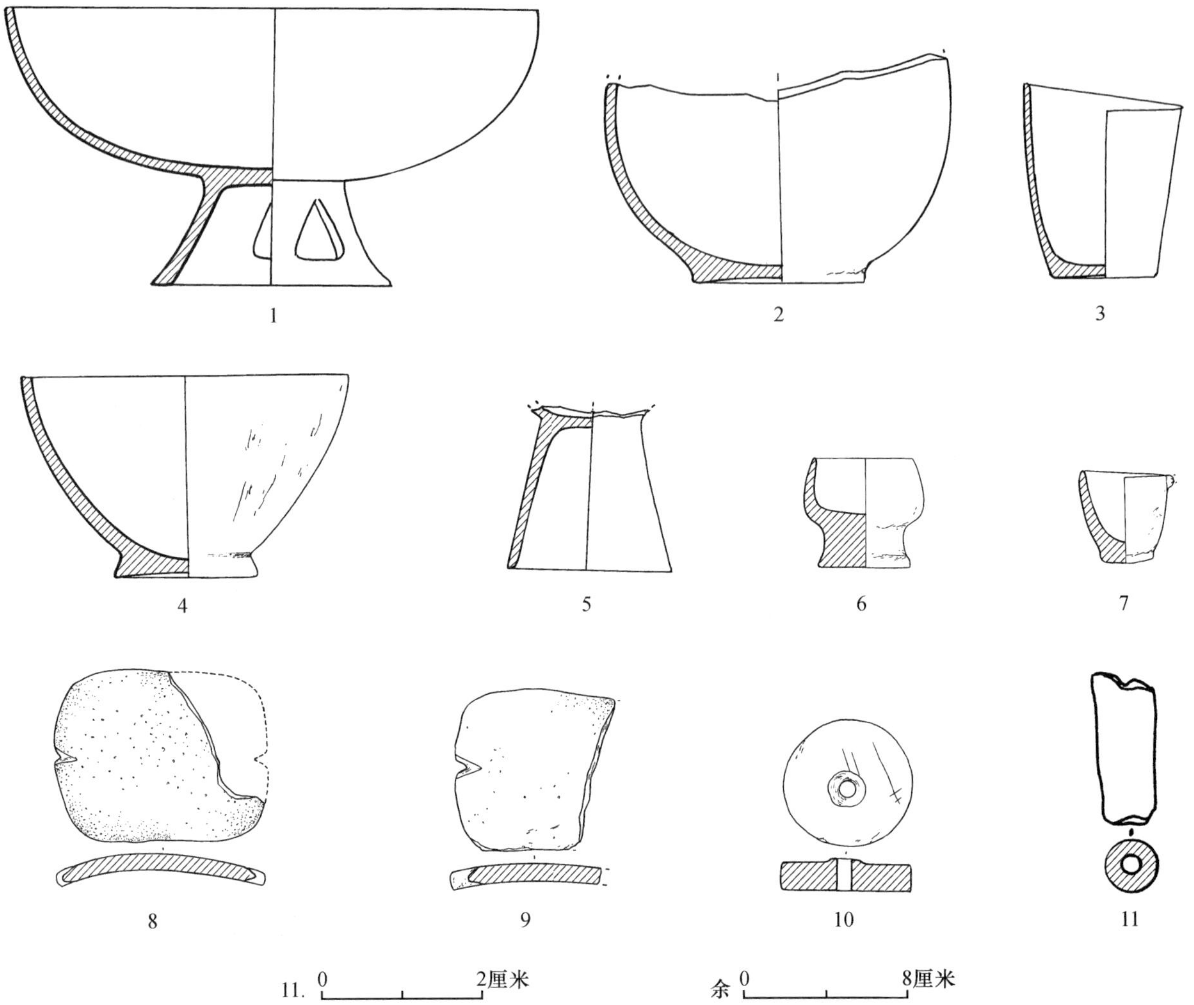

图3-3-20　第Ⅱ区第6层出土陶器

1、5. 豆（97TWT496⑥：2、97TWT405⑥：1）　2、4. 碗（97TWT496⑥：68、97TWT496⑥：67）　3、6、7. 小杯（97TWT465⑥：9、97TWT496⑥：27 、97TWT465⑥：20）　8. Ed型网坠（97TWT497⑥：4）　9. Ec型网坠（97TWT497⑥：5）　10. A型纺轮（97TWT497⑥：1）　11. 管（97TWT496⑥：19）

一边高，弧腹，腹部不平整，平底。口径4.1、底径2.5、高4.8厘米（图3-3-20，3）。97TWT465⑥：20，夹砂黄陶，夹云母。口微敛，尖唇，口沿一端有一鋬耳，弧腹，台足。口径4.6、高4.5、底径2.6、厚0.4厘米（图3-3-20，7）。97TWT496⑥：27，泥质红褐陶。手制，器形不规整。敛口，圆唇，弧腹，高台足微外撇。口径4.9、底径4.5、高5.4厘米（图3-3-20，6；图版一五，2）。

管　1件。97TWT496⑥：19，泥质红陶，夹云母。中空。残长1.9、宽1.8、厚0.2厘米（图3-3-20，11）。

网坠　2件。

Ed型　1件。97TWT497⑥：4，以泥质黄陶片磨制而成。平面近长方形，器身微弧，两端磨制凹槽。长10.5、宽8.4、厚0.9厘米（图3-3-20，8）。

Ec型　1件。97TWT497⑥：5，以夹蚌粉的泥质黄陶片磨制而成。一侧残，平面近方形，器身微弧，残余部分有一磨制凹槽。残长8.1、宽7.9、厚0.9厘米（图3-3-20，9）。

A型纺轮　1件。97TWT497⑥：1，夹砂灰陶，夹蚌粉。器形较为特殊。平面近圆饼形，器身中间有一圆形钻孔，钻孔周围部分凸起，器表刻划十字纹。直径6.4、厚1.5、孔径0.8厘米（图3-3-20，10）。

2. 石器

第Ⅱ区第6层共出土石器84件。其中，石镞20件（A2、Aa2、Ad2、B1、Ba8、Bb2、C1、Ca2）、石网坠16件（B13、C1、D2）、石刀11件（A7、Ba2、Bb1、?1）、石研磨器9件（A6、B3）、石镐1件、石器8件、石斧2件、石饼5件、石球1件、砺石1件、石刮削器1件、石料2件、沸石器1件、石镰1件、石磨盘1件、石砍砸器1件、石凿1件、石棍棒头2件。

现选取7件石器介绍如下。

Aa型镞　1件。97TWT376⑥：1，青灰色板岩。柳叶形，长身无脊，镞尖残，器身遍布磨痕。残长4.9、镞身宽1.2、厚0.2厘米（图3-3-21，6）。

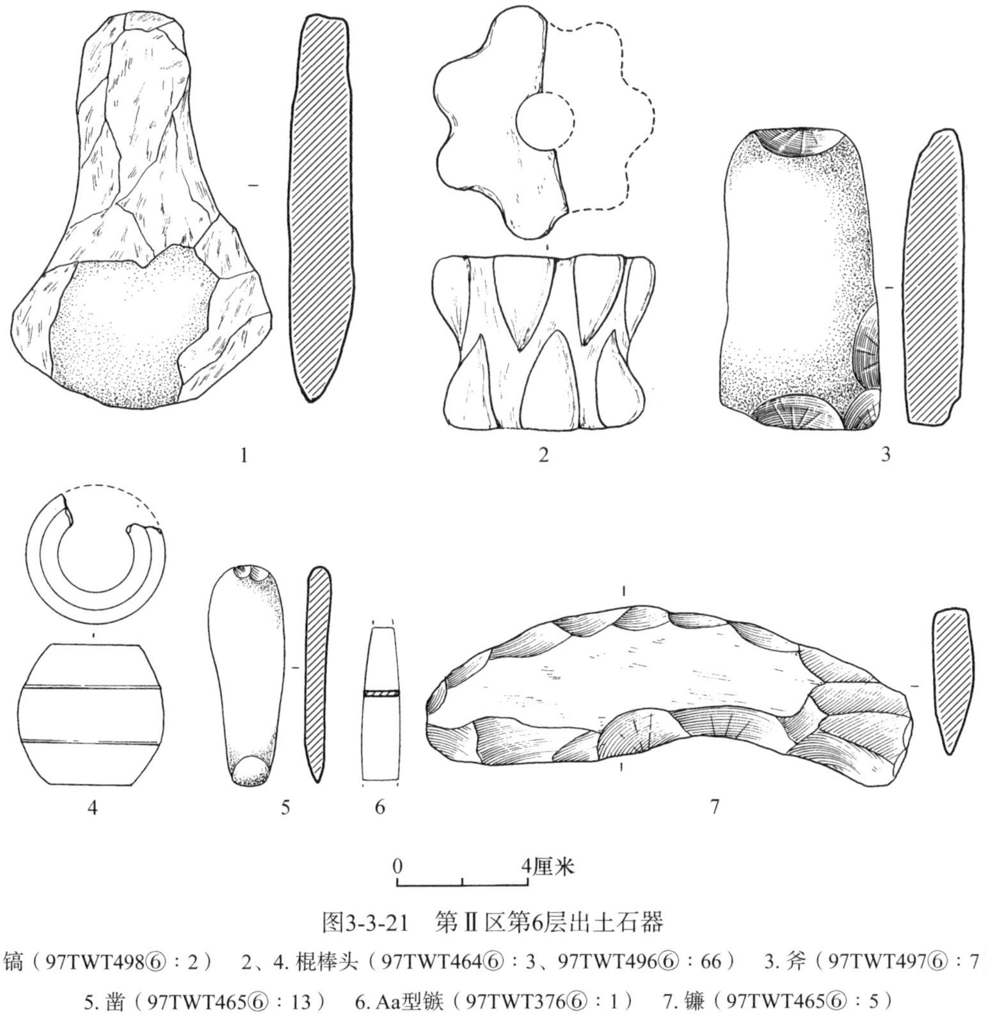

图3-3-21　第Ⅱ区第6层出土石器

1. 镐（97TWT498⑥：2）　2、4. 棍棒头（97TWT464⑥：3、97TWT496⑥：66）　3. 斧（97TWT497⑥：7）
5. 凿（97TWT465⑥：13）　6. Aa型镞（97TWT376⑥：1）　7. 镰（97TWT465⑥：5）

斧　1件。97TWT497⑥：7，黄褐色细砂岩。通体磨光，弧背，背部有崩片，刃部残。残长9.4、宽5、厚1.9厘米（图3-3-21，3）。

镐　1件。97TWT498⑥：2，灰黑色板岩。亚腰形，弧肩，双面弧刃，器身遍布打制疤痕。长12.3、宽8.1、厚1.9厘米（图3-3-21，1）。

凿　1件。97TWT465⑥：13，灰色板岩。扁条形，弧肩，双面弧刃。长6.9、宽2.4、厚0.7厘米（图3-3-21，5）。

镰　1件。97TWT465⑥：5，灰黑色板岩。弧背，双面弧刃，浑身遍布打制疤痕。长15.2、宽4.8、厚1.3厘米（图3-3-21，7）。

棍棒头　2件。97TWT464⑥：3，紫灰色滑石。一面呈七瓣花形，一面呈六瓣花形，中间为亚腰，器身中间有圆形钻孔。上径6.8、下径5.2、孔径1.8厘米（图3-3-21，2；图版二〇，5）。97TWT496⑥：66，灰色板岩。圆鼓形，一侧残，两头略内收，中空，壁内侧有若干条弦纹。高4.4、厚1厘米（图3-3-21，4）。

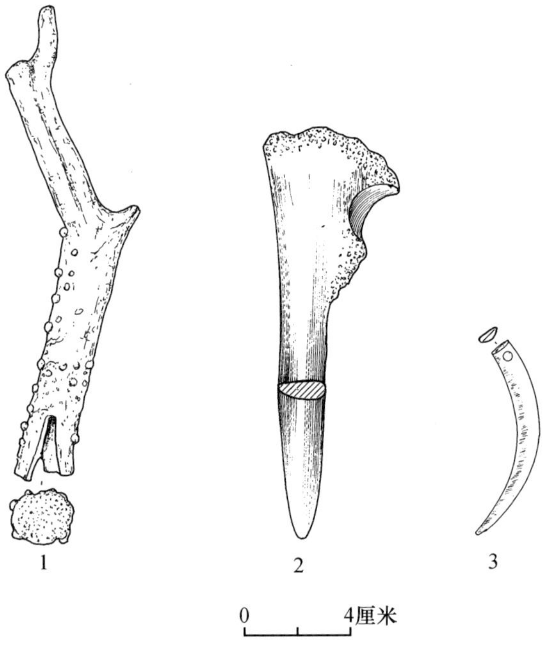

图3-3-22　第Ⅱ区第6层出土器物

1. 鹿角（97TWT497⑥：6）　2. 骨匕（97TWT496⑥：16）　3. 獐牙饰（97TWT465⑥：8）

3. 骨、角、牙器

第Ⅱ区第6层出土骨、角、牙器20件。其中，骨锥5件、骨凿1件、骨器3件、骨针2件、卜骨4件、骨匕1件；鹿角1件；獐牙饰2件、牙饰1件。

现选取3件典型介绍如下。

鹿角　1件。97TWT497⑥：6，一端有明显的切割痕迹。残长17.8、截面直径2.2厘米（图3-3-22，1）。

獐牙饰　1件。97TWT465⑥：8，牙根处有一单面钻孔。长7.3、孔径0.2厘米（图3-3-22，3；图版二五，2）。

骨匕　1件。97TWT496⑥：16，以兽骨磨制而成，通体磨光。长15.5、宽5.1、厚0.6厘米（图3-3-22，2）。

4. 玉器

第Ⅱ区第6层共出土玉器2件。介绍如下。

玉坠　2件。97TWT496⑥：15，平面呈不规则椭圆形，两端有一对圆形对钻孔。长径2.6、短径2、厚0.6厘米（图3-3-23，2；图版二一，6）。97TWT496⑥：43，平面呈长方形，两端各有一钻孔。长2.2、宽1.6、厚0.7厘米（图3-3-23，1）。

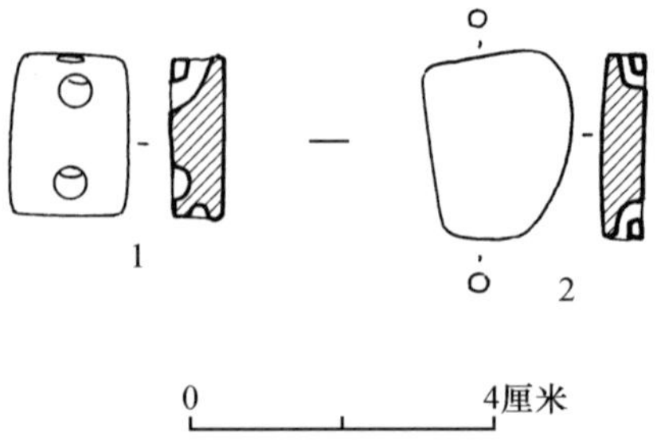

图3-3-23　第Ⅱ区第6层出土玉坠

1. 97TWT496⑥：43　2. 97TWT496⑥：15

（八）第Ⅱ区第5层出土器物

第Ⅱ区第5层共出土器物66件。其中陶器17件、玉石器42件、骨器7件。

1. 陶器

第Ⅱ区第5层共出土陶器17件。其中陶纺轮4件（A4）、陶网坠10件（B5、Ec3、Ed1、Gb1）、陶盅1件、陶圈足豆1件、陶饰1件。

现选取6件陶器介绍如下。

盅　1件。97TWT499⑤：5，夹砂黄褐陶，夹杂大量滑石粉。素面，敞口，斜壁，平底，器形不规整。口径4、底径2.9、高3厘米（图3-3-24，6）。

圈足豆　1件。97TWT499⑤：6，夹砂黄褐陶，素面。侈口，斜方唇，口内壁有明显折棱，鼓腹，矮圈足外撇。口径12.8、底径5.8、通高11.4、圈足高2.6厘米（图3-3-24，1；图版一五，8）。

A型纺轮　1件。97TWT499⑤：1，夹砂黄褐陶，夹蚌夹云母。圆饼形，中间有一圆形钻孔。直径4.2、厚0.6、孔径0.5厘米（图3-3-24，4）。

网坠　2件。

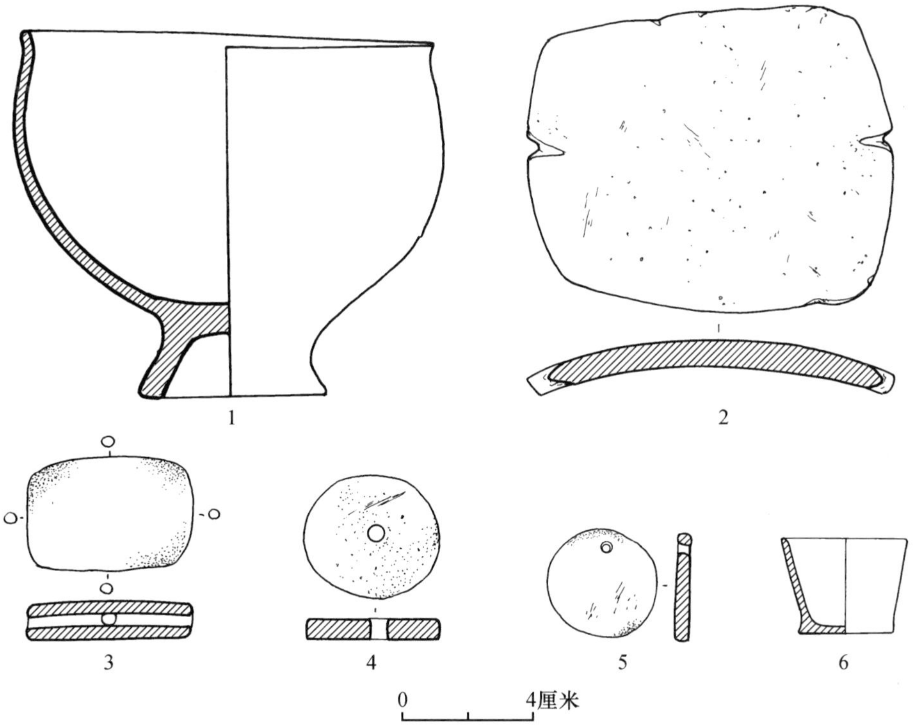

图3-3-24　第Ⅱ区第5层出土陶器

1. 圈足豆（97TWT499⑤：6）　2. Ed型网坠（97TWT497⑤：10）　3. Gb型网坠（97TWT435⑤：9）　4. A型纺轮（97TWT499⑤：1）　5. 陶饰（97TWT406⑤：3）　6. 盅（97TWT499⑤：5）

Ed型　1件。97TWT497⑤：10，以夹砂夹蚌粉的黄褐陶片磨制而成。器形较大，器身微弧，两端磨制豁口。长11.4、宽9.4、厚0.9厘米（图3-3-24，2）。

Gb型　1件。97TWT435⑤：9，以夹砂夹蚌粉的红褐陶土制成。平面近长方形，四边各有一圆形钻孔，可对穿。长5.2、宽3.5、厚1.2厘米（图3-3-24，3）。

陶饰　1件。97TWT406⑤：3，泥质红褐陶，夹云母。平面呈圆形，上端有一单面斜向钻孔。直径3.4、厚0.4、孔径0.4厘米（图3-3-24，5）。

2. 玉、石器

第Ⅱ区第5层出土石器42件。其中，石镞8件（Ad3、Ba3、Bb2）、石网坠8件（A1、B3、E4）、石刀6件（A2、Ba2、Bb2）、石研磨器8件（A4、B3、C1）、石器2件、石镐1件、石斧2件、石短剑3件、石凿1件、玉凿1件、沸石器1件、砺石1件。

第Ⅱ区第5层出土玉器1件。

现选取12件玉、石器介绍如下。

石镞　3件。

Ad型　1件。97TWT406⑤：11，青灰色板岩。柳叶形，镞身中间有血槽，凹底。长4.6、宽1、厚0.3厘米（图3-3-25，8）。

Bb型　2件。双翼，镞身平面呈矛形。97TWT406⑤：1，青灰色板岩。器形不规整，柱形铤。长6.4、宽1.5、厚0.6厘米（图3-3-25，7）。97TWT464⑤：3，青灰色板岩。双面起脊直至镞铤。长7.2、宽1.4、厚0.6厘米（图3-3-25，6）。

石网坠　2件。

A型　1件。97TWT500⑤：1，灰绿色粉砂岩。近长条形，两端打制豁口。长6.2、宽3.4、厚0.9厘米（图3-3-25，11）。

B型　1件。97TWT498⑤：2，灰色板岩。椭圆形，两端打制豁口。长径3.9、短径2.1、厚0.9厘米（图3-3-25，12）。

石短剑　3件。97TWT435⑤：10，灰色板岩。剑尖略残，剑身亦残。双面起脊，刃部有数个小缺口，器身遍布磨痕。长13.8、宽4.7、厚0.7厘米（图3-3-25，2）。97TWT497⑤：1，灰色粉砂岩。仅余部分剑身，器身中间有一道血槽。残长9.9、宽3.8、厚1.4厘米（图3-3-25，4）。97TWT497⑤：18，灰色板岩。一端残，为石短剑的半成品，两端有打制疤痕，双面起脊。残长13.1、宽6、厚1.9厘米（图3-3-25，3）。

Bb型石刀　1件。97TWT497⑤：17，灰色板岩。平面近长条形，一端残断。直背，靠近背部有两圆形斜向钻孔，双面弧刃。残长7.2、宽3.9、厚0.5厘米（图3-3-25，9）。

石斧　1件。97TWT436⑤：19，深灰色板岩。一端残，圆柱形斧身，双面弧刃，磨制精细。残长8.3、宽5.5、厚4.8厘米（图3-3-25，5）。

石镐　1 件。97TWT406⑤：12，褐灰色粉砂岩。弧背，亚腰，弧刃，刃部较圆钝。残长14.8、宽9.1、厚1.7厘米（图3-3-25，1）。

玉凿　1件。97TWT500⑤：2，玉石。长条形，通体磨光，顶端残，双面弧刃。残长4.0、

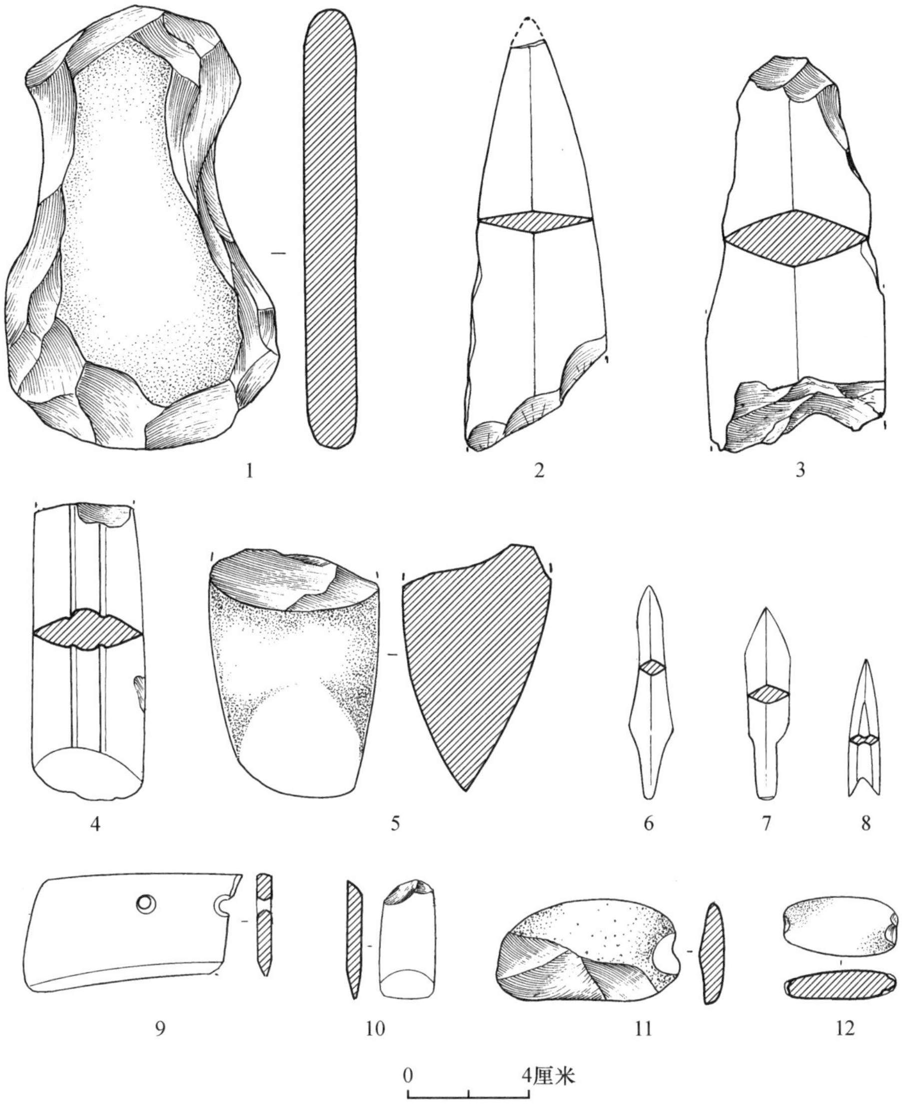

图3-3-25　第Ⅱ区第5层出土器物

1. 石镐（97TWT406⑤：12）　2～4. 石短剑（97TWT435⑤：10、97TWT497⑤：18、97TWT497⑤：1）　5. 石斧（97TWT436⑤：19）　6、7. Bb型石镞（97TWT464⑤：3、97TWT406⑤：1）　8. Ad型石镞（97TWT406⑤：11）　9. Bb型石刀（97TWT497⑤：17）　10. 玉凿（97TWT500⑤：2）　11. A型石网坠（97TWT500⑤：1）　12. B型石网坠（97TWT498⑤：2）

宽1.9、厚0.6厘米（图3-3-25，10）。

3. 骨器

第Ⅱ区第5层出土骨器7件。其中，骨簪1件、骨锥3件、骨凿1件、骨器2件。

现选取2件器物介绍如下。

簪　1件。97TWT497⑤：6，扁锥形，一端有圆形钻孔。长11.7、厚0.5厘米（图3-3-26，1）。

凿　1件。97TWT406⑤：9，以动物管状骨劈制而成，双面直刃。长11.8、宽2.3厘米（图3-3-26，2）。

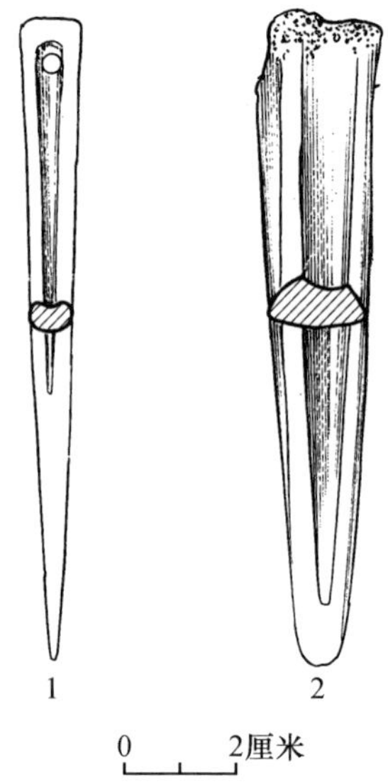

图3-3-26　第Ⅱ区第5层出土骨器

1. 簪（97TWT497⑤：6）

2. 凿（97TWT406⑤：9）

（九）第Ⅱ区第4层出土器物

第Ⅱ区第4层共出土器物97件。其中，陶器15件、石器66件、骨器16件。

1. 陶器

第Ⅱ区第4层共出土陶器15件。其中，陶网坠8件（Ba1、Bb2、Ea2、Ed3）、陶纺轮1件（A1）、陶盅1件、陶碗3件、陶竖耳罐1件、小陶碗1件。

现选取7件器物介绍如下。

竖耳罐　1件。97TWT497④：18，泥质黑褐陶。微侈口，弧腹，上腹部饰对称竖桥耳，圈足。口径12、底径6、高13.6厘米（图3-3-27，1；图版一四，4）。

碗　3件。97TWT405④：3，夹砂红陶，器表磨光。敞口，口沿斜抹，弧腹，平底近似假圈足。口径21.8、底径7.4、高9.8厘米（图3-3-27，2）。

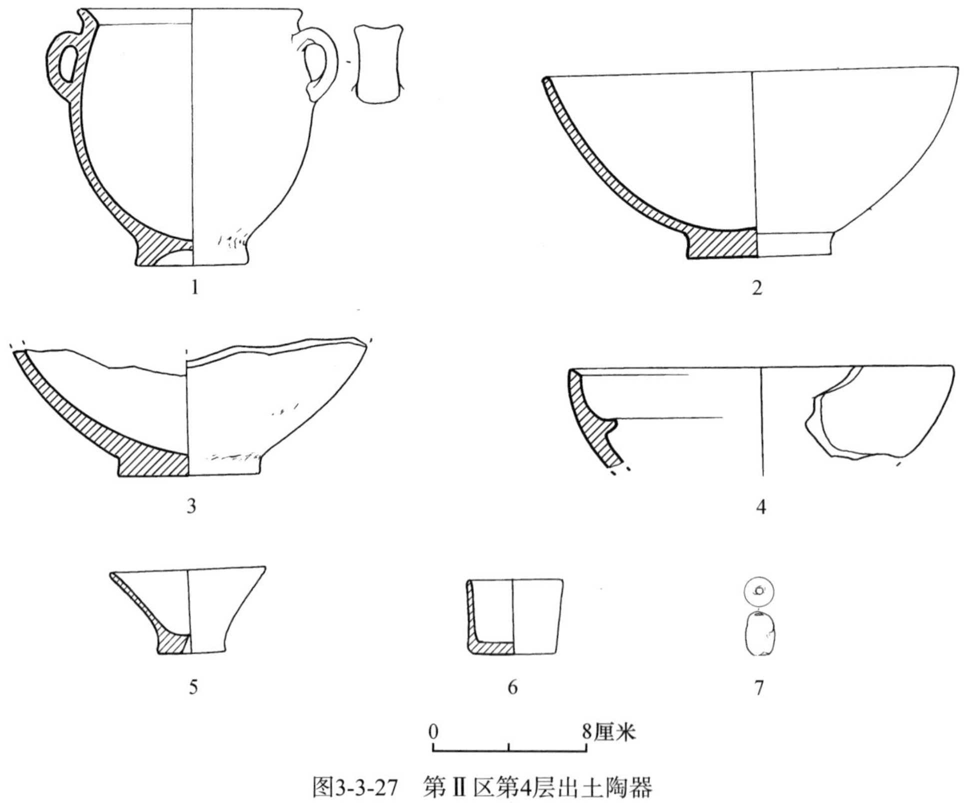

图3-3-27　第Ⅱ区第4层出土陶器

1. 竖耳罐（97TWT497④：18）　2～4. 碗（97TWT405④：3、97TWT497④：19、97TWT464④：21）

5. 小碗（97TWT464④：12）　6. 盅（97TWT464④：13）　7. Bb型网坠（97TWT434④：1）

97TWT464④：21，夹砂黄陶，夹云母，通体磨光，表面呈灰白色。敞口，尖唇，弧腹，腹内壁贴塑一圈凸棱。口径20、残高5.8、厚1厘米（图3-3-27，4）。97TWT497④：19，泥质红陶，器表抹光。口沿残，弧腹，台足。器壁较厚，内壁发白。底径7.5、残高6厘米（图3-3-27，3）。

小碗　1件。97TWT464④：12，夹砂黑褐陶，素面。器形较小，敞口，方唇，斜直壁近底部内收，平底近似假圈足。口径8.4、底径3.8、高4.4厘米（图3-3-27，5）。

盅　1件。97TWT464④：13，夹砂黑褐陶，素面。器形较小，口近直，近直壁，平底。口径2.5、底径2.3、高2厘米（图3-3-27，6）。

Bb型网坠　1件。97TWT434④：1，夹砂灰白陶，夹云母。卵圆形，器表光滑，中间有圆形钻孔。高2.3、最大径1.5、孔径0.4厘米（图3-3-27，7）。

2. 石器

第Ⅱ区第4层共出土石器66件。石镞17件（Aa1、Ad4、Ae2、B2、Ba4、Cb4）、石网坠11件（B9、D2）、石刀7件（A2、Ba1、Bb3、C1）、石研磨器9件（A5、B4）、石镐2件、石锛1件、石器3件、石短剑1件、石斧2件、石饼1件、石凿1件、石球1件、石锥1件、石范1件、砺石2件、石砧1件、石切割器3件、滑石坠1件、滑石块1件。

现选取17件器物介绍如下。

B型网坠　1件。97TWT500④：3，灰白色辉长岩。椭圆形，两端打制豁口。长径5.2、短径4.6、厚1.4厘米（图3-3-29，4）。

镞　7件。

Ad型　3件。镞身呈柳叶形，镞身中间有血槽。97TWT464④：1，黑灰色板岩。镞尖残，凹底。残长5.1、镞身宽1.8、厚0.7厘米（图3-3-28，6）。97TWT497④：17，青灰色板岩。镞尖残，凹底。残长3.6、镞身宽0.9、厚0.3厘米（图3-3-28，9）。97TWT498④：1，青灰色板岩。镞尖残，凹底。残长3.7、镞身宽0.7、厚0.2厘米（图3-3-28，8）。

Ae型　1件。镞身呈圭形，镞身中间有血槽。97TWT498④：7，青灰色板岩。平面呈圭形，凹底。长4.9、镞身宽1、厚0.2厘米（图3-3-28，7）。

Ba型　2件。双翼，后锋倒刺呈燕尾形，方柱形铤。97TWT497④：6，青灰色板岩。长4.6、宽0.9、厚0.4厘米（图3-3-28，5）。97TWT498④：6，青灰色板岩。尖残，铤残。残长5.7、宽1.3、厚0.5厘米（图3-3-28，4）。

Cb型　1件。三棱形，镞身平面呈矛形。97TWT376④：5，圆柱形铤。长5、镞身宽0.8、厚0.6厘米（图3-3-28，10）。

短剑　1件。97TWT406④：2，黑灰色板岩。仅余剑身部分，剖面呈六边形。残长6.7、宽2.3、厚0.5厘米（图3-3-28，3）。

凿　1件。97TWT499④：1，灰白色砂岩。平面呈长条形，顶端残，通体磨光，器身一侧有一扉棱，双面直刃。长10.4、宽2、厚1.6厘米（图3-3-28，1）。

刀　2件。

Ba型　1件。97TWT465④：2，灰色板岩。残半，平面呈长方形，刀身较宽。直背，靠近背

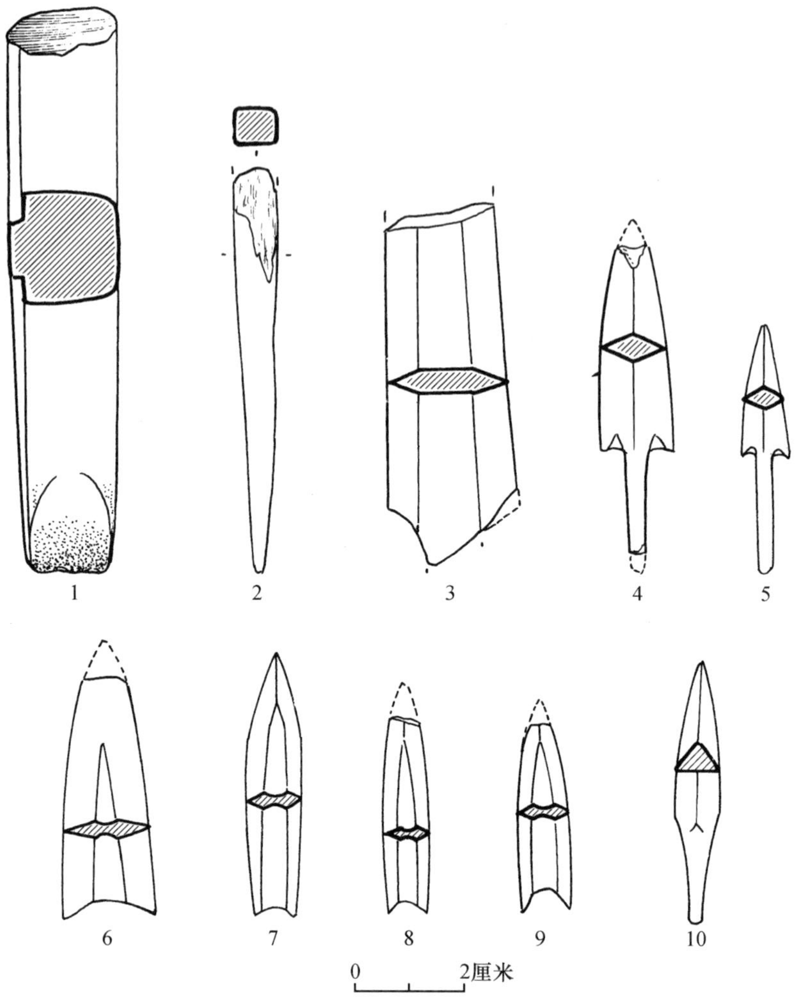

图3-3-28　第Ⅱ区第4层出土石器

1. 凿（97TWT499④：1）　2. 锥（97TWT497④：3）　3. 短剑（97TWT406④：2）　4、5. Ba型镞（97TWT498④：6、97TWT497④：6）　6、8、9. Ad型镞（97TWT464④：1、97TWT498④：1、97TWT497④：17）　7. Ae型镞（97TWT498④：7）　10. Cb型镞（97TWT376④：5）

部有两斜向钻孔，双面弧刃，刃部有明显崩痕。残长6.5、宽4.5、厚0.5厘米（图3-3-29，3）。

C型　1件。97TWT498④：5，深灰色板岩。一端为尖首，一端斜直，弧背，双面弧刃，残长9、宽3.8、厚0.4厘米（图3-3-29，1）。

锥　1件。97TWT497④：3，青灰色板岩。锥尾残，锥身剖面呈方形，通体磨光。残长7.6、宽0.8、厚0.7厘米（图3-3-28，2）。

锛　1件。97TWT466④：1，黑灰色板岩。器形较小，平面近圆角长方形，弧背，双面弧刃。长4.7、宽1.8、厚0.6厘米（图3-3-29，2）。

滑石块　1件。97TWT434④：3，滑石。圆柱形，通体磨光，用途不明。残长3.9、宽2.5厘米。

滑石坠　1件。97TWT497④：5，滑石。平面近梯形，一端有一个斜向钻孔。长3、宽2.2、厚0.7厘米（图3-3-29，5）。

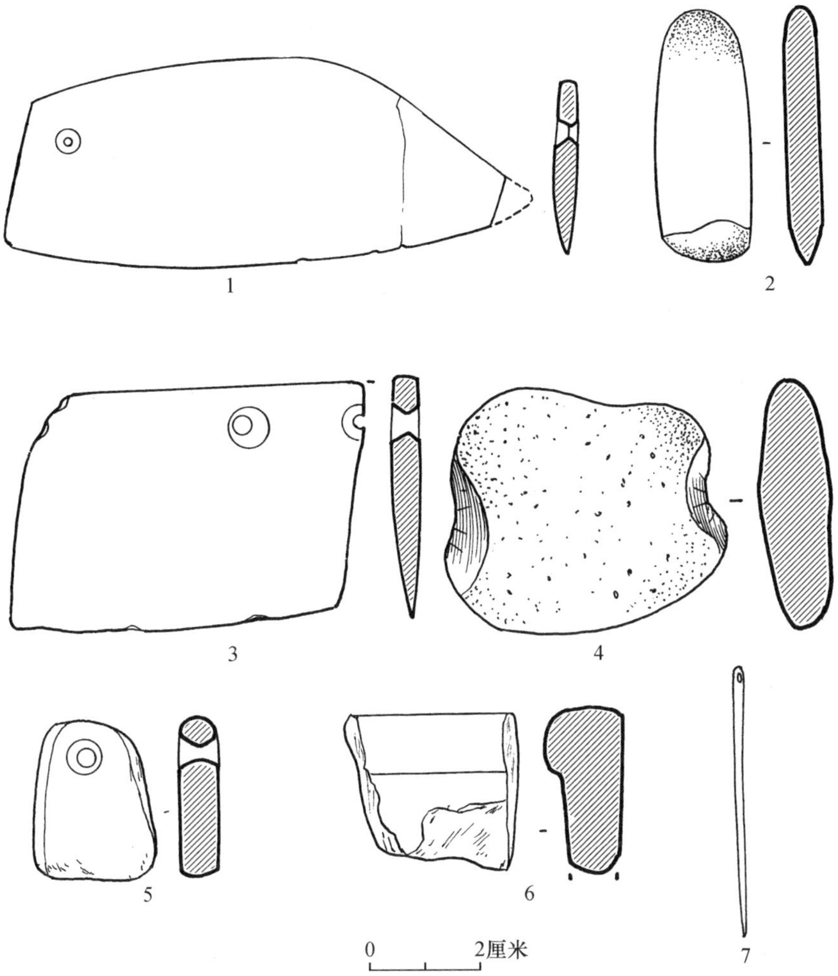

图3-3-29　第Ⅱ区第4层出土器物

1. C型石刀（97TWT498④：5）　2. 石锛（97TWT466④：1）　3. Ba型石刀（97TWT465④：2）　4. B型石网坠（97TWT500④：3）　5. 滑石坠（97TWT497④：5）　6. 石范（97TWT464④：11）　7. 骨针（97TWT498④：14）

范　1件。97TWT464④：11，滑石。仅余一角，剖面呈7字形，器表有刻划的凹槽。残长3、宽2.9、厚1.4厘米（图3-3-29，6）。

3. 骨器

第Ⅱ区第4层共出土骨器16件。其中，骨簪3件、骨锥10件、骨针3件。

现选取1件骨器介绍如下。

针　1件。97TWT498④：14，器身微向一侧弯曲，针眼较细。长10、直径0.2厘米（图3-3-29，7；图版二四，3）。

（十）第Ⅲ区第6层出土器物

第Ⅲ区第6层共出土器物130件。其中，陶器39件、石器58件、骨、角器31件、玉器2件。

1. 陶器

第Ⅲ区第6层共出土陶器39件。陶网坠28件（Ba8、E1、Ec4、Ed13、Ee1、Gb1）、陶纺轮4件（A3、E1）、陶鬲足1件、陶鼎足2件、纹饰陶片3件、陶管1件。

现选取12件典型陶器介绍如下。

纹饰陶片　3件。98TWT518⑥：1，泥质红褐陶。器表饰几何纹及数道凹弦纹，器壁有一圆形钻孔。长5.5、宽4.7、厚0.5厘米（图3-3-30，2）。98TWT518⑥：2，泥质红褐陶，器表饰数道凹弦纹。长5.6、宽5.1、厚0.8厘米（图3-3-30，3）。98TWT555⑥：77，夹砂黑陶，器表磨光。器耳已脱落，器表饰数道凹弦纹。长6.5、宽5.5、厚0.4厘米（图3-3-30，1）。

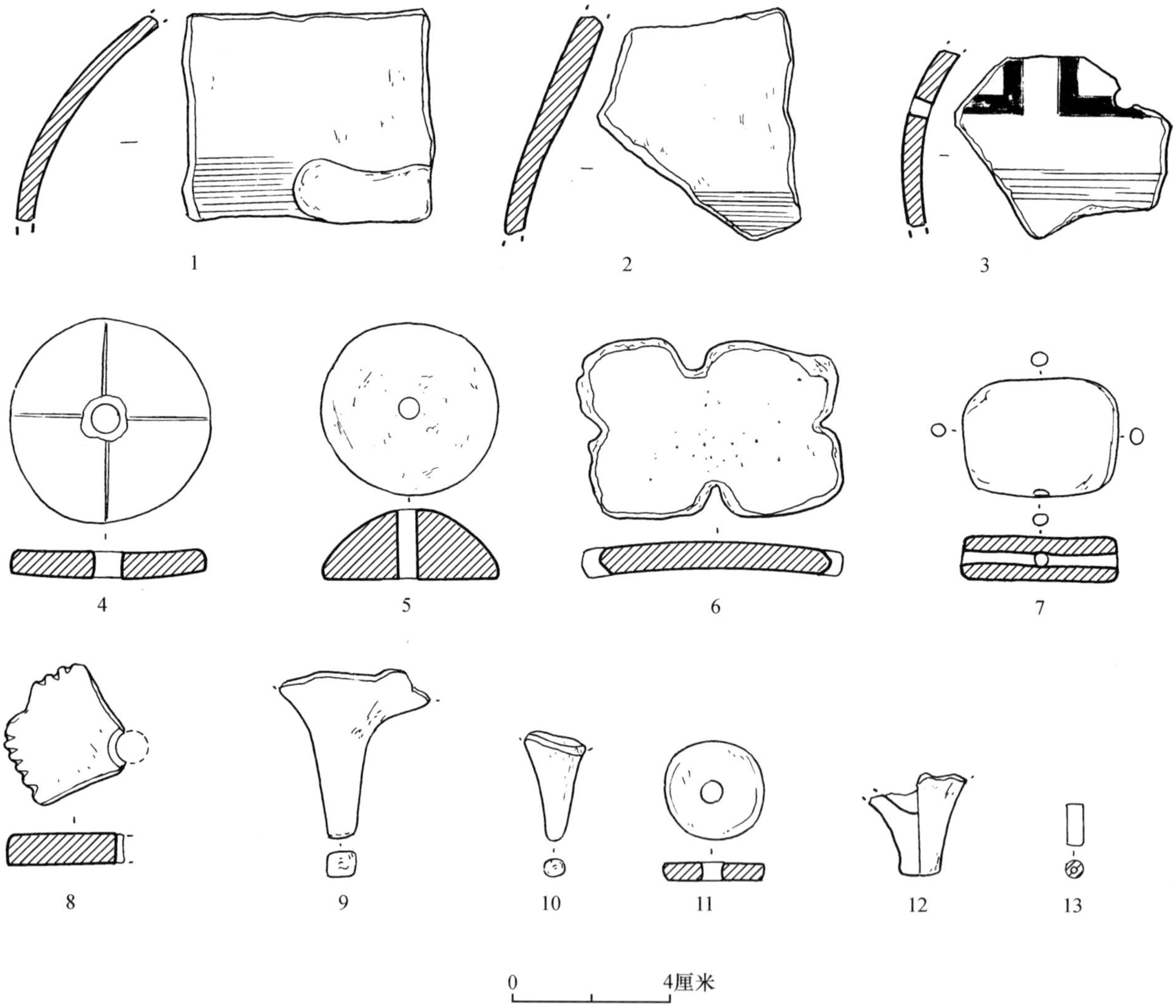

图3-3-30　第Ⅲ区第6层出土陶器

1～3. 纹饰陶片（98TWT555⑥：77、98TWT518⑥：1、98TWT518⑥：2）　4、8、11. A型纺轮（98TWT555⑥：39、98TWT523⑥：1、98TWT555⑥：40）　5. E型纺轮（98TWT555⑥：43）　6. Ed型网坠（98TWT554⑥：18）　7. Gb型网坠（98TWT555⑥：42）　9、10. 鼎足（98TWT555⑥：47、98TWT555⑥：46）　12. 鬲足（98TWT555⑥：45）　13. 管（98TWT555⑥：22）

纺轮　4件。

A型　3件。98TWT523⑥：1，夹砂灰陶，夹蚌粉。仅残留一部分，边缘呈锯齿状，中间有圆形钻孔。直径6.6、厚0.8厘米（图3-3-30，8）。98TWT555⑥：39，泥质黄陶，夹蚌粉。圆饼形，中间有一斜向钻孔，一面刻划十字形纹饰。直径5.1、厚0.7厘米（图3-3-30，4）。98TWT555⑥：40，泥质红陶。圆饼形，器形较小。中间有一圆形斜向钻孔。直径2.6、厚0.4厘米（图3-3-30，11）。

E型　1件。98TWT555⑥：43，泥质灰白陶，夹滑石。菌盖形，中间有圆形钻孔。直径4.5、高1.7、厚1.8厘米（图3-3-30，5）。

网坠　2件。

Ed型　1件。98TWT554⑥：18，以夹砂夹蚌黄褐陶片打制而成。平面呈长方形，器身微弧，四边各打制一个豁口。长6.7、宽4.7、厚0.7厘米（图3-3-30，6）。

Gb型　1件。98TWT555⑥：42，夹砂黑陶，夹蚌粉。平面呈长方形，四边各有一圆形钻孔，可对穿。长4、宽3、厚1.2厘米（图3-3-30，7）。

鬲足　1件。98TWT555⑥：45，泥质红陶，已残，锥形。残高2.6、宽2.5厘米（图3-3-30，12）。

鼎足　2件。98TWT555⑥：46，泥质红陶，平面呈锥形。长2.7、最大径1.5厘米（图3-3-30，10）。98TWT555⑥：47，夹砂红陶。方柱形足。残高4.2、宽3.9、厚0.7厘米（图3-3-30，9）。

管　1件。98TWT555⑥：22，夹砂红褐陶。圆柱形，中空。长1.1、截面直径0.4、厚0.1厘米（图3-3-30，13）。

2. 石器

第Ⅲ区第6层共出土石器58件。其中，石镞12件（Ad2、Ba4、Bb1、Bc3、C1、Cb1）、石刀10件（A1、Ba3、Bb5、C1）、石网坠5件（B4、C1）、石研磨器5件（A2、B3）、石锥1件、石器3件、石球1件、石饼5件、砺石4件、石斧2件、石料1件、石凿1件、滑石坠3件、沸石器4件、气孔玄武岩块1件。

现选取10件石器介绍如下。

镞　3件。

Ad型　2件。98TWT554⑥：5，青灰色板岩。双翼，镞身中间有血槽，凹底。长3.6、宽1.7、厚0.3厘米（图3-3-31，8）。98TWT554⑥：16，青灰色板岩。双翼，镞身中间有血槽，凹底。残长4.3、宽1.4、厚0.3厘米（图3-3-31，7）。

C型　1件。98TWT555⑥：9，青灰色板岩。三棱形，仅余镞身部分。残长5.2、宽0.9、厚0.5厘米（图3-3-31，6）。

凿　1件。98TWT554⑥：8，青灰色板岩。长条形，双面直刃。长7.7、宽1.1、厚0.7厘米（图3-3-31，4）。

A型研磨器　1件。98TWT554⑥：22，灰色石英砂岩。扁柱形，一端细，一端粗，粗的一端有使用痕迹。高13.2、截面长径5.8、短径1.6厘米（图3-3-31，1）。

斧　1件。98TWT554⑥：23，黑灰色角岩。圆柱形，一端残，双面直刃，刃部较圆钝。残

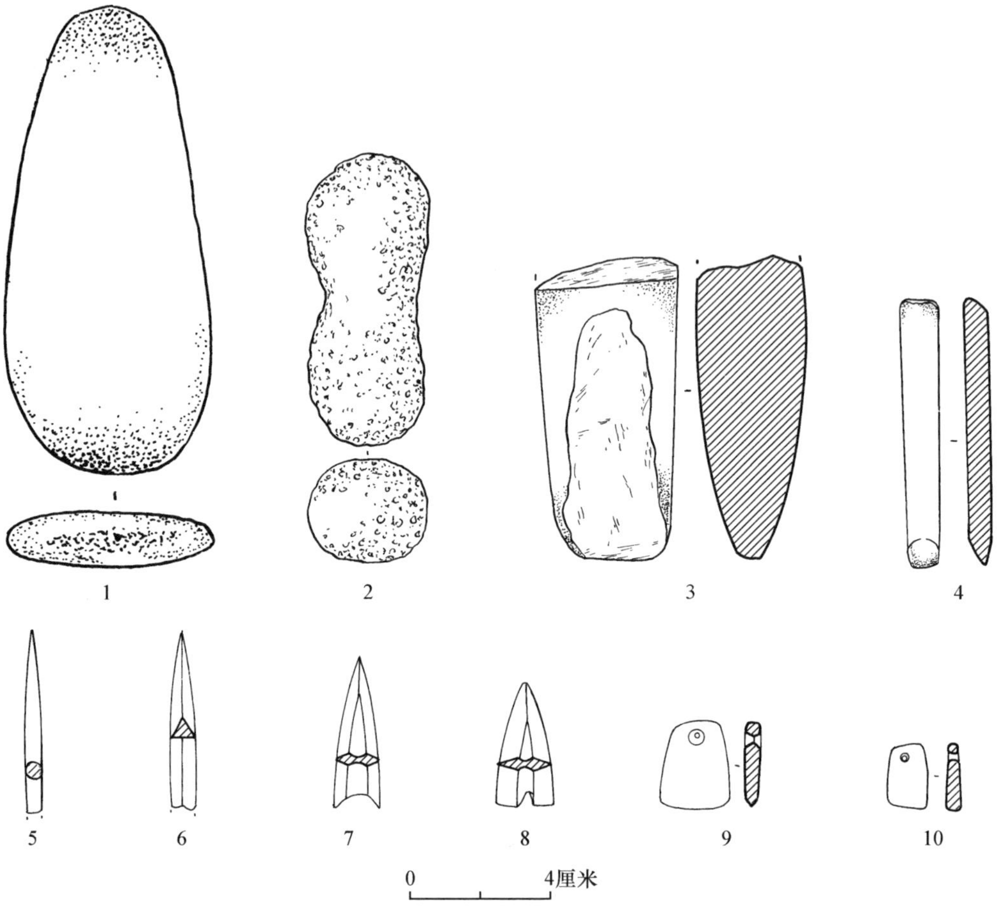

图3-3-31　第Ⅲ区第6层出土石器

1. A型研磨器（98TWT554⑥：22）　2. 气孔玄武岩块（98TWT555⑥：23）　3. 斧（98TWT554⑥：23）
4. 凿（98TWT554⑥：8）　5. 锥（98TWT555⑥：13）　6. C型镞（98TWT555⑥：9）　7、8. Ad型镞（98TWT554⑥：16、98TWT554⑥：5）　9、10. 滑石坠（98TWT555⑥：2、98TWT555⑥：4）

长8.6、宽3.2、厚4.1厘米（图3-3-31，3）。

锥　1件。98TWT555⑥：13，灰色板岩。圆锥形，一端残，通体磨光。残长5.2、宽0.5厘米（图3-3-31，5）。

滑石坠　2件。98TWT555⑥：2，滑石。平面呈梯形，通体磨光。一端有一斜向钻孔。长2.6、宽2、厚0.5厘米（图3-3-31，9；图版二一，2）。98TWT555⑥：4，滑石。平面近长方形，通体磨光。一端有一斜向钻孔。长1.9、宽1.2、厚0.4厘米（图3-3-31，10；图版二一，2）。

气孔玄武岩块　1件。98TWT555⑥：23，褐红色气孔玄武岩。平面呈枕状，器身遍布气孔。长8.3、宽3.4、厚2.9厘米（图3-3-31，2）。

3. 骨、角、玉器类

第Ⅲ区第6层共出土骨、角器31件。其中，骨镞2件、卜骨1件、骨匕2件、骨凿1件、骨针4件、骨锥17件、骨鱼钩3件；鹿角1件。

第Ⅲ区第6层共出土玉器2件。其中，玉斧1件、玉石坠1件。

现选取11件器物介绍如下。

骨匕　2件。以兽骨劈裂磨制而成。扁锥形，器形较长。98TWT555⑥：49，长21.8、宽2.9、厚1厘米（图3-3-32，1）。98TWT555⑥：71，长21.9、宽2.3、厚0.5厘米（图3-3-32，2；图版二三，2）。

骨锥　2件。98TWT555⑥：59，圆锥形，一端残。残长6.6、截面直径0.4厘米（图3-3-32，7）。98TWT555⑥：60，兽骨劈裂磨制而成。扁锥形，器形较短。长4.1、宽1.1、厚0.3厘米（图3-3-32，3）。

骨镞　1件。98TWT555⑥：61，三棱形镞，镞身平面呈矛形，圆柱形铤。残长5.3、宽0.6、厚0.4厘米（图3-3-32，9）。

骨鱼钩　2件。98TWT554⑥：19，钩身截面呈方形。长2.6、厚0.1厘米（图3-3-32，6）。98TWT554⑥：20，钩身截面呈方形，钩尖外侧有倒刺。长3.5、厚0.3厘米（图3-3-32，5；图版二五，6）。

骨针　2件。98TWT554⑥：27，针身较细。长6.5、宽0.2厘米（图3-3-32，8）。98TWT554⑥：31，针身较细。长3.9、截面直径0.2厘米（图3-3-32，4；图版二四，2）。

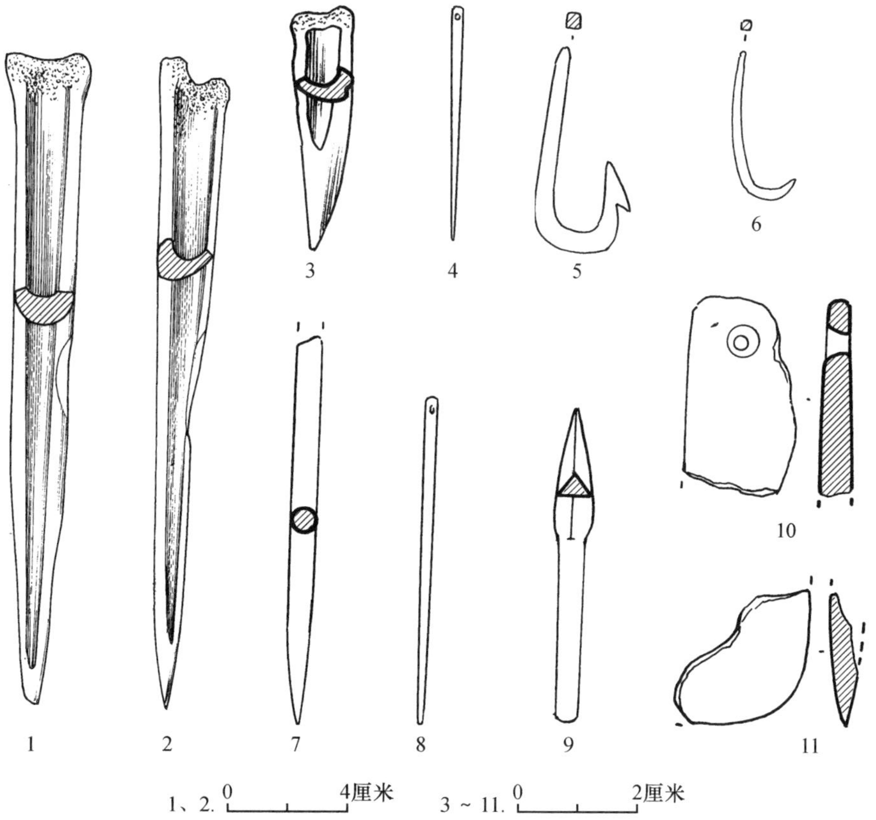

图3-3-32　第Ⅲ区第6层出土器物

1、2. 骨匕（98TWT555⑥：49、98TWT555⑥：71）　3、7. 骨锥（98TWT555⑥：60、98TWT555⑥：59）
4、8. 骨针（98TWT554⑥：31、98TWT554⑥：27）　5、6. 骨鱼钩（98TWT554⑥：20、98TWT554⑥：19）
9. 骨镞（98TWT555⑥：61）　10. 玉坠（98TWT555⑥：15）　11. 玉斧（98TWT555⑥：3）

玉斧　1件。98TWT555⑥：3，玉石。仅余斧刃部分，双面弧刃。残长2.3、宽2.3、厚0.4厘米（图3-3-32，11）。

玉坠　1件。98TWT555⑥：15，玉石。平面近长方形，一端残，通体磨光，一端一斜向钻孔。残长3.4、宽2、厚0.6厘米（图3-3-32，10；图版二一，3）。

（十一）第Ⅲ区第5层出土器物

第Ⅲ区第5层共出土器物115件。其中，陶器20件、石器64件、骨牙器30件、玉器1件。

1. 陶器

第Ⅲ区第5层共出土陶器20件。其中，陶网坠9件（Ba1、Ec1、Ed3、Ee4）、陶纺轮7件（A2、Ca2、Cb1、E2）、陶珠2件、陶棋子1件、纹饰陶片1件。

现选取7件陶器介绍如下。

纺轮　3件。

A型　1件。98TWT555⑤：55，泥质黄褐陶。圆饼形，中间有圆形斜向钻孔。直径5.7、厚1厘米（图3-3-33，2）。

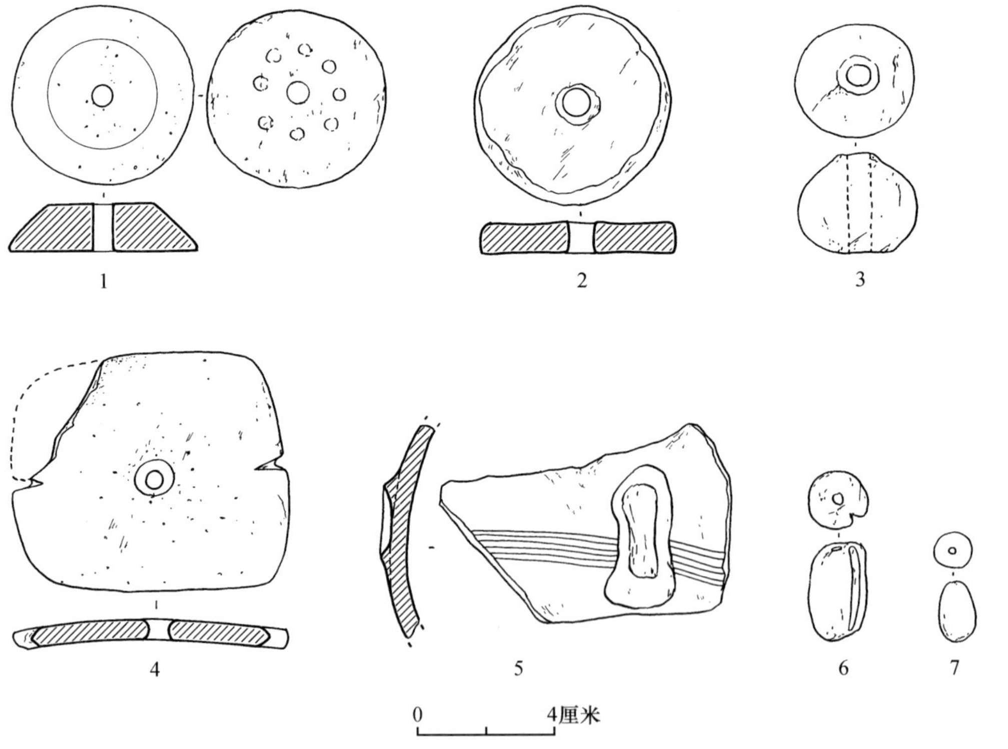

图3-3-33　第Ⅲ区第5层出土陶器

1. E型纺轮（98TWT524⑤：5）　2. A型纺轮（98TWT555⑤：55）　3. Cb型纺轮（98TWT555⑤：57）　4. Ec型网坠（98TWT196⑤：1）　5. 纹饰陶片（98TWT555⑤：71）　6. Ba型网坠（98TWT555⑤：50）　7. 珠（98TWT555⑤：53）

Cb型　1件。98TWT555⑤：57，夹砂灰陶，夹蚌夹云母。算珠形，中间有圆形钻孔。最大径3.5、高3厘米（图3-3-33，3）。

E型　1件。98TWT524⑤：5，夹砂黄陶，夹蚌粉。菌盖形，两端较平，中间有圆形钻孔。一面为素面，一面在孔周围饰一周圆圈纹。最大径5.3、高1.4厘米（图3-3-33，1；图版一六，7）。

网坠　2件。

Ba型　1件。98TWT555⑤：50，夹砂黑陶，夹蚌粉。卵圆形，一侧有竖向凹槽，中间有圆形钻孔。最大径1.7、高2.9厘米（图3-3-33，6）。

Ec型　1件。98TWT196⑤：1，以夹砂夹蚌的黄陶片磨制而成。平面近椭圆形，一角残，器形微弧，两端磨制豁口，中间有圆形斜向钻孔。长8.2、宽7.1、厚0.7厘米（图3-3-33，4）。

纹饰陶片　1件。98TWT555⑤：71，泥质黄褐陶。陶片上原有一贴耳，贴耳已残失，贴耳一侧饰数周凹弦纹。残长8.7、宽6、厚0.5厘米（图3-3-33，5）。

珠　1件。98TWT555⑤：53，夹砂黄褐陶，夹蚌粉。卵圆形，中间有圆形钻孔。直径1.1、厚1.8厘米（图3-3-33，7）。

2. 石器

第Ⅲ区第5层共出土石器64件。其中，石镞26件（B2、Ba6、Bb3、Bc6、Ca3、Cb6）、石刀6件（A3、B1、Ba2）、石网坠7件（A2、B3、C2）、石研磨器4件（A4）、石器2件、石坠1件、石饼6件、砺石2件、石斧1件、石剑柄加重器1件、滑石器1件、滑石块2件、滑石饰1件、滑石管1件、石切割器1件、沸石器1件、石纺轮1件。

选取出土的7件石器介绍如下。

纺轮　1件。98TWT524⑤：6，圆饼形。残半，中间有圆形钻孔。直径6.1、厚0.7厘米（图3-3-34，1）。

镞　5件。

Ca型　2件。三棱形镞，后锋倒刺呈燕尾形。98TWT555⑤：25，青灰色板岩。圆柱形铤。长5.8、镞身宽1、厚0.4厘米（图3-3-34，4）。98TWT555⑤：40，青灰色板岩。铤残。残长4.4、镞身宽0.8、厚0.6厘米（图3-3-34，5）。

Cb型　3件。三棱形镞，镞身平面呈矛形。98TWT555⑤：11，青灰色板岩。圆形铤。长5.9、镞身宽0.8、厚0.6厘米（图3-3-34，3）。98TWT555⑤：24，青灰色板岩。铤残。残长3.9、镞身宽0.8、厚0.6厘米（图3-3-34，7）。98TWT555⑤：38，青灰色板岩。圆柱形铤较粗。长4.1、镞身宽0.5、厚0.4厘米（图3-3-34，6）。

B型网坠　1件。98TWT555⑤：36，白色石英砂岩。椭圆形，残半，一端有豁口，中间有圆形钻孔。长径5、短径4.3、厚0.5厘米（图3-3-34，2）。

3. 骨、牙器及玉器

第Ⅲ区第5层共出土骨、牙器30件。其中，骨锥18件、卜骨2件、骨匕1件、骨器1件、骨簪3件、骨凿3件、骨针1件；野猪牙1件。

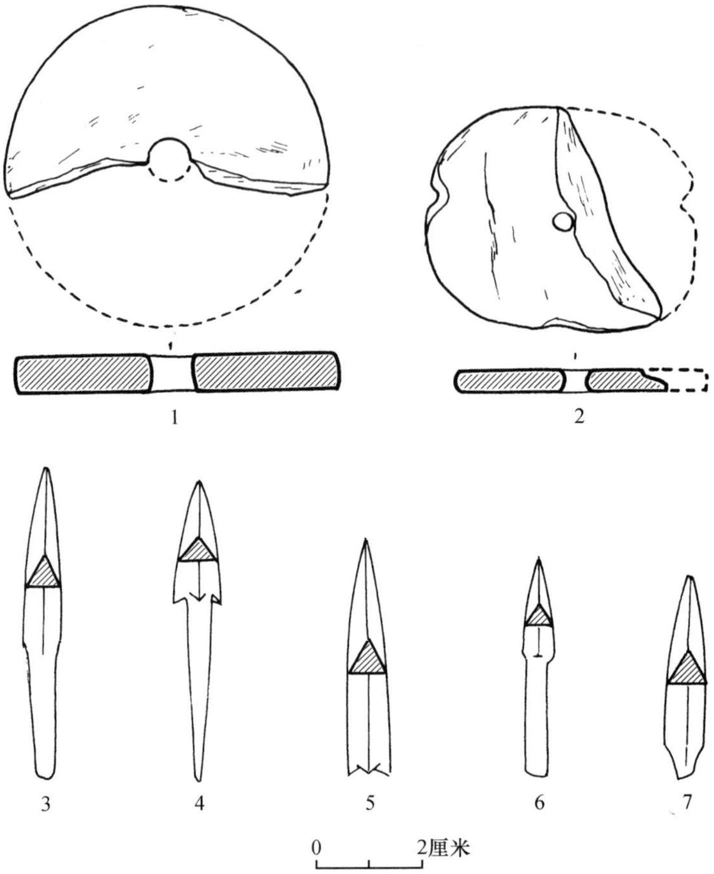

图3-3-34　第Ⅲ区第5层出土石器

1. 纺轮（98TWT524⑤：6）　2. B型网坠（98TWT555⑤：36）　3、6、7. Cb型镞（98TWT555⑤：11、98TWT555⑤：38、98TWT555⑤：24）　4、5. Ca型镞（98TWT555⑤：25、98TWT555⑤：40）

第Ⅲ区第5层出土玉饰1件。

现选取7件典型器物介绍如下。

骨簪　2件。98TWT524⑤：7，兽骨磨制。呈钉状，尖残。长6.2、宽1.3、厚0.6厘米（图3-3-35，7）。98TWT555⑤：61，兽骨劈裂磨制而成。扁锥形，一端磨尖，一端磨平，磨平的一端刻有半圆形豁口。长11.5、宽1.5、厚0.2厘米（图3-3-35，2）。

骨凿　2件。98TWT524⑤：14，兽骨磨制，长条形，凿身剖面呈凹窝形，双面刃，刃部近直。残长7.8、厚0.9厘米（图3-3-35，6）。98TWT555⑤：65，兽骨劈裂磨制而成。剖面呈凹窝形，双面直刃，刃部磨痕明显。长10.9、厚0.7厘米（图3-3-35，3）。

骨锥　2件。98TWT555⑤：58，兽骨磨制，扁锥形，一端残。残长4.6、宽1、厚0.5厘米（图3-3-35，4）。98TWT555⑤：69，兽骨磨制，扁锥形。长13.6、宽2、厚0.8厘米（图3-3-35，1）。

玉饰　1件。98TWT554⑤：2，扁平圆角梯形，一端有一扁方形孔。长3.5、宽2.8、厚1厘米（图3-3-35，5；图版二一，5）。

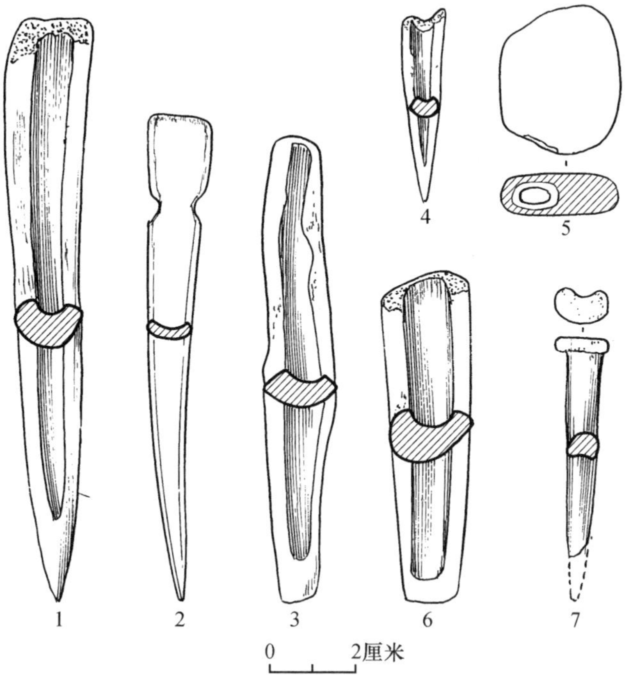

图3-3-35　第Ⅲ区第5层出土器物

1、4. 骨锥（98TWT555⑤：69、98TWT555⑤：58）　2、7. 骨簪（98TWT555⑤：61、98TWT524⑤：7）　3、6. 骨凿（98TWT555⑤：65、98TWT524⑤：14）　5. 玉饰（98TWT554⑤：2）

（十二）第Ⅴ区第5层出土器物

石器

第Ⅴ区第5层仅出土1件石器。

斧　1件。99TWT894⑤：10，灰色板岩。斧身上部残。平面近长方形，双面弧刃。残长10.4、宽8.2、厚2厘米（图3-3-36）。

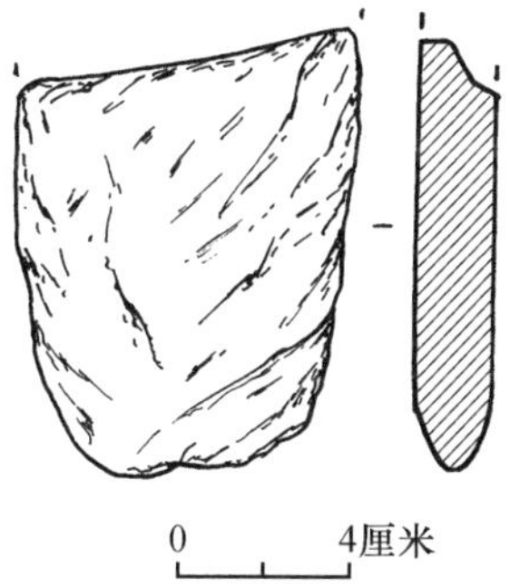

图3-3-36　第Ⅴ区第5层出土石斧（99TWT894⑤：10）

（十三）第Ⅴ区第4层出土器物

第Ⅴ区第4层共出土器物5件。其中陶器2件，石器3件。

1. 陶器

第Ⅴ区第4层共出土陶器2件，分别为陶罐1件、陶网坠1件（Ec1）。现挑选1件陶罐进行介绍。

罐　1件。99TWT929④：1，夹砂灰褐陶。手制，素面，制作粗糙。侈口，尖唇，鼓腹，平底。口径9、最大腹径10.8、底径4.4、高11厘米（图3-3-37）。

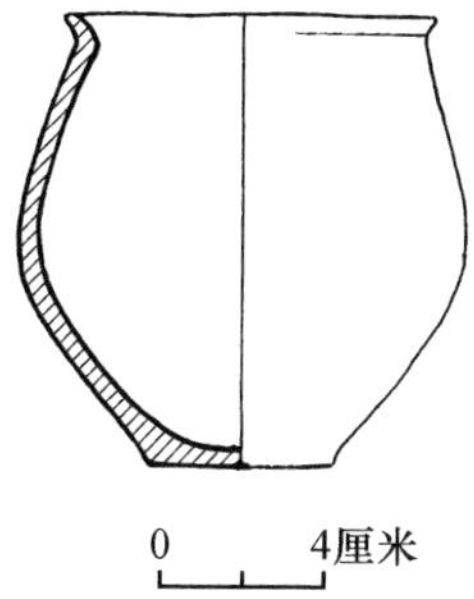

图3-3-37　第Ⅴ区第4层出土陶罐（99TWT929④：1）

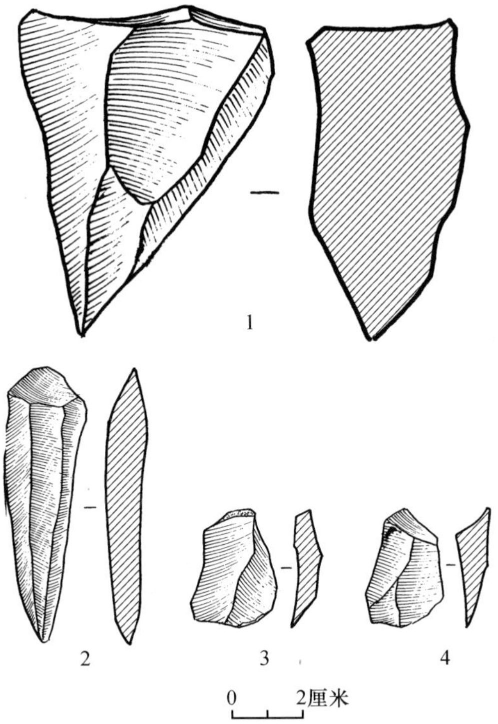

图3-3-38　第Ⅵ区第6层出土石器
1. 石核（99TWT769⑥：27）　2. 尖状器（99TWT769⑥：28）　3、4. 刮削器（99TWT769⑥：29、99TWT769⑥：26）

2. 石器

第Ⅴ区第4层共出土石器3件，分别为石镞2件（B1、Bb1）、石刀1件（A1）。

（十四）第Ⅵ区第6层出土器物

第Ⅵ区第6层仅发现石器。共发现石器18件。

石器

第Ⅵ区发现石器18件。其中，石尖状器1件、石核1件、石刮削器16件。

先选取4件器物介绍如下。

尖状器　1件。99TWT769⑥：28，黄褐色粉砂岩。平面呈锥形，尖部锋利。长7.8、宽2.4、厚1.1厘米（图3-3-38，2）。

石核　1件。99TWT769⑥：27，黄色玛瑙。平面呈V形，有明显的打制及修整痕迹。长9.2、宽7.4、厚4.4厘米（图3-3-38，1）。

刮削器　2件。99TWT769⑥：26，紫红色硅质岩。弧刃，刃部呈锯齿状。长3.3、宽2.3、厚0.6厘米（图3-3-38，4）。99TWT769⑥：29，黄色玛瑙。弧刃，刃部呈锯齿状。长3.3、宽2.6、厚0.7厘米（图3-3-38，3）。

（十五）第Ⅵ区第5层出土器物

第Ⅵ区第5层共出土器物45件。其中，陶器9件、石器34件、骨器2件。

1. 陶器

第Ⅵ区第5层共出土陶器9件。其中，陶纺轮4件（A3、Cb1）、陶网坠4件（Ba2、Ea1、Eb1）、陶罐1件。

现选取6件比较典型的陶器进行介绍。

罐　1件。99TWT769⑤：19，泥质灰褐陶。手制，器形不规整，器表抹光。侈口，尖唇，圆鼓腹，上腹部饰对称鹰嘴錾耳，小台足。口径10.2、最大腹径13.6、底径4.6、高13.2厘米（图3-3-39，1；图版一三，4）。

网坠　3件。

Ba型　2件。99TWT810⑤：6，夹砂红褐陶。卵圆形，器身中间有圆形钻孔，一侧有竖向

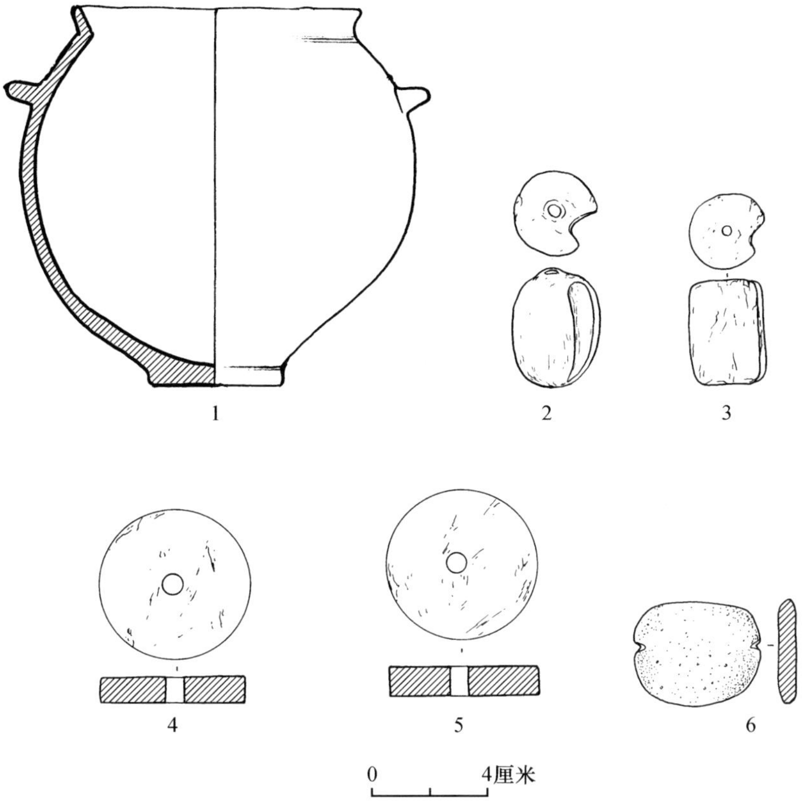

图3-3-39　第Ⅵ区第5层出土陶器

1. 罐（99TWT769⑤：19）　2、3. Ba型网坠（99TWT810⑤：6、99TWT818⑤：6）　4、5. A型纺轮（99TWT826⑤：10、99TWT801⑤：11）　6. Eb型网坠（99TWT802⑤：4）

凹槽。高4.2、最大径3厘米（图3-3-39，2）。99TWT818⑤：6，泥质红陶。卵圆形，一侧有竖向凹槽，中间有圆形钻孔。高3.6、直径2.5厘米（图3-3-39，3；图版一七，1）。

Eb型　1件。99TWT802⑤：4，以夹砂红陶片磨制而成。平面呈椭圆形，两端磨出豁口。长4.5、宽2.6、厚0.5厘米（图3-3-39，6；图版一七，3）。

A型纺轮　2件。圆饼形，中间有一圆形钻孔。99TWT801⑤：11，泥质褐陶，夹蚌粉。直径5.3、厚1厘米（图3-3-39，5）。99TWT826⑤：10，泥质黄褐陶。通体磨光。直径5、厚0.9厘米（图3-3-39，4）。

2. 石器

第Ⅵ区第5层共出土石器34件。其中，石镞14件（Ad9、Ba1、Bb2、C1、Cb1）、石刀2件（A2）、石研磨器4件（A2、B2）、石镐1件、石斧1件、石凿1件、石饼1件、石楔1件、石球1件、石刮削器7件、石矛1件。

选取14件石器进行介绍。

镞　6件。

Ad型　4件。平面近柳叶形，镞身两侧磨成刃部，剖面呈六边形，或器身中间有凹槽。

99TWT826⑤：8，青灰色板岩。器身较短，凹底。长3.1、宽1、厚0.2厘米（图3-3-40，10）。99TWT826⑤：9，青灰色板岩。凹底。长5.8、宽1.3、厚0.2厘米（图3-3-40，6）。99TWT834⑤：6，青灰色板岩。镞身上部残，镞身中间有血槽，后锋倒刺较长，凹底。残长3.2、宽1.7、厚0.3厘米（图3-3-40，9）。99TWT834⑤：7，青灰色板岩。镞身中间有血槽，镞身两侧磨成刃部，凹底。长3.6、宽1.6、厚0.3厘米（图3-3-40，8）。

Ba型　1件。99TWT834⑤：8，青灰色板岩。双翼，镞身两面均有两道脊，后方倒刺呈燕尾形，柱形铤。残长4.3、宽1.4、厚0.4厘米（图3-3-40，7）。

Cb型　1件。99TWT835⑤：1，青灰色板岩。三棱形，镞身平面呈矛形，柱形铤。长6、宽0.6、厚0.5厘米（图3-3-40，5）。

刮削器　4件。99TWT760⑤：2，黄色玛瑙。平面呈半圆形，刃部有明显的剥片痕迹。长3.1、宽2.9、厚0.6厘米（图3-3-40，2）。99TWT769⑤：16，鸡血石。刃部呈锯齿状。长2.5、宽2.6、厚0.5厘米（图3-3-40，3）。99TWT769⑤：18，黑曜石质。单面弧刃。长5、宽1.5、厚0.2厘米（图3-3-40，1）。99TWT769⑤：23，黑曜石质。卵圆形，一端粗一端细。细的一端有使用痕迹。长2、宽1.6、厚0.6厘米（图3-3-40，4）。

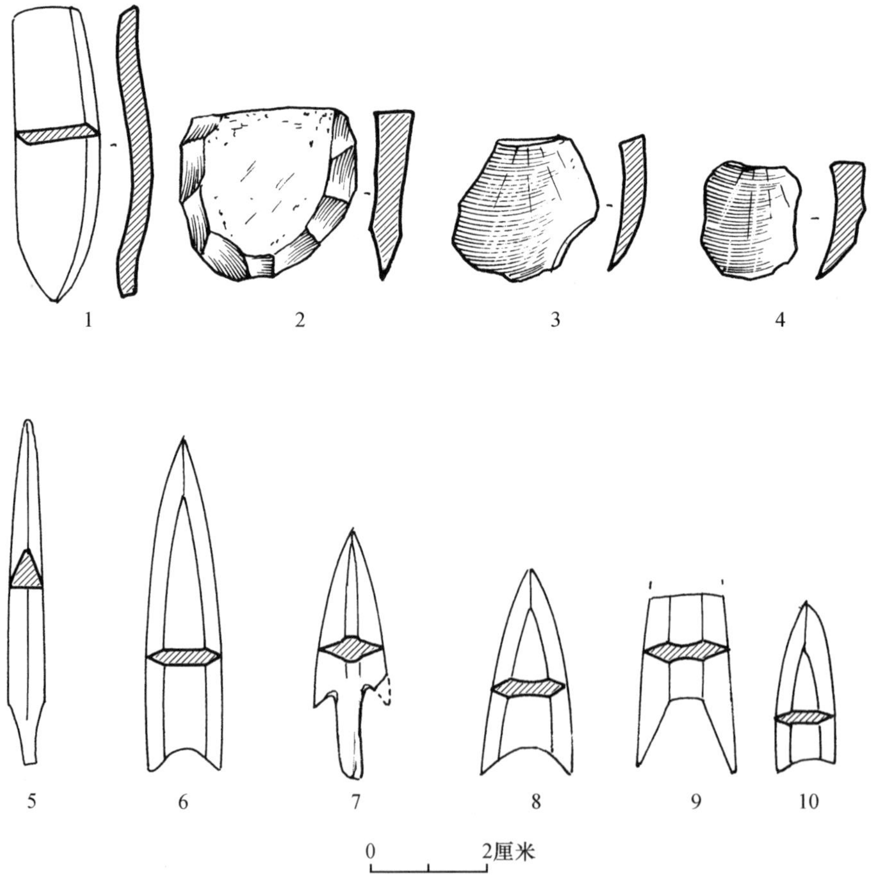

图3-3-40　第Ⅵ区第5层出土石器

1～4. 刮削器（99TWT769⑤：18、99TWT760⑤：2、99TWT769⑤：16、99TWT769⑤：23）　5. Cb型镞（99TWT835⑤：1）　6、8～10. Ad型镞（99TWT826⑤：9、99TWT834⑤：7、99TWT834⑤：6、99TWT826⑤：8）　7. Ba型镞（99TWT834⑤：8）

镐　1件。99TWT809⑤：15，灰白色细砂岩。亚腰形，器身遍布打制疤痕。直背，双面弧刃，刃部有多处破损。长11.4、宽7.8、厚2.3厘米（图3-3-41，3；图版一八，7）。

凿　1件。99TWT858⑤：3，黄褐色粉砂岩。由不甚规则的长方形石条磨制一端而成，双面斜刃。长16、宽2.3、厚1.3厘米（图3-3-41，1）。

B型研磨器　1件。99TWT787⑤：8，灰色石英砂岩。卵圆形，一端粗一端细，细的一端有使用痕迹。长11.6、宽7、厚2.8厘米（图3-3-41，2）。

球　1件。99TWT818⑤：4，灰色铁矿石。球体不规则，球面微内凹。最大直径7、短径6.1厘米（图3-3-41，4）。

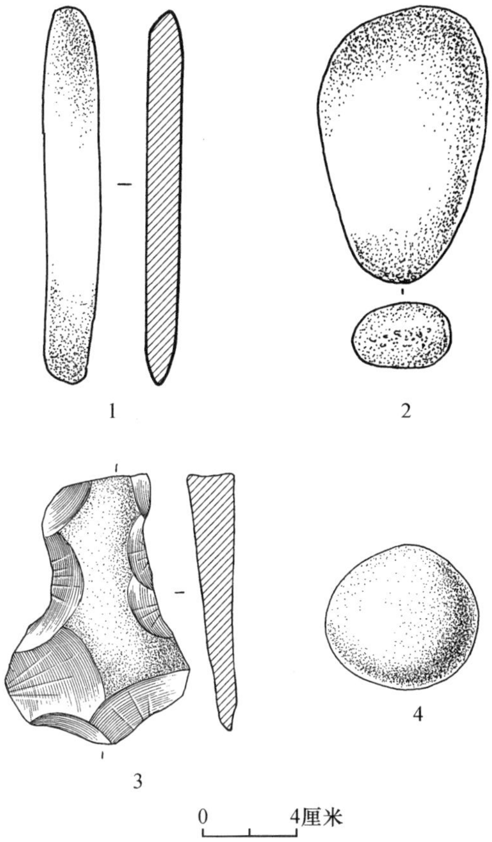

图3-3-41　第Ⅵ区第5层出土石器
1. 凿（99TWT858⑤：3）　2. B型研磨器（99TWT787⑤：8）　3. 镐（99TWT809⑤：15）　4. 球（99TWT818⑤：4）

3. 骨器

第Ⅵ区第5层共出土骨器2件。其中，骨锥1件、鸟骨1件。

（十六）第Ⅵ区第4层出土器物

第Ⅵ区第4层共出土器物203件。其中陶器46件、石器149件、骨牙器8件。

1. 陶器

第Ⅵ区第4层共出土陶器46件。其中，陶纺轮11件（A6、B4、E1）、陶网坠4件（Eb1、Ed3）、陶罐1件、陶甑1件、小陶杯2件、陶饼2件、陶祖2件、陶器耳7件、陶平底器1件、陶圈足器1件、陶管1件、口沿陶片11件、弦纹陶片2件。

现挑选37件陶器进行介绍。

甑　1件。99TWT781④：3，夹砂黄褐陶，夹蚌粉。口沿残，弧腹，平底，底部中间有一圆形斜向钻孔。壁较厚，内壁发黑。底径6、高8.8厘米（图3-3-42，1）。

小杯　2件。99TWT793④：7，夹砂红陶。素面，制作粗糙。敞口，圆唇，弧腹，平底，底较厚。口径3.9、底径3.4、高3.2厘米（图3-3-42，5）。99TWT841④：3，泥质黄褐陶。手制，器形较小。敛口，圆唇，弧腹，圈足。口径3.9、底径2.1、高2.3厘米（图3-3-42，6）。

罐　1件。99TWT802④：6，夹砂灰褐陶。侈口，方唇，弧腹，小台足微外撇。器底有手捏痕迹，器形不规整。口径6.2、最大腹径9.4、底径5.4、高12.4厘米（图3-3-42，2）。

平底器　1件。99TWT859④：11，夹砂黄陶，夹蚌夹滑石粉。器表布满小砂眼。弧腹，台

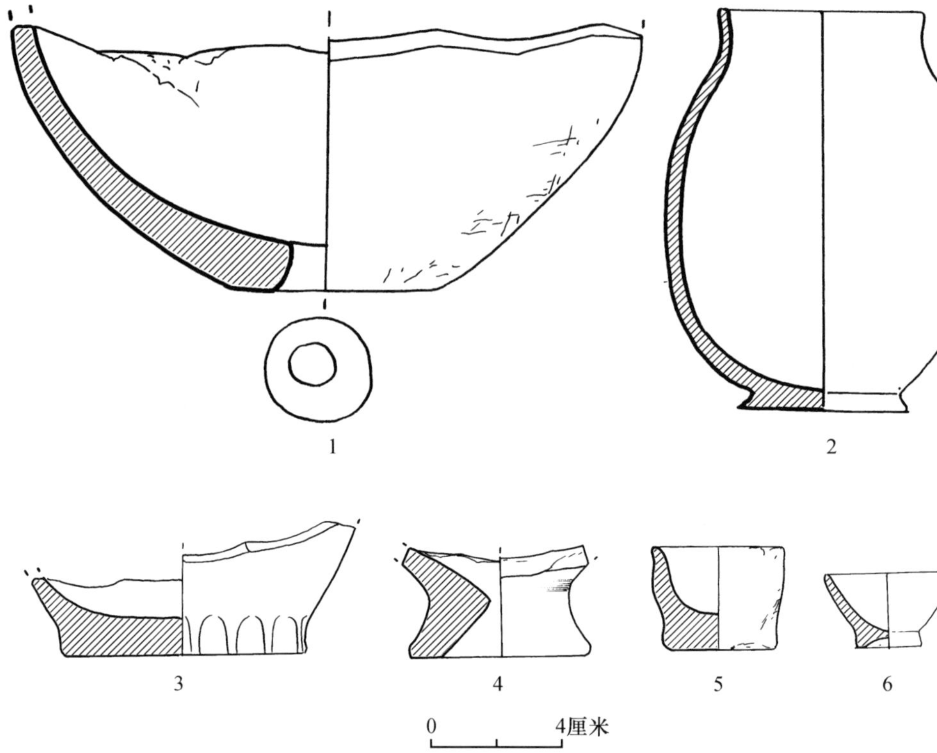

图3-3-42　第Ⅵ区第4层出土陶器

1. 甑（99TWT781④：3）　2. 罐（99TWT802④：6）　3. 平底器（99TWT859④：11）　4. 圈足器（99TWT917④：1）
5、6. 小杯（99TWT793④：7、99TWT841④：3）

足，底缘有一圈捺窝纹。残高4.5、底径7.5、底厚1.2厘米（图3-3-42，3）。

圈足器　1件。99TWT917④：1，夹砂黄陶，夹蚌粉。仅余高圈足。高3.4、直径5.6、厚1.8厘米（图3-3-42，4）。

口沿陶片　11件。99TWT859④：12，泥质红褐陶，夹滑石。长直颈，方唇，内外壁颜色不均，为陶壶口沿。长11.4、宽9.2、厚0.7厘米（图3-3-43，4）。99TWT860④：5，泥质黑褐陶，夹蚌。叠唇口沿。长5.9、宽5.3、厚0.5厘米（图3-3-43，11）。99TWT860④：7，夹砂黑褐陶，夹蚌粉。敛口，尖唇，口沿下饰鋬耳。长8.3、宽7、厚1.8厘米（图3-3-43，1）。99TWT860④：8，泥质黄褐陶。侈口，圆唇，口沿下有舌状鹰嘴鋬耳，陶片内外壁颜色不均匀。长7.5、宽6.3、厚2.2厘米（图3-3-43，2）。99TWT860④：9，夹砂灰陶，夹蚌粉。侈口，方唇，折沿，口沿下方饰鋬耳。长6.3、宽4、厚1.6厘米（图3-3-43，5）。99TWT860④：10，泥质灰褐陶，含云母。侈口，圆唇，口沿下饰鋬耳。长5.8、宽5.7、厚1.9厘米（图3-3-43，3）。99TWT860④：13，夹砂黄褐陶，夹蚌粉。侈口，圆唇，口沿下有乳丁耳。长6.3、宽5.6、厚0.3厘米（图3-3-43，6）。99TWT860④：14，夹砂灰褐陶。叠唇口沿。长6.6、宽3.5、厚0.5厘米（图3-3-43，10）。99TWT860④：16，夹砂红褐陶。叠唇口沿。长9.8、宽5、厚0.4厘米（图3-3-43，9）。99TWT864④：7，夹砂褐陶，含滑石粉。侈口，圆唇，口沿下有一圈凸棱，侧面看似为重唇口。长4.4、宽4、厚0.4厘米（图3-3-43，7）。99TWT911④：2，夹砂黄陶，夹云母。侈口，尖唇，口沿下部有两周凸棱，侧面看似为三重唇口。长4.3、宽3.6、厚

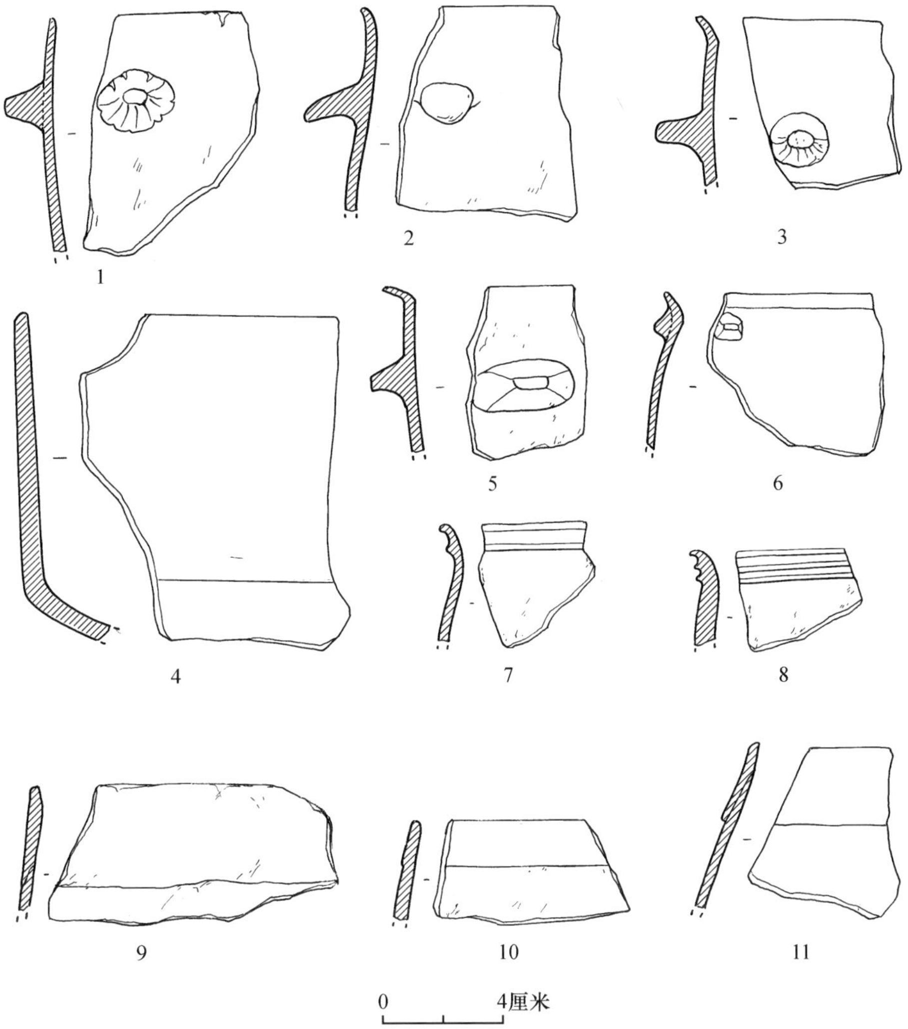

图3-3-43 第Ⅵ区第4层出土口沿陶片

1. 99TWT860④：7 2. 99TWT860④：8 3. 99TWT860④：10 4. 99TWT859④：12 5. 99TWT860④：9 6. 99TWT860④：13 7. 99TWT864④：7 8. 99TWT911④：2 9. 99TWT860④：16 10. 99TWT860④：14 11. 99TWT860④：5

0.6厘米（图3-3-43，8）。

器耳 7件。99TWT840④：7，夹砂灰陶，夹蚌粉。竖桥耳。长9.2、宽6.6、厚0.8厘米（图3-3-44，5）。99TWT840④：8，夹砂红陶。侈口，方唇。长8.9、宽6.5、厚0.9厘米（图3-3-44，4）。99TWT840④：9，夹砂红褐陶。竖桥耳残断，上有乳丁耳。长11.1、宽9.2、厚1.3厘米（图3-3-44，2）。99TWT840④：10，夹砂红褐陶。竖桥耳残断，耳上部有圆形贴耳。长7.7、宽7.6、厚1.1厘米（图3-3-44，3）。99TWT860④：11，泥质黑褐陶，夹蚌粉。器表上部饰刻划弦纹，下部饰圆形贴耳，器表抹光。长7.7、宽6.9、厚0.7厘米（图3-3-44，7）。99TWT860④：12，夹砂红陶。竖桥耳。长7.9、宽5.4、厚0.6厘米（图3-3-44，1）。99TWT864④：6，夹砂黑陶，夹蚌粉。侈口，方唇，口沿下有舌状的鹰嘴鋬。长5.7、宽4.9、厚2.2厘米（图3-3-44，8）。

弦纹陶片 2件。99TWT860④：6，夹砂黄陶，夹滑石粉。器壁较厚，表面刻划六组凹弦

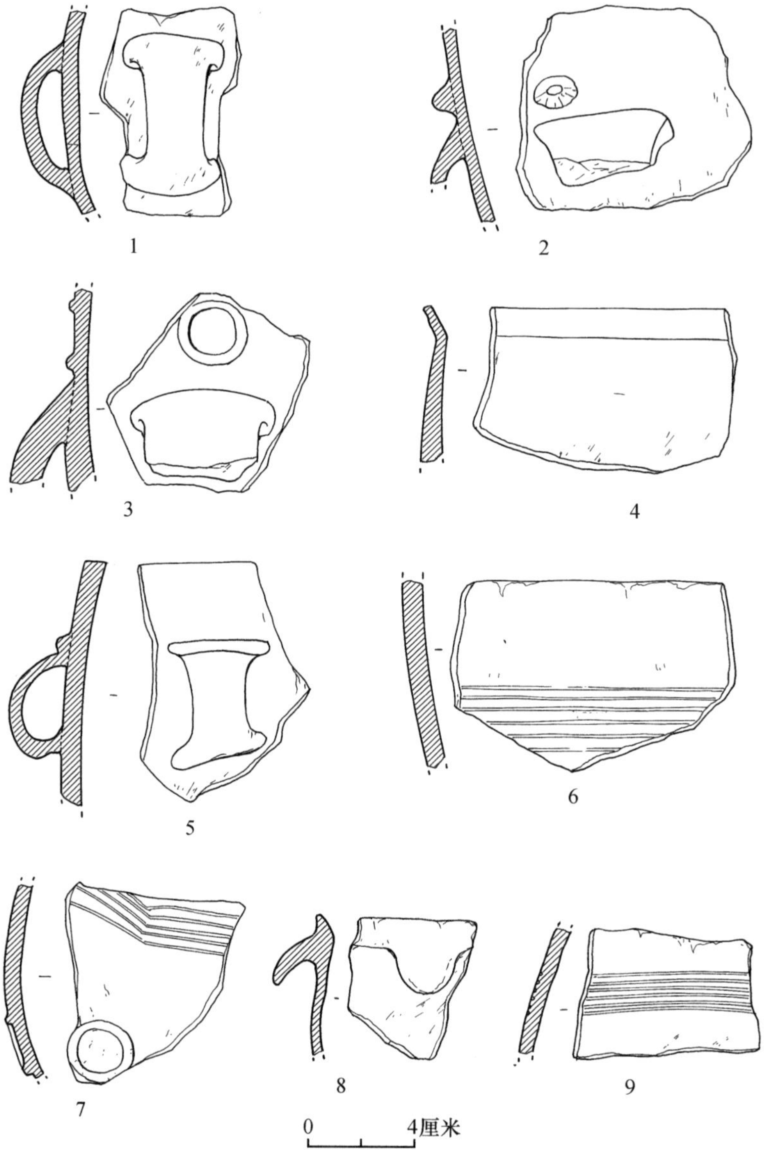

图3-3-44　第Ⅵ区第4层出土陶器

1～5、7、8. 器耳（99TWT860④：12、99TWT840④：9、99TWT840④：10、99TWT840④：8、99TWT840④：7、99TWT860④：11、99TWT864④：6）　6、9. 弦纹陶片（99TWT860④：6、99TWT860④：15）

纹。长10.9、宽7.5、厚0.7厘米（图3-3-44，6）。99TWT860④：15，夹滑石粉黑陶片，器表刻划六道凹弦纹。陶片火候较高，表面抹光。长7.6、宽6、厚0.5厘米（图3-3-44，9）。

纺轮　6件。

A型　3件。圆饼形，中间有圆形钻孔，通体磨光。99TWT771④：9，泥质灰陶。一端平，一端微鼓。直径6、厚1.1厘米（图3-3-45，7）。99TWT833④：7，夹砂灰褐陶。直径5.1、厚0.8厘米（图3-3-45，5）。99TWT833④：8，泥质灰褐陶。直径5.1、厚0.9厘米（图3-3-45，6）。

B型　2件。99TWT788④：12，泥质灰陶。平面近锥形，中间有圆形钻孔。直径3.9、高2.3厘米（图3-3-45，10）。99TWT801④：10，泥质黑陶。墩台形，器形较矮，中间有圆形钻孔，通体磨光。直径5.2、厚1.3厘米（图3-3-45，11）。

E型　1件。99TWT786④：9，泥质黑陶。菌盖形，中间有圆形钻孔，器身光滑。底面直径3.9、高2.3厘米（图3-3-45，9；图版一六，8）。

网坠　2件。

Eb型　1件。99TWT825④：7，以夹砂夹蚌的红褐陶片打制而成。平面为椭圆形，两端打制豁口，中间有圆形钻孔。长径11.4、短径10.9、厚0.8厘米（图3-3-45，1）。

Ed型　1件。99TWT779④：19，以夹砂灰陶片磨制而成。平面近长方形，器形较小，两端磨制豁口，中间有圆形钻孔。长2.45、宽2.1、厚0.45厘米（图3-3-45，8；图版一七，4）。

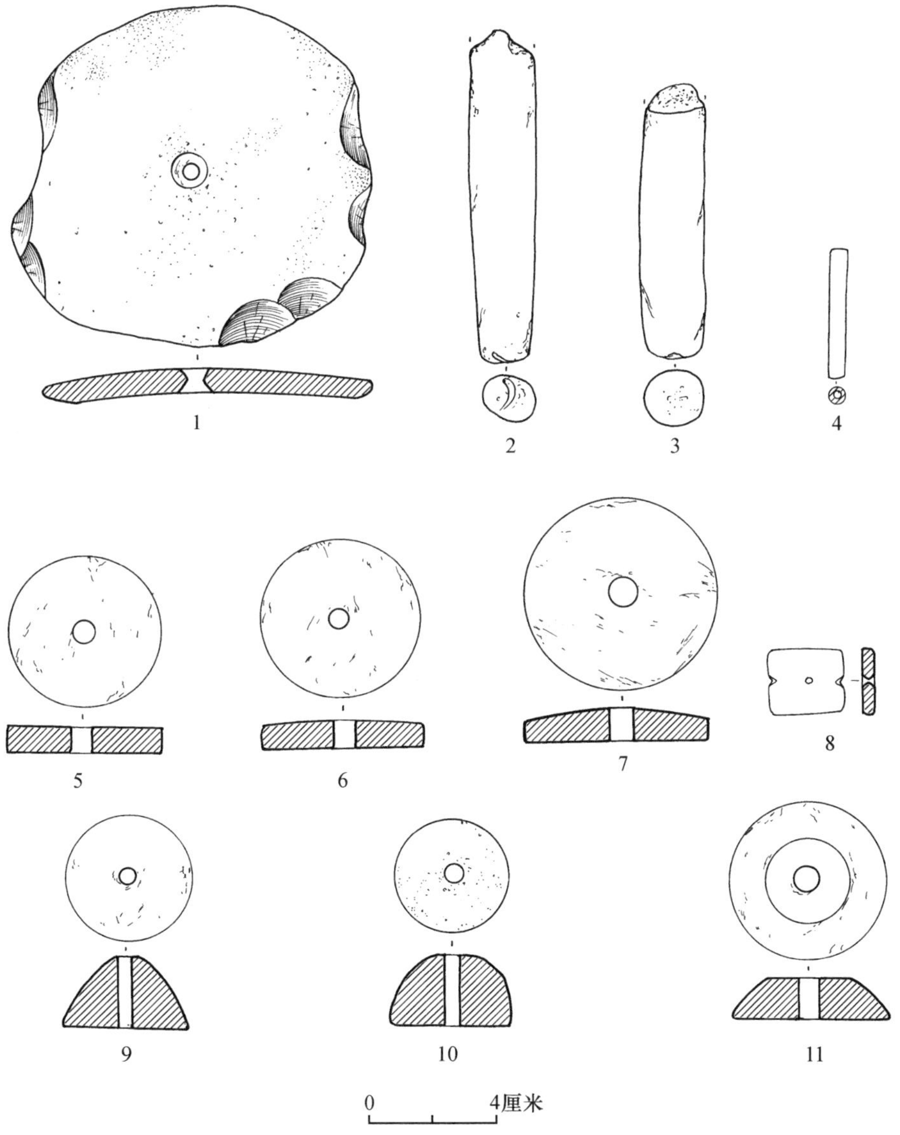

图3-3-45　第Ⅵ区第4层出土陶器

1. Eb型网坠（99TWT825④：7）　2、3. 祖（99TWT839④：23、99TWT817④：4）　4. 管（99TWT839④：26）　5～7. A型纺轮（99TWT833④：7、99TWT833④：8、99TWT771④：9）　8. Ed型网坠（99TWT779④：19）　9. E型纺轮（99TWT786④：9）　10、11. B型纺轮（99TWT788④：12、99TWT801④：10）

管　1件。99TWT839④：26，泥质黑陶。柱状，中空。残长4.1、截面直径0.5、厚0.1厘米（图3-3-45，4）。

祖　2件。99TWT817④：4，夹砂黄陶。柱状，剖面近圆形，一端残。残长8.8、截面直径1.8厘米（图3-3-45，3）。99TWT839④：23，夹砂黄陶，夹蚌粉。柱状，剖面近圆形，一端残，另一端刻弧形凹槽。残长10.7、截面直径1.7厘米（图3-3-45，2）。

2. 石器

第Ⅵ区第4层共出土石器149件。其中，石镞66件（Ad13、Ae1、B9、Ba8、Bb17、C3、Ca3、Cb11、？1）、石刀15件（A6、Aa1、Ba4、Bb2、C2）、石网坠5件（A3、B2）、石研磨器10件（A10、B3）、石镐4件、石凿1件、石镰1件、石饼4件、石器3件、滑石坠1件、石短剑1件、石球4件、石刮削器32件、石器1件、石鱼鳔1件。

现挑选比较典型的18件石器进行介绍。

镞　9件。

Ad型　3件。柳叶形，镞身中间有血槽，凹底。99TWT826④：4，青灰色板岩。长4.3、宽1.7、厚0.4厘米（图3-3-46，7）。99TWT826④：5，青灰色板岩。长3.5、宽1.5、厚0.3厘米（图3-3-46，9）。99TWT788④：7，青灰色板岩。长4、宽1.6、厚0.2厘米（图3-3-46，8）。

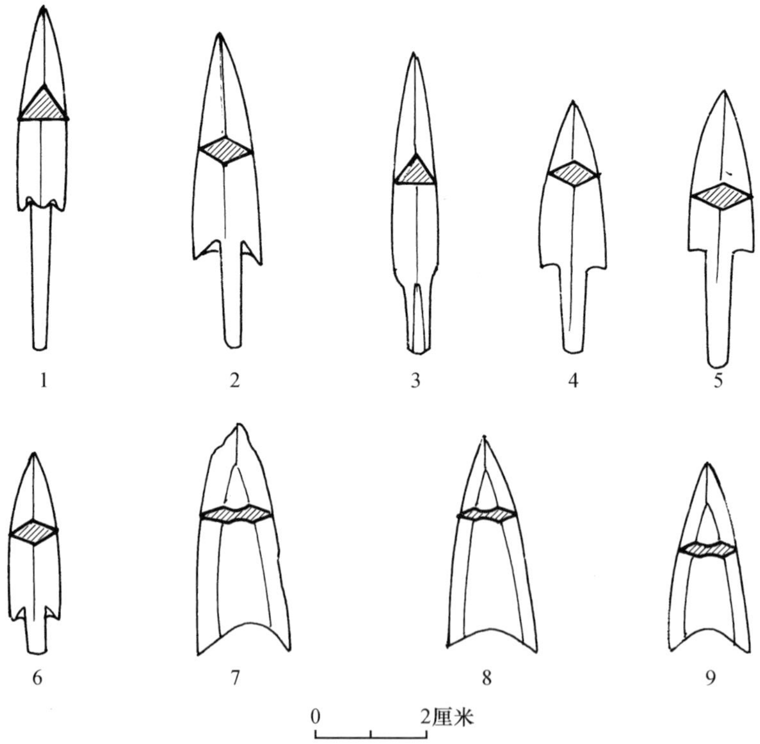

图3-3-46　第Ⅵ区第4层出土石镞

1. Ca型（99TWT779④：15）　2、4～6. Ba型（99TWT779④：14、99TWT839④：29、99TWT779④：13、99TWT756④：2）

3. Cb型（99TWT801④：9）　7～9. Ad型（99TWT826④：4、99TWT788④：7、99TWT826④：5）

Ba型　4件。双翼，后锋倒刺呈燕尾形。99TWT756④：2，青灰色板岩。方柱形铤残。残长3.8、宽0.9、厚0.4厘米（图3-3-46，6）。99TWT779④：13，青灰色板岩。方柱形铤。长5、宽1.2、厚0.5厘米（图3-3-46，5）。99TWT779④：14，青灰色板岩。方柱形铤。长5.9、宽1.1、厚0.4厘米（图3-3-46，2）。99TWT839④：29，青灰色板岩。方柱形铤。长4.6、宽1.2、厚0.5厘米（图3-3-46，4）。

Ca型　1件。三棱形镞，后锋倒刺呈燕尾形。99TWT779④：15，青灰色板岩。圆柱形铤，长6.3、宽0.8、厚0.7厘米（图3-3-46，1）。

Cb型　1件。99TWT801④：9，灰色板岩。三棱形镞，镞身平面呈矛形，柱形铤略残。残长5.7、镞身宽0.8、厚0.7厘米（图3-3-46，3）。

刀　2件。

Aa型　1件。99TWT785④：8，深灰色板岩。残半。半月形，器身较宽。器身中部有一斜向钻孔，弧背，双面弧刃，刃部呈锯齿状。残长7、宽5.2、厚0.5厘米（图3-3-47，6）。

Bb型　1件。99TWT846④：3，紫灰色板岩。平面呈圆角长方形，一端残。弧背，双面直刃。残长13.2、宽4.6、厚1.2厘米（图3-3-47，5）。

短剑　1件。99TWT788④：8，深灰色板岩。仅余短剑后半部分，剑身剖面呈棱形，两侧刃部呈锯齿状。脊延伸至柄末端，柄剖面呈扁六边形。残长7.4、宽4.8、厚0.9厘米（图3-3-47，7；图版二〇，8）。

镐　2件。99TWT840④：5，黄褐色粉砂岩。近亚腰形，打制。弧背，单面斜刃，刃部有破损。长16、宽10、厚3.6厘米（图3-3-47，1；图版一八，8）。99TWT841④：11，灰色板岩。亚腰形，器身遍布打制疤痕。弧背，弧刃，背部及刃部均有破损。残长10.1、宽6.1、厚0.9厘米（图3-3-47，3；图版一八，6）。

A型研磨器　1件。99TWT789④：2，灰色板岩。圆柱形，一端有使用痕迹，磨面微内凹。长16、宽4、厚2.5厘米（图3-3-47，2）。

滑石坠　1件。99TWT841④：2，滑石。平面呈梯形，一端有一圆形钻孔。长3.1、宽2.7、厚0.6厘米（图3-3-47，9；图版二一，4）。

鱼鳔　1件。99TWT764④：25，一端残，一端有倒刺。残长4、宽1.1、厚0.3厘米（图3-3-47，10）。

刮削器　1件。99TWT864④：19，黑曜石质。长5.3、宽3.3、厚0.8厘米（图3-3-47，4）。

3. 骨、牙器

第Ⅵ区第4层共出土骨牙器8件。其中，骨锥3件、骨凿1件、骨管1件、河蚌1件、牙刀2件。

现挑选1件典型的牙器进行介绍。

刀　1件。99TWT818④：17，两端均残，单面刃，刀身中间有圆形钻孔。长10.1、宽2.5、厚0.6厘米（图3-3-47，8）。

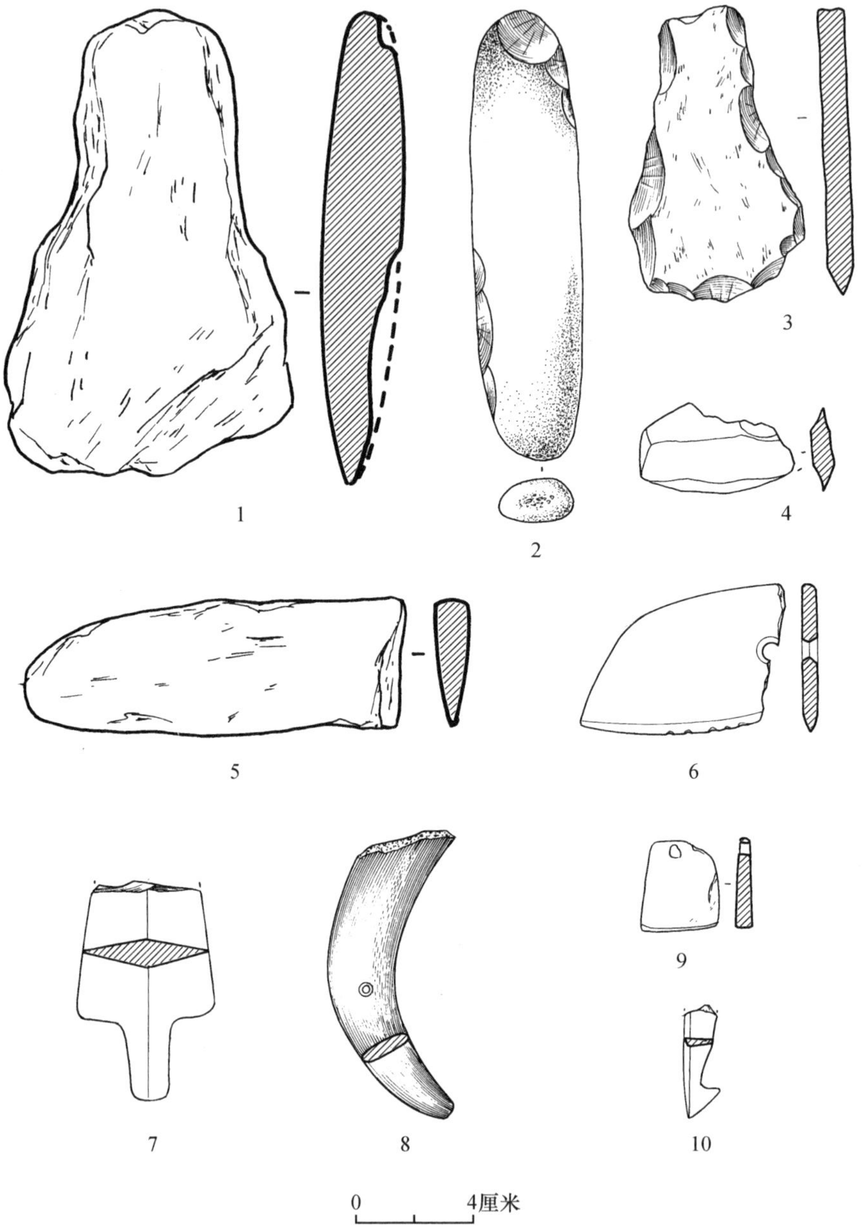

图3-3-47　第Ⅵ区第4层出土器物

1、3. 石镐（99TWT840④：5、99TWT841④：11）　2. A型石研磨器（99TWT789④：2）　4. 石刮削器（99TWT864④：19）　5. Bb型石刀（99TWT846④：3）　6. Aa型石刀（99TWT785④：8）　7. 石短剑（99TWT788④：8）　8. 牙刀（99TWT818④：17）　9. 滑石坠（99TWT841④：2）　10. 石鱼鳔（99TWT764④：25）

二、房　　址

第Ⅰ区属于这一时期的房址有5座，编号分别为97ⅠTWF3、97ⅠTWF8、97ⅠTWF9、97ⅠTWF12、97ⅠTWF13。

第Ⅱ区属于这一时期的房址有2座，编号为97ⅡTWF11、97ⅡTWF16。

第Ⅲ区属于这一时期的房址有1座，编号为98Ⅲ TWF21。

第Ⅵ区属于这一时期的房址有3座，编号分别为99Ⅵ TWF22、99Ⅵ TWF23、99Ⅵ TWF24。

1. 97Ⅰ TWF13

圆形浅地穴式。位于Ⅰ区T370中部，伸入其北隔梁和东隔梁。隔梁部分未清理。开口于第5层下，被97TWF9、97TWH121、97TWH123打破，并打破第6层。平面推测为圆形，直径3.2米。居住面用黏性较大的细黄土铺垫，居住面经焙烧，形成一层厚0.5厘米的硬面。根据红烧土圈推断，灶址应该位于房址北侧，伸入T370北隔梁内，为圆形，直径约0.66米。未发现柱洞痕迹，亦未发现门道（图3-3-48；图版一〇，2）。

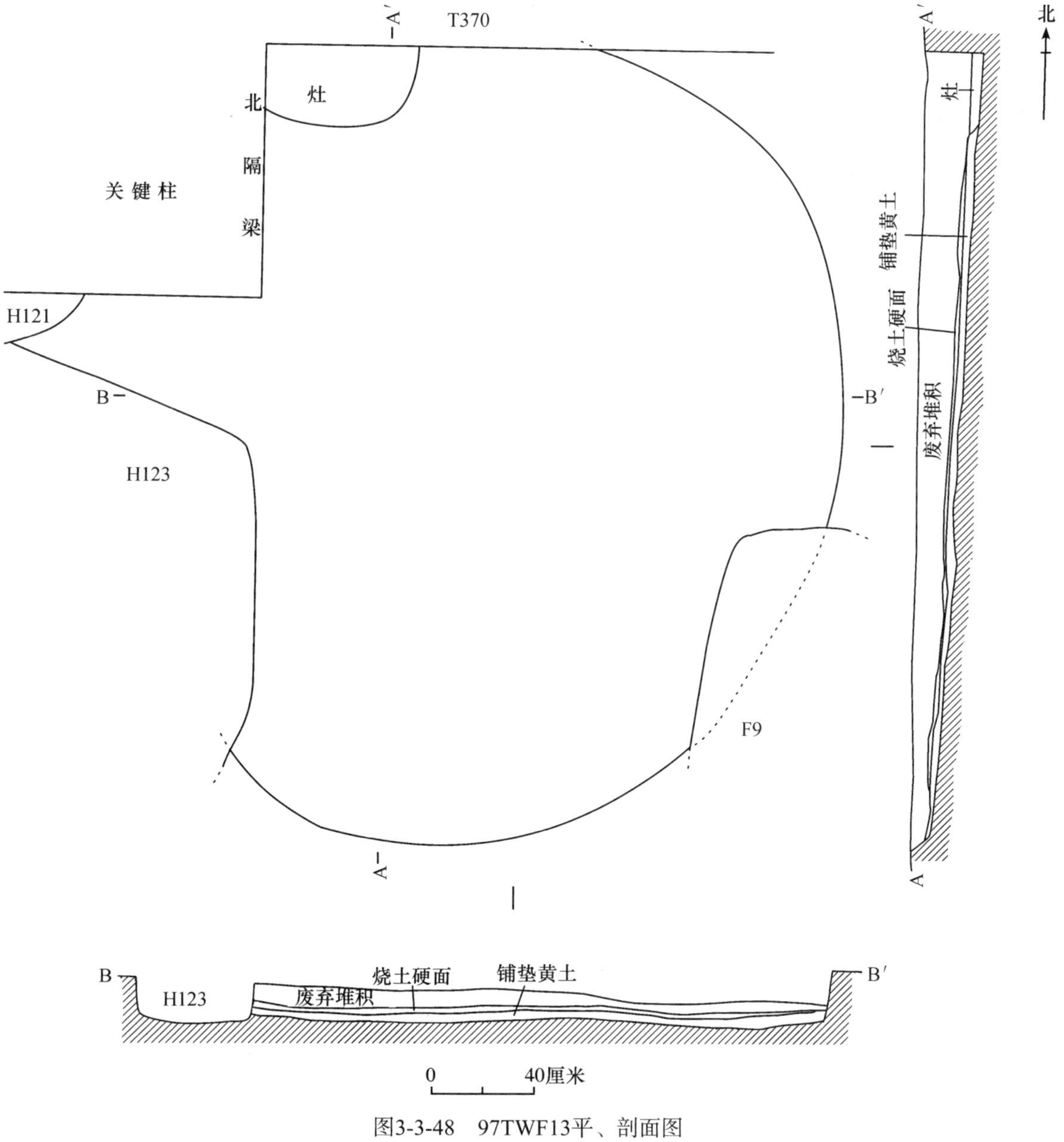

图3-3-48　97TWF13平、剖面图

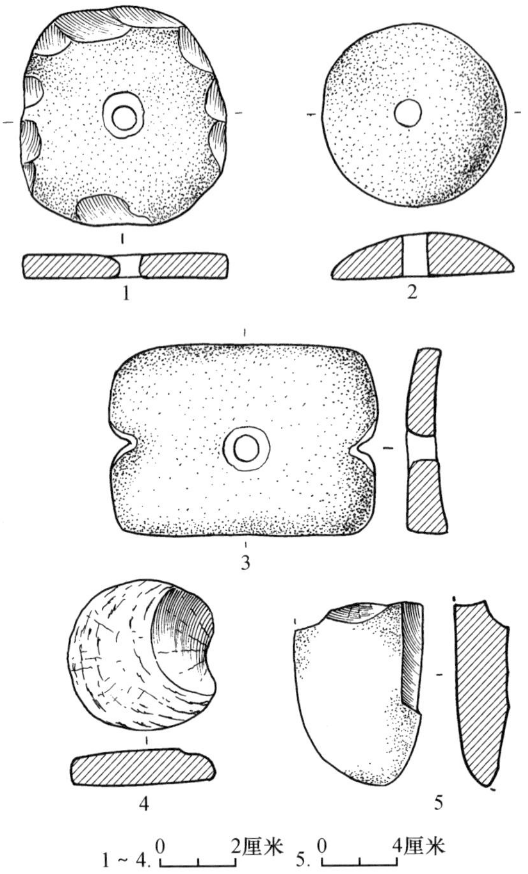

图3-3-49　97TWF13出土器物

1. Ea型陶网坠（97TWF13：2）　2. E型陶纺轮（97TWF13：1）　3. Ed型陶网坠（97TWF13：6）　4. D型石网坠（97TWF13：5）　5. 石器（97TWF13：4）

房内堆积分两层，上层为花土，质地较为疏松，厚0.2米。下层为红烧土硬面，厚约0.02米。共出土器物5件。

出土器物

陶器　3件。

E型纺轮　1件。97TWF13：1，黑灰色夹云母泥质陶。菌盖形，中间有圆形穿孔，壁较光滑。直径5、厚1.2厘米（图3-3-49，2）。

网坠　2件。

Ea型　1件。97TWF13：2，以夹砂红褐陶片打制而成。圆形，边缘有打击痕迹，中间有圆形钻孔，制作粗糙。直径6.2、厚0.7厘米（图3-3-49，1）。

Ed型　1件。97TWF13：6，以夹砂黄褐陶片磨制而成。平面呈长方形，中间有圆形钻孔，两端磨制豁口。长7.2、宽5.1、厚1.2厘米（图3-3-49，3）。

石器　2件。

石器　1件。97TWF13：4，灰色角岩。平面呈圆头三角形，用途不明。残长12.2、宽8.4、厚3厘米（图3-3-49，5）。

D型网坠　1件。97TWF13：5，灰白色石英岩。平面近圆形，一端有打制豁口。直径约4.4、厚1厘米（图3-3-49，4）。

2. 97ⅠTWF3

圆角长方形浅地穴式。位于Ⅰ区T395南部，部分伸入其北隔梁。开口于第4层下，打破第8层。平面呈圆角长方形，长约3米，宽约1.8米。居住面不平整，南高北低。灶址位于房址中北部，呈圆形，直径约0.26米，灶址内发现一件圜底器。在房址北侧发现柱洞3个，编号为D1、D2、D3。D1为直壁，圜底，口径0.12米，深0.2米。D2为斜直壁，圜底，口径0.14米，深0.18米。D3为直壁，平底，口径0.16米，深0.22米。在房址内发现柱洞1个，编号D4，直壁，圜底。口径0.16米，深0.25米。未发现门道痕迹（图3-3-50）。

房内堆积较疏松，含有大量木炭，可能为房屋倒塌后遗留。共出土器物39件。

出土器物

陶器　11件。

罐　4件。97TWF3：37，夹砂夹蚌红陶。敛口，斜抹方唇，大横桥耳，弧腹，底部已残。口径25厘米（图3-3-51，1）。97TWF3：38，夹砂夹蚌黄陶。器壁较薄。近直口，斜抹尖唇，弧腹，上腹部饰下弯的鹰嘴鋬，下腹部及底残。口径25厘米（图3-3-51，2）。97TWF3：40，

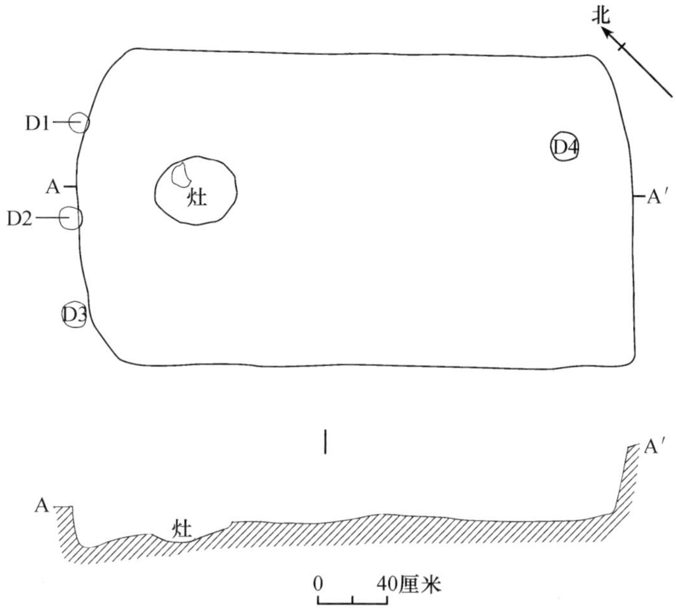

图3-3-50　97TWF3平、剖面图

夹砂黄褐陶。微侈口，口沿内部斜抹，方唇。上腹部饰下弯的鹰嘴鋬，下腹部饰竖桥耳，底残。口径19.2、残高26.4厘米（图3-3-51，4）。97TWF3：41，泥质黄褐陶。敛口，方唇，腹及底部残。口径23、残高6厘米（图3-3-51，8）。

壶　1件。97TWF3：39，夹砂黄陶。敞口，长颈斜直内收，弧腹，下腹部及底已残。口径28、残高11.2厘米（图3-3-51，3）。

器底　5件。

圜底器　2件。97TWF3：16，夹砂红褐陶。器表磨光，器底与器肢相接处呈漫圆状，圜底近平。残高7.2、底径7.6厘米（图3-3-51，10）。97TWF3：17，夹砂黄褐陶。素面，器壁较厚，内壁发黑，口部残，断裂处有陶片剥落痕迹。底略外凸，器身与底相接处呈漫圆状。底径3、残高8.2厘米（图3-3-51，9）。

假圈足器　1件。97TWF3：34，抹光灰褐陶。假圈足微外侈，弧腹，腹上部已残。底径7厘米（图3-3-51，5）。

台足器　1件。97TWF3：35，夹砂夹蚌黄陶。台足较高，弧腹，腹上部已残。底径8厘米（图3-3-51，6）。

平底器　1件。97TWF3：36，夹砂黄陶，平底。弧腹，腹上部已残。底径8.1厘米（图3-3-51，7）。

Ed型网坠　1件。97TWF3：32，平面呈长方形，以夹砂黄褐陶磨制而成。中间有圆形对钻孔，两端打制豁口。长7、宽5.1、厚0.5厘米（图3-3-51，11）。

石器　22件。

斧　3件。97TWF3：1，深灰色板岩。平面呈长方形。打制，背端残，刃可见使用痕迹。残长10.1、宽8.9、厚2厘米（图3-3-52，1）。97TWF3：9，平面呈长方形。打制，背端呈圆丘状。长20、宽9、厚3.2厘米（图3-3-52，2）。97TWF3：33，深灰色板岩。长条形。器身较

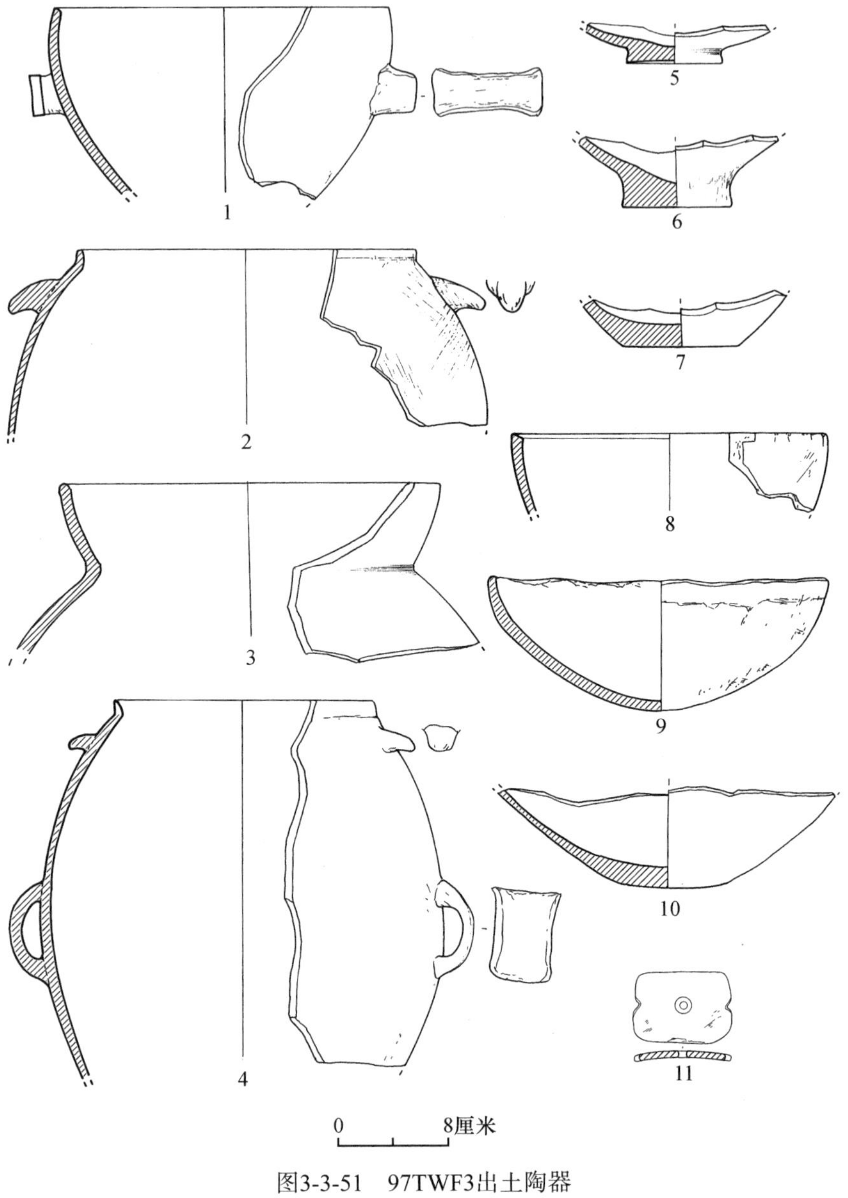

图3-3-51　97TWF3出土陶器

1、2、4、8. 罐（97TWF3：37、97TWF3：38、97TWF3：40、97TWF3：41）　3. 壶（97TWF3：39）　5. 假圈足器（97TWF3：34）　6. 台足器（97TWF3：35）　7. 平底器（97TWF3：36）　9、10. 圜底器（97TWF3：17、97TWF3：16）　11. Ed型网坠（97TWF3：32）

厚，器身遍布打制疤痕，刃部使用痕迹明显。长20.4、宽8.8、厚3.4厘米。

刀　6件。

Ba型　2件。97TWF3：11，灰色板岩。仅余刀身残段。直背，双面弧刃。残长3.1、宽4.2、厚0.3厘米（图3-3-52，5）。97TWF3：12，褐色板岩。仅余刀身残段。平面呈不规则扇形，背已残，单面弧刃。残长5、宽4.1、厚0.2厘米（图3-3-52，6）。

Bb型　1件。97TWF3：5，灰色板岩。仅余刀身残段，双面弧刃。残长4.7、宽2.4、厚0.3厘米（图3-3-52，7）。

C型　2件。97TWF3：3，灰色板岩。刀身残半。尖首，直背，双面弧刃。长11.3、宽

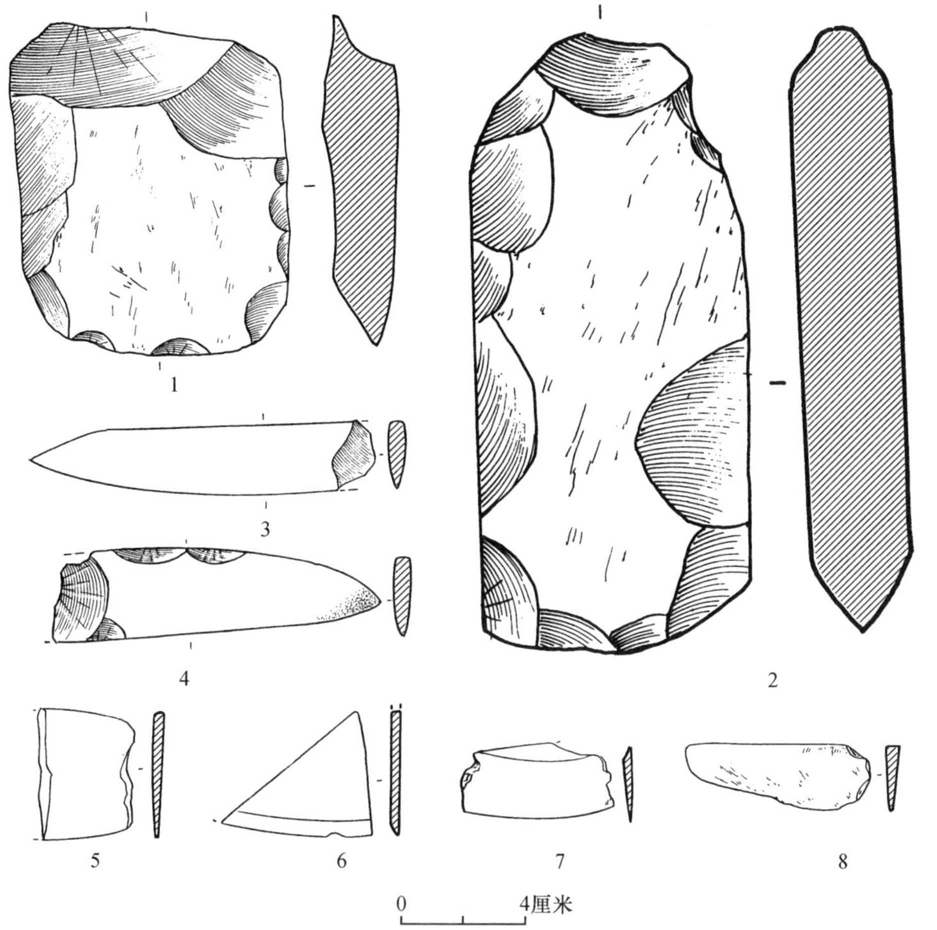

图3-3-52　97TWF3出土石器

1、2. 斧（97TWF3：1、97TWF3：9）　3、4. C型刀（97TWF3：3、97TWF3：4）　5、6. Ba型刀（97TWF3：11、97TWF3：12）　7. Bb型刀（97TWF3：5）　8. D型刀（97TWF3：30）

2.2、厚0.6厘米（图3-3-52，3）。97TWF3：4，深灰色板岩。尖首，弧背，双面弧刃刀，双面刃无钻孔。长10.7、宽2.7、厚0.5厘米（图3-3-52，4）。

D型　1件。97TWF3：30，灰色板岩。带把手，器身残半。直背，弧首，弧刃。残长6.1、宽2.1、厚0.4厘米（图3-3-52，8）。

B型网坠　1件。97TWF3：14，灰白色石英砂岩。椭圆形，两端打制豁口。长4.4、宽3.3、厚1.5厘米（图3-3-53，1）。

镞　2件。

Aa型　1件。97TWF3：13，青灰色板岩。仅余镞身部分。呈柳叶形，器身较薄。残长3.5、宽1.2、厚0.1厘米（图3-3-53，3）。

Ba型　1件。97TWF3：15，青灰色板岩。双翼，镞身剖面呈棱形，后锋倒刺呈燕尾形。长5.2、宽1.5、厚0.6厘米（图3-3-53，2）。

凿　1件。97TWF3：6，褐色板岩。长条形。器身较薄，刃部锋利，顶端残断，器身表面有刮痕。残长4.9、宽1.6、厚0.3厘米（图3-3-53，4）。

研磨器　5件。

A型　3件。97TWF3：21，灰色花岗细晶岩。扁柱形。一端有使用痕迹。长15.8、长径8、短径2.8厘米（图3-3-53，5）。97TWF3：28，灰色石英闪长岩。扁柱形。一端有使用痕迹。长11、长径4.6、短径2.2厘米（图3-3-53，6）。97TWF3：29，白色石英砂岩。扁柱形。仅余器身部分。一端较平，一端弧。残长12.4、宽5.6、厚3厘米（图3-3-53，7）。

B型　1件。97TWF3：20，灰色花岗细晶岩。近卵圆形。一端使用痕迹明显。长10.8、宽6.8、厚2.2厘米（图3-3-53，8）。

异型研磨器　1件。97TWF3：8，灰色板岩。亚腰形。器表凸凹不平，一端有使用痕迹。

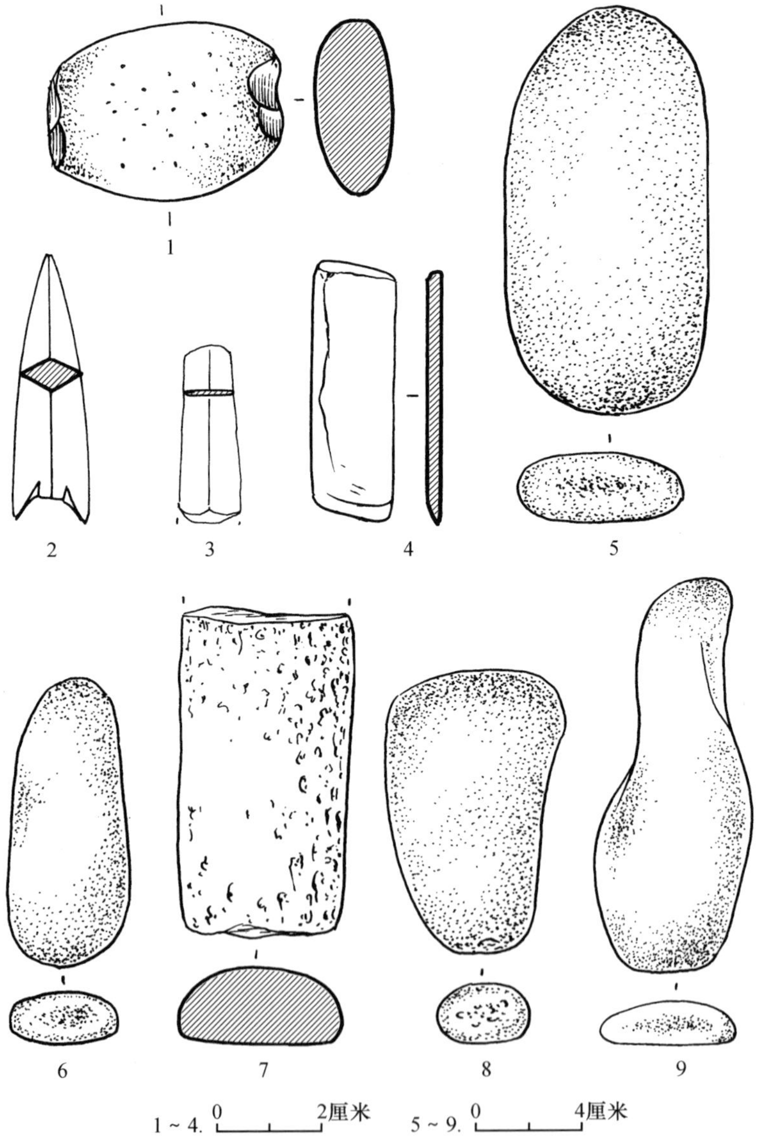

图3-3-53　97TWF3出土石器

1. B型网坠（97TWF3：14）　2. Ba型镞（97TWF3：15）　3. Aa型镞（97TWF3：13）　4. 凿（97TWF3：6）　5～7. A型研磨器（97TWF3：21、97TWF3：28、97TWF3：29）　8. B型研磨器（97TWF3：20）　9. 异型研磨器（97TWF3：8）

长15、宽5.6、厚1.6厘米（图3-3-53，9）。

镐　1件。97TWF3：10，灰绿色板岩。仅余石镐下半部分。呈不规则形，器身较平整，边缘有石片剥落痕迹。残长7.6、宽7.1、厚2厘米（图3-3-54，1）。

石饼　2件。扁圆形。97TWF3：18，暗紫色花岗细晶岩。表面平整。长径14、短径13.2厘米，厚2.8厘米（图3-3-54，3）。97TWF3：19，灰色花岗细晶岩。表面平整。长径14.6、短径14、厚3.2厘米（图3-3-54，4）。

石器　1件。97TWF3：31，灰色板岩。长条形，一面边缘有较多石片剥落痕迹。残长7、宽4.1、厚1.5厘米（图3-3-54，2）。

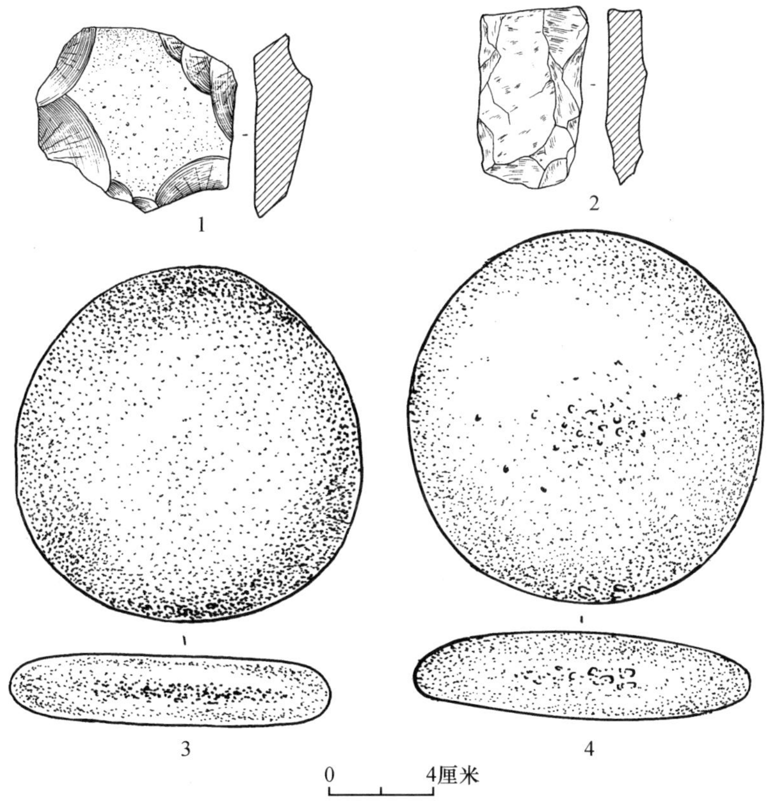

图3-3-54　97TWF3出土石器

1. 镐（97TWF3：10）　2. 石器（97TWF3：31）　3、4. 石饼（97TWF3：18、97TWF3：19）

骨器　2件

凿　1件。97TWF3：2，长条形。剖面呈凹窝状。长7.5、宽1.9、厚0.5厘米（图3-3-55，1）。

针　1件。97TWF3：7，针尾部分残断。残长5.5、直径0.2厘米（图3-3-55，2）。

其他　4件

鱼骨　3根。97TWF3：23，为鱼的脊骨及尾骨（图3-3-55，3～5）。

河蚌　1件。97TWF3：24，扇形，背部有深黄色弧形条纹。长6.1、宽3.5、厚0.45厘米（图3-3-55，6）。

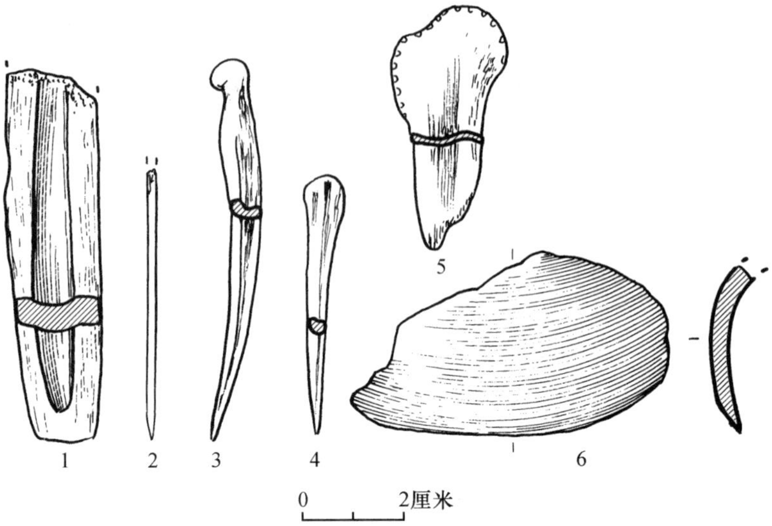

图3-3-55　97TWF3出土器物

1. 骨凿（97TWF3：2）　2. 骨针（97TWF3：7）　3～5. 鱼骨（97TWF3：23）　6. 河蚌（97TWF3：24）

3. 97ⅠTWF9

变形凸字形浅地穴式。房址平面呈长方形，因带有长方形斜坡门道，整体呈变形凸字形。跨Ⅰ区T370、T369两个探方。开口于第4层下，打破第5层及97TWF6，并被97TWF8、97TWH27、97TWH28、97TWH67、97TWH68打破。房址平面长3.1、宽1.64、深0.16米。东壁利用自然山石垒砌，西壁可见零星块石，北壁未见石块，南壁一角为T339关键柱，另一侧被97TWH28打破。门道位于房址东北角，呈斜坡状，两侧以石块垒砌而成，被现代沟打破。长1.7、宽0.86米。未见柱洞及灶址痕迹（图3-3-56）。

房内堆积较为疏松，出土器物11件。

出土器物

陶器　3件。

壶　1件。97TWF9：10，夹砂红褐陶。口沿残，微束颈，大弧腹，底残。最大腹径34、残高12厘米（图3-3-57，1）。

纺轮　2件。

A型　1件。97TWF9：9，泥质黄褐陶。圆饼形，中间有穿孔。直径6、厚0.9、孔径0.9厘米（图3-3-57，2；图版一六，2）。

B型　1件。97TWF9：6，泥质黄褐陶。墩台形。器体厚重，中间有穿孔，轮缘断面呈弧形。高3.3、一端径1.2、一端径3.8厘米（图3-3-57，3）。

石器　6件。

B型网坠　1 件。97TWF9：5，深灰色板岩。椭圆形。两端打制豁口。长径3、短径2.6、厚0.4厘米（图3-3-58，6）。

A型研磨器　2件。97TWF9：1，灰色石英砂岩。扁柱形。一端已残。长径8、短径4、残长8.2厘米（图3-3-58，4）。97TWF9：2，深灰色板岩。扁柱形。两端均残。残长4.9、长径

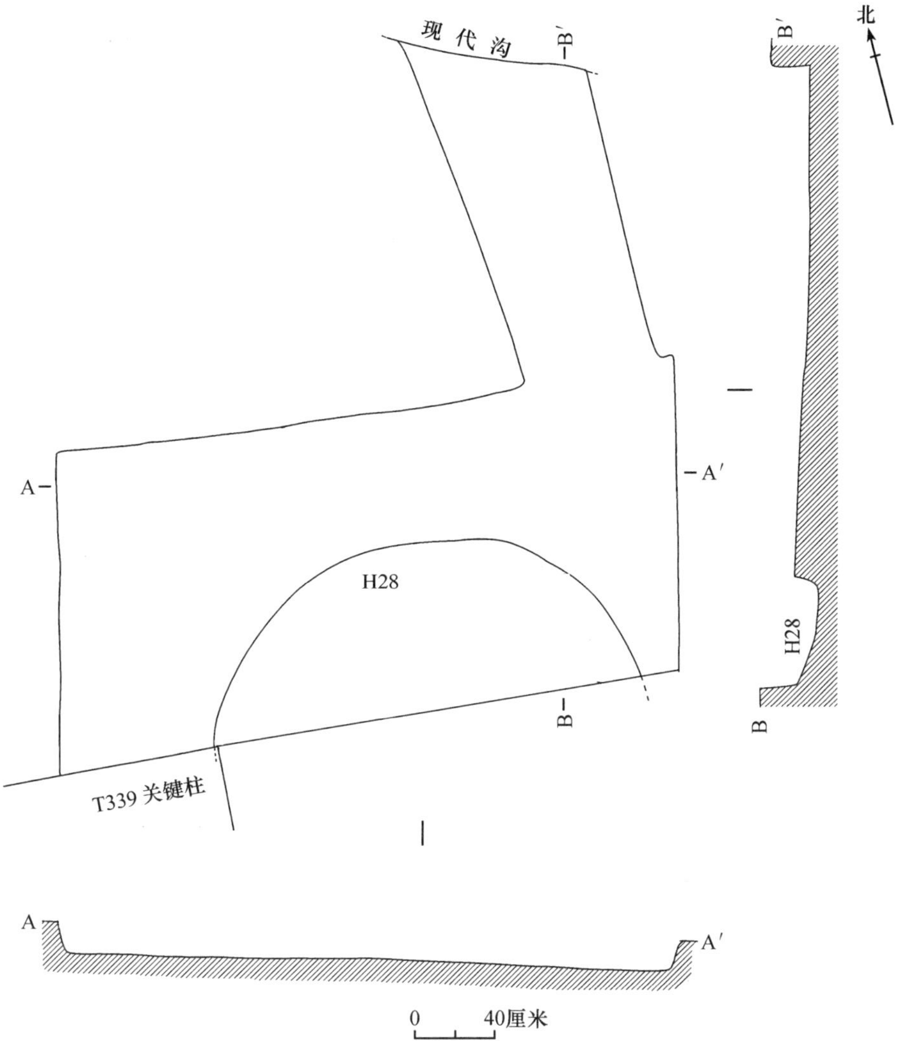

图3-3-56　97TWF9平、剖面图

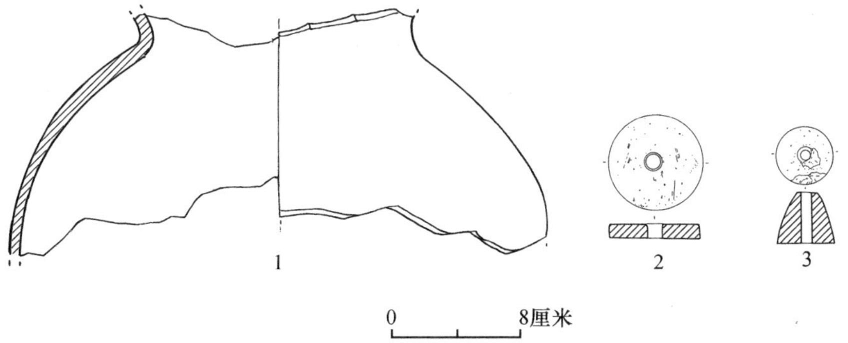

图3-3-57　97TWF9出土陶器

1. 壶（97TWF9：10）　2. A型纺轮（97TWF9：9）　3. B型纺轮（97TWF9：6）

4、短径1.5厘米（图3-3-58，3）。

砺石　1件。97TWF9：3，灰色细砂岩。平面近梯形，剖面呈变形四边形。器表厚薄不均，有两个磨面，磨面内凹。器表有打击痕。长5、宽4.3、厚3.5厘米（图3-3-58，1）。

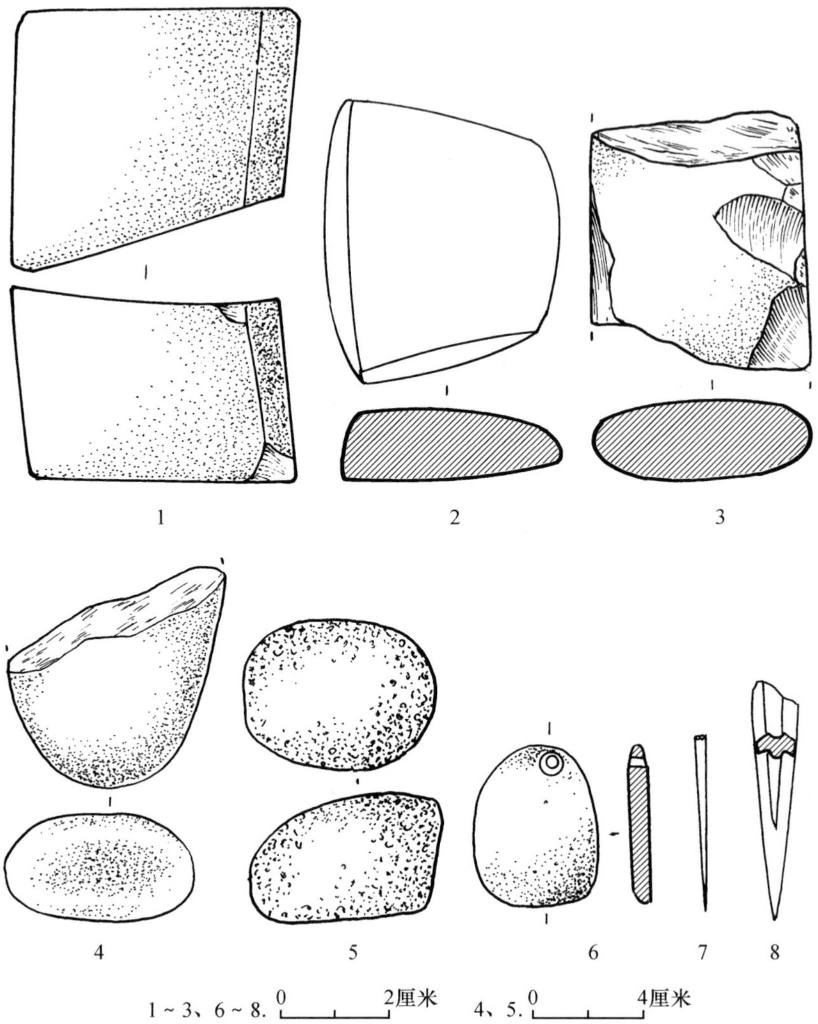

图3-3-58　97TWF9出土器物

1. 砺石（97TWF9：3）　2. 石器（97TWF9：4）　3、4. A型石研磨器（97TWF9：2、97TWF9：1）
5. 气孔玄武岩块（97TWF9：11）　6. B型石网坠（97TWF9：5）　7. 骨针（97TWF9：7）　8. 骨锥（97TWF9：8）

石器　1件。97TWF9：4，灰色含云母石砂岩。平面近圆角梯形。器形较小，形制较为奇特。肩微弧，单面弧刃。长5.3、宽4.3、厚1.4厘米（图3-3-58，2）。

气孔玄武岩块　1件。97TWF9：11，褐色气孔玄武岩。卵圆形，器表遍布气孔。长径7.2、短径5.6、厚4.6厘米（图3-3-58，5）。

骨器　2件。

针　1件。97TWF9：7，针孔残。长3.3、直径0.2厘米（图3-3-58，7）。

锥　1件。97TWF9：8，扁锥形。长4.5厘米（图3-3-58，8）。

4. 97 Ⅰ TWF12

变形凸字形浅地穴式。房址平面呈长方形，因带有斜坡门道，整体呈变形凸字形。跨Ⅰ区T335、T365、T366三个探方。开口于第4层下，打破生土。叠压于97TWH3、97TWH4、97TWH9、97TWH18、97TWH19、97TWH25、97TWH47之下。房址平面呈长方形，南北长，东西窄。长4.22、宽2.42、深0.2米。门道位于房址西北角处，近长方形，长0.92、宽0.68米。居住面用黏土较大的黄土铺垫平整。灶址位于房址的中间位置，呈椭圆形。长径1.1米，短径0.98、深0.26米。房址外有柱洞3个，编号为D1～D3。D1直径0.26、深0.31米；D2直径0.26、深0.3米；D3直径14、深0.35米（图3-3-59）。

房址内堆积较为疏松，出土器物1件。

出土器物

石器　1件。

Ba型镞　1件。97TWF12：1，青灰色板岩。双翼，镞身剖面呈棱形，铤呈方柱形。长8、宽1.3、厚0.5厘米（图3-3-60）。

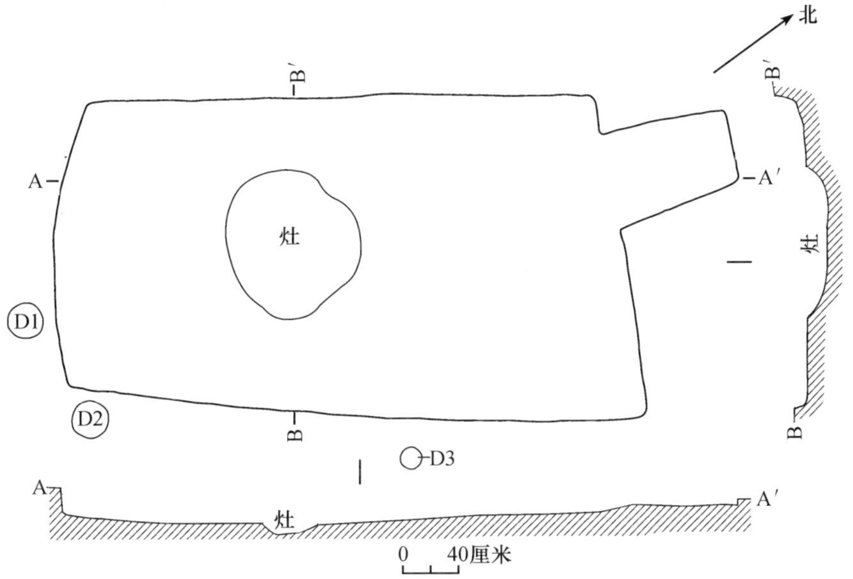

图3-3-59　97TWF12平、剖面图

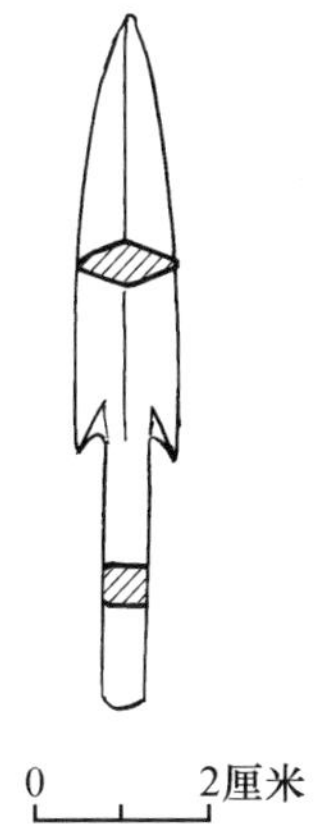

图3-3-60　97TWF12出土Ba型石镞（97TWF12：1）

5. 97ⅠTWF8

长方形浅地穴式。跨Ⅰ区T369、T370、T398三个探方。开口于第3层下，打破第4层。并被97TWH1、97TWH22、97TWH23、97TWG3所打破。平面为长方形，长6.4、宽5.22、深0.4米。居住面用褐色土铺垫平整。灶址位于房址的西南角，呈圆形。直径1.14米，灶坑深0.28米。未发现门道及柱洞痕迹（图3-3-61）。

房内堆积较为疏松，出土器物10件。

出土器物

石器　8件。

镞　3件。

Ba型　1件。97TWF8：3，深灰色板岩。双翼，后锋一侧倒刺残断。长2.5、宽1、厚0.5厘米（图3-3-62，2）。

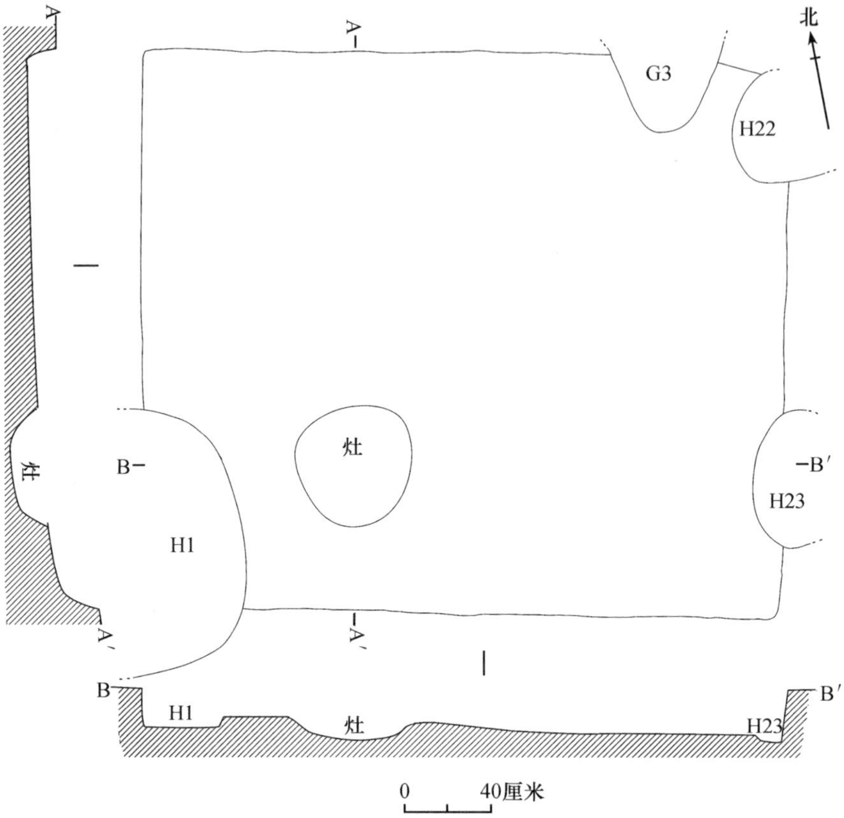

图3-3-61　97TWF8平、剖面图

Bb型　2件。形制相同。镞身平面近矛形，横剖面呈棱形，尖略残，铤残。97TWF8：4，深灰色板岩。长4.3、宽1.2、厚0.5厘米（图3-3-62，3）。97TWF8：5，灰色板岩。镞身表面磨损严重。长6.6、宽1.6、厚0.4厘米（图3-3-62，4）。

网坠　3件。

B型　2件。97TWF8：2，灰白色石英砂岩。椭圆形，两端打制豁口。长5.5、宽4.5、厚1.5厘米（图3-3-62，5）。97TWF8：6，灰色细砂岩。椭圆形。两端打制较浅豁口。长径3.4、短径2.8、厚1.5厘米（图3-3-62，6）。

D型　1件。97TWF8：10，黄灰色石英细砂岩。近圆形。两端打制豁口。直径3.6、厚0.8厘米（图3-3-62，7）。

刀　2件。

Aa型　1件。97TWF8：7，灰色细砂岩。平面近梯形，器身较宽。弧背，双面直刃，刃部有缺口，背部有崩片。残长9.4、宽6.9、厚0.9厘米（图3-3-62，8）。

Ab型　1件。97TWF8：8，灰色板岩。刃部残断，平面呈弯月形，刀身较窄。直背微弧，刀身中间位置有一圆形钻孔。残长13.3、宽3.2、厚0.5厘米（图3-3-62，1）。

骨器　2件。

锥　2件。97TWF8：9，圆锥形。长13.4厘米（图3-3-62，10）。97TWF8：11，扁锥形。一端磨尖，一端磨成三角形，器表起脊，锥身剖面呈半圆形。长4.8厘米（图3-3-62，9）。

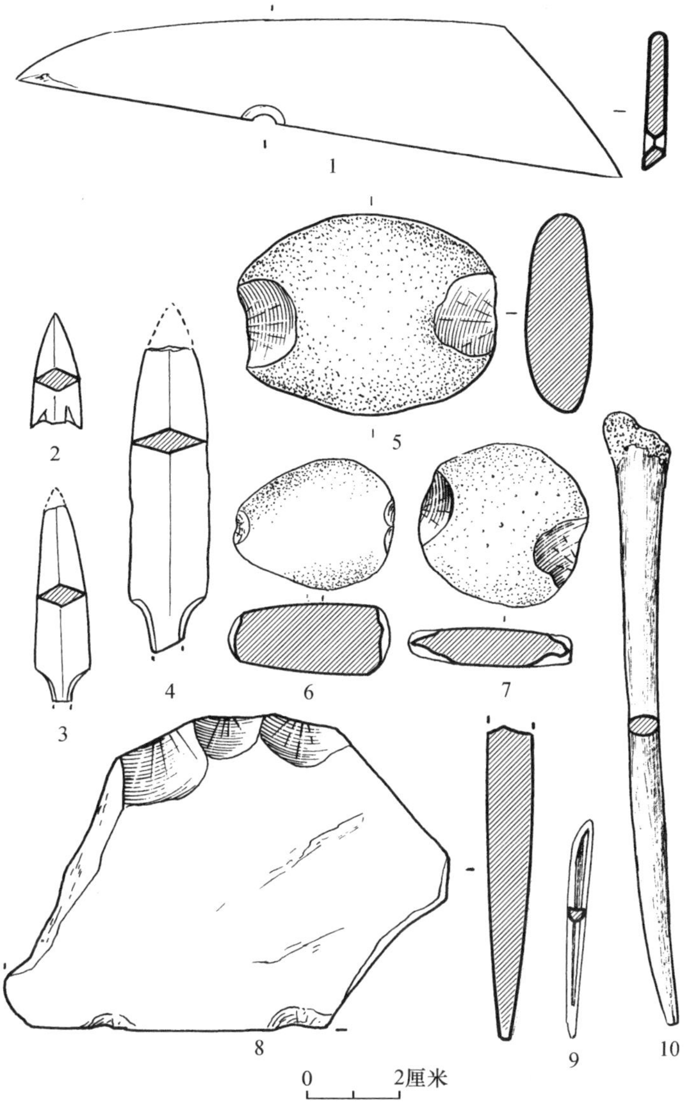

图3-3-62 97TWF8出土器物

1. Ab型石刀（97TWF8：8） 2. Ba型石镞（97TWF8：3） 3、4. Bb型石镞（97TWF8：4、97TWF8：5） 5、6. B型石网坠（97TWF8：2、97TWF8：6） 7. D型石网坠（97TWF8：10） 8. Aa型石刀（97TWF8：7） 9、10. 骨锥（97TWF8：11、97TWF8：9）

6. 97ⅡTWF11

圆形浅地穴式。位于Ⅱ区T435中部。方向为225度。开口于第4层下，打破生土。平面呈圆形，直径3.66～4米。居住面用黏性较大的细黄土铺垫。灶址已无存，根据红烧土圈推断，灶址应位于房址西南角，为圆形，直径约0.3米。靠近穴壁发现口径大小几乎相同的柱洞10个，编号D1～D10。D1口径0.2米，深0.25米；D2口径0.2米，深0.2米；D3口径0.18米，深0.1米；D4口径0.2米，深0.15米；D5口径0.2米，深0.2米；D6口径0.18米，深0.15米；D7口径0.18米，深0.15米；D8口径0.2米，深0.1米；D9口径0.2米，深0.2米；D10口径0.2米，深0.35米。门道位于房址西北侧，宽约1米（图3-3-63；图版一〇，1）。

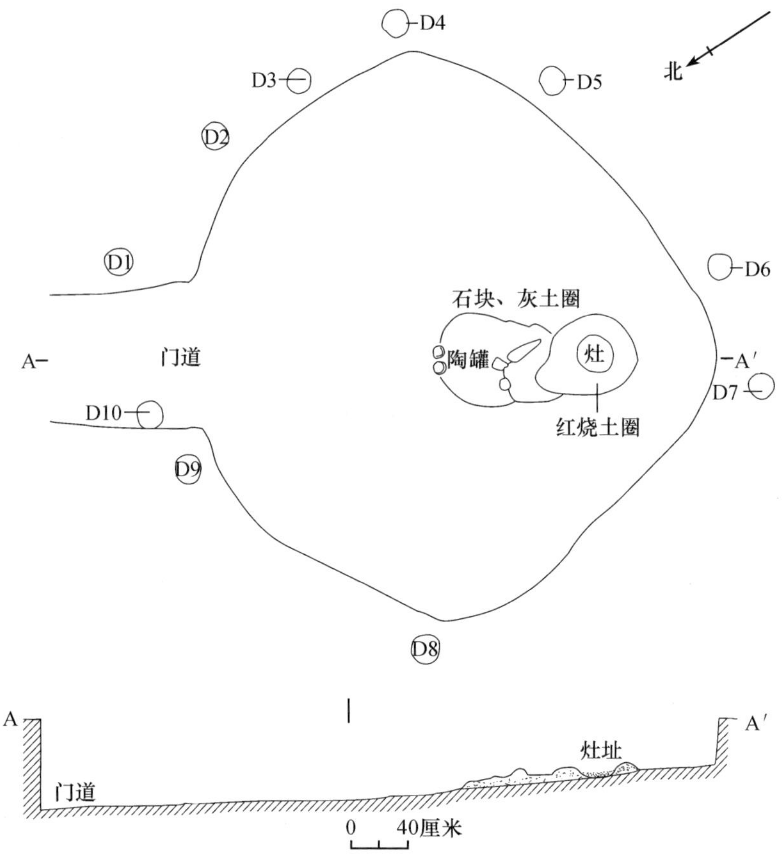

图3-3-63　97TWF11平、剖面图

在居住面上及填土中共发现器物12件。灶址北侧发现较大范围的灰土圈以及零星石块。

出土器物

陶器　3件。

罐　2件。97TWF11：1，夹砂黑褐陶。素面，器形不规整，侈口，鼓腹，腹上部饰对称錾耳，假圈足。口径7.8、底径6、高10.5厘米（图3-3-64，2；图版一三，2）。97TWF11：10，夹砂黑褐陶。素面，小侈口，口内壁经斜抹，但折棱不明显。口下饰对称錾耳。鼓腹，小平底。口径9.2、底径6.3、高13.8厘米（图3-3-64，1；图版一三，3）。

A型纺轮　1件。97TWF11：2，泥质黄陶。圆饼形，已残半。中间有一圆形钻孔。直径5.7、厚0.8厘米（图3-3-64，3）。

石器　8件。

剑　1件。97TWF11：4，紫红色板岩。仅余剑身前半部分。呈柳叶形，剑身残断，器表光滑，刃部锋利。残长6.4、宽3.4、厚1厘米（图3-3-64，7）。

刮削器　1件。97TWF11：7，黑耀石质。长2.5、宽1.9、厚0.5厘米（图3-3-64，11）。

镞　3件。

Ad型　1件。97TWF11：8，青灰色板岩。镞身中间有凹槽，镞身两侧形成刃部，凹底。长3.3、镞身宽1.3、厚0.4厘米（图3-3-64，10）。

Ba型　2件。97TWF11：5，青灰色板岩。双翼，镞身剖面呈棱形。后锋仅存一个倒刺。残

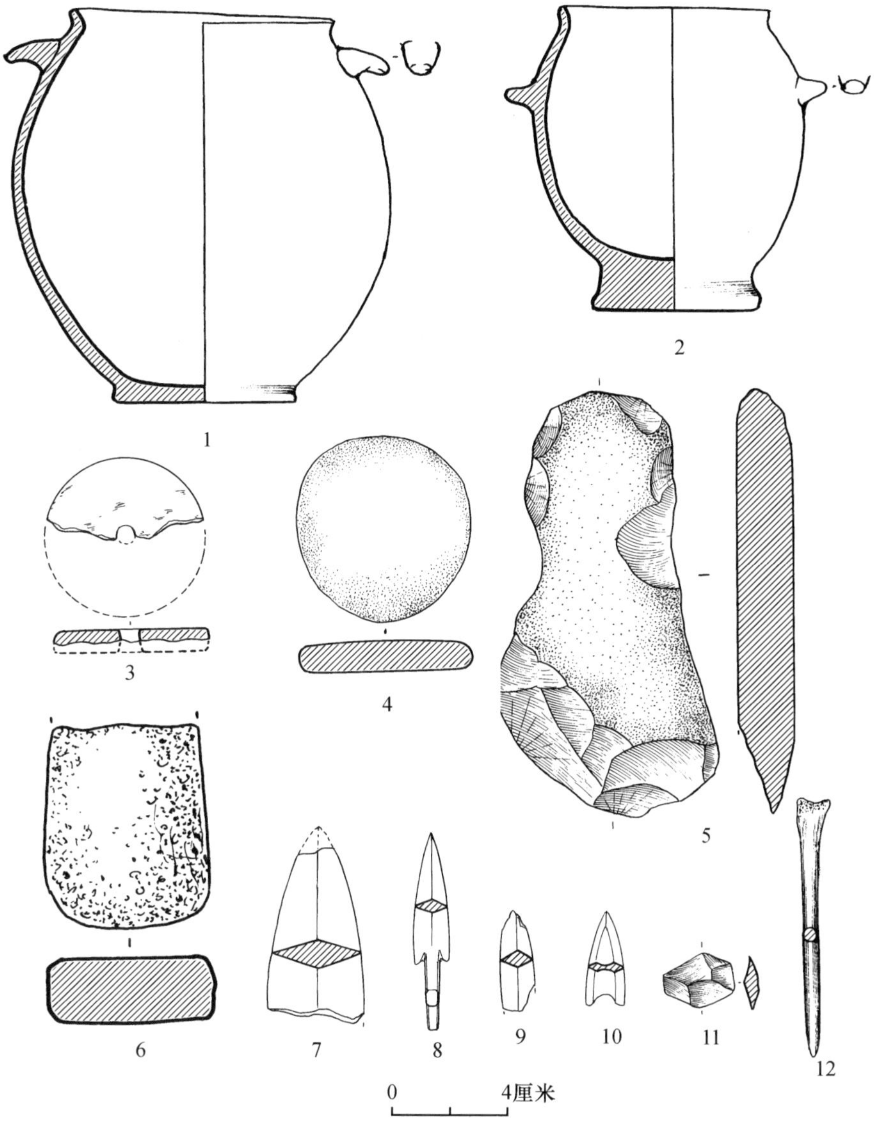

图3-3-64　97TWF11出土器物

1、2. 陶罐（97TWF11：10、97TWF11：1）　3. A型陶纺轮（97TWF11：2）　4. 石饼（97TWF11：3）　5. 石镐（97TWF11：12）　6. 气孔玄武岩块（97TWF11：11）　7. 石剑（97TWF11：4）　8、9. Ba型石镞（97TWF11：9、97TWF11：5）　10. Ad型石镞（97TWF11：8）　11. 石刮削器（97TWF11：7）　12. 骨锥（97TWF11：6）

长3.6、镞身宽1.2、厚0.6厘米（图3-3-64，9）。97TWF11：9，青灰色板岩。双翼，镞身剖面呈棱形。后锋倒刺呈燕尾形，方柱形铤。长6.8、镞身宽1、厚0.6厘米（图3-3-64，8）。

镐　1件。97TWF11：12，青灰色板岩。亚腰形。柄端弧圆，刃口有敲砸留下的疤痕。长15、宽7.8、厚2厘米（图3-3-64，5）。

石饼　1件。97TWF11：3，灰白色石英砂岩。扁圆形。直径6、厚1.1厘米（图3-3-64，4）。

气孔玄武岩块　1件。97TWF11：11，灰色气孔玄武岩质。残断，平面呈长方形，一端残，器表遍布气孔。残长7、宽5.8、厚2.4厘米（图3-3-64，6）。

骨器　1件。

锥　1件。97TWF11：6，圆锥形。长9.2、直径0.5厘米（图3-3-64，12）。

7. 97 Ⅱ TWF16

圆形浅地穴式。位于Ⅱ区T436西北部、T466西南部、T465东南部、T435东北部，跨4个探方。开口于第3层下，打破97TWF11和第6层。平面近圆形，直径5.2～6米，深约0.3米。房址西侧为一不规则椭圆形的器物坑，长径3.52、短径约3.4米，深约0.28米。房址东侧有一长条形的烧土硬面，推测为灶址。长2.5、宽1.36米，厚0.12米。房址东南角被现代坑打破。未发现柱洞及门道痕迹（图3-3-65）。

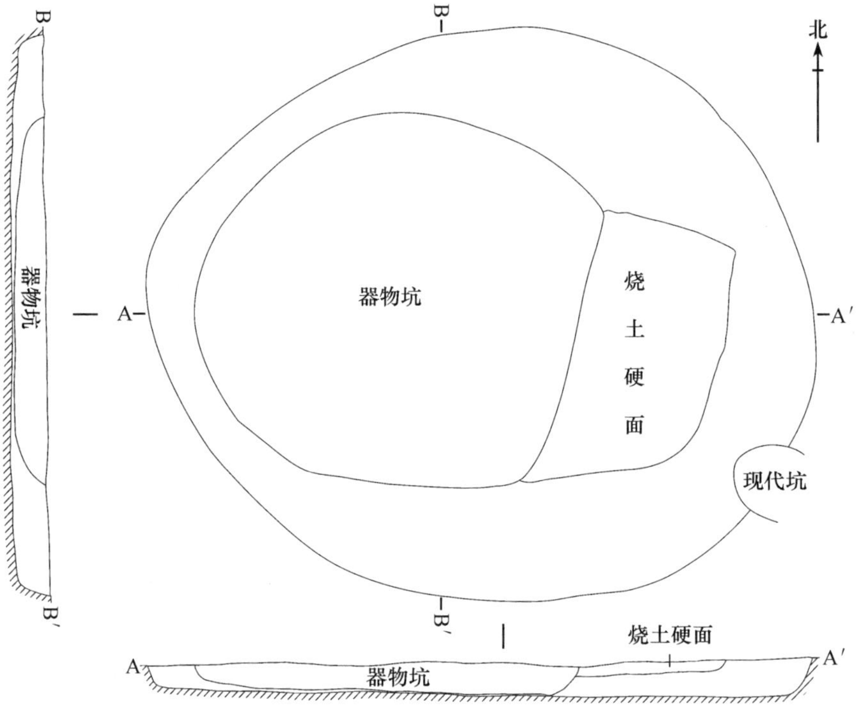

图3-3-65　97TWF16平、剖面图

器物坑里共出土器物6件。

出土器物

陶器　2件。

狗　1件。97TWF16∶10，灰色泥质陶，手制，形象逼真。长3.4、高2.9厘米（图3-3-66，2）。

猪　1件。97TWF16∶2，红色泥质陶，手制，火候高，形象逼真。长6、高2.6厘米（图3-3-66，1；图版一七，8）。

石器　3件。

B型镞　1件。97TWF16∶8，灰色板岩。仅余镞身部分，镞身剖面呈棱形。残长5.5、镞身宽1.3、厚0.5厘米（图3-3-66，5）。

Bb型刀　1件。97TWF16∶4，灰色板岩。长条形，器身较宽，一端残断。直背，双面刃微弧。残长8.2、宽3.5、厚0.4厘米（图3-3-66，3）。

剑　1件。97TWF16∶9，灰色板岩。仅余部分剑身。平面呈柳叶形，剖面呈梯形，两端均残。残长4.2、宽3、厚0.3厘米（图3-3-66，4）。

骨器　1件。

匕　1件。97TWF16：1，兽骨磨制，残刃，使用痕迹明显，长14.8、宽2.8、厚0.6厘米（图3-3-66，6）。

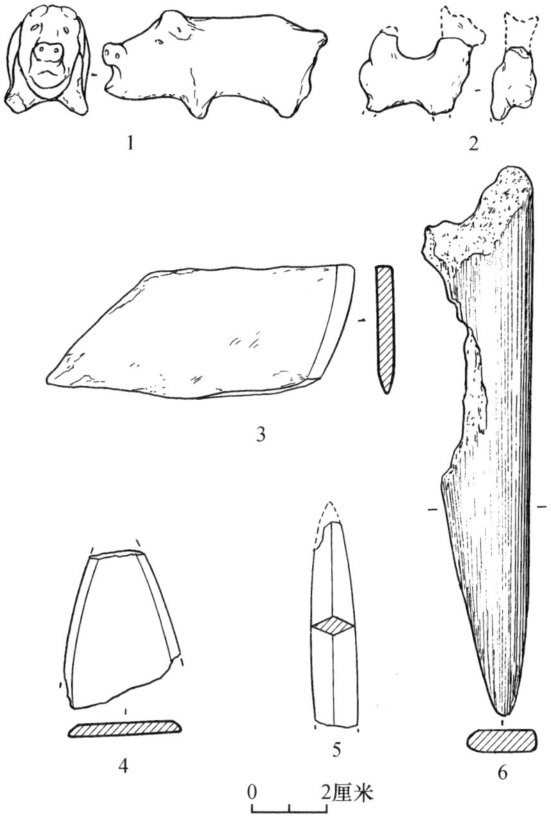

图3-3-66　97TWF16出土器物

1. 陶猪（97TWF16：2）　2. 陶狗（97TWF16：10）　3. Bb型石刀（97TWF16：4）　4. 石剑（97TWF16：9）　5. B型石镞（97TWF16：8）　6. 骨匕（97TWF16：1）

8. 98ⅢTWF21

圆形浅地穴式。跨Ⅲ区T153东南角、T154西南角、T131东北角、T132西北角。方向250度。开口于第2层下，被98TWM14、98TWM15打破，并打破生土。平面近圆形，直径3.56～3.96米。居住面上铺垫一层黄土。灶址位于房址东部，以石块垒砌而成，呈圆形，直径0.88米。灶址内部的草木灰和红烧土块厚0.1～0.2厘米。未见柱洞痕迹。门道位于房址的西南侧，宽约1米（图3-3-67）。

房内堆积呈黄褐色，土质疏松。夹杂少量红褐色陶片。出土器物17件。

出土器物

陶器　1件。

器耳　1件。98TWF21：16，夹砂红陶，夹滑

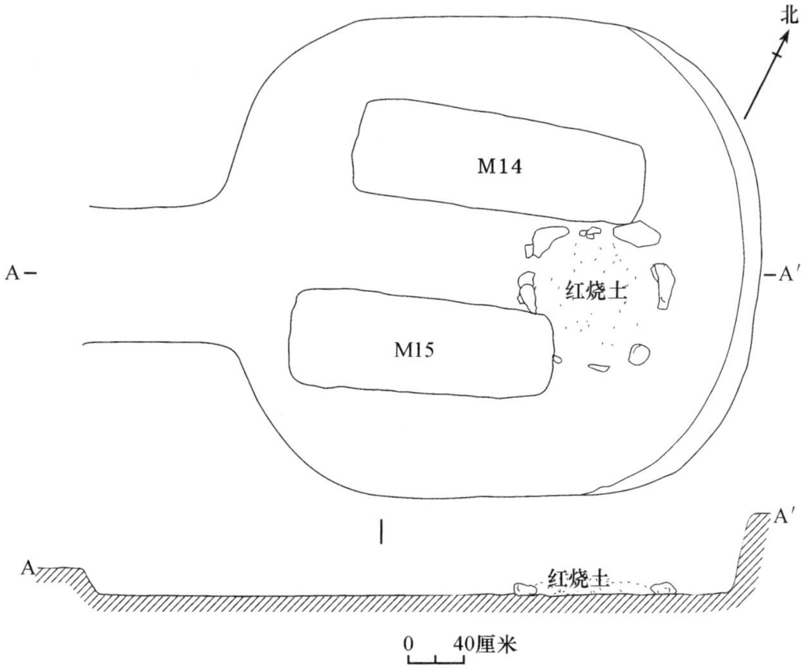

图3-3-67　98TWF21平、剖面图

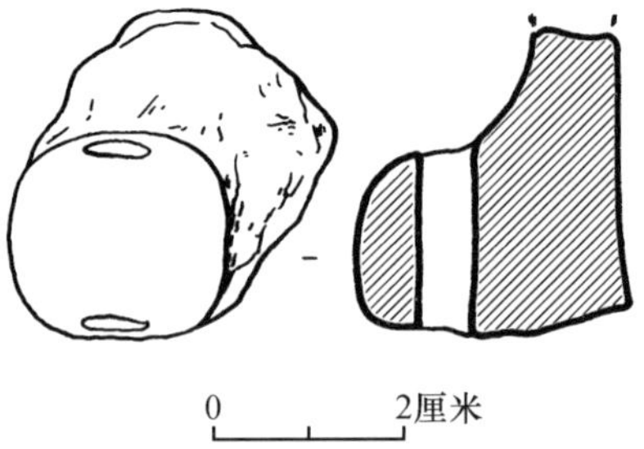

图3-3-68　98TWF21出土陶器耳（98TWF21：16）

石。柱状耳。长3.5、宽3.4、孔径0.6厘米（图3-3-68）。

石器　16件。

石饼　7件。98TWF21：2，紫灰色花岗岩。平面呈椭圆形。长径14、短径11.6、厚2.8厘米（图3-3-69，1）。98TWF21：3，褐灰色花岗岩。平面呈梨形。长径20.2、短径15.2、厚2厘米（图3-3-69，6）。98TWF21：4，暗紫色石英砂岩。平面呈椭圆形。长径11、短径8、厚2.6厘米（图3-3-69，4）。98TWF21：5，灰白色石英砂岩。平面呈椭圆形。长径14.6、短径110.4、厚2.4厘米（图3-3-69，7）。98TWF21：6，暗紫色花岗岩。平面呈椭圆形。长径12、短径7.8、厚2.6厘米（图3-3-69，3）。98TWF21：10，黄灰色花岗岩。平面呈椭圆形。长径12.6、短径8.6、厚3.8厘米（图3-3-69，8）。98TWF21：12，暗紫色石英砂岩。平面呈椭圆形，一端残。长径13、短径10、厚3.6厘米（图3-3-69，2）。

A型研磨器　2件。两件形制相同，均为圆柱形，一端有使用痕迹。98TWF21：7，黄灰色石英砂岩。长17.2、宽6.6、厚3.2厘米（图3-3-69，9）。98TWF21：18，褐灰色石英砂岩。长17、宽5.6、厚3.6厘米（图3-3-69，10）。

刮削器　1件。98TWF21：8，紫红色硅质岩。侧棱为刃部。长2.7、宽2.1厚0.6厘米（图3-3-70，4）。

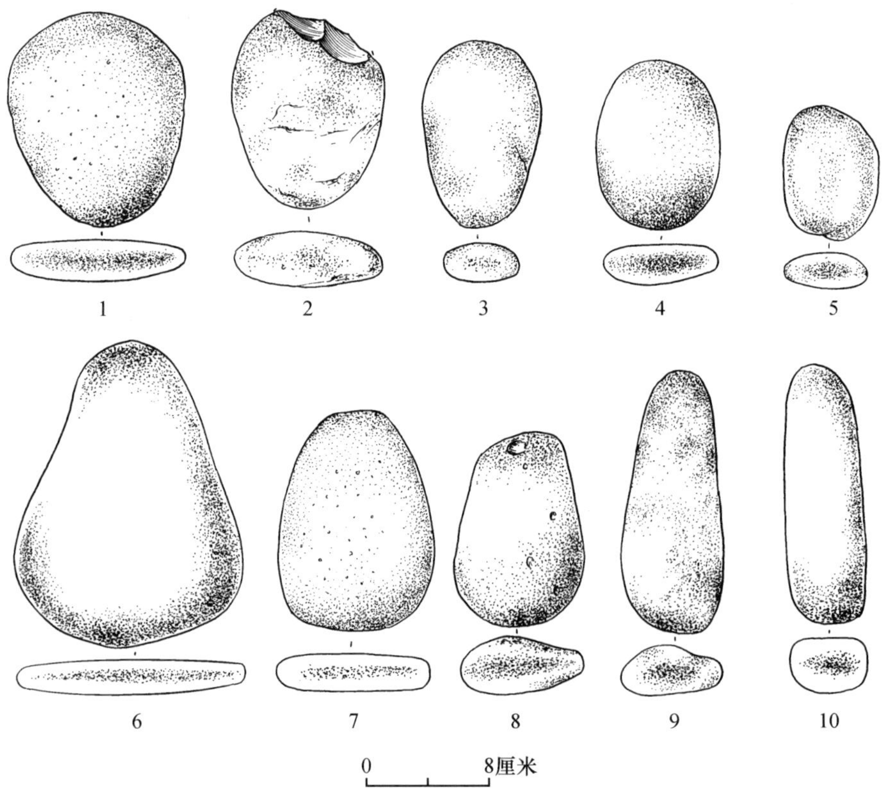

图3-3-69　98TWF21出土石器

1～4、6～8. 石饼（98TWF21：2、98TWF21：12、98TWF21：6、98TWF21：4、98TWF21：3、98TWF21：5、98TWF21：10）　5. 气孔玄武岩块（98TWF21：15）　9、10. A型研磨器（98TWF21：7、98TWF21：18）

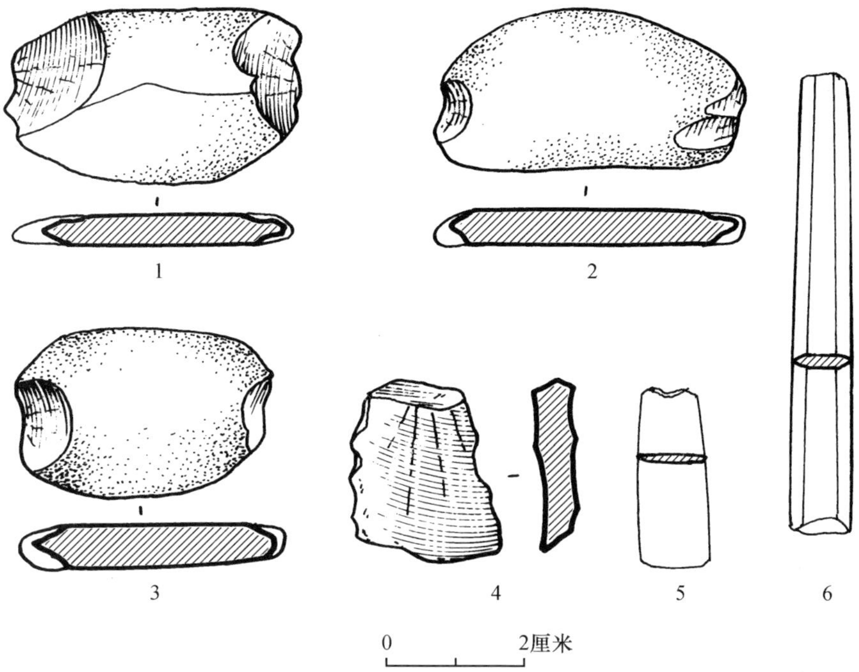

图3-3-70　98TWF21出土石器

1～3. B型网坠（98TWF21：14、98TWF21：17、98TWF21：9）　4. 刮削器（98TWF21：8）　5. Aa型镞（98TWF21：13）　6. Ad型镞（98TWF21：11）

B型网坠　3件。椭圆形，两端打制豁口。98TWF21：9，灰色板岩。长径3.8、短径2.5、厚0.6厘米（图3-3-70，3）。98TWF21：14，青灰色板岩。长径4.2、短径2.6、厚0.5厘米（图3-3-70，1）。98TWF21：17，灰色板岩。长径4.4、短径2.3、厚0.5厘米（图3-3-70，2）。

镞　2件。

Aa型　1件。98TWF21：13，青灰色板岩。柳叶形，仅余镞身部分。残长2.7、镞身宽1.1、厚0.2厘米（图3-3-70，5）。

Ad型　1件。98TWF21：11，青灰色板岩。仅余镞身部分。镞身两侧磨成刃部，剖面呈六边形。残长6.8、镞身宽0.9、厚0.2厘米（图3-3-70，6）。

气孔玄武岩块　1件。98TWF21：15，褐灰色气孔玄武岩。不规则形，器身遍布气孔。残长9.2、宽6.2、厚4厘米（图3-3-69，5）。

9. 99ⅥTWF22

不规则长方形浅地穴式。房址主体部分位于Ⅵ区T770内，门道延伸至T769东隔梁内。方向300度。开口于第4层下，打破第5层。平面呈不规则的长方形，长约3.7、宽2.4～3.6、深0.6米。居住面用夹细砂黄土铺垫，有多处火烧痕迹。灶址位于房址东北部，与门道基本位于一条直线上，灶址处有大片红烧土块，厚约0.2米。灶呈椭圆形，长径0.6米，短径0.5米。在房址西侧穴壁周围发现大小相同的柱洞2个，编号为D1、D2。均为斜直壁，平底，直径为0.2米，深0.1米。门道位于房址西侧，最宽处达1米，最窄处宽0.6米（图3-3-71）。

房内堆积呈灰褐色，质地疏松。出土泥质夹砂红褐、灰褐陶片，有罐、壶、桥形耳残片

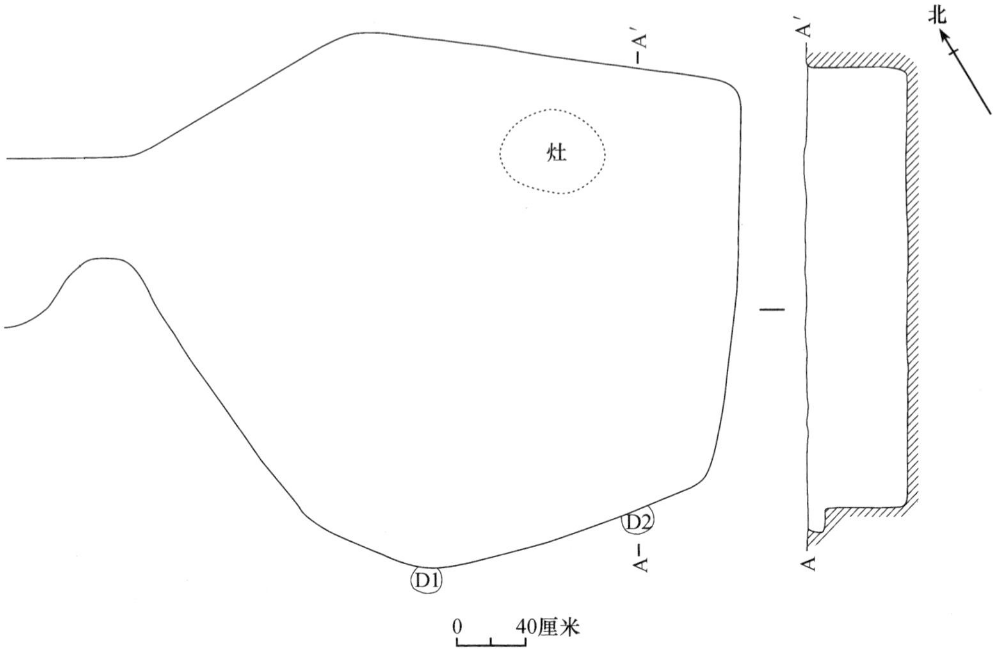

图3-3-71　99TWF22平、剖面图

等。出土器物52件。

出土器物

陶器　5件。

罐　2件。99TWF22：6，泥质黄褐陶。口部已残，弧腹，圈足外撇。底径6.6、残高10.6厘米（图3-3-72，1）。99TWF22：55，泥质黄陶，口部已残，弧腹，台足。底径5、残高11.2厘米（图3-3-72，2）。

壶　1件。99TWF22：7，夹砂黄褐陶，局部发黑。侈口，方唇，长束颈，鼓腹，平底。口径9、底径6.4、高16.4厘米（图3-3-72，3）。

A型纺轮　1件。99TWF22：31，夹砂灰陶，夹云母。圆饼形，中间有一个圆形钻孔。直径7.3、厚0.6厘米（图3-3-72，4）。

陶片　1件。99TWF22：56，泥质黑褐陶，夹云母。呈长方形，磨制光滑。推测为陶网坠的半成品。长4.7、宽3.6、厚0.5厘米。

石器　47件。

镞　22件。

Ad型　1件。99TWF22：24，青灰色板岩。平面呈柳叶形，镞身剖面呈六边形。镞尾残。残长4.8、宽1.2、厚0.2厘米（图3-3-73，8）。

Ae型　1件。99TWF22：42，镞身呈圭形，镞身中间有血槽，镞身剖面呈六边形，凹底。长6.6厘米，镞身宽1.3厘米，厚0.4厘米（图3-3-73，14）。

B型[①]　2件。99TWF22：3，青灰色板岩。双翼，仅余镞身部分。残长8.6、镞身宽2.4、厚

① 由于镞身残断，仅知为B型，无法分亚型。后文如有类似情况，解释相同。

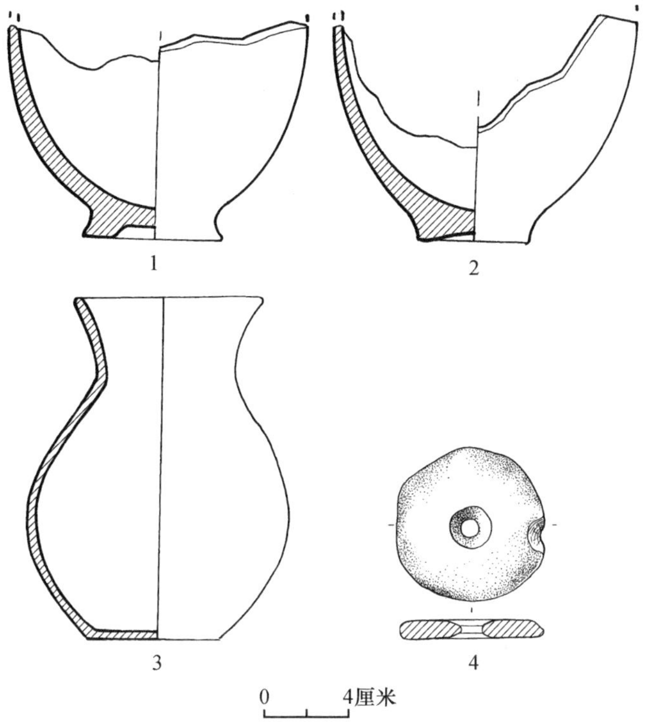

图3-3-72　99TWF22出土陶器

1、2. 罐（99TWF22：6、99TWF22：55）　3. 壶（99TWF22：7）　4. A型纺轮（99TWF22：31）

0.6厘米（图3-3-73，1）。99TWF22：48，青灰色板岩。双翼，后锋及铤均残。残长3.4、镞身宽0.8、厚0.3厘米（图3-3-73，9）。

Ba型　5件。双翼，两面起脊，后锋倒刺呈燕尾形。99TWF22：9，青灰色板岩。尖残，仅余一个后锋，铤残。残长3.4、镞身宽1.5、厚0.7厘米（图3-3-73，16）。99TWF22：10，青灰色板岩。残长3.4、镞身宽1.5、厚0.4厘米（图3-3-73，15）。99TWF22：13，青灰色板岩。残长5、镞身宽1.3、厚0.5厘米（图3-3-73，11）。99TWF22：29，紫灰色板岩。铤身剖面呈六边形。长7.2、镞身宽1.2、厚0.5厘米（图3-3-73，5）。99TWF22：30，青灰色板岩。铤身剖面呈六边形。长7.3、镞身宽0.7、厚0.4厘米（图3-3-73，4）。

Bb型　3件。双翼，镞身平面呈矛形。99TWF22：8，青灰色板岩。双翼，仅余镞身部分，铤残。残长4.6、镞身宽1.5、厚0.6厘米（图3-3-73，10）。99TWF22：32，青灰色板岩。铤末端残，铤身剖面呈六边形。残长6.5、镞身宽1.2、厚0.6厘米（图3-3-73，13）。99TWF22：38，青灰色板岩。铤末端残，铤身剖面呈六边形。残长5.5、镞身宽1.2、厚0.5厘米（图3-3-73，12）。

C型　1件。99TWF22：4，青灰色板岩。三棱形镞，仅余镞身上半部分。残长3.5、镞身宽0.7、厚0.5厘米（图3-3-73，17）。

Cb型　7件。三棱形镞，镞身平面呈矛形。99TWF22：2，紫灰色板岩。镞尖略残，铤身剖面呈六边形。残长5.8、镞身宽0.7、厚0.6厘米（图3-3-73，7；图版二二，4）。99TWF22：22，青灰色板岩。铤残。残长4.4、镞身宽0.9、厚0.6厘米（图3-3-73，21）。99TWF22：27，青灰色板岩。铤身剖面呈六边形。长6.7、镞身宽0.8、厚0.6厘米（图3-3-73，6）。99TWF22：36，青灰色板岩。铤身剖面呈六边形。长4.6、镞身宽0.7、厚0.6厘米（图3-3-73，22）。99TWF22：47，

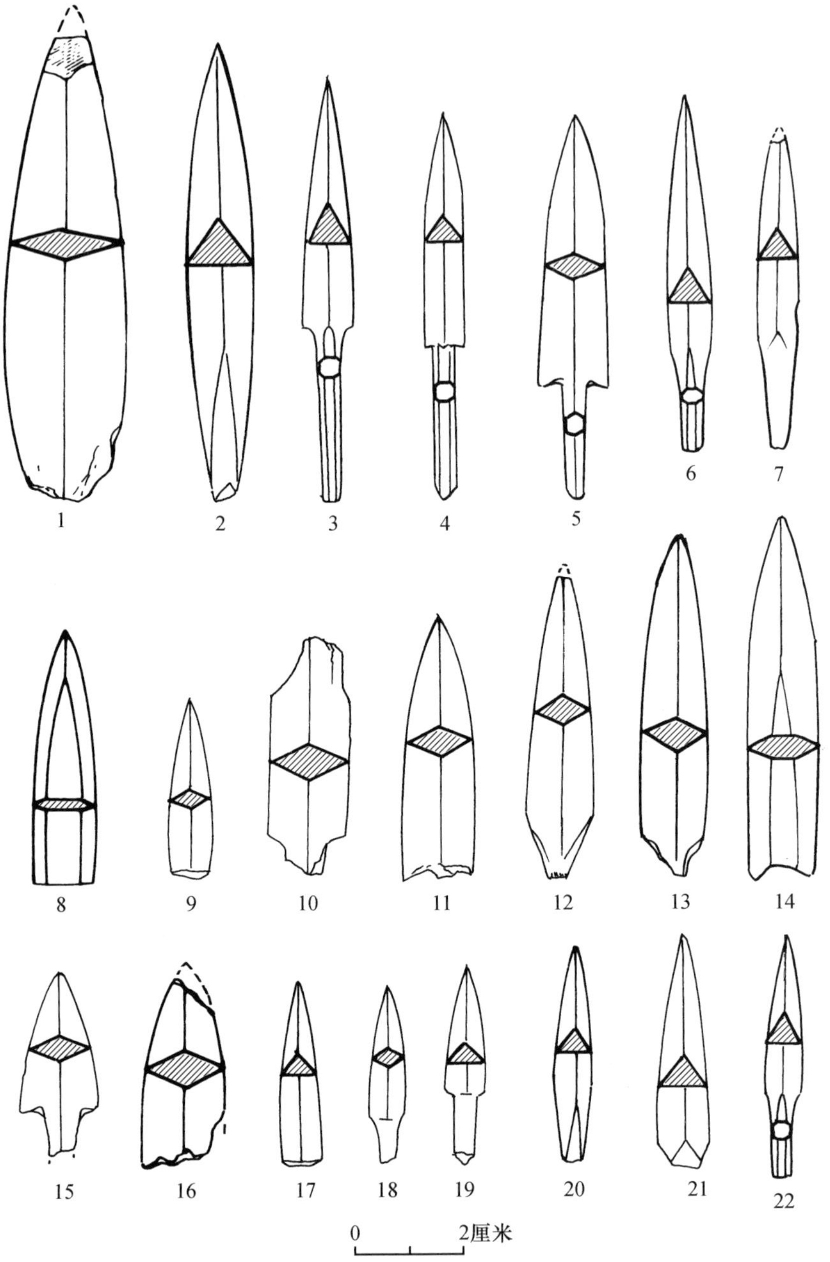

图3-3-73　99TWF22出土石镞

1、9. B型（99TWF22：3、99TWF22：48）　2、6、7、18、20～22. Cb型（99TWF22：47、99TWF22：27、99TWF22：2、99TWF22：51、99TWF22：53、99TWF22：22、99TWF22：36）　3、19. Cc型（99TWF22：12、99TWF22：11）　4、5、11、15、16. Ba型（99TWF22：30、99TWF22：29、99TWF22：13、99TWF22：10、99TWF22：9）　8. Ad型（99TWF22：24）　10、12、13. Bb型（99TWF22：8、99TWF22：38、99TWF22：32）　14. Ae型（99TWF22：42）　17. C型（99TWF22：4）

青灰色板岩。铤末端残，铤身剖面呈六边形。残长8.4、镞身宽1.3、厚0.8厘米（图3-3-73，2）。99TWF22：51，青灰色板岩。柱形铤，铤末端残。残长3.4、宽0.7、厚0.4厘米（图3-3-73，18）。99TWF22：53，青灰色板岩。长4.1、镞身宽0.7、厚0.5厘米（图3-3-73，20）。

Cc型　2件。三棱形镞，镞身平面呈三角形。99TWF22：11，青灰色板岩。圆柱形铤。残长3.7、镞身宽0.7、厚0.4厘米（图3-3-73，19）。9TWF22：12，镞身中部微内凹，铤身剖面成六边形。长8.1、镞身宽0.9、厚0.7厘米（图3-3-73，3）。

刀　5件。

Ab型　1件。99TWF22：26，深灰色板岩。弯月形，残半。残长7.7、宽3.4、厚1.1厘米（图3-3-74，2）。

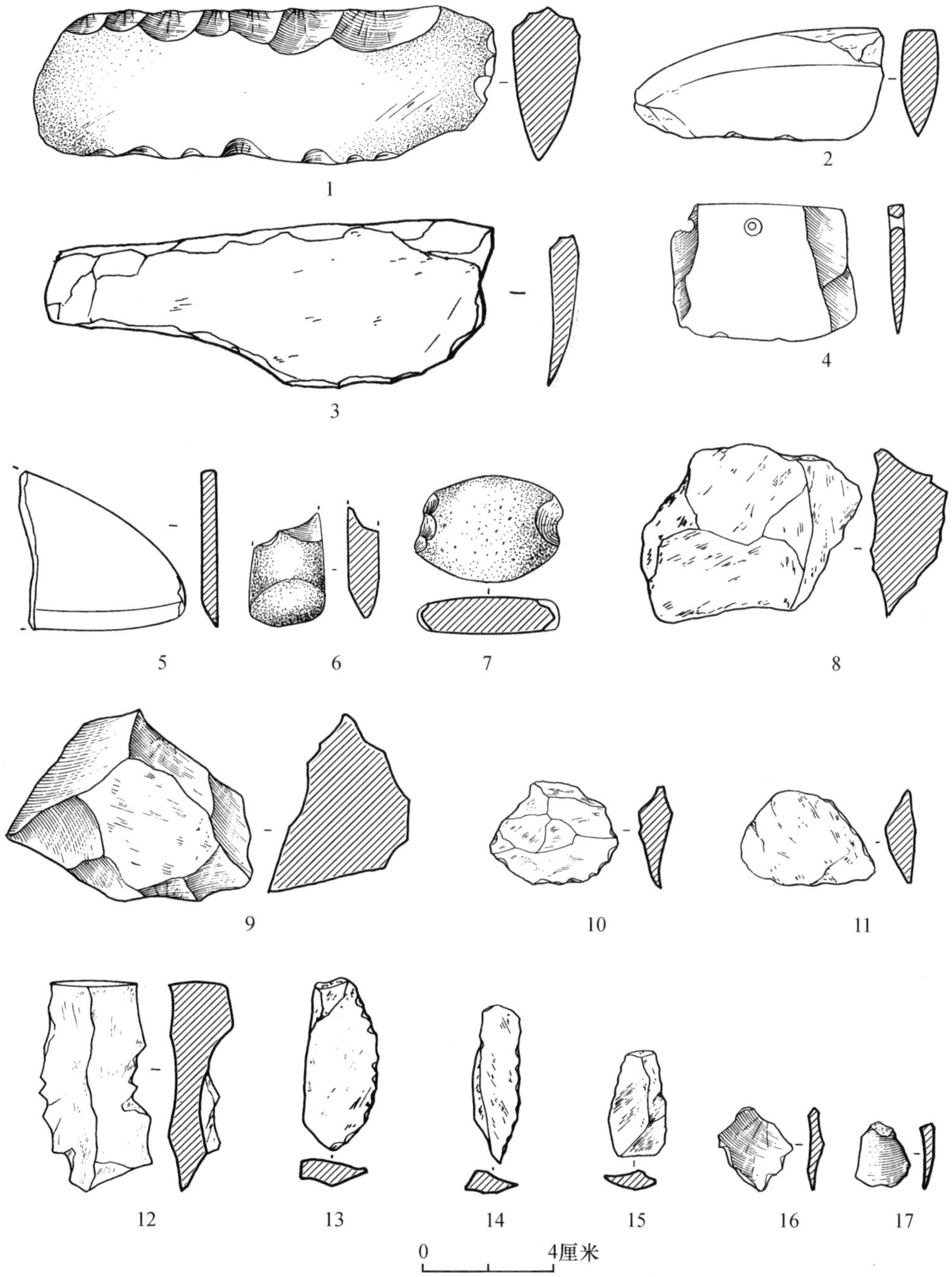

图3-3-74　99TWF22出土石器

1. Bb型刀（99TWF22：34）　2. Ab型刀（99TWF22：26）　3. D型刀（99TWF22：52）　4. Ba型刀（99TWF22：14）　5. 未分型刀（99TWF22：54）　6. 凿（99TWF22：39）　7. B型网坠（99TWF22：1）　8、9. 石核（99TWF22：25、99TWF22：37）　10～17. 刮削器（99TWF22：21、99TWF22：16、99TWF22：50、99TWF22：45、99TWF22：41、99TWF22：44、99TWF22：19、99TWF22：20）

Ba型　1件。99TWF22：14，灰色板岩。长条形，仅余部分器身。直背，双面弧刃，靠近背部有2个圆形钻孔，一孔残。残长5.9、宽4.2、厚0.5厘米（图3-3-74，4）。

Bb型　1件。99TWF22：34，青灰色板岩。长条形，直背，背部有打击痕。双面弧刃，刃部有齿状崩片痕。长13.9、宽4.7、厚2厘米（图3-3-74，1）。

D型　1件。99TWF22：52，深灰色板岩。带柄石刀，弧背，单面弧刃，器表遍布打击痕，刀首残。残长6.8、宽2.6、厚0.5厘米（图3-3-74，3）。

未分型　1件。99TWF22：54，青灰色板岩。尖首，仅余刀尖部分。弧背，单面弧刃。残长4.9、宽4.9、厚0.5厘米（图3-3-74，5）。

研磨器　3件。

A型　2件。99TWF22：15，灰色细砂岩。扁柱形。残长14.2、横截面最大径长5.6、短径1.8厘米（图3-3-75，2）。99TWF22：46，灰色石英砂岩。圆柱形，仅余器身一半，且器身两端均残。残长10.2、残宽6.8、厚2.8厘米（图3-3-75，3）。

B型　1件。99TWF22：49，黄绿色含角砾石砂岩。卵圆形，一端有使用痕迹。长10.6、宽6.6、厚2.6厘米（图3-3-75，4）。

凿　1件。99TWF22：39，灰色板岩。长条形，仅余凿尖部分，双面弧刃。残长3.5、宽2.2、厚0.9厘米（图3-3-74，6）。

B型网坠　1件。99TWF22：1，灰色石英砂岩。椭圆形，两端打制豁口。长4.4、宽3.3、厚1.2厘米（图3-3-74，7）。

刮削器　8件。器表多凸凹不平，侧棱成刃部。99TWF22：16，黄玛瑙。长4.2、宽3、厚0.9厘米（图3-3-74，11）。99TWF22：19，黄玛瑙。长2.6、宽2.4、厚0.3厘米（图3-3-74，16）。99TWF22：20，黄玛瑙。长2、宽1.8、厚0.45厘米（图3-3-74，17）。99TWF22：21，黄玛瑙。长4、宽3.2、厚1.1厘米（图3-3-74，10）。99TWF22：41，黄色玛瑙。长4.9、宽1.5、厚0.6厘米（图3-3-74，14）。99TWF22：44，黑耀石。长3.3、宽1.8、厚0.6厘米（图3-3-74，15）。99TWF22：45，紫红色玛瑙。长5.3、宽2.2、厚0.8厘米（图3-3-74，13）。99TWF22：50，黄色玛瑙。长6.5、宽3.5、厚2.1厘米（图3-3-74，12）。

石核　2件。似为打制刮削器留下的石核。99TWF22：25，黄玛瑙。长6.8、宽5.5、厚2.3厘米（图3-3-74，8）。99TWF22：37，紫红色玛瑙。长7.6、宽5.9、厚4.3厘米（图3-3-74，9）。

石器　1件。99TWF22：23，灰色砂岩。残半，呈半圆饼形。直径12、厚1.8厘米（图3-3-75，5）。

石料　2件。99TWF22：33，青灰色板岩。三棱形。残长16.4、宽4、厚1.4厘米（图3-3-75，1）。99TWF22：35，灰色板岩。三棱形，器表凸凹不平。长7、宽1、厚0.6厘米（图3-3-75，7）。

砺石　1件。99TWF22：5，褐色粉砂岩。平面呈不规则梯形，两个磨面，磨面均内凹。长8.2、宽7.4、厚1.5厘米（图3-3-75，6）。

10. 99ⅥTWF23

圆角长方形浅地穴式。跨Ⅵ区T792、T793、T801三个探方。方向33度。开口于第4层下，

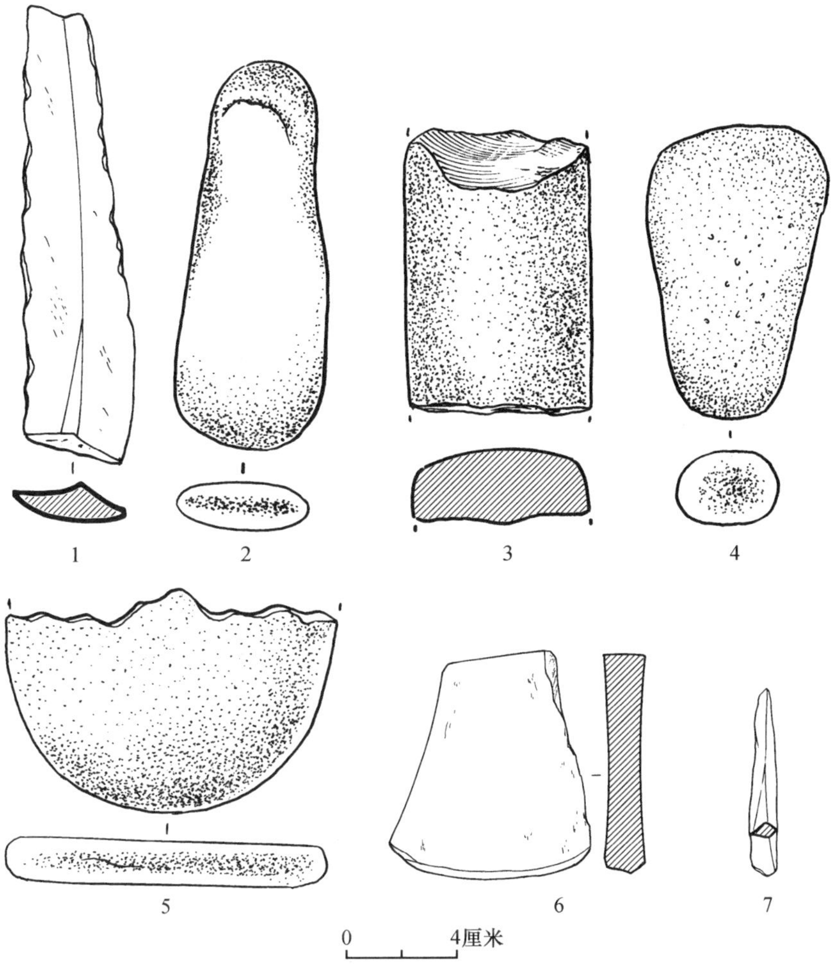

图3-3-75　99TWF22出土石器

1、7. 石料（99TWF22：33、99TWF22：35）　2、3. A型研磨器（99TWF22：15、99TWF22：46）　4. B型研磨器（99TWF22：49）　5. 石器（99TWF22：23）　6. 砺石（99TWF22：5）

打破第5层。平面呈圆角长方形，长约6.1米，宽约3.06米，深0.26～0.4米。居住面系利用自然地势加以平整，上以黄色细砂铺垫。灶址位于房址西北角，有大片的红烧土块，厚0.15～0.2米。灶呈圆形，直径约0.4米。在房址内发现柱洞21个，编号为D1～D21，直径约0.2～0.25米，深0.2～0.6米。门道位于房址北侧，宽约1.5米（图3-3-76）。

房内堆积呈灰褐色，质地疏松。出土较多泥质黄褐陶片，亦有红褐陶片、黑褐陶片等。共出土器物17件。

出土器物

陶器　8件。

罐　4件。99TWF23：6，夹砂红褐陶，少量夹云母。器形较小，口部已残，弧腹，假圈足外撇。底径3、残高10厘米（图3-3-77，3）。99TWF23：14，夹砂黄褐陶。微敛口，尖唇，弧腹，腹两侧上面饰鹰嘴鋬一对，下面饰盲耳一对，小台足。口径25.2、高24.6、厚0.6厘米（图3-3-77，1；图版一三，5）。99TWF23：15，夹砂红褐陶。器身上部残，鼓腹，下腹内收，平底。底径5.9、残高11.8厘米（图3-3-77，8）。99TWF23：17，夹砂黑褐陶，局部有

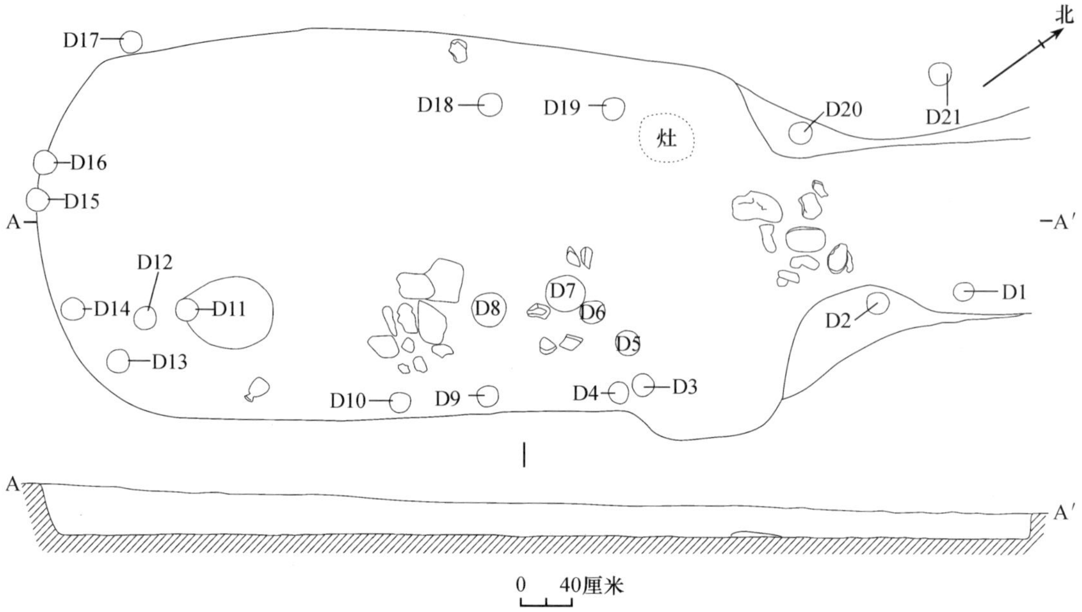

图3-3-76　99TWF23平、剖面图

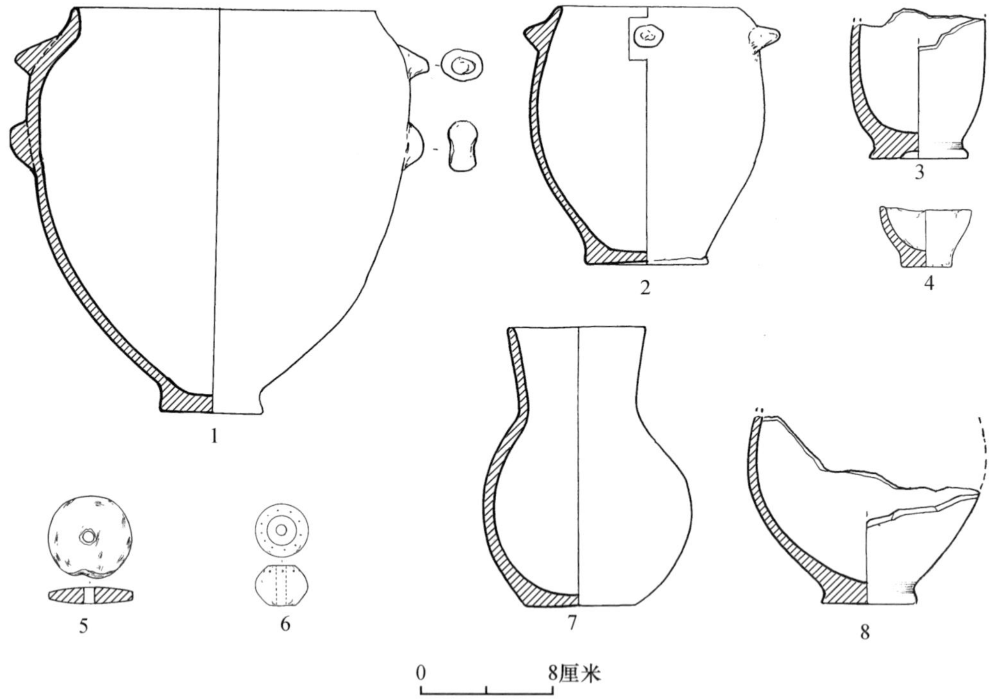

图3-3-77　99TWF23出土陶器

1～3、8. 罐（99TWF23：14、99TWF23：17、99TWF23：6、99TWF23：15）　4. 小碗（99TWF23：5）　5. A型纺轮（99TWF23：3）　6. Cb型纺轮（99TWF23：13）　7. 壶（99TWF23：7）

烟熏痕迹。敛口，弧腹，口沿下面饰四个对称錾耳，台足。口径11.2、底径7.6、高15.6厘米（图3-3-77，2）。

壶　1件。99TWF23：7，泥质红褐陶，颜色不均。手制，器形不规整。敞口，方唇，直颈，鼓腹，平底，腹偏一侧。口径8.2、底径7、高17厘米（图3-3-77，7；图版一五，5）。

小碗　1件。99TWF23：5，夹砂红褐陶，夹滑石粉。手制，敞口，圆唇，弧腹，平底，素面。口径5.6、底径3.1、高3.6、厚0.4厘米（图3-3-77，4；图版一五，3）。

纺轮　2件。

A型　1件。99TWF23：3，夹砂灰陶。平面呈圆饼形，两面中间略隆起，中间有圆形钻孔。直径5.1、厚0.9厘米（图3-3-77，5）。

Cb型　1件。99TWF23：13，泥质褐陶。整体呈算珠形，剖面呈六边形。器表饰一周刺点纹。上下直径2、最大径3.5、高0.7厘米（图3-3-77，6；图版一七，6）。

石器　9件。

B型镞　1件。99TWF23：1，青灰色板岩。双翼，两面起脊。仅余镞身上半部分。残长4.8、厚0.5厘米（图3-3-78，9）。

镰　1件。99TWF23：16，深灰色板岩。通体打磨，双面弧刃，刃部有使用痕迹。柄部有崩片。长15.5厘米，宽3.9厘米，厚1厘米（图3-3-78，7）。

刀　2件。

Aa型　1件。99TWF23：4，青灰色板岩。仅余刀尖前半部分，弧背，双面直刃。残长

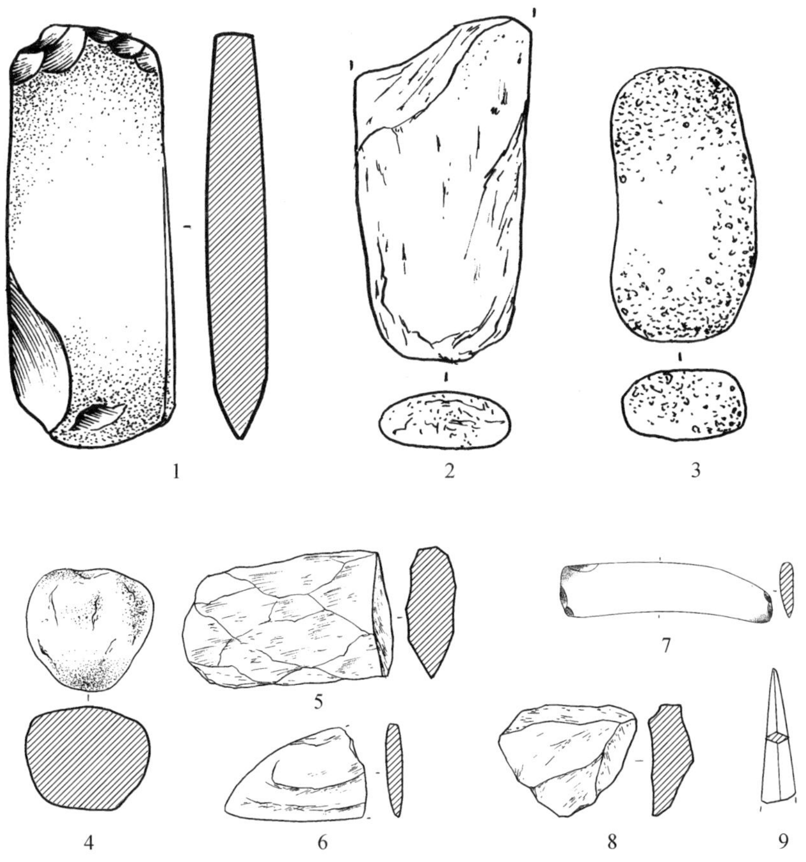

图3-3-78　99TWF23出土石器

1. 斧（99TWF23：8）　2. A型研磨器（99TWF23：11）　3. 气孔玄武岩块（99TWF23：2）　4. 球（99TWF23：10）　5. Ba型刀（99TWF23：9）　6. Aa型刀（99TWF23：4）　7. 镰（99TWF23：16）　8. 刮削器（99TWF23：12）　9. B型镞（99TWF23：1）

5.1、厚0.6厘米（图3-3-78，6）。

Ba型　1件。99TWF23：9，褐色粉砂岩。平面呈长方形，一端残断。直背，双面直刃，刃部多有崩痕，器身打制痕迹明显。残长7.5、宽4.5、厚1.8厘米（图3-3-78，5）。

球　1件。99TWF23：10，灰白色石英砂岩。平面呈椭圆形。长径4.6、短径4.5、厚3.8厘米（图3-3-78，4）。

斧　1件。99TWF23：8，黄褐色浮岩。平面呈长方形，平肩，双面弧刃。质地类似木头，重量很轻。长15.2、宽5.8、厚2厘米。此种质量器物仅见一件，较为奇特（图3-3-78，1）。

A型研磨器　1件。99TWF23：11，灰白色石英砂岩。扁柱形，一端残断。磨制痕迹明显。残长13.6、截面长径6.2、短径2.2厘米（图3-3-78，2）。

气孔玄武岩块　1件。99TWF23：2，灰色气孔玄武岩。卵圆形，器身遍布气孔。长9.8、截面长径5、短径2.4厘米（图3-3-78，3）。

刮削器　1件。99TWF23：12，紫红色玛瑙。长5、宽4、厚1.5厘米（图3-3-78，8；图版二〇，1）。

11. 99ⅣTWF24

圆角长方形浅地穴式。跨Ⅵ区T779东南部、T780西南部、T771东北部、T772西北部。方向220度。开口于第4层下，打破第5层和99TWM26。平面呈圆角长方形，长6.4、宽4.6、深0.12米。居住面系利用自然地势加以平整，其上以黑灰色夹砂泥土铺垫。灶址位于房址中部，圆形，直径1米。其内部红烧土厚约0.15米。在房址内外共发现柱洞16个，门道周围的柱洞大致呈圆圈状排列，推测应为房屋的附属设施。柱洞直径约0.2～0.24米。门道位于房址南侧，宽1.56～2.26米（图3-3-79）。

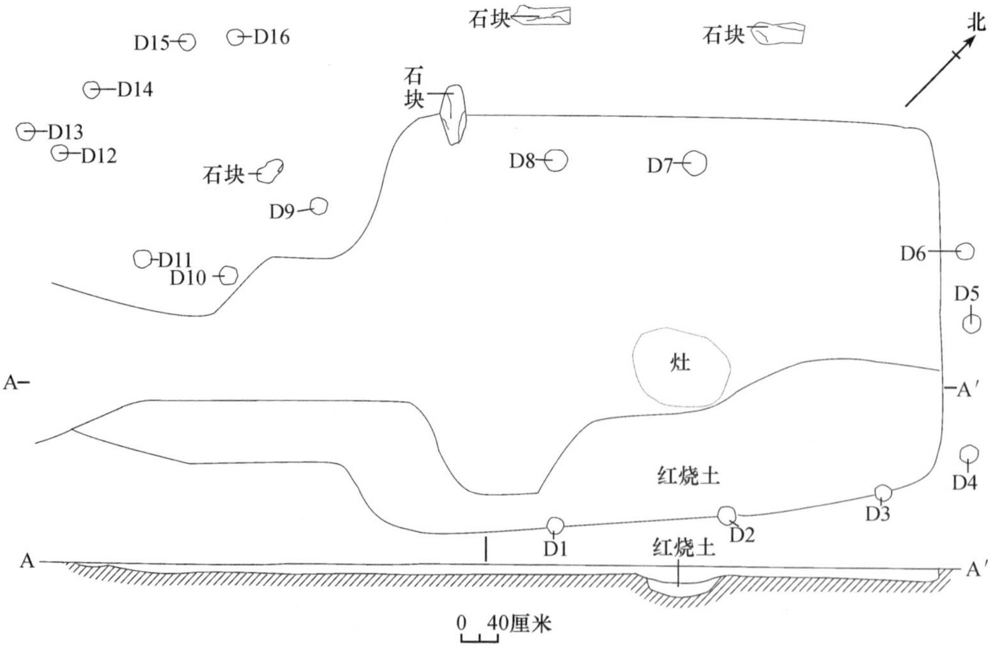

图3-3-79　99TWF24平、剖面图

房内堆积呈灰黑色，夹杂小石块，土质较为疏松。出土器物78件。

出土器物

陶器　9件。

罐　3件。99TWF24∶4，夹砂黄褐陶，夹云母。口部残，弧腹内收，平底。底径2.8、高10厘米（图3-3-80，3）。99TWF24∶63，夹砂黑褐陶，颜色不均。手制，器型较规整。敛口，尖唇，口沿下饰四个对称鹰嘴鋬，鼓腹，假圈足。口径11.8、底径7、高15.8厘米（图3-3-80，2）。99TWF24∶80，夹砂黑褐陶。微敛口，尖唇，弧腹，腹上部两侧饰一对鋬耳，腹中部两侧饰一对乳丁耳，台足。口径18、底径7、高24厘米（图3-3-80，1）。

小碗　1件。99TWF24∶78，夹砂红褐陶。手制，制作粗糙。敞口，圆唇，桂圆、弧腹，假圈足。口径5.2、底径2.6、高3.4厘米（图3-3-80，4）。

纺轮　4件。

A型　3件。圆饼形，中间有一圆形钻孔。99TWF24∶2，泥质灰陶。纺轮边缘呈弧形。直径3、厚1.1、孔径0.8厘米（图3-3-80，5）。99TWF24∶44，泥质灰陶。直径7.1、厚0.85厘米（图3-3-80，9）。99TWF24∶75，夹砂黄陶，局部呈黑色。大半已残失。直径5.1、厚0.9厘米（图3-3-80，8）。

Cb型　1件。99TWF24∶3，泥质黑陶。算珠形，纵切面呈六边形。一面装饰一周戳点纹，排列有序。横切面最大径3.4、高2.4厘米（图3-3-80，7）。

Ed型网坠　1件。99TWF24∶43，由夹砂灰褐陶片改制而成。平面近长方形，四边打制豁口。长5.7、宽4.4、厚0.6厘米（图3-3-80，6；图版一七，2）。

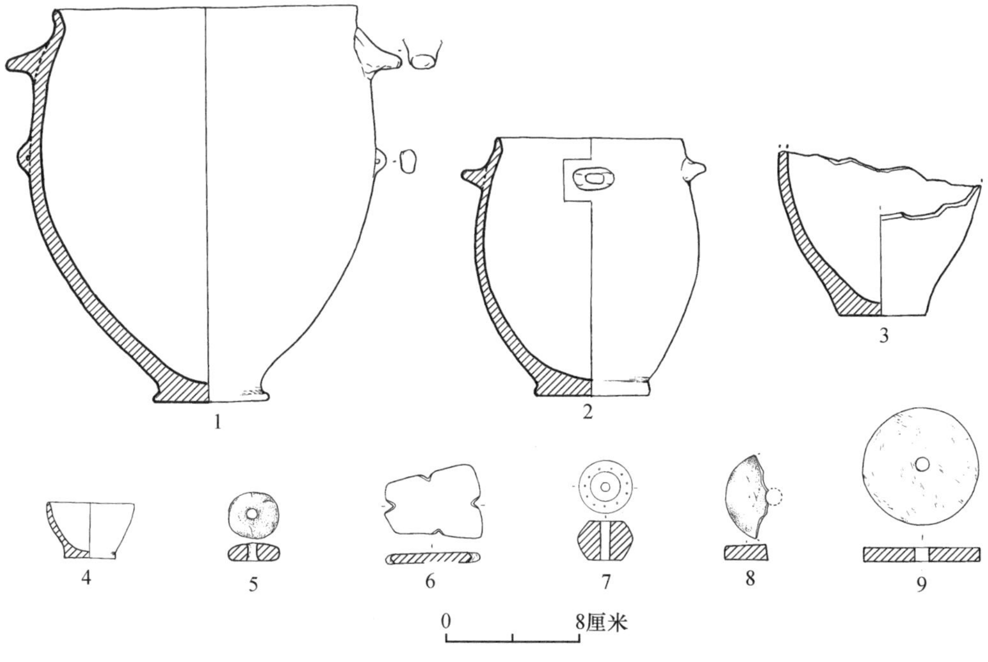

图3-3-80　99TWF24出土陶器

1～3. 罐（99TWF24∶80、99TWF24∶63、99TWF24∶4）　4. 小碗（99TWF24∶78）　5、8、9. A型纺轮（99TWF24∶2、99TWF24∶75、99TWF24∶44）　6. Ed型网坠（99TWF24∶43）　7. Cb型纺轮（99TWF24∶3）

石器　67件。

镞　26件。

Ad型　1件。99TWF24∶76，青灰色板岩。柳叶形，仅余镞尖部分，镞身中间有凹槽。残长4.1、镞身宽1.3、厚0.3厘米（图3-3-81，15）。

Ae型　1件。99TWF24∶18，灰色板岩。平面呈圭形，通体磨光。长4.8、镞身宽1、厚0.2厘米（图3-3-81，13）。

B型　2件。99TWF24∶17，青灰色板岩。双翼，镞身残断。残长3.8、厚0.4厘米（图3-3-81，16）。99TWF24∶65，灰色板岩。利用天然石棒磨制而成。镞尖及镞身前半部分起脊，剖面呈棱形。镞身下半部分未经磨砺。长8.9、镞身最宽0.75、厚约0.25厘米（图3-3-81，9；图版二二，1）。

Ba型　3件。双翼，后锋倒刺呈燕尾形。99TWF24∶54，青灰色板岩。镞尖残，铤身剖面呈六边形。长6.2、镞身宽1.3、厚0.4厘米（图3-3-81，2）。99TWF24∶69，灰色板岩。铤残。残长6.4、镞身宽1.2、厚0.6厘米（图3-3-81，6）。99TWF24∶74，灰色板岩。镞尖残，两面起脊并延伸至铤尾端。残长7.1、宽1.4、厚0.6厘米（图3-3-81，8）。

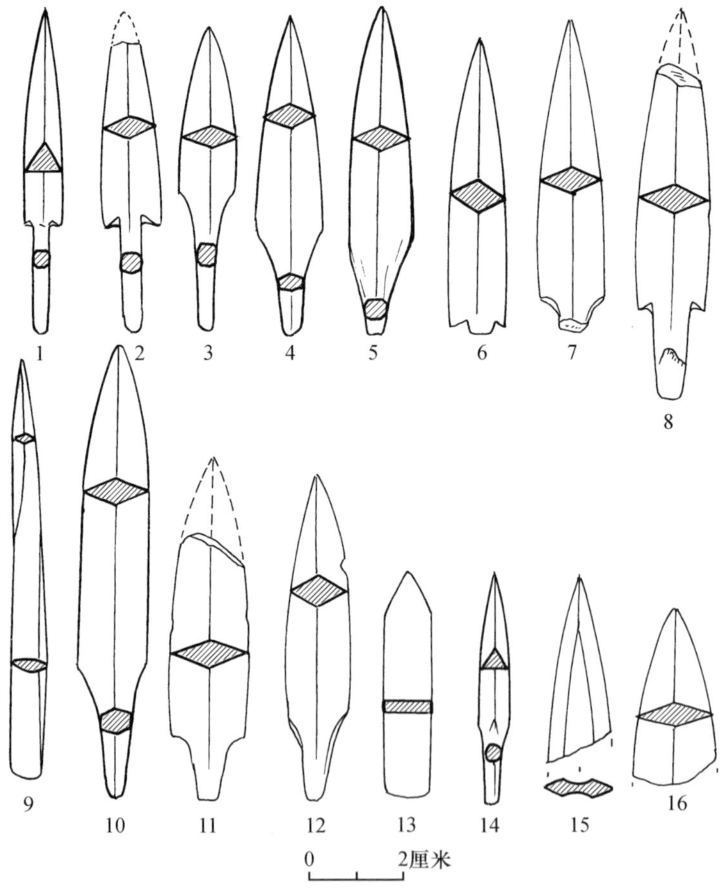

图3-3-81　99TWF24出土石镞

1. Ca型（99TWF24∶57）　2、6、8. Ba型（99TWF24∶54、99TWF24∶69、99TWF24∶74）　3～5、7、10～12. Bb型（99TWF24∶10、99TWF24∶9、99TWF24∶5、99TWF24∶36、99TWF24∶79、99TWF24∶70、99TWF24∶59）　9、16. B型（99TWF24∶65、99TWF24∶17）　13. Ae型（99TWF24∶18）　14. Cb型（99TWF24∶56）　15. Ad型（99TWF24∶76）

Bb型　8件。双翼石镞，镞身平面呈矛形。99TWF24：5，青灰色板岩。器形较大。长6.9、宽1.5、厚0.8厘米（图3-3-81，5）。99TWF24：8，灰色板岩。镞尖已残，两面起脊且延伸至铤的末端。残长4.9、镞身宽1.2、厚0.7厘米。99TWF24：9，青灰色板岩。长6.9、宽1.4、厚0.5厘米（图3-3-81，4）。99TWF24：10，青灰色板岩。长6.5、镞身宽1.2、厚0.45厘米（图3-3-81，3）。99TWF24：36，青灰色板岩。镞身平面呈矛形，铤部残断。残长6.7、镞身宽1.4、厚0.5厘米（图3-3-81，7）。99TWF24：59，灰色板岩。铤身剖面呈六边形。残长7、宽1.3、厚0.6厘米（图3-3-81，12）。99TWF24：70，灰色板岩。镞尖残，柱形铤。残长5.7、镞身宽1.7、厚0.5厘米（图3-3-81，11）。99TWF24：79，青灰色板岩。铤身剖面呈六边形。长9.8、宽1.5、厚0.5厘米（图3-3-81，10）。

C型　2件。99TWF24：31，仅余镞身部分。三棱形镞身。残长4.8、镞身宽0.9、厚0.5厘米（图3-3-82，5）。99TWF24：58，灰色板岩。镞身下半部分残失。残长5.3、镞身宽1.1、厚0.8厘米（图3-3-82，4）。

Ca型　1件。99TWF24：57，灰色板岩。铤身剖面呈六边形。长7.1、镞身宽0.8、厚0.7厘米（图3-3-81，1）。

Cb型　7件。三棱形镞，镞身平面呈矛形。99TWF24：7，灰色板岩。镞尖部分略残，圆柱形铤。长5.7、宽0.9、厚0.6厘米（图3-3-82，1）。99TWF24：37，黑灰色板岩。镞尖部分残断。残长3.1、宽0.6、厚0.5厘米（图3-3-82，8）。99TWF24：38，黑灰色板岩。镞身前半部分残失，铤部末端有凹槽。残长4.3、镞身宽0.8、厚0.5厘米（图3-3-82，7）。99TWF24：39，黑灰色板岩。铤末端残失。残长4.6、宽0.8、厚0.5厘米（图3-3-82，6）。99TWF24：40，灰色板岩。镞尖残。残3.1、镞身宽0.8、厚0.5厘米（图3-3-82，9）。99TWF24：41，黑灰色板岩。圆柱形铤。长5.7、镞身宽0.7、厚0.5厘米（图3-3-82，3）。99TWF24：56，长5、镞身宽0.6、厚0.5厘米（图3-3-81，14）。

Cc型　1件。99TWF24：77，青灰色板岩。三棱形镞，后锋倒刺呈燕尾形，圆柱形铤。长5.6、宽1.1、厚0.6厘米（图3-3-82，2）。

B型网坠　1件。99TWF24：27，圆饼形，两端打制豁口。长6.2、宽5.7、厚1.5厘米（图3-3-82，13；图版二〇，6）。

刀　3件。

Ab型　2件。99TWF24：15，深灰色板岩。仅存刀身前半部分。弧背，双面直刃，刀身中部有一对钻孔，通体磨光。残长5.9、宽2.8、厚0.6厘米（图3-3-82，12）。99TWF24：24，深灰色板岩。仅存刀身前半部分。直背，双面直刃，刃部有崩痕，通体磨光。残长8.2、宽2.6、厚0.5厘米（图3-3-82，10）。

Ba型　1件。99TWF24：16，青灰色板岩。残长4.2、宽3.4、厚0.3厘米（图3-3-82，11）。

凿　2件。99TWF24：26，灰绿色板岩。平面呈长条形，单面斜刃，刃部有崩痕。长7.8、宽2、厚1.2厘米（图3-3-82，14）。99TWF24：73，灰色板岩。平面呈长条形，单面弧刃，一端残断。残长7.5、宽1.6、厚0.7厘米（图3-3-83，6）。

斧　3件。99TWF24：32，灰白色砂岩。平面呈长方形，肩部残断，通体打磨精细。双面刃，刃部锋利。残长9.3、宽5.2、厚2.3厘米（图3-3-83，3；图版一八，4）。99TWF24：64，

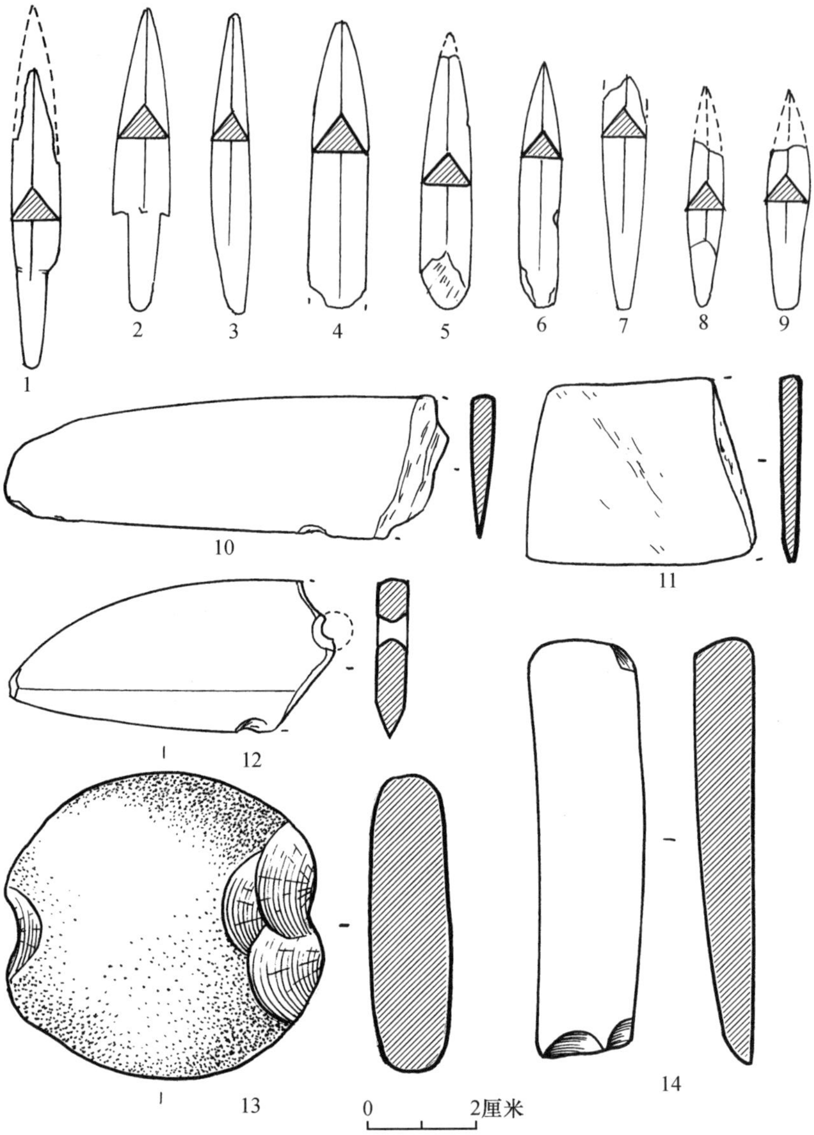

图3-3-82　99TWF24出土石器

1、3、6～9. Cb型镞（99TWF24：7、99TWF24：41、99TWF24：39、99TWF24：38、99TWF24：37、99TWF24：40）
2. Cc型镞（99TWF24：77）　4、5. C型镞（99TWF24：58、99TWF24：31）　10、12. Ab型刀（99TWF24：24、99TWF24：15）
11. Ba型刀（99TWF24：16）　13. B型网坠（99TWF24：27）　14. 凿（99TWF24：26）

灰黄色细砂岩。平面呈长方形，双面弧刃，刃部有两处崩痕，通体打磨。长9.4、宽4.2、厚1.7厘米（图3-3-83，4）。99WF24：81，黄灰色细砂岩。平面呈长方形，浑身遍布打制疤痕，平肩，双面弧刃，刃部有多处崩片。长11.6、宽9.2、厚1.8厘米（图3-3-83，2）。

楔　1件。99TWF24：1，深灰色砂岩。圆柱形，两端残断。残长10.4、截面直径3.1厘米（图3-3-83，1）。

锛　1 件。99TWF24：33，深灰色板岩。平面近长方形，通体多处打制疤痕。刃部磨制，单面斜刃。长9.9、宽6.3、厚1.5厘米（图3-3-83，5）。

石饼　3件。99TWF24：13，灰白色石英砂岩。平面呈椭圆形，器表有明显磨痕。长径

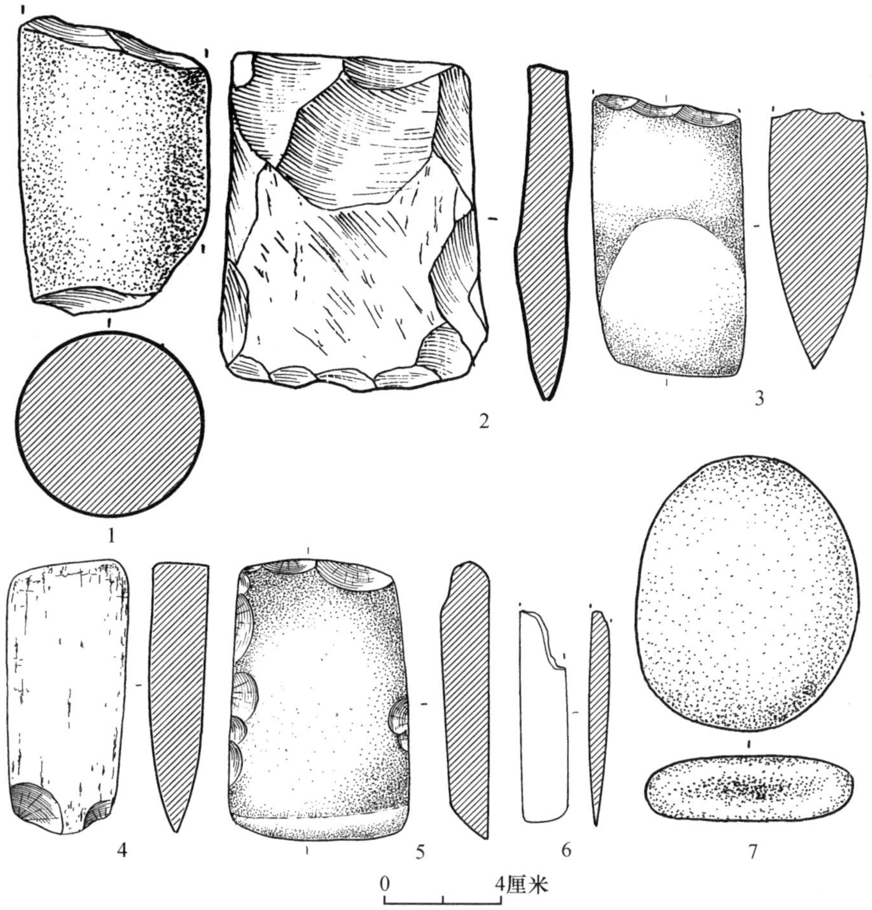

图3-3-83　99TWF24出土石器

1. 楔（99TWF24：1）　2～4. 斧（99TWF24：81、99TWF24：32、99TWF24：64）　5. 锛（99TWF24：33）　6. 凿（99TWF24：73）　7. 石饼（99TWF24：13）

9.6、短径8、厚2.2厘米（图3-3-83，7）。99TWF24：42，灰色花岗岩。平面呈椭圆形，用途不明。长径18.2、短径12.4、厚1.8厘米（图3-3-84，2）。99TWF24：47，黄灰色花岗细晶岩。呈不规则卵圆形。长21、宽16.4、厚3厘米（图3-3-84，1）。

球　5件。99TWF24：14，暗紫色石英砂岩。卵圆形，石皮粗糙。长径8.2、宽5.4、厚3厘米（图3-3-84，3）。99TWF24：28，暗褐色花岗细晶岩。卵圆形，器表粗糙。长径7.6、短径6、厚3.4厘米（图3-3-84，4）。99TWF24：29，灰色石英砂岩。球体较圆，球面有7个小孔洞。直径5.1、厚3.6厘米（图3-3-84，6）。99TWF24：30，乳白色石英砂岩。卵圆形，通体光滑。长径4、短径2.5、厚2厘米（图3-3-84，5）。99TWF24：48，肉红色粗粒花岗岩。平面呈椭圆形，器表较光滑。长径6.1、短径5.8、厚2.7厘米（图3-3-84，7）。

石坠　2件。99TWF24：11，灰色板岩。平面呈不规则形，通体磨光，一端有圆形钻孔。长径4.5、短径3.3、厚0.4厘米（图3-3-85，10）。99TWF24：12，灰色板岩。圆饼形。一端有一圆形小孔。直径约2.7、厚0.25厘米（图3-3-85，11；图版二一，1）。

石器　3件。99TWF24：19，灰色板岩。扁柱形，剖面近椭圆形，通体磨光，用途不明。长3.6、截面长径0.3厘米（图3-3-86，10）。99TWF24：49，灰色板岩。四棱柱形，器表光

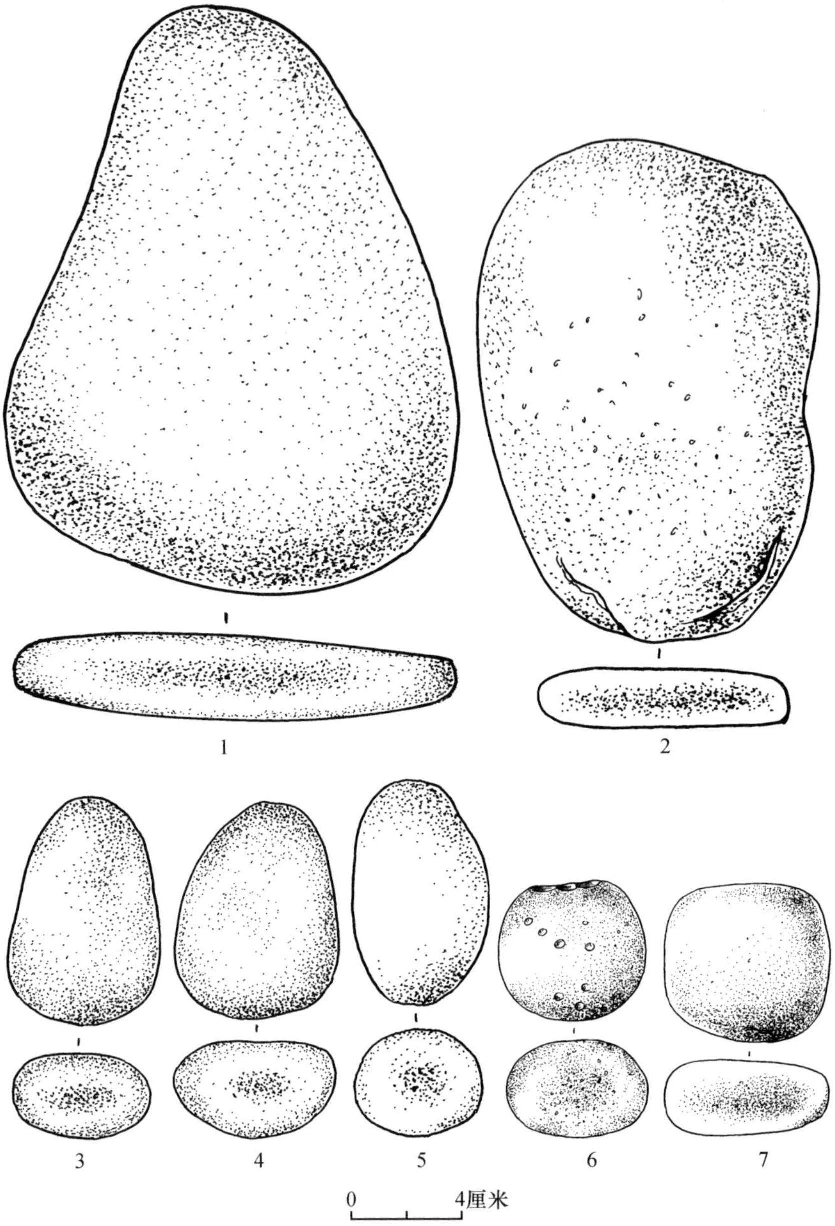

图3-3-84　99TWF24出土石器

1、2. 石饼（99TWF24：47、99TWF24：42）　3～7. 球（99TWF24：14、99TWF24：28、99TWF24：30、99TWF24：29、99TWF24：48）

滑，一端有石皮崩落。长9.9、宽4.1、厚1.8厘米（图3-3-86，5）。99TWF24：66，深灰色板岩。长条形，两端残断，剖面呈变形六边形。残长4.7、宽2、厚0.3厘米（图3-3-86，9）。

刮削器　6件。99TWF24：20，紫红色玛瑙。长3.7、宽3.1、厚1.1厘米（图3-3-85，2；图版二〇，4）。99TWF24：21，紫红色玛瑙。长4.3、宽2.9、厚0.9厘米（图3-3-85，4）。99TWF24：22，紫红色玛瑙。长3.8、宽1.5、厚0.4厘米（图3-3-85，3）。99TWF24：23，黑耀石质。长2.3、宽1.1、厚0.4厘米（图3-3-85，6）。99TWF24：52，黄色玛瑙。长2.1、宽1.8、厚0.4厘米（图3-3-85，5；图版二〇，3）。99TWF24：53，黄色玛瑙。长6.6、宽5、厚2.2厘米（图3-3-85，1；图版二〇，2）。

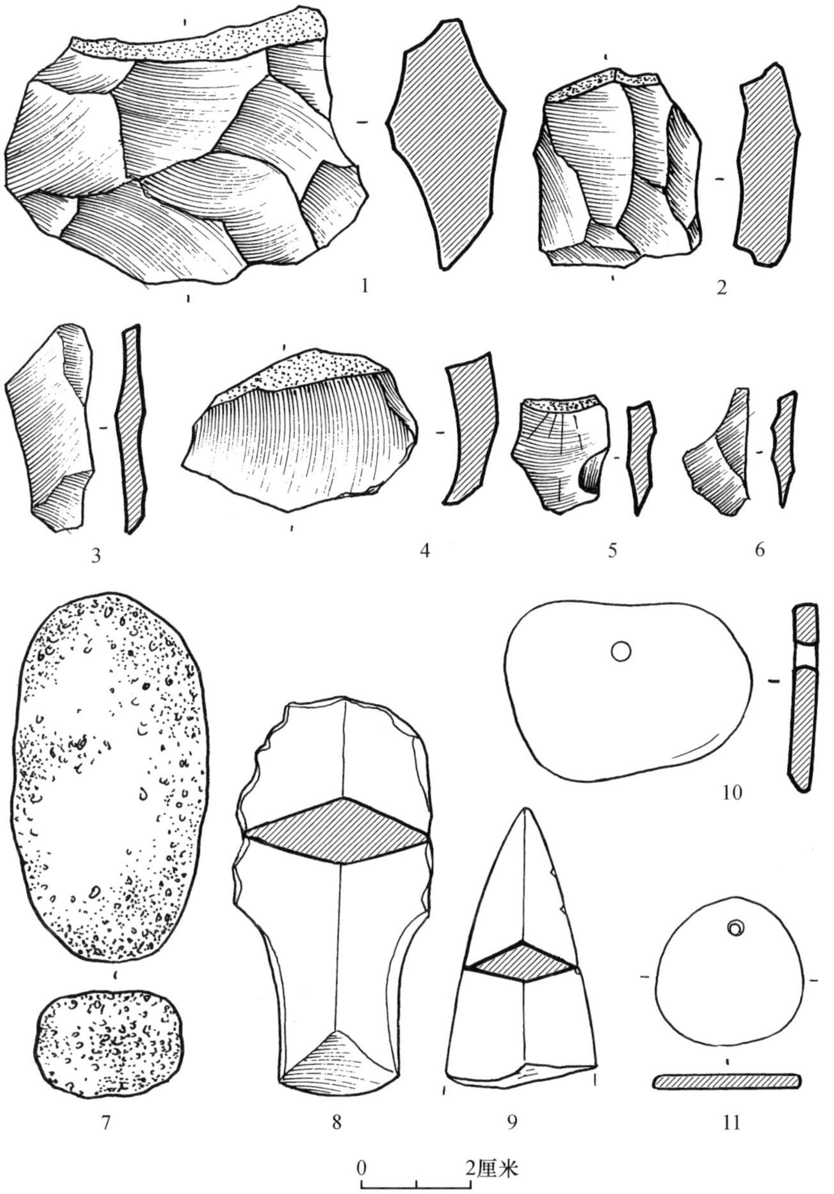

图3-3-85　99TWF24出土石器

1～6. 刮削器（99TWF24：53、99TWF24：20、99TWF24：22、99TWF24：21、99TWF24：52、99TWF24：23）　7. 气孔玄武岩块（99TWF24：51）　8、9. 剑（99TWF24：35、99TWF24：68）　10、11. 石坠（99TWF24：11、99TWF24：12）

镰　1件。99TWF24：34，深灰色板岩。弧背，双面弧刃，背部打制痕迹明显，两面磨光。长15.7、宽4、厚1.2厘米（图3-3-86，8；图版一九，1）。

剑　2件。99TWF24：35，灰色板岩。仅余小部分剑身及剑柄。通体磨光，刃部有明显崩痕，剑柄较短。残长7.3、宽3.6、厚1.1厘米（图3-3-85，8；图版二〇，7）。99TWF24：68，深灰色板岩。仅余剑尖部分，两面起脊，剖面呈棱形，刃部呈锯齿状。残长5.1、厚0.6厘米（图3-3-85，9）。

砺石　4件。99TWF24：50，灰紫色花岗岩。三棱柱形，磨面内凹。长21、宽7、厚4.2厘米（图3-3-86，1）。99TWF24：62，青灰色球粒状闪长岩。平面呈变形四边形，石质细腻，器表光滑，磨痕明显。长9.8、宽6.4、厚1.8厘米（图3-3-86，3）。99TWF24：71，黄褐色细砂岩。平面呈长方形，两端已残失，磨痕明显。残长13.2、宽6.4、厚6.2厘米（图3-3-86，2）。99TWF24：72，青灰色含角砾的板岩。平面呈长方形，一端残断，一角残破。器表光滑，磨面明显。残长8.2、宽8.2、厚2.8厘米（图3-3-86，4）。

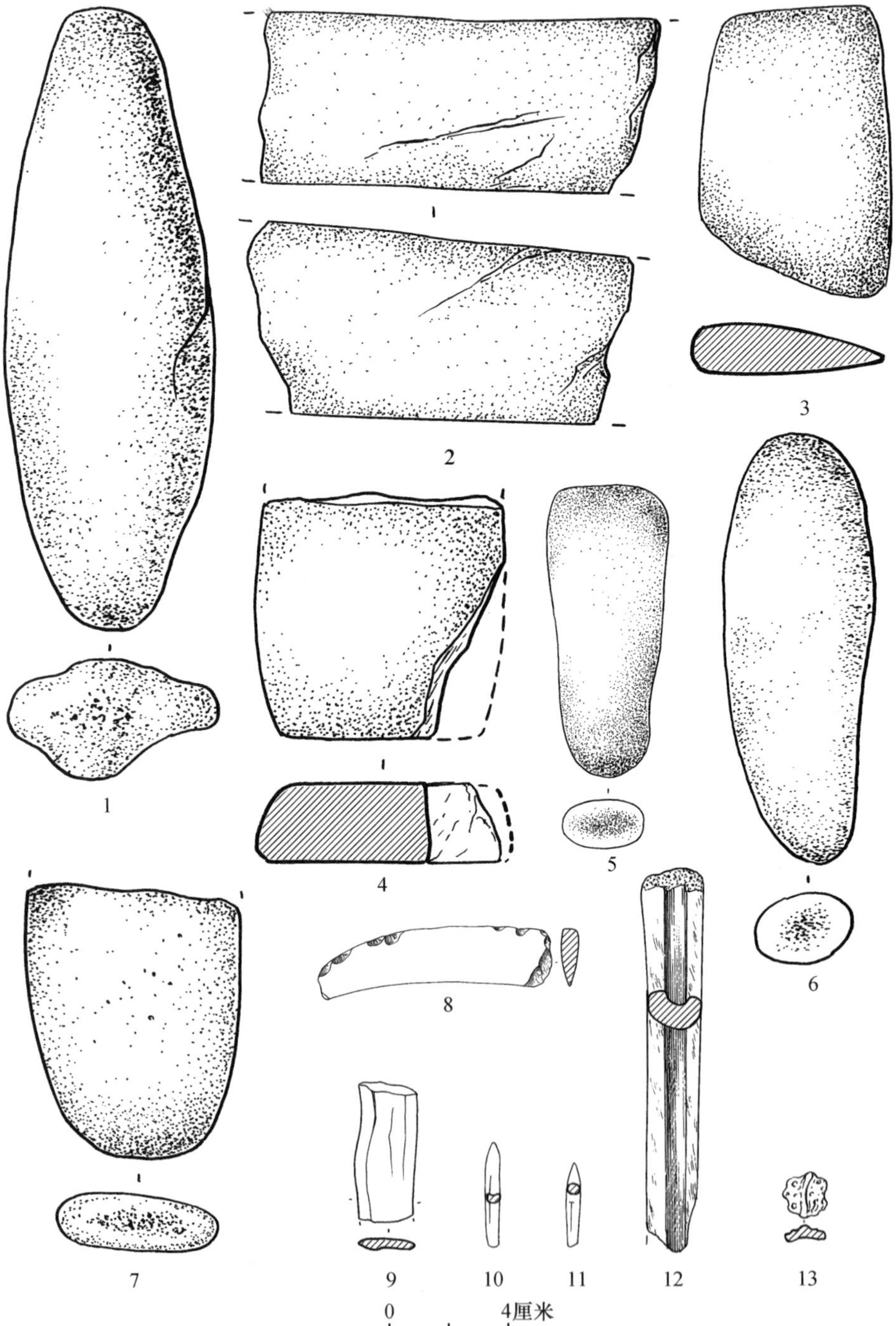

图3-3-86　99TWF24出土器物

1～4. 砺石（99TWF24：50、99TWF24：71、99TWF24：62、99TWF24：72）　5、9、10. 石器（99TWF24：49、99TWF24：66、99TWF24：19）　6、7. A型石研磨器（99TWF24：60、99TWF24：25）　8. 石镰（99TWF24：34）　11. 石锥（99TWF24：67）　12. 骨凿（99TWF24：61）　13. 核桃（99TWF24：6）

气孔玄武岩块　1件。99TWF24：51，灰色气孔玄武岩。扁圆形，器表密布气孔。长径6.8、短径3.6、厚1.9厘米（图3-3-85，7）。

A型研磨器　2件。99TWF24：25，黄色长石斑岩。扁柱形，一端残断。残长9.2、最大径7厘米（图3-3-86，7）。99TWF24：60，黄灰色花岗岩。圆柱形，一端有明显使用痕迹。长14.4、最大径5.2厘米（图3-3-86，6）。

锥　1件。99TWF24：67，灰色板岩。圆锥形。残长2.9、截面直径0.4厘米（图3-3-86，11）。

骨器　1件。

凿　1件。99TWF24：61，刃部残，剖面呈凹窝形。残长13.1、厚0.9厘米（图3-3-86，12）。

其他　1件。

核桃　1件。99TWF24：6，仅存核桃残壳。残长1.5、宽1.4、厚0.4厘米（图3-3-86，13）。

三、灰　坑

第Ⅰ区这一时期共发现灰坑40座。编号分别为97ⅠTWH16、97ⅠTWH26、97ⅠTWH30、97ⅠTWH31、97ⅠTWH34、97ⅠTWH35、97ⅠTWH36、97ⅠTWH37、97ⅠTWH38、97ⅠTWH40、97ⅠTWH41、97ⅠTWH42、97ⅠTWH45、97ⅠTWH47、97ⅠTWH48、97ⅠTWH52、97ⅠTWH55、97ⅠTWH57、97ⅠTWH61、97ⅠTWH66、97ⅠTWH68、97ⅠTWH71、97ⅠTWH72、97ⅠTWH73、97ⅠTWH74、97ⅠTWH118、97ⅠTWH119、97ⅠTWH121、97ⅠTWH122、97ⅠTWH123、97ⅠTWH124、97ⅠTWH125、97ⅠTWH126、97ⅠTWH129、97ⅠTWH130、97ⅠTWH131、97ⅠTWH136、97ⅠTWH137、97ⅠTWH138、97ⅠTWH140。

第Ⅱ区属于这一时期的灰坑19个，编号分别为97ⅡTWH78、97ⅡTWH80、97ⅡTWH83、97ⅡTWH86、97ⅡTWH87、97ⅡTWH88、97ⅡTWH89、97ⅡTWH93、97ⅡTWH101、97ⅡTWH102、97ⅡTWH103、97ⅡTWH107、97ⅡTWH108、97ⅡTWH 115、97ⅡTWH116、97ⅡTWH132、97ⅡTWH133、97ⅡTWH134、97ⅡTWH143。

第Ⅲ区这一时期仅发现灰坑1座，编号为98ⅢTWH150。

第Ⅴ区属于这一时期的灰坑2个，编号为99ⅤTWH156、99ⅤTWH157。

第Ⅵ区属于这一时期的灰坑有8个，编号分别为99ⅥTWH151、99ⅥTWH152、99ⅥTWH153、99ⅥTWH154、99ⅥTWH155、99ⅥTWH158、99ⅥTWH159、99ⅥTWH160。

1. 97ⅠTWH140

位于Ⅰ区T395中部偏北，伸入其北隔梁。开口于第8层下，打破97TWF14和生土层。伸入隔梁部分未清理，其平面推测为椭圆形，弧壁，平底。坑口长径不清，短径2.6米。坑内堆积分三层，第一层呈黑褐色，厚约0.25～0.35米；第二层呈灰褐色，厚约0.1米～0.4米；第三层为灰白色花土，厚约0.4米～0.56米。共出土陶器7件、玉器1件，多见于第二层和第三层。共出土器物17件（图3-3-87）。

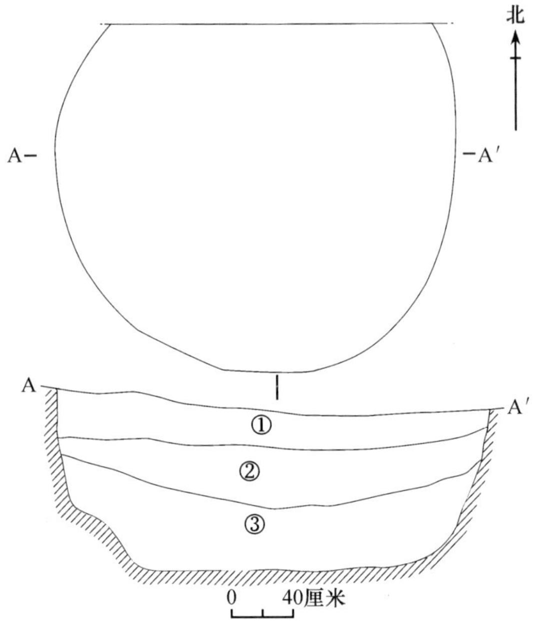

图3-3-87　97TWH140平、剖面图

出土器物

陶器　9件。

罐　3件。97TWH140：13，夹砂褐陶，器表磨光。器表颜色不纯正，黑褐、红褐相间，器形制作不规整，口、腹部均略有弯曲。敞口，斜腹，底残。口径26厘米（图3-3-88，9）。97TWH140：14，夹砂黄褐陶，磨光。侈口，方唇，口内壁折棱明显。口下饰对称竖桥耳，腹中部以下残。口径14厘米（图3-3-88，3）。97TWH140：15，夹砂黑褐陶，素面。口近直，溜肩，口内壁无明显折棱。口下饰对称竖桥耳。口径12厘米（图3-3-88，2）。

壶　1件。97TWH140：16，夹砂黄褐陶，素面。大敞口，方唇，口内壁折棱明显。口径20厘米（图3-3-88，1）。

碗　2件。97TWH140：11，泥质黑褐陶，手制，火候较高，器表较薄，器表抹光。底径6、残高4.2厘米（图3-3-88，6）。97TWH140：12，夹云母褐陶，手制，弧腹，小平底，火候较高。器壁厚薄不均，器表抹光。底径6.4、残高6厘米（图3-3-88，8）。

网坠　3件。

Eb型　1件。97TWH140：3，以夹砂红褐陶磨制而成。平面呈椭圆形，两端磨制小豁口，中间有一圆形钻孔，钻孔四周有破损痕迹。钻孔至豁口之间有一圈磨出的凹槽。长8.3、宽

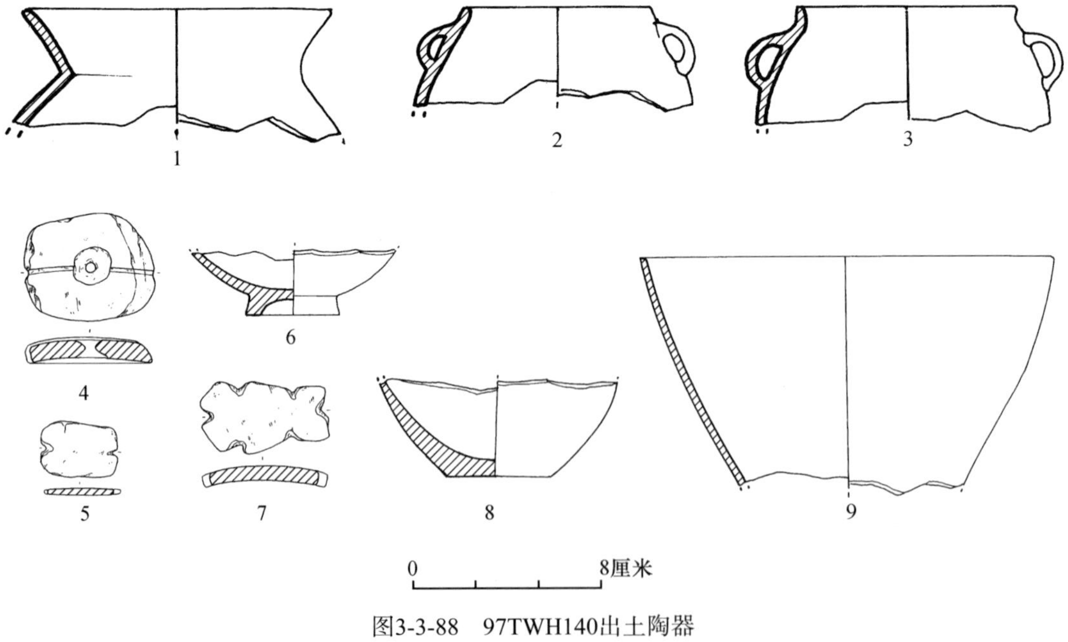

图3-3-88　97TWH140出土陶器

1. 壶（97TWH140：16）　2、3、9. 罐（97TWH140：15、97TWH140：14、97TWH140：13）　4. Eb型网坠（97TWH140：3）　5. Ed型网坠（97TWH140：2）　6、8. 碗（97TWH140：11、97TWH140：12）　7. Ee型网坠（97TWH140：17）

6.9、厚1.3厘米（图3-3-88，4）。

Ed型　1件。97TWH140：2，以夹砂夹蚌夹云母红褐陶片打制而成。平面近长方形，两端打制豁口。长5.1、宽3.5、厚0.4厘米（图3-3-88，5）。

Ee型　1件。97TWH140：17，以夹砂黄陶片磨制而成。平面呈不规则形，较长的两边各打制两个豁口，较短的两边各打制一个豁口。长8.1、宽4.4、厚1厘米（图3-3-88，7）。

石器　7件。

研磨器　5件。

A型　3件。97TWH140：4，灰色石英砂岩。扁柱形，一端有部分破损，一端有使用痕迹。通长20.2、最大径5.6厘米（图3-3-89，7）。97TWH140：6，暗紫色石英砂岩。扁柱形，两端均有石块崩落痕迹。通长24.5、最大径6.2厘米（图3-3-89，8）。97TWH140：9，灰白色石英砂岩。扁柱形，一端有使用痕迹。长13.2、宽6.4、厚2.2厘米（图3-3-89，1）。

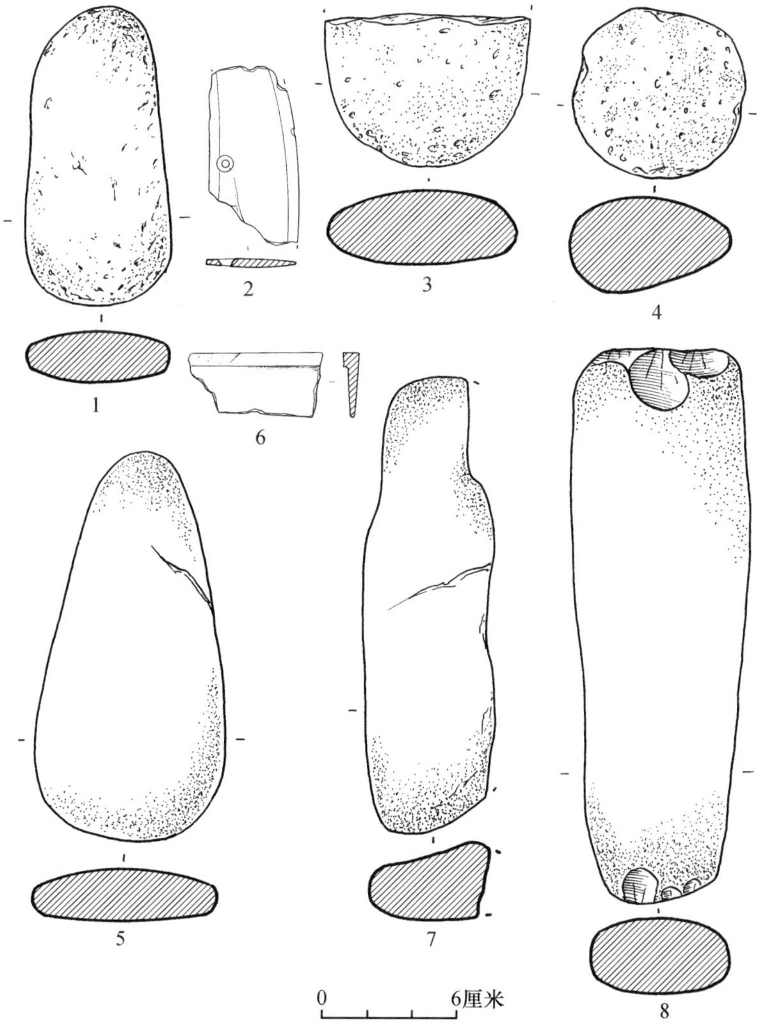

图3-3-89　97TWH140出土器物

1、7、8. A型石研磨器（97TWH140：9、97TWH140：4、97TWH140：6）　2. Ab型石刀（97TWH140：8）
3. C型石研磨器（97TWH140：5）　4. 石球（97TWH140：7）　5. B型石研磨器（97TWH140：10）　6. 玉刀（97TWH140：1）

B型　1件。97TWH140：10，紫灰色石英砂岩。近卵圆形，两端粗细不一，一端有使用痕迹。通长17.4、最大径8.2厘米（图3-3-89，5）。

C型　1件。97TWH140：5，灰色石英砂岩。半圆形，剖面呈椭圆形，一端残。残长6.8、最大径8.4厘米（图3-3-89，3）。

球　1件。97TWH140：7，肉红色花岗岩。近圆形，形制不甚规整。直径7.6厘米（图3-3-89，4）。

Ab型刀　1件。97TWH140：8，灰色板岩。两端均残，半月形，直背弧刃，靠近背部有一圆形钻孔。残长8、宽4、厚0.4厘米（图3-3-89，2）。

玉器　1件。

刀　1件。97TWH140：1，仅余刀身部分，直背直刃，单面加工。长6、宽2.8、背厚0.6厘米（图3-3-89，6）。

2. 97ⅠTWH129

位于Ⅰ区T398中部。开口于第7层下，打破生土层。平面呈圆形，直壁，平底。坑口直径为0.7米，深0.92米。坑内堆积为褐色，质地较疏松，包含少量夹砂褐陶片及兽骨等。出土器物8件（图3-3-90）。

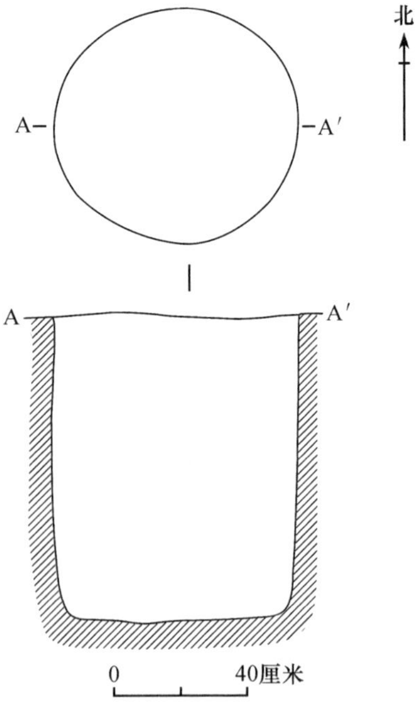

图3-3-90　97TWH129平、剖面图

出土器物

石器　7件。

镞　2件。

Aa型　1件。97TWH129：3，青灰色板岩。柳叶形，尾部残。长3、镞身宽1.4、厚0.3厘米（图3-3-91，1）。

B型　1件。97TWH129：4，青灰色板岩。仅余镞身一部分，中间有脊，剖面呈棱形。残长3.7、镞身宽1.1、厚0.4厘米（图3-3-91，2）。

C型网坠　1件。97TWH129：1，灰色石英砂岩。近长方形，两端打制豁口。长3.5、宽3、厚0.5厘米（图3-3-91，3）。

Ba型刀　1件。97TWH129：7，深灰色板岩。近圆角长方形，刀身较宽，弧背弧刃，双面刃。长10.4、宽4.5、厚1厘米（图3-3-91，7）。

凿　1件。97TWH129：5，灰白色粉砂岩。方柱形，顶端残，双面刃，器表光滑。残长7.8、宽2、厚2厘米（图3-3-91，5）。

球　1件。97TWH129：8，紫灰色石英砂岩。卵圆形。长径7.5、短径6.2、厚5.1厘米（图3-3-91，4）。

气孔玄武岩块　1件。97TWH129：9，灰色砂岩。呈椭圆形。长径9.8、短径5.4、厚4厘米（图3-3-91，6）。

骨器　1件。

骨器　1件。97TWH129：10，不规则圆柱形，一侧残，器表光滑。长8.2、宽3、厚2.1厘

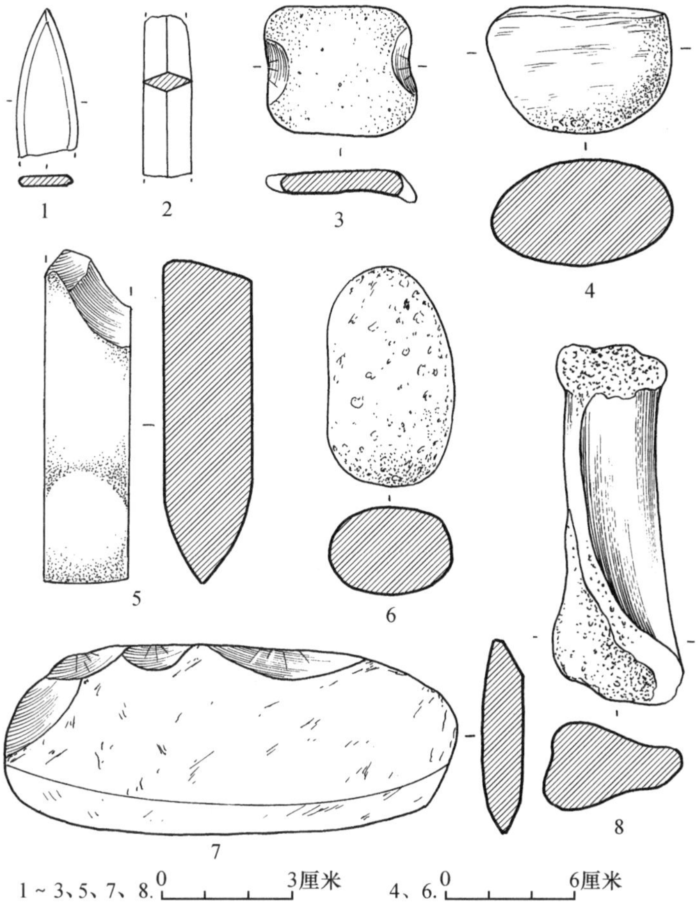

图3-3-91　97TWH129出土器物

1. Aa型石镞（97TWH129：3）　2. B型石镞（97TWH129：4）　3. C型石网坠（97TWH129：1）　4. 石球（97TWH129：8）　5. 石凿（97TWH129：5）　6. 气孔玄武岩块（97TWH129：9）　7. Ba型石刀（97TWH129：7）　8. 骨器（97TWH129：10）

米（图3-3-91，8）。

3. 97ⅠTWH137

位于Ⅰ区T396西部。开口于第7b层下，打破第8层和生土层。平面近圆形，弧壁，圜底。坑口直径为0.56米，深0.34米。坑内堆积呈黄褐色，质地疏松，无出土器物（图3-3-92）。

4. 97ⅠTWH138

位于Ⅰ区T395北部。开口于第7b层下，打破第8层和97TWH140。平面呈圆形，弧壁，圜底。坑口直径为1.8米，深0.54米。坑内堆积为黑花土，质地疏松，包含部分夹砂褐陶片及兽骨等。出土器物1件（图3-3-93）。

出土器物

骨器　1件。

卜骨　1件。97TWH138：1，以鹿肩胛骨制成，已残，有烧灼痕。残长11.5厘米，宽5.7厘米（图3-3-94）。

5. 97ⅠTWH118

位于Ⅰ区T368北隔梁内。开口于第6层下，打破生土层。平面呈圆形，弧壁，平底。坑口直径为0.54米，深0.3米。坑内堆积为黑色土，质地疏松，无出土器物（图3-3-95）。

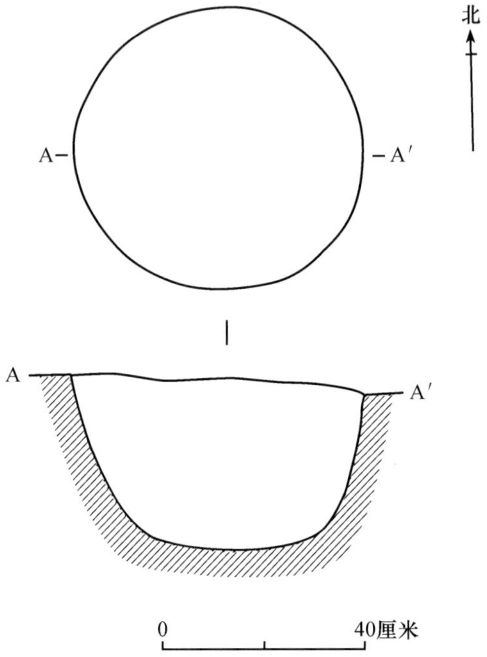

图3-3-92　97TWH137平、剖面图

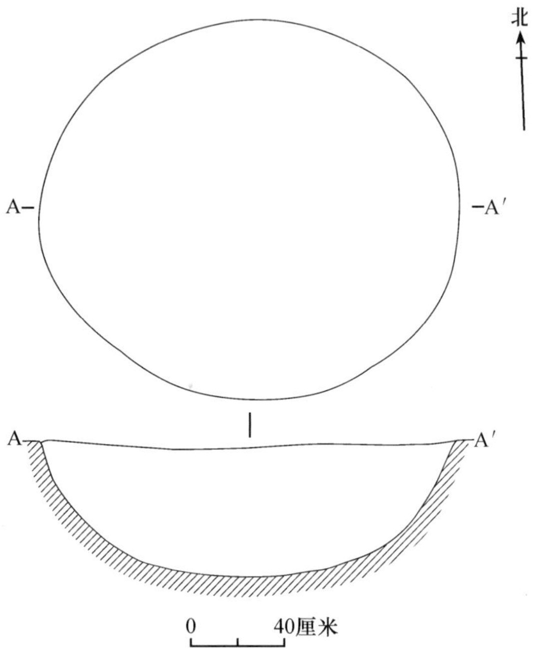

图3-3-93　97TWH138平、剖面图

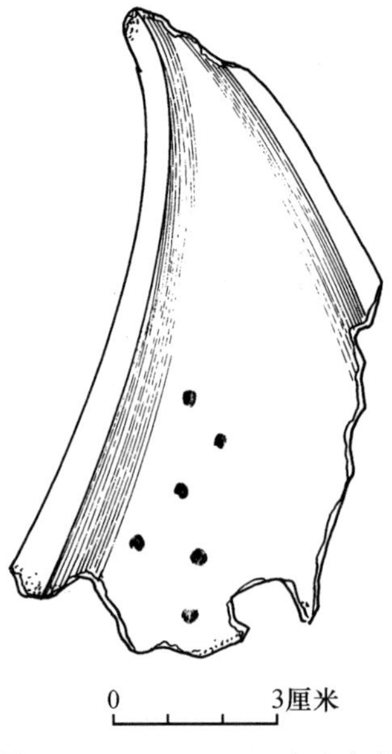

图3-3-94　97TWH138出土卜骨（97TWH138：1）

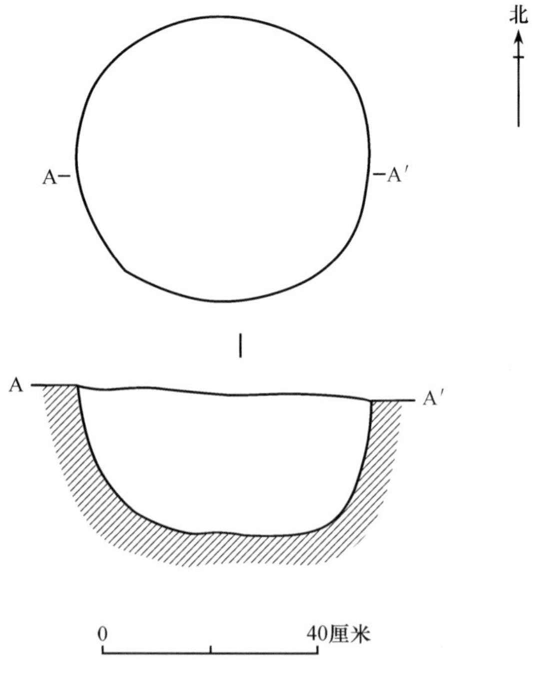

图3-3-95　97TWH118平、剖面图

6. 97 Ⅰ TWH125

位于Ⅰ区T399南部，开口于第6层下，打破第7层，并被97TWH26、97TWG3和现代沟打破。因破坏严重，平面形制不清，斜壁，平底。坑口尺寸不清，深0.2米。坑内堆积呈褐色，并夹杂烧土块，质地疏松，无出土器物（图3-3-96）。

7. 97 Ⅰ TWH126

位于Ⅰ区T370南部，伸入T340北隔梁。开口于第6层下，打破生土层。平面近椭圆形，弧壁，圜底。坑口长径为1.4米，短径1.14米，深0.4米。坑内堆积为黑花土，质地较疏松，包含部分夹砂褐陶片及兽骨等。出土器物2件（图3-3-97）。

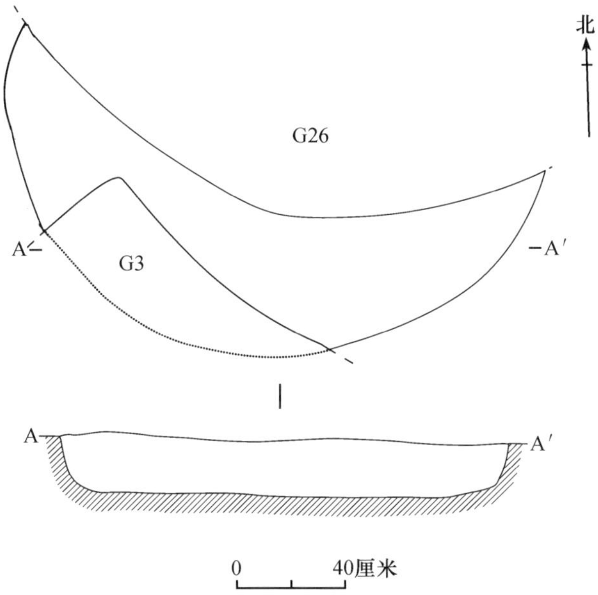

图3-3-96　97TWH125平、剖面图

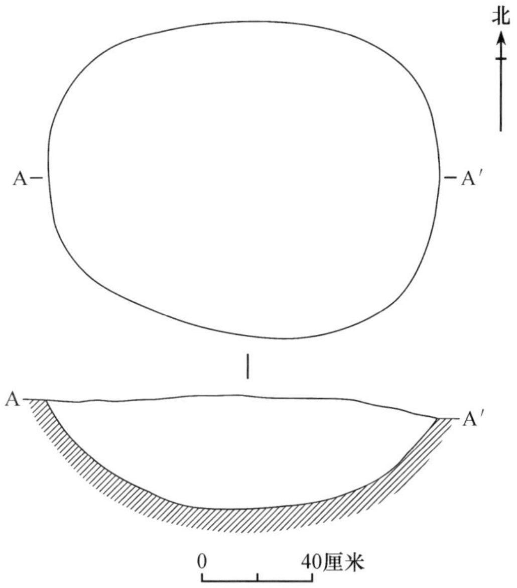

图3-3-97　97TWH126平、剖面图

出土器物

骨器　2件。

锥　2件。扁锥形，以动物管状骨磨制。97TWH126：2，长10.4、厚0.2厘米（图3-3-98，1）。97TWH126：7，顶端有系绳凹槽。长10、厚0.3厘米（图3-3-98，2）。

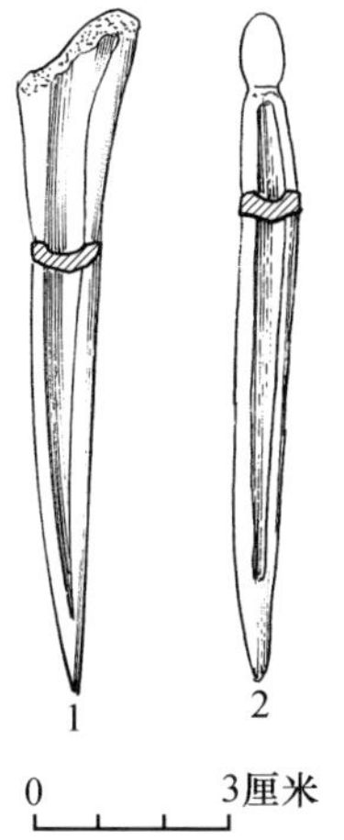

图3-3-98　97TWH126出土骨锥
1. 97TWH126：2　2. 97TWH126：7

8. 97 Ⅰ TWH131

位于Ⅰ区T370东部，伸入东隔梁。开口于第6层下，打破第8层和第11层，并被现代沟打破。因伸入隔梁部分未清理，平面形制不清，弧壁，圜底。坑口尺寸不清，深约0.4米。坑内堆积呈黑色，夹杂白色砾石，质地较疏松，包含夹砂褐陶片。出土器物2件（图3-3-99）。

出土器物

石器　2件。

B型镞　1件。97TWH131：2，黑曜石质。剖面呈棱形，后锋呈凹窝形，器身遍布剥片疤痕。长3.5、宽1.3、厚0.3厘米（图3-3-100，1）。

B型网坠　1件。97TWH131：1，灰色细砂岩。椭圆形，两端打制豁口。长4.5、宽3.8、厚1厘米（图3-3-100，2）。

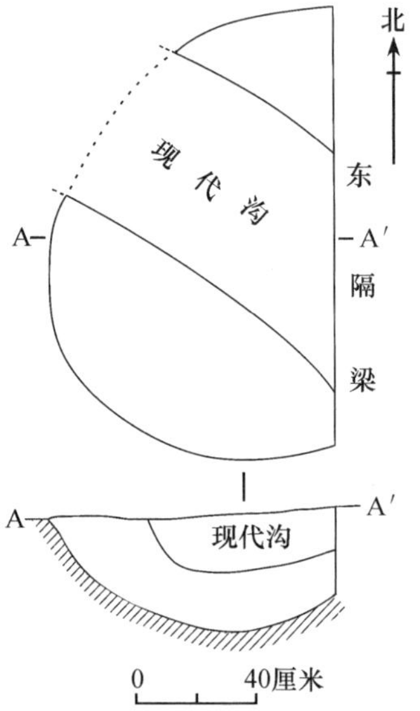

图3-3-99　97TWH131平、剖面图

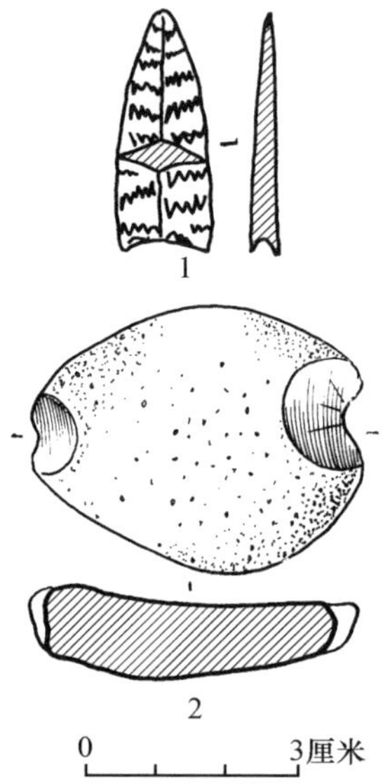

图3-3-100　97TWH131出土石器

1. B型镞（97TWH131：2）　2. B型网坠（97TWH131：1）

9. 97ⅠTWH130

位于Ⅰ区T369南部。开口于第5层下，打破第6层。平面呈椭圆形，斜壁，平底。坑口长径1.26米，短径0.92米，坑深0.28米。坑内堆积为黑花土，质地疏松，夹杂部分夹砂褐陶片等。出土器物3件（图3-3-101）。

出土器物

陶器　1件。

小盅　1件。97TWH130：3，泥质红褐陶，器表磨光。用手捏制而成，口微敛，鼓腹，平底微内凹。口径3.3、底径3、高1.9厘米（图3-3-102，1）。

骨器　2件。

凿　1件。97TWH130：2，以动物大型管状骨壁磨制。长条形，中间有凹窝。长15.3、厚0.7厘米（图3-3-102，2）。

卜骨　1件。97TWH130：1，牛肩胛骨，呈扇形，一端残。器表有两处烧灼痕。长8.3厘米（图3-3-102，3）。

10. 97ⅠTWH122

位于Ⅰ区T369西部，伸入T368东隔梁内。开口于第5层下，打破第6层，被97TWH66打破。平面近椭圆形，斜壁，平底。坑口长径1.64米，短径1.4米，深0.25米。坑内堆积为褐色，夹杂碎石，质地较疏松，包含少量夹砂褐陶片。出土器物2件（图3-3-103）。

出土器物

石器　1件。

气孔玄武岩块　1件。97TWH122：1，灰色气孔玄武岩。长方形。长11、宽10、厚6.8厘米（图3-3-104，1）。

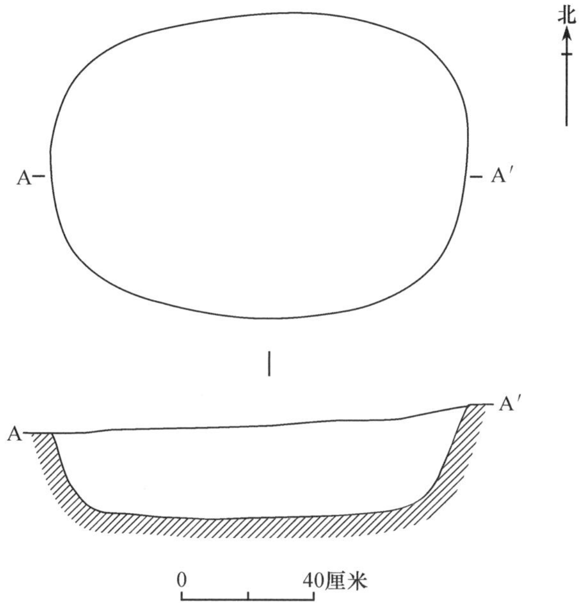

图3-3-101　97TWH130平、剖面图

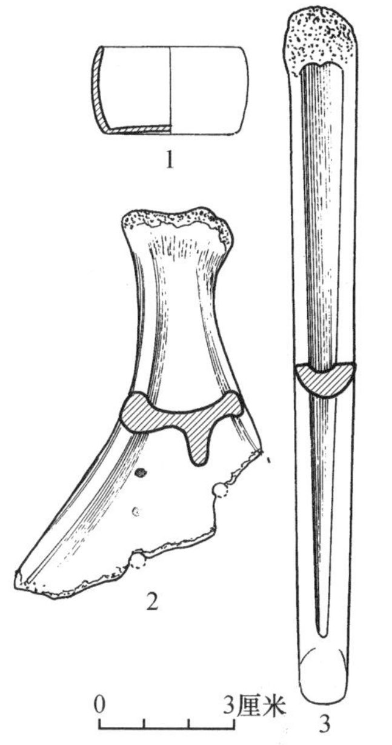

图3-3-102　97TWH130出土器物

1. 小陶盅（97TWH130：3）

2. 骨凿（97TWH130：2）　3. 卜骨（97TWH130：1）

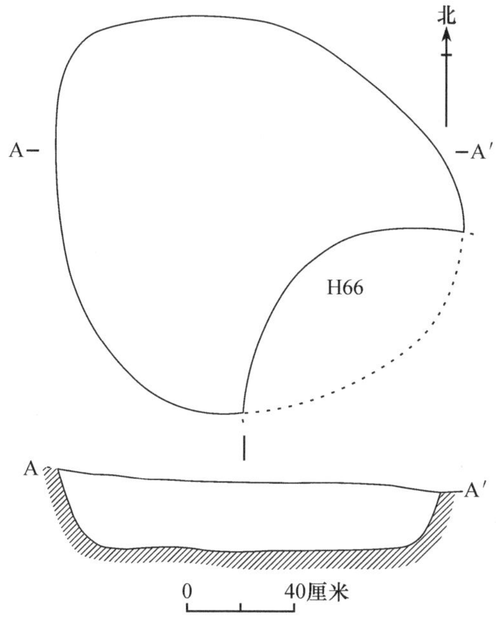

图3-3-103　97TWH122平、剖面图

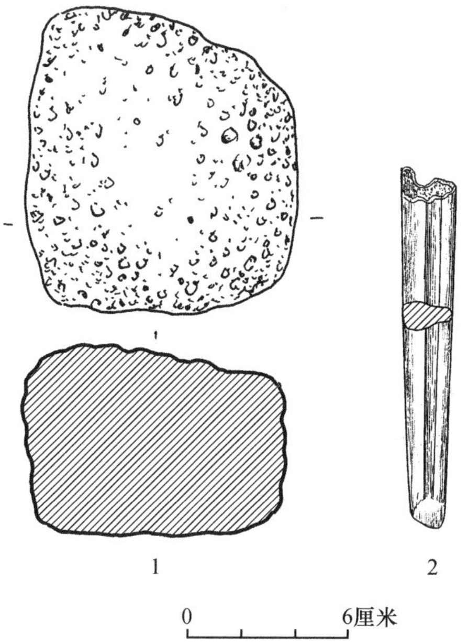

图3-3-104　97TWH122出土器物

1. 气孔玄武岩块（97TWH122：1）　2. 骨凿（97TWH122：2）

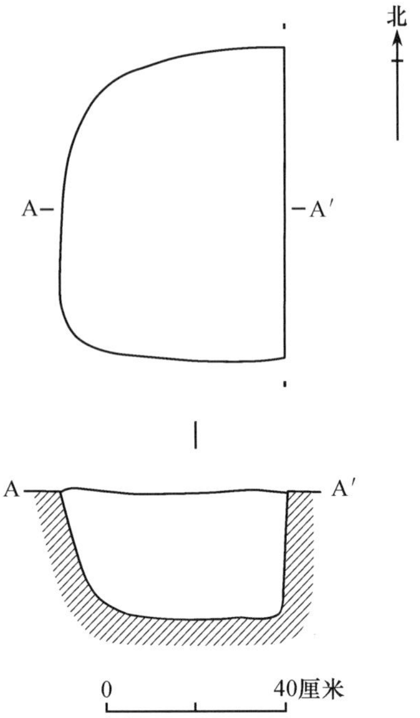

图3-3-105　97TWH37平、剖面图

骨器　1件。

凿　1件。97TWH122：2，长条形，顶部残。长13.2、宽2、厚1厘米（图3-3-104，2）。

11. 97ⅠTWH37

位于Ⅰ区T370东南部，伸入其东隔梁。开口于第4层下，打破第6层。伸入东隔梁部分未清理，平面形状不清楚，斜壁，平底。坑口长径不清，短径0.7米，深0.3米。坑内堆积呈黑褐色，夹杂少量砾石，质地较疏松，出土器物1件（图3-3-105，1）。

出土器物

陶器　1件。

Ed型网坠　1件。97TWH37：1，以夹砂黄褐陶片打制而成。近圆角长方形，中间有钻孔，对称打制四个豁口。长6.7、宽5.7、厚0.7厘米（图3-3-106）。

12. 97ⅠTWH38

位于Ⅰ区T365东部。开口于第4层下，打破第5层，并被97TWH18、97TWH25打破。平面呈圆形，弧壁，平底。坑口直径约2米，深0.4米。坑内堆积呈灰褐色，质地疏松，出土器物11件（图3-3-107）。

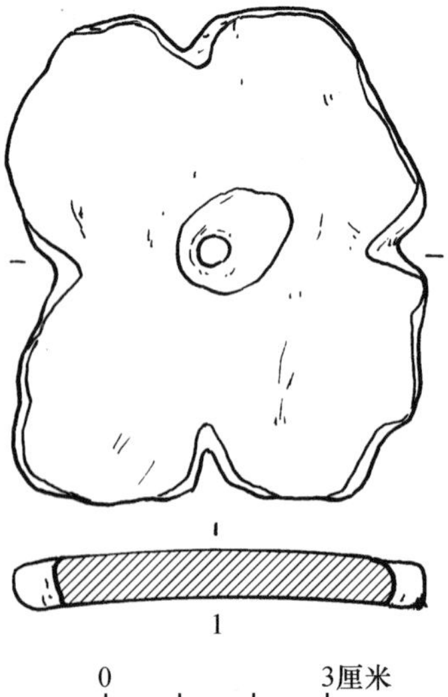

图3-3-106　97TWH37出土Ed型陶网坠（97TWH37：1）

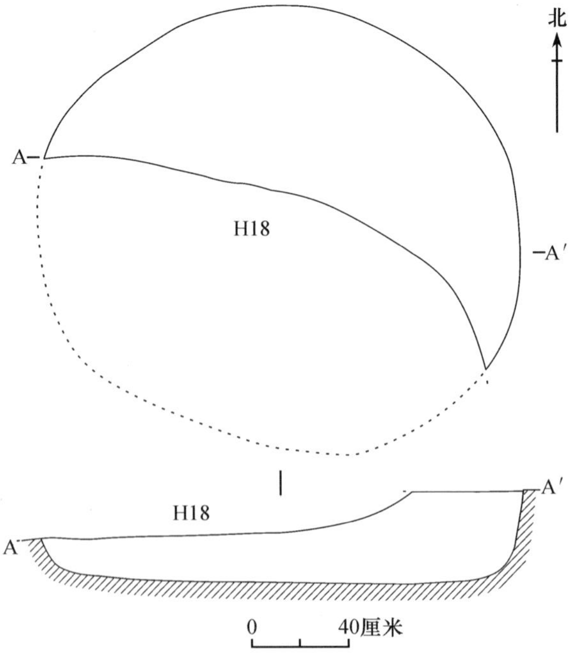

图3-3-107　97TWH38平、剖面图

出土器物

陶器　1件。

小陶饼　1件。97TWH38：9，以红褐色陶片磨制而成。椭圆形，表面光滑平整，背面有两道指甲纹。长径3.5、短径2.8、厚0.8厘米（图3-3-108，1）。

石器　5件。

刀　4件。

未分型　2件。仅余部分刀身，形制不清。97TWH38：1，深灰色板岩。弧刃，刃部有锯齿状磨蚀痕。长12、宽4.8、厚1.1厘米（图3-3-108，4）。97TWH38：2，深灰色板岩。弧刃。长9、宽3.7、厚0.3厘米（图3-3-108，6）。

Aa型　1件。97TWH38：5，深灰色板岩。弧背弧刃，仅余一半，残留一个圆形钻孔。残长8.7、宽5.1、厚0.7厘米（图3-3-108，5）。

Bb型　1件。97TWH38：4，暗紫色细砂岩。长条形，直背直刃，刃口磨蚀较厉害。长

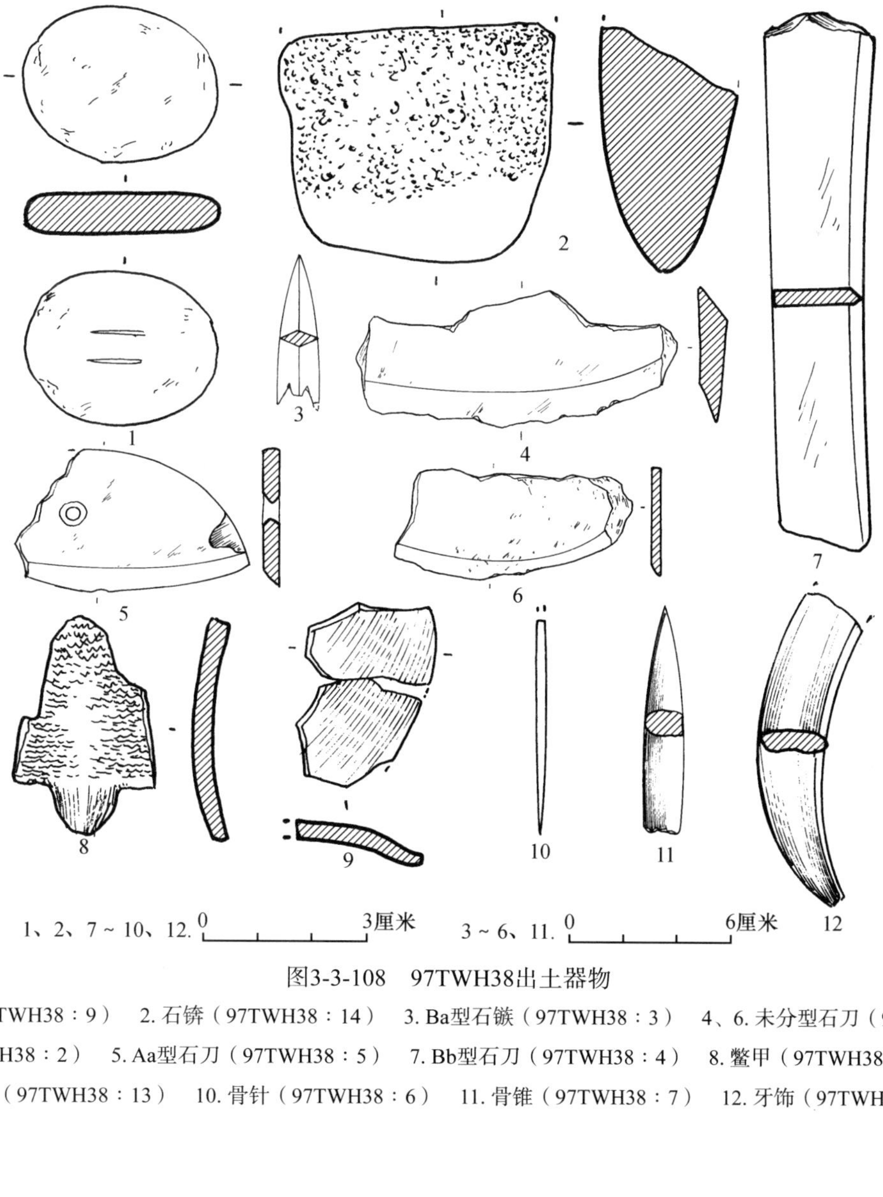

图3-3-108　97TWH38出土器物

1. 小陶饼（97TWH38：9）　2. 石锛（97TWH38：14）　3. Ba型石镞（97TWH38：3）　4、6. 未分型石刀（97TWH38：1、97TWH38：2）　5. Aa型石刀（97TWH38：5）　7. Bb型石刀（97TWH38：4）　8. 鳖甲（97TWH38：10）　9. 蚌壳（97TWH38：13）　10. 骨针（97TWH38：6）　11. 骨锥（97TWH38：7）　12. 牙饰（97TWH38：8）

9.9、宽1.8、厚0.3厘米（图3-3-108，7）。

Ba型镞　1件。97TWH38：3，深灰色板岩。镞尖残，镞身剖面呈棱形，后锋倒刺呈燕尾形，铤残。残长5.3、宽1.7、厚0.6厘米（图3-3-108，3）。

锛　1件。97TWH38：14，深灰色板岩。仅余器身小段，长条形，单面刃。残长4.3、宽4.9、厚2.5厘米（图3-3-108，2）。

骨器　2件。

针　1件。97TWH38：6，针孔残。残长3.8、直径0.2厘米（图3-3-108，10）。

锥　1件。97TWH38：7，方锥形，镞身剖面呈长方形。顶端残。残长8.5、宽1.3、厚0.9厘米（图3-3-108，11）。

其他　3件。

牙饰　1件。97TWH38：8，以野猪獠牙磨制，两端均残。残长5.8、宽1.2、厚0.4厘米（图3-3-108，12）。

鳖甲　1件。97TWH38：10，不规则形，表面密布坑点。长4、宽2.6、厚0.4厘米（图3-3-108，8）。

蚌壳　1块。97TWH38：13，不规则形。残长3.4、宽2.5、厚0.3厘米（图3-3-108，9）。

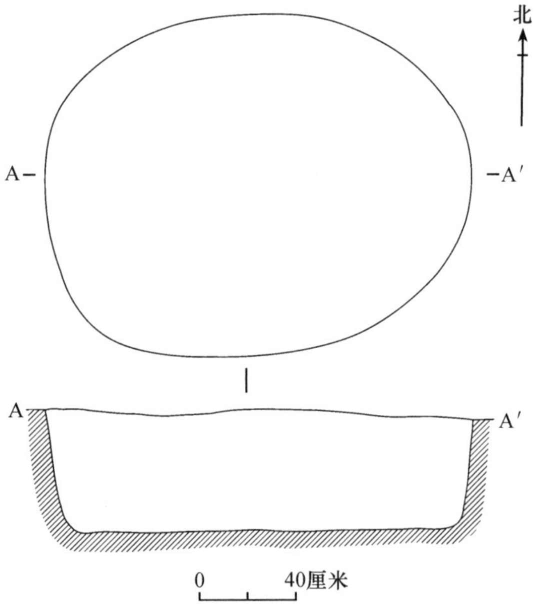

图3-3-109　97TWH41平、剖面图

13. 97ⅠTWH41

位于Ⅰ区T396中部。开口于第4层下，打破第5层和第6层。平面呈椭圆形，斜壁，平底。坑口长径1.78米，短径1.4米，深0.5米。坑内堆积呈黑褐色，质地较疏松，出土器物10件（图3-3-109）。

出土器物

石器　8件。

网坠　7件。

B型　5件。97TWH41：2，灰色砂岩。长径3、短径1.6、厚0.5厘米（图3-3-110，8）。97TWH41：13，灰色闪长玢岩。椭圆形。长径2.3、短径1.9、厚0.8厘米（图3-3-110，7）。97TWH41：9，青灰色板岩。椭圆形。长径4.2、短径3.5、厚0.3厘米（图3-3-110，2）。97TWH41：11，灰色石英粗砂岩。椭圆形。长径5.5、短径3.7、厚1.4厘米（图3-3-110，5）。97TWH41：17，青灰色板岩。椭圆形。长3.8、宽2.8、厚0.8厘米（图3-3-110，1）。

D型　2件。97TWH41：4，青灰色板岩。近圆形，两端均有破损。直径2.4、厚0.7厘米（图3-3-110，6）。97TWH41：6，青灰色板岩。近圆形，两端均有破损。直径3、厚0.6厘米（图3-3-110，4）。

石坠　1件。97TWH41：5，青灰色板岩。近圆形，顶端有圆形钻孔。直径2、厚0.6厘米

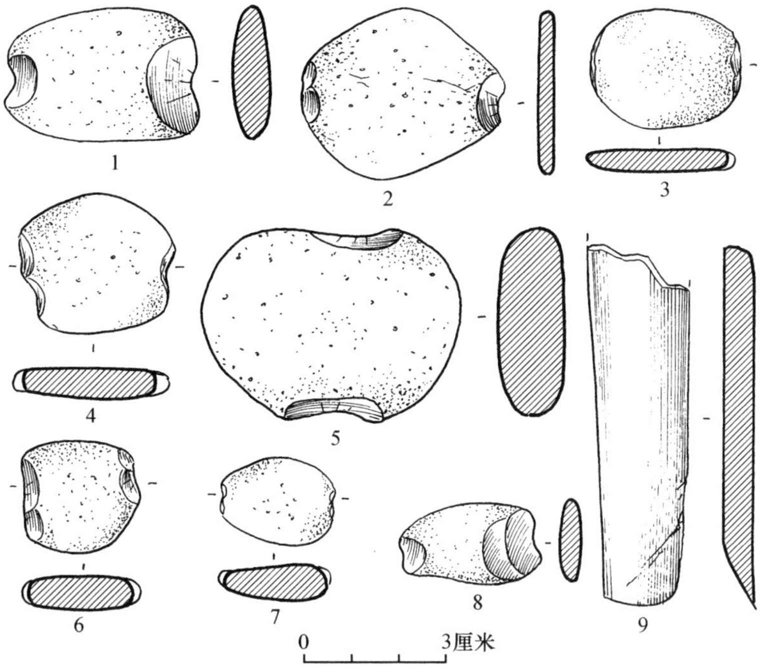

图3-3-110　97TWH41出土器物

1、2、5、7、8. B型石网坠（97TWH41：17、97TWH41：9、97TWH41：11、97TWH41：13、97TWH41：2）
3. 石坠（97TWH41：5）　4、6. D型石网坠（97TWH41：6、97TWH41：4）　9. 骨凿（97TWH41：16）

（图3-3-110，3；图版二一，8）。

骨器　1件。

凿　1件。97TWH41：16，长条形。长7.7、厚0.6厘米（图3-3-110，9）。

14. 97ⅠTWH42

位于Ⅰ区T396东南部，开口于第4层下，打破第5层。平面呈椭圆形，弧壁，平底。坑口长径2.3米，短径2米，深0.32米。坑内堆积为黑花土，质地疏松，出土器物10件（图3-3-111）。

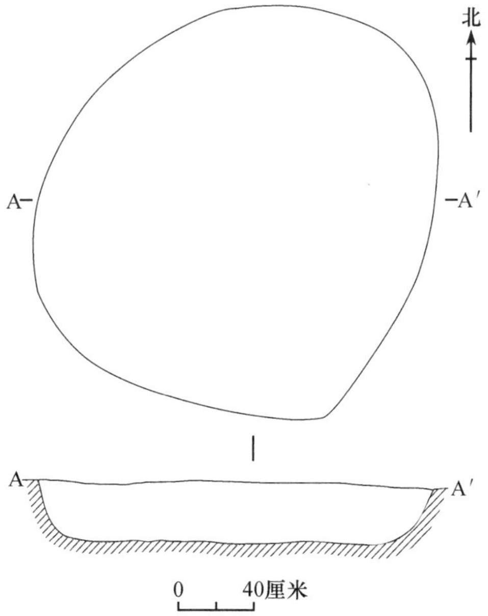

图3-3-111　97TWH42平、剖面图

出土器物

石器　4件。

Ba型镞　1件。97TWH42：1，青灰色板岩。双翼，镞身剖面呈棱形。后锋倒刺呈燕尾状，圆柱形铤。长4、镞身宽1.4、厚0.4厘米（图3-3-112，2）。

Bb型刀　1件。97TWH42：4，青灰色板岩。长条形，直背弧刃，仅余刀身前半部分。残长4.6、宽1.5、厚0.6厘米（图3-3-112，1）。

A型研磨器　2件。97TWH42：6，灰白色粗粒石英砂岩。圆柱形，一端残。残长9.3、宽4.3、厚3.4厘米（图3-3-112，4）。97TWH42：10，黄褐色石英砂岩。圆柱形，一端残。残长

12.4、宽8、厚6厘米（图3-3-112，10）。

骨器　6件。

锥　3件。97TWH42：2，方锥形，锥身剖面呈长方形。长6.7、宽0.6、厚0.5厘米（图3-3-112，8）。97TWH42：3，方锥形，锥身剖面呈长方形。残长7.4、宽1.1、厚0.8厘米（图3-3-112，7）。97TWH42：8，近圆锥形。长20.7、直径0.6厘米（图3-3-112，5）。

针　1件。97TWH42：7，尖及孔均残。残长3.8、直径0.3厘米（图3-3-112，9）。

镞　1件。97TWH42：9，三棱形，镞身剖面呈三角形，圆柱形铤。通长8、镞身长4、宽0.6、铤长4、直径0.5厘米（图3-3-112，3）。

簪　1件。97TWH42：5，扁锥形，簪身剖面呈凹窝形，柄端有凹槽。长9.5、厚0.2厘米（图3-3-112，6）。

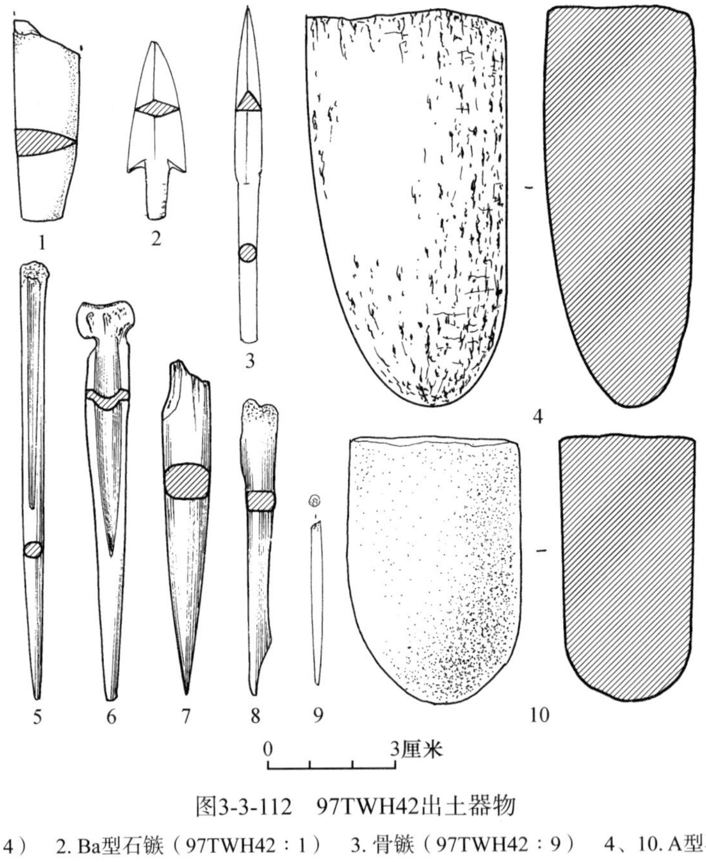

图3-3-112　97TWH42出土器物

1. Bb型石刀（97TWH42：4）　2. Ba型石镞（97TWH42：1）　3. 骨镞（97TWH42：9）　4、10. A型石研磨器（97TWH42：6、97TWH42：10）　5、7、8. 骨锥（97TWH42：8、97TWH42：3、97TWH42：2）　6. 骨簪（97TWH42：5）　9. 骨针（97TWH42：7）

15. 97ⅠTWH47

位于Ⅰ区T335北部。开口于第4层下，打破生土层，并被97TWH45打破。平面呈椭圆形，弧壁，平底。坑口长径2.36米，短径1.54米，深0.3米。坑内堆积呈黄褐色，质地疏松。出土器物件（图3-3-113）。

出土器物

陶器　1件。

罐　1件。97TWH47：1，夹砂黑褐陶，器表磨光。侈口，内壁折棱明显。鼓腹，腹上部饰对称桥形竖耳，平底。口径8.9、高13.3、底径7厘米（图3-3-114，1；图版一四，1）。

陶饰　1件。97TWH47：2，夹砂红褐陶。近圆柱形，器表分布数个凹坑，似手指捏制而成。长8、直径4.1厘米（图3-3-114，3）。

石器　1件。

Ab型刀　1件。97TWH47：4，青灰色板岩。平面近梯形，直背直刃，单孔，双面刃，刃口有使用痕迹，刃部略残。长16、宽5.2、厚0.6厘米（图3-3-114，2；图版一九，8）。

骨器　1件。

骨器　1件。97TWH47：3，以大型动物管状骨切割形成，呈圆筒状。长9.3、直径3.3、厚0.5厘米（图3-3-114，4）。

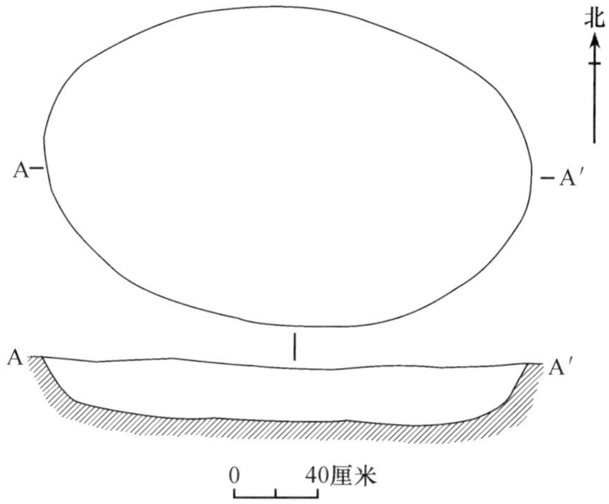

图3-3-113　97TWH47平、剖面图

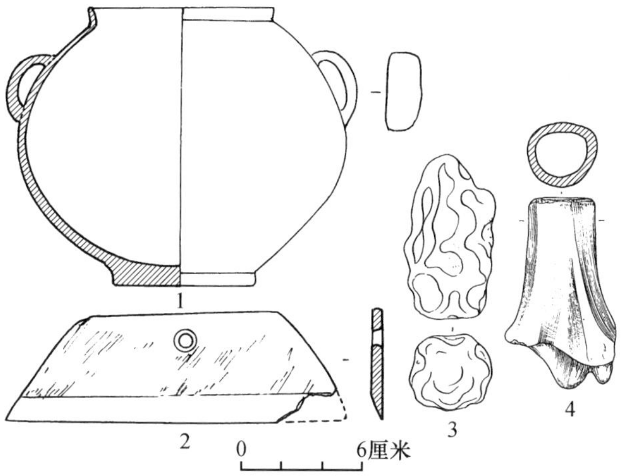

图3-3-114　97TWH47出土器物
1. 陶罐（97TWH47：1）　2. Ab型石刀（97TWH47：4）
3. 陶饰（97TWH47：2）　4. 骨器（97TWH47：3）

16. 97ⅠTWH52

位于Ⅰ区T369东隔梁内。开口于第3层下，打破第4层。平面呈圆形，弧壁，平底。坑口直径约0.94米，深0.3米。坑内堆积呈黑褐色，质地疏松，出土器物2件（图3-3-115）。

出土器物

陶器　1件。

Eb型网坠　1件。97TWH52：2，夹砂红褐陶。椭圆形，两端磨制豁口。长径6.8、短径5.6、厚0.7厘米。

石器　1件。

Cc型镞　1件。97TWH52：1，青灰色板岩。三棱形镞，镞身平面呈三角形，圆柱形铤。残长4.8、厚0.6厘米（图3-3-116）。

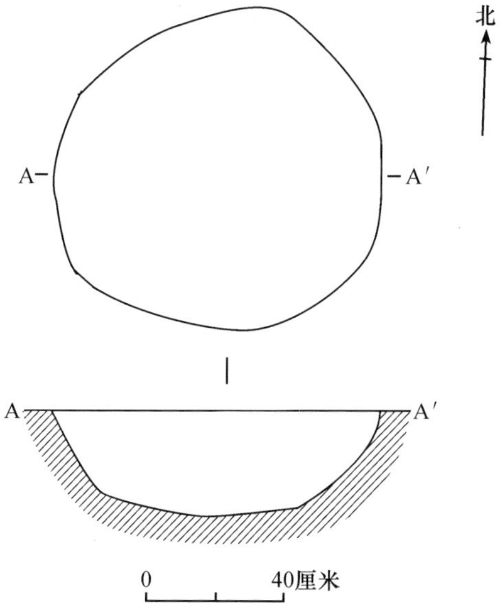

图3-3-115　97TWH52平、剖面图

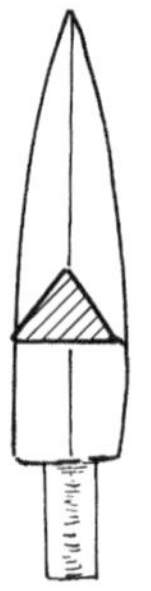

图3-3-116　97TWH52出土Cc型石镞（97TWH52：1）

17. 97 Ⅰ TWH66

位于Ⅰ区T369西部，伸入T368东隔梁。开口于第4层下，打破第5层和97TWH122。平面呈椭圆形，弧壁，平底。坑口长径1.92米，短径1.8米，深0.22米。坑内堆积呈黑色，质地疏松，出土器物14件（图3-3-117）。

出土器物

陶器　2件。

盅　1件。97TWH66：15，夹砂褐陶，素面。敛口，弧腹内收，平底。口径4.3、底径3、高3.8厘米（图3-3-118，2）。

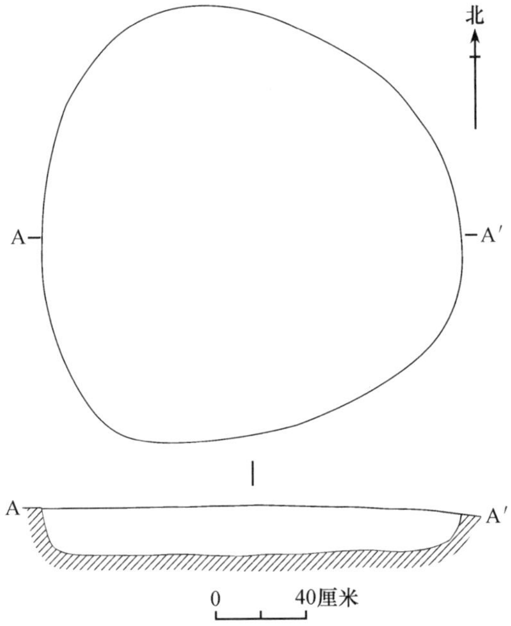

图3-3-117　97TWH66平、剖面图

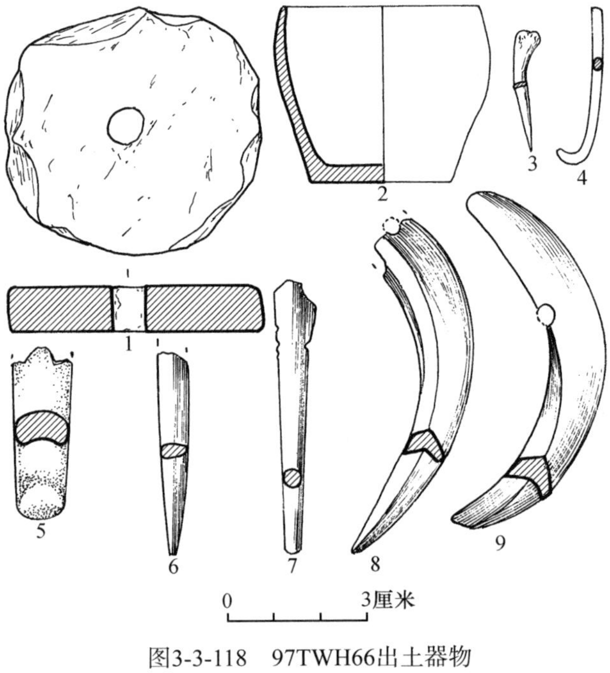

图3-3-118　97TWH66出土器物

1. A型陶纺轮（97TWH66：4）　2. 陶盅（97TWH66：15）　3. 骨锥（97TWH66：6）　4. 骨钩（97TWH66：14）　5. 骨凿（97TWH66：11）　6、7. 骨簪（97TWH66：8、97TWH66：13）　8、9. 牙饰（97TWH66：5、97TWH66：9）

A型纺轮　1件。97TWH66：4，以黄褐色泥质陶烧制，呈圆饼形，中间有穿孔。直径5.5、厚1厘米（图3-3-118，1）。

石器　5件。

Ad型镞　1件。97TWH66：2，青灰色板岩。柳叶形，凹底，中间有凹槽，镞身底部有突刺。长3.5、宽1.5、厚0.4厘米（图3-3-119，1）。

C型网坠　1件。97TWH66：10，灰色板岩。不规则形，两端打制豁口，一侧豁口较宽。长3、宽2.7、厚0.5厘米（图3-3-119，2）。

凿　1件。97TWH66：1，灰色板岩。长条形，一端有双刃，一端残。长5.6、宽1.6、厚0.3

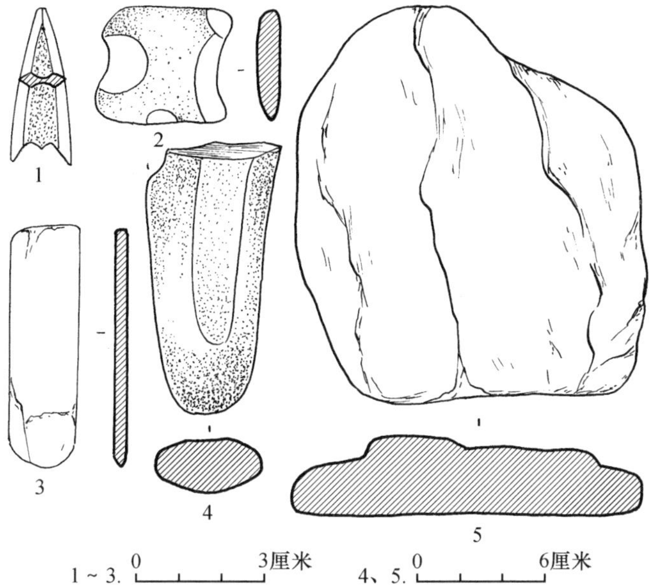

图3-3-119　97TWH66出土石器

1. Ad型镞（97TWH66：2）　2. C型网坠（97TWH66：10）　3. 凿（97TWH66：1）　4. A型研磨器（97TWH66：3）　5. 异型研磨器（97TWH66：12）

厘米（图3-3-119，3）。

研磨器　2件。

A型　1件。97TWH66：3，灰白色砂岩。圆柱形，一端残。残长12.5、长径5.4、短径2.4厘米（图3-3-119，4）。

异型研磨器　1件。97TWH66：12，灰白色石英砂岩。不规则扁圆形，一面光滑平整，一面凸凹不平。直径约16.4、厚3.4厘米（图3-3-119，5）。

骨、牙器　5件。

骨凿　1件。97TWH66：11，长条形，上部残。残长3.5、宽1.1、厚0.7厘米（图3-3-118，5）。

骨钩　1件。97TWH66：14，上部残，钩尖残。残长3.3、直径0.3厘米（图3-3-118，4）。

骨簪　2件。97TWH66：8，扁锥形，上部残，器表光滑。残长4、宽0.6、厚0.3厘米（图3-3-118，6）。97TWH66：13，兽骨磨制，顶端对磨出大小深浅不一的豁口，下端呈圆柱形，尖已残。残长5.8、直径0.4厘米（图3-3-118，7；图版二四，1）。

骨锥　1件。97TWH66：6，扁锥形，形体较小，锥尖锋利。长2.6、厚0.1厘米（图3-3-118，3）。

牙饰　2件。以野猪獠牙磨制。97TWH66：5，尾端有圆形钻孔。残长7、厚0.4厘米（图3-3-118，8）。97TWH66：9，中间有圆形钻孔，器身有小块骨片剥落。长7、厚0.5厘米（图3-3-118，9）。

18. 97 Ⅰ TWH121

位于Ⅰ区T369东北角，伸入其东、北隔梁。开口于第4层下，打破第5层。平面为椭圆形，斜壁，平底。坑口长径1.26米，短径1.08米，深0.52米。坑内堆积呈褐色，质地疏松，包含少量夹砂褐陶片。出土器物3件（图3-3-120）。

出土器物

陶器　1件。

陶塑动物　1件。97TWH121：2，红褐色泥质陶烧制而成，头部已残，推测为狗。长0.35米，高0.17米（图3-3-121，1）。

石器　2件。

剑　1件。97TWH121：1，灰色板岩。长条形，表面留有石皮，两侧双向加工呈刃口，锋残。长10.8、宽3、厚0.9厘米（图3-3-121，3）。

A型研磨器　1件。97TWH121：3，灰色石英砂岩。圆柱形。长18.2、最大径6.2厘米（图3-3-121，2）。

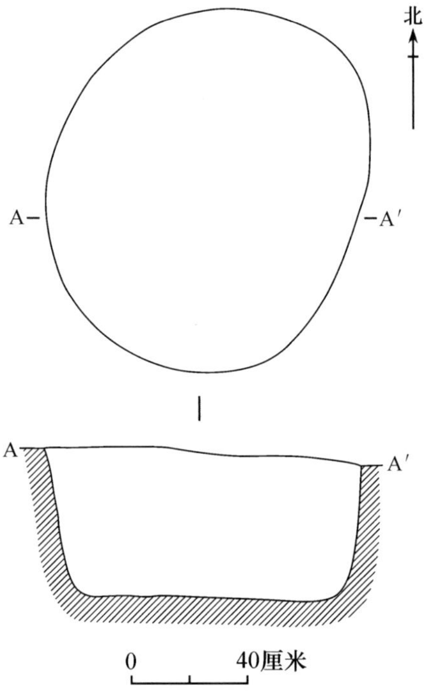

图3-3-120　97TWH121平、剖面图

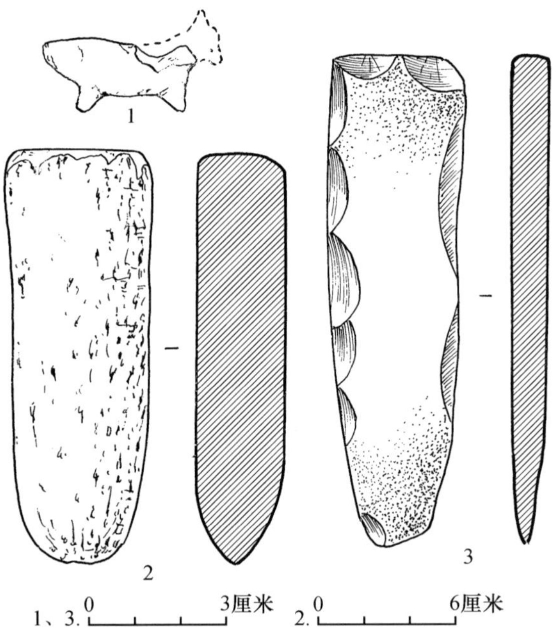

图3-3-121　97TWH121出土器物

1. 陶塑动物（97TWH121：2）　2. A型石研磨器（97TWH121：3）　3. 石剑（97TWH121：1）

19. 97ⅠTWH123

位于Ⅰ区T369东北部，伸入其东隔梁。开口于第4层下，打破第6层和第7层。平面呈不规则形，斜壁，平底。坑口长径2.5米，短径1.9米，深0.3米。坑内堆积为浅褐色，质地疏松，包含部分夹砂褐陶片。出土器物12件（图3-3-122；图版一一，2）。

出土器物

陶器　1件。

鼎足　1件。97TWH123：4，以红褐色夹砂陶烧制而成。呈方锥形。长13.8、宽2.6、厚2.5厘米（图3-3-123，1）。

石器　6件。

刀　3件。

Aa型　1件。97TWH123：7，紫灰色细砂岩。近圆角梯形，弧背弧刃，双面刃。刃口有崩片。长10.5、宽5.6、厚1厘米（图3-3-123，3）。

Ab型　2件。97TWH123：8，灰白色粉砂质泥岩。半月形，刀身较窄，已残半。刀身中部有双孔，一孔已残，刃部不明显。器表风化严重。残长8.2、宽3.5、厚0.4厘米（图3-3-123，4）。97TWH123：10，青灰色板岩。刀身较窄，器身中部靠近刃部有单孔，单面刃。长15.9、宽4.5、厚1厘米（图3-3-123，2；图版一九，3）。

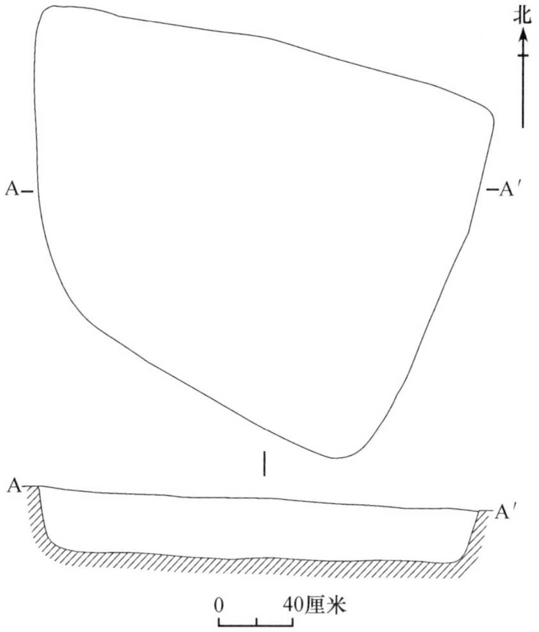

图3-3-122　97TWH123平、剖面图

凿　1件。97TWH123：5，青灰色板岩。长条形，单面刃，器表光滑，凿顶端残断。残长8.4、宽1.2、厚0.7厘米（图3-3-123，7）。

斧　1件。97TWH123：6，灰色细砂岩。仅余斧头部分。斧身厚重，双面刃，刃部有崩

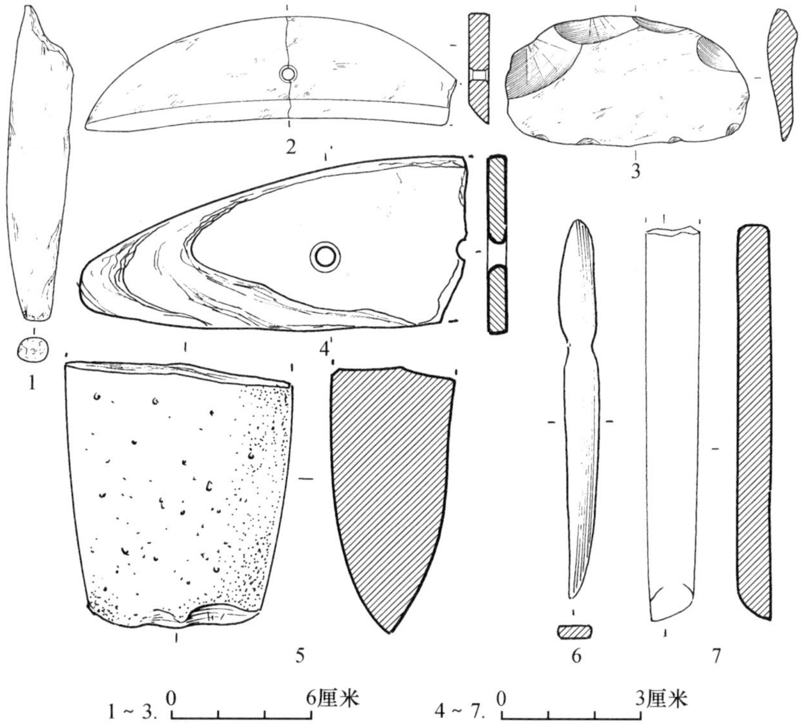

图3-3-123　97TWH123出土器物

1. 陶鼎足（97TWH123：4）　2、4. Ab型石刀（97TWH123：10、97TWH123：8）　3. Aa型石刀（97TWH123：7）
5. 石斧（97TWH123：6）　6. 石锥（97TWH123：9）　7. 石凿（97TWH123：5）

痕。残长5.7、宽4.9、厚2.6厘米（图3-3-123，5）。

锥　1件。97TWH123：9，青灰色板岩。尖头，束腰，下端斜尖，剖面呈四边形。长8.2、宽0.7、厚0.3厘米（图3-3-123，6）。

骨器　5件。

锥　3件。97TWH123：2，扁锥形，以动物大型管状骨磨制。顶端已残断。残长11.5、宽1.5、厚0.3厘米（图3-3-124，1）。97TWH123：3，以大鱼脊刺磨制而成，锥身上部分有两自然槽，下部分剖面为圆形（图3-3-124，4）。97TWH123：12，扁锥形，以动物大型管状骨磨制。顶端已残。残长10.5、宽1.3、厚0.3厘米（图3-3-124，2）。

簪　1件。97TWH123：11，以动物管状骨磨制，呈圆锥形，簪身细长，柄与簪身结合处有一道凹槽，做工精细。长20.5、直径0.8厘米（图3-3-124，3；图版二四，4）。

兽骨　1件。97TWH123：1-1，残长11.8厘米（图3-3-124，5）。97TWH123：1-2，残长11.4厘米。应该是一块兽骨断裂而成（图3-3-124，6）。

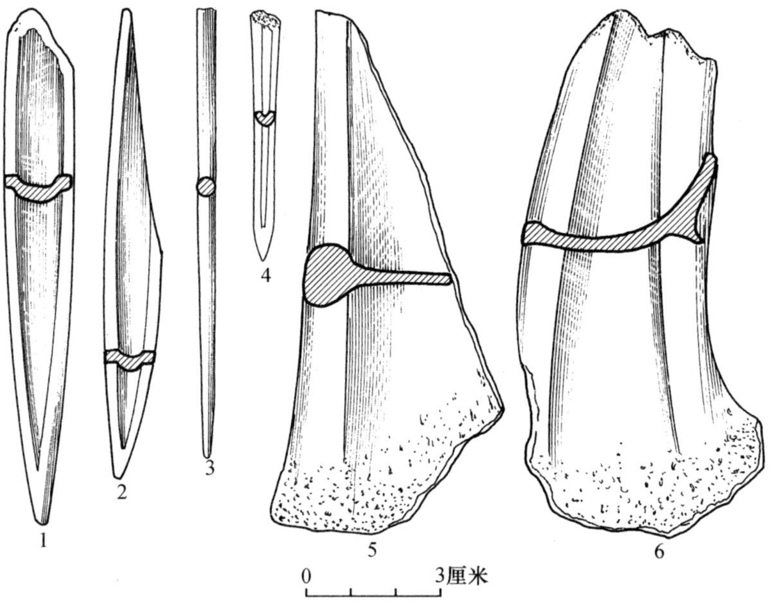

图3-3-124　97TWH123出土骨器

1、2、4. 锥（97TWH123：2、97TWH123：12、97TWH123：3）　3. 簪（97TWH123：11）

5、6. 兽骨（97TWH123：1-1、97TWH123：1-2）

20. 97 Ⅰ TWH124

位于Ⅰ区T369西北部。开口于第4层下，打破第5层。平面近圆角长方形，直壁，平底。坑口边长分别为0.8（东）、1.16（南）、0.8（西）、0.9（北）米，深0.38米。坑内堆积呈浅褐色，质地较疏松，出土器物2件（图3-3-125）。

出土器物

石器　1件。

Aa型刀　1件。97TWH124：2，深灰色板岩。残半，平面近梯形，器身较宽。弧背直刃，双面刃，刃口锋利。残长4.6、宽4、厚0.4厘米（图3-3-126，1）。

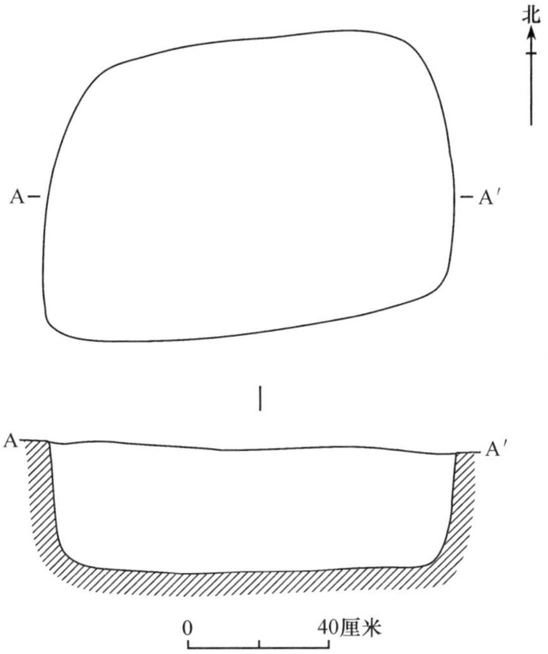

图3-3-125　97TWH124平、剖面图

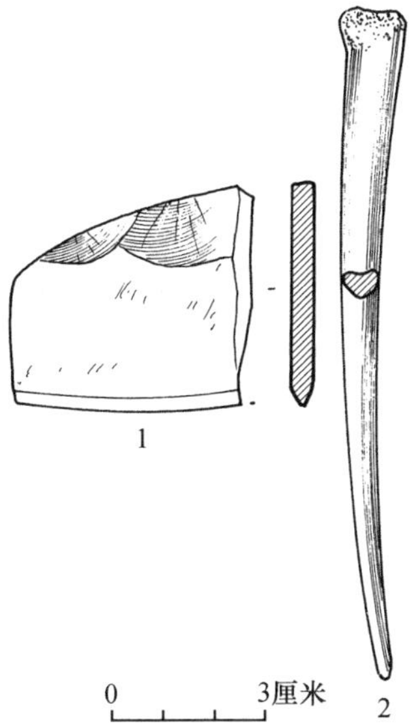

图3-3-126　97TWH124出土器物

1. Aa型石刀（97TWH124：2）　2. 骨锥（97TWH124：1）

骨器　1件。

锥　1件。97TWH124：1，扁锥形，锥身剖面呈半圆形，以动物肢骨磨制，器身弯曲。长12.8、厚0.4厘米（图3-3-126，2）。

21. 97 Ⅰ TWH26

位于Ⅰ区T399东北部，开口于第3层下，打破第4层、第5层和97TWH125，并被现代沟打破。平面呈不规则形，斜壁，平底。坑口长径为2.28米，短径为2.16米，深0.3米。坑内堆积为花土，质地疏松，出土器物18件（图3-3-127）。

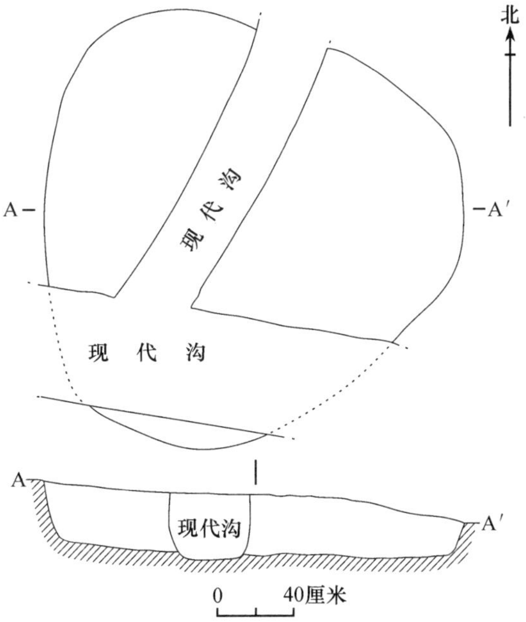

图3-3-127　97TWH26平、剖面图

出土器物

陶器　4件。

小碗　1件。97TWH26：2，红褐色泥质陶，表面打磨光滑，仅余下腹及底部，弧腹，平底微内凹，形成假圈足。底径2.8、残高2厘米（图3-3-128，1）。

网坠　3件。

Ea型　2件。97TWH26：1，以夹砂黄褐陶制成。平面呈圆形，残半，中间有圆形钻孔，两端打制豁口。直径5.8、厚0.5厘米（图3-3-128，3）。97TWH26：11，以夹砂黄褐陶片制成。平面呈圆形，残半，中间有钻孔，两端打制豁口。直径6、厚0.9厘米（图3-3-128，4）。

Eb型　1件。97TWH26：5，夹砂黑褐陶片制成。平面呈椭圆形，两端打制豁口。长径

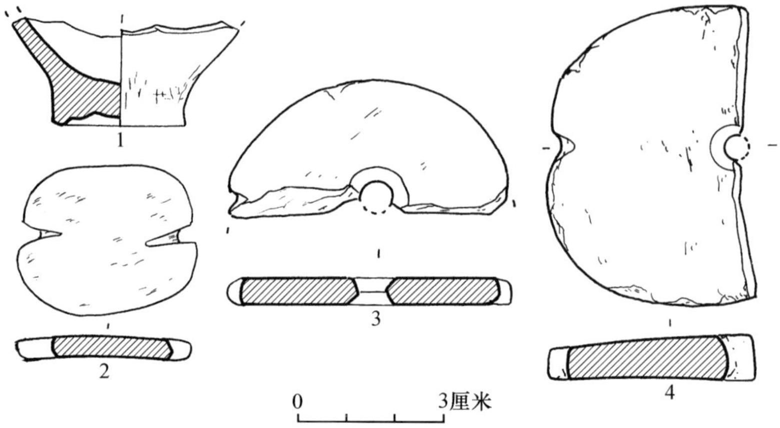

图3-3-128　97TWH26出土陶器

1. 小碗（97TWH26：2）　2. Eb型网坠（97TWH26：5）　3、4. Ea型网坠（97TWH26：1、97TWH26：11）

3.7、短径3.2、厚0.5厘米（图3-3-128，2）。

石器　12件。

镞　7件。

Ad型　1件。97TWH26：8，青灰色板岩。柳叶形镞身，镞身中间有血槽，血槽尾端有圆形钻孔，后锋中间形成凹窝形，一后锋已残，无铤。通长6、镞身宽1.2～1.8、厚0.4厘米（图3-3-129，14）。

Ba型　1件。97TWH26：12，青灰色板岩。双翼，后锋倒刺呈燕尾形，铤剖面呈长方形。通长6、镞身长3、厚0.6厘米（图3-3-129，13）。

Ca型　2件。97TWH26：3，青灰色板岩。三棱形，残。残长4.7、镞身宽0.8、厚0.6厘米（图3-3-129，3）。97TWH26：6，青灰色板岩。三棱形，残。残长3.4、镞身宽0.8、厚0.6厘米（图3-3-129，4）。

Cb型　1件。97TWH26：17，灰黑色橄榄玄武岩。镞身平面呈矛形，圆柱形铤。长4.7、镞身宽0.8、厚0.3厘米（图3-3-129，5）。

Cc型　1件。97TWH26：9，青灰色板岩。三棱形镞，镞身平面呈三角形，铤残。残长4.7、镞身宽0.9、厚0.6厘米（图3-3-129，6）。

半成品　1件。97TWH26：15，青灰色板岩。长条形，可看出磨制的镞尖，有脊，横剖面呈不规则棱形，器身有切割时留下的刻划痕，推测为石镞的半成品。长5.3、厚0.4厘米（图3-3-129，12）。

锥　2件。97TWH26：13，褐色板岩。扁锥形，锥体上部已残断，锥身一侧有浅凹槽。残长3.8、厚0.3厘米（图3-3-129，7）。97TWH26：20，青灰色板岩。圆锥形，锥体上部已残断，锥身上有螺旋纹。残长4.2、直径0.5厘米（图3-3-129，9）。

锛　1件。97TWH26：16，褐色细砂岩。长条形，背面石片整片剥落，顶残，刃部亦残。残长7.9、宽3.5、厚0.9厘米（图3-3-129，1）。

刀　1件。97TWH26：18，灰色细砂岩。仅余刀身残段，单面弧刃，形制不清。残长2.6、宽3、厚0.4厘米（图3-3-129，8）。

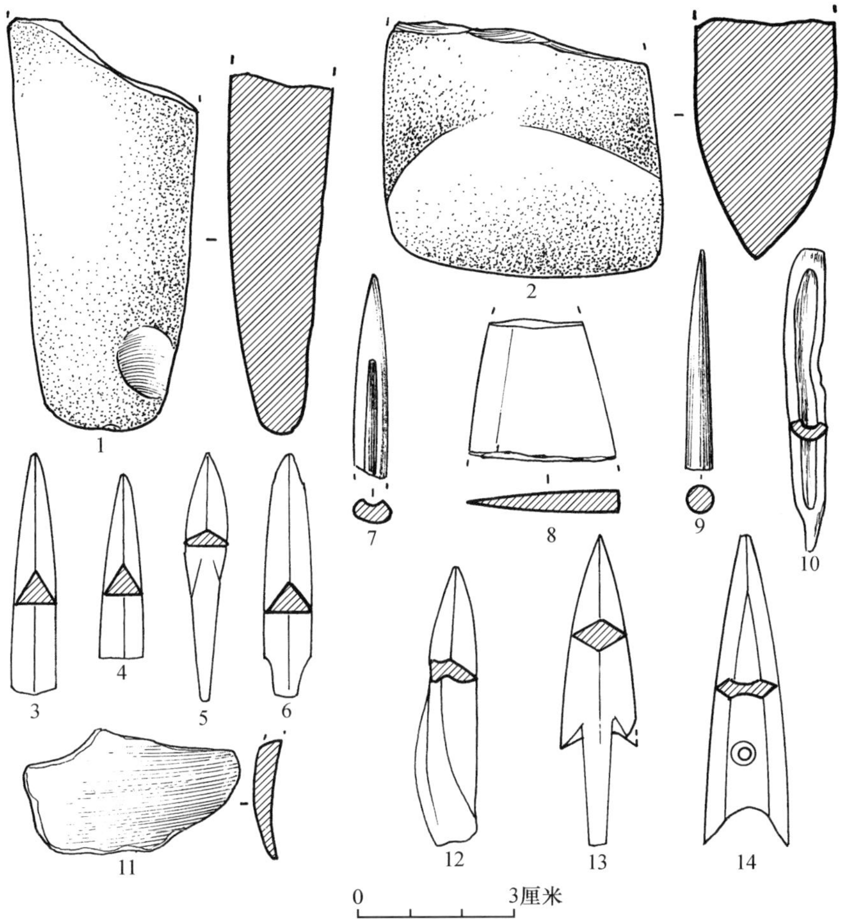

图3-3-129　97TWH26出土器物

1. 石锛（97TWH26：16）　2. 石斧（97TWH26：19）　3、4. Ca型石镞（97TWH26：3、97TWH26：6）　5. Cb型石镞（97TWH26：17）　6. Cc型石镞（97TWH26：9）　7、9. 石锥（97TWH26：13、97TWH26：20）　8. 石刀（97TWH26：18）　10. 骨锥（97TWH26：21）　11. 蚌片（97TWH26：10）　12. 石镞半成品（97TWH26：15）　13. Ba型石镞（97TWH26：12）　14. Ad型石镞（97TWH26：8）

斧　1件。97TWH26：19，青灰色细砂岩。仅余斧身下部，磨制较宽的双面刃，斧身厚重。残长4.5、宽5.2、厚2.9厘米（图3-3-129，2）。

骨器　1件。

锥　1件。97TWH26：21，以动物管状骨磨制，扁锥形，尖微残，锥身一侧有凹槽。长5.6、厚0.2厘米（图3-3-129，10）。

其他　1件。

蚌片　1件。97TWH26：10，蚌骨残片，一端有锋利的刃部，另一端残破，推测为刮削器。长4.1、宽2.3、厚0.3厘米（图3-3-129，11）。

22. 97ⅠTWH30

位于Ⅰ区T398东部。开口于第3层下，打破第4层，并被现代沟打破。平面呈椭圆形，斜壁，平底。坑口长径2.98米，短径2.45米，深0.5米。坑内堆积呈黑褐色，并夹杂砾石和黄沙，质地疏松，出土器物48件（图3-3-130）。

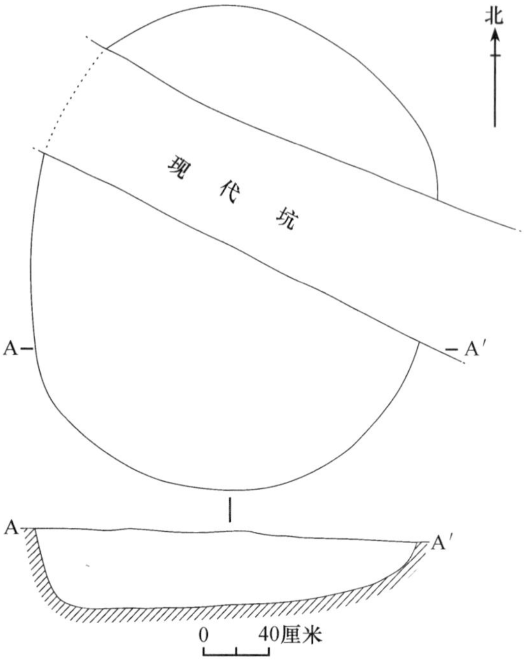

图3-3-130　97TWH30平、剖面图

出土器物

陶器　7件。

小盅　1件。97TWH30：40，泥质黄褐陶，手制，微敛口，口沿部分不甚规整，直壁，平底，器表光滑。口径3.4、底径2.3、高2厘米（图3-3-131，4）。

网坠　6件。

Ea型　1件。97TWH30：31，以夹砂黄褐陶片打制而成。近圆形，中间穿孔，四周打制四个豁口。直径6.4～7、厚1厘米（图3-3-131，1）。

Ec型　3件。方形或近方形。97TWH30：15，以夹砂黑褐陶片打制而成。方形，残半。残长3.8、宽4.4、厚0.4厘米（图3-3-131，6）。97TWH30：32，夹砂黄褐陶磨制而成。近方形，中间穿孔，两端磨出两个豁口。边长7.3～7.7、厚0.7厘米（图3-3-131，2）。97TWH30：41，以夹砂黄

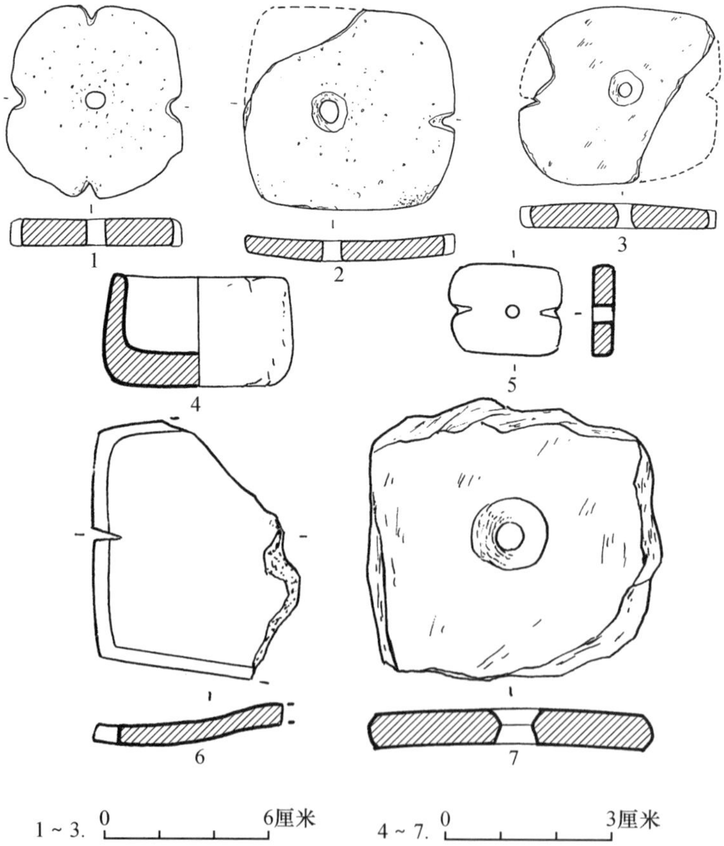

图3-3-131　97TWH30出土陶器

1. Ea型网坠（97TWH30：31）　2、6、7. Ec型网坠（97TWH30：32、97TWH30：15、97TWH30：41）　3、5. Ed型网坠（97TWH30：34、97TWH30：12）　4. 小盅（97TWH30：40）

褐陶打制而成。方形，四边不规整，中间有圆形钻孔。边长5、厚0.5厘米（图3-3-131，7）。

Ed型　2件。长方形，两端磨制豁口。97TWH30：12，以夹砂灰褐陶片磨制而成。长2、宽1.6、厚0.4厘米（图3-3-131，5）。97TWH30：34，以夹砂黄褐陶片磨制而成。长约7.2、宽6、厚0.7厘米（图3-3-131，3）。

石器　19件

镞　8件。

Aa型　2件。柳叶形，平身无脊，镞身残。97TWH30：16，青灰色板岩。残长3.5、镞身宽1.2、厚0.2厘米（图3-3-132，1）。97TWH30：26，青灰色板岩。残长2.9、镞身宽0.9、厚0.3厘米（图3-3-132，2）。

Ad型　2件。柳叶形，镞身向内磨出凹槽，形成血槽，凹底，无铤。97TWH30：3，青灰色板岩。长3、镞身宽1.1、厚0.3厘米（图3-3-132，7）。97TWH30：4，青灰色板岩。长3.1、镞身宽1.4、厚0.4厘米（图3-3-132，8）。

B型　1件。97TWH30：7，青灰色板岩。双翼，镞身起脊，剖面呈棱形，镞身下部已残。残长4、镞身宽1.3、厚0.3厘米（图3-3-132，3）。

Ba型　2件。双翼，后锋倒刺呈燕尾形。97TWH30：9，青灰色板岩。镞身起脊，剖面呈棱形。长5.2、镞身宽1.3、厚0.5厘米（图3-3-132，6）。97TWH30：27，青灰色板岩。尖已残，镞身两面均有血槽，带铤，铤已残。残长3.3、镞身宽1.8、厚0.4厘米（图3-3-132，5）。

Ca型　1件。97TWH30：14，青灰色板岩。镞身剖面呈三角形，铤残。残长4.5、铤身宽1.4、厚0.2厘米（图3-3-132，4）。

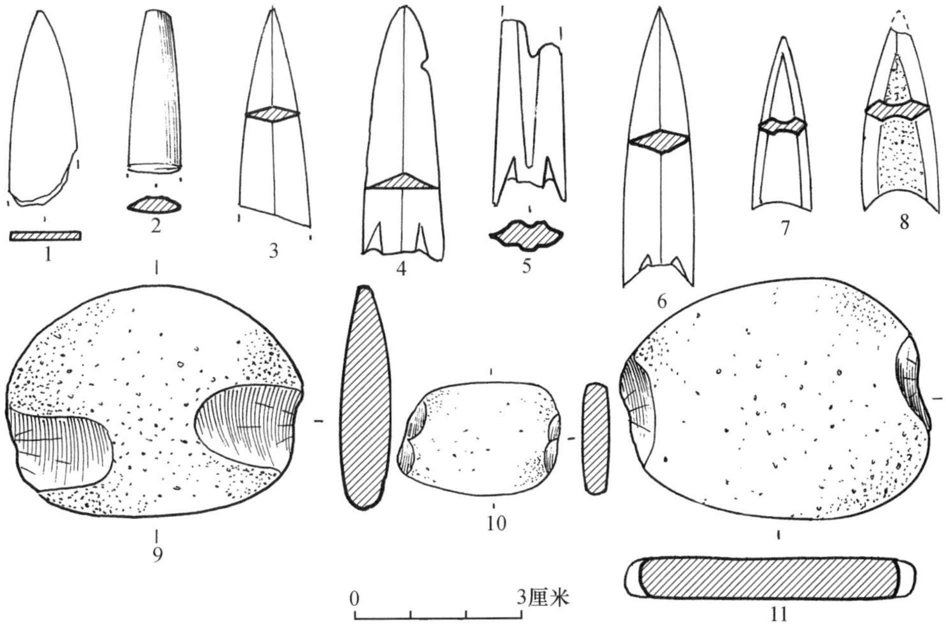

图3-3-132　97TWH30出土石器

1、2. Aa型镞（97TWH30：16、97TWH30：26）　3. B型镞（97TWH30：7）　4. Ca型镞（97TWH30：14）　5、6. Ba型镞（97TWH30：27、97TWH30：9）　7、8. Ad型镞（97TWH30：3、97TWH30：4）　9～11. B型网坠（97TWH30：25、97TWH30：33、97TWH30：28）

B型网坠　3件。椭圆形，两端打制豁口。97TWH30：25，黑灰色细砂岩。长径5、短径4.2、厚0.9厘米（图3-3-132，9）。97TWH30：28，灰白色砂岩。长径5.5、短径4.3、厚0.8厘米（图3-3-132，11）。97TWH30：33，灰白色细砂岩。长径3、短径2.2、厚0.6厘米（图3-3-132，10）。

砺石　1件。97TWH30：1，红褐色大理岩。长条形，一侧较平，一侧有长条形凹槽。长5.1、宽3、厚1.4厘米（图3-3-133，2）。

刀　3件。

Aa型　1件。97TWH30：2，灰色板岩。仅余刀身残段，器身和刃部均较宽，近梯形，磨制精细。残长3、宽5.7、厚0.7厘米（图3-3-133，3）。

Ab型　1件。97TWH30：29，黑灰色板岩。半月形，弧背直刃，刃部有缺口，一端残。残长9.5、宽4.1、厚0.7厘米（图3-3-133，4）。

Ba型　1件。97TWH30：35，深灰色板岩。长条形，器身较宽，直背弧刃，双面刃，一端残。刀背有打制痕迹。残长6.8、宽4.5、厚1.1厘米（图3-3-133，5）。

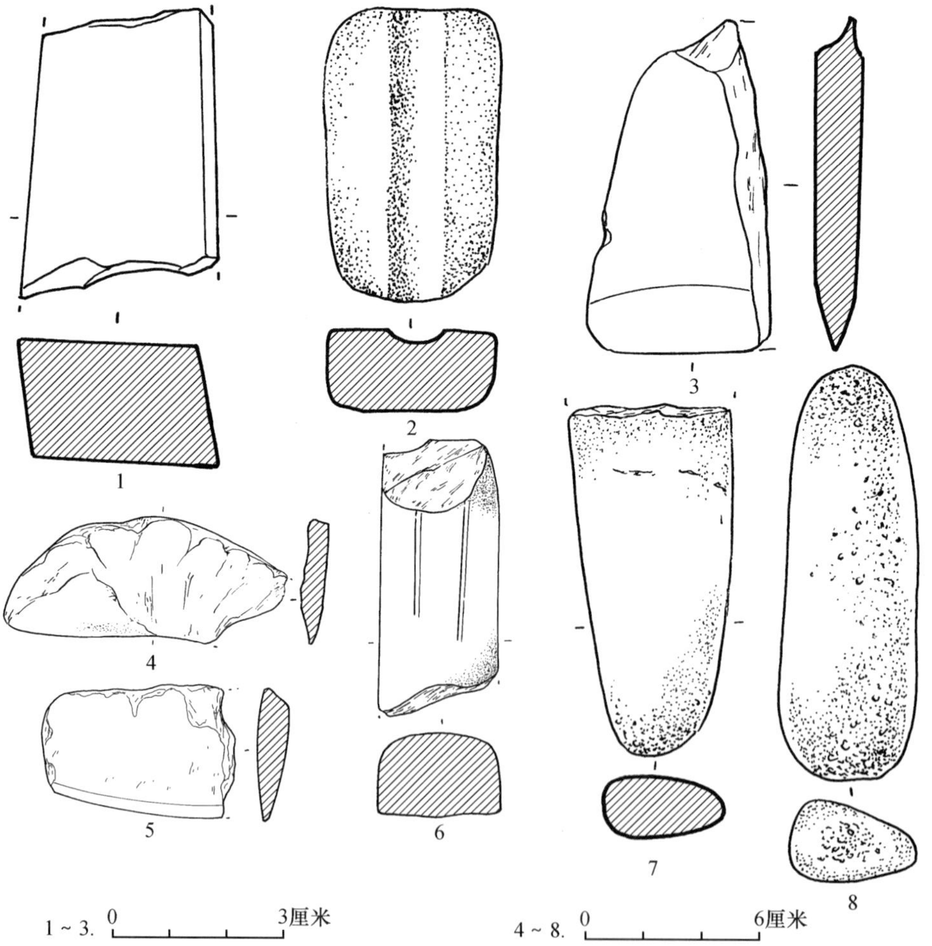

图3-3-133　97TWH30出土石器

1. 石器（97TWH30：24）　2. 砺石（97TWH30：1）　3. Aa型刀（97TWH30：2）　4. Ab型刀（97TWH30：29）　5. Ba型刀（97TWH30：35）　6～8. A型研磨器（97TWH30：11、97TWH30：19、97TWH30：22）

A型研磨器　3件。圆柱形。97TWH30：11，青灰色板岩。两端均残。残长9.3、宽4.2、厚2.8厘米（图3-3-133，6）。97TWH30：19，紫褐色石英砂岩。一端残。残长6、宽2.8、厚1.1厘米（图3-3-133，7）。97TWH30：22，灰白色石英岩。一端有明显的使用痕迹。长14、宽4.6、厚2.8厘米（图3-3-133，8）。

石器　1件。97TWH30：24，黑灰色板岩。长条形，四面较平整，两端残断。残长5、宽3.3、厚2.1厘米（图3-3-133，1）。

骨器及其他　22件。

骨锥　2件。扁锥形。97TWH30：6，顶端残，扁锥身，尖部呈三角形，通体磨制。残长9、厚0.2厘米（图3-3-134，6）。97TWH30：8，锥身一侧有凹窝，剖面呈椭圆形，尖部有明显的使用痕迹。长8.5、厚0.6厘米（图3-3-134，4）。

骨凿　3件。以动物管状骨劈裂成半磨制而成。97TWH30：17，双面直刃，形制规整。长14.5、宽2.1、厚0.9～1.3厘米（图3-3-134，2）。97TWH30：30，双面直刃。长8、宽1、厚0.4厘米（图3-3-134，5）。97TWH30：42，双面刃，使用痕迹明显。长10.5、宽2.1、厚0.5厘米（图3-3-134，7）。

骨匕　1件。97TWH30：5，用兽骨劈裂成半磨制而成，下端磨出锐利的匕锋。长12、厚0.3米（图3-3-134，8）。

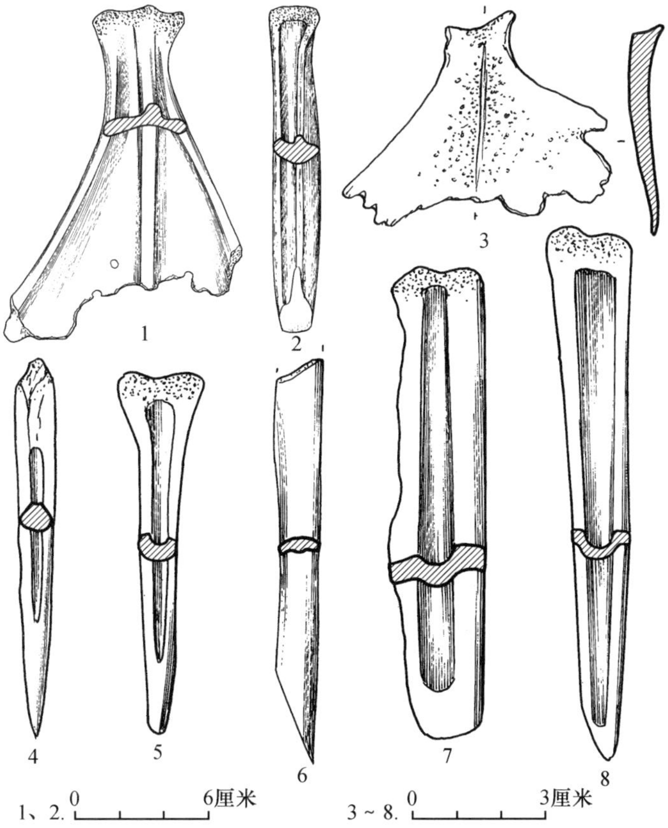

图3-3-134　97TWH30出土器物

1. 卜骨（97TWH30：36）　2、5、7. 骨凿（97TWH30：17、97TWH30：30、97TWH30：42）　3. 鳖甲（97TWH30：37）　4、6. 骨锥（97TWH30：8、97TWH30：6）　8. 骨匕（97TWH30：5）

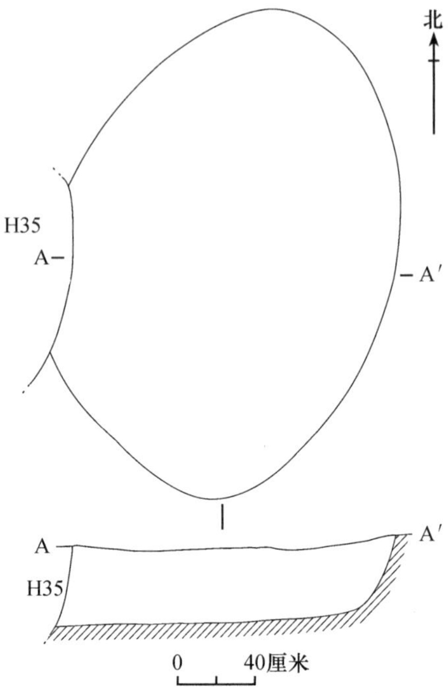

图3-3-135　97TWH31平、剖面图

鳖甲　1件。97TWH30：37，不规则形，表面有密布的坑点。长6、宽3.9、厚0.4厘米（图3-3-134，3）。

卜骨　1件。97TWH30：36，以牛肩胛骨制成，中间有烧灼痕迹。长约14.6厘米（图3-3-134，1）。

鸡骨　4块。

鱼骨　10块。

23. 97 Ⅰ TWH31

位于Ⅰ区T398西南部。开口于第3层下，打破第4层，并被97TWH35打破。平面呈椭圆形，弧壁，平底。坑口长径2.5米，短径1.67米，深0.4米。坑内堆积呈黑褐色，夹杂砾石和黄沙，质地疏松，出土器物21件（图3-3-135）。

出土器物

陶器　5件。

小豆　1件。97TWH31：20，夹砂黄褐陶。素面，手制口部呈枣核形，实心圈足微内凹。口长径5.3、短径2.8、底径2.8、高3.8厘米（图3-3-136，5）。

网坠　4件。

Eb型　1件。97TWH31：5，以夹砂褐陶片磨制而成。椭圆形，两端磨制豁口，中间有圆形钻孔。长7.1、宽6.7、厚0.7厘米（图3-3-136，2）。

Ec型　2件。97TWH31：1，以夹砂褐陶片磨制而成。近圆角方形，两端磨制豁口，中间有圆形钻孔。边长6.4～6.8、厚0.8厘米（图3-3-136，4）。97TWH31：2，以夹砂褐陶片磨制而成。近圆角方形，四边磨制豁口，中间有圆形钻孔。边长5.6～6、厚0.8厘米（图3-3-136，3）。

Ed型　1件。97TWH31：3，以夹砂褐陶片磨制而成。圆角长方形，两端磨制豁口，中间有圆形钻孔。长7.4、宽5.6、厚0.6厘米（图3-3-136，1）。

石器　5件。

镞　2件。

Ad型　1件。97TWH31：14，青灰色板岩。镞身剖面呈六边形，两侧形成刃部。尖部及镞身下部均已残。残长4.7、宽1.4、厚0.3厘米（图3-3-136，7）。

Ba型　1件。97TWH31：7，青灰色板岩。镞身剖面呈棱形，后锋倒刺呈燕尾形。长6.3、镞身宽1.4、厚0.6厘米（图3-3-136，6）。

B型网坠　1件。97TWH31：12，褐灰色细砂岩。椭圆形，两端打制豁口。长4、宽2.8、厚0.7厘米（图3-3-136，8）。

刀　2件。

Ab型　1件。97TWH31：4，深灰色板岩。仅余刀身一段，刀身呈弯月形，弧背直刃，单面刃。残长9.8、宽4.7、厚1.4厘米（图3-3-136，10）。

Bb型　1件。97TWH31：13，青灰色板岩。直背直刃，两端均残，刃部有明显的使用痕

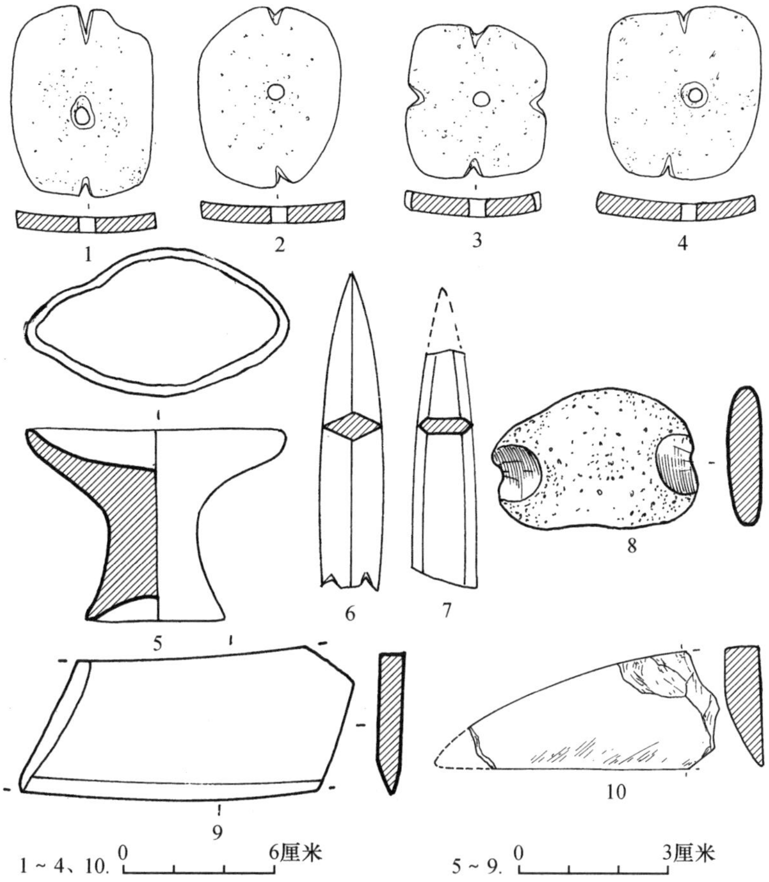

图3-3-136　97TWH31出土器物

1. Ed型陶网坠（97TWH31：3）　2. Eb型陶网坠（97TWH31：5）　3、4. Ec型陶网坠（97TWH31：2、97TWH31：1）　5. 小陶豆（97TWH31：20）　6. Ba型石镞（97TWH31：7）　7. Ad型石镞（97TWH31：14）　8. B型石网坠（97TWH31：12）　9. Bb型石刀（97TWH31：13）　10. Ab型石刀（97TWH31：4）

迹。残长6.2、宽2.7、厚0.4厘米（图3-3-136，9）。

骨、角、牙器及其他　10件。

骨锥　5件。97TWH31：6，锥身剖面呈长方形。尖部磨圆，锥身残断。残长4.6、宽0.6、厚0.3米（图3-3-137，4）。97TWH31：9，锥身呈黑色，剖面呈长方形，应被火烧过，尖部磨圆，锥身残断。残长3.4、厚0.5厘米（图3-3-137，5）。97TWH31：11，以动物肢骨磨制，锥身剖面呈凹窝形。尖部较长，且较锋利。长5.3、厚0.2厘米（图3-3-137，7）。97TWH31：16，以动物肢骨磨制，锥身剖面呈凹窝形。尖部较长，且较锋利。长5.1、厚0.2厘米（图3-3-137，6）。97TWH31：41，锥身下部呈圆锥状，上部残断。残长4.5、厚0.7厘米（图3-3-137，3）。

狍子角　1件。97TWH31：17，圆柱形，一端残。残长10.3、厚2厘米（图3-3-137，1）。

牙饰　1件。97TWH31：10，以野猪獠牙磨制而成。牙根部有圆形钻孔。长9.6、厚0.8厘米（图3-3-137，2；图版二五，3）。

鱼骨　3块。97TWH31：23。

鳖甲　1块。97TWH31：25。

24. 97ⅠTWH34

位于Ⅰ区T370中部。开口于第3层下，并被H20打破。平面近圆形，直壁，平底。坑口直径为0.76～0.8米，深0.3米。坑内堆积呈黑色，质地疏松，无出土器物（图3-3-138）。

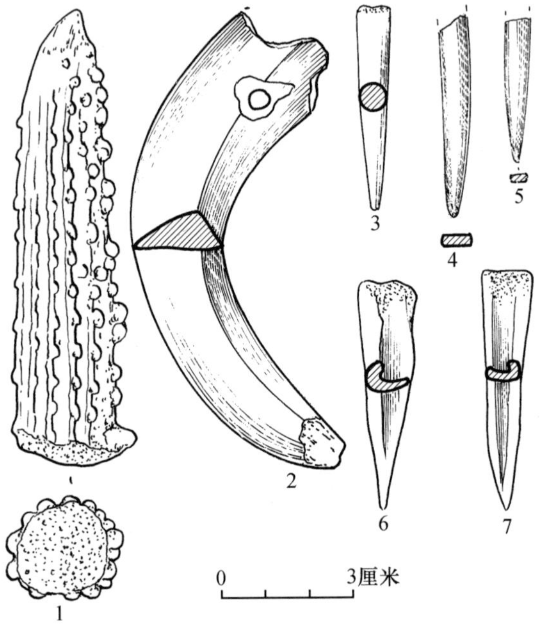

图3-3-137　97TWH31出土器物

1. 狍子角（97TWH31：17）　2. 牙饰（97TWH31：10）
3～7. 骨锥（97TWH31：41、97TWH31：6、97TWH31：9、97TWH31：16、97TWH31：11）

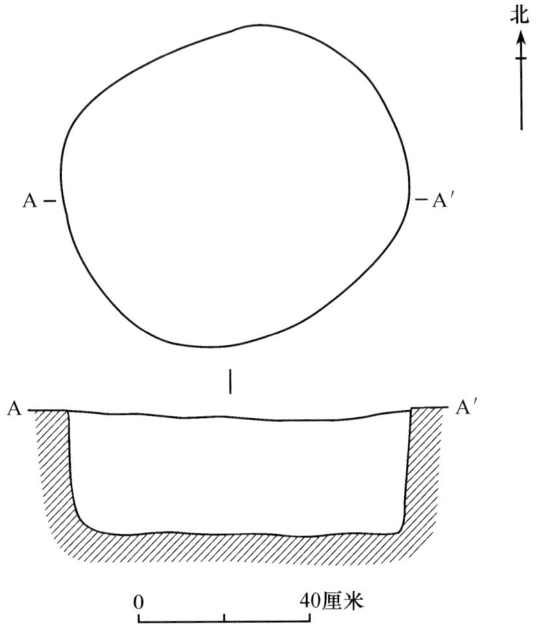

图3-3-138　97TWH34平、剖面图

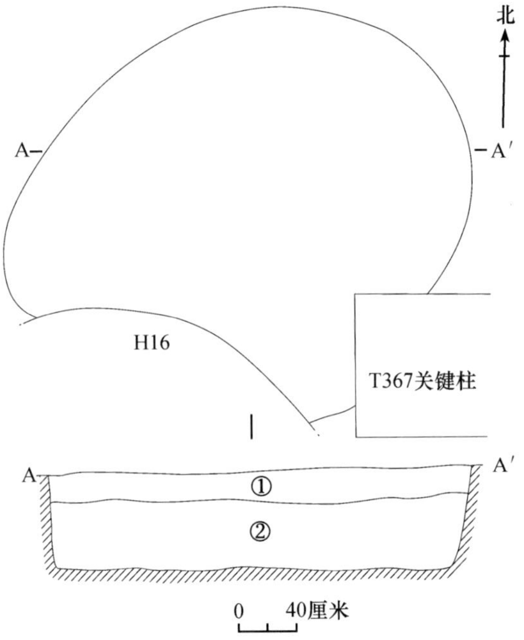

图3-3-139　97TWH35平、剖面图

25. 97ⅠTWH35

位于Ⅰ区T397东南部。开口于第3层下，打破第4层，并被97TWH16打破。平面呈椭圆形，斜壁，平底。坑口长径不清，短径1.7米，深0.7米。坑内堆积分两层，上层呈灰褐色，质地疏松；下层呈黑褐色，夹杂白色砾石，质地较疏松。出土器物44件（图3-3-139）。

出土器物

陶器　15件。

弦纹陶片　1件。97TWH35：50，夹砂黑陶，表面饰有成组整齐排列的弦纹。长3.5、宽2.3、厚0.6厘米（图3-3-140，6）。

网坠　11件。

Ba型　1件。97TWH35：32，泥质褐陶。卵圆

形，中间有穿孔，绕孔一周有环形凹槽，表面粗糙。长6.5、宽5、厚3.8厘米（图3-3-140，11）。

E型　1件。97TWH35：20，以夹砂灰褐陶片打制而成。仅余一半，两端打制豁口，中间有圆形钻孔。残长5.3、宽7、厚1.2厘米（图3-3-140，13）。

Ea型　1件。97TWH35：3，以夹砂红褐陶磨制而成。近圆形，两端磨制豁口，中间有圆形钻孔。直径长3.2～3.4、厚0.5厘米（图3-3-140，4）。

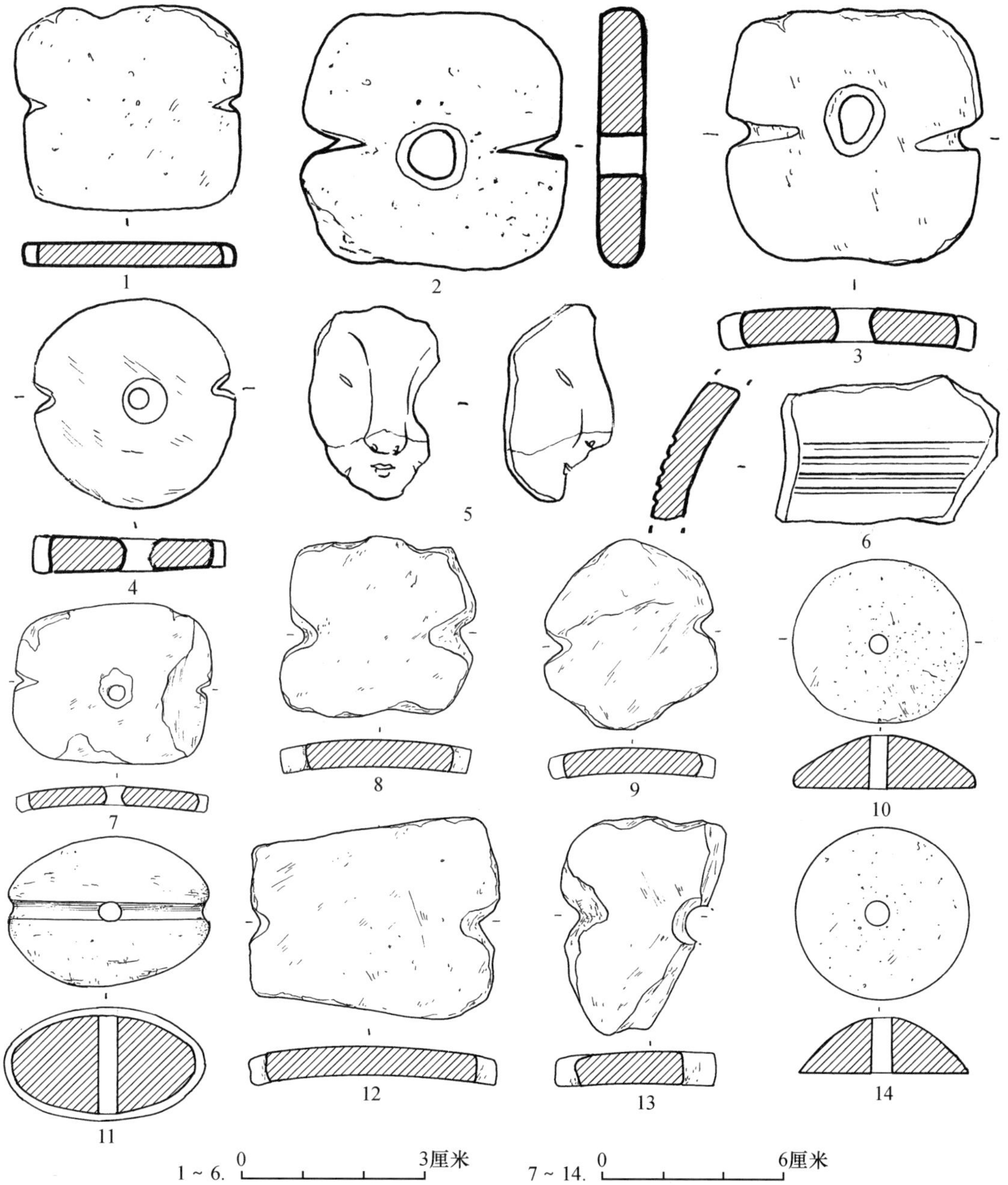

图3-3-140　97TWH35出土陶器

1～3、8. Ec型网坠（97TWH35：15、97TWH35：13、97TWH35：2、97TWH35：17）　4. Ea型网坠（97TWH35：3）　5. 人面塑（97TWH35：33）　6. 弦纹陶片（97TWH35：50）　7、12. Ed型网坠（97TWH35：14、97TWH35：18）　9. Eb型网坠（97TWH35：39）　10、14. E型纺轮（97TWH35：21、97TWH35：6）　11. Ba型网坠（97TWH35：32）　13. E型网坠（97TWH35：20）

Eb型　1件。97TWH35：39，以夹砂褐陶打制而成，两端打制凹槽，一面有烧灼痕迹。长6.3、宽5.5、厚0.8厘米（图3-3-140，9）。

Ec型　4件。97TWH35：2，以夹砂灰褐陶片磨制而成。近方形，两端磨制豁口，中间有圆形钻孔。直径4、厚0.6厘米（图3-3-140，3）。97TWH35：13，以夹砂褐陶片磨制而成。近圆角方形，两端打制豁口。边长4.1厘米，厚0.8厘米（图3-3-140，2）。97TWH35：15，以泥质灰褐陶片磨制而成。近圆角方形，两端磨出豁口。边长3、厚0.3厘米（图3-3-140，1）。97TWH35：17，以夹砂红褐陶片打制而成。近方形，两端打制豁口。边长5.7～6、厚0.9厘米（图3-3-140，8）。

Ed型　3件。97TWH35：14，以夹砂黄褐色陶片磨制而成。圆角长方形，两端磨制豁口，中间有圆形钻孔，部分陶片剥落。长6.6、宽5.2、厚0.6厘米（图3-3-140，7）。97TWH35：18，以夹砂黄褐陶片打制而成。两端打制豁口。长8.1、宽6.5、厚1厘米（图3-3-140，12）。97TWH35：19，以夹砂红褐陶打制而成。两端打制豁口。长4、宽3.7、厚0.5厘米。

E型纺轮　2件。菌盖形，中间有圆形钻孔。97TWH35：6，以黄褐色泥质陶制成。底径5.4、高1.8厘米（图3-3-140，14）。97TWH35：21，以夹砂灰褐陶制成。底径5.9、高1.8厘米（图3-3-140，10）。

人面塑　1件。97TWH35：33，泥质黄褐陶。塑造出人面形，眼斜，高鼻，小口微启，嘴角上翘，惟妙惟肖。长3.3、宽2.1、厚1.7厘米（图3-3-140，5）。

石器　18件。

镞　6件。

Aa型　1件。97TWH35：10，青灰色板岩。平面呈柳叶形，无脊，镞身下部残。残长3、宽1厘米（图3-3-141，1）。

Ad型　2件。镞身呈柳叶形，中间有血槽。97TWH35：26，紫灰色板岩。后锋倒刺较长，呈燕尾形，一侧倒刺残断。长5、宽1.6、厚0.3厘米（图3-3-141，6）。97TWH35：38，青灰色板岩。后锋倒刺较长，呈燕尾形。长5.4、镞身宽1.3、厚0.3厘米（图3-3-141，5）。

B型　1件。97TWH35：8，青灰色板岩。平面呈柳叶形，镞身中间起脊，剖面呈棱形，镞身下部残。残长3.1、宽1.1、厚0.2厘米（图3-3-141，2）。

Ba型　2件。双翼，镞身剖面呈棱形。97TWH35：27，青灰色板岩。后锋倒刺呈燕尾形，方柱形铤，铤略残。残长5.3、镞身宽1.8、厚0.5厘米（图3-3-141，3）。97TWH35：43，暗紫色板岩。后锋倒刺呈燕尾形，铤残。残长4.6、镞身宽1.4、厚0.5厘米（图3-3-141，4）。

B型网坠　2件。椭圆形，两端打制豁口。97TWH35：28，灰色板岩。长径3、短径2.2、厚0.4厘米（图3-3-141，7）。97TWH35：44，灰色石英砂岩。长径4.5、短径4.2、厚1.2厘米（图3-3-141，8）。

Ab型刀　6件。器身较窄，呈弯月形。97TWH35：1，深灰色石英粗砂岩。仅余刀身一半，直背弧刃，双面刃较薄锐，刀身有两个圆形钻孔，一个靠近背部，一个位于刀身中部。残长12.5、看5.2、厚0.5厘米（图3-3-141，9）。97TWH35：23，青灰色板岩。弧背直刃，双面刃，通体磨制。长18.5、宽6、厚0.4厘米（图3-3-141，10）。97TWH35：24，青灰色板岩。仅余器身一半，弧背直刃，双面刃，通体磨制。残长15.6、残宽3.3、厚0.9厘米（图3-3-141，12；图版

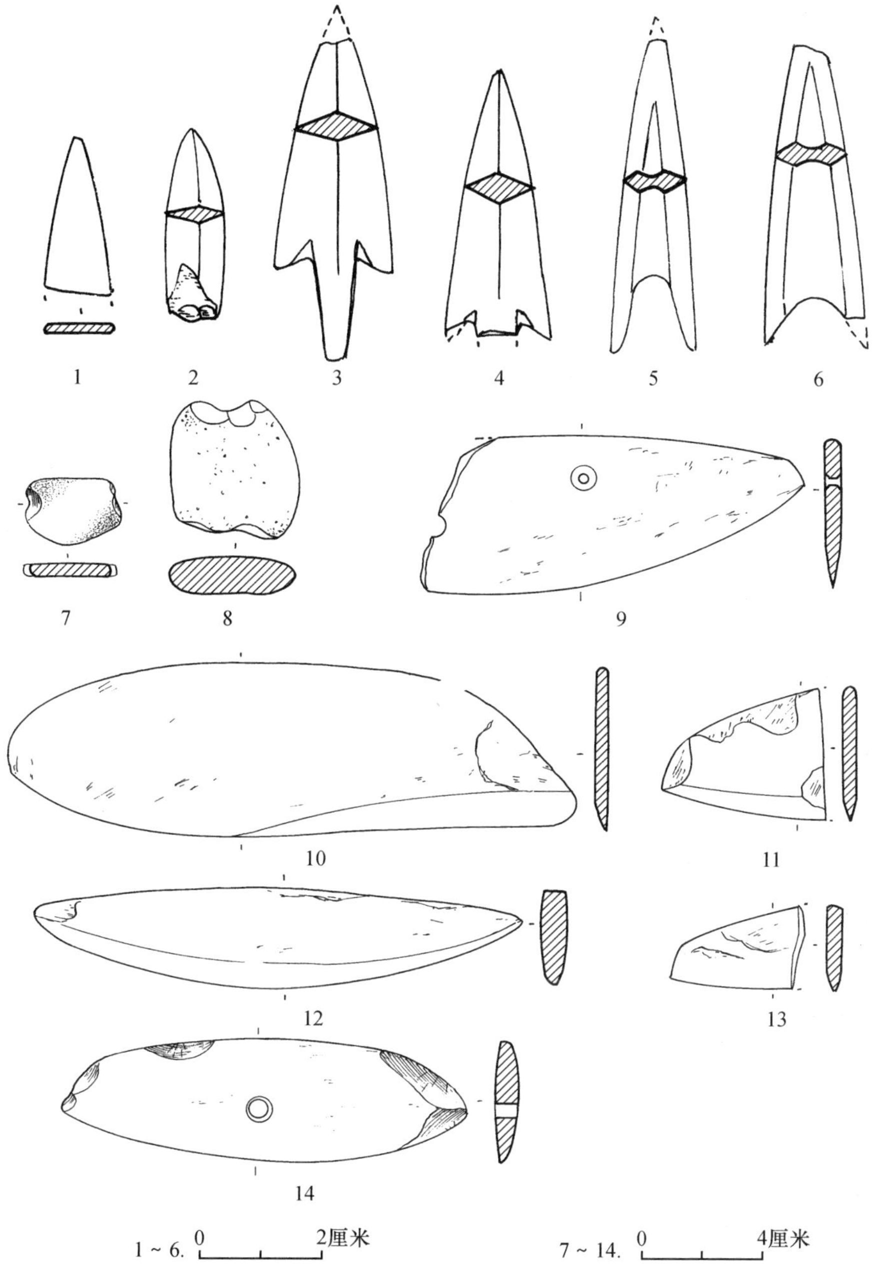

图3-3-141　97TWH35出土石器

1. Aa型镞（97TWH35：10）　2. B型镞（97TWH35：8）　3、4. Ba型镞（97TWH35：27、97TWH35：43）　5、6. Ad型镞（97TWH35：38、97TWH35：26）　7、8. B型网坠（97TWH35：28、97TWH35：44）　9～14. Ab型刀（97TWH35：1、97TWH35：23、97TWH35：48、97TWH35：24、97TWH35：25、97TWH35：31）

一九，7）。97TWH35：25，深灰色板岩。弧背直刃，仅余刀尖部一段。残长4.4、宽2.6、厚0.5厘米（图3-3-141，13）。97TWH35：31，深灰色板岩，弧背弧刃，双面刃，刀身中间有一圆形钻孔。长13.2、宽4、厚0.8厘米（图3-3-141，14；图版一九，4）。97TWH35：48，青灰色板岩。弧背弧刃，仅余刀尖部一段。残长5.5、宽4.3、厚0.5厘米（图3-3-141，11）。

斧　2件。97TWH35：5，深灰色砂岩。长条形，刃部近直，刃部部分残损，器表遍布打击痕。长16、宽7.2、厚2.8厘米（图3-3-142，1）。97TWH35：42，深灰色板岩。长条形，器身遍布打制痕迹。长16.4、宽7、厚2.8厘米（图3-3-142，2）。

石料　1件。97TWH35：9，深灰色板岩。一端微弧，一端起脊，剖面近三角形，边缘未见加工痕迹，应为原始石料。长10.7、宽2.9、厚1厘米（图3-3-142，3）。

石饼　1件。97TWH35：52，灰色砂岩。近圆形。直径7.1、厚1.7厘米（图3-3-142，4）。

骨器及其他　11件。

骨锥　6件。97TWH35：4，扁锥形，锥身尾部残。残长7、厚0.3厘米（图3-3-143，8）。97TWH35：11，扁锥形，尖部双面磨制，较为锋利。长10.5、厚0.3厘米（图3-3-143，5）。97TWH35：12，扁锥形。长6.1、厚0.3厘米（图3-3-143，4）。97TWH35：16，扁锥形，尖部略残。残长6.5、厚0.2厘米（图3-3-143，7）。97TWH35：29，扁锥形，锥身尾部残，尖部较长，较为锋利。残长5.9、厚0.2厘米（图3-3-143，3）。97TWH35：30，锥身剖面近圆形。长9.8、厚0.9厘米（图3-3-143，6）。

骨凿　2件。以动物管状骨磨制而成。97TWH35：40，长13.8、厚0.5厘米（图3-3-143，10）。97TWH35：49，一侧骨片已剥落，双面刃。长18.2、厚0.9厘米（图3-3-143，11）。

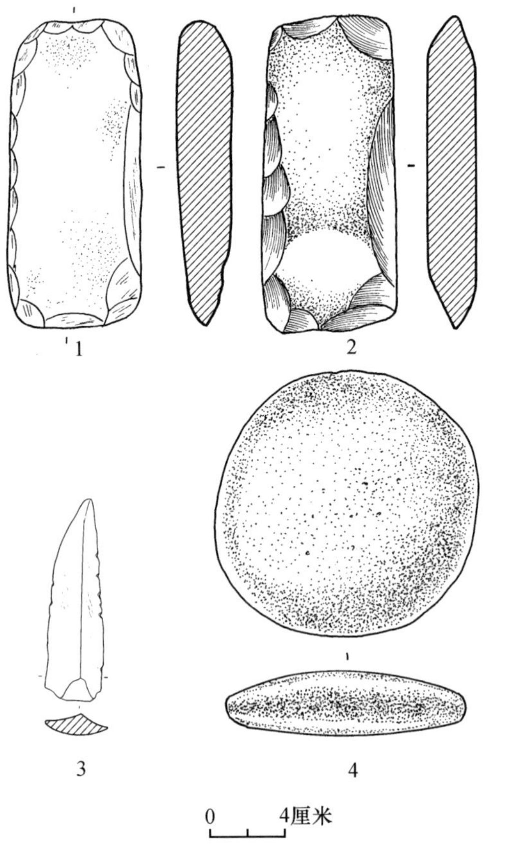

图3-3-142　97TWH35出土石器

1、2. 斧（97TWH35：5、97TWH35：42）　3. 石料（97TWH35：9）　4. 石饼（97TWH35：52）

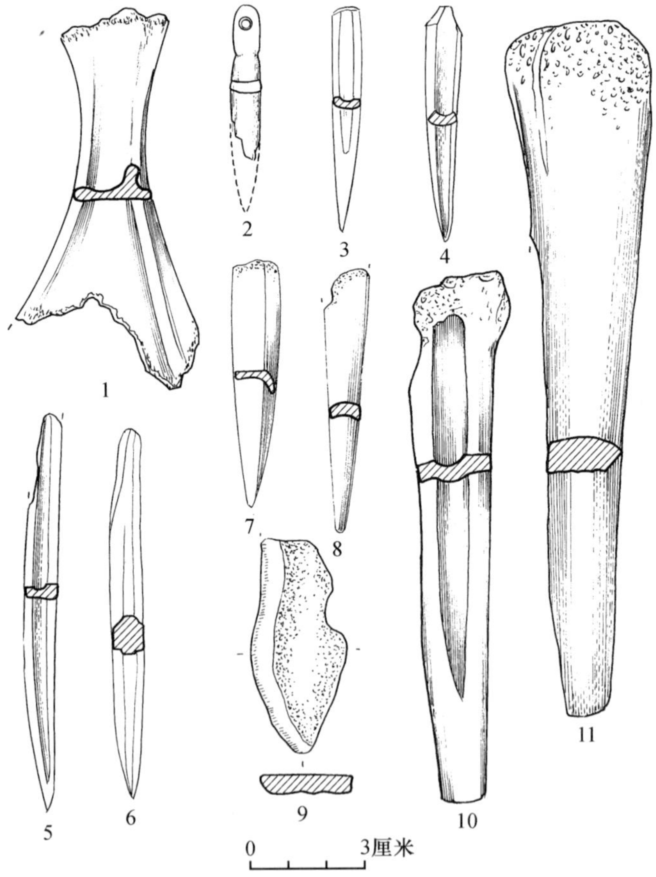

图3-3-143　97TWH35出土器物

1. 卜骨（97TWH35：22）　2. 骨饰（97TWH35：53）　3～8. 骨锥（97TWH35：29、97TWH35：12、97TWH35：11、97TWH35：30、97TWH35：16、97TWH35：4）　9. 鳖甲（97TWH35：47）　10、11. 骨凿（97TWH35：40、97TWH35：49）

卜骨　1件。97TWH35∶22，猪肩胛骨，有烧灼痕，下部已残。残长10.1厘米（图3-3-143，1）。

骨饰　1件。97TWH35∶53，以细小骨壁磨制而成，尾端有圆形钻孔，器身剖面呈凹窝形，尖部残缺。残长4.1、厚0.3厘米（图3-3-143，2）。

鳖甲　1件。97TWH35∶47，长5.6、宽2.4、厚0.5厘米（图3-3-143，9）。

26. 97ⅠTWH36

位于Ⅰ区T370东北角，伸入东隔梁。开口于第3层下，打破第4层和第6层。伸入东隔梁部分未清理，平面形状推测为椭圆形，弧壁，平底。坑口长径不清，短径0.86米，深0.5米。坑内堆积呈黑褐色，质地较疏松，包含鳖甲1块（图3-3-144）。

出土器物

其他　1件。

鳖甲　1件。97TWH36∶1，不规则形。长4.2、宽1.7、厚0.3厘米（图3-3-145）。

27. 97ⅠTWH40

位于Ⅰ区T369西北部。开口于第3层下，打破第4层，并被97TWH21打破。平面呈圆形，斜壁，圜底。坑口长径约0.9米，深0.18米。坑内堆积呈黑褐色，质地疏松，无任何出土器物（图3-3-146）。

28. 97ⅠTWH45

位于Ⅰ区T335北部。开口于第3层下，打破第4层和97TWH47。平面呈圆形，弧壁，圜底。

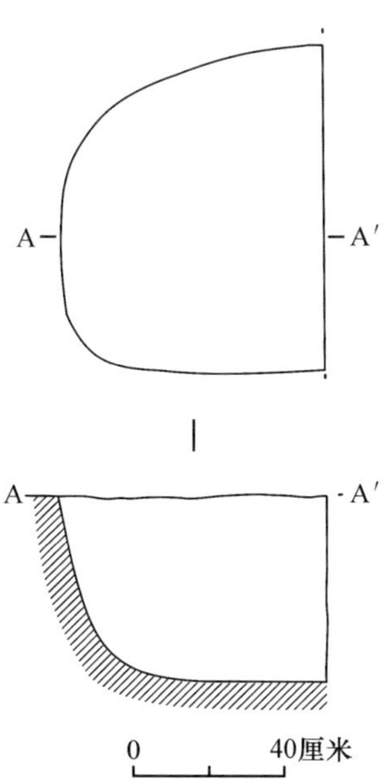

图3-3-144　97TWH36平、剖面图

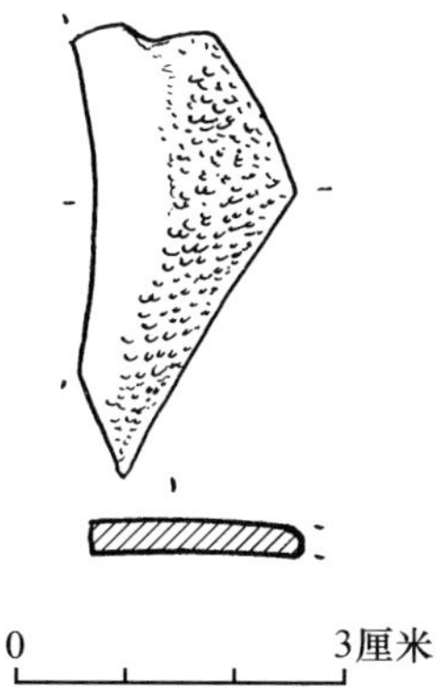

图3-3-145　97TWH36出土鳖甲（97TWH36∶1）

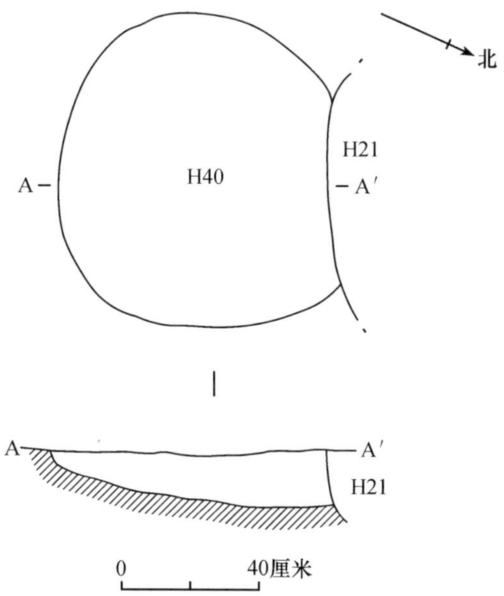

图3-3-146　97TWH40平、剖面图

坑口直径约0.86米，深0.35米。坑内堆积呈黑黄色，质地疏松，无出土器物（图3-3-147）。

29. 97 Ⅰ TWH48

位于Ⅰ区T397西南部。开口于第3层下，打破第4层，并被现代沟打破。平面形状推测为椭圆形，弧壁，平底。坑口长径1.5米，短径不清，深0.2米。坑内堆积呈黑褐色，质地疏松，无出土器物（图3-3-148）。

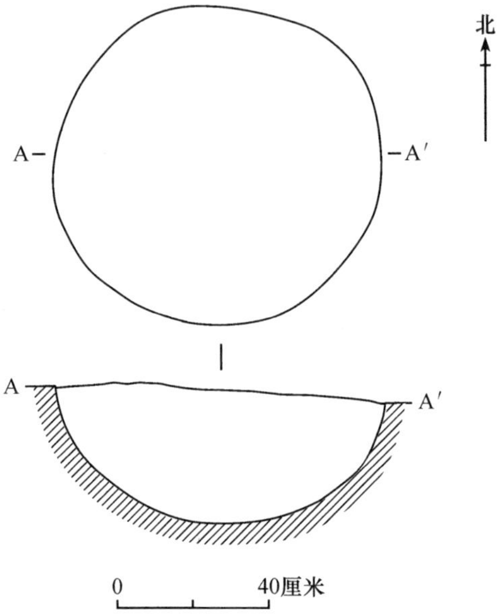

图3-3-147　97TWH45平、剖面图

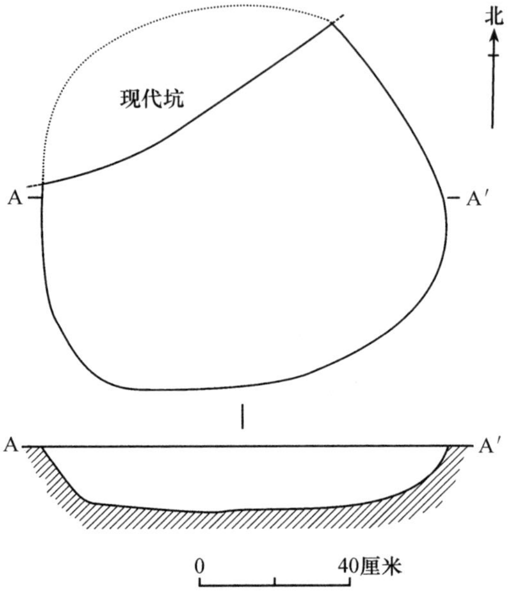

图3-3-148　97TWH48平、剖面图

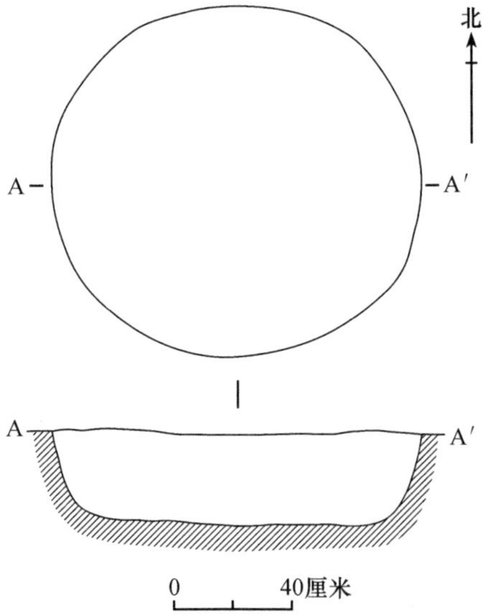

图3-3-149　97TWH55平、剖面图

30. 97 Ⅰ TWH55

位于Ⅰ区T395中部。开口于第3层下，打破第4层，并被现代沟打破。平面呈圆形，弧壁，平底。坑口直径约1.2米，深0.32米。坑内堆积呈褐色，质地疏松，出土器物1件（图3-3-149）。

出土器物

陶器　1件。

Ea型网坠　1件。97TWH55∶3，夹砂黄褐陶。近圆形，残半。中间有圆形钻孔，推测应为两端打制豁口。直径6.2、厚0.8厘米（图3-3-150）。

31. 97 Ⅰ TWH57

位于Ⅰ区T395北部。开口于第3层下，打破第4层。平面椭圆形，弧壁，平底。坑口长径0.6米，短径0.5米，深0.52米。坑内堆积为花土，质地疏松，无出土器物（图3-3-151）。

32. 97 Ⅰ TWH68

位于Ⅰ区T340北部，伸入北隔梁内。开口于第3层下，叠压于97TWH64之下。因被97TWH64打破，形制已经不完整，推测平面形状为椭圆形，斜壁，平底。坑深0.36米。坑内堆积呈黑褐色，夹杂碎石，质地疏松，无出土器物（图3-3-152）。

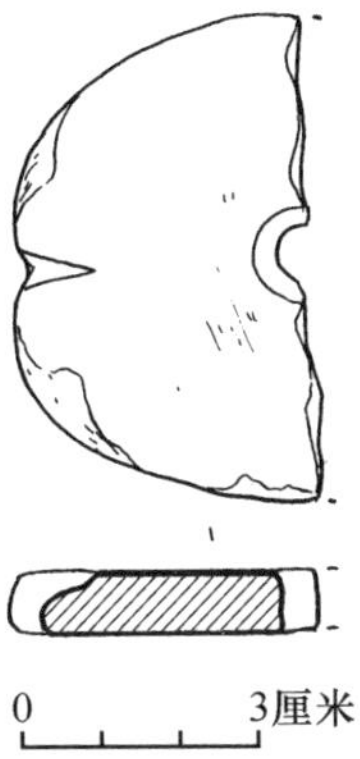

图3-3-150　97TWH55出土Ea型陶网坠（97TWH55：3）

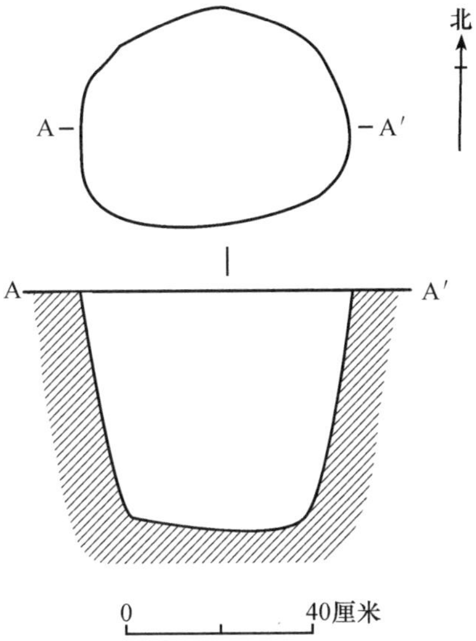

图3-3-151　97TWH57平、剖面图

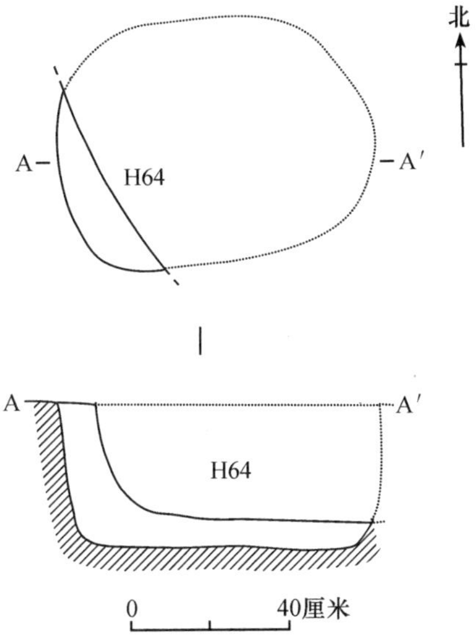

图3-3-152　97TWH68平、剖面图

33. 97 Ⅰ TWH71

位于Ⅰ区T397东北部，伸入其东隔梁及北隔梁。开口于第3层下，打破第4层和97TWH72，其西北角叠压于现代沟之下。因伸入隔梁部分未清理，其平面形制不清楚，为弧壁，平底。坑深0.2米。坑内堆积呈褐色，质地疏松，出土石器2件（图3-3-153）。

出土器物

石器　2件。

B型网坠　1件。97TWH71：1，青灰色板岩。椭圆形，两端打制豁口。长径6.3、短径4.5、厚2.3厘米（图3-3-154，1）。

Ba型镞　1件。97TWH71：2，青灰色板岩。双翼，后锋倒刺呈燕尾形，方柱形铤。镞尖已残。长5.8、宽1.6、厚0.5厘米（图3-3-154，2）。

34. 97 Ⅰ TWH72

位于Ⅰ区T397东北部。叠压于97TWH71之下，打破第4层和第6层。平面呈圆形，弧壁，圜底。坑口直径约0.94米，深0.24米。坑内堆积呈灰褐色，质地疏松，无出土器物（图3-3-155）。

35. 97ⅠTWH73

位于Ⅰ区T395东部，伸入其东隔梁内。开口于第3层下，打破第4层，并被现代沟打破。平面近圆形，弧壁，平底。坑口直径约为1.86米，深0.24米。坑内堆积呈灰褐色，质地疏松，出土2件器物，以及少量夹砂褐陶片及碎骨等（图3-3-156）。

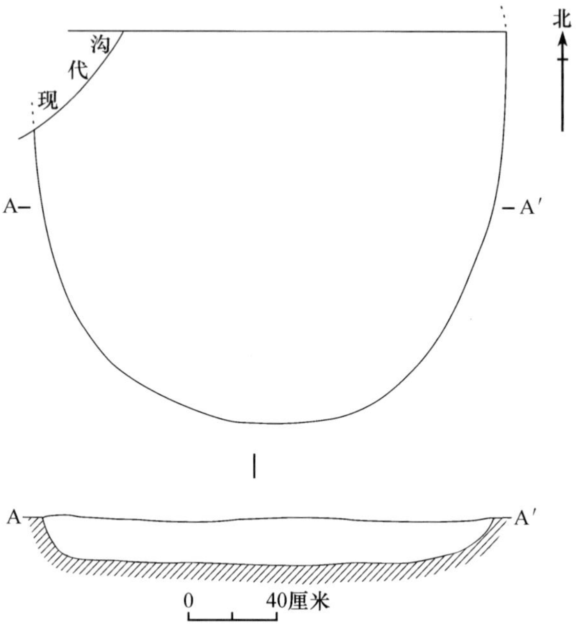

图3-3-153　97TWH71平、剖面图

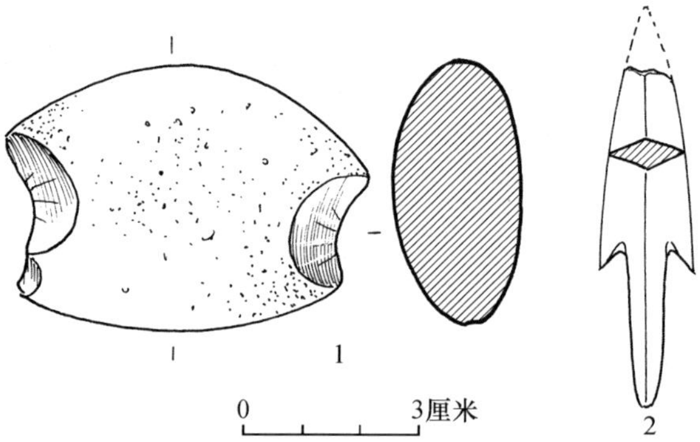

图3-3-154　97TWH71出土石器

1. B型网坠（97TWH71：1）　2. Ba型镞（97TWH71：2）

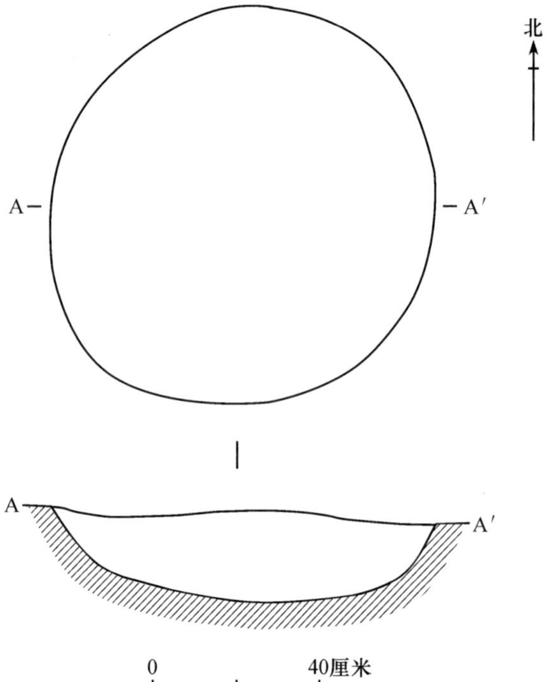

图3-3-155　97TWH72平、剖面图

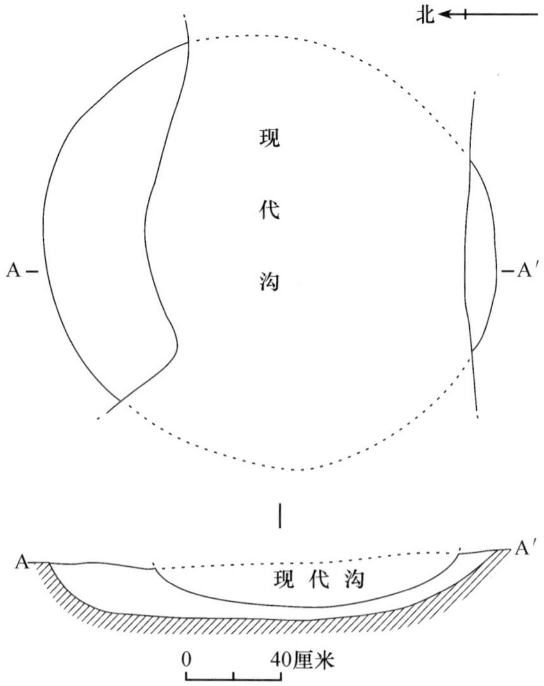

图3-3-156　97TWH73平、剖面图

出土器物

陶器　1件。

Ed型网坠　1件。97TWH73：2，以夹蚌黄褐陶片打制而成。呈圆角长方形，中间有椭圆形钻孔，两端打制豁口。长7.5、宽7、厚0.6厘米（图3-3-157，1）。

石器　1件。

B型网坠　1件。97TWH73：1，灰白色石英砂岩。椭圆形，两端打制豁口。长6.5、宽5、厚2厘米（图3-3-157，2）。

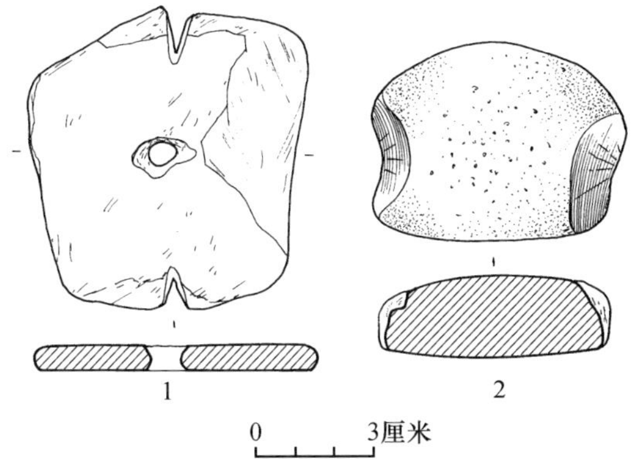

图3-3-157　97TWH73出土器物
1. Ed型陶网坠（97TWH73：2）
2. B型石网坠（97TWH73：1）

36. 97ⅠTWH74

位于Ⅰ区T369北部，伸入其北隔梁内。叠压于97TWH21与97TWH53之下，并打破97TWF8和第5层。平面呈圆形，直壁，平底。坑口直径约为0.6米，深0.3米。坑内堆积呈黑褐色，质地疏松，无出土器物（图3-3-158）。

37. 97ⅠTWH119

位于Ⅰ区T367西北部，伸入其北隔梁内。开口于第3层下，打破第4层，并被97TWH16打破。平面推测为圆形，弧壁，圜底。坑口直径约为1米。坑内堆积为黄土，质地较疏松，无出土器物（图3-3-159）。

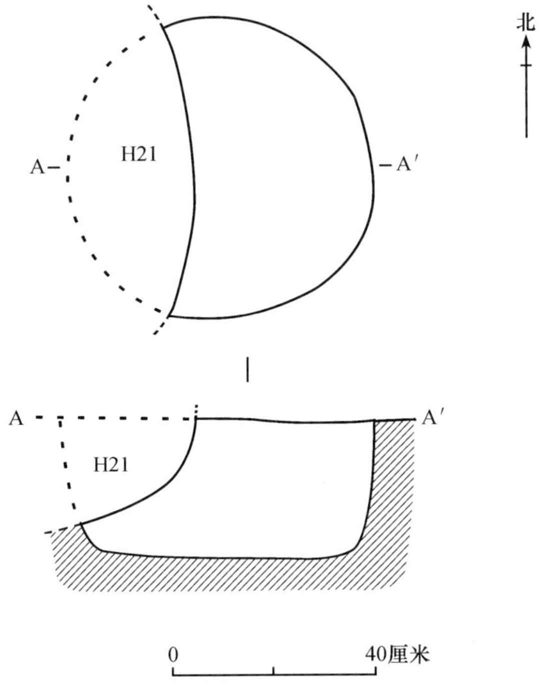

图3-3-158　97TWH74平、剖面图

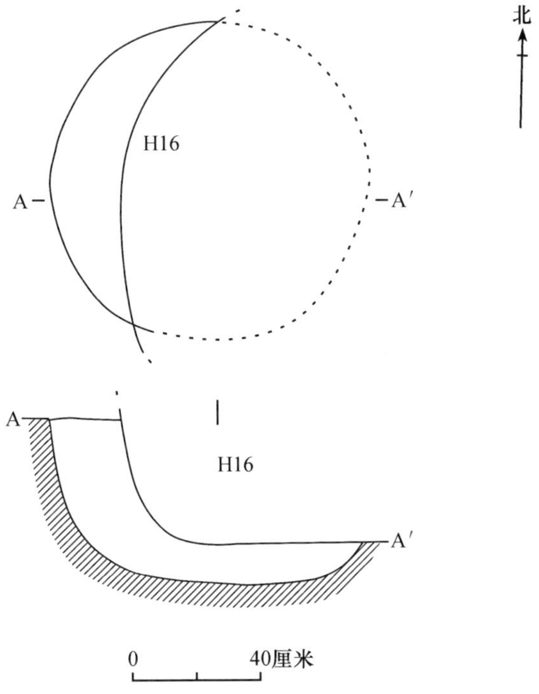

图3-3-159　97TWH119平、剖面图

38. 97Ⅰ TWH136

位于Ⅰ区T367北隔梁内，伸入其关键柱。其叠压于97TWH35之下，打破生土层。平面近圆角长方形，斜壁，平底。长约1.5米，宽0.66米，深0.3米。坑内堆积呈黑灰色，质地疏松，包含部分夹砂褐陶片及兽骨等。出土器物1件（图3-3-160）。

出土器物

石器　1件。

斧　1件。97TWH136：1，灰色板岩。平面呈长方形，顶端残。长7.8、宽5.8、厚2厘米（图3-3-161）。

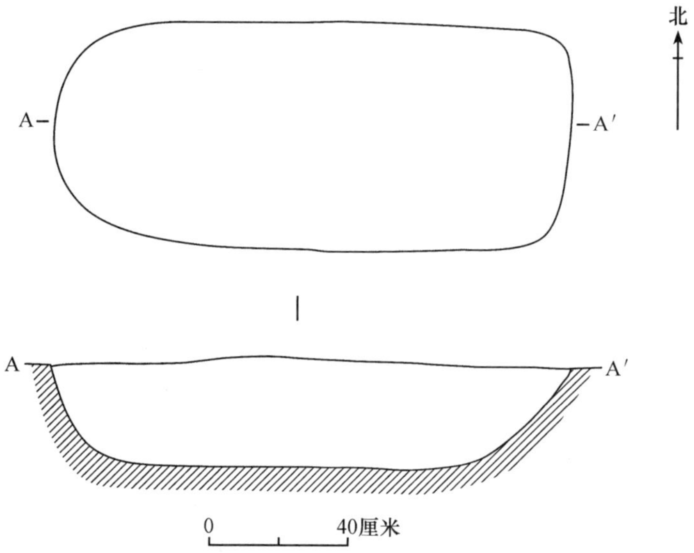

图3-3-160　97TWH136平、剖面图

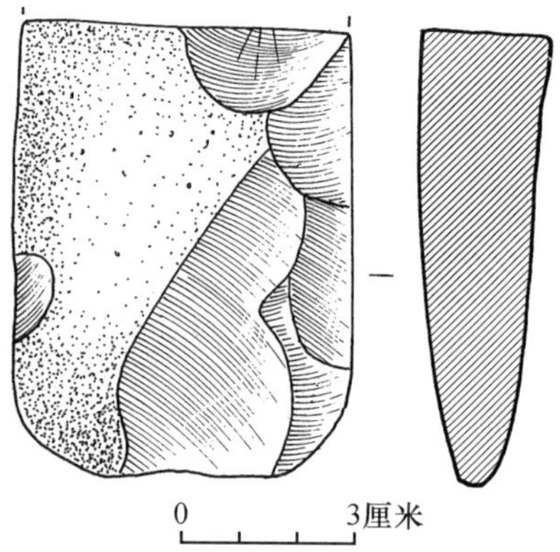

图3-3-161　97TWH136出土石斧（97TWH136：1）

39. 97Ⅰ TWH16

位于Ⅰ区T367北部。开口于第2层下，打破第3层以及97TWH35、97TWH119。平面呈椭圆形，斜壁，平底。坑口长径2.9米，短径2.42米，深0.4米。坑内堆积为黑褐色土夹杂黄褐土，质地疏松，出土器物8件（图3-3-162）。

出土器物

陶器　3件。

罐　1件。97TWH16：8，夹砂褐陶。素面。侈口、方唇、溜肩、弧腹、台足。整体器形向一侧倾斜，形制不规范。器腹上部饰四个对称鋬耳。口径12、底径6.6、高20.4厘米（图3-3-163，1；图版一三，1）。

网坠　2件。

C型　1件。97TWH16：1，夹砂黄褐陶。亚腰形，器身中间有横向凹槽，将网坠分成大小相同的两部分，一端略残。直径2.3、高1.8厘米（图3-3-163，2）。

F型　1件。97TWH16：2，夹砂灰褐陶。算珠形，一侧已残。器身中间有一圈凹槽，中间有钻孔。直径4.7、高2厘米（图3-3-163，7）。

石器　1件。

Bb型镞　1件。97TWH16：4，青灰色板岩。双翼，镞身平面呈矛形，方形铤已残半。残长5.5、镞身宽1.8、厚0.7厘米（图3-3-163，3）。

骨、牙器　4件。

骨锥　1件。97TWH16：3，扁锥形，锥尾已残断。残长8.9、厚0.4～0.6厘米（图3-3-163，5）。

牙饰　2件。97TWH16：5，以动物牙磨制而成，仅余中间一段，中部有一圆形单面钻孔。残长7.2、宽2.6、厚0.2厘米（图3-3-163，

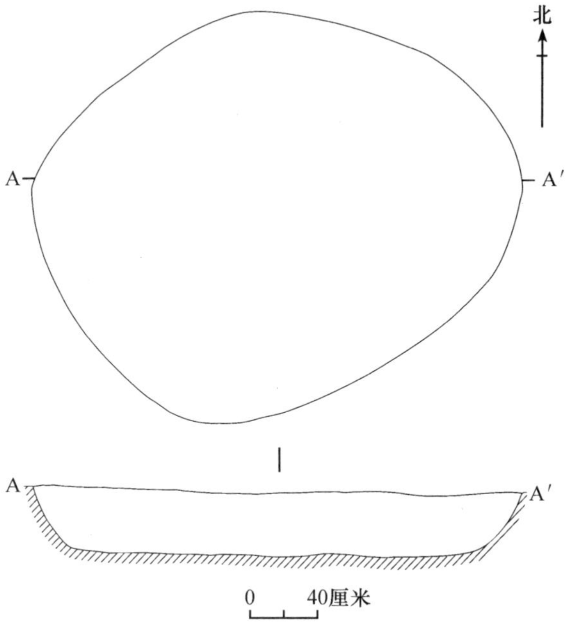

图3-3-162　97TWH16平、剖面图

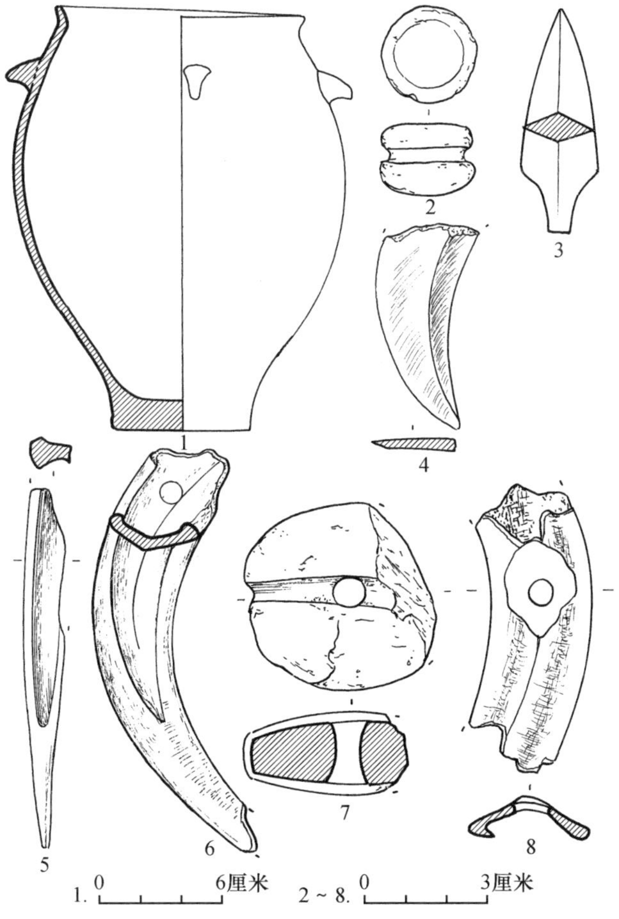

图3-3-163　97TWH16出土器物

1. 陶罐（97TWH16：8）　2. C型陶网坠（97TWH16：1）　3. Bb型石镞（97TWH16：4）　4. 牙刀（97TWH16：6）　5. 骨锥（97TWH16：3）　6、8. 牙饰（97TWH16：7、97TWH16：5）　7. F型陶网坠（97TWH16：2）

8）。97TWH16：7，以动物牙磨制而成，两侧均残，一端有一圆形对钻孔。残长9.9、宽2.2、厚0.3厘米（图3-3-163，6；图版二五，1）。

牙刀　1件。97TWH16：6，以动物牙磨制而成，上部已残缺，单面刃，刃部锋利，器表有烧灼痕迹。残长5、宽2.4、厚0.2厘米（图3-3-163，4；图版二五，7）。

40. 97Ⅰ TWH61

位于Ⅰ区T340东部，伸入东隔梁。开口于第2层下，打破生土。平面呈圆形，斜壁，平底。坑口直径约为1.34米，深0.45米。坑内堆积呈黑褐色，质地疏松，夹杂圈足碗、桥耳残片，出土陶网坠1件（图3-3-164）。

出土器物

陶器　1件。

Ec型网坠　1件。97TWH61：1，以泥质灰褐陶片磨制而成。近方形，四周呈锯齿状，中间有圆形钻孔。边长约4.8厘米，厚1厘米（图3-3-165，1）。

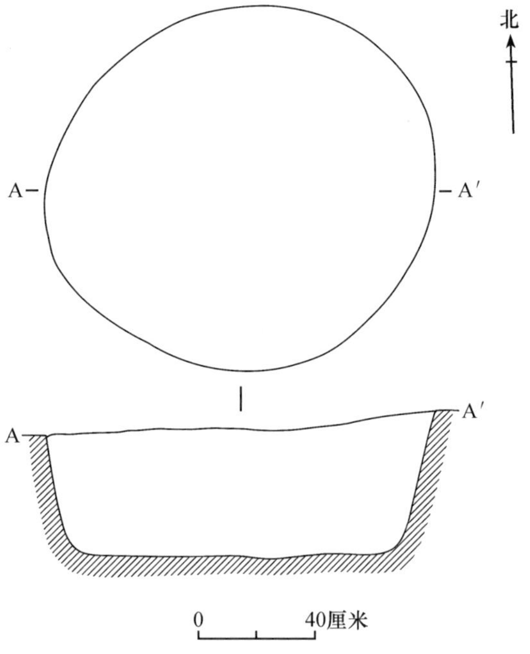

图3-3-164　97TWH61平、剖面图

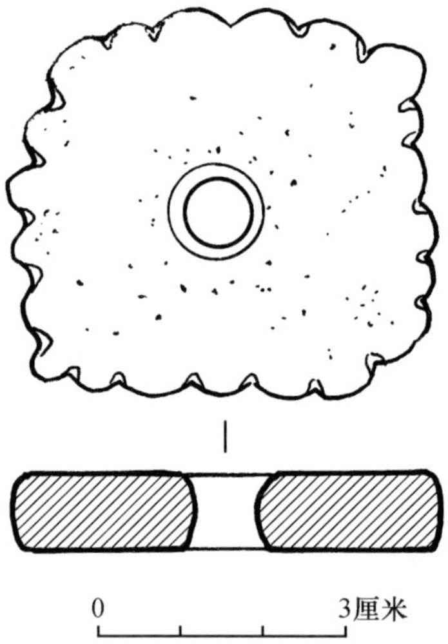

图3-3-165　97TWH61出土Ec型陶网坠（97TWH61：1）

41. 97Ⅱ TWH115

位于Ⅱ区T497西部。开口于第8层下，打破第9层。平面呈不规则形，斜壁，平底。坑口长径为2.14米，短径2米，坑深0.4米。坑内堆积呈黑褐色，质地疏松，包含部分夹砂褐陶片。出土器物10件（图3-3-166；图版一一，1）。

出土器物

陶器　7件。

袋足器　2件。97TWH115：2，夹砂夹云母红陶，器表有大片的烟熏痕迹。器壁较薄，火候较低，陶质较脆。弧壁，小平底，一侧壁微弧，另一侧上部饰较宽的竖桥耳。残高44.4厘米（图3-3-167，1）。97TWH115：5，夹砂夹云母红陶，器表有大片的烟熏痕迹。器壁较薄，火候较低，陶质较脆。弧壁，小平底。残高26.4厘米（图3-3-167，3；图版一二，3）。

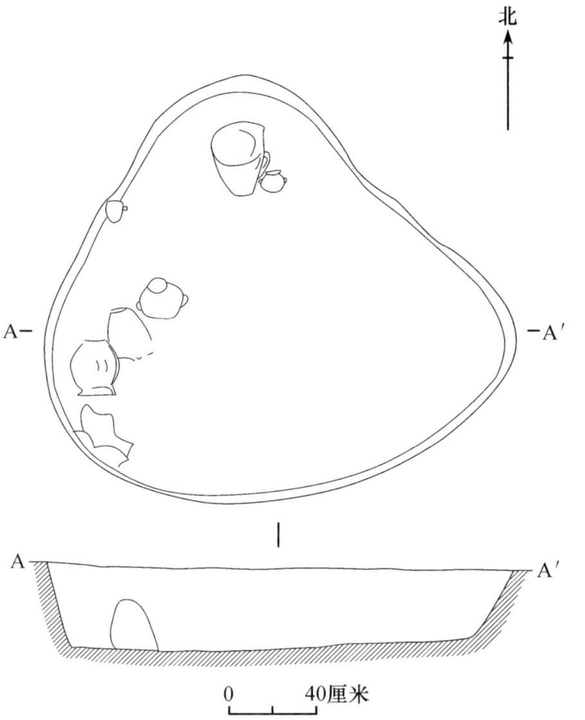

图3-3-166　97TWH115平、剖面图

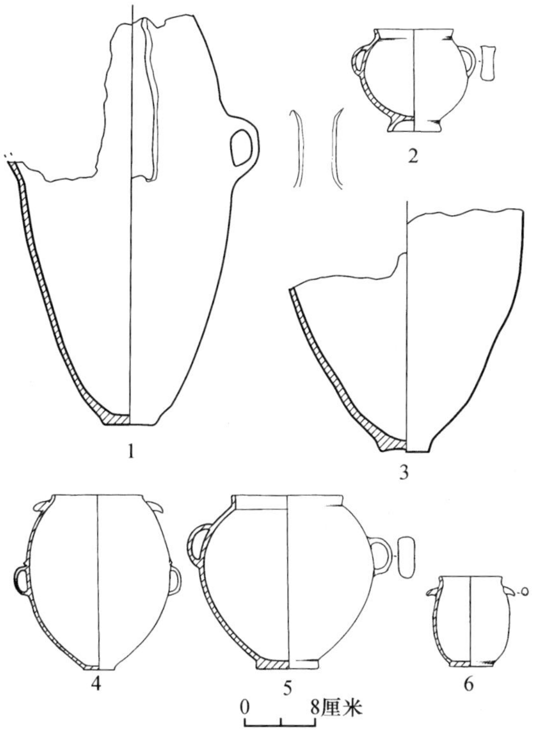

图3-3-167　97TWH115出土陶器

1、3. 袋足器（97TWH115：2、97TWH115：5）

2、5. 竖耳罐（97TWH115：8、97TWH115：6）

4. 瓮（97TWH115：9）　6. 双鋬耳罐（97TWH115：7）

罐　3件。

竖耳罐　2件。97TWH115：6，夹砂黑褐陶，素面。直口，方唇，鼓腹，腹上部有一对竖桥耳，小平底。器形制作不规整，整体向一侧偏斜；双桥耳的位置亦不对称，形制亦略有差异。口径12.6、底径7.8、高19.3厘米（图3-3-167，5；图版一二，2）。97TWH115：8，夹砂黑褐陶，器表磨光。器物表面颜色不纯正，大部分呈黑褐色，部分呈黄褐色。侈口，方唇，鼓腹，腹上部饰对称竖桥耳，矮圈足底。口径9、底径6.3、高11.1、圈足高1.2厘米（图3-3-167，2；图版一二，5）。

双鋬耳罐　1件。97TWH115：7，夹砂褐陶，素面。器表颜色不一，红、黑、黄褐三色相间。口近直，方唇，口下部饰对称鋬耳，弧腹，小平底。口径7、底径4.6、高10厘米（图3-3-167，6；图版一二，4）。

瓮　1件。97TWH115：9，夹砂褐陶，器表颜色不纯正，大部分呈黑褐色，部分呈黄褐色，素面。直口，方唇，溜肩，腹微鼓，小平底。扣下部饰对称鋬耳，腹中部饰对称竖桥耳，耳上部有一道凸棱。口径6.8、底径3.4、高19.4厘米（图3-3-167，4；图版一二，1）。

A型纺轮　1件。97TWH115：3，泥质黄褐陶。圆饼形，仅余一半，中间有圆形钻孔，孔周围及器表中部饰锥刺纹，内外廓各有一周凸棱。直径5.4、厚1厘米（图3-3-168，1）。

石器　3件。

Aa型刀　1件。97TWH115：1，深灰色板岩。仅余刀身小段，弧背直刃，双面刃，刃口锋利。残长3.6、宽4、厚0.6厘米（图3-3-168，4）。

B型网坠　1件。97TWH115：4，灰白色石英砂岩。椭圆形，两端打制豁口。长4.4、宽3.2、厚1.1厘米（图3-3-168，3）。

绿松石坠　1件。97TWH115：10，近圆角长方形，器身上薄下厚，顶部有一单面钻孔。长2.5、宽1.3、厚0.3厘米（图3-3-168，2）。

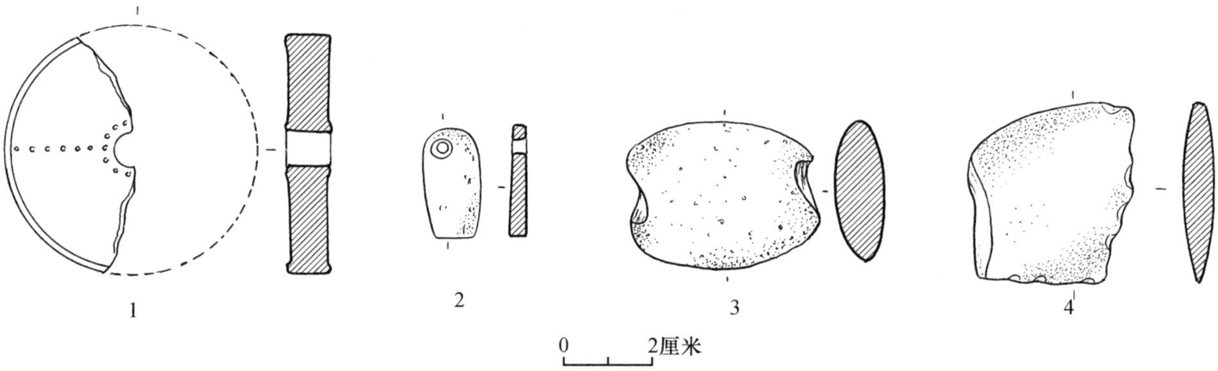

图3-3-168　97TWH115出土器物

1. A型陶纺轮（97TWH115：3）　2. 绿松石坠（97TWH115：10）　3. B型石网坠（97TWH115：4）　4. Aa型石刀（97TWH115：1）

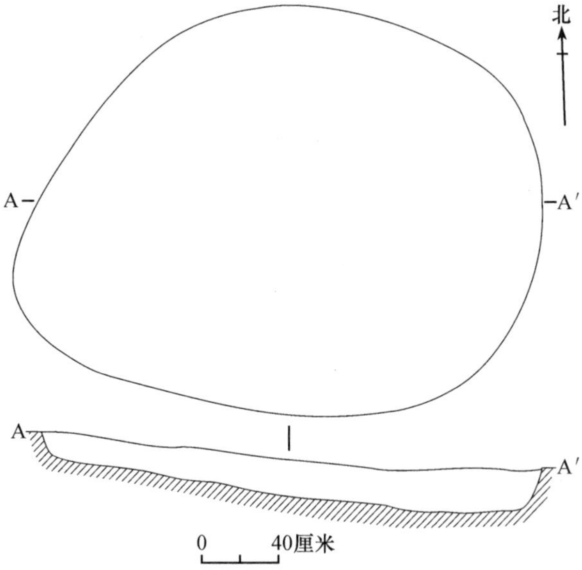

图3-3-169　97TWH143平、剖面图

42. 97ⅡTWH143

位于Ⅱ区T346东北角，伸入其北隔梁及东隔梁，并部分延伸至T347西北角及北隔梁。开口于第7层下，打破第8层，并被97TWF10打破。平面呈椭圆形，弧壁，圜底。坑口长径2.68米，短径2.1米，深0.18米。坑内堆积呈褐色，质地疏松。出土器物6件（图3-3-169）。

出土器物

石器　6件。

斧　1件。97TWH143：4，灰白色石英砂岩。平面近梯形，通体磨光。双面刃，刃部有残缺，顶部残断。残长7.5、宽5.4、厚2.5厘米（图3-3-170，3）。

A型研磨器　3件。97TWH143：2，暗紫色石英砂岩。长条形，器身有大块石片剥落。长14.4、宽6、厚2.6厘米（图3-3-170，4）。97TWH143：3，灰白色石英砂岩。圆柱形，一端有使用痕迹。通长16、最大径7厘米（图3-3-170，6）。97TWH143：6，灰白色石英砂岩，一端有使用痕迹。通长13、最大径2.1厘米（图3-3-170，5）。

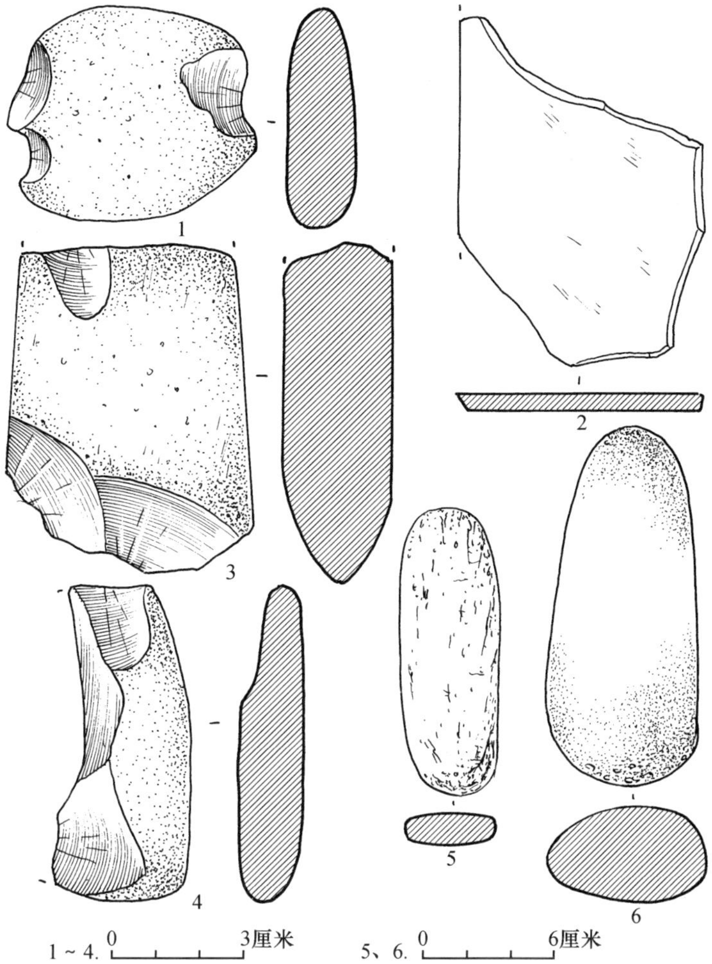

图3-3-170　97TWH143出土石器

1. D型网坠（97TWH143：1）　2. 石料（97TWH143：5）　3. 斧（97TWH143：4）　4～6. A型研磨器（97TWH143：2、97TWH143：6、97TWH143：3）

D型网坠　1件。97TWH143：1，暗紫色石英砂岩。近圆形，两端打制豁口，一端豁口较大。直径5、厚1.5厘米（图3-3-170，1）。

石料　1件。97TWH143：5，青灰色板岩。平面呈不规则形，残长8、宽5.5、厚0.4厘米（图3-3-170，2）。

43. 97Ⅱ TWH107

位于Ⅱ区T464北部，伸入其北隔梁。开口于第6层下，打破第7层，并被97TWG6打破。由于伸入隔梁部分未清理，形制不清。坑深0.6米。坑内堆积呈黑褐色，土质松软，出土器物1件（图3-3-171）。

出土器物

石器　1件。

A型研磨器　1件。97TWH107：1，灰色石英砂岩。圆柱形，两端均有使用痕迹。长18、宽7.4、厚5厘米（图3-3-172，1）。

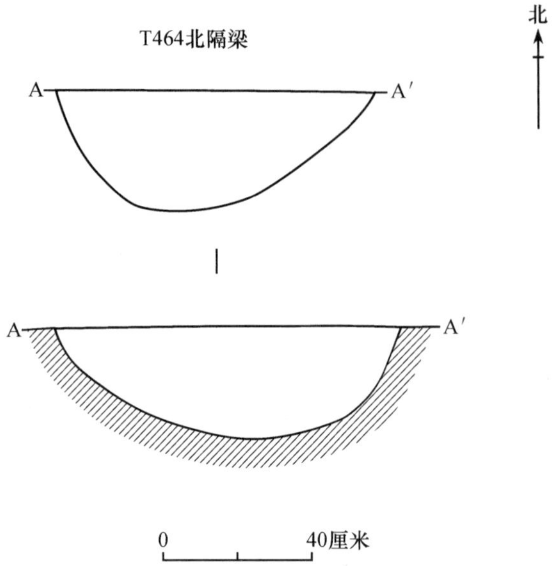

图3-3-171　97TWH107平、剖面图

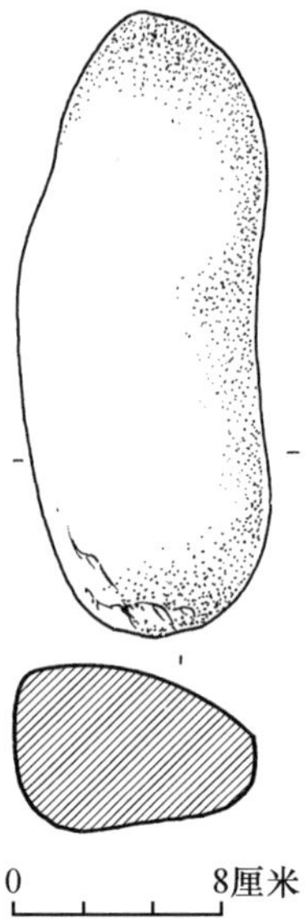

图3-3-172　97TWH107出土A型石研磨器（97TWH107：1）

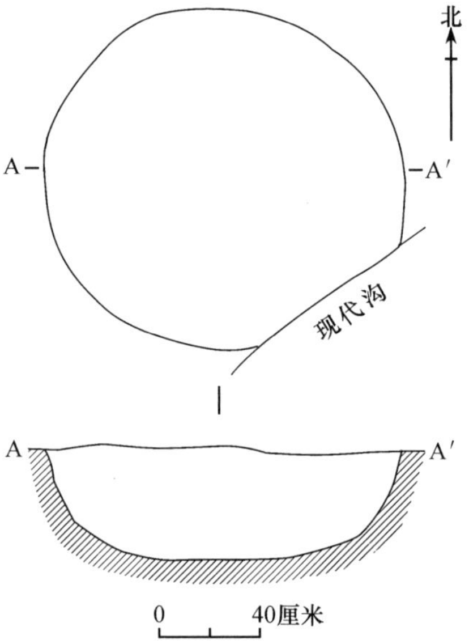

图3-3-173　97TWH101平、剖面图

44. 97ⅡTWH101

位于Ⅱ区T465中部。开口于第4层下，打破第6层，并被现代沟打破。平面近圆形，弧壁，平底。坑口直径约1.35米，深0.44米。坑内堆积为黄花土，质地较硬，包含部分夹砂褐陶片。共出土器物5件（图3-3-173）。

出土器物

陶器　1件。

Ec型网坠　1件。97TWH101：1，以夹砂红褐陶片磨制而成。呈圆角方形，两端磨出豁口。边长2.5、厚0.5厘米（图3-3-174，3）。

石器　3件。

D型网坠　1件。97TWH101：5，灰色砂岩。近圆形，两端打制豁口。直径约3.7、厚1厘米（图3-3-174，1）。

锛　1件。97TWH101：2，青灰色板岩。长条形，顶部有石片剥落，刃部有使用痕迹，锛身劈裂成一半。长11.8、宽3.5、厚1.1～1.8厘米（图3-3-174，5）。

刀　1件。97TWH101：4，灰色板岩。仅余刀尖一段。弧背直刃，双面刃。残长4、宽2、厚0.5厘米（图3-3-174，4）。

骨器　1件。

锥　1件。97TWH101：3，锥身剖面呈凹窝形，制作粗糙。长4.3、宽0.7、厚0.4厘米（图3-3-174，2）。

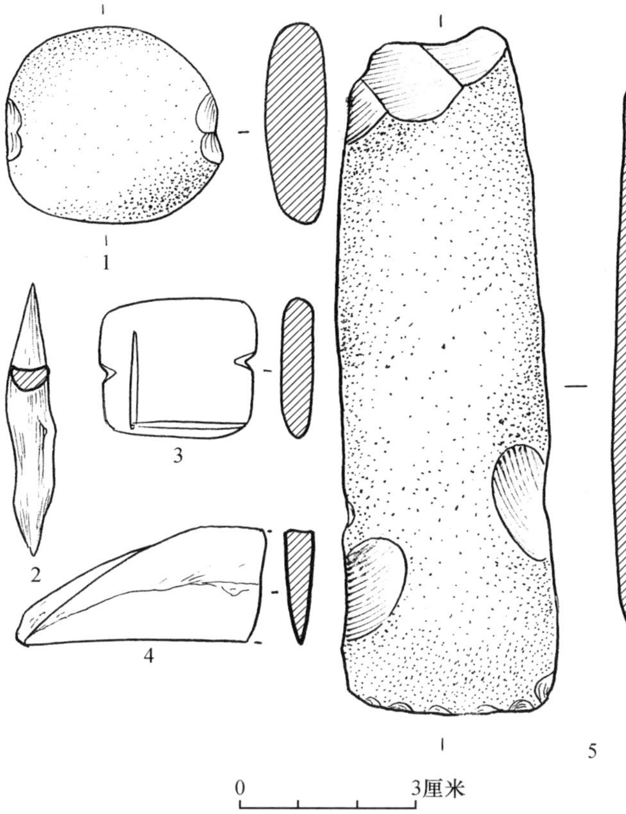

图3-3-174　97TWH101出土器物

1. D型石网坠（97TWH101：5）　2. 骨锥（97TWH101：3）　3. Ec型陶网坠（97TWH101：1）　4. 石刀（97TWH101：4）　5. 石锛（97TWH101：2）

45. 97ⅡTWH102

位于Ⅱ区T406中部。开口于第4层下，打破第5层。平面呈椭圆形，弧壁，圜底。坑口长径1.05、短径0.8、深0.6米。坑内堆积为花土，土质疏松，出土器物5件（图3-3-175）。

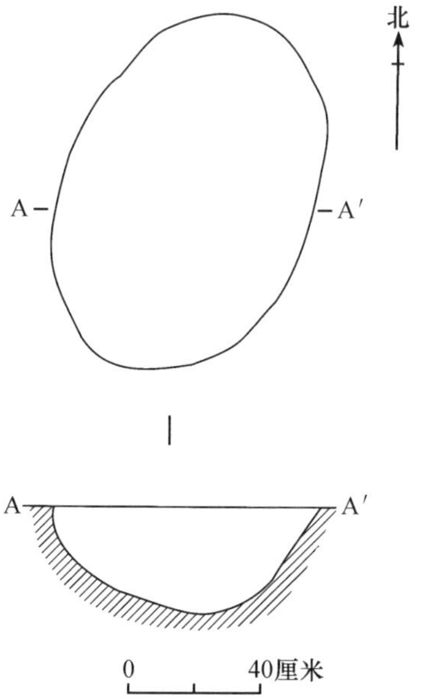

图3-3-175　97TWH102平、剖面图

出土器物

陶器　1件。

A型纺轮　1件。97TWH102：1，夹砂黄褐陶磨制而成。呈不规则圆饼形，中间有钻孔。直径6.2、厚0.8厘米（图3-3-176，4）。

石器　3件。

A型研磨器　1件。97TWH102：3，灰色石英砂岩。圆柱形，一端有切割痕。长8.2、厚5.4厘米（图3-3-176，2）。

B型网坠　1件。97TWH102：5，灰白色石英砂岩。椭圆形，两端打制豁口。长径5.8、短径5、厚1.6厘米（图3-3-176，5）。

Ad型镞　1件。97TWH102：2，青灰色板岩。柳叶形，凹底，中间有血槽，磨砺精细。长3.6、镞身宽1.4、厚0.4厘米（图3-3-176，1）。

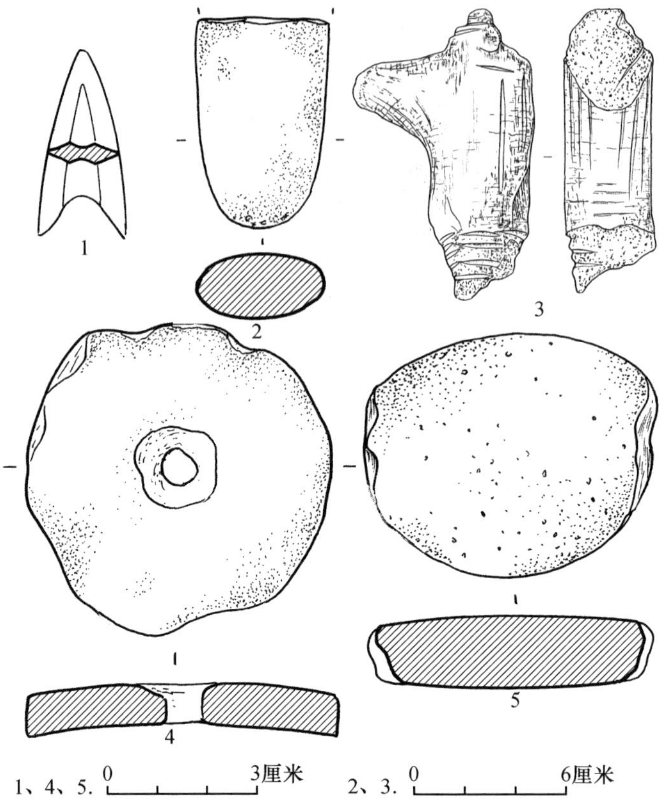

图3-3-176　97TWH102出土器物

1. Ad型石镞（97TWH102：2）　2. A型石研磨器（97TWH102：3）　3. 角器（97TWH102：4）　4. A型陶纺轮（97TWH102：1）　5. B型石网坠（97TWH102：5）

角器　1件。

角器　1件。97TWH102：4，动物角制成，器表有砍砸痕，其用途不明。长11.7、宽4、厚3.4厘米（图3-3-176，3）。

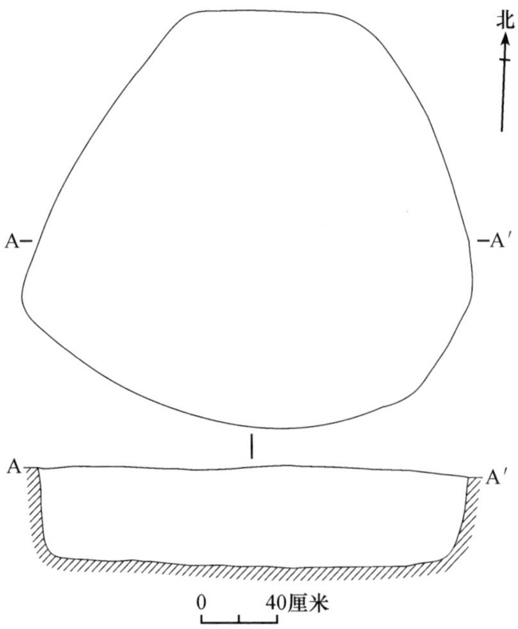

图3-3-177　97TWH103平、剖面图

46. 97Ⅱ TWH103

位于Ⅱ区T406西南部，伸入T405东隔梁，T376北隔梁及T375东隔梁。开口于第4层下，叠压在97TWH83之下。平面呈不规则形，直壁，平底。坑口长径2.4米，短径2.12米，深0.5米。坑内堆积呈黄褐色，质地较疏松，包含部分夹砂褐陶片等。出土器物11件（图3-3-177）。

出土器物

陶器　4件。

碗　1件。97TWH103：11，夹砂黄陶，局部发黑。口沿已残，有陶片剥落痕迹，弧腹、大平底、器壁较厚。底径10、残高9、厚1.4厘米（图3-3-178，1）。

纺轮　3件。

A型　2件。圆饼形。中间有圆形钻孔，一面器表穿孔周围饰锥刺纹，一面无纹饰。97TWH103：8，泥质黄褐陶。直径5.8、厚1.3厘米（图3-3-178，5；图版一六，4）。97TWH103：10，泥质黄褐陶。直径5.8、厚1.1厘米（图3-3-178，3；图版一六，3）。

E型　1件。97TWH103：9，夹砂褐陶。菌盖形，中间穿孔。直径5.2、高1.5厘米（图3-3-178，2）。

石器　6件。

网坠　2件。

B型　1件。97TWH103：2，灰白色石英砂岩。椭圆形，两端打制豁口。长4、宽3.5、厚1.4厘米（图3-3-178，11）。

E型　1件。97TWH103：7，深灰色板岩。近方形，两端磨出豁口。边长约为3.5、厚0.4厘米（图3-3-178，10）。

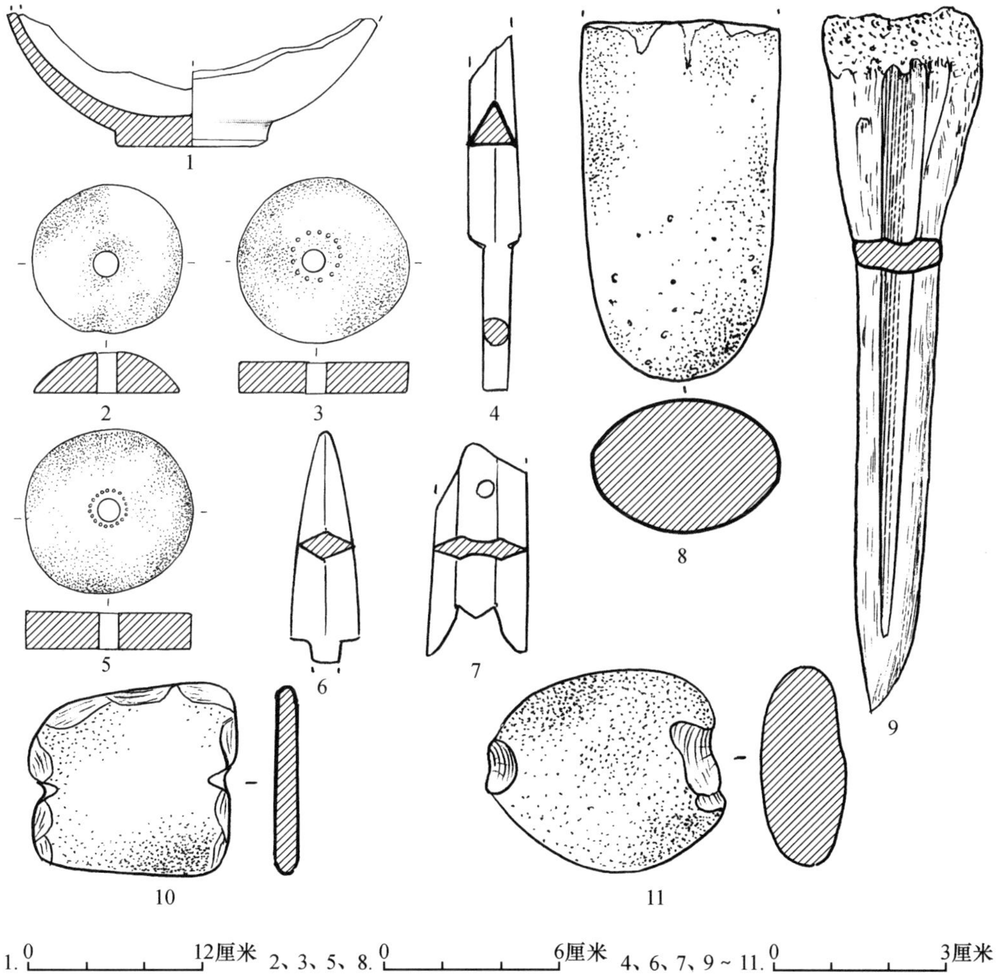

图3-3-178　97TWH103出土器物

1. 陶碗（97TWH103：11）　2. E型陶纺轮（97TWH103：9）　3、5. A型陶纺轮（97TWH103：10、97TWH103：8）　4. Cc型石镞（97TWH103：6）　6. Bc型石镞（97TWH103：4）　7. Ad型石镞（97TWH103：5）　8. A型石研磨器（97TWH103：1）　9. 骨锥（97TWH103：3）　10. E型石网坠（97TWH103：7）　11. B型石网坠（97TWH103：2）

镞　3件。

Ad型　1件。97TWH103：5，青灰色板岩。柳叶形，镞身上部有圆形钻孔，镞身中部有血槽，后锋呈倒刺形，凹底中部有凸起，无铤。残长3.7、宽1.6、厚0.3厘米（图3-3-178，7）。

Bc型　1件。97TWH103：4，青灰色板岩。双翼，镞身平面呈三角形，方柱形铤残断。残长4、镞身宽1、厚0.5厘米（图3-3-178，6）。

Cc型　1件。97TWH103：6，深灰色板岩。三棱形镞，镞尖已残，镞身平面呈三角形，圆柱形铤。长6.2、镞身宽0.8、厚0.7厘米（图3-3-178，4）。

A型研磨器　1件。97TWH103：1，暗紫色石英砂岩。圆柱形，一端有切割痕。长12、宽6.8、厚3.8厘米（图3-3-178，8）。

骨器　1件。

锥　1件。97TWH103：3，以动物管状骨劈裂磨制。呈扁锥形。长12.1、宽1.5、厚0.5厘米（图3-3-178，9）。

47. 97ⅡTWH108

位于Ⅱ区T465西北角，伸入其北隔梁及T464东、北隔梁。开口于第4层下，打破第6层，并被97TWH109打破。平面呈圆形，弧壁，圜底。坑口直径1.1米，深0.5米。坑内堆积呈黑褐色，质地疏松，无出土器物（图3-3-179）。

48. 97ⅡTWH133

位于Ⅱ区T376中部。开口于第4层下，打破第6层。平面呈椭圆形，弧壁，平底。坑口长径1、短径0.65、深约0.2米。坑内堆积呈褐色，质地疏松，出土器物2件（图3-3-180）。

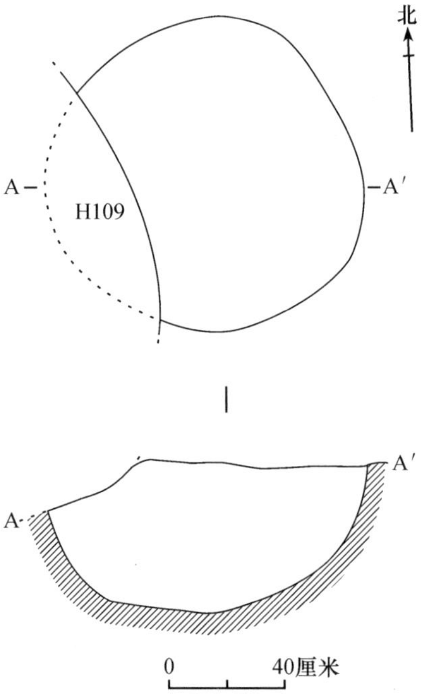

图3-3-179　97TWH108平、剖面图

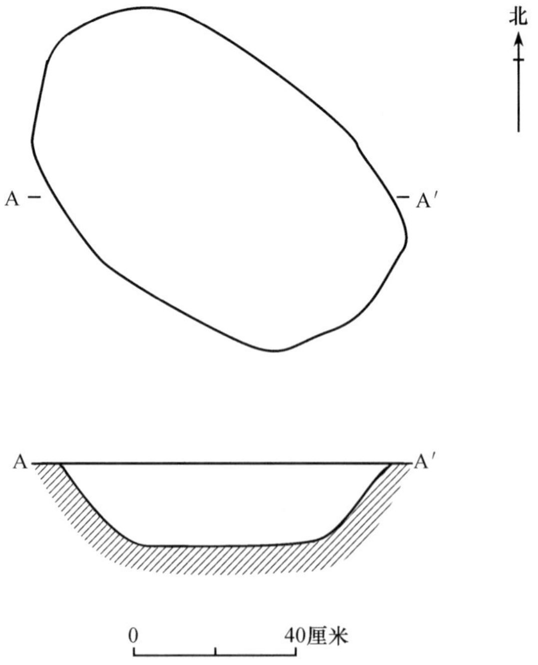

图3-3-180　97TWH133平、剖面图

出土器物

石器　2件。

网坠　2件。

B型　1件。97TWH133：2，灰白色石英砂岩。椭圆形，两端打制豁口。长径4.2、短径3.3、厚1.1厘米（图3-3-181，2）。

D型　1件。97TWH133：1，灰白色石英砂岩。近圆形，两端打制豁口。直径2.4、厚0.8厘米（图3-3-181，1）。

49. 97ⅡTWH134

位于Ⅱ区T376西部，伸入T375东隔梁。开口于第4层下，打破第6层。平面近圆形，弧壁，平底。坑口直径约1.7、深0.25米。坑内堆积呈褐色，质地疏松，出土器物9件（图3-3-182）。

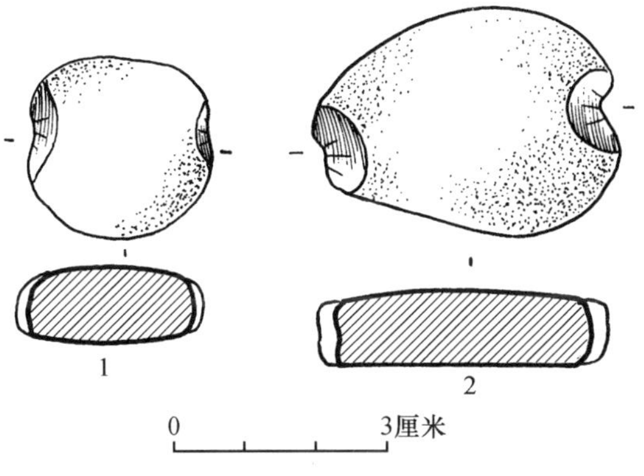

图3-3-181　97TWH133出土石网坠

1. D型（97TWH133：1）　2. B型（97TWH133：2）

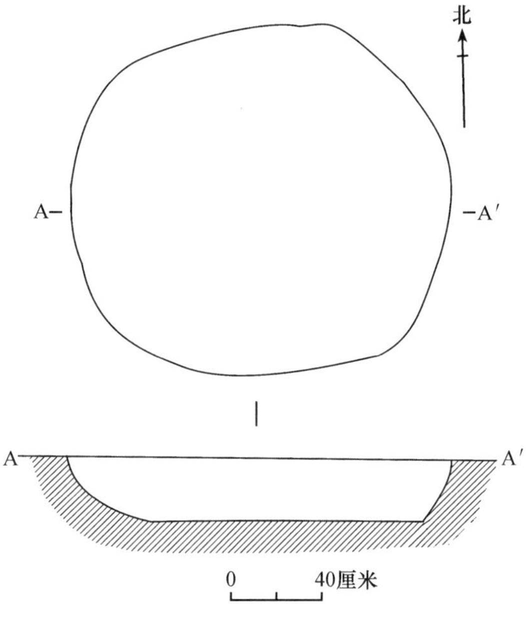

图3-3-182　97TWH134平、剖面图

出土器物

陶器　2件。

A型纺轮　2件。平面近圆形。97TWH134：3，以黄褐色纹饰陶片磨制而成。平面形制不规整，器表有压印弦纹，中间有圆形钻孔。直径约3.7、厚0.7厘米（图3-3-183，1）。97TWH134：6，以夹滑石黄褐陶片磨制，中间有对钻孔。直径约3.2、厚0.7厘米（图3-3-183，2）。

石器　7件。

B型网坠　6件。97TWH134：1，灰白色石英

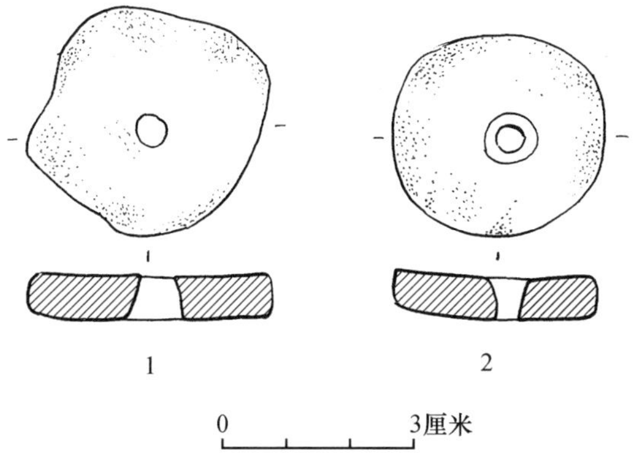

图3-3-183　97TWH134出土A型陶纺轮

1. 97TWH134：3　2. 97TWH134：6

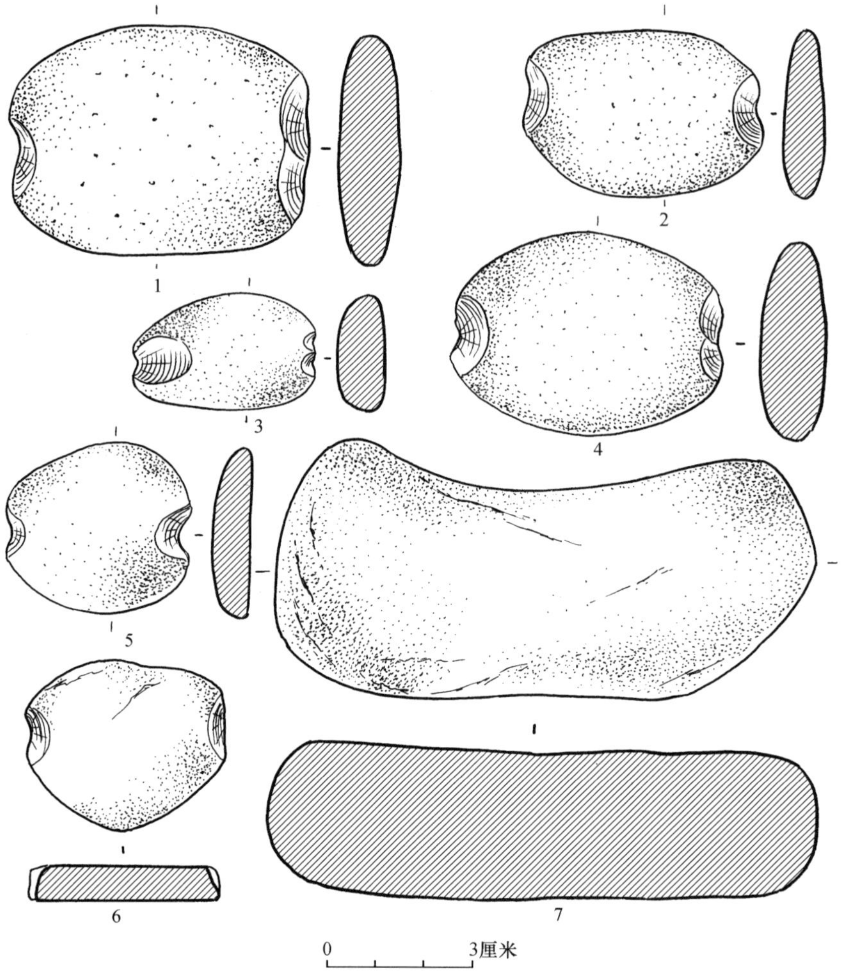

图3-3-184 97TWH134出土石器

1～6. B型网坠（97TWH134：9、97TWH134：7、97TWH134：1、97TWH134：8、97TWH134：2、97TWH134：10）
7. D型研磨器（97TWH134：5）

砂岩。长径3.8、短径2.5、厚1.1厘米（图3-3-184，3）。97TWH134：2，灰白色石英砂岩。长径3.9、短径3.6、厚0.7厘米（图3-3-184，5）。97TWH134：7，灰色石英砂岩。长径4.9、短径3.5、厚0.7厘米（图3-3-184，2）。97TWH134：8，暗紫色石英砂岩。长径5.6、短径4.1、厚1.4厘米（图3-3-184，4）。97TWH134：9，灰白色石英砂岩。长径6.3、短径4.7、厚1.2厘米（图3-3-184，1）。97TWH134：10，灰白色石英砂岩。椭圆形，两端打制豁口。长4.1、宽3.4、厚0.7厘米（图3-3-184，6）。

D型研磨器 1件。97TWH134：5，紫色石英岩。枕形，表面光滑平整，有研磨痕。长11.3、宽5.4、厚3.2厘米（图3-3-184，7）。

50. 97ⅡTWH78

位于Ⅱ区T345南部，叠压于G5之下，打破第4层和生土层。因被破坏，平面形制不清，为弧壁，平底。坑深0.2米。坑内堆积呈黑褐色，质地疏松，无出土器物（图3-3-185）。

51. 97Ⅱ TWH80

位于Ⅱ区T435西南部，伸入T434东隔梁内。开口于第3层下，被97TWH77打破，并打破第4层。平面呈圆形，斜壁，平底。坑口直径长约0.98米，深0.25米。坑内堆积呈黑褐色，质地疏松，出土石器2件（图3-3-186）。

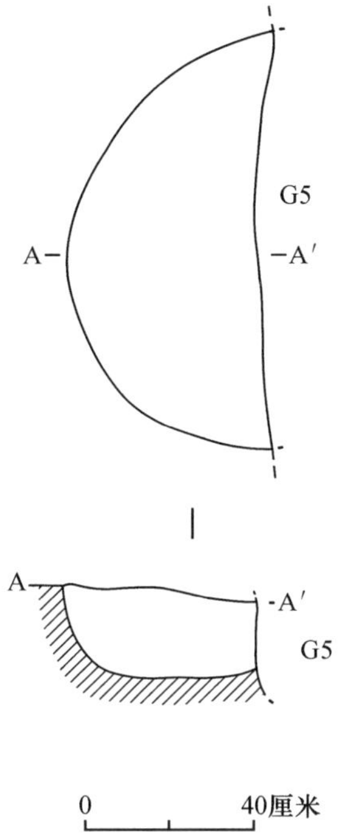

图3-3-185　97TWH78平、剖面图

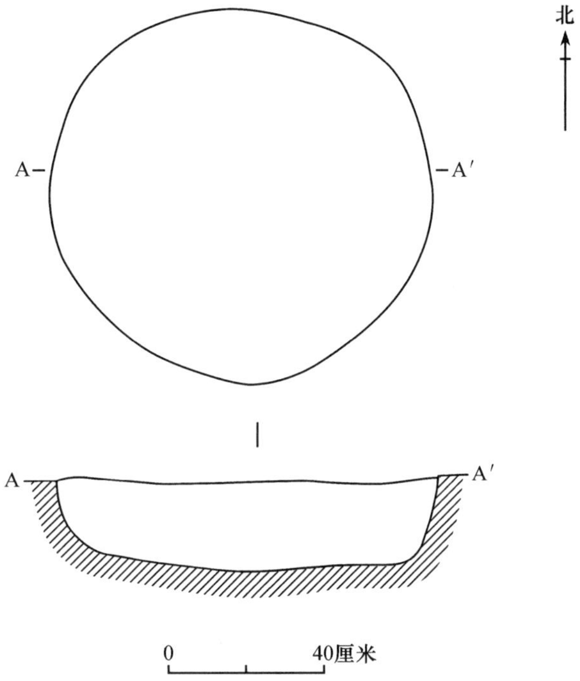

图3-3-186　97TWH80平、剖面图

出土器物

石器　2件。

B型镞　1件。97TWH80：1，青灰色板岩。双翼，剖面呈棱形。仅余镞身上部分。长3、镞身宽1.1、厚0.4厘米（图3-3-187，1）。

枕状器　1件。97TWH80：2，灰白色有层理的粉砂岩。呈枕头形，通体磨光，表面光滑（图3-3-187，2；图版二二，5）。

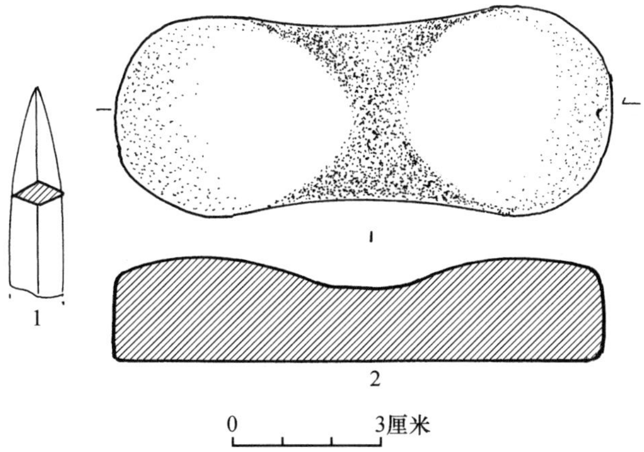

图3-3-187　97TWH80出土石器

1. B型镞（97TWH80：1）　2. 枕状器（97TWH80：2）

52. 97Ⅱ TWH83

位于Ⅱ区T405东南角，伸入其东隔梁及T375北隔梁。开口于第3层下，打破97TWH103和97TWG10。平面呈椭圆形，斜壁，平底。坑口长径2.5米，短径2.3米，深0.35米。坑内堆积呈黑褐色，质地疏松，出土器物10件（图3-3-188）。

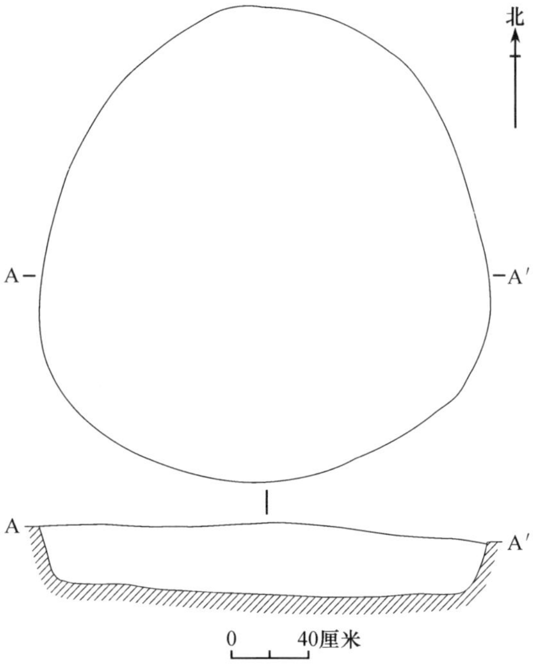

图3-3-188　97TWH83平、剖面图

出土器物

陶器　2件。

鼎足　1件。97TWH83：8，红褐色泥质陶。扁方锥形。长9.8、宽4.5、厚2.4厘米（图3-3-189，2；图版一五，4）。

Ed型网坠　1件。97TWH83：9，以夹砂灰褐陶片磨制而成。圆角长方形，残半，一端有一豁口，中间有圆形钻孔，表面颜色不均匀。长8、残宽4.2、厚0.6厘米（图3-3-189，1）。

石器　6件。

镞　2件。

Ba型　1件。97TWH83：6，青灰色板岩。尖残，双翼，后锋有倒刺，方柱形铤。残长5.5、宽1.8、厚0.5厘米。

Bb型　1件。97TWH83：3，青灰色板岩。尖

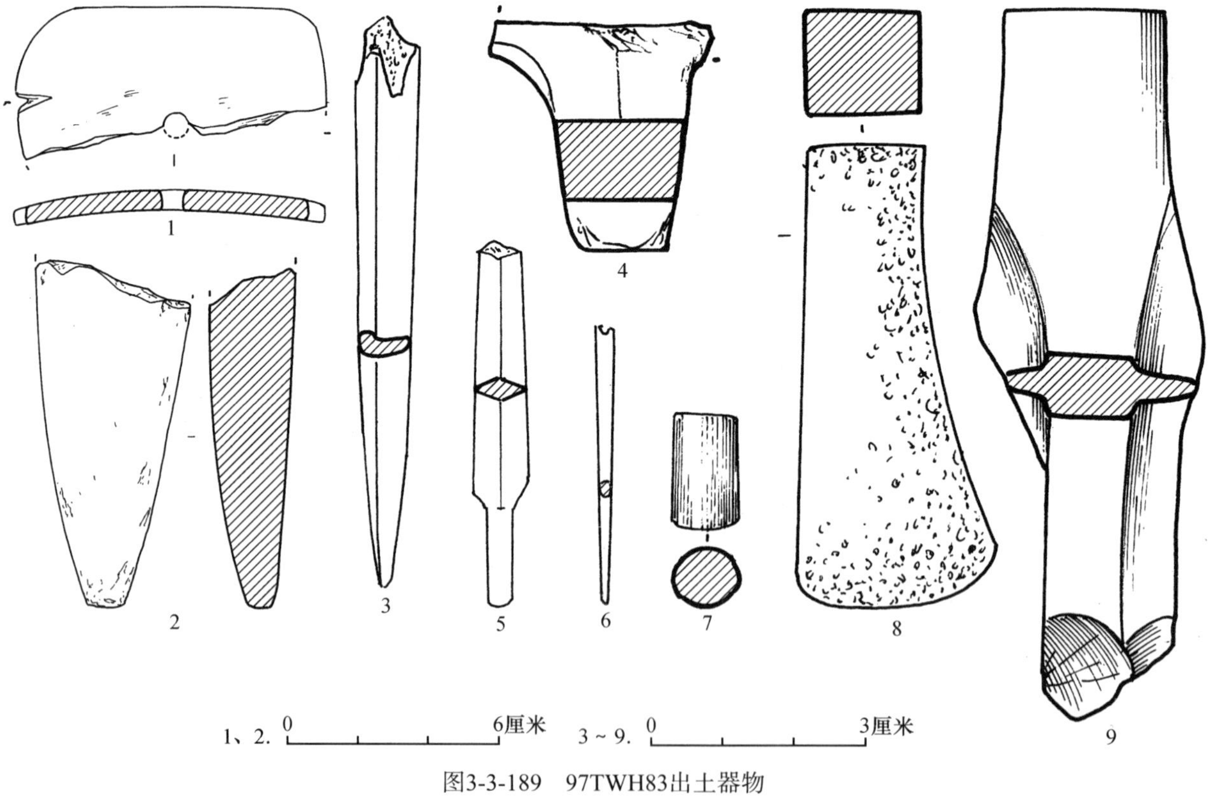

图3-3-189　97TWH83出土器物

1. Ed型陶网坠（97TWH83：9）　2. 陶鼎足（97TWH83：8）　3. 骨锥（97TWH83：11）　4. 石剑柄（97TWH83：5）　5. Bb型石镞（97TWH83：3）　6. 骨针（97TWH83：1）　7. 滑石柱（97TWH83：4）　8. 石器（97TWH83：10）　9. 石料（97TWH83：7）

残，双翼，后锋无倒刺，镞身平面呈矛形，方柱形铤。长5.2、宽0.8、厚0.3厘米（图3-3-189，5）。

滑石柱　1件。97TWH83：4，圆柱形，器表有刮磨痕。长1.7、直径1厘米（图3-3-189，7）。

剑柄　1件。97TWH83：5，黑灰色板岩。扁方柱形，剑身部分残断。残长3.2、宽1.8、厚1.2厘米（图3-3-189，4）。

石料　1件。97TWH83：7，黑灰色板岩。推测为制作石剑的石料。长10、宽2.3～3.2、厚0.7厘米（图3-3-189，9）。

石器　1件。97TWH83：10，灰色气孔玄武岩。方柱形，四面均有磨蚀痕。长6.6、宽1.7～2.8、厚1.5厘米（图3-3-189，8）。

骨器　2件。

锥　1件。97TWH83：11，扁锥形。剖面呈凹窝形，锥尾残。残长8.2、宽0.8、厚0.3厘米（图3-3-189，3）。

针　1件。97TWH83：1，针孔处残断。残长4、直径0.2厘米（图3-3-189，6）。

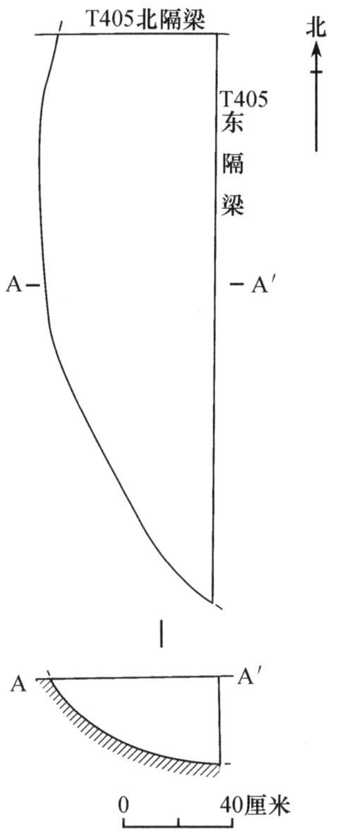

图3-3-190　97TWH86平、剖面图

53. 97ⅡTWH86

位于Ⅱ区T405东北部，伸入其东隔梁、北隔梁。开口于第3层下，打破第4层。伸入隔梁部分未清理，因此平面形制不清。弧壁，圜底。深0.3米。坑内堆积呈黑褐色，质地疏松。出土器物3件（图3-3-190）。

出土器物

陶器　1件。

Ed型网坠　1件。97TWH86：3，以夹砂红褐陶片磨制而成。圆角长方形，残半，一端有一豁口。中间有圆形钻孔。长8.8、残宽3.6、厚0.7厘米（图3-3-191，1）。

石器　2件。

镞　2件。

Aa型　1件。97TWH86：1，灰色板岩。柳叶形，一面光滑，一面粗糙，表面有多道刮磨痕，似为镞的半成品。长5.1、镞身宽2.2、厚0.4厘米（图3-3-191，3）。

Cb型　1件。97TWH86：2，青灰色板岩。三棱形镞。镞身平面呈矛形，圆柱形铤。长5、镞身宽0.8、厚0.5厘米（图3-3-191，2）。

54. 97ⅡTWH87

位于Ⅱ区T375北部，伸入北隔梁内。开口于第3层下，被97TWG10、97TWH83和97TWH88打破。平面被破坏，推测为椭圆形，斜壁，平底。坑口长径2.4米，短径2.16米，深0.46米。坑内堆积为黄褐色花土，出土器物3件（图3-3-192）。

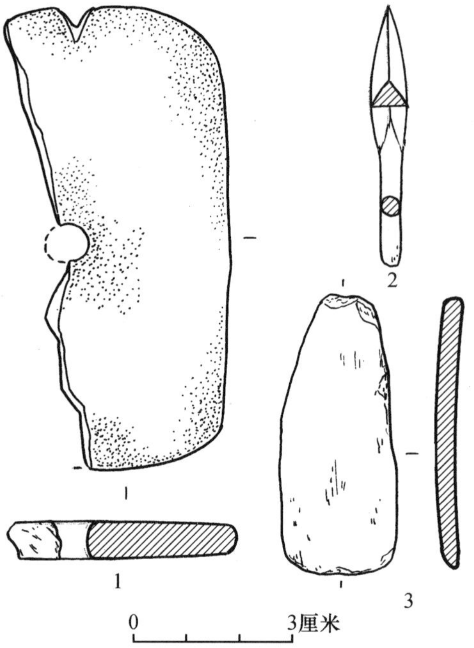

图3-3-191　97TWH86出土器物

1.Ed型陶网坠（97TWH86：3）　2.Cb型石镞（97TWH86：2）　3.Aa型石镞（97TWH86：1）

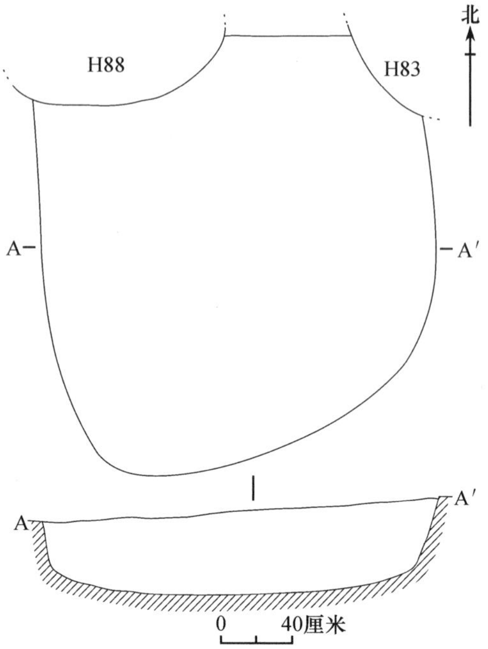

图3-3-192　97TWH87平、剖面图

出土器物

石器　3件。

斧　2件。97TWH87：4，灰色石英砂岩。长条形，双面刃，刃部有使用痕迹。长15.6、宽5.3、厚3.5厘米（图3-3-193，1；图版一八，1）。97TWH87：5，深灰色石英砂岩。长条形，顶端有打击面，有石片剥落。双面刃，刃部使用痕迹明显（图3-3-193，2）。

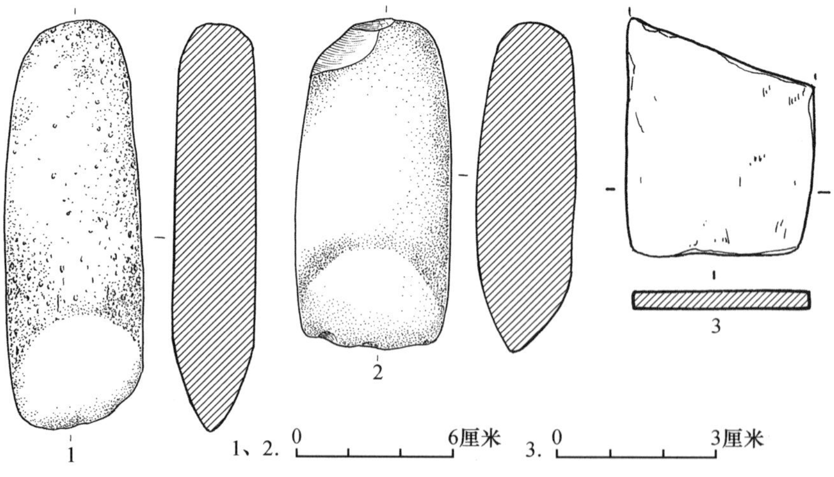

图3-3-193　97TWH87出土石器

1、2. 斧（97TWH87：4、97TWH87：5）　3. 石器（97TWH87：2）

石器　1件。97TWH87：2，青灰色板岩。长条形，一端残，器表光滑。残长4.2、宽3.4、厚0.3厘米（图3-3-193，3）。

55. 97ⅡTWH88

位于Ⅱ区T405南部，伸入T375北隔梁。开口于第3层下，被现代坑打破，并打破97TWG10和生土层。平面近椭圆形，斜壁，平底。坑口长径1.84米，短径1.66米，深0.18米。坑内堆积呈黑褐色，质地疏松，出土器物3件（图3-3-194）。

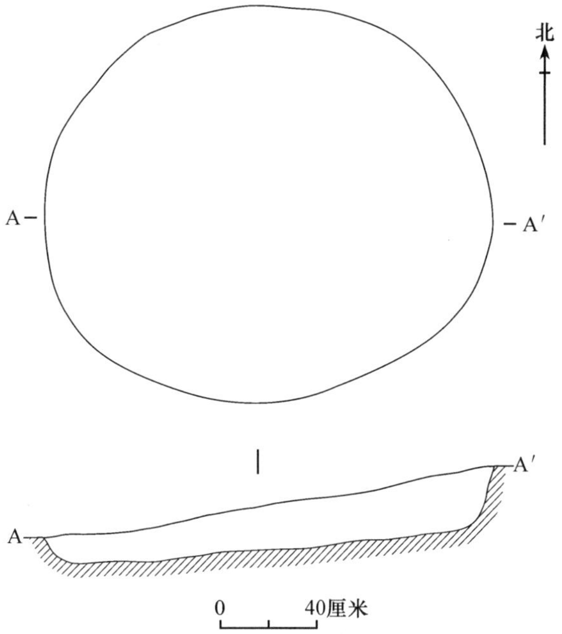

图3-3-194　97TWH88平、剖面图

出土器物

陶器　1件。

Ec型网坠　1件。97TWH88：4，以红色夹砂陶片磨制而成。平面近方形，部分残损。一侧有一豁口，中间有圆形钻孔。边长约为8.8、厚0.7厘米（图3-3-195，3）。

石器　2件。

斧　1件。97TWH88：2，深灰色板岩打制而成。刃部部分残损。长12.5、宽6、厚1.5厘米（图3-3-195，2）。

石器　1件。97TWH88：1，深灰色板岩。不规则形，剖面呈凹窝形，一面有磨制痕迹。长6.7、宽3.3、厚0.2厘米（图3-3-195，1）。

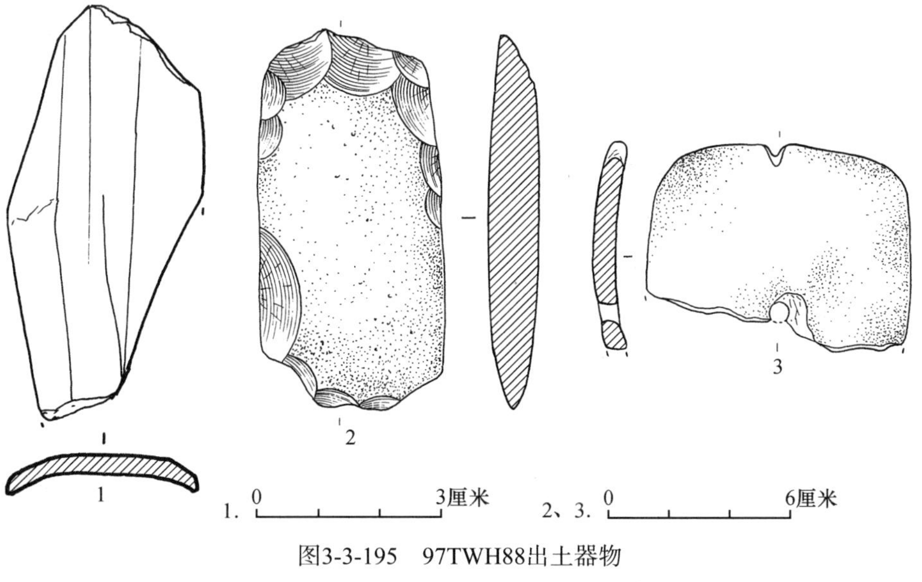

图3-3-195　97TWH88出土器物

1. 石器（97TWH88：1）　2. 石斧（97TWH88：2）　3. Ec型陶网坠（97TWH88：4）

56. 97ⅡTWH89

位于Ⅱ区T375北部，伸入其北隔梁内。开口于第3层下，打破97TWG10、97TWH87和生土层。平面呈不规则长方形，弧壁，平底。坑口长约1.66米，宽约1.4米，深1.6～0.3米。坑内堆积呈褐色，夹杂较多砂砾，质地疏松。无出土器物（图3-3-196）。

57. 97ⅡTWH132

位于Ⅱ区T376北部，伸入其北隔梁。开口于第3层下，打破第4层和97TWF15。平面呈圆形，斜壁，平底。坑口直径为1.82米，坑深0.54米。坑内堆积呈黄褐色，质地疏松，包含少量夹砂褐陶片及兽骨等。出土器物10件（图3-3-197）。

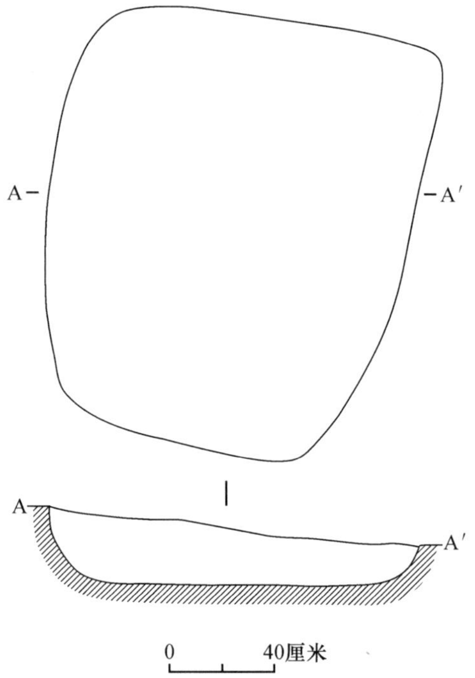

图3-3-196　97TWH89平、剖面图

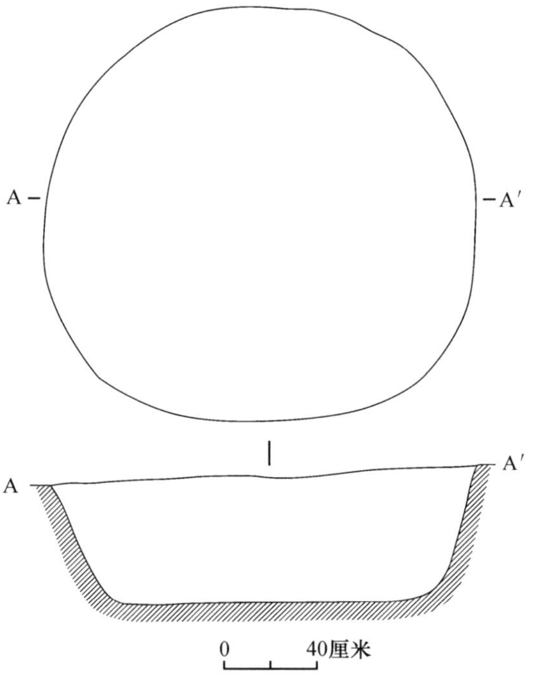

图3-3-197　97TWH132平、剖面图

出土器物

陶器　1件。

Ea型网坠　1件。97TWH132：3，以夹砂红褐陶片磨制而成。平面近圆形，两端磨制豁口。直径4.2、厚0.8厘米（图3-3-198，1）。

石器　7件。

B型网坠　4件。椭圆形，两端打制豁口。均为灰白色石英砂岩。97TWH132：2，长径4.7、短径3.8、厚1厘米（图3-3-198，2）。97TWH132：4，长径4.5、短径3.8、厚1厘米（图3-3-198，3）。97TWH132：9，长径4.5、短径3.7、厚2厘米（图3-3-198，4）。97TWH132：10，长径4.4、短径4.1、厚1.2厘米（图3-3-198，5）。

气孔玄武岩块　1件。97TWH132：7，灰黑色气孔玄武岩块。呈球形。长径5.9、短径4.7、厚3厘米（图3-3-198，7）。

Ae型镞　1件。97TWH132：5，青灰色板岩。平面呈圭形，剖面呈梯形，镞身遍布磨痕，刃部有两个豁口。长4.2、宽0.9、厚0.2厘米（图3-3-198，6）。

A型研磨器　1件。97TWH132：1，黄褐色石英砂岩。长条形。长9.7、宽5.3、厚3.1厘米（图3-3-198，8）。

骨、牙器　2件。

骨凿　1件。97TWH132：6，以动物大型管状骨磨制，顶端残，弧刃锋利。残长12.5、宽3.6、厚0.5厘米（图3-3-198，10）。

牙刀　1件。97TWH132：8，野猪獠牙磨制而成。两侧成刃部，两端残。长6.1、宽1.9、厚0.6厘米（图3-3-198，9）。

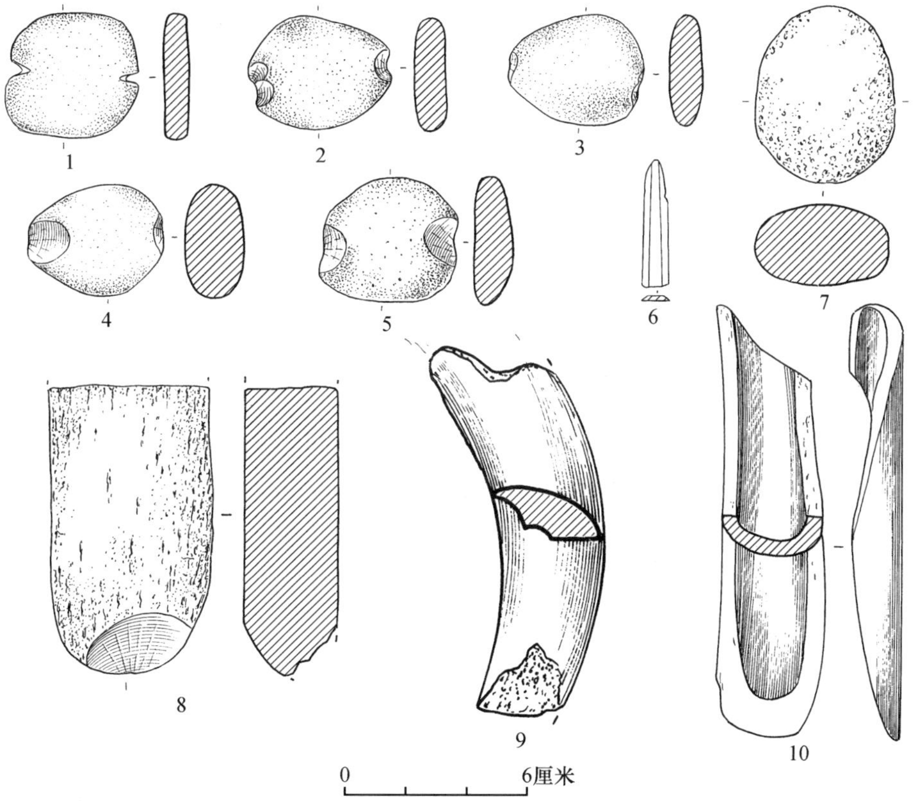

图3-3-198　97TWH132出土器物

1. Ea型陶网坠（97TWH132：3）　2～5. B型石网坠（97TWH132：2、97TWH132：4、97TWH132：9、97TWH132：10）　6. Ae型石镞（97TWH132：5）　7. 气孔玄武岩块（97TWH132：7）　8. A型石研磨器（97TWH132：1）　9. 牙刀（97TWH132：8）　10. 骨凿（97TWH132：6）

58. 97 Ⅱ TWH93

位于Ⅱ区T497北部，伸入其北隔梁。伸入隔梁部分未清理。开口于第2层下，打破第3层。平面形制不完整，推测为椭圆形，弧壁，圜底。深0.9米。坑内堆积成黑褐色，质地疏松，出土器物1件（图3-3-199）。

出土器物

陶碗　1件。97TWH93：1，夹砂灰褐陶，器表磨光。手制，敞口，斜腹，假圈足。口径13.2、底径6.4、高5.8厘米（图3-3-200）。

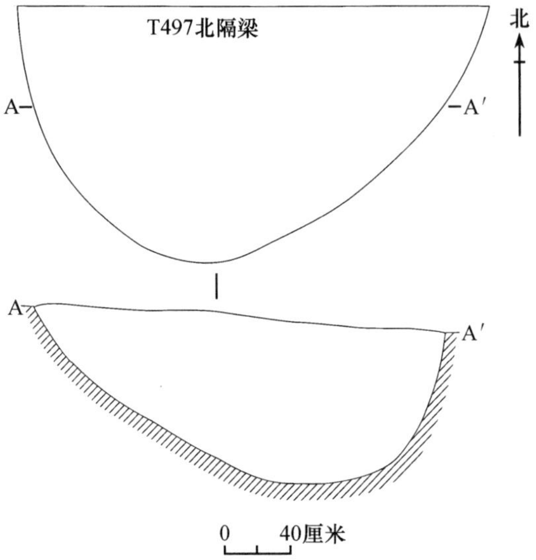

图3-3-199　97TWH93平、剖面图

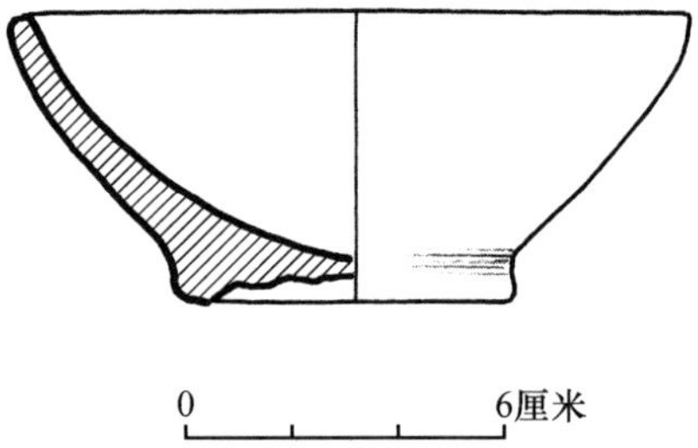

图3-3-200　97TWH93出土陶碗
（97TWH93：1）

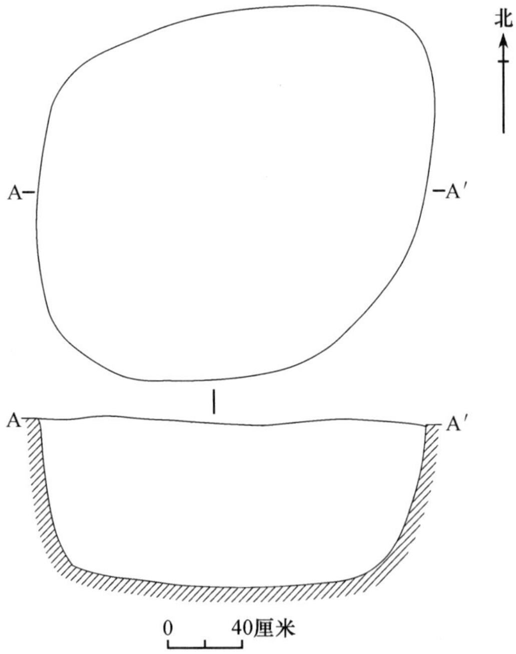

图3-3-201　97TWH116平、剖面图

59. 97Ⅱ TWH116

位于Ⅱ区T498中部。叠压于97TWG13之下，打破第11层。平面近圆角方形，斜壁，平底。坑口长径为2.06米，短径1.74米，坑深0.9米。坑内堆积为黑花土，质地较硬，包含较多夹砂红褐陶片。出土器物17件（图3-3-201）。

出土器物

陶器　4件。

网坠　2件。

Ea型　1件。97TWH116：15，以夹砂红褐陶片磨制而成，近圆形，两端磨制豁口。直径2.9、厚0.7厘米（图3-3-202，3）。

Eb型　1件。97TWH116：3，以夹石棉红褐陶片磨制而成，近椭圆形，两端磨制豁口。长径3.7、短径2.9、厚0.4厘米（图3-3-202，4）。

B型纺轮　2件。墩台形，制作较规整。97TWH116：13，泥质黄褐陶，顶径2.2、底径4.7、高3.7厘米（图3-3-202，1；图版一七，5）。97TWH116：14，泥质黄褐陶，顶径2、底径3.9、高3厘米（图3-3-202，2；图版一七，7）。

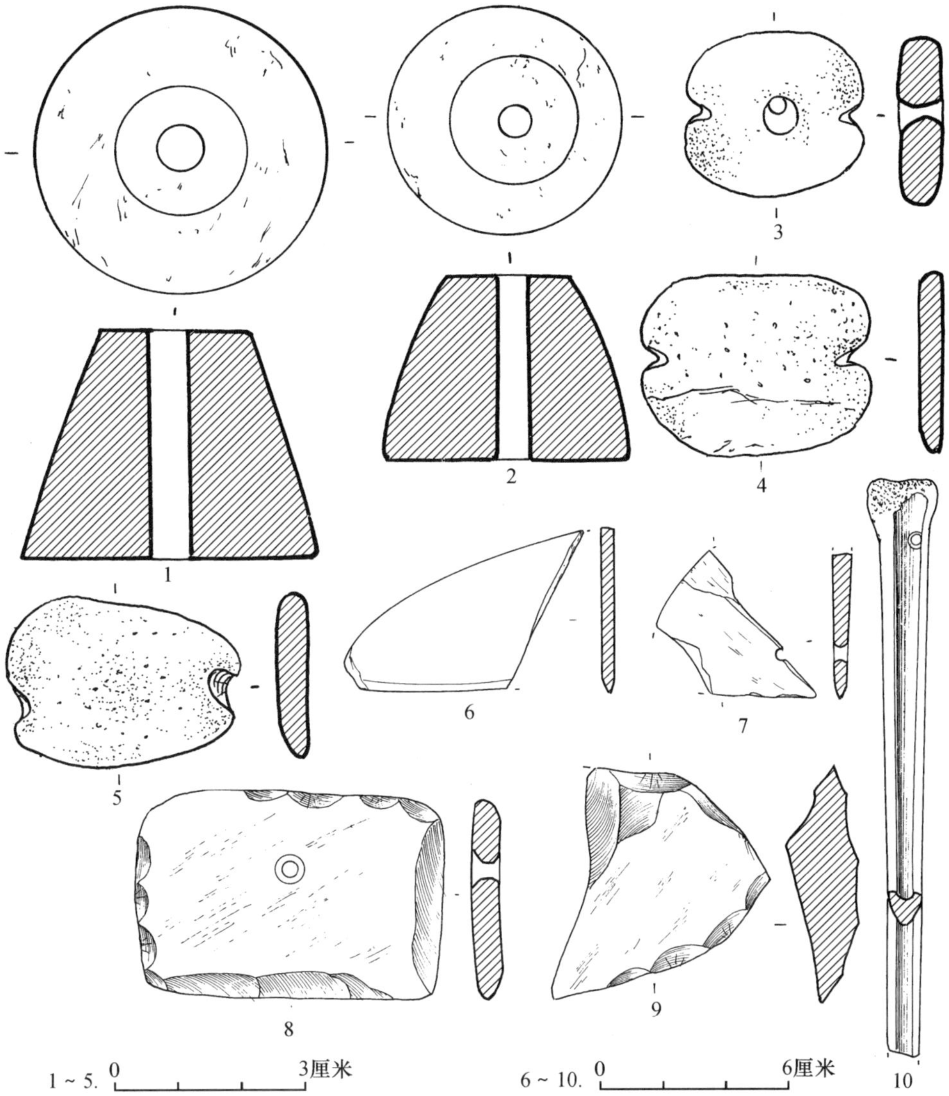

图3-3-202　97TWH116出土器物

1、2. B型陶纺轮（97TWH116：13、97TWH116：14）　3. Ea型陶网坠（97TWH116：15）　4. Eb型陶网坠（97TWH116：3）　5. B型石网坠（97TWH116：9）　6、7、9. 未分型石刀（97TWH116：8、97TWH116：7、97TWH116：4）　8. Ba型石刀（97TWH116：12）　10. 骨锥（97TWH116：11）

石器　12件。

斧　2件。97TWH116：1，深灰色板岩。平面呈梯形，顶端已残断，器表遍布打制疤痕。残长11、宽8.4、厚2.9厘米（图3-3-203，3）。97TWH116：2，青灰色砂岩。平面近长方形，打制斧身，磨制刃部。长9.3、宽5.1、厚2.2厘米（图3-3-203，1；图版一八，5）。

刀　5件。

未分型　3件。97TWH116：4，深灰色板岩。仅余刀身残段，刃部有崩痕。残长7.1、宽7.4、厚2厘米（图3-3-202，9）。97TWH116：7，青灰色板岩。仅余刀身残段，刃微弧，双面刃，刀身残留一个钻孔。残长3.3、宽4.6、厚0.7厘米（图3-3-202，7）。97TWH116：8，灰色板岩。一端残，弧背，双面刃微弧，器表有磨痕。长7.6、宽5、厚0.4厘米（图3-3-202，6）。

Ba型 1件。97TWH116：12，青灰色板岩。平面呈长方形，器身较宽，双面直刃，中间有一个圆形钻孔。长9.3、宽6.7、厚0.9厘米（图3-3-202，8；图版一九，5）。

D型 1件。97TWH116：5，云母片岩。一端带把手，背微弧，单面弧刃，器身较厚。长14.2、宽5、厚1.2厘米（图3-3-203，2）。

A型研磨器 3件。97TWH116：6，暗紫色石英砂岩。圆柱形，一端残，一端有崩片。残长13.8、最大径7.3厘米（图3-3-203，5）。97TWH116：10，暗紫色石英砂岩。圆柱形，一端有使用痕迹。长13.2、宽7、厚4厘米（图3-3-203，4）。97TWH116：17，灰色细砂岩。长条形。长30、宽7、厚3.4厘米（图3-3-203，7）。

B型网坠 1件。97TWH116：9，灰色板岩。椭圆形，两端打制豁口。长径3.7、短径2.7、

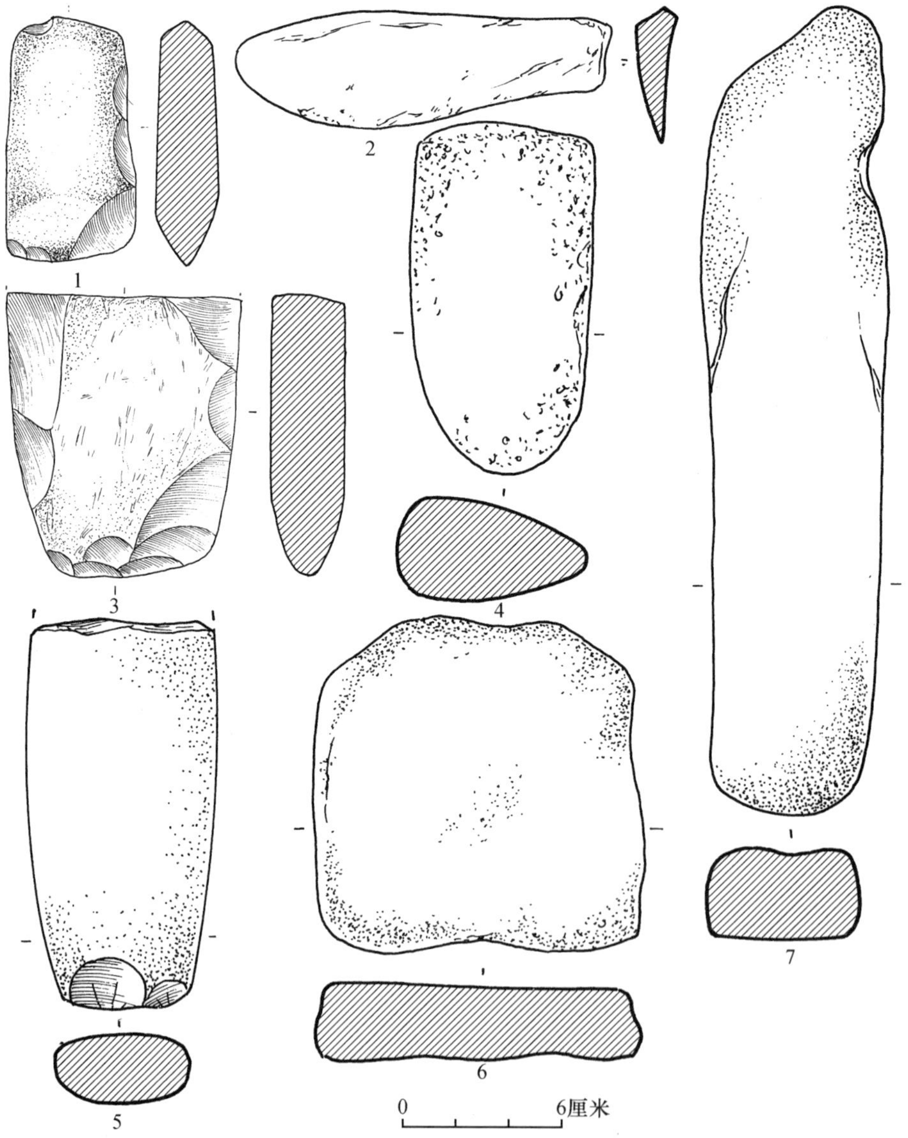

图3-3-203 97TWH116出土石器

1、3. 斧（97TWH116：2、97TWH116：1） 2. D型刀（97TWH116：5） 4、5、7. A型研磨器（97TWH116：10、97TWH116：6、97TWH116：17） 6. 石饼（97TWH116：16）

厚0.4厘米（图3-3-202，5）。

石饼　1件。97TWH116：16，肉红色花岗岩。近方形，表面光滑。边长12.4、厚2.8厘米（图3-3-203，6）。

骨器　1件。

锥　1件。以动物管状骨磨制而成，锥尖残，表面光滑，一面有凹槽，顶端有一圆形钻孔。97TWH116：11，长17.8、宽1.3、厚0.9厘米（图3-3-202，10；图版二四，6）。

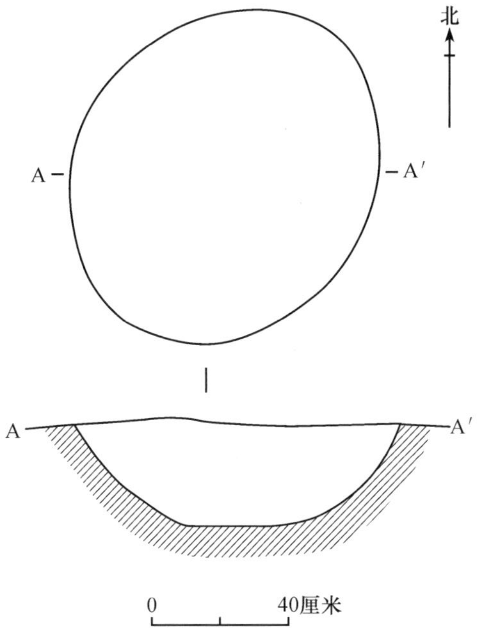

图3-3-204　98TWH150平、剖面图

60. 98ⅢTWH150

位于Ⅲ区T555中部。开口于第6层下，打破生土层。坑口呈椭圆形，弧壁，平底。坑口长径1米，短径0.7米，深0.3米。坑内堆积呈灰黄色，夹杂小石块。出土器物2件（图3-3-204）。

出土器物

贝类　2件。

河蚌　1件。98TWH150：1，长5.2、宽3.8、厚0.3厘米（图3-3-205）。

河螺　1件。98TWH150：2，长1.6、宽3.8、厚0.1厘米。

61. 99ⅤTWH156

位于Ⅴ区T885东北角，延伸至T890南部。开口于第1层下，打破第5层。平面呈不规则形，弧壁，平底。坑口长径2.5米，短径2.4米，深约0.14米。坑内堆积呈黑褐色，夹杂小石块。共出土器物11件（图3-3-206）。

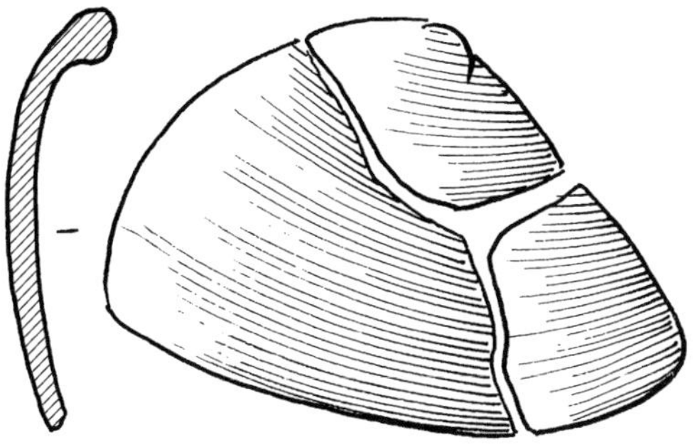

图3-3-205　98TWH150出土河蚌（98TWH150：1）

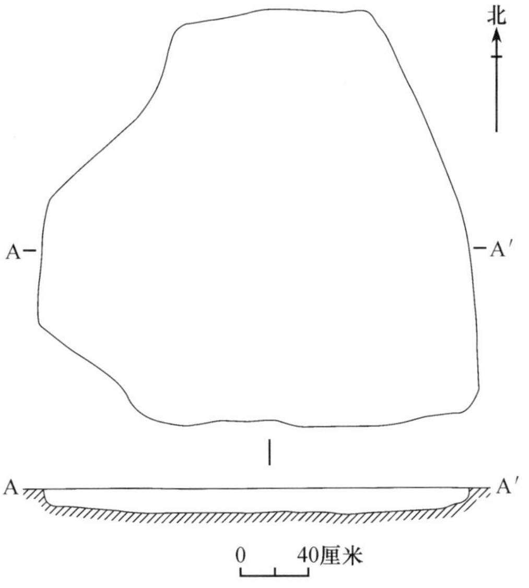

图3-3-206　99TWH156平、剖面图

出土器物

陶器　1件。

壶　1件。99TWH156：12，泥质红陶，夹蚌粉。直口，长直颈，尖唇，鼓腹。腹部饰对称横桥耳，台足，上腹部饰两组凹弦纹。口径10、底径8.4、高22.8厘米（图3-3-207，1）。

石器　10件。

镞　10件。

Ad型　1件。99TWH156：8，青灰色板岩。双翼，镞身中部有血槽，凹底，无铤。长3.8、镞身宽1.3、厚0.5厘米（图3-3-207，5）。

B型　3件。99TWH156：5，青灰色板岩。双翼，仅余镞身部分。残长3.1、镞身宽1.3、厚0.5厘米（图3-3-207，2）。99TWH156：6，青灰色板岩。双翼，镞身后半部分残断。残长5.8、镞身宽1.3、厚0.4厘米（图3-3-207，4）。99TWH156：7，青灰色板岩。双翼，仅余镞身前半部分。

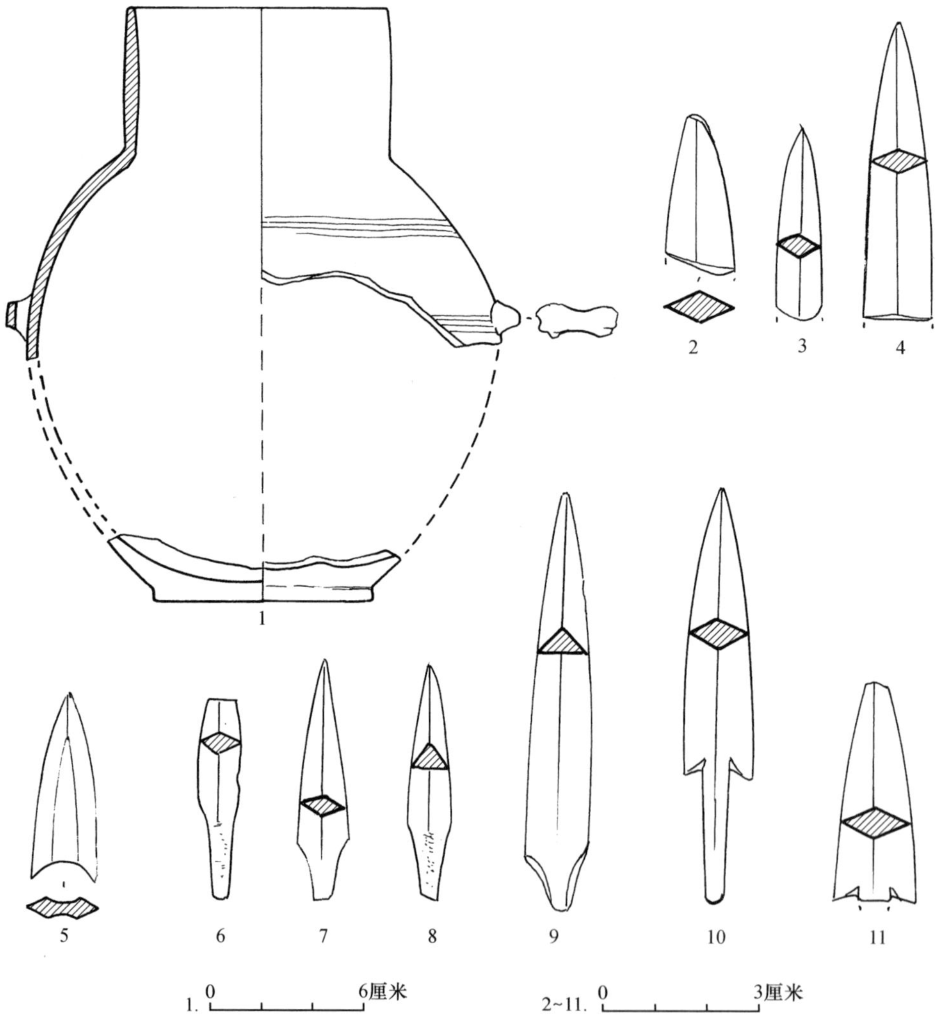

图3-3-207　99TWH156出土器物

1. 陶壶（99TWH156：12）　2～4. B型石镞（99TWH156：5、99TWH156：7、99TWH156：6）　5. Ad型石镞（99TWH156：8）　6、7. Bb型石镞（99TWH156：3、99TWH156：4）　8、9. Cb型石镞（99TWH156：11、99TWH156：1）　10、11. Ba型石镞（99TWH156：10、99TWH156：9）

残长3.7、镞身宽0.9、厚0.4厘米（图3-3-207，3）。

Ba型　2件。99TWH156：9，青灰色板岩。双翼，后锋倒刺呈燕尾状，尖，铤均残。残长4.2、镞身宽1.5、厚0.5厘米（图3-3-207，11）。99TWH156：10，紫灰色板岩。双翼，后锋倒刺呈燕尾状，圆柱形铤，形制规整。长8、宽1.3、厚0.5厘米（图3-3-207，10）。

Bb型　2件。99TWH156：3，青灰色板岩。双翼，镞身平面呈矛形，方柱形铤。残长3.8、镞身宽0.8、厚0.3厘米（图3-3-207，6）。99TWH156：4，青灰色板岩。双翼，镞身平面呈矛形，方柱形铤，铤残。残长4.6、宽1.1、厚0.4厘米（图3-3-207，7）。

Cb型　2件。99TWH156：1，青灰色板岩。三棱形，镞身平面呈矛形，方柱形铤。长8.1、镞身宽1.3、厚0.5厘米（图3-3-207，9）。99TWH156：11，青灰色板岩。三棱形，镞身平面呈矛形，方柱形铤。长4.6、镞身宽0.8、厚0.5厘米（图3-3-207，8）。

62. 99ⅤTWH157

位于Ⅴ区T948西北角。开口于第1层下，打破基岩。坑口平面呈长方形，弧壁，平底。长约1.7米，宽1.2米，深约0.24米。坑内堆积呈灰褐色，土质疏松，夹杂夹砂红褐陶片。出土器物2件（图3-3-208）。

出土器物

石器　2件。

Bb型镞　1件。99TWH157：1，青灰色板岩。双翼，尖残，镞身平面呈矛形，圆柱形铤。残长5.1、镞身宽1.2、厚0.6厘米（图3-3-209，1）。

B型网坠　1件。99TWH157：2，褐灰色花岗岩。近圆形，两端打制豁口。直径5.4、厚1.3厘米（图3-3-209，2）。

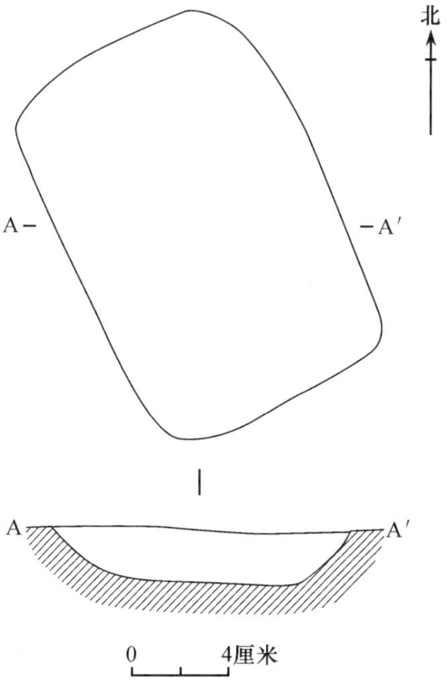

图3-3-208　99TWH157平、剖面图

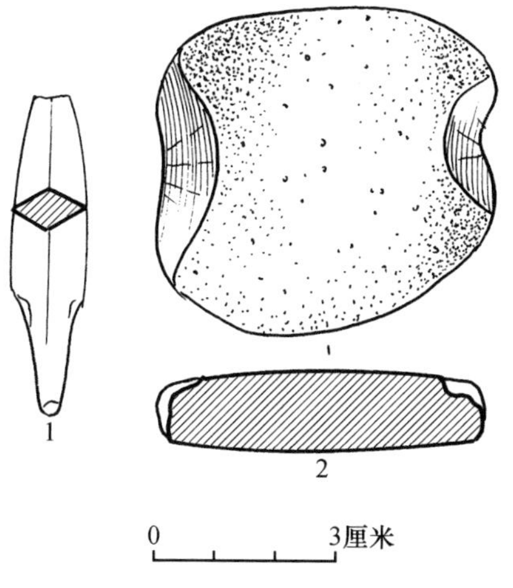

图3-3-209　99TWH157出土石器

1. Bb型镞（99TWH157：1）　2. B型网坠（99TWH157：2）

63. 99ⅥTWH151

位于Ⅵ区T794东北角，伸入其北隔梁及东隔梁。开口于第4层下，打破第5层。因伸入隔梁部分未清理，推测其平面呈圆角长方形，斜直壁，平底。坑口长约1.7米，宽约1米，坑深0.55米。坑内堆积呈黑灰色，夹杂大量小石块。包含部分黄褐色、红褐色夹砂陶片。共出土器物6件（图3-3-210）。

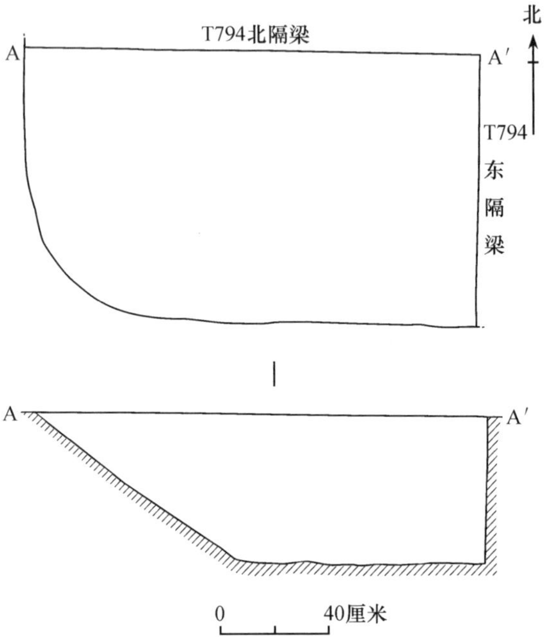

图3-3-210　99TWH151平、剖面图

出土器物

陶器　2件。

网坠　2件。

Eb型　1件。99TWH151：2，以夹砂红褐陶片磨制而成，两端磨出豁口。一侧有破损。长径4.2、短径3.3、厚0.4厘米（图3-3-211，2）。

Ed型　1件。99TWH151：6，以夹砂红陶片磨制而成，平面近长方形，两端磨制豁口，形制规整。长4.3、宽3.8、厚0.5厘米（图3-3-211，1）。

石器　4件。

镞　4件。

Ba型　1件。99TWH151：1，青灰色板岩。双翼，后锋倒刺呈燕尾形，方柱形铤。长5.1、镞身宽1.2、厚0.6厘米（图3-3-211，6）。

B型　1件。99TWH151：3，青灰色板岩。双翼，镞身后半部分残断。残长4、镞身宽1.2、厚0.5厘米（图3-3-211，3）。

Bb型　2件。99TWH151：4，青灰色板岩。双翼，镞身平面呈矛形，方柱形铤。长5、镞

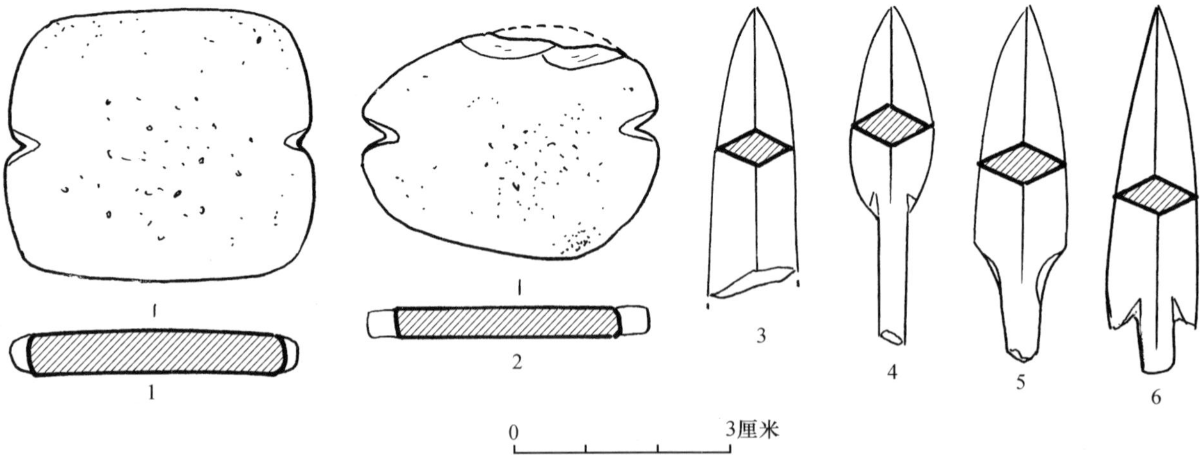

图3-3-211　99TWH151出土器物

1. Ed型陶网坠（99TWH151：6）　2. Eb型陶网坠（99TWH151：2）　3. B型石镞（99TWH151：3）
4、5. Bb型石镞（99TWH151：5、99TWH151：4）　6. Ba型石镞（99TWH151：1）

身宽1.4、厚0.4厘米（图3-3-211，5）。99TWH151：5，褐色板岩。双翼，镞身呈柳叶形，后锋倒刺呈内收状，方柱形铤。长4.7、镞身宽1.1、厚0.5厘米（图3-3-211，4）。

64. 99ⅥTWH152

位于Ⅵ区T794中部。开口于第4层下，打破第5层。平面呈圆角长方形。弧壁，平底。坑口长约1.2米，宽约0.6米，深0.4米。坑内堆积呈黑灰色，夹杂少量石块。出土器物1件（图3-3-212）。

出土器物

石器　1件。

Ad型镞　1件。99TWH152：1，青灰色板岩。镞身呈柳叶形，镞身中间有血槽，凹底。长2.4、镞身宽1.1、厚0.2厘米（图3-3-213）。

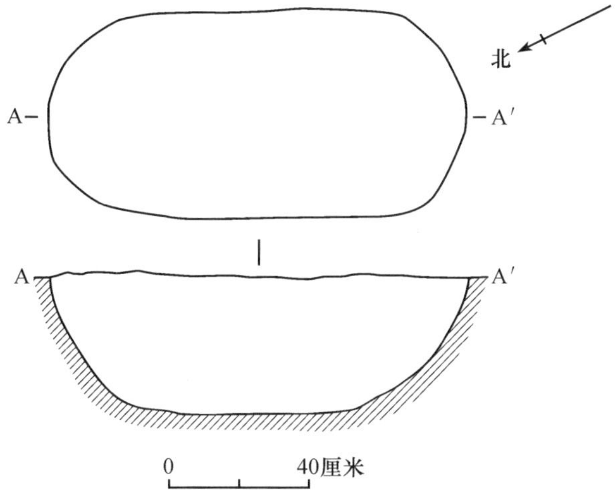

图3-3-212　99TWH152平、剖面图

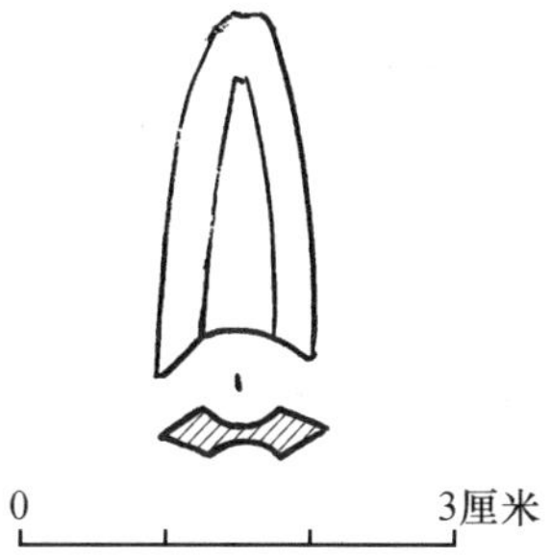

图3-3-213　99TWH152出土Ad型石镞（99TWH152：1）

65. 99ⅥTWH153

位于Ⅵ区T801东北角，伸入其北隔梁及东隔梁。开口于第4层下，打破第5层。因伸入隔梁部分未清理，平面形制不清，斜直壁，平底。坑口尺寸不清，深0.4米。坑内堆积呈黑灰色，夹杂少量石块，包含有少量夹砂红褐、灰褐陶片（图3-3-214）。

出土器物

陶器　1件。

Ed型网坠　1件。99TWH153：1，夹砂黑褐陶片磨制而成。平面近长方形，四边磨出四个豁口。长6.7、宽5、厚0.9厘米（图3-3-215，1）。

66. 99ⅥTWH154

位于Ⅵ区T779西北角，伸入T771东北角。开口于第4层下，打破第5层。灰坑延伸至探方以外部分未清理，平面形制不清。斜直壁，平底。坑口尺寸不清，坑深0.2米。坑内堆积呈黑灰色，夹杂碎石，出土器物1件（图3-3-216）。

出土器物

陶器　1件。

罐　1件。99TWH154：1，夹砂红陶，器身颜色不纯正，大部分呈红色，部分呈黑色。素面，手制。直口，尖唇，鼓腹，假圈足。上腹部饰一对横桥耳。口径12.2、底径6.5、高11厘米（图3-3-217）。

67. 99ⅥTWH155

位于Ⅵ区T779西北部，伸入其北隔梁及东隔梁。开口于第4层下，打破第5层。灰坑延伸至探方以外部分未清理，平面形制不清，斜壁，平底。坑口尺寸不清，坑深0.2米。坑内堆积成黑灰色，夹杂碎石，出土器物1件（图3-3-218）。

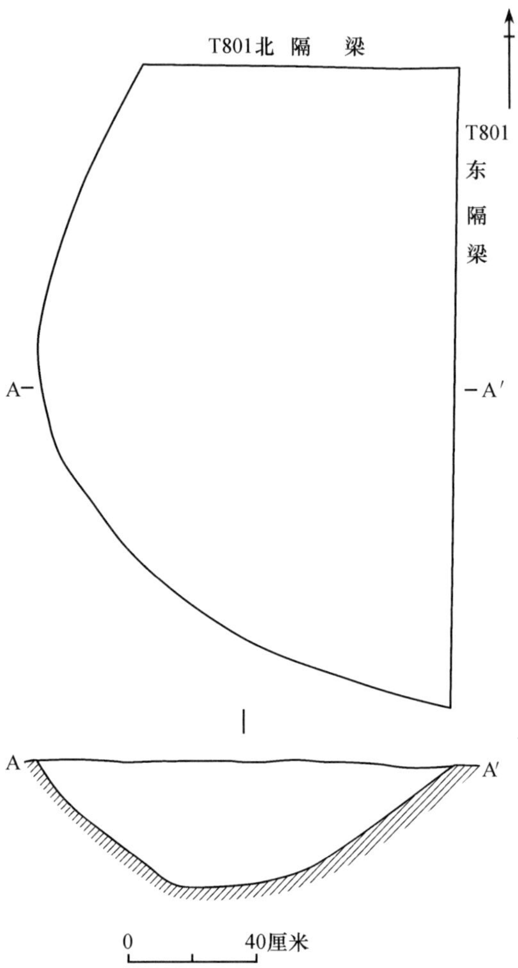

图3-3-214　99TWH153平、剖面图

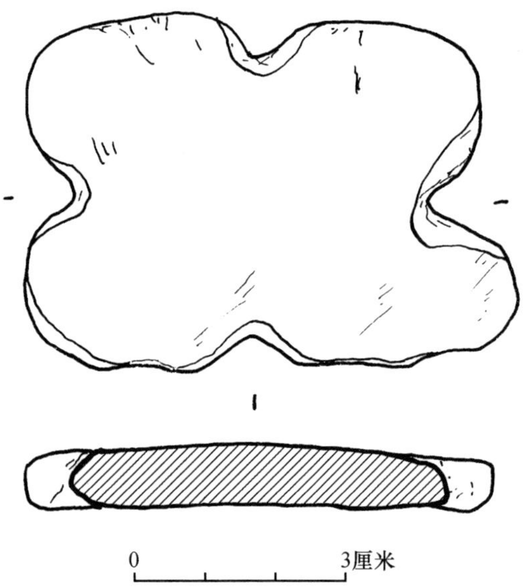

图3-3-215　99TWH153出土Ed型陶网坠（99TWH153：1）

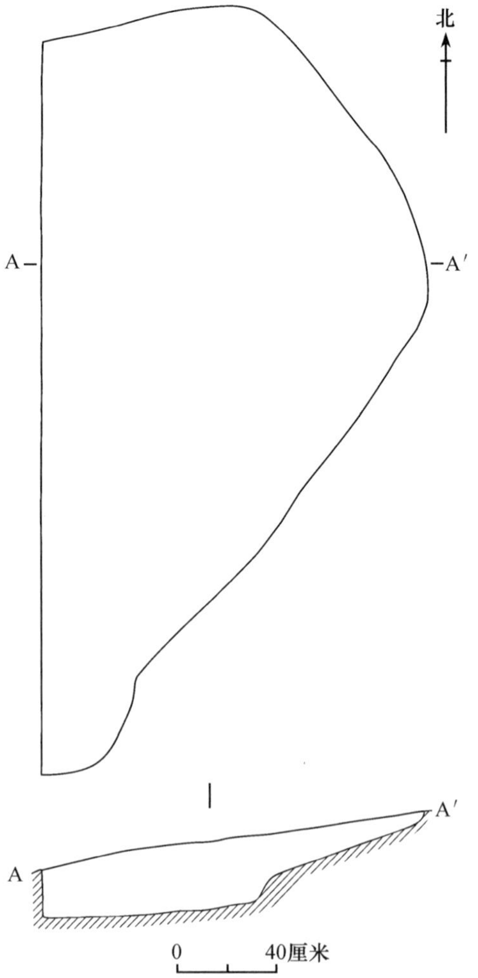

图3-3-216　99TWH154平、剖面图

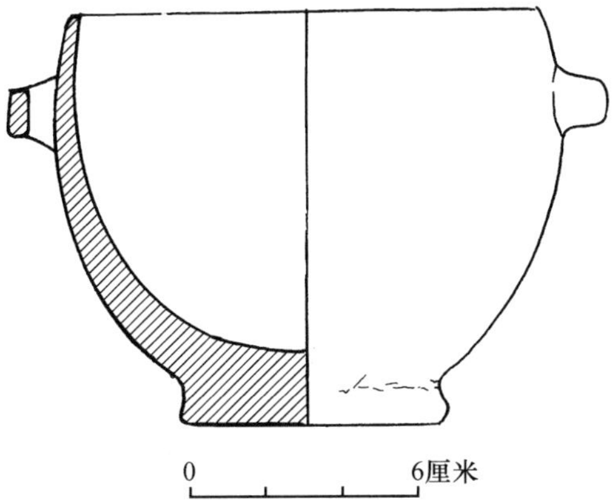

图3-3-217 99TWH154出土陶罐（99TWH154：1）

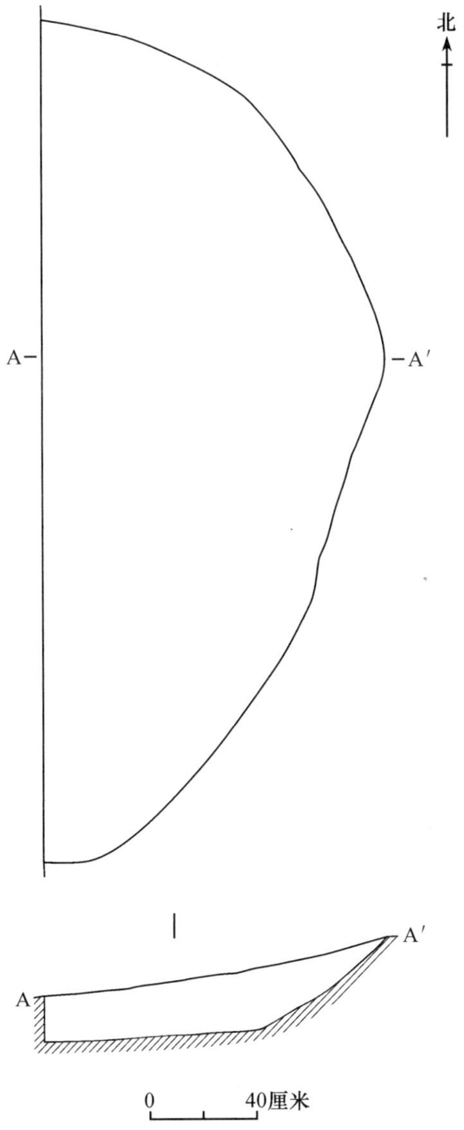

图3-3-218 99TWH155平、剖面图

出土器物

陶器 1件。

罐 1件。99TWH155：1，夹砂红褐陶，颜色不均匀。手制，器形规整。敛口，尖唇，鼓腹，上腹部饰对称横桥耳。口径12.4、最大腹径13.6、底径6.2、高10.6厘米（图3-3-219）。

68. 99ⅥTWH158

位于Ⅵ区T839东隔梁内，部分延伸至T840、T845、T846。开口于第4层下，打破第5层及99TWM21。坑口呈不规则长条形，弧壁，圜底近平。长约5、宽约0.8～1.42米，深约0.4米。坑内堆积呈黑灰色，夹杂小石块及夹砂红褐、灰褐陶片、桥形耳残片等。无出土器物（图3-3-220）。

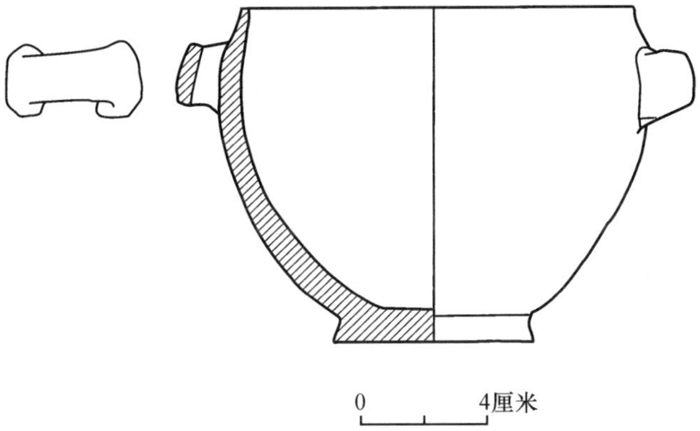

图3-3-219 99TWH155出土陶罐（99TWH155：1）

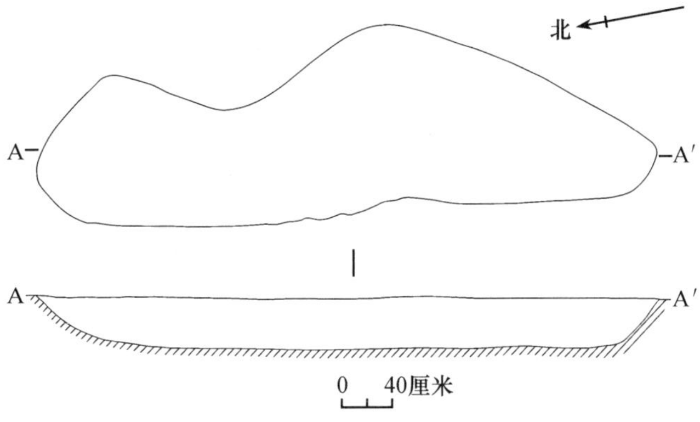

图3-3-220 99TWH158平、剖面图

69. 99ⅥTWH159

位于Ⅵ区T833内，部分延伸至T825。开口于第4层下，打破第5层及99TWM21。坑口呈不规则椭圆形，弧壁，圜底近平。坑口长径5.8米，短径2.9米，深约0.4米。坑内堆积呈黑灰色，夹杂小石块，以及夹砂红褐、灰褐陶片。无出土器物（图3-3-221）。

70. 99ⅥTWH160

位于Ⅵ区T826西部，部分延伸至T825、T834。开口于第1层下，打破第5层及99TWM21。坑口呈不规则形，弧壁，圜底近平。坑口长约3.5米，宽约1.2米，深约0.76米。坑内堆积呈灰褐色，夹杂小石块，坑内出土夹砂红褐、灰褐陶片等。无出土器物（图3-3-222）。

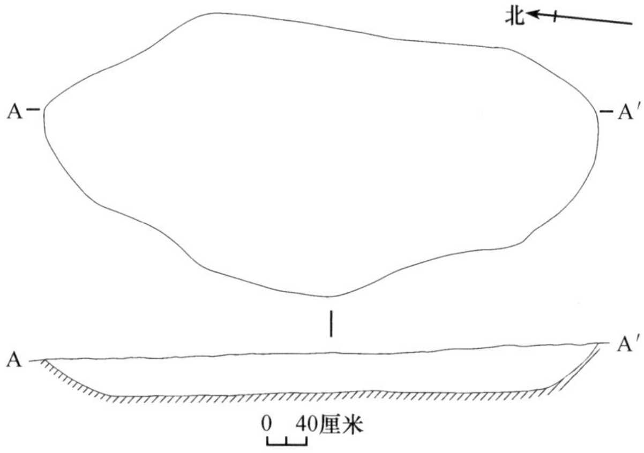

图3-3-221　99TWH159平、剖面图

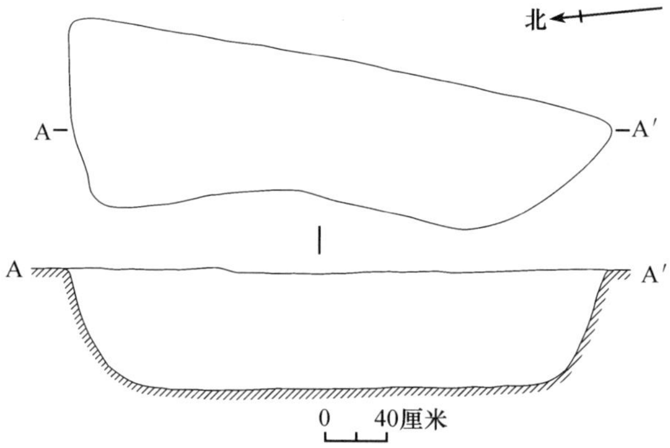

图3-3-222　99TWH160平、剖面图

四、灰　　沟

第Ⅰ区属于这一时期的灰沟共发现2条，编号为97ⅠTWG2、97ⅠTWG3。

第Ⅱ区属于这一时期的灰沟共发现3条，编号为97ⅡTWG5、97TWG10、97TWG13。

1. 97ⅠTWG2

位于Ⅰ区T366西北角，延伸至T365东隔梁和关键柱。开口于第3层下，打破第4层，并被97TWH2、97TWH3打破。伸入T365隔梁及关键柱部分未清理，仅存部分呈不规则形，弧壁，平底。长1.9米，宽0.56米，深0.24米。沟内堆积呈黄褐色，质地较松软，出土器物2件（图3-3-223）。

出土器物

骨器　2件。

锥　2件。扁锥形，利用动物管状骨劈制而成，剖面呈凹窝状。97TWG2：1，尖部锋利。长12、壁厚0.2厘米（图3-3-224，2）。97TWG2：2，长斜刃。长16.8、壁厚0.5厘米（图3-3-224，1）。

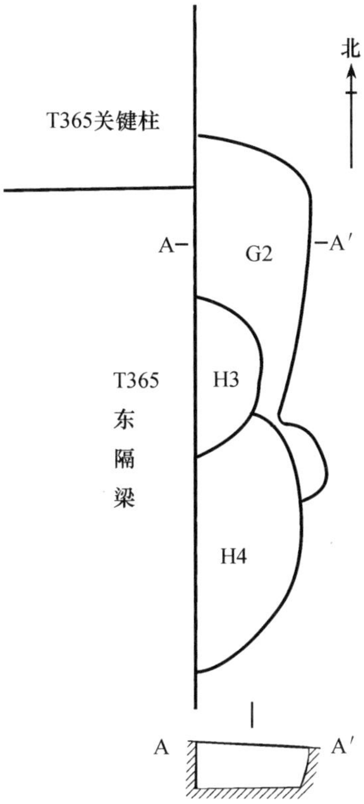

图3-3-223 97TWG2平、剖面图

2. 97ⅠTWG3

位于Ⅰ区T399南部，延伸至T369北隔梁。开口于第6层下，打破第7层及97TWH125。平面呈不规则形，弧壁，平底。长约2.58米，宽0.54～1.3米，深约0.24米。沟内堆积呈黑色，含炭屑，质地松软，出土器物14件（图3-3-225）。

出土器物

石器　14件。

A型研磨器　2件。97TWG3：3，肉红色花岗岩。圆柱形，一端残断，一端有使用痕迹。长12、宽5.2、厚2.6厘米（图3-3-226，10）。97TWG3：7，灰色板岩。扁柱形，一端残。残长5.9、宽1.8、厚0.7厘米（图3-3-226，5）。

网坠　4件。

B型　3件。椭圆形，两端打制豁口。97TWG3：5，灰色花岗岩。长径4.7、短径4、厚1厘米（图3-3-226，2）。97TWG3：12，白色石英砂岩。长径4.8、短径3.8、厚1.4厘米（图3-3-226，3）。97TWG3：13，灰色砂岩。椭圆形，长径5、短径4.8、厚1.4厘米（图3-3-226，1）。

C型　1件。97TWG3：11，灰色板岩。不规则形，两端打制豁口。长4.1、宽3.9、厚0.7厘米（图3-3-226，4）。

石球　3件。97TWG3：8，灰色板岩。卵圆形，长径5.6、短径4.4、厚2.6厘米（图3-3-226，6）。97TWG3：9，暗紫色花岗岩。卵圆形。长径4、短径3.5、厚1.7厘米（图3-3-226，

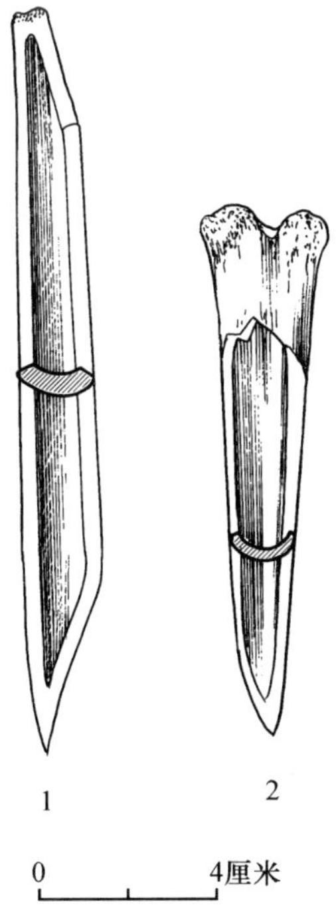

图3-3-224 97TWG2出土骨锥
1. 97TWG2：2 2. 297TWG2：1

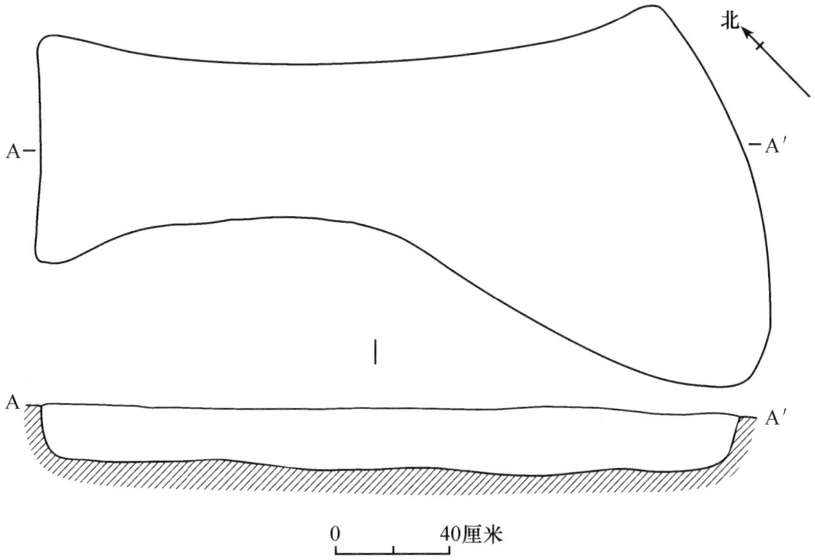

图3-3-225 97TWG3平、剖面图

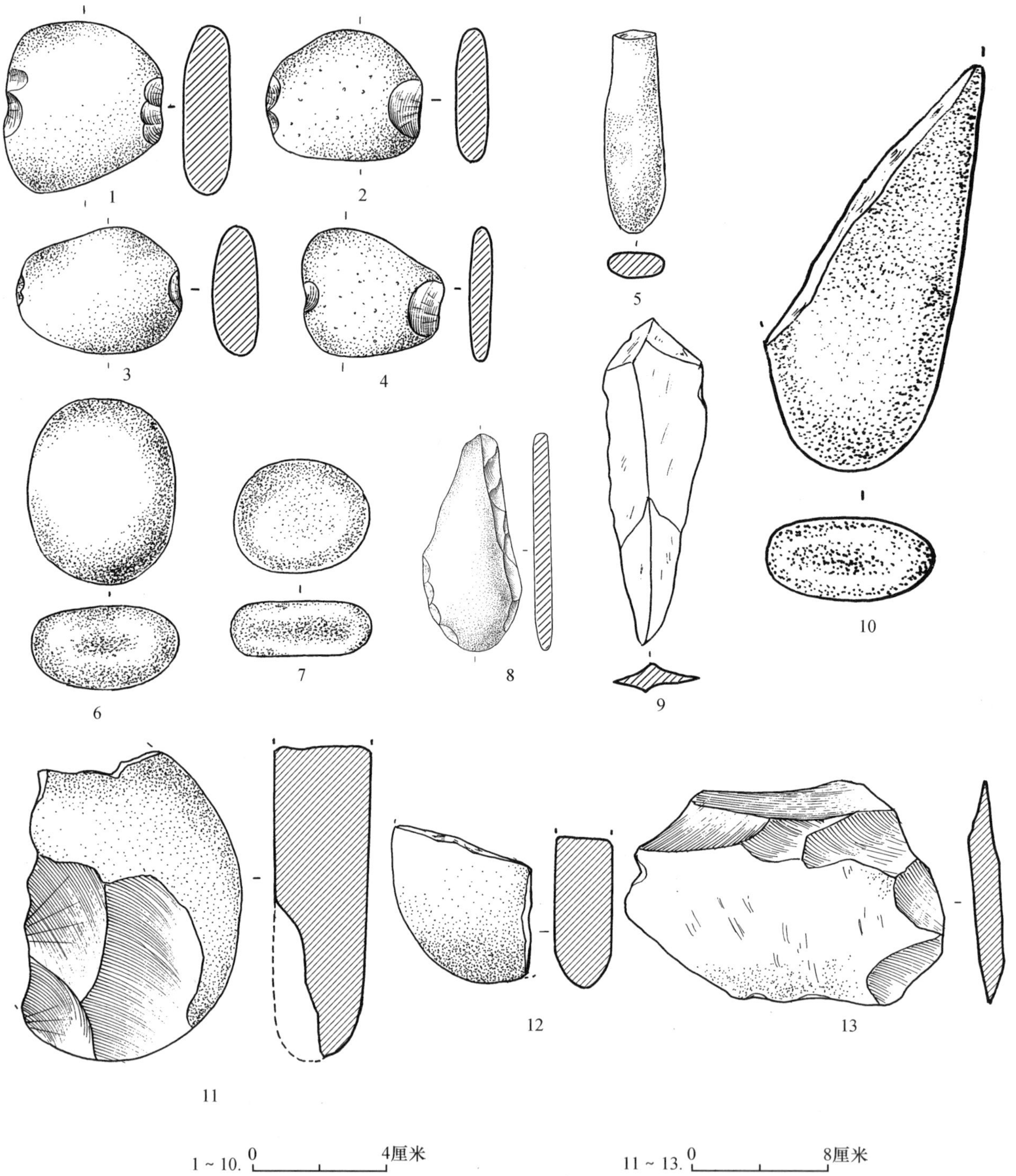

图3-3-226　97TWG3出土石器

1～3. B型网坠（97TWG3：13、97TWG3：5、97TWG3：12）　4. C型网坠（97TWG3：11）
5、10. A型研磨器（97TWG3：7、97TWG3：3）　6、7. 石球（97TWG3：8、97TWG3：9）
8、13. 石器（97TWG3：1、97TWG3：2）　9. 石料（97TWG3：6）　11、12. 石饼（97TWG3：4、97TWG3：16）

7）。97TWG3：14，肉红色花岗岩。卵圆形。长径4.5、短径4.3、厚1.4厘米。

石饼　2件。97TWG3：4，灰色花岗岩。残半，呈椭圆形，有石片剥落痕迹。长径9.2、短径6.4、厚2.8厘米（图3-3-226，11）。97TWG3：16，暗紫色花岗岩。仅余石饼的1/4部分。长9、宽8.4、厚3.6厘米（图3-3-226，12）。

石器　2件。97TWG3：1，灰色板岩。呈铲形，器体较薄。长13、宽5.8、厚1厘米（图3-3-226，8）。97TWG3：2，灰色板岩。呈不规则圆形，器体较薄，两侧边刃有使用痕迹。长19、宽13、厚2厘米（图3-3-226，13）。

石料　1件。97TWG3：6，灰色板岩。不规则形。长9.7、宽3、厚0.8厘米（图3-3-226，9）。

3. 97ⅡTWG5

位于Ⅱ区T345东北部，延伸至T375南部。呈南北向，南侧探方以外部分为斜坡。开口于第2层下，打破第6层，并被97TWH82打破。平面呈圆角长方形，弧壁，圜底近平。长7.2、宽约3.2、深0.78～0.82米。坑内堆积呈黑色，夹杂小石块，质地松软，出土器物68件（图3-3-227）。

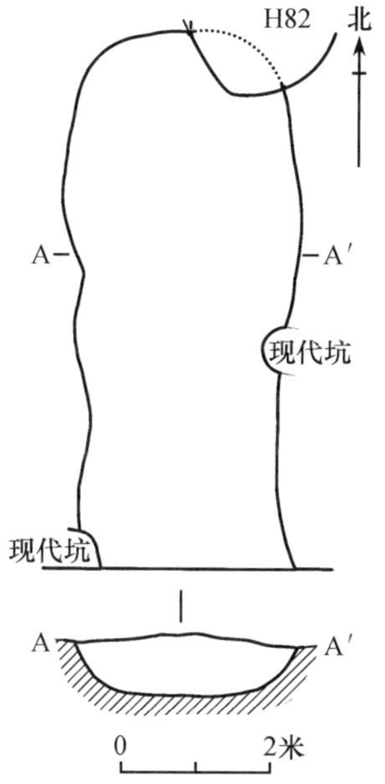

图3-3-227　97TWG5平、剖面图

出土器物

陶器　25件

罐　3件。97TWG5：60，夹砂黑褐陶。微侈口，圆唇，鼓腹，上腹部饰两竖桥耳，假圈足微外撇。口径8.6、底径6.6、高7.4厘米（图3-3-228，3；图版一四，2）。97TWG5：61，夹砂黑褐陶。素面，形制不规整，器身一侧高一侧矮。直口，方唇，鼓腹，口沿下饰对称竖桥耳，小台足。口径15.6、底径6、高19.8～21.8厘米（图3-3-228，1）。97TWG5：71，夹砂褐陶。颜色不均匀，器表颜色黑、红褐色相间。素面，口残，鼓腹，上腹部饰对称竖桥耳，圈足。残高13.4、最大腹径14、圆足径6.3、圆足高1.6厘米（图3-3-228，2）。

钵　1件。97TWG5：62，夹砂红褐陶。素面，形制不规整，器身一边高一边矮。口近直，尖唇，弧腹，假圈足。口径10、底径4.6、高8.8～10厘米（图3-3-228，5）。

小杯　4件。97TWG5：17，夹砂黄褐陶。敛口，圆唇，平底，壁及底均较厚。口径3.7、底径2.1、高3.4厘米（图3-3-228，9）。97TWG5：57，夹砂黄褐陶。直口，圆唇，平底。口径3.9、底径3、高3.1厘米（图3-3-228，10）。97TWG5：63，夹砂红陶。器形较小，器壁较厚，一侧口沿部残。敞口，圆唇，弧腹近直，平底。底径3.4、高4厘米（图3-3-228，8）。97TWG5：66，夹砂红陶。器形较小，器壁较厚，口部残，近直腹，平底。底径3.1、高3.4厘米（图3-3-228，11）。

甑　1件。97TWG5：64，夹砂红褐陶。口部残。弧腹，平底中间有一圆形孔。底径10.2、残高8.4厘米（图3-3-228，6）。

壶　1件。97TWG5：65，泥质黄褐陶。侈口，尖唇，垂腹，底残。口径8、残高11.8厘米

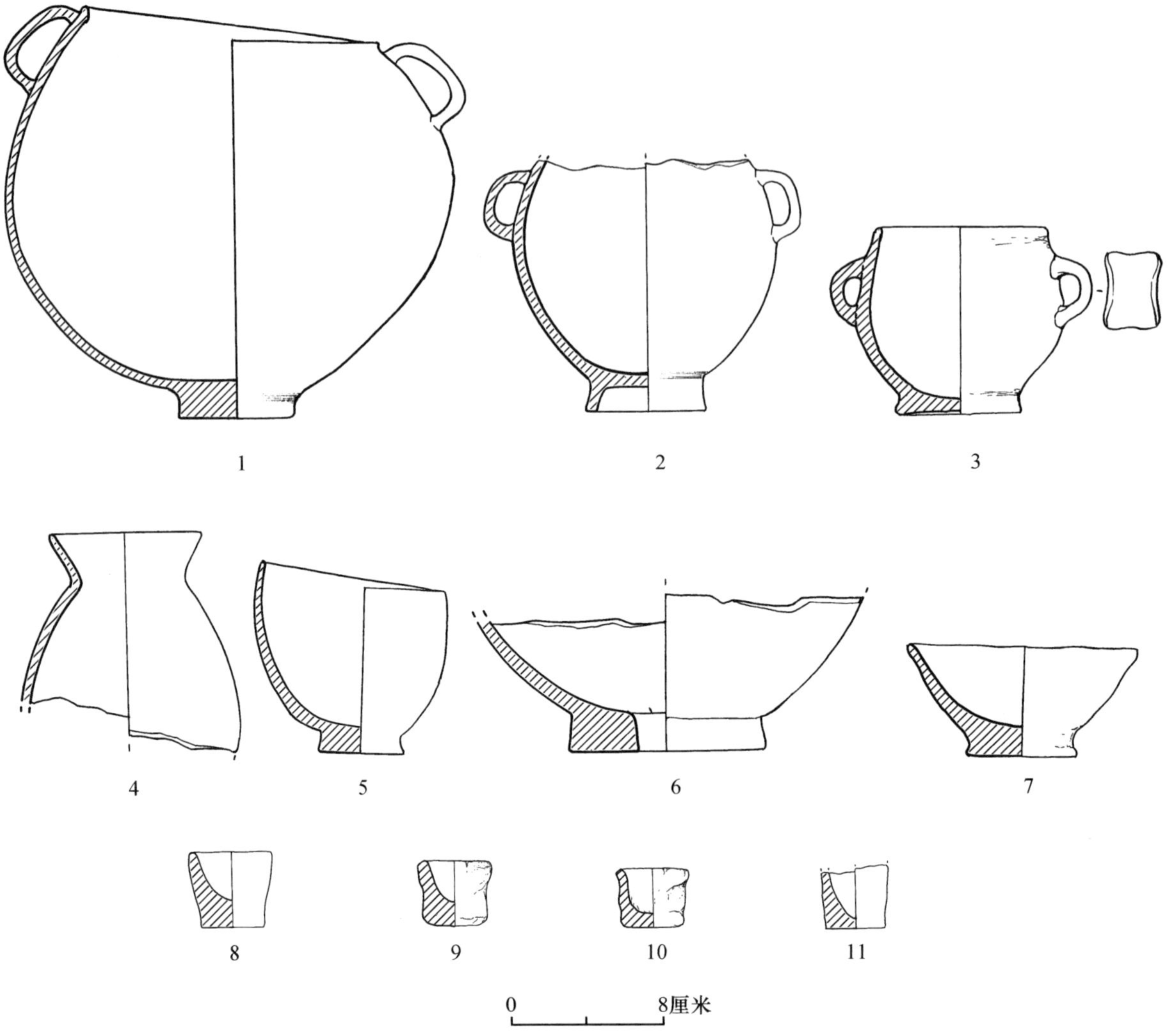

图3-3-228　97TWG5出土陶器

1～3. 罐（97TWG5∶61、97TWG5∶71 、97TWG5∶60）　4. 壶（97TWG5∶65）　5. 钵（97TWG5∶62）　6. 甑（97TWG5∶64）　7. 碗（97TWG5∶58）　8～11. 小杯（97TWG5∶63、97TWG5∶17、97TWG5∶57、97TWG5∶66）

（图3-3-228，4）。

碗　1件。97TWG5∶58，夹砂黄褐陶。素面，形制不甚规整。直口，圆唇，弧腹，小平底。口径12.4、底径5.8、高5.8厘米（图3-3-228，7）。

纺轮　3件。

A型　1件。97TWG5∶19，泥质黄陶。圆饼形，中间有双面钻孔。直径5.2、厚1厘米（图3-3-229，3）。

E型　2件。菌盖形，中间有圆形钻孔。97TWG5∶53，泥质褐陶。直径5、高1.4厘米（图3-3-229，1；图版一六，6）。97TWG5∶54， 泥质灰陶。直径5、厚1.6厘米（图3-3-229，2；图版一六，5）。

网坠　11件。

Ea型　1件。97TWG5∶25，以夹砂黄褐陶片制成。残半，剩余部分呈半圆形，一侧有打

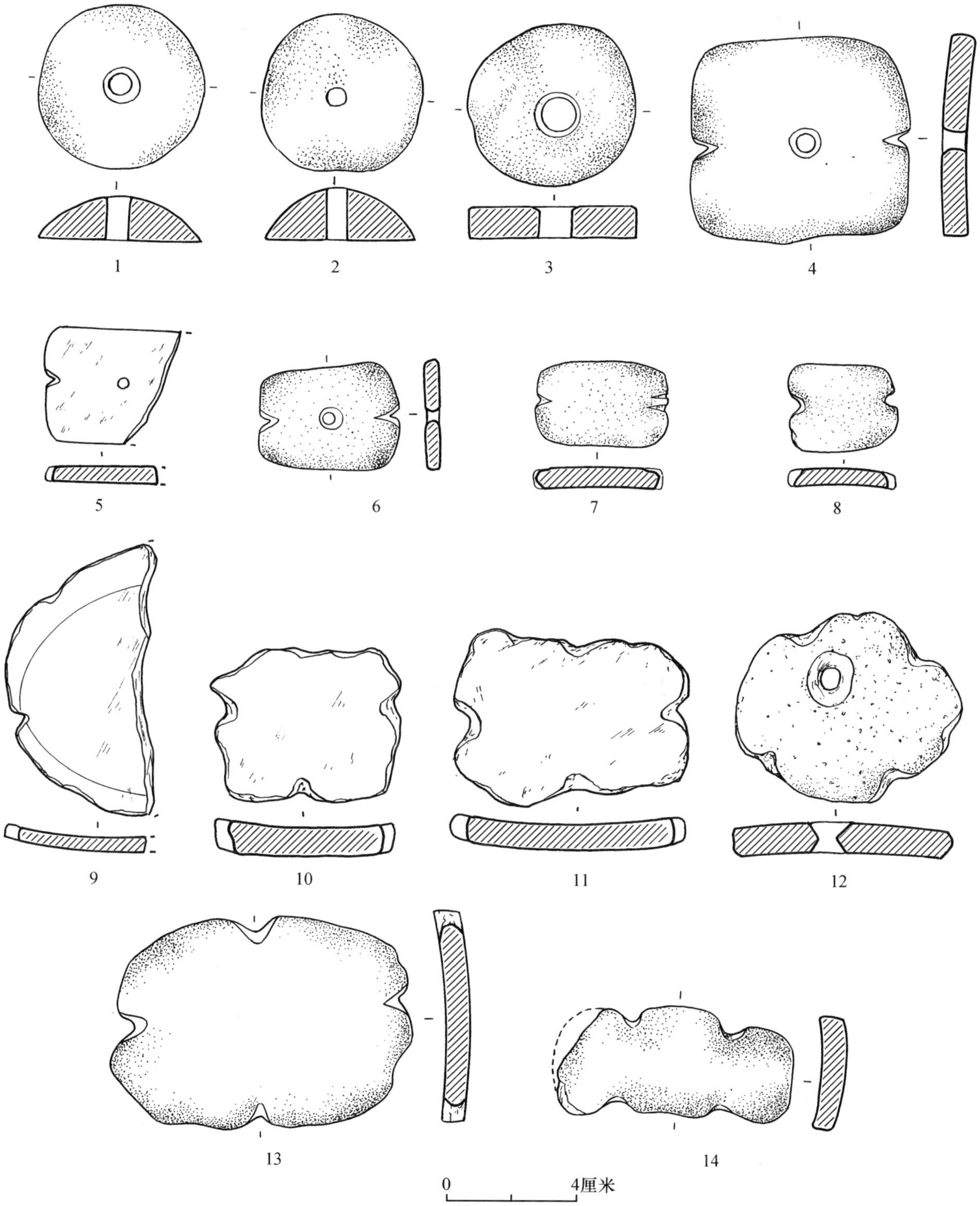

图3-3-229　97TWG5出土陶器

1、2. E型纺轮（97TWG5：53、97TWG5：54）　3. A型纺轮（97TWG5：19）　4. Ec型网坠（97TWG5：52）
5～8、10. Ed型网坠（97TWG5：42、97TWG5：46、97TWG5：13、97TWG5：29、97TWG5：70）
9. Ea型网坠（97TWG5：25）　11～14. Ee型网坠（97TWG5：8、97TWG5：18、97TWG5：67、97TWG5：24）

制豁口。长8.4、宽4.5、厚0.5厘米（图3-3-229，9）。

Ec型　1件。97TWG5：52，以夹砂红褐陶片磨制而成。平面近方形，两端磨出豁口，中间有圆形钻孔。边长6.4～6.8、厚0.9厘米（图3-3-229，4）。

Ed型　5件。平面近长方形。97TWG5：13，以夹砂黄褐陶片打制而成。两端打制豁口，一端有2道豁口。长4.1、宽2.7、厚0.7厘米（图3-3-229，7）。97TWG5：29，以夹砂黄褐陶片打制而成。两端打制豁口。长3.5、宽2.7、厚0.5厘米（图3-3-229，8）。97TWG5：42，以夹砂黄褐陶片磨制而成。残半，一侧磨出豁口，单面钻孔，钻孔较小。长4.1、宽3.6、厚0.5厘米（图3-3-229，5）。97TWG5：46，以夹砂红陶片磨制而成。平面近长方形，两端磨制豁口，中间双面钻孔。长4.4、宽3.4、厚0.5厘米（图3-3-229，6）。97TWG5：70，以夹砂黄褐陶片打制而成。四边均打制豁口。长5.8、宽4.8、厚0.9厘米（图3-3-229，10）。

Ee型　4件。平面呈不规则形。97TWG5：8，以夹砂黄褐陶片制成。四边打制4个豁口。长7.2、宽5.4、厚0.8厘米（图3-3-229，11）。97TWG5：18，以夹砂黄褐陶片打制而成。边缘打制4个豁口。靠近一侧边缘有钻孔。长7.1、宽6、厚1厘米（图3-3-229，12）。97TWG5：24，以夹砂红陶片打制而成，两端各打制两个豁口。长7.4、宽3.4、厚0.8厘米（图3-3-229，14）。97TWG5：67，以夹砂红陶片打制而成，四边打制4个豁口。长9.3、宽6.6、厚0.8厘米（图3-3-229，13）。

石器　39件。

网坠　6件。

B型　4件。椭圆形，两端打制豁口。97TWG5：2，暗紫色砂岩。长径4、短径3.3、厚2厘米（图3-3-230，4）。97TWG5：5，褐灰色砂岩。长径4、短径3.1、厚1.4厘米（图3-3-230，2）。97TWG5：7，黄灰色石英砂岩。两端豁口较深。长径5.5、短径4.7、厚1.8厘米（图3-3-230，6）。97TWG5：22，暗紫色石英砂岩。长径5、短径3.9、厚1.3厘米（图3-3-230，5）。

C型　1件。97TWG5：4，灰白色石英砂岩。桃心形，两端打制豁口。长径6、短径5.4、厚1.5厘米（图3-3-230，1）。

D型　1件。97TWG5：3，暗紫色石英砂岩。平面呈圆形，两端打制豁口。直径4.2、厚1.5厘米（图3-3-230，3）。

镞　10件。

Ad型　1件。97TWG5：47，青灰色板岩。柳叶形，仅余镞身部分，镞身两侧磨成刃部，镞身剖面呈六边形。长5.4、宽1.6、厚0.2厘米（图3-3-231，3）。

B型　1件。97TWG5：27，褐灰色板岩。双翼，仅余镞尖及部分镞身。长4.8、镞身宽1.3、厚0.5厘米（图3-3-231，8）。

Ba型　5件。双翼，镞身剖面呈棱形，后锋倒刺呈燕尾形。97TWG5：1，紫灰色板岩。方柱形铤。长6.2、宽1.3、厚1.5厘米（图3-3-231，7）。97TWG5：11，青灰色板岩。尖略残，方柱形铤。长2.7、宽1.5、厚0.5厘米（图3-3-231，12）。97TWG5：23，青灰色板岩。后锋略残，铤残。长4.5、镞身宽1.7、厚0.5厘米（图3-3-231，11）。97TWG5：35，青灰色板岩。尖残，铤残。长4.7、镞身宽1.8、厚0.6厘米（图3-3-231，9）。97TWG5：51，青灰色板岩。方柱形铤。长7.6、镞身宽1.8、厚0.5厘米（图3-3-231，6）。

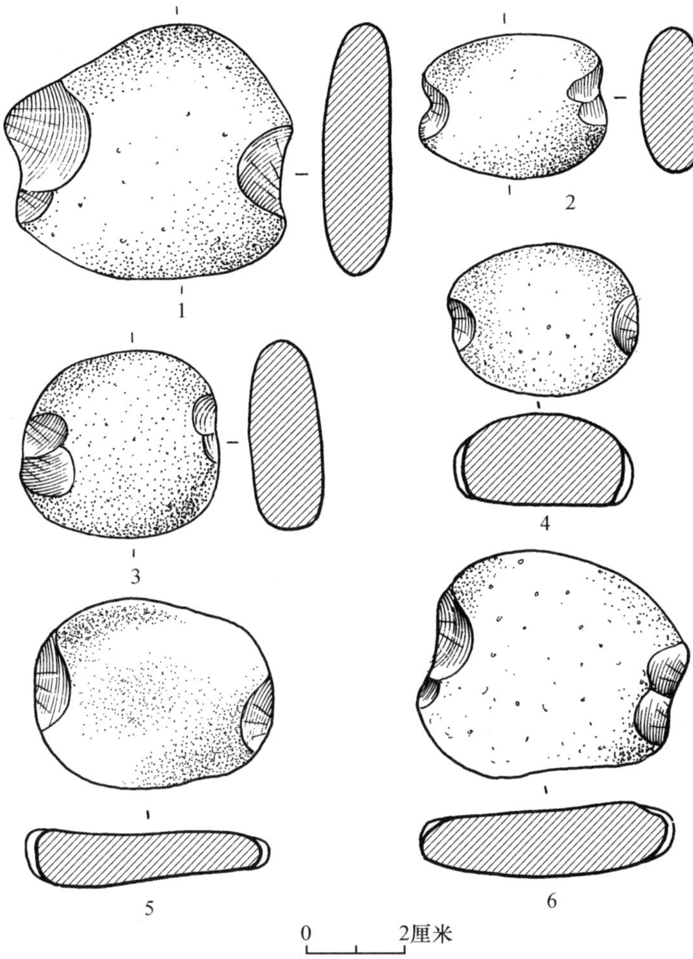

图3-3-230　97TWG5出土石网坠

1. C型（97TWG5：4）　2、4～6. B型（97TWG5：5、97TWG5：2、97TWG5：22、97TWG5：7）

3. D型（97TWG5：3）

Ca型　1件。97TWG5：40，青灰色板岩。三棱形，后锋倒刺呈燕尾形，铤残。长3.9、宽0.9、厚0.6厘米（图3-3-231，5）。

Cc型　1件。97TWG5：39，青灰色板岩。三棱形镞，镞身平面呈三角形，圆柱形铤，铤尾残。长5、镞身宽0.8、厚0.5厘米（图3-3-231，4）。

未分型　1件。97TWG5：9，青灰色板岩。镞身呈柳叶形，一面有两道脊，横剖面呈六边形，凹底。长4.7、镞身宽1.6、厚0.4厘米（图3-3-231，10）。

刀　7件。

Ab型　4件。弯月形，刀身较窄。97TWG5：10，灰色板岩。一端残，平面近梯形，刀身较宽。直背，单面弧刃，器表有崩片。长11、宽5.2、厚0.8厘米（图3-3-232，6）。97TWG5：43，灰色板岩。仅余刀尖部分，尖首，弧背，双面弧刃，器体较薄，通体磨光。长4.2、宽3.9、厚0.3厘米（图3-3-232，3）。97TWG5：44，灰色板岩。尖首刀。残半，弧背，单面直刃，刃部使用痕迹明显。长10.4、宽4.9、厚0.8厘米（图3-3-232，4）。97TWG5：45，灰色板岩。尖首刀。残半，弧背，双面直刃。长8.7、宽5、厚0.8厘米（图3-3-232，2）。

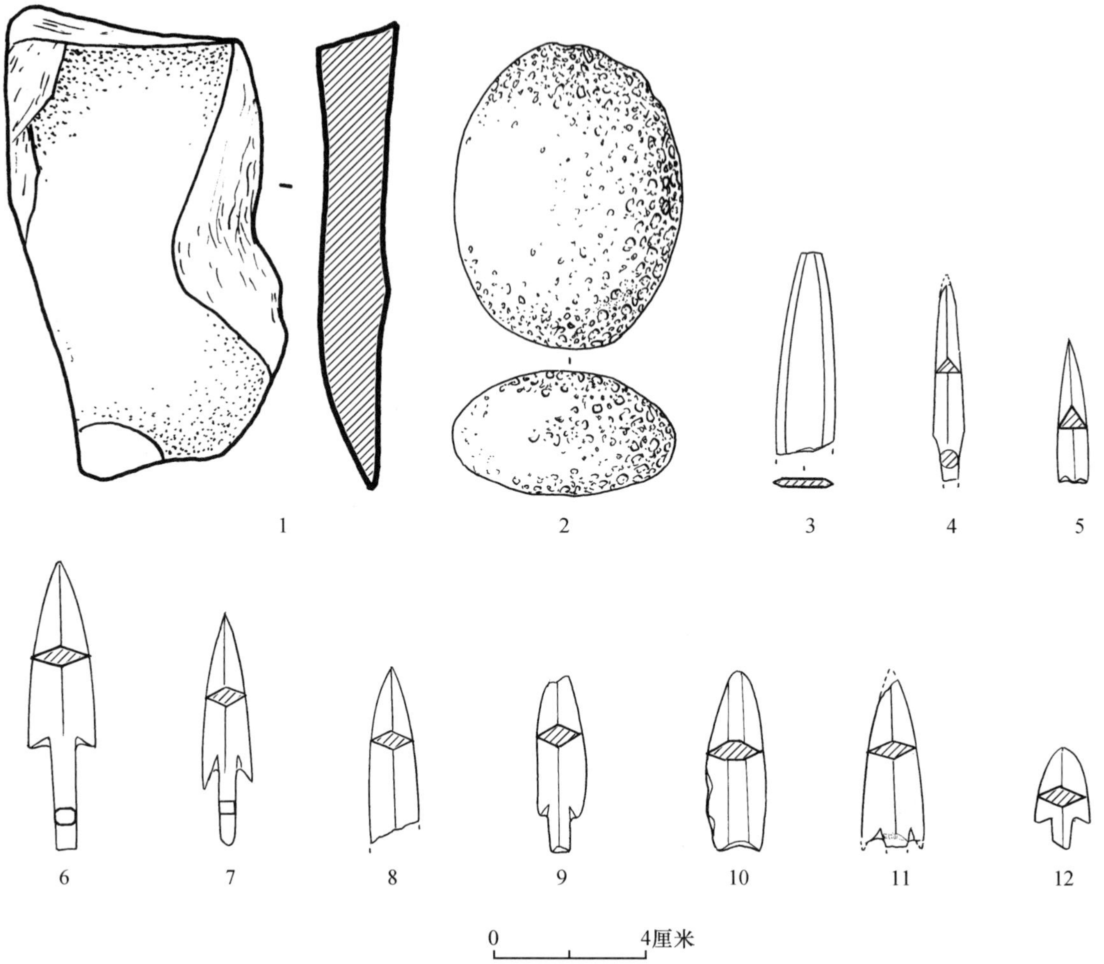

图3-3-231　97TWG5出土石器

1. 打制斧（97TWG5：37）　2. 石饼（97TWG5：20）　3. Ad型镞（97TWG5：47）　4. Cc型镞（97TWG5：39）　5. Ca型镞（97TWG5：40）　6、7、9、11、12. Ba型镞（97TWG5：51、97TWG5：1、97TWG5：35、97TWG5：23、97TWG5：11）　8. B型镞（97TWG5：27）　10. 未分型镞（97TWG5：9）

Bb型　2件。平面近长方形或不规则梯形，刀身较窄。97TWG5：16，青灰色板岩。背部残，仅余一半器身。双面直刃，靠近刃部有圆形钻孔，孔亦残半。长5.8、宽3.2、厚0.5厘米（图3-3-232，5）。97TWG5：50，青灰色板岩。器身呈不规则梯形，刀身较窄。弧肩，双面弧刃，在刀身一端留下上下等距离的两行四个孔，四个孔均没钻透。长16.3、宽5、厚0.5厘米（图3-3-232，1；图版一九，6）。

未分型　1件。97TWG5：56，青灰色板岩。仅余刀身残块，双面直刃，器身较厚，表面较光滑。长4.8、宽4.1、厚1.1厘米（图3-3-232，7）。

镐　2件。亚腰形，背端残，器身遍布打制疤痕。97TWG5：31，灰色板岩。长8.6、宽7.7、厚1.9厘米（图3-3-232，10）。97TWG5：48，青灰色板岩。长11.6、宽10.5、厚2.1厘米（图3-3-232，9）。

锛　1件。97TWG5：49，灰色闪长岩。平面近梯形，平肩，单面弧刃，器身有打制疤痕。长16.4、宽8、厚2.2厘米（图3-3-232，8）。

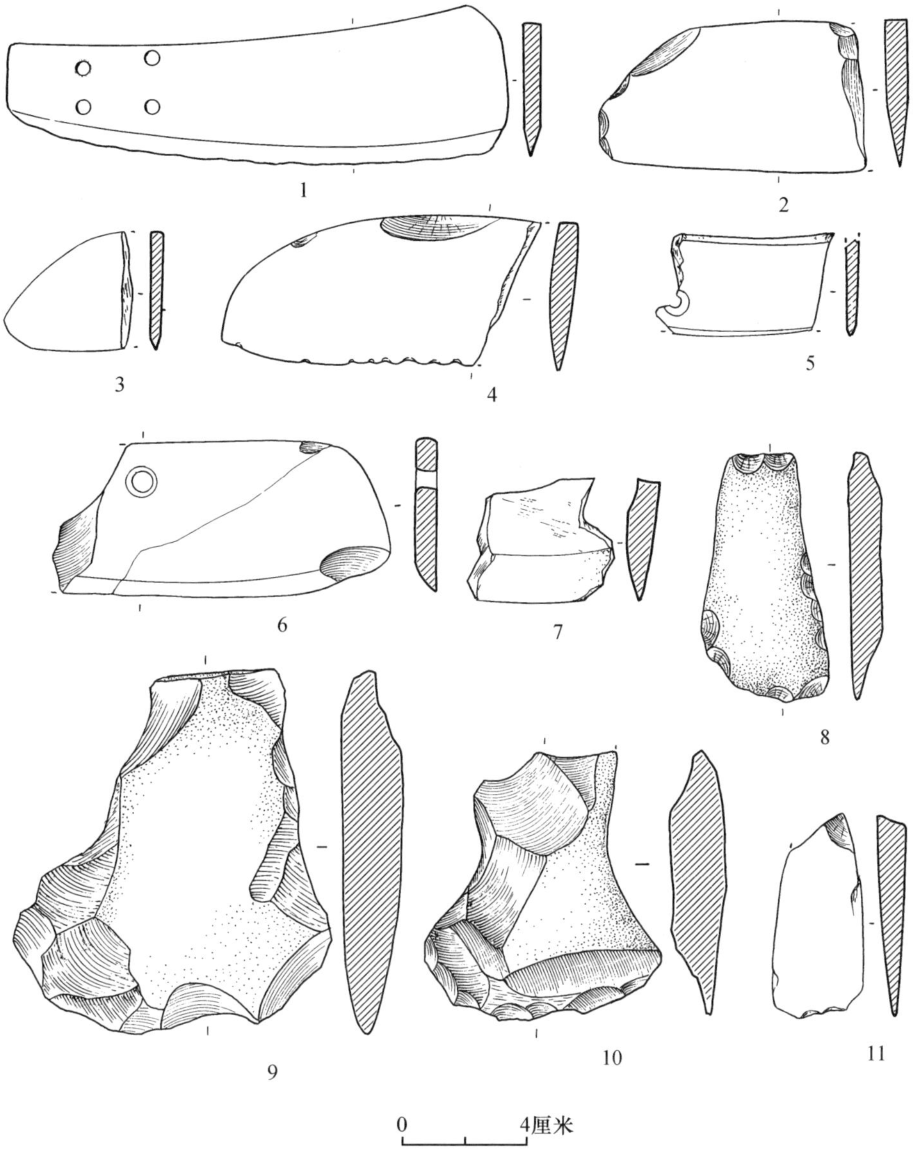

图3-3-232　97TWG5出土石器

1、5. Bb型刀（97TWG5：50、97TWG5：16）　2～4、6. Ab型刀（97TWG5：45、97TWG5：43、97TWG5：44、97TWG5：10）　7. 未分型刀（97TWG5：56）　8. 锛（97TWG5：49）　9、10. 镐（97TWG5：48、97TWG5：31）　11. 凿（97TWG5：30）

打制斧　1件。97TWG5：37，灰色板岩。不规则长条形，单面斜刃，一侧有崩片。长12.4、宽7.4、厚1厘米（图3-3-231，1）。

凿　1件。97TWG5：30，青灰色板岩。长条形，顶端残断，单面刃，刃部锋利。长6.8、刃宽3、厚0.9厘米（图3-3-232，11）。

石饼　2件。97TWG5：20，灰白色石英砂岩。扁圆形。长径8.1、短径5.7、厚3.1厘米。（图3-3-231，2）97TWG5：21，暗紫色花岗细晶岩。扁圆形。长径7.6、短径6.6、厚3.9厘米（图3-3-233，6）。

B型研磨器　1件。97TWG5：69，暗紫色石英砂岩。卵圆形，表面光滑，一端有使用痕迹。长径8.7、短径6.6、厚3.8厘米（图3-3-233，7）。

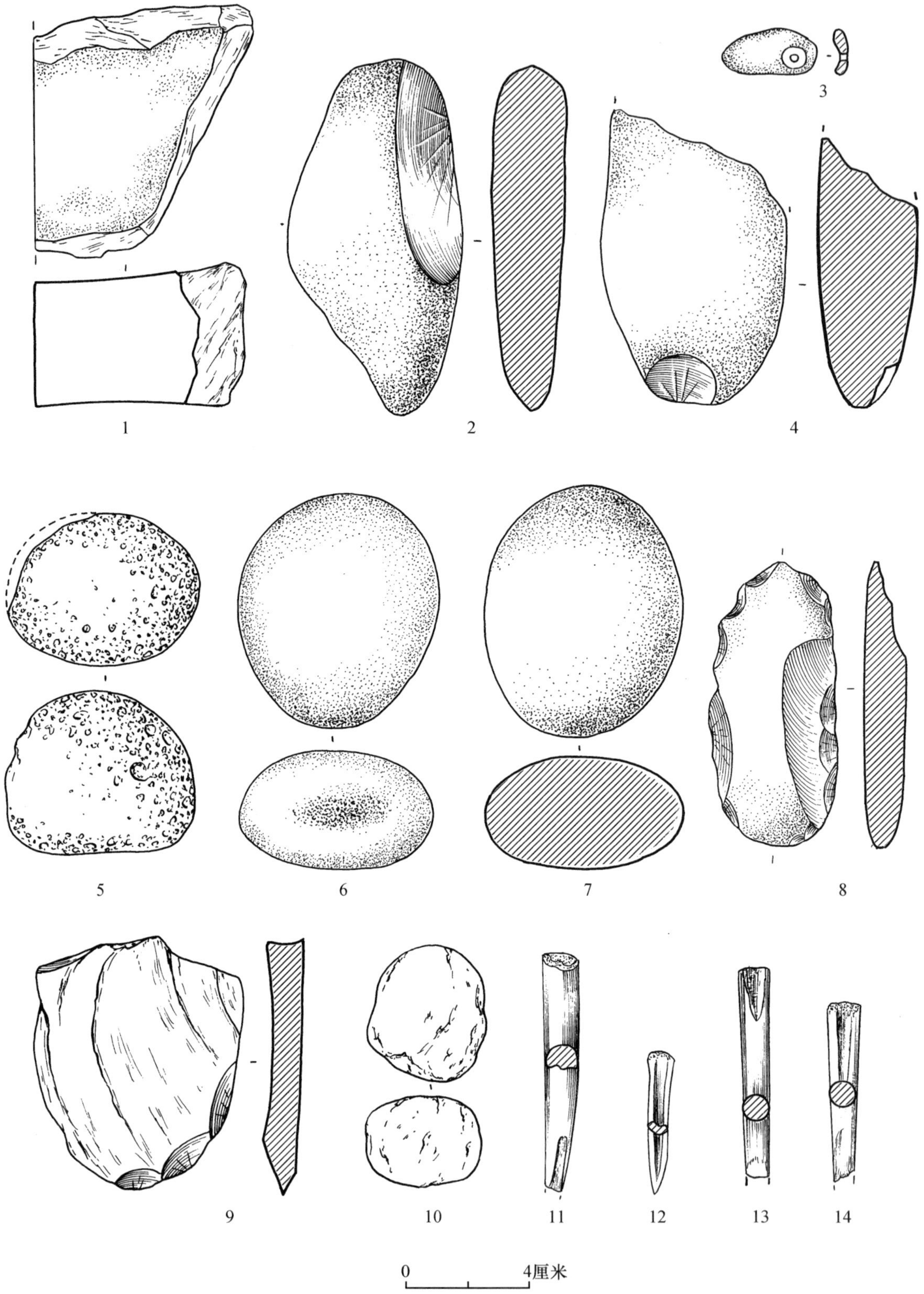

图3-3-233　97TWG5出土器物

1. 砺石（97TWG5：68）　2、4. 石砍砸器（97TWG5：34、97TWG5：32）　3. 石坠（97TWG5：41）　5. 气孔玄武岩块（97TWG5：26）　6. 石饼（97TWG5：21）　7. B型石研磨器（97TWG5：69）　8、9. 石器（97TWG5：14、97TWG5：15）　10. 石球（97TWG5：36）　11～14. 骨锥（97TWG5：55、97TWG5：72、97TWG5：12、97TWG5：38）

砍砸器　2件。97TWG5：32，灰色板岩。扁柱形，一端残断，一端有崩片，器身光滑。长9.6、宽6.2、厚3.2厘米（图3-3-233，4）。97TWG5：34，灰色板岩。卵圆形，器表光滑，一端有崩片。长11.6、宽6、厚2.5厘米（图3-3-233，2）。

石球　1件。97TWG5：36，肉色花岗细晶岩。器形较小，表面较粗糙。长径4.5、短径3.8、厚3.1厘米（图3-3-233，10）。

砺石　1件。97TWG5：68，暗紫色砂岩。平面呈不规则形，磨面微内凹。长8、宽7.1、厚3.9厘米（图3-3-233，1）。

石坠　1件。97TWG5：41，灰色板岩。椭圆形，一端有一双面钻孔。长径3.1、短径1.5、厚0.4厘米（图3-3-233，3；图版二一，7）。

气孔玄武岩块　1件。97TWG5：26，褐灰色气孔玄武岩。扁圆形，器身遍布气孔。长径6.2、短径5.1、厚5.3厘米（图3-3-233，5）。

石器　2件。97TWG5：14，灰色板岩。平面近圆角长方形，器身遍布打制疤痕。长9.4、宽4.2、厚1.3厘米（图3-3-233，8）。97TWG5：15，黄色含云母砂岩。平面成不规则形，有锋刃，表面不平滑。长8.3、宽6.8、厚1.1厘米（图3-3-233，9）。

骨器　4件。

锥　4件。97TWG5：12，圆锥形。兽骨磨制而成，一端残。长7、直径0.7厘米（图3-3-233，13）。97TWG5：38，圆锥形。兽骨磨制而成，一端残。残长5.8、直径0.7厘米（图3-3-233，14）。97TWG5：55，扁锥形，锥身剖面近半圆形，一端残断。残长7.9、宽1.2、厚0.9厘米（图3-3-233，11）。97TWG5：72，锥身剖面呈凹窝形。长4.8、宽0.8、厚0.2厘米（图3-3-233，12）。

4. 97 Ⅱ TWG10

位于Ⅱ区T375西部，延伸至T405南部。开口于第3层下，打破97TWH87，并被97TWH82、97TWH83、97TWH88、97TWH89打破。平面近圆角长方形，弧壁，平底。长3.7、宽2.42、深0.26米。沟内堆积呈黄褐色，质地疏松，共出土器物7件（图3-3-234）。

出土器物

陶器　3件

Eb型网坠　3件。平面近椭圆形。97TWG10：1，以夹石棉的黄褐陶片磨制而成。椭圆形，一侧有破损，中间有一斜向钻孔，两端打制豁口。长7.1、宽6.2、厚1厘米（图3-3-235，1）。97TWG10：3，以夹砂红陶片磨制而成。残半，中间钻孔残半，仅余1个豁口。长4.9、宽4.2、厚0.5厘米（图3-3-235，3）。97TWG10：7，以夹砂夹云母的红褐陶片磨制而成。残半，仅余1个豁口，中间钻孔亦残半。长6.4、宽4.9、厚0.6厘米（图3-3-235，2）。

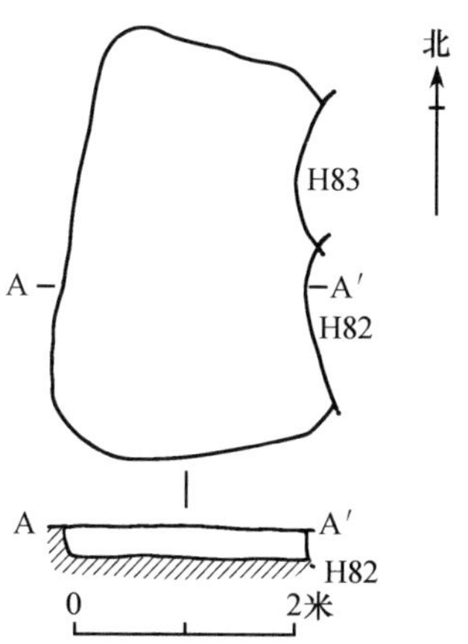

图3-3-234　97TWG10平、剖面图

石器　2件。

镞　2件。

Ad型　1件。97TWG10：2，青灰色板岩。仅余镞身部分，

柳叶形，镞身中间有血槽，可以辨认出为凹底。长3.6、宽1.4、厚0.3厘米（图3-3-235，4）。

Ba型　1件。97TWG10：5，青灰色板岩。双翼，后锋倒刺呈燕尾形，方柱形铤残。长4.6、宽2、厚0.3厘米（图3-3-235，5）。

骨器　2件

锥　1件。97TWG10：6，扁锥形，锥身剖面呈凹窝形。长7.8、宽0.9、厚0.3厘米（图3-3-235，6）。

凿　1件。97TWG10：4，以动物管状骨磨制，近长条形，器身剖面呈凹窝形。长16.4、宽2.5、厚0.7厘米（图3-3-235，7）。

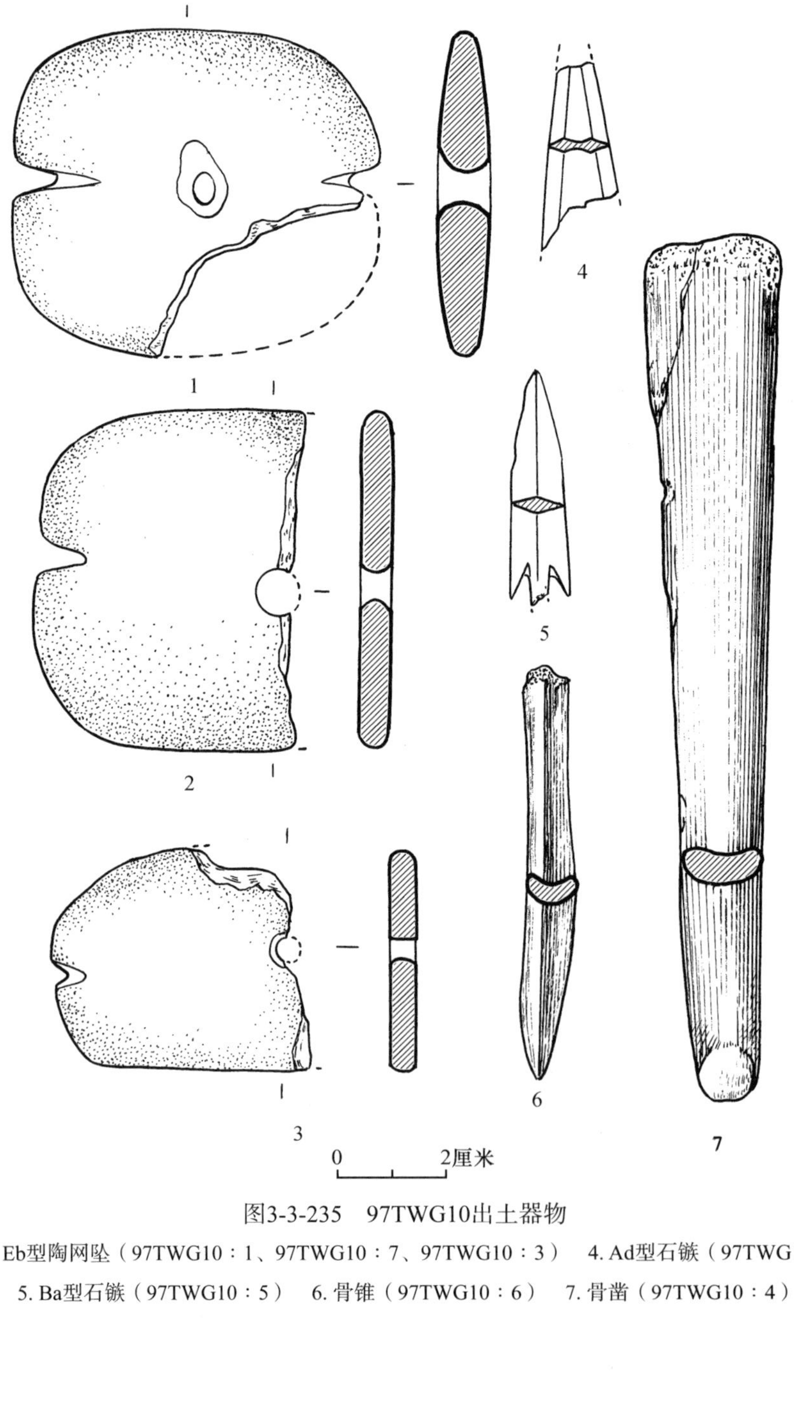

图3-3-235　97TWG10出土器物

1～3. Eb型陶网坠（97TWG10：1、97TWG10：7、97TWG10：3）　4. Ad型石镞（97TWG10：2）

5. Ba型石镞（97TWG10：5）　6. 骨锥（97TWG10：6）　7. 骨凿（97TWG10：4）

5. 97Ⅱ TWG13

跨Ⅱ区T465、T466、T467、T497、T498、T499、T500、T501几个探方，呈东西走向。开口于第2层下，打破第4层和第7层，并被97TWH105、97TWH106、97TWH112、97TWG4及97TWG7打破。延伸至探方外的部分未清理。平面呈不规则形，局部较宽，弧壁，圜底近平。长约25、宽0.81～6.7、深1.86米。坑内堆积呈黑灰色，质地疏松，出土器物60件（图3-3-236）。

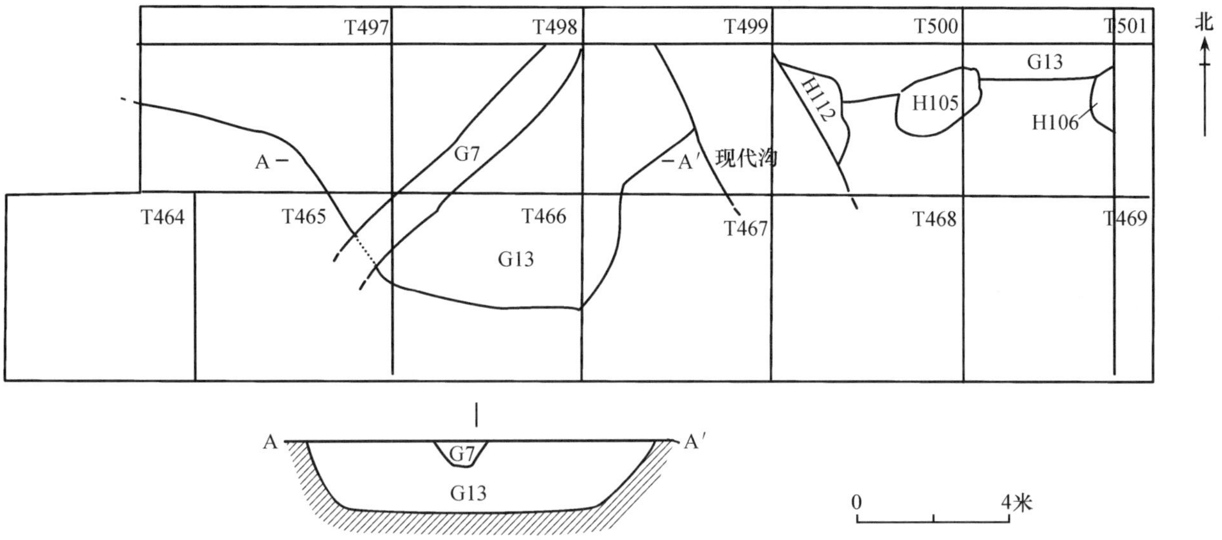

图3-3-236　97TWG13平、剖面图

出土器物

陶器　12件。

壶　1件。97TWG13：57，泥质灰褐陶。侈口，方唇，弧腹，底残。口径8、残高12厘米（图3-3-237，1）。

碗　2件。97TWG13：56，泥质红褐陶。直口，方唇，弧腹，底残。口径20、高9厘米（图3-3-237，3）。97TWG13：60，夹砂黄褐陶，局部发黑。口部已残，弧腹，台足。底径7.3、高4.5、厚0.4厘米（图3-3-237，2）。

纺轮　4件。

A型　1件。97TWG13：50，泥质红陶。圆饼形，仅余一半，中间有圆形钻孔，围绕着钻孔戳印一圈圆点纹。直径4、厚0.8厘米（图3-3-237，10）。

Cb型　1件。97TWG13：27，夹砂灰陶。算珠形。剖面呈八边形，中间有圆形穿孔。直径3.3、厚1.3厘米（图3-3-237，9）。

E型　2件。菌盖形，中间有圆形穿孔。97TWG13：47，夹云母的泥质褐陶。直径5.2、高1.6厘米（图3-3-237，5）。97TWG13：48，泥质黄陶。边缘有破损。直径5.4、高1.6厘米（图3-3-237，6）。

网坠　3件。

Ea型　2件。97TWG13：19，以夹砂黄褐陶片磨制而成。近圆形，两端磨制豁口，中间有一斜向穿孔。直径7、厚0.9厘米（图3-3-237，7）。97TWG13：39，以夹砂灰褐陶片磨制而成，器形规整。平面呈圆形，两端磨制豁口。直径3、厚0.3厘米（图3-3-237，11）。

Ec型　1件。97TWG13：20，以夹砂红褐陶片磨制而成。一侧已残，推测其平面近方形，一侧可见磨制凹槽，中间有双向钻孔的圆孔一个。边长约7、厚0.5厘米（图3-3-237，4）。

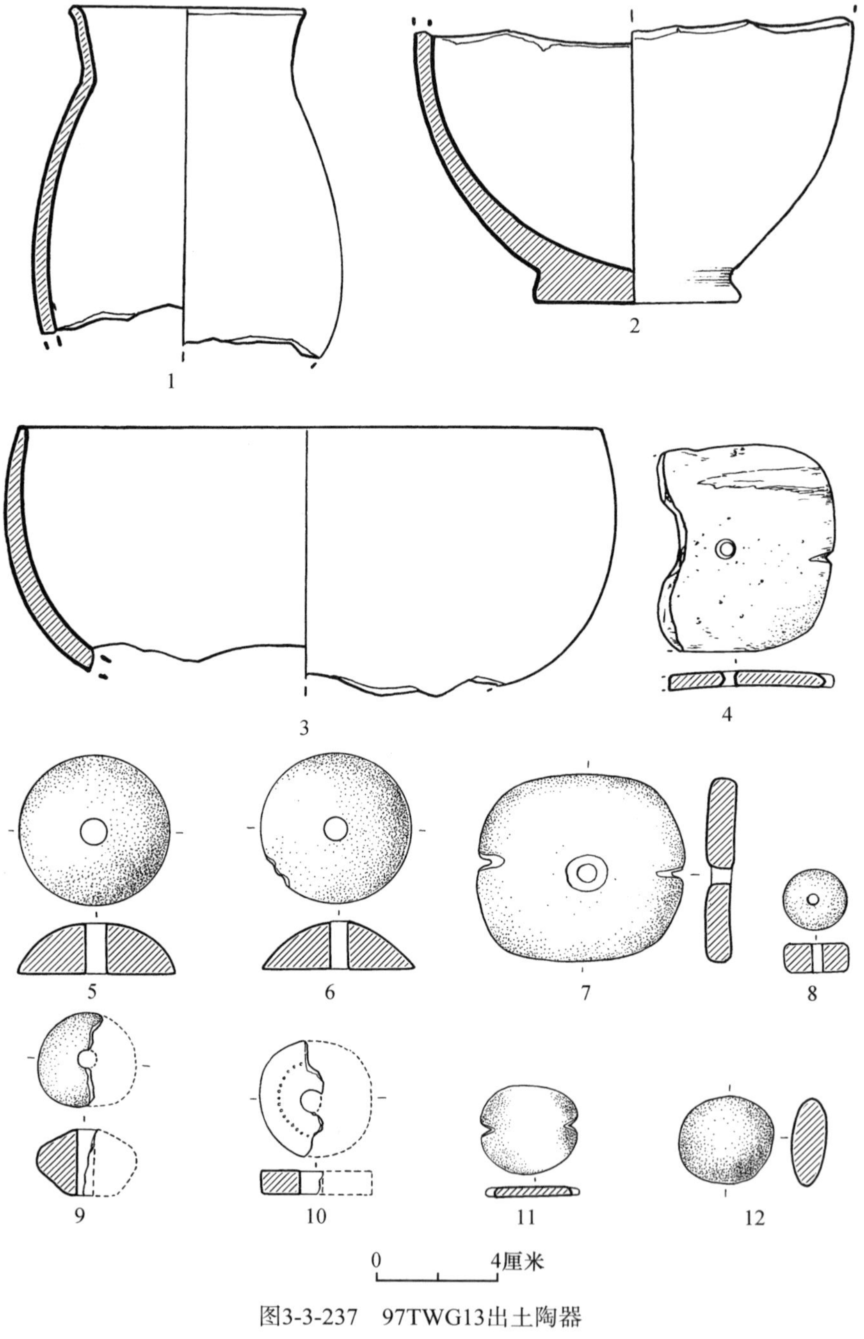

图3-3-237　97TWG13出土陶器

1. 壶（97TWG13：57）　2、3. 碗（97TWG13：60、97TWG13：56）　4. Ec型网坠（97TWG13：20）　5、6. E型纺轮（97TWG13：47、97TWG13：48）　7、11. Ea型网坠（97TWG13：19、97TWG13：39）　8. 珠（97TWG13：13）　9. Cb型纺轮（97TWG13：27）　10. A型纺轮（97TWG13：50）　12. 陶饼（97TWG13：46）

陶饼　1件。97TWG13：46，泥质红陶。圆饼形，器形较小。直径3.2、厚1.2厘米（图3-3-237，12）。

珠　1件。97TWG13：13，泥质灰褐陶。手制，算珠形，中间有圆形穿孔。直径2.1、厚1厘米（图3-3-237，8）。

石器　37件。

网坠　9件。

B型　6件。椭圆形，两端打制豁口。97TWG13：3，灰色砂岩。长径4.3、短径3.7、厚0.6厘米（图3-3-238，4）。97TWG13：5，褐色石英砂岩。长径3.7、短径2.4、厚0.6厘米（图3-3-238，6）。97TWG13：16，褐色石英砂岩。长径6.1、短径3.5、厚1.1厘米（图3-3-238，1）。97TWG13：23，暗紫色石英砂岩。长径3.9、短径3.1、厚1.4厘米（图3-3-238，7）。97TWG13：34，青灰色板岩。一端豁口较大。长径3.7、短径3、厚0.4厘米（图3-3-238，2）。97TWG13：53，灰色石英砂岩。长径5.3、短径4.5、厚1.2厘米（图3-3-238，3）。

C型　1件。97TWG13：2，灰色石英砂岩。平面呈不规则形，两端打制豁口。长3.2、宽3.1、厚1.1厘米（图3-3-238，5）。

D型　2件。近圆形，两端打制豁口。97TWG13：35，暗紫色花岗斑岩。直径3.4～3.7、厚1.4厘米（图3-3-238，9）。97TWG13：45，灰色细砂岩。长径3.9、短径3.4、厚1.5厘米（图3-3-238，8）。

镞　7件。

Ad型　5件。97TWG13：10，青灰色板岩。柳叶形，镞身中间有血槽。凹底。长4.8、镞身宽1.7、厚0.4厘米（图3-3-239，19）。97TWG13：14，青灰色板岩。镞尖残，镞身两侧磨成刃部，剖面呈六边形。平底。无铤。残长6.4、镞身宽1.5、厚0.2厘米（图3-3-239，20）。97TWG13：37，青灰色板岩。仅余镞身部分。柳叶形，镞身中间有血槽。残长3.2、镞身宽1、厚0.3厘米（图3-3-239，16）。97TWG13：44，青灰色板岩。柳叶形，镞身中间有血槽。凹底。长4.8、镞身宽1、厚0.3厘米（图3-3-239，17）。97TWG13：54，青灰色板岩。仅余镞身残段。柳叶形，镞身中间有血槽。残长4.7、镞身宽1.9、厚0.5厘米（图3-3-239，18）。

Ba型　1件。97TWG13：36，青灰色板岩。双翼，后锋倒刺呈燕尾形，铤残。长5、宽1.3、厚0.5厘米（图3-3-239，14）。

Bb型　1件。97TWG13：28，青灰色板岩。双翼，镞尖残，镞身平面近矛形，柱形铤。残长3.8、宽1.2、厚0.5厘米（图3-3-239，15）。

刀　9件。

未分型　1件。97TWG13：33，青灰色板岩。仅余部分器身，器物形制不明，仅能看出为双面刃。残长6.4、残宽3.2、厚0.5厘米（图3-3-239，1）。

Ab型　3件。97TWG13：9，青灰色板岩。平面呈不规则三角形，刀尖残，弧背，双面直刃，靠近刀尾部有纵向并列的两个圆孔，靠近刀背的圆孔较小，为单面钻孔，靠近刀刃的孔较大，为双面钻孔。长6.4、宽3、厚0.4厘米（图3-3-239，3）。97TWG13：26，青灰色板岩。尖首刀，刀身一侧残。直背，靠近背部有一圆形钻孔，双面弧刃，刃部有崩片。长8.1、宽3.1、厚0.4厘米（图3-3-239，4）。97TWG13：43，深灰色板岩。尖首刀，一端残断，斜直背，双面

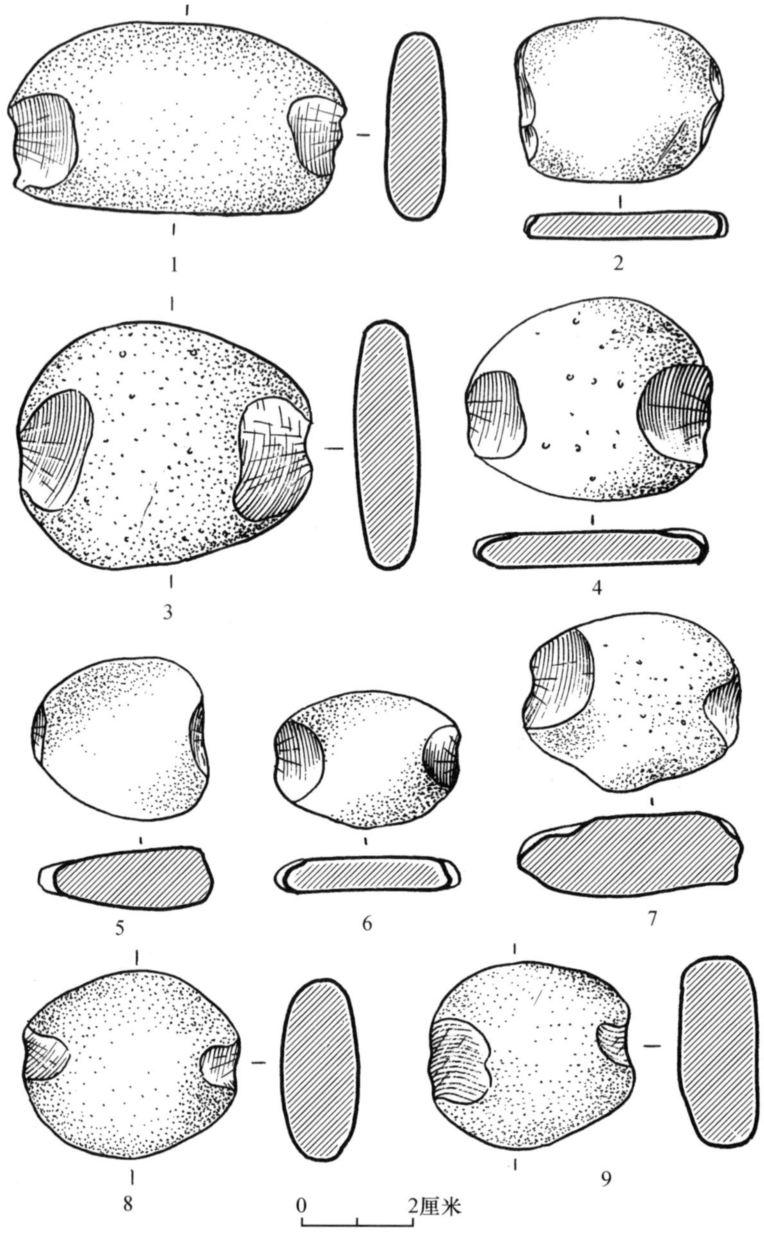

图3-3-238　97TWG13出土石网坠

1～4、6、7. B型（97TWG13：16、97TWG13：34、97TWG13：53、97TWG13：3、97TWG13：5、97TWG13：23）
5. C型（97TWG13：2）　8、9. D型（97TWG13：45、97TWG13：35）

弧刃，器身中间有圆形钻孔。残长10.4、宽3.4、厚0.5厘米（图3-3-239，2）。

Bb型　5件。97TWG13：4，青灰色板岩。长条形。残半，直背，双面直刃，刃部有崩痕。残长5.4、宽2.9、厚0.4厘米（图3-3-239，9）。97TWG13：15，青灰色板岩。平面呈长方形，一端残。直背，双面直刃，刃部有崩痕。长8.6、宽3.7、厚0.6厘米（图3-3-239，5）。97TWG13：31，青灰色板岩。平面近长方形，器形较小，一角残。直背，双面直刃。长6.1、宽1.8、厚0.3厘米（图3-3-239，6）。97TWG13：49，褐色板岩。仅余刀身部分，两侧均残。靠近背部有一双面钻孔形成的圆孔，直背，双面直刃，刃部有使用痕迹。长9.4、宽5.1、厚0.6

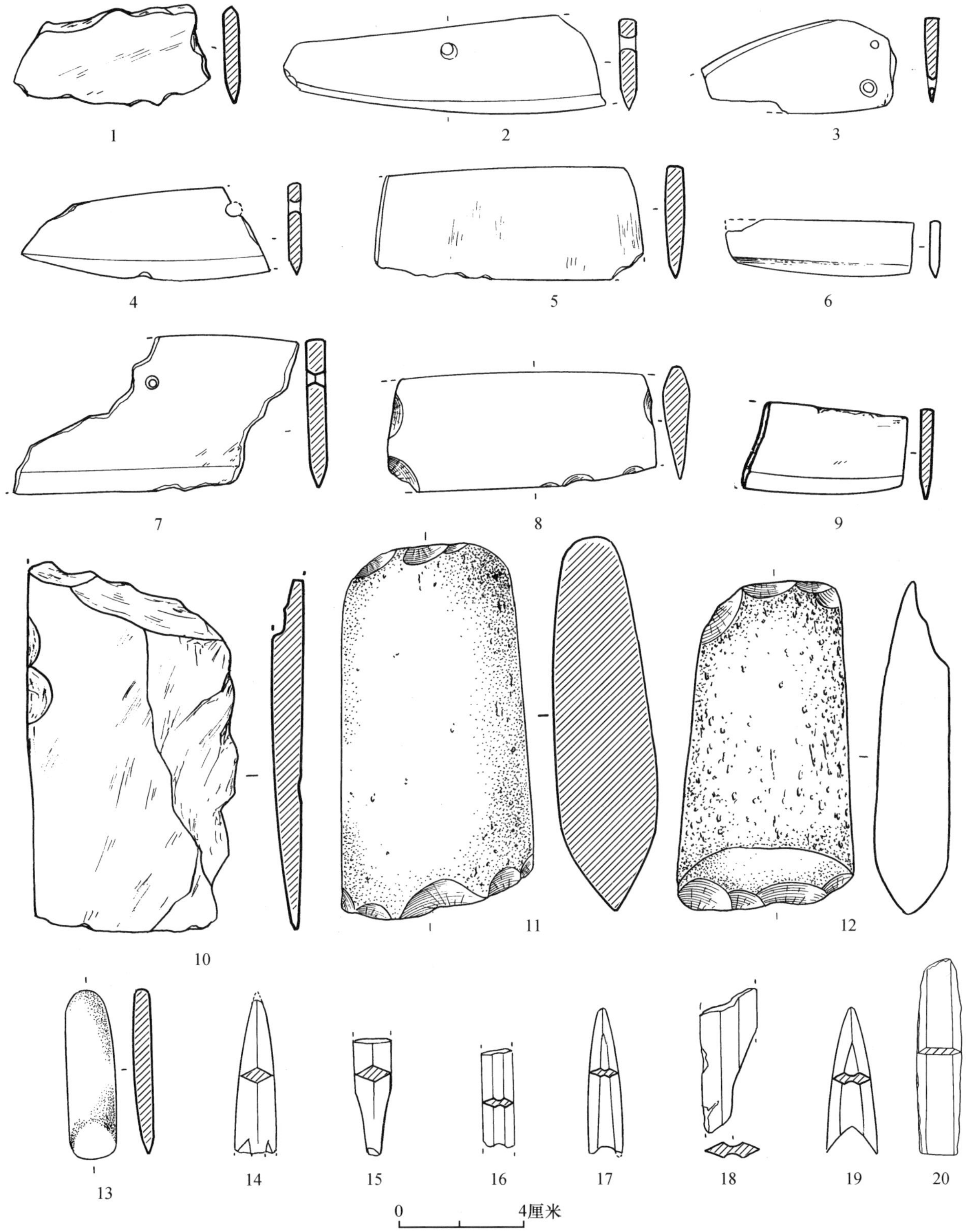

图3-3-239　97TWG13出土石器

1. 未分型刀（97TWG13：33）　2～4. Ab型刀（97TWG13：43、97TWG13：9、97TWG13：26）
5～9. Bb型刀（97TWG13：15 、97TWG13：31、97TWG13：49、 97TWG13：58、97TWG13：4）
10～12. 斧（97TWG13：32、97TWG13：24、97TWG13：18）　13. 锛（97TWG13：42）　14. Ba型镞（97TWG13：36）
15. Bb型镞（97TWG13：28）　16～20. Ad型镞（97TWG13：37、97TWG13：44、97TWG13：54、97TWG13：10、97TWG13：14）

厘米（图3-3-239，7）。97TWG13：58，灰色板岩。平面近长方形，一端残断，直背，靠近背部约0.7厘米处的器壁最厚，双面直刃。残长17.2、宽7.6、厚2厘米（图3-3-239，8）。

斧　3件。97TWG13：18，深灰色板岩。平面近梯形，打制而成，肩部破损严重，双面弧刃，刃部有崩片。长10.8、宽5.8、厚2.5厘米（图3-3-239，12）。97TWG13：24，深灰色板岩。平面近长方形，直背，双面斜刃，刃部有崩片。长12、宽6.3、厚3.2厘米（图3-3-239，11）。97TWG13：32，深灰色板岩。平面近长方形，破损严重。双面直刃，刃部有破损。残长12、宽6.8、厚1厘米（图3-3-239，10）。

锛　1件。97TWG13：42，青灰色板岩。近长条形，弧背，双面弧刃，器形较小。长5.5、宽1.6、厚0.6厘米（图3-3-239，13）。

凿　1件。97TWG13：29，青灰色板岩。长条形，一端残，单面斜刃，刃部有磨损。长11.9、宽1.5、厚0.4厘米（图3-3-240，3）。

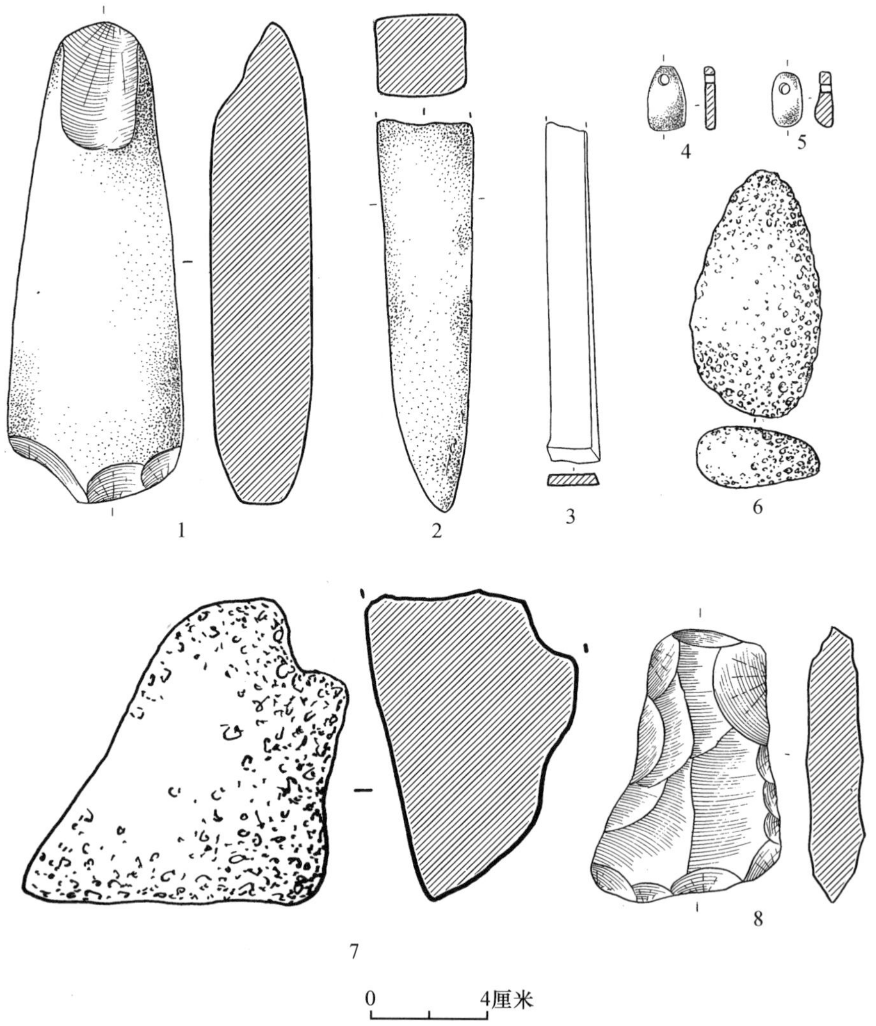

图3-3-240　97TWG13出土石器

1. A型研磨器（97TWG13：59）　2. 锥（97TWG13：17）　3. 凿（97TWG13：29）　4、5. 滑石坠（97TWG13：38、97TWG13：40）　6、7. 气孔玄武岩块（97TWG13：8、97TWG13：1）　8. 镐（97TWG13：52）

镐　1件。97TWG13：52，青灰色板岩。亚腰形，器身遍布打制疤痕。背部有破损，双面弧刃。长9.6、宽6.6、厚1.9厘米（图3-3-240，8）。

锥　1件。97TWG13：17，深灰色板岩。器形较大，四棱方柱形锥身，一端已残。残长13.6、宽3.5、厚2.5厘米（图3-3-240，2）。

A型研磨器　1件。97TWG13：59，褐灰色石英砂岩。平面近梯形，一端石块破损一半，一端使用痕迹明显。长16.8、宽6.1、厚3.5厘米（图3-3-240，1）。

滑石坠　2件。97TWG13：38，滑石质。呈不规则六边形，器物一端有圆形钻孔，制作较为粗糙。长2.2、宽1.3、厚0.4厘米（图3-3-240，4）。97TWG13：40，滑石质。近椭圆形，一端微鼓，一端平，平的一端有圆形钻孔。长1.9、宽1.1、厚0.7厘米（图3-3-240，5）。

气孔玄武岩块　2件。97TWG13：1，灰色气孔玄武岩。呈不规则形，器表密布气孔。长10.8、宽10.4、厚7厘米（图3-3-240，7）。97TWG13：8，灰色气孔玄武岩。近卵圆形，表面密布气孔。长8.5、最大径4.5、厚2.3厘米（图3-3-240，6）。

骨器及其他　10件。

骨锥　5件。97TWG13：7，扁锥形，以动物管状骨劈裂磨制而成。锥身中间有凹槽，锥尖呈圆形。残长5.5、宽0.8、厚0.4厘米（图3-3-241，8）。97TWG13：12，扁锥形，以动物管状骨劈裂磨制而成。锥身中间有凹槽，下端磨制锋利的尖峰。长12.4、宽1.8、厚0.4厘米（图3-3-241，1）。97TWG13：21，方锥形。以兽骨劈裂呈一半，一端保留圆形，一端磨成圆柱形，尖较锋利。长7、宽0.6、厚0.2厘米（图3-3-241，9）。97TWG13：22，圆锥形，以兽骨磨制而成。上端残断。残长3.3、直径0.3厘米（图3-3-241，5）。97TWG13：41，圆锥形，以兽骨磨制而成。上端残断。残长8.3、直径0.5厘米（图3-3-241，10）。

骨凿　2件。近长条形。以动物管状骨磨制而成。97TWG13：11，刃部有使用痕迹。长7.1、宽1.5、厚1.9厘米（图3-3-241，4）。97TWG13：25，双面刃微弧。长8.1、宽1.7、厚0.8厘米（图3-3-241，3）。

骨针　1件。97TWG13：55，兽骨磨制，针孔部分残断。残长3.9、径0.1厘米（图3-3-241，6）。

卜骨　1件。97TWG13：6，小型动物肩胛骨，残碎。长8.6、宽5.1、厚0.4厘米（图3-3-241，2）。

鳖甲　1件。97TWG13：51，表面密布凹坑。长5、宽1.8、厚0.4厘米（图3-3-241，7）。

五、墓　　葬

万发拨子第三期共发现墓葬33座。墓葬形制有竖穴土坑墓、石棺墓、大盖石墓。

第Ⅱ区属于这一时期的墓葬共发现4座，编号为97ⅡTWM1～97ⅡTWM4，均为竖穴土坑墓。

第Ⅴ区属于这一时期的墓葬共发现5座，编号为99ⅤTWM42、99ⅤTWM47、99ⅤTWM48、99ⅤTWM55、99ⅤTWM56，均为石棺墓。

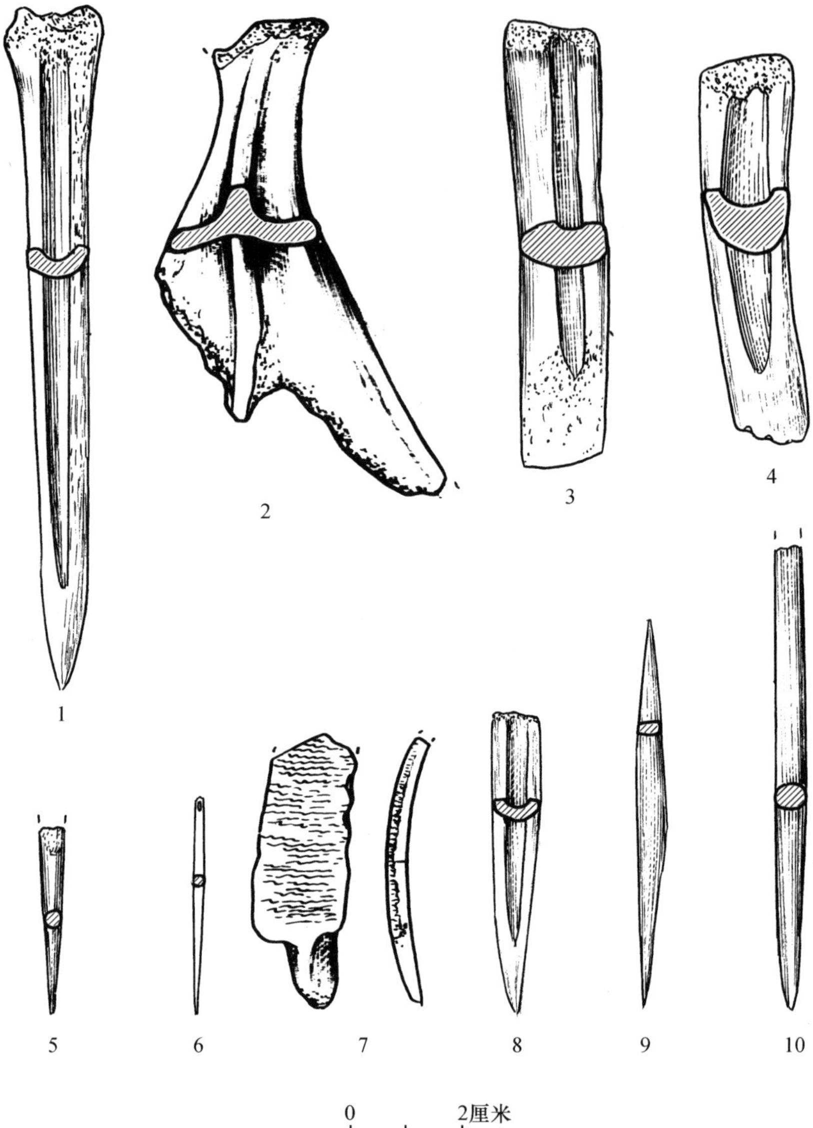

图3-3-241　97TWG13出土器物

1、5、8～10. 骨锥（97TWG13：12、97TWG13：22、97TWG13：7、97TWG13：21、97TWG13：41）
2. 卜骨（97TWG13：6）　3、4. 骨凿（97TWG13：25、97TWG13：11）　6. 骨针（97TWG13：55）　7. 鳖甲（97TWG13：51）

第Ⅵ区属于这一时期的墓葬共发现19座，竖穴土坑墓17座，编号为99ⅥTWM17～99ⅥTWM23、99ⅥTWM25～99ⅥTWM28、99ⅥTWM31、99ⅥTWM32、99ⅥTWM49、99ⅥTWM50、99ⅥTWM52、99ⅥTWM54；石棺墓2座，编号为99ⅥTWM51、99ⅥTWM53。

第Ⅶ区属于这一时期的墓葬共发现2座，编号为99ⅦTWM34、99ⅦTWM35，均为大盖石墓。

第Ⅷ区属于这一时期的墓葬共发现3座，1座为石棺墓，编号为99ⅧTWM40；2座为大盖石墓，编号为99ⅧTWM39、99ⅧTWM43。

（一）竖穴土坑墓

竖穴土坑墓共发现21座。这种墓葬的建造方法为：先开凿长方形墓圹，在埋入人骨及随葬品之后，填土进行掩埋。目前为止，均未发现葬具。

1. 97ⅡTWM1

墓葬概况

竖穴土坑墓。位于Ⅱ区T468内，开口于第1层下，下半部被现代沟打破，并打破生土。方向243度。

墓葬平面呈长方形。墓口长95、宽70厘米，距地表深15厘米。墓底长90、宽60厘米，距地表深25厘米。无葬具。

单人葬。死者骨架上半部基本完好，下半部被现代沟打破。根据残存人骨，可以辨认死者双手交叉于腹前，一侧大腿骨弯曲，其余腿骨均无存。男性，55岁左右。

死者头部右侧随葬鳖甲1件、纹饰陶片1件；右臂右侧有石器1件；胸部右侧随葬石刀1件；腰部右侧随葬石锛1件；腰部左侧被鼠洞扰乱，在扰乱堆积中发现骨针1件。

死者胯骨左侧随葬石镞9件、骨镞10余件（仅有2件保存下来）、骨锥1件。这组器物密集而整齐地堆放在一起，骨镞与石镞相叠，推测当时有皮革或麻布之类的包裹（图3-3-242；图版三四，1）。

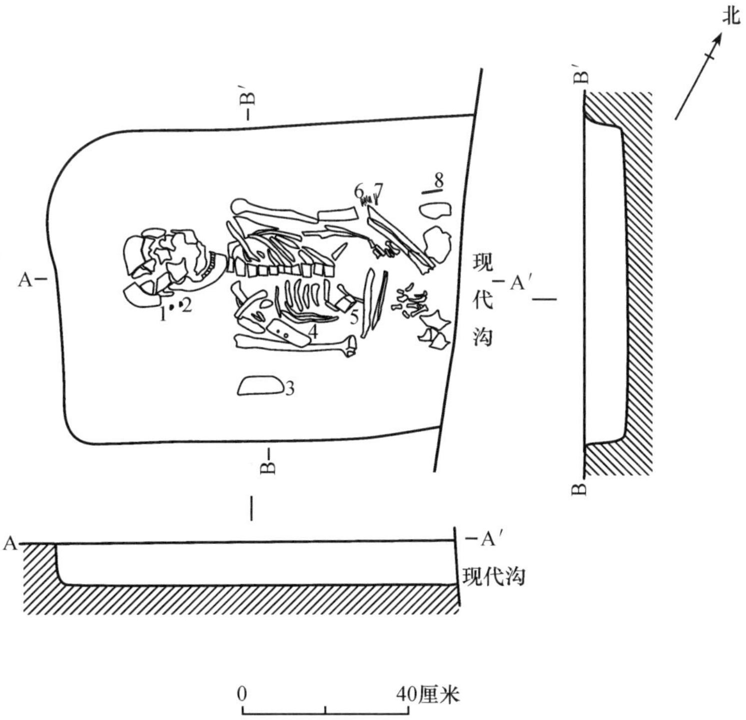

图3-3-242　97TWM1平、剖面图

1. 鳖甲　2. 纹饰陶片　3. 石器　4. 石刀　5. 石锛　6. 石镞　7. 骨镞　8. 骨锥

随葬器物

共出土器物18件。

陶器　1件。

纹饰陶片　1件。97TWM1：14，夹砂黑褐陶，夹云母，表面有烧制痕迹。微侈口，方唇，弧腹。口沿下饰有乳凸。陶片表面饰成组戳点纹。厚0.4厘米（图3-3-243，1）。

石器　12件。

镞　9件。有两种形制。

Ad型　1件。平面呈柳叶形，剖面呈六边形，凹底。97TWM1：5，青灰色板岩。通长3.5、镞身宽1.2、厚0.2厘米（图3-3-243，11）。

Ae型　8件。平面呈圭形，剖面呈六边形，凹底。均为青灰色板岩。97TWM1：1，通长5.6、镞身宽0.9、厚0.2厘米（图3-3-243，3）。97TWM1：2，通长4.5、镞身宽1.1、厚0.2厘米（图3-3-243，4）。97TWM1：4，通长5.5、镞身宽1.2、厚0.2厘米（图3-3-243，5）。97TWM1：6，通长5、镞身宽1.1、厚0.2厘米（图3-3-243，6）。97TWM1：7，通长5.6、镞身宽1、厚0.3厘米（图3-3-243，7）。97TWM1：8，通长4.5、镞身宽0.9、厚0.2厘米（图3-3-243，

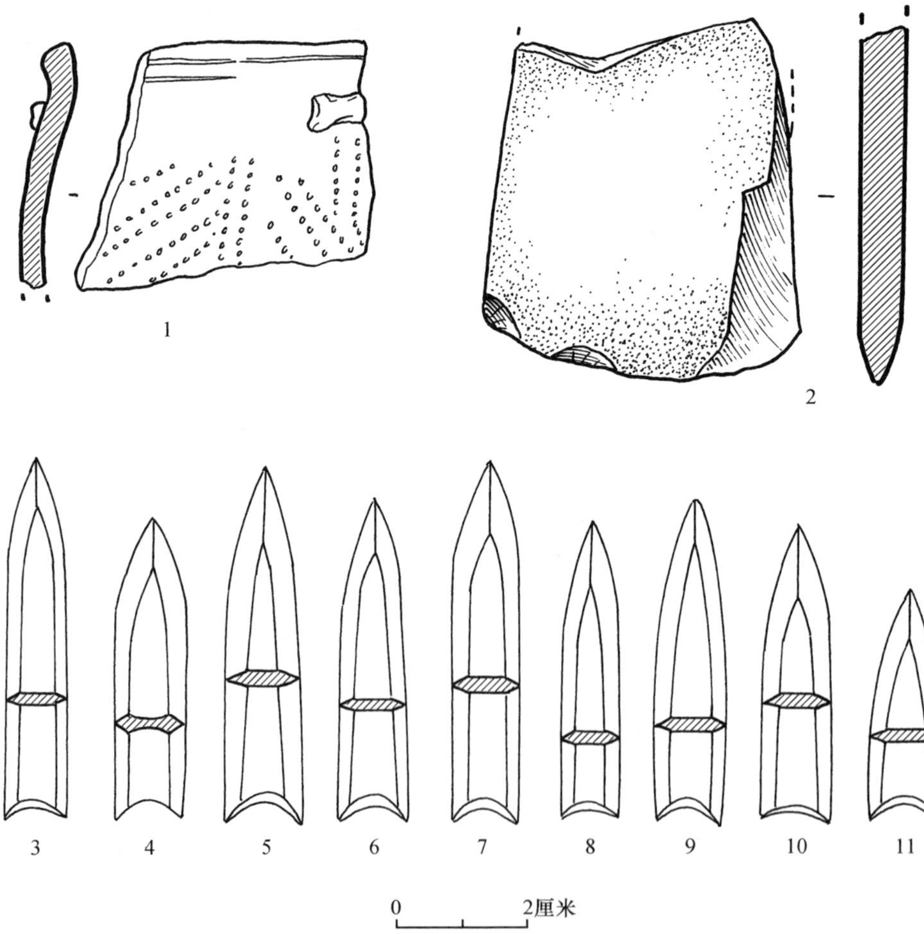

图3-3-243　97TWM1出土器物

1. 纹饰陶片（97TWM1：14）　2. 石凿（97TWM1：17）　3～10. Ae型石镞（97TWM1：1、97TWM1：2、97TWM1：4、97TWM1：6、97TWM1：7、97TWM1：8、97TWM1：9、97TWM1：10）　11. Ad型石镞（97TWM1：5）

8）。97TWM1：9，通长5、镞身宽1.1、厚0.2厘米（图3-3-243，9）。97TWM1：10，通长4.5、镞身宽1.1、厚0.2厘米（图3-3-243，10）。

凿　1件。97TWM1：17，青灰色粉砂岩。仅余器身前半部分。平面呈梯形，打制，刃口有崩片痕迹，器身较薄，器形较小。残长5.5、宽5、厚0.6厘米（图3-3-243，2）。

石器　1件。97TWM1：18，肉红色正长斑岩。呈砖红色，表面光滑。长9.7、宽6、厚2.2厘米（图3-3-244，2）。

Ab型刀　1件。97TWM1：19，灰色板岩。半月形，直背弧刃，靠近背部有两个钻孔，一端斜直，一端呈弧形。长14.3、宽4.3、厚0.7厘米（图3-3-244，1）。

骨器　4件。

锥　1件。97TWM1：3，扁锥形。通长13.6、厚0.5厘米（图3-3-244，3）。

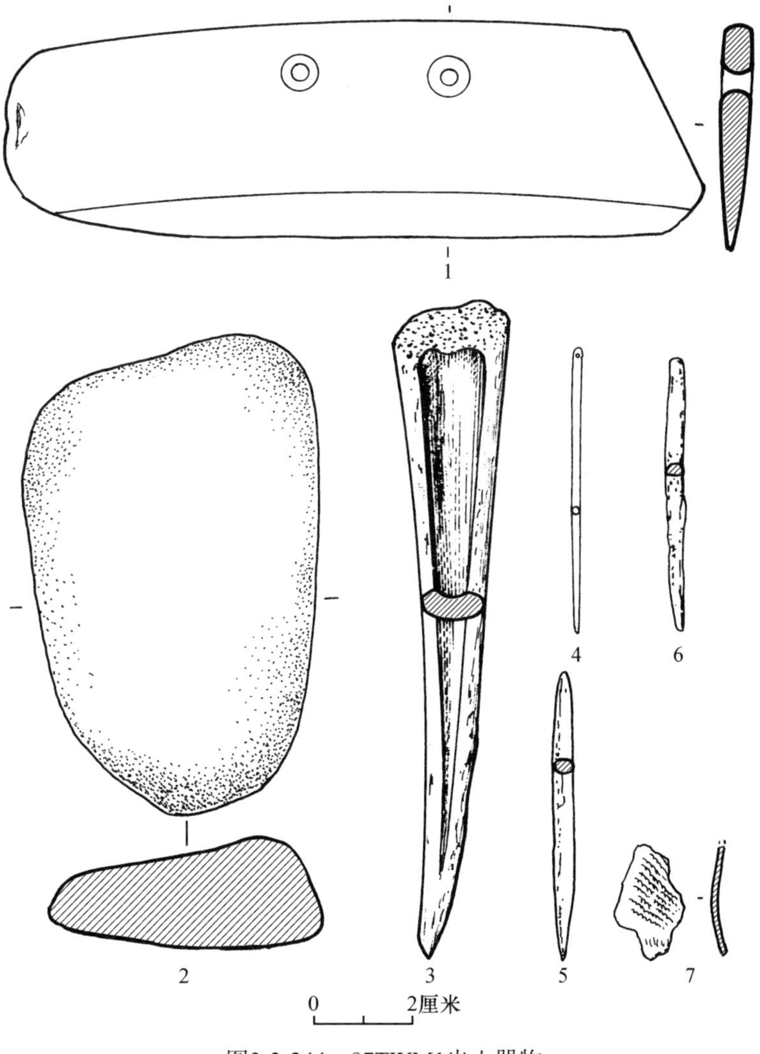

图3-3-244　97TWM1出土器物

1. Ab型石刀（97TWM1：19）　2. 石器（97TWM1：18）　3. 骨锥（97TWM1：3）
4. 骨针（97TWM1：12）　5、6. 骨镞（97TWM1：11、97TWM1：16）
7. 鳖甲（97TWM1：13）

针　1件。97TWM1：12，磨制光滑，针孔很小。通长5.8、直径0.2厘米（图3-3-244，4）。

镞　2件。镞身剖面呈扁圆形，铤剖面呈长方形。97TWM1：11，通长5.8厘米（图3-3-244，5）。97TWM1：16，通长5.6厘米（图3-3-244，6）。

其他　1件。

鳖甲　1件。97TWM1：13，已残。残长2.4、宽1.5、厚0.1厘米（图3-3-244，7）。

2. 97ⅡTWM2

墓葬概况

竖穴土坑墓。位于Ⅱ区T407北部，第1层下开口。方向133度。

墓葬平面呈长方形。墓口长200、宽130厘米，距地表深10～15厘米。墓底长180、宽110厘米，距地表深30～35厘米。无葬具。

二人合葬墓。人骨破坏严重，无法分辨葬式、年龄和性别。

器物多置于人骨腰部附近，仅有1件石刀和1件石凿位于北侧人骨脚部附近（图3-3-245）。

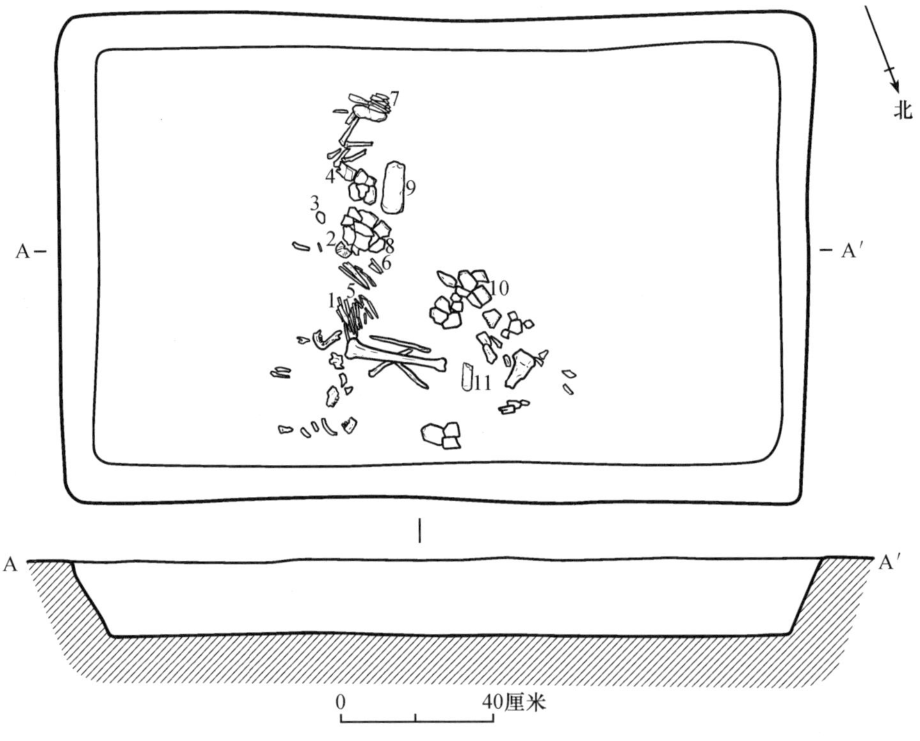

图3-3-245　97TWM2平、剖面图

1. 骨器　2. 陶网坠　3. 石网坠　4、10. 石刀　5～7. 石镞　8. 陶钵　9. 石锛　11. 石凿

随葬器物

共出土器物28件。

陶器　2件。

钵　1件。97TWM2：50，泥质黄陶，夹云母。侈口，方唇，垂腹，腹较浅，底残，内壁局部发黑。口径14、底径8.7、高7.4厘米（图3-3-246，1）。

Ed型网坠　1件。97TWM2：24，以夹砂黄陶片磨制而成。平面近圆角长方形，已残半，一面饰两组压印斜线纹。长4.7、残宽3.2、厚0.5厘米（图3-3-246，2）。

石器　21件。

Ae型镞　15件。平面呈圭形。剖面呈六边形，凹底。97TWM2：1，青灰色板岩。长4.5、镞身宽1.1、厚0.2厘米（图3-3-246，3）。97TWM2：2，青灰色板岩。镞尖残。残长4.1、镞身宽1.1、厚0.3厘米（图3-3-246，4）。97TWM2：3，青灰色板岩。长5.6、镞身宽1、厚0.2厘米（图3-3-246，5）。97TWM2：4，青灰色板岩。长4.4、镞身宽1、厚0.2厘米（图3-3-246，6）。97TWM2：5，青灰色板岩。长3.1、镞身宽1、厚0.3厘米（图3-3-246，7）。97TWM2：6，

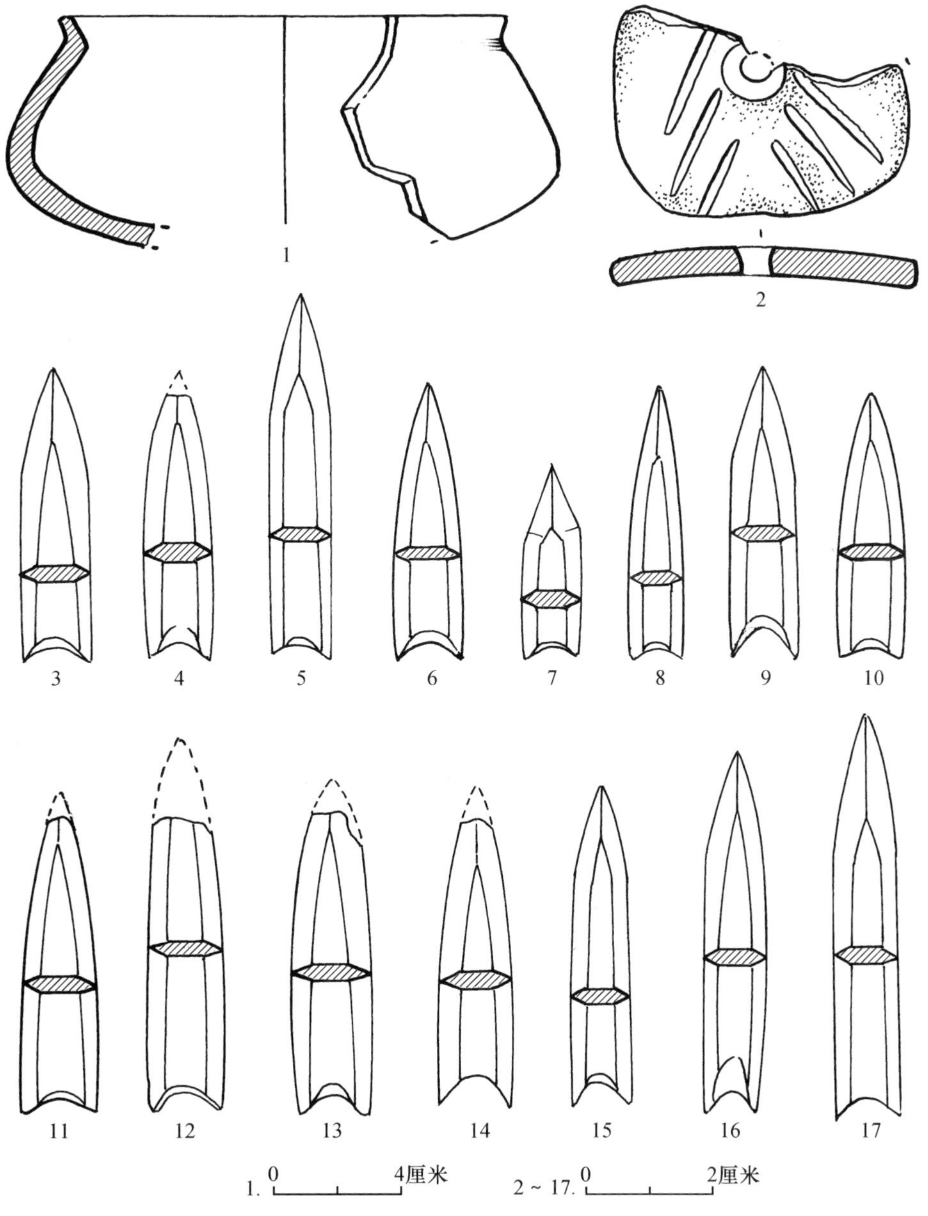

图3-3-246　97TWM2出土器物

1. 陶钵（97TWM2：50）　2. Ed型陶网坠（97TWM2：24）　3～17. Ae型石镞（97TWM2：1、97TWM2：2、97TWM2：3、97TWM2：4、97TWM2：5、97TWM2：6、97TWM2：7、97TWM2：8、97TWM2：9、97TWM2：10、97TWM2：11、97TWM2：12、97TWM2：14、97TWM2：15、97TWM2：26）

青灰色板岩。长4.2、镞身宽0.9、厚0.2厘米（图3-3-246，8）。97TWM2：7，青灰色板岩。长4.5、镞身1、厚0.2厘米（图3-3-246，9）。97TWM2：8，青灰色板岩。长4.1、镞身宽1.1、厚0.2厘米（图3-3-246，10）。97TWM2：9，青灰色板岩。镞尖残。残长4.7、镞身宽1.2、厚0.3厘米（图3-3-246，11）。97TWM2：10，青灰色板岩。镞尖残。残长4.6、镞身宽1.2、厚0.2厘米（图3-3-246，12）。97TWM2：11，褐灰色板岩。镞尖残。残长4.7、镞身宽1.2、厚0.2厘米（图3-3-246，13）。97TWM2：12，青灰色板岩。镞尖残。残长4.5、宽1.1、厚0.3厘米（图3-3-246，14）。97TWM2：14，灰色板岩。长5.1、镞身宽0.9、厚0.2厘米（图3-3-246，15）。97TWM2：15，灰色板岩。长5.6、镞身宽1、厚0.3厘米（图3-3-246，16）。97TWM2：26，灰色板岩。长6.3、镞身宽1、厚0.3厘米（图3-3-246，17）。

刀　3件。

Ab型　1件。97TWM2：18，灰色板岩。仅余器身一段，有石片剥落痕迹，弧背直刃，靠近背部有两个圆形钻孔。残长5.8、宽4.4、厚0.5厘米（图3-3-247，1）。

Bb型　1件。97TWM2：17，灰色板岩。平面呈圆角长方形，弧背，背部有崩痕，双面弧刃。长8.1、宽3.9、厚0.5厘米（图3-3-247，2）。

残段　1件。97TWM2：19，灰色板岩。仅余残段。石质较碎，石片剥落严重。残存部分平面呈三角形，弧背弧刃。残长4.8、宽3.2、厚0.3厘米（图3-3-247，3）。

B型网坠　1件。97TWM2：20，褐灰色细砂岩。椭圆形，两端打制豁口。长径3.7、短径3.1、厚1厘米（图3-3-247，4）。

锛　1件。97TWM2：23，紫灰色粉砂岩。打制，平面呈长方形，单面刃，器身厚薄不一。长15、宽6.8、厚2.2厘米（图3-3-247，5）。

凿　1件。97TWM2：47，灰白色细砂岩。长条形，双面刃。长9.3、宽2.9、厚1.6厘米（图3-3-247，6）。

骨、牙器　5件。

骨锥　4件。97TWM2：13，锥身剖面呈椭圆形。长5.9、0.5厘米（图3-3-248，3）。97TWM2：16，锥身剖面呈圆形。长5.9、直径0.4厘米（图3-3-248，4）。97TWM2：21，锥身剖面呈心形。长11.2、厚1.2厘米（图3-3-248，1）。97TWM2：22，锥身剖面呈椭圆形。长6.8、最大径0.9厘米（图3-3-248，2）。

野猪牙饰　1件。97TWM2：25，以野猪牙磨制而成。一端有圆形钻孔，刃部磨制锋利。长7.3、厚1厘米（图3-3-248，5）。

3. 97ⅡTWM3

墓葬概况

竖穴土坑墓。位于Ⅱ区T408中部，开口于第1层下，被97TWH92打破，打破生土。方向180度。

墓葬平面呈长方形。墓口长100、宽70厘米，距地表深15厘米。墓底长80、宽50厘米，距地表深70厘米。无葬具。

迁葬墓。无肩胛骨，头骨、肱骨、股骨、盆骨、趾骨均残碎。根据残存人骨，可看出为单

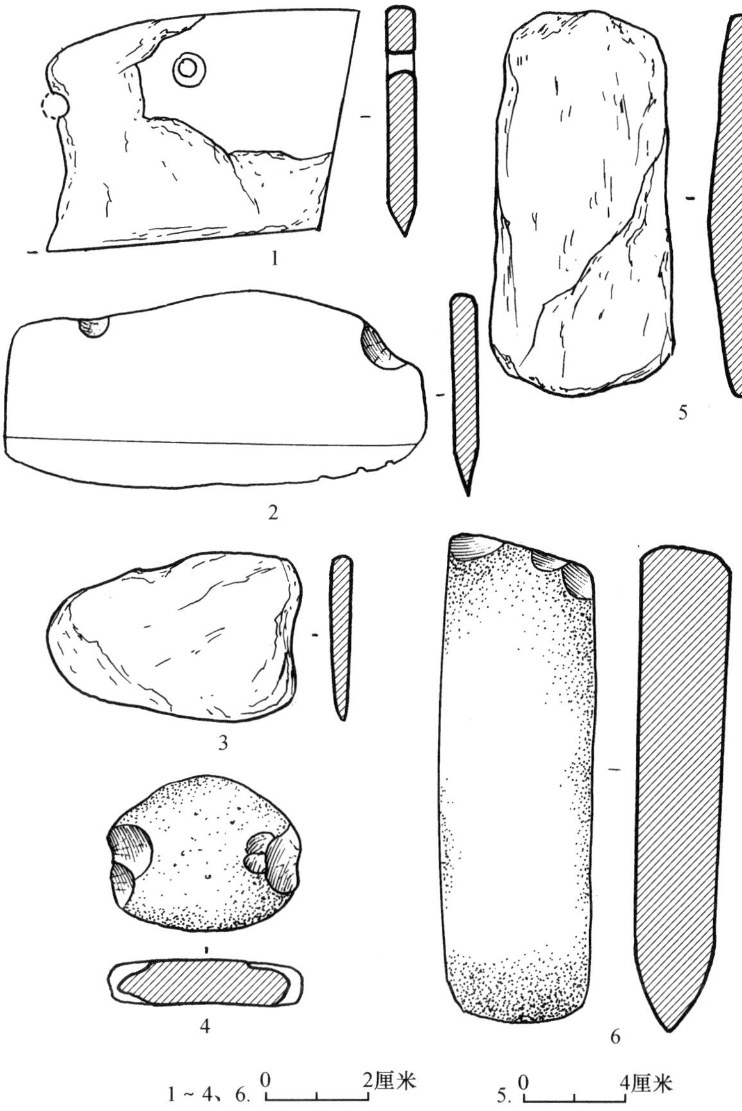

图3-3-247　97TWM2出土石器

1. Ab型刀（97TWM2：18）　2. Bb型刀（97TWM2：17）　3. 刀残段（97TWM2：19）　4. B型网坠（97TWM2：20）　5. 锛（97TWM2：23）　6. 凿（97TWM2：47）

人葬，男性，30岁左右。

墓坑底部随葬石斧1件。

随葬器物

出土器物1件。

石器　1件。

斧　1件。97TWM3：1，深灰色砂岩。平面近梯形。双面刃，磨制精细。长10.5、宽4.4、厚3厘米（图3-3-249，1）。

4. 97ⅡTWM4

墓葬概况

竖穴土坑墓。位于Ⅱ区T345东隔梁及T346西部，开口于第6层下，打破第9层。方向10度。

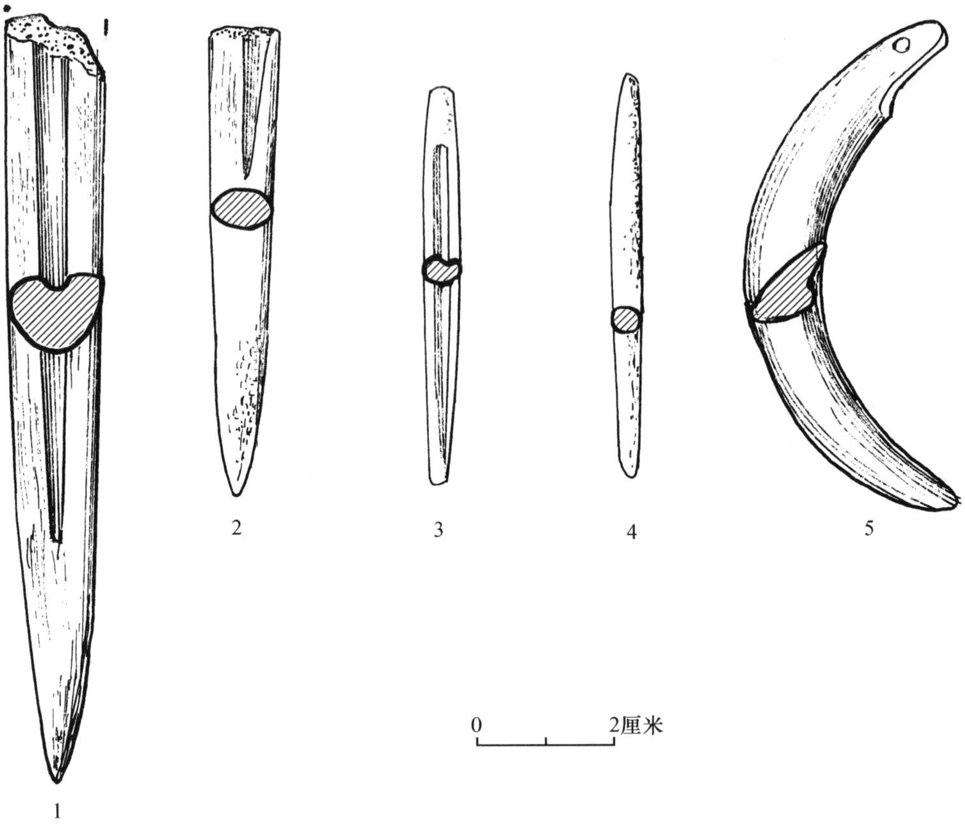

图3-3-248　97TWM2出土骨、牙器

1～4. 骨锥（97TWM2：21、97TWM2：22、97TWM2：13、97TWM2：16）　5. 野猪牙饰（97TWM2：25）

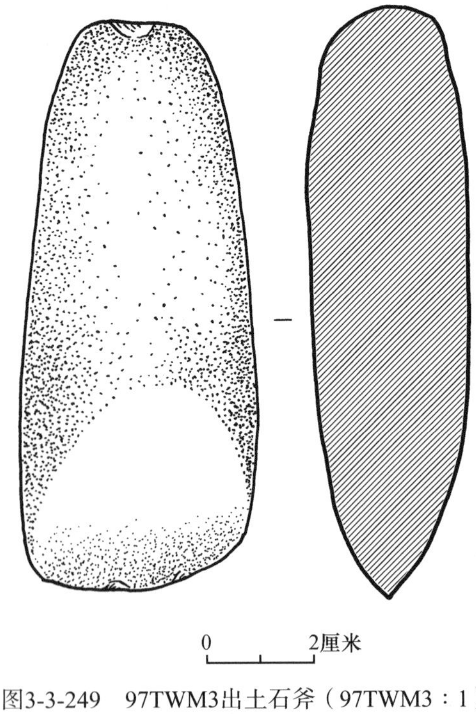

图3-3-249　97TWM3出土石斧（97TWM3：1）

墓葬平面呈长方形。墓口长200、宽120厘米，距地面深85厘米。墓底长180、宽100厘米，距地表深120厘米。无葬具。

二人合葬墓。这两具人骨一具骨架完好，为仰身屈肢葬，经鉴定为女性，年龄35岁左右。一具骨架较小，较凌乱，性别不详。推测为母子合葬墓。

母亲头部右侧随葬石刀1件、腰部右侧随葬石刀1件、腰部左侧随葬陶纺轮1件；脚下置陶多耳罐1件、石锛1件、猪肩胛骨1件。

小孩腰部左右侧各置石刀1件、脚下置石刀1件、陶钵1件（图3-3-250；图版三五，1）。

随葬器物

共出土器物9件。

陶器　2件。

多耳罐　1件。97TWM4：10，夹砂红褐陶，大部分露红胎。表面留下一层黑色的烟熏痕迹。侈口，

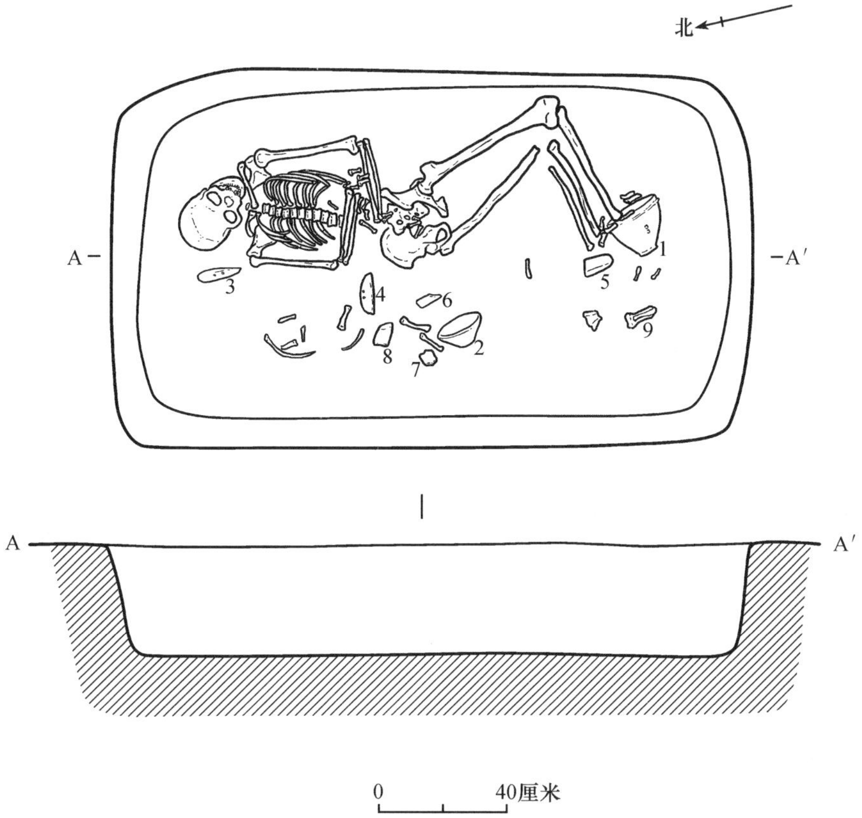

图3-3-250　97TWM4平、剖面图

1. 陶多耳罐　2. 陶碗　3、4、6～8. 石刀　5. 石锛　9. 猪骨

方唇，口沿下有两对称小鋬耳，鋬耳之上有一圈凸棱，从侧面看似乎为重唇口。弧腹，腹中部两侧各装饰有两纵向平行的乳丁耳，小平底。口径11、底径5.4、高12.4厘米（图3-3-251，1；图版三五，4）。

碗　1件。97TWM4：7，泥质黄陶，夹云母。敞口，方唇，弧腹，平底。口径12.2、底径5.4、高6厘米（图3-3-251，2；图版三五，5）。

石器　6件。

刀　5件。

Aa型　1件。97TWM4：4，青灰色板岩。平面近梯形。直背弧刃，双面刃。长7.1、宽3.8、厚0.4厘米（图3-3-251，5）。

Ab型　2件。97TWM4：2，深黑色板岩。半月形，器身较窄。弧背直刃，靠近背部有两斜向穿孔，双面刃。长13.2、宽3.6、厚0.4厘米（图3-3-251，4）。97TWM4：5，灰色板岩。残，弧背弧刃，双面刃。残长7.1、宽3.5、厚0.4厘米（图3-3-251，6）。

C型　1件。97TWM4：1，深黑色板岩。器身较窄，直背弧刃，靠近背部有两斜向穿孔，尖部有石片剥落，双面刃。长13.3、宽3.2、厚0.5厘米（图3-3-251，3；图版三五，3）。

残段　1件。97TWM4：6，黄褐色细砂岩。仅余刀身残段，且器身脱落近半。残长4.2、宽3.5、厚0.2厘米（图3-3-251，7）。

斧　1件。97TWM4：9，有层理的粉砂岩。平面呈长方形，磨制，双面刃，制作精细。长

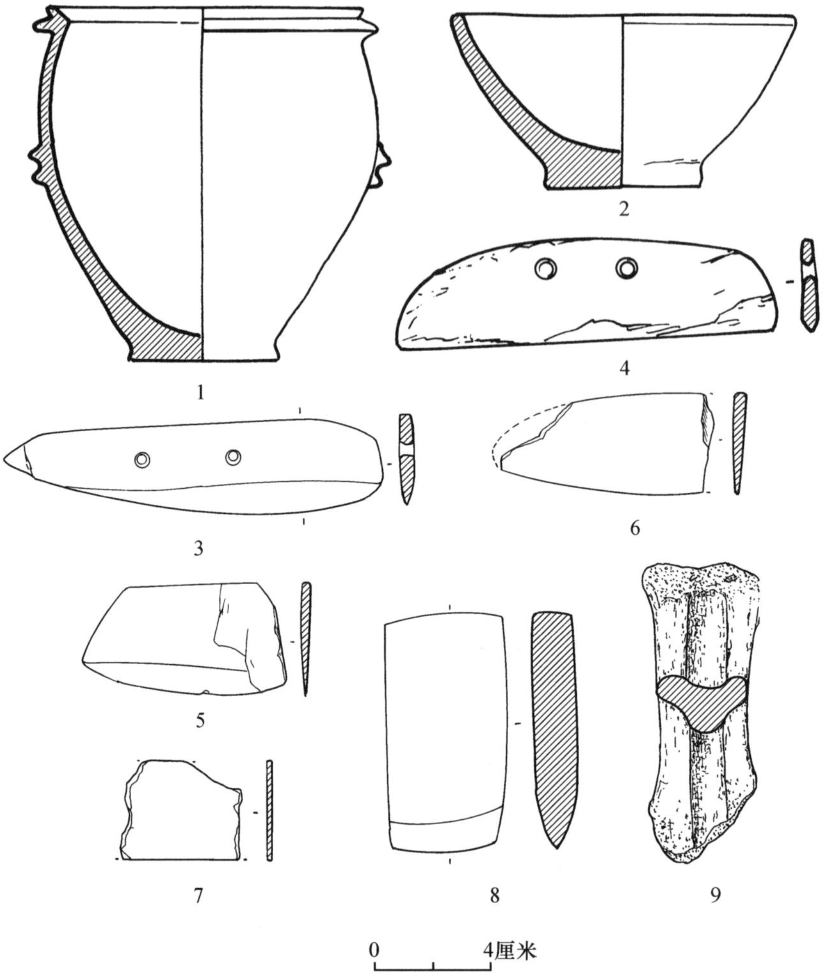

图3-3-251　97TWM4 出土器物

1. 陶多耳罐（97TWM4：10）　2. 陶碗（97TWM4：7）　3. C型石刀（97TWM4：1）
4、6. Ab型石刀（97TWM4：2、97TWM4：5）　5. Aa型石刀（97TWM4：4）　7. 石刀残段（97TWM4：6）
8. 石斧（97TWM4：9）　9. 猪肩胛骨（97TWM4：8）

8.4、宽4.2、厚1.5厘米（图3-3-251，8；图版三五，2）。

骨器　1件。

猪肩胛骨　1件。97TWM4：8，剖面呈心形。长10.3、厚1.8厘米（图3-3-251，9）。

5. 99ⅥTWM20

墓葬概况

竖穴土坑墓。跨Ⅵ区T817和T825两个探方，开口于第5层下，打破第6层。方向12度①。

墓葬平面呈长方形。墓口长560、宽245厘米，距地表深70厘米。墓底长530、宽230厘米，距地表深120厘米。

无葬具。四人丛葬墓。北向3人竖直平行排列，东向1人横向排列。均保留头骨及肢骨。均

---

① 根据探方总平面图，M20的方向应该是12度。

为仰身屈肢葬。

部分骨牙器破碎严重，已无法复原。为尊重原纪录的完整性，现存器物均采用原来编号进行描述。

①号人骨，头向北。男性，30岁左右。仰身屈肢，面朝西，上肢顺身体两侧伸直平放，下肢双腿屈于左侧，膝盖朝东。其人骨周围随葬品编号为99TWM20：1～99TWM20：11。死者左肩和左臂肘部随葬石镞4件、骨镞3件、牙饰1件；右臂肘部附近出土青铜短剑1件；脚下随葬石凿1件、陶罐1件。

②号人骨，头向北。女性，30岁左右。仰身屈肢，面向东（与东侧男性面面相对）。胳膊屈于下腹部，下肢屈向东侧，屈度较大，呈跪状，膝盖朝东。其人骨周围随葬品编号为99TWM20：12～99TWM20：20。死者右肩处随葬石刀1件；左侧胯部附近随葬陶纺轮2件；脚下随葬石斧1件、陶壶1件、陶罐1件。

③号人骨，头向北。男性，50岁左右。仰身屈肢，双手交于腹部，两腿屈于死者右侧，膝盖朝西。其人骨周围随葬品编号99TWM20：20～99TWM20：32。死者头部右侧随葬陶罐1件、陶钵1件；右侧胳膊附近随葬石刀1件；下腹部随葬陶罐1件、陶钵1件、石刀1件、左侧胳膊附近随葬石刀1件。

④号人骨，头向东。男性，35岁左右。仰身屈肢，双手交于下腹部，下肢屈向左侧，膝盖朝南。其人骨周围随葬品编号为99TWM20：33～99TWM20：44。死者胸部右侧随葬角器1件、左手附近随葬青铜剑鞘1件、脚下随葬陶壶1件、陶罐1件（图3-3-252；图版三八）。

随葬器物

共出土器物25件。

陶器　12件。

壶　2件。99TWM20：19，夹细砂黄陶，夹云母。手制，侈口，长颈，颈腹交界处贴有一根泥条，大鼓腹，腹部饰两对称竖桥耳，平底。口径9.2、底径6.2、高15.2厘米（图3-3-253，1；图版三九，2）。99TWM20：42，夹砂黄陶。敞口，圆唇，长直颈，腹下部已残。口径9.4、残高8.6厘米（图3-3-253，2）。

Aa型钵　2件。99TWM20：21，泥质黄陶，夹云母。手制，微侈口，颈腹交接处趋于明显，垂腹，台足。口径8.4、底径4.6、高6.6厘米（图3-3-253，3）。99TWM20：31，泥质黄陶，夹云母。微侈口，圆唇，束颈，垂腹，台足。口径11、底径6.4、高8.6厘米（图3-3-253，6）。

罐　5件。

竖耳罐　1件。99TWM20：11，夹砂黄褐陶。口微侈，弧腹，靠近口沿处有两乳凸。下腹部饰两对称竖桥耳，耳上部各饰两个乳凸，小平底。口径10、底径5、高12.6厘米（图3-3-253，10；图版三九，3）。

多耳罐　1件。99TWM20：20，夹砂黑褐陶。近直口，圆唇，口沿下部有一圈凸棱，侧面看类似于重唇口。弧腹，腹中部两侧各有两个纵向排列的乳凸，台足。口径10、底径5.2、高10.6厘米（图3-3-253，4；图版三九，4）。

双鋬耳罐　1件。99TWM20：23，夹细砂红褐陶，夹云母。微侈口，弧腹，台足。口沿下部饰两对称乳凸。口径9.6、底径4.8、高10.2厘米（图3-3-253，5）。

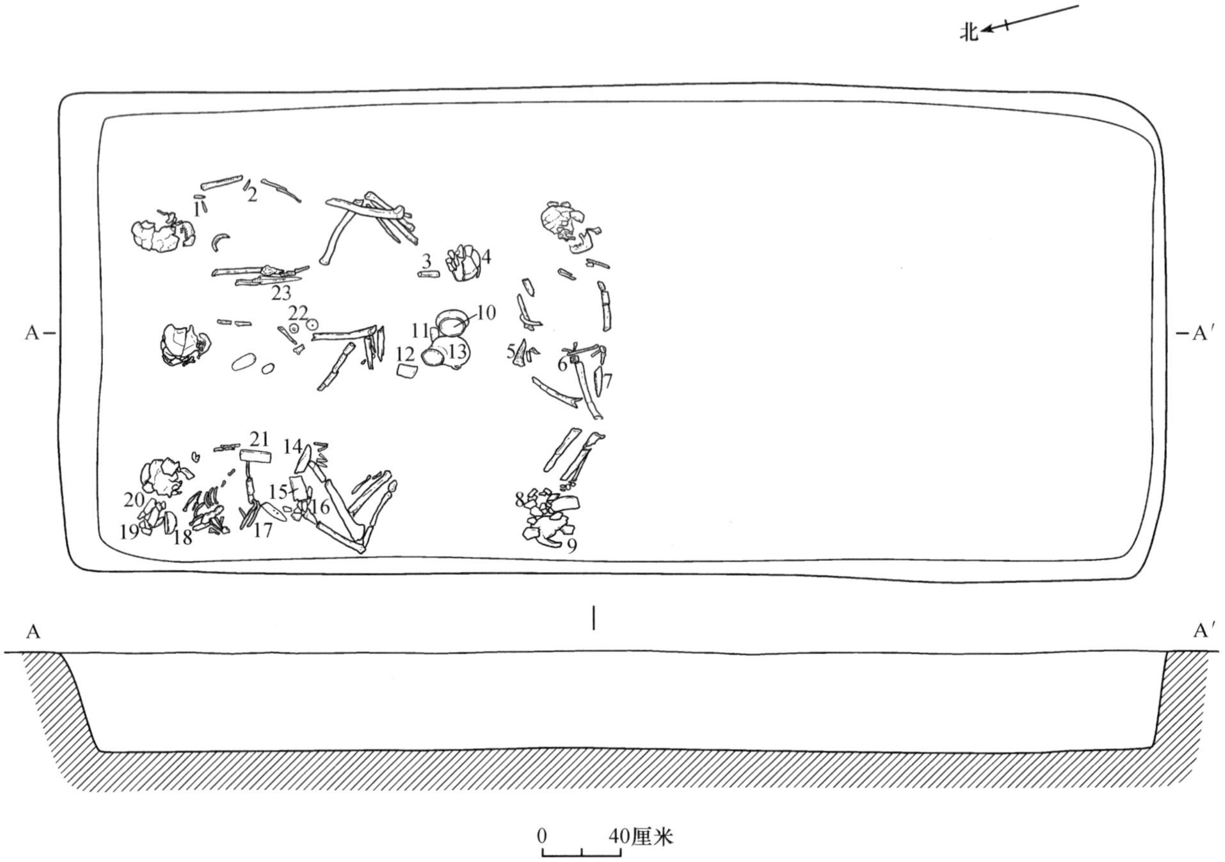

图3-3-252　99TWM20平、剖面图

1、2. 石镞　3. 石凿　4、9、10、16、20. 陶罐　5. 角器　6. 青铜剑鞘　7、11、14、17、21. 石刀　8. 陶壶　12. 石斧　13. 陶双耳壶　15、18. 陶钵　19. 陶碗　22. 陶纺轮　23. 青铜短剑

四鋬耳罐　1件。99TWM20：32，泥质黄褐陶，夹蚌。直口，方唇，弧腹近直，口沿下饰四个对称鋬耳，台足。口径16.4、底径6、高14厘米（图3-3-253，7）。

无耳罐　1件。99TWM20：44，夹砂黄褐陶，夹云母，大部分已被熏黑。手制，侈口，颈部有一圈凸棱，侧面看似乎为重唇口，弧腹，小台足。口径11.2、底径4.8、高13.6厘米（图3-3-253，8）。

碗　1件。99TWM20：22，夹砂黄褐陶。敞口，方唇，假圈足。口径10、底径3.4、高5厘米（图3-3-253，9）。

纺轮　2件。

E型　1件。99TWM20：15，夹细砂黄陶。轮制，表面与菌盖形较为相似，但亦有不同。一面较平，一面微鼓，中间有圆形穿孔。直径5.2、高1.2厘米（图3-3-253，11）。

G型　1件。99TWM20：14，泥质黄褐陶，夹云母。整体呈球形，中间有圆形钻孔，形制规整。最大径3.8、高3.7厘米（图3-3-253，12）。

石器　10件。

凿　1件。99TWM20：10，灰白色粗砂岩。长条形，一侧光滑，一侧呈几字形，中间高，两端低。长9.1、宽1.3、厚1.5厘米（图3-3-254，1）。

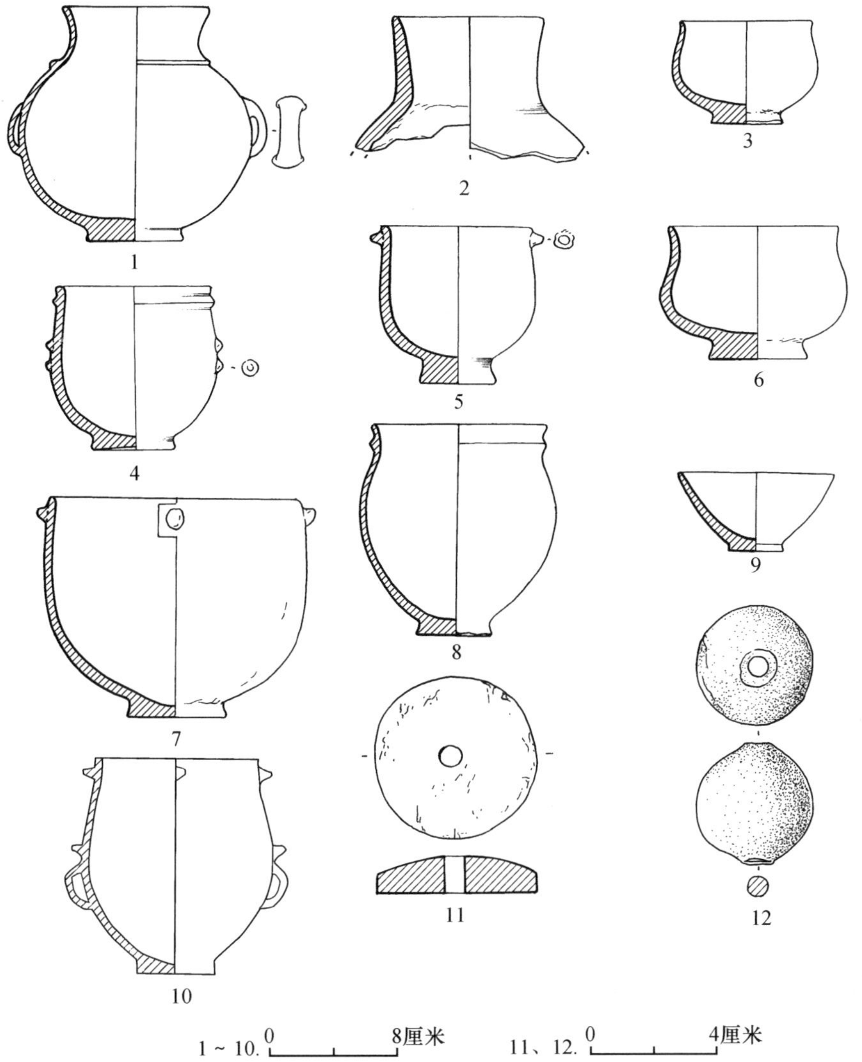

图3-3-253　99TWM20出土陶器

1、2. 壶（99TWM20：19、99TWM20：42）　3、6. Aa型钵（99TWM20：21、99TWM20：31）
4. 多耳罐（99TWM20：20）　5. 双鋬耳罐（99TWM20：23）　7. 四鋬耳罐（99TWM20：32）　8. 无耳罐（99TWM20：44）
9. 碗（99TWM20：22）　10. 竖耳罐（99TWM20：11）　11. E型纺轮（99TWM20：15）　12. G型纺轮（99TWM20：14）

刀　5件。

Aa型　3件。半月形，器形较宽。99TWM20：18，板岩，一面青灰色，一面呈紫色。磨制，半月形，器形较宽，器体较薄，双面刃。长9.5、宽6、厚0.3厘米（图3-3-254，3）。99TWM20：28，青灰色板岩磨制而成。器身残失一半，半月形，刀身较宽。弧背，单面直刃。残长10.5、宽4.1、厚0.4厘米（图3-3-254，4；图版三九，5）。99TWM20：41，深灰色板岩磨制而成。平面呈不规则的半月形，刀身较宽。弧背弧刃，双面刃较薄且锋利，两侧均有切割痕（图3-3-254，2）。

Bb型　2件。长方形，刀身较窄，长宽比例大于1/2。99TWM20：26，深灰色板岩磨制而成。平面近长方形，刀身较宽。弧背，单面弧刃，双孔，双面斜向钻孔。长16.3、宽5.4、厚0.6厘米（图3-3-254，5）。99TWM20：27，青灰色板岩磨制而成。平面呈长方形，直背，单

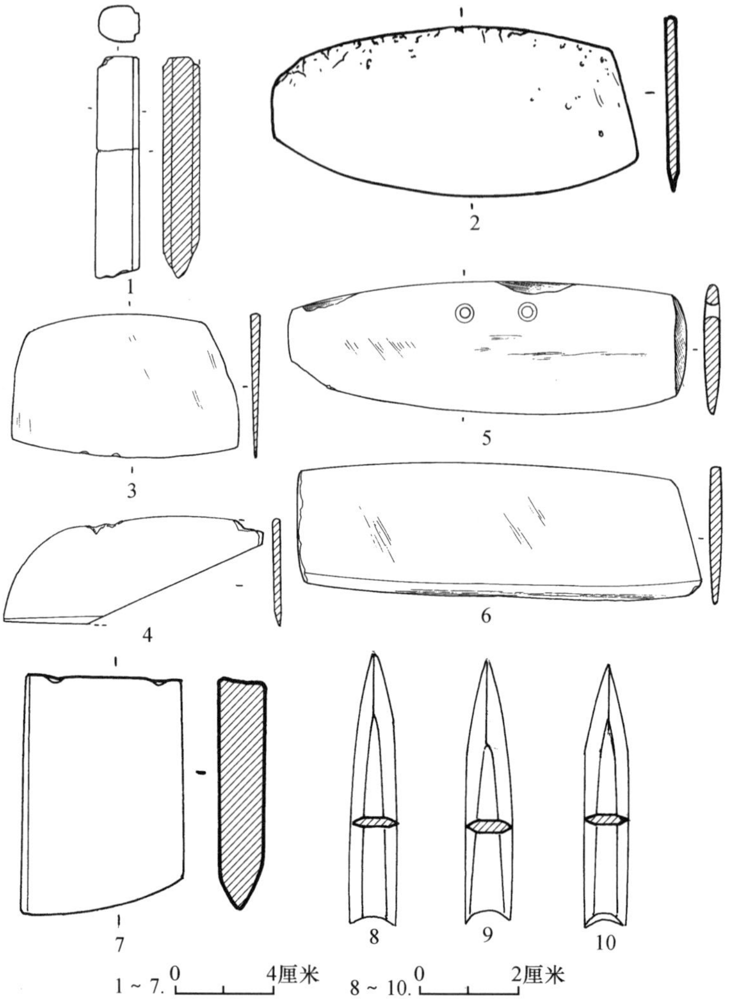

图3-3-254　99TWM20出土石器

1. 凿（99TWM20：10）　2～4. Aa型刀（99TWM20：41、99TWM20：18、99TWM20：28）
5、6. Bb型刀（99TWM20：26、99TWM20：27）　7. 斧（99TWM20：16）
8～10. Ae型镞（99TWM20：1、99TWM20：2、99TWM20：6）

面直刃。长16.1、宽5.5、厚0.4厘米（图3-3-254，6）。

斧　1件。99TWM20：16，灰白色粗砂岩磨制而成。平面近长方形，斜弧刃，双面刃。斧身一侧较平直，一侧有凹槽。长10、宽6.6、厚1.8厘米（图3-3-254，7）。

Ae型镞　3件。平面呈圭形。中间有血槽，镞身剖面呈六边形，凹底。99TWM20：1，灰色板岩。长5.7、镞身宽1、厚0.2厘米（图3-3-254，8）。99TWM20：2，灰色板岩。长5.4、镞身宽1、厚0.2厘米（图3-3-254，9）。99TWM20：6，灰色板岩。长5.4、镞身宽0.9、厚0.2厘米（图3-3-254，10）。

角器　1件。

角器　1件。99TWM20：37，用大型动物角制成，器身上有使用痕迹。长26.6、截面长径3.6、短径2.6厘米（图3-3-255，1）。

青铜器　2件。

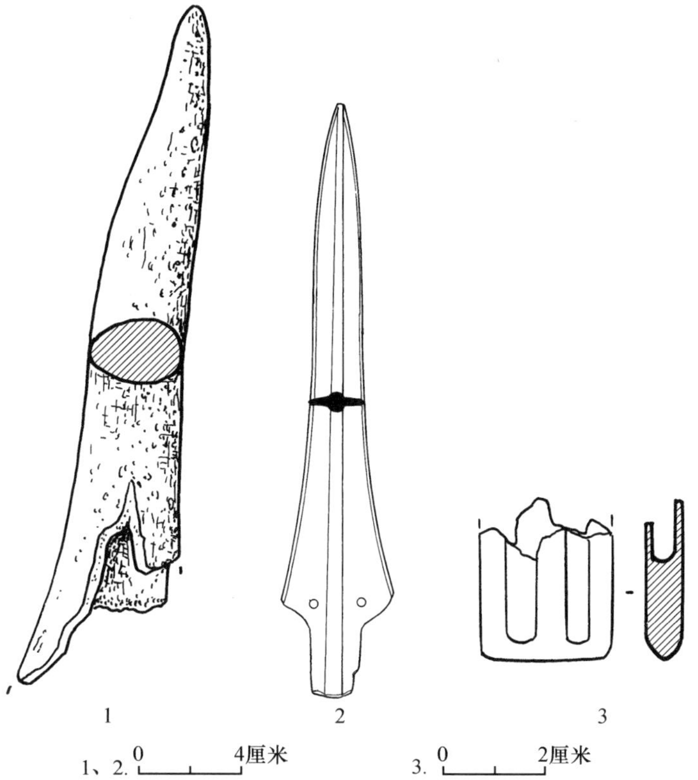

图3-3-255　99TWM20出土器物

1. 角器（99TWM20：37）　2. 青铜短剑（99TWM20：3）　3. 青铜剑鞘（99TWM20：38）

短剑　1件。99TWM20：3，柳叶形剑身，脊隆起较高，剑身与剑柄交接处有两圆形钻孔，柄已残断。制作精细，器身布满绿色铜锈。通长23.1厘米（图3-3-255，2；图版三九，1）。

剑鞘　1件。99TWM20：38，平面呈长方形，已残，表面有两道凹槽。残长3.2、宽2.6、厚0.7厘米（图3-3-255，3）。

6. 99ⅥTWM21

墓葬概况

竖穴土坑墓。位于Ⅵ区，跨T825、T826、T833、T834、T839、T840、T845、T846八个探方，M20北侧。开口于第5层下，方向102度①。

墓葬平面呈圆角长方形。因地势走向，东部较高，西部略低，大致呈斜坡状。穴壁较直，墓口距地表0.65～0.75米，墓底距地表0.85～1、墓深0.2～0.25米，墓口长16.7、宽2.5米，墓底长16.5、宽2.3米。墓内无任何葬具，填土为夹杂大小不等石块的灰黄色亚黏土。墓内人骨和随葬品除部分被H158～H160破坏外，基本保持完好（图3-3-256；图版四〇，1）。

99TWM21为多人丛葬墓，除部分葬式不明外，多为仰身屈肢葬。墓内共埋葬35具人骨，从

① 按照已经发表的材料，图中所示方向并不是102度，这两个方向与总平面图中墓葬方向也不一致。按照总平面图所汇，应与M20方向大致相同，为12度。

北向南，依次编号为99TWM21-01～35，以下简称为99TWM21-01～35。下面依次进行介绍。

99TWM21-01头向西。性别不详，年龄在35岁左右，仰身屈肢。左小臂屈于右侧，右臂顺身体伸直，下肢双腿相交，左腿压在右腿之上，膝部屈于右侧。臂部附近随葬骨凿1件（图版四〇，2）。

99TWM21-02头向西。性别不详，30岁左右。仰身屈肢。双手交于腹部，双腿相交，右腿压在左腿之上，膝部屈向左侧。腰部附近随葬陶纺轮、陶罐、猪下颌骨各1件（图版四〇，2）。

99TWM21-03头向南。性别不详，16个月左右。仰身屈肢。双手交于腹部，双腿屈向左侧。头部葬有石刀1件，脚下随葬陶罐、杯各1件（图版四一，1）。

99TWM21-04头向西。性别不详，4岁左右。仰身屈肢。上肢被H158破坏，双腿屈向右侧。股骨附近见陶纺轮2件，脚下随葬陶罐2件（图版四一，2）。

99TWM21-05头向西。成年男性，年龄不详。仰身屈肢。头部遭H158破坏，左小臂微向右屈，右小臂屈于左侧，双腿相交，右腿压在左腿之上，膝部屈向左侧。腰部随葬骨镞1组（36件）和石斧、石刀、骨匕、石镞各1件，脚下随葬陶罐1件。

99TWM21-06头向西。性别不详，8～10岁。葬式不详。上肢被H158破坏。腰部随葬骨匕1件、镞2组（30件）和石刀1件、镞1组（2件），骨匕、骨镞、石镞集中堆放在一处，清理时发现周围有黑灰色炭化痕迹，推测应为皮革或木质箭囊残迹；脚下随葬陶罐、壶各1件（图版四〇，3）。

99TWM21-07头向北。性别不详，1岁左右。葬式不详。头部随葬石镞4件和斧、刀各1件，胸部随葬牙刀1件、石镞2件和骨镞1组（13件），身体左侧有陶罐1件，脚下随葬陶罐2件（图版四二，1）。

99TWM21-08头向西。性别、年龄不详。葬式不详。上肢被H158破坏。腿部随葬陶纺轮1件，脚下随葬双孔石刀1件和陶罐2件。

99TWM21-09头向西。成年，性别不详。葬式不详。上肢被H158破坏。腰部随葬石镞2组（14件）和骨镞1组（14件），脚下随葬石镞1组（10件）（图版四三，1）。

99TWM21-10头向西。成年，性别不详。仰身屈肢。上肢被H158破坏，下肢双腿相交，膝部屈向右侧。腿部随葬石刀1件，脚下随葬陶纺轮2件、罐1件（图版四二，2）。

99TWM21-11头向南。性别不详，16个月左右。葬式不详。脚下随葬陶壶1件。

99TWM21-12头向东。性别不详，50～60岁。仰身屈肢。双腿相交，膝部屈向左侧。腹部随葬石刀1件，股骨附近随葬骨镞、石镞各1组（10件）和骨锥、陶壶各1件（图版四三，2）。

99TWM21-13头向东。幼儿，年龄、性别不详。仰身屈肢。头部随葬陶罐、壶各1件，腿部随葬陶钵、罐、纺轮各1件。

99TWM21-14头向东。幼儿，女性，年龄不详。葬式不详。头部随葬陶壶、罐、纺轮和双孔石刀各1件（图版四三，3）。

99TWM21-15头向东。性别不详，1岁右。葬式不详。腰部随葬陶纺轮1件。

99TWM21-16头向北。幼儿，年龄、性别不详。葬式不详。头部随葬陶罐1件，脚下随葬陶罐、网坠各1件（图版四三，4）。

99TWM21-17头向东。成年男性，35～40岁。仰身屈肢。左臂顺身体伸直，右臂屈向左侧，双腿相交，右腿压在左腿之上，膝部屈向左侧，脚部被H159破坏。头部随葬石刀1件，臂部随葬骨凿、锥各1件，股骨附近随葬骨镞1组（50件）。骨镞集中成束堆放在一起，锋部向下，保存基本完好，有明显的木质箭身插人痕迹（图版四四，1）。

99TWM21-18头向东。成年男性，25～30岁。仰身屈肢。双手交手腹部，下肢被H159破坏。肩部附近随葬石刀1件，股骨附近随葬骨镞1组（20件）（图版四四，1）。

99TWM21-19肢骨东向，头骨移位，与肢骨脱离。成年女性，25～30岁。仰身屈肢。上肢右臂顺身体伸直，左臂屈于下腹部，下肢被H159破坏。头部随葬青铜环和玉环各1件；胸前随葬绿松石管1组（4件）、玉管1组（2件）、玛瑙管1件、白石管1组（4件），间距2～3厘米不等，散落于胸前；肩部附近随葬牙刀和石刀各1件；臂部附近随葬陶纺轮1件；双手腕部饰以河蚌磨制的圆形钻孔蚌片组成的1组串饰，手部附近有鸡胫骨（图版四四，2）。

99TWM21-20肢骨东向，头部移位至下肢左侧。成年女性，25～30岁。仰身屈肢。双手交于下腹部，双腿相交，膝部屈向左侧，双脚被H159破坏。胸前随葬绿松石饰1件，肩部两侧随葬牙饰2件，左右小臂各戴1组13节以蚌壳磨制的白色臂环，双手腕部各饰1组以圆形钻孔蚌片串成的饰物，左手附近葬有青铜环1组（3件）、陶纺轮2件，右手附近有石锛1件（图版四四，2）。

99TWM21-21头向东。1岁左右，性别、葬式不详。头部葬以牙饰、蚌饰和板状石斧各1件；胸部随葬绿松石饰1件、白石珠1组（8件），腹部随葬石刀1件，白石环分两片散落在腕部附近，应是腕部饰物；股骨附近随葬陶纺轮1件；脚下随葬陶壶、罐、钵各1件（图版四五，1）。

99TWM21-22头向西。10岁左右，性别不详。仰身屈肢。双手交于腹部，双腿屈于右侧。颈部见条形青铜坠饰1件；肘部附近随葬白石玦1件；右腿外侧随葬钻孔小型海蚶壳1组（11件）和白石珠1组（8件），当为死者的腕饰；膝部随葬1件陶纺轮；脚下随葬陶壶、罐各1件（图版四五，1）。

99TWM21-23头向东。性别不详，2岁左右。仰身屈肢。双手交叉于腹部，双腿屈于右侧。头部随葬双孔石刀1件、石镞1组（3件）、板状石斧1件及野猪牙饰1件，胸部随葬骨锥1件、石镞1组（2件）、骨镞1组（18件），脚下随葬石刀和陶壶、罐、钵各1件。

99TWM21-24头向北。性别不详，1岁左右。葬式不详。头部随葬牙饰、白石环及陶纺轮各1件，脚下葬陶壶1件（图版四七，1）。

99TWM21-25头向东。小于6个月，性别不详。屈肢，双手交于腹部。脚下随葬石斧和陶钵各1件。

99TWM21-26头向东。性别不详，5岁左右。仰身屈肢。双手交于腹部，双腿屈向右侧。脚下随葬陶钵1件和壶、罐各2件及狗头1个（图版四五，2）。

99TWM21-27头向不清。性别、年龄不详。葬式不详。随葬陶壶、罐、纺轮和石刀、骨锥各1件（图版四六，1）。

99TWM21-28肢骨东向，头部残缺。性别不详，40岁左右。侧身屈肢。右臂顺身体伸直，左臂屈向右侧，脊椎侧移位明显，双腿相并，膝部屈向右侧，呈锐角。肩部附近随葬牙饰1件，腰部随葬石镞1组（6件）、骨镞1组（25件），脚下随葬石镞1组（25件）、斧1件、砺石2件和陶罐、骨凿各1件（图版四七，2）。

99TWM21-29肢骨东向，头向南，似为移位所致。成年男性。葬式不详。随葬石斧、网坠各1件及1组（6件）蚌饰。

99TWM21-30头向不清。40岁左右，性别不详。屈肢葬。上肢为H160破坏，双腿相交，右腿压在左腿之上，膝部屈向左侧。股骨附近葬有石刀1件、骨锥1件、石镞1组（3件），脚下随葬陶异形器、壶和石饼1件（图版四七，3）。

99TWM21-31头向不清。成年，年龄、性别不详。屈肢葬。上肢被H160破坏，双腿相叠，膝部屈向右侧。股骨附近随葬石网坠、陶纺轮各1件，脚下随葬陶壶、罐各1件和骨镞1组（2件）、锥1件，陶罐内放置陶纺轮1件。

99TWM21-32肢骨东向。成年，性别、年龄不详。屈肢葬。上肢被H160破坏，双腿相交，右腿压在左腿之上，膝部屈向左侧。脚下随葬陶纺轮1件、罐2件和骨镞1件（图版四七，4）。

99TWM21-33头向南。性别不详，6岁左右。葬式不详。头部右侧随葬石刀1件，脚下随葬陶罐、壶各1件。

99TWM21-34头向南。性别不详，9～12岁。葬式不详。头部随葬陶纺轮、石刀、牙饰、陶异形器各1件和蚌片饰1组（13件）。

99TWM21-35头向东。性别不详，40岁左右。仰身屈肢。双腿相交，右腿压在左腿之上，膝部屈向右侧。脚下随葬陶罐2件、石刀1件、石镞1组（2件）、骨镞1组（3件）及骨锥1件（图版四六，2）。

根据99TWM21号墓所葬人骨的颅骨的观察与测量结果，除1具年龄特征不详的外，墓中的34具人骨大致可划分为三个年代组：7岁以下14人，8～10岁3人，25～60岁17人。总体来看，成人所占比例最大，8～10岁数量最少，婴幼儿的数量则与成人大体相仿（14：17）。这种现象一方面反映出婴幼儿死亡率较高的事实；同时，婴幼儿与成人在葬式与随葬品方面的相近，也说明二者在丧葬习俗上具有趋同性。这是99TWM21号墓在葬俗方面的一个重要特点。

14具葬式不详的人骨多系未成年个体，成人则在葬式、葬俗上表现出高度的一致性。除1例侧身屈肢外，余皆为仰身屈肢一次葬。双手交于腹部，双腿相交，膝部屈向一侧的埋葬方式构成了99TWM21号墓丧葬习俗的鲜明特色。以头向而论，从现存情况看，头向东者19人（未见头骨以肢体方向论），头向西者9人，头向南者4人，头向北者3人。进一步分析不难发现，头向北、南的个体皆为婴幼儿，成人只见东、西向两类，且分布有相对明显的界限。西向者大多见于北部，南部多为东向。在同一座墓葬中葬式与随葬器物大致类同却存有两种截然相反的埋葬方式，是99TWM21号墓的一个显著特征。尽管不乏与成人葬式、葬俗相类的婴幼儿，但头向与埋葬位置的区别也客观地反映出婴幼儿在丧葬习俗上与成人的某些差异。

从随葬器物的类别来看，99TWM21号墓中6具性别特征明确的男女个体不尽相同。男性多随葬石镞、骨镞、骨匕等狩猎工具，女性则常见陶纺轮、网坠和石刀等器物。就不同个体随葬器物而言，随葬陶器有罐、壶、钵与罐、壶等组合形式。此外，还有两点值得注意，一是婴幼儿随葬器物的种类与数量较多；二是处于墓葬中部的99TWM21-19、99TWM21-20两位女性，不仅随葬器物的数量较多，其种类与质料的级别亦明显高于其他个体，且基本不见生产工具和生活用具，反映出二者生前应具有较特殊的地位。

随葬器物

随葬器物共计183件（组）。种类有陶器、石器、骨器、青铜器、蚌器等（表3-3-1）。

表3-3-1　99TWM21墓葬登记表

序号	性别	年龄	葬式	随葬品	备注
99TWM21-01	不详	35岁左右	仰身屈肢	骨凿1	
99TWM21-02	不详	30岁左右	仰身屈肢	陶纺轮1、罐1，猪下颌骨1	
99TWM21-03	不详	16个月左右	仰身屈肢	陶壶1、杯1，石刀1	
99TWM21-04	不详	4岁左右	仰身屈肢	陶纺轮2、罐2	
99TWM21-05	男	成年	仰身屈肢	陶罐1，石斧1、刀1、镞1，骨匕1、镞36	上肢残损
99TWM21-06	不详	8～10岁	不详	陶罐1，壶1，石刀1、镞2，骨匕1、镞30	人骨保存情况较差
99TWM21-07	不详	1岁左右	不详	陶罐3，石斧1、刀1、镞6，骨镞13，牙刀1	人骨保存情况较差
99TWM21-08	不详	成年	不详	陶罐2、纺轮1，石刀1	人骨保存情况较差
99TWM21-09	不详	成年	不详	石镞24，骨镞14	上肢残损
99TWM21-10	不详	成年	仰身屈肢	陶罐1、纺轮2，石刀1	
99TWM21-11	不详	16个月左右	不详	陶壶1	人骨保存情况较差
99TWM21-12	男	50～60岁	仰身屈肢	陶壶1，石镞10、刀1，骨镞10、锥1	
99TWM21-13	不详	幼儿	仰身屈肢	陶罐2、壶1、钵1、纺轮1	
99TWM21-14	不详	幼儿	不详	陶罐1、壶1、纺轮1，石刀1	人骨保存情况较差
99TWM21-15	不详	1岁左右	不详	陶纺轮1	人骨保存情况较差
99TWM21-16	不详	幼儿	不详	陶罐2、网坠1	人骨保存情况较差
99TWM21-17	男	35～40岁	仰身屈肢	石刀1，骨凿1、锥1、镞50	
99TWM21-18	男	25～30岁	仰身屈肢	石刀1，骨镞20	头骨移位
99TWM21-19	女	25～30岁	仰身屈肢	陶纺轮1，青铜环1，石刀1、白石管4、绿松石管4、玉环1、玉管2、玛瑙管1，牙刀1、蚌饰1	头骨移位
99TWM21-20	女	25～30岁	仰身屈肢	陶纺轮2，青铜环3，石锛1、绿松石饰1，牙饰2、蚌环26、蚌饰2	下肢残损
99TWM21-21	不详	1岁左右	不详	陶罐1、壶1、钵1、纺轮1，石刀1、斧1、白石珠8、绿松石饰1，牙饰1、蚌饰1	人骨保存情况较差
99TWM21-22	不详	10岁左右	仰身屈肢	陶壶1、罐1、纺轮1，青铜坠饰1，白石玦1、白石珠8，海蛆壳11	
99TWM21-23	不详	2岁左右	仰身屈肢	陶壶1、罐1、钵1，石刀2、镞5、斧1，骨锥1、镞18，牙饰1	
99TWM21-24	不详	1岁左右	不详	陶壶1、纺轮1，白石环1，牙饰1	人骨保存情况较差
99TWM21-25	不详	小于6个月	屈肢	陶钵1，石斧1	
99TWM21-26	不详	5岁左右	仰身屈肢	陶壶2、罐2、钵1，狗头1	
99TWM21-27	不详	不详	不详	陶壶1、罐1、纺轮1，石刀1，骨锥1	人骨保存状况较差
99TWM21-28	不详	40岁左右	侧身屈肢	陶罐1，石镞31、斧1、砺石2，骨镞25、凿1，牙饰1	
99TWM21-29	男	成年	不详	石斧1、网坠1，蚌饰6	人骨保存情况较差
99TWM21-30	不详	40岁左右	屈肢	陶壶1、异形器1，石刀1、镞3、饼1，骨锥1	上肢残损
99TWM21-31	不详	成年	屈肢	陶罐1、壶1、纺轮2，石网坠1，骨镞2、锥1	上肢残损
99TWM21-32	不详	成年	屈肢	陶罐2、纺轮1，骨镞1	上肢残损
99TWM21-33	不详	6岁左右	不详	陶罐1、壶1，石刀1	人骨保存情况较差
99TWM21-34	不详	9～12岁	不详	陶异形器1、纺轮1，石刀1，牙饰1，蚌饰13	人骨保存情况较差
99TWM21-35	不详	40岁左右	仰身屈肢	陶罐2、壶1，石刀1、镞2，骨镞3、锥1	

陶器　74件。以夹云母陶为主，少量夹砂陶、夹蚌陶及泥质陶。陶色以褐色为主，器表颜色多不纯正，有黄褐、红褐、灰褐、黑灰陶四种。器物均手制，部分经慢轮加工，形体多不规范。以素面为主，也有少量的凸弦纹。器耳发达，有竖桥状耳、錾耳、盲耳、乳丁耳及多种组合形式。器类有罐、壶、钵、碗、纺轮、网坠、异形器。

罐　29件。其中99TWM21-10∶4、99TWM21-26∶4、99TWM21-28∶8、99TWM21-31∶4、99TWM21-32∶2、99TWM21-33∶2由于破碎严重，无法复原。可复原的23件根据器耳的不同，可分为竖耳罐、多耳罐、四錾耳罐、双錾耳罐、无耳罐几类。

竖耳罐　4件。腹部饰竖桥耳。耳上部多饰对称錾耳或乳丁耳。侈口，圆鼓腹，体型较矮胖。99TWM21-05∶5，夹云母黄褐陶。重唇，圆鼓腹，台足。桥状耳上有两组对称錾耳。口径10.8、底径5.2、高13厘米（图3-3-257，4；图版四八，1）。99TWM21-16∶1，夹细砂夹云母灰褐陶。口沿下饰一周凸弦纹，形成重唇口，平底微内凹。腹部桥耳上饰两个乳丁耳（图3-3-257，1）。99TWM21-16∶2，夹云母褐陶。重唇，圆鼓腹，假圈足。唇上附对称錾耳，腹部桥状耳上有两个錾耳。口径9.5、底径5、高11.6厘米（图3-3-257，2）。99TWM21-32∶2，夹细砂夹云母黄褐陶，局部发黑。侈口，口沿下饰一周凸弦纹，形成重唇口。鼓腹，台足微外撇。腹最大径处饰两竖桥耳，桥耳上部饰两个竖向乳丁耳。口径11、底径4.4、高13厘米（图3-3-257，3）。

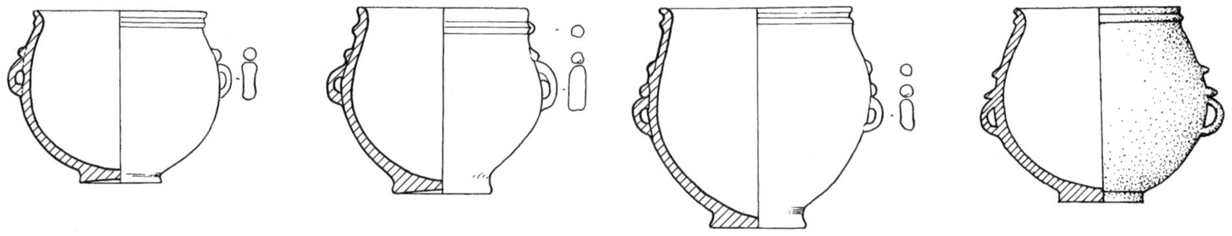

图3-3-257　99TWM21出土陶竖耳罐

1. 99TWM21-16∶1　2. 99TWM21-16∶2　3. 99TWM21-32∶2　4. 99TWM21-05∶5

多耳罐　3件。此种罐口沿部饰四个小錾耳或口沿部贴塑一圈凸棱，器身两侧各饰两组乳丁耳或盲耳。99TWM21-13∶3，夹云母灰褐陶。方唇，唇下饰一周弦纹，口沿下有五个补孔，腹部附对称盲耳和乳丁耳各两个。口径10、底径5、高11.6厘米（图3-3-258，2；图版四八，3）。99TWM21-21∶7，侈口，尖唇，溜肩，弧腹较长，最大径位于腹中部偏下，假圈足。口沿下有四个对称小錾耳，腹部有两组对称乳丁耳。 口径9.5、底径4.4、高15厘米（图3-3-258，1；图版四八，2）。99TWM21-27∶2，夹云母灰褐陶。近直口，方唇，腹微鼓，台足。口沿下有四个对称的小錾耳，腹部附对称盲耳和乳丁耳各两个。口径9、底径5、高11厘米（图3-3-258，3）。

四錾耳罐　7件。口沿部饰四个对称的錾耳。99TWM21-07∶8，夹云母红陶。口微敛，方唇，深腹，台足。口径9.2、底径4.4、高10.6厘米（图3-3-259，5）。99TWM21-13∶2，夹云母黄褐陶。方唇，鼓腹，台足。口径8.4、底径5、高11厘米（图3-3-259，3）。99TWM21-

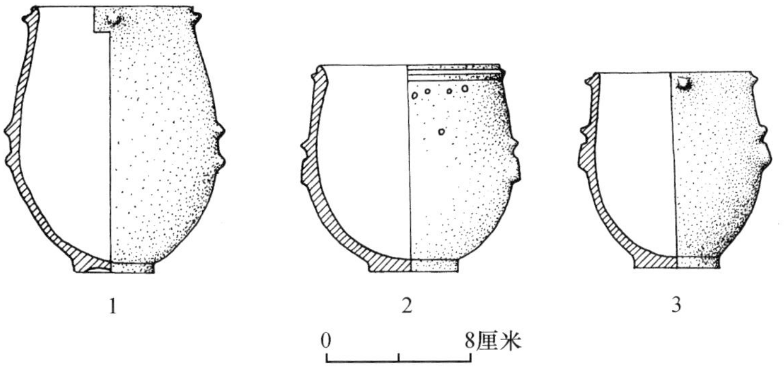

图3-3-258 99TWM21出土陶多耳罐
1. 99TWM21-21：7 2. 99TWM21-13：3 3. 99TWM21-27：2

22：7，夹云母黄褐陶。直口，方唇，台足。口径10、底径4.5、高11厘米（图3-3-259，6）。99TWM21-23：9，夹云母灰褐陶。敛口，方唇，腹微鼓，台足。口径9、底径4.8、高11.6厘米（图3-3-259，7）。99TWM21-32：3，夹砂黑褐陶。圆唇，鼓腹，台足。口径11.4、底径4.8、高14厘米（图3-3-259，1；图版四八，4）。99TWM21-35：1，夹云母灰褐陶。尖唇，垂腹，台足。口径10.2、底径5.2、高11.4厘米（图3-3-259，2）。99TWM21-35：2，夹云母黄褐陶。方唇，垂腹，台足。口径10、底径5.2、高11厘米（图3-3-259，4）。

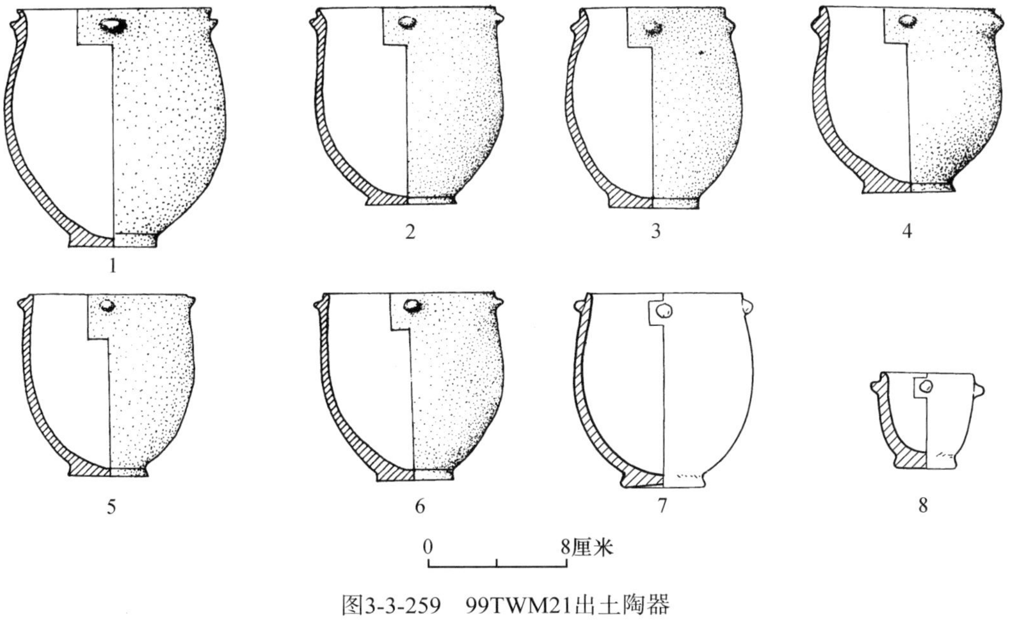

图3-3-259 99TWM21出土陶器
1～7. 四鋬耳罐（99TWM21-32：3、99TWM21-35：1、99TWM21-13：2、99TWM21-35：2、99TWM21-07：8、99TWM21-22：7、99TWM21-23：9） 8. 杯（99TWM21-03：3）

双鋬耳罐 5件。口沿或腹部饰对称鋬耳。99TWM21-02：2，夹云母黄褐陶。方唇，侈口，圆鼓腹，台足。口沿下饰对称鋬耳。口径10、底径6、高11.6厘米（图3-3-260，4）。99TWM21-04：3，夹云母黄褐陶。方唇，敞口，斜腹，台足。口沿下附两对称鋬耳。口径8、底径4.4、高8厘米（图3-3-260，5；图版四二，2）。99TWM21-08：3，夹云母红褐陶。方唇，敛口，弧腹，台足。口径8.5、底径5、高8.6厘米（图3-3-260，1）。99TWM21-08：4，夹云母灰褐陶。尖唇，侈口，圆鼓腹，台足。口沿下饰一周凸弦纹，口部附对称小錾耳（图3-3-260，3）。99TWM21-14：2，夹云母黄褐陶，器表颜色不匀。方唇，敛口，弧腹，台足。口径8、底径5、高10厘米（图3-3-260，2）。

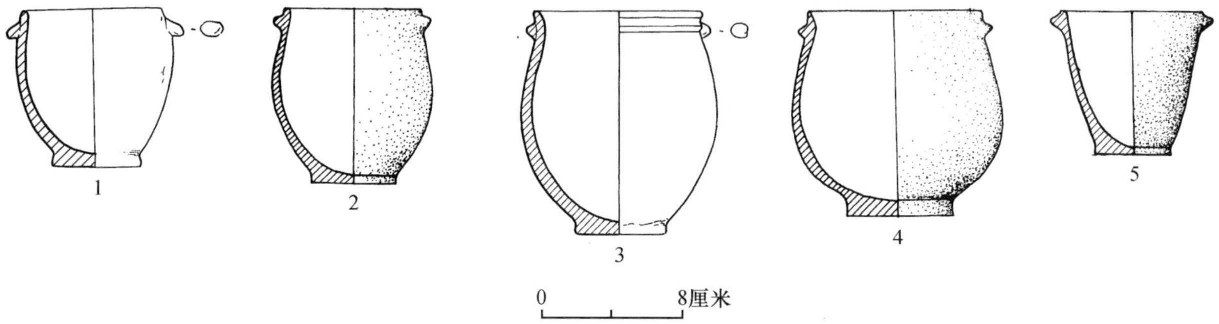

图3-3-260　99TWM21出土陶双錾耳罐

1. 99TWM21-08：3　2. 99TWM21-14：2　3. 99TWM21-08：4　4. 99TWM21-02：2　5. 99TWM21-04：3

无耳罐　4件。此型罐口沿及腹部无器耳。侈口，口沿下多饰凸弦纹，个别器物口沿部有对称的小凸起。99TWM21-04：4，夹云母灰褐陶。尖唇，台足。口沿下饰一周凸弦纹。口径10、底径5、高12厘米（图 3-3-261，3）。99TWM21-06：4，夹砂灰褐陶。圆唇，平底。口径9.5、底径5、高13厘米（图3-3-261，1；图版四八，5）。99TWM21-07：7，夹云母灰褐陶。尖唇，口沿下饰一周凸弦纹，近直腹，器形瘦长，台足。口径9、底径5、高12.4厘米（图 3-3-261，4；图版四八，7）。99TWM21-26：2，夹细砂夹云母红褐陶，局部发黑。尖唇，鼓腹，平底。口沿下饰一周凸弦纹，形成重唇口。口径10.4、底径5.4、高12.6厘米（图 3-3-261，2；图版四八，6）。

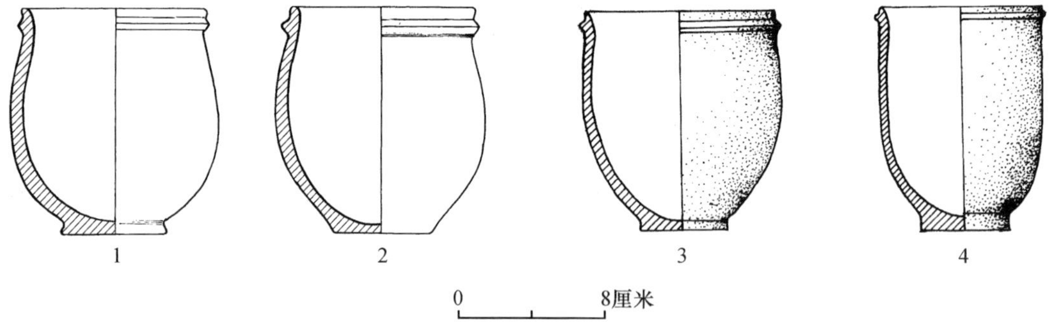

图3-3-261　99TWM21出土陶无耳罐

1. 99TWM21-06：4　2. 99TWM21-26：2　3. 99TWM21-04：4　4. 99TWM21-07：7

杯　1件。99TWM21-03：3，夹细砂夹云母黄陶。敛口，弧腹，台足。口沿部饰四个对称錾耳。口径5.5、底径3.6、高5.5厘米（图3-3-259，8）。

壶　16件。99TWM21-13：4，破碎严重，已经无法复原。器形完整的15件均为竖桥耳壶。根据口部形态的不同，可以分为敞口壶、侈口壶和直口壶三种。

敞口壶　9件。99TWM21-03：2，夹云母红陶。方唇，圆鼓腹，平底。腹部附对称竖桥耳和乳丁耳。口径10、底径6、高16厘米（图3-3-262，3；图版四九，3）。99TWM21-11：1，夹云母夹细砂黄褐陶，局部有烟熏痕迹。圆唇，长束颈，鼓腹，台足。腹部饰对称竖桥耳和乳丁耳。口径9.2、底径5.2、高16.4厘米（图3-3-262，9；图版四九，2）。99TWM21-14：1，夹云母红陶。尖唇，短颈，圆鼓腹，台足。腹部饰对称竖桥耳和乳丁耳。口径8.5、底径5.4、高16厘米（图3-3-262，7）。99TWM21-21：8，夹云母红褐陶。圆唇，直颈，圆鼓腹，矮圈足。腹部饰对称盲耳和乳丁耳。口径9、底径5、高17.4厘米（图3-3-262，4）。99TWM21-22：6，夹云母红褐陶。器表磨光。方唇，圆鼓腹，台足。颈下饰一周凸弦纹，腹部饰对称竖桥耳和乳丁耳。口径8.6、底径5.2、高17厘米（图3-3-262，6；图版四八，8）。99TWM21-24：4，夹云母红褐陶。器形较大。尖唇，短颈，圆鼓腹，台足。颈肩饰一周凸弦纹，腹部附对称竖桥耳和乳丁耳。口径10、底径5、高24厘米（图3-3-262，1）。99TWM21-26：1，夹云母红褐陶。方唇，圆鼓腹，台足。颈下饰一周凸弦纹，腹部饰对称

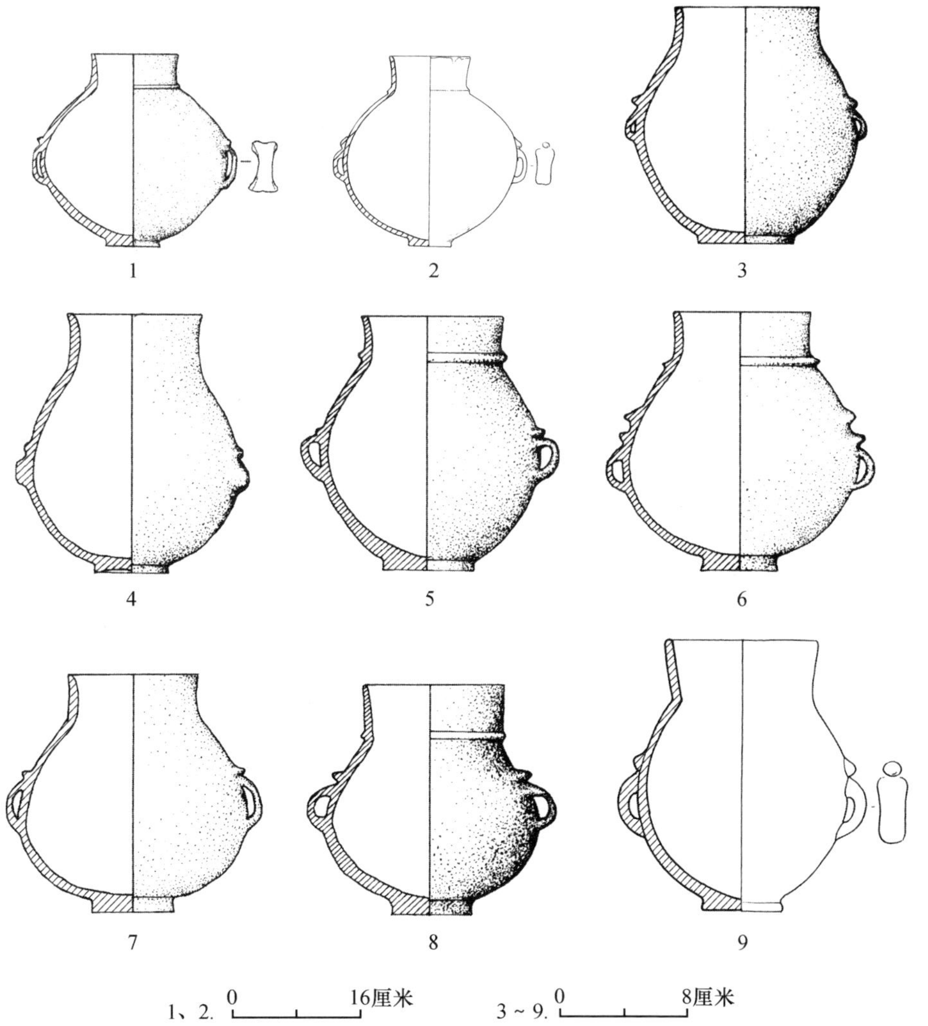

图3-3-262　99TWM21出土陶敞口壶

1. 99TWM21-24：4　2. 99TWM21-35：7　3. 99TWM21-03：2　4. 99TWM21-21：8　5. 99TWM21-26：1
6. 99TWM21-22：6　7. 99TWM21-14：1　8. 99TWM21-33：3　9. 99TWM21-11：1

竖桥耳和乳丁耳。口径8.6、底径5、高17厘米（图3-3-262，5）。99TWM21-33：3，泥质灰陶。方唇，圆鼓腹，台足。颈下饰一周凸弦纹，腹部附对称竖桥耳和乳丁耳。口径9.2、底径4.8、高15.4厘米（图3-3-262，8）。99TWM21-35：7，泥质黄褐陶，局部发黑。器形较大。敞口，圆鼓腹，小台足。腹中部饰对称竖桥耳和乳丁耳。口径10.2、底径5.4、高24厘米（图3-3-262，2；图版四九，1）。

侈口壶　2件。99TWM21-26：6，残碎，无法复原。99TWM21-31：5，夹云母黑陶。器表磨光。圆唇，长颈，鼓腹，小台足。腹部附对称竖桥耳。口径11、底径5.6、高20厘米（图3-3-263，1）。

直口壶　4件。99TWM21-06：5，夹云母红陶。方唇，长颈，溜肩，台足。腹部附对称竖桥耳和乳丁耳。口径9.5、底径5、高18.4厘米（图3-3-263，5）。99TWM21-12：5，夹云母灰褐陶。方唇，短颈，小台足微内凹。肩部饰一周凸弦纹，腹部附对称竖桥耳和对称乳丁耳。口径10.8、底径6、高24厘米（图3-3-263，3；图版四九，4）。99TWM21-27：1，夹云母红褐陶，陶质细腻。方唇，长颈，台足。腹部饰对称竖桥耳和乳丁耳。口径10、底径7、高19.8厘米（图3-3-263，2；图版四九，5）。99TWM21-30：5，夹云母灰陶。方唇，长颈，小平底。肩部饰一周凸弦纹，腹部附对称竖桥耳和四个对称乳丁耳。口径10.3、底径5、高25厘米（图3-3-263，4；图版四九，6）。

钵　3件。其中，99TWM21-23：10由于破碎严重，无法复原。99TWM21-25：2，泥质黑褐陶。侈口，尖唇，斜抹口沿，深腹微垂，矮圈足。口径12、圈足径6.8、高11厘米（图3-3-264，1）。99TWM21-26：3，夹云母黄褐陶。椭圆形口，尖唇，鼓腹，假圈足。口径11～14、底径5～

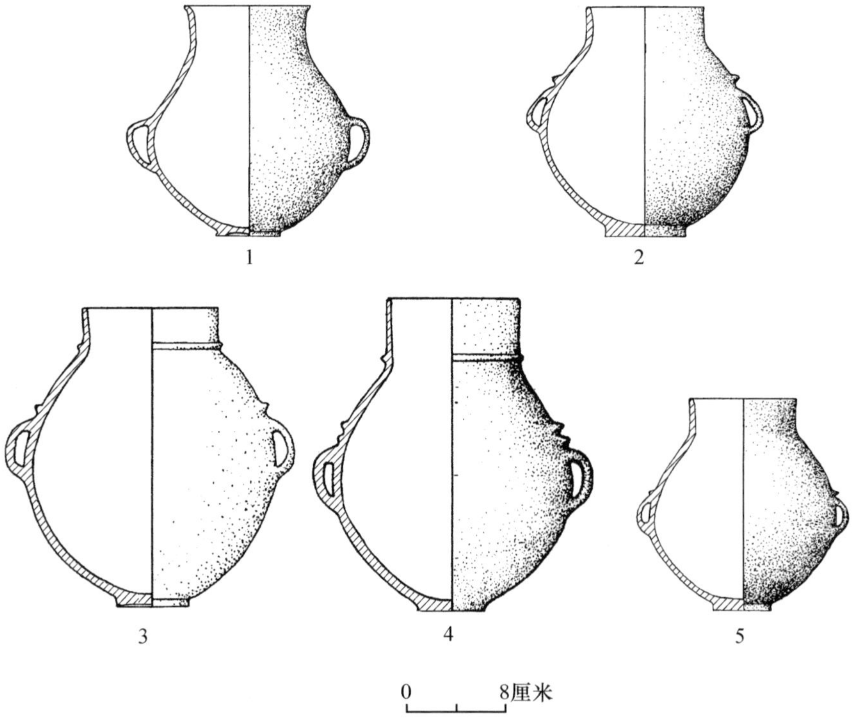

图3-3-263　99TWM21出土陶器

1. 侈口壶（99TWM21-31：5）　2～5. 直口壶（99TWM21-27：1、99TWM21-12：5、99TWM21-30：5、99TWM21-06：5）

7、高11.4厘米（图3-3-264，2；图版四九，7）。

碗　2件。99TWM21-13：1，夹砂黄褐陶。敞口，方唇，斜直腹，台足。口径7、底径7、高9厘米（图3-3-264，3；图版四九，8）。99TWM21-21：9，夹云母红陶。敞口，方唇，斜直腹，矮圈足。口径14、圈足径5、高5.5厘米（图3-3-264，4）。

异形器　2件。99TWM21-34：4，夹蚌红陶。已残。近牛角形，剖面呈圆形。残长9.6厘米（图3-3-264，5）。

Ea型网坠　1件。99TWM21-16：3，夹蚌红褐陶。系用陶片加工而成。平面呈椭圆形，两端打磨成V形缺口（图3-3-264，6；图版五〇，3）。

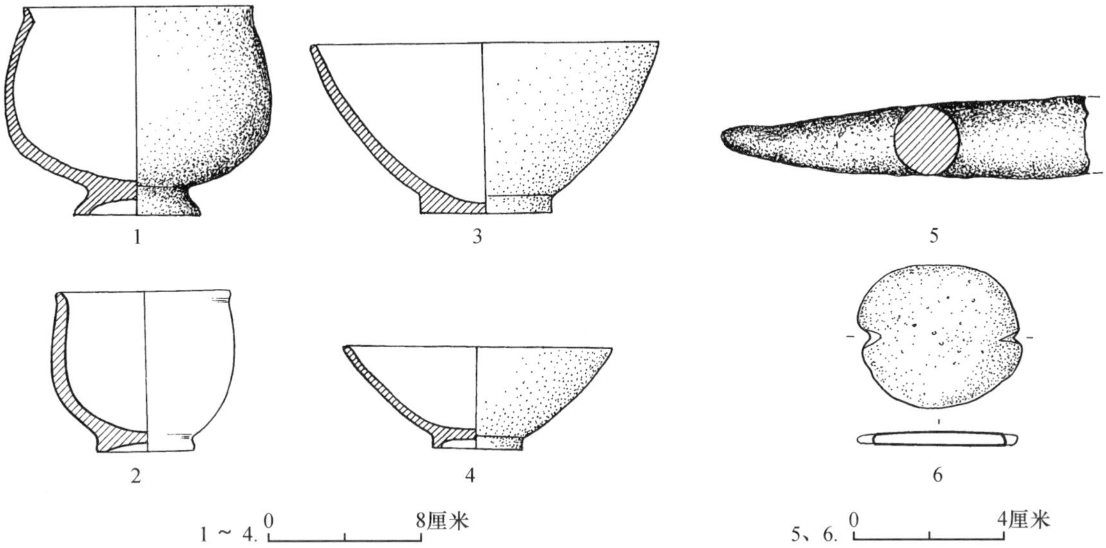

图3-3-264　99TWM21出土陶器

1、2. 钵（99TWM21-25：2、99TWM21-26：3）　3、4. 碗（99TWM21-13：1，99TWM21-21：9）
5. 异形器（99TWM21-34：4）　6. Ea型网坠（99TWM21-16：3）

纺轮　20件。除两件（99TWM21-13：5、99TWM21-20：7）形制不清外，其余根据器形的不同可以分为以下几种形制。

A型　3件。整体呈圆饼形，横剖面呈长方形，中有柱状圆孔。99TWM21-10：1，夹砂黑陶。直径4.6、孔径0.7、厚1.1厘米（图3-3-265，1）。99TWM21-10：2，夹砂黄褐陶。直径4.8、孔径0.72、厚1.2厘米。

B型　7件。整体呈墩台形，横剖面呈梯形，中间有圆孔。99TWM21-08：1，夹蚌夹云母泥质红褐陶。底面直径3.9、孔径0.8、厚3.3厘米（图3-3-265，2；图版五〇，1）。99TWM21-19：10，夹蚌夹云母泥质黄褐陶。底面直径4.7、孔径0.8、厚3.7厘米（图3-3-265，3）。99TWM21-21：6，夹砂黄陶。底面直径4、孔径0.7、厚3.7厘米（图3-3-265，4）。99TWM21-22：5，泥质黄褐陶。折角平直。底面直径4.4、孔径0.5、高3.3厘米（图3-3-265，5；图版五〇，2）。99TWM21-31：3，夹砂红陶。折角圆缓。底面直径5.5、孔径0.7、高3.9厘米（图3-3-265，6）。

E型　8件。整体呈菌盖形、横剖面呈扁状梯形，中间有圆孔。99TWM21-02：1，夹砂夹云母黄褐陶。底面直径4.5、孔径1、厚1.8厘米（图3-3-265，7）。99TWM21-04：1，夹蚌夹云母夹砂黄褐陶。底面直径5、孔径0.5、厚1.3厘米（图3-3-265，9）。99TWM21-20：6，夹蚌夹砂黄褐陶。一端平，平端饰一圈放射短线纹。底面直径5.8、孔径0.7、厚1.1厘米（图3-3-265，10）。99TWM21-24：3，夹蚌夹云母泥质黄褐陶。底面直径5.3、孔径0.6、厚1.3厘米（图3-3-265，11）。99TWM21-27：3，泥质黄褐陶。折角圆缓。底面直径5.5、孔径0.7、厚1.3厘米（图3-3-265，8）。99TWM21-32：1，夹蚌夹云母夹砂红陶。一端平，平面上有四个戳印圆孔，呈十字对称。底面直径5.4、孔径0.7、厚1.5厘米（图3-3-265，12）。

石器

器类有刀、斧、锛、镞、网坠、石饼、绿松石饰、白石珠、环、玦等。

图3-3-265　99TWM21出土陶纺轮

1. A型（99TWM21-10：1）　2～6. B型（99TWM21-08：1、99TWM21-19：10、99TWM21-21：6、99TWM21-22：5、99TWM21-31：3）　7～12. E型（99TWM21-02：1、99TWM21-27：3、99TWM21-04：1、99TWM21-20：6、99TWM21-24：3、99TWM21-32：1）

刀　19件。

Ba型　1件。长方形或呈不规则梯形，刀身较宽。99TWM21-10：3，灰色板岩。呈不规则梯形。直背略残，双面弧刃，器身厚薄不均。长7.4、宽3.1～5.3、厚0.1～0.3厘米（图3-3-266，1；图版五一，1）。

Bb型　11件。长方形或呈不规则梯形，刀身较窄。99TWM21-03：1，青灰色板岩，通体修磨。圆角长方形，弧背，双面直刃，近中部有两对钻圆孔。长15、宽4、厚0.7厘米（图3-3-266，2）。99TWM21-12：3，黄灰色云母片岩。呈不规则梯形。直背略残，双面直刃，刃部有缺口。靠近背部有两对钻圆孔，器身有剥片痕迹。长12.8、宽4、厚0.4厘米（图3-3-266，7；图版五一，3）。99TWM21-14：4，紫色板岩。近圆角梯形。直背，双面弧刃。长15.9、宽4.5、厚0.4厘米（图3-3-266，9）。99TWM21-14：5，紫色板岩。长条形。直背，双面直刃。靠近背部有两对钻圆孔，刃部有缺口。长13.3、宽5～5.2、厚0.7厘米（图3-3-266，4）。99TWM21-17：1，黑灰色板岩。近不规则梯形，右端斜直。一侧有单孔，平背，双面直刃。长8.8、宽2.9、厚0.35厘米（图3-3-266，8）。99TWM21-18：1，深灰色板岩。近圆角梯形。直背，双面弧刃。靠近背部有两对钻圆孔。一端有切割痕，一端略残。长15.2、宽5.2、厚0.5厘米（图3-3-266，3；图版五一，2）。99TWM21-23：1，青灰色板岩。近长方形，一端残。直背，双面直刃。靠近背部有两对钻圆孔。残长11.1、宽3.7、厚0.4厘米（图3-3-266，5；图版五一，4）。99TWM21-23：2，黄褐色页岩。近圆角长方形。直背，双面弧刃。靠近背部有两对钻圆孔，器身遍布剥片痕。残长14.9、宽4.7、厚0.3厘米（图3-3-266，12；图版五一，5）。99TWM21-27：4，灰色板岩。圆角长方形，一端残。弧背，双面直刃，刃部有使用痕迹。残长7.5、宽3.9、厚0.3厘米（图3-3-266，11）。99TWM21-30：1，灰色板岩。近长方形，两端折角平缓，直背，双面弧刃。长14.2、宽3.8、厚0.4厘米（图3-3-266，10）。99TWM21-33：1，灰色板岩。

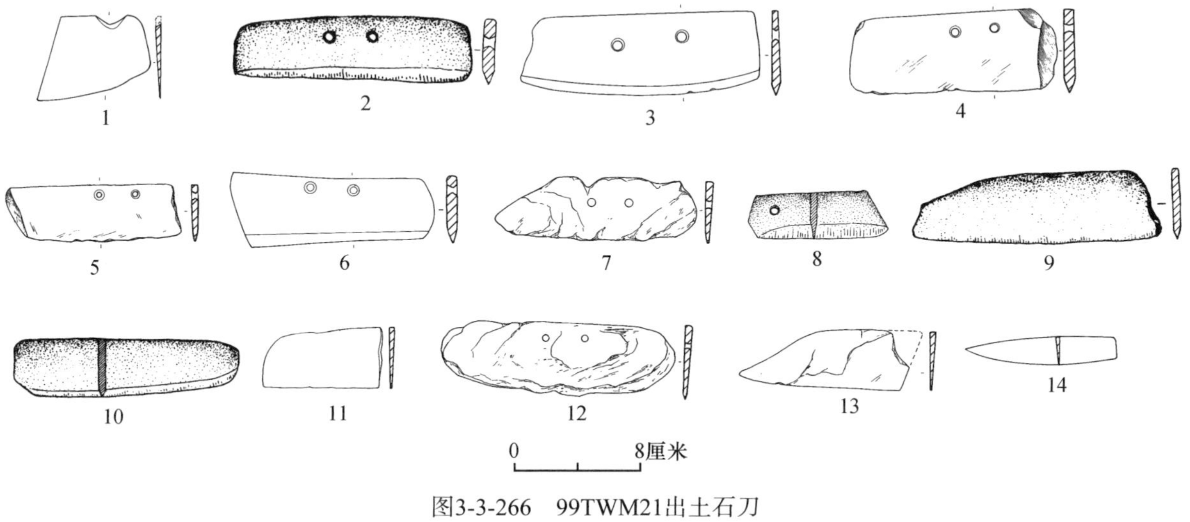

图3-3-266　99TWM21出土石刀

1. Ba型（99TWM21-10：3）　2～12. Bb型（99TWM21-03：1、99TWM21-18：1、99TWM21-14：5、99TWM21-23：1、99TWM21-33：1、99TWM21-12：3、99TWM21-17：1、99TWM21-14：4、99TWM21-30：1、99TWM21-27：4、99TWM21-23：2）　13、14. C型（99TWM21-05：2、99TWM21-21：3）

近圆角长方形，一端残。直背，双面直刃，靠近背部有两个对钻圆孔。残长12.7、宽4～5、厚0.7厘米（图3-3-266，6；图版五一，6）。

C型　7件。平面呈不规则三角形。一端尖锐，一端平直或圆弧。99TWM21-05：2，一端残。直背，双面直刃。残长11.4、宽3.8、厚0.4厘米（图3-3-266，13；图版五一，7）。99TWM21-21：3，一端平直，一端尖锐。弧背，双面弧刃，一侧有凹槽。长9.5、宽1.7、厚0.3厘米（图3-3-266，14；图版五一，8）。

斧　7件。

A型　5件。棒形石斧。器身近柱形，器体较厚。99TWM21-23：5，黄灰色砂岩，通体修磨。弧背，双面弧刃。长10.8、宽4.1、厚2～2.5厘米（图3-3-267，3；图版五二，1）。99TWM21-25：1，灰白色石英砂岩，通体修磨。横剖面呈椭圆形。顶近平，双面弧刃。长11.3、宽4.3、厚3厘米（图3-3-267，1）。99TWM21-29：1，灰白色粉砂岩，通体修磨。横剖面呈长方形。平顶，双面斜刃。长11.3、宽4.5、厚1.5厘米（图3-3-267，2；图版五二，2）。

B型　4件。长方形石斧。平面近长方形，器身扁平，器体较薄。99TWM21-21：10，深灰色板岩，通体打制，刃部修磨，器身遍布石片痕。双面弧刃。长12、宽8、厚1.9厘米（图3-3-267，4；图版五二，3）。99TWM21-28：5，深灰色板岩，通体修磨。双面刃，刃近平。长14、宽2.5、厚2.1厘米（图3-3-267，5；图版五二，4）。

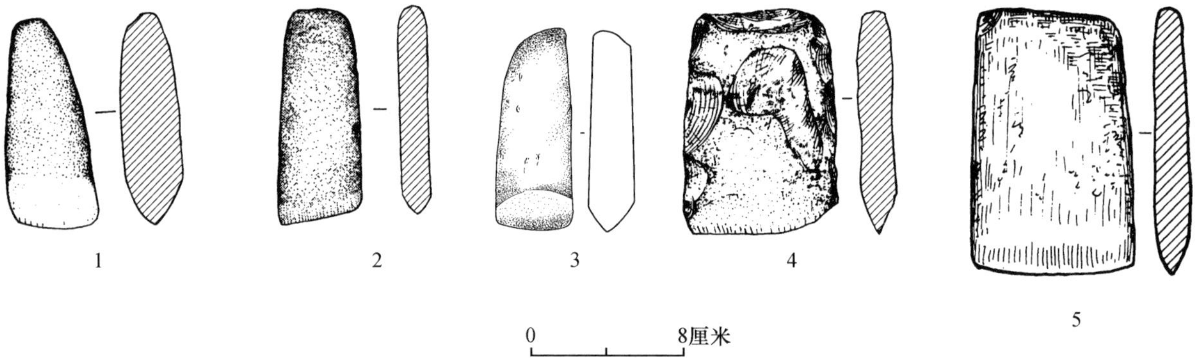

图3-3-267　99TWM21出土石斧

1～3. A型（99TWM21-25：1、99TWM21-29：1、99TWM21-23：5）　4、5. B型（99TWM21-21：10、99TWM21-28：5）

锛　1件。99TWM21-20：11，有层理的粉砂岩，通体修磨。长方形，平顶，偏锋，弧刃。长9.9、宽5.7、厚1.3厘米（图3-3-268，2；图版五二，5）。

石饼　1件。99TWM21-30：6，黄灰色石英砂岩。用河卵石略加修磨而成，整体近圆形。直径11.1、厚2.1厘米（图3-3-268，1；图版五〇，4）。

B型网坠　2件。99TWM21-29：2，用河卵石打制而成。体近椭圆形，横剖面呈扁圆形。长径5.4、短径3.7、厚1厘米（图3-3-268，4；图版五〇，5）。99TWM21-31：1，用河卵石打制而成。体近椭圆形，一端微凹。长径5.6、短径3.7、厚0.7厘米（图3-3-268，5；图版五〇，6）。

镞　18组（84件）。根据器形的差异，可以分为二型。

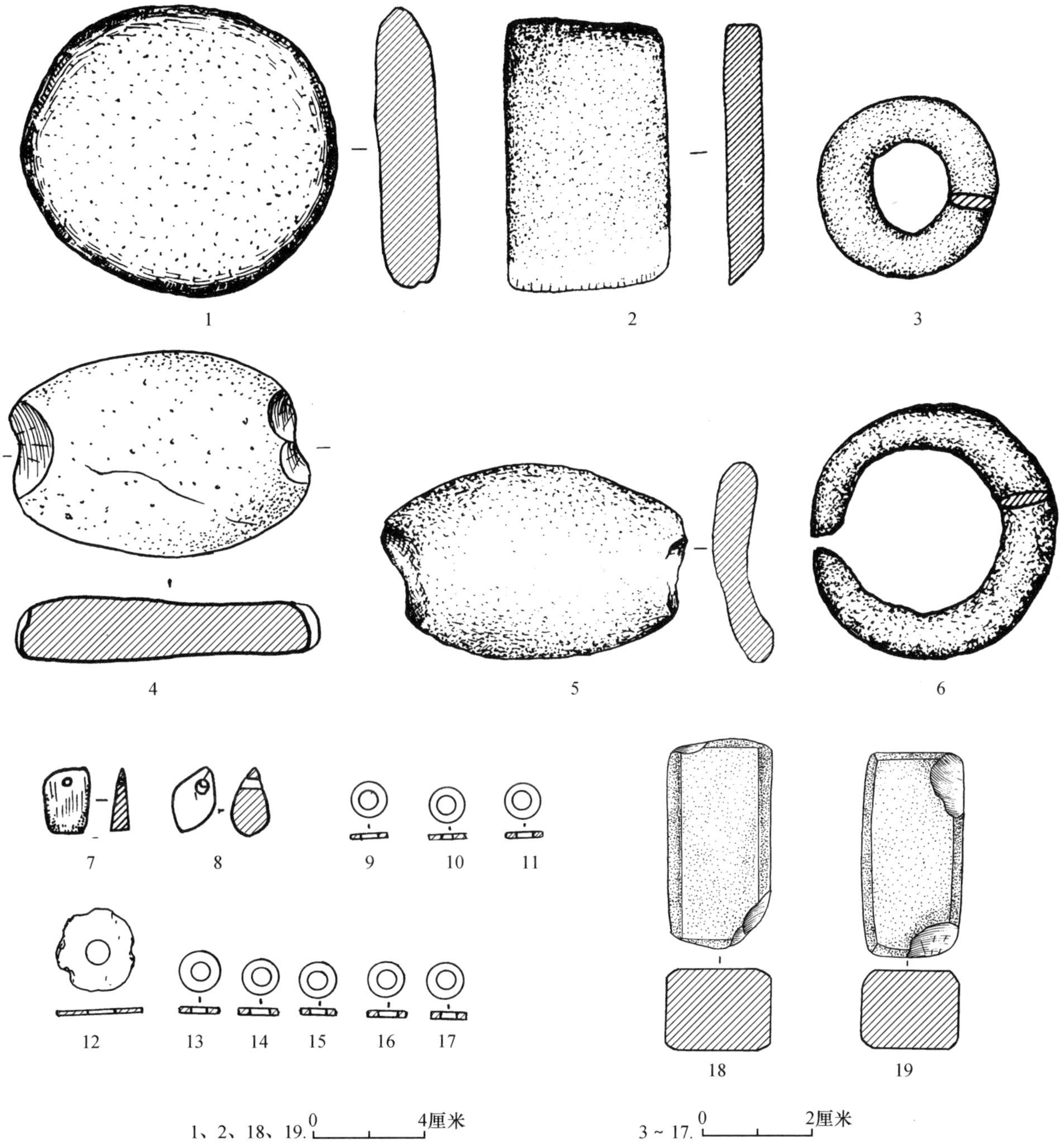

图3-3-268　99TWM21出土石器

1. 石饼（99TWM21-30：6）　2. 锛（99TWM21-20：11）　3. 白石环（99TWM21-24：2）　4、5. B型网坠（99TWM21-29：2、99TWM21-31：1）　6. 白石玦（99TWM21-22：2）　7、8. 绿松石饰（99TWM21-21：4、99TWM21-20：1）　9～17. 白石珠（99TWM21-22：4-1、99TWM21-22：4-2、99TWM21-22：4-3、99TWM21-22：4-4、99TWM21-21：5-1、99TWM21-21：5-2、99TWM21-21：5-3、99TWM21-21：5-4 、99TWM21-21：5-5）　18、19. 砺石（99TWM21-28：6、99TWM21-28：7）

Ad型　7件①。镞身平面呈柳叶形。99TWM21-07：10，青灰色板岩，凹身，凸脊。形体不规整。长5.6、宽1.1、厚0.3厘米（图3-3-269，4）。99TWM21-07：11，青灰色板岩。凹身，凸脊。尖部残。长5.6、宽1.3、厚0.3厘米（图3-3-269，5）。99TWM21-07：12，青灰色板岩。平身，无脊。长5.6、宽1.3、厚0.3厘米（图3-3-269，6）。99TWM21-09：3-2，灰色板岩。平身，无脊。锐锋，薄刃。长6.6、宽1.2、厚0.3厘米（图3-3-269，2）。99TWM21-12：2-3，灰色板岩。尖端薄而峰锐。长6、宽1、厚0.3厘米。99TWM21-23：11-1，青灰色板岩。锋残。形制不规范，器身凹槽偏于一侧。长4.8、宽1.1、厚0.3厘米（图3-3-269，1）。99TWM21-28：2-3，灰色板岩。凹身，凸脊。长6.7、宽1厘米（图3-3-269，3）。

Ae型　6件。镞身平面呈圭形。99TWM21-07：4，青灰色板岩。凹身，凸脊。长5.4、宽11、厚0.3厘米（图3-3-269，7）。99TWM21-07：9，青灰色板岩。凹身，凸脊。长5、宽1.1、厚0.3厘米（图3-3-269，10）。99TWM21-23：3-1，青灰色板岩。平身，无脊。长7.1、宽1.1、厚0.3厘米（图3-3-269，8）。99TWM21-28：2-1，青灰色板岩。平身，无脊。长6.9、宽1.1、

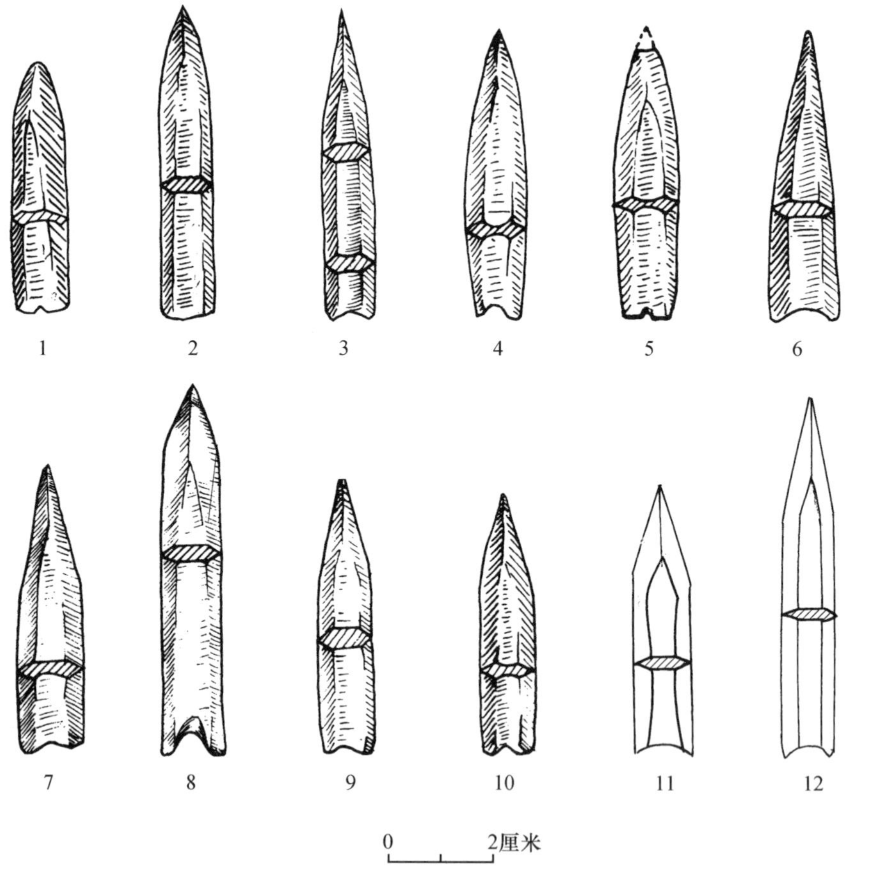

图3-3-269　99TWM21出土石镞

1～6. Ad型（99TWM21-23：11-1、99TWM21-09：3-2、99TWM21-28：2-3、99TWM21-07：10、99TWM21-07：11、99TWM21-07：12）　7～12. Ae型（99TWM21-07：4、99TWM21-23：3-1、99TWM21-28：2-4、99TWM21-07：9、99TWM21-30：3、99TWM21-28：2-1）

① 笔者在整理时，仅见到能明确为M21的13件实物，因此，仅对这13件器物进行了型式划分。

厚0.2厘米（图3-3-269，12）。99TWM21-28：2-4，青灰色板岩。平身，无脊。长5.6、宽1厘米（图3-3-269，9）。99TWM21-30：3，青灰色板岩。平身，无脊。长5.1、宽1.1、厚0.2厘米（图3-3-269，11）。

绿松石饰 2件。99TWM21-20：1，不规则四边形，器物厚薄不均，一端有对钻孔，剖面呈水滴状。长1.2、厚0.6厘米（图3-3-268，8）。99TWM21-21：4，磨制。近长方形，顶部有圆形钻孔。长1.1、宽0.6厘米（图3-3-268，7）。

绿松石管 1组4件（M21-19：4）。①

白石珠 2组（99TWM21-22：4、99TWM21-21：5）。每组8件，共16件。近圆形，扁体。婴幼儿腕部饰品。99TWM21-21：5-1，直径0.7、孔径0.3厘米（图3-3-268，13）。99TWM21-21：5-2，直径0.6、孔径0.3厘米（图3-3-268，14）。99TWM21-21：5-3，直径0.6、孔径0.3厘米（图3-3-268，15）。99TWM21-21：5-4，直径0.6、孔径0.3厘米（图3-3-268，16）。99TWM21-21：5-5，直径0.6、孔径0.3厘米（图3-3-268，17）。99TWM21-22：4-1，直径0.6、孔径0.3厘米（图3-3-268，9）。99TWM21-22：4-2，直径0.6、孔径0.3厘米（图3-3-268，10）。99TWM21-22：4-3，直径0.6、孔径0.3厘米（图3-3-268，11）。99TWM21-22：4-4，直径1.4、孔径0.4厘米（图3-3-268，12）。

白石环② 1件。多见于女性耳部。99TWM21-24：2，磨制。近圆形，器身略厚，两端薄钝。最大径4.3、厚0.2厘米（图3-3-268，3；图版五四，1）。

白石玦 1件。葬于女性耳部，应为耳饰。99TWM21-22：2，近圆形。最大径4.4、厚0.24厘米（图3-3-268，6；图版五四，2）。

砺石 2件。99TWM21-28：6，黄灰色石英砂岩。四棱柱形，一面内凹。长7.6、宽3.8、厚3厘米（图3-3-268，18；图版五二，6）。99TWM21-28：7，黄灰色石英砂岩。四棱柱形，一面内凹，有部分破损。长7.6、宽3.7、厚2.9厘米（图3-3-268，19）。

骨器 25件。

器类有凿、匕、锥、镞等。

凿 3件。由动物肢骨加工而成。99TWM21-01：1，刃端及部分器身经修磨，中有凹形髓槽。长16、宽1.1～2.4厘米（图3-3-270，1；图版五三，1）。99TWM21-28：4，刃端及器身经修磨，中有凹形髓槽。长10.1、宽1.3～2.7、厚0.8厘米（图3-3-270，2；图版五三，2）。

锥 7件。由动物肢骨加工而成。99TWM21-06：6，横剖面呈凹窝形，尖残。残长16、宽1.4、厚0.6厘米（图3-3-270，5）。99TWM21-23：6，横剖面呈凹窝形，尖端锋锐。长10.9、宽1.5、厚0.5厘米（图3-3-270，4；图版五三，3）。99TWM21-31：7，横剖面呈心形，尖残。残长13.1、宽1.5、厚1.2厘米（图3-3-270，6）。99TWM21-35：6，横剖面呈三棱形，尖端锋锐。长20.9、宽1.2厘米（图3-3-270，3；图版五三，4）。

镞 13组（210件）。残损较为严重，多与石镞集中出土。99TWM21-17：3，磨制。横剖面

---

① 发表的图例上有此组器物，统计表中也有，但正文整理过程中未见此组器物（《考古》2003年第8期）。

② 《吉林通化市万发拨子遗址二十一号墓的发掘》（《考古》2003年第8期）一文中写白石环为两组，其实另一组应该是白石珠。

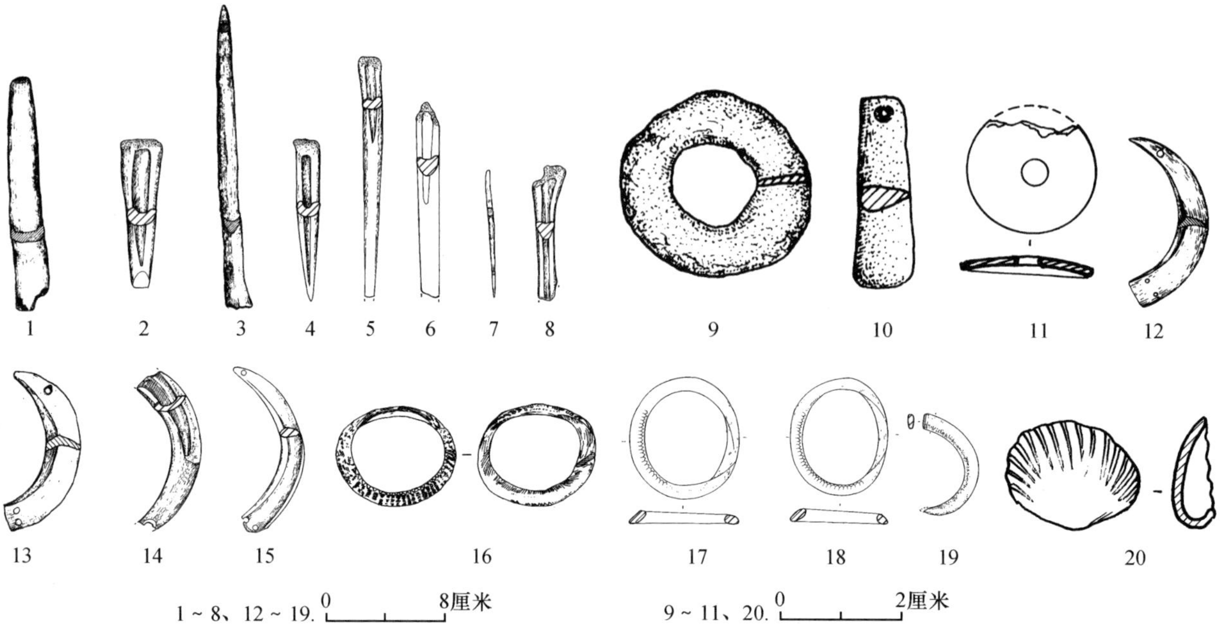

图3-3-270　99TWM21出土器物

1、2. 骨凿（99TWM21-01：1、99TWM21-28：4）　3～6. 骨锥（99TWM21-35：6、99TWM21-23：6、99TWM21-06：6、99TWM21-31：7）　7. 骨镞（99TWM21-17：3）　8. 骨匕（99TWM21-05：3）　9. 青铜环（99TWM21-20：5-1）　10. 青铜坠饰（99TWM21-22：1）　11、19. 蚌饰（99TWM21-19：2、99TWM21-21：2）　12～15. 牙饰（99TWM21-20：2、99TWM21-20：3、99TWM21-23：4、99TWM21-24：1）　16～18. 蚌环（99TWM21-20：8-4、99TWM21-20：8-5、99TWM21-20：8-8）　20. 海蚌壳（99TWM21-22：3-2）

呈五边形、四边形或圆形。后端近平，尖部锋锐。长6～8厘米（图3-3-270，7；图版五三，5）。

匕　2件。99TWM21-05：3，由动物肢骨加工而成，剖面呈心形，尖端残。残长9、宽1.3、厚1.1厘米（图3-3-270，8；图版五三，6）。

青铜器　3件。

环　2组（4件）（图版五四，3）。99TWM21-20：5-1，近圆形，形体较薄。器表布满铜锈。最大径3.1、内径1.3、厚0.3厘米（图3-3-270，9）。

坠饰　1件。99TWM21-22：1，由青铜片切割而成。器体厚薄不匀，剖面呈鸡心状。体呈长方形，上有打磨而成的圆形穿孔。长3.3、宽1、厚0.35厘米（图3-3-270，10；图版五四，4）。

牙器　7件。

牙饰　7件。99TWM21-20：2，野猪牙修磨而成。体近鸟喙状。前端较锋锐，有一钻孔，后端有两圆形钻孔。宽2、厚0.1～0.5厘米（图3-3-270，12；图版五四，6）。99TWM21-20：3，野猪牙修磨而成。体近鸟喙状。前端薄钝，有一钻孔，后端有两圆形穿孔。宽2.5、厚0.21～1厘米（图3-3-270，13）。99TWM21-23：4，野猪牙修磨而成。体近鸟喙状。两端均残，剖面呈凹窝形。宽2.2、厚0.4厘米（图3-3-270，14）。99TWM21-24：1，野猪牙修磨而成。体近鸟喙状。前端较锋锐，有一钻孔，后端有两圆形钻孔。宽1.2～1.7、厚0.6厘米（图3-3-270，15；图版五四，5）。

其他　26件。

蚌环　2组（26件）。出于99TWM21-20女性个体臂部。以形体较大的蚌类修磨而成。大体呈椭圆形（图版五四，8）。99TWM21-20：8-4，最大径8、内径6.4厘米（图3-3-270，16）。99TWM21-20：8-5，最大径8.1、内径6.1厘米（图3-3-270，17）。99TWM21-20：8-8，最大径8、内径6.2厘米（图3-3-270，18）。

蚌饰　23件。采用淡水蚌类加工而成，部分有蚌壳的自然弧度和表皮。99TWM21-19：2，近圆形，略残，中间有圆形钻孔。直径2.1、孔径0.3、厚0.1厘米（图3-3-270，11）。99TWM21-21：2，由蚌壳切割而成。半月形，一端残，剖面呈椭圆形。残长6.8、宽1、厚0.3厘米（图3-3-270，19）。

海蚶壳　1组（11件）。99TWM21-22：3-2，扇形，一端有椭圆形钻孔。长径2.3、短径1.8、厚0.1厘米（图3-3-270，20；图版五四，7）。

7. 99ⅥTWM17

墓葬概况

梯形竖穴土坑墓。位于Ⅵ区T794东南角，开口于第4层下。方向103度。

墓口长139、宽42厘米，距地表深75厘米。墓底长134、宽40厘米，距地表深120厘米。无葬具。

单人葬。仰身直肢葬。头骨和四肢骨保存较好。性别不清。年龄约为6岁。

死者左脚附近随葬陶罐1件。

随葬器物

出土器物1件。

陶器　1件。

横桥双耳罐　1件。99TWM17：1，夹砂黄陶，夹蚌粉。微侈口，圆唇，鼓腹，上腹部贴塑对称横桥耳，贴塑痕迹明显，台足。口径8.9、底径5.2、高9厘米（图3-3-271）。

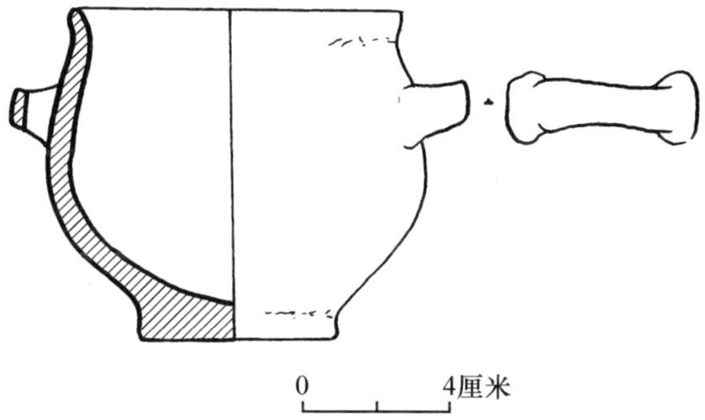

图3-3-271　99TWM17出土陶横桥双耳罐（99TWM17：1）

8. 99ⅥTWM18

墓葬概况

竖穴土坑墓。位于Ⅵ区T786北部偏西，开口于第4层下。方向112度。

墓葬平面近长方形。墓口长190、宽100厘米，距地表深70厘米。墓底长180、宽90厘米，距地表深105厘米。无葬具。

双人合葬。均无头骨。人骨腐朽严重，仅存四肢骨。但依稀可辨认出南侧人骨为侧身屈肢，北侧人骨为仰身屈肢。

南侧人骨左肩附近随葬猪牙饰1件、石镞2件；胸部位置随葬石刀1件、石斧1件；腰部左侧随葬石网坠1件。

北侧人骨大腿右侧随葬石刀1件；小腿处随葬陶双耳罐1件、陶碗1件、石刀1件；脚下随葬陶双耳罐1件、陶碗1件、石刀1件。另有1件石锛、2件石刀出土于墓葬填土之中（图3-3-272；图版三六，1、2）。

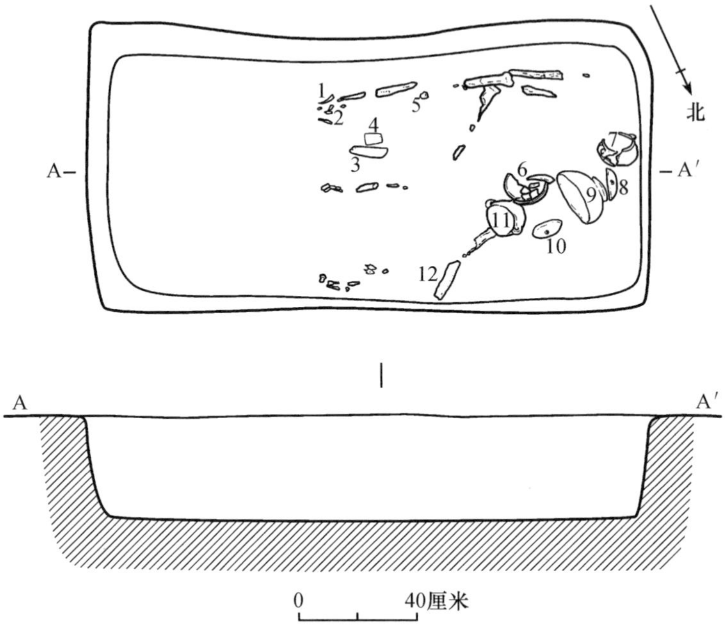

图3-3-272　99TWM18平、剖面图

1. 猪牙饰　2. 石镞　3、8、10、12. 石刀　4. 石斧　5. 石网坠　6、9. 陶碗　7、11. 陶竖耳罐

随葬器物

共出土器物16件。

陶器　4件。

碗　2件。99TWM18：6，夹细砂黄陶，夹蚌粉。敞口，方唇，圈足。口径14.2、底径6.8、高7厘米（图3-3-273，2）。99TWM18：7，夹砂黄陶，夹蚌粉。手制，敛口，方唇，圆鼓腹较深，高圈足，器壁较厚。口径16.4、底径7.8、高8.5厘米（图3-3-273，1）。

竖耳罐　2件。99TWM18：4，泥质红褐陶，夹蚌粉。微侈口，口沿内壁斜抹，尖唇，弧腹，口沿下部饰对称竖桥耳，圈足。器表凸凹不平。口径9.6、底径6.2、高11厘米（图3-3-273，3；图版三六，5）。99TWM18：9，泥质黄陶。侈口，口沿内壁斜抹，口沿下部饰对称竖桥耳，鼓腹，台足微内凹。口径10、底径5.4、高9.6厘米（图3-3-273，4）。

石器　11件。

刀　6件。分两种形制。

Aa型　2件。半月形，器身较宽。99TWM18：5，灰黑色板岩。弧背直刃，双面刃，刀身中间有圆形钻孔，器身厚重，磨制精细。长10.7、宽3.8、厚0.55厘米（图3-3-273，6；图版三六，4）。99TWM18：10，深灰色板岩磨制而成。弧背弧刃，单面刃。靠近背部有一个圆形穿孔，两侧有部分石片已剥落。长12、宽5.4、厚0.6厘米（图3-3-273，5）。

Bb型　3件。长条形，器身较窄。99TWM18：3，深灰色板岩磨制而成。直背直刃，双面刃。刀尖呈弧形，柄已残断。刀身长8.8、宽4、通长14厘米（图3-3-273，8）。

图3-3-273 99TWM18出土器物

1、2. 陶碗（99TWM18：7、99TWM18：6） 3、4. 陶竖耳罐（99TWM18：4、99TWM18：9） 5、6. Aa型石刀（99TWM18：10、99TWM18：5） 7. 石刀残段（99TWM18：13） 8～10. Bb型石刀（99TWM18：3、99TWM18：11、99TWM18：14）

99TWM18：11，深灰色板岩。弧背直刃，双面刃。长18.6、宽5、厚0.5厘米（图3-3-273，9；图版三六，3）。99TWM18：14，灰色板岩。弧背弧刃，双面刃。长10.1、宽3.3、厚0.4厘米（图3-3-273，10）。

残段 1件。99TWM18：13，云母片岩。残存部分器身较宽，双面刃，残碎严重。残长8.1、宽5、厚0.5厘米（图3-3-273，7）。

Ba型镞 2件。双翼，后锋倒刺呈燕尾形，方柱形铤。99TWM18：1，灰色板岩。通长4.6、镞身宽1.3、厚0.5厘米（图3-3-274，3）。99TWM18：2，灰色板岩。尖略残。残长4.8、宽1.2、厚0.6厘米（图3-3-274，4）。

斧　1件。99TWM18：8，灰白色砂岩。平面近梯形，双面刃，磨制精细。长9.3、宽4.6、厚2.2厘米（图3-3-274，1）。

锛　1件。99TWM18：15，青灰色板岩。平面近梯形，单面刃，磨制精细，顶端一角有崩片。长8.4、宽5.1、厚1.5厘米（图3-3-274，2）。

B型网坠　1件。99TWM18：16，灰色板岩。椭圆形，两端打制豁口。长径3.6、短径2.4、厚0.5厘米（图3-3-274，5）。

牙器　1件。

野猪牙饰　1件。99TWM18：12，弯月形，已残。残长5.4、宽1.1、厚0.5厘米（图3-3-274，6）。

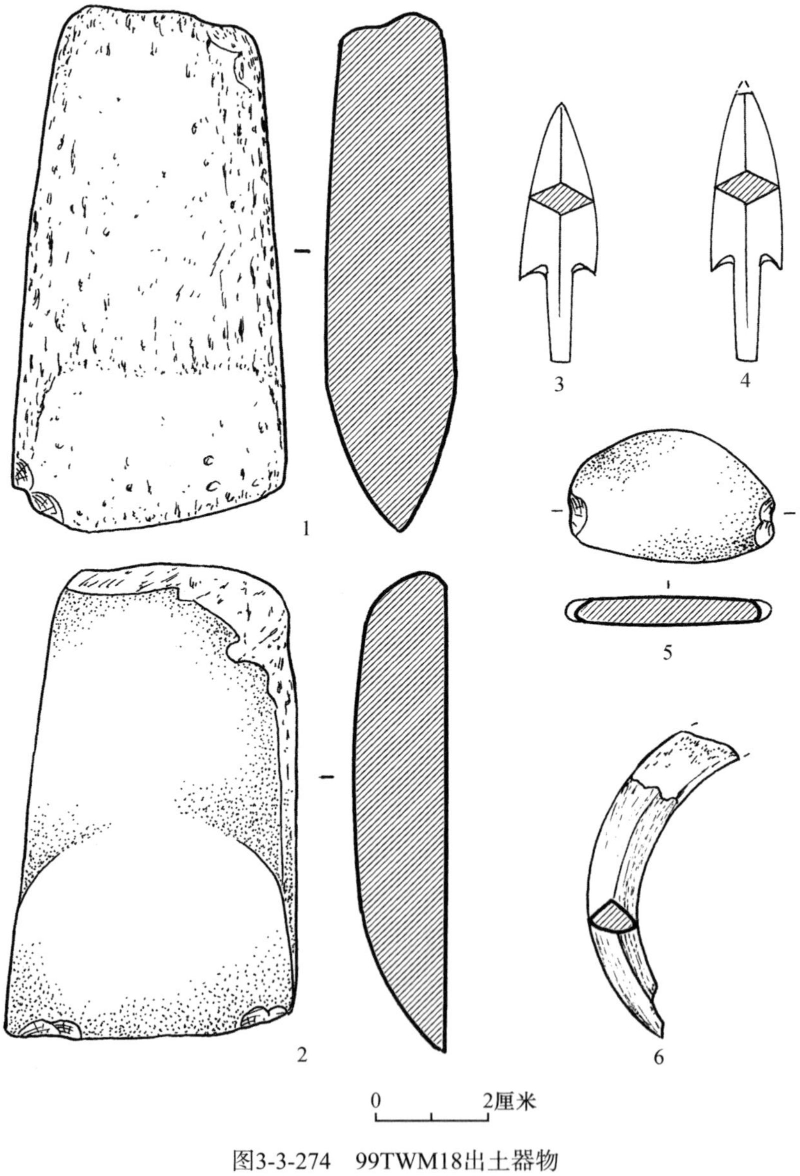

图3-3-274　99TWM18出土器物

1. 石斧（99TWM18：8）　2. 石锛（99TWM18：15）　3、4. Ba型石镞（99TWM18：1、99TWM18：2）
5. B型石网坠（99TWM18：16）　6. 野猪牙饰（99TWM18：12）

9. 99ⅥTWM19

墓葬概况

竖穴土坑墓。位于Ⅵ区T786西南角，开口于第4层下。方向112度。

墓葬平面近长方形。墓口长160、宽80厘米，距地表深70厘米。墓底长150、宽70、距地表深108厘米。无葬具。

单人葬。人骨腐朽严重，葬式不清，性别及年龄不详。

4件随葬品均置于死者脚下（图3-3-275；图版三七，1）。

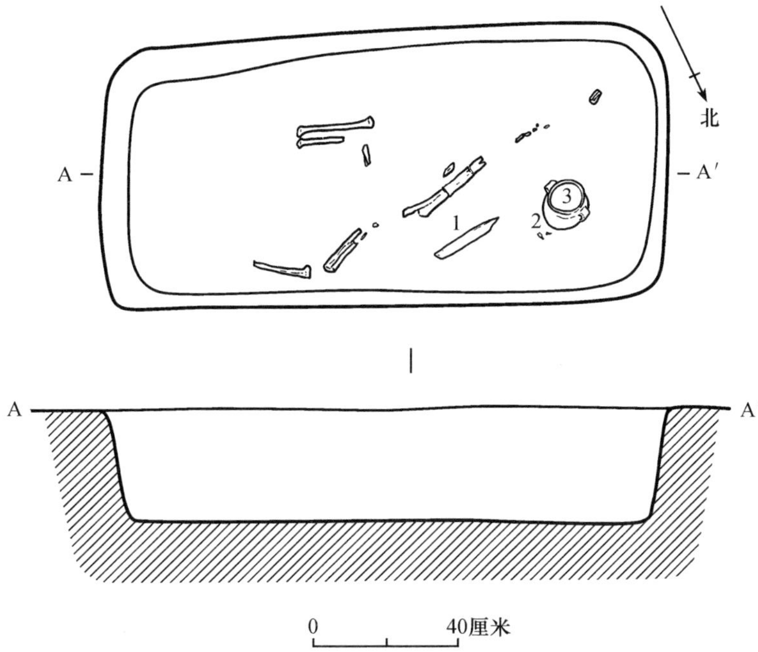

图3-3-275　99TWM19平、剖面图

1. 石刀　2. 石镞　3. 陶竖耳罐

随葬器物

共出土器物4件。

陶器　1件。

竖耳罐　1件。99TWM19：4，夹砂黄陶，夹蚌粉。微侈口，口沿内壁斜抹，尖唇，口沿下部饰两对称竖桥耳，弧腹，平底微内凹。口径8.9、底径6.2、高10.4厘米（图3-3-276，1；图版三七，2）。

石器　3件。

Bb型刀　1件。99TWM19：1，青灰色板岩。长条形，器身较窄，直背弧刃，双面刃。长19.6、宽3.8、厚0.6厘米（图3-3-276，2；图版三七，3）。

Ba型镞　2件。双翼，后锋倒刺呈燕尾状，方柱形铤。99TWM19：2，青灰色板岩。铤残。残长6.3、镞身宽1.3、厚0.5厘米（图3-3-276，3）。99TWM19：3，灰色板岩。仅余镞身后锋及铤部。残长3厘米（图3-3-276，4）。

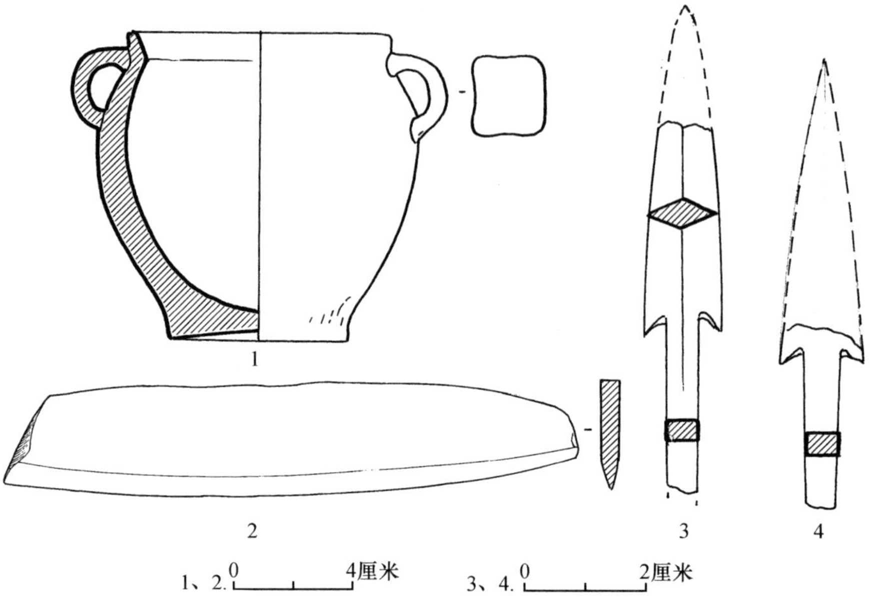

图3-3-276　99TWM19出土器物

1. 陶竖耳罐（99TWM19：4）　2. Bb型石刀（99TWM19：1）　3、4. Ba型石镞（99TWM19：2、99TWM19：3）

10. 99ⅥTWM22

墓葬概况

竖穴土坑墓。位于Ⅵ区T826东南部。开口于第4层下。方向23度。

墓葬平面呈长方形。墓口长200、宽80厘米，距地表深75厘米。墓底长195、宽75厘米，距地表深90厘米。

无葬具，为迁葬墓，仅余部分肋骨及2块指骨。

6件器物均位于墓圹一端（图3-3-277；图版五五，1）。

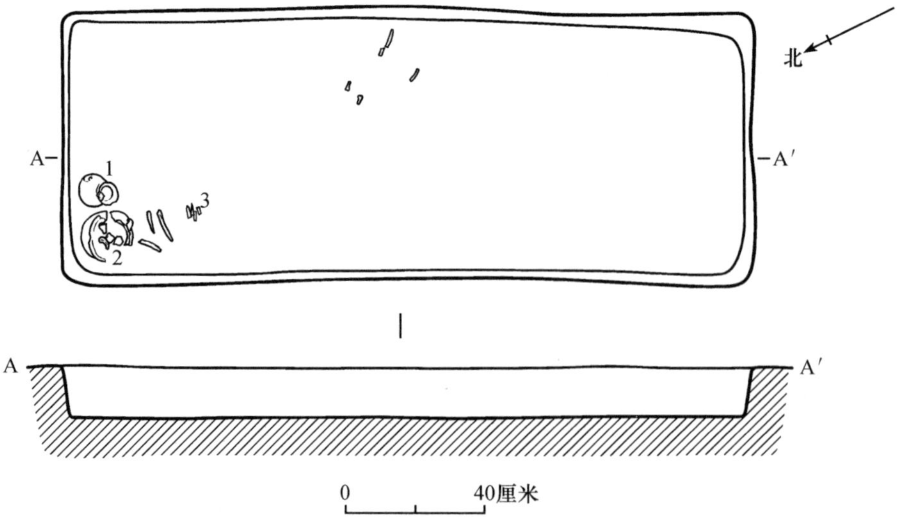

图3-3-277　99TWM22平、剖面图

1. 陶横桥耳壶　2. 陶竖耳罐　3. 石镞

随葬器物

共出土器物6件。

陶器　2件。

竖耳罐　1件。99TWM22：1，夹砂黄褐陶，夹蚌。微侈口，内壁斜抹，尖唇，弧腹，上腹部饰两个竖桥耳，平底。口径10.6、底径5.8、高13.3厘米（图3-3-278，1；图版五五，3）。

横桥耳壶　1件。99TWM22：2，泥质黄陶，夹大量蚌粉。敞口，尖唇，鼓腹，最大腹径处一侧饰横向桥耳，平底。口径4.6、底径5.6、高10.4厘米（图3-3-278，2；图版五五，2）。

石器　4件。

镞　4件。

Ad型　1件。平面呈柳叶形，中间有血槽，凹底。99TWM22：3，青灰色板岩。长6.5、镞身宽1.2、厚0.3厘米（图3-3-278，3）。

Ae型　1件。平面呈圭形，中间有血槽，凹底。99TWM22：6，青灰色板岩。长5.8、镞身宽1.1、厚0.2厘米（图3-3-278，5）。

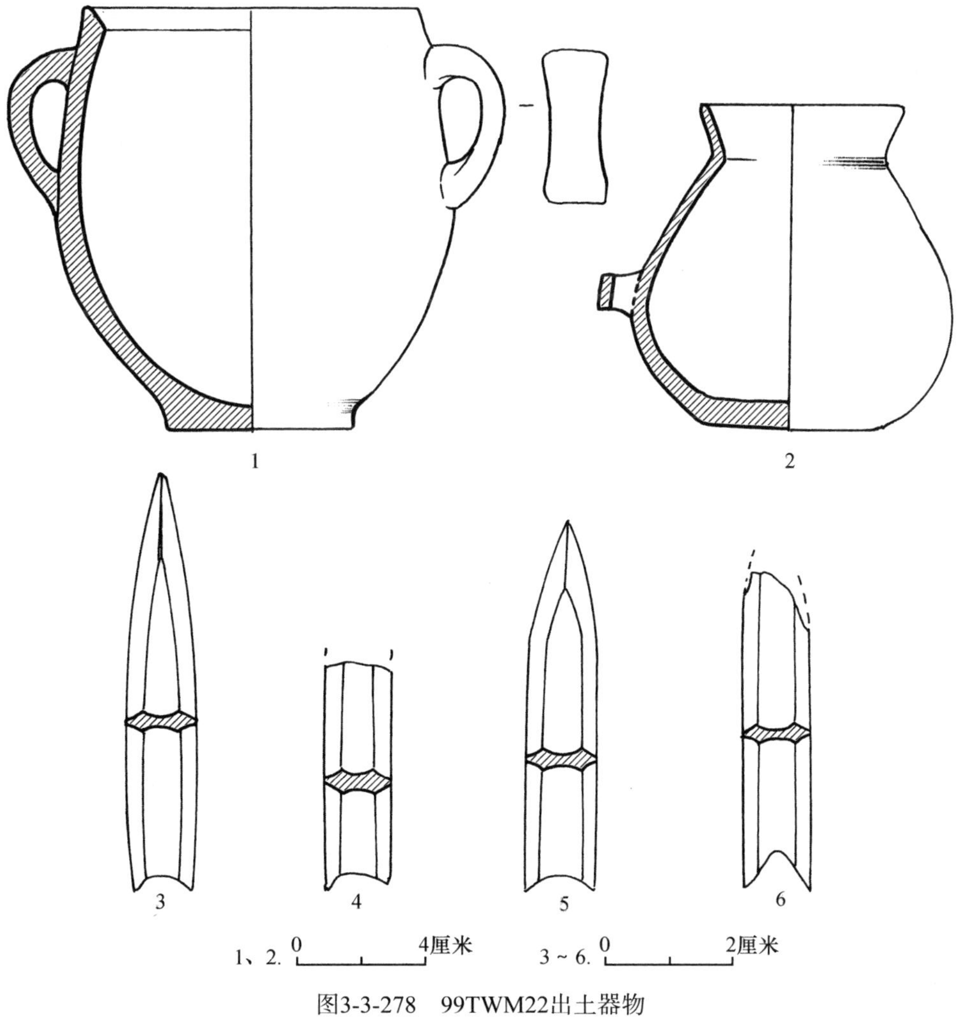

图3-3-278　99TWM22出土器物

1. 陶竖耳罐（99TWM22：1）　2. 陶横桥耳壶（99TWM22：2）　3. Ad型石镞（99TWM22：3）
4、6. 石镞（99TWM22：4、99TWM22：7）　5. Ae型石镞（99TWM22：6）

另有两件残半。99TWM22：4，青灰色板岩。残长3.6、镞身宽1.1、厚0.3厘米（图3-3-278，4）。99TWM22：7，青灰色板岩。长5.1、镞身宽1.1、厚0.2厘米（图3-3-278，6）。

11. 99ⅥTWM23

墓葬概况

竖穴土坑墓。位于Ⅵ区T777东北角，开口于第4层下。方向110度。

墓葬平面呈长方形。墓口长165、宽60厘米，距地表深20厘米。墓底长150、宽50厘米，距地表深40厘米。

无葬具，为迁葬墓，人骨全部取走，仅留下随葬品。

墓葬填土中出土陶纺轮1件、石刀1件。墓圹一侧出土陶竖耳罐1件、石刀1件（图3-3-279；图版五六，1）。

随葬器物

共出土器物4件。

陶器　2件。

A型纺轮　1件。99TWM23：4，泥质黄陶，夹蚌粉。圆饼形，仅余小部分。厚0.5厘米（图3-3-280，1）。

竖耳罐　1件。99TWM23：1，夹砂黄陶，夹蚌。侈口，尖唇，鼓腹，上腹部饰两对称竖桥耳，圈足底。口径11.8、底径6.2、高10.8厘米（图3-3-280，2；图版五六，2）。

石器　2件。

刀　2件。

Aa型　1件。99TWM23：3，深灰色板岩。半月形，弧背直刃，单面刃。腹中部饰单孔，双面斜向钻孔，一角残。长14.4、宽6.4、厚0.7厘米（图3-3-280，3）。

Ab型　1件。99TWM23：2，半月形，器形较窄。直背弧刃，双面刃，刀身中部有一斜向钻孔。长11.4、宽3.9、厚0.3厘米（图3-3-280，4）。

12. 99ⅥTWM25

墓葬概况

竖穴土坑墓。位于Ⅵ区T779北部，开口于第4层下，叠压于99TWF23之下。方向117度。

墓葬平面近梯形。墓口长184、宽100厘米，距地表深80厘米。墓底长144、宽96、距地表深94厘米。

无葬具，为迁葬墓。人骨全部被迁走，仅余随葬品。

随葬器物

共出土器物5件。

陶器　4件。

碗　2件。99TWM25：1，夹细砂黄陶，夹蚌，器表抹光。敛口，圆唇，弧腹，圈足。内壁呈黑色，器壁较厚。口径12.6、底径6、高7.4厘米（图3-3-281，1）。99TWM25：4，夹砂黄陶，夹细砂和云母。手制，敛口，方唇，弧腹，圈足底，器壁较厚。口径15.6、底径6.6、高

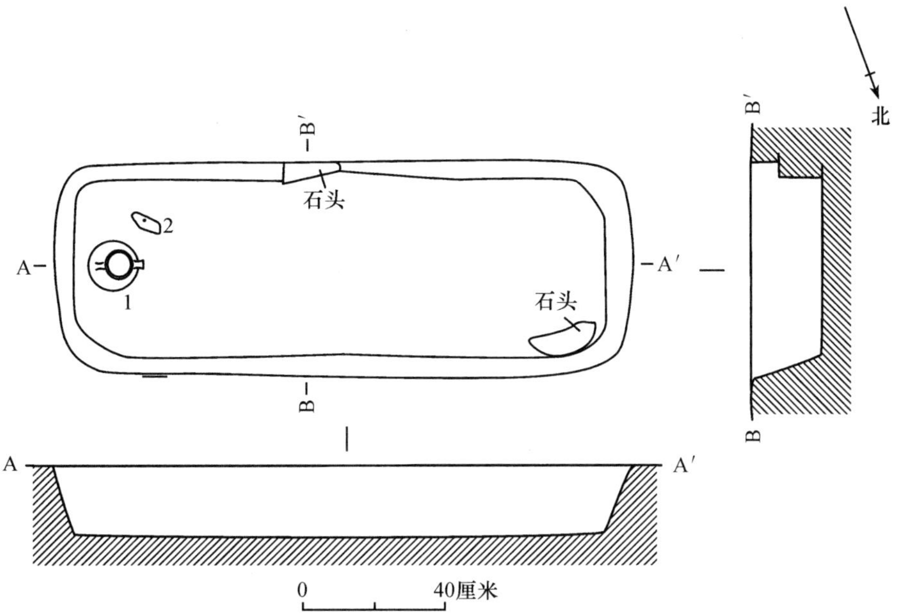

图3-3-279　99TWM23平、剖面图
1. 陶竖耳罐　2. 石刀

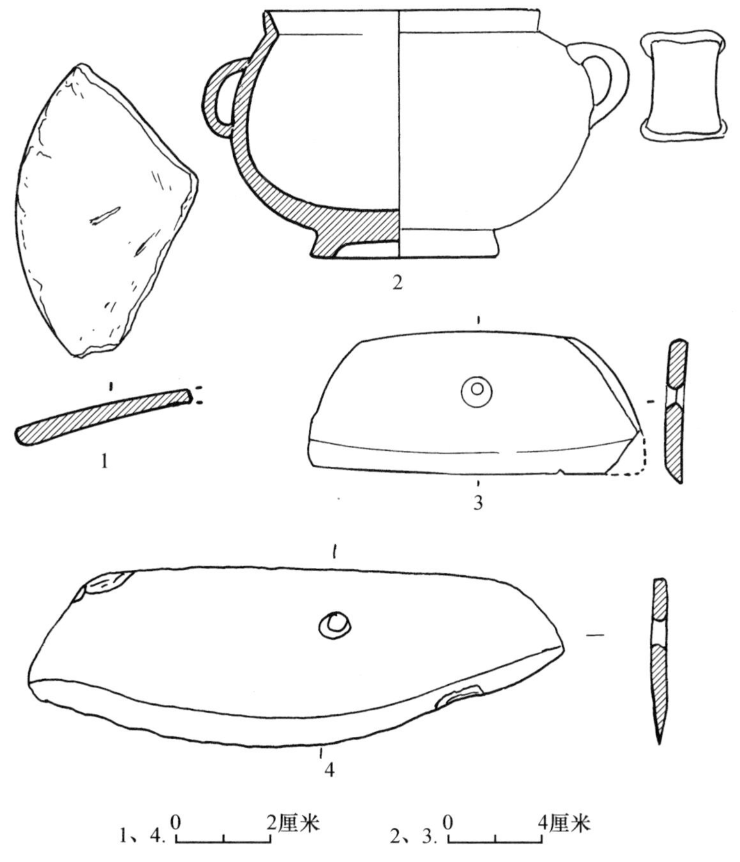

图3-3-280　99TWM23出土器物
1. A型陶纺轮（99TWM23：4）　2. 陶竖耳罐（99TWM23：1）　3. Aa型石刀（99TWM23：3）　4. Ab型石刀（99TWM23：2）

8.8厘米（图3-3-281，2）。

无耳罐　2件。99TWM25：2，夹砂黄陶，夹细砂和云母。钵形口，圆唇，鼓腹，平底。口径4.8、底径4.6、高10厘米（图3-3-281，4）。99TWM25：3，夹细砂黄褐陶。小钵形口，圆唇，鼓腹，台足，口沿与腹交接处有两圆孔。口径6.8、底径6.4、高10.6厘米（图3-3-281，3）。

玉器　1件。

环　1件。99TWM25：5，圆形，已残，玉质温润。外径9.5、内径5.5厘米（图3-3-281，5）。

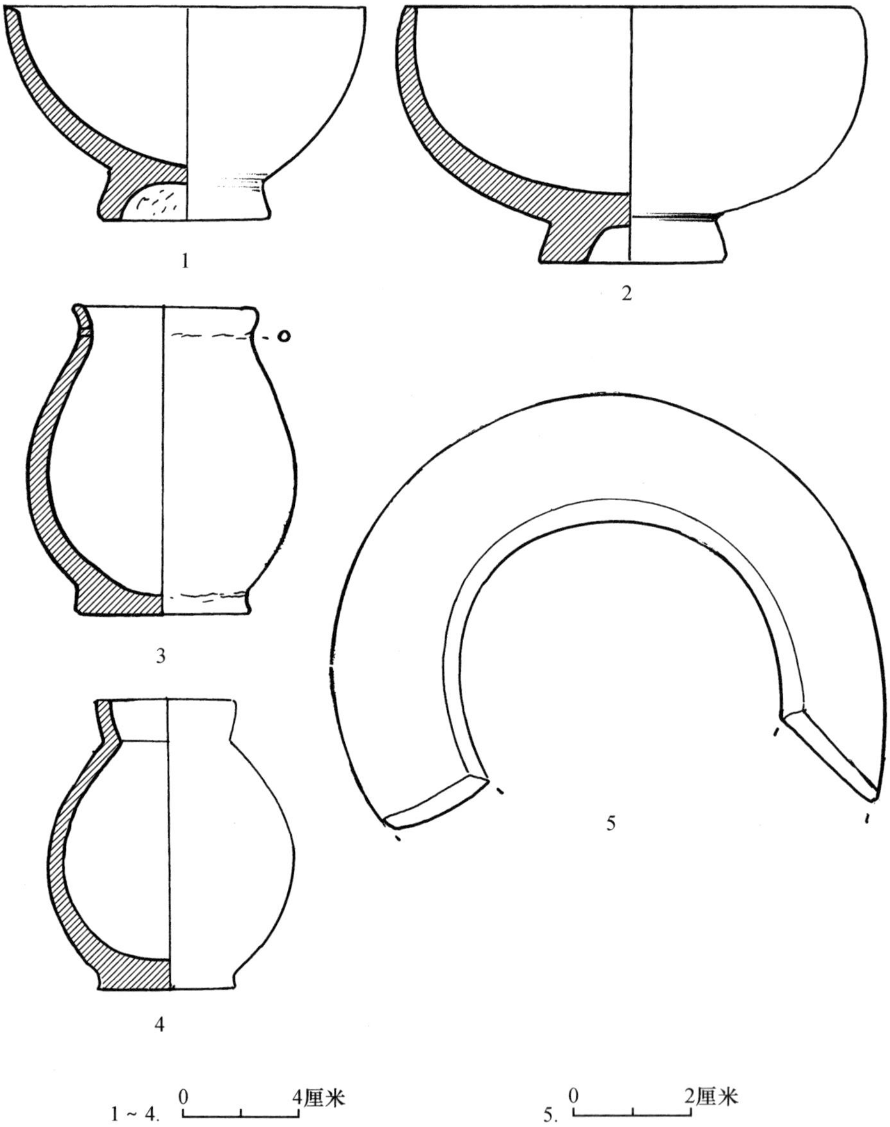

图3-3-281　99TWM25出土器物

1、2. 陶碗（99TWM25：1、99TWM25：4）　3、4. 陶无耳罐（99TWM25：3、99TWM25：2）　5. 玉环（99TWM25：5）

13. 99ⅥTWM26

墓葬概况

竖穴土坑墓。位于Ⅵ区T780西北部及T779东北部，开口于第4层下，叠压于99TWF23之下。方向110度。

墓葬平面近长方形。墓口长180、宽92厘米，距地表深55厘米。墓底长174、宽88厘米，距地表深75厘米。

无葬具。双人合葬，无头骨，仅存部分肢骨腐朽严重，无法辨认葬式，性别与年龄不清。

无随葬品（图3-3-282）。

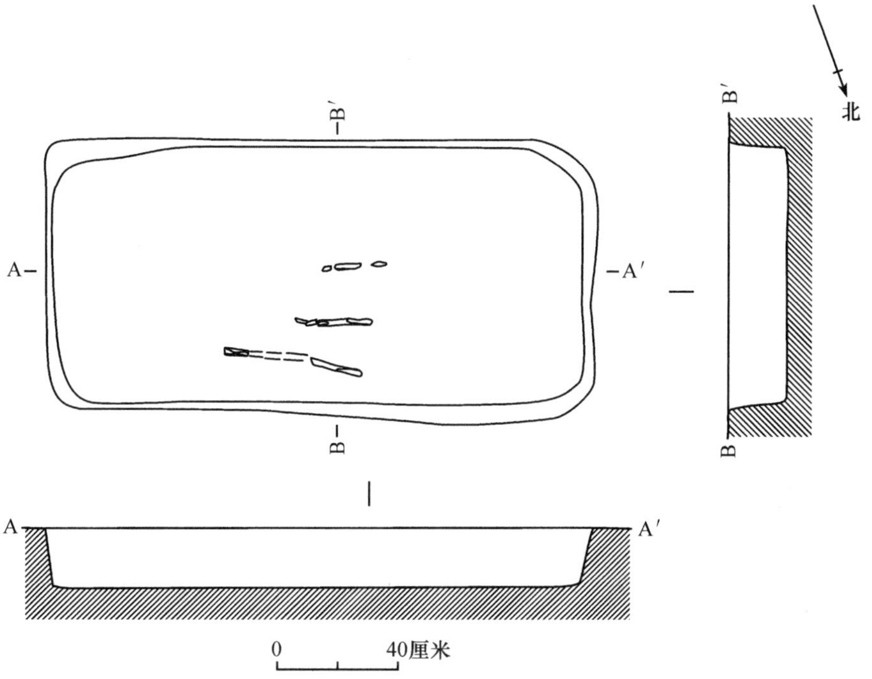

图3-3-282　99TWM26平、剖面图

14. 99ⅥTWM27

墓葬概况

竖穴土坑墓。位于Ⅵ区T788西南部，伸入T787东南部。开口于第4层下。方向110度。

墓葬平面呈梯形。墓口长220、宽100厘米，距地表深55厘米。墓底长216、宽96厘米，距地表深95厘米。无葬具。单人葬，无头骨，仅存四肢骨，双手交叉于腹前，腿部残碎，葬式不清。

死者胸部及下腹部各置一面铜镜；脚下随葬陶竖耳罐1件、陶碗1件，其余器物出土于墓葬填土之中（图3-3-283；图版五七，1）。

随葬器物

共出土器物8件。

陶器　2件。

碗　1件。99TWM27∶4，泥质黄陶，器表磨光。敞口，方唇，鼓腹，台足。口径15.6、底径8、高8.6厘米（图3-3-284，2）。

竖耳罐　1件。99TWM27∶3，夹细砂黄陶，夹蚌，器身有大面积的烟熏痕迹。手制。修

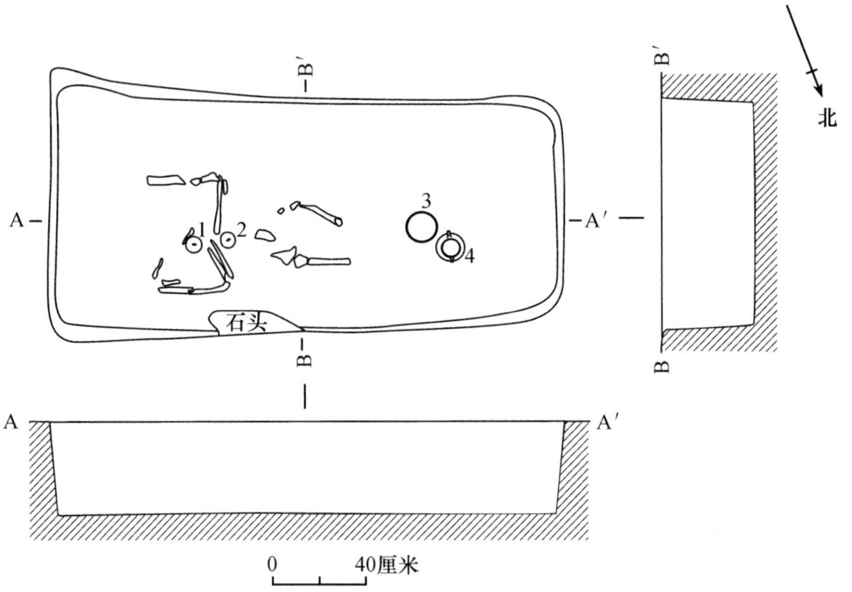

图3-3-283　99TWM27平、剖面图
1、2. 青铜镜　3. 陶碗　4. 陶竖耳罐

口，鼓腹，上腹部有两对称竖桥耳，平底。口径11.2、底径6.2、高12.6厘米（图3-3-284，1；图版五七，3）。

石器　4件。

石核　1件。99TWM27：5，黄色玛瑙。有打制石片留下的疤痕。长4.5、宽3.5、厚1.7厘米（图3-3-284，3）。

B型研磨器　3件。卵圆形。99TWM27：6，黄灰色石英砂岩。长12.8、最大径5.6厘米（图3-3-284，5）。99TWM27：7，褐灰色石英砂岩。长16.2、最大径8.8厘米（图3-3-284，4）。99TWM27：8，黄灰色石英砂岩。长9、最大径6厘米（图3-3-284，6）。

青铜器　2件。

镜　2件。99TWM27：1，圆形。背面有一桥形纽，浑身布满绿锈。直径6.3厘米。99TWM27：2与此件形制完全相同（图3-3-284，7；图版五七，2）。

15. 99ⅥTWM28

墓葬概况

竖穴土坑墓。位于Ⅵ区T863西南角，开口于第4层下。方向340度。

墓葬平面呈长方形。墓口长230、宽90厘米，距地表深30厘米。墓底长230、宽90、距地表深49厘米。

无葬具。为迁葬墓，人骨全部迁走，仅余随葬品。

墓圹一侧放置陶壶1件、另一侧放置陶罐1件、陶碗1件、陶网坠1件，填土中发现陶纺轮1件（图3-3-285；图版五八，1）。

随葬器物

共出土器物5件。

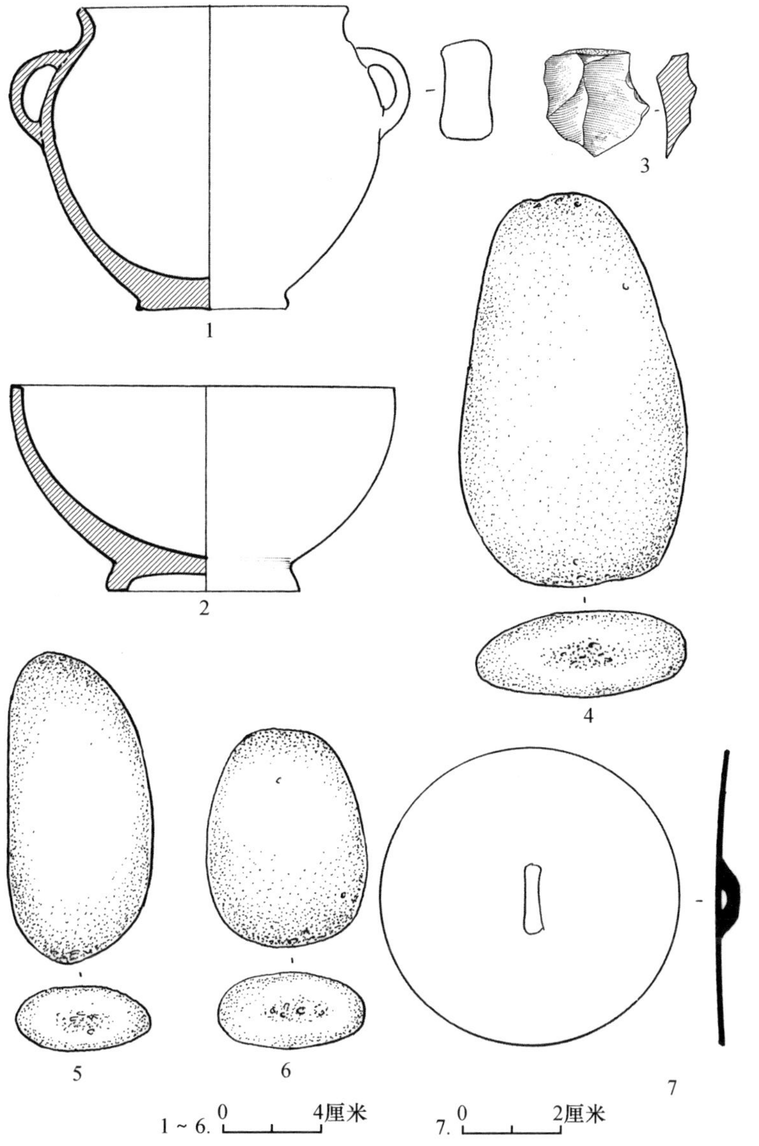

图3-3-284　99TWM27出土器物

1. 陶竖耳罐（99TWM27：3）　2. 陶碗（99TWM27：4）　3. 石核（99TWM27：5）
4～6. B型石研磨器（99TWM27：7、99TWM27：6、99TWM27：8）　7. 青铜镜（99TWM27：1）

陶器　5件。

横桥耳壶　1件。99TWM28：1，磨光黑皮陶。敞口，圆唇，斜颈，垂腹，最大腹径处饰两横桥耳，台足。口径9.8、底径7、高20.6厘米（图3-3-286，1；图版五八，2）。

竖耳罐　1件。99TWM28：2，夹砂黄陶。侈口，方唇，弧腹，上腹部饰两对称竖桥耳，台足。口径8.6、底径5.4、高12.6厘米（图3-3-286，2；图版五八，3）。

碗　1件。99TWM28：3，夹砂黑褐陶，局部发黄。敞口，斜抹方唇，弧腹，假圈足。口径18、底径7.4、高9.4厘米（图3-3-286，3；图版五八，4）。

Ba型网坠　1件。99TWM28：4，夹砂黄陶，夹云母。卵圆形，一侧有竖向凹槽，凹槽较宽。直径3.9、高4厘米（图3-3-286，4）。

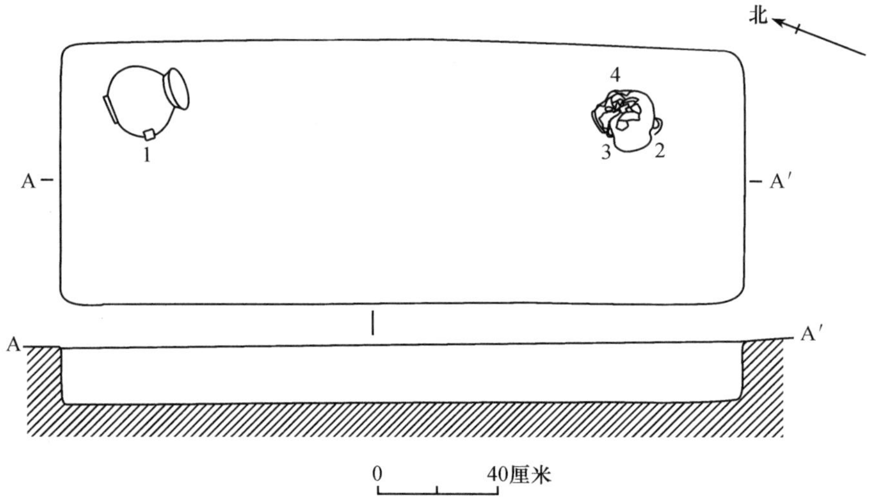

图3-3-285　99TWM28平、剖面图

1. 陶横桥耳壶　2. 陶竖耳罐　3. 陶碗　4. 陶网坠

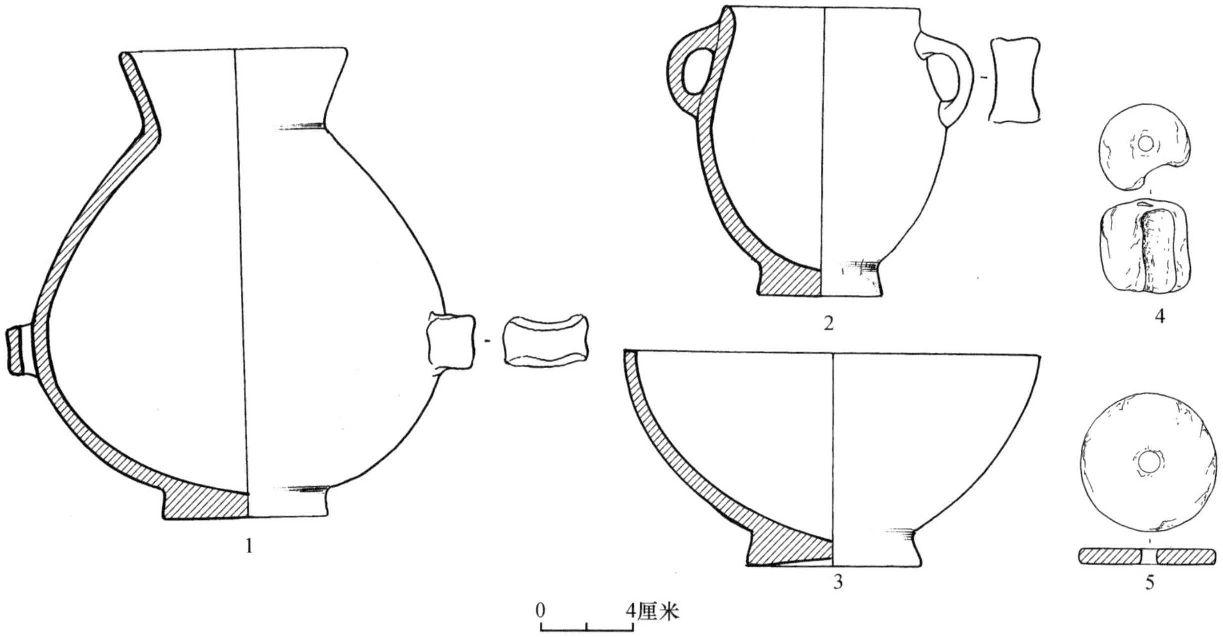

图3-3-286　99TWM28出土陶器

1. 横桥耳壶（99TWM28：1）　2. 竖耳罐（99TWM28：2）　3. 碗（99TWM28：3）　4. Ba型网坠（99TWM28：4）　5. A型纺轮（99TWM28：5）

A型纺轮　1件。99TWM28：5，泥质黄陶，夹蚌。圆饼状，制作规整。直径5.9、厚0.7厘米（图3-3-286，5；图版五八，5）。

16. 99ⅥTWM31

墓葬概况

竖穴土坑墓。位于Ⅵ区T862东南角，伸入T858内。开口于第4层下，打破第5层。方向10度。墓葬平面呈长方形。墓口长160、宽68厘米，距地表深45厘米。墓底长156、宽66厘米，距地表深69厘米。

无葬具。人骨已全部迁走。仅余随葬品。

6件器物均位于墓葬北部（图3-3-287；图版五九，1）。

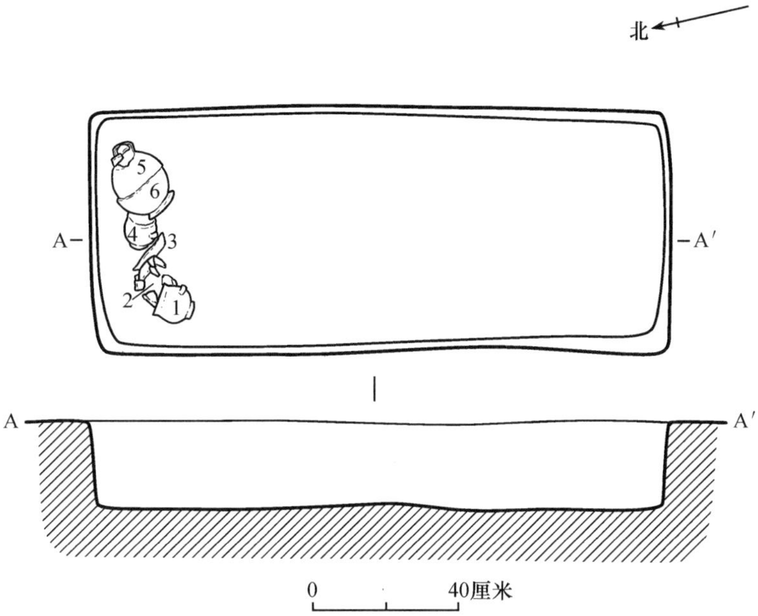

图3-3-287　99TWM31平、剖面图

1、5. 陶横桥单耳罐　2. 陶横桥耳壶　3. 石刀　4. 陶竖耳罐　6. 陶碗

随葬器物

共出土器物6件。

陶器　5件。

碗　1件。99TWM31：2，磨光黑皮陶，夹蚌。敛口，方唇，弧腹较深，圈足外撇。口径15、底径7.8、高10厘米（图3-3-288，6；图版五九，5）。

横桥单耳罐　2件。99TWM31：3，夹砂黑陶。侈口，弧腹，腹中部一侧饰横向桥耳，台足。口径8、底径6.2、高9.6厘米（图3-3-288，1；图版五九，4）。99TWM31：6，夹砂红陶，夹大量蚌粉。侈口，圆唇，鼓腹，腹中部一侧饰横桥耳，平底。口径8.6、底径5、高9.4厘米（图3-3-288，2）。

竖耳罐　1件。99TWM31：5，夹砂红褐陶。微侈口，圆唇，弧腹，上腹部饰两竖向桥耳，台足微内凹。口径8.6、底径5、高12厘米（图3-3-288，3；图版五九，3）。

横桥耳壶　1件。99TWM31：1，夹细砂黄陶，夹蚌，器物局部有烟熏痕迹。敞口，斜颈，垂腹，下腹部饰两对称横桥耳，平底。口径8、底径6.8、高17厘米（图3-3-288，5；图版五九，2）。

石器　1件。

Aa型刀　1件。99TWM31：4，青灰色板岩。半月形，器形较宽。直背直刃，靠近刃部单面斜向钻孔，单面刃，磨制精细。长12.2、宽5.1、厚0.4厘米（图3-3-288，4）。

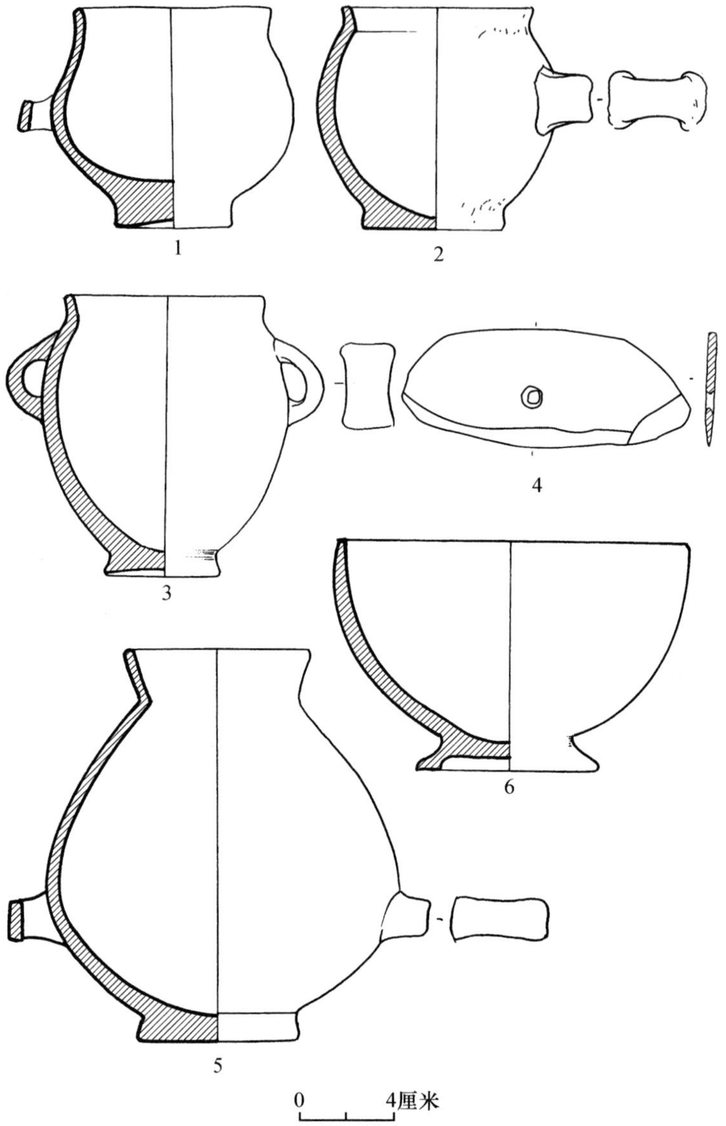

图3-3-288　99TWM31出土器物

1、2. 陶横桥单耳罐（99TWM31：3、99TWM31：6）　3. 陶竖耳罐（99TWM31：5）　4. Aa型石刀（99TWM31：4）
5. 陶横桥耳壶（99TWM31：1）　6. 陶碗（99TWM31：2）

17. 99ⅥTWM32

墓葬概况

竖穴土坑墓。位于Ⅵ区T757西北角。第1层下开口，打破第5层。方向355度。

墓葬平面呈曲尺形。墓口长184、宽40厘米，距地表深30厘米。墓底长180、宽40厘米，距地表深50厘米。

无葬具，人骨架已全部迁走，仅余随葬品。

1件陶罐出土于墓葬填土中。

随葬器物

出土器物1件。

陶器　1件。

四盲耳罐　1件。99TWM32：1，夹砂红陶，夹大量蚌粉。侈口，圆唇，鼓腹，最大腹径处饰四盲耳，平底。口径8.2、底径6、高10.5厘米（图3-3-289）。

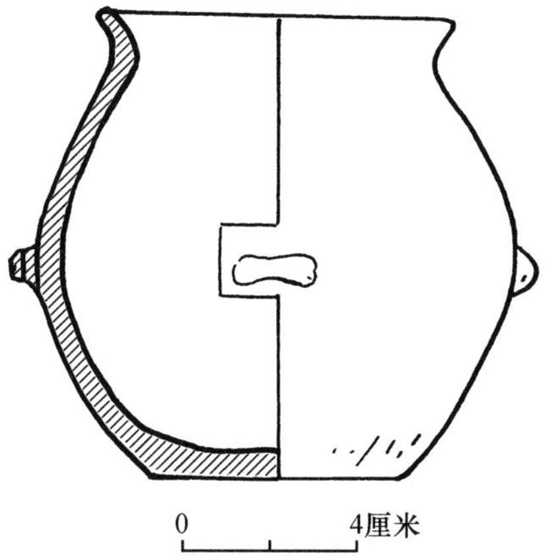

图3-3-289　99TWM32出土陶四盲耳罐（99TWM32：1）

18. 399ⅥTWM49

墓葬概况

竖穴土坑墓。位于Ⅵ区T916东北角。开口于第4层下。方向55度。

墓葬平面呈长方形。墓口长170、宽70厘米，距地表深35厘米。墓底长165、宽65厘米，距地表深90厘米。

无葬具，单人葬。无头骨，其他骨骼保存较好。仰身半屈肢葬，两手交叉交于腹部，左侧腿骨较直，右侧腿骨屈向左侧。女性，年龄不详（图3-3-290；图版六〇，1）。

死者右侧胸部位置随葬1件陶纺轮；小腿右侧随葬陶罐2件，1件陶罐内部装陶纺轮1件、野猪牙饰1件；两脚中间位置随葬石刀1件（图版六〇，2）。

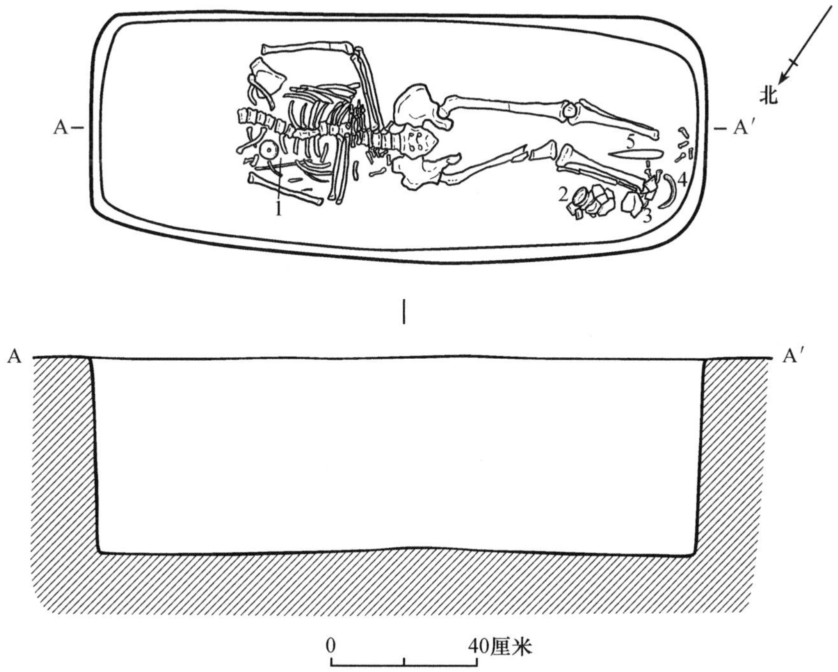

图3-3-290　99TWM49平、剖面图

1. 陶纺轮　2. 陶无耳罐　3. 陶双鋬耳罐　4. 野猪牙饰　5. 石刀

随葬器物

共出土器物6件。

陶器　4件。

无耳罐　1件。99TWM49：5，夹细砂红褐陶，夹蚌。敞口，圆唇，鼓腹，平底，器表抹

光。口径9、底径7.2、高17厘米（图3-3-291，1；图版六〇，5）。

双鋬耳罐　1件。99TWM49：6，夹砂红陶。敛口，方唇，弧腹，上腹部饰两对称鋬耳，平底。口径8.6、底径5.4、高11.5厘米（图3-3-291，2；图版六〇，4）。

纺轮　2件。

A型　1件。99TWM49：1，夹砂黄陶，表面有烟熏痕迹。呈圆饼形。直径5.7、厚1.1厘米（图3-3-291，3）。

F型　1件。99TWM49：2，夹细砂泥质黄陶。上部分为钵形，下部分为实心圆柱形，中间有圆形穿孔（图3-3-291，4；图版六〇，3）。

石器　1件。

C型刀　1件。99TWM49：4，黑灰色板岩。平面呈不规则三角形。直背弧刃，双面刃。长18.2、宽3、厚0.4厘米（图3-3-291，5）。

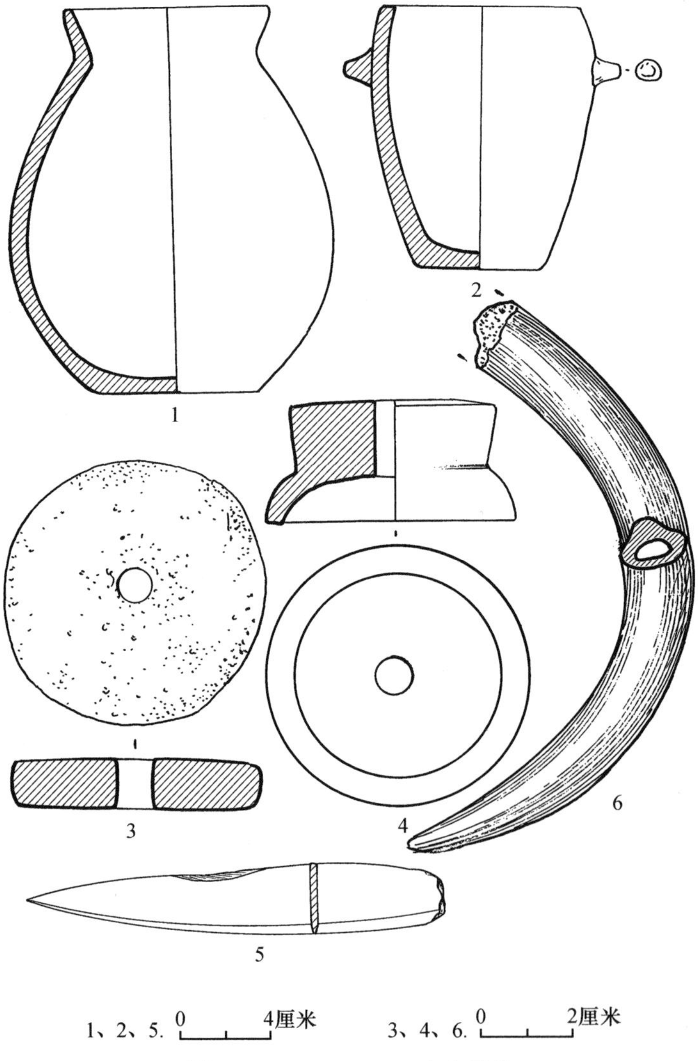

图3-3-291　99TWM49出土器物

1. 陶无耳罐（99TWM49：5）　2. 陶双鋬耳罐（99TWM49：6）　3. A型陶纺轮（99TWM49：1）
4. F型陶纺轮（99TWM49：2）　5. C型石刀（99TWM49：4）　6. 野猪牙饰（99TWM49：3）

牙器　1件。

野猪牙饰　1件。99TWM49：3，弯月形。长11.9、宽1.4、厚1厘米（图3-3-291，6）。

19. 99ⅥTWM50

墓葬概况

竖穴土坑墓。位于Ⅵ区T916东南角。开口于第4层下。方向50度。

墓葬平面呈长方形。墓口长140、宽80厘米，距地表深35厘米。墓底长134、宽74厘米，距地表深105厘米。

无葬具，单人葬，骨骼较小较细。仰身直肢葬，性别不详，推测年龄较小。

死者大腿右侧位置出土石网坠1件（图3-3-292；图版三四，2）。

随葬器物

出土器物1件。

石器　1件。

B型网坠　1件。99TWM50：1，黄灰色砂岩。椭圆形，两端打制豁口。长6、宽3.9、厚1.2厘米（图3-3-293）。

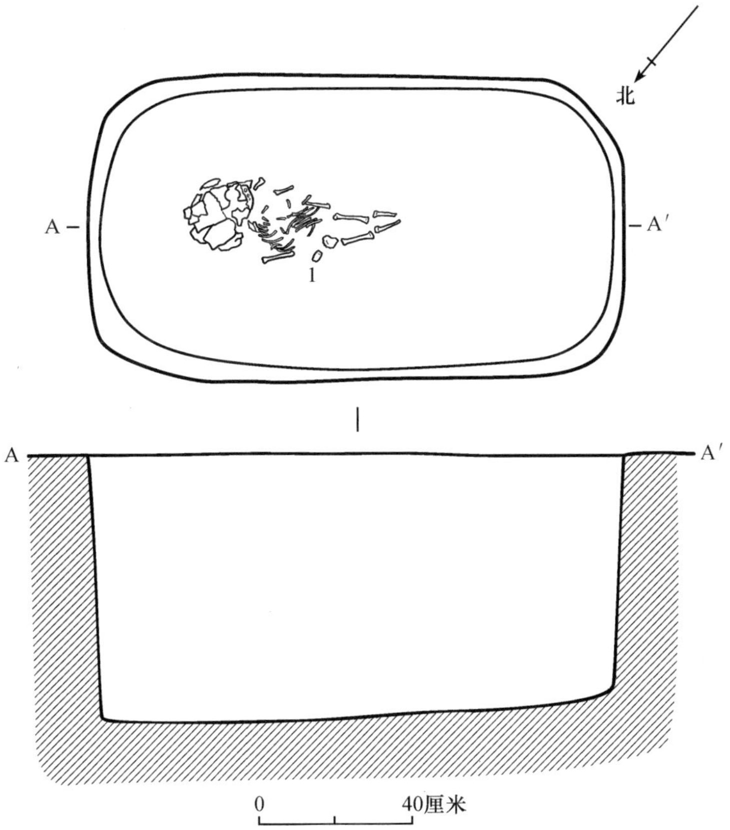

图3-3-292　99TWM50平、剖面图
1. 石网坠

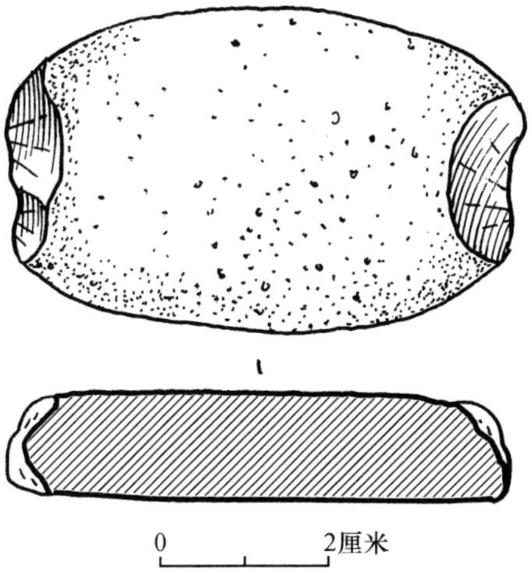

图3-3-293　99TWM50 B型石网坠
（99TWM50：1）

20. 99ⅥTWM52

墓葬概况

竖穴土坑墓。位于Ⅵ区T902东南角。开口于第1层下。方向30度。

墓葬平面呈长方形。墓口长154、宽68厘米，距地表深25厘米。墓底长140、宽62厘米，距地表深65厘米。

无葬具，单人葬。死者上身保存较好，下肢被破坏无存。死者双手交叉交于腹部。女性，年龄不详。

死者右侧肩部位置出土纺轮1件（图3-3-294；图版六八，1）。

随葬器物

出土器物1件。

陶器　1件。

A型纺轮　1件。99TWM52：1，夹砂黄陶，夹大量云母。圆饼形，制作规整。直径5.5、高1厘米（图3-3-295）。

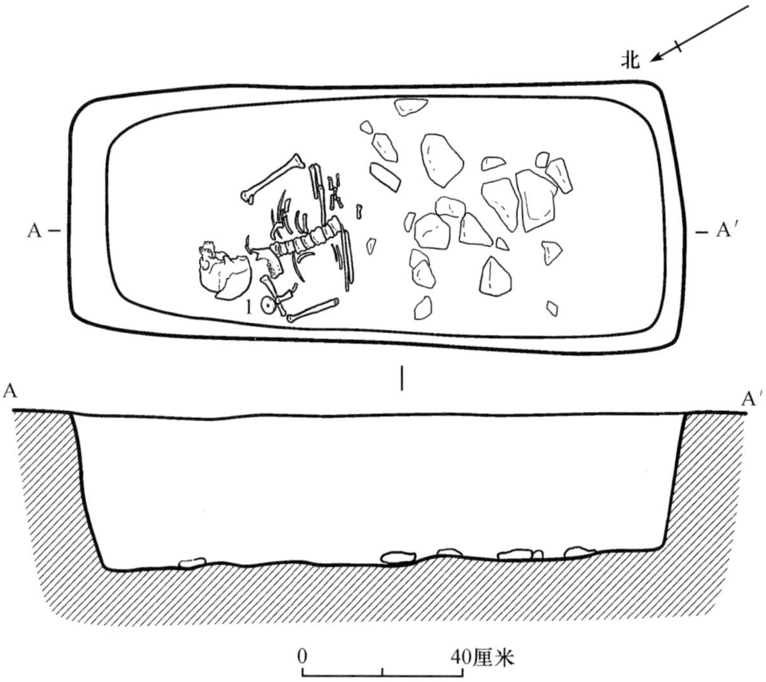

图3-3-294　99TWM52平、剖面图
1. 陶纺轮

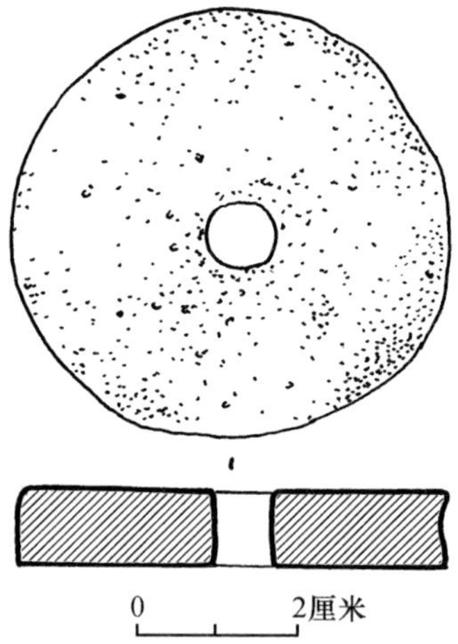

图3-3-295　99TWM52出土A型陶纺轮（99TWM52：1）

21. 99ⅥTWM54

墓葬概况

竖穴土坑墓。

位于Ⅵ区T912中部，开口于第4层下。方向65度。

墓葬平面近长方形。墓口长206、宽76厘米，距地表深45厘米。墓底长202、宽70厘米，距地表深95厘米。

无葬具。单人葬，无头骨。一侧腿骨腐朽严重，其他骨骼保存较好。仰身半屈肢葬，双手弯曲交于腹部，左侧腿骨较直，右侧腿骨屈向一侧。男性，年龄不详。

死者左肩左侧随葬青铜矛1件；左臂肘部位置随葬骨锥1件；腰部右侧随葬铜扣1件；右侧大腿附近随葬石镰1件；左侧大腿附近随葬石斧1件；左侧小腿附近随葬石凿1件（页岩质，腐朽严重，无法复原）；右脚附近随葬陶竖耳壶1件、陶无耳罐1件、陶钵1件、陶网坠7件（图3-3-296；图版六一，1）。

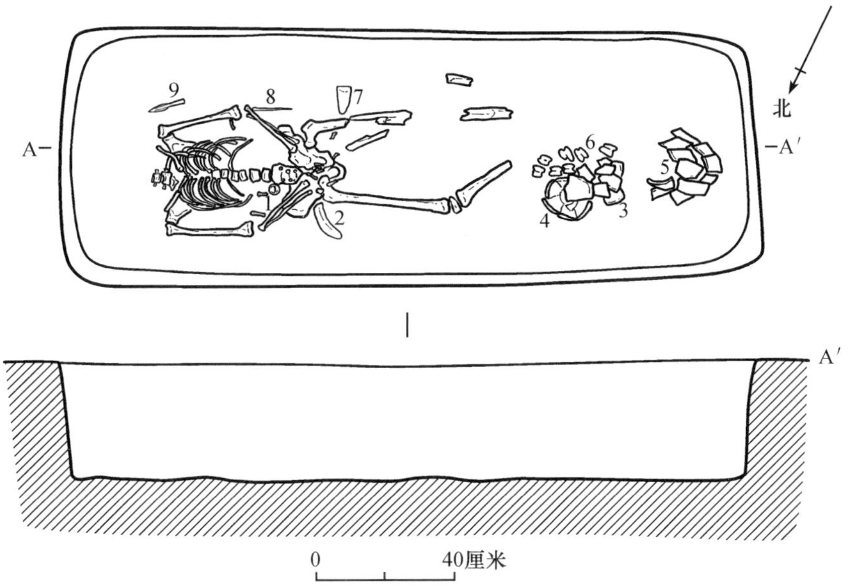

图3-3-296　99TWM54平、剖面图

1. 铜扣　2. 石镰　3. 陶竖耳壶　4. 陶钵　5. 陶无耳罐　6. 陶网坠　7. 石斧　8. 骨锥　9. 青铜矛

随葬器物

共出土器物15件。

陶器　10件。

无耳罐　1件。99TWM54：8，夹砂红褐陶，夹蚌，颜色不均。直口，方唇，鼓腹，台足，表面粗糙。口径6、底径4、高10厘米（图3-3-297，1；图版六一，2）。

碗　1件。99TWM54：6，夹砂黄陶，夹云母。敞口，圆唇，弧腹，圈足外撇。口径12.6、底径5.8、高6厘米（图3-3-297，2）。

竖耳壶　1件。99TWM54：7，泥质黄陶，器表抹光，局部发黑。敞口，圆唇，斜直颈，鼓腹，上腹部饰两竖向桥耳，台足。口径6.6、底径4.7、高13厘米（图3-3-297，3；图版六一，3）。

网坠　7件。

Eb型　1件。99TWM54：11，以夹砂黄陶片加工而成。平面近椭圆形，两端打磨豁口。长径3.8、短径3.4、厚0.4厘米（图3-3-297，9）。

Ec型　1件。99TWM54：12，以夹砂夹云母黄褐陶片加工而成。平面近方形，一端打磨2个豁口，一端打磨1个豁口。边长约4.2～4.4、厚0.5厘米（图3-3-297，10）。

Ed型　4件。平面近长方形。99TWM54：10，以泥质黑褐陶片加工而成。两端打磨成V形豁口。长4.3、宽3.7、厚0.5厘米（图3-3-297，5；图版六一，5）。99TWM54：13，以夹砂夹蚌黑陶片加工而成。两端打制豁口。长4.2、宽3.4、厚0.5厘米（图3-3-297，6）。99TWM54：14，以夹砂黄陶片加工而成。一面两端打磨豁口，另一面两个豁口之间以浅沟槽相连。长4、宽3.2、厚0.7厘米（图3-3-297，7）。99TWM54：15，以夹砂夹蚌黑褐陶片打磨而成。两端打磨豁口，一角已残。长4.1、宽3.2、厚0.7厘米（图3-3-297，8）。

Ga型　1件。99TWM54：9，以夹蚌夹砂的黄色陶土烧制而成的圆形网坠，有四个圆形穿孔，可对穿。直径3.3、厚1.9厘米（图3-3-297，4）。

石器　2件。

镰　1件。99TWM54：3，暗紫色含角砾岩。弯月形，背较厚，刃较细。长14.2、宽4、厚

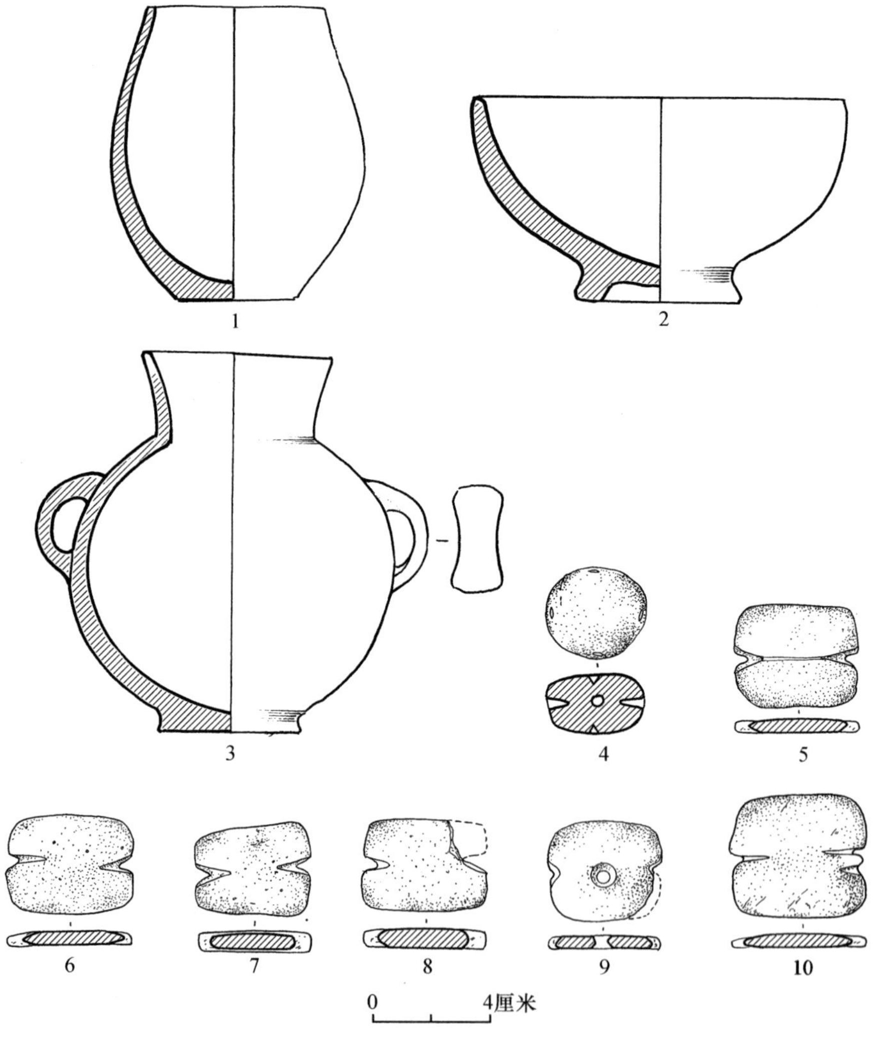

图3-3-297　99TWM54出土陶器

1. 无耳罐（99TWM54：8）　2. 碗（99TWM54：6）　3. 竖耳壶（99TWM54：7）　4. Ga型网坠（99TWM54：9）　5～8. Ed型网坠（99TWM54：10、99TWM54：13、99TWM54：14、99TWM54：15）　9. Eb型网坠（99TWM54：11）　10. Ec型网坠（99TWM54：12）

1.2厘米（图3-3-298，1）。

斧　1件。99TWM54：4，黄灰色砂岩。平面近圆角长方形，磨制，双面刃。长9.5、宽4、厚2.3厘米（图3-3-298，2）。

骨器　1件。

锥　1件。99TWM54：5，扁锥形，锥身剖面呈凹窝状。长14.4、宽1.4、厚0.5厘米（图3-3-298，4）。

铜器　2件。

青铜矛　1件。99TWM54：1，柳叶形矛头，銎中空，中间有两个圆形穿孔，銎口两侧有凹窝。长14.3厘米（图3-3-298，5；图版六一，4）。

铜扣　1件。99TWM54：2，圆形弧面有缺口，背面有桥形纽。直径3.8厘米（图3-3-298，3）。

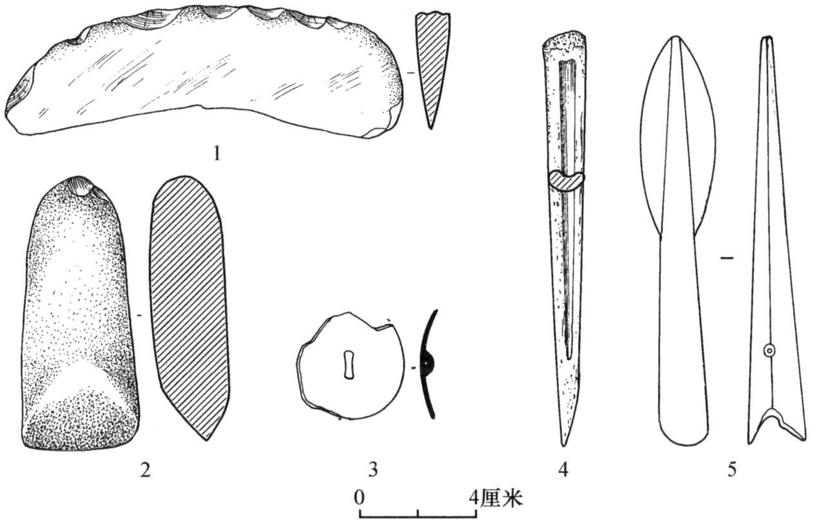

图3-3-298　99TWM54出土器物

1. 石镰（99TWM54：3）　2. 石斧（99TWM54：4）　3. 铜扣（99TWM54：2）　4. 骨锥（99TWM54：5）
5. 青铜矛（99TWM54：1）

（二）石棺墓

其筑墓方式基本相同。大多数墓葬均开凿在因夹杂石块而凸凹不平的原生土层上。先从地表往下挖一竖穴墓圹，在墓圹内以大小不等的石块砌筑石棺，个别墓葬靠近墓壁贴砌云母页岩石板。在埋入人骨后，再以夹石块的填土进行掩埋。

1. 99ⅧTWM40

墓葬概况

石棺墓。

位于Ⅷ区一条东西走向山脊西端下坡处，其东侧为99TWM38，99TWM39，北侧为99TWM43，99TWM44。与现代坟混杂一起。方向64度。

其筑墓方式为：在因夹杂石块而凸凹不平的原生土层上开凿长方形墓圹，以大小不等的石块在圹内砌筑石棺，其中一壁局部贴砌云母页岩石板。在埋入人骨后，再以黑灰色土夹石块填充墓圹。墓顶情况不清。

墓葬平面呈长方形。墓圹长282、宽154厘米；墓室长234、宽96厘米，深20～40厘米。

棺内葬一人，人骨保存完好，仰身直肢葬。男性，45岁左右。棺内无随葬品。

在墓葬填土里发现玉石珠1件（图3-3-299；图版六二，1）。

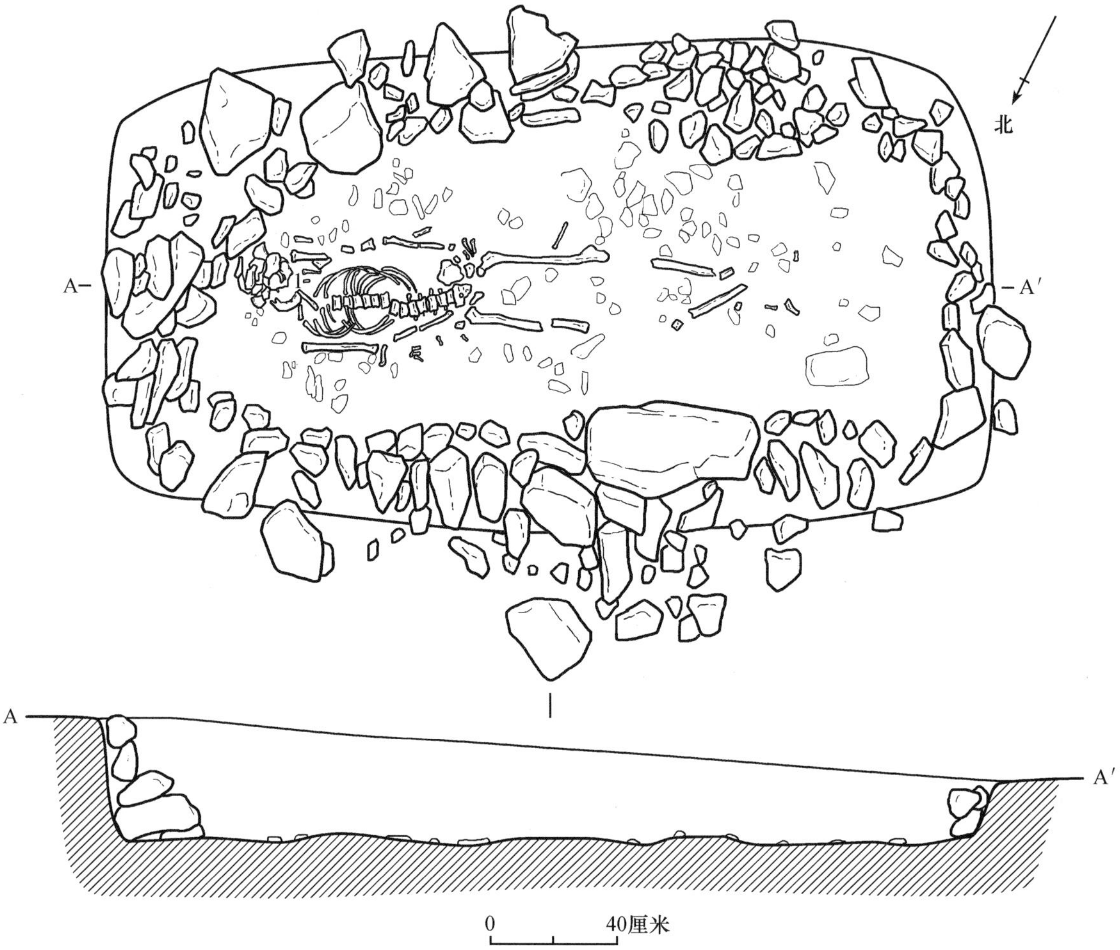

图3-3-299　99TWM40平、剖面图

随葬器物

出土器物1件。

石器　1件。

玉石珠　1件。99TWM40：1，玉石。圆柱形。长1.5、直径0.6厘米（图3-3-300）。

2. 99ⅤTWM42

墓葬概况

石棺墓。位于Ⅴ区T943东北角。方向45度。

此墓建造方式为：在因夹杂石块而凸凹不平的原生土层上开凿长方形墓圹，以不规则石块垒砌四壁。在葬入人骨及随葬品后，填土进行掩埋。墓顶情况不清。

墓葬平面呈长方形。墓圹长220、宽94厘米；墓室长186、宽49厘米，深46厘米。

单人葬。人骨保存较好。仰身半屈肢，两手交叉交于腹部，下肢伸直。女性。年龄不详。

死者头部随葬1壶1罐，脚底随葬1罐。2件陶罐均破碎严重，无法修复。右侧肩部出土野猪牙饰1件（图3-3-301；图版六三，1、2）。

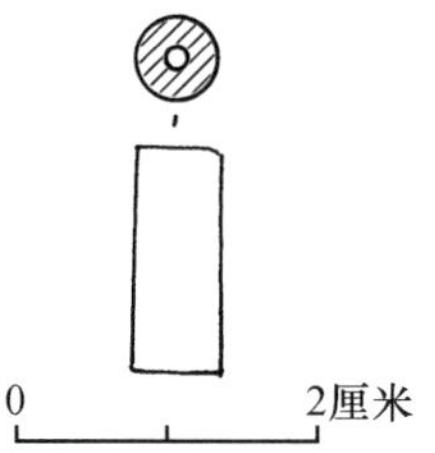

图3-3-300　99TWM40出土玉石珠
（99TW99TWM40：1）

随葬器物

共出土器物2件。

陶器　1件。

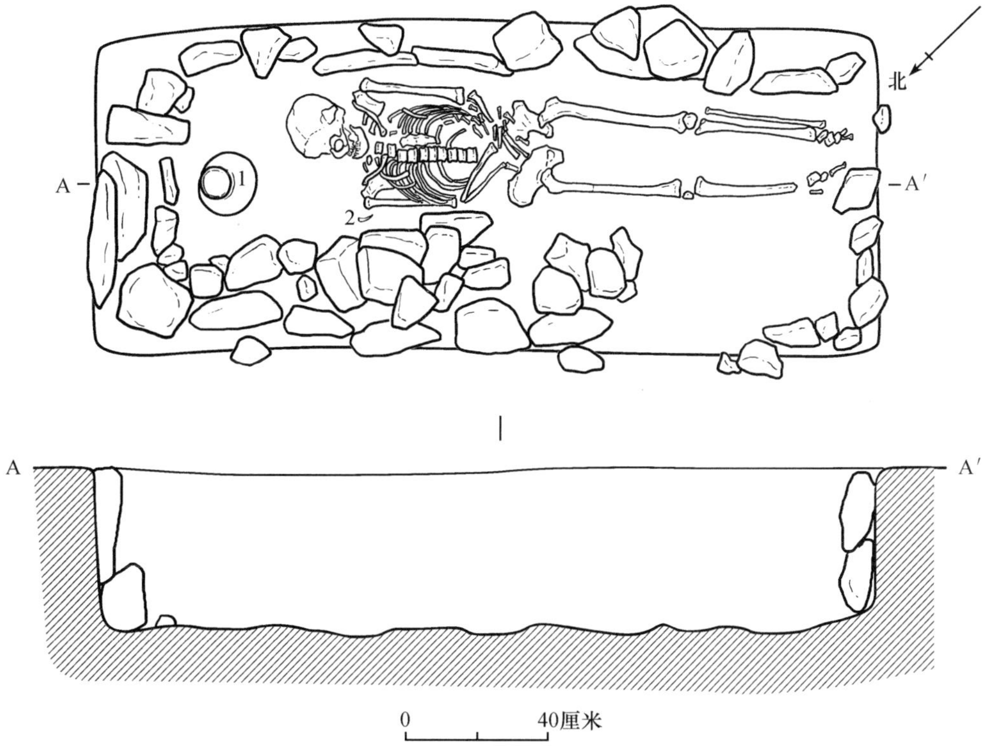

图3-3-301　99TWM42平、剖面图
1. 陶钵形口壶　2. 野猪牙饰

钵形口壶　1件。99TWM42：1，泥质黄褐陶，夹零星蚌粉，局部有烟熏留下的痕迹。钵形口，钵身呈弧形，大鼓腹，最大腹径处饰两对称横桥耳，台足。口径8.6、底径9、高17.4厘米（图3-3-302，1；图版六三，3）。

牙器　1件。

野猪牙饰　1件。99TWM42：3，弯月形。长8.1、厚1.3厘米（图3-3-302，2）。

3. 99ⅤTWM47

墓葬概况

石棺墓。

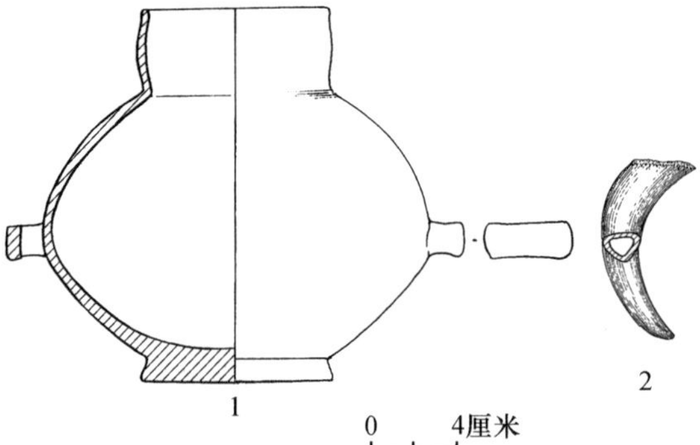

图3-3-302　99TWM42出土器物

1. 陶钵形口壶（99TWM42：1）

2. 野猪牙饰（99TWM42：3）

位于Ⅴ区T943西北角。墓葬开口于第1层下。方向47度。

此墓建造方式为：在因夹杂石块而凸凹不平的原生土层开凿长方形墓圹，圹内以大小不同的石块砌筑石棺，北壁及西壁所余石块较少。在葬入人骨及随葬品之后，以夹石块的灰黄色沙土进行掩埋。墓顶情况不清。

墓葬呈长方形，墓圹长232、宽115厘米；墓室长226、宽94.4厘米，深30厘米。

单人葬。人骨保存不好，但仍可分辨为仰身葬，两手交叉交于下腹部。女性，年龄不详。死者头部随葬陶竖耳罐1件、石刀1件。脚下有石镰1件（图3-3-303；图版六六，1）。

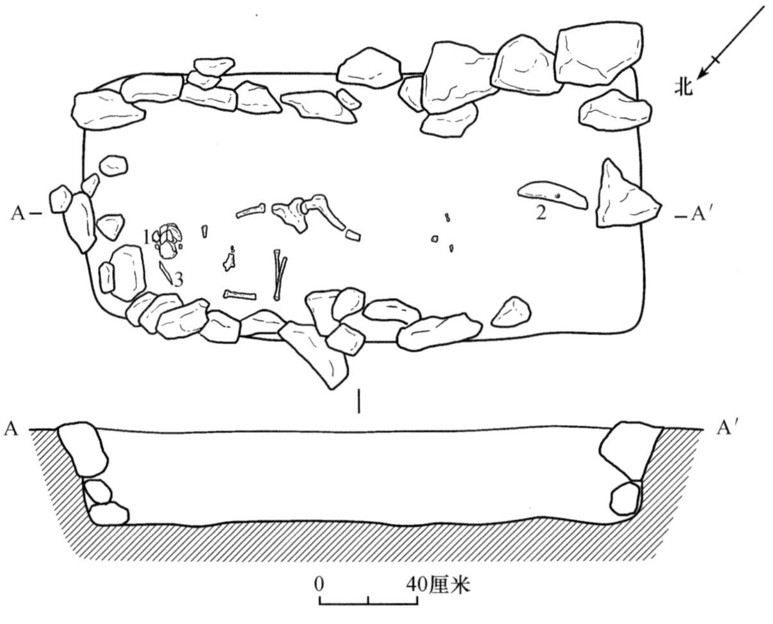

图3-3-303　99TWM47平、剖面图

1. 陶竖耳罐　2. 石刀　3. 石镰

随葬器物

共出土器物3件。

陶器　1件。

竖耳罐　1件。99TWM47：1，夹砂黑陶。敛口，方唇，长束颈，弧腹，上腹部饰两对称竖桥耳，台足外撇。口径8、底径5、高15厘米（图3-3-304，1；图版六六，2）。

石器　2件。

Ab型刀　1件。99TWM47：2，灰色板岩。半月形，靠近刃部有一个圆形钻孔。器形厚重，磨制精细。长15.2、宽4.4、厚0.7厘米（图3-3-304，2；图版六六，3）。

镰　1件。99TWM47：3，深灰色板岩。整体呈长条形，直背直刃，双面刃，两端有部分

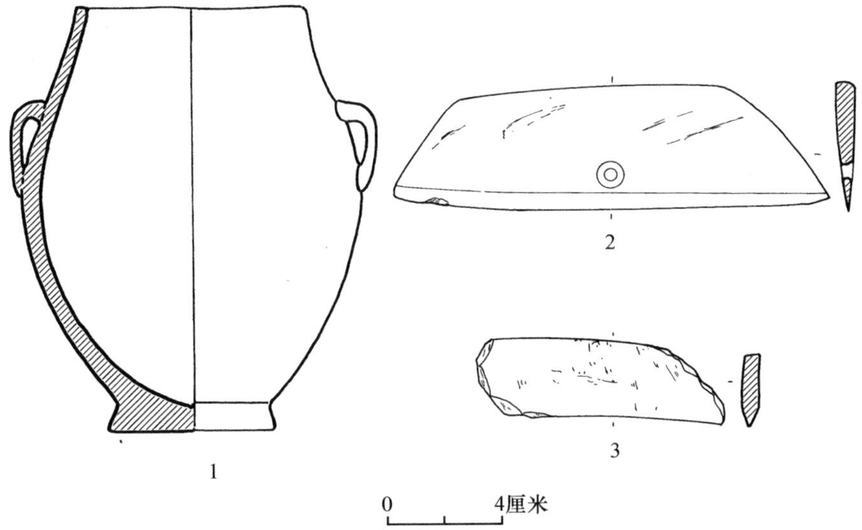

图3-3-304　99TWM47出土器物
1. 陶竖耳罐（99TWM47：1）　2. Ab型石刀（99TWM47：2）　3. 石镰（99TWM47：3）

石片剥落。长17、宽5.4、厚1.4厘米（图3-3-304，3）。

4. 99ⅤTWM48

墓葬概况

石棺墓。

位于Ⅴ区T948中部。墓葬开口于第1层下，方向45度。

此墓建造方式为：在因夹杂石块而凸凹不平的原生土层开凿长方形墓圹，再以大小不同的石块砌筑石棺。在埋入人骨及随葬品之后，以灰黄色沙土夹石块进行掩埋。

石棺平面近梯形，四壁不规整。墓圹长249、宽84厘米；墓室长220、宽50～60厘米，深40厘米。

单人葬。人骨保存不好，但仍可分辨为仰身半屈肢葬，两手交叉交于腹部，下肢伸直。女性，年龄不详。

死者颈部位置出土铜扣1件，小腿右侧位置出土陶纺轮2件（图3-3-305；图版六七，1）。

随葬器物

共出土器物3件。

陶器　2件。

纺轮　2件。

A型　1件。99TWM48：2，夹细砂红陶。圆饼形，一面饰五组放射性指甲纹。直径5.8、高1厘米（图3-3-306，1；图版六七，2）。

Cb型　1件。99TWM48：1，泥质黄陶，局部发黑。变形算珠形，剖面呈八边形。最大径4.6、高4厘米（图3-3-306，2；图版六七，3）。

铜器　1件。

扣　1件。99TWM48：3，有孔雀绿锈斑。正面隆起，背面内凹，有桥式纽。直径1.5、厚0.4厘米（图3-3-306，3）。

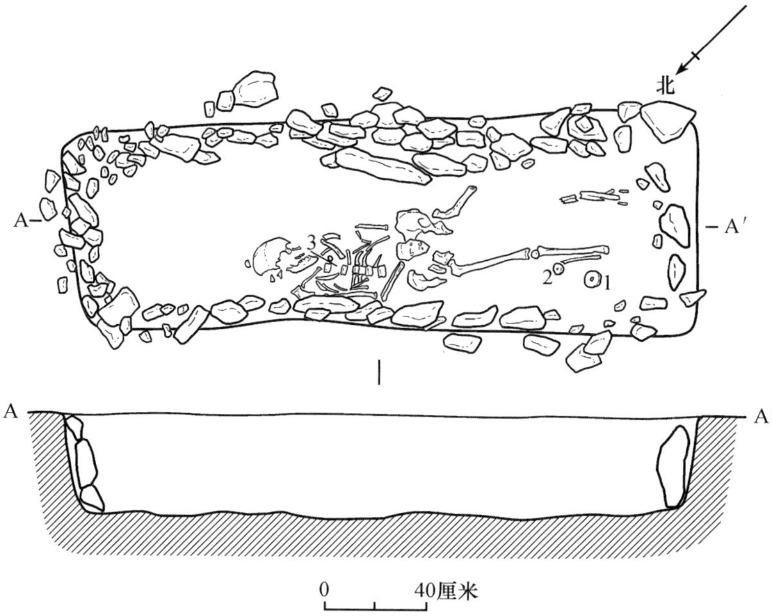

图3-3-305　99TWM48平、剖面图
1、2. 陶纺轮　3. 铜扣

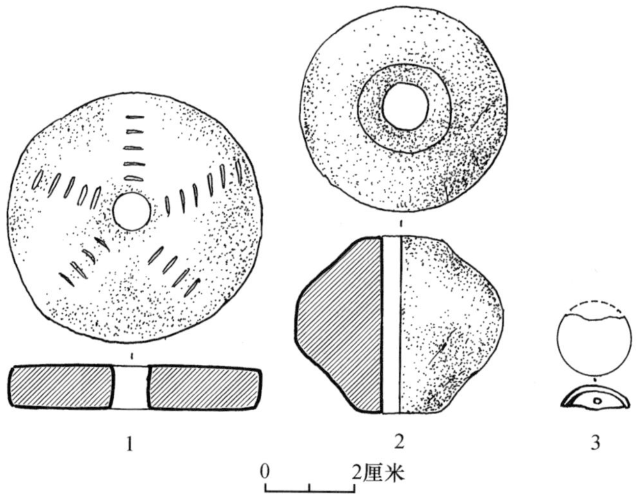

图3-3-306　99TWM48出土器物
1. A型陶纺轮（99TWM48：2）　2. Cb型陶纺轮（99TWM48：1）　3. 铜扣（99TWM48：3）

5. 99ⅥTWM51

墓葬概况

石棺墓。

位于Ⅵ区T911西北角，开口于第4层下。方向60度。

此墓建造方式为：在基岩上开凿墓圹，在墓圹中以大石块构筑石椁的北、西、南壁，东壁无石块。四壁较为齐整。在埋入死者之后，在死者骨骼上压三块大石块，再以夹石块的沙土进行掩埋。墓顶情况不清。

墓葬平面呈长方形。墓圹长84、宽54厘米；墓室长44、宽30厘米，深约26厘米。

单人葬。侧身屈肢葬，左侧胳膊笔直，右侧胳膊弯曲，下肢弯曲。性别不清，年龄为4～5岁。

死者腕部出土玉石珠1件（图3-3-307；图版六八，2）。

随葬器物

出土器物1件。

石器　1件。

玉石珠　1件。99TWM51：2，汉白玉。圆柱形。直径0.4、高0.3厘米（图3-3-308）。

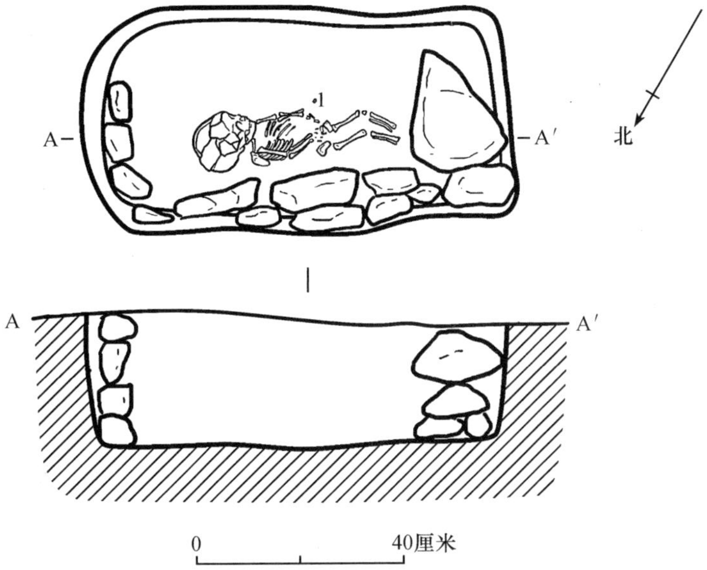

图3-3-307　99TWM51平、剖面图

1. 玉石珠

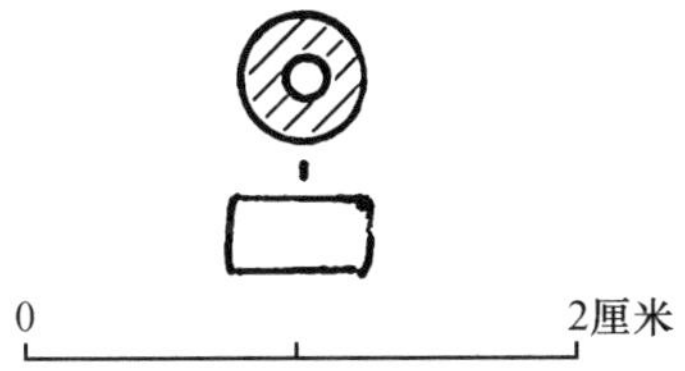

图3-3-308　99TWM51出土玉石珠

（99TWM51：2）

6. 99ⅥTWM53

墓葬概况

石棺墓。

位于Ⅵ区T912东北角，开口于第1层下。方向75度。

此墓建造方法为：先开凿长方形墓圹，在墓圹中以大石块构筑石棺，石棺四壁较为齐整。在墓底铺一层河卵石，人骨及随葬品放置其上，之后填土进行掩埋。墓顶情况不清。

墓葬平面呈长方形。墓圹长141、宽58厘米；墓室长131、宽41厘米，深35厘米。

无葬具，单人葬。除头骨保存较好外，其他骨骼已高度腐朽，但能分辨出四肢位置。仰身直肢葬，性别、年龄不详。

死者颈部位置出土1件绿松石珠（图3-3-309；图版六九，1）。

随葬器物

出土器物1件。

石器　1件。

绿松石珠　1件。99TWM53：1，绿松石质，圆柱形。直径0.3、高0.5厘米（图3-3-310，1）。

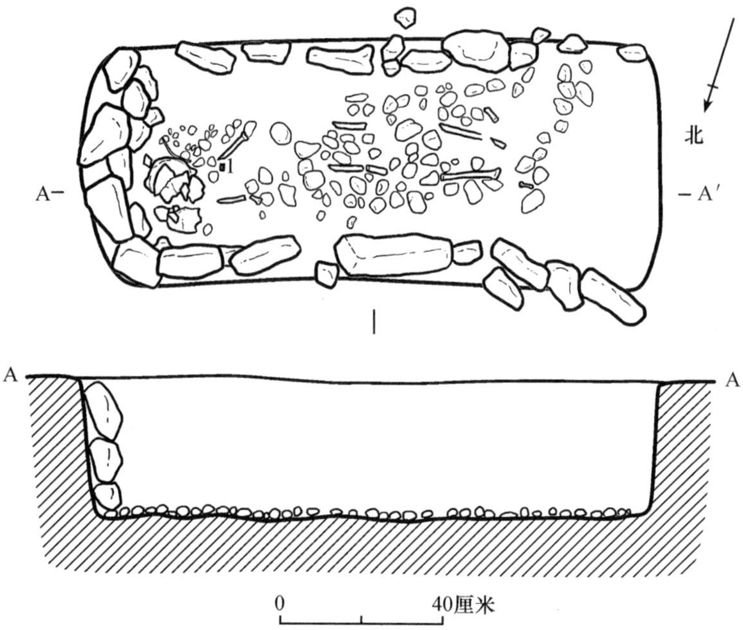

图3-3-309　99TWM53平、剖面图
1. 绿松石珠

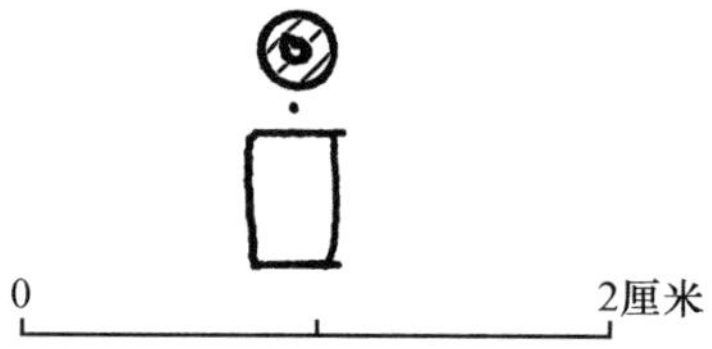

图3-3-310　99TWM53出土绿松石珠
（99TWM53：1）

7. 99ⅤTWM55

墓葬概况

石棺墓。位于Ⅴ区T942中部。开口于第1层下，打破生土。方向55度。

此墓建造方法为：在因夹杂石块而凸凹不平的原生土层开凿长方形墓圹，在墓圹内以石头垒砌长方形石棺。较长两侧墓壁以整块石板构筑而成，另两侧墓壁大小不等石块砌筑。葬入人骨及随葬品后，以黑灰色沙土夹石块进行填充。墓顶情况不清。

墓葬平面呈长方形。墓圹长152、宽90厘米；墓室长120、宽54厘米，深34厘米。

单人葬，人骨保存极差，仅残留部分肢骨，死者性别年龄不详。

死者脚部周围随葬陶双錾耳罐1件。填土中发现青铜镯1件（图3-3-311；图版六九，2）。

随葬器物

共出土器物2件。

陶器　1件。

双錾耳罐　1件。99TWM55：1，夹砂黑陶，夹云母。口沿部贴塑一周泥条形成厚厚的圆唇，弧腹，上腹部饰两錾耳，平底。口径7.8、底径4、高9.5厘米（图3-3-312，1）。

青铜器　1件。

镯　1件。99TWM55：2，整体呈环形，镯身表面有二道凹槽，将镯身分成三等分，镯边缘呈波浪形。直径5.6、壁厚0.2厘米（图3-3-312，2）。

8. 99ⅤTWM56

墓葬概况

石棺墓。位于Ⅴ区T928西南角。方向45度。

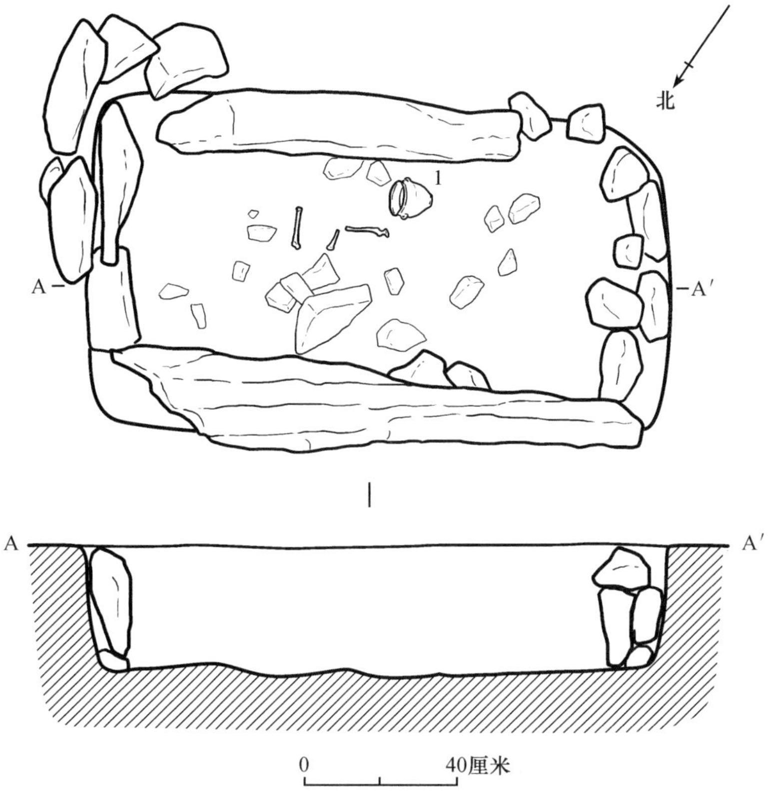

图3-3-311　99TWM55平、剖面图
1. 陶双錾耳罐

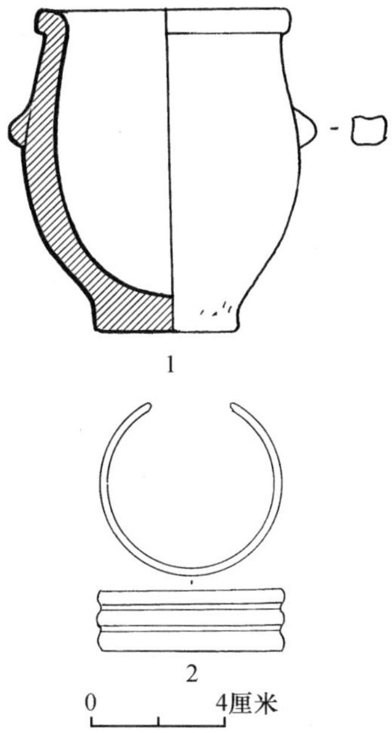

图3-3-312　99TWM55出土器物
1. 陶双錾耳罐（99TWM55∶1）
2. 青铜镯（99TWM55∶2）

此墓筑墓方法为：先开凿长方形墓圹，在圹内以大小不等石块砌筑长方形石棺。在墓底平铺云母页岩石板，葬入死者尸体后以大小不等石块及沙土覆盖其上，在墓口位置以数块大石块封护墓顶，石块较为凌乱。

墓葬平面呈长方形。墓圹长236、宽114厘米；墓室长174、宽76厘米，深30厘米。

单人葬。人骨保存较差，仅存部分下肢骨，依稀可辨双腿为直肢葬。死者性别年龄不详。

头骨右侧耳部附近出土银耳环1件、玻璃耳瑱1件；头骨左侧耳部附近出土银耳环1件；左臂附近出土玻璃耳瑱1件；右小臂附近出土青铜镯4件；左小腿附近出土青铜镯2件；腰部出土玉石珠1件（图3-3-313；图版七〇，1、2、3）。

随葬器物

共出土器物11件。

石器　1件。

玉石珠　1件。99TWM56∶7，茶色玉石，呈管状，已残。残长2.2、直径1.4厘米（图3-3-314，1）。

青铜器　6件。

镯　6件。6件形制相同。整体呈环形，镯身表面有二道凹槽，将镯身分成三等分，镯边缘呈波浪形。99TWM56∶5-1、99TWM56∶5-2，直径均为5.5厘米（图3-3-314，2、3）。99TWM56∶5-3，直径6厘米（图3-3-314，4）。99TWM56∶5-4，直径5.4厘米（图3-3-314，

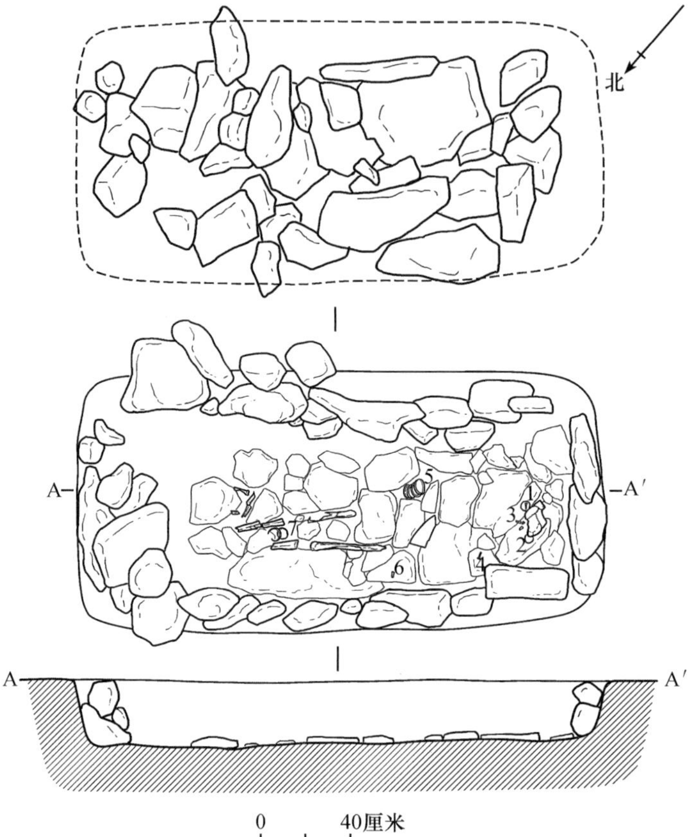

图3-3-313　99TWM56平、剖面图

1、2. 银环　3、4. 玻璃耳瑱　5、7. 青铜镯　6. 玉石珠

5）。99TWM56：6-1、99TWM56：6-2，直径均为5.1厘米（图3-3-314，6、7）。

银器及玻璃器　4件。

银环　2件。2件形制相同。均系用一根银丝环绕三圈而成，银色脱落大半，呈黑灰色，两端呈扁平尖状。99TWM56：3，环径4.6厘米（图3-3-314，8）。99TWM56：2，环径4.9厘米（图3-3-314，9）。

玻璃耳瑱　2件。应为一对。99TWM56：4，玻璃质。钉子形，上有圆形钉帽，器身剖面呈六边形。长3.1、帽直径1.1厘米（图3-3-314，10；图版七〇，4）。

（三）大盖石墓

这种墓葬的筑墓方式为：从地表往下挖一竖穴墓圹，以大小不等石块构筑墓圹四壁，个别墓底铺河卵石，葬入人骨后，以厚实的大盖石覆盖墓顶，个别墓葬在大盖石下还铺一层云母页岩石板。

1. 99ⅦTWM34

墓葬概况

大盖石墓。位于Ⅶ区T894中部。方向52度。

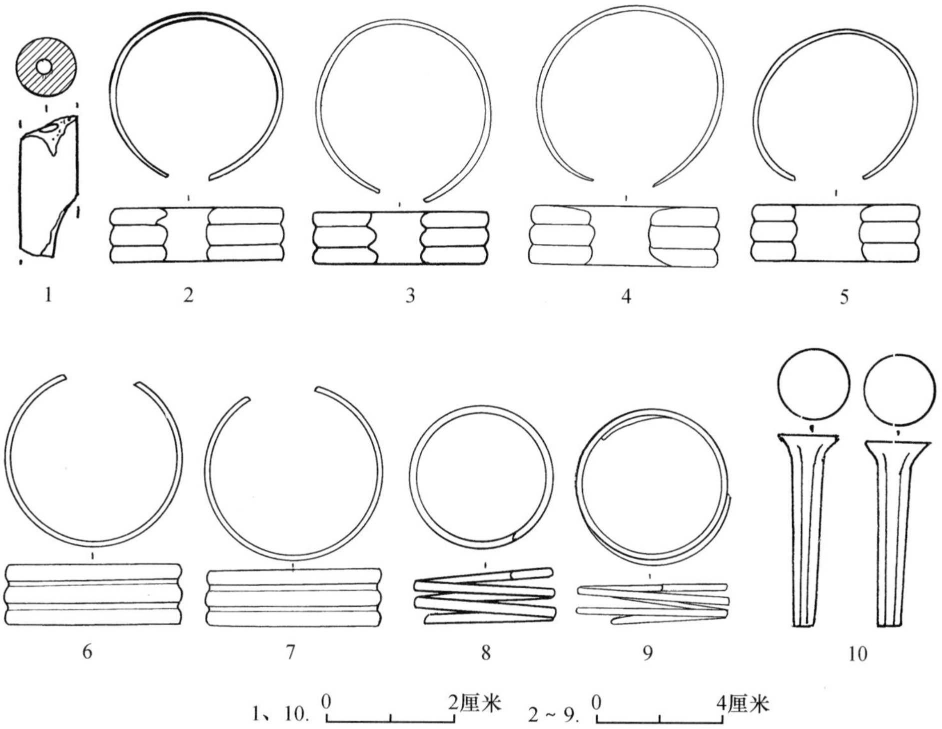

图3-3-314　99TWM56出土器物

1. 玉石珠（99TWM56：7）　2～7. 青铜镯（99TWM56：5-1、99TWM56：5-2、99TWM56：5-3、99TWM56：5-4、99TWM56：6-1、99TWM56：6-2）　8、9. 银环（99TWM56：3、99TWM56：2）　10. 玻璃耳瑱（99TWM56：4）

清理前大盖石西南角露于地表之上。清除杂草和盖石封土后露出长方形大盖石，盖石东部为一方形云母页岩石板的附棺（图版七四，1）。

此墓建造方式为：在原生土层上开挖长方形墓圹，以大小不同石块构筑墓壁，在墓底平铺河卵石，之后葬入人骨，随葬品置于墓壁之外不远的地方，之后填土。最后以大盖石覆盖其上。盖石东部的云母页岩石板的附棺应该是后期附葬。

大盖石长325、宽180、厚35～40厘米。大盖石下为大小不等的自然石块砌筑的长方形墓圹，墓圹长200、宽80厘米，深20厘米。圹内双人合葬。经鉴定，为一男一女，东侧为女性，西侧为男性，均为仰身直肢葬。男性左侧股骨和女性右侧股骨已残，其余骨架保存完好。两头骨面对面，葬式十分奇特（图版七五，1）。男性头部右上方有一少儿头骨，约10岁左右。

长方形大盖石东侧为方形云母页岩石板。石板长110、宽100、厚15厘米。石板上堆有10～15厘米厚的火烧人骨，还可见夹砂红褐、夹砂灰褐陶片、3枚石镞。方形石板下是一浅坑，出土1件石镐、豆形罐等（图版七四，2）。

墓圹内无随葬品，死者身下铺河卵石，厚约10厘米。河卵石之下为原生土层。

墓圹东壁北部出土陶器底1件。东壁南部出土石镐1件（图3-3-315）。

随葬器物

共出土器物7件。

陶器　2件。

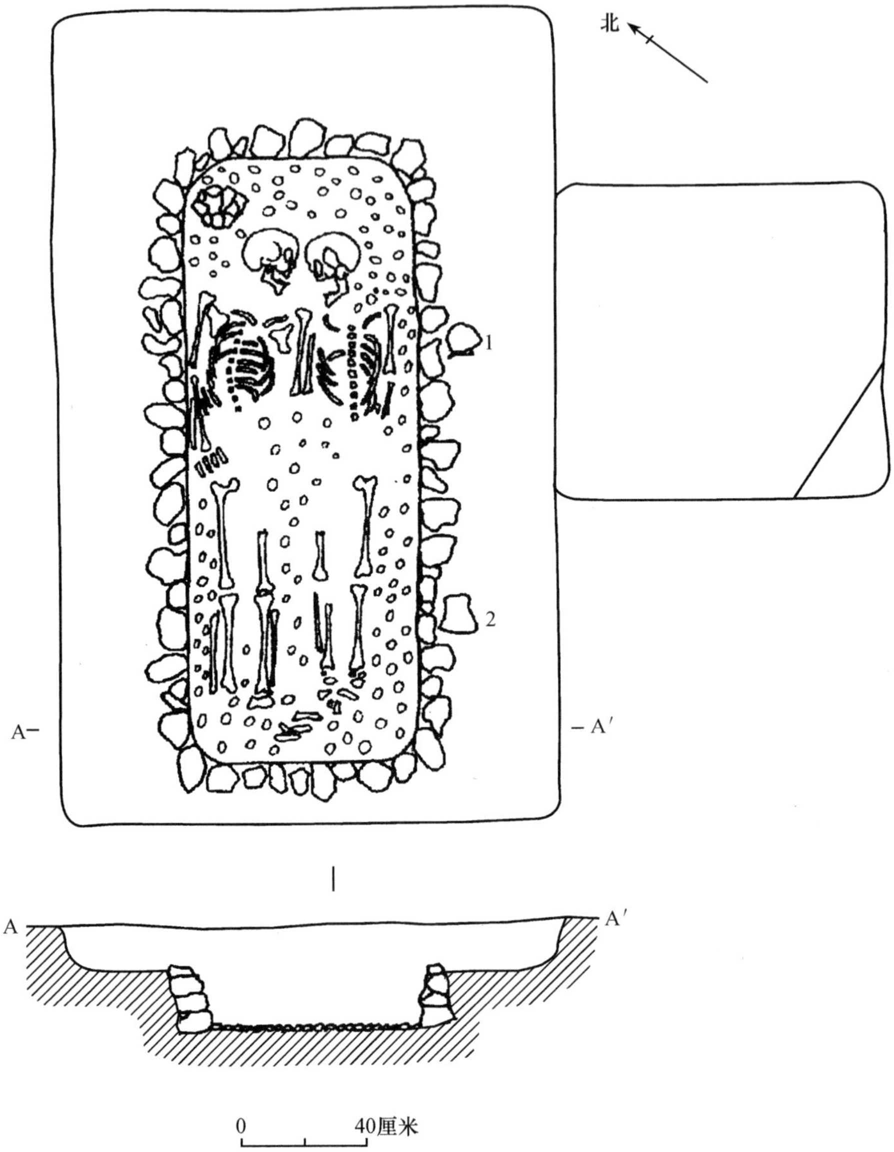

图3-3-315　99TWM34平、剖面图
1. 陶豆形罐　2. 石镐

豆形罐　2件。99TWM34：7，夹砂红陶，夹蚌粉。侈口，圆唇，鼓腹，喇叭状圈足。口径9.4、底径9.6、高16.8厘米（图3-3-316，2；图版七五，3）。99TWM34：1，夹砂红陶，器表光滑。器底呈喇叭状，上部已残，推测为豆形罐的底部。底径9、残高3.6厘米（图3-3-316，1）。

石器　5件。

镞　3件

Ba型　2件。双翼，后锋倒刺呈燕尾状，方柱形铤。99TWM34：3，青灰色板岩。尖残，残长3.9、镞身宽0.5、厚0.5厘米（图3-3-316，3）。99TWM34：4，灰色板岩。尖略残。长4.3、镞身宽1.3、厚0.4厘米（图3-3-316，4）。

C型　1件。99TWM34：5，灰色板岩。三棱形，仅余镞尖部分。残长1.9厘米（图3-3-316，5）。

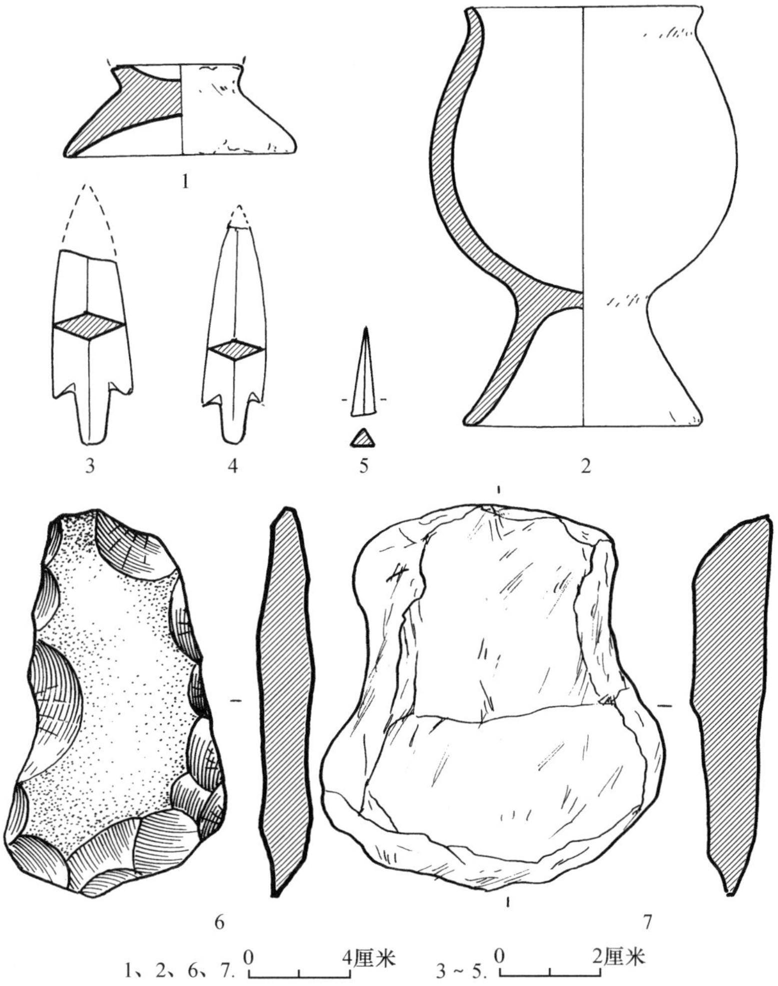

图3-3-316　99TWM34出土器物

1、2. 陶豆形罐（99TWM34：1、99TWM34：7）　3、4. Ba型石镞（99TWM34：3、99TWM34：4）
5. C型石镞（99TWM34：5）　6、7. 石镐（99TWM34：6、99TWM34：2）（1、7为主棺出土器物，其余为附棺出土器物）

镐　2件。99TWM34：2，深灰色板岩。打制，亚腰形，器形较大。长15.4、器身最宽13.8、厚2.9厘米（图3-3-316，7）。99TWM34：6，灰色板岩。平面近长方形，器身遍布打制疤痕。长7.7、宽4.4、厚1厘米（图3-3-316，6；图版七五，2）。

2. 99ⅦTWM35

墓葬概况

大盖石墓。位于Ⅶ区T895中部，东距99TWM34约5米。墓向40度。

墓上无封土。大盖石呈长方形，为黑灰色板岩。南北长225厘米，东西宽195厘米，厚35～40厘米。盖石下压一长方形云母页岩石板，南北长160厘米，东西宽74厘米，厚15～20厘米（图版七六，1、2）。云母页岩板下为大小不等石块砌筑的墓圹。墓圹南北长270、东西宽164厘米，北部距地表深40厘米，南部距地表深20厘米。墓圹东壁为两块长条形青灰色花岗岩石条砌筑的边框，北壁和西壁以大小不等石块砌筑。南壁无石块。圹内北部以云母页岩石板立砌出头箱。墓底为原生土层，未铺河卵石。

此墓建造方式为：在因夹杂石块而凸凹不平的原生土层上开凿长方形墓圹，再葬入火烧人骨，然后以夹杂碎石块的填土进行掩埋，在墓口以云母页岩石板覆盖。在其上再覆盖以黑灰色的大盖石。

墓内仅见三块被火烧过的人骨。

墓外大盖石北部有5处被火烧变成转红色的风化岩，并伴有大量的弦纹陶片、1件陶壶、1件石纺轮及3件石镞（图3-3-317；图版七六，3）。

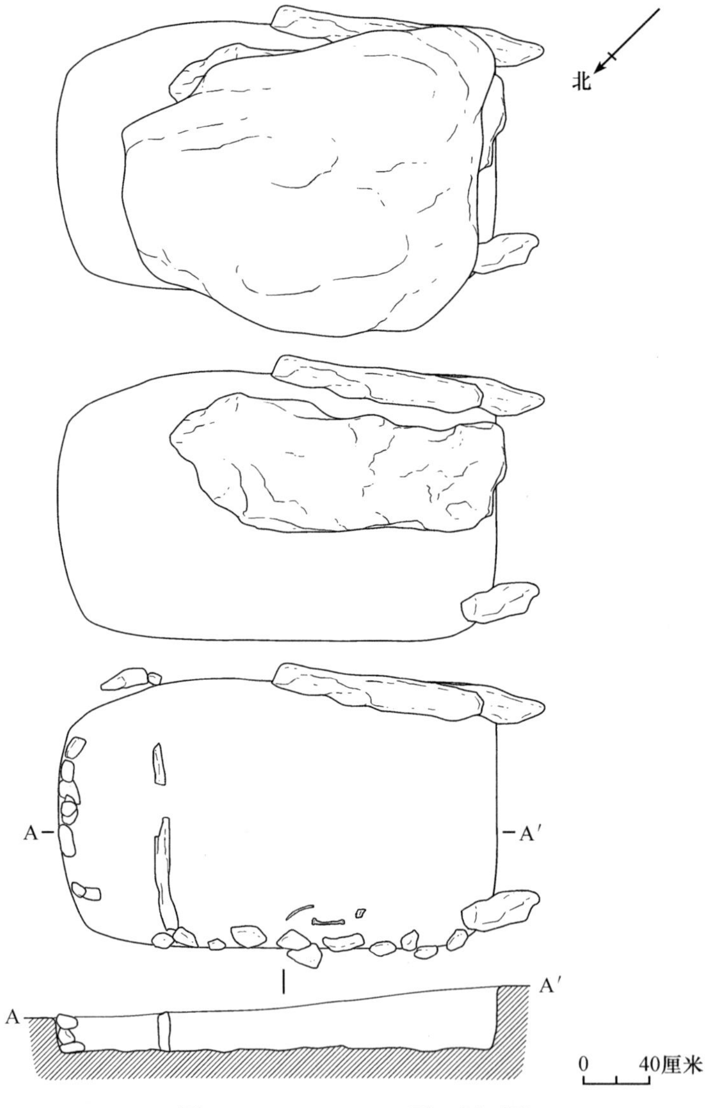

图3-3-317 99TWM35平、剖面图

随葬器物

共出土器物5件。

陶器 1件。

盲耳壶 1件。99TWM35：5，夹砂灰陶，夹较多蚌粉。手制，直口，圆唇，斜直颈，鼓腹，腹部饰两横桥式盲耳。两耳中间有压印的凹弦纹五条，环腹一周，深浅不一。口径9.4、

底径6.8、高23.8厘米（图3-3-318，1；图版七六，4）。

石器　4件。

镞　3件。

A型　1件。99TWM35：3，褐灰色板岩。双翼，一侧翼已残，中间有凹槽。仅存镞身前半部分。长6.6、宽1.5、厚0.3厘米（图3-3-318，2）。

C型　2件。三棱形。99TWM35：1，褐灰色板岩。尖残，后锋有倒刺，一侧锋残，呈燕尾形。残长4.3、镞身宽0.7、厚0.5厘米（图3-3-318，3）。99TWM35：4，灰色板岩。尖残，镞身平面呈矛形，方柱形铤。残长3.9、镞身宽0.8、厚0.4厘米（图3-3-318，4）。

纺轮　1件。99TWM35：2，灰色板岩。圆饼形，一端有小缺口。直径6.3、厚0.5厘米（图3-3-318，5；图版七六，5）。

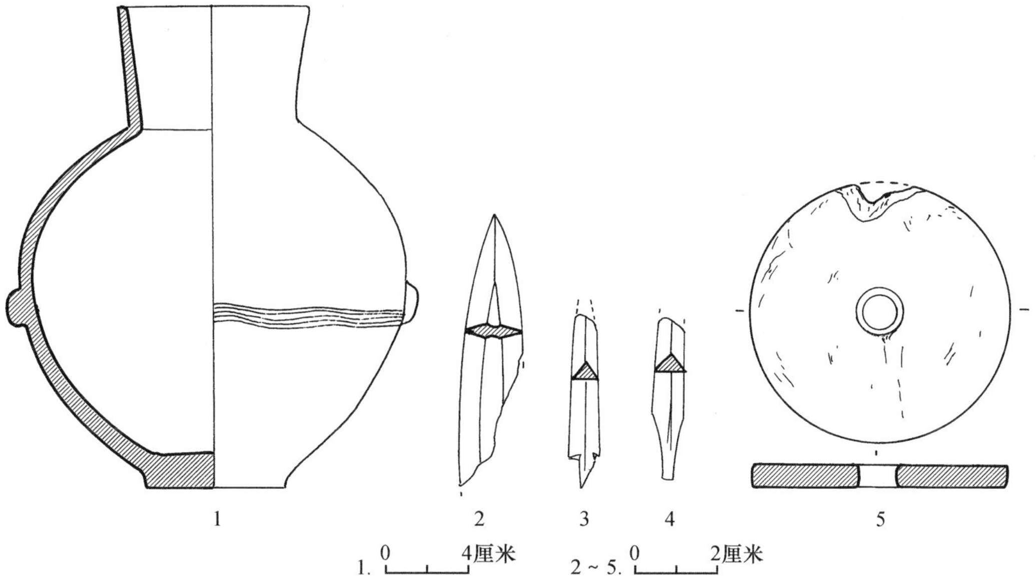

图3-3-318　99TWM35出土器物

1. 陶盲耳壶（99TWM35：5）　2. A型石镞（99TWM35：3）　3、4. C型石镞（99TWM35：1、99TWM35：4）　5. 石纺轮（99TWM35：2）

3. 99ⅧTWM39

墓葬概况

大盖石墓。

位于Ⅷ区T897内，99TWM38的南侧。方向0度。

发掘前大盖石全部裸露在地表，为白云岩质。长175、宽125厘米，厚25～35厘米。大盖石中间有断裂（图版七七，1）。大盖石下是以大石块砌筑的椭圆形墓圹，圹内覆盖云母页岩石板。墓圹南北长134、东西宽80厘米，深26～38厘米。云母页岩石板下为黑灰色填土，填土厚25厘米。其下为河卵石，卵石层厚10厘米。卵石层下为青灰色泥质页岩。

此墓建造方法为：在原生土层上开凿椭圆形墓圹，圹内以大小不同的石块砌筑墓壁。墓底平铺青灰色泥质页岩，页岩上铺河卵石，葬入人骨后（推测后期迁走），填土进行掩埋。以云母页岩石板覆盖墓口，云母页岩石板之上再覆盖以白云岩质大盖石。

墓圹内无人骨及随葬品，推测为迁葬空墓（图3-3-319；图版七七，2）。

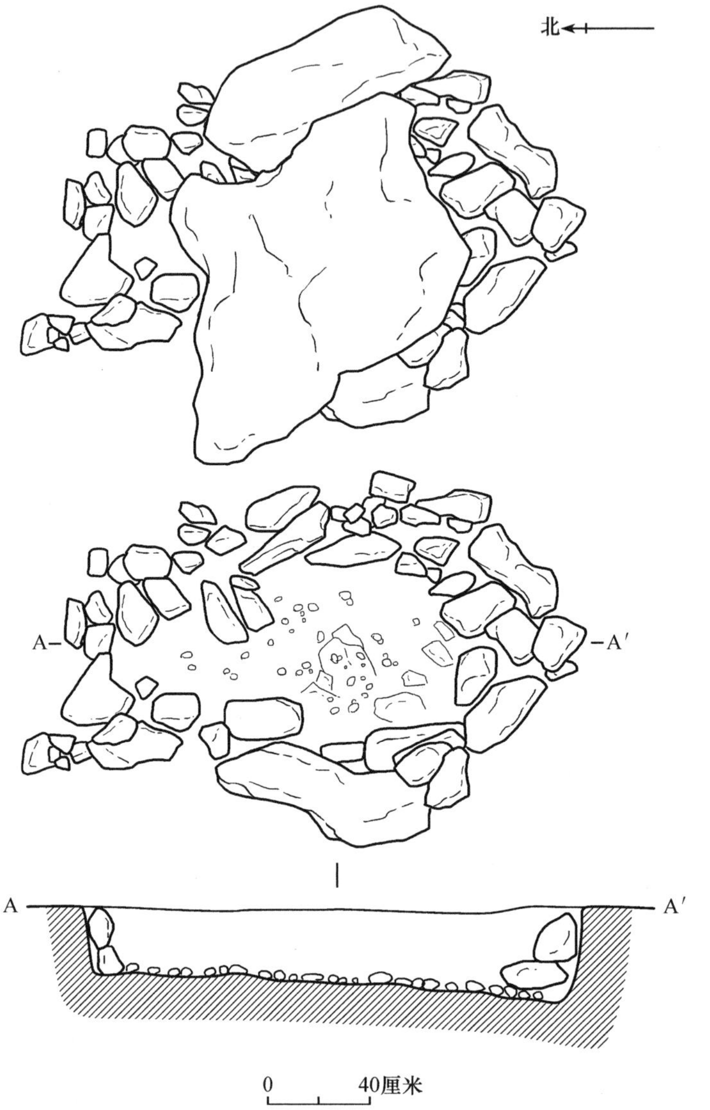

图3-3-319　99TWM39平、剖面图

4. 99ⅧTWM43

墓葬概况

大盖石墓。

位于Ⅷ区T899内。墓向77度。

此墓东南为99TWM40，此墓西北为99TWM44。99TWM40的东南为99TWM38、99TWM39。99TWM43、99TWM44、99TWM40、99TWM38、99TWM39组成一个墓群。清理前，此墓大盖石已被掀起立于墓圹东侧，大盖石为白云岩质，长152、宽86厘米。厚25～35厘米（图版七八，1）。

墓圹埋在现代地表地下，其上长满榛子树和蒿草。墓圹口距地表25厘米。墓圹呈长方形，长234、东西宽90厘米，深20～30厘米。在墓室一侧，有云母页岩石板两块，形成类似于头箱的结构。墓底平铺河卵石，卵石厚5～8厘米。

此墓建造方法为：在夹杂石块的原生土层上开凿长方形墓圹，圹内以大小不同的石块砌筑墓壁。墓底平铺河卵石，葬入人骨后（推测后期迁走），填土进行掩埋。最后以白云岩质大盖石覆盖墓口。

墓圹内出土一块人骨和两颗牙齿。人骨和牙齿呈黄褐色，未经火烧（图3-3-320；图版七八，2）。

无随葬器物。

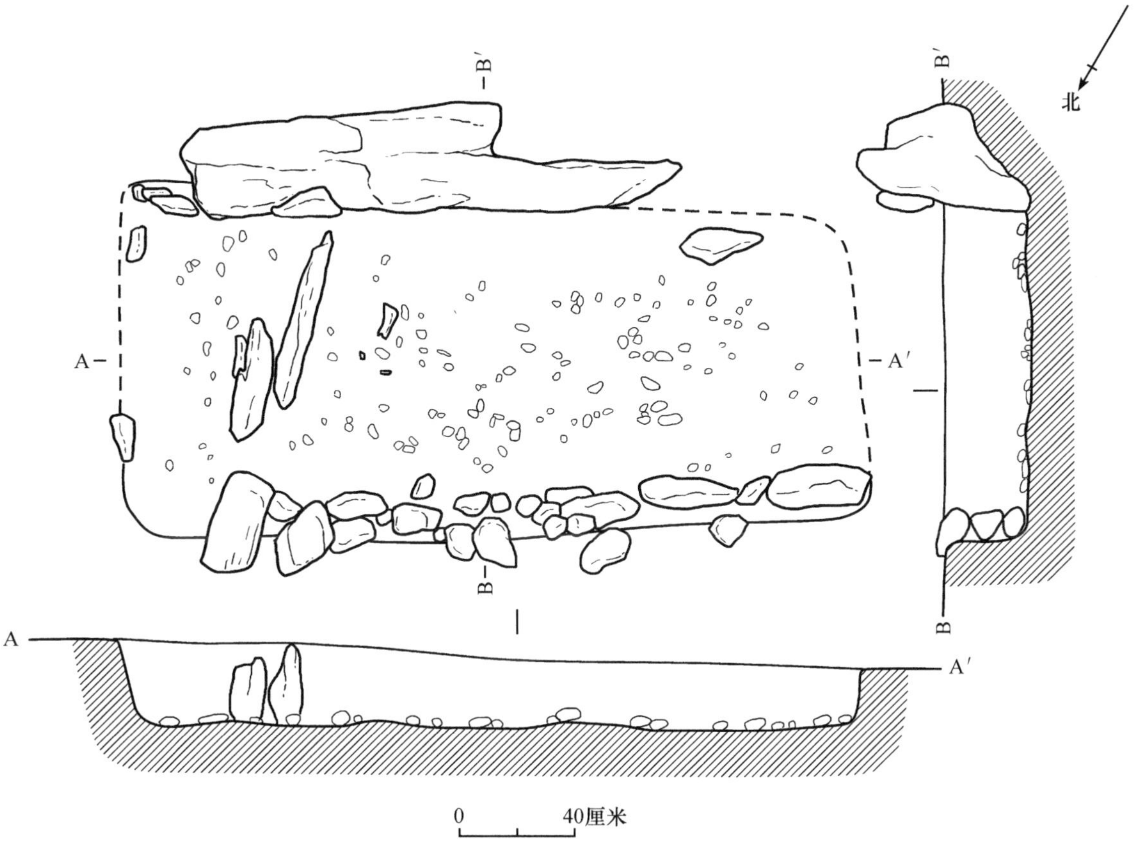

图3-3-320　99TWM43平、剖面图

第四节　西汉时期至两汉之际遗存

第四期遗存，即西汉时期至西汉之际遗存，包含第Ⅰ区、第Ⅱ区的第3层、第2层下开口的部分单位、第1层下开口的部分单位；第Ⅲ区的第4层及第4层下开口的部分单位；第Ⅳ区的第3层；第Ⅵ区的第3层、第2层。

第Ⅰ区属于这一时期的单位有18个，均为第2层下开口的单位。包括97ⅠTWH2、97ⅠTWH3、97ⅠTWH4、97ⅠTWH5、97ⅠTWH9、97ⅠTWH12、97ⅠTWH14、

97ⅠTWH18、97ⅠTWH19、97ⅠTWH20、97ⅠTWH22、97ⅠTWH23、97ⅠTWH24、97ⅠTWH25、97ⅠTWH28、97ⅠTWH29、97ⅠTWH75、97ⅠTWF7。

第Ⅱ区属于这一时期的单位有18个。

包括2层下开口的单位9个，分别为97ⅡTWH96、97ⅡTWH97、97ⅡTWH98、97ⅡTWH100、97ⅡTWH109、97ⅡTWH127、97ⅡTWG6、97ⅡTWG7、97ⅡTWF10。

第1层下开口的单位9个，分别为97ⅡTWH63、97ⅡTWH90、97ⅡTWH94、97ⅡTWH95、97ⅡTWH106、97ⅡTWH111、97ⅡTWH112、97ⅡTWH114、97ⅡTWF4。

第Ⅲ区属于这一时期的单位有1个，即开口于第4层下的单位98ⅢTWH145。

第Ⅳ区的第3层。其层下无遗迹单位。

第Ⅴ区第1层下开口的单位99ⅤTWM36、99ⅤTWM45、99ⅤTWM46，以及位于地表之上的99ⅤTWM41。

第Ⅵ区的第3层和第2层。其层下均无遗迹单位。

第Ⅶ区位于地表之上的99ⅦTWM37。

第Ⅷ区第1层下开口的单位99ⅧTWM44，以及位于地表之上的99ⅧTWM38。

一、地层出土器物

（一）第Ⅰ区第3层出土器物

这一时期地层中共出土器物209件。其中，陶器51件、石器119件、骨、牙、角器37件、铁器1件、玉器1件。下面选取比较典型的器物进行介绍。

1. 陶器

第Ⅰ区第3层共出土陶器51件。其中，陶碗2件、陶盅2件、陶罐3件、陶纺轮7件（A2、B2、Ca1、Cb1、D1）、陶网坠37件（B1、Ba7、Bb1、C9、Ea6、Ec2、Ed9、Ee2）。下面选取比较典型的陶器进行介绍。

碗　2件。97TWT329③：22，夹砂红褐陶，夹杂大量的滑石粉，素面。直口，方唇，弧腹，平底。整体器形不甚规整。口径18、底径8、高13.6厘米（图3-4-1，6）。97TWT339③：7，泥质黄褐陶，器表抹光。敞口，方唇，弧腹，平底。口径13.8、底径5.2、高7厘米（图3-4-1，7）。

罐　3件。97TWT366③：10，夹砂红褐陶，素面。直口，溜肩，鼓腹，腹饰两两对称的鋬耳及竖桥耳，底残。口径20、残高27.2厘米（图3-4-1，1）。97TWT366③：12，夹砂黄陶，夹大量蚌粉。器形较大，器壁较薄。侈口，弧腹，上腹部饰对称鹰嘴鋬，下腹部饰对称竖桥耳，底残。口径19.2、残高27厘米（图3-4-1，2）。97TWT399③：12，泥质黄陶，夹蚌夹云母。仅余器身上部，侈口，方唇，弧腹。口径11、残高6厘米（图3-4-1，5）。

盅　2件。97TWT396③：20，夹砂红褐陶，器表磨光。用手捏制而成，器形较小，

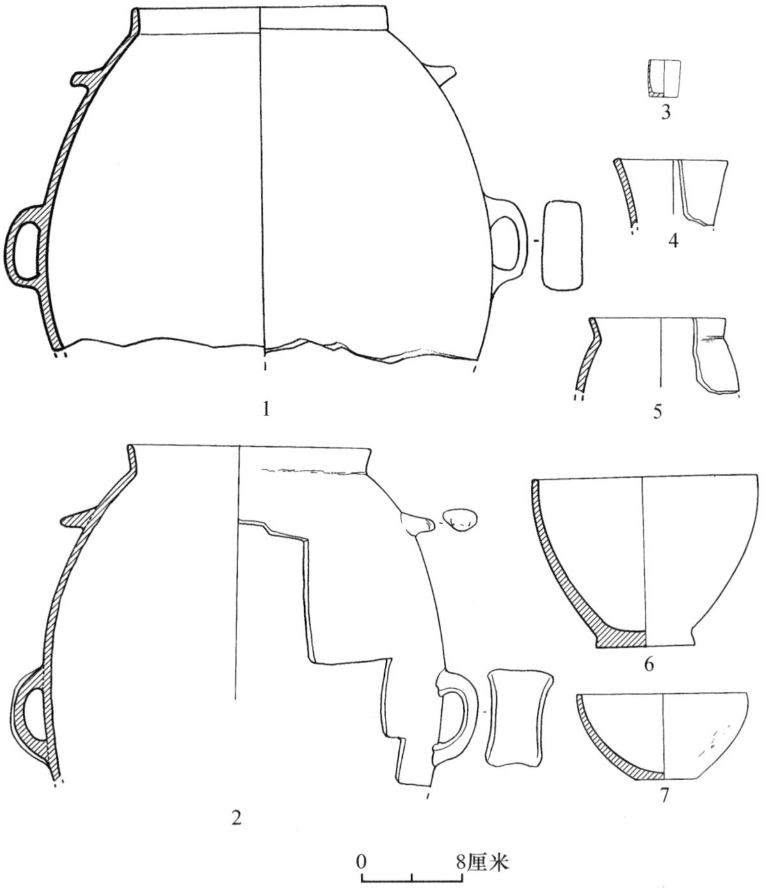

图3-4-1　第Ⅰ区第3层出土陶器
1、2、5. 罐（97TWT366③：10、97TWT366③：12、97TWT399③：12）
3、4. 盅（97TWT396③：20、97TWT399③：13）
6、7. 碗（97TWT329③：22、97TWT339③：7）

形制不甚规整。直口，腹近直，平底。口径2.5、高3、底径2.2厘米（图3-4-1，3）。97TWT399③：13，泥质红陶，夹蚌粉。仅余器身上部，微侈口，圆唇，斜直腹。口径9.2、残高5.4厘米（图3-4-1，4）。

纺轮　4件。

A型　1件。97TWT367③：2，泥质褐陶。圆饼形，边缘略残，中间有圆形穿孔。直径5.8、厚1厘米（图3-4-2，4）。

B型　1件。97TWT397③：19，夹砂黄陶，夹蚌夹云母。外表呈墩台形，里面呈漏斗形。一端直径3、一端直径3.9、高4.4厘米（图3-4-2，1）。

D型　1件。97TWT335③：1，夹砂红褐陶。鼓形，中间有一圆形钻孔。最大径3.7、孔径0.9、高2.7厘米（图3-4-2，2）。

Cb型　1件。97TWT335③：3，泥质灰陶，夹蚌，夹云母。变形算珠形，中间有一圆形钻孔。最大径4、高2.2厘米（图3-4-2，3）。

网坠　4件。

Ba型　2件。卵圆形，一侧有竖向凹槽，中间有圆形钻孔。97TWT335③：14，夹砂红褐陶，夹云母。器表有部分破损。最大径2.5、高2.3厘米（图3-4-2，7）。97TWT336③：1，夹砂红褐陶，夹蚌夹云母。最大径2、高2.2厘米（图3-4-2，8）。

Bb型　1件。卵圆形，器身无凹槽，中间有圆形钻孔。97TWT335③：6，夹砂红褐陶，夹云母。器表有部分破损。最大径2.5、高3厘米（图3-4-2，6）。

Ea型　1件。97TWT329③：3，以泥质黄陶片磨制而成。近圆形，边缘磨制四个豁口。直径5、厚0.9厘米（图3-4-2，5）。

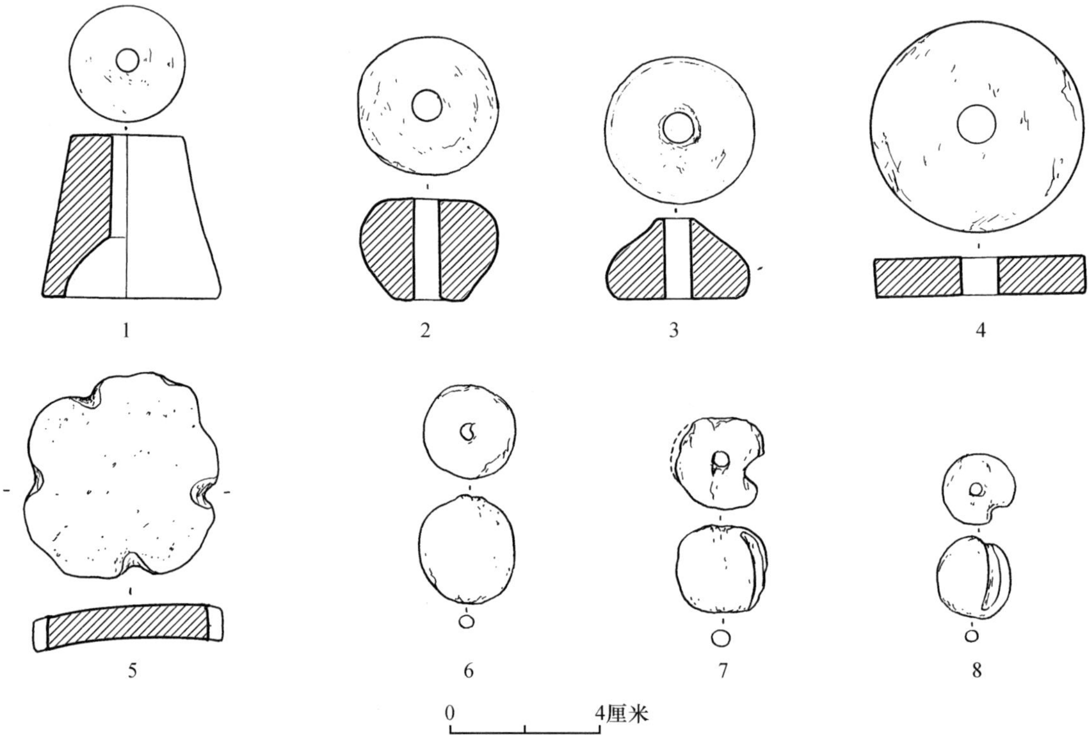

图3-4-2　第Ⅰ区第3层出土陶器

1. B型纺轮（97TWT397③：19）　2. D型纺轮（97TWT335③：1）　3. Cb型纺轮（97TWT335③：3）
4. A型纺轮（97TWT367③：2）　5. Ea型网坠（97TWT329③：3）　6. Bb型网坠（97TWT335③：6）
7、8. Ba型网坠（97TWT335③：14、97TWT336③：1）

2. 石器

第Ⅰ区第3层共出土石器119件。其中，石网坠35件（A2、B26、C3、D4）、石镞40件（Aa5、Ad1、Ae1、B3、Ba14、Bb1、Bc6、C2、Ca3、Cb4）、石镐1、石刀15件（A6、Ba2、Bb5、？2）、石研磨器3件（A2、？1）、石器4件、环状石器1件、石凿1件、石饼2件、石斧4件、石短剑5件、石锥1件、砺石3件、石切割器1件、石刮削器2件、滑石管1件。下面选取17件石器进行介绍。

B型网坠　4件。椭圆形，两端打制豁口。97TWT329③：5，紫灰色花岗岩。长径6、短径4、厚1.4厘米（图3-4-3，6）。97TWT329③：18，灰色千枚状板岩。长径3.1、短径2.6、厚0.7厘米（图3-4-3，8）。97TWT329③：21，灰白色石英砂岩。长径5、短径4.6、厚1.8厘米（图3-4-3，5）。97TWT367③：1，肉红色花岗岩。长径3.2、短径2.9、厚1.1厘米（图3-4-3，7）。

镞　5件。

Ae型　1件。97TWT369③：9，灰色板岩。镞身呈圭形，镞身中间有血槽，血槽中间有一个圆形钻孔，凹底。残长5.5、镞身宽1.7、厚0.4厘米（图3-4-3，14）。

Ba型　3件。双翼，后锋倒刺呈燕尾形。97TWT330③：4，青灰色板岩。圆柱形铤。长8.5、镞身宽1.5、厚0.5厘米（图3-4-3，12）。97TWT367③：3，青灰色板岩。方柱形铤。长5.8、宽1.6、厚0.7厘米（图3-4-3，15）。97TWT367③：8，褐色板岩。铤残。残长5.5、镞身宽1.8、厚0.6厘米（图3-4-3，13）。

Bb型　1件。97TWT330③：3，灰色板岩。双翼，镞尖略残，镞身平面呈矛形，圆柱形铤

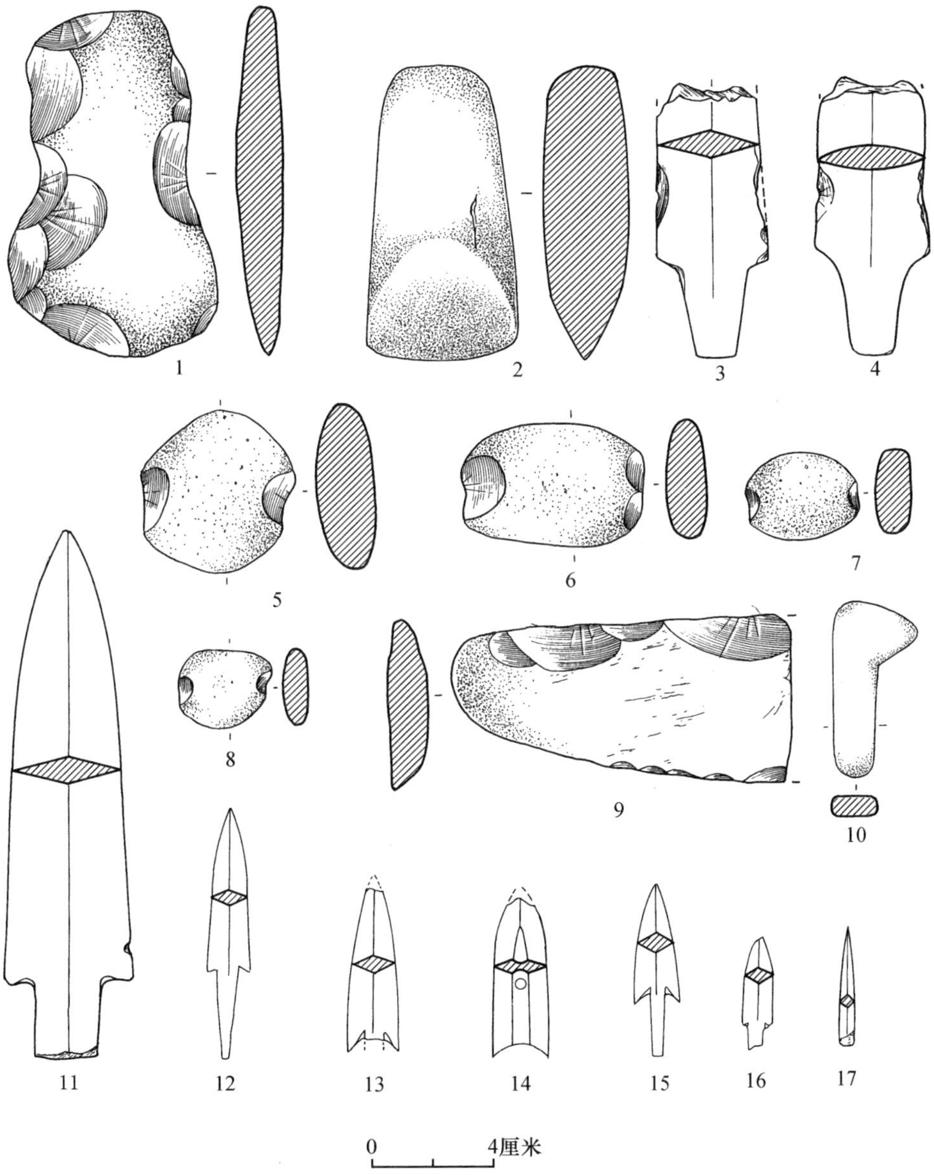

图3-4-3　第Ⅰ区第3层出土石器

1. 镐（97TWT329③：10）　2. 斧（97TWT368③：5）　3、4、11. 短剑（97TWT396③：21、97TWT331③：14、97TWT368③：6）　5～8. B型网坠（97TWT329③：21、97TWT329③：5、97TWT367③：1、97TWT329③：18）　9. 刀（97TWT330③：5）　10. 石器（97TWT397③：2）　12、13、15. Ba型镞（97TWT330③：4、97TWT367③：8、97TWT367③：3）　14. Ae型镞（97TWT369③：9）　16. Bb型镞（97TWT330③：3）　17. 锥（97TWT332③：9）

残断。残长4、宽1.1、厚0.5厘米（图3-4-3，16）。

镐　1件。97TWT329③：10，灰色板岩。亚腰形，弧背，双面弧刃，器身遍布打制疤痕。长11.6、宽7、厚1.6厘米（图3-4-3，1）。

刀　1件。97TWT330③：5，深灰色板岩。残半，一面保留原始石皮，一面有打制疤痕。背部破损严重，单面弧刃。长11.3、宽5.6、厚1.4厘米（图3-4-3，9）。

短剑　3件。97TWT331③：14，仅余部分剑身及剑柄，两面起脊，剑身剖面呈棱形，方柱形剑柄。残长9.1、宽3.6、厚0.9厘米（图3-4-3，4）。97TWT368③：6，青灰色板岩磨制而成。剑身呈柳叶形，剖面呈棱形，剑柄剖面呈六边形，残断。残长17.6、宽4.2、剑身厚0.9厘米（图3-4-3，11；图版二六，1）。97TWT396③：21，青灰色板岩磨制而成。仅余剑身及剑柄，剑身剖面呈棱形，边缘有部分破损，方柱形剑柄。长9.1、宽3.7、厚0.9厘米（图3-4-3，3）。

斧　1件。97TWT368③：5，平面呈梯形。弧背，双面弧刃，刃部磨制锋利。背部有打击痕。长10、宽4.9、厚2.8厘米（图3-4-3，2）。

锥　1件。97TWT332③：9，方锥形，剖面呈棱形。一端磨尖，一端残。残长4.1、镞身宽0.6、厚0.5厘米（图3-4-3，17）。

石器　1件。97TWT397③：2，不规则形，剖面呈圆角方形。长5.9、宽1.5～2.8、厚0.7厘米（图3-4-3，10）。

3. 骨、牙、角器

第Ⅰ区第3层共出土骨器35件、牙器1件、角器1件。其中，骨锥9件、骨器2件、骨凿4件、骨针1件、骨簪6件、骨镞1件、卜骨1件、蚌环1件、河螺1件、鳖甲7件、鸟骨1件、龟骨1件；兽牙1件；鹿角锥1件。选取比较典型的5件器物进行介绍。

骨锥　2件。97TWT318③：4，用动物骨头劈裂磨制而成，一侧较尖，锥身剖面近圆形。长10.6厘米（图3-4-4，5）。97TWT329③：9，用兽骨磨制而成。一端残，锥身剖面呈三角形。长4.2、宽0.7、厚0.4厘米（图3-4-4，4）。

骨针　1件。97TWT398③：3，器身较光滑，针孔较小。长5.3、直径0.2厘米（图3-4-4，3）。

鳖甲　1件。97TWT343③：16，仅余残片。残长5.1、厚0.2～0.4厘米（图3-4-4，2）。

骨器　1件。97TWT343③：13，兽骨磨制而成，两端磨成双面尖刃，用途不明。残长7.9、宽0.5、厚0.4厘米（图3-4-4，1）。

4. 铁器

仅见铁器1件。

镞　1件。97TWT396③：4，柳叶形，两面起脊，形成双翼，方柱形铤。长6.8、镞身宽1.2、厚0.2厘米（图3-4-4，7）。

5. 玉器

玉石坠　1件。97TWT366③：11，青色。平面呈不规则五边形，一端有一斜向钻孔。残长1.45、厚0.5厘米（图3-4-4，6）。

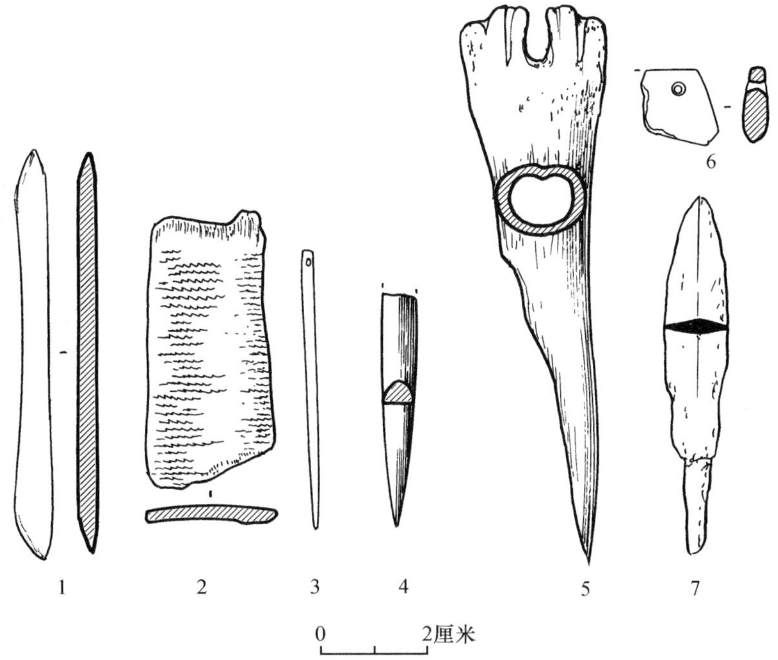

图3-4-4　第Ⅰ区第3层出土器物

1. 骨器（97TWT343③：13）　2. 鳖甲（97TWT343③：16）　3. 骨针（97TWT398③：3）
4、5. 骨锥（97TWT329③：9、97TWT318③：4）　6. 玉石坠（97TWT366③：11）
7. 铁镞（97TWT396③：4）

（二）第Ⅱ区第3层出土器物

第Ⅱ区第3层共出土器物249件。其中，陶器63件、石器160件、骨、角、牙器25件、铁器1件。

1. 陶器

第Ⅱ区第3层共出土陶器63件。其中，陶网坠40件（Ba12、C15、E1、Ea1、Ec3、Ed7、F1）、陶纺轮12件（A6、B2、E4）、陶碗1、小圜底器1、陶饼3、陶豆1、陶杯1、陶珠2、陶动物1、陶范1。下面选取比较典型的器物进行介绍。

碗　1件。97TWT434③：19，夹砂黑褐陶，素面。敞口，圆唇，弧壁，平底。口径11、底径5.4、高5.2厘米（图3-4-5，1）。

豆　1件。97TWT434③：20，夹砂黑褐陶，素面。仅余豆把，喇叭形圈足，空心。残高11、底径10厘米（图3-4-5，2）。

杯　1件。97TWT466③：4，夹砂褐陶，素面。口微敛，方唇，形制不规整，口部一边高，一边低，平底。口径7.1、底径4.7、高6.8厘米（图3-4-5，3）。

小圜底器　1件。97TWT434③：5，夹砂红褐陶。器形较小，手制，器形不规整。敞口，圆唇，口沿高低不平，弧腹，圜底。口径2.9、高1.7、厚0.2厘米（图3-4-5，4）。

纺轮　3件。

A型　1件。97TWT500③：2，夹砂红陶。近圆饼形，边缘不规整，制作粗糙。中间有圆形钻孔。直径4.5、厚1厘米（图3-4-5，5）。

B型　1件。97TWT436③：2，泥质黄陶。墩台形，中间一孔呈喇叭状。高4.2、宽5.4、厚1.3厘米（图3-4-5，6；图版二七，8）。

E型　1件。97TWT499③：5，夹砂灰陶，夹蚌夹云母。变形菌盖形，中间有一圆形钻孔。高1.9、底面直径5.7、孔径0.8厘米（图3-4-5，7）。

网坠　3件。

Ba型　2件。卵圆形，一侧有竖向凹槽，中间有一圆形穿孔。97TWT346③：7，夹砂灰白陶。长2.6、截面直径1.9、孔径0.3厘米（图3-4-5，9）。97TWT464③：9，夹砂红褐陶。高2.5、最大径2.6厘米（图3-4-5，8）。

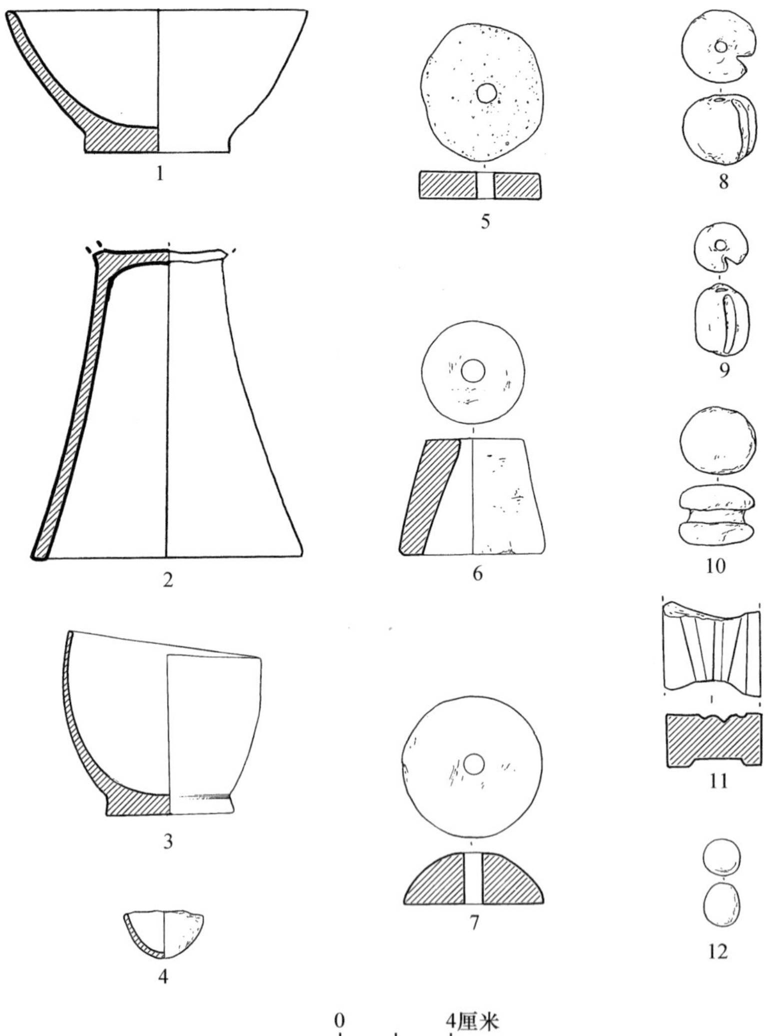

图3-4-5　第Ⅱ区第3层出土陶器

1. 碗（97TWT434③：19）　2. 豆（97TWT434③：20）　3. 杯（97TWT466③：4）
4. 小圜底器（97TWT434③：5）　5. A型纺轮（97TWT500③：2）　6. B型纺轮（97TWT436③：2）
7. E型纺轮（97TWT499③：5）　8、9. Ba型网坠（97TWT464③：9、97TWT346③：7）
10. C型网坠（97TWT464③：13）　11. 范（97TWT376③：15）　12. 珠（97TWT496③：10）

C型　1件。97TWT464③：13，夹砂黄陶。亚腰形，器身中间有横向凹槽，一端凸起，一端内凹。直径2.6、高2.3厘米（图3-4-5，10）。

范　1件。97TWT376③：15，泥质灰陶。两端均残，两侧有沿，一面较平，一面刻划数道深浅不一的凹槽。长3.4、宽3.2、厚1.9厘米（图3-4-5，11）。

珠　1件。97TWT496③：10，夹砂黑陶。卵圆形。高1.6、直径1.2厘米（图3-4-5，12）。

2. 石器

第Ⅱ区第3层共出土石器160件。其中，石镞59件（A2、Aa3、Ab1、Ad1、B6、Ba12、Bb5、Bc7、C6、Ca6、Cb7、Cc1、D1、异型1）、石网坠32件（B27、C2、D3）、石刀13件（A7、Ba3、Bb2、？1）、石研磨器14件（A11、B3）、石镐2件、石器17件、石斧5件、石锛2件、石饼4件、石饰件1件、石球2件、石锥1件、石范1件、砺石1件、石短剑1件、滑石珠1件、滑石块1件、石坠1件、环状石器1件、石纺轮1件。

镞　8件。

Ab型　1件。97TWT376③：6，灰色板岩。无翼，无脊，平面呈矛形，铤剖面呈四边形。长4.7、宽1.4、厚0.2厘米（图3-4-6，13）。

Ad型　1件。97TWT500③：9，青灰色板岩。镞下半部分残。柳叶形，镞身两侧成刃部，剖面呈六边形。残长5.1、宽1.4、厚0.2厘米（图3-4-6，12）。

Ba型　2件。双翼，后锋倒刺呈燕尾形。97TWT345③：15，灰色板岩。圆柱形铤。长9.8、镞身宽1.3、厚0.7厘米（图3-4-6，9）。97TWT500③：1，灰色板岩。尖残，后方柱形铤略残。残长5.7、宽1.7、厚0.6厘米（图3-4-6，10）。

Bb型　1件。97TWT406③：1，灰色板岩。仅存镞身，双翼，镞身剖面呈矛形。残长10.1、镞身宽1.6、厚0.5厘米（图3-4-6，8）。

B型　1件。97TWT435③：15，暗紫色板岩。柳叶形，镞身有脊，剖面呈棱形，镞身后部残。残长5.9、宽1.3、厚0.4厘米（图3-4-6，11；图版二六，5）。

纺轮　1件。97TWT376③：14，滑石。平面近墩台形，中间有一圆形钻孔。高1.9、底面直径3.5厘米（图3-4-6，5）。

刀　3件。

Aa型　1件。97TWT345③：1，黄褐色细砂岩。残半，平面近圆角梯形，刀身较宽。直背，双面弧刃，器身中部有一斜向钻孔。残长8.9、宽6.0、厚0.5厘米（图3-4-6，2）。

Ab型　2件。97TWT497③：4，灰色板岩。残半，平面呈弯月形，刀身较窄，通体磨光。器身中间有一圆形钻孔，钻孔旁边还有一未穿透的孔。残长7.8、宽3.4、厚0.3厘米（图3-4-6，3）。97TWT500③：12，灰色板岩。直背，单面斜刃，器身中间有斜向钻孔一个，器身不规整，一侧窄，一侧宽，刃部有磨损痕迹。长12.1、宽3.7、厚1厘米（图3-4-6，1）。

锛　2件。97TWT467③：1，黄灰色粉砂岩。平面呈长条形，弧背，双面弧刃，刃部有多处破损。长6.1、宽3.2、厚0.7厘米（图3-4-6，6）。97TWT464③：19，灰色板岩。平面呈长条形，器身边缘有多处破损，器身较薄，直背，双面弧刃。长7.8、宽3.7、厚0.7厘米（图3-4-6，7）。

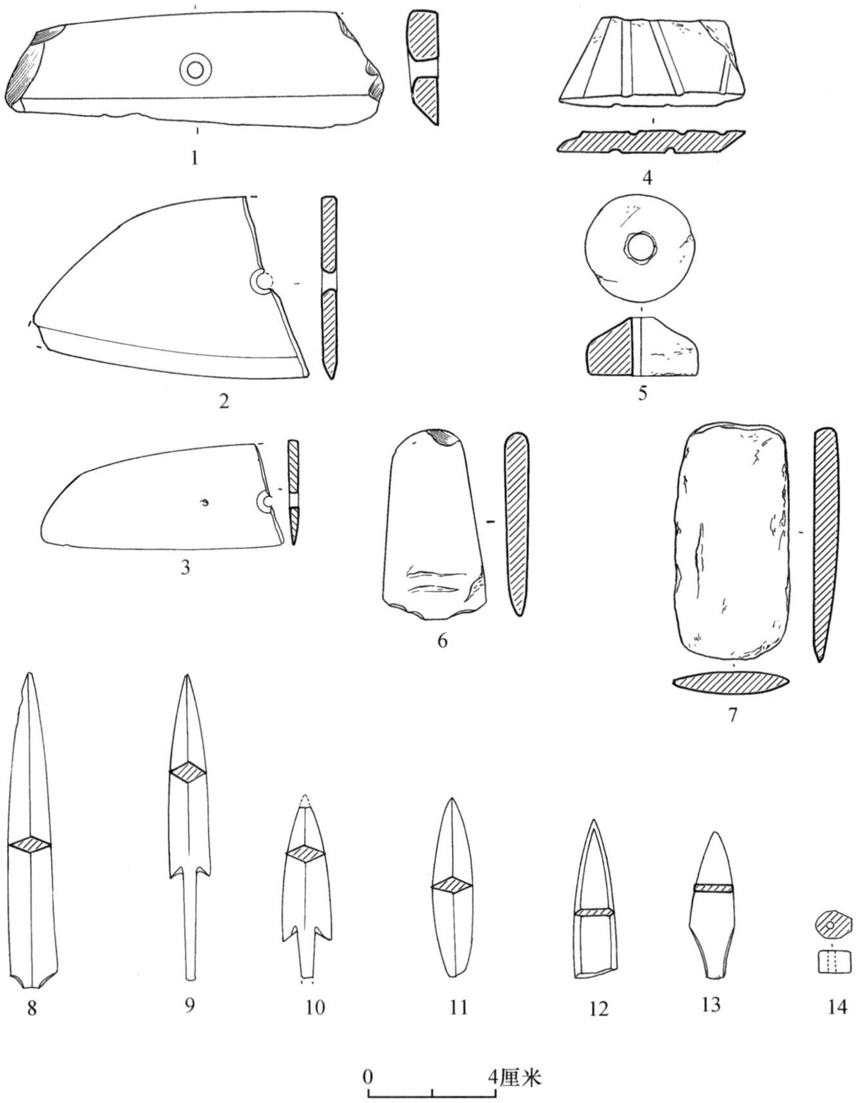

图3-4-6　第Ⅱ区第3层出土石器

1、3. Ab型刀（97TWT500③：12、97TWT497③：4）　2. Aa型刀（97TWT345③：1）　4. 范（97TWT434③：7）　5. 纺轮（97TWT376③：14）　6、7. 锛（97TWT467③：1、97TWT464③：19）　8. Bb型镞（97TWT406③：1）　9、10. Ba型镞（97TWT345③：15、97TWT500③：1）　11. B型镞（97TWT435③：15）　12. Ad型镞（97TWT500③：9）　13. Ab型镞（97TWT376③：6）　14. 滑石珠（97TWT434③：18）

范　1件。97TWT434③：7，灰色板岩。平面近长方形，两面均有刻划的凹槽。长5.7、宽2.9、厚0.6厘米（图3-4-6，4）。

滑石珠　1件。97TWT434③：18，滑石。多棱柱形，中空。高0.7、直径1、孔径0.3厘米（图3-4-6，14）。

3. 骨、角、牙器

第Ⅱ区第3层共出土骨、角、牙器25件。其中，骨器22件（骨簪4、骨锥11、骨凿1、骨器1、骨针4、骨管1）、角器1件（角器1）、牙器2件（牙饰2）。现选取5件器物介绍如下。

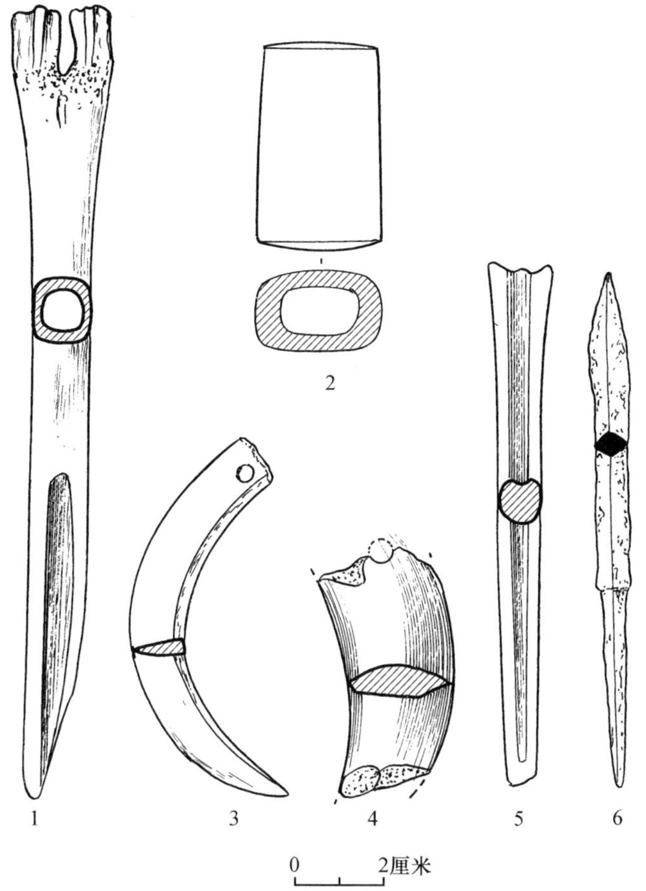

图3-4-7　第Ⅱ区第3层出土器物

1. 骨锥（97TWT464③：3）　2. 骨管（97TWT347③：3）　3、4. 牙饰（97TWT345③：20、97TWT434③：21）　5. 骨凿（97TWT434③：10）　6. 铁镞（97TWT436③：3）

骨凿　1件。97TWT434③：10，器身近圆柱形，单面弧刃。长11.8、最大径1.4厘米（图3-4-7，5）。

骨锥　1件。97TWT464③：3，以动物肢骨直接制成，锥身呈圆柱形，锥尖磨制锋利。长17.9、宽2.1、厚0.2厘米（图3-4-7，1）。

骨管　1件。97TWT347③：3，兽骨磨制而成，呈管状，两端大小不一，中空。长4.7、宽2.7、厚0.5厘米（图3-4-7，2；图版二七，4）。

牙饰　2件。97TWT434③：21，兽牙磨制而成。两端均残，一端残留钻孔痕迹。残长5.6、宽2.8、厚0.6厘米（图3-4-7，4）。97TWT345③：20，野猪獠牙磨制而成，单面刃，一端有穿。长8.0、宽1.3、厚0.3厘米（图3-4-7，3）。

4. 铁器

第Ⅱ区第3层仅出土铁器1件（铁镞1）。

镞　1件。97TWT436③：3，镞身细长，剖面呈棱形。关较长，四棱锥状铤。通长11.7、镞身宽0.9、厚0.6厘米（图3-4-7，6；图版二七，2）。

（三）第Ⅲ区第4层出土器物

第Ⅲ区第4层共出土器物101件。其中，陶器32件、石器51件、骨、角、牙器17件、铁器1件。

1. 陶器

第Ⅲ区第4层共出土陶器32件。其中，陶网坠23件（Ba7、Bb2、C9、Eb1、Ec2、Ed2）、陶纺轮6件（A2、B1、Ca3）、陶钺形器1件、小陶饼1件、弦纹陶片1件。下面选取比较典型的器物进行介绍。

钺形器　1件。98TWT555④：33，泥质黑陶，夹云母。仅余扇形钺身，双面弧刃。残长3.7、宽3、厚1.4厘米（图3-4-8，6）。

网坠　2件。

Ba型　1件。98TWT555④：48，夹砂灰褐陶，夹蚌夹云母。卵圆形，一侧有竖向凹槽，中间有圆形钻孔。直径1.7、高2.8厘米（图3-4-8，5）。

C型　1件。98TWT555④：45，泥质黄褐陶，夹云母。亚腰形，中间有一周凹槽。一端凸起，一端较平。直径2.4、高1.8厘米（图3-4-8，4）。

弦纹陶片　1件。98TWT555④：60，夹砂黄褐陶，夹蚌粉。器表磨光，陶片表面饰数道凹弦纹。残长4.5、宽4.5、厚0.5厘米（图3-4-8，7）。

2. 石器

第Ⅲ区第4层出土石器51件。其中，石镞21件（Ad1、B2、Ba5、Bb2、Bc3、C2、Ca2、Cb4）、石刀5件（Ba2、Bb1、C2）、石网坠5件（A1、B3、E1）、石研磨器2件（A2）、石器5件、石球2件、石饼3件、砺石1件、石斧2件、石锛2件、石加重器1件、滑石管1件、气孔玄武岩块1件。

镞　2件。

Ba型　1件。98TWT555④：19，灰色板岩。双翼，后锋倒刺呈燕尾形，圆柱形铤。长3.9、宽1.2、厚0.5厘米（图3-4-8，2）。

Cb型　1件。98TWT555④：9，灰色板岩。三棱形镞。镞身平面呈矛形，圆柱形铤。长8.5、宽1、厚0.7厘米（图3-4-8，3）。

Ba型刀　1件。98TWT554④：9，深灰色板岩。平面呈长方形，直背，双面弧刃，刃部有缺口，器身有较多崩片。长8、宽4.8、厚0.9厘米（图3-4-8，1）。

3. 骨、角、牙器

第Ⅲ区第4层出土骨、角、牙器17件。其中，骨器14件（骨凿1、骨针2、骨锥11）、牙器2件（牙刀2）、角器1件（角锥1）。

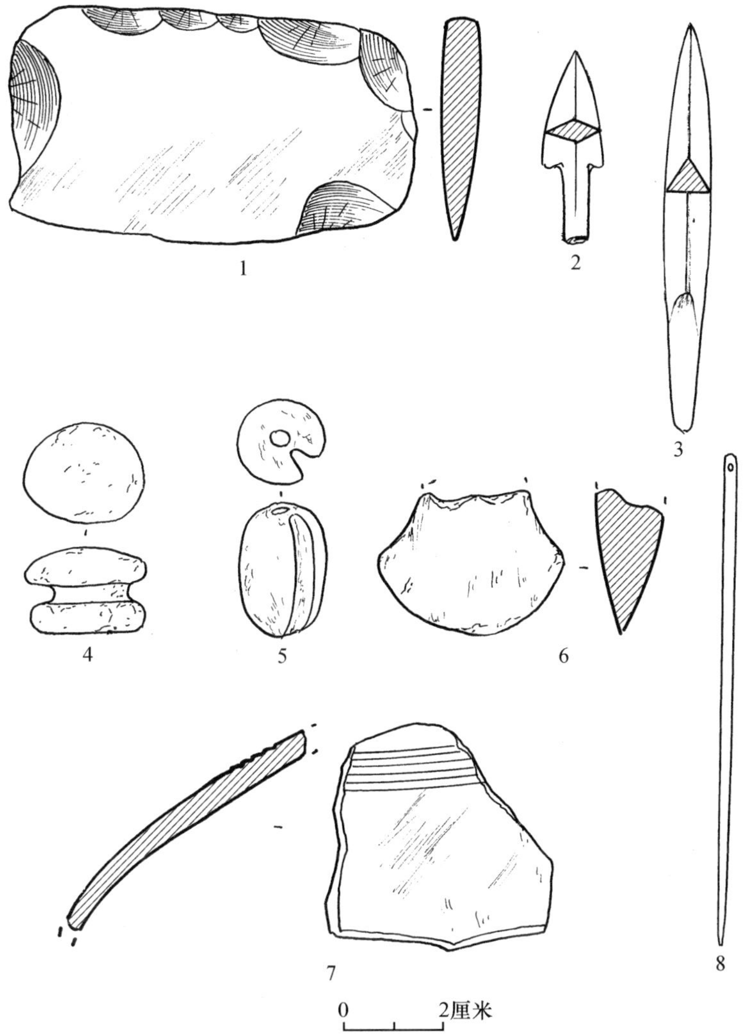

图3-4-8　第Ⅲ区第4层出土器物

1. Ba型石刀（98TWT554④：9）　2. Ba型石镞（98TWT555④：19）　3. Cb型石镞（98TWT555④：9）
4. C型陶网坠（98TWT555④：45）　5. Ba型陶网坠（98TWT555④：48）　6. 陶钺形器（98TWT555④：33）
7. 弦纹陶片（98TWT555④：60）　8. 骨针（98TWT554④：20）

骨针　1件。98TWT554④：20，针较长。一端有圆形穿孔。长9.9、宽0.3、厚0.1厘米（图3-4-8，8）。

4. 铁器

仅出土1件铁器。根据小件器物登记表可知，第Ⅲ区第4层出土铁钉1件，编号为T555④：57。然而由于保存条件限制，铁器锈蚀腐朽严重，仅剩铁粉，无法绘图。

（四）第Ⅳ区第3层出土器物

第Ⅳ区第3层共出土器物7件。其中，陶器2件、石器4件、骨器1件。

1. 陶器

第Ⅳ区第3层共出土陶器2件。其中，陶纺轮1件（A1）、陶网坠1件（B1）。

A型纺轮　1件。98TWTW185③：1，泥质黄陶。圆饼形，中间有一圆形钻孔。直径5.5、厚0.9厘米（图3-4-9，3）。

B型网坠　1件。98TWTW185③：4，夹砂灰陶。卵圆形，残半，中间有圆形钻孔。长径2.4、短径2.3、厚1.4厘米（图3-4-9，4）。

2. 石器

第Ⅳ区第3层共出土石器4件。其中，石网坠3件（B3）、砺石1件。选取3件器物介绍如下。

B型网坠　2件。98TWTW185③：2，灰白色石英砂岩。椭圆形，两端打制豁口。长径3、短径2.8、厚0.5厘米（图3-4-9，5）。98TWTW185③：3，灰白色石英砂岩。椭圆形，两端打制豁口。长径5.8、短径5.4、厚0.8厘米（图3-4-9，2）。

砺石　1件。98TWTW207③：2，灰色细砂岩。平面呈不规则状，侧面呈弧形，磨面下凹，磨痕清晰可见。长10.1、宽10、厚3.2厘米（图3-4-9，1）。

3. 骨器

第Ⅳ区第3层共出土骨器1件。介绍如下。

锥　1件。98TWTW207③：6，扁锥形。锥身残。残长5.8、宽0.9、厚0.6厘米（图3-4-9，6）。

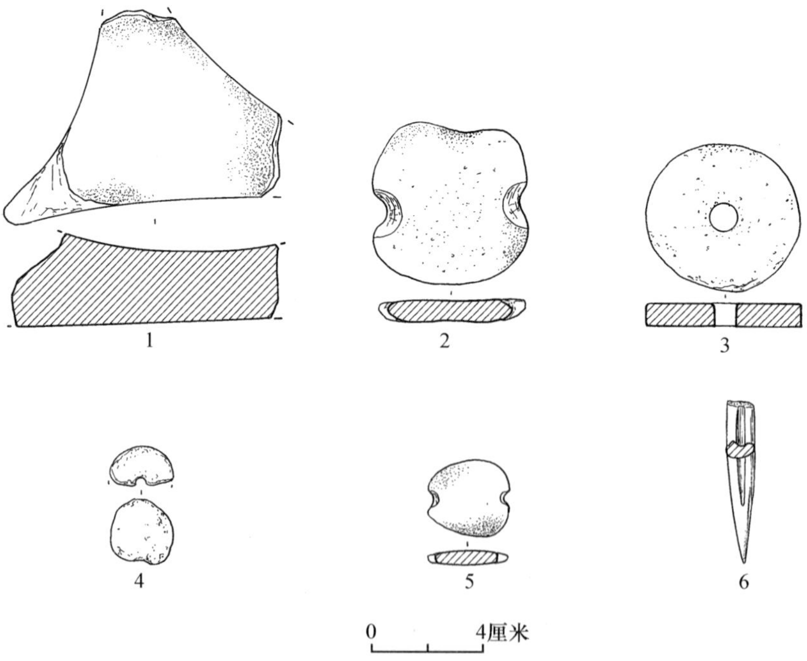

图3-4-9　第Ⅳ区第3层出土器物

1. 砺石（97TWTW207③：2）　2、5. B型石网坠（97TWTW185③：3、97TWTW185③：2）　3. A型陶纺轮（97TWTW185③：1）　4. B型陶网坠（97TWTW185③：4）　6. 骨锥（97TWTW207③：6）

（五）第Ⅵ区第3层出土器物

这一时期地层中共出土器物140件。其中，陶器15件、石器123件、骨器1件、铁器1件。

1. 陶器

第Ⅵ区第3层共出土陶器15件。其中，陶纺轮8件（A4、B1、Cb1、E2）、陶网坠5件（C1、Eb2、Ee2）、陶饼1件、陶球1件。选取比较典型的器物介绍如下。

纺轮　4件。

A型　1件。99TWT766③：3，夹砂灰褐陶，通体经打磨。圆饼形，中间有圆形穿孔。一面戳印点纹，呈十字花形。直径5.3、厚1.1厘米（图3-4-10，2）。

Cb型　1件。99TWT771③：3，泥质红陶。算珠形，纵剖面呈六边形，中间有圆形钻孔。最大径3.1、高2.1厘米（图3-4-10，3）。

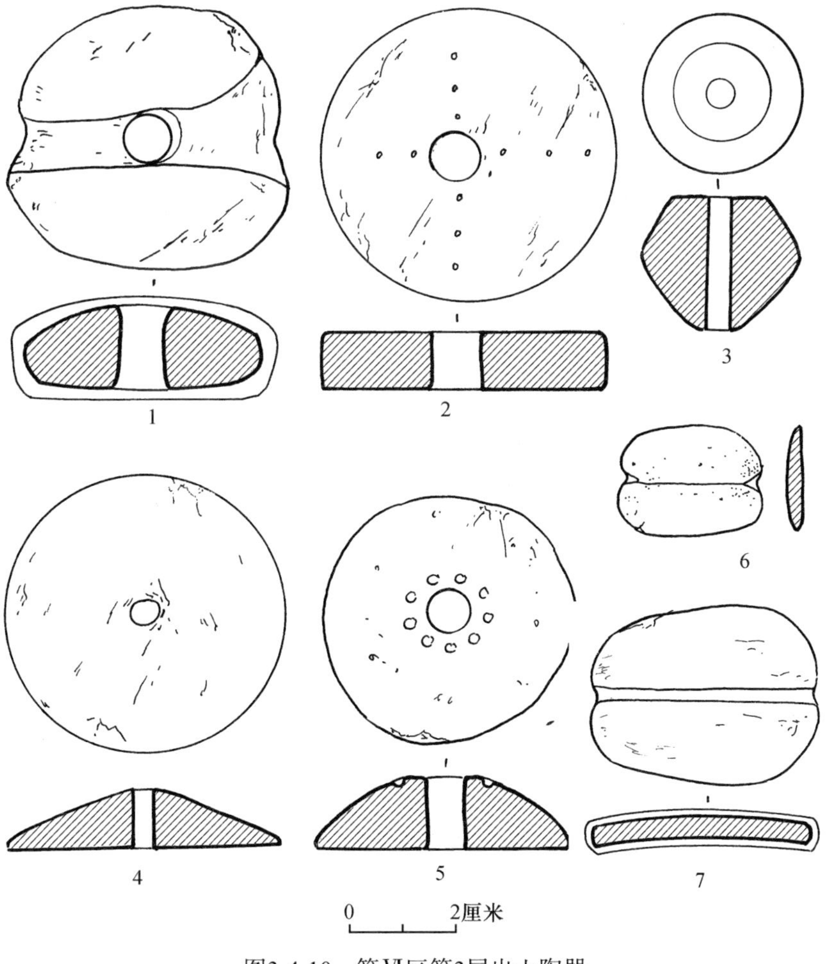

图3-4-10　第Ⅵ区第3层出土陶器

1. C型网坠（99TWT777③：3）　2. A型纺轮（99TWT766③：3）　3. Cb型纺轮（99TWT771③：3）
4、5. E型纺轮（99TWT839③：21、99TWT833③：7）　6、7. Eb型网坠（99TWT787③：3、99TWT794③：8）

E型　2件。99TWT833③：7，夹砂灰陶，夹云母。菌盖形，中间有一圆形钻孔。一端钻孔周围戳印一周圆圈纹。最大径4.6、高1.4厘米（图3-4-10，5）。99TWT839③：21，夹砂灰陶，夹云母。菌盖形，中间有一圆形钻孔。直径5.2、高1、厘米（图3-4-10，4）。

网坠　3件。

C型　1件。99TWT777③：3，泥质灰陶。近亚腰形，网坠中间有横向凹槽，将网坠分成两部分，一端稍大，一端小，凹槽中间有圆形钻孔。最大径5.8、高5.2厘米（图3-4-10，1；图版二七，7）。

Eb型　2件。99TWT787③：3，以夹砂灰褐陶片磨制而成。椭圆形，器体微弧，两端磨制豁口，微弧面两豁口之间还有一条凹槽相连。长2.8、宽2.1、厚0.3厘米（图3-4-10，6）。99TWT794③：8，以夹砂黄陶片磨制而成。椭圆形，两端磨制豁口，两豁口之间有一周凹槽。长4.5、宽3.5、厚0.8厘米（图3-4-10，7）。

2. 石器

第Ⅵ区第3层共出土石器123件。其中，石镞64件（A2、Ad3、Ae9、B7、Ba6、Bb8、Bc12、Ca6、Cb11）、石刀16件（A5、Aa2、Ba7、Bb1、C1）、石网坠1件（A1）、石研磨器10件（A7、B3）、石纺轮1件、石斧8件、石镰2件、石饼5件、石器3件、砺石2件、石坠1件、石短剑1件、石刮削器8件、石砍砸器1件。选取典型器物介绍如下。

镞　15件。

Ad型　1件。99TWT778③：8，青灰色板岩。柳叶形，镞身中间有血槽，凹底。长3.5、镞身宽1.4、厚0.3厘米（图3-4-11，15）。

Ae型　9件。平面近圭形。99TWT767③：1，灰色板岩。镞身两侧磨成刃部，剖面呈六边形。长3.9、镞身宽1.5、厚0.2厘米（图3-4-11，6）。99TWT839③：1，青灰色板岩。镞身两侧磨成刃部，剖面呈六边形，凹底。长4.6、镞身宽1、厚0.2厘米（图3-4-11，4）。99TWT839③：2，青灰色板岩。镞身下半部分有血槽。长6.4、镞身宽1.1、厚0.4厘米（图3-4-11，1）。99TWT839③：3，凹底。长7.1、镞身宽1.2、厚0.4厘米（图3-4-11，8）。99TWT839③：4，平底。长6.4、镞身宽1.1、厚0.3厘米（图3-4-11，9）。99TWT839③：5，青灰色板岩。镞身两侧磨成刃部，剖面呈六边形。长4、镞身宽1.1、厚0.4厘米（图3-4-11，5）。99TWT839③：6，凹底。长5.7、宽1.2、厚0.4厘米（图3-4-11，10）。99TWT839③：11，青灰色板岩。镞身下部分有血槽。长6、镞身宽1.1、厚0.4厘米（图3-4-11，2）。99TWT839③：17，凹底。长5.5、宽1.2、厚0.4厘米（图3-4-11，11）。

Ba型　1件。99TWT825③：1，灰色板岩。双翼，后锋倒刺呈燕尾形，方柱形铤。长4.2、镞身宽1.2、厚0.4厘米（图3-4-11，14）。

Bb型　3件。双翼，平面呈矛形。99TWT773③：3，器形较小，柱形铤。长4、宽0.6、厚0.5厘米（图3-4-11，13）。99TWT788③：1，柱形铤较短。长4.8、宽0.6、厚0.3厘米（图3-4-11，12）。99TWT833③：11，灰色板岩。脊延伸至铤末端，方柱形铤。长3.7、镞身宽1.1、厚0.4厘米（图3-4-11，7）。

Cb型　1件。99TWT778③：1，青灰色板岩。三棱形镞，镞身剖面呈矛形，方柱形铤。长

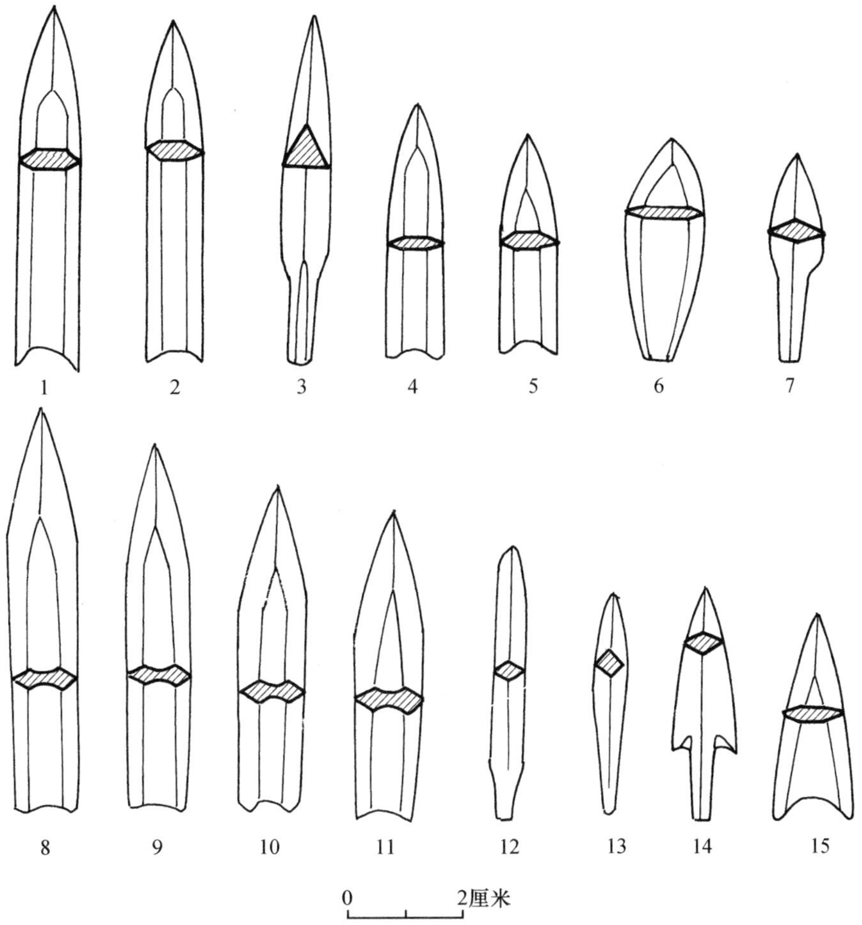

图3-4-11　第Ⅵ区第3层出土石镞

1、2、4～6、8～11. Ae型（99TWT839③：2、99TWT839③：11、99TWT839③：1、99TWT839③：5、99TWT767③：1、99TWT839③：3、99TWT839③：4、99TWT839③：6、99TWT839③：17）　3. Cb型（99TWT778③：1）　7、12、13. Bb型（99TWT833③：11、99TWT788③：1、99TWT773③：3）　14. Ba型（99TWT825③：1）　15. Ad型（99TWT778③：8）

6.2、镞身宽0.7、厚0.8厘米（图3-4-11，3）。

纺轮　1件。99TWT769③：11，圆饼形，器身边缘打制痕迹明显，中间有斜向钻孔。直径4.7、厚0.6厘米（图3-4-12，9）。

短剑　1件。99TWT834③：9，青灰色板岩。剑尖残，剑身剖面呈椭圆形，柄剖面呈长方形，两侧刃部磨损严重。残长12.6、宽4、厚1.2厘米（图3-4-12，8；图版二六，3）。

镰　2件。99TWT801③：13，一端残，弧背，双面弧刃。长7.1、宽2.7、厚0.5厘米（图3-4-12，3）。99TWT825③：5，深灰色板岩。器形不规整，器身遍布打制疤痕，双面弧刃，器表有崩片。长15.5、宽5.7、厚1.1厘米（图3-4-12，2）。

Aa型刀　2件。99TWT802③：3，仅余刀身部分。平面呈不规则梯形，器身较宽，通体磨光。器身中间有圆形斜向钻孔，弧背，单面直刃。残长5.6、宽5.8、厚0.6厘米（图3-4-12，4）。99TWT839③：19，仅余刀身部分。平面呈梯形，器身较宽，直背，靠近背部有两斜向钻孔，双面直刃。残长8、宽4.3、厚0.5厘米（图3-4-12，5）。

斧　2件。99TWT777③：2，仅余斧刃部分。通体磨光，斧身较宽，双面弧刃。残长8.9、宽

5.4、厚1厘米（图3-4-12，6）。99TWT779③：3，深灰色板岩。平面近梯形，斧身遍布打印疤痕，弧背，双面弧刃，刃部磨制精细。长16、宽6.5、厚2厘米（图3-4-12，1；图版二六，4）。

A型研磨器　1件。99TWT801③：1，扁柱形，一端残，另一端有部分破损，有使用痕迹。残长11.2、宽6.2、厚2.4厘米（图3-4-12，7）。

3. 骨器

第Ⅵ区第3层共出土1件骨镞。

4. 铁器

第Ⅵ区第3层仅出土1件铁镞。

镞　1件。99TWT788③：4，棱形镞身，镞身剖面呈椭圆形，方柱形铤较长，铤尾成尖状。长8.5、宽1.9、厚0.3厘米（图3-4-12，10；图版二七，1）。

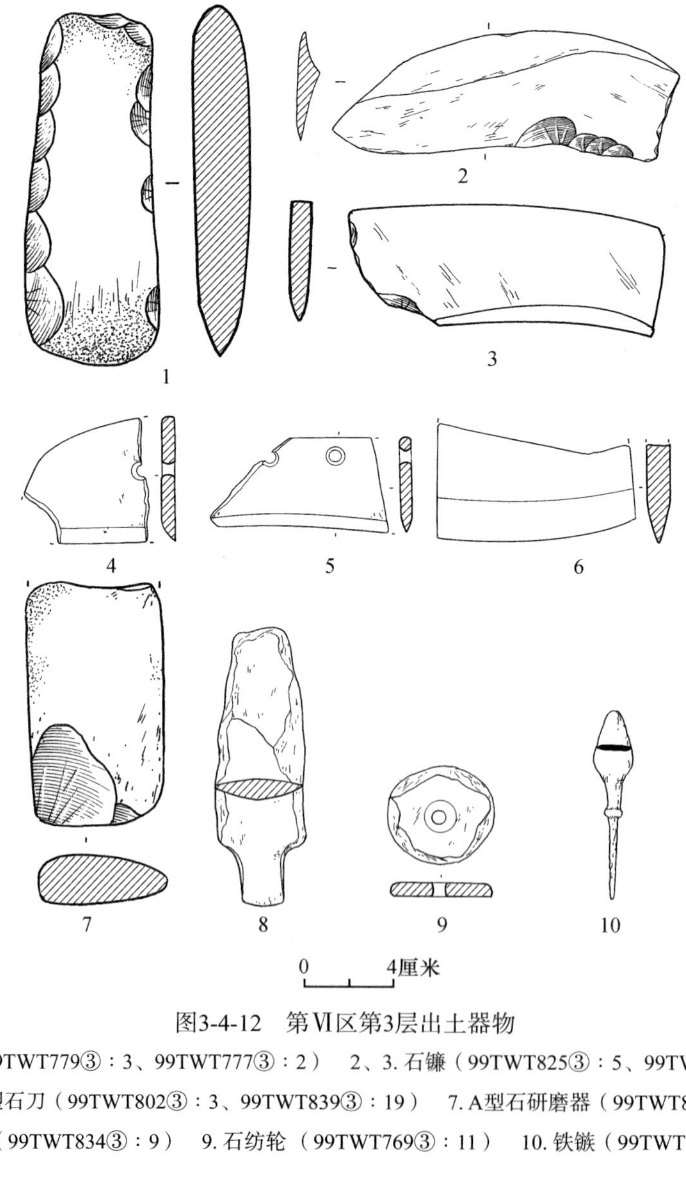

图3-4-12　第Ⅵ区第3层出土器物

1、6. 石斧（99TWT779③：3、99TWT777③：2）　2、3. 石镰（99TWT825③：5、99TWT801③：13）
4、5. Aa型石刀（99TWT802③：3、99TWT839③：19）　7. A型石研磨器（99TWT801③：1）
8. 石短剑（99TWT834③：9）　9. 石纺轮（99TWT769③：11）　10. 铁镞（99TWT788③：4）

（六）第Ⅵ区第2层出土器物

第Ⅵ区第2层共出土器物43件。其中，陶器3件、石器40件。

1. 陶器

第Ⅵ区第2层共出土陶器3件。其中，陶网坠2件（Ea1、Ed1）、陶纺轮1件（A1）。

2. 石器

第Ⅵ区第2层共出土石器40件。其中，石镞19件（Ad1、Ae4、Ba3、Bb5、Bc3、C1、Cb2）、石刀3件（A2、C1）、石网坠2件（B2）、石斧6件、石凿1件、石镰1件、石刮削器7件、石砍砸器1件。现选取14件典型石器介绍如下。

斧　4件。99TWT765②：1，平面近梯形，斧身上部残，通体磨光，双面弧刃，刃部磨损严重。残长13、宽6.4、厚3.4厘米（图3-4-13，3）。99TWT779②：1，深灰色角岩化的砂岩。近扁柱形，弧背，双面弧刃。长18、截面直径4.4、厚2厘米（图3-4-13，1；图版三一，3）。99TWT785②：1，平面呈梯形，斧背一端残，刃部磨制，双面弧刃。残长7.2、宽5.4、厚0.8厘米（图3-4-13，5）。99TWT868②：1，仅余斧刃部分。双面弧刃。残长5.6、宽5.4、厚3.6厘米（图3-4-13，10）。

镞　4件。

Ae型　3件。99TWT758②：1，青灰色板岩。镞身平面呈圭形，中间有血槽，血槽中部有圆形钻孔，凹底。长5.6、镞身宽1.5、厚0.3厘米（图3-4-13，8）。99TWT785②：2，青灰色板岩。镞身中间有血槽，凹底。长4.3、镞身宽2、厚0.4厘米（图3-4-13，9）。99TWT834②：1，青灰色板岩。镞身平面呈圭形，剖面呈六边形，凹底。长7.6、镞身宽1.1、厚0.4厘米（图3-4-13，6）。

Cb型　1件。99TWT859②：3，青灰色板岩。三棱形镞，镞身剖面呈矛形，方柱形铤。长6.5、镞身宽0.6、厚0.5厘米（图3-4-13，7）。

镰　1件。99TWT859②：5，弧背。双面弧刃，刃部磨损严重。残长12.7、宽3.6、厚1.1厘米（图3-4-13，2；图版三一，2）。

凿　1件。99TWT765②：3，长条形，双面弧刃，器形不规整。长8、宽1.6、厚0.7厘米（图3-4-13，4）。

B型网坠　1件。99TWT760②：1，灰色砂岩。椭圆形，两端打制豁口。长5.8、宽4.2、厚1.5厘米（图3-4-13，11）。

二、房　址

第Ⅰ区属于此时期的房址仅发现1座，编号为97ⅠTWF7。第Ⅱ区属于这一时期的房址2

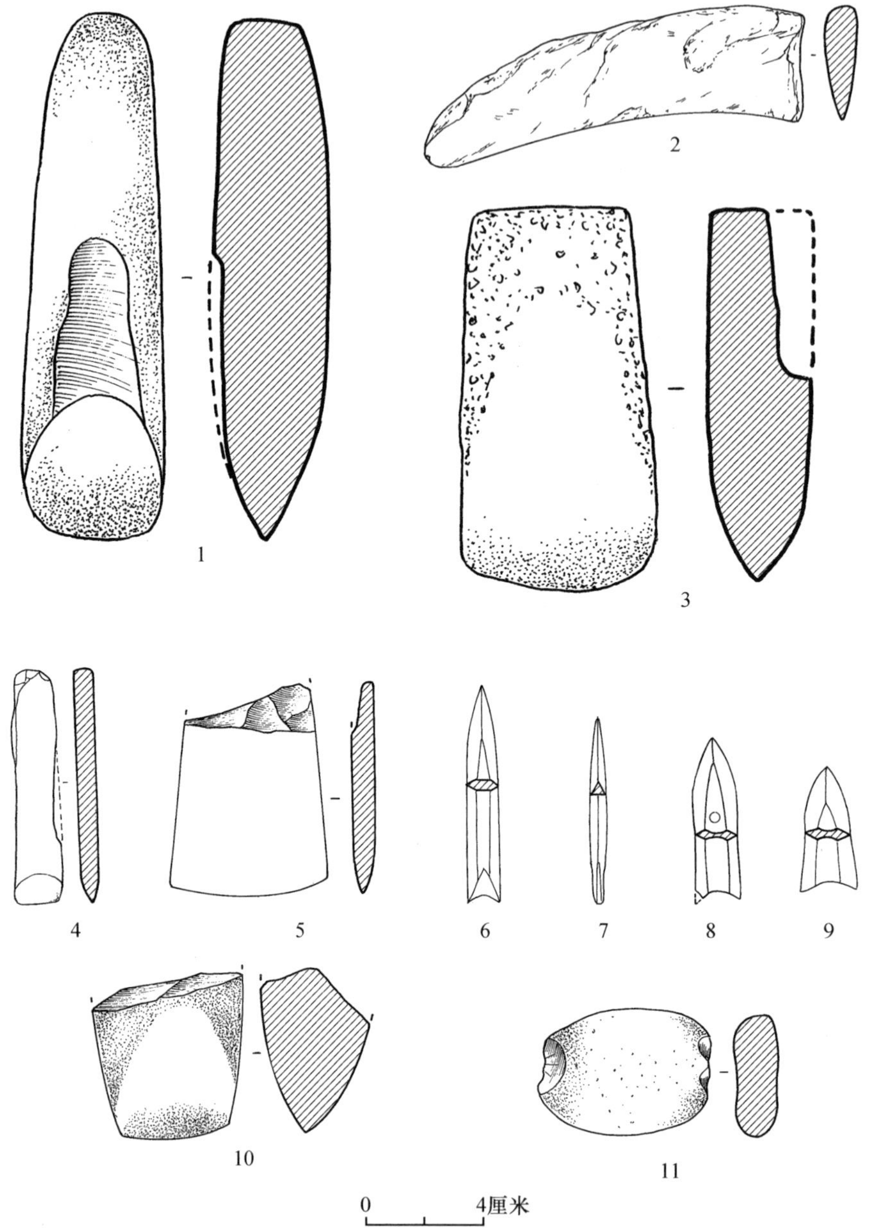

图3-4-13　第Ⅵ区第2层出土石器

1、3、5、10. 斧（99TWT779②：1、99TWT765②：1、99TWT785②：1、99TWT868②：1）
2. 镰（99TWT859②：5）　4. 凿（99TWT765②：3）　6、8、9. Ae型镞（99TWT834②：1、99TWT758②：1、99TWT785②：2）　7. Cb型镞（99TWT859②：3）　11. B型网坠（99TWT760②：1）

座，编号为97ⅡTWF10、97ⅡTWF4。

1. 97ⅠTWF7

平面呈长方形。跨Ⅰ区T339、T340、T369、T370四个探方。开口于第2层下，打破第3层。因为房址被H27、H28、H34、H52、H67、H68及现代沟所打破，其形制已经不完整。仅西侧墙壁一段保存完整，系用块石叠砌而成。南壁位置残留部分块石，北壁石块无存，东壁被现代沟打破。房址平面呈长方形，长6.1、残宽3.7米，深0.26米。居住面较为平整，地面局部经烧烤，质地较硬。灶址位于北壁中间位置，呈圆形，直径0.24米，高0.26米。靠近西壁中间位置有一大片红烧土。未发现门道及柱洞（图3-4-14）。

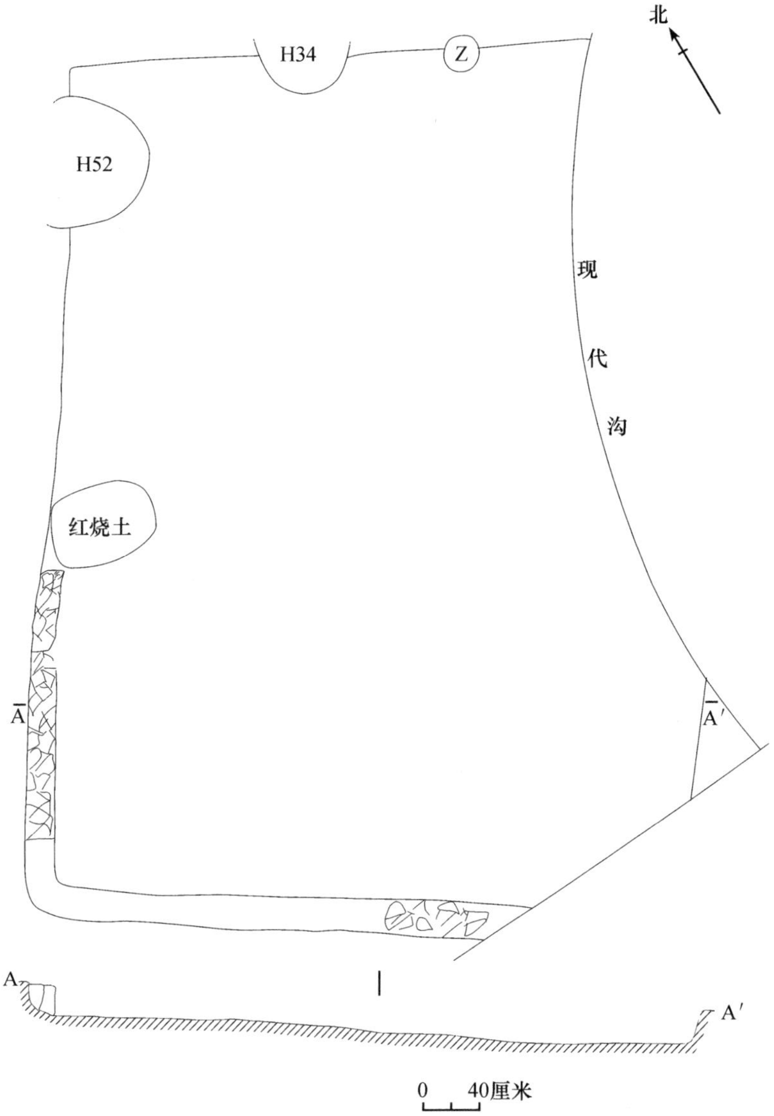

图3-4-14　97TWF7平、剖面图

房内堆积较为疏松，出土器物12件。

出土器物

陶器　4件。

小杯　1 件。97TWF7：3，泥质褐陶，器表磨光。手工捏制而成，形制不规整，左半部腹壁微曲，右侧斜直腹，敞口，平底。口径2.5、高4.2、底径1.2厘米（图3-4-15，1）。

碗　1件。97TWF7：12，黄褐陶。素面，直口，方唇，弧腹，底残。口径23、残高8.2厘米（图3-4-15，4）。

网坠　2件。

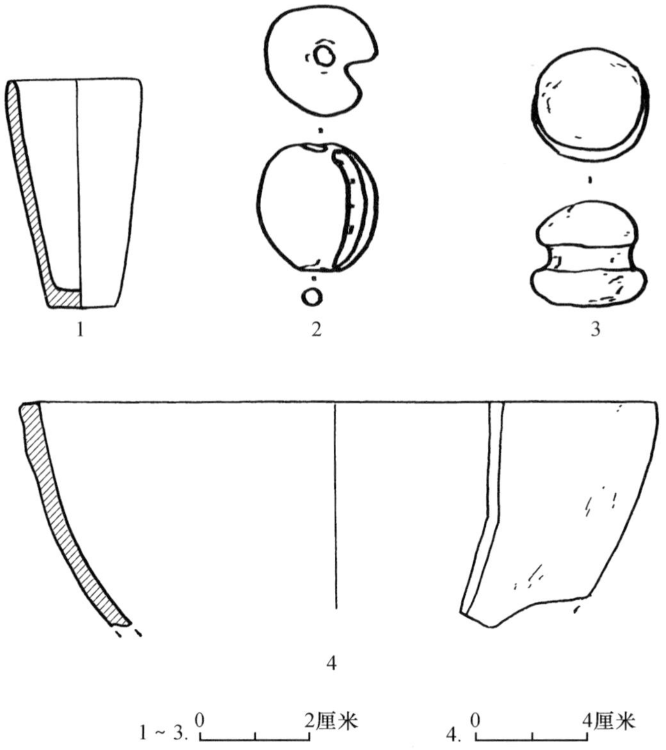

图3-4-15　97TWF7出土陶器

1. 小杯（97TWF7：3）　2. Ba型网坠（97TWF7：1）　3. C型网坠（97TWF7：11）　4. 碗（97TWF7：12）

Ba型　1件。97TWF7：1，夹砂黑陶。卵圆形，一侧有竖向凹槽，中间有对钻孔。最大径2.1、高2.4厘米（图3-4-15，2）。

C型　1件。97TWF7：11，夹砂黄褐陶。亚腰形，中间有横向凹槽。直径2.1、高1.9厘米（图3-4-15，3）。

石器　8件。

网坠　5件。

B型　3件。97TWF7：2，黄褐色花岗岩。近椭圆形。器壁较薄，两端打制豁口，豁口较大。长径2.7、短径2.5、厚0.4厘米（图3-4-16，3）。97TWF7：8，暗紫色花岗岩，椭圆形。两端打制豁口。长径3.4、短径2.4、厚1.2厘米。97TWF7：9，灰白色石英砂岩。近椭圆形。两端打制豁口。长径4.6、短径3.9、厚1.1厘米（图3-4-16，1）。

D型　2件。97TWF7：5，近圆形。两端打制豁口，豁口较小。直径约3.4、厚1.6厘米（图3-4-16，4）。97TWF7：10，近圆形。两端打制豁口。直径约3.6、厚1.1厘米（图3-4-16，2）。

剑　1件。97TWF7：4，深灰色板岩。长条形。已残断，器身两面有血槽，血槽中间残留三个圆形钻孔。长7.3、宽3.5、厚0.6厘米（图3-4-16，6；图版二六，2）。

气孔玄武岩块　1件。97TWF7：6，灰色气孔玄武岩。已残，圆柱形，遍布灰色气孔。直径3、高4.5厘米（图3-4-16，5）。

A型研磨器　1件。97TWF7：7，灰白色石英砂岩。已残，圆柱形，一端有使用痕迹。长径6.6、短径3、残高10厘米（图3-4-16，7）。

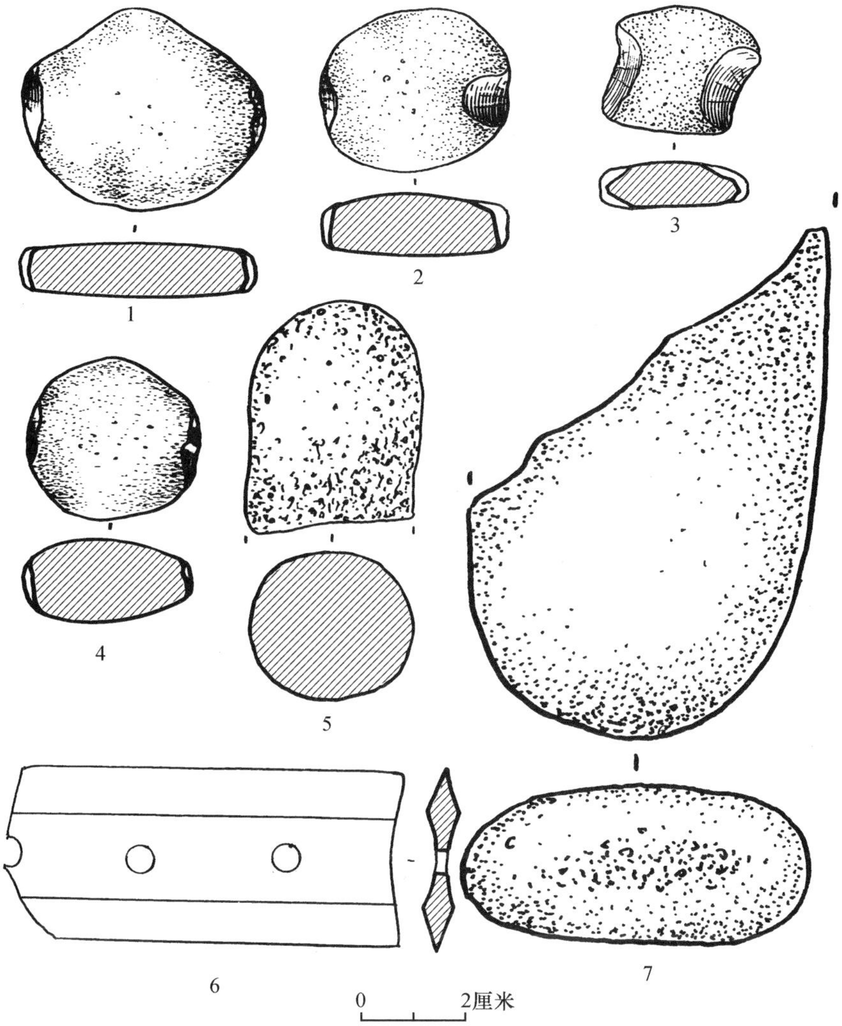

图3-4-16　97TWF7出土石器

1、3. B型网坠（97TWF7：9、97TWF7：2）　2、4. D型网坠（97TWF7：10、97TWF7：5）　5. 气孔玄武岩块（97TWF7：6）　6. 剑（97TWF7：4）　7. A型研磨器（97TWF7：7）

2. 97Ⅱ TWF10

平面呈长方形。跨Ⅱ区T376东南角、T377西南角、T346东北部以及T347西北部。开口于第2层下，打破第3层。平面呈长方形，长5.7、宽4.5米。房址西侧有一直径为0.9米的半圆形烧土圈；房址四面有高约0.2米的墙基。居住面较平，地面局部经烧烤，质地坚硬。房址北侧发现一处用石头砌筑的圆形遗迹，疑为灶址，直径0.8米。未发现柱洞痕迹。房址东北角有一宽1.04米的豁口，疑为门道所在（图3-4-17）。

房内堆积呈褐色，夹杂石块及烧土块等。出土器物62件。

出土器物

陶器　21件。

网坠　20件。

Ba型　12件。卵圆形，一侧有竖向凹槽，中间有一圆形钻孔。97TWF10：6，泥质黄陶，

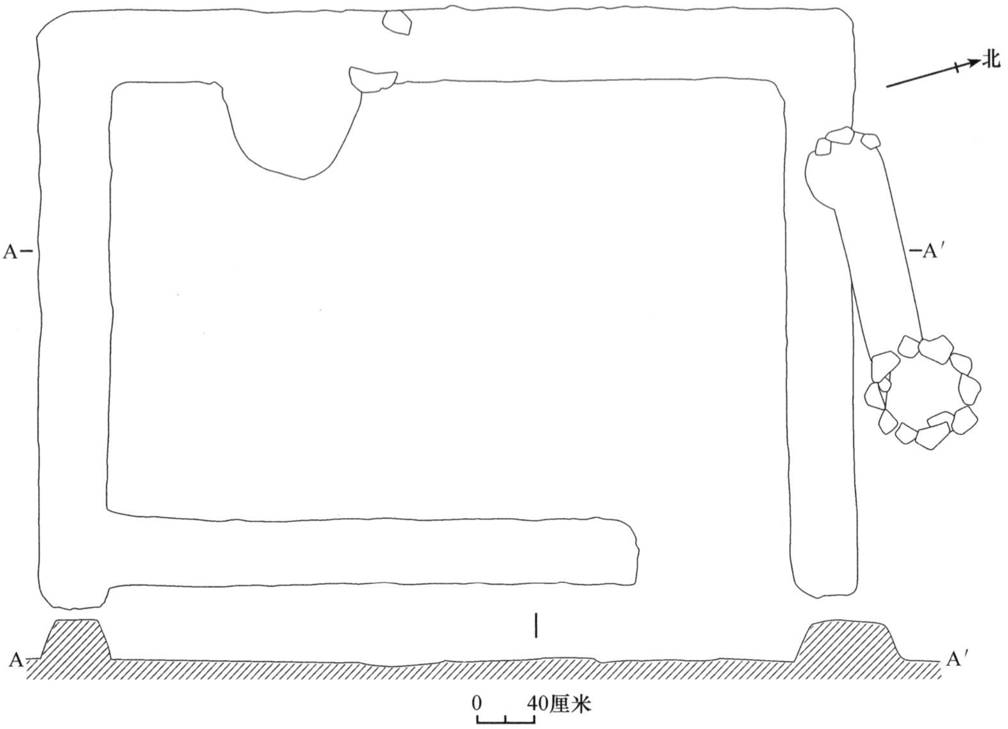

图3-4-17　97TWF10平、剖面图

夹蚌夹云母。器形不太规整。直径2.3、高2厘米（图3-4-18，7）。97TWF10：18，泥质黄陶，夹云母。直径2.8、高3厘米（图3-4-18，1）。97TWF10：30，泥质红褐陶，夹云母。直径2.1、高2.2厘米（图3-4-18，8）。97TWF10：31，泥质红褐陶，夹云母。直径2.2、高2.6厘米（图3-4-18，5）。97TWF10：32，泥质红褐陶，夹蚌，夹云母。直径2.2、高3.3厘米（图3-4-18，2）。97TWF10：36，泥质黄陶。直径2.1、高2.2厘米（图3-4-18，9）。97TWF10：37，泥质红褐陶，夹蚌，夹云母。直径2.55、高2.4厘米（图3-4-18，4）。97TWF10：38，泥质灰褐陶。直径1.55、高1.5厘米（图3-4-18，12）。97TWF10：39，泥质黄褐陶，夹蚌。直径2.5、高2.6厘米（图3-4-18，3）。97TWF10：40，泥质红褐陶，夹云母。直径2、长1.9厘米（图3-4-18，11）。97TWF10：53，泥质黄陶，夹云母。直径2.3、高1.9厘米（图3-4-18，10）。97TWF10：64，夹砂红褐陶。器形制作不规整。直径2.4、高2.5厘米（图3-4-18，6）。

Bb型　2件。97TWF10：4，泥质黄陶，夹蚌夹云母。卵圆形，中间有一对钻孔。最大径1.7、高3.3厘米（图3-4-18，13）。97TWF10：11，夹砂黑褐陶。卵圆形，中间有一圆形孔，未穿透。最大径2.2、孔径0.9、高2.5厘米（图3-4-18，14）。

C型　5件。亚腰形，器身中间有横向凹槽。97TWF10：5，夹砂红褐陶，夹蚌夹云母。凹槽两侧有对称的竖向凹槽。长径3.1、短径1.8、高2厘米（图3-4-19，6）。97TWF10：8，夹砂红褐陶，夹蚌夹云母，两端弧面微内凹。直径2、高1.3厘米（图3-4-19，3）。97TWF10：27，夹砂红褐陶。两端弧面微内凹。直径2.5、高1.4厘米（图3-4-19，5）。97TWF10：42，夹砂褐陶，夹蚌，颜色不均匀。直径2.4、高1.4厘米（图3-4-19，4）。97TWF10：43，夹砂灰陶。直径2、高1.6厘米（图3-4-19，2）。

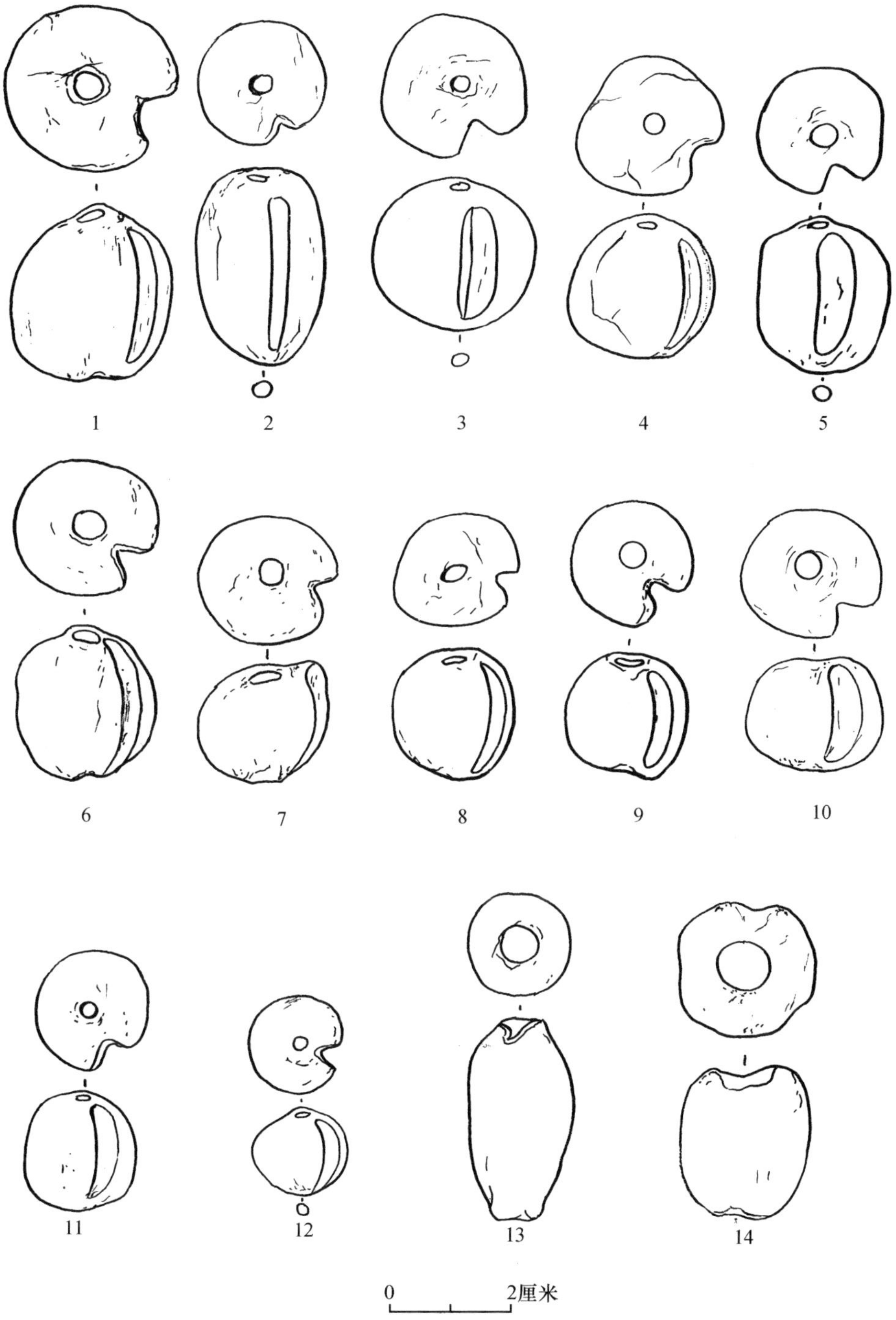

图3-4-18　97TWF10出土陶网坠

1～12. Ba型（97TWF10：18、97TWF10：32、97TWF10：39、97TWF10：37、97TWF10：31、97TWF10：64、97TWF10：6、97TWF10：30、97TWF10：36、97TWF10：53、97TWF10：40、97TWF10：38）　13、14. Bb型（97TWF10：4、97TWF10：11）

F型　1件。97TWF10：26，夹砂红褐陶。算珠形，器表饰多重菱格纹，中间有一对钻孔。直径2.8、孔径0.9、长2.1厘米（图3-4-19，7）。

小杯　1件。97TWF10：35，夹砂灰陶。敞口，平折沿，方唇，斜直腹，腹上部附一横鋬耳，平底。口径6、底径4.1、高6.5、厚0.6厘米（图3-4-19，1）。

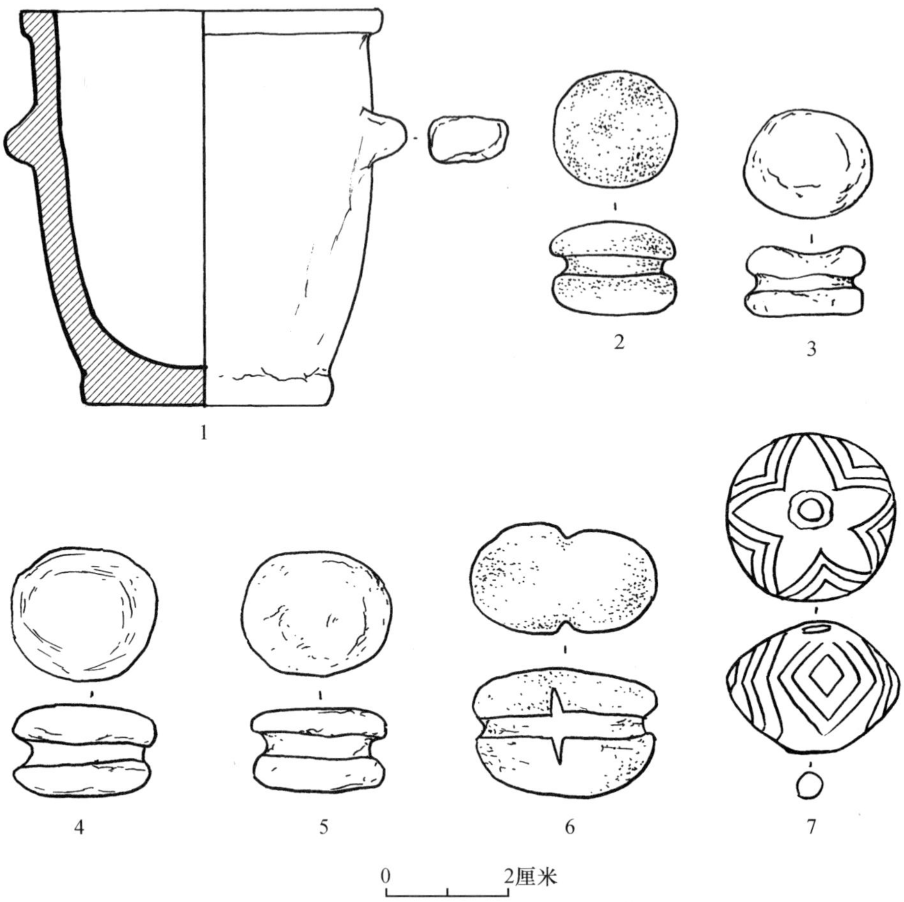

图3-4-19　97TWF10出土陶器

1. 小杯（97TWF10：35）　2～6. C型网坠（97TWF10：43、97TWF10：8、97TWF10：42、97TWF10：27、97TWF10：5）
7. F型网坠（97TWF10：26）

石器　32件。

网坠　8件。

B型　6件。椭圆形，两端打制豁口。97TWF10：1，灰白色花岗岩。长径3.2、短径2.9、厚0.9厘米（图3-4-20，6）。97TWF10：2，灰白色石英砂岩。长径4.4、短径3.5、厚1厘米（图3-4-20，2）。97TWF10：19，灰白色砂岩。长径3.9、短径3、厚1厘米（图3-4-20，4）。97TWF10：28，紫褐色花岗岩细晶岩。长径4.5、短径3.7、厚0.9厘米（图3-4-20，3）。97TWF10：52，含云母的细砂岩。长径4.6、短径3.4、厚0.5厘米（图3-4-20，5）。97TWF10：61，灰色含砾砂岩。长径3.2、短径2.3、厚0.9厘米（图3-4-20，7）。

C型　1件。97TWF10：3，灰色板岩。平面呈不规则形，两端打制豁口。长径2.9、短径2.7、厚0.7厘米（图3-4-20，8）。

D型　1 件。97TWF10：29，灰白色细砂岩。近圆形，两端打制豁口。直径4.8、厚1.7厘米（图3-4-20，1）。

镞　2件。

Ad型　1件。97TWF10：7，灰色板岩。镞身平面呈柳叶形，剖面呈六边形，凹底。长

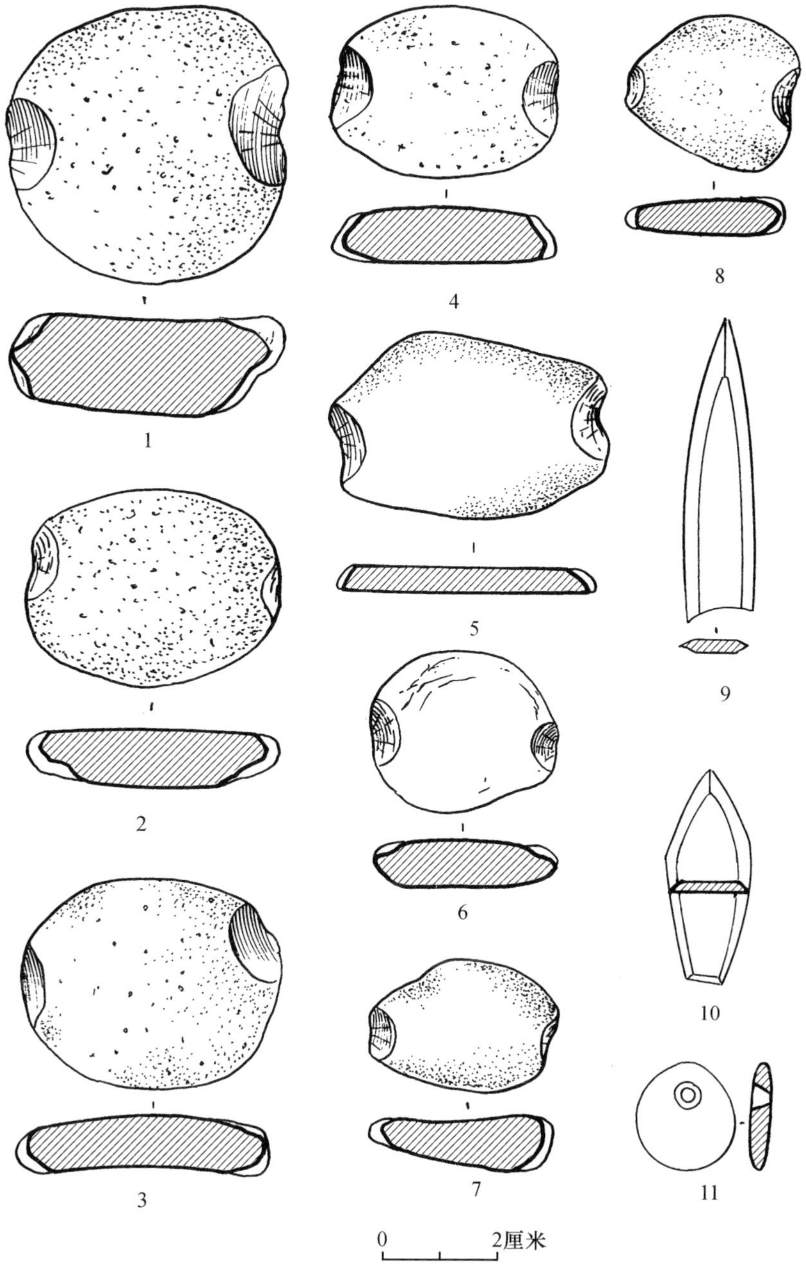

图3-4-20　97TWF10出土石器

1. D型网坠（97TWF10：29）　2～7. B型网坠（97TWF10：2、97TWF10：28、97TWF10：19、97TWF10：52、97TWF10：1、97TWF10：61）　8. C型网坠（97TWF10：3）　9. Ad型镞（97TWF10：7）　10. Ae型镞（97TWF10：25）　11. 石坠（97TWF10：12）

5.3、宽1.2、厚0.2厘米（图3-4-20，9）。

Ae型　1件。97TWF10：25，青灰色板岩。镞身平面近圭形，剖面呈六边形，平底。长3.7、宽1.5、厚0.2厘米（图3-4-20，10）。

石坠　1件。97TWF10：12，灰色板岩。椭圆形，一端有一对钻孔。长径1.9、短径1.7、厚0.3厘米（图3-4-20，11）。

刀　3件。

图3-4-21　97TWF10出土石器

1、2. 未分型刀（97TWF10：24、97TWF10：20）　3. Bb型刀（97TWF10：13）　4. 石料（97TWF10：55）
5. 剑（97TWF10：33）　6. 球（97TWF10：16）

Bb型　1件。97TWF10：13，灰色板岩。长方形，一端残。直背，双面直刃，中间有一对钻孔。残长5、宽3.2、厚0.45厘米（图3-4-21，3）。

未分型　2件。97TWF10：20，灰色夹云母的板岩。弧背，双面弧刃，两端均残。残长5.2、宽4.6、厚0.6厘米（图3-4-21，2）。97TWF10：24，青灰色板岩。一端残，一端呈弧形，双面弧刃，弧背，刃部有崩痕。残长5.2、宽5、厚0.6厘米（图3-4-21，1）。

球　1件。97TWF10：16，灰白色花岗岩。平面呈不规则形。长径7.8、短径6.2、厚5厘米（图3-4-21，6）。

剑　1件。97TWF10：33，灰色板岩。仅余剑身残段，呈长条形。中间有血槽，血槽中间有两个对钻孔。残长9.2、宽3.6、厚0.6、孔径0.5厘米（图3-4-21，5）。

斧　2件。97TWF10：34，深灰色石英砂岩。平面近圆角梯形，弧肩，双面弧刃，刃部有崩片。长8、宽5.6、厚2.6厘米（图3-4-23，8；图版二六，7）。97TWF10：41，灰色闪长岩。近圆角梯形，直背，双面直刃，背部有打击面。长16、宽8、厚6厘米（图3-4-22，1；图版二六，6）。

砺石　1件。97TWF10：47，紫色细砂岩。扇形，磨面下凹，底部不平整。直径8、厚3厘米（图3-4-22，5）。

石器　7件。97TWF10：48，紫灰色板岩。不规则形，器身遍布打制疤痕。长11.4、宽5.4、厚2厘米（图3-4-22，4）。97TWF10：49，紫色粉砂岩。长条形，器身遍布打制疤痕。长13、宽6.6、厚3.4厘米（图3-4-22，2）。97TWF10：56，灰色板岩。不规则形，器表有打击痕。长7.5、宽3.9、厚0.8厘米（图3-4-22，7）。97TWF10：59，褐紫色石英砂岩。平面呈四边形，剖面呈半圆形，两端均残。长9.4、宽6.8、厚1.6厘米（图3-4-22，6）。97TWF10：60，暗紫色板岩。亚腰形，侧棱有打击痕。长8.2、宽5.4、厚2.6厘米（图3-4-22，3）。97TWF10：62，青灰色有层理的板岩。平面近长方形，两端均有崩片。长8.3、宽5.8、厚2.2厘米（图3-4-23，7）。97TWF10：63，深灰色板岩。亚腰形，器体呈弧形，厚薄不均，一端有使用痕迹。长14、宽6.4、厚2.4厘米（图3-4-23，2）。

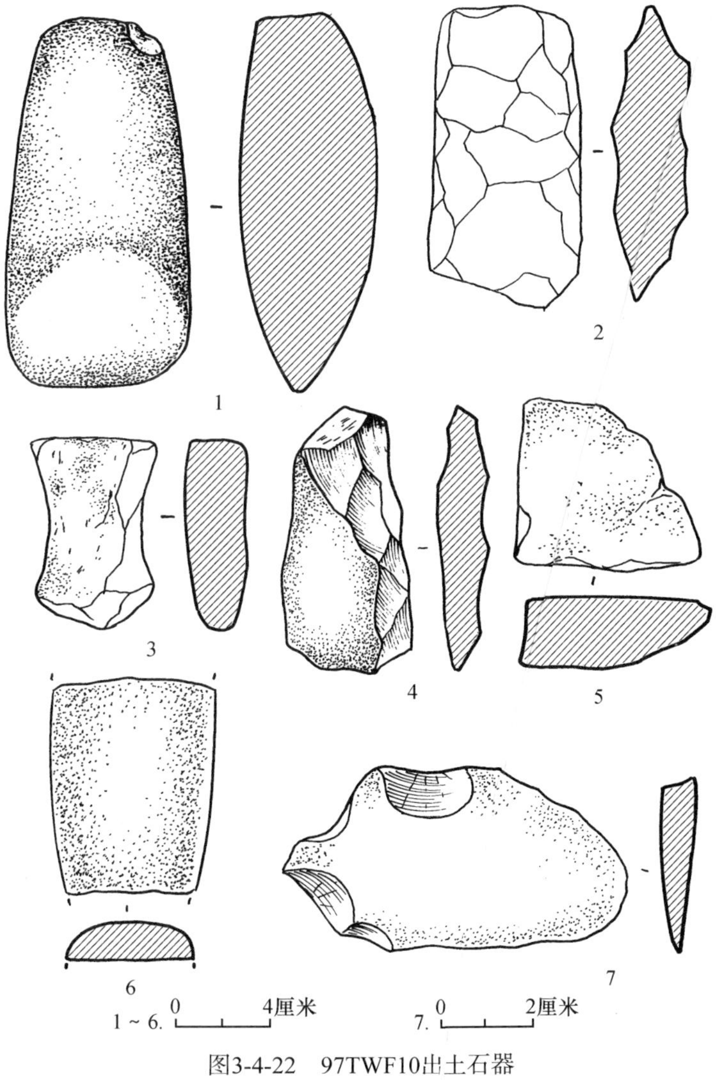

图3-4-22　97TWF10出土石器

1. 斧（97TWF10：41）　2～4、6、7. 石器（97TWF10：49、97TWF10：60、97TWF10：48、97TWF10：59、97TWF10：56）　5. 砺石（97TWF10：47）

研磨器　5件。

A型　1件。97TWF10∶54，肉红色花岗岩。圆柱形，两端粗细不一，一端残，一端有使用痕迹。长11.2、宽4.8、厚2.4厘米（图3-4-23，3）。

B型　4件。卵圆形，一端有使用痕迹。97TWF10∶50，褐灰色花岗细晶岩。两端粗细不一。长14、宽6.4、厚2.2厘米（图3-4-23，6）。97TWF10∶51，黄褐色云母细岩。长13.4、宽7.2、厚3.2厘米（图3-4-23，5）。97TWF10∶57，灰白色石英砂岩。两端粗细不一，粗端有使用痕迹。长14.2、宽7.8、厚3.4厘米（图3-4-23，1）。97TWF10∶58，暗紫色石英砂岩。两端粗细不一，细端有使用痕迹。长12、宽7、厚1.7厘米（图3-4-23，4）。

石料　1件。97TWF10∶55，青灰色板岩。长条形，两端残。残长6.7、宽1.5、厚0.25厘米（图3-4-21，4）。

骨、角器及其他　9件。

骨锥　4件。97TWF10∶14，扁锥形。锥身剖面呈凹窝形。长11.1厘米（图3-4-24，2）。97TWF10∶17，扁锥形。锥身剖面呈椭圆形，锥尾残。残长4.9厘米（图3-4-24，6）。

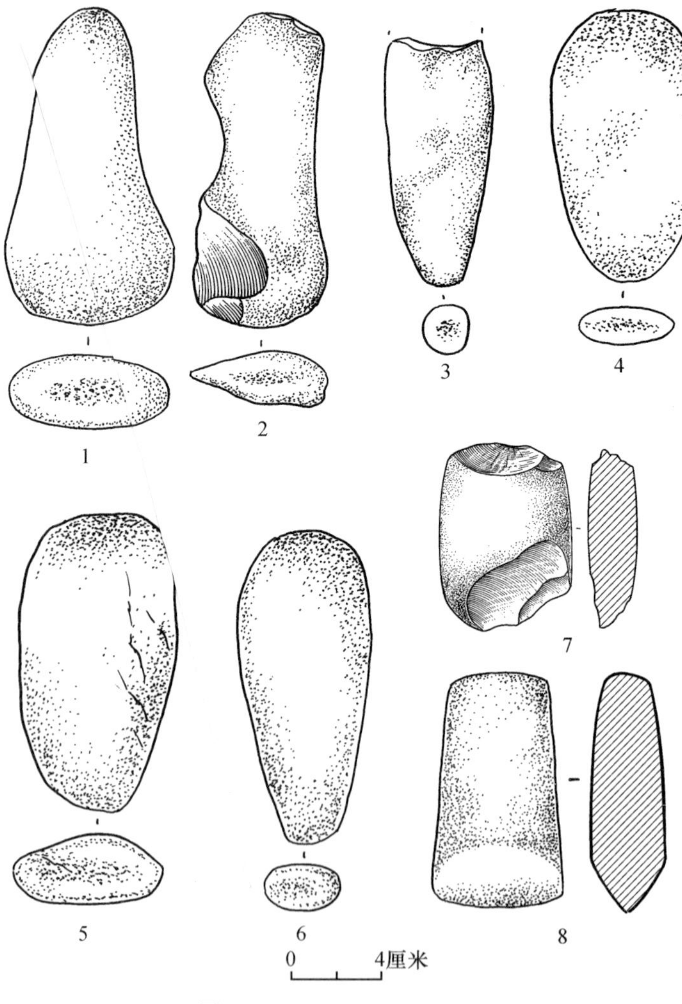

图3-4-23　97TWF10出土石器

1、4～6. B型研磨器（97TWF10∶57、97TWF10∶58、97TWF10∶51、97TWF10∶50）
2、7. 石器（97TWF10∶63、97TWF10∶62）　3. A型研磨器（97TWF10∶54）　8. 斧（97TWF10∶34）

97TWF10：22，扁锥形。锥身剖面呈凹窝形，锥尾残。残长4.9、厚0.3厘米（图3-4-24，5）。97TWF10：23，锥身剖面呈三角形。长10.9、宽0.6、厚0.5厘米（图3-4-24，1）。

骨棒　2件。97TWF10：45，圆柱形，两端残，器身较细。残长7.2、直径约0.7厘米（图3-4-24，3）。97TWF10：46，圆柱形，两端残，器身较粗。残长7、直径约1.7厘米（图3-4-24，4）。

野猪牙　1件。97TWF10：44，两端残。残长6、截面最大径1.1厘米（图3-4-24，7）。

鳖甲　1件。97TWF10：21，近长方形，两端均残。残长4.5、宽2.5、厚0.5厘米（图3-4-24，8）。

鹿角　1件。97TWF10：10，整体呈L形，鹿角剖面呈椭圆形。长13.5厘米（图3-4-24，9）。

3. 97ⅡTWF4

推测平面形制为圆形。跨Ⅱ区T469和T501两个探方，并延伸至两个探方的东隔梁，进入隔梁部分未清理。开口于第1层下，打破第4层及97TWH106。长径5.94米。居住面较平整。灶址

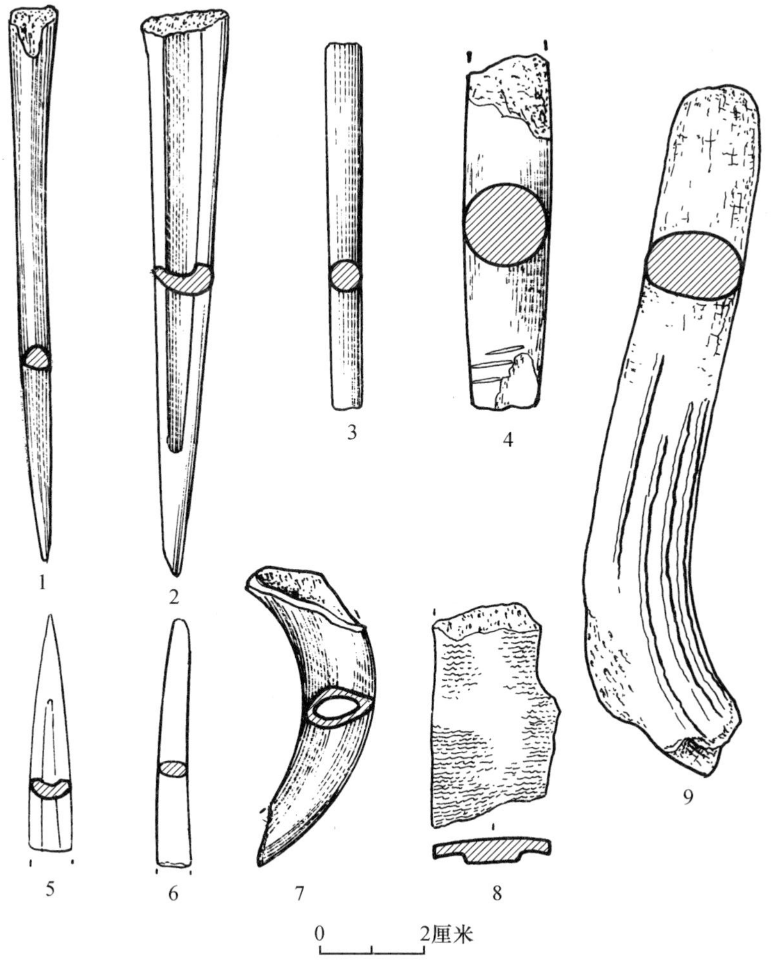

图3-4-24　97TWF10出土器物

1、2、5、6. 骨锥（97TWF10：23、97TWF10：14、97TWF10：22、97TWF10：17）　3、4. 骨棒（97TWF10：45、97TWF10：46）　7. 野猪牙（97TWF10：44）　8. 鳖甲（97TWF10：21）　9. 鹿角（97TWF10：10）

位于房屋北侧，呈不规则椭圆形，长径0.7米，短径0.5米。房址南侧有较为规则的两排石块，推测为烟道。但因破坏严重，其具体情况不清楚。房址边缘有柱洞4个（D1～D4），烟道南侧有柱洞4个（D5～D8）。D1直径0.16、深0.2米；D2口径0.3、底径0.16、深0.37米；D3直径0.2、深0.08米；D4直径0.24、深0.3米；D5直径0.24、深0.18米；D6直径0.22、深0.4米；D7直径0.2、深0.15米；D8直径0.14、深0.2米（图3-4-25）。

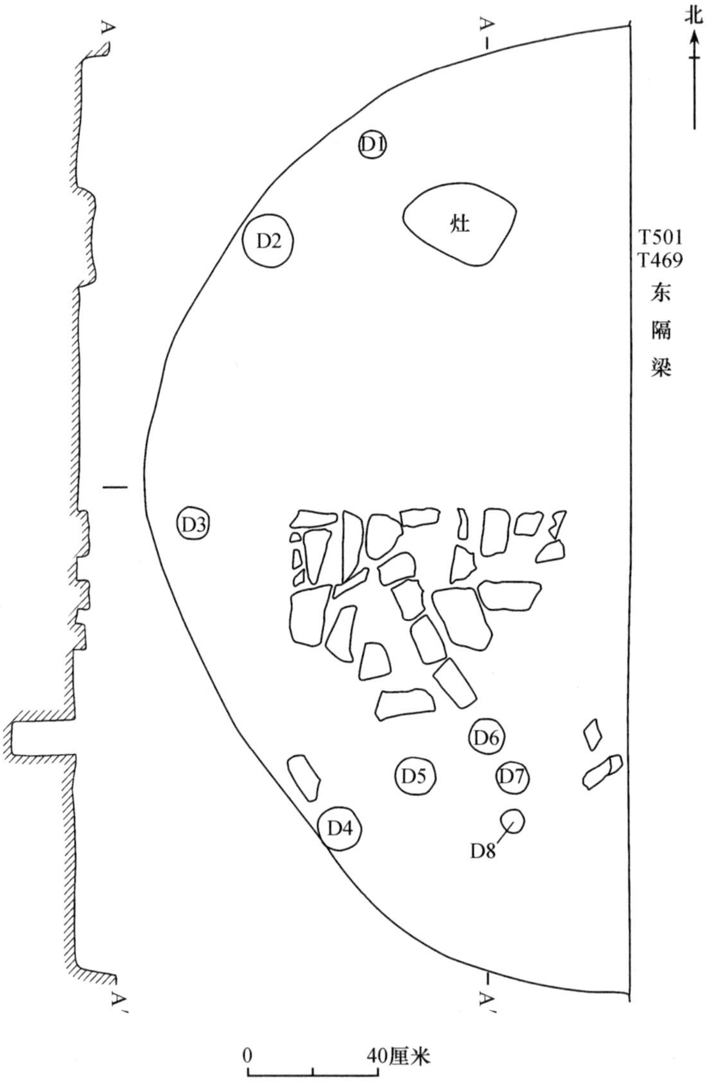

图3-4-25　97TWF4平、剖面图

房内堆积较疏松，出土器物16件。

出土器物

陶器　4件。

碗　2件。97TWF4∶10，夹砂黑褐陶。素面，敞口，方唇，斜壁，平底，口径13.6、高5.6、底6厘米（图3-4-26，1）。97TWF4∶14，夹砂黑褐陶。器表磨光，敞口，圆尖唇，斜壁，平底，口径14.2、底径5、高5.4厘米（图3-4-26，2）。

网坠　2件。

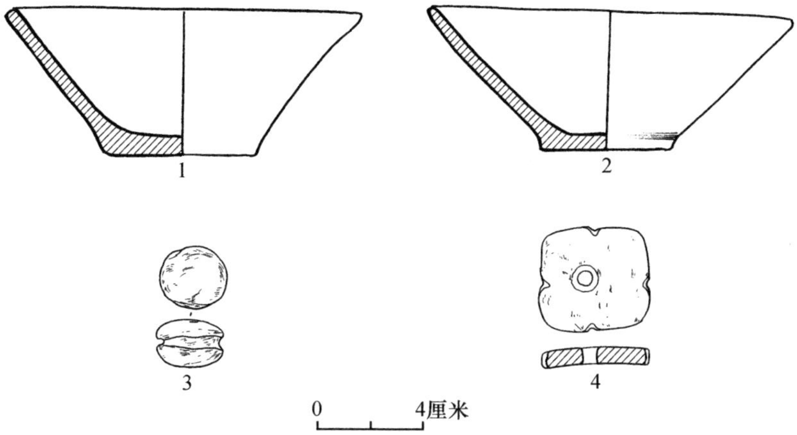

图3-4-26　97TWF4出土陶器

1、2. 碗（97TWF4：10、97TWF4：14）　3. C型网坠（97TWF4：1）　4. Ec型网坠（97TWF4：6）

C型　1件。97TWF4：1，泥质黄褐陶。亚腰形，中间有横向凹槽。直径2.6、厚1.8厘米（图3-4-26，3）。

Ec型　1件。97TWF4：6，泥质红褐陶。方形，中间有一对钻孔，四端磨出两两对称的四个豁口。边长3.9、厚0.7厘米（图3-4-26，4）。

石器　8件。

镞　2件。

Ae型　1件。97TWF4：2，深灰色板岩。平面呈圭形，尖部起脊，无铤，镞身下部残破。残长3、宽1.3、厚0.2厘米（图3-4-27，2）。

Ba型　1件。98TWF4：3，灰色板岩。双翼，尖部略残，后锋倒刺呈燕尾形，圆柱形铤。

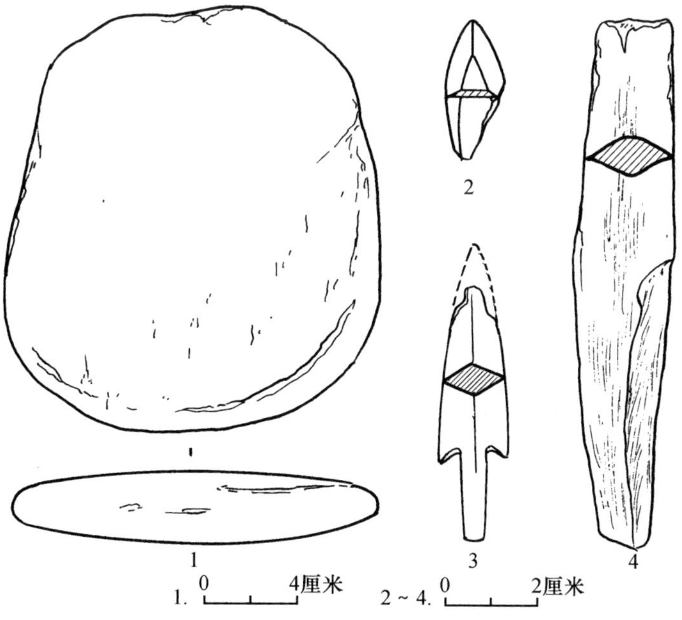

图3-4-27　97TWF4出土石器

1. 磨盘（97TWF4：19）　2. Ae型镞（97TWF4：2）　3. Ba型镞（97TWF4：3）　4. 石料（97TWF4：20）

长5.5、宽1.5、厚0.7厘米（图3-4-27，3）。

石饼　1件。97TWF4：7，灰白色石英砂岩。扁圆形。长径14、短径12、厚2.6厘米（图3-4-28，1）。

球　1件。97TWF4：8，褐灰色石英砂岩。平面呈椭圆形，剖面呈半圆形。长径5.9、短径4.1、厚3.1厘米（图3-4-28，2）。

砍砸器　1件。97TWF4：16，深灰色板岩。半圆形。器表厚薄不一，一端有使用痕迹。长13.2、宽8、厚2.4厘米（图3-4-28，3）。

石器　1件。97TWF4：17，深灰色板岩。不规则形，侧棱遍布打击痕。直径10、厚2.6厘米（图3-4-28，4）。

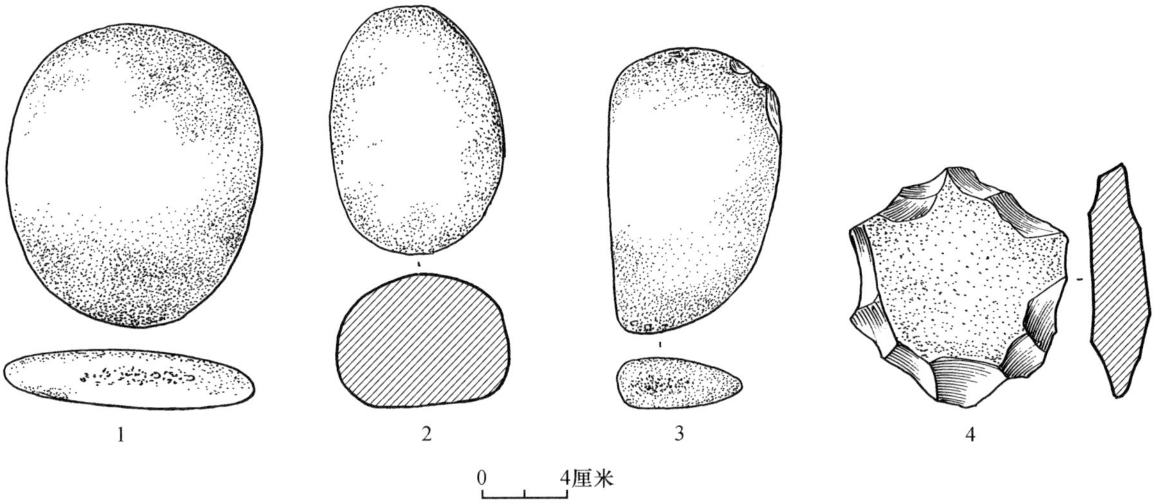

图3-4-28　97TWF4出土石器

1. 石饼（97TWF4：7）　2. 球（97TWF4：8）　3. 砍砸器（97TWF4：16）　4. 石器（97TWF4：17）

磨盘　1件。97TWF4：19，灰色板岩。扁平椭圆形。长径18.4、短径16.4、厚3厘米（图3-4-27，1）。

石料　1件。97TWF4：20，灰色板岩。平面近长方形，剖面近棱形，两端有打击痕。长23.2、宽4、厚1.6厘米（图3-4-27，4）。

骨器　3件。

骨甲片　3件。97TWF4：11，长条形。两端各有两个钻孔。长4.4、宽1.6、厚0.2厘米。97TWF4：12，长条形。两端均残，一端有一单钻孔。残长3.4、宽1.1、厚0.2厘米（图3-4-29，2）。97TWF4：15，长条形。两端各有两个钻孔，器身有编缀痕。长4.35、宽1.7、厚0.25厘米（图3-4-29，1；图版二七，6）。

铁器　1件。

镬　1件。97TWF4：13，平面呈长条形，銎端残破。残长10.1、宽6.7、厚1.9厘米（图3-4-29，3；图版二七，3）。

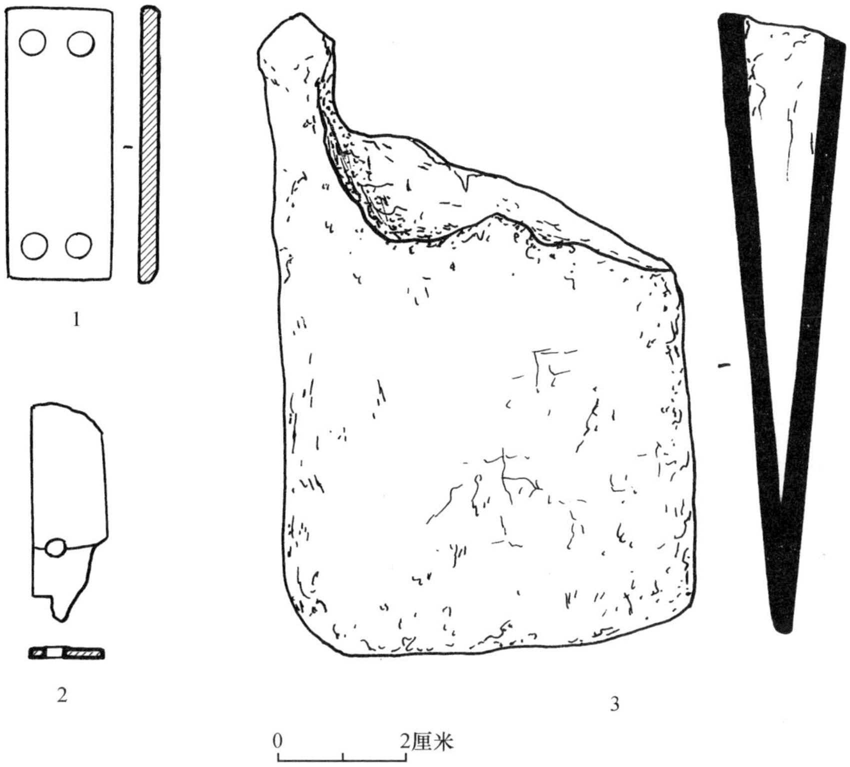

图3-4-29　97TWF4出土器物
1、2. 骨甲片（97TWF4：15、97TWF4：12）　3. 铁镬（97TWF4：13）

三、灰　坑

第Ⅰ区属于这一时期的灰坑共发现17座，包括97ⅠTWH2、97ⅠTWH3、97ⅠTWH4、97ⅠTWH5、97ⅠTWH9、97ⅠTWH12、97ⅠTWH14、97ⅠTWH18、97ⅠTWH19、97ⅠTWH20、97ⅠTWH22、97ⅠTWH23、97ⅠTWH24、97ⅠTWH25、97ⅠTWH28、97ⅠTWH29、97ⅠTWH75。

第Ⅱ区属于这一时期的灰坑共发现14座，包括97ⅡTWH63、97ⅡTWH90、97ⅡTWH94、97ⅡTWH95、97ⅡTWH96、97ⅡTWH97、97ⅡTWH98、97ⅡTWH100、97ⅡTWH106、97ⅡTWH109、97ⅡTWH111、97ⅡTWH112、97ⅡTWH114、97ⅡTWH127。

第Ⅲ区属于这一时期的灰坑仅发现1座，编号为98ⅢTWH145。

1. 97ⅠTWH2

位于Ⅰ区T365的西部。开口于第2层下，打破第3层和97TWH5。平面呈椭圆形，弧壁，圜底。坑口长径0.7米，短径0.49米，深0.36米。坑内堆积呈黑褐色，质地疏松，堆积里夹杂夹砂陶片，无出土器物（图3-4-30）。

2. 97 Ⅰ TWH3

位于Ⅰ区T366的西部。开口于第2层下，打破第3层和97TWH4，并被97TWH117打破。平面呈圆形，弧壁，圜底。坑口直径约为0.84 ~ 0.86米，深0.34米。坑内堆积呈黑褐色，质地疏松，堆积里夹杂夹砂陶片，无出土器物（图3-4-31）。

3. 97 Ⅰ TWH4

位于Ⅰ区T366的西部。开口于第2层下，打破第3层，被97TWH3打破。平面呈椭圆形，斜壁，底近平。坑口长径1.3米，短径0.99米，深0.25米。坑内堆积呈黄黑色，质地疏松，出土器物2件（图3-4-32）。

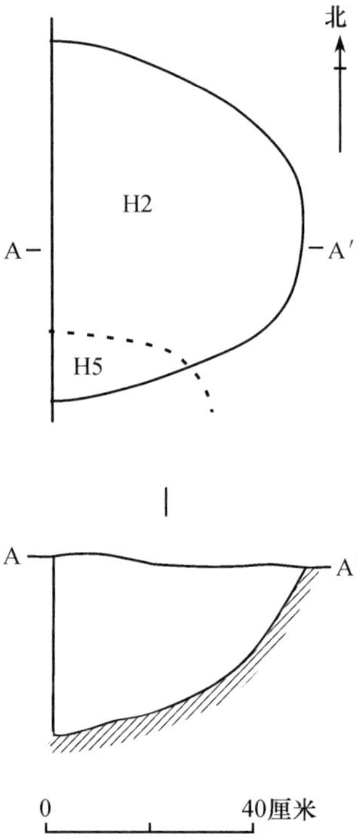

图3-4-30　97TWH2平、剖面图

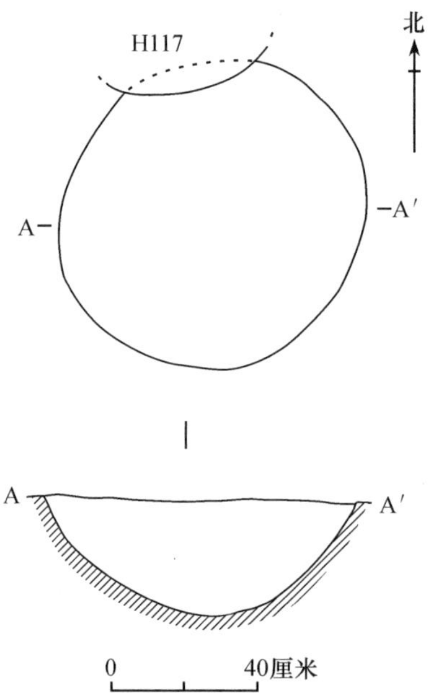

图3-4-31　97TWH3平、剖面图

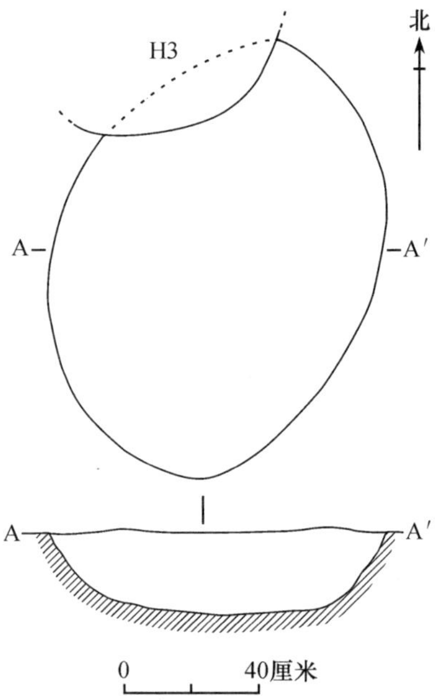

图3-4-32　97TWH4平、剖面图

出土器物

陶器　2件。

小罐　1件。97TWH4：2，夹砂黄褐陶。翻沿，方唇，弧腹近直，上腹部饰对称鋬耳，台足。口径12.4、底径8.6、高13.4厘米（图3-4-33，1）。

Ba型网坠　1件。97TWH4：1，灰白色泥质陶。卵圆形，整体较为规整，中间有圆形钻孔，一侧有竖向凹槽。长3、直径2.2厘米（图3-4-33，2）。

4. 97 Ⅰ TWH5

位于Ⅰ区T365的西部。开口于第2层下，打破第3层和第4层，并被97TWH2打破。平面呈椭圆形，弧壁，圜底。坑口长径1米，短径0.7米，深0.32米。坑内堆积呈黄黑色，质地疏松，堆积里夹杂夹砂陶片，无出土器物（图3-4-34）。

5. 97ⅠTWH9

位于Ⅰ区365东南部。开口于第2层下，打破第3层。平面呈椭圆形，弧壁，平底。坑口长径2.76米，短径1.96米，深0.22米。坑内堆积呈黑褐色，质地疏松，堆积里夹杂夹砂陶片，出土器物3件（图3-4-35）。

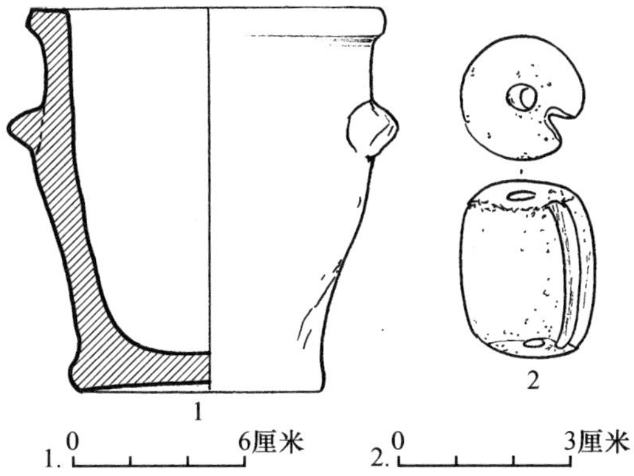

图3-4-33　97TWH4出土陶器

1. 小罐（97TWH4：2）　2. Ba型网坠（97TWH4：1）

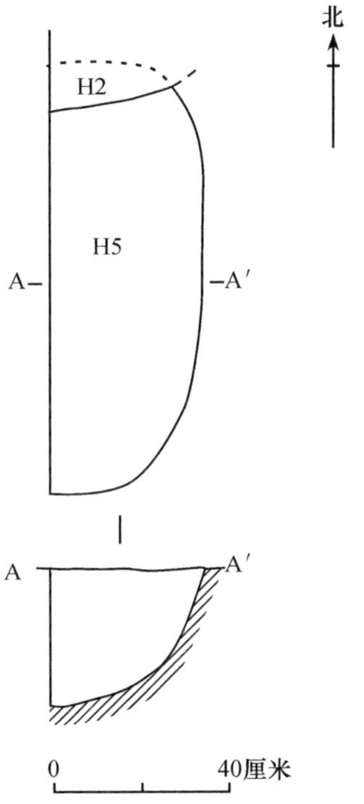

图3-4-34　97TWH5平、剖面图

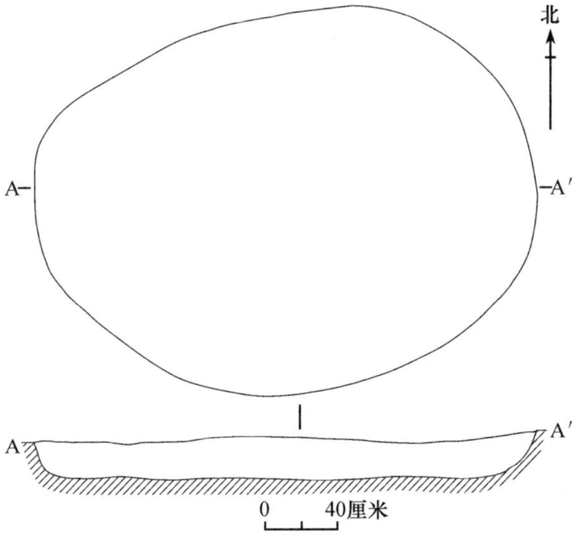

图3-4-35　97TWH9平、剖面图

出土器物

石器　2件。

Bb型镞　1件。97TWH9：2，青灰色板岩。双翼，后锋无倒刺，镞身平面呈矛形，铤已残断。通长7.3、镞身宽2.1、厚0.7厘米（图3-4-36，2）。

有沟砺石　1件。97TWH9：3，大理岩。长条形，一端残，一面为弧形，一面较平，较平的一面中间有磨砺凹槽。长8.1、宽5.4、厚2.7厘米（图3-4-36，1）。

骨器　1件。

锥　1件。97TWH9：1，以动物管状骨磨制，顶端已残，一侧中间有弧形凹槽。残长5.2、厚0.3厘米（图3-4-36，3）。

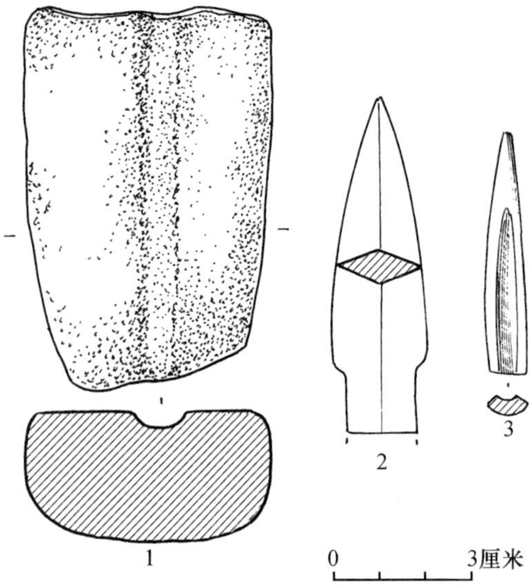

图3-4-36　97TWH9出土器物

1. 有沟砺石（97TWH9：3）　2. Bb型石镞（97TWH9：2）　3. 骨锥（97TWH9：1）

6. 97Ⅰ TWH12

位于Ⅰ区T368西北部，跨T367、T397、T398三个探方。开口于第2层下，打破第3层以及97TWH31、97TWH35，并被97TWG14打破。平面呈圆形，斜壁，平底。坑口直径约2.1～2.2米，深0.46米。坑内堆积呈黄褐色，质地疏松，堆积里夹杂夹砂陶片。仅出土器物1件（图3-4-37）。

出土器物

石器　1件。

Ba型镞　1件。97TWH12：1，青灰色板岩。镞尖已残，镞身一面磨平，一面起脊，铤身剖面呈三角形，后锋有小倒刺，方形铤身。残长4.5、宽1.5、厚0.5厘米（图3-4-38）。

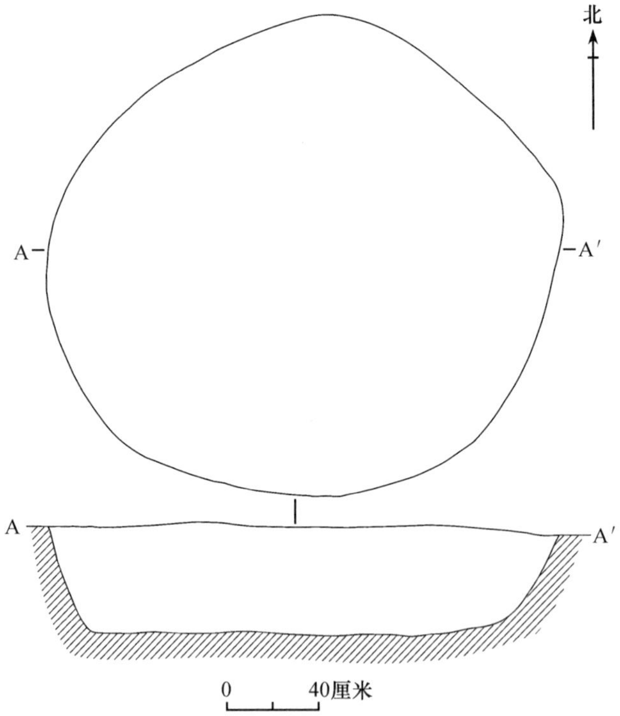

图3-4-37　97TWH12平、剖面图

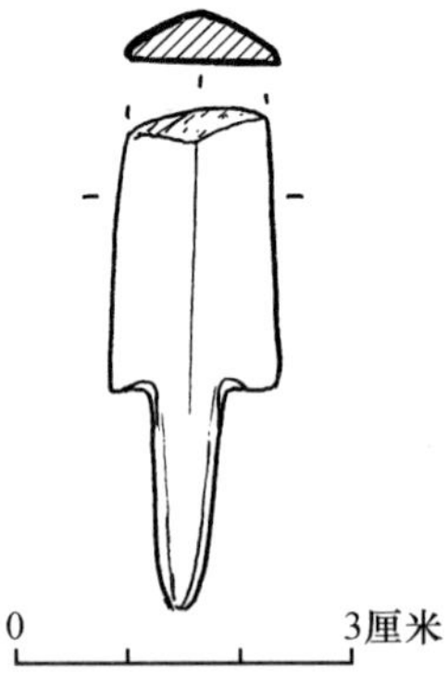

图3-4-38　97TWH12出土Ba型石镞（97TWH12：1）

7. 97Ⅰ TWH14

位于Ⅰ区T367西北部，跨T366东北部。开口于第2层下，打破第3层，并被97TWG14打破。平面呈椭圆形，斜壁，平底。坑口长径1.66米，短径1.1米，深0.4米。坑内堆积呈

黑褐色，质地疏松，堆积里夹杂夹砂陶片，无出土器物（图3-4-39）。

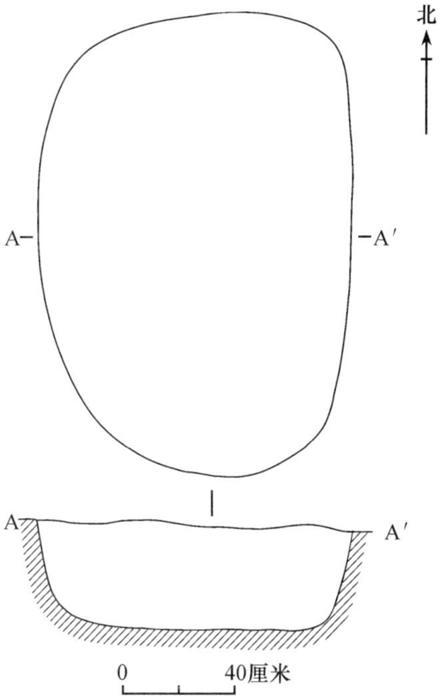

图3-4-39　97TWH14平、剖面图

8. 97ⅠTWH18

位于Ⅰ区T365东部。开口于第2层下，叠压于97TWH9之下，打破97TWH19和第3层。平面呈不规则形，弧壁，平底。坑口最长径为2.4米，深0.6米。坑内堆积为花土，质地疏松，堆积里包含桥状耳残片，出土器物2件（图3-4-40）。

出土器物

石器　1件。

B型网坠　1件。97TWH18：2，灰色砂岩。椭圆形，两端打制豁口。长径2.9、短径2.2、厚1.2厘米（图3-4-41，1）。

骨器　1件。

锥　1件。97TWH18：1，尾端残。残长5.2、厚0.4厘米（图3-4-41，2）。

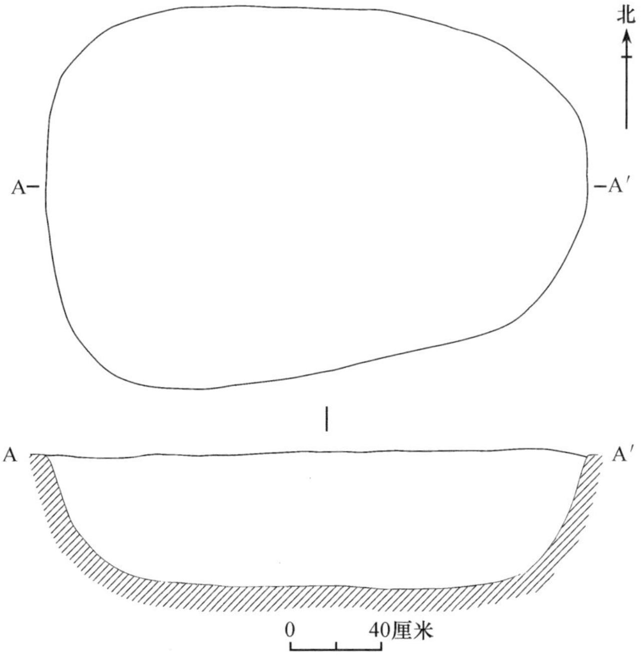

图3-4-40　97TWH18平、剖面图

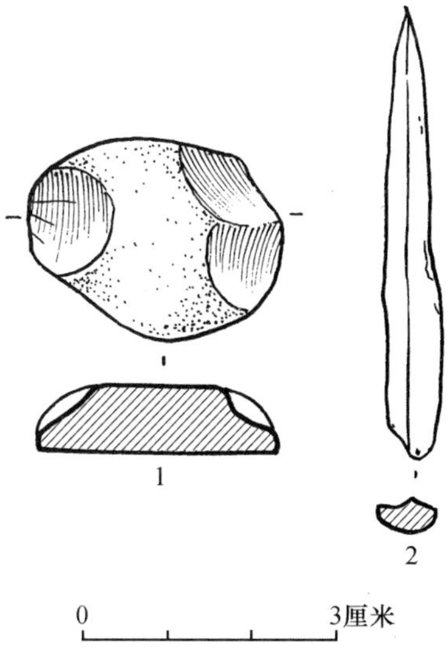

图3-4-41　97TWH18出土器物
1. B型石网坠（97TWH18：2）
2. 骨锥（97TWH18：1）

9. 97ⅠTWH19

位于Ⅰ区T365西部。开口于第2层下，叠压于97TWH18之下，打破第3层和生土。平面呈圆形，斜壁，平底。坑口直径1.76～1.8米，深0.3米。坑内堆积呈黑褐色，夹杂夹砂陶片，出

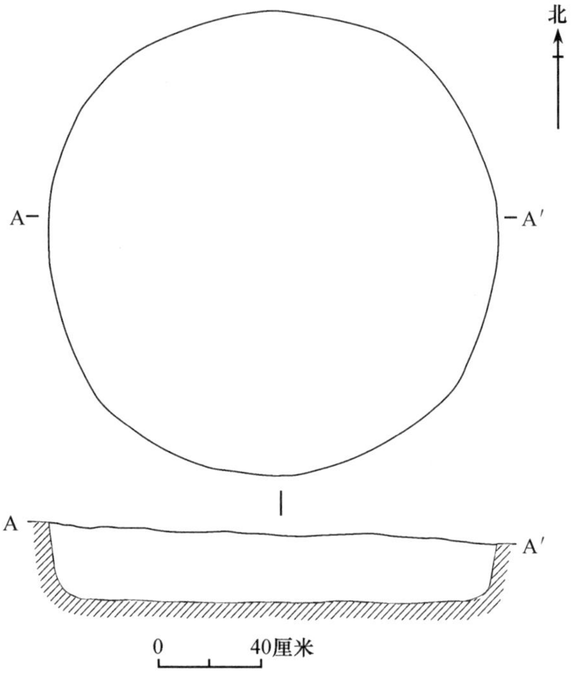

图3-4-42　97TWH19平、剖面图

土器物1件（图3-4-42）。

出土器物

石器　1件。

C型网坠　1件。97TWH19：1，青褐色粉砂岩。不规则形，器身凹凸不平，两端有打制的豁口。长4.7、宽3.5、厚1.1厘米（图3-4-43）。

10. 97ⅠTWH20

位于Ⅰ区T370中部。开口于第2层下，打破第3层。平面呈椭圆形，弧壁，平底。坑口长径1米，短径0.7米，深0.36米。坑内堆积呈黑褐色，质地疏松，堆积里夹杂夹砂红褐、黑褐陶片。出土器物1件（图3-4-44）。

出土器物

陶器　1件。

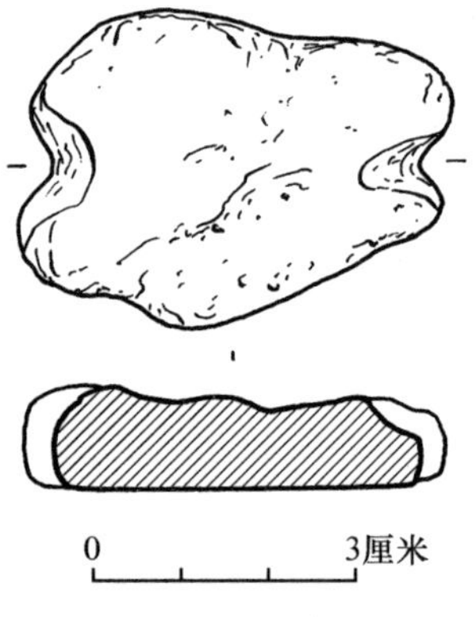

图3-4-43　97TWH19出土C型石网坠（97TWH19：1）

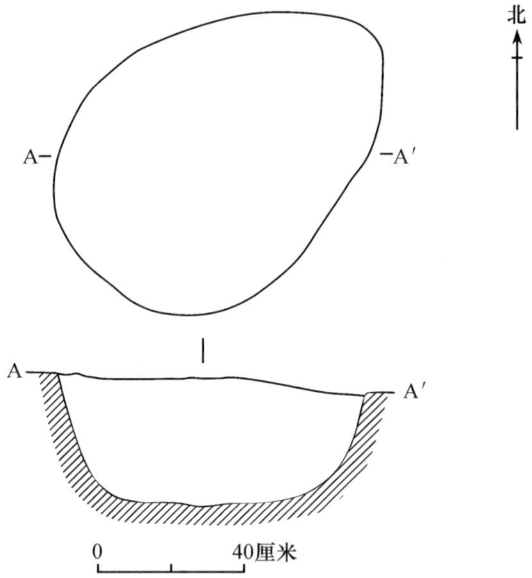

图3-4-44　97TWH20平、剖面图

Ec型网坠　1件。97TWH20：1，以夹砂黄褐陶磨制而成。平面呈方形，一角已残。两侧磨出豁口，中间有一圆形钻孔。边长4.6、厚0.5厘米（图3-4-45）。

11. 97ⅠTWH22

位于Ⅰ区T369东北部。开口于第2层下，打破97TWF8，被现代沟打破。平面近圆形，斜壁，平底。坑口直径约1.36米，深0.3米。坑内堆积呈浅褐色，质地疏松，堆积里夹杂夹砂陶片。出土器物4件（图3-4-46）。

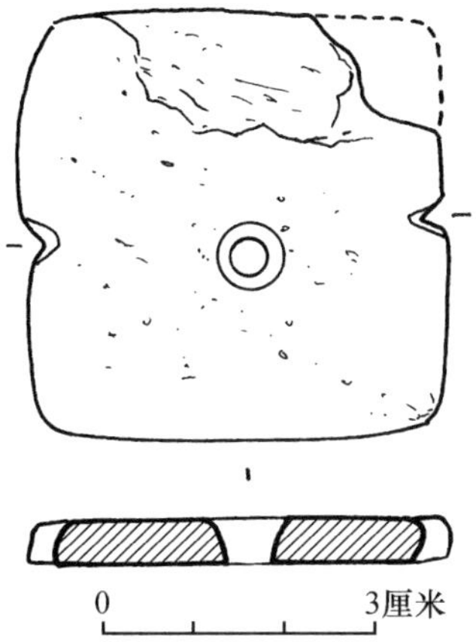

图3-4-45　97TWH20出土Ec型陶网坠
（97TWH20：1）

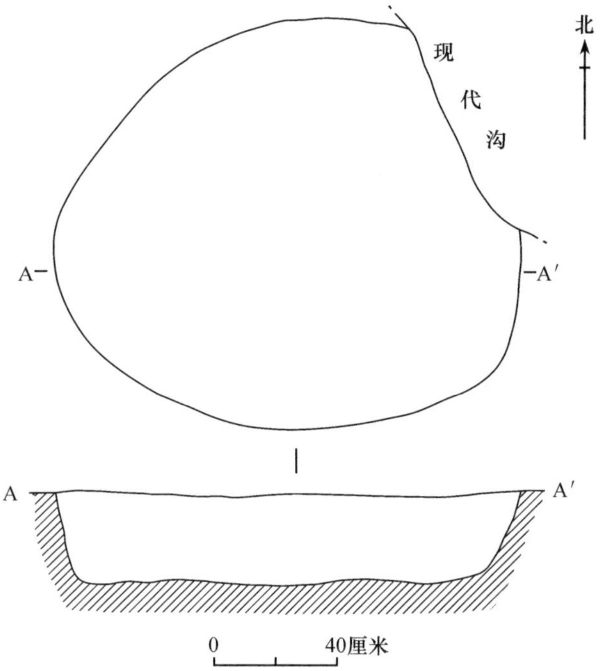

图3-4-46　97TWH22平、剖面图

出土器物

陶器　1件。

Ed型网坠　1件。97TWH22：4，以夹砂红褐陶制成。平面呈长方形，中间有钻孔，两侧有豁口，且有明显的使用痕迹。长3.6、宽2.5、厚0.5厘米（图3-4-47，1）。

石器　1件。

D型镞　1件。97TWH22：3，青灰色板岩。四棱状镞，镞身剖面呈梯形，镞尖已残，圆柱形铤。残长4.2、镞身厚0.2厘米（图3-4-47，2）。

骨器　2件。

锥　2件。97TWH22：1，以大型动物骨骼磨制而成，锥尖已残。残长15.5、厚0.8厘米（图3-4-47，4）。97TWH22：2，以动物骨骼磨制而成，锥尖磨制锋利。长8.6、厚0.4厘米（图3-4-47，3）。

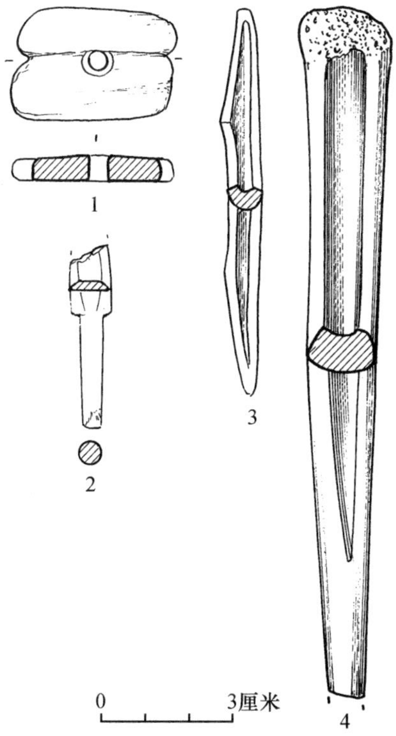

图3-4-47　97TWH22出土器物
1. Ed型陶网坠（97TWH22：4）　2. D型石镞（97TWH22：3）　3、4. 骨锥（97TWH22：2、97TWH22：1）

12. 97 Ⅰ TWH23

位于Ⅰ区T369东南部。开口于第2层下，打破第3层。平面呈椭圆形，弧壁，圜底。坑口长径1.26米，短径0.95米，深0.33米。坑内堆积呈黑褐色，质地较硬，夹杂夹砂陶片，出土器物1件（图3-4-48）。

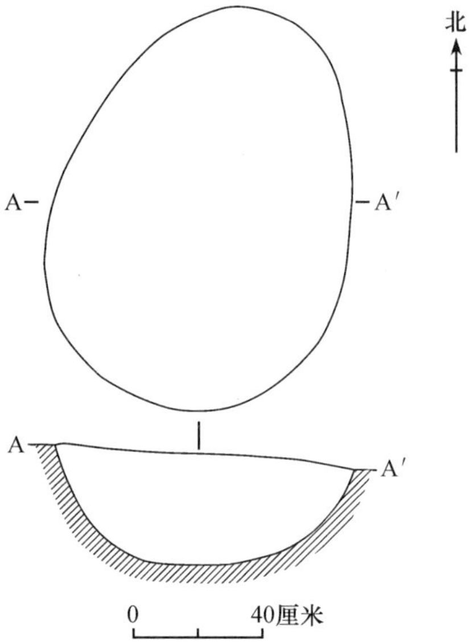

图3-4-48　97TWH23平、剖面图

出土器物

石器　1件。

C型镞　1件。97TWH23：1，青灰色板岩。不规则三棱形，镞尖已残，圆柱形铤。残长4、镞身宽0.7、厚0.4厘米（图3-4-49）。

13. 97ⅠTWH24

位于Ⅰ区T370南部。开口于第2层下，打破第3层。平面呈圆形，直壁，平底。坑口直径约0.7米，深0.3米。坑内堆积呈黑褐色，质地较疏松，中间夹杂部分砾石及夹砂红褐陶片，出土器物1件（图3-4-50）。

出土器物

石器　1件。

B型网坠　1件。97TWH24：1，灰白色石英粗砂岩。椭圆形，两端打制豁口。长4.9、宽4.2、厚2厘米（图3-4-51）。

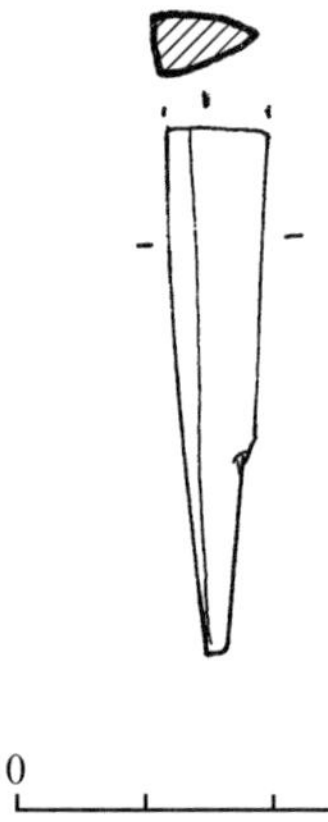

图3-4-49　97TWH23出土C型石镞（97TWH23：1）

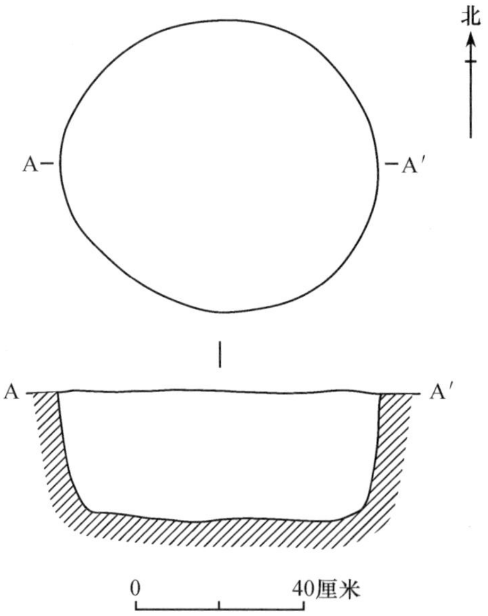

图3-4-50　97TWH24平、剖面图

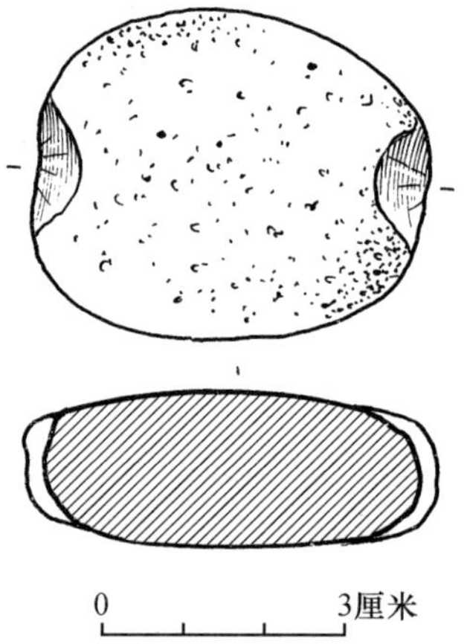

图3-4-51　97TWH24出土B型石网坠（97TWH24：1）

14. 97ⅠTWH25

位于Ⅰ区T365东北部。开口于第2层下，打破第3层，并被97TWH117打破。平面呈椭圆形，斜壁，平底。坑口长径3.6米，短径1.16米，深0.6米。坑内堆积呈黑褐色，质地疏松，夹杂红褐陶片。出土器物4件（图3-4-52）。

出土器物

陶器　2件。

Ec型网坠　1件。97TWH25：1，以夹砂褐陶片制成。平面呈圆角长方形，两端打制豁

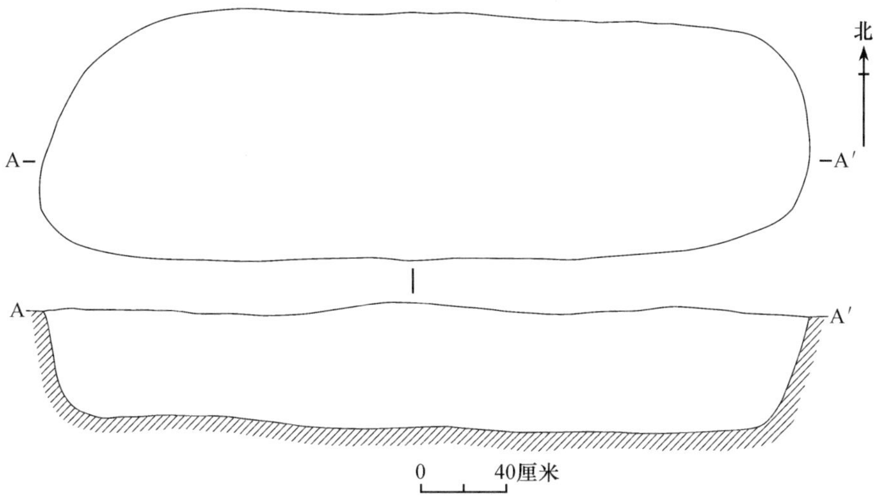

图3-4-52 97TWH25平、剖面图

口。长6.2、残宽5.1、厚0.6厘米（图3-4-53，1）。

Ed型网坠 1件。97TWH25：4，以夹砂黄褐陶片制成。平面近圆角方形，中间有圆形钻孔，两端打制豁口。边长3.1、厚0.6厘米（图3-4-53，2）。

石器 1件。

Cb型镞 1件。97TWH25：3，灰绿色板岩。三棱形镞，镞身平面呈三角形，圆柱形铤，铤下部分残断。残长5、镞身宽0.7、厚0.6厘米（图3-4-53，3）。

骨器 1件。

针 1件。97TWH25：2，器形细长，做工精细，针眼部分残断。残长5.5、直径0.2厘米（图3-4-53，4）。

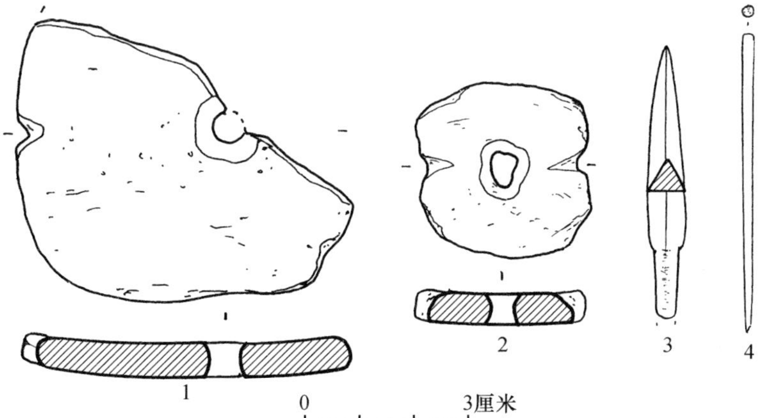

图3-4-53 97TWH25出土器物

1. Ec型陶网坠（97TWH25：1） 2. Ed型陶网坠（97TWH25：4） 3. Cb型石镞（97TWH25：3）
4. 骨针（97TWH25：2）

15. 97ⅠTWH28

位于Ⅰ区T370南部，伸入T340北隔梁内。开口于第2层下，打破第3层和97TWF7，并被

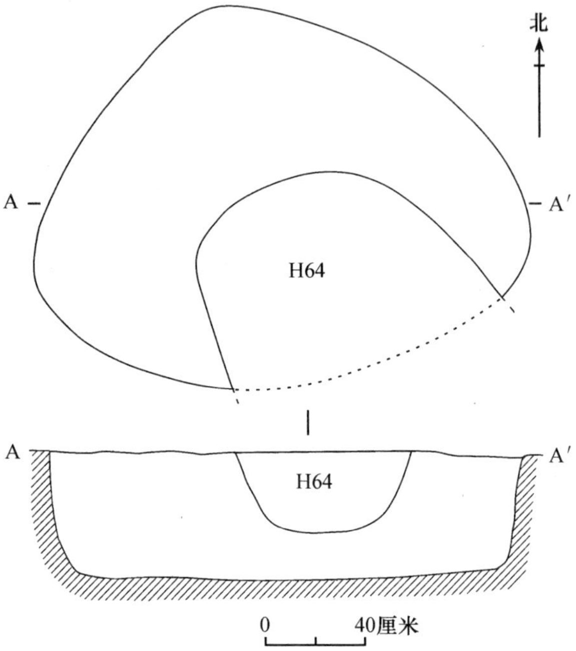

图3-4-54　97TWH28平、剖面图

97TWH64打破。平面呈不规则形，直壁，平底。坑口长径2米，短径1.52米，深0.5米。坑内堆积呈黑褐色，并夹杂砾石，质地较疏松，夹杂夹砂陶片，出土器物2件（图3-4-54）。

出土器物

陶器　2件。

罐　1件。97TWH28：2，夹砂褐陶。素面，微侈口，弧腹，小平底。口径14.2、底径7、高15.6厘米（图3-4-55，1）。

Ec型网坠　1件。97TWH28：1，夹砂红陶片磨制而成。平面近圆角方形，中间有钻孔，两端打制豁口。边长约6.7、厚0.7厘米（图3-4-55，2）。

16. 97 Ⅰ TWH29

位于Ⅰ区T370北部。开口于第2层下，并被现代沟和97TWH20打破。平面形状不完整，似为椭圆形，斜壁，平底。坑口长径不清，短径1.34米，深0.25米。坑内堆积呈黑褐色，夹杂少量砾石，质地较疏松，出土器物3件（图3-4-56）。

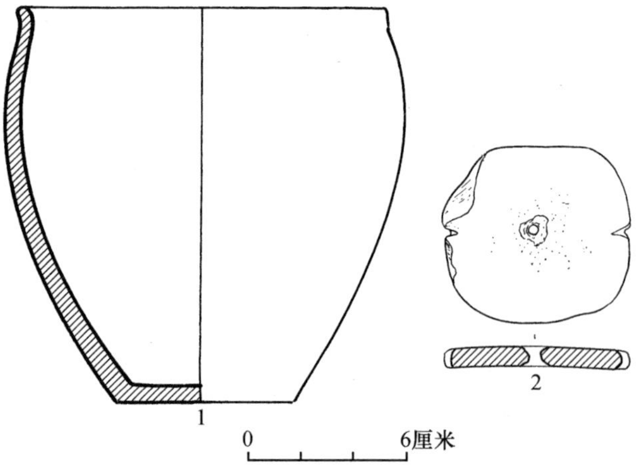

图3-4-55　97TWH28出土陶器

1. 罐（97TWH28：2）　2. Ec型网坠（97TWH28：1）

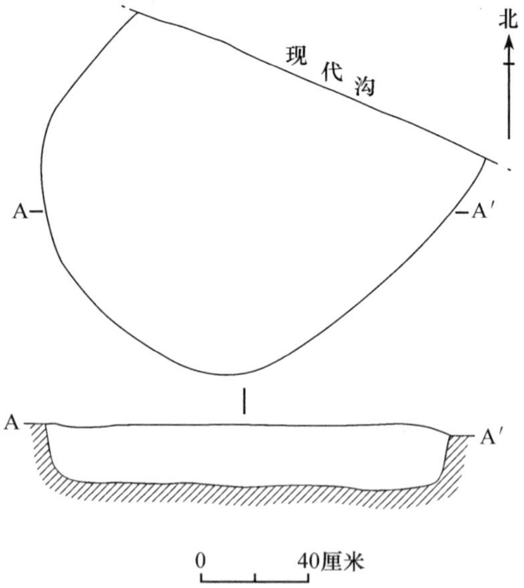

图3-4-56　97TWH29平、剖面图

出土器物

石器　2件。

镞　2件。

Ba型　1件。97TWH29：3，褐色板岩。双翼，尖残，镞身一面平滑，一面起脊，后锋有倒刺，倒刺略残，铤残。残长3.1、镞身宽1.1、厚0.3厘米（图3-4-57，2）。

Bb型　1件。97TWH29：2，灰黑色板岩。双翼，尖略残，镞身平面呈矛形，方柱形铤。长4.5、镞身宽1.5、厚0.3厘米（图3-4-57，1）。

骨器　1件。

锥　1件。97TWH29：1，扁锥形，一面有凹槽，器表光滑，有多处磨痕。长10.1、厚0.3厘米（图3-4-57，3）。

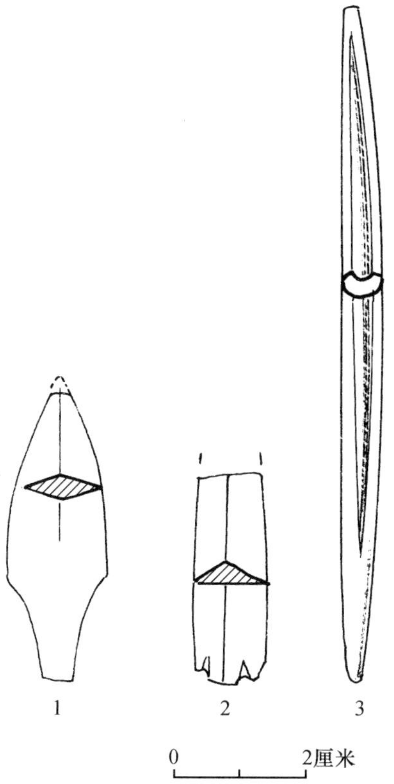

图3-4-57　97TWH29出土器物
1. Bb型石镞（97TWH29：2）　2. Ba型石镞（97TWH29：3）　3. 骨锥（97TWH29：1）

17. 97ⅠTWH75

位于Ⅰ区T339东北角，伸入东隔梁、北隔梁及T340西北部。开口于97TWF7之下，打破生土层。平面呈椭圆形，弧壁，平底。坑口长径3.1米，短径1.85米，高0.3米。坑内堆积呈黑褐色，质地疏松，出土器物1件（图3-4-58）。

出土器物

陶器　1件。

C型网坠　1件。97TWH75：1，夹砂灰褐陶。亚腰形，中间有横向凹槽，将网坠分成大小几乎相同的两部分。直径2.1、高1.9厘米（图3-4-59）。

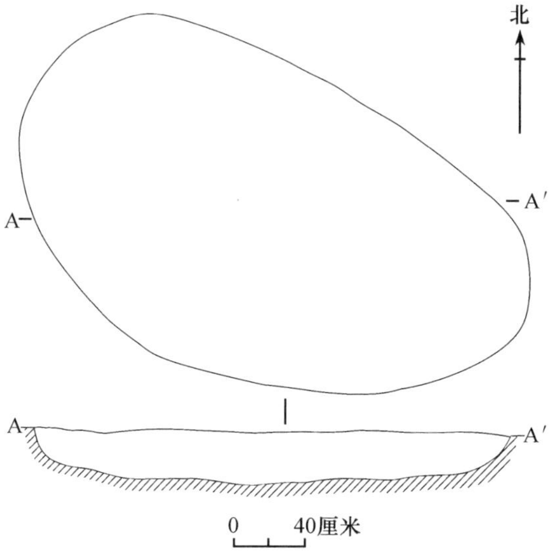

图3-4-58　97TWH75平、剖面图

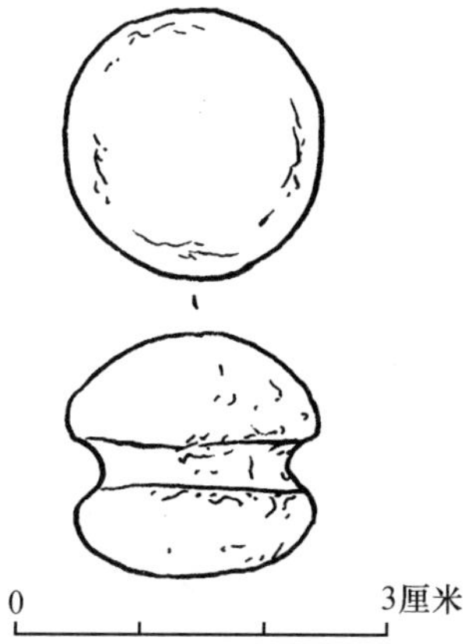

图3-4-59　97TWH75出土C型陶网坠（97TWH75：1）

18. 97ⅡTWH96

位于Ⅱ区T438东南部，伸入T408东北部。开口于第2层下，打破生土，并被97TWG4和

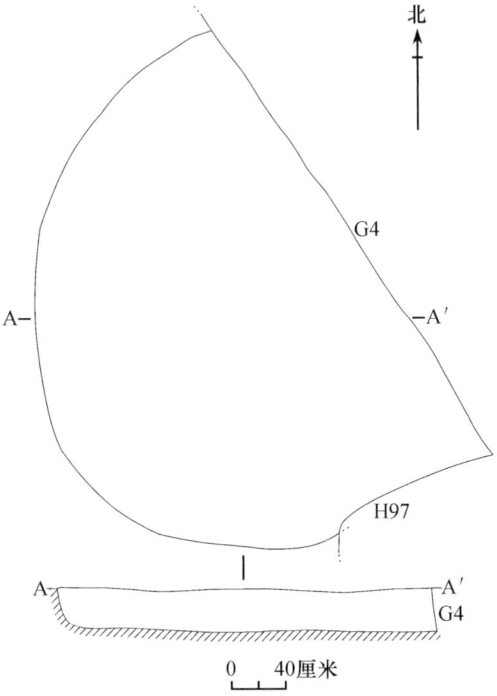

图3-4-60　97TWH96平、剖面图

97TWH97打破。平面破坏严重，形制不清，弧壁，平底。坑口尺寸不清，深0.3米。坑内堆积呈黄褐色，质地疏松，夹杂夹砂陶片。出土器物8件（图3-4-60）。

出土器物

石器　6件。

Bb型镞　1件。97TWH96：1，灰色板岩。双翼，镞身平面呈矛形，圆柱形铤。残长6.4、镞身宽1.2、厚0.6厘米（图3-4-61，2）。

B型网坠　1件。椭圆形，两端打制豁口。97TWH96：7，灰白色石英砂岩。长径4、短径3.3、厚1.7厘米（图3-4-61，3）。

A型研磨器　1件。97TWH96：2，灰白色石英砂岩。圆柱形，两端均有使用痕迹。长21、宽7.4、厚4厘米（图3-4-61，6）。

石料　3件。97TWH96：4，青灰色板岩。有切割痕迹。长8.2、宽5.5、厚0.4厘米（图3-4-61，7）。97TWH96：5，青灰色板岩。长条形，有切割痕迹。长8.2、宽1.6、厚0.3厘米（图3-4-61，5）。97TWH96：6，青灰色板岩。长5.6、宽5.3、厚0.4厘米（图3-4-61，1）。

骨器　2件。

剑　1件。97TWH96：3，仅存剑身，剑身中间位置有血槽，双刃有崩裂的豁口。长12.1、宽2.7、厚0.3厘米（图3-4-61，8；图版二七，5）。

管　1件。97TWH96：9，器壁较薄，两端有切割痕迹。长3.8、壁厚0.8厘米（图3-4-61，4）。

19. 97ⅡTWH97

位于Ⅱ区T409西部，伸入T408东隔梁内。开口于第2层下，打破97TWH96和生土层，并被97TWG4打破。平面形制不清，弧壁，平底。坑口尺寸不清，深0.45米。坑内堆积呈黄褐色，质地较硬，夹杂部分夹砂褐陶片，出土器物3件（图3-4-62）。

出土器物

石器　2件。

A型研磨器　1件。97TWH97：1，灰白色石英砂岩。长条形，表面光滑，一端有使用痕迹，一端有部分破损。长11.7、宽4、厚2.3厘米（图3-4-63，3）。

D型网坠　1件。97TWH97：2，灰色石英砂岩。近圆形，两端打制豁口。直径4、厚1.4厘米（图3-4-63，2）。

骨器　1件。

锥　1件。97TWH97：3，扁锥形。锥尖剖面呈椭圆形，锥尾有一凹槽。长5.2、宽0.8、厚0.4厘米（图3-4-63，1）。

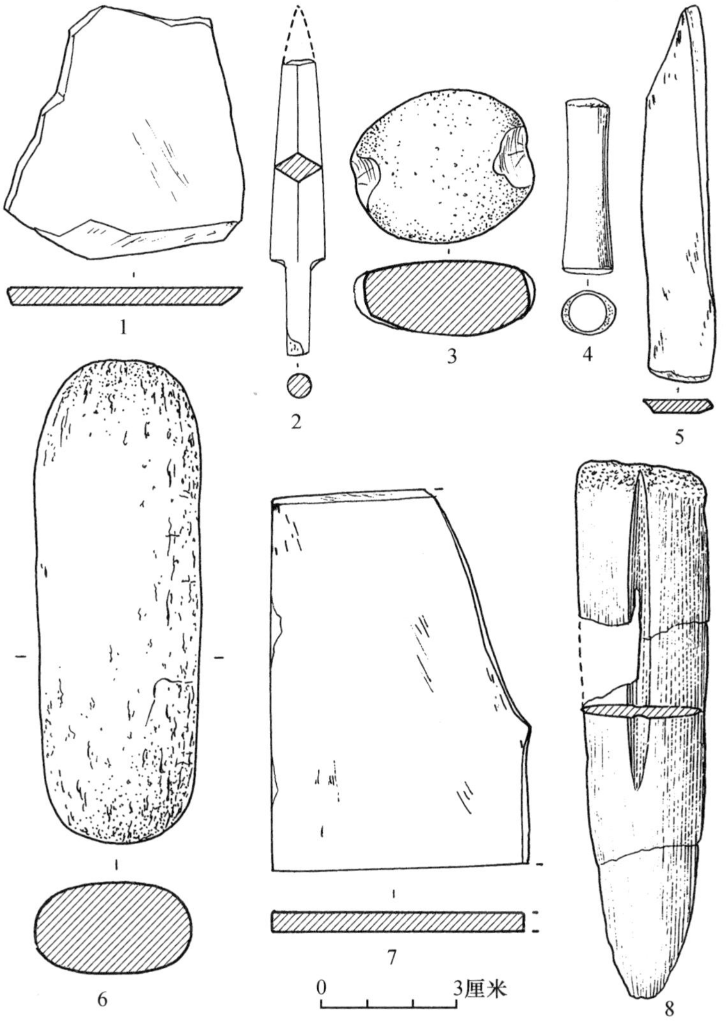

图3-4-61　97TWH96出土器物

1、5、7. 石料（97TWH96：6、97TWH96：5、97TWH96：4）　2. Bb型石镞（97TWH96：1）　3. B型石网坠（97TWH96：7）　4. 骨管（97TWH96：9）　6. A型石研磨器（97TWH96：2）　8. 骨剑（97TWH96：3）

20. 97ⅡTWH98

位于Ⅱ区T438西南角，伸入T408北隔梁内。开口于第2层下，打破生土层，并被97TWH100和97TWH111打破。平面呈椭圆形，斜壁，圜底。坑口长径3米，短径1.2米，坑深0.35米。坑内堆积呈黄褐色，质地较硬，夹杂夹砂红褐陶片。出土器物4件（图3-4-64）。

出土器物

石器　3件。

B型网坠　1件。97TWH98：1，灰白色石英砂岩。椭圆形，两端打制豁口。长4.3、宽3.3、厚1厘米（图3-4-65，2）。

B型研磨器　2件。97TWH98：3，灰白色石英砂岩。卵圆形，一端有使用痕迹。长径10.8、短径6、厚3.6厘米（图3-4-65，4）。97TWH98：4，花岗岩。卵圆形。长径12.4、短径13、厚2.6厘米（图3-4-65，3）。

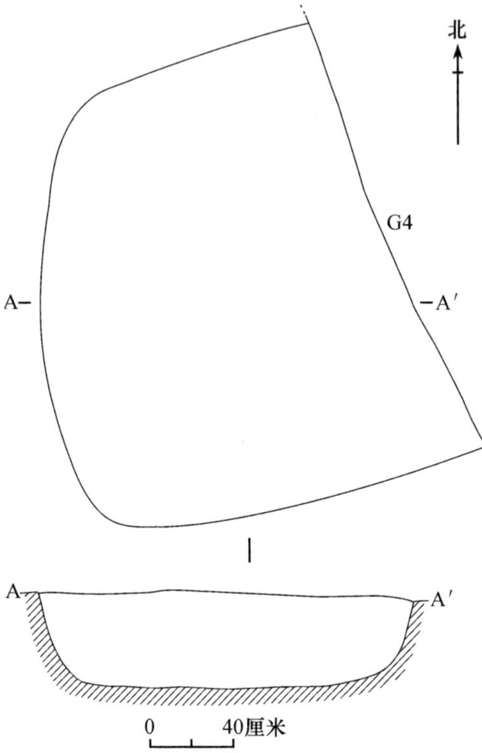

图3-4-62　97TWH97平、剖面图

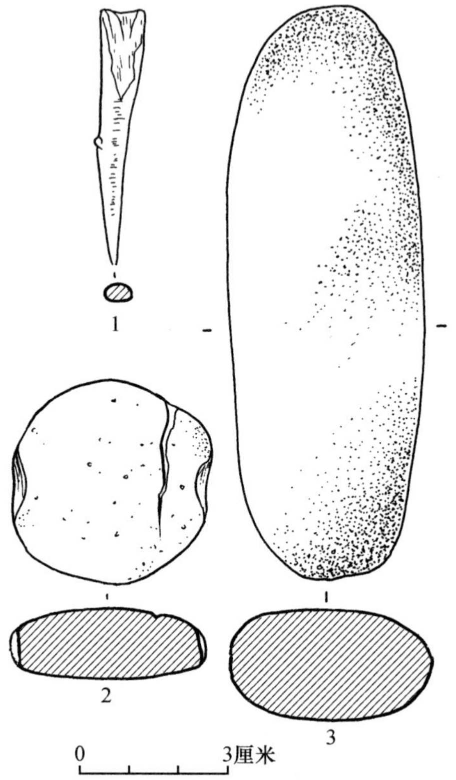

图3-4-63　97TWH97出土器物

1. 骨锥（97TWH97：3）　2. D型石网坠（97TWH97：2）

3. A型石研磨器（97TWH97：1）

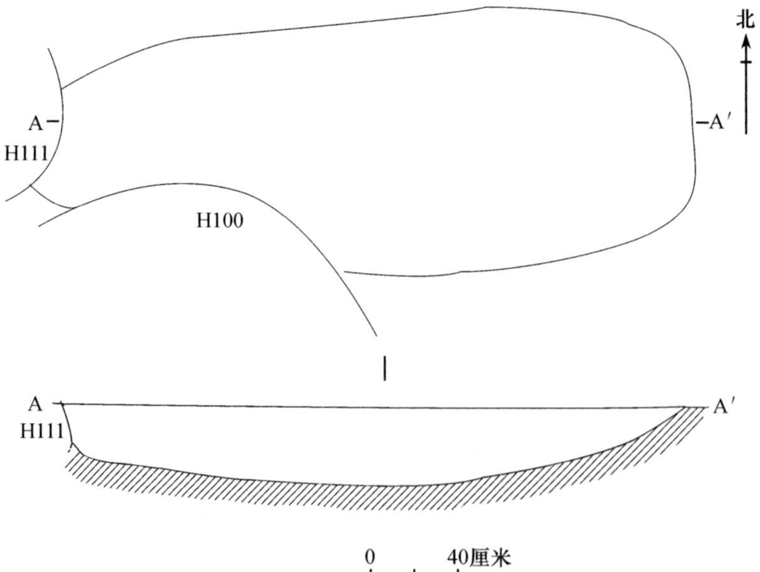

图3-4-64　97TWH98平、剖面图

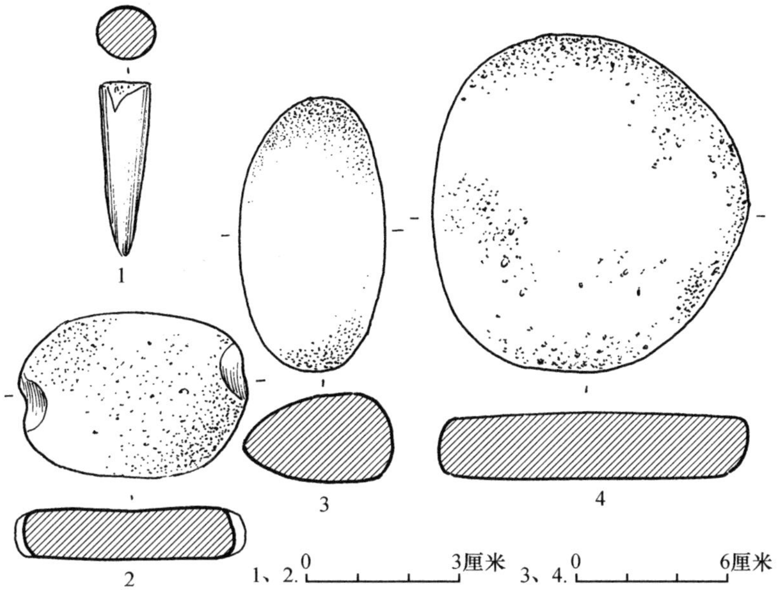

图3-4-65 97TWH98出土器物

1. 骨锥（97TWH98：2） 2. B型石网坠（97TWH98：1） 3、4. B型石研磨器（97TWH98：4、97TWH98：3）

骨器 1件。

锥 1件。97TWH98：2，圆锥形，锥身残断，有火烧痕迹。长3.5、直径0.9厘米（图3-4-65，1）。

21. 97ⅡTWH100

位于Ⅱ区T407东北部，伸入其东、北隔梁内。开口于第2层下，打破97TWH98和生土层。平面呈圆形，弧壁，平底。坑口直径2.06米，坑底直径1.8米，深0.5米。坑内堆积呈黑褐色，内含烧土块，质地较疏松，夹杂夹砂褐陶片。出土器物2件（图3-4-66）。

出土器物

陶器 1件。

E型纺轮 1件。97TWH100：1，夹砂黄陶，变形菌盖形，纵剖面呈梯形，中间有圆形钻孔，器身一侧有破损。顶部直径2.5、底径5.7、高1.2厘米（图3-4-67，1）。

骨器 1件。

簪 1件。97TWH100：2，圆锥形，仅余簪身一段，簪身有多处磨痕。残长5.9、直径0.5厘米（图3-4-67，2）。

22. 97ⅡTWH109

位于Ⅱ区T465西北角，伸入其北隔梁及T464东隔梁内。开口于第2层下，打破第3层、第4层、第6层和97TWH108。平面呈圆形，弧壁，圜底。坑口直径为1.05米，深0.4米。坑内堆积呈黑褐色，质地疏松，出土器物1件（图3-4-68）。

出土器物

陶器 1件。

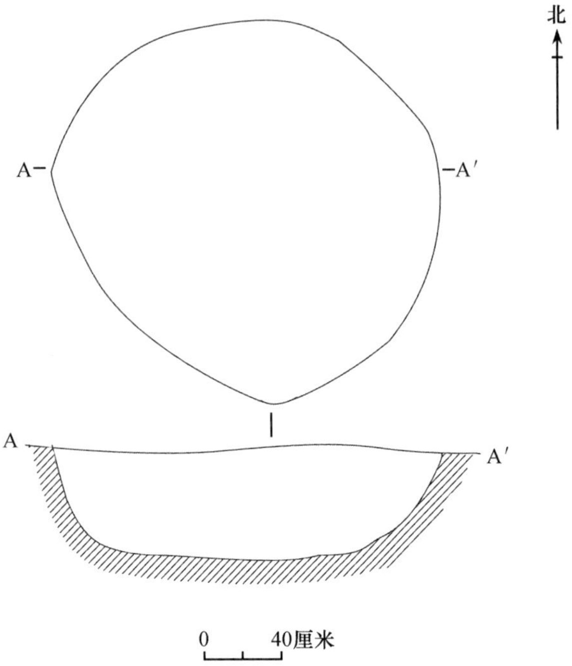

图3-4-66　97TWH100平、剖面图

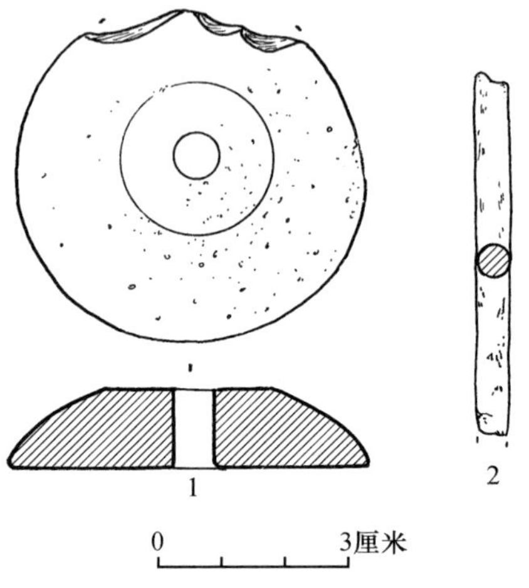

图3-4-67　97TWH100出土器物

1. E型陶纺轮（97TWH100：1）　2. 骨簪（97TWH100：2）

小罐　1件。97TWH109：1，夹砂夹云母黄陶。仅余口沿残片。微侈口，圆唇，口沿下部贴塑一对小竖桥耳。口径6.4、残高2.1厘米（图3-4-69）。

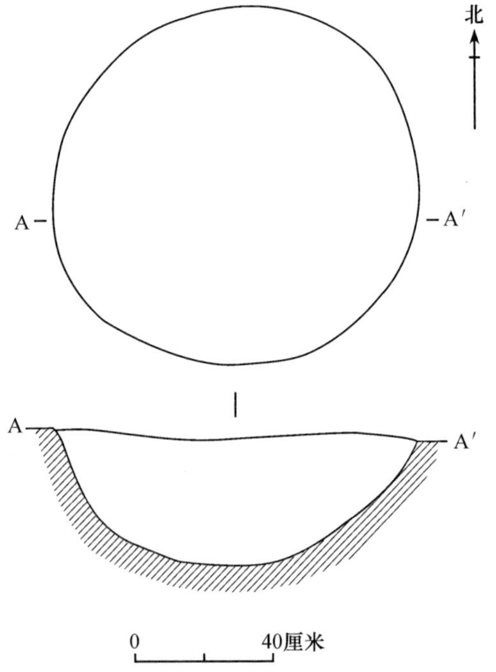

图3-4-68　97TWH109平、剖面图

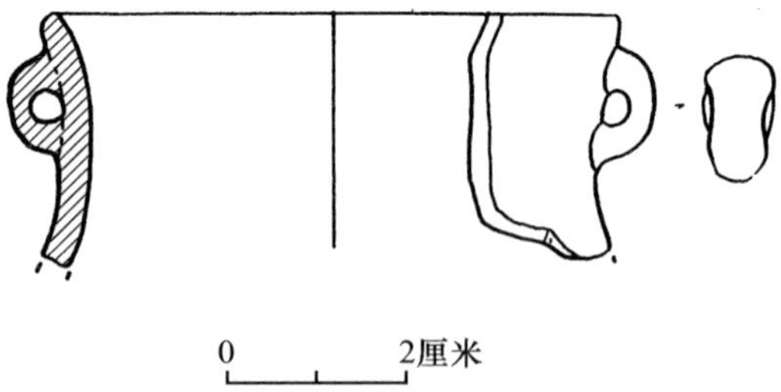

图3-4-69　97TWH109出土小陶罐（97TWH109：1）

23. 97ⅡTWH90

位于Ⅱ区T377东北部、T378西北部和T408西南部。开口于第1层下，打破第2层和生土层。平

面呈不规则形，弧壁，平底。坑口长径2.4米，短径2.2米，深0.66米。坑内堆积呈黑褐色，质地疏松，夹杂夹砂陶片。出土器物2件（图3-4-70）。

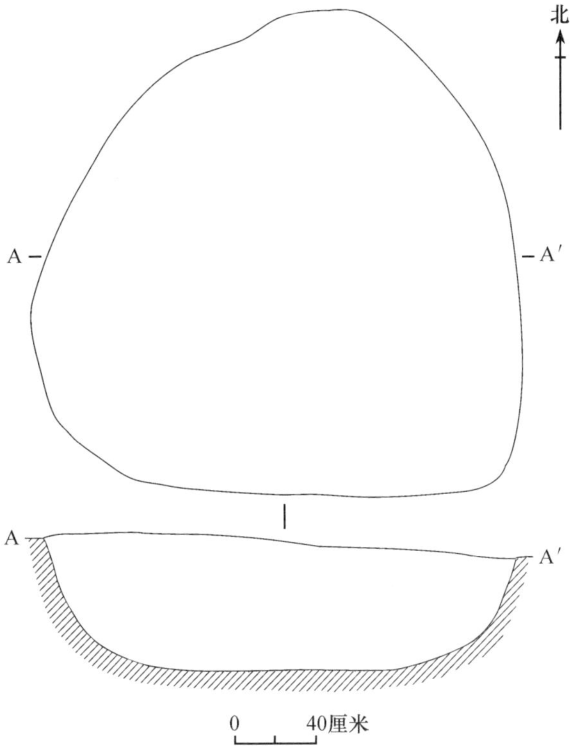

图3-4-70　97TWH90平、剖面图

出土器物

陶器　2件。

Ba型网坠　1件。97TWH90：1，夹砂红褐陶。卵圆形，一侧有竖向凹槽，中间有圆形钻孔。直径约2、高3.1厘米（图3-4-71，1）。

陶饰　1件。97TWH90：2，夹砂黑褐陶。圆钉状，有钉帽，一端残。直径1.5、残长1.1厘米（图3-4-71，2）。

24. 97ⅡTWH94

跨Ⅱ区T438和T437两个探方。开口于第1层下，打破第2层和生土层。平面呈椭圆形，弧壁，平底。坑口长径2.35米，短径1.2米，深0.4米。坑内堆积呈黑褐色，质地疏松，夹杂夹砂陶片。出土器物2件（图3-4-72）。

出土器物

石器　2件。

Ab型刀　1件。97TWH94：1，深灰色板岩。弧背直刃，体较薄，刃口有锯齿状磨蚀痕，残留钻孔。仅余刀身一半。长8、宽3.9、厚0.6厘米（图3-4-73，2）。

Ad型镞　1件。97TWH94：2，暗紫色板岩。柳叶形，平身无脊，镞身两侧成刃，凹底。长2.9、宽1.2、厚0.2厘米（图3-4-73，1）。

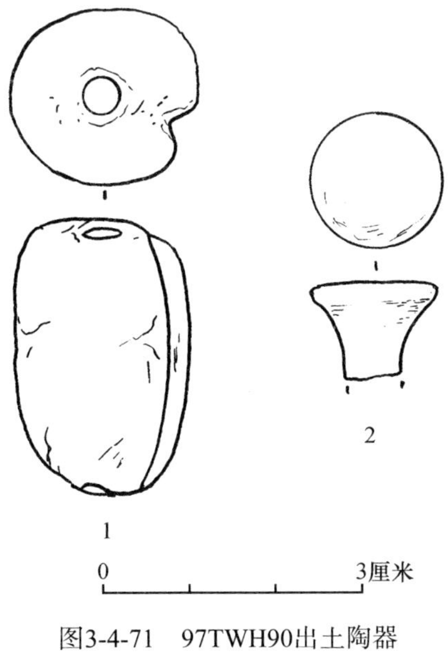

图3-4-71　97TWH90出土陶器
1. Ba型网坠（97TWH90：1）
2. 陶饰（97TWH90：2）

25. 97ⅡTWH95

位于Ⅱ区T409东北部，伸入其东隔梁内。开口于第1层下，打破生土，并被97TWG4打破。因伸入隔梁部分未清理，坑口一部分还被97TWG4破坏，其平面形制不清，弧壁，平底。坑口长径不清，短径为1.45米，深0.4米。坑内堆积呈黑褐色，质地疏松，夹杂叠唇口沿，夹砂陶片。无出土器物（图3-4-74）。

26. 97ⅡTWH127

位于Ⅱ区T466西北部，伸入其北隔梁。开口于第2

层下，打破97TWG13，并被97TWG7打破。因被破坏严重，平面形制不清，弧壁，平底。坑口尺寸不清，深约0.3米。坑内堆积为黑褐色，质地较疏松，夹杂夹砂陶片。出土器物1件（图3-4-75）。

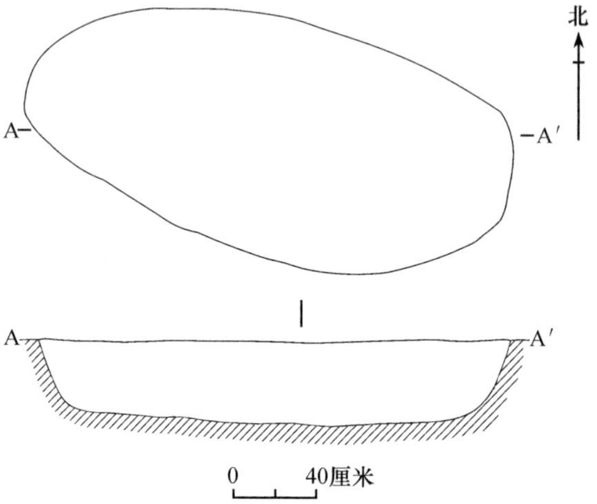

图3-4-72　97TWH94平、剖面图

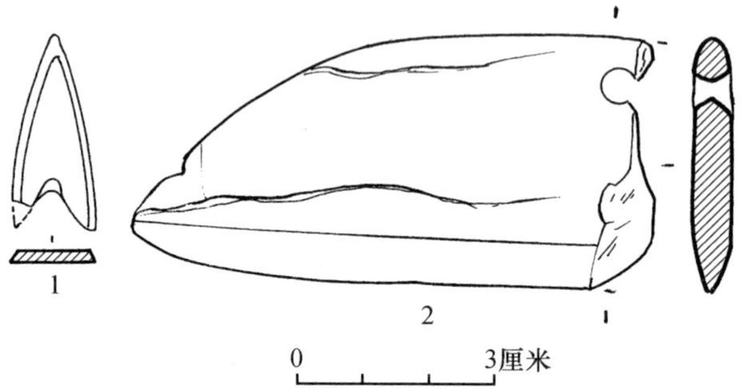

图3-4-73　97TWH94出土石器

1. Ad型镞（97TWH94：2）　2. Ab型刀（97TWH94：1）

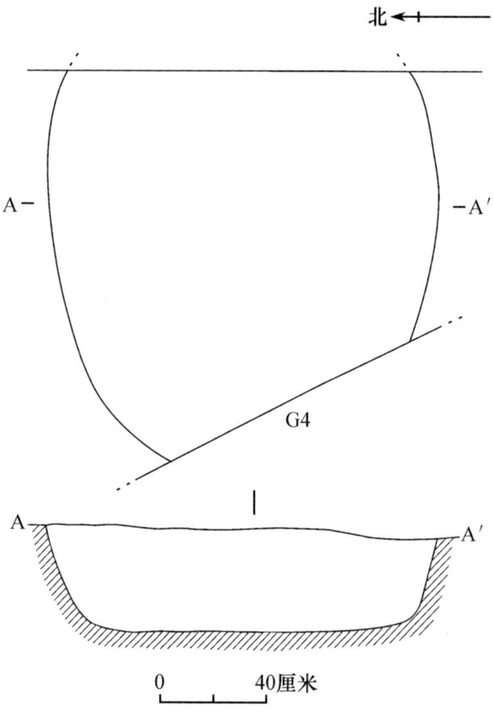

图3-4-74　97TWH95平、剖面图

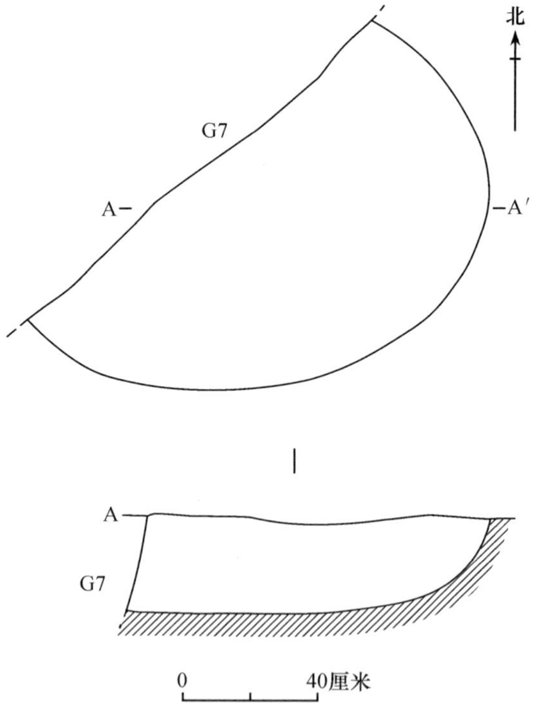

图3-4-75　97TWH127平、剖面图

出土器物

石器　1件。

Aa型刀　1件。97TWH127：1，青灰色板岩。弧背直刃，一端残段，双面刃。靠近背部有一圆形钻孔。残长7.8、宽5.9、厚0.5厘米（图3-4-76）。

27. 97ⅡTWH63

位于Ⅱ区T404的东北部，伸入东、北隔梁。开口于第1层下，打破第3层和生土层。平面呈椭圆形，弧壁，圜底。坑口长径2.2米，短径2.14米，深0.6米。坑内堆积呈黑褐色，并夹杂砾石，质地疏松，夹杂夹砂陶片。出土器物2件（图3-4-77）。

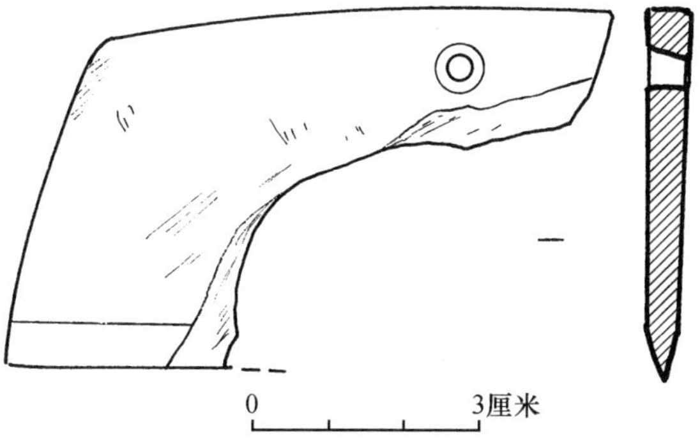

图3-4-76　97TWH127出土Aa型石刀（97TWH127：1）

出土器物

石器　1件。

B型研磨器　1件。97TWH63：1，灰色闪长玢岩。卵圆形，一面平滑，一面弧凸。长7.2、宽4.7、厚2.7厘米（图3-4-78，1）。

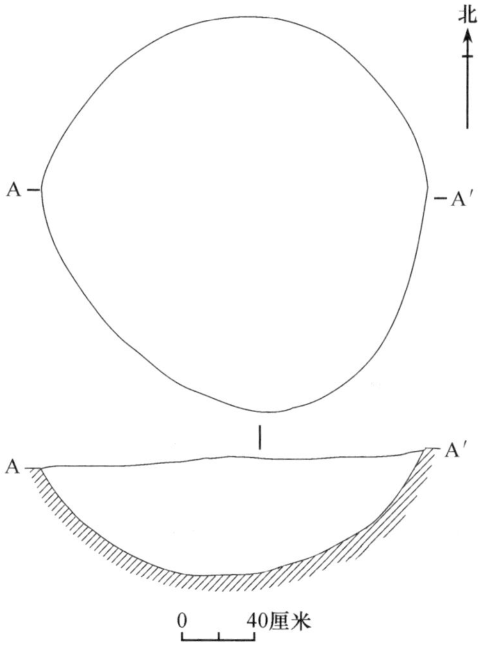

图3-4-77　97TWH63平、剖面图

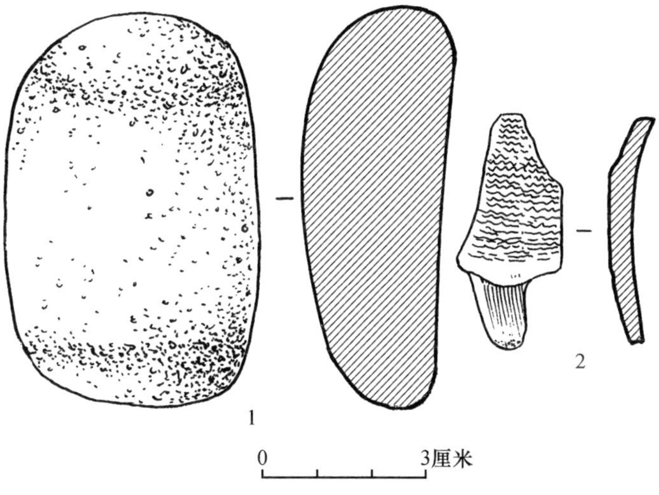

图3-4-78　97TWH63出土器物
1. B型石研磨器（97TWH63：1）　2. 鳖甲（97TWH63：2）

其他　1件。

鳖甲　1件。97TWH63：2，不规则形。长4.2、宽1.9、厚0.4厘米（图3-4-78，2）。

28. 97ⅡTWH106

位于Ⅱ区T501东部，大部分位于东隔梁内。开口于第1层下，打破97TWG13和第7层，并被97TWF4打破。由于伸入隔梁部分未清理，其平面形制不清，弧壁，圜底。坑口尺寸也不清，深0.3米。坑内堆积呈黑褐色，质地疏松，夹杂少量夹砂陶片（图3-4-79）。

出土器物

陶器

小罐　1件。97TWH106：1，夹砂红陶，仅余口沿残片。微侈口，方唇，微束颈，颈部贴塑

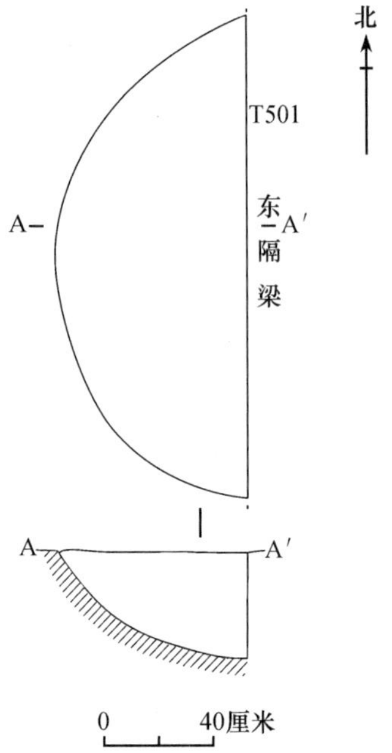

图3-4-79　97TWH106平、剖面图

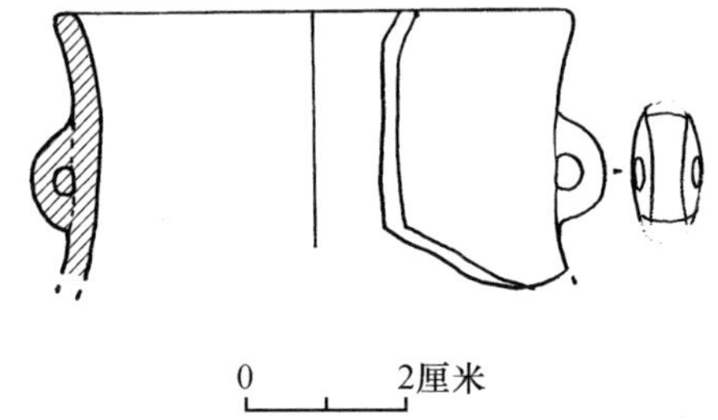

图3-4-80　97TWH106出土小陶罐（97TWH106：1）

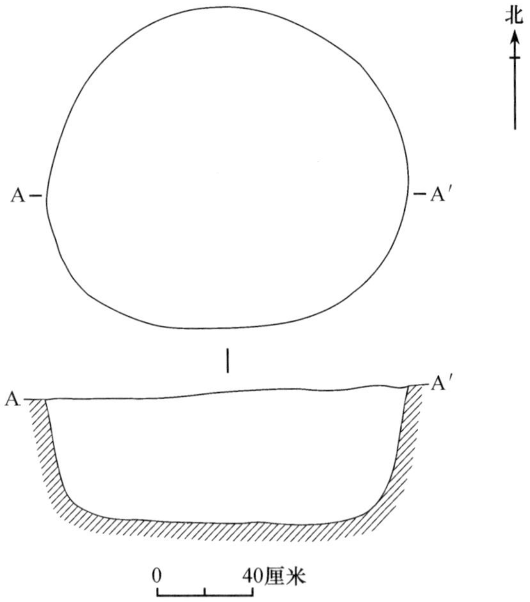

图3-4-81　97TWH111平、剖面图

一对小竖耳。口径6.5、残高3.2厘米（图3-4-80）。

29. 97ⅡTWH111

位于Ⅱ区T437南部，伸入T407北隔梁内。开口于第2层下，打破97TWH98和生土层。平面近圆形，斜壁，平底。坑口直径1.36 ~ 1.5米，深0.55米。坑内堆积呈黑褐色，质地疏松，夹杂夹砂陶片。出土器物4件（图3-4-81）。

出土器物

陶器　1件。

Ba型网坠　1件。97TWH111：3，夹砂红褐陶。卵圆形，一侧有竖向凹槽，中间有一圆形钻孔。直径2、高1.8厘米（图3-4-82，2）。

石器　3件。

B型网坠　1件。97TWH111：1，灰色石英砂岩。椭圆形，两端打制豁口。长4.9、宽3.9、厚1.2厘米（图3-4-82，1）。

C型镞　1件。97TWH111：2，灰色板岩。三棱形，仅余镞身残段。残长2.8、宽0.7、厚0.5厘米（图3-4-82，3）。

Ab型刀　1件。97TWH111：4，青灰色板岩。弧背弧刃，仅余器身一半，残留一个圆形钻孔。残长6.1、宽3.2、厚0.4厘米（图3-4-82，4）。

30. 97 Ⅱ TWH112

位于Ⅱ区T500西部。开口于第1层下，打破第11层和生土层，并被97TWG4、97TWG13打破。因被破坏严重，形制不清，斜壁，平底。坑口尺寸不清，深0.3米。坑内堆积为黑花土，质地较硬，夹杂夹砂陶片、叠唇口沿等。出土器物9件（图3-4-83）。

出土器物

陶器　1件。

Ea型网坠　1件。97TWH112：9，以夹砂黑褐陶片磨制而成。近圆形，仅余一半，一侧有一磨制豁口，中间有圆形钻孔。直径4.7、厚0.6厘米（图3-4-84，1）。

石器　8件。

斧　1件。97TWH112：1，灰色砂岩打制而成。平面呈梯形，单面刃，器表有多处破损，且遍布打击痕。长16、宽5.8、厚1.2厘米（图3-4-84，7）。

B型网坠　2件。椭圆形，两端打制豁口。97TWH112：2，灰色砂岩。长径4、短径3.5、厚1.2厘米（图3-4-84，6）。97TWH112：3，灰白色石英砂岩。长4.9、宽4.1、厚1.3厘米（图3-4-84，3）。

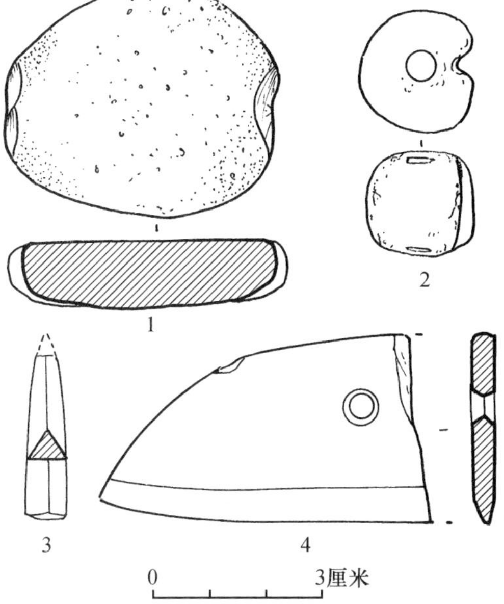

图3-4-82　97TWH111出土器物
1. B型石网坠（97TWH111：1）　2. Ba型陶网坠（97TWH111：3）　3. C型石镞（97TWH111：2）　4. Ab型石刀（97TWH111：4）

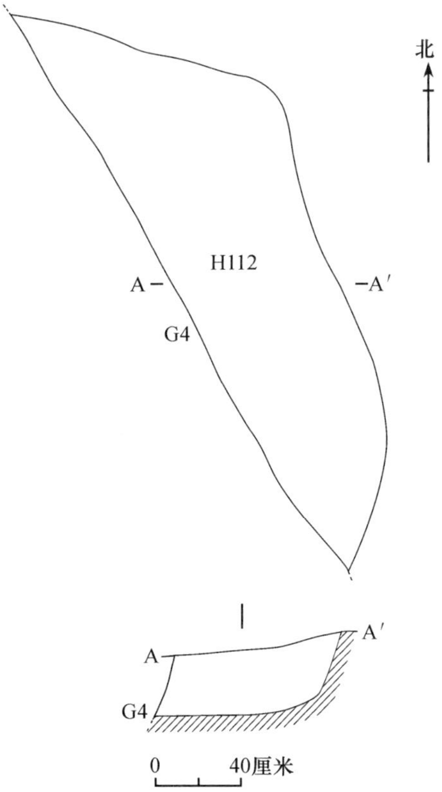

图3-4-83　97TWH112平、剖面图

石器　4件。97TWH112：4，灰色砂岩。一端较圆，有破损。一端平直，残断。残长10.4、宽8、厚0.8厘米（图3-4-84，5）。97TWH112：5，青灰色砂岩。不规则长条形，器表有多处打制痕迹。长16.6、宽4.8、厚2.4厘米（图3-4-84，9）。97TWH112：6，青灰色砂岩。半圆形，一端残，侧面有打击痕。残长9、宽9.4、厚1.8厘米（图3-4-84，2）。97TWH112：7，闪长岩。一端较圆，一端平直，残断。侧面有多处打击痕。长13、宽7.4、厚2.6厘米（图3-4-84，8）。

Ba型刀　1件。97TWH112：8，灰色板岩。弧背弧刃，双面刃，仅余刀身一半，靠近背后残留一个圆形钻孔。残长4.6、宽3.9、厚0.2厘米（图3-4-84，4）。

31. 97 Ⅱ TWH114

位于Ⅱ区T407西南部，伸入T406东隔梁。开口于第2层下，打破生土层。平面近圆形，弧壁，圜底。坑口直

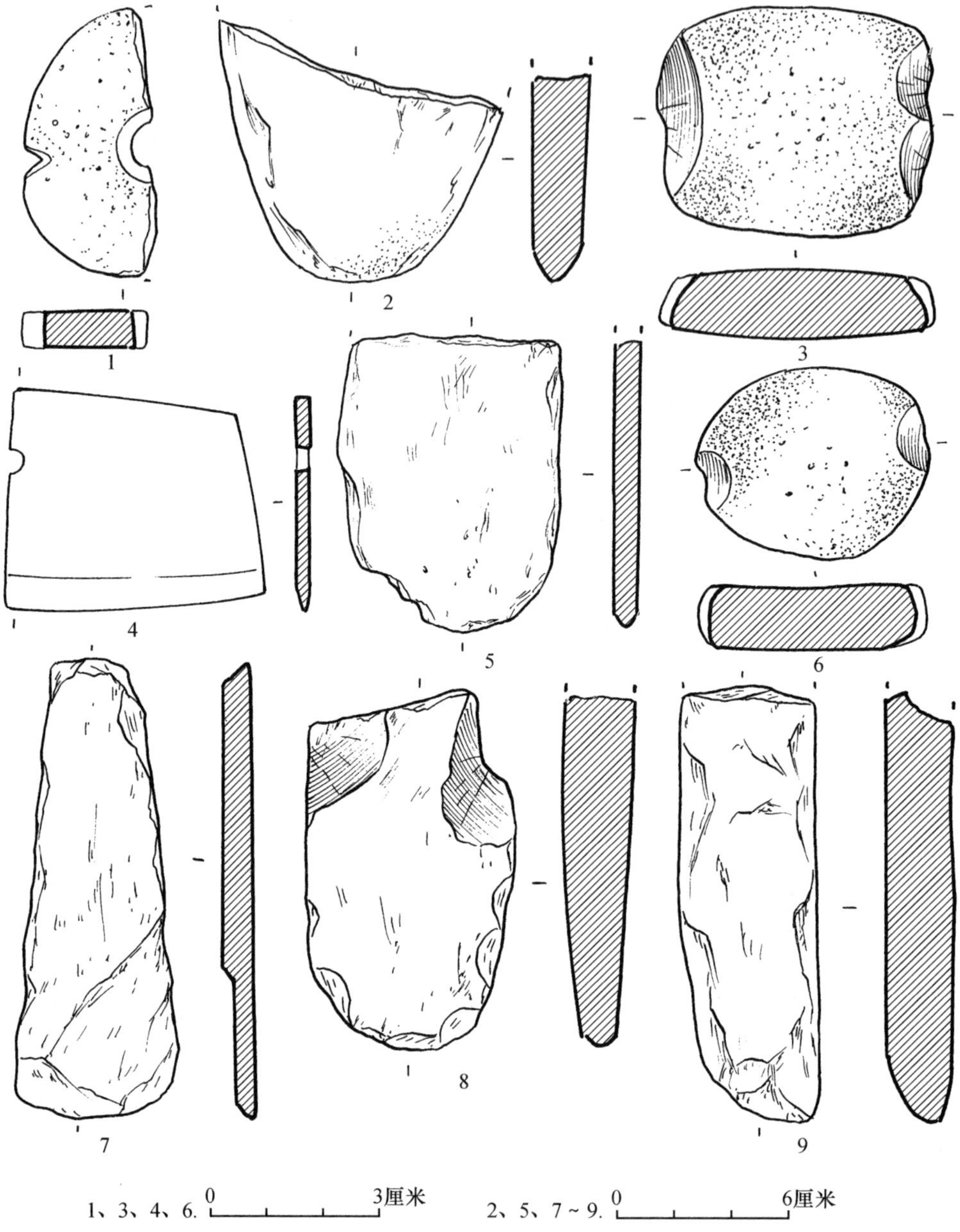

图3-4-84　97TWH112出土器物

1. Ea型陶网坠（97TWH112：9）　2、5、8、9. 石器（97TWH112：6、97TWH112：4、97TWH112：7、97TWH112：5）　3、6. B型石网坠（97TWH112：3、97TWH112：2）　4. Ba型石刀（97TWH112：8）　7. 石斧（97TWH112：1）

径为2.36～2.4米，深0.46米。坑内堆积为褐色，含烧土块，质地疏松，夹杂夹砂陶片，环状桥耳残片。出土器物15件（图3-4-85）。

出土器物

陶器　2件。

Eb型网坠　1件。97TWH114：6，以夹砂红陶片制成。两端磨制豁口，一面有一道横向凹槽与两端豁口相接。长径2.5、短径2.2、厚0.6厘米（图3-4-86，4）。

E型纺轮　1件。97TWH114：16，夹砂黄陶。菌盖形，器表光滑，侧边有多处破损，中间有圆形钻孔。直径5.1、高1.7厘米（图3-4-86，7）。

石器　11件。

镞　3件。

Ad型　2件。镞身呈柳叶形，剖面呈六边形。97TWH114：10，青灰色板岩。镞身，仅余镞身一部分。残长2.7、镞身宽1、厚0.2厘米（图3-4-86，2）。97TWH114：11，青灰色板岩。尖残，器表遍布刮磨痕，凹底。残长6.1、宽1.1、厚0.2厘米（图3-4-86，8）。

Cb型　1件。97TWH114：9，青灰色板岩。三棱形，镞身平面呈矛形，圆柱形铤。器表遍布磨痕。长5.7、镞身宽0.8、厚0.6厘米（图3-4-86，1）。

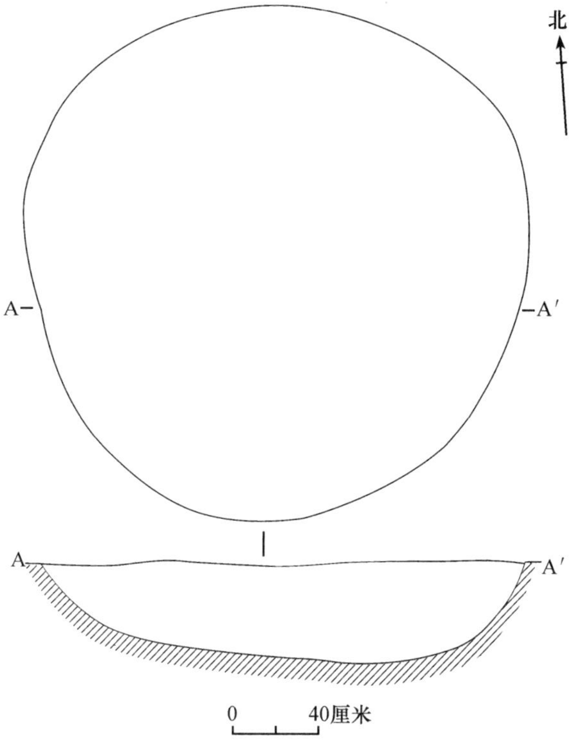

图3-4-85　97TWH114平、剖面图

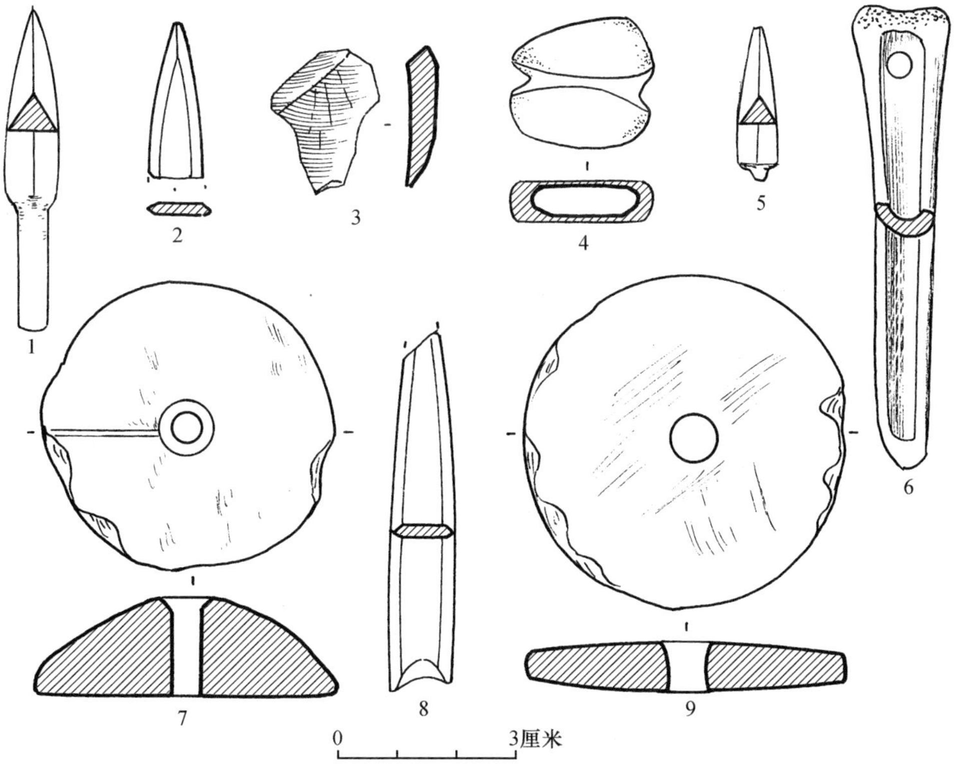

图3-4-86　97TWH114出土器物

1. Cb型石镞（97TWH114：9）　2、8. Ad型石镞（97TWH114：10、97TWH114：11）　3. 黑曜石刮削器（97TWH114：12）　4. Eb型陶网坠（97TWH114：6）　5. 骨镞（97TWH114：8）　6. 骨凿（97TWH114：13）　7. E型陶纺轮（97TWH114：16）　9. 石纺轮（97TWH114：14）

研磨器　2件。

A型　1件。97TWH114：4，暗紫色石英砂岩。扁圆柱形，一端残。残长12.4、最大径5.4厘米（图3-4-87，6）。

B型　1件。97TWH114：2，暗紫色石英砂岩。卵圆形。长径14、短径9、厚2.4厘米（图3-4-87，3）。

斧　1件。97TWH114：5，暗紫色石英砂岩。平面近梯形，一面光滑，一面较粗糙，单面刃，刃部磨蚀严重。长15.8、宽6.4、厚2厘米（图3-4-87，1）。

石饼　1件。97TWH114：3，云母片岩。不规则椭圆形。长15.2、宽12.2、厚2.2厘米（图3-4-87，2）。

Ba型刀　1件。97TWH114：7，灰色板岩。弧背弧刃，双面刃，刃部有磨蚀痕。仅余刀身一段。残长6.7、宽4.9、厚0.9厘米（图3-4-87，5）。

黑曜石刮削器　1件。97TWH114：12，不规则形，刃部锋利。长2.4、宽1.3、厚0.6厘米（图3-4-86，3）。

纺轮　1件。97TWH114：14，灰色砂岩。圆饼形，器表有多道刻划纹，侧边有多处磕伤。直径5.6、厚0.8厘米（图3-4-86，9）。

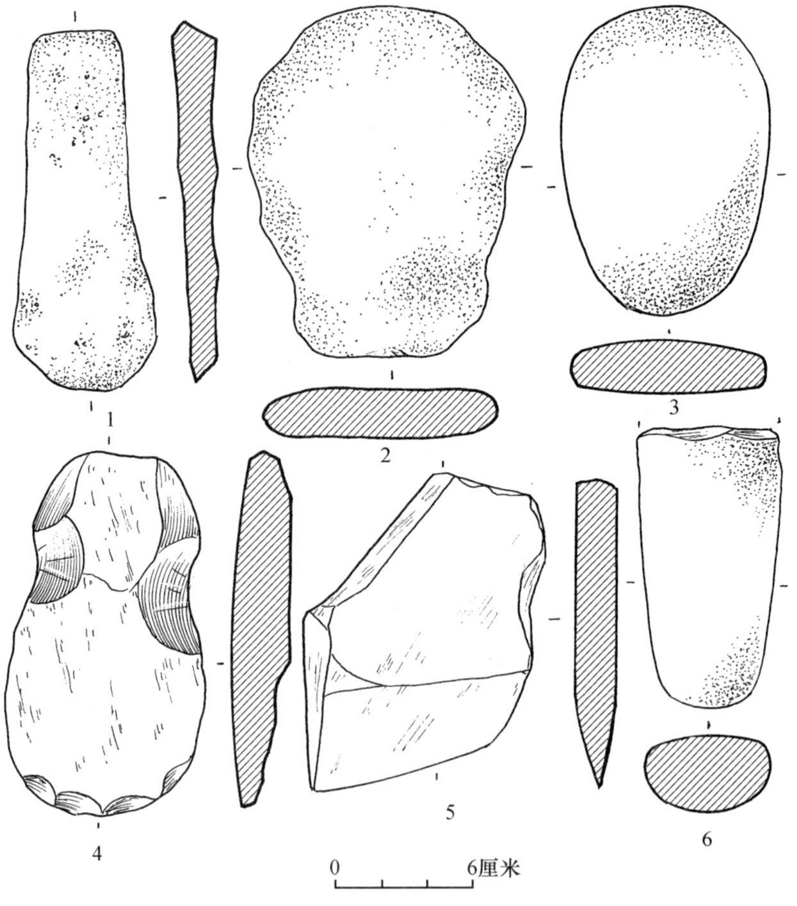

图3-4-87　97TWH114出土石器

1. 斧（97TWH114：5）　2. 石饼（97TWH114：3）　3. B型研磨器（97TWH114：2）
4. 镐（97TWH114：15）　5. Ba型刀（97TWH114：7）　6. A型研磨器（97TWH114：4）

镐　1件。97TWH114：15，灰色板岩。器身上部打制亚腰形豁口，单面刃，刃口有崩片。器身一面光滑，一面粗糙。长16、宽9、厚2.6厘米（图3-4-87，4）。

骨器　2件。

镞　1件。97TWH114：8，三棱形，尖残，铤残，镞身平面呈三角形。残长3.6、镞身0.7、厚0.5厘米（图3-4-86，5）。

凿　1件。97TWH114：13，剖面成凹窝形，顶端有一圆形钻孔。长7.8、厚0.3厘米（图3-4-86，6）。

32. 98ⅢTWH145

位于Ⅲ区T524东北角，伸入其东隔梁。开口于第4层下，打破第5层。进入隔梁部分未清理，推测平面呈椭圆形，弧壁，圜底。坑口长径为1.4米，短径不清，深0.8米。坑内堆积呈黑灰色，质地疏松。包含少量叠唇口沿和圈足，出土器物3件（图3-4-88）。

出土器物

石器　3件。

B型刀　1件。98TWH145：1，青灰色板岩。器身较宽，仅余刀身一段，直背直刃，双面刃。残长9.5、宽6.8、厚0.8厘米（图3-4-89，3）。

石料　1件。98TWH145：2，深灰色板岩。剖面呈不规则三角形。长10.3、宽3.8、厚0.5厘米（图3-4-89，2）。

砺石　1件。98TWH145：3，暗紫色石英砂岩。长条形，已残断，一面较粗糙，其余面均

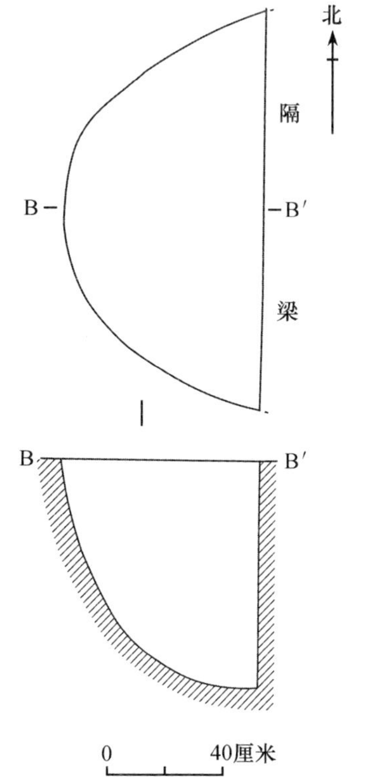

图3-4-88　97TWH145平、剖面图

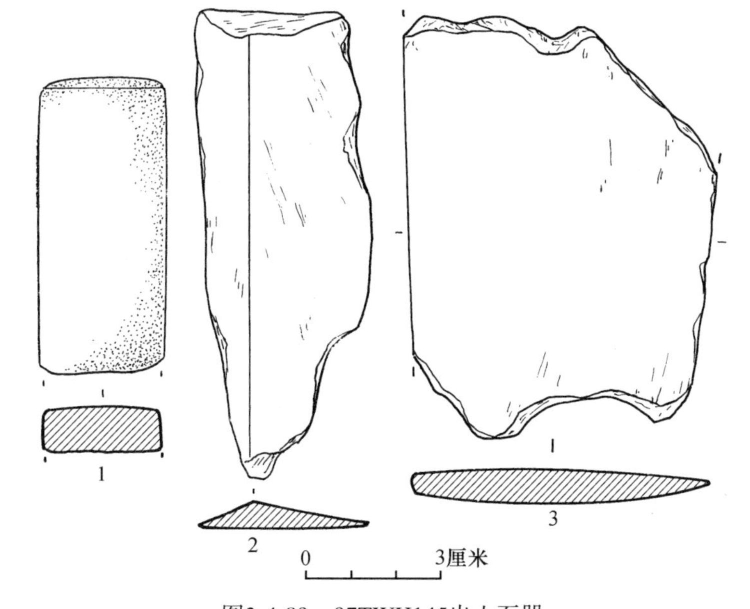

图3-4-89　97TWH145出土石器

1. 砺石（97TWH145：3）　2. 石料（97TWH145：2）　3. B型刀（97TWH145：1）

较光滑。长6.6、宽2.9、厚1厘米（图3-4-89，1）。

四、灰　沟

属于这一时期的灰沟仅发现2条，编号为97ⅡTWG6、97ⅡTWG7，均位于第Ⅱ区。

1. 97ⅡTWG6

位于Ⅱ区T464内，伸入其东隔梁。开口于第2层下，打破97TWH107，并被97TWG7打破。平面呈条带形，一端粗，一端细，弧壁，平底。长5、宽0.45～1.9米，深0.53米。坑内堆积呈黑褐色，夹大量烧土块。出土器物34件（图3-4-90）。

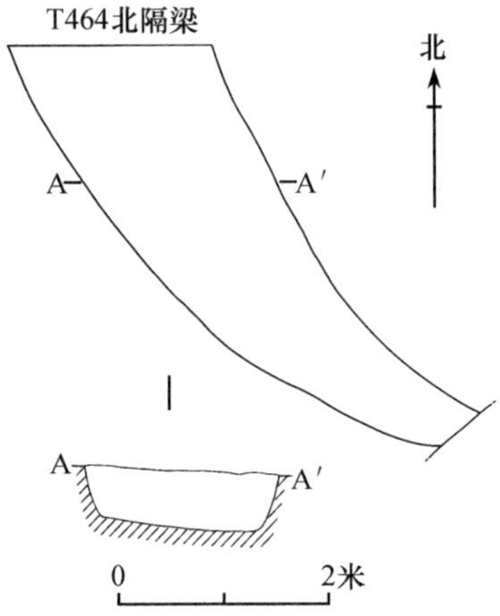

图3-4-90　97TWG6平、剖面图

出土器物

陶器　12件。

小罐　1件。97TWG6：32，夹砂灰陶。素面，制作较粗糙。翻沿，方唇，弧腹，平底。口径10、底径4.6、高8.2厘米（图3-4-91，1）。

豆　1件。97TWG6：33，夹砂黑褐陶，器表磨光。仅余豆盘，豆盘为敞口，方唇，斜直壁，豆盘中部饰对称泥条盲耳。口径17.6、残高5.2厘米（图3-4-91，2）。

网坠　9件。

Ba型　5件。卵圆形，一侧有竖向凹槽，中间有对钻孔。97TWG6：3，夹砂黄褐陶。高2.9、最大腹径2.3厘米（图3-4-91，7）。97TWG6：15，夹砂黄褐陶。高2.2、最大腹径2厘米（图3-4-91，5）。97TWG6：16，夹砂黄褐陶。高2.4、最大腹径2.3厘米（图3-4-91，6）。97TWG6：17，夹砂黄褐陶。高1.9、最大腹径1.9厘米（图3-4-91，4）。97TWG6：34，夹砂黄褐陶。高2.2、最大腹径1.9厘米（图3-4-91，3）。

Bb型　1件。97TWG6：1，夹砂黄褐陶。卵圆形，表面光滑，器身中间有对钻孔。最大腹径1.7、高3.6厘米（图3-4-91，8）。

C型　1件。97TWG6：2，夹砂黄褐陶。亚腰形，中间有横向凹槽。直径2.4、高2厘米（图3-4-91，9）。

Ed型　1件。97TWG6：12，以夹砂黄褐陶片打制而成。平面近长方形，中间有对钻孔，两端打制豁口。长6.8、宽5.6、厚0.8厘米（图3-4-91，11）。

Ee型　1件。97TWG6：11，以夹砂黄褐陶片打制而成。平面呈不规则形，边缘打制四个豁口。长5.5、宽5.3、厚0.8厘米（图3-4-91，12）。

弦纹陶片　1件。97TWG6：8，夹砂黑褐陶。器腹片，微弧，中间有对钻孔，孔周围饰三组弦纹，每组由两条弦纹构成。长5.1、宽4.9、厚0.3厘米（图3-4-91，10）。

石器　19件。

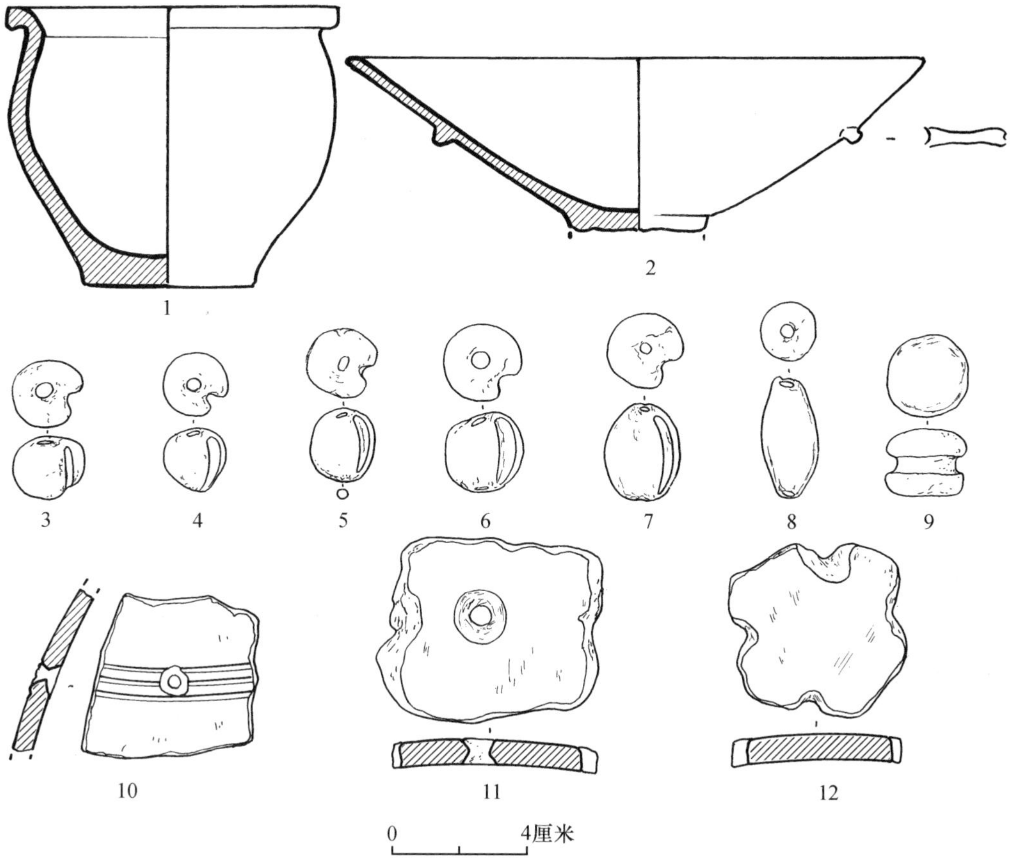

图3-4-91　97TWG6出土陶器

1. 小罐（97TWG6：32）　2. 豆（97TWG6：33）　3～7. Ba型网坠（97TWG6：34、97TWG6：17、97TWG6：15、97TWG6：16、97TWG6：3）　8. Bb型网坠（97TWG6：1）　9. C型网坠（97TWG6：2）　10. 弦纹陶片（97TWG6：8）　11. Ed型网坠（97TWG6：12）　12. Ee型网坠（97TWG6：11）

B型网坠　2件。椭圆形，两端打制豁口。97TWG6：13，灰白色石英砂岩。长径4.4、短径3.6、厚0.9厘米（图3-4-92，12）。97TWG6：18，灰白色石英砂岩。长径4.3、短径3.5、厚0.6厘米（图3-4-92，11）。

镞　6件。

Ad型　1件。97TWG6：19，青灰色板岩。镞身呈柳叶形，镞身中间有血槽，血槽较宽，凹底。长2.3、镞身宽1.1、厚0.2厘米（图3-4-92，9）。

B型　1件。97TWG6：10，灰色板岩。镞尖残，镞身前部分起脊，后半部分有血槽，后锋成变形燕尾形，无铤。长4.5、镞身宽1.9、厚0.5厘米（图3-4-92，6）。

Ba型　1件。97TWG6：21，青灰色板岩。双翼，后锋倒刺呈燕尾形，柱形铤残半。长4.1、镞身宽1.3、厚0.4厘米（图3-4-92，5）。

Bc型　1件。97TWG6：6，青灰色板岩。双翼，尖残，镞身平面呈三角形，柱形铤残半。长4.5、宽1.7、厚0.7厘米（图3-4-92，7）。

Cb型　1件。97TWG6：5，褐灰色板岩。双翼，镞身平面呈矛形，柱形铤残。长3.7、宽0.9、厚0.5厘米（图3-4-92，8）。

D型　1件。97TWG6：4，青灰色板岩。四棱形镞，镞身剖面呈四棱形，柱形铤。长7.1、镞身宽0.9、厚0.8厘米（图3-4-92，4）。

C型刀　1件。97TWG6：7，深灰色板岩。尖首，仅余一半，弧背，双面弧刃。长4.2、宽2.1、厚0.2厘米（图3-4-92，10）。

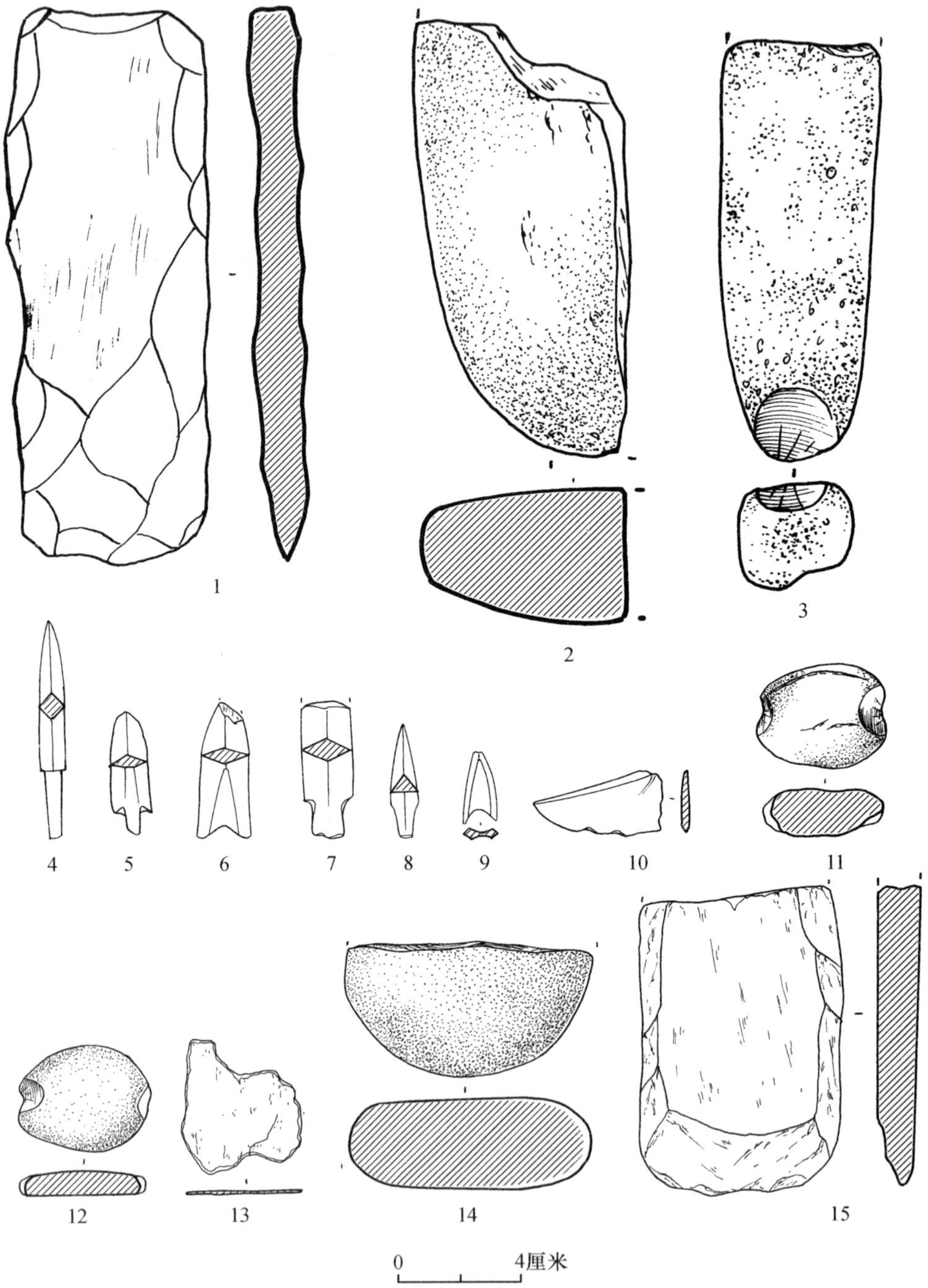

图3-4-92　97TWG6出土石器

1. 斧（97TWG6：26）　2. B型研磨器（97TWG6：27）　3. A型研磨器（97TWG6：29）　4. D型镞（97TWG6：4）　5. Ba型镞（97TWG6：21）　6. B型镞（97TWG6：10）　7. Bc型镞（97TWG6：6）　8. Cb型镞（97TWG6：5）　9. Ad型镞（97TWG6：19）　10. C型刀（97TWG6：7）　11、12. B型网坠（97TWG6：18、97TWG6：13）　13. 云母片（97TWG6：30）　14. C型研磨器（97TWG6：22）　15. 石器（97TWG6：25）

斧 1件。97TWG6：26，深灰色细砂岩。长条形，器身较薄，遍布打制痕迹，直背，双面直刃，刃部使用痕迹明显。长18.2、宽6.6、厚1.6厘米（图3-4-92，1）。

研磨器 5件。

A型 1件。97TWG6：29，青灰色砂岩。扁柱形，一端残，一端有使用痕迹，器表遍布磨蚀痕。长13.8、宽5、厚3.2厘米（图3-4-92，3）。

B型 3件。97TWG6：27，肉红色花岗斑岩。残半，推测为卵圆形，一端有使用痕迹。长14.2、宽6.8、厚4.6厘米（图3-4-92，2）。97TWG6：31，暗紫色花岗细晶岩。卵圆形，一端有使用痕迹。长12.8、宽12、厚3.2厘米（图3-4-93，2）。97TWG6：35，灰白色花岗细晶岩。卵圆形，一端有使用痕迹。长12、宽8.4、厚2厘米（图3-4-93，4）。

C型 1件。97TWG6：22，暗紫色石英砂岩。半圆形。长8.2、宽4.4、厚3.1厘米（图3-4-92，14）。

石饼 1件。97TWG6：23，褐红色正长斑岩。残半，饼状，表面较为光滑。长17.2、宽11.6、厚3.2厘米（图3-4-93，1）。

石器 2件。97TWG6：24，青灰色板岩。平面呈不规则形，一端有刃，器身不平整。长14.2、宽8.8、厚1.8厘米（图3-4-93，3）。97TWG6：25，深灰色细砂岩。平面近长方形，一端残，一端有单面直刃，刃部有使用痕迹，器表凸凹不平。长9.9、宽6.5、厚1.4厘米（图3-4-92，15）。

云母片 1件。97TWG6：30，不规则形。长4.4、宽4、厚0.1厘米（图3-4-92，13）。

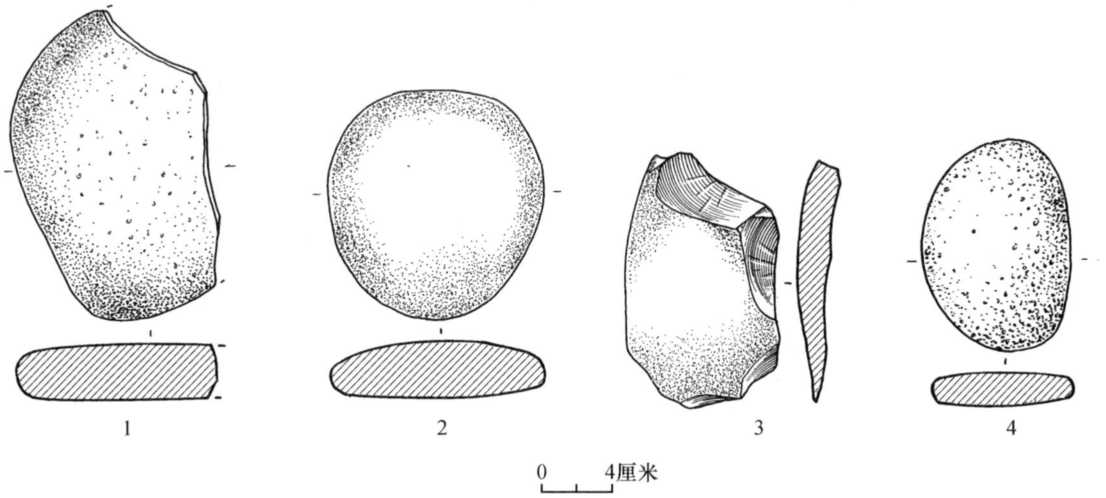

图3-4-93 97TWG6出土石器

1. 石饼（97TWG6：23） 2、4. B型研磨器（97TWG6：31、97TWG6：35） 3. 石器（97TWG6：24）

骨、牙器 2件。

骨锥 1件。97TWG6：20，扁锥形，锥身剖面呈凹窝形。长7.8、宽1、厚0.5厘米（图3-4-94，1）。

牙饰 1件。97TWG6：14，残半，以野猪獠牙制成。长6.9、宽3.3、厚0.8厘米（图3-4-94，2）。

青铜器 1件。

环　1件。97TWG6：9，环形，两端没有闭合，器身较窄。直径1.9、厚0.2厘米（图3-4-94，3）。

2. 97ⅡTWG7

跨第Ⅱ区T434、T465、T498三个探方，呈东北—西南走向。开口于第2层下，打破97TWH110、97TWH116、97TWH127、97TWG6、97TWG13。平面呈条带状，弧壁，圜底。长19.3、宽1.21～1.78、深0.94米。沟内堆积呈黑色，质地较硬，夹杂夹砂陶片。出土器物18件（图3-4-95）。

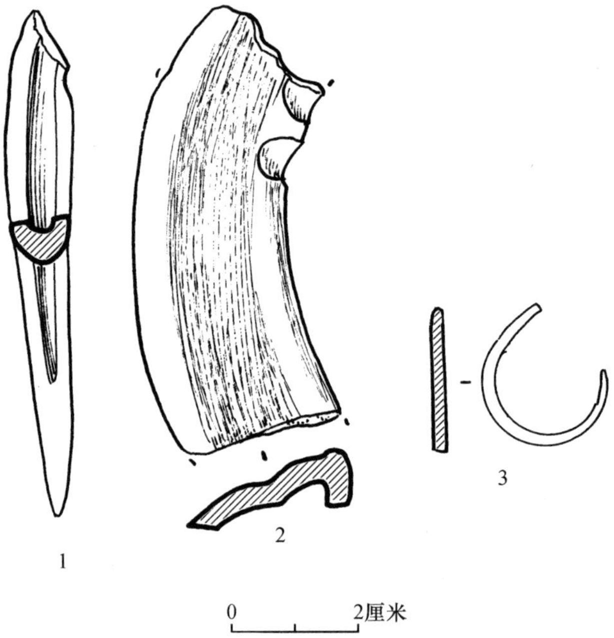

图3-4-94　97TWG6出土器物

1. 骨锥（97TWG6：20）　2. 牙饰（97TWG6：14）　3. 青铜环（97TWG6：9）

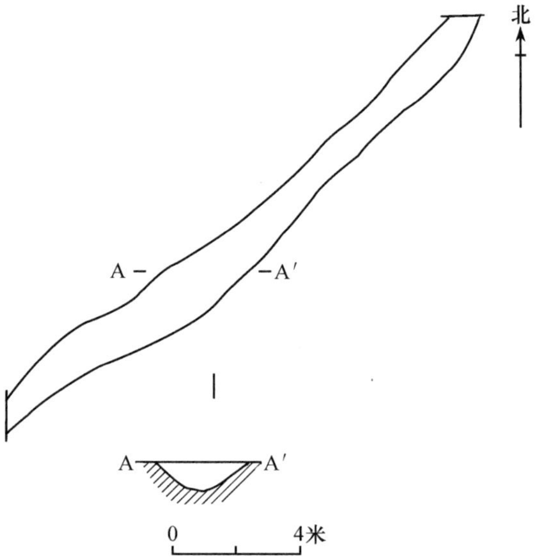

图3-4-95　97TWG7平、剖面图

出土器物

陶器　3件。

网坠　2件。

C型　1件。97TWG7：4，夹砂红陶。亚腰形，中间有横向凹槽。长径3.2、短径2.1、厚1.6厘米（图3-4-96，2）。

Ed型　1件。97TWG7：16，以夹砂夹云母的灰褐陶片磨制而成。近圆角方形，残半，中间有对钻孔，两端磨制豁口。长6、残宽3、厚0.9厘米（图3-4-96，1）。

陶饼　1件。97TWG7：3，夹砂灰褐陶。圆饼形，器物微弧。直径3.1、厚0.7厘米（图3-4-96，3）。

石器　12件。

Bb型镞　1件。97TWG7：13，青灰色板岩。双翼，镞身平面近矛形，镞身有数个小缺口，方柱形铤残半。长4.7、宽1.4、厚0.5厘米（图3-4-97，11）。

刀　2件。

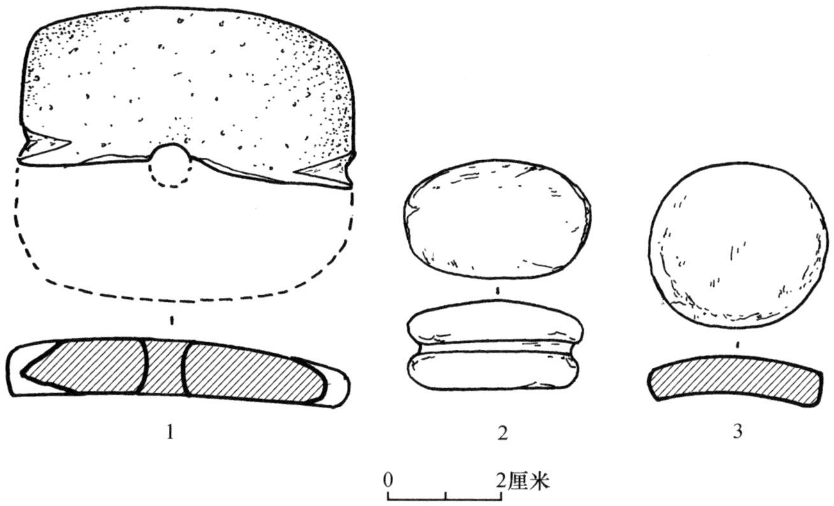

图3-4-96　97TWG7出土陶器

1. Ed型网坠（97TWG7：16）　2. C型网坠（97TWG7：4）　3. 陶饼（97TWG7：3）

Aa型　1件。97TWG7：12，青褐色云母片岩。近梯形，仅余器身部分。弧背，靠近背部有一对钻孔，双面弧刃，器身石片剥落严重。长8.9、宽4.9、厚0.6厘米（图3-4-97，3）。

Bb型　1件。97TWG7：2，灰色板岩。圆角长方形，弧背，背部有崩片，双面弧刃，刃部有多处缺口，器表遍布磨痕。长11.1、宽4.7、厚0.6厘米（图3-4-97，2）。

凿　1件。97TWG7：8，青灰色板岩。长条形，单面斜刃，磨制锋利。长11.7、宽1、厚0.6厘米（图3-4-97，6）。

斧　3件。97TWG7：9，灰白色花岗细晶岩。近圆柱形，背部细，刃部粗，背部一端有部分破损，双面斜刃，磨制光滑。长10.6、宽3.5、厚2.8厘米（图3-4-97，5）。97TWG7：10，深灰色板岩。平面近长方形，器身残断，刃部有打击痕，双面直刃，磨制光滑。长6.9、宽6、厚2.6厘米（图3-4-97，4）。97TWG7：11，灰色板岩。仅余斧刃部分，磨制双面刃。长5.4、宽3.9、厚4.9厘米（图3-4-97，10）。

A型研磨器　1件。97TWG7：17，褐灰色石英砂岩。圆柱形，一端残段，一端有使用痕迹。长15.4、最大腹径6.4、厚3.4厘米（图3-4-97，1）。

石饼　2件。平面呈椭圆形。97TWG7：15，褐红色石英砂岩。长11.6、最大腹径8.6、厚1.4厘米（图3-4-97，8）。97TWG7：18，灰白色花岗细晶岩。长7.2、最大腹径6、厚1.5厘米（图3-4-97，7）。

滑石饰　1件。97TWG7：7，滑石。圆饼状，中间有一单面钻孔，边缘装饰一圈豁口。直径1.2、厚0.3厘米（图3-4-97，12）。

气孔玄武岩块　1件。97TWG7：14，灰色气孔玄武岩。近半环形，残半，中间位置似为一钻孔，器身遍布气孔。长9.2、宽8.8、厚3.8厘米（图3-4-97，9）。

骨器　3件。

簪　1件。97TWG7：1，器身剖面呈椭圆形，尖、尾均残。长5、宽0.7、厚0.2厘米（图3-4-98，1）。

管　1件。97TWG7：5，圆管状，两端均有切割痕。长3.4、宽0.6、壁厚0.1厘米（图3-4-

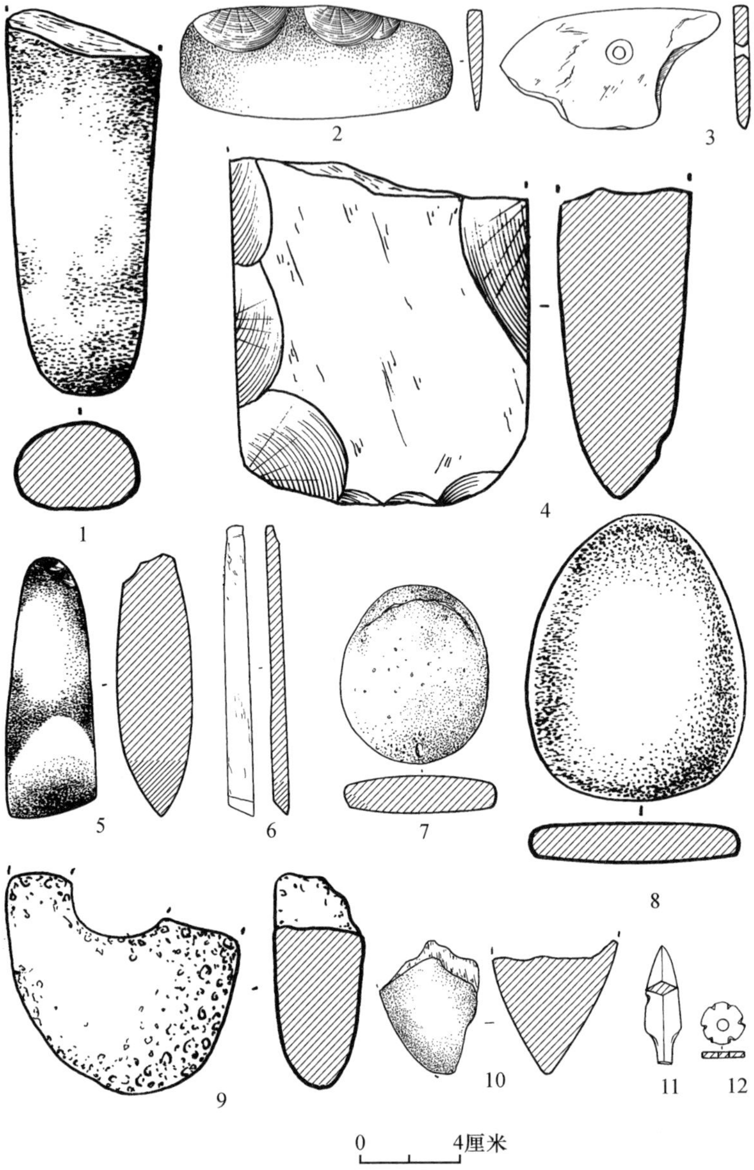

图3-4-97　97TWG7出土石器

1. A型研磨器（97TWG7：17）　2. Bb型刀（97TWG7：2）　3. Aa型刀（97TWG7：12）　4、5、10. 斧（97TWG7：10、97TWG7：9、97TWG7：11）　6. 凿（97TWG7：8）　7、8. 石饼（97TWG7：18、97TWG7：15）　9. 气孔玄武岩块（97TWG7：14）　11. Bb型镞（97TWG7：13）　12. 滑石饰（97TWG7：7）

98，2）。

骨饰　1件。97TWG7：6，平面近梯形，剖面呈长条形，一端有一单钻孔，器表遍布磨痕。长1.7、宽1.3、厚0.4厘米（图3-4-98，3）。

五、墓　　葬

属于这一时期的墓葬共发现7座，其中有4座位于第Ⅴ区，编号分别为99TWM45、

99TWM46、99TWM36、99TWM41；2座位于Ⅷ区，编号为99TWM44、99TWM38；1座位于Ⅶ区，编号为99TWM37。

根据墓葬形制的不同，这7座墓可以分为石棺墓、石椁石棺墓、大盖石积石墓、无坛石圹积石墓几种。下面分别进行介绍。

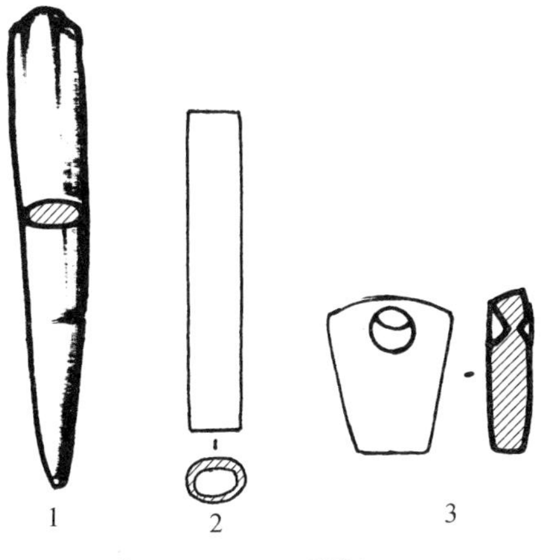

图3-4-98　97TWG7出土骨器
1. 簪（97TWG7：1）　2. 管（97TWG7：5）　3. 骨饰（97TWG7：6）

（一）石棺墓

石棺墓共发现3座。

1. 99ⅧTWM44

墓葬概况

石棺墓。

位于Ⅷ区一条东西走向山脊西端下坡处T899内。其东侧为99TWM43，两墓之间间距70厘米。墓葬开口于第1层下。方向77度。

此墓建造方式为：在因夹杂石块而凸凹不平的原生土层开凿长方形墓圹，圹内以大小不同的石块砌筑石棺。在葬入人骨后，在棺内过火焚烧。在火烧人骨右脚位置不远有一堆火烧人骨，推测是经火葬后迁入的二次葬。之后以夹石块的灰黄色沙土进行掩埋。墓顶情况不清。

墓葬呈长方形。墓室长210、宽80厘米，深12～36厘米。棺内正中有一具人骨，骨架经火焚烧，骨架较零乱。

无任何随葬品（图3-4-99；图版六二，2）。

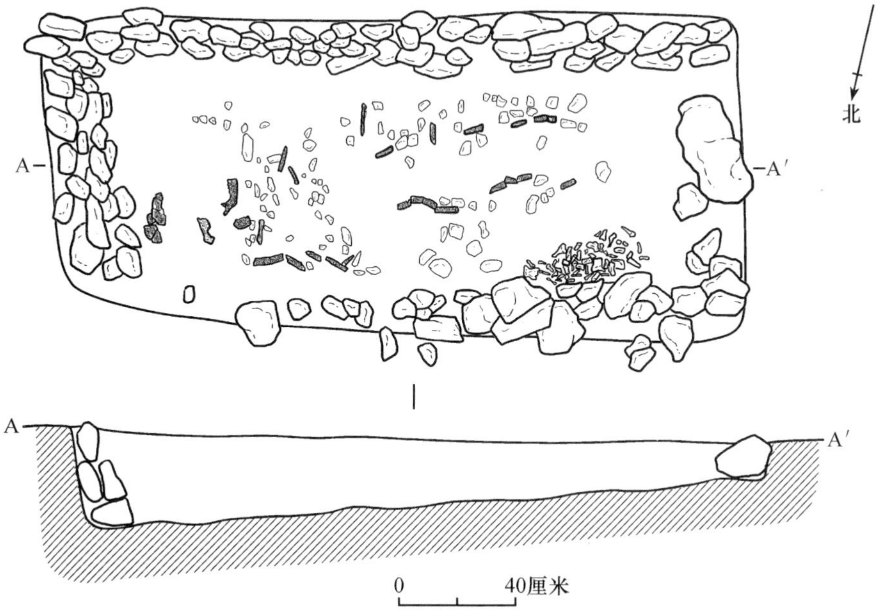

图3-4-99　99TWM44平、剖面图

2. 99ⅤTWM45

墓葬概况

石棺墓。

位于Ⅴ区山顶向阳坡T939东北角，第1层下开口。其东侧为99TWM36，间距250厘米。方向55度。

此墓建造方式为：先开凿长方形墓圹，在圹内以大小不同的石块砌筑长方形石棺。在葬入人骨后，在棺内过火焚烧，未待尸骨焚烧充分即填土进行掩埋。填土中夹杂大石块。因为焚烧不均匀，过火后的人骨呈黑灰色，未过火者呈黄褐色。填土中夹杂着白灰块、砖红色的土块以及烧成鱼鳞状的云母页岩块。最后以云母页岩石板覆盖其上。云母页岩石板多已风化。

墓葬呈长方形。墓圹长224、宽104厘米；墓室长196、宽86、深30厘米。

墓内出土器物较少。石棺内靠近北壁出土1件青铜剑（图3-4-100；图版六四）。

随葬器物

出土器物1件。

青铜器　1件。

短剑　1件。99TWM45：1，仅余剑身部分。柳叶形剑身，剖面呈棱形，剑身中间有两道凹槽。残长14.3、宽2.1、厚0.6厘米（图3-4-101）。

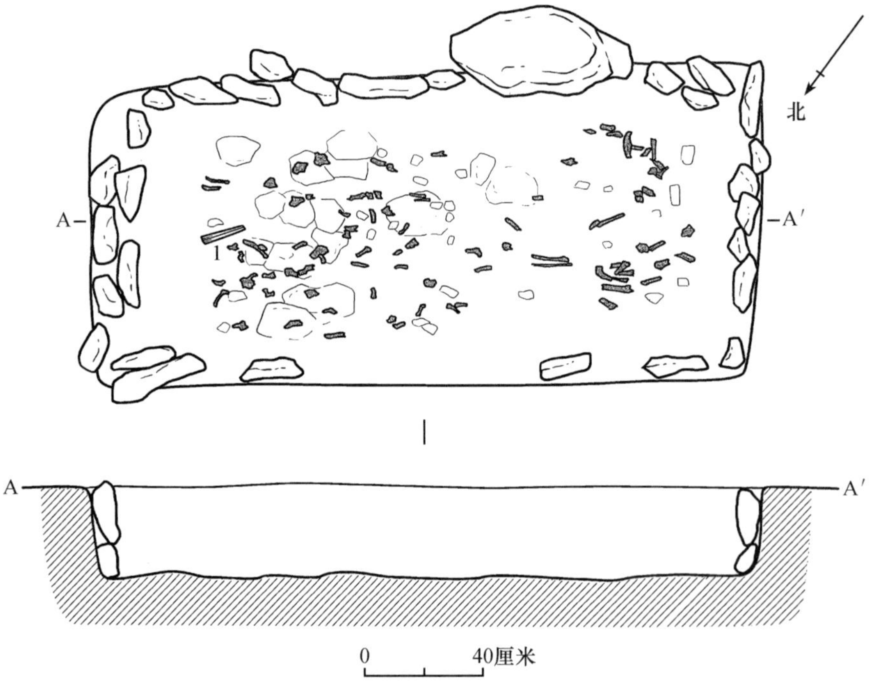

图3-4-100　99TWM45平、剖面图
1. 青铜短剑

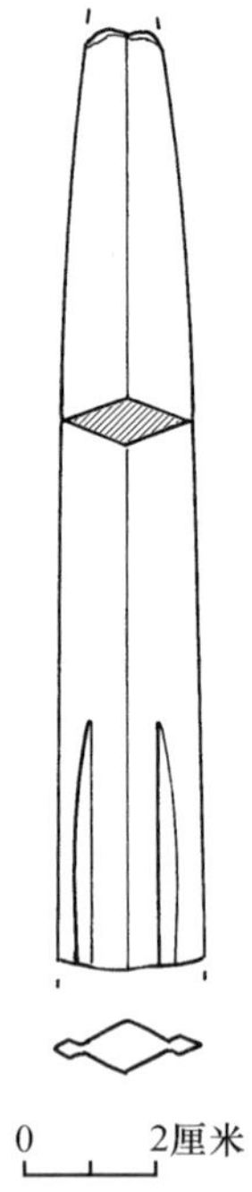

图3-4-101　99TWM45出土青铜短剑（M45：1）

3. 99ⅤTWM46

墓葬概况

石棺墓。

位于Ⅴ区T946西南角。开口于第1层下。方向50度。

此墓建造方式为：在因夹杂石块而凸凹不平的原生土层开凿长方形墓圹，圹内以大小不同的石块砌筑石棺。在葬入人骨后过火焚烧。以夹石块的灰黄色沙土进行掩埋。最后以云母页岩石板覆盖其上，云母页岩石板已风化。

墓葬近长方形。墓圹长260、宽122厘米；墓室长226、宽100、深30厘米。

石棺内葬火烧人骨，人骨较零碎，推测为2人。

棺内南部出土1件陶壶、1件陶罐及1件石砍砸器（图3-4-102；图版六五，1）。

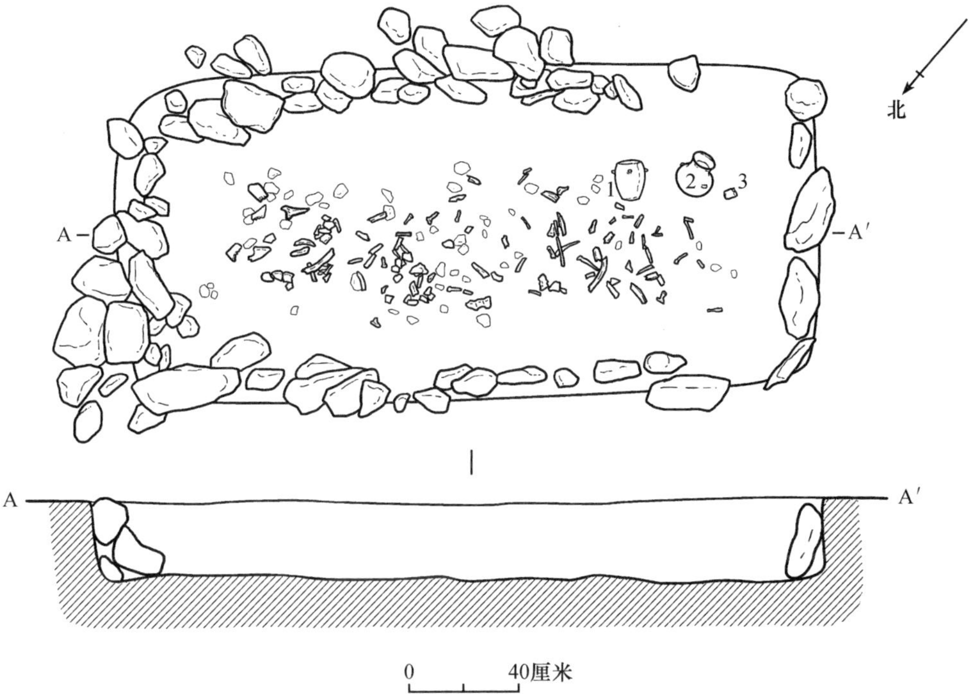

图3-4-102　99TWM46出土器物

1. 陶四錾耳罐　2. 陶横桥耳壶　3. 石砍砸器

随葬器物

共出土器物3件。

陶器　2件。

四錾耳罐　1件。99TWM46：2，夹砂黄陶，夹蚌。敛口，弧腹，上腹部饰四个錾耳，平底。口径7.6、底径5.6、高11.2厘米（图3-4-103，1；图版六五，2）。

横桥耳壶（侈口束颈壶）　1件。99TWM46：3，夹细砂黄陶，夹云母。因烧制火候较高，器表呈灰白色。侈口，圆唇，束颈，鼓腹，最大腹径处饰两横桥耳，平底。器形不规整。口径7.1、底径5.2、高13.4厘米（图3-4-103，2；图版六五，3）。

石器　1件。

砍砸器　1件。99TWM46：1，肉红色砂岩。整体近长方形，一侧有因砍砸形成的剥片痕迹。长17、宽14.6、厚7.2厘米（图3-4-103，3）。

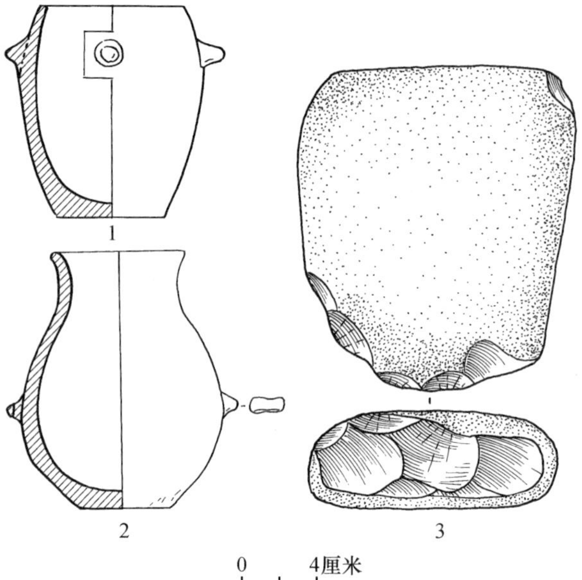

图3-4-103 99TWM46出土器物

1. 陶四鋬耳罐（99TWM46：2） 2. 陶横桥耳壶（99TWM46：3）
3. 石砍砸器（99TWM46：1）

（二）石椁石棺墓

99ⅤTWM36

墓葬概况

土坑石椁石棺墓。位于Ⅴ区，跨T869和T934两个探方。墓向50度。

其筑墓方式为：在凸凹不平的原生土层上开凿长方形墓圹。之后以大小不等的自然石块在墓圹内砌筑石椁，然后在石椁四壁内立砌云母片岩石板，构成箱式石棺。棺内分层埋葬死者尸骨和随葬品，为多人多次分层埋葬。共三层，葬六人。每层人骨下平铺一层河卵石，墓底河卵石下平铺云母页岩石板。最上面一层人骨之上覆盖七层云母页岩石板至墓顶，云母页岩石板之上压大石块，其上覆盖厚约25厘米的表土，形成封土（图版七一，1）。

墓圹南北长304、东西宽232厘米，深70～74厘米。石椁南北长240、东西宽160厘米。石棺南北长220、东西宽154厘米（图版七一，2）。

石椁南端正中有一南北长75、东西宽50、厚20厘米的花岗岩石板。北端与石椁南壁内侧平齐，南端向南延伸45厘米。

椁内东南角以大块云母页岩石板立砌出长方形边箱，内葬一只狗，边箱上盖一长140、宽45、厚15厘米的云母页岩石板。

棺内人骨共分三层。第一层（最上层）人骨2具，头向南。一个头部右侧随葬陶壶1件、陶罐1件。脚下随葬陶壶1件、陶罐1件、铜冥钱1枚。尸骨经过焚烧，墓内仍残留有炭块，焚烧部位主要为腰部及以下，头骨未过火，推测尸骨未烧完及填土掩埋，因此墓内填土和人骨均呈黑色。死者身下平铺河卵石（图3-4-104；图版七二，1）。

第二层人骨2具，头向北，脚下随葬陶壶1件、陶罐1件、石饰1件、石珠2件、石凿1件。亦在墓内焚尸，炭火在死者上身焚烧，下肢未过火，头骨烧成黑色。死者身下亦铺河卵石。

第三层（最下层）人骨2具，头向北。两人脚下各随葬陶壶2件、陶罐2件，一人脚下还随葬鸡胫骨4根。死者骨骼未经焚烧，仰身直肢，男右女左，身下铺河卵石，卵石层下铺云母页岩石板，其下为黄褐色的原生土层（图3-4-105；图版七二，2）。

随葬器物

共出土器物15件。

陶器　9件。

壶　5件。可辨器形3件，均为四耳陶壶。另有2件残碎严重，无法修复。

侈口束颈壶（横桥耳壶）　1件。99TWM36：2，夹砂红褐陶，夹云母。侈口，方唇，束颈，

图3-4-104　99TWM36-1平、剖面图（最上层人骨）
1. 陶横桥耳壶　2、3. 陶四錾耳罐　4. 陶壶（无法修复）　5. 铜钱

鼓腹，腹中部饰四横桥耳，平底。口径7.6、底径5.2、高11厘米（图3-4-106，1；图版七三，2）。

侈口直颈壶（横桥耳壶）　1件。99TWM36：6，泥质黑皮陶，夹云母，局部呈黄褐色。侈口，圆唇，长直颈，鼓腹，下腹部饰四个横桥耳，平底。口径11.4、底径7.2、高18.6厘米（图3-4-106，3；图版七三，1）。

四錾耳壶　1件。99TWM36：14，泥质黑皮陶，夹云母。侈口，圆唇，卷沿，直颈，鼓腹，腹中部饰四个实心錾耳，平底。口径8.4、底径5.2、高10厘米（图3-4-106，2；图版七三，5）。

罐　5件。可辨器形4件，另有1件残碎严重，无法修复。

A型四錾耳罐　1件。99TWM36：13，夹砂红褐陶，夹云母，局部发黑，制作粗糙。侈口，圆唇，翻沿，弧腹，上腹部饰四个实心錾耳，平底微内凹。口径8.4、底径5.6、高9.6厘米（图3-4-106，5；图版七三，6）。

B型四錾耳罐　2件。99TWM36：4，泥质黄褐陶，夹云母，局部发黑。敛口，弧腹，上腹部饰四个对称錾耳，平底。口径9.2、底径4.6、高8.6厘米（图3-4-106，6）。99TWM36：5，

图3-4-105　99TWM36-2平、剖面图（最下层人骨）
1. 陶四鋬耳壶　2. 陶四鋬耳罐　3. 陶罐（无法修复）
4. 陶壶（无法修复）

泥质黑皮陶，夹细砂和云母，局部呈黄褐色。敛口，方唇，弧腹，上腹部饰四个实心小鋬耳，平底。口径8.2、底径5.4、高12.2厘米（图3-4-106，4；图版七三，3）。

A型双鋬耳罐　1件。99TWM36：3，泥质黄褐陶，夹云母，局部发黑。敛口，方唇，弧腹，上腹部饰两个对称实心鋬耳，平底。口径7.2、底径5、高9厘米（图3-4-106，7；图版七三，4）。

石器　4件。

石饰　1件。99TWM36：9，乳白色强烈风化的大理岩。呈鱼形，形制不规整。长6.9、宽1.8、厚1.6厘米（图3-4-107，1）。

石珠　2件。99TWM36：15，绿色翡翠。短圆柱形。直径1、高0.6厘米（图3-4-107，2）。99TWM36：16，青灰色粉砂岩。圆柱形。直径0.8、高1.3厘米（图3-4-107，3）。

凿　1件。99TWM36：17，褐灰色粉砂岩。残，长条形，双面刃，磨制较精细。长4.7、宽1.8、厚1厘米（图3-4-107，4）。

铜器　1件。

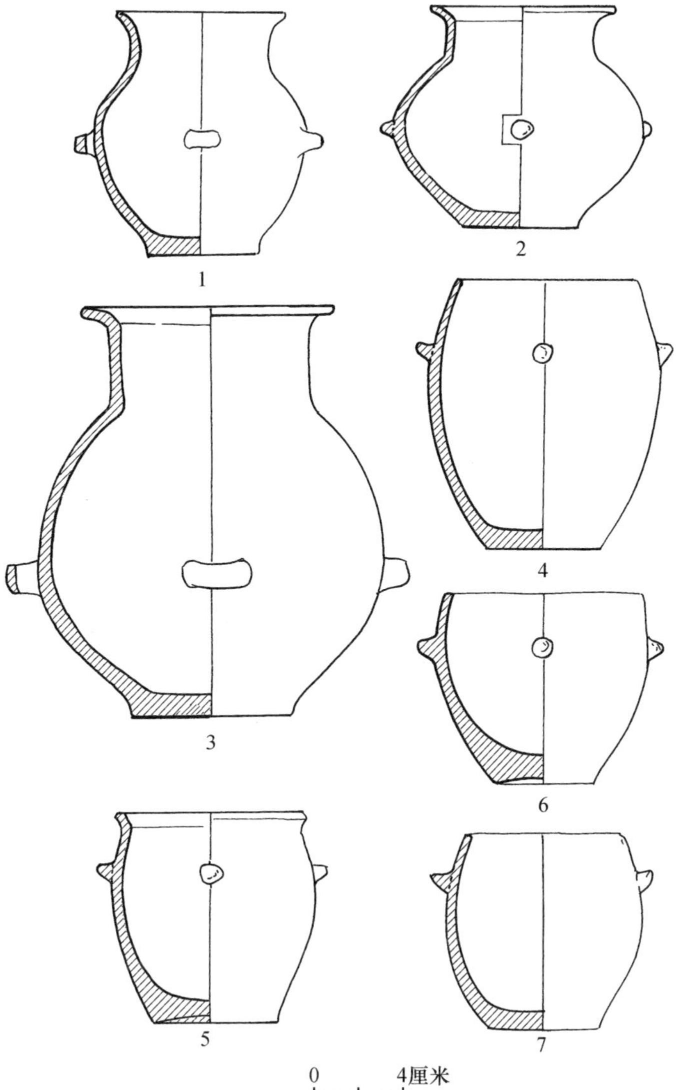

图3-4-106　99TWM36出土陶器

1. 侈口束颈壶（99TWM36：2）　2. 四鋬耳壶（99TWM36：14）　3. 侈口直颈壶（99TWM36：6）　4、6. B型四鋬耳罐（99TWM36：5、99TWM36：4）　5. A型四鋬耳罐（99TWM36：13）　7. A型双鋬耳罐（99TWM36：3）

铜钱　1件。99TWM36：8，圆形方孔，无文字。长径2.1、短径1.8、厚0.1厘米（图3-4-107，5）。

（三）大盖石积石墓

1. 99ⅧTWM38

墓葬概况

大盖石积石墓。

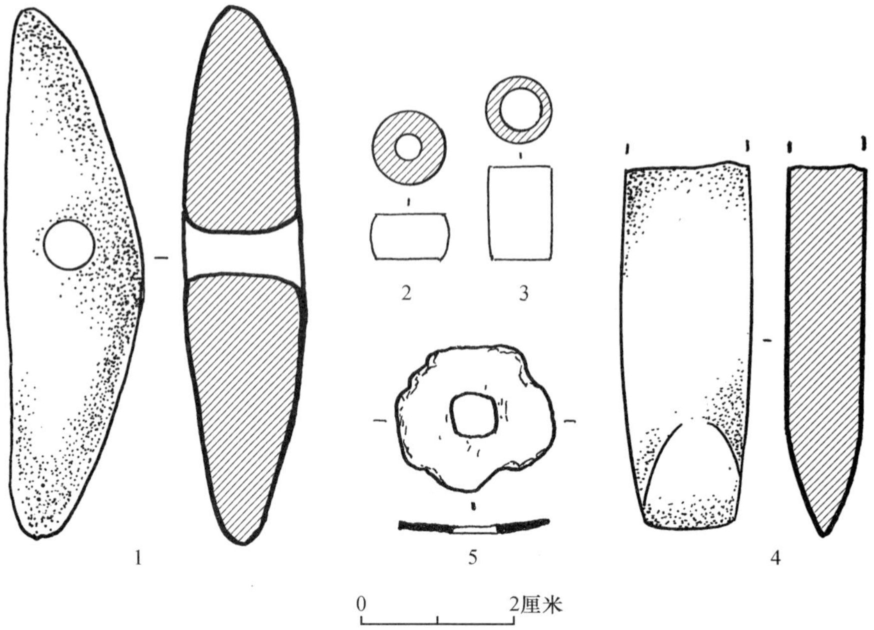

图3-4-107　99TWM36出土器物

1. 石饰（99TWM36：9）　2、3. 石珠（99TWM36：15、99TWM36：16）

4. 石凿（99TWM36：17）　5. 铜钱（99TWM36：8）

位于Ⅷ区T897内，99TWM39北侧。方向70度。

积石外围近方形，墓圹辟于积石堆的北半部，为长方形。墓圹南北长210、东西宽80厘米，距地表深75厘米。墓口以白云岩石板覆盖，即大盖石，大盖石现已断裂成三块。盖石长225、宽120厘米，厚15～20厘米。盖石上部与现代地表平齐，盖石之上积碎石块，积石厚30厘米（图版七九，1）。盖石下部为10～40厘米的碎石块及黑灰色填土（图版七九，2），碎石层下为10～15厘米厚的火烧人骨。人骨之下为5厘米厚河卵石层，卵石层下为夹杂石块的原生土层。

此墓建造方式为：在夹杂石块的原生土层上开凿长方形墓圹，在墓底铺一层河卵石，再葬入人骨及随葬品，过火焚烧，然后以夹杂碎石块的黑灰色填土进行掩埋。在墓口以白云岩石板覆盖其上。之后在大盖石上及其周围覆盖以碎石块，形成大盖石积石墓。

火葬，人骨数量不清。

墓圹南端随葬陶罐1件、陶壶1件（图3-4-108；图版八〇，1）。

随葬器物

共出土器物2件。

陶器　2件。

四鋬耳罐　1件。99TWM38：5，夹细砂黄褐陶，局部呈灰色。手制，敛口，弧腹，上腹部饰四个对称鋬耳，平底。口径6.2、底径4.8、高9厘米（图3-4-109，1；图版八〇，2）。

侈口直颈壶（横桥耳壶）　1件。99TWM38：4，夹细砂红褐陶，局部发黑，夹大量蚌粉。卷沿，圆唇，长直颈，鼓腹，最大腹径处饰四横桥耳，平底。口径8、底径5.8、高15.2厘米（图3-4-109，2；图版八〇，3）。

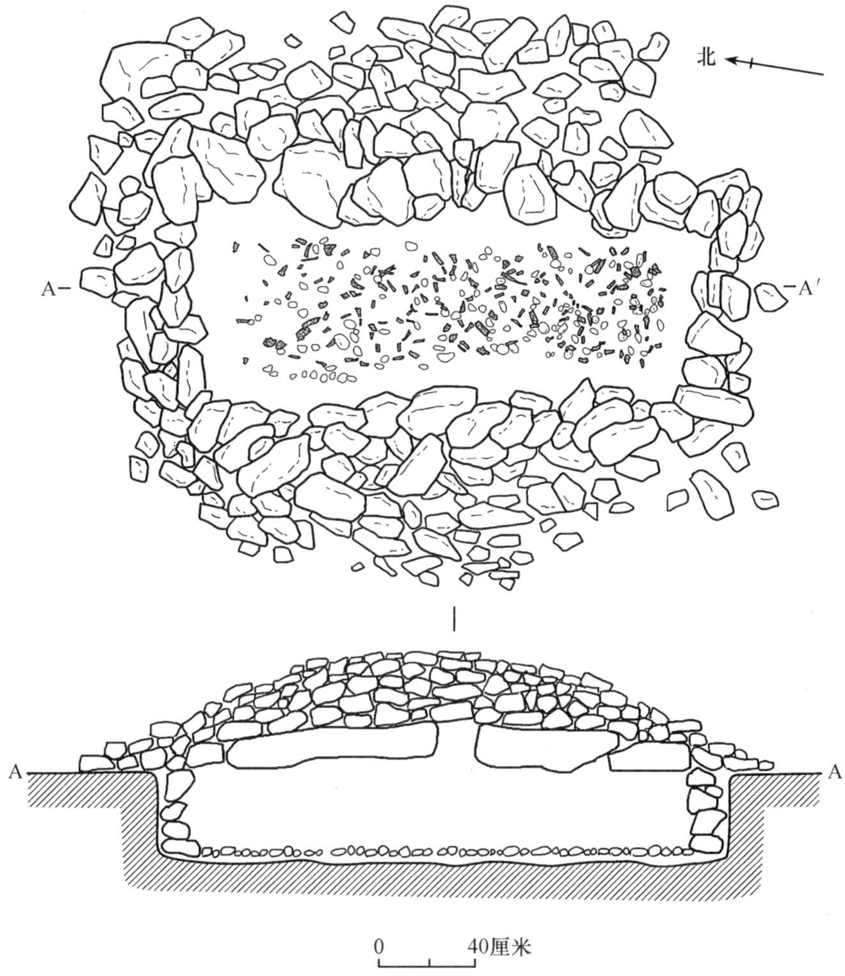

图3-4-108　99TWM38平、剖面图

2. 99ⅤTWM41

墓葬概况

大盖石积石墓。

位于Ⅴ区，跨T949和T950两个探方。此墓早期遭破坏。方向39度。

此墓发掘前仅见2块大石块立于积石堆中。积石堆上长满植被和杂草。清除杂草及植被后可见积石堆近椭圆形。积石堆中还有2块石块与之前2块石块可相对接，可知原为一整块长方形大石板断裂而成。此石块长340、宽85、厚40～50厘米，为白云岩质（图版八一，1）。在白云岩石板东侧清理出以大石块砌筑的长方形墓圹。墓圹南北长300、东西宽130、深40厘米。

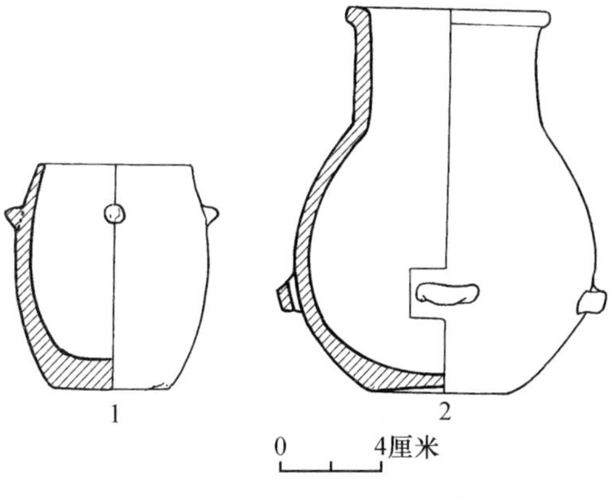

图3-4-109　99TWM38出土陶器

1. 四錾耳罐（99TWM38：5）　2. 侈口直颈壶（99TWM38：4）

此墓建造方式为：先开凿长方形墓圹，以大石块砌筑墓圹一侧，其余三壁以大小不等的石块砌筑而成。墓底铺云母页岩石板，石板上平铺厚约10厘米的河卵石，埋入人骨之后，以夹碎

石块的黑灰色细砂土填充。并以积石覆盖墓圹周围。最后以长方形白云岩石板覆盖其上。推测长方形白云岩石板为大盖石，早年被人掀起立于墓圹西侧。

墓内靠近墓圹边缘仅见少量火烧人骨。推测为迁葬留下的残留物（图3-4-110；图版八一，2）。

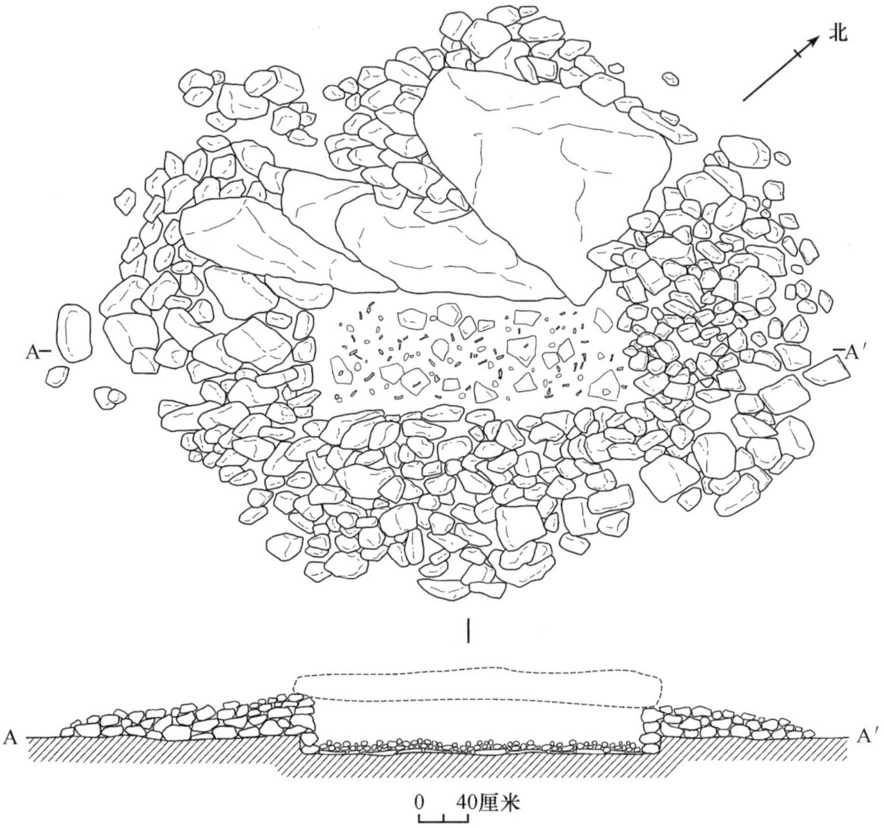

图3-4-110　99TWM41平、剖面图

在墓圹外侧积石中，出土器物5件。

随葬器物

共出土器物5件。

陶器　2件。

纺轮　2件。

A型　1件。99TWM41：3，泥质黄褐陶。整体呈圆饼形。直径3.7、高1.3厘米（图3-4-111，1）。

Cb型　1件。99TWM41：2，泥质黑褐陶。整体呈变形算珠形。最大径3.7、高2.8厘米（图3-4-111，2）。

石器　1件。

A型镞　1件。99TWM41：1，灰色板岩。仅余镞身下部，无脊无铤，镞身后部有圆形钻孔，凹底，形成类似燕尾状后锋。残长2.1、镞身宽1.5、厚0.2厘米（图3-4-111，3）。

青铜器及铁器　2件。

青铜器　1件。99TWM41：5，仅余残段，用途不明。长1.8、宽0.5、厚0.2厘米（图3-4-111，4）。

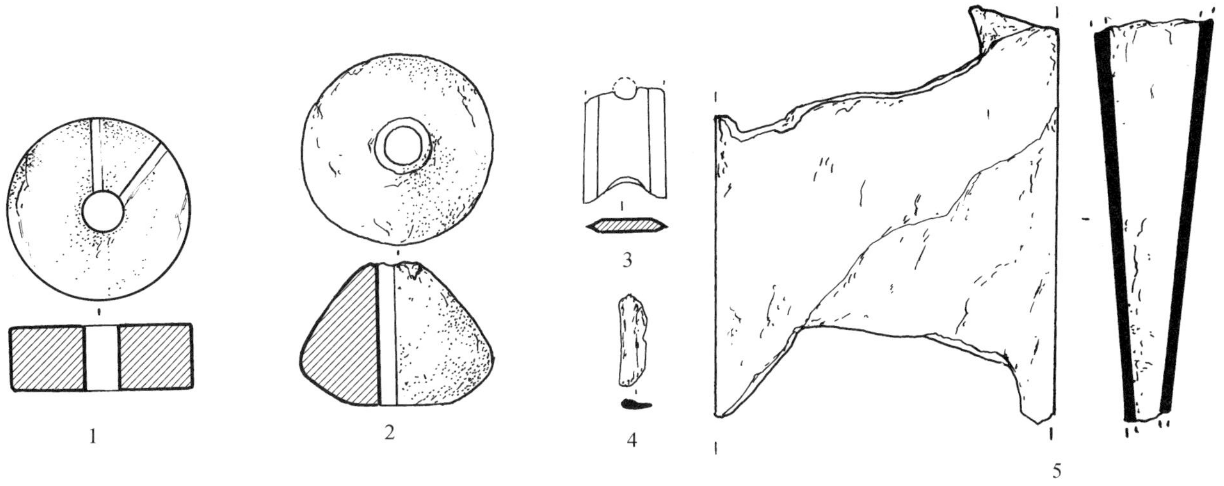

图3-4-111　99TWM41出土器物

1. A型陶纺轮（99TWM41：3）　2. Cb型陶纺轮（99TWM41：2）　3. A型石镞（99TWM41：1）
4. 青铜器（99TWM41：5）　5. 铁镢（99TWM41：6）

铁镢　1件。99TWM41：6，仅余器身残段，平面呈长方形。残长8、宽6.7厘米（图3-4-111，5）。

（四）无坛石圹积石墓

99ⅦTWM37

墓葬概况

无坛石圹积石墓。

位于Ⅶ区T894内。墓向90度。

墓顶积石呈漫丘型，积石外围近方形，南北长480、东西宽500厘米，积石高50厘米（图版八二，1）。墓圹位于中部，呈长方形，南北长194、东西宽136厘米，深35～45厘米。墓底平铺碎石层厚10厘米，碎石层下为黄褐色黏土，厚15厘米，为当时的地表土。

此墓建造方法是：在原地表以大石块砌出长方形墓圹，在墓底平铺碎石块。而后葬入死者骨骼及随葬品。待人骨烧透后，填土掩埋，并以碎石块封护墓顶。然后以大石块在墓圹外围砌筑墓域边框，再往墓域边框与墓圹之间填充碎石块，使其呈漫丘状。

此墓为多人火葬墓，人骨焚烧充分，呈灰白色和灰蓝色碎块分布。其随葬的器物也均经火烧，其中的绿松石珠已烧变色。墓内散碎人骨中伴出绿松石陶耳瑱2件、陶纺轮1件、松石珠1串、松石珠1件、青铜器1件。墓外积石中（墓圹东壁外侧）出土陶罐2件（图3-4-112；图版八二，2）。

随葬器物

共出土器物7件。

陶器　5件。

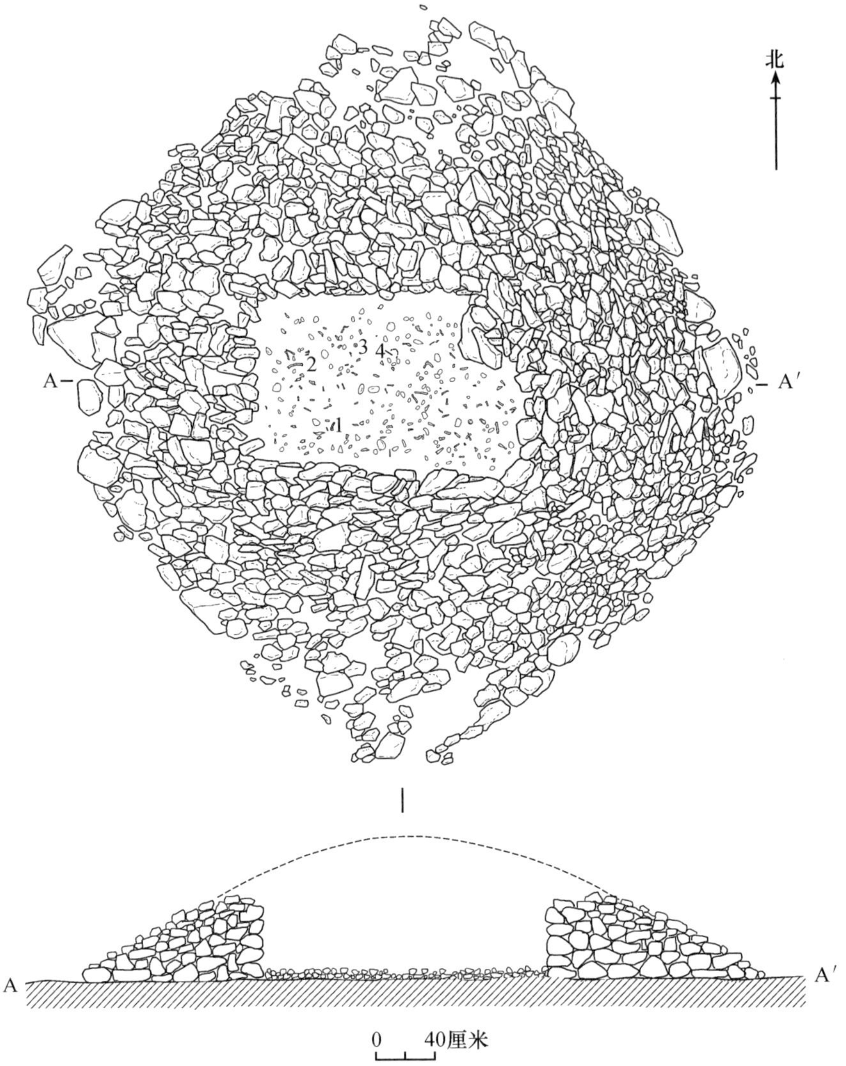

图4-3-112　99TWM37平、剖面图

1. 青铜器　2. 陶耳瑱　3. 陶纺轮　4. 玉石珠

罐　2件。

四鋬耳罐　1件。99TWM37：1，夹细砂黄褐陶。卷沿，尖唇，鼓腹，最大腹径处饰四鋬耳，平底。口径9.2、底径6.2、高8.9厘米（图3-4-113，1）。

双鋬耳罐　1件。99TWM37：2，泥质黄褐陶，仰折沿，方唇，弧腹，最大腹径处饰双鋬耳，平底。口径10.6、底径3.8、高11.8厘米（图3-4-113，2）。

A型纺轮　1件。99TWM37：3，泥质黄陶，夹云母。呈圆饼形，器形规整，有烟熏痕迹。直径4.8、厚1.3厘米（图3-4-113，3）。

耳瑱　2件。99TWM37：4，夹砂黄陶，夹蚌，圆柱形。长1.6、直径0.4厘米（图3-4-113，4）。99TWM37：5，夹砂黄陶，圆钉形。长1.6、帽直径0.8厘米（图3-4-113，5）。

石器　1件。

玉石珠　1组（9件）。99TWM37：7，玉石。共9件，均为圆柱形，粗细不一，被火烧成灰蓝色。出土时已松散，推测原先用细线穿系。长0.9～1.6、直径0.5～0.7厘米（图3-4-113，6）。

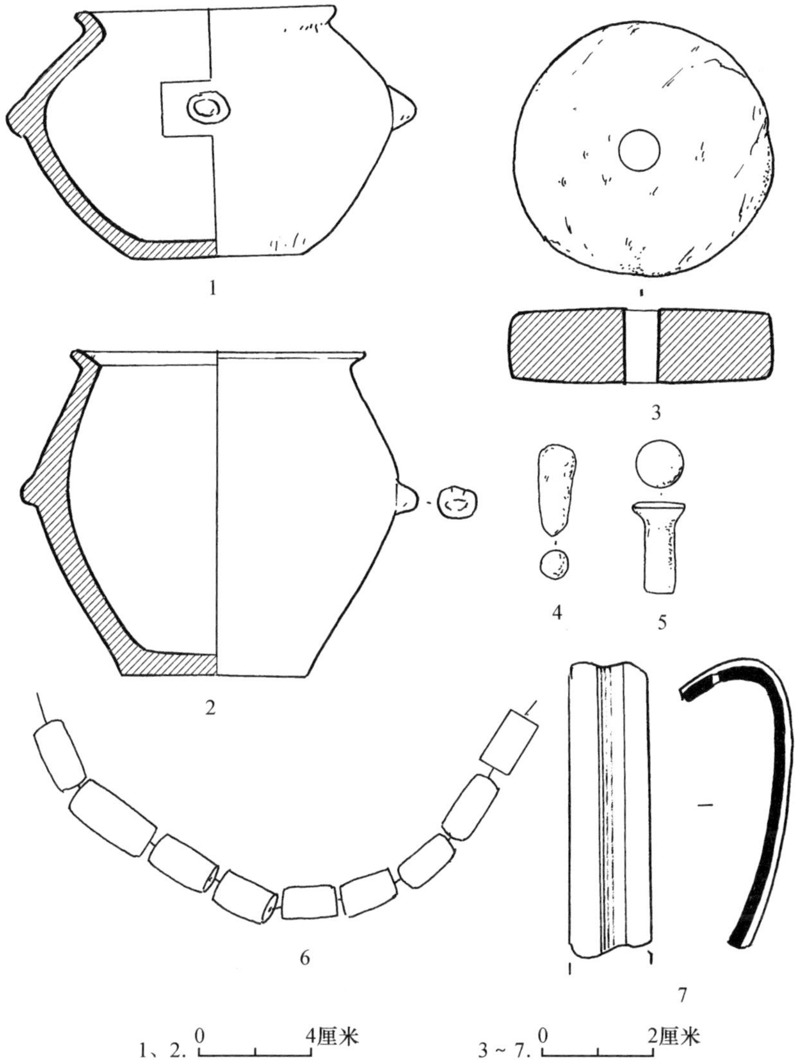

图3-4-113　99TWM37出土器物

1. 陶四鋬耳罐（99TWM37：1）　2. 陶双鋬耳罐（99TWM37：2）　3. A型陶纺轮（99TWM37：3）
4、5. 陶耳瑱（99TWM37：4、99TWM37：5）　6. 玉石珠一组（99TWM37：7）　7. 青铜器（99TWM37：6）

铜器　1件。

青铜器　1件。99TWM37：6，仅余残段。侧面看似为阿拉伯数字7，正面为长条形，中间有凹槽，顶端有一圆形孔，用途不明。残长5.5、宽1.4厘米（图3-4-113，7）。

第五节　魏晋时期遗存

第五期遗存，即魏晋时期遗存，分布于第Ⅰ区、第Ⅱ区、第Ⅲ区、第Ⅳ区。

包含第Ⅰ区第2层及第2层下开口的部分单位、第1层下开口的部分单位。共计灰坑14个、房址1个、灰沟2条。

开口于第2层下的单位15个。97ⅠTWH1、97ⅠTWH8、97ⅠTWH17、97ⅠTWH21、

97ⅠTWH33、97ⅠTWH46、97ⅠTWH49、97ⅠTWH53、97ⅠTWH64、97ⅠTWH69、97ⅠTWH70、97ⅠTWH117、97ⅠTWH120、97ⅠTWG1、97ⅠTWG14。

开口于第1层下的单位2个，即97ⅠTWH44、97ⅠTWF2。

第Ⅱ区第2层及第2层下开口的部分单位。共计灰沟1条、灰坑1个。

第Ⅱ区属于这一时期的单位有开口于第2层下的单位2个、97ⅡTWG4、97ⅡTWH84。

第Ⅲ区第3层。

第Ⅳ区第2层、第2层下开口的单位及第1层下开口的单位。共计房址2座、灰坑1条。

第Ⅳ区属于这一时期的单位有：

开口于第1层下的单位2个，即98ⅣTWF19、98ⅣTWF20。

开口于第2层下的单位1个，即98ⅣTWH147。

第Ⅵ区第1层下开口的墓葬，99ⅥTWM29。

一、地层出土器物

（一）第Ⅰ区第2层出土器物

第Ⅰ区第2层共出土器物371件。其中，陶器157件、石器178件、骨、角牙器23件、铁器8件、铜器2件、玉器2件、青瓷器1件。

1. 陶器

第Ⅰ区第2层共出土陶器157件。其中，陶碗2件、陶壶2件、陶罐1件、陶豆座1件、陶鼎足1件、陶加重器2件、陶饼2件、陶板瓦2件、陶饰件1件、陶纺轮14件（A12、B1、Cb1）、陶网坠129件（A1、B1、Ba74、Bb13、C17、E1、Ea2、Eb4、Ec2、Ed12、Ee1、Ga1）。选取典型陶器介绍如下。

碗　2件。97TWT369②：1，夹砂黄褐陶，局部呈黑色。手制，敞口，斜直腹，平底。口径10.6、底径6.4、高6.6厘米（图3-5-1，3）。97TWT369②：2，泥质黑陶，器表抹光。敞口，方唇，斜直腹，假圈足。口径8.7、底径6、高3.6厘米（图3-5-1，4）。

壶　2件。97TWT366②：22，泥质黑陶，器表抹光。直口，直颈，圆鼓腹，最大腹径处饰对称盲耳，台足较高。口径6.8、底径6.6、高13.8厘米（图3-5-1，2）。97TWT395②：1，泥质黄陶，局部发黑，器表磨光。盘口，颈部饰较浅的几何纹，弧腹，平底。口径11.6、底径11、高24厘米（图3-5-1，1；图版三〇，3）。

豆座　1件。97TWT336②：5，泥质黑陶，器表抹光，局部发黄。豆座呈喇叭形。底径5、残高9.4厘米（图3-5-1，6）。

罐　1件。97TWT339②：5，泥质黄褐陶，器表抹光。器身上部残，斜直腹，平底。底径8、残高6厘米（图3-5-1，5）。

纺轮　3件。

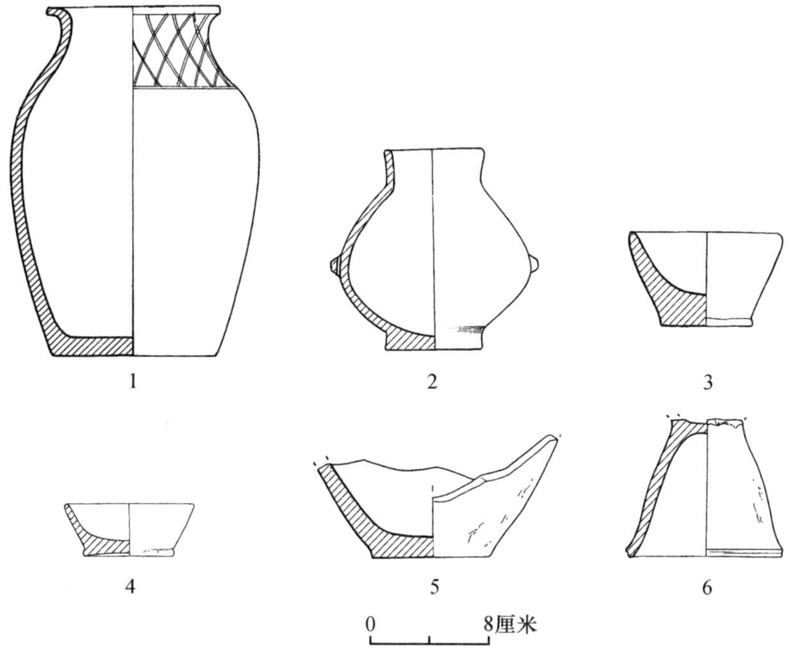

图3-5-1　第Ⅰ区第2层出土陶器
1、2. 壶（97TWT395②：1、97TWT366②：22）　3、4. 碗（97TWT369②：1、97TWT369②：2）
5. 罐（97TWT339②：5）　6. 豆座（97TWT336②：5）

A型　2件。圆饼形，中间有圆形钻孔。97TWT330②：1，泥质红褐陶。一面为素面，一面戳刺放射状点纹。直径5.2、厚1.1厘米（图3-5-2，2）。97TWT330②：5，夹砂黄褐陶。一面素面，一面戳印放射状点纹，一共8组。一侧有一条指甲印痕。直径5.2、厚1厘米（图3-5-2，1）。

Cb型　1件。97TWT340②：2，泥质黄陶。算珠形，一端破损。器身剖面成六边形，中间有一圆形钻孔。最大径3.5、残高2.3厘米（图3-5-2，3）。

网坠　11件。

Ba型　4件。卵圆形，一侧有竖向凹槽，中间有圆形钻孔。97TWT330②：8，泥质黄褐陶。最大径1.8、高2.3厘米（图3-5-2，8）。97TWT334②：8，夹砂夹蚌夹云母黄褐陶。器表颜色不均匀，部分呈黄色，部分呈褐色，器形不规整。最大径2.6、高2.4厘米（图3-5-2，5）。97TWT336②：1，夹砂红褐陶，夹蚌夹云母，器形不规整。最大径2.5、高2.2厘米（图3-5-2，6）。97TWT367②：14，泥质红陶。长2.3、宽1.7、厚1.6厘米（图3-5-2，7）。

Bb型　1件。97TWT340②：1，泥质黄褐陶，夹蚌夹云母。卵圆形，器身中间有圆形钻孔，器表粗糙。最大径2、高3.1厘米（图3-5-2，4）。

C型　2件。97TWT340②：11，泥质红陶，夹蚌夹云母。亚腰形，两端较鼓。最大径2.2、高1.9厘米（图3-5-2，10）。97TWT366②：2，泥质黑褐陶，夹云母。亚腰形，中间有横向凹槽，两端均较平，有部分破损。最大径2.8、高2.1厘米（图3-5-2，9）。

Ea型　1件。97TWT366②：9，以夹云母的泥质黄陶片打制而成。近圆形，器身微弧，器身有多处破损痕迹，豁口不明显。中间有圆形斜向钻孔。直径约8.8、厚0.8厘米（图3-5-3，1）。

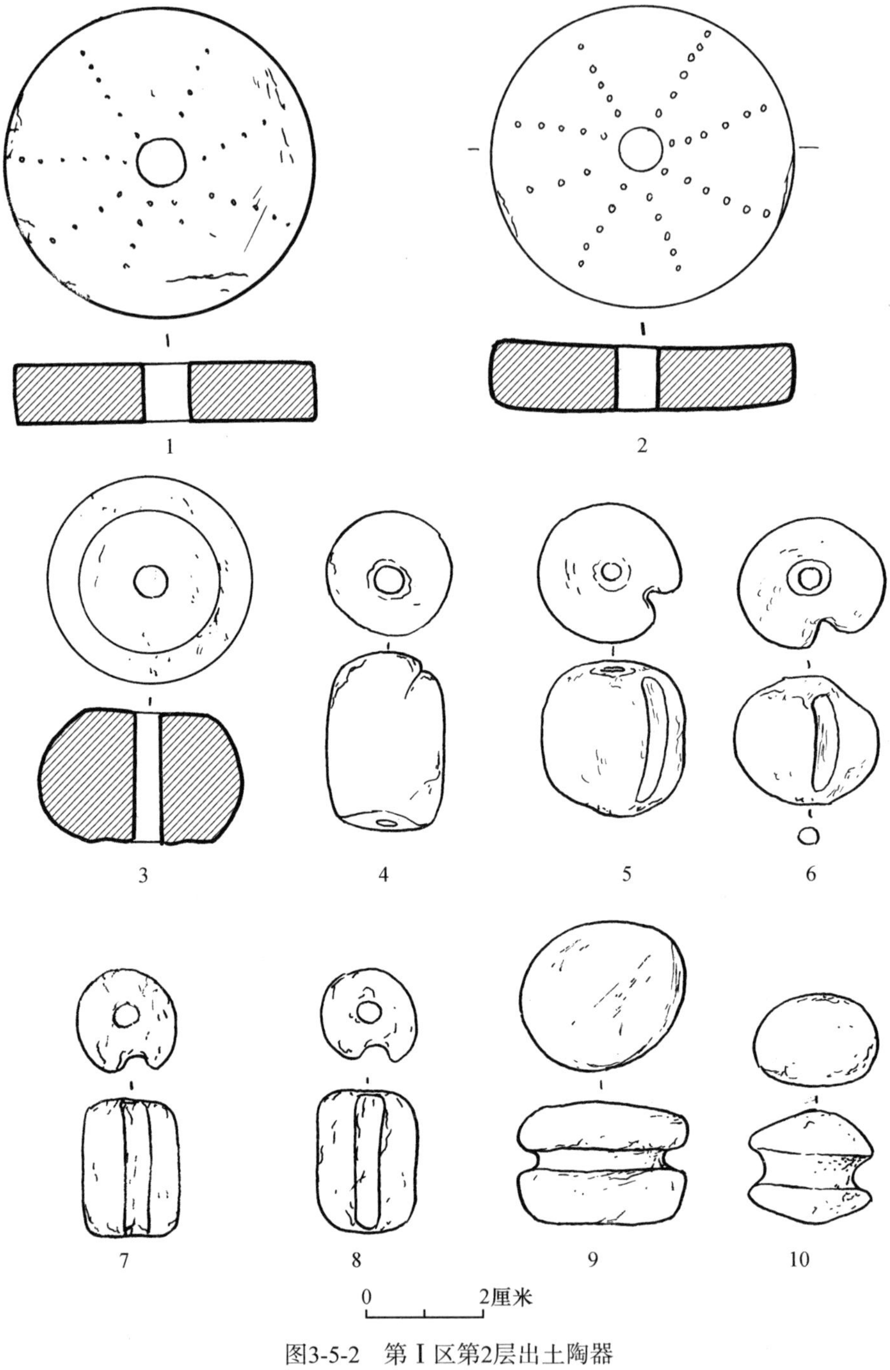

图3-5-2　第Ⅰ区第2层出土陶器

1、2. A型纺轮（97TWT330②：5、97TWT330②：1）　3. Cb型纺轮（97TWT340②：2）　4. Bb型网坠（97TWT340②：1）
5～8. Ba型网坠（97TWT334②：8、97TWT336②：1、97TWT367②：14、97TWT330②：8）
9、10. C型网坠（97TWT366②：2、97TWT340②：11）

Eb型　1件。97TWT366②：8，以夹蚌夹云母的泥质红陶片改制而成。椭圆形，器形较大，器身微弧，侧棱打制粗糙，有多处破损，但未见打制豁口，中间有圆形斜向钻孔。长12.1、宽8.8、厚0.8厘米（图3-5-3，2）。

Ed型　2件。97TWT335②：2，泥质黄陶，夹蚌夹云母。平面呈长方形，一侧有部分破损，两端磨出两个豁口，中间有圆形钻孔，器身微弧。长7.5、宽5.4、厚0.4厘米（图3-5-3，4）。97TWT366②：19，以夹蚌夹云母的泥质黄陶片打制而成。器身微弧三侧边每边打制1个豁口，豁口大小不一。长6.5、宽5.3、厚0.5厘米（图3-5-3，3）。

Ga型 1件。97TWT367②：10，用黑色的泥质陶土制成的圆形网坠，中间有圆形穿孔，一端有竖向凹槽。直径2.2、高2.3厘米（图3-5-3，5）。

板瓦 1件。97TWT338②：6，泥质灰陶。仅余小块，呈不规则长方形，微弧，凸面素面光滑，凹面施布纹。长6.4、宽5、厚1.4厘米（图3-5-3，6）。

加重器 1件。97TWT366②：21，泥质灰褐陶，夹蚌夹云母。一面较鼓，上有两个乳形凸起，一面较平，中间位置有一三角形凹坑。长5.4、宽2.7、厚1.9厘米（图3-5-3，7）。

陶饼 1件。97TWT395②：14，泥质黄陶，夹蚌夹云母。圆饼形，器身微弧，器壁磨制规整。直径约2.6、厚0.5厘米（图3-5-3，8）。

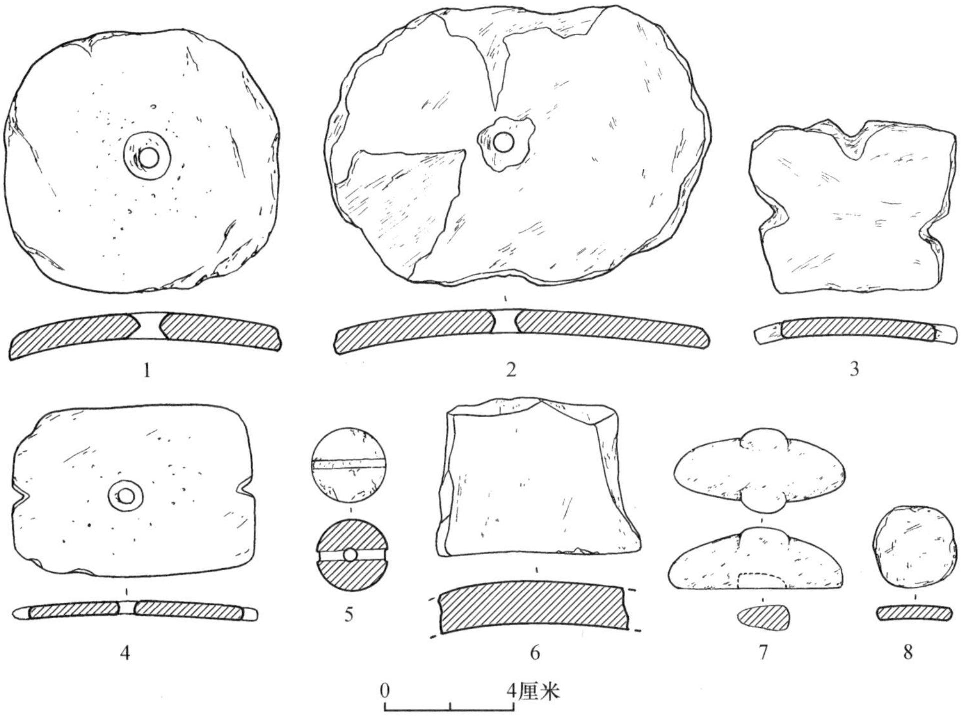

图3-5-3 第Ⅰ区第2层出土陶器

1. Ea型网坠（97TWT366②：9） 2. Eb型网坠（97TWT366②：8） 3、4. Ed型网坠（97TWT366②：19、97TWT335②：2） 5. Ga型网坠（97TWT367②：10） 6. 板瓦（97TWT338②：6） 7. 加重器（97TWT366②：21） 8. 陶饼（97TWT395②：14）

2. 石器

第Ⅰ区第2层共出土石器178件。其中，石网坠43件（A1、B27、C4、D11）、石镞73件（A3、Aa2、Ad12、Ae2、B3、Ba20、Bb13、C4、Ca3、Cb7、Cc3）、石镐4件、石刀15件（A5、Ba5、?1、Bb4）、石研磨器8件（A5、B3）、石器4件、石凿3、石球3、石饼2、有沟砺石1、石斧8、石短剑2、石锛2、砺石3、石刮削器2、石砍砸器1、绿松石1、石纺轮1、石棍棒头1件、石坠1件。现选取51件典型石器进行介绍。

镞　24件。

Aa型　1件。97TWT340②：12，灰色板岩。镞身平面成柳叶形，无脊，剖面呈四边形，后锋倒刺呈燕尾形，器身遍布磨痕。长3.8、宽1.4、厚0.2厘米（图3-5-4，1）。

Ad型　3件。柳叶形，镞身中间有血槽。97TWT366②：1，灰色板岩。凹底。长3.9、镞身宽1.6、厚0.3厘米（图3-5-4，10）。97TWT329②：9，暗紫色板岩。血槽中间有圆形钻孔，凹底。长4.9、宽1.7、厚0.4厘米（图3-5-4，9；图版三二，4）。97TWT398②：2，灰色板岩。凹底。长6、宽1.6、厚0.4厘米（图3-5-4，8）。

Ae型　2件。镞身平面近圭形，剖面呈六边形。7TWT330②：27，青灰色板岩。后锋有倒刺，一端倒刺残。长5.1、宽1.1、厚0.3厘米（图3-5-4，3）。97TWT339②：3，青灰色板岩。后锋有倒刺，倒刺残断。长5.4、镞身宽1.6、厚0.3厘米（图3-5-4，2）。

B型　2件。97TWT330②：18，青灰色板岩。双翼，仅余镞身部分。残长5.4、镞身宽1.8、厚0.7厘米（图3-5-4，12）。97TWT365②：16，灰色板岩。双翼，镞身前半部分起脊，平面呈三角形，剖面呈棱形。后半部分平面近梯形，尾端磨平。无铤。长5.2、镞身宽2.1、厚0.5厘米（图3-5-4，11；图版三二，3）。

Ba型　3件。双翼，后锋倒刺呈燕尾形。97TWT366②：10，灰色板岩。方柱形铤。长4.6、宽1.6、厚1.6厘米（图3-5-4，4）。97TWT395②：12，青灰色板岩。圆柱形铤略残。残长5.8、镞身宽1.8、厚0.6厘米（图3-5-4，5）。97TWT330②：20，青灰色板岩。方柱形铤。长6.1、宽1.3、厚0.6厘米（图3-5-4，6）。

Bb型　1件。双翼，镞身平面呈矛形。97TWT340②：13，灰色板岩。方柱形铤残断。残长4.6、镞身宽1.5、厚0.7厘米（图3-5-4，7）。

Cb型　3件。97TWT334②：6，灰色板岩。圆柱形铤。长5、宽0.8、厚0.4厘米（图3-5-4，15）。97TWT366②：5，青灰色板岩。倒刺较短，圆柱形铤。长4.7、镞身宽0.8、厚0.5厘米（图3-5-4，13）。97TWT395②：11，灰色板岩。三棱形镞，镞身平面呈矛形，镞身细长，圆柱形铤。长6.2、宽0.6、厚0.5厘米（图3-5-4，14）。

Cc型　3件。三棱形，镞身平面呈三角形。97TWT334②：1，灰色砂岩。圆柱形铤，铤较长。长6.7、宽1、厚0.5厘米（图3-5-4，17）。97TWT334②：4，灰色板岩。圆柱形铤略残。长7.2、宽0.7、厚0.5厘米（图3-5-4，18）。97TWT340②：5，灰色板岩。圆柱形铤残断。残长7.6、宽0.9、厚0.5厘米（图3-5-4，16；图版三二，2）。

镐　3件。97TWT329②：4，灰色板岩。亚腰形，弧背，双面弧刃，器身遍布打制疤痕。长13、宽7.4、厚2.3厘米（图3-5-5，1）。97TWT395②：2，青灰色板岩。亚腰形，打制，器身遍布打制疤痕，背部有切割痕，单面刃，刃部残。长6.4、宽3.6、厚1.4厘米（图3-5-5，2）。

网坠　6件。

B型　4件。椭圆形，两端打制豁口。97TWT330②：11，灰白色片麻岩。长径6.1、短径4.5、厚1.2厘米（图3-5-5，6）。97TWT330②：21，灰色砂岩。长径5、短径3.6、厚1.4厘米（图3-5-5，7）。97TWT333②：1，灰白色石英砂岩。长径4.2、短径2.7、厚1.1厘米（图3-5-5，8）。97TWT339②：2，黄绿色含云母细砂岩。器形较大，边缘有破损。长径9.9、短径6.4、厚1.6厘米（图3-5-5，5）。

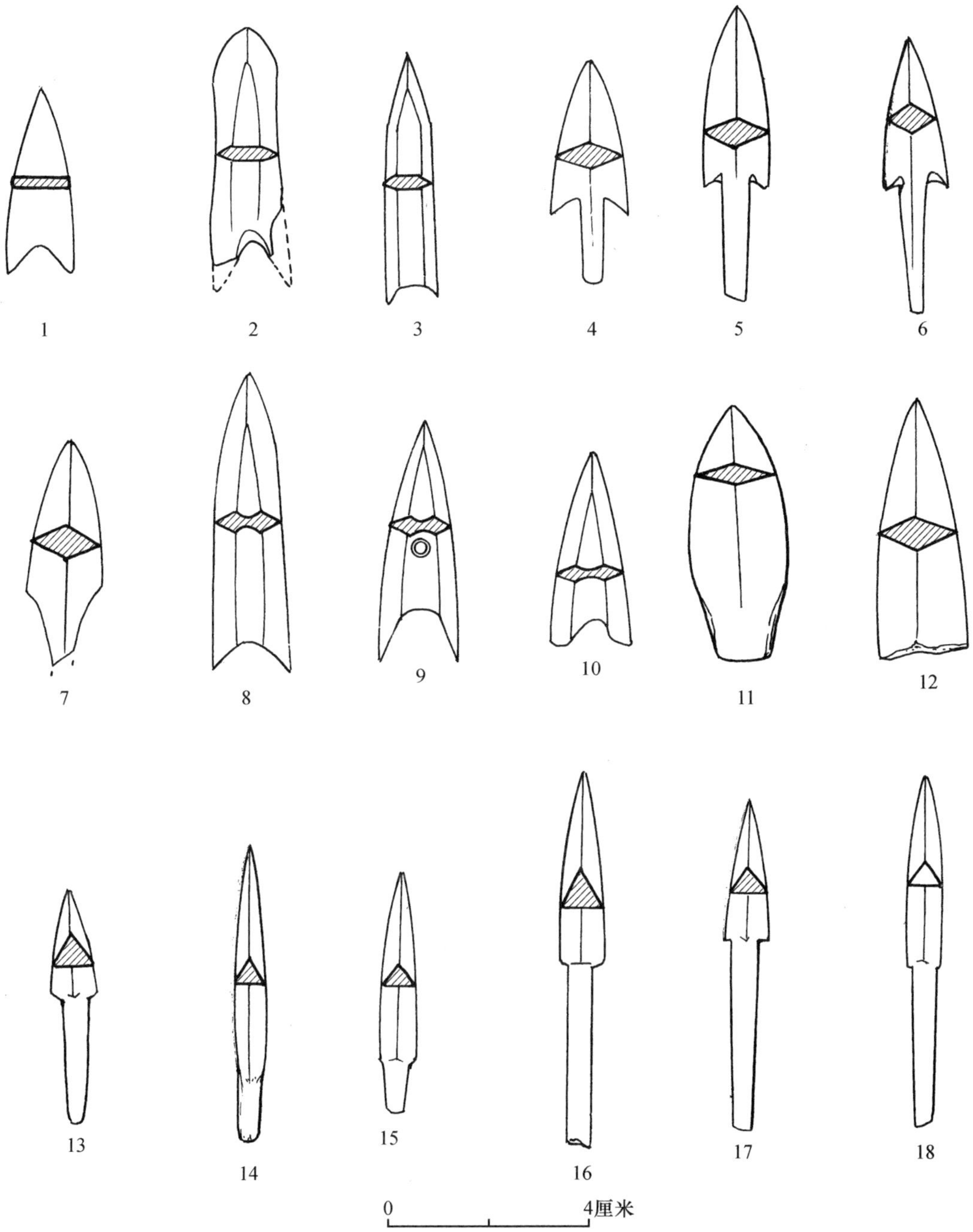

图3-5-4　第Ⅰ区第2层出土石镞

1. Aa型（97TWT340②：12）　2、3. Ae型（97TWT339②：3、97TWT330②：27）　4～6. Ba型（97TWT366②：10、97TWT395②：12、97TWT330②：20）　7. Bb型（97TWT340②：13）　8～10. Ad型（97TWT398②：2、97TWT329②：9、97TWT366②：1）　11、12. B型（97TWT365②：16、97TWT330②：18）　13～15. Cb型（97TWT366②：5、97TWT395②：11、97TWT334②：6）　16～18. Cc型（97TWT340②：5、97TWT334②：1、97TWT334②：4）

C型　1件。97TWT336②：2，灰色板岩。不规则形，两端打制豁口，一面有较大的破损面，器身较薄。长2.9、宽2.5、厚0.2厘米（图3-5-5，9）。

D型　2件。平面近圆形，两端打制豁口。97TWT329②：7，灰白色石英砂岩。直径约2.3、厚0.5厘米（图3-5-5，11）。97TWT330②：23，灰白色石英砂岩。直径5.5、厚2厘米

（图3-5-5，10）。

凿　2件。97TWT330②：24，青灰色板岩。一端残，平面近长方形，双面弧刃。残长8.1、宽1.9、厚0.9厘米（图3-5-5，3）。97TWT397②：21，紫灰色板岩。平面近梯形，弧背，单面斜刃，刃部有使用痕迹。长4、宽1.3、厚0.4厘米（图3-5-5，4）。

纺轮　1件。97TWT331②：11，灰白色石英砂岩。圆饼形，中间有一圆形钻孔。直径5.7、厚0.4厘米（图3-5-6，5）。

棍棒头　1件。97TWT339②：8，青灰色石英砂岩。器身残半。一端粗，一端细。粗的一端呈六瓣花型，细的一端呈四瓣花型，两端均磨制较平，中间有圆形孔，孔内侧有磨损痕迹。

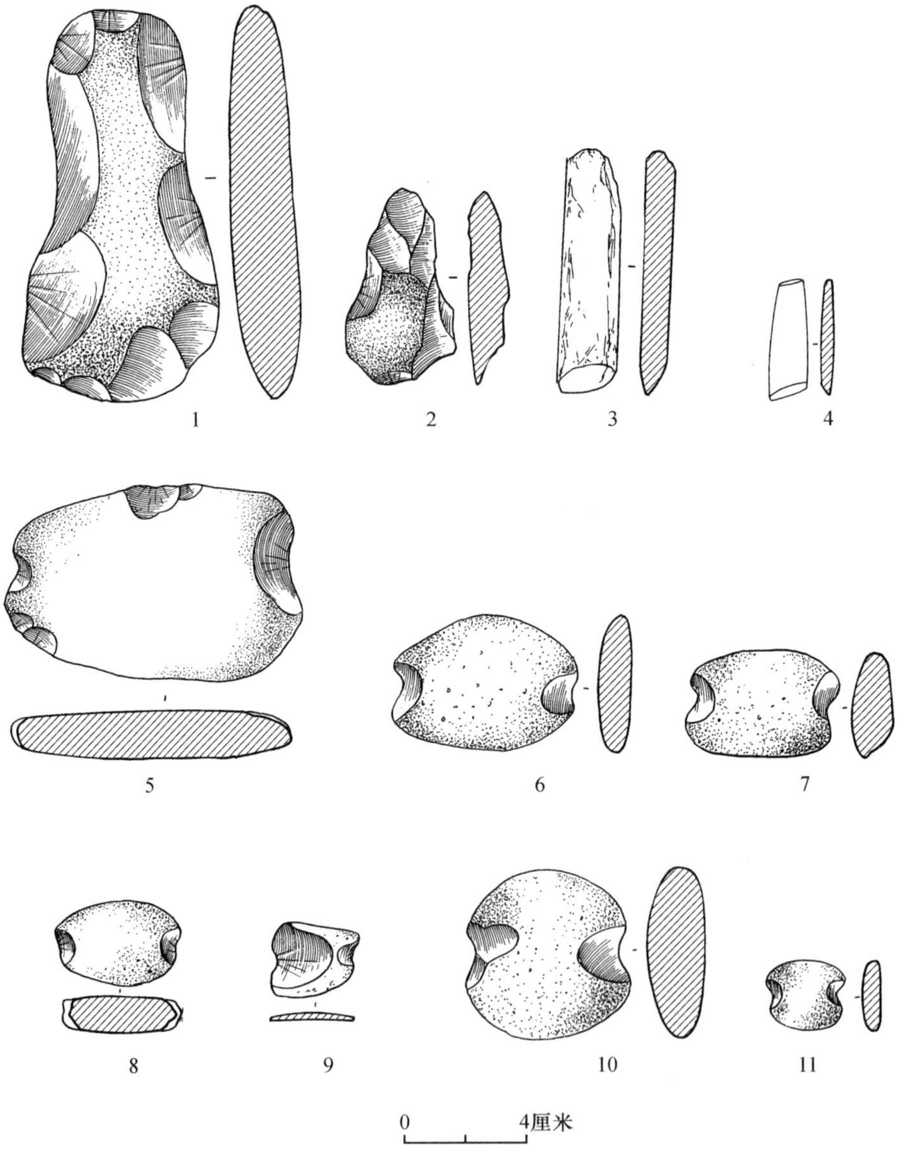

图3-5-5　第Ⅰ区第2层出土石器

1、2. 镐（97TWT329②：4、97TWT395②：2）　3、4. 凿（97TWT330②：24、97TWT397②：21）
5～8. B型网坠（97TWT339②：2、97TWT330②：11、97TWT330②：21、97TWT333②：1）
9. C型网坠（97TWT336②：2）　10、11. D型网坠（97TWT330②：23、97TWT329②：7）

高5.8、上宽5.4、下宽7.7厘米（图3-5-6，3）。

刮削器　1件。97TWT305②：2，长3.6、宽2.2、厚0.55厘米（图3-5-6，16）。

石饼　1件。97TWT333②：3，灰色砂岩。饼状，侧棱有打击痕，器身厚薄不均，器表光滑。长10.4、宽6.2、厚1.6厘米（图3-5-6，14）。

砺石　1件。97TWT333②：6，褐色细砂岩。呈不规则四边形，磨面内凹，侧面规整，一端略残。长19.8、宽10.2、厚8.6厘米（图3-5-6，1）。

研磨器　3件。

A型　3件。97TWT340②：6，褐色含云母砂岩。不规则圆柱形，一端粗，一端细，粗的一端残断，细的一端有使用痕迹。器身遍布小凹坑。残长11.9、宽6.5、厚1.7厘米（图3-5-6，8）。97TWT366②：16，扁圆柱形，两端均残。推测为研磨器。截面最大径8、短径6.8、残高8厘米（图3-5-6，9）。97TWT399②：15，灰白色石英砂岩。扁柱形，一端细，细的一端剖面呈长方形；一端粗，粗的一端剖面呈椭圆形，有使用痕迹。长21、宽6.4、厚2.6厘米（图3-5-6，7）。

B型　1件。97TWT333②：7，灰白色石英砂岩。卵圆形。一端有使用痕迹。长13、最大径7、厚3.4厘米（图3-5-6，10）。

刀　2件。

Ab型　1件。97TWT397②：12，灰色云母板岩。半月形，器身较薄，残断。弧背，靠近背部有两个圆形钻孔，一个完整，一个残。双面直刃，刃部有使用痕迹。长7.3、宽3.4、厚0.4厘米（图3-5-6，4）。

未分型　1件。97TWT335②：4，褐色细砂岩。仅残余部分器身，双面弧刃，刃部有多个小缺口。长7.4、残宽4.7、厚1厘米（图3-5-6，6）。

斧　3件。97TWT338②：1，灰色板岩。长条形，弧背，双面弧刃，器身上留下打制疤痕。长7.6、宽2.7、厚1.2厘米（图3-5-6，12）。97TWT339②：1，黑灰色角岩。打制，平面近长方形，背部有打击痕，双面弧刃。长18.2、宽7、厚3厘米（图3-5-6，11）。97TWT397②：8，青灰色角岩。平面呈梯形，上端残，器身遍布小凹坑，不甚平整，双面弧刃，刃部有使用痕迹。长8.9、宽6.5、厚3.2厘米（图3-5-6，13）。

有沟砺石　1件。97TWT338②：5，褐色钙质砂岩。一面较平，一面圆鼓，一端残断。较平的一面中间有一凹槽，有使用痕迹。长6.1、宽3.4、厚2.2厘米（图3-5-6，15）。

球　1件。97TWT366②：6，白色石英岩。扁圆形，器表光滑。最大径1.8、高1.2厘米（图3-5-6，17）。

砍砸器　1件。97TWT397②：7，褐色含云母砂岩。卵圆形，器表厚薄不均，一面破损，一面光滑。高13.6、截面长径11、短径3.2厘米（图3-5-6，2）。

3. 骨、角、牙器

第Ⅰ区第2层共出土骨、角、牙器合计23件。其中骨器16件，有骨凿3件、骨管1件、骨锥8件、骨针1件、河蚌1件、鱼骨1件、骨器1件。角器3件，分别为鹿角2件、鹿角凿1件。牙器4件，分别为牙刀2件、野猪牙1件、牙器1件。选取典型器物介绍如下。

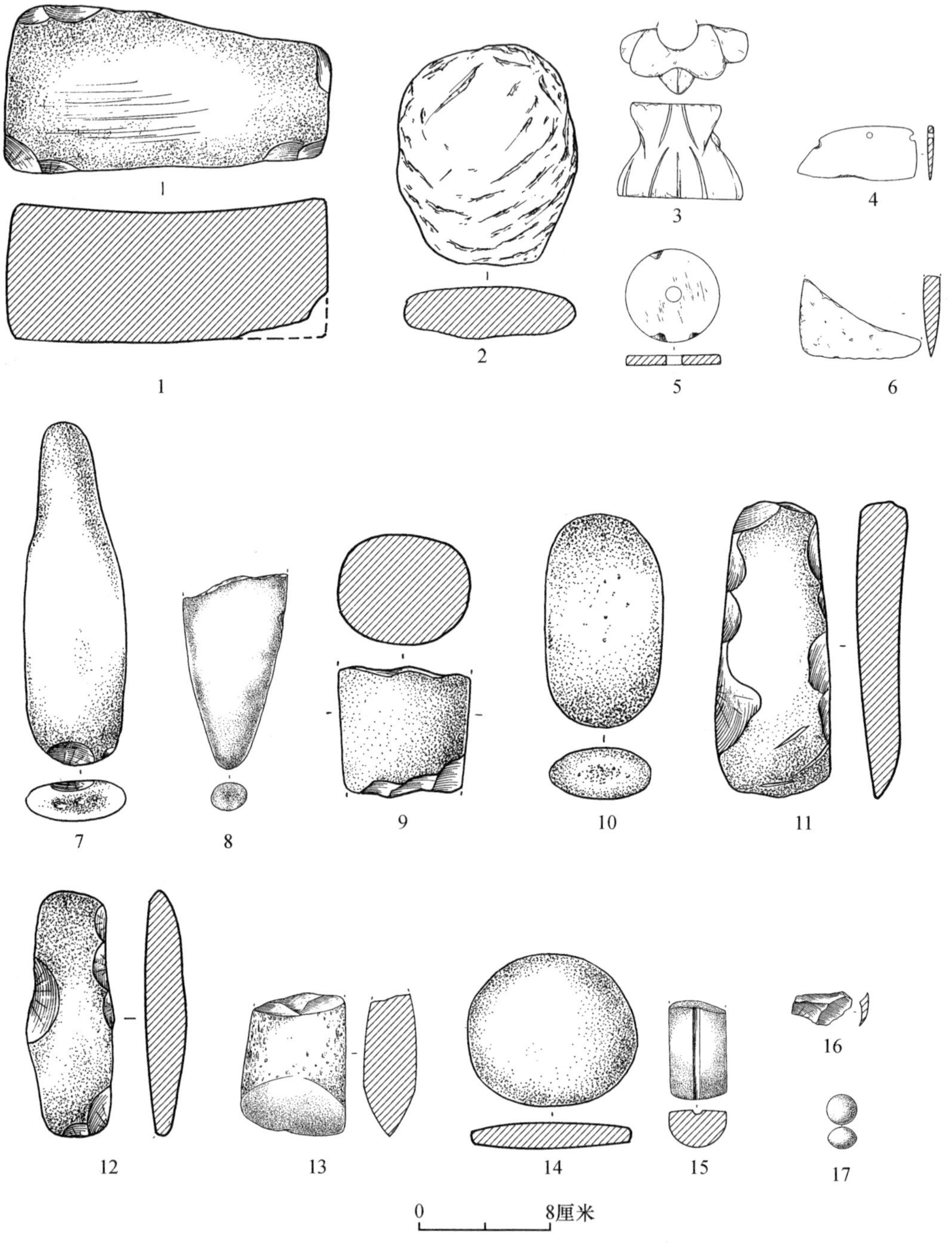

图3-5-6　第Ⅰ区第2层出土石器

1. 砺石（97TWT333②：6）　2. 砍砸器（97TWT397②：7）　3. 棍棒头（97TWT339②：8）
4. Ab型刀（97TWT397②：12）　5. 纺轮（97TWT331②：11）　6. 未分型刀（97TWT335②：4）
7～9. A型研磨器（97TWT399②：15、97TWT340②：6、97TWT366②：16）　10. B型研磨器（97TWT333②：7）
11～13. 斧（97TWT339②：1、97TWT338②：1、97TWT397②：8）　14. 石饼（97TWT333②：3）
15. 有沟砺石（97TWT338②：5）　16. 刮削器（97TWT305②：2）　17. 球（97TWT366②：6）

骨凿 2件。97TWT334②：2，器身剖面呈凹窝形，双面直刃，刃部有使用痕迹。长8.7、宽2.7、厚1厘米（图3-5-7，5）。97TWT340②：9，以动物管状骨磨制而成，一面较平，一面中间有凹槽。平面近长方形，剖面呈凹窝形，双面直刃。长14.7、宽2.6、厚1.2厘米（图3-5-7，1）。

骨锥 3件。97TWT336②：4，以动物管状骨劈裂而成，锥身剖面呈凹窝形。锥尖两侧磨制锋利。长9.4、宽1.7、厚0.3厘米（图3-5-7，6）。97TWT368②：7，方锥形。锥身剖面呈四边形，尖部锋利。长4.4、宽0.7、厚0.25厘米（图3-5-7，3）。97TWT369②：12，以动物管状骨劈裂而成，锥身剖面呈凹窝形。锥尖剖面呈圆形。长8.5、宽0.6、厚0.3厘米。

牙刀 1件。97TWT333②：10，以野猪獠牙磨制而成。一端残断，单面刃，刃部有缺口。长10.2、宽1.5、厚0.4厘米（图3-5-7，7）。

鹿角 1件。97TWT334②：10，圆柱形，两端均残，器表呈黑色，似用火烧过。长4.5、截面长径1.7、短径0.8厘米（图3-5-7，2）。

鹿角凿 1件。97TWT399②：10，仅余凿身下部分。平面呈不规则梯形，一面有凹槽，一面光滑，双面弧刃，器身整体呈黑色，似用火烧过。长2.4、宽1、厚0.5厘米（图3-5-7，4）。

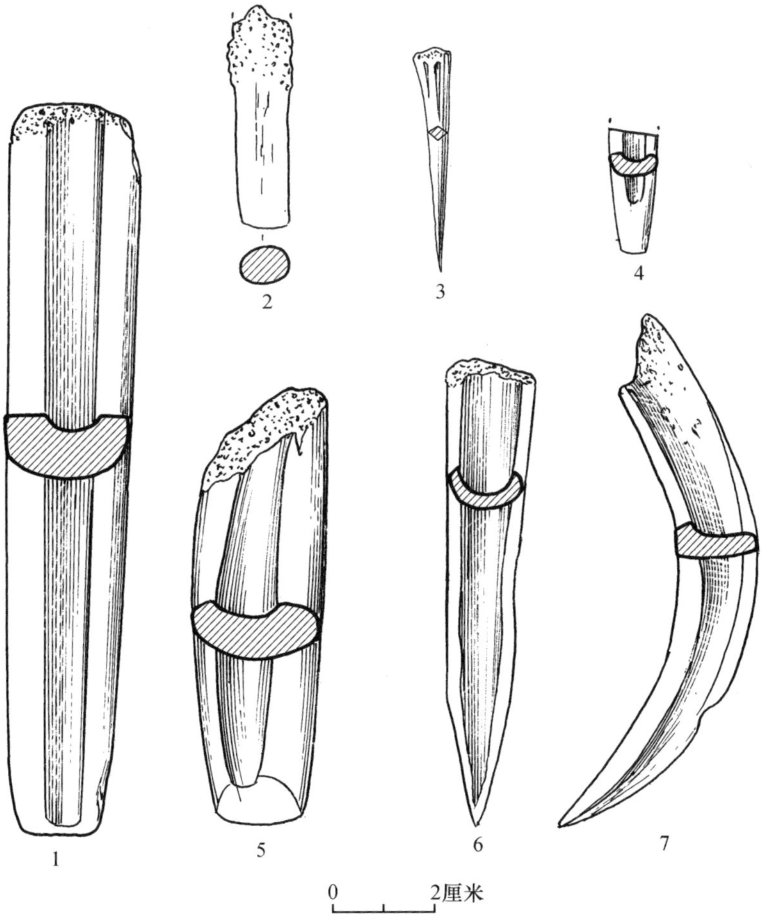

图3-5-7 第Ⅰ区第2层出土器物

1、5. 骨凿（97TWT340②：9、97TWT334②：2） 2. 鹿角（97TWT334②：10） 3、6. 骨锥（97TWT368②：7、97TWT336②：4） 4. 鹿角凿（97TWT399②：10） 7. 牙刀（97TWT333②：10）

4. 青铜器

第1区第2层共出土铜器2件。介绍如下。

匙　1件。97TWT399②：12，一端呈细长柱形，一端弯曲略呈管状，残断。用途不明。长9.8、宽0.9、厚0.3厘米（图3-5-8，3）。

铜器　1件。97TWT369②：7，四棱柱形，两端均残。长2.8、宽0.6、厚0.5厘米（图3-5-8，9）。

5. 铁器

第Ⅰ区第2层共出土铁器8件。其中，铁器1件、铁镞4件、铁椎1件、铁钉2件。选取典型器物介绍如下。

镞　3件。镞身剖面呈棱形，镞身与铤之间有镞基。97TWT306②：4，方柱形铤。通长6.6、镞身宽1、厚0.5厘米（图3-5-8，6）。97TWT335②：9，方锥形铤。长8.2、宽1.3、厚0.4厘米（图3-5-8，4）。97TWT399②：18，方锥形铤。通长6.7、镞身宽1、厚0.4厘米（图3-5-8，5；图版三三，3）。

锥　1件。97TWT335②：1，圆柱形，残断的一端微微弯曲。长13.1、宽0.5、厚0.4厘米

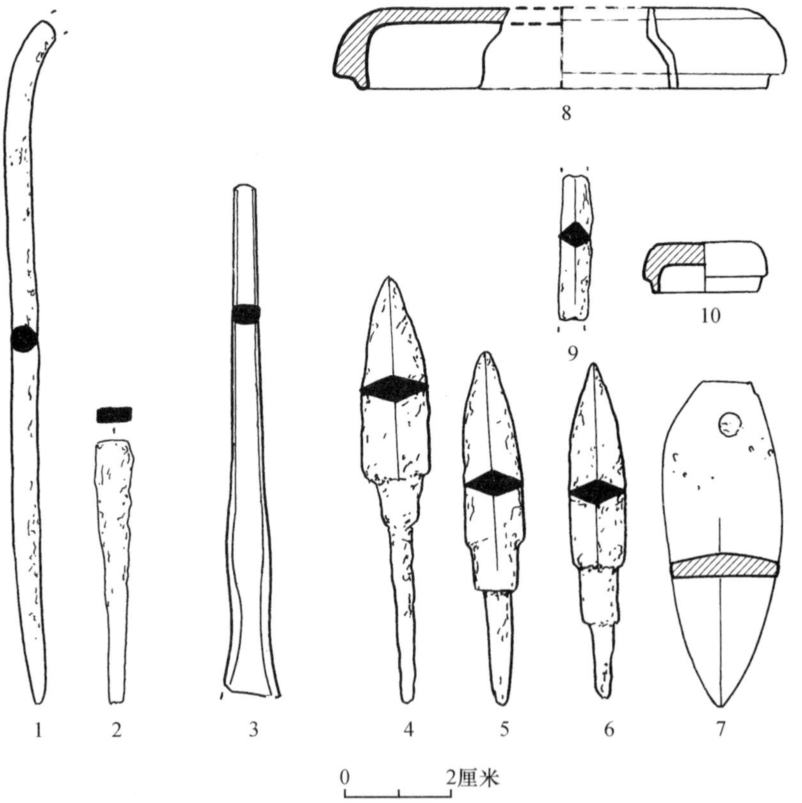

图3-5-8　第Ⅰ区第2层出土器物

1. 铁锥（97TWT335②：1）　2. 铁钉（97TWT369②：6）　3. 铜匙（97TWT399②：12）
4～6. 铁镞（97TWT335②：9、97TWT399②：18、97TWT306②：4）　7. 玉石坠（97TWT335②：6）
8. 青瓷器盖（97TWT397②：1）　9. 铜器（97TWT369②：7）　10. 玉石盖（97TWT367②：7）

（图3-5-8，1）。

钉　1件。97TWT369②：6，方钉，钉身剖面呈四边形，上端略弯曲，尖残，器身布满铁锈。长5、宽0.8、厚0.2厘米（图3-5-8，2）。

6. 其他

第Ⅰ区第2层还出土玉器2件、青瓷器1件。介绍如下。

玉石坠　1件。97TWT335②：6，柳叶形，磨制，一面较为平整，一面微起脊，器身上部饰一盲孔。长6.2、宽2.3、厚0.5厘米（图3-5-8，7）。

玉石盖　1件。97TWT367②：7，圆形平顶，子母口。最大径2.3、高1厘米（图3-5-8，10）。

青瓷器盖　1件。97TWT397②：1，圆形平顶，子母口。灰白胎，里外均施绿釉，颜色泛黄，器表的釉大部分脱落，内壁有开片，亦有小气孔。直径17、高3、壁厚1.2厘米（图3-5-8，8）。

（二）第Ⅱ区第2层出土器物

第Ⅱ区第2层共出土器物541件。其中，陶器230件、石器274件、骨、牙器32件、铜器1件、铁器5件。

1. 陶器

第Ⅱ区第2层共出土陶器230件。其中，陶网坠187件（A23、B2、Ba56、Bb16、C70、D2、Ea1、Eb2、Ec6、Ed6、Ee2、？1）、陶纺轮20件（A12、B6、Cb2）、板瓦4件、陶管3件、陶豆1件、弦纹陶片3件、陶饼2件、小陶杯2件、陶鼎足2件、陶珠3件、陶饰件3件。选取48件典型陶器介绍如下。

豆　1件。97TWT434②：16，夹砂黄褐陶，局部呈黑色。仅余豆把。喇叭形，素面，空心。底径15.6、高14.8厘米（图3-5-9，1）。

小杯　2件。97TWT375②：24，泥质黄陶。器形较小，口部已残，弧腹，平底。底径2.1、高2.7厘米（图3-5-9，12）。97TWT377②：23，泥质黄陶。器形较小，敞口，方唇，斜直腹，平底，底较厚。口径4.9、底径3.8、高3厘米（图3-5-9，11）。

鼎足　1件。97TWT405②：14，泥质红陶，夹蚌夹云母。方柱形，两端均残，剖面呈四边形。残长4.8、宽2.2、厚1.9厘米（图3-5-9，9）。

板瓦　2件。97TWT347②：1，夹砂灰陶。仅存残片，凸面为素面，凹面施有布纹。残长7.4、残宽4.7、厚1.5厘米（图3-5-9，2）。97TWT376②：1，夹砂红陶。仅存残片，凸面为素面，凹面施有布纹。残长6.4、宽3.4、厚1.4厘米（图3-5-9，4）。

弦纹陶片　1件。97TWT347②：45，夹砂黑陶。器腹残片，上施有凹弦纹若干条。长5.1、宽4.5、厚0.5厘米（图3-5-9，3）。

纺轮　5件。

A型　1件。97TWT499②：6，圆饼形，夹云母，中间有一斜向钻孔。夹砂灰陶。一端残

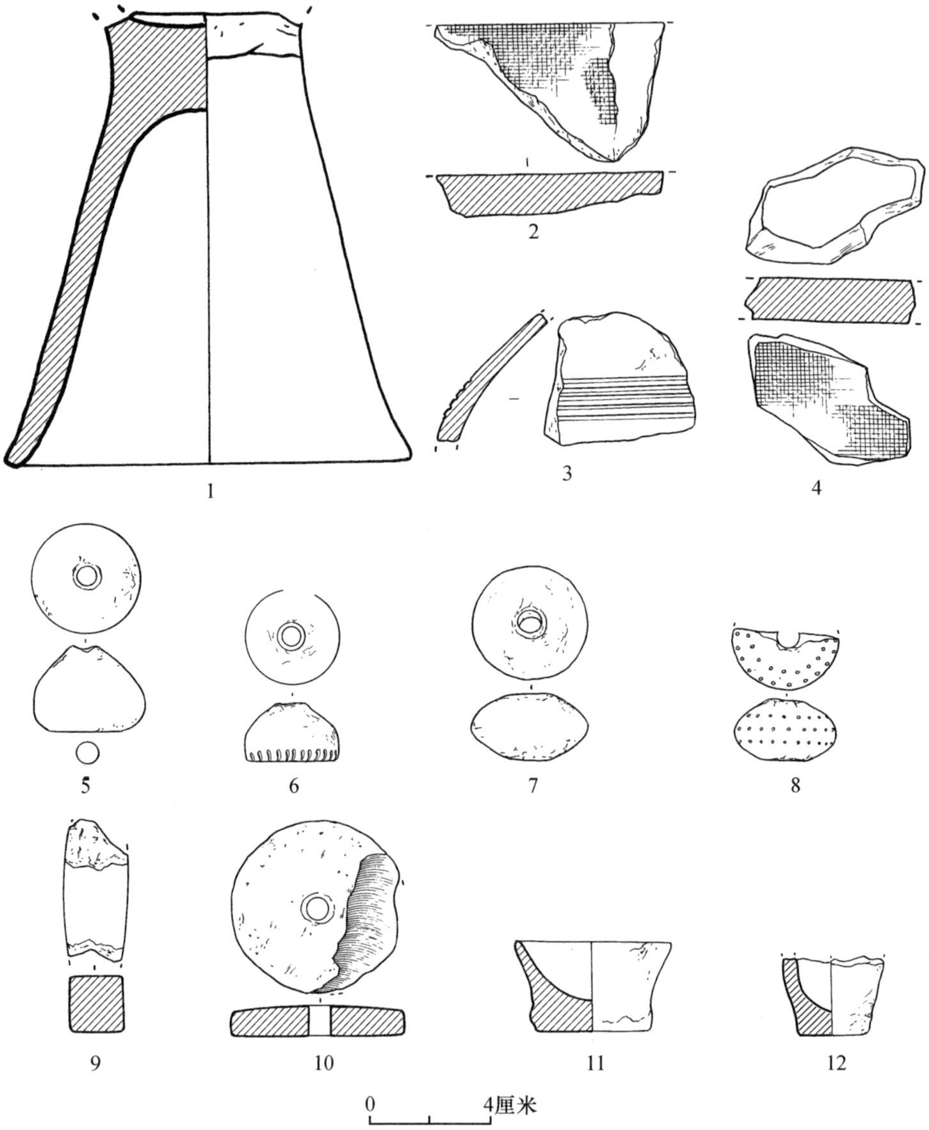

图3-5-9 第Ⅱ区第2层出土陶器

1. 豆（97TWT434②：16） 2、4. 板瓦（97TWT347②：1、97TWT376②：1） 3. 弦纹陶片（97TWT347②：45）
5、6. B型纺轮（97TWT405②：23、97TWT407②：7） 7、8. Cb型纺轮（97TWT378②：1、97TWT464②：19）
9. 鼎足（97TWT405②：14） 10. A型纺轮（97TWT499②：6） 11、12. 小杯（97TWT377②：23、97TWT375②：24）

损。直径5.8、厚1厘米（图3-5-9，10）。

B型 2件。97TWT405②：23，夹砂灰白陶，夹蚌夹云母。变形墩台形，中间有一圆形钻孔，一端有一小缺口。最大径3.7、高2.3厘米（图3-5-9，5）。97TWT407②：7，夹砂灰陶。变形墩台形，中间有一圆形钻孔，器底饰一圈戳刺纹。底面直径3.2、高1.9厘米（图3-5-9，6）。

Cb型 2件。97TWT378②：1，夹砂红褐陶，夹云母。算珠形，中间有圆形钻孔。最大径3.8、高2.2厘米（图3-5-9，7）。97TWT464②：19，夹砂黄褐陶，夹蚌粉。残半，算珠形，中间有一圆形钻孔，器身最大径及其两侧饰三圈圆圈纹。最大径3.5、高2厘米（图3-5-9，8）。

网坠 33件。

A型　13件。整体呈细长圆柱形，两端有系线凹槽。97TWT348②：8，泥质灰陶，夹蚌夹云母。器形不规整。长3.2、直径1.2厘米（图3-5-10，3）。97TWT348②：9，泥质灰陶，夹蚌夹云母。一端残。残长2.1、直径0.9厘米（图3-5-10，12）。97TWT348②：18，泥质灰褐陶，夹蚌夹云母。两端有磨痕，器身中间有一凹坑。长3、直径1厘米（图3-5-10，6）。97TWT376②：14，泥质灰陶。高2.8、直径0.9厘米（图3-5-10，5）。97TWT379②：8，泥质灰陶，一端残。残高2、直径1厘米（图3-5-10，13）。97TWT379②：10，泥质灰白陶。高3、直径1厘米（图3-5-10，4）。97TWT408②：4，泥质灰陶，夹蚌夹云母。两端有磨痕。高2.65、直径1厘米（图3-5-10，8）。97TWT408②：5，泥质灰陶，夹蚌夹云母，两端凹槽深浅不一，一端有小孔。高2.4、直径0.9厘米（图3-5-10，11）。97TWT409②：7，泥质灰陶，夹蚌夹云母。两端有磨痕。高2.6、直径0.9厘米（图3-5-10，9）。97TWT409②：8，泥质灰陶，夹蚌夹云母，一端有破损。高3.1、直径1.2厘米（图3-5-10，2）。97TWT409②：30，泥质黄褐陶。高2.9、直径0.9厘米（图3-5-10，7）。97TWT468②：2，泥质灰白陶。高3.2、直径1.2厘米（图3-5-10，1）。97TWT501②：8，泥质灰白陶，夹云母。两端微内凹，有磨痕。高

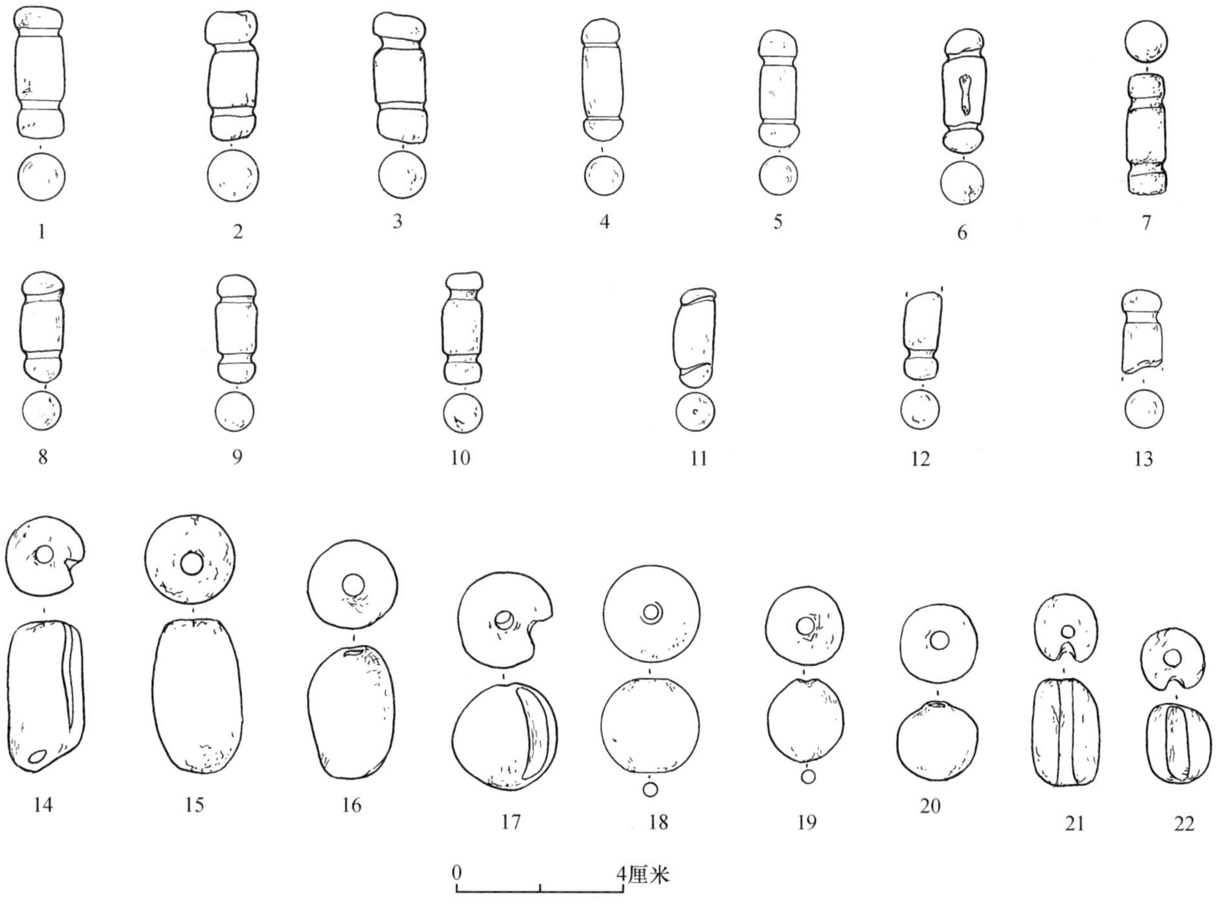

图3-5-10　第Ⅱ区第2层出土陶网坠

1～13. A型（97TWT468②：2、97TWT409②：8、97TWT348②：8、97TWT379②：10、97TWT376②：14、97TWT348②：18、97TWT409②：30、97TWT408②：4、97TWT409②：7、97TWT501②：8、97TWT408②：5、97TWT348②：9、97TWT379②：8）　14、17、21、22. Ba型（97TWT468②：4、97TWT499②：1、97TWT347②：42、97TWT500②：1）　15、16、18～20. Bb型（97TWT437②：10、97TWT375②：6、97TWT405②：22、97TWT464②：17、97TWT464②：41）

2.8、直径0.9厘米（图3-5-10，10）。

Ba型　4件。卵圆形，一侧有凹槽，中间有圆形穿孔。97TWT347②：42，泥质红褐陶，夹蚌。高2.7、直径1.6厘米（图3-5-10，21）。97TWT468②：4，夹砂黄陶。高3.6、直径1.8厘米（图3-5-10，14）。97TWT499②：1，夹砂红褐陶，夹蚌粉。长2.7、最大径2.4厘米（图3-5-10，17）。97TWT500②：1，夹砂黄褐陶。高1.9、最大径1.6厘米（图3-5-10，22）。

Bb型　5件。卵圆形，表面光滑，中间有圆形穿孔。97TWT375②：6，夹砂红褐陶，夹蚌粉。高3.2、直径2.1厘米（图3-5-10，16）。97TWT405②：22，泥质灰陶，夹蚌夹云母。中间有一圆形钻孔。直径约2.4、孔径0.6厘米（图3-5-10，18）。97TWT437②：10，夹砂黄褐陶。高3.8、最大径2.3厘米（图3-5-10，15）。97TWT464②：17，夹砂黑陶，夹蚌粉。长径2、短径1.9厘米（图3-5-10，19）。97TWT464②：41，夹砂灰陶。陶珠形，中间有圆形钻孔。高1.8、最大径1.9厘米（图3-5-10，20）。

C型　6件。亚腰形，器身中间有横向凹槽。97TWT376②：12，夹砂灰白陶。变形亚腰形，一端粗，一端细。高2.1、最大径1.9厘米（图3-5-11，5）。97TWT464②：1，夹砂灰白陶，夹云母。一端凸起，一端略内凹。高1.6、长径2.9、短径2.2厘米（图3-5-11，3）。97TWT464②：15，夹砂红褐陶，夹蚌粉。直径2.2、高1.7厘米（图3-5-11，4）。97TWT464②：18，夹砂灰白陶，夹云母。两端平面呈椭圆形。高1.7、长径2.6、短径1.9厘米（图3-5-11，6）。97TWT498②：13，夹砂红褐陶，夹云母。在横向凹槽一侧有两道竖向凹槽。两端平面呈椭圆形。高2.2、长径3.7、短径2.2厘米（图3-5-11，2）。97TWT499②：2，夹砂灰陶，夹云母。在横向凹槽一侧有两道竖向凹槽。高2、最大径2.8厘米（图3-5-11，1）。

陶饼　1件。97TWT375②：11，夹砂黑陶。圆饼形，边缘厚薄不均。直径2.4、厚0.7厘米（图3-5-11，7）。

管　3件。圆柱形，中间有圆形钻孔。97TWT466②：18，泥质灰白陶。长2.8、宽1.2、孔径0.7厘米（图3-5-11，9）。97TWT498②：14，泥质灰黑陶，夹蚌粉。长1、截面直径0.5厘米（图3-5-11，12）。97TWT499②：16，泥质黄陶。长1.3、直径0.6厘米（图3-5-11，11）。

陶珠　2件。97TWT434②：4，夹砂灰褐陶，夹蚌夹云母。器身呈不规则圆形，中间有一对钻孔。直径2.1、厚1.2厘米（图3-5-11，8）。97TWT464②：20，泥质灰陶，夹云母。球状，器表有一气孔。直径1.5、孔径0.1厘米（图3-5-11，10）。

2. 石器

第Ⅱ区第2层共出土274件。其中，石镞106件（A1、Aa6、Ac1、Ad11、Ae1、B16、Ba24、Bb11、C7、Ca7、Cb15、Cc3、D2、异型1）、石网坠39件（A1、B24、C1、D13）、石刀21件（A8、Ba3、Bb8、C1、?1）、石研磨器17件（A13、B4）、石镐3件、石器18件、石斧19件、石管1件、石锛4件、石饼8件、有沟砺石2件、石凿4件、气孔玄武岩块2件、石饰件1件、石球8件、石锥1件、石剑柄3件、滑石管2件、滑石器3件、滑石珠2件、石矛1件、石范1件、砺石3件、石刮削器1件、石切割器1件、石短剑2件、石磨盘1件。选取比较典型的器物介绍如下。

网坠　2件。

B型　1件。97TWT500②：10，平面近椭圆形，两端打制豁口。长径4.3、短径3、厚1.1厘

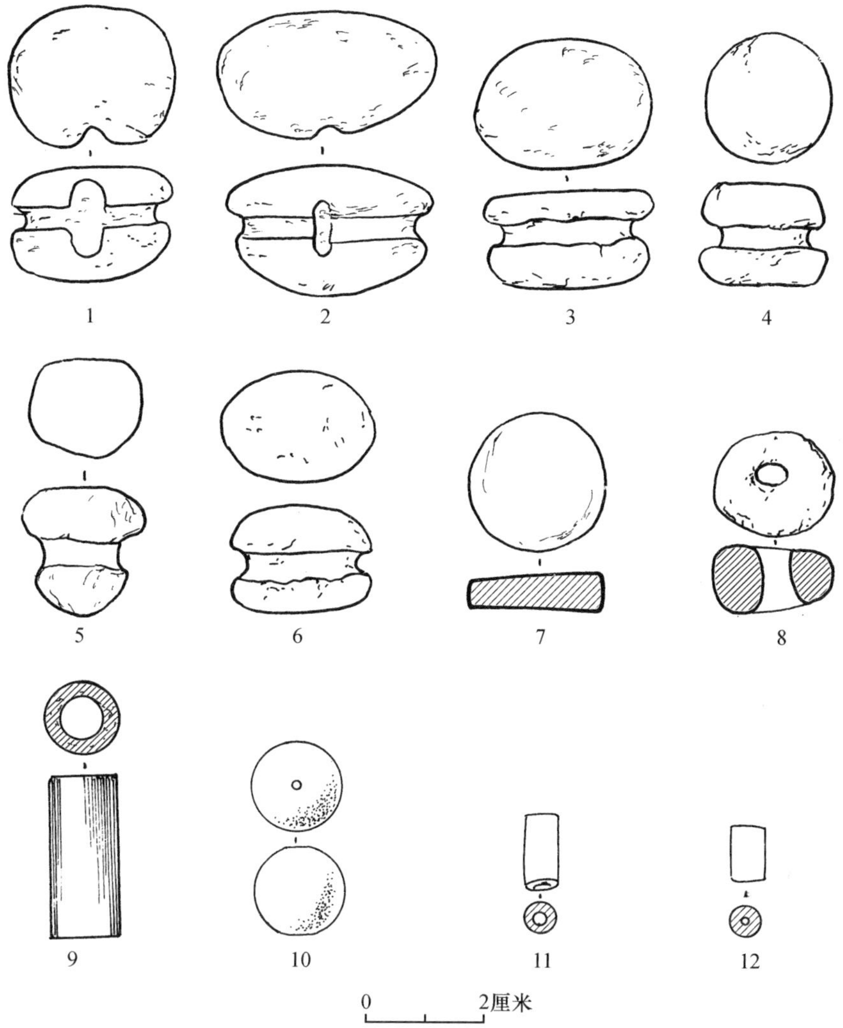

图3-5-11　第Ⅱ区第2层出土陶器

1～6. C型网坠（97TWT499②：2、97TWT498②：13、97TWT464②：1、97TWT464②：15、97TWT376②：12、97TWT464②：18）　7. 陶饼（97TWT375②：11）　8、10. 陶珠（97TWT434②：4、97TWT464②：20）　9、11、12. 陶管（97TWT466②：18、97TWT499②：16、97TWT498②：14）

米（图3-5-12，1）。

D型　1件。97TWT407②：10，灰白色石英砂岩。近圆形，两端打制豁口。直径3.1、厚0.8厘米（图3-5-12，2）。

镞　14件。

Aa型　1件。97TWT499②：17，灰色板岩。柳叶形，无脊无铤，镞身两侧磨成刃部，平底。长4.4、镞身宽1.2、厚0.2厘米（图3-5-12，11）。

Ac型　1件。此件形制比较特殊。97TWT468②：6，灰色板岩。器身较薄，镞身平面呈三角形，无脊，铤剖面呈扁平长方形。长3.7、宽1.4、厚0.15厘米（图3-5-12，13）。

Ad型　2件。柳叶形，器身中间有血槽。97TWT406②：9，灰色板岩。凹底，后锋略残。长5.9、镞身宽2、厚0.4厘米（图3-5-12，10）。97TWT466②：19，暗紫色板岩。凹底。长4.2、镞身宽1.7、厚0.3厘米（图3-5-12，14）。

Ae型　1件。97TWT405②：26，青灰色板岩。镞身平面呈圭形，剖面呈六边形。镞身前半部分有钻孔，后锋呈燕尾形。长3.4、镞身宽1.4、厚0.2厘米（图3-5-12，16；图版三二，4）。

B型　1件。97TWT435②：20，青灰色板岩。镞尖部分起脊，镞身后半部分较平，后锋倒刺呈燕尾形，器身中间有一钻孔。长3.5、镞身宽0.9、厚0.3厘米（图3-5-12，15；图版三二，4）。

Ba型　3件。双翼，后锋倒刺呈燕尾形。97TWT465②：17，紫红色板岩。方柱形铤。长

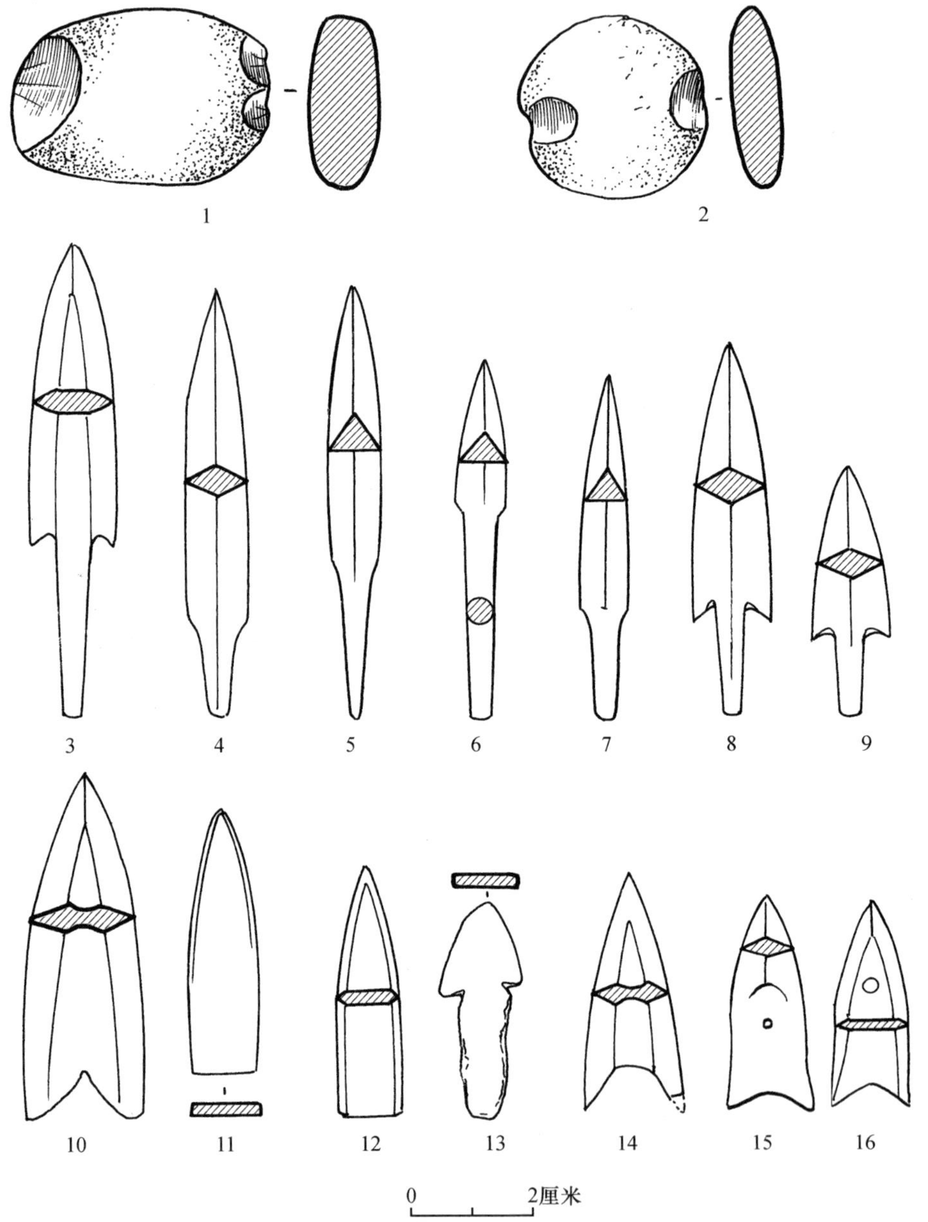

图3-5-12　第Ⅱ区第2层出土石器

1. B型网坠（97TWT500②：10）　2. D型网坠（97TWT407②：10）　3. 未分型镞（97TWT467②：12）　4. Bb型镞（97TWT467②：13）　5、6. Cb型镞（97TWT466②：11、97TWT498②：15）　7. Cc型镞（97TWT466②：2）　8、9、12. Ba型镞（97TWT465②：17、97TWT465②：36、97TWT501②：15）　10、14. Ad型镞（97TWT406②：9、97TWT466②：19）　11. Aa型镞（97TWT499②：17）　13. Ac型镞（97TWT468②：6）　15. B型镞（97TWT435②：20）　16. Ae型镞（97TWT405②：26）

6.3、镞身宽1.4、厚0.6厘米（图3-5-12，8）。97TWT465②：36，青灰色板岩。方柱形铤。长4.2、镞身宽1.3、厚0.5厘米（图3-5-12，9）。97TWT501②：15，青灰色板岩。方柱形铤。长4.2、镞身宽1.2、厚0.25厘米（图3-5-12，12）。

Bb型　1件。97TWT467②：13，双翼，镞身平面呈矛形，铤剖面呈六边形。长7.2、镞身宽1.1、厚0.5厘米（图3-5-12，4）。

Cb型　2件。三棱形镞，镞身平面呈矛形，圆柱形铤。97TWT466②：11，紫灰色板岩。长7.3、宽0.9、厚0.6厘米（图3-5-12，5）。97TWT498②：15，紫灰色板岩。长6、镞身宽0.8、厚0.5厘米（图3-5-12，6）。

Cc型　1件。97TWT466②：2，青灰色板岩。三棱形镞，镞身平面呈三角形，圆柱形铤。长5.8、宽0.8、厚0.5厘米（图3-5-12，7）。

未分型　1件。97TWT467②：12，青灰色板岩。镞身平面呈圭形，剖面呈六边形，后锋倒刺呈燕尾形，方柱形铤。长8、镞身宽1.4、厚0.4厘米（图3-5-12，3）。

斧　4件。97TWT407②：9，灰白色砂岩。平面近梯形，直背，背部有破损，双面弧刃。长8.5、宽4.8、厚1.5厘米（图3-5-13，6）。97TWT436②：1，深灰色板岩。平面近长条形，磨制，弧背，双面弧刃。长11、宽6.6、厚2.2厘米（图3-5-13，5）。97TWT436②：14，深灰色板岩。近柱状，磨制精细，双面弧刃。长16、宽4.8、厚4.4厘米（图3-5-13，3）。97TWT496②：1，深灰色板岩。平面呈长条形，磨制，弧背，双面直刃，刃部有崩痕。长7.4、宽3、厚1厘米（图3-5-13，4）。

镐　2件。亚腰形，器身遍布打制疤痕。97TWT468②：1，灰色石英闪长岩。弧背，双面弧刃，刃部有崩痕。残长15、宽8.8、厚2.8厘米（图3-5-13，2）。97TWT374②：1，灰白色砂

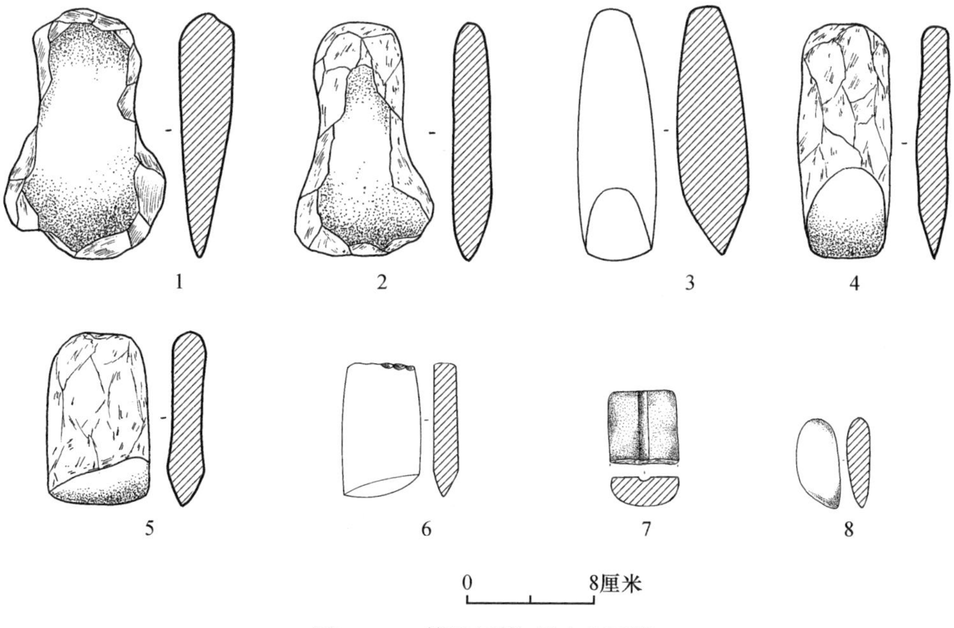

图3-5-13　第Ⅱ区第2层出土石器

1、2. 镐（97TWT374②：1、97TWT468②：1）　3～6. 斧（97TWT436②：14、97TWT496②：1、97TWT436②：1、97TWT407②：9）　7、8. 有沟砺石（97TWT405②：21、97TWT464②：63）

岩。弧背，双面弧刃，刃部有崩片。长8、宽5.2、厚1.8厘米（图3-5-13，1）。

凿　1件。97TWT375②：21，灰色板岩。平面近梯形，通体磨光。直背，双面直刃。长5.7、宽2.2、厚0.8厘米（图3-5-14，1）。

Bb型刀　1件。97TWT375②：1，千极状板岩。残半，长条形，器身较窄。双面直刃，刀背残留半孔。残长4.5、宽1.6、厚0.6厘米（图3-5-14，4）。

剑柄　2件。97TWT347②：5，灰色板岩。仅存剑柄的末端，多棱柱形柄。长3.6、宽2.3、厚1.3厘米（图3-5-14，2）。97TWT464②：32，灰黑色板岩。仅存剑柄的末端，呈扁柱形。残长3.2、宽1.9、厚1厘米（图3-5-14，6）。

有沟砺石　2件。97TWT405②：21，钙质砂岩。一端呈弧面，器表磨光；一端较平，较平的一端中间有一道凹槽。长4.7、宽4.4、厚1.9厘米（图3-5-13，7）。97TWT464②：63，近椭圆形。一侧有磨砺面。长5.7、宽2.9、厚1.5厘米（图3-5-13，8）。

白石管　1件。97TWT406②：7，表面光滑，孔圆壁薄，做工精细。长1.5、直径0.45、孔径0.2厘米（图3-5-14，10）。

滑石管　1件。97TWT466②：18，滑石质。管状。长2.8、直径1.2、孔径0.6厘米（图3-5-14，5）。

滑石珠　2件。柱状，中间有圆形钻孔。97TWT406②：8，滑石。两端呈斜面。长1.2、截面直径1厘米（图3-5-14，8）。97TWT406②：24，滑石。两端呈斜面。长1、截面直径1.3厘米（图3-5-14，7）。

滑石器　1件。97TWT497②：1，滑石。呈扁柱形，一端粗，一端细。高3、最大径2厘米（图3-5-14，3）。

滑石饰　1件。97TWT437②：1，滑石。平面呈变形三角形，一端有一对钻孔。长1.6、宽1.4、厚0.5厘米（图3-5-14，9）。

3. 骨、牙器

第Ⅱ区第2层共出土骨、牙器32件。其中，骨器29件，骨锥17件、骨簪3件、骨凿1件、骨器2件、鱼骨饰1件、骨针1件、骨纺轮1件、卜骨1件、骨镞1件、骨鱼鳔1件。牙器3件，其中，野猪牙2件、牙刀1件。现选取典型介绍如下。

骨鱼鳔　1件。97TWT468②：7，镖身一端残，呈方锥形，倒刺亦残。残长5.2、宽0.5、厚0.3厘米（图3-5-15，4）。

骨锥　2件。97TWT466②：12，动物管状骨磨制，锥身剖面呈圆形，锥尾残，有火烧痕。长9.7、宽1、厚0.7厘米（图3-5-15，2）。97TWT499②：7，近圆锥形，器身较长。长21、最大径约1.3厘米（图3-5-15，1）。

牙刀　1件。97TWT404②：5，以野猪獠牙磨制。双面刃，较锋利。长7.3、宽1.6、厚0.4厘米（图3-5-15，3）。

4. 青铜器

第Ⅱ区第2层仅出土青铜器1件。

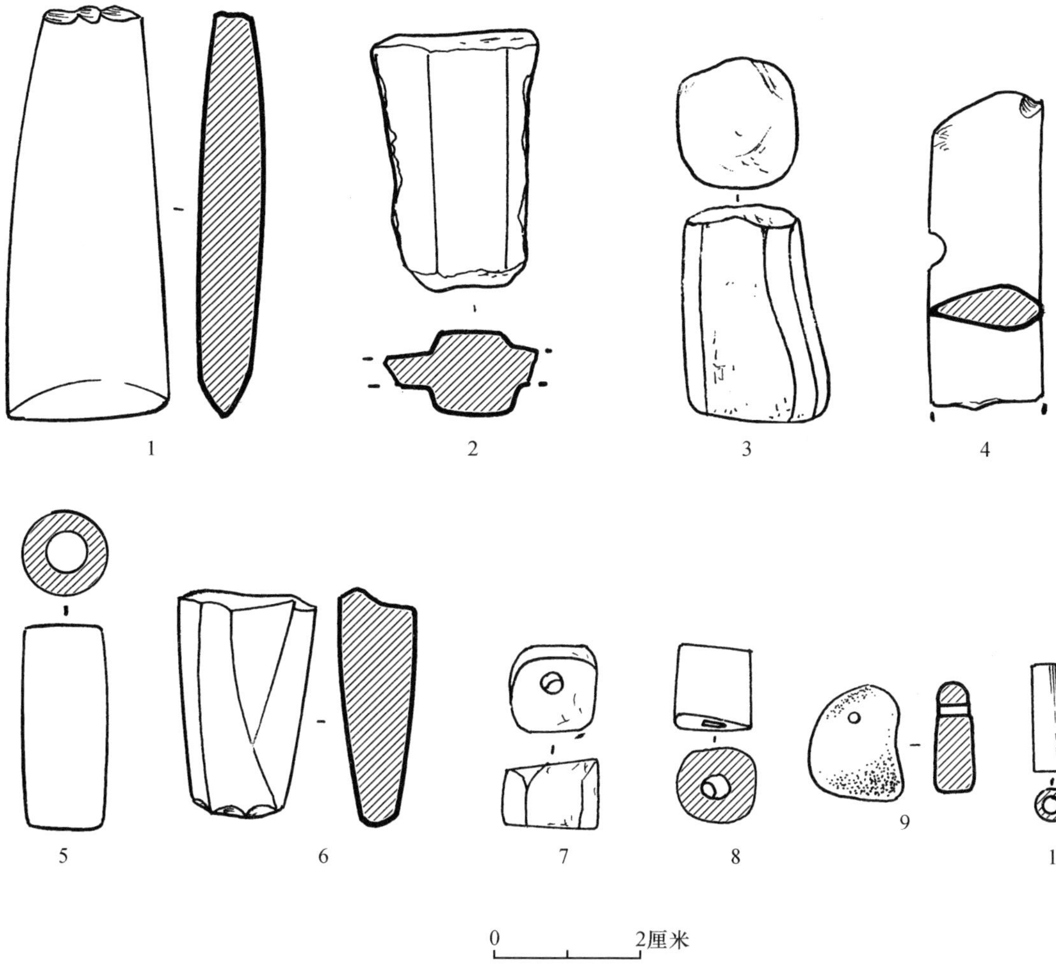

图3-5-14　第Ⅱ区第2层出土石器

1. 凿（97TWT375②：21）　2、6. 剑柄（97TWT347②：5、97TWT464②：32）　3. 滑石器（97TWT497②：1）　4. Bb型刀（97TWT375②：1）　5. 滑石管（97TWT466②：18）　7、8. 滑石珠（97TWT406②：24、97TWT406②：8）　9. 滑石饰（97TWT437②：1）　10. 白石管（97TWT406②：7）

铜器　1件。97TWT406②：2，以铜片卷呈，平面呈环状。铜片厚0.3厘米（图3-5-15，10）。

5. 铁器

第Ⅱ区第2层共出土铁器5件。其中，铁镞3件、铁钉1件、铁活环1件。具体介绍如下。

镞　3件。

铲形　1件。镞身呈铲形，镞身与铤之间有圆柱形镞基，方锥形铤。97TWT376②：35，镞基与铤结合处掐嵌一道铜丝。通长12.3、镞身宽3.6、镞身厚0.3厘米（图3-5-15，5；图版三三，5）。

柳叶形　2件。97TWT347②：2，双翼，镞身平面呈柳叶形，圆柱形铤。长7.9、镞身宽0.9、厚0.4厘米（图3-5-15，7）。97TWT467②：14，双翼，镞身平面呈柳叶形，关较长，方柱形铤，器身布满铁锈。长12.9、宽1.1、厚0.6厘米（图3-5-15，6）。

钉　1件。97TWT436②：12，方锥形，器身布满铁锈。长5.9、宽0.9、厚0.5厘米（图3-5-

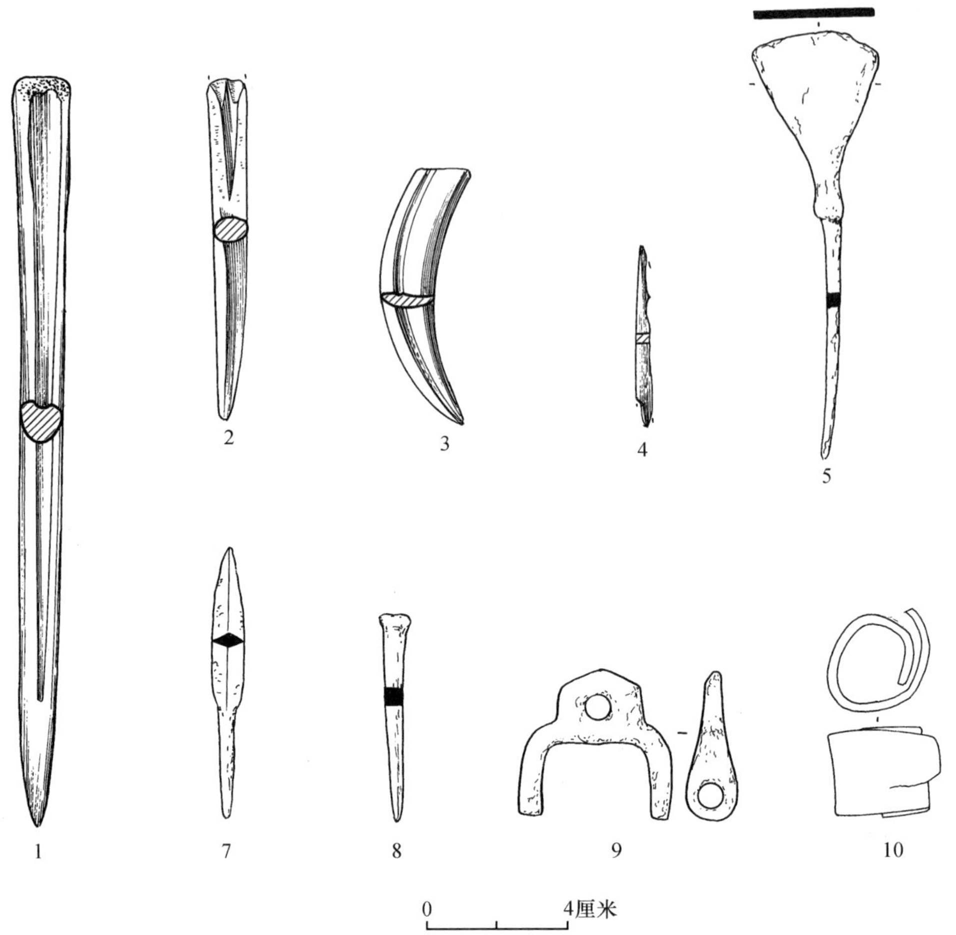

图3-5-15　第Ⅱ区第2层出土器物

1、2. 骨锥（97TWT499②：7、97TWT466②：12）　3. 牙刀（97TWT404②：5）　4. 骨鱼鳔（97TWT468②：7）
5. 铲形铁镞（97TWT376②：35）　6、7. 柳叶形铁镞（97TWT467②：14、97TWT347②：2）　8. 铁钉（97TWT436②：12）
9. 铁活环（97TWT499②：9）　10. 铜器（97TWT406②：2）

15，8）。

活环　1件。97TWT499②：9，鞍桥形三环铁器，每端均有一个圆孔。长4.3、厚0.6厘米（图3-5-15，9）。

（三）第Ⅲ区第3层出土器物

第Ⅲ区第3层共出土器物186件。其中，陶器62件、石器103件、骨、牙器19件、铁器1件、铜器1件。

1. 陶器

第Ⅲ区第3层共出土陶器62件。陶网坠33件（A2、Ba1、Bb1、C15、Eb1、Ec4、Ed4、Ee5）、陶纺轮5件（A2、B2、E1）、小陶罐1、陶碗1、小陶盘1、小陶杯2、纹饰陶片16、陶坯1、陶器耳1件、陶鼎足1件。现选取18件陶器介绍如下。

碗　1件。98TWT523③：4，泥质黄褐陶。敞口，圆唇，弧腹，腹较深，台足。口径11、底径5、高7厘米（图3-5-16，1；图版三〇，2）。

小罐　1件。98TWT197③：5，泥质黄褐陶，夹蚌夹云母。器形较小。微侈口，弧腹，腹中部饰对称竖桥耳，平底。口径5.1、底径4.1、高5.7厘米（图3-5-16，18；图版三〇，4）。

小杯　2件。98TWT174③：5，夹砂黄褐陶，夹蚌粉。手制，器形较小，器身上部残。斜直壁，平底，底较厚。底径3.2、残高2.3厘米（图3-5-16，6）。98TWT196③：3，泥质黄陶。敞口，圆唇，弧腹，平底。口径5.5、底径2.8、高4.5厘米（图3-5-16，5；图版三〇，1）。

小盘　1件。98TWT196③：4，泥质红褐陶，夹蚌粉。器形较小，手捏而成。敞口，弧壁，平底。口径4、底径3.4、高1.3厘米（图3-5-16，7）。

鼎足　1件。98TWT518③：1，夹砂灰陶。锥形足，剖面呈圆形。长8.8、宽6、厚1.4厘米（图3-5-16，10）。

纹饰陶片　7件。98TWT196③：16，夹砂黄陶，夹蚌粉。陶片上贴圆饼形贴耳，贴耳微内凹，耳边饰数周凹弦纹。长4.8、宽4.6、厚0.4厘米（图3-5-16，15）。98TWT196③：17，夹砂黑陶，夹蚌夹云母。陶片上贴圆饼形贴耳，贴耳微内凹，耳边饰数周凹弦纹。长5.6、宽3.4、厚0.9厘米（图3-5-16，16）。98TWT218③：8，夹砂黄褐陶，夹蚌粉。陶片上贴一横桥式盲耳，耳边饰数周弦纹。长5.1、宽4.7、厚0.4厘米（图3-5-16，13）。98TWT245③：13，夹砂黄陶，夹蚌夹云母。陶片上贴一横桥式盲耳，耳边饰数周弦纹。长3.9、宽3.5、厚0.6厘米（图3-5-16，17）。98TWT246③：11，夹砂黑陶，夹云母。器表饰数周凹弦纹。长8、宽6.3、厚0.5厘米（图3-5-16，11）。98TWT523③：7，夹砂红褐陶，器表磨光。陶片上饰数道凹弦纹。残长7.3、宽5.6、厚0.5厘米（图3-5-16，12）。98TWT555③：12，夹砂黑陶。圆饼形贴耳残半，贴耳一侧饰数道凹弦纹。长5.2、宽4.5、厚1.4厘米（图3-5-16，14）。

器耳　1件。98TWT246③：9，泥质黄陶，夹云母。横桥式鋬耳，耳中间有一孔。长4.8、宽3.8、厚0.9厘米（图3-5-16，4）。

陶坯　1件。98TWT196③：6，以夹蚌夹云母的夹砂黄褐陶片磨制而成，素面，平面近长方形，器身微弧，推测为半成品。长3.9、宽2.8、厚0.4厘米（图3-5-16，9）。

纺轮　2件。

A型　1件。98TWT196③：5，夹砂红褐陶，夹云母。圆饼形，残半，中间有一圆形钻孔，孔周围饰一圈圆圈纹。直径5.6、厚0.8厘米（图3-5-16，2）。

E型　1件。98TWT555③：72，夹砂黄陶。菌盖形，中间有一圆形钻孔。直径5.3、孔径0.7、高1.4厘米（图3-5-16，3）。

C型网坠　1件。98TWT196③：2，亚腰形，网坠中间有横向凹槽。长3.3、宽2、厚1.9厘米（图3-5-16，8）。

2. 石器

第Ⅲ区第3层共出土石器103件。石镞38件（Aa1、A3、Ad5、Ae2、B5、Ba6、Bb6、

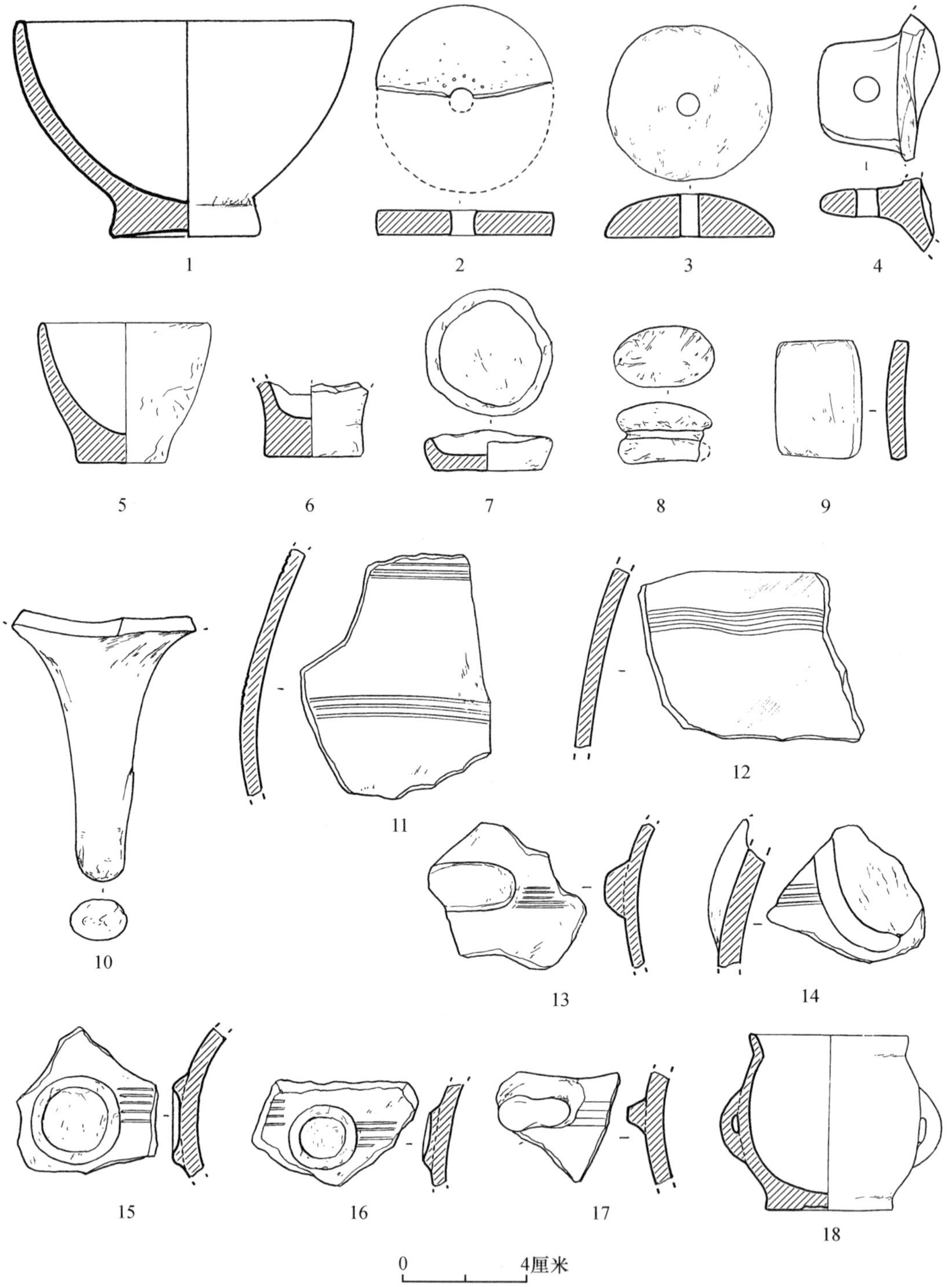

图3-5-16　第Ⅲ区第3层出土陶器

1. 碗（98TWT523③：4）　2. A型纺轮（98TWT196③：5）　3. E型纺轮（98TWT555③：72）　4. 器耳（98TWT246③：9）　5、6. 小杯（98TWT196③：3、98TWT174③：5）　7. 小盘（98TWT196③：4）　8. C型网坠（98TWT196③：2）　9. 陶坯（98TWT196③：6）　10. 鼎足（98TWT518③：1）　11～17. 纹饰陶片（98TWT246③：11、98TWT523③：7、98TWT218③：8、98TWT555③：12、98TWT196③：16、98TWT196③：17、98TWT245③：13）　18. 小罐（98TWT197③：5）

Ca4、Cb5、Cc1）、石刀5件（A3、Bb1、？1）、石网坠23件（A1、B17、C4、D1）、石研磨器6件（A2、B4）、石镐1件、石锥2件、石器3件、石短剑2件、石镰1件、石坠1件、石凿1、石钺2件、石饼6件、砺石4件、石斧1件、滑石块1件、小石珠1件、石砍砸器1件、气孔玄武岩块4件。选取典型器物介绍如下。

镞　4件。

Aa型　1件。98TWT484③：12，深灰色板岩。平面呈柳叶形，无脊无铤。长6.6、宽2.4、厚0.2厘米（图3-5-17，5）。

Ca型　1件。98TWT484③：2，青灰色板岩。三棱镞，有倒刺，铤残。残长4.8、宽1、厚0.6厘米（图3-5-17，9）。

Cc型　1件。98TWT174③：11，青灰色板岩。三棱形镞，镞身平面呈三角形，圆柱形铤。长5.8、宽0.8、厚0.5厘米（图3-5-17，7）。

Cb型　1件。98TWT174③：14，青灰色板岩。三棱形镞，镞身平面呈矛形，铤与镞身分隔不明显，镞残。残长5.6、宽0.6、厚0.6厘米（图3-5-17，8）。

刀　1件。98TWT552③：1，灰色板岩。尖首刀，仅存刀尖部分。弧背，双面直刃，靠近尖部有一斜向钻孔。残长5、宽3.4、厚0.4厘米（图3-5-17，10）。

短剑　2件。98TWT174③：9，青灰色板岩。剑身前半部分已残，平面近矛形，剑身剖面呈椭圆形，剑柄剖面呈四边形，刃部两侧有数个缺口。长7.9、宽3.3、厚0.6厘米（图3-5-17，3）。98TWT555③：6，灰色板岩。仅余部分剑身，两面起脊，剖面呈棱形，两侧刃部有破损严重，呈锯齿状。残长5.4、宽3.8、厚1.1厘米（图3-5-17，6）。

钺　2件。98TWT175③：6，扇形，单面弧刃，刃部有缺口，器表一面光滑，一面较为粗糙。长7.4、宽6.4、厚0.8厘米（图3-5-17，1）。98TWT175③：8，扇形，双面弧刃，刃部有缺口。长7.3、宽6.3、厚0.6厘米（图3-5-17，2）。

有沟砺石　1件。98TWT196③：15，灰色砂岩。一面较平，一面呈弧形，较平的一面中间有沟槽。长5.4、宽3.2、厚2.6厘米（图3-5-17，4）。

3. 骨、牙器

第Ⅲ区第3层共出土骨、牙器19件。其中，骨器16件（骨环1、骨簪1、骨凿1、骨针3、骨锥8、骨器2）。牙器3件（牙饰2、牙刀1）。现选取典型器物介绍如下。

骨针　2件。98TWT174③：2，一端有圆形钻孔，尖部较细。长5.3、宽0.2、厚0.2厘米（图3-5-18，3）。98TWT523③：5，兽骨劈裂后磨制而成，器形较大。扁锥形，一端磨尖，一端有圆形钻孔，亦可能为穿孔的骨锥。长5.9、宽0.6、厚0.2厘米（图3-5-18，2；图版三二，1）。

骨环　1件。98TWT518③：2，圆环状，中空。外环径1、内环径0.6、厚0.3厘米（图3-5-18，5）。

4. 铁器

第Ⅲ区第3层仅出土1件铁镞。

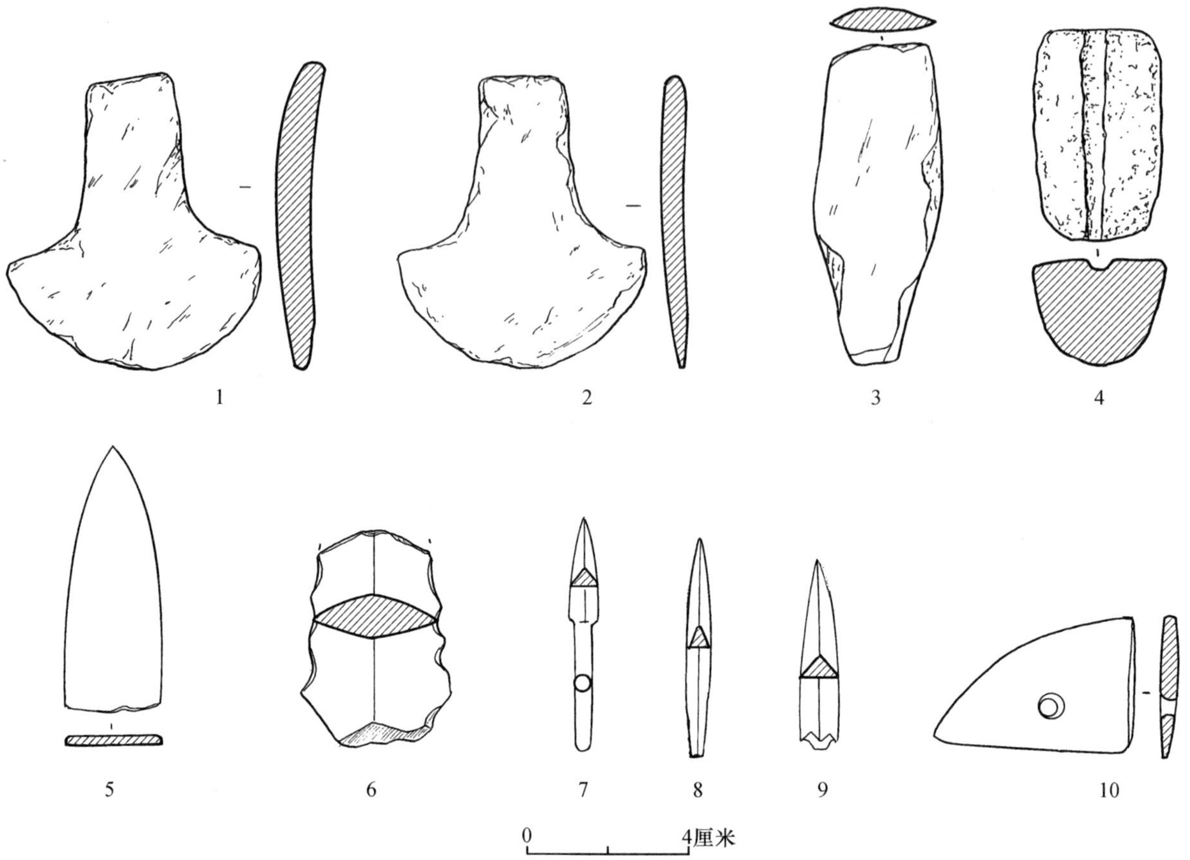

图3-5-17　第Ⅲ区第3层出土石器

1、2. 钺（98TWT175③：6、98TWT175③：8）　3、6. 短剑（98TWT174③：9、98TWT555③：6）　4. 有沟砺石（98TWT196③：15）　5. Aa型镞（98TWT484③：12）　7. Cc型镞（98TWT174③：11）　8.Cb型镞（98TWT174③：14）　9. Ca型镞（98TWT484③：2）　10.刀（98TWT552③：1）

镞　1件。98TWT555③：11，扁铲形，双面直刃，圆柱形基，方柱形铤。长13.7、宽0.8、厚0.4厘米（图3-5-18，1；图版三三，6）。

5. 青铜器

第Ⅲ区第3层仅出土1件青铜扣。

扣　1件。98TWT175③：5，圆形器表饰一周篦点纹，另一面有一桥形纽。直径2.9、厚0.7厘米（图3-5-18，4）。

（四）第Ⅳ区第2层出土器物

第Ⅳ区第2层共出土器物48件。其中，陶器17件、石器11件、骨、角器4件、铁器16件。

1. 陶器

第Ⅳ区第2层共出土陶器17件。其中，陶网坠13件（Ba12、Bb1）、陶纺轮1件（A1）、陶

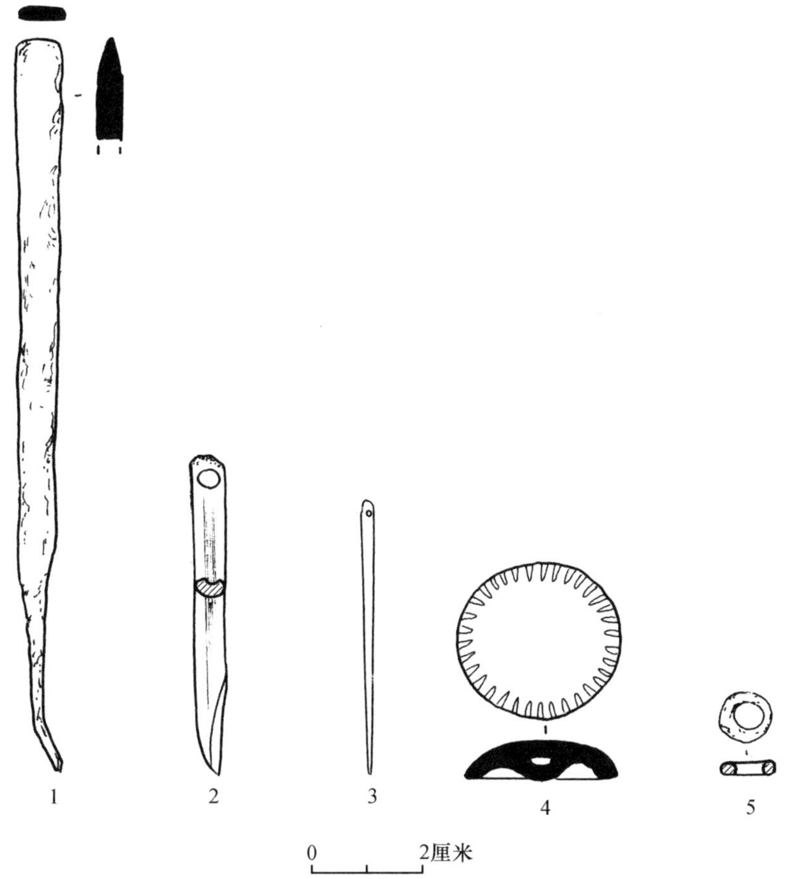

图3-5-18　第Ⅲ区第3层出土器物

1. 铁镞（98TWT555③：11）　2、3. 骨针（98TWT523③：5、98TWT174③：2）
4. 青铜扣（98TWT175③：5）　5. 骨环（98TWT518③：2）

多孔器1件、板瓦1件、纹饰陶片1件。现挑选3件陶器介绍如下。

板瓦　1件。98TWT185②：1，夹砂灰陶。器表饰粗绳纹，内壁饰布纹。残长10.4、宽9.2、厚1.7厘米（图3-5-19，2；图版三〇，6）。

多孔器　1件。98TWT257②：5，泥质灰黑陶。平面呈方形，器表有两个大小相近的圆形穿孔，一端侧面中部有一圆锥形孔。长8.7、宽7.6、厚4.4厘米（图3-5-19，1；图版三〇，5）。

纹饰陶片　1件。98TWT140②：9，夹砂灰白陶。器表饰四道凹弦纹。长6.6、宽3.1、厚0.8厘米（图3-5-19，3）。

2. 石器

第Ⅳ区第2层共出土石器11件。其中，石镞3件（Aa2、C1）、石刀1件（Ba1）、石网坠4件（B3、D1）、滑石坠1件、石镰1件、砺石1件。现选取2件石器介绍如下。

滑石坠　1件。98TWT257②：2，滑石。平面呈梯形，一端有圆形钻孔，器身两面均刻划几何纹饰。长3.3、宽2.4、厚0.8厘米（图3-5-19，4）。

镰　1件。98TWT229②：1，灰色板岩。柄残。弧背，双面弧刃，柄较宽。长24.6、宽

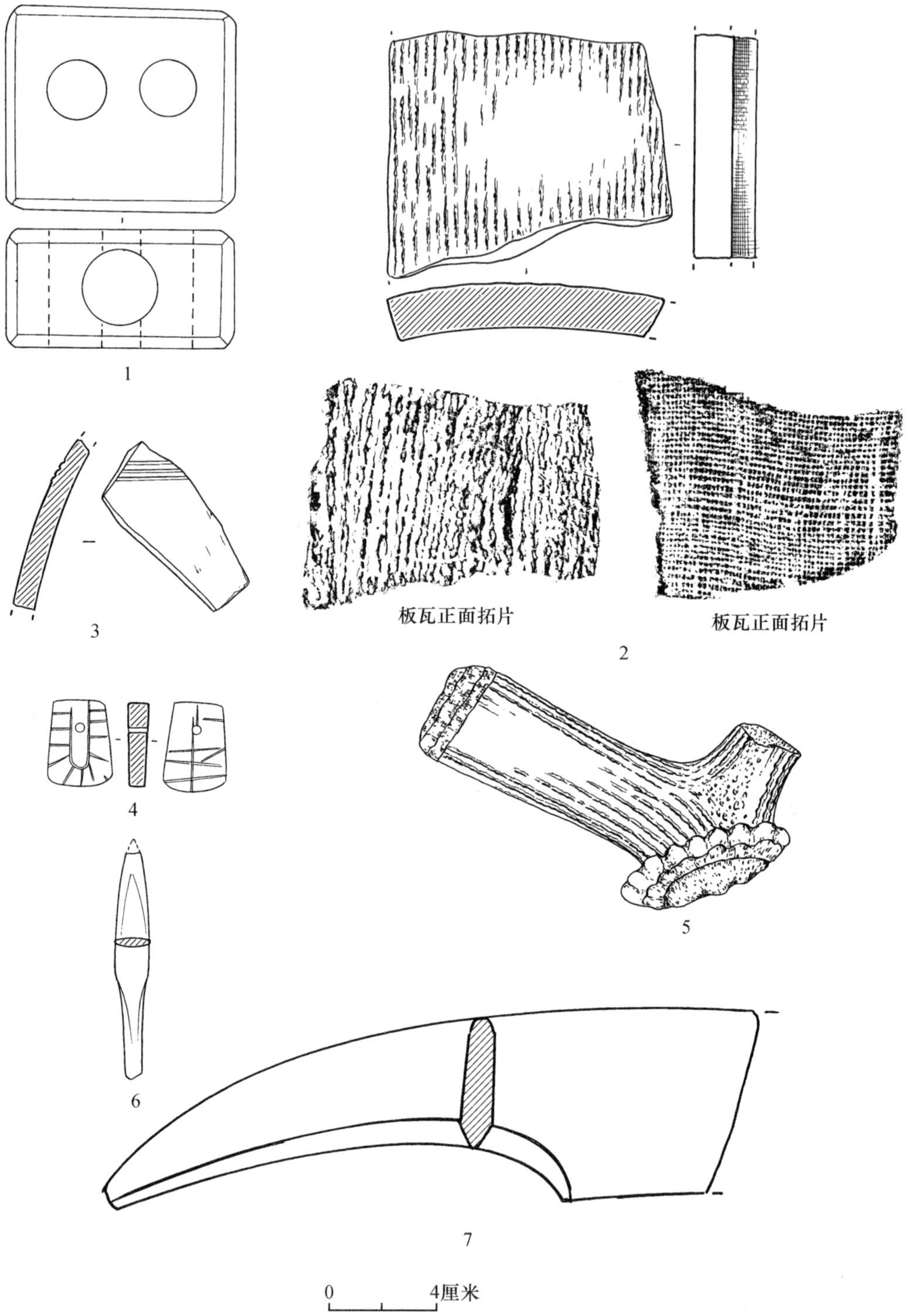

图3-5-19　第Ⅳ区第2层出土器物

1. 陶多孔器（98TWT257②：5）　2. 板瓦（98TWT185②：1）　3. 纹饰陶片（98TWT140②：9）
4. 滑石坠（98TWT257②：2）　5. 鹿角器（98TWT140②：4）　6. 骨镞（98TWT254②：1）
7. 石镰（98TWT229②：1）

6.2、厚1.2厘米（图3-5-19，7；图版三一，1）。

3. 骨、角器

第Ⅳ区第2层共出土骨、角器4件。其中，骨器3件，有骨镞1件、骨锥1件、骨匕1件。角器1件，为鹿角器1件。现选取较为典型的器物介绍如下。

骨镞　1件。98TWT254②：1，镞尖残，镞身剖面呈椭圆形，柱形铤。残长8.5、宽1.3、厚0.5厘米（图3-5-19，6）。

鹿角器　1件。98TWT140②：4，支杈形，较细的一端这段，较粗的一端砍削痕迹明显，其表面钻有一孔。长14、宽8.2厘米（图3-5-19，5）。

4.铁器

第Ⅳ区第2层共出土铁器16件。其中，铁镞8件、铁刀1件、铁牛掌1件、铁方钉2件、铁锁1件、铁器2件、铁渣1件。

镞　8件。98TWT139②：3，镞身前部分剖面呈三棱形，后部分为圆柱形，尾端有格，圆柱形铤。长9.2、宽0.5、厚0.3厘米（图3-5-20，1）。98TWT140②：1，双翼，镞身平面锈蚀严重，圆柱形铤。长7.1、宽1.3、厚0.3厘米（图3-5-20，6）。98TWT140②：2，镞尖呈铲形，铤残。残长4.8、宽1.4、厚0.2厘米（图3-5-20，8）。98TWT207②：1，柳叶形镞。双翼，镞身剖面呈棱形，圆柱形铤。长7.1、宽1.3、厚0.5厘米（图3-5-20，4）。98TWT229②：2，柳叶形镞。镞身无脊，柳叶形，柱形铤。长7.2、宽1.4、厚0.2厘米（图3-5-20，3；图版三三，2）。98TWT255②：2，镞尖呈铲形，圆柱形铤，铤身后端两侧有对称凹槽。长6.1、宽1.4、厚0.2厘米（图3-5-20，7；图版三三，4）。98TWT256②：1，镞尖呈铲形，圆柱形铤。长7.8、宽1.3、厚0.2厘米（图3-5-20，5）。98TWT256②：2，柳叶形镞，镞身剖面呈椭圆形，有镞基，柱形铤。长9.1、宽1.3、厚0.3厘米（图3-5-20，2；图版三三，1）。

锁　1件。98TWT257②：6，以铁片和铁棒焊接而成。长13.6、宽2.8、厚1.1厘米（图3-5-20，9；图版三一，6）。

牛掌　1件。98TWT257②：4，平面呈半月形，掌面附有三个长方形钉孔。长10.6、宽2、厚0.3厘米（图3-5-20，10；图版三一，4）。

方钉　2件。98TWT140②：8，钉身截面呈方形，一端有两个凸棱。残长5.6、厚0.5厘米（图3-5-20，13）。98TWT257②：3，钉身呈L形，一段截面呈圆形，一段截面呈方形。长10.6、截面直径0.9厘米（图3-5-20，14）。

刀　1件。98TWT255②：3，刀身一端窄一端粗，直背，双面弧刃，长条形刀柄。长10.5、宽1.8、厚0.5厘米（图3-5-20，11；图版三二，6）。

铁渣　1件。98TWT140②：7，平面呈不规则形，铁水滴汇集而成。长3.3、宽2.6厘米（图3-5-20，16）。

铁器　2件。98TWT140②：5，长条形，截面呈半圆形。残长9.1、宽2.2、厚1.1厘米（图3-5-20，12）。98TWT140②：6，仅存不规则形铁片残片。残长4.8、厚0.3、宽4.6厘米（图3-5-20，15）。

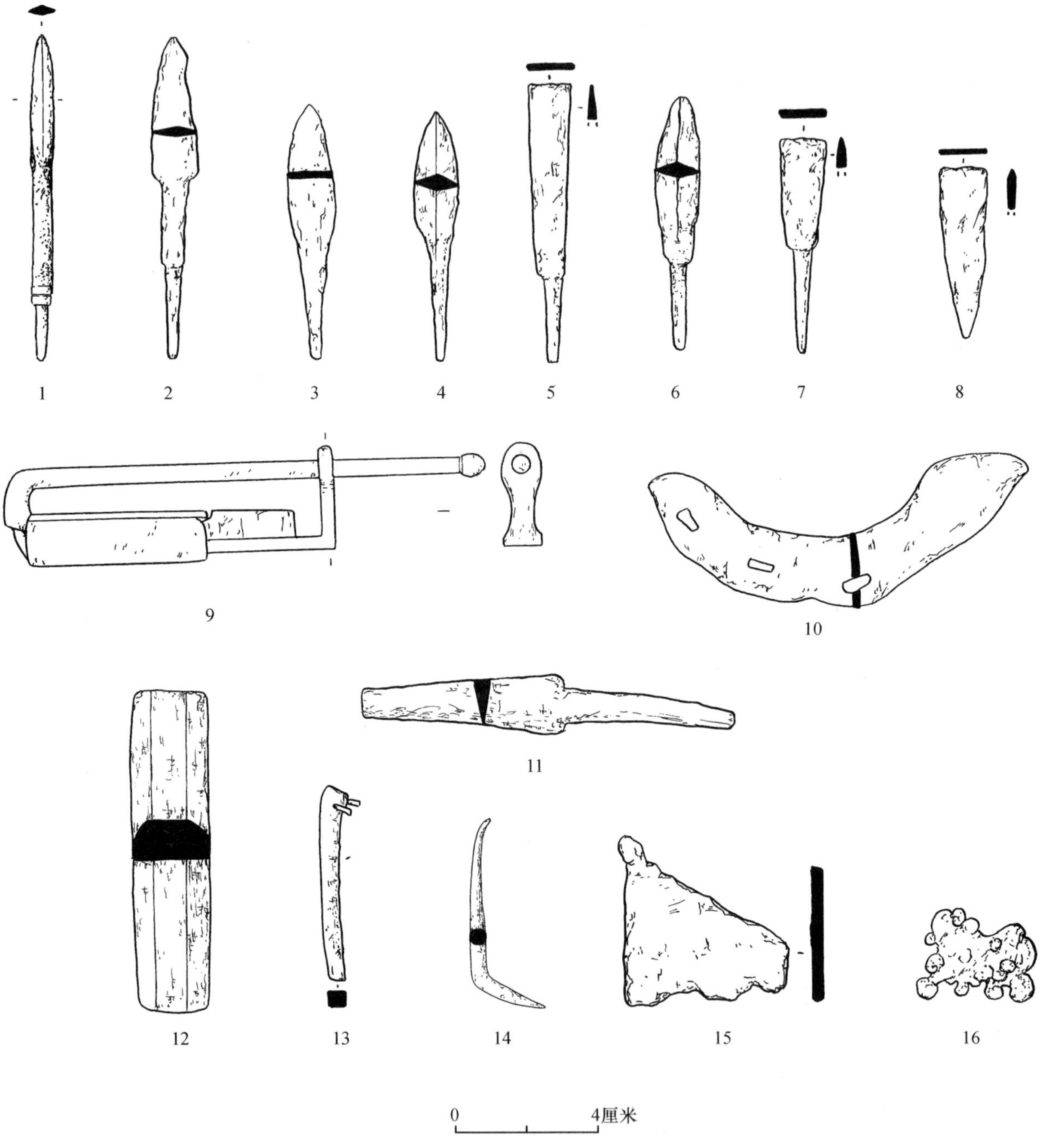

图3-5-20　第Ⅳ区第2层出土铁器

1～8. 镞（98TWT139②：3、98TWT256②：2、98TWT229②：2、98TWT207②：1、98TWT256②：1、98TWT140②：1、98TWT255②：2、98TWT140②：2）　9. 锁（98TWT257②：6）　10. 牛掌（98TWT257②：4）　11. 刀（98TWT255②：3）　12、15. 铁器（98TWT140②：5、98TWT140②：6）　13、14. 方钉（98TWT140②：8、98TWT257②：3）　16. 铁渣（98TWT140②：7）

二、房　址

第Ⅰ区仅发现此时期的房址1座，编号为97ⅠTWF2。

第Ⅳ区属于这一时期的遗迹单位有房址2座，编号为98ⅣTWF19、98ⅣTWF20。

1. 97ⅠTWF2

圆角长方形浅地穴式。跨Ⅰ区T305、T306、T334、T335这4个探方。97TWH44距其北壁0.3米。开口于第1层下，打破第2层和生土层，房址西南部被现代沟打破。平面呈圆角长方形，长4.45米，宽3.5米。居住面用土铺垫平整，无烘烤痕迹。外壁边缘立碎石或石块为框，内壁则以板石或块石立砌，壁较平直，室内空间较小，长2.75米，宽1.2米。内外壁间立一排块石或板石形成烟道，其上以大块石或板石覆盖，形成U形火炕。烟道宽0.16～0.3米，高0.2～2.6米。灶位于北壁中部，以两块条形鹅卵石立砌而成，呈长方形，长0.28米，宽0.2米。灶内填土呈黑褐色，灶底部有烧土痕迹。在F2周围发现柱洞5个。D1直径0.4米，深0.45米；D2直径0.1米，深0.1米；D3直径0.1米，深0.1米；D4直径0.28米，深0.5米；D5直径0.28米，深0.4米。由于房址南壁及西壁南段被现代沟打破，未见门道所在，但根据97TWF2整体形状和结构判断，门道应该位于南部（图3-5-21；图版二八）。

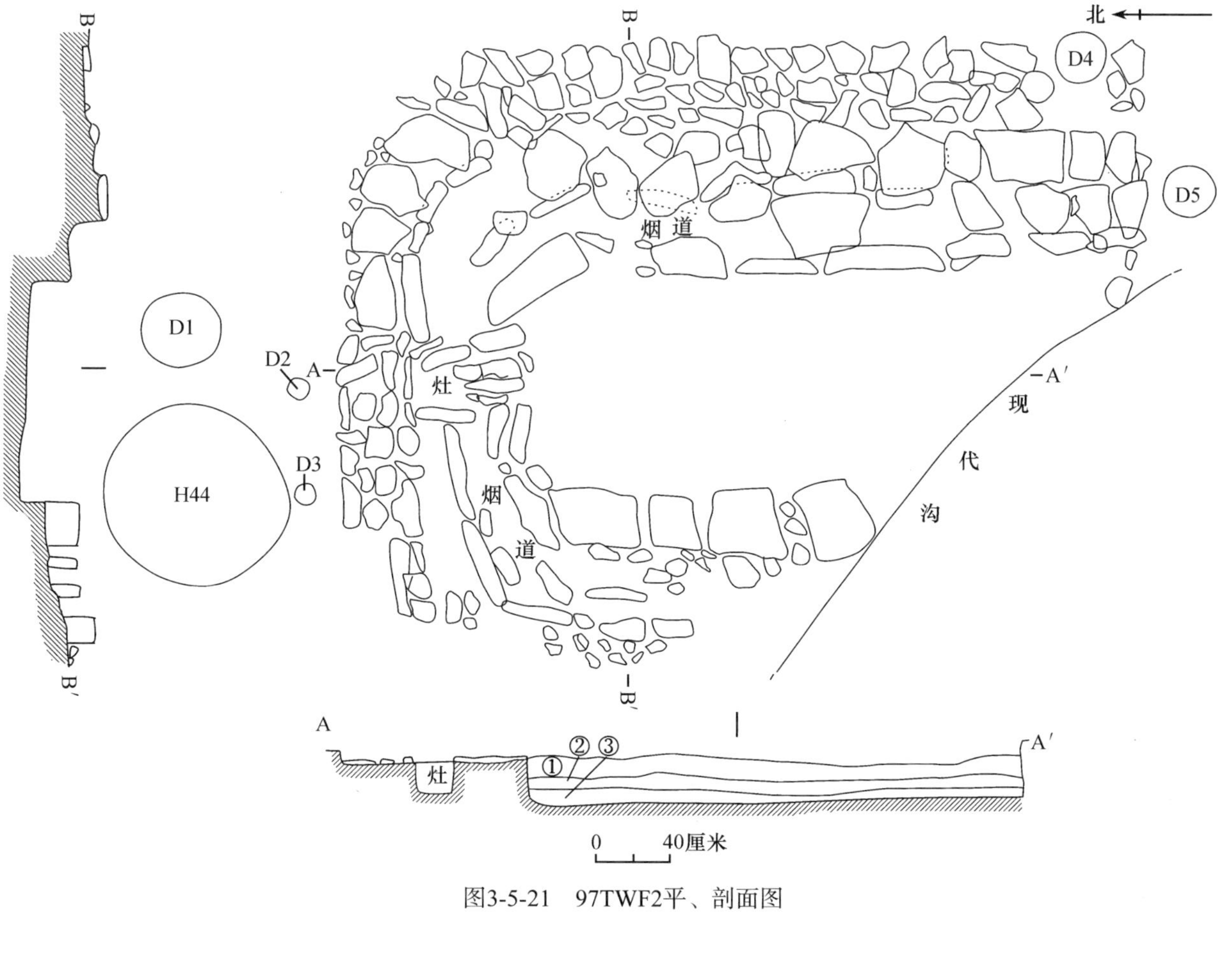

图3-5-21　97TWF2平、剖面图

房内堆积分三层：第1层，黑褐土，厚0.1～0.15米，质地较疏松，为废弃后堆积；第2层，黄褐土，质地较疏松，厚0.05～0.08米，为当时的使用堆积；第3层，黑灰土，质地较硬，厚0.08～0.1米，为建造房屋时的垫土堆积。其下为生土。三层堆积内出土陶片数量较少。

出土器物

陶器　1件。

B型纺轮　1件。97TWF2：1，墩台形。泥质黄褐陶，中间有圆形穿孔。一面直径1.8、一面直径4、高4厘米（图3-5-22，1）。

其他　1件。

河蚌　1件。97TWF2：2，扇形。长径6.8、短径3.4、厚0.2～0.4厘米（图3-5-22，2）。

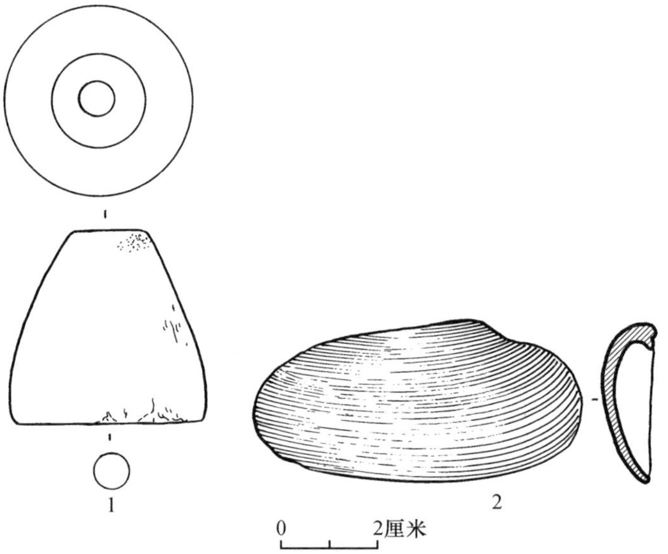

图3-5-22　97TWF2出土器物

1. B型陶纺轮（97TWF2：1）　2. 河蚌（97TWF2：2）

2. 98ⅣTWF19

圆角长方形浅地穴式。主体部分位于Ⅳ区T256内，跨T228、T229、T257四个探方。方向为7度。开口于第1层下，被现代坑打破，并打破第2层。平面呈圆角长方形，长约7.5米，宽约5.5米。居住面系利用地然地面平整而成。房址西侧和北侧有三排形制较为规整的石块砌筑的火炕，形成两条曲尺形烟道。灶址位于房址东北部，以石块搭砌，呈长方形，南部未砌石，推测为灶门所在。灶址长约0.66米，宽约0.5米。灶址与烟道连接处的石块较为稀疏，应是遭到破坏。未见柱洞及门道（图3-5-23；图版二九，1）。

房内堆积呈黄褐色，质地较疏松。出土有少量泥质灰陶片，但均较为破碎，无可辨器形。

无出土器物。

3. 98ⅣTWF20

圆角长方形浅地穴式。位于Ⅳ区T254中、东部，部分伸入T226北隔梁内。方向为12度。

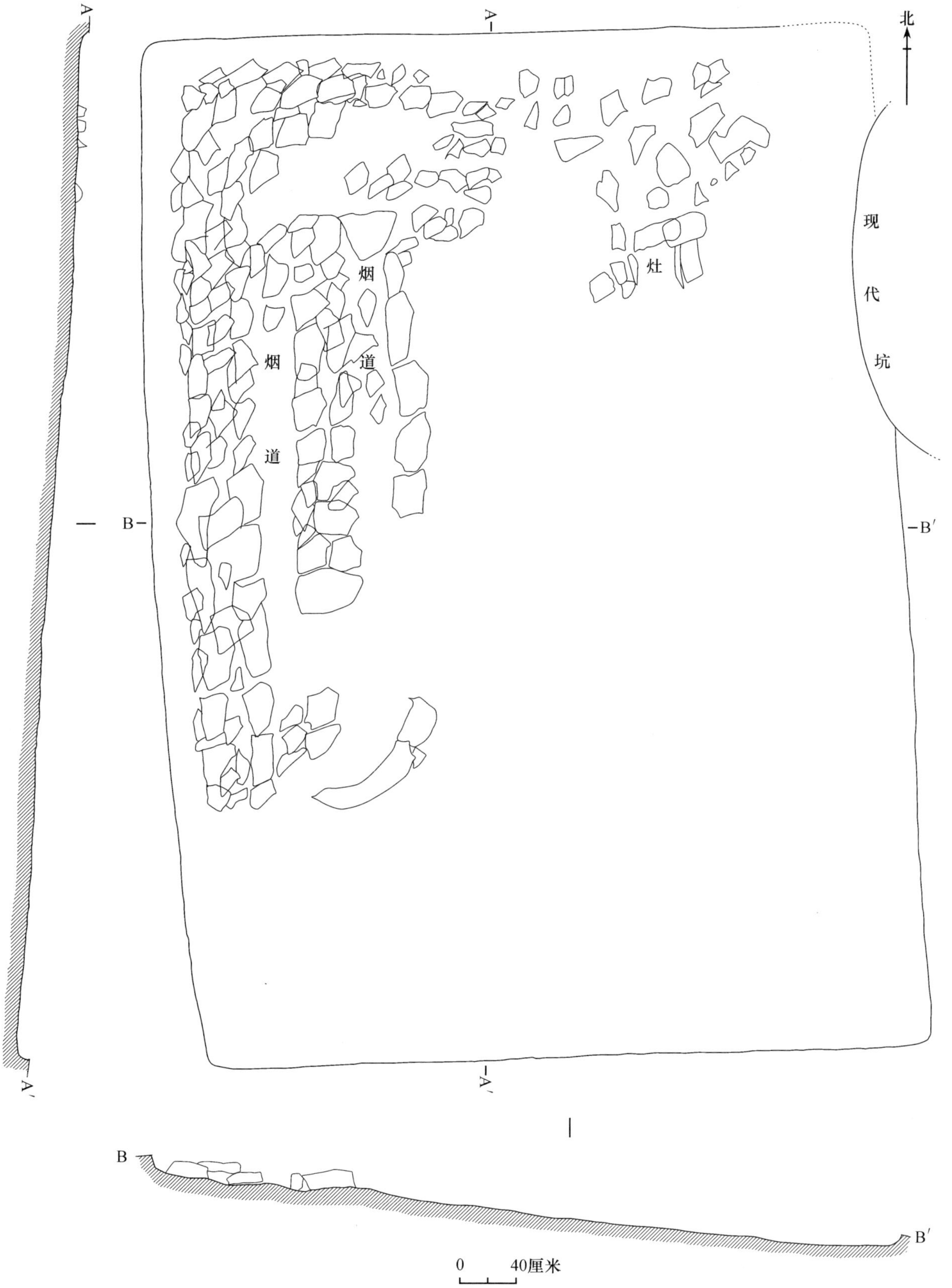

图3-5-23　98TWF19平、剖面图

开口于第1层下，打破生土。平面呈圆角长方形，长约4.95米，宽约3.9米。居住面系利用自然地面平整而成。房址西侧三排石块排列较为规整，最外侧靠近西穴壁的一排保存较为完整，由大石块垒砌成列，中间填塞小石块，其余两排石块均为大石块顺序排列而成，仅残存南段。房址北侧三排石块保存不完整，仅余零星石块。三排石块中间为两条烟道，形成曲尺形烟道。灶址已不存，根据红烧土推测，应位于房址东北部，呈长方形，长约0.68米，宽约0.4米。在房址周围发现柱洞4个，房址内发现柱洞1个，编号为D1～D5，均为直壁，平底，填土为褐色，质地松软。D1口径为0.4米，深0.3米；D2口径为0.36米，深0.3米；D3口径为0.32米，深0.25米；D4口径为0.36米，深0.24米；D5口径为0.3米，深0.2米。未发现门道迹象（图3-5-24；图版二九，2）。

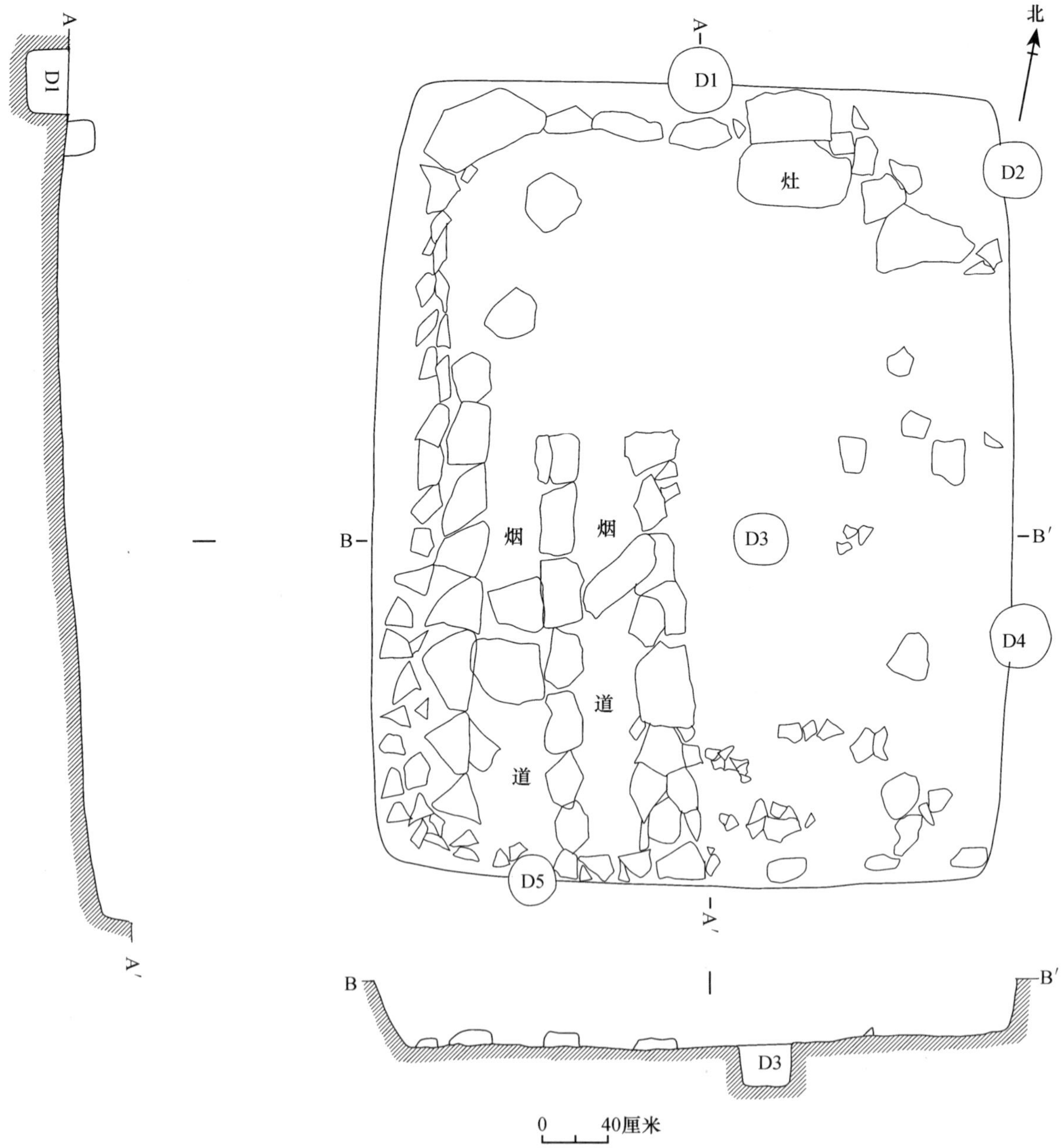

图3-5-24　98TWF20平、剖面图

房内堆积呈灰褐色，质地松软。夹杂少量的泥质灰陶片，均因较破碎，无可辨器形。

无出土器物。

三、灰　坑

第Ⅰ区属于此时期的灰坑有14座，分别为97ⅠTWH1、97ⅠTWH8、97ⅠTWH17、97ⅠTWH21、97ⅠTWH33、97ⅠTWH46、97ⅠTWH49、97ⅠTWH53、97ⅠTWH64、97ⅠTWH69、97ⅠTWH70、97ⅠTWH117、97ⅠTWH120、97ⅠTWH44。

第Ⅱ区属于这一时期的灰坑仅1座，编号为97ⅡTWH84。

第Ⅳ区属于这一时期的灰坑仅1座，编号为98ⅣTWH147。

1. 97ⅠTWH1

跨Ⅰ区T367和T368两个探方。开口于第2层下，被97TWG1打破，并打破97TWH16和第3层。平面呈不规则形，弧壁，圜底。坑口长径7.27米，短径1.8米，深0.4米。坑内堆积呈黑黄色，质地疏松，共出土器物23件（图3-5-25）。

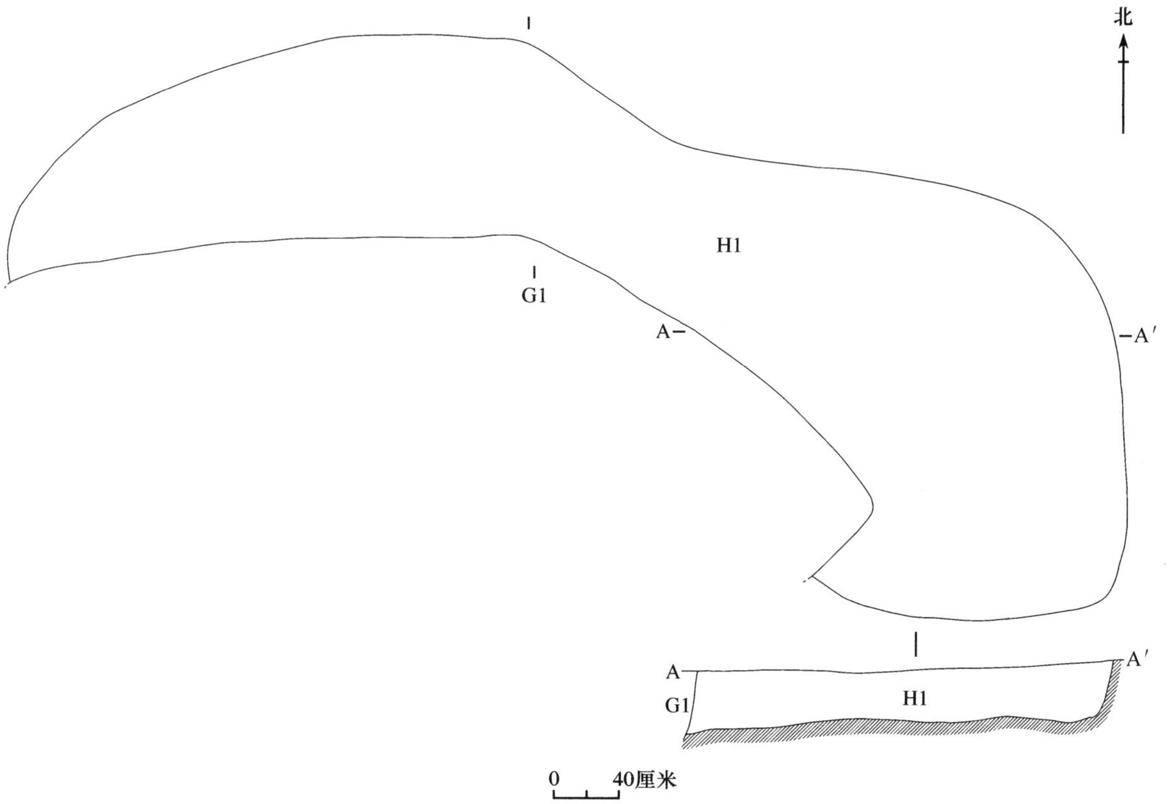

图3-5-25　97TWH1平、剖面图

出土器物

陶器　4件。

小罐　1件。97TWH1：18，黑皮陶。微侈口，圆唇，弧腹，腹部两侧上下排列一錾耳一盲耳，台足，器表凹凸不平。口径8.4、底径5.4、高8.6厘米（图3-5-26，1）。

网坠　2件。

Ba型　1件。卵圆形。97TWH1：23，夹砂黑陶，夹蚌粉。一端残破，器身一侧有凹槽，中间有圆形钻孔。直径2.4、高2.2厘米（图3-5-26，3）。

Ee型　1件。利用不规则形陶片打制而成。97TWH1：10，黄褐色夹砂陶。四边均有较大豁口。长6、宽5.1、宽0.6厘米（图3-5-26，2）。

陶管　1件。97TWH1：25，圆柱形，中间有圆形钻孔，上下两端有切割痕迹。长1.1、直径0.8厘米（图3-5-26，4）。

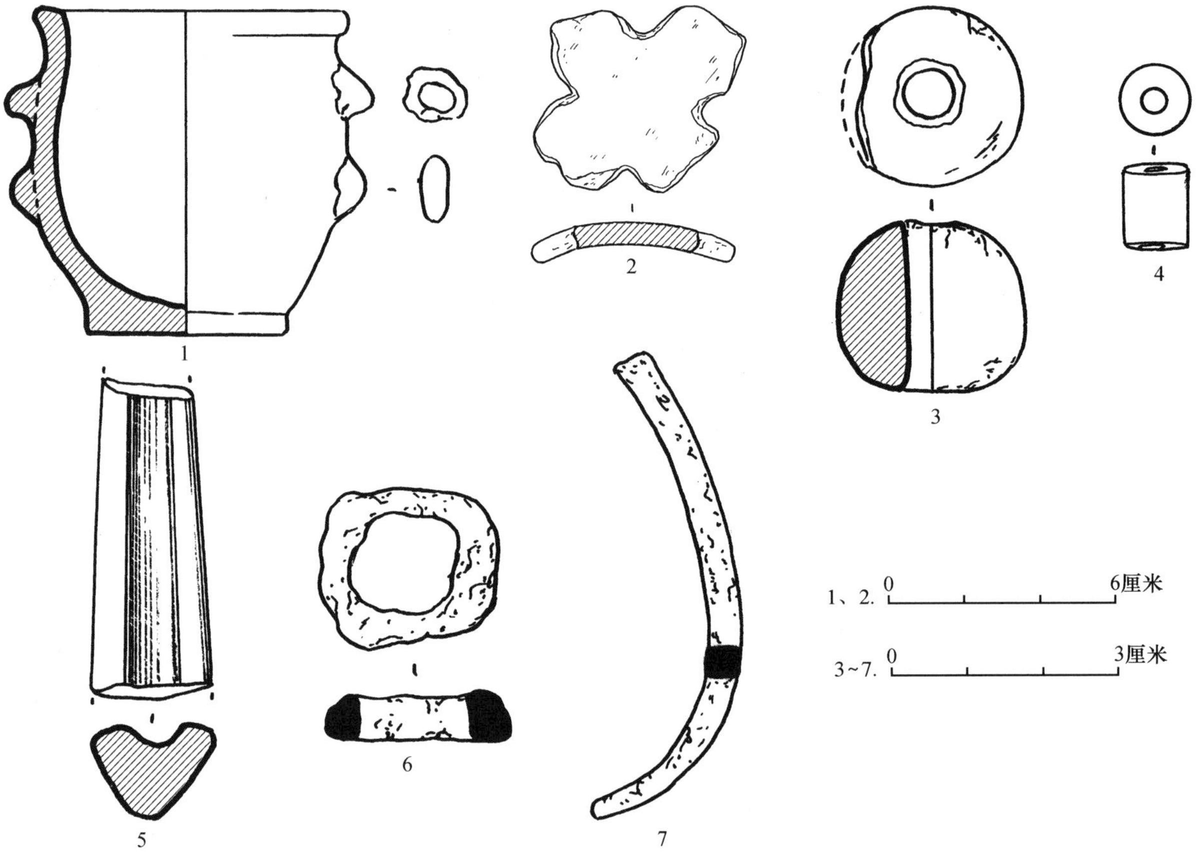

图3-5-26　97TWH1出土器物

1. 小陶罐（97TWH1：18）　2. Ee型陶网坠（97TWH1：10）　3. Ba型陶网坠（97TWH1：23）　4. 陶管（97TWH1：25）　5. 鹿角凿（97TWH1：17）　6. 铁环（97TWH1：15）　7. 铁钉（97TWH1：16）

石器　16件。

镞　7件。

B型　1件。双翼。97TWH1：1，双翼，以灰绿色细砂岩。尖残，镞身残。残长7、镞身宽1.3、厚0.7厘米（图3-5-27，6）。

Ba型　1件。97TWH1：19，灰绿色板岩。镞身起脊，后锋倒刺呈燕尾形，铤残。残长6.2、镞身宽1.4、厚0.5厘米（图3-5-27，7）。

C型　2件。三棱形镞。97TWH1：4，灰绿色板岩。尖残，镞身残。残长6、镞身宽0.9、厚0.8厘米（图3-5-27，8）。97TWHI：27，灰绿色板岩。锋残，镞身残。残长8.7、镞身宽1.4、厚1.1厘米（图3-5-27，5）。

Ca型　2件。97TWH1：8，灰绿色板岩。后锋倒刺呈燕尾形，铤已残。残长4.1、镞身宽0.6、厚0.4厘米。97TWH1：13，灰绿色板岩。后锋倒刺呈燕尾形，圆柱形铤。通长4.6、镞身

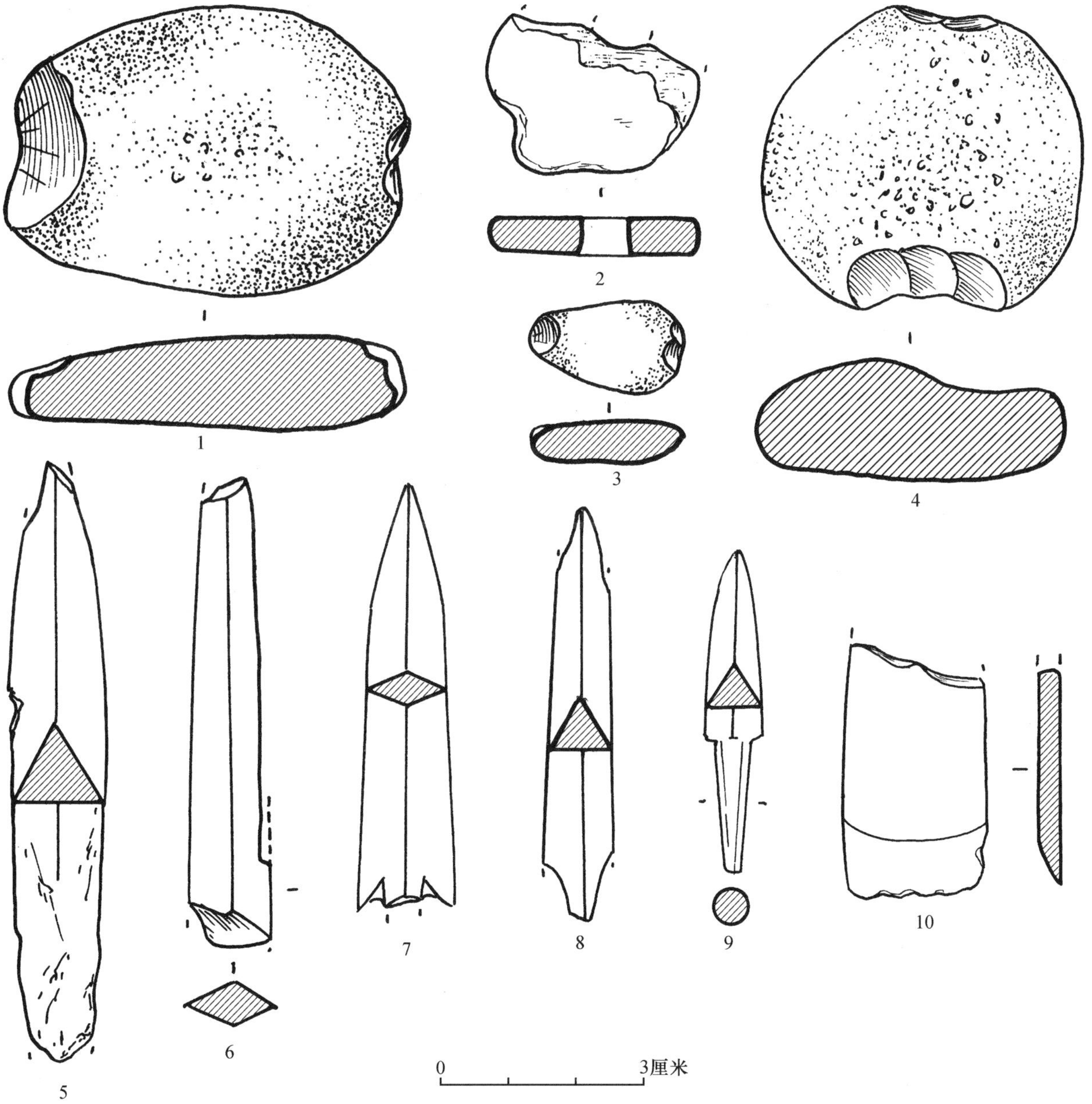

图3-5-27　97TWH1出土石器

1～3. B型网坠（97TWH1：5、97TWH1：12、97TWH1：9）　4. D型网坠（97TWH1：7）　5、8. C型镞（97TWH1：27、97TWH1：4）　6. B型镞（97TWH1：1）　7. Ba型镞（97TWH1：19）　9. Cc型镞（97TWH1：14）　10. 凿（97TWH1：20）

宽0.7、厚0.4厘米。

Cc型　1件。97TWH1：14，灰绿色板岩。后锋无倒刺，侧视镞身平面呈三角形，圆柱形铤。通长4.4、镞身宽0.8厘米（图3-5-27，9）。

网坠　5件。

B型　4件。椭圆形，两端打制豁口。97TWH1：5，灰色石英砂岩。长5.9、宽4.2、厚1.2厘米（图3-5-27，1）。97TWH1：6，灰色石英砂岩。长5.7、宽3.9、厚0.8厘米。97TWH1：9，灰色砂岩。长2.1、宽1.4、厚0.55厘米（图3-5-27，3）。97TWH1：12，灰色砂岩。残半，残长3.2、残宽2.2、厚0.5厘米（图3-5-27，2）。97TWH1：21，灰色石英砂岩。长4、宽3.4、厚0.8厘米。

D型　1件。平面近圆形。97TWH1：7，灰色粗砂岩，直径4.8厘米，厚1.2～1.7厘米（图3-5-27，4）。

凿　1件。97TWH1：20，青灰色板岩。长条形，上部已残断。单面刃，刃部较锋利。残长3.8、宽2.2、厚0.3厘米（图3-5-27，10）。

A型研磨器　3件。圆柱形。97TWH1：3，灰白色云母片岩。残长19.2、宽9、厚2厘米（图3-5-28，3）。97TWH1：11，黑灰色砂岩。仅余器身一半。长14、残宽1.5、厚1.2厘米（图3-5-28，2）。97TWH1：24，灰色石英岩。一端残，另一端有使用痕迹。残长24、宽8.2、厚4.8厘米（图3-5-28，1）。

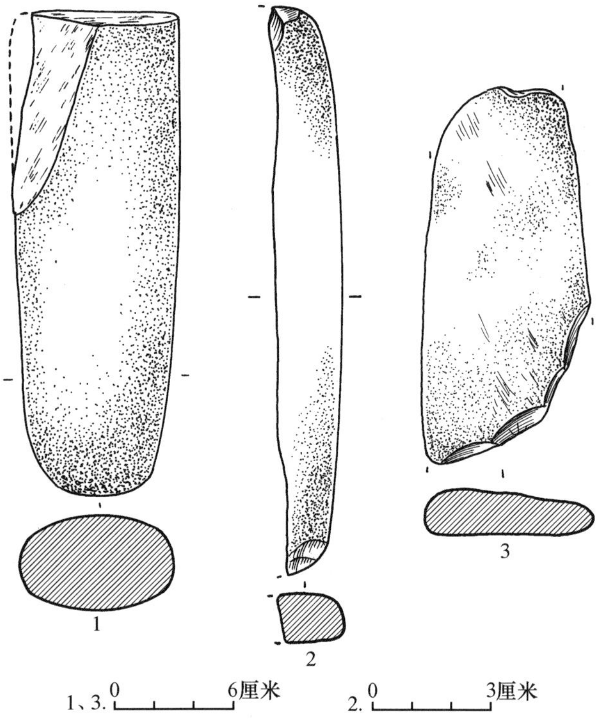

图3-5-28　97TWH1出土A型石研磨器

1. 97TWH1：24　2. 97TWH1：11　3. 97TW97TWH1：3

角器　1件。

鹿角凿　1件。97TWH1：17，黑褐色，两端均残，一侧有凹槽，剖面呈心形。残长4.2、宽1.5、厚1.4厘米（图3-5-26，5）。

铁器　2件。

环　1件。97TWH1：15，平面呈扁环状，锻打成形，锈蚀严重。长径2.4、短径2厘米（图3-5-26，6）。

钉　1件。97TWH1：16，无钉帽，钉身弯曲，剖面呈方形，锈蚀严重。长6.1、宽0.4、厚0.4厘米（图3-5-26，7）。

2. 97ⅠTWH8

位于Ⅰ区T398的北部。开口于第1层下，打破第3层，并被现代沟打破。平面呈圆形，弧壁，圜底。坑口直径约1.46米，深0.4米。坑内堆积呈黑褐色，质地疏松，堆积里夹杂泥质灰陶片。出土器物2件（图3-5-29）。

出土器物

陶器　1件。

E型纺轮　1件。97TWH8：1，灰白色泥质陶，夹蚌。菌盖形，中间有一单钻孔，一端已残。

直径5.1、高1.6厘米（图3-5-30，1）。

石器　1件。

刀　1件。97TWH8：2，青灰色板岩。仅余刀身一段，弧背弧刃，双面刃。残长4、宽4.7、厚0.6厘米（图3-5-30，2）。

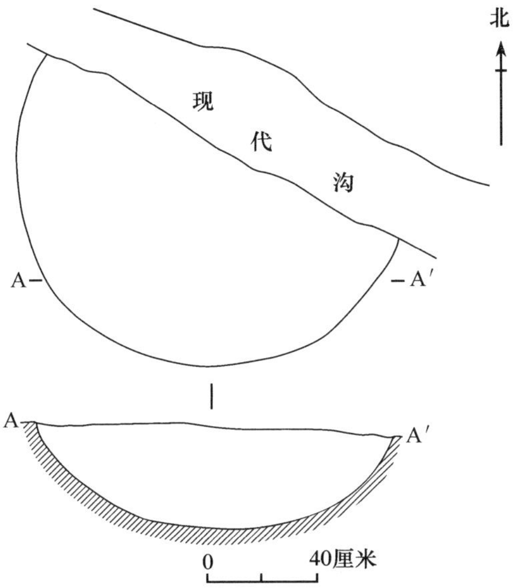

图3-5-29　97TWH8平、剖面图

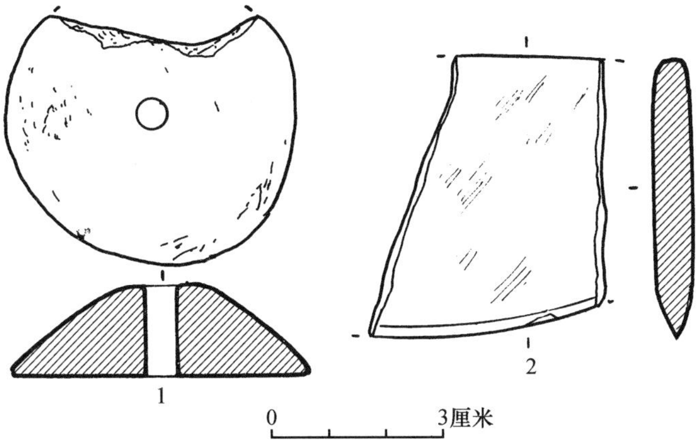

图3-5-30　97TWH8出土器物

1. E型陶纺轮（97TWH8：1）　2. 石刀（97TWH8：2）

3. 97ⅠTWH17

位于Ⅰ区T399南部。开口于第2层下，打破第3层。平面近圆形，弧壁，圜底。坑口直径约0.7米，深0.38米。坑内堆积呈黑褐色，质地疏松，堆积里夹杂泥质灰陶片。出土器物4件（图3-5-31）。

出土器物

陶器　1件。

Ed型网坠　1件。97TWH17：1，以黄褐色夹砂陶片制成。残半，平面呈圆角长方形，两端打制豁口，中间有圆形钻孔。长7、宽6.2、厚0.5厘米（图3-5-32，1）。

E型纺轮　1件。97TWH17：3，黑灰色夹砂陶。整体呈馒头形。直径5.5、孔径0.8、高1.9厘米（图3-5-32，2）。

石器　2件。

B型镞　1件。97TWH17：2，青灰色板岩。双翼，镞身下部已残。残长3、镞身宽1.1、厚0.4厘米（图3-5-32，3）。

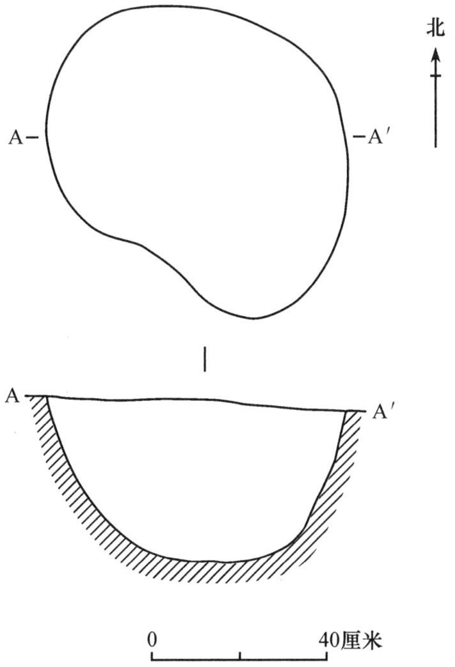

图3-5-31　97TWH17平、剖面图

Ab型刀　1件。97TWH17：4，灰黑色板岩。半月形，直背弧刃，两端均残。残长9.4、宽4.4、厚0.5厘米（图3-5-32，4）。

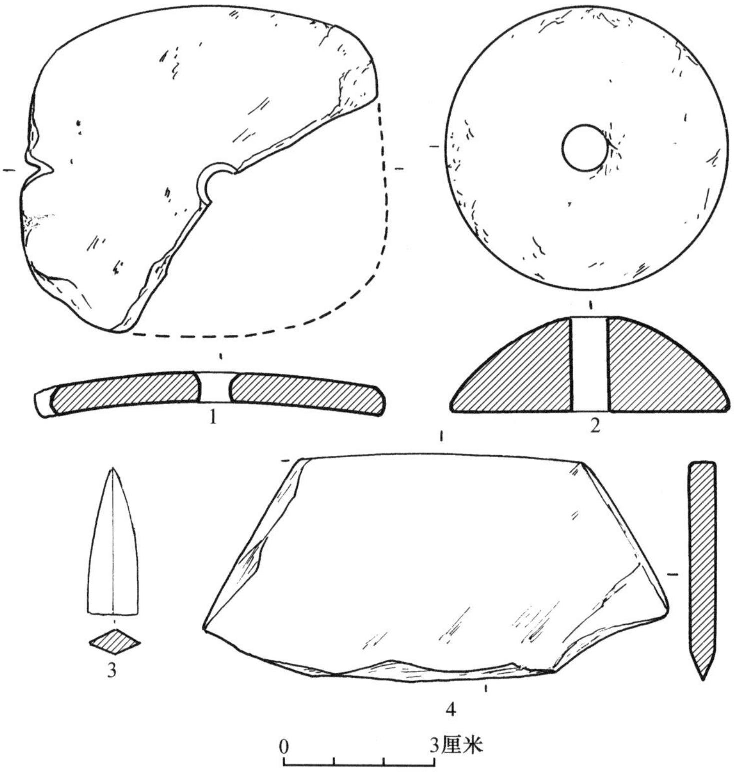

图3-5-32　97TWH17出土器物

1. Ed型陶网坠（97TWH17：1）　2. E型陶纺轮（97TWH17：3）　3. B型石镞（97TWH17：2）　4. Ab型石刀（97TWH17：4）

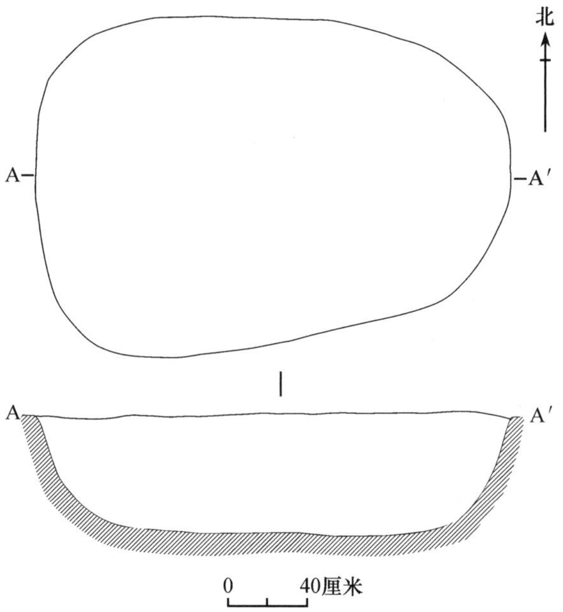

图3-5-33　97TWH21平、剖面图

4. 97 I TWH21

位于I区T369西北部。开口于第2层下，打破97TWH53。平面呈椭圆形，斜壁，平底。坑口长径2.3米，短径1.36米，深0.5米。坑内堆积呈黑褐色，质地疏松，堆积里夹杂泥质陶片。出土器物2件（图3-5-33）。

出土器物

陶器　1件。

E型网坠　1件。97TWH21：2，用夹砂夹蚌灰褐陶制成。仅余网坠上剥落下来的残片，中间有圆形钻孔，可看出原来两端打制豁口。残长4.4、残宽2.9、残厚0.3厘米（图3-5-34，1）。

石器　1件。

Ad型镞　1件。97TWH21：1，青灰

色板岩。镞身中间有血槽，后锋中间形成凹窝形。长4、镞身宽0.9、厚0.3厘米（图3-5-34，2）。

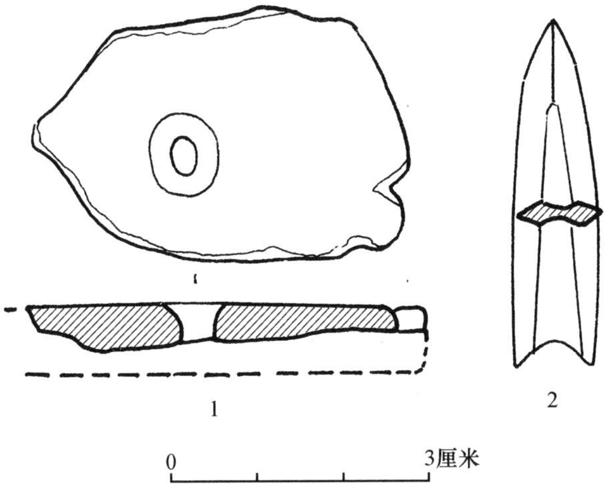

图3-5-34　97TWH21出土器物
1. E型陶网坠（97TWH21：2）　2. Ad型石镞（97TWH21：1）

5. 97ⅠTWH33

位于Ⅰ区T370的西北部，伸入T369的东隔梁。开口于第2层下，打破第4层。平面近圆形，斜壁，圜底。坑口直径1.2～1.3米，深0.3米。坑内堆积呈黑褐色，质地疏松。出土器物2件（图3-5-35）。

出土器物

陶器　1件。

罐　1件。97TWH33：2，泥质灰陶。器形较大，卷沿，方唇，束颈，鼓腹，平底。口径33、底径14.4、高27.2厘米（图3-5-36，1）。

石器　1件。

B型网坠　1件。97TWH33：5，灰色含角砾的砂岩。椭圆形，两端打制豁口。长2.8、宽2.2、厚0.5厘米（图3-5-36，2）。

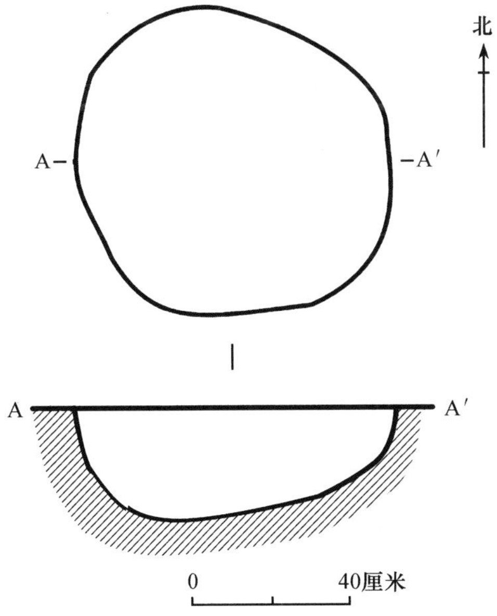

图3-5-35　97TWH33平、剖面图

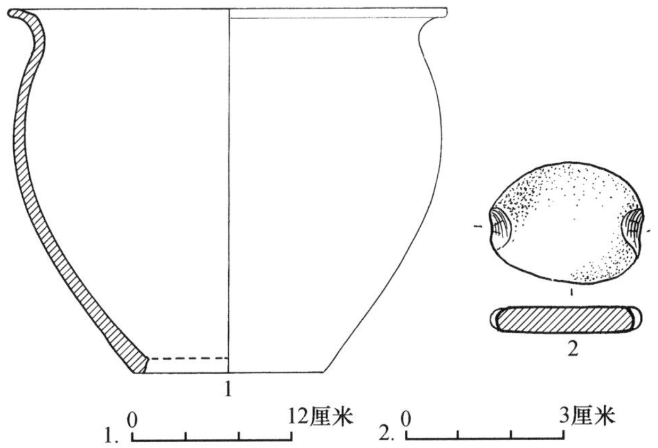

图3-5-36　97TWH33出土器物
1. 陶罐（97TWH33：2）　2. B型石网坠（97TWH33：5）

6. 97ⅠTWH46

位于Ⅰ区T331东南部。开口于第2层下，打破第3层。平面近圆形，弧壁，平底。坑口直径约1.25米，深0.3米。坑内堆积呈黑灰色，夹杂泥质灰陶片，出土器物7件（图3-5-37）。

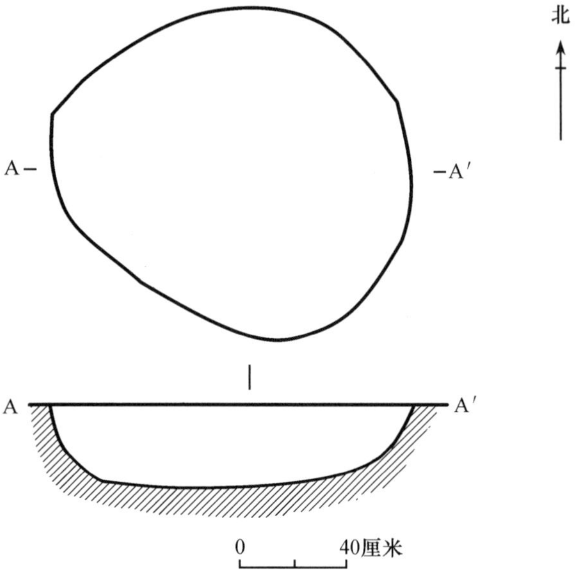

图3-5-37　97TWH46平、剖面图

出土器物

陶器　2件。

A型纺轮　1件。97TWH46：3，夹砂黄褐陶。圆饼形，中间有一圆形钻孔，残半。直径7、厚1.1厘米（图3-5-38，1）。

C型网坠　1件。亚腰形。97TWH46：5，夹砂黑褐陶。中间有横向凹槽，将网坠分成大小几乎相同的两部分。直径2.3、厚1.7厘米（图3-5-38，2）。

石器　5件。

Cb型镞　1件。97TWH46：4，青灰色板岩。三棱形镞，镞身平面呈矛形，六棱柱形铤。残长2.8、镞身宽0.7、厚0.4厘米（图3-5-38，3）。

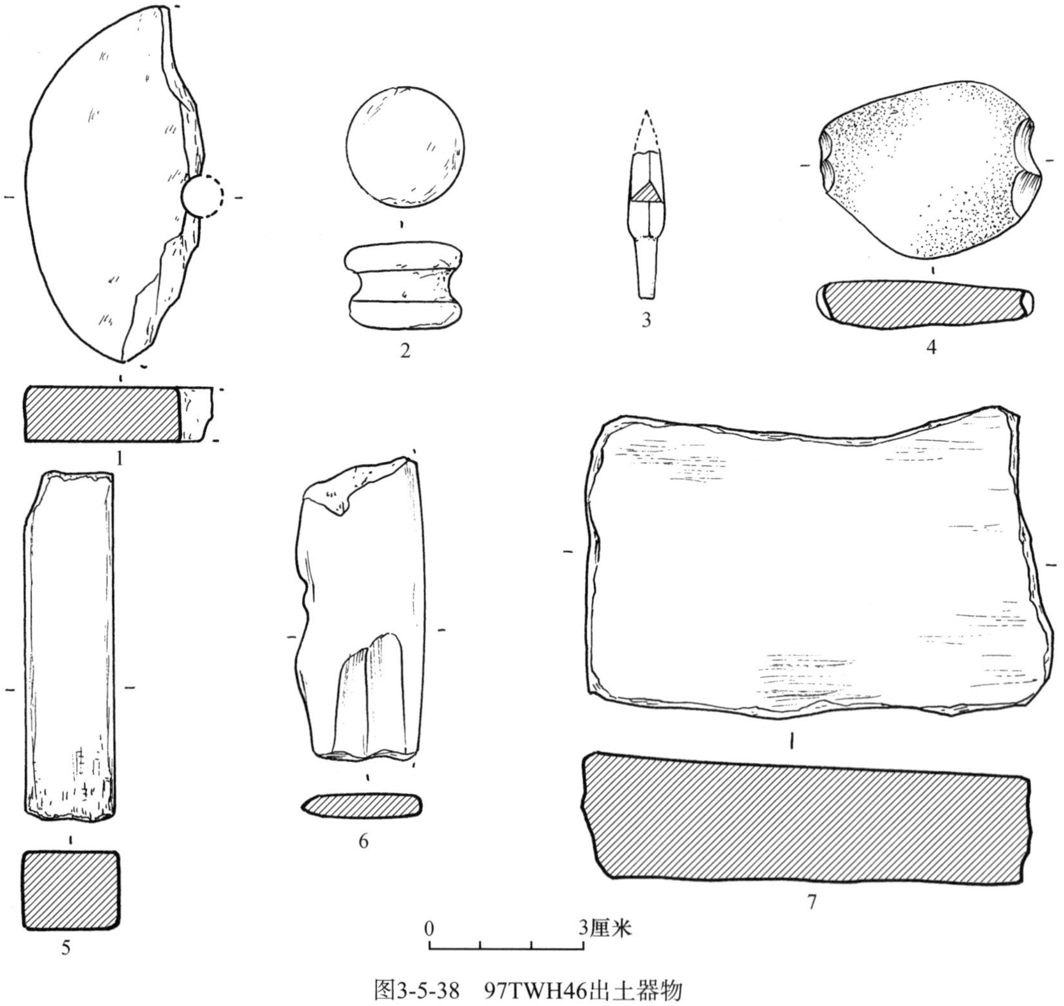

图3-5-38　97TWH46出土器物

1. A型陶纺轮（97TWH46：3）　2. C型陶网坠（97TWH46：5）　3. Cb型石镞（97TWH46：4）　4. B型石网坠（97TWH46：6）　5、7. 砺石（97TWH46：2、97TWH46：1）　6. Bb型石刀（97TWH46：7）

B型网坠　1件。97TWH46：6，灰色板岩。长4、宽3.4、厚0.9厘米（图3-5-38，4）。

Bb型刀　1件。97TWH46：7，青灰色板岩。平面呈长方形，刀身较窄。长5.7、宽2.5、厚0.5厘米（图3-5-38，6）。

砺石　2件。97TWH46：1，紫灰色砂岩。长条形，上下两个面均有明显的打磨痕迹。长8、宽5.2、厚2.3厘米（图3-5-38，7）。97TWH46：2，绿灰色细砂岩。长条形，上下两面有明显的磨痕，左右两个侧面也较光滑规整。长6.8、宽1.7、厚1.5厘米（图3-5-38，5）。

7. 97 Ⅰ TWH49

位于Ⅰ区T398西部，伸入T397东隔梁。开口于第2层下，打破第3层和第4层。平面呈圆形，弧壁，圜底。坑口直径0.72米，深0.42米。坑内堆积呈黑褐色，质地疏松，夹杂泥质灰陶片，无出土器物（图3-5-39）。

8. 97 Ⅰ TWH53

位于Ⅰ区T369北部。开口于第2层下，打破第3层，并被97TWH21打破。因被97TWH21打破，平面形状不完整，弧壁，平底。坑口长径0.86米，短径不清，深0.32米。坑内堆积呈黑褐色，质地疏松，夹杂泥质灰褐陶片，出土器物4件（图3-5-40）。

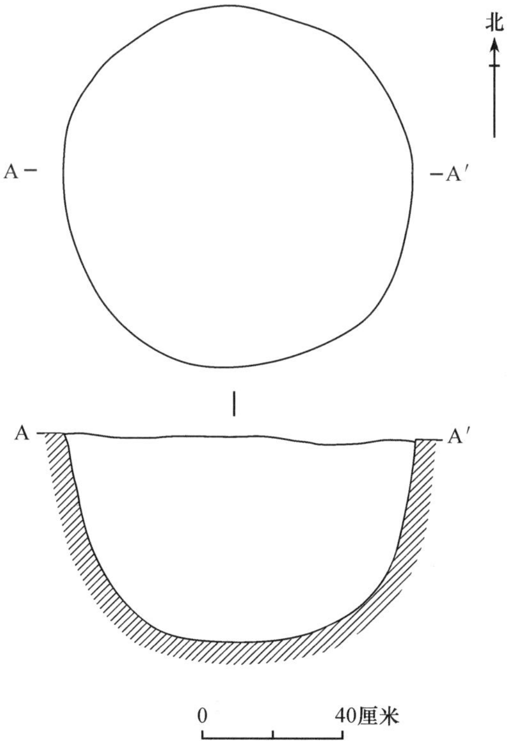

图3-5-39　97TWH49平、剖面图

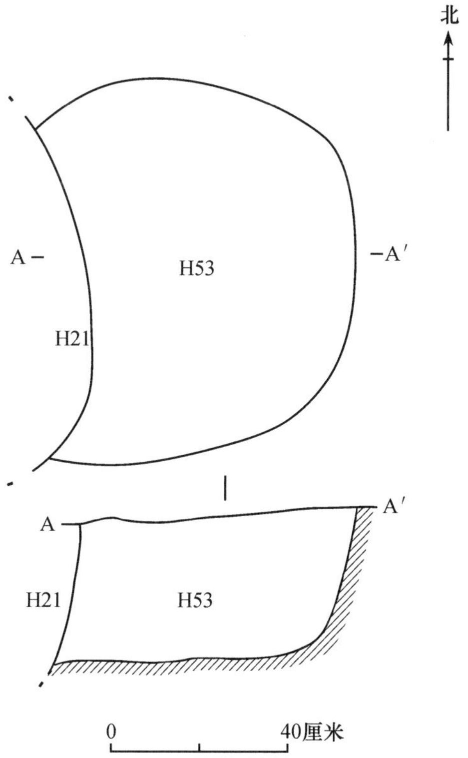

图3-5-40　97TWH53平、剖面图

出土器物

陶器　2件。

Ba型网坠　2件。卵圆形，中间有圆形钻孔，一侧有竖向凹槽。97TWH53：1，夹砂红褐

陶。形制不甚规整。高1.8、最大径2.4厘米。97TWH53：2，夹砂红褐陶。高2.3、最大径2.1厘米（图3-5-41，1）。

A型纺轮　1件。97TWH53：4，由夹砂红褐陶片打制而成，中间有一圆形钻孔，纺轮中间部位有数道弦纹。直径4.2、厚0.7厘米（图3-5-41，3）。

石器　1件。

B型网坠　1件。97TWH53：3，灰白色石英砂岩。椭圆形，两端打制豁口。长径3.8、短径2.8、厚1.8厘米（图3-5-41，2）。

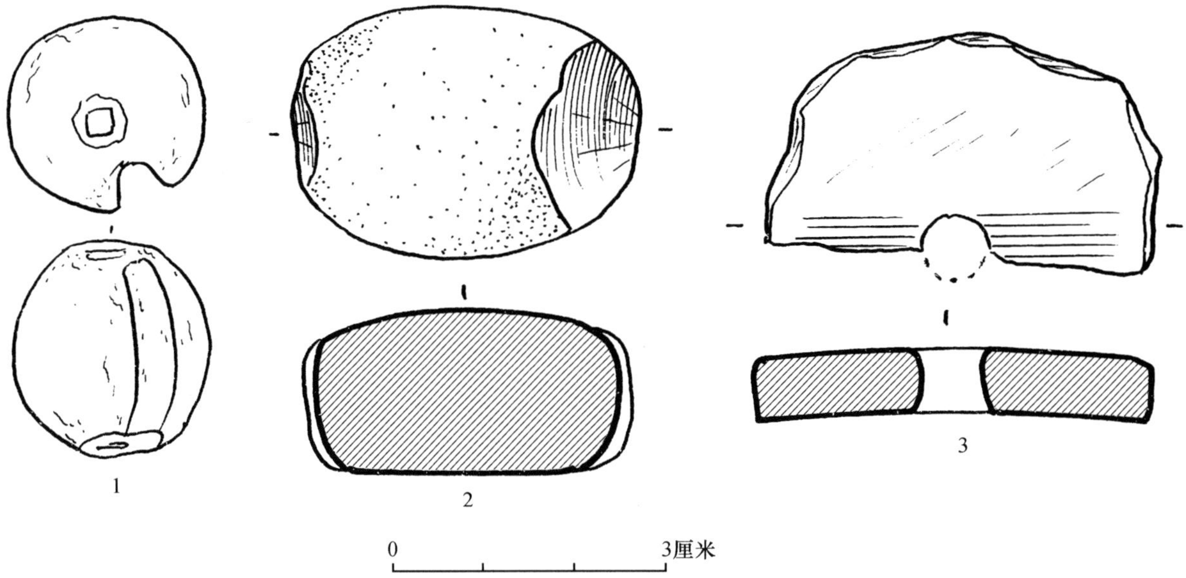

图3-5-41　97TWH53出土器物

1. Ba型陶网坠（97TWH53：2）　2. B型石网坠（97TWH53：3）　3. A型陶纺轮（97TWH53：4）

9. 97ⅠTWH64

位于Ⅰ区T370南部，伸入T340北部及北隔梁。开口于第2层下，打破97TWH28。平面呈椭圆形，弧壁，平底。坑口长径2.04米，短径1.16米，深0.4米。坑内堆积呈褐色，并夹杂砾石，质地疏松，夹杂泥质灰陶片，出土器物6件（图3-5-42）。

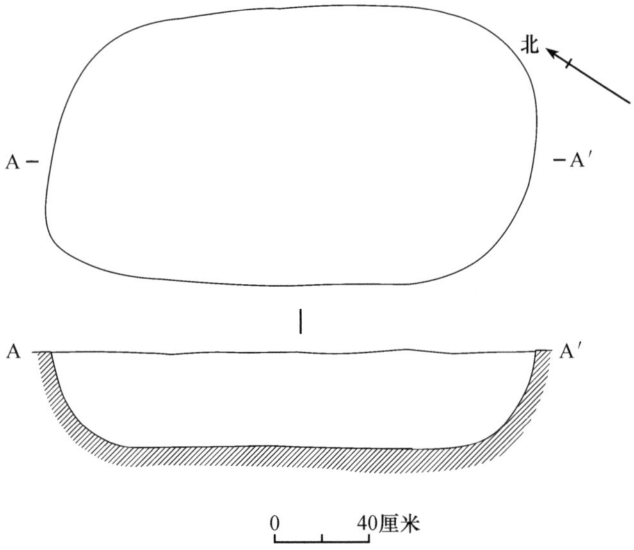

图3-5-42　97TWH64平、剖面图

出土器物

陶器　1件。

Ec型网坠　1件。97TWH64：5，夹砂黄褐陶，平面近方形，中间有圆形钻孔，两端打制豁口。边长约3.6、厚0.5厘

米（图3-5-43，1）。

石器　4件。

镞　2件。

Bb型　1件。97TWH64：1，青灰色板岩。镞身剖面呈棱形，铤残。长3、镞身宽1.6、厚0.6厘米（图3-5-43，3）。

Cc型　1件。97TWH64：4，青灰色板岩。三棱形。镞身平面呈三角形，圆柱形铤。长6.1、镞身宽0.7、厚0.4厘米（图3-5-43，2）。

刀　1件。97TWH64：6，灰黑色板岩。残，弧背直刃，双面刃，刀身上有三组凹线纹。残长5.6、宽4.3、厚0.5厘米（图3-5-43，5）。

锥　1件。97TWH64：3，青灰色板岩。方锥形，锥身剖面呈长方形。长8.5、宽0.7、厚0.5厘米（图3-5-43，4）。

骨器　1件。

锥　1件。97TWH64：2，扁锥形。上部残。长4.7、厚0.3厘米（图3-5-43，6）。

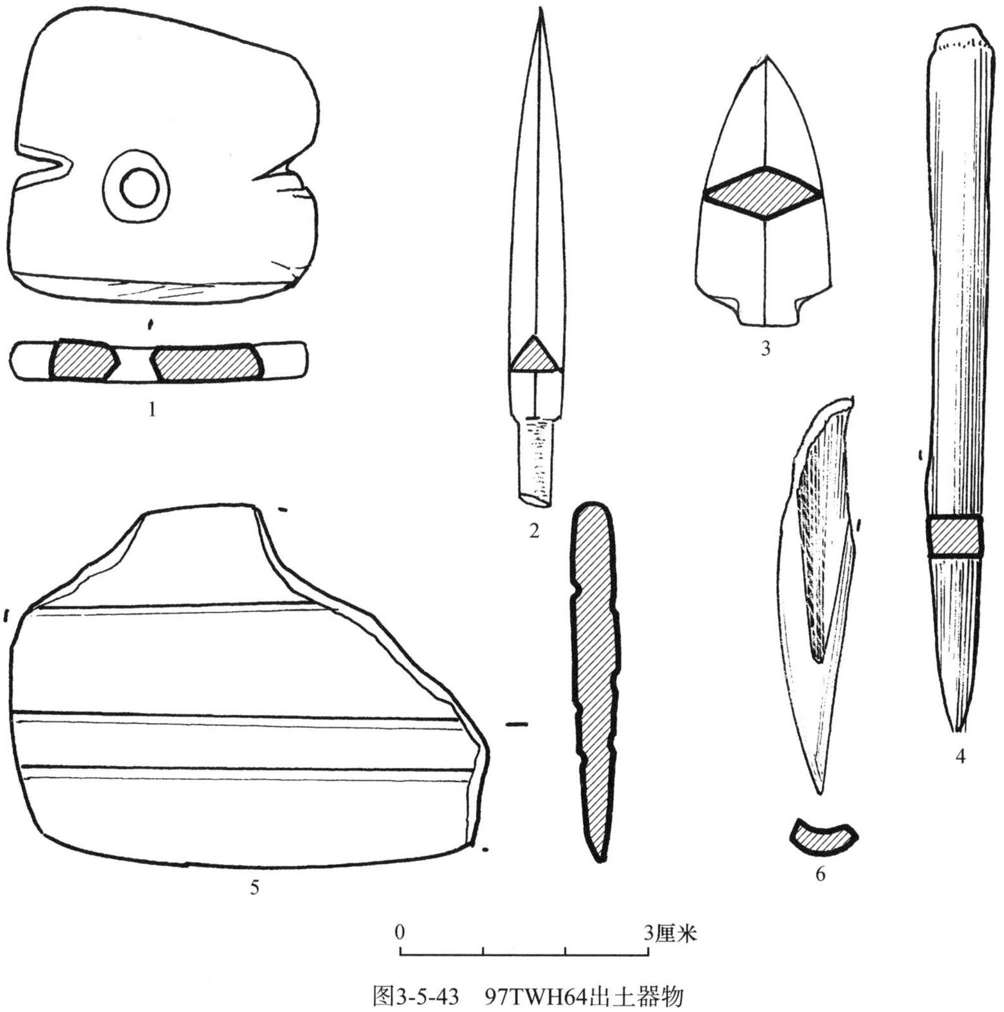

图3-5-43　97TWH64出土器物

1. Ec型陶网坠（97TWH64：5）　2. Cc型石镞（97TWH64：4）　3. Bb型石镞（97TWH64：1）　4. 石锥（97TWH64：3）　5. 石刀（97TWH64：6）　6. 骨锥（97TWH64：2）

10. 97 Ⅰ TWH69

位于Ⅰ区T399东南部，伸入T369北隔梁。开口于第2层下，打破第3层，并被现代沟打破。坑口已被破坏，平面形制不清，斜壁，平底。坑深0.39米。坑内堆积呈黑褐色，质地疏松，无出土器物（图3-5-44）。

11. 97 Ⅰ TWH70

位于Ⅰ区T367南部。开口于第2层下，打破97TWG1、第3层、第4层和第5层。平面近圆形，弧壁，圜底。坑口直径0.86～0.9米，深0.44米。坑内堆积呈黑褐色，质地疏松。无出土器物（图3-5-45）。

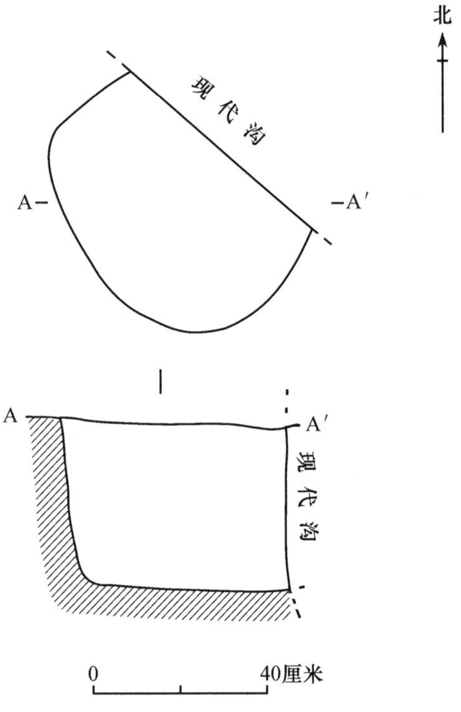

图3-5-44　97TWH69平、剖面图

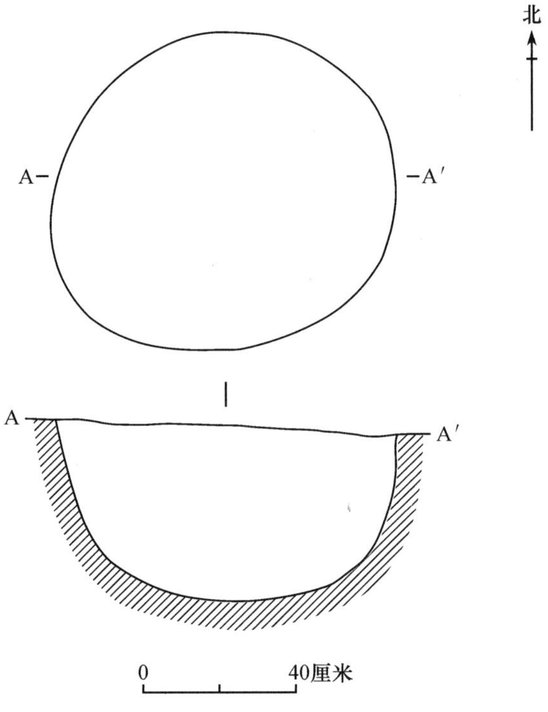

图3-5-45　97TWH70平、剖面图

12. 97 Ⅰ TWH117

位于T365东隔梁内，伸入T366西北角。开口于第2层下，打破第3层、97TWH3和97TWH25。平面呈圆形，斜壁，圜底。坑口直径为0.7米，深0.48米。坑内堆积呈黑褐色，质地疏松，出土器物1件（图3-5-46）。

出土器物

陶器　1件。

釉陶罐　1件。97TWH117：1，夹砂红陶，口部已残。腹部饰一层釉，釉未及底，器身下部有明显的流釉现象。器壁较厚，制作粗糙，弧腹，平底，器身还粘有大小不同的土块。最大腹径14、底径7.5、残高15厘米（图3-5-47）。

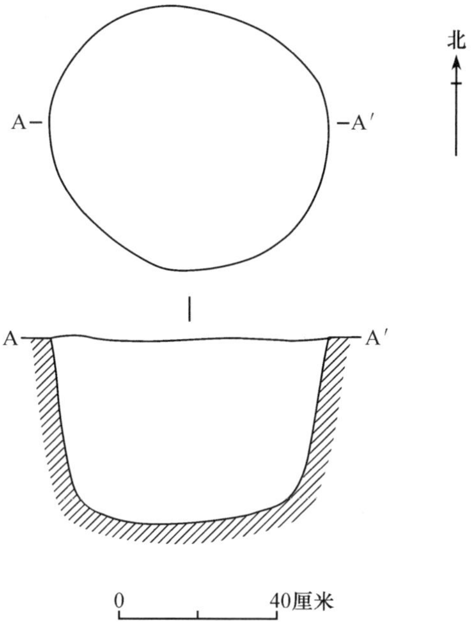

图3-5-46　97TWH117平、剖面图

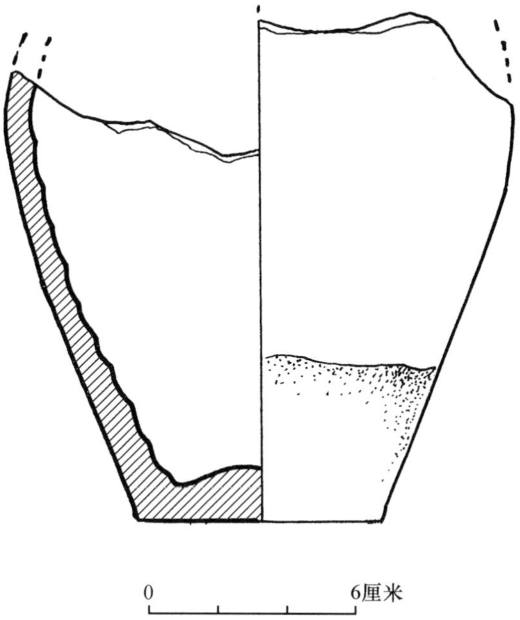

图3-5-47　97TWH117出土釉陶罐（97TWH117：1）

13. 97 Ⅰ TWH120

位于T367南部，伸入T338北隔梁。开口于第2层下，打破生土层。平面近圆形，弧壁，圜底。坑口直径约1米，深约0.22米。坑内堆积呈黑褐色，质地较疏松，无出土器物（图3-5-48）。

14. 97 Ⅰ TWH44

位于Ⅰ区T334东部。开口于第1层下，打破第3层、第4层和生土层。平面呈圆形，弧壁，圜底。坑口直径约1.06米，深0.6米。坑内堆积呈黑褐色，质地疏松。无出土器物（图3-5-49）。

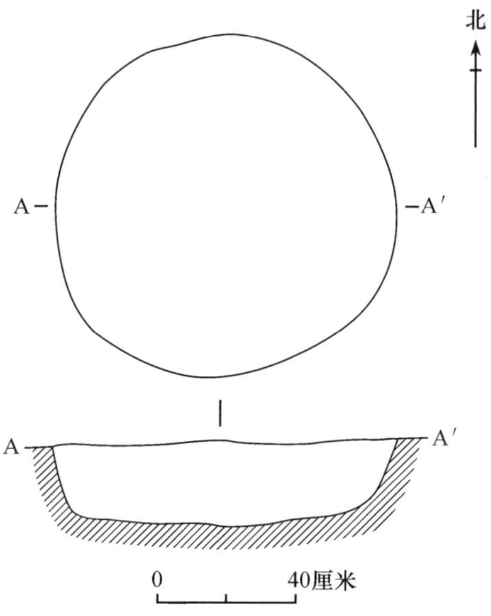

图3-5-48　97TWH120平、剖面图

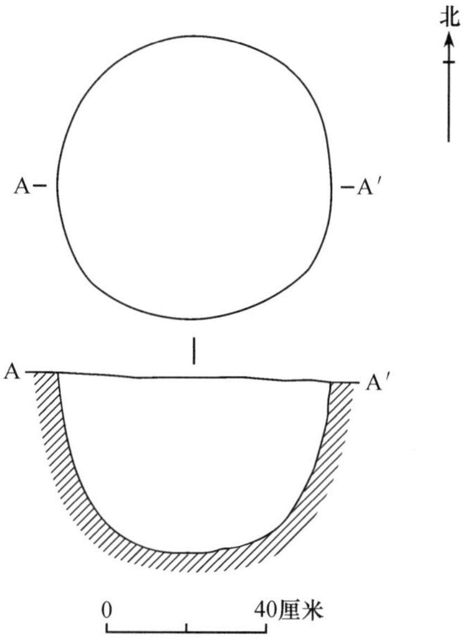

图3-5-49　97TWH44平、剖面图

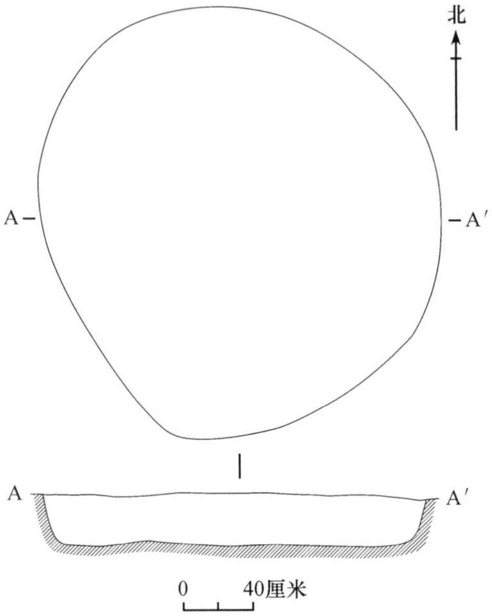

图3-5-50　97TWH84平、剖面图

15. 97ⅡTWH84

位于Ⅱ区T439西南部，伸入T409北隔梁和T438东隔梁。开口于第2层下，打破97TWG4。平面近圆形，斜壁，平底。坑口直径2.35～2.5米，坑深0.3米。坑内堆积呈黑褐色，质地疏松，出土器物5件（图3-5-50）。

出土器物

陶器　3件。

A型网坠　3件。97TWH84：1、97TWH84：3与此件形制相同。97TWH84：2，夹砂黑褐陶。细长圆柱形，两端有凹槽。长3、直径1.1厘米（图3-5-51，2）。

石器　1件

A型研磨器　1件。97TWH84：4，灰色细砂岩。长条形，表面光滑，两端残。残长14.4、宽7.5、厚3.4厘米（图3-5-51，1）。

铁器　1件。

钉　1件。97TWH84：5，方形钉身，钉帽向一侧微折，锈蚀严重。长6.7、宽0.5、厚0.1厘米（图3-5-51，3）。

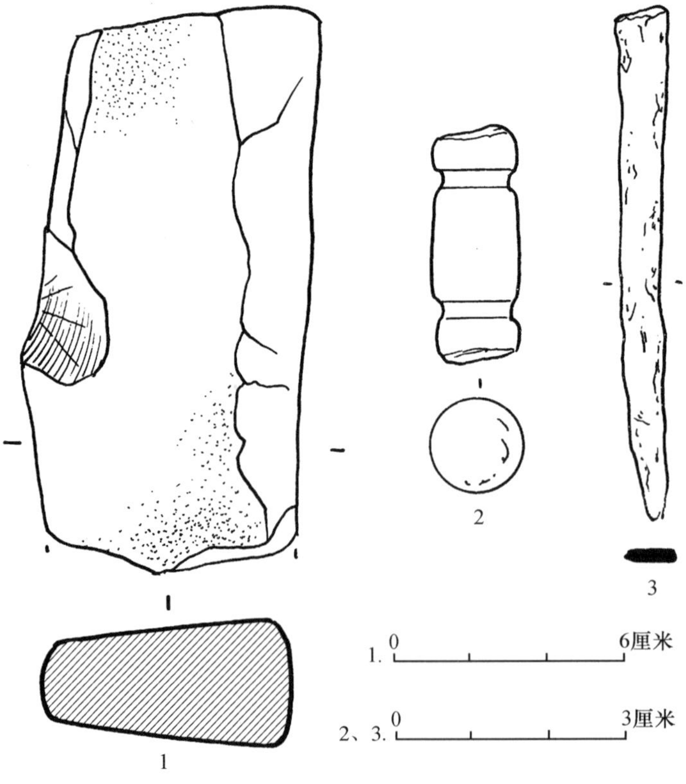

图3-5-51　97TWH84出土器物

1. A型石研磨器（97TWH84：4）　2. A型陶网坠（97TWH84：2）　3.铁钉（97TWH84：5）

16. 98ⅣTWH147

位于Ⅳ区T139西南部，部分伸入T138东隔梁。开口于第2层下，打破生土层。平面呈圆形，弧壁，圜底。坑口直径为0.9米，深0.3米。坑内堆积呈灰褐色，质地疏松。出土器物2件（图3-5-52）。

出土器物

陶器　2件。

网坠　2件。

Ba型　1件。98TWH147：2，夹砂黑褐陶。卵圆形，一侧有竖向凹槽，中间有一圆形钻孔。直径2.3、高2.2厘米（图3-5-53，2）。

C型　1件。98TWH147：1，夹砂红褐陶。亚腰形，中间有横向凹槽，将网坠分成大小几乎相同的两部分。直径2.1、高1.8厘米（图3-5-53，1）。

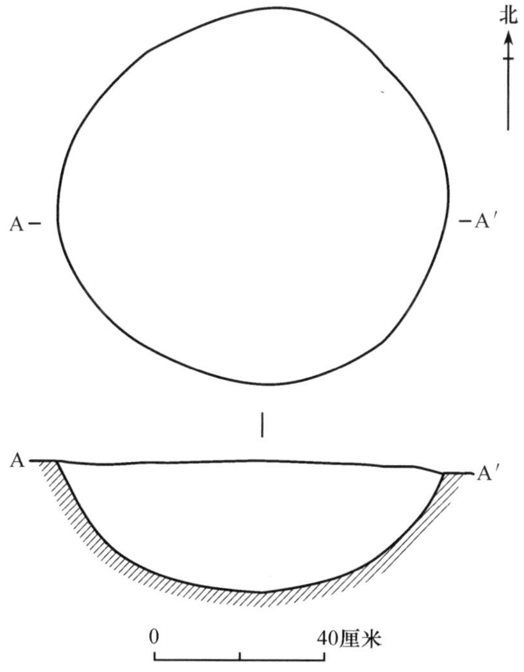

图3-5-52　98TWH147平、剖面图

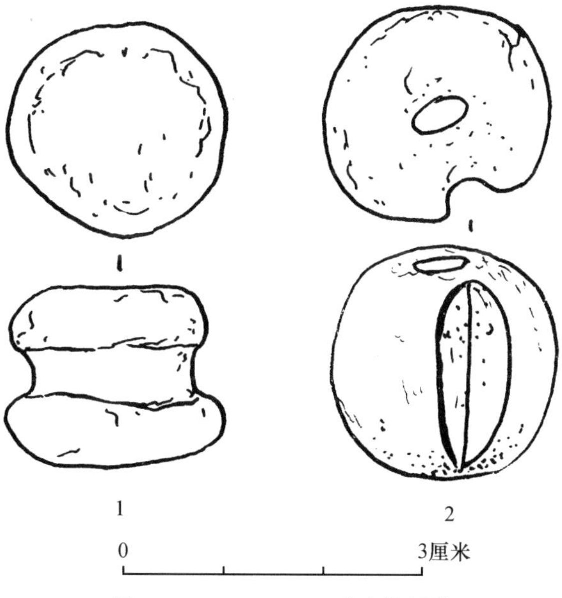

图3-5-53　98TWH147出土陶网坠
1. C型（98TWH147：1）　2. Ba型（98TWH147：2）

四、灰　　沟

属于这一时期的灰沟有2条，均发现于第Ⅰ区，编号为97ⅠTWG1、97ⅠTWG14。

1. 97ⅠTWG1

位于Ⅰ区T367中部，延伸至T368内。开口于第2层下，打破97TWH1和第3层。平面形状呈条带状，弧壁，平底。长6.5、宽0.6～1.48、深0.3～0.42米。西部沟底略高于东部沟底。沟内堆积呈黑褐色，质地较松软，出土器物6件（图3-5-54）。

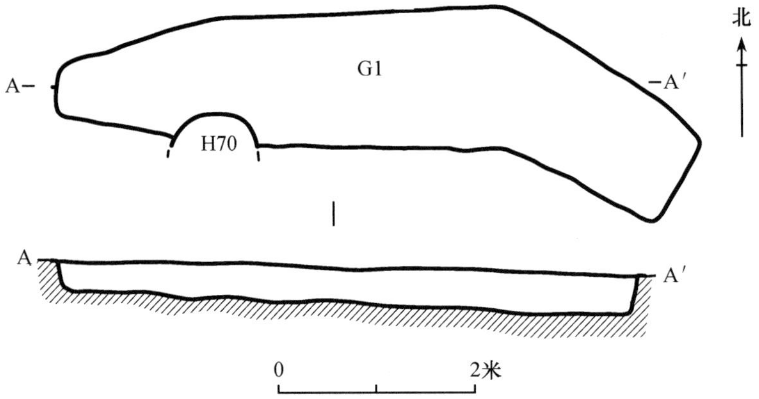

图3-5-54　97TWG1平、剖面图

出土器物

陶器　3件。

网坠　3件。

Ba型　1件。97TWG1：6，夹砂黄褐陶。卵圆形，器身饰有三竖向凹槽，中间有对钻孔。直径2.2、高2.4厘米（图3-5-55，1）。

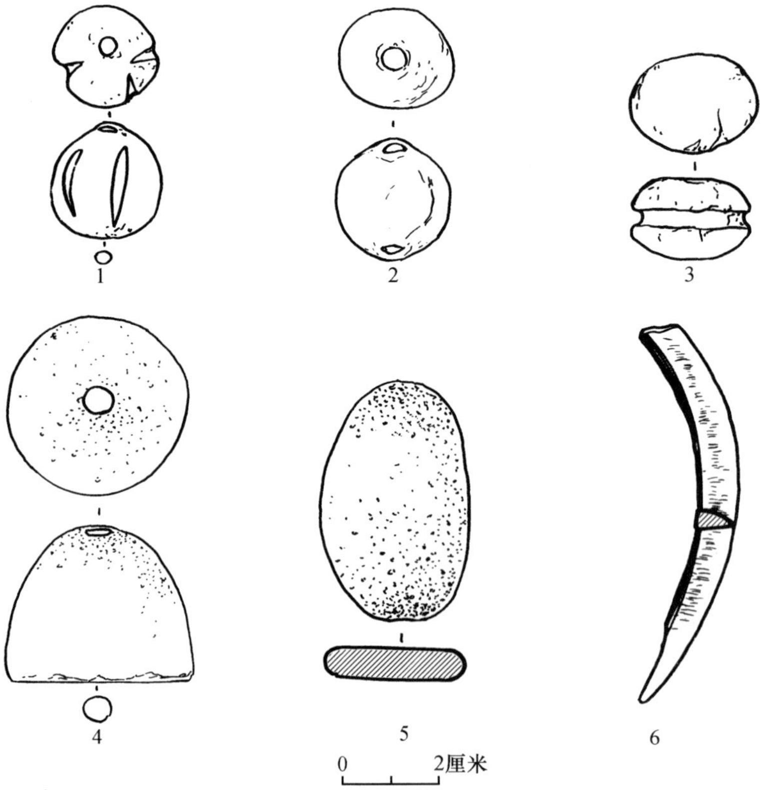

图3-5-55　97TWG1出土器物

1. Ba型陶网坠（97TWG1：6）　2. Bb型陶网坠（97TWG1：5）　3. C型陶网坠（97TWG1：3）　4. 石纺轮（97TWG1：1）　5. B型石研磨器（97TWG1：2）　6. 牙刀（97TWG1：4）

Bb型　1件。97TWG1：5，夹砂黄褐陶。卵圆形，中间有对钻孔。直径2.3、高2.5厘米（图3-5-55，2）。

C型　1件。97TWG1：3，夹砂黄褐陶。亚腰形。长径2.7、短径2.1、高1.6厘米（图3-5-55，3）。

石器　2件。

纺轮　1件。97TWG1：1，灰色砂岩。近似圆锥形，一端较平，一端呈弧形，中间有对钻孔。直径3.9、高3.2厘米（图3-5-55，4）。

B型研磨器　1件。97TWG1：2，灰色花岗岩。卵圆形，表面布满气孔。长5、截面长径3.1、短径0.7厘米（图3-5-55，5）。

牙器　1件。

刀　1件。97TWG1：4，呈弧形，一端有锋刃，表面较光滑。长8.1、宽0.9、厚0.4厘米（图3-5-55，6）。

2. 97ⅠTWG14

位于Ⅰ区T367、T368北隔梁内。开口于第2层下，打破97TWH12、97TWH14、97TWH16和第3层。平面呈窄条形，东西走向，弧壁，平底。长9.1、宽0.24、深约0.2米。坑内堆积呈黑褐色，质地疏松，仅见少量泥质灰陶片（图3-5-56）。

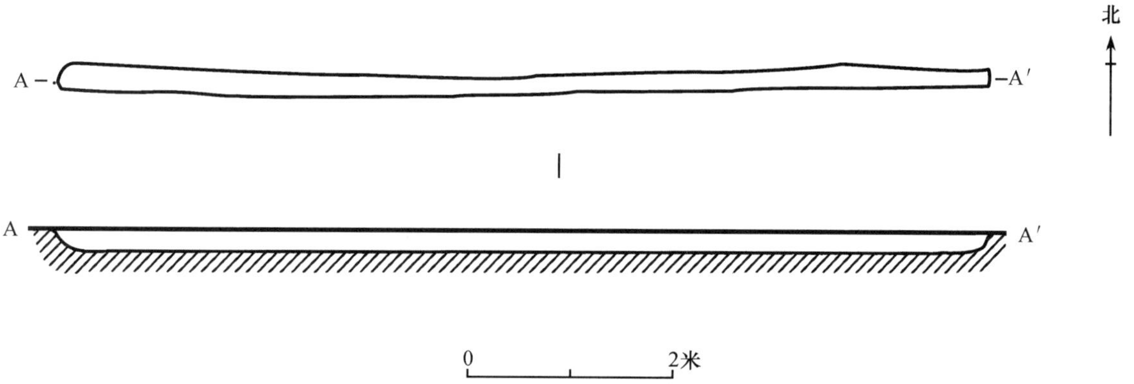

图3-5-56　97TWG14平、剖面图

五、环山围沟

属于这一时期的环山围沟仅发现1条，位于第Ⅱ区，编号为97ⅡTWG4。

97ⅡTWG4

跨Ⅱ区T499、T500、T467、T468、T438、T439、T409、T379几个探方，西北—东南走向，几乎贯穿整个山脊的南北，其东南端。开口于第2层下，打破97TWG13、97TWH112、97TWM1、97TWH96、97TWH97、97TWH95和第9层。并被97TWH84打破。平面呈条带形，

弧腹，圜底。长约24米，宽约2.8米，深约1.1米。推测为排水沟。沟内堆积呈黑褐色，质地松软，共出土器物102件（图3-5-57）。

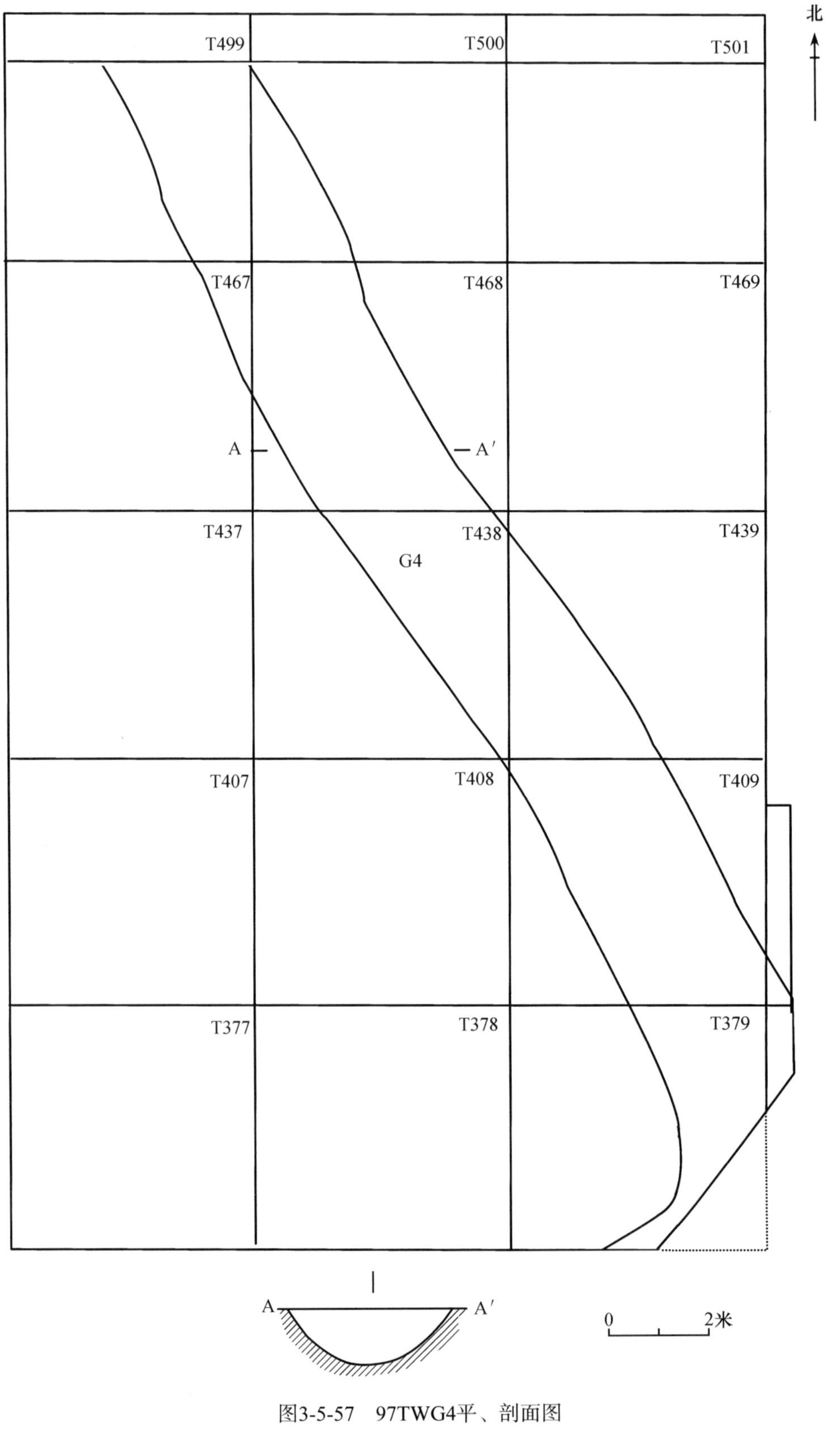

图3-5-57　97TWG4平、剖面图

出土器物

陶器　35件。

鼎足　1件。97TWG4：85，夹砂红陶。马蹄形足，剖面近方形。长9.2、宽2.5、厚2厘米（图3-5-59，11）。

网坠　29件。

A型　16件。细高圆柱形，两侧有系线凹槽。97TWG4：1，夹砂黄褐陶。一端残。直径1、高2.4厘米（图3-5-58，7）。97TWG4：6，夹砂黑陶。一端有破损。直径1、高2.6厘米（图3-5-58，6）。97TWG4：17，夹砂黄褐陶。两端大小长短不一致。直径1.3、高3.6厘米（图3-5-58，1）。97TWG4：19，夹砂黑褐陶。一端有两道凹槽，一端残。直径1.1、高2.3厘米（图3-5-58，11）。97TWG4：22，夹砂黄褐陶。一端有破损，器表遍布磨痕。直径1、高2.9厘米（图3-5-58，4）。97TWG4：23，泥质灰陶。一端有破损。直径1.2、高2.7厘米（图3-5-58，3）。97TWG4：25，夹砂灰褐陶。一端残。直径1、残高1.9厘米（图3-5-58，8）。97TWG4：26，夹砂灰褐陶。一端残。直径0.8、残高1.7厘米（图3-5-58，16）。97TWG4：27，夹砂黄褐陶。两端大小长短不一，器表有一处破损，凹槽处有磨痕。直径1.1、高3厘米（图3-5-58，2）。97TWG4：31，夹砂黄陶。一端残。直径1.1、残高2.3厘米（图3-5-58，12）。97TWG4：32，夹砂黑褐陶。凹槽较宽。直径0.8、高2.3厘米（图3-5-58，13）。97TWG4：47，泥质灰褐陶。一端残。直径1、残高1.8厘米（图3-5-58，15）。97TWG4：48，夹砂灰褐陶。一端残。直径1、残高2厘米（图3-5-58，14）。97TWG4：81，夹砂黑褐陶。器表有一处裂缝。直径0.8、高2.8厘米（图3-5-58，5）。97TWG4：83，夹砂黑陶。一端有两道浅凹槽，器表有两处破损。直径1、高2.5厘米（图3-5-58，9）。97TWG4：84，夹砂黑褐陶。一端磨损严重。直径0.9、高2.7厘米（图3-5-58，10）。

Ba型　8件。卵圆形，一侧有竖向凹槽，中间有一对钻孔。97TWG4：11，夹砂灰陶。直径0.8、高2.2厘米（图3-5-58，22）。97TWG4：12，夹砂黄褐陶。器表有多处凹坑。直径2、高3.4厘米（图3-5-58，18）。97TWG4：18，夹砂灰陶。一端呈斜面。直径2、高2.6厘米（图3-5-58，21）。97TWG4：21，夹砂红陶。近圆形，凹槽较浅。直径2.7、高2.6厘米（图3-5-58，17）。97TWG4：54，夹砂黄陶。直径1.8、高2.7厘米（图3-5-58，19）。97TWG4：55，夹砂红褐陶。两端均有部分破损。直径2.5、高2.1厘米（图3-5-59，2）。97TWG4：80，夹砂灰褐陶。器表光滑，一端有部分破损。直径2.3、高2.2厘米（图3-5-58，20）。97TWG4：82，夹砂红褐陶，颜色不均匀。器形规整。长径2.6、短径1.5、高3厘米（图3-5-59，1）。

C型　3件。亚腰形，中间有一圈横向凹槽，将器身分成两部分。97TWG4：44，夹砂红褐陶，颜色不均匀。直径2.5、高1.7厘米（图3-5-59，3）。97TWG4：59，夹砂红陶。网坠一端大，一端小。高2.6、宽1.9、厚1.8厘米（图3-5-59，4）。97TWG4：78，夹砂灰褐陶。一端有破损。高2.1、厚1.8厘米（图3-5-59，5）。

Ea型　1件。97TWG4：46，以夹砂红褐陶片磨制而成。近圆形，中间有一圆形钻孔，在孔周围磨出一圈凹槽，将之分成大小几乎相同的两个半圆。直径3.3、厚0.5厘米（图3-5-59，8）。

Eb型　1件。97TWG4：79，以夹砂红陶片磨制而成。平面近椭圆形，两端磨制豁口，豁

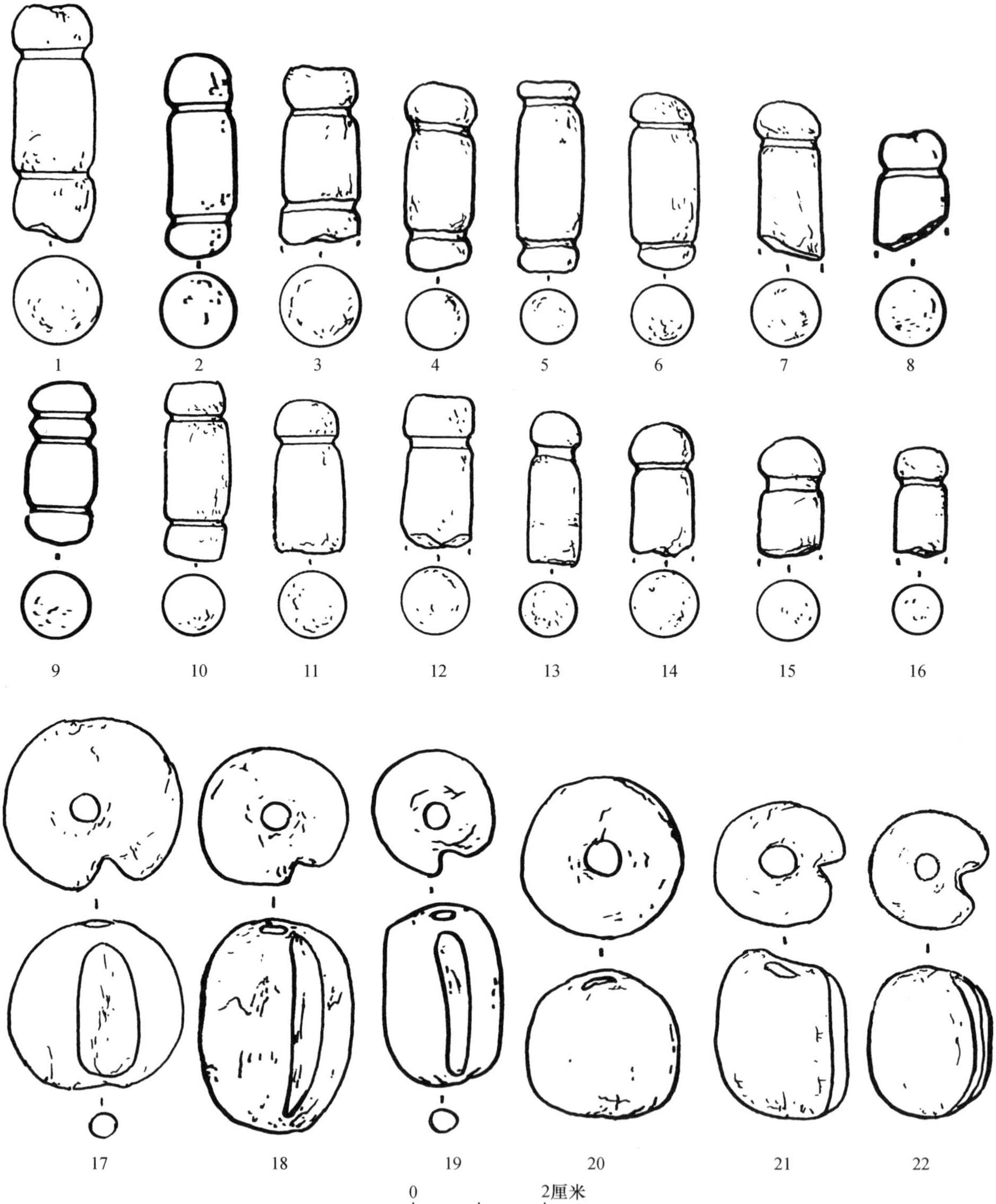

图3-5-58　97TWG4出土陶网坠

1～16. A型（97TWG4：17、97TWG4：27、97TWG4：23、97TWG4：22、97TWG4：81、97TWG4：6、97TWG4：1、97TWG4：25、97TWG4：83、97TWG4：84、97TWG4：19、97TWG4：31、97TWG4：32、97TWG4：48、97TWG4：47、97TWG4：26）　17～22. Ba型（97TWG4：21、97TWG4：12、97TWG4：54、97TWG4：80、97TWG4：18、97TWG4：11）

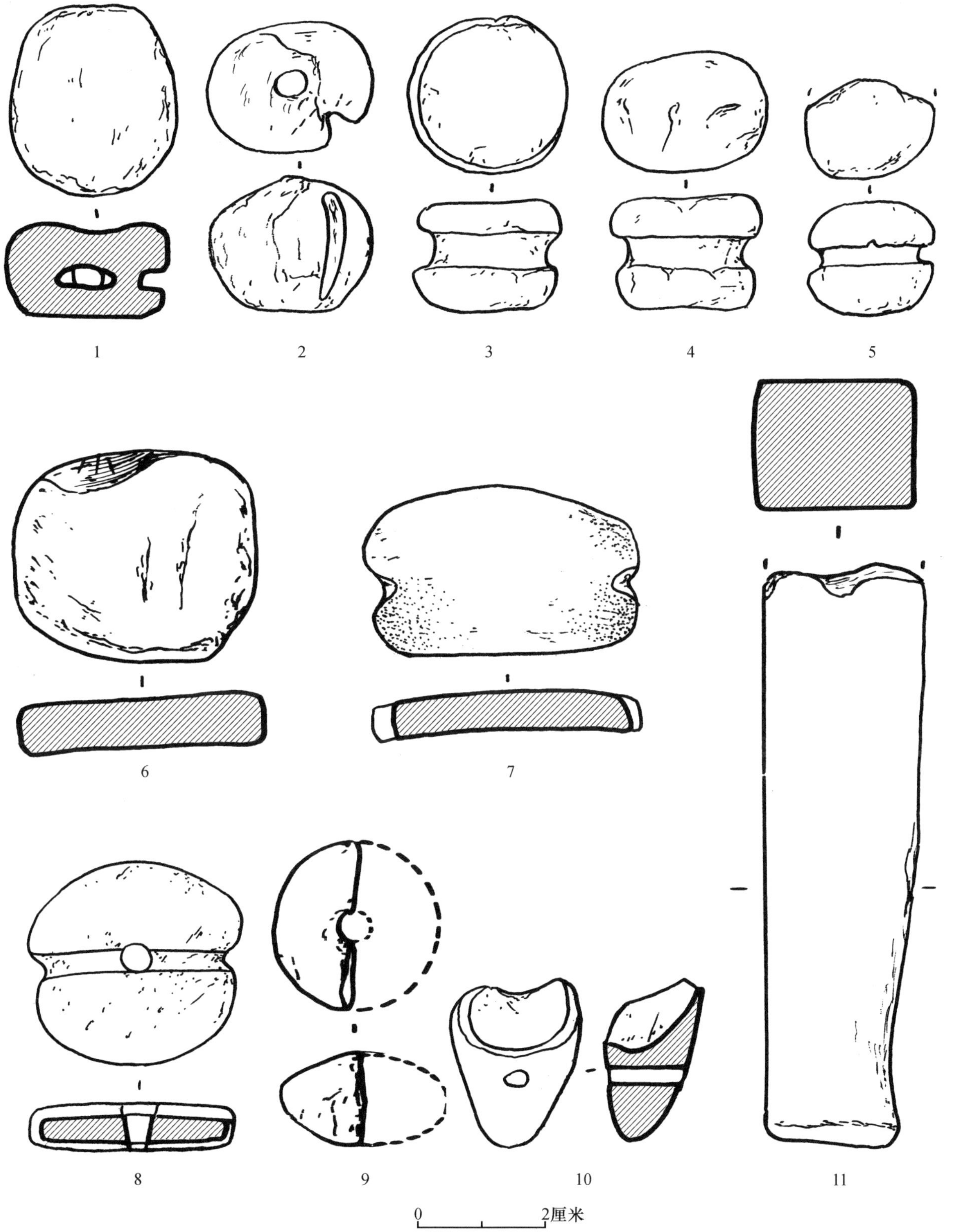

图3-5-59　97TWG4出土陶器

1、2. Ba型网坠（97TWG4：82、97TWG4：55）　3～5. C型网坠（97TWG4：44、97TWG4：59、97TWG4：78）　6、10. 陶饰（97TWG4：62、97TWG4：87）　7. Eb型网坠（97TWG4：79）　8. Ea型网坠（97TWG4：46）　9. Cb型纺轮（97TWG4：102）　11. 鼎足（97TWG4：85）

口大小不一。高4.4、宽2.6、厚0.6厘米（图3-5-59，7）。

纺轮　2件。

E型　1件。97TWG4：88，夹砂灰陶。变形菌盖形，上下面均磨平，中间有一对钻孔。一面直径5.4、一面直径3.1、高1.6厘米（图3-5-60，1）。

Cb型　1件。97TWG4：102，夹砂灰褐陶。算珠形，仅余器身一半。直径2.8、高1.5厘米（图3-5-59，9）。

陶饰　2件。97TWG4：62，夹砂红陶。平面近圆角长方形，两面均有刻划痕，一面有部分破损。长3.9、宽3.4、厚0.9厘米（图3-5-59，6）。97TWG4：87，夹砂红陶。残，呈斜口杯形，器身处有一对钻孔。高2.7、宽2、厚1.5厘米（图3-5-59，10）。

范　1件。97TWG4：86，夹砂红褐陶。呈不规则形，残断，破损严重。剖面呈7字形。长4.9、宽4.2、厚0.4～0.9厘米（图3-5-60，2）。

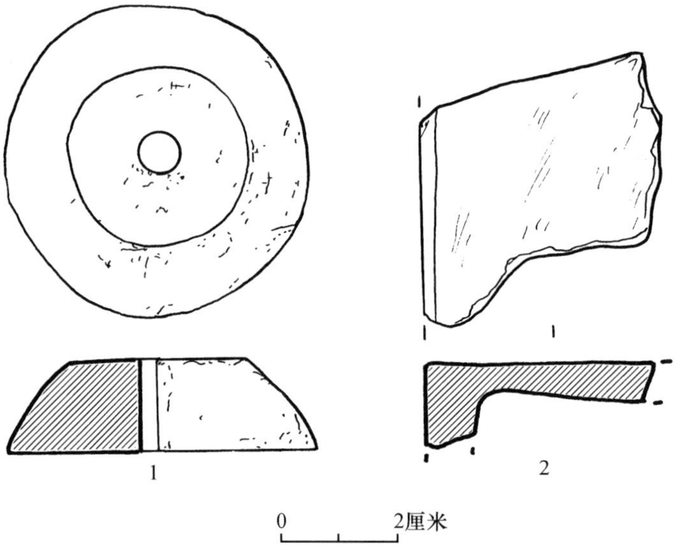

图3-5-60　97TWG4出土陶器

1. E型纺轮（97TWG4：88）　2. 范（97TWG4：86）

石器　50件。

网坠　14件。

B型　12件。椭圆形，两端打制豁口。97TWG4：33，灰白色石英砂岩。长径4.3、短径3.6、厚1.2厘米（图3-5-61，2）。97TWG4：34，灰色砂岩。长径4.9、短径3.9、厚0.7厘米（图3-5-61，1）。97TWG4：52，灰白色砂岩。长径3.1、短径1.8、厚0.3厘米（图3-5-61，11）。97TWG4：56，灰白色石英砂岩。豁口较浅。长径4.1、短径3.2、厚1.3厘米（图3-5-61，10）。97TWG4：61，暗紫色砂岩。长径4.6、短径3.2、厚0.7厘米（图3-5-61，9）。97TWG4：68，青灰色板岩。长径3.6、短径3.1、厚0.7厘米（图3-5-61，8）。97TWG4：69，灰白色石英砂岩。长径4.7、短径3.5、厚1.1厘米（图3-5-61，5）。97TWG4：70，暗紫色石英砂岩。长径4.8、短径3.6、厚1.1厘米（图

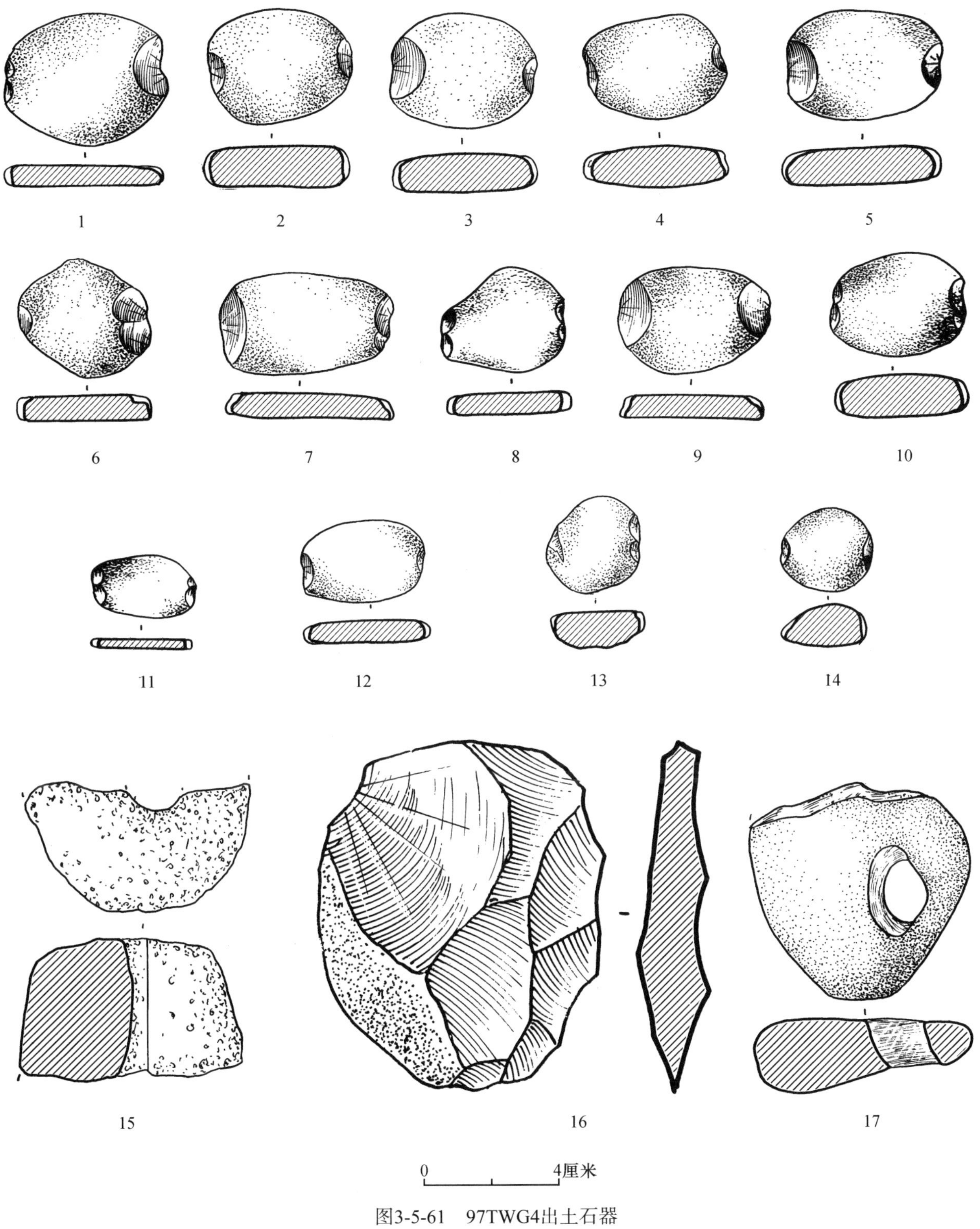

图3-5-61　97TWG4出土石器

1～12. B型网坠（97TWG4：34、97TWG4：33、97TWG4：70、97TWG4：71、97TWG4：69、97TWG4：89、97TWG4：73、97TWG4：68、97TWG4：61、97TWG4：56、97TWG4：52、97TWG4：72）　13、14. D型网坠（97TWG4：45、97TWG4：93）　15. 气孔玄武岩块（97TWG4：63）　16. 石器（97TWG4：92）　17. 石坠（97TWG4：96）

3-5-61，3）。97TWG4：71，暗紫色石英砂岩。长径4.4、短径3.2、厚1.2厘米（图3-5-61，4）。97TWG4：72，灰白色石英砂岩。长径3.7、短径2.4、厚0.7厘米（图3-5-61，12）。97TWG4：73，青灰色板岩。长径5.2、短径3.2、厚0.8厘米（图3-5-61，7）。97TWG4：89，滑石。长径3.9、短径3.6、厚0.8厘米（图3-5-61，6）。

D型　2件。97TWG4：45，灰色花岗岩。近圆形，两端豁口大小不一，一面有部分破损。直径2.8、厚1.1厘米（图3-5-61，13）。97TWG4：93，紫灰色砂岩。直径约2.5、厚1.2厘米（图3-5-61，14）。

镞　13件。

Aa型　3件。无脊无铤，柳叶形镞。97TWG4：40，青灰色板岩。镞身较薄，镞身下部分残断。长3.9、镞身宽1、厚0.1厘米（图3-5-62，16）。97TWG4：57，灰白色板岩。仅余镞身部分。长4.3、镞身宽1、厚0.1厘米（图3-5-62，15）。97TWG4：76，青灰色板岩。仅余镞身部分。长4.6、宽1.4、厚0.2厘米（图3-5-62，14）。

Ad型　3件。平面呈柳叶形，镞身剖面呈六边形。97TWG4：5，褐灰色板岩。凹底。长3、镞身宽1、厚0.2厘米（图3-5-62，8）。97TWG4：58，青灰色板岩。镞身下部分残断，器身遍布磨痕。长4.2、镞身宽0.9、厚0.2厘米（图3-5-62，5）。97TWG4：74，青灰色板岩。凹底。长4.2、宽1.7、厚0.3厘米（图3-5-62，7）。

Ae型　1件。平面呈圭形，镞身剖面呈六边形。97TWG4：35，褐色板岩。凹底。长3.7、镞身宽1、厚0.2厘米（图3-5-62，6）。

Ba型　2件。97TWG4：75，青灰色板岩。双翼，后锋有微小倒刺，方柱形铤。长4.4、宽1.1、厚0.3厘米（图3-5-62，12）。97TWG4：77，青灰色板岩。双翼，后锋倒刺呈燕尾形，方柱形铤。长5、镞身宽1.4、厚0.6厘米（图3-5-62，11）。

Cc型　2件。97TWG4：10，灰色板岩。三棱形，镞身平面呈三角形，圆柱形铤。长5.1、镞身宽0.9、厚0.6厘米（图3-5-62，10）。97TWG4：51，青灰色板岩。三棱形镞，镞尖残，镞身平面及剖面均呈三角形，圆柱形铤残断。长4.7、镞身宽0.8、厚0.5厘米（图3-5-62，13）。

异型镞　2件。97TWG4：14，青灰色板岩。仅余镞身部分，柳叶形，镞身剖面呈四边形。残长2.5、镞身宽1.3、厚0.2厘米（图3-5-62，9）。97TWG4：16，青灰色板岩。镞身平面呈三角形，镞尖起脊，镞身中间有血槽，剖面呈六边形，方柱形铤，铤残。长5.8、镞身宽1.8、厚0.5厘米（图3-5-62，4）。

刀　3件。

B型　1件。97TWG4：30，青灰色板岩。仅余刀身一段，刀身较宽，弧背，双面弧刃。残长4.5、宽4.1、厚0.9厘米（图3-5-63，5）。

Bb型　1件。97TWG4：94，青灰色板岩。刀极小，平面近梯形。直背，双面直刃，刀身较薄，表面遍布磨痕。长3.5、宽1.6、厚0.1厘米（图3-5-63，7）。

C型　1件。97TWG4：4，褐灰色板岩。一端残断，尖首，弧背，双面直刃。长5、宽2、厚0.5厘米（图3-5-63，6）。

斧　3件。97TWG4：50，青灰色板岩。平面近梯形，背部不规整，双面弧刃，刃部有豁

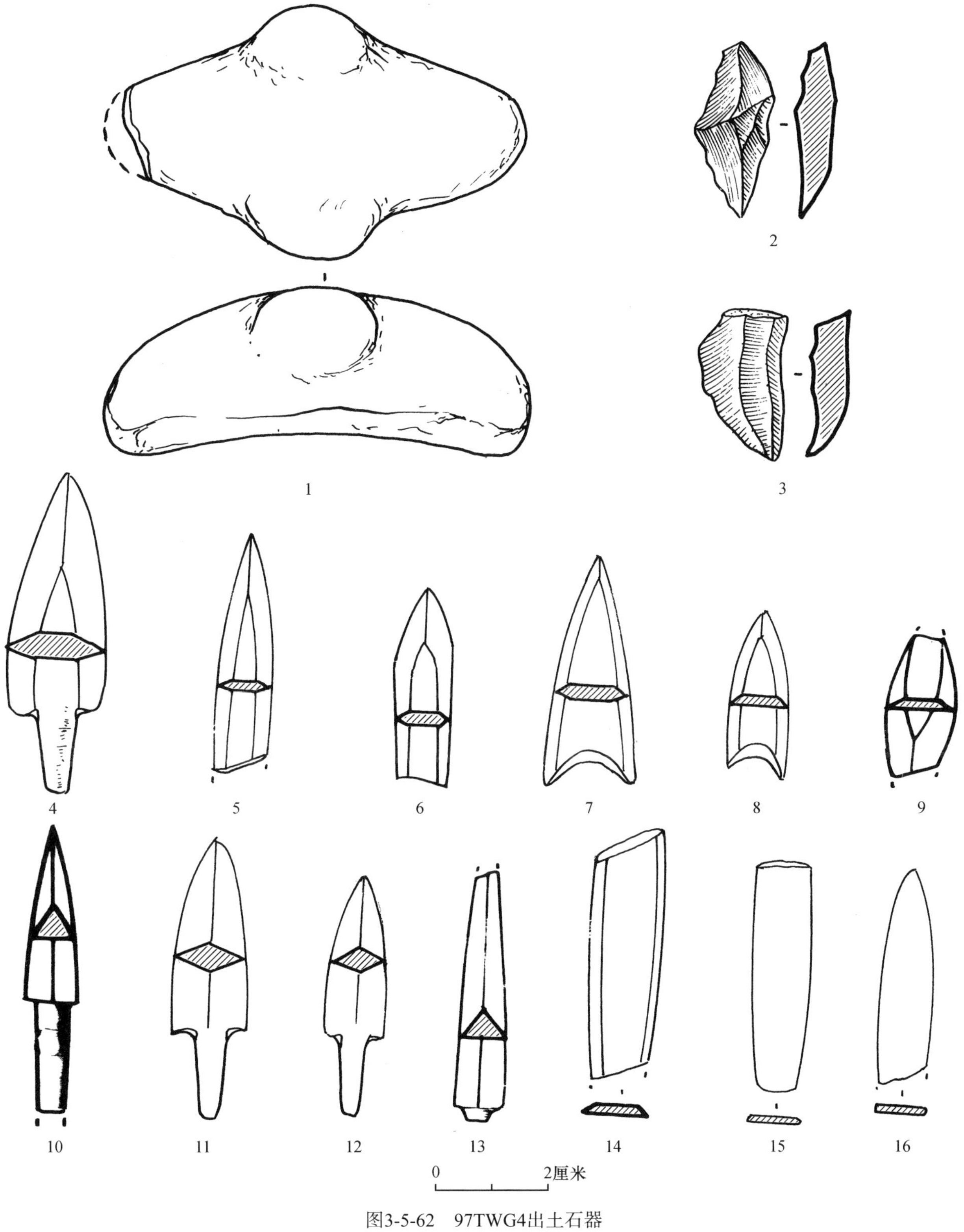

图3-5-62　97TWG4出土石器

1. 剑柄加重器（97TWG4：103）　2、3. 刮削器（97TWG4：36、97TWG4：49）　4、9. 异型镞（97TWG4：16、97TWG4：14）　5、7、8. Ad型镞（97TWG4：58、97TWG4：74 、97TWG4：5）　6. Ae型镞（97TWG4：35）　10、13. Cc型镞（97TWG4：10、97TWG4：51）　11、12. Ba型镞（97TWG4：77、97TWG4：75）　14～16. Aa型镞（97TWG4：76、97TWG4：57、97TWG4：40）

口。长18.6、宽9.4、厚3.4厘米（图3-5-63，1）。97TWG4：90，深灰色板岩。平面呈长方形，背部平直，双面刃，刃部有崩片，器身有破损。长12、宽6.6、厚1.8厘米（图3-5-63，4）。97TWG4：91，灰色板岩。仅余部分器身，呈不规则形，器身遍布打制痕迹，刃部残。长14.2、宽4.6、厚2厘米（图3-5-63，3）。

凿　1件。97TWG4：13，青灰色板岩。扁梯形，背部有一豁口，双面直刃，器表有磨痕。长5.2、宽3.2、厚0.5厘米（图3-5-63，8）。

锛　1件。97TWG4：29，褐色砂岩。仅余部分器身，呈长条形，器表较为光滑，单面弧刃。长16.4、宽4、厚3厘米（图3-5-63，2）。

研磨器　6件。

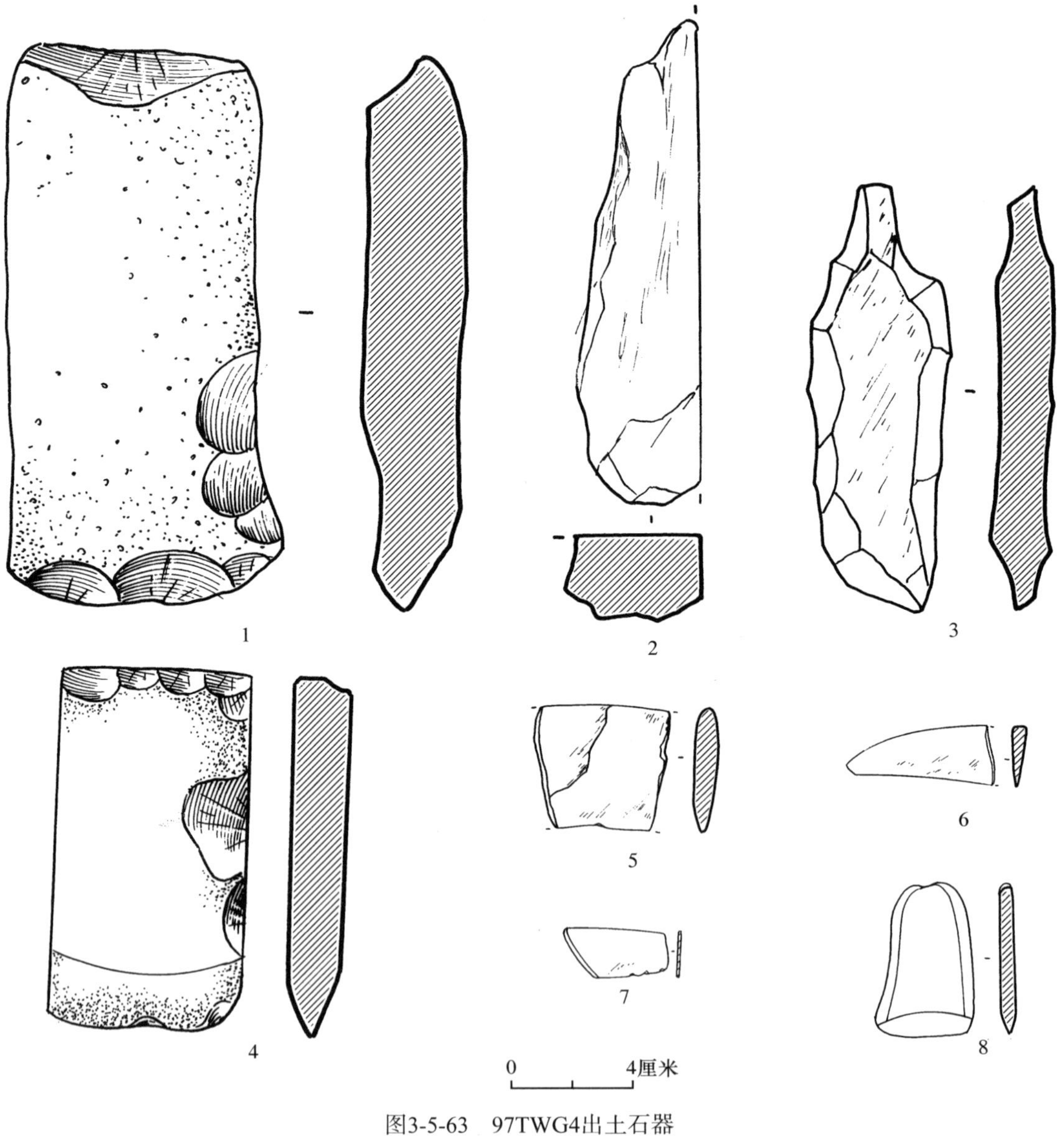

图3-5-63　97TWG4出土石器

1、3、4. 斧（97TWG4：50、97TWG4：91、97TWG4：90）　2. 锛（97TWG4：29）　5. B型刀（97TWG4：30）　6. C型刀（97TWG4：4）　7. Bb型刀（97TWG4：94）　8. 凿（97TWG4：13）

A型　5件。97TWG4∶28，暗紫色花岗细晶岩。扁柱形，剖面呈椭圆形，一端有使用痕迹。长16、宽7、厚3.4厘米（图3-5-64，2）。97TWG4∶60，灰白色砂岩。扁柱形，一端残。长8.2、宽5、厚2.2厘米（图3-5-64，8）。97TWG4∶65，灰色石英砂岩。圆柱形，两端粗细不一，一端有使用痕迹。长13.4、宽5.6、厚3.2厘米（图3-5-64，5）。97TWG4∶66，灰白色花岗岩。扁柱形，一端残，一端有使用痕迹。长14、宽5.6、厚2.8厘米（图3-5-64，4）。97TWG4∶67，暗紫色花岗岩。圆柱形，一端有使用痕迹。长16、宽5.2、厚4厘米（图3-5-64，3）。

B型　1件。97TWG4∶53，灰白色石英砂岩。不规则卵圆形，一侧较平，一侧较弧，一端有使用痕迹。长17.4、宽8、厚3.2厘米（图3-5-64，1）。

石饼　2件。圆饼状。97TWG4∶64，暗紫色花岗岩晶岩。长径14.4、短径12.2、厚2厘米（图3-5-64，6）。97TWG4∶95，灰色石英砂岩。长径4.4、短径4.1、厚1厘米（图3-5-64，7）。

有沟砺石　1件。97TWG4∶24，灰白色砂岩。平面呈不规则长方形，剖面呈不规则梯形，仅有一个磨面，磨面较平整，中间有一道沟槽。长5.2、宽4.2、厚3.3厘米（图3-5-64，9）。

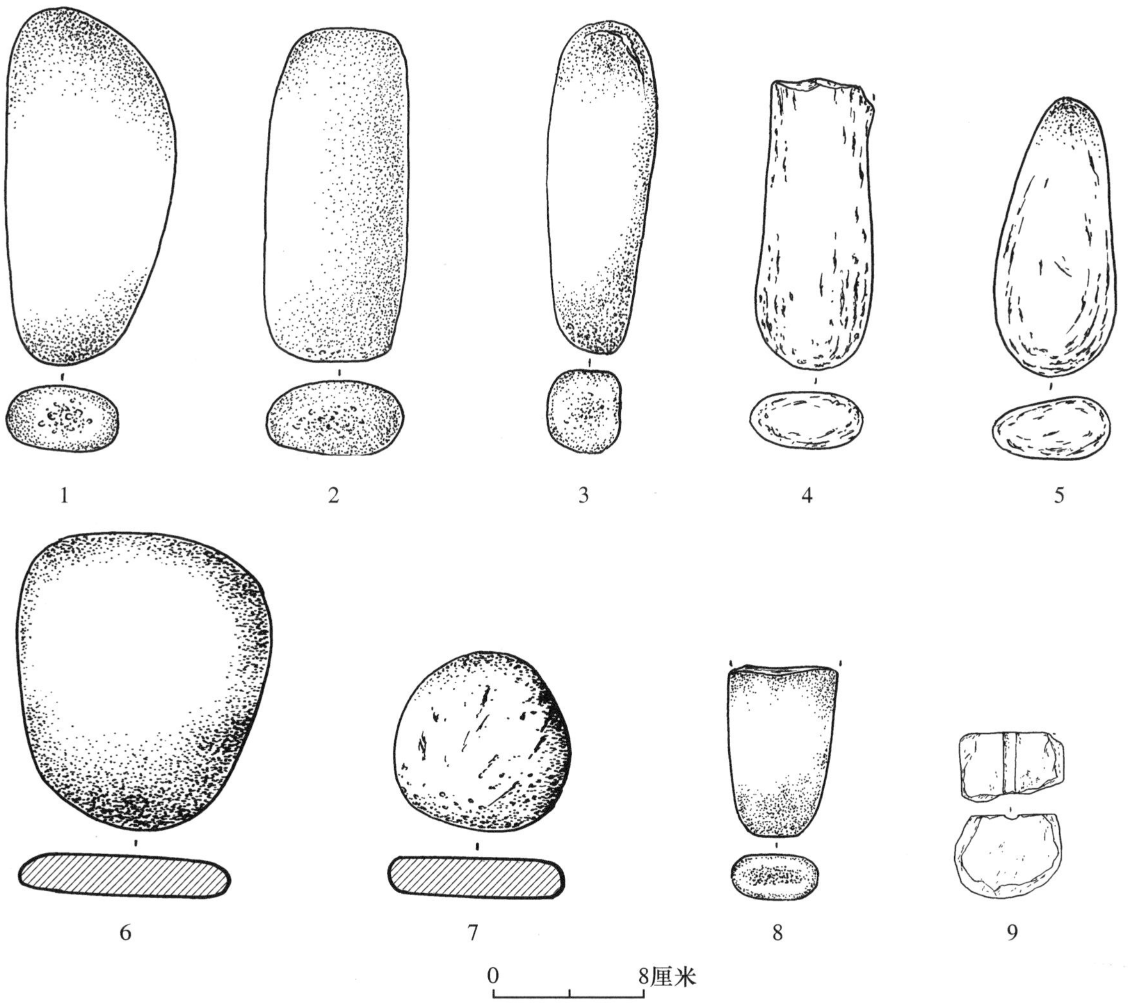

图3-5-64　97TWG4出土石器

1. B型研磨器（97TWG4∶53）　2～5、8. A型研磨器（97TWG4∶28、97TWG4∶67、97TWG4∶66、97TWG4∶65、97TWG4∶60）　6、7. 石饼（97TWG4∶64、97TWG4∶95）　9. 有沟砺石（97TWG4∶24）

刮削器　2件。97TWG4：36，粉紫色硅质岩。长3.2、宽1.4、厚0.8厘米（图3-5-62，2）。97TWG4：49，暗紫色硅质岩。长2.7、宽1.5、厚0.7厘米（图3-5-62，3）。

气孔玄武岩块　1件。97TWG4：63，灰色气孔玄武岩。残，近半圆形，一端有长条形凹槽，器表遍布气孔。长径6.6、短径3.9、厚4.3厘米（图3-5-61，15）。

石器　1件。97TWG4：92，青灰色板岩。椭圆形，器身遍布打制痕迹。长10.6、宽8.4、厚2.2厘米（图3-5-61，16）。

石坠　1件。97TWG4：96，青灰色砂岩。心形，上面有一对钻孔，一侧较规整，一侧较粗糙。最大径6.6、厚2.4厘米（图3-5-61，17）。

剑柄加重器　1件。97TWG4：103，含角砾的灰色砂岩。一面饰双乳，一面呈弧面内凹，器表光滑，有部分破损。长7.5、宽4.7、厚2.5厘米（图3-5-62，1；图版三一，5）。

骨、牙器　16件。

骨锥　10件。97TWG4：2，锥身剖面呈长方形，锥尖剖面呈圆形，锥尾残。长10.7、宽1.8、厚0.4厘米。97TWG4：7，一端残，以动物骨磨制而成。器表遍布磨痕，剖面近圆角方形。长9.3、宽0.3、厚0.3厘米（图3-5-65，7）。97TWG4：15，锥身剖面呈凹窝形，锥尖剖面呈圆形。长11、壁厚0.8厘米（图3-5-65，4）。97TWG4：20，仅余锥身中间部分，圆锥形，器身有磨痕。残长3.5、厚0.4厘米（图3-5-65，10）。97TWG4：37，锥身剖面呈凹窝形，器表有磨痕，锥尾残。残长9.1、壁厚0.3厘米（图3-5-65，5）。97TWG4：38，锥身剖面呈凹窝形，尖部锋利。长10、壁厚0.3厘米（图3-5-65，6）。97TWG4：39，器表呈黑灰色，圆锥形，器身有多处磨痕。长4、直径0.3厘米（图3-5-65，11）。97TWG4：42，器形较小，锥身剖面呈长方形，表面呈黑色，可能被烧灼过。长4.8、宽0.3、厚0.1厘米（图3-5-65，12）。97TWG4：43，锥身剖面呈凹窝形，锥身一侧有凹槽，器身遍布磨痕。长5.7、壁厚0.2厘米（图3-5-65，13）。97TWG4：101，锥身剖面呈凹窝形，锥尖很锋利。长6.7、壁厚0.4厘米（图3-5-65，14）。

骨簪　2件。97TWG4：98，圆锥形，器身有磨痕。长7.7、厚0.4厘米（图3-5-65，3）。97TWG4：99，扁柱形。兽骨磨制，器身有多处刻划痕。长11.8、长径1、短径0.5厘米（图3-5-65，2）。

卜骨　1件。97TWG4：41，牛肩胛骨，残。长14、宽3.9、厚1.5厘米（图3-5-65，1）。

骨管　2件。97TWG4：9，一端残。长1.4、直径0.4厘米（图3-5-65，8）。97TWG4：100，圆管状，两端均有切割痕。长2.2、宽0.8、壁厚0.2厘米（图3-5-65，9）。

牙饰　1件。97TWG4：3，弧形，中空，器身剖面呈三角形，一端残。长6.5、宽0.8、壁厚0.1厘米（图3-5-65，15）。

铁器　1件。

蹄掌　1件。97TWG4：97，新月形，一面平，一面凸起，凸起那面中部有三个长条形镂孔，周身锈蚀严重。长7.5、宽2.2、厚0.7厘米（图3-5-66）。

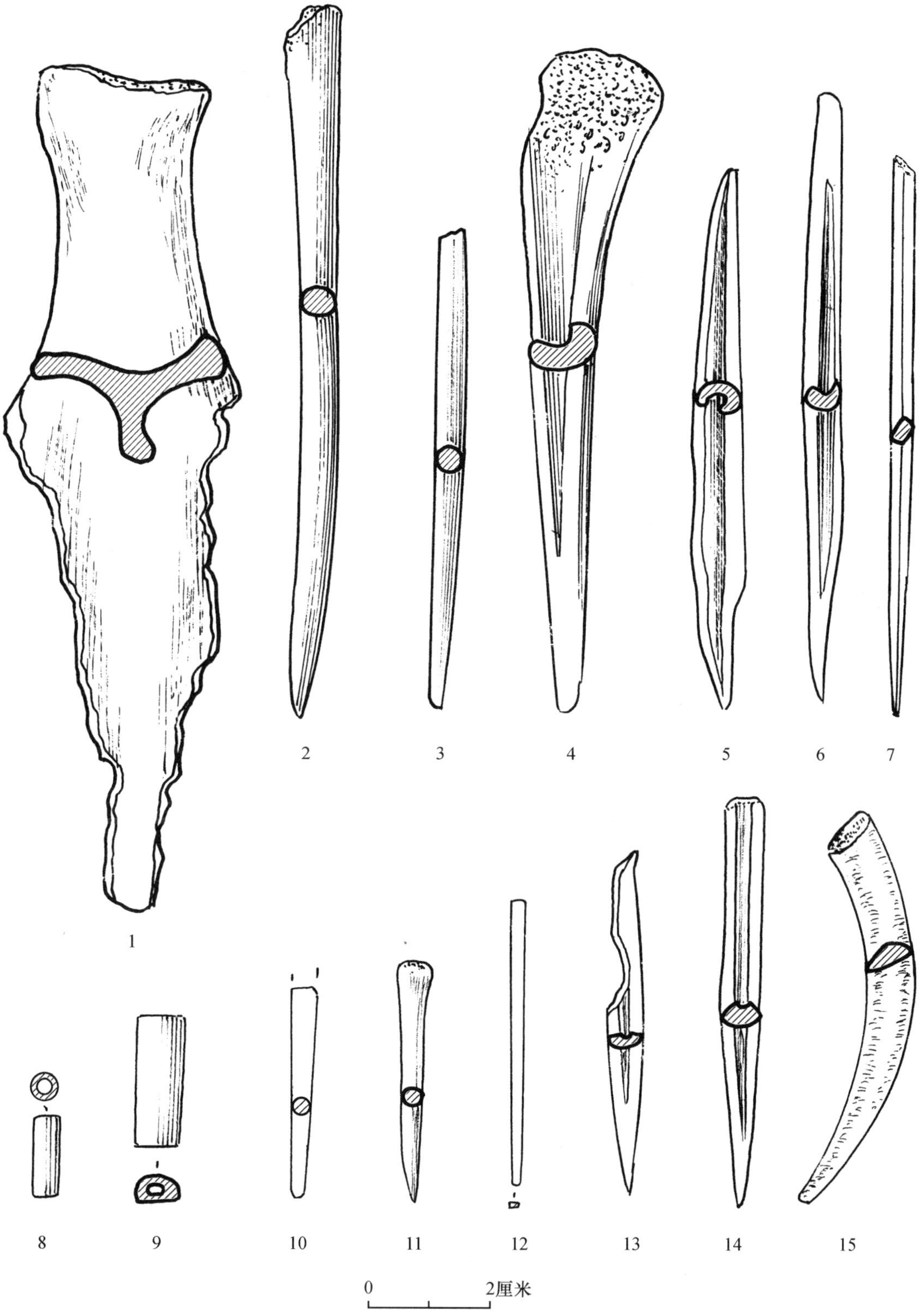

图3-5-65　97TWG4出土器物

1. 卜骨（97TWG4：41）　2、3. 骨簪（97TWG4：99、97TWG4：98）　4～7、10～14. 骨锥（97TWG4：15、97TWG4：37、97TWG4：38、97TWG4：7、97TWG4：20、97TWG4：39、97TWG4：42、97TWG4：43、97TWG4：101）　8、9. 骨管（97TWG4：9、97TWG4：100）　15. 牙饰（97TWG4：3）

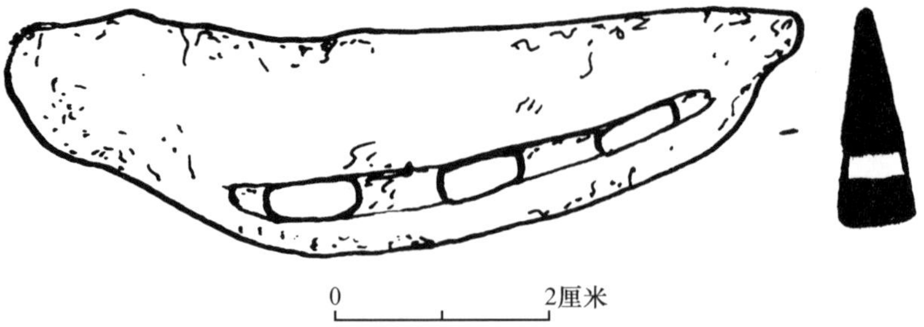

图3-5-66　97TWG4出土铁蹄掌（97TWG4：97）

六、墓　葬

属于这一时期的墓葬仅发现1座，位于第Ⅵ区，编号为99ⅥTWM29。

99ⅥTWM29

墓葬概况

方坛积石墓。位于Ⅵ区内，跨T755、T758、T759、T760、T765、T756六个探方，开口于第1层下。

平面呈刀形，共三级阶坛。方向为60度。

此墓建造方法为：在原来地表上以大石块砌筑出南北长650、东西宽600厘米的一级阶坛，并以碎石填充其间。再以大石块在一级方坛之上向内收50厘米砌筑第二级阶坛。再向内收50厘米砌筑第三级方坛。在第三级方坛上砌筑长方形墓圹（图版八三，1）。墓圹四壁以大石块砌筑。墓圹底铺河卵石，厚约10厘米，人骨平铺于河卵石之上（图版八四，2）。人骨上盖云母页岩石板（图版八四，1），云母页岩石板上再盖以碎石封顶。

方坛北部以大石块砌出南北长235、东西宽150厘米的长方形平台边框，内填碎石块。平台南部与方坛相接，形成刀形积石墓。此平台内无遗物，推测为祭坛。

方坛西侧有几块大石块紧贴一级阶坛，用途不明。

墓内人骨未经焚烧，头骨散落于墓圹东部，四肢骨散落于墓圹中部偏西，但均不成人形，应为捡骨葬，推测有3～5人（图3-5-67；图版八三，2）。

共出土6件器物，均散置于墓圹之中。

随葬器物

共出土器物6件。

陶器　1件。

Cb型纺轮　1件。99TWM29：7，夹砂红褐陶，夹蚌粉。平面呈算珠形，剖面呈六边形。最大径3.5、高1.7厘米（图3-5-68，1）。

铁器　3件。

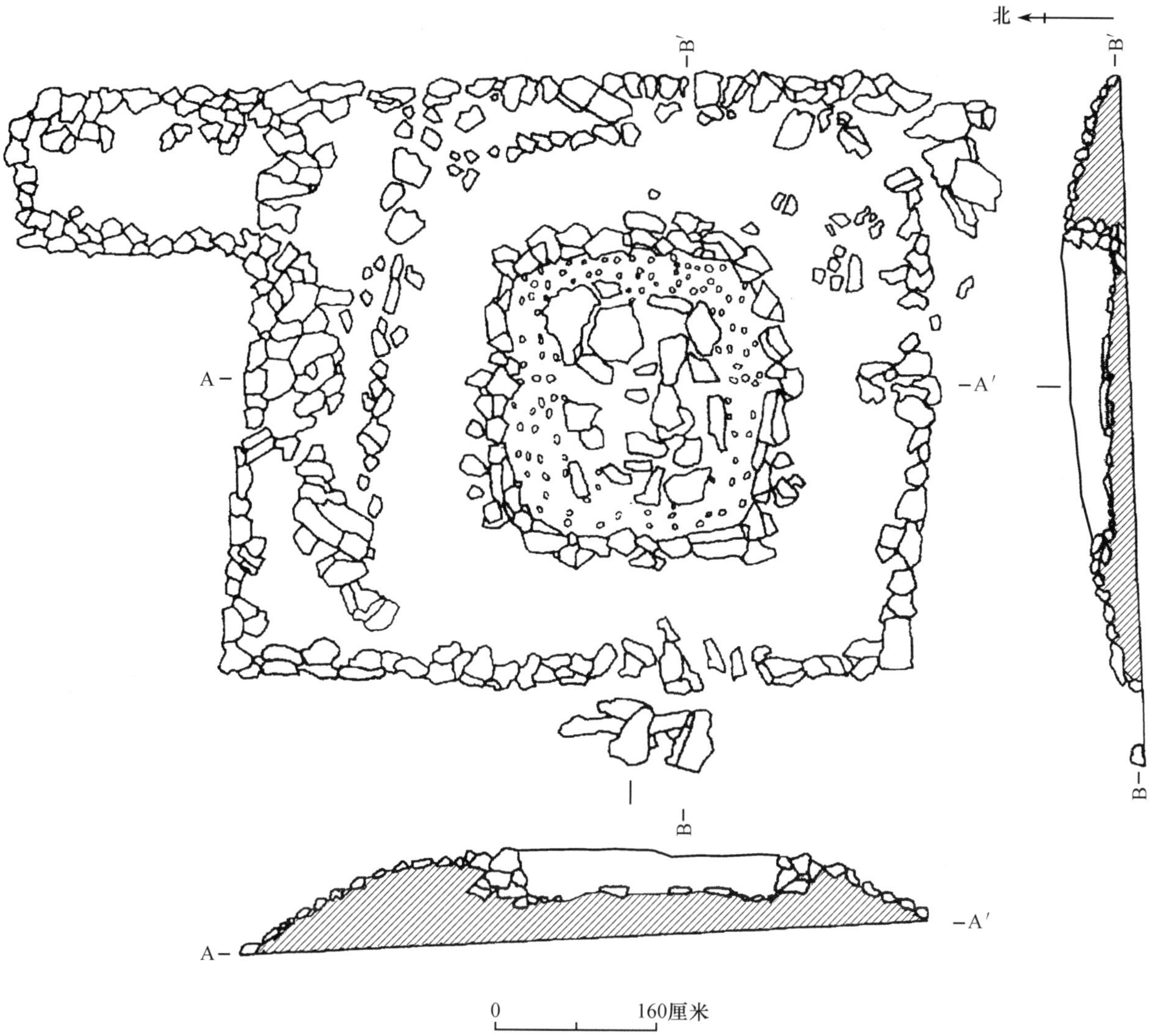

图3-5-67　99TWM29平、剖面图

带环　1件。99TWM29：1，已残。椭圆形环，一侧有长条形铁片连接。铁片中间有圆形铆钉，器身布满铁锈。环长径4.3、短径3.4、通长9.2厘米（图3-5-68，2）。

镞　1件。99TWM29：2，棱形镞身，圆柱形铤。通长10.3厘米（图3-5-68，3）。

镬　1件。99TWM29：3，平面近长方形，长方形銎孔，刃口已残。长8.9、宽6、銎厚2.8厘米（图3-5-68，4）。

杂器　2件。

铅弹子　2件。珠状，2件形制相同。99TWM29：4，直径1.3厘米（图3-5-68，5）。99TWM29：5，残半。直径1.3厘米。

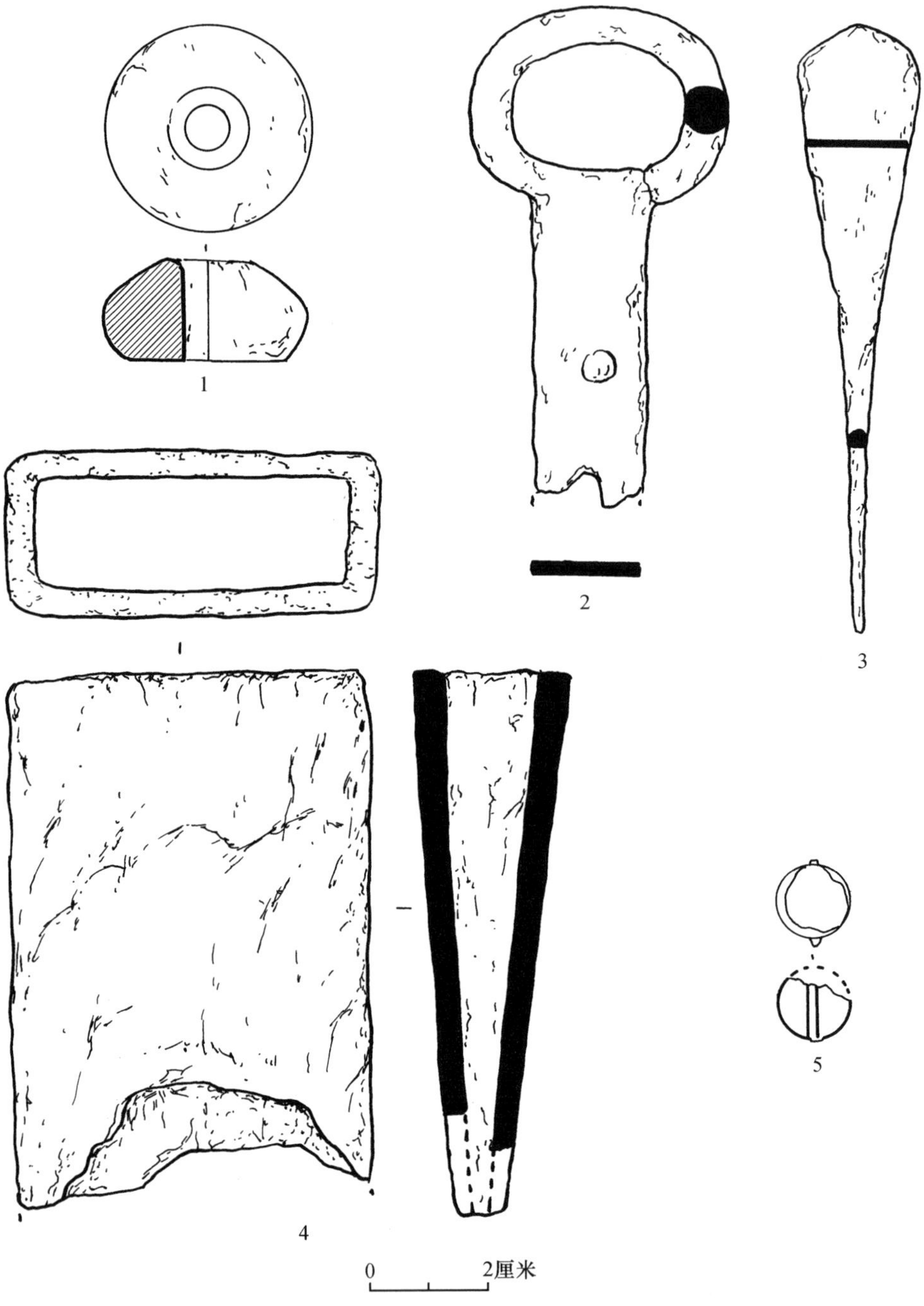

图3-5-68　99TWM29出土器物

1. Cb型陶纺轮（99TWM29：7）　2. 铁带环（99TWM29：1）　3. 铁镞（99TWM29：2）
4. 铁镢（99TWM29：3）　5. 铅弹子（99TWM29：4）

第六节　明代遗存

万发拨子遗址第六期遗存，即明代遗存，为墓葬。共发现明代墓葬12座（编号98TWM5～98TWM16），分布于第Ⅲ区，均为竖穴土坑墓。下面按单位分别进行介绍。

1. 98TWM5

长方形竖穴土坑墓。墓口长114、宽54厘米，距地面深20厘米。墓底长109、宽43厘米，距地表深40厘米。无葬具。方向250度。

单人葬。仰身直肢葬。人骨保存较完整，性别不详。经鉴定，死者为5～6岁儿童。

死者胸部右侧出土骨扣2件、绿松石珠1件（图3-6-1；图版八五，1）。

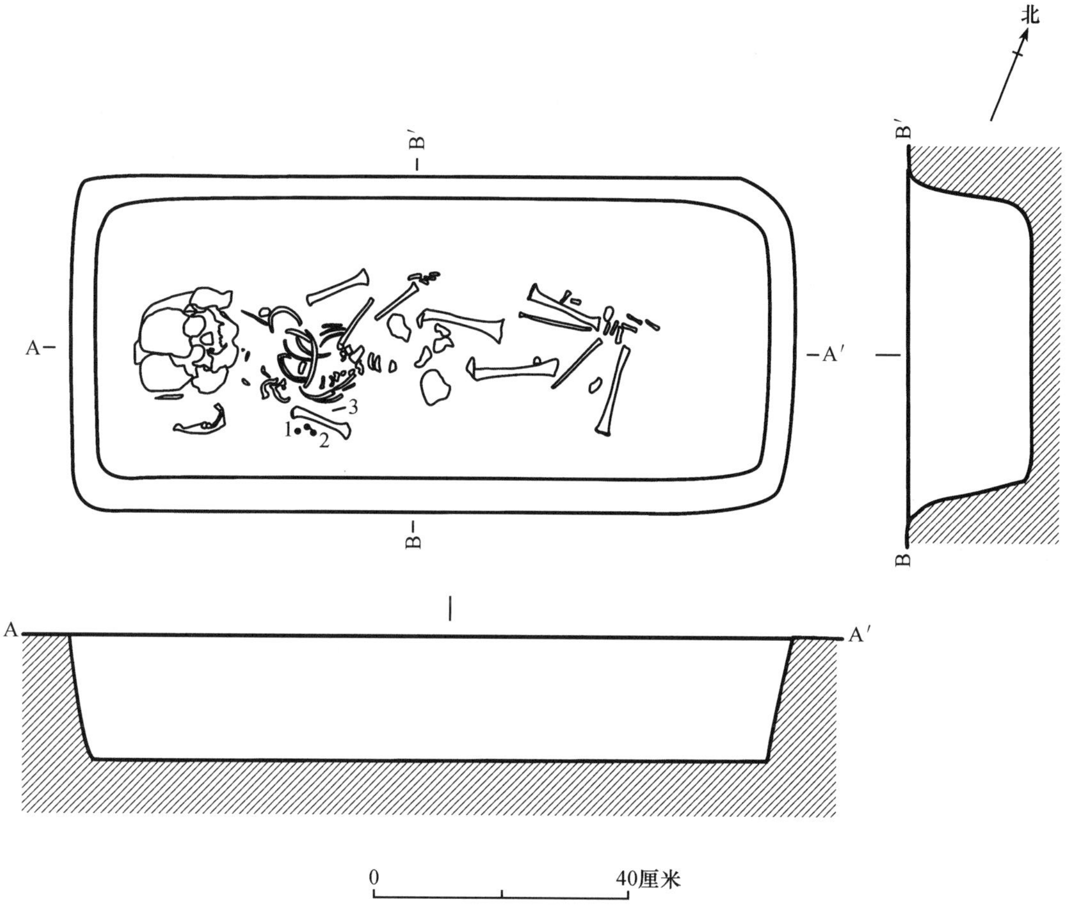

图3-6-1　98TWM5平、剖面图

1、2. 骨扣　3. 绿松石珠

随葬器物

共出土器物3件。

石器　1件。

绿松石珠　1件。98TWM5：3，绿松石，管状。直径0.3厘米（图3-6-2，3）。

骨器　2件。

扣　2件。均为蘑菇形骨扣，正面圜丘状，背面平整，有桥形纽。98TWM5：1，1件。用铁丝穿扎。直径0.8厘米（图3-6-2，1）。98TWM5：2，1件（2个）。大小不一，用铁丝穿扎。大：直径0.8厘米，小：直径0.7厘米（图3-6-2，2）。

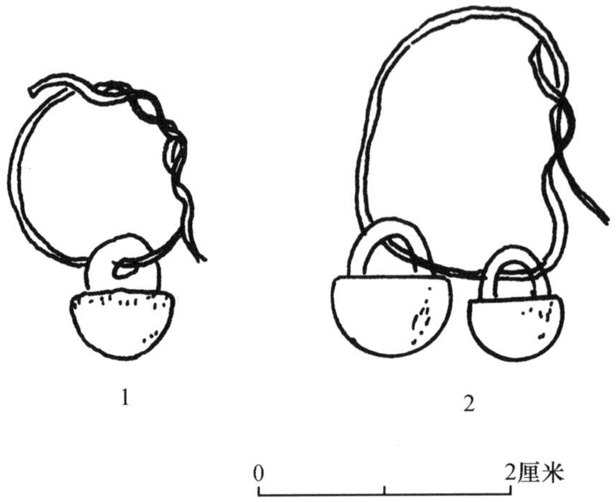

图3-6-2　98TWM5出土器物
1、2. 骨扣（98TWM5：1、98TWM5：2）　3. 绿松石珠（98TWM5：3）

2. 98TWM6

长方形竖穴土坑墓。墓口长122、宽50厘米，距地表深35厘米。墓底长115、宽41厘米，距地表深65厘米。无葬具。方向265度。

单人葬。为仰身直肢葬。人骨被扰乱过。头顶和脚下各置一块比较平整的石块。性别不详。经鉴定，死者为7～8岁儿童。

无随葬品（图3-6-3；图版八五，2）。

3. 98TWM7

长方形竖穴土坑墓。墓口长145、宽51厘米，距地表深40厘米。墓底长135、宽42厘米，距地表深75厘米。无葬具。方向260度。

单人葬。为仰身直肢葬。人骨胸部有鼠洞，胸椎和肋骨被扰乱。性别为男性。经鉴定，死者年龄16～18岁。

死者腰部右侧随葬铁刀1件（图3-6-4；图版八五，3）。

随葬器物

出土器物1件。

铁器　1件。

刀　1件。98TWM7：1，锈蚀严重，器形较小。直背，弧刃。长6.1、刀身宽0.7、刀把宽1厘米（图3-6-5）。

4. 98TWM8

梯形竖穴土坑墓。墓口长90、宽39厘米，距地表深50厘米。墓底长80、宽31厘米，距地表深80厘米。无葬具。方向240度。

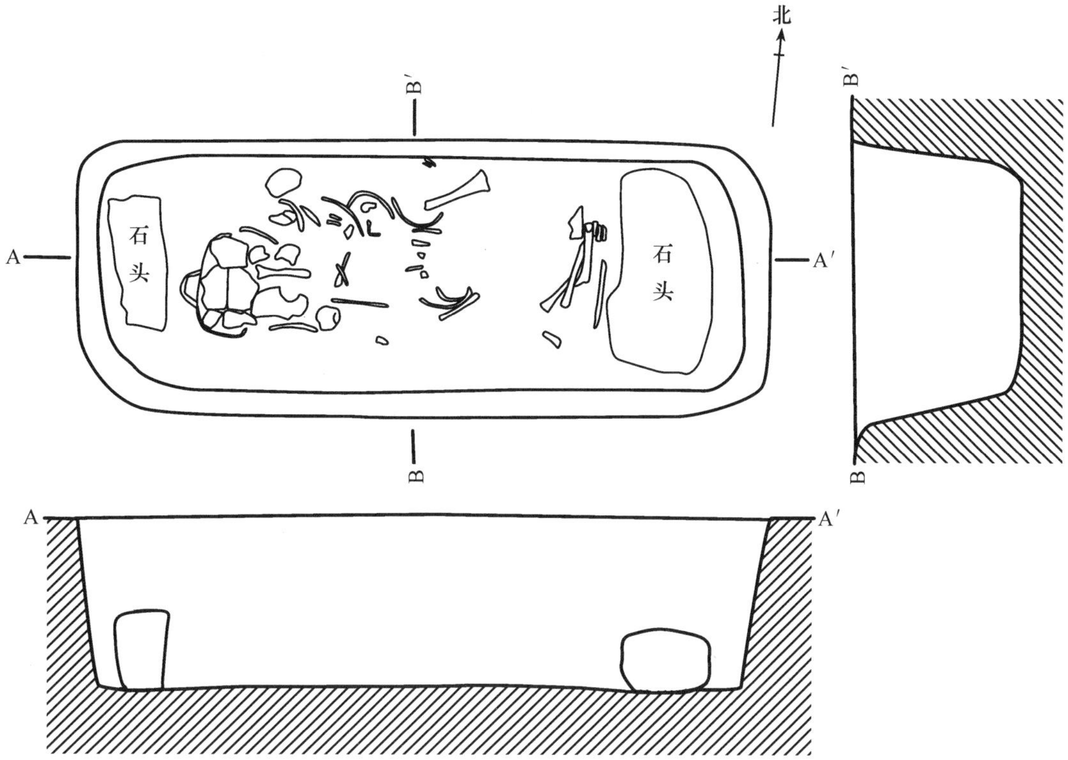

图3-6-3　98TWM6平、剖面图

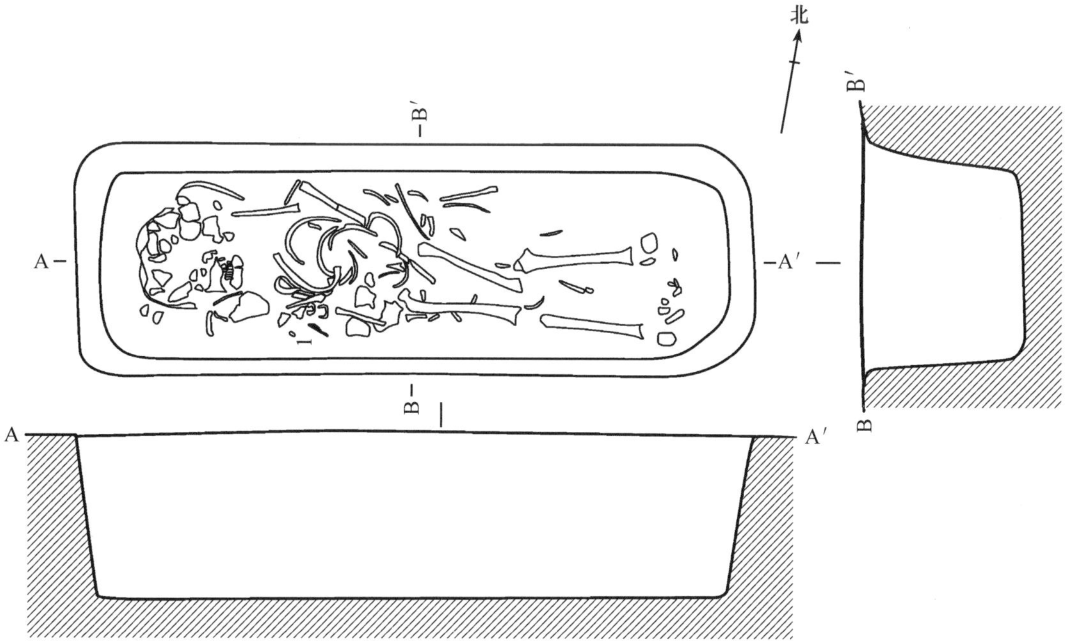

图3-6-4　98TWM7平、剖面图

1. 铁刀（98TWM7：1）

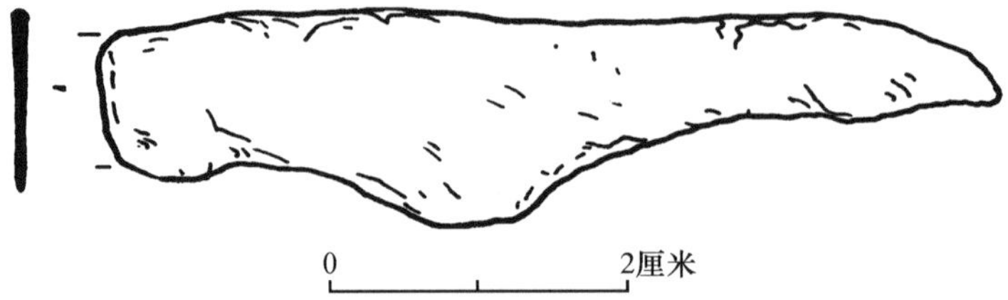

图3-6-5　98TWM7出土铁刀（98TWM7：1）

单人葬。为仰身直肢葬。人骨比较残碎，头骨薄如蛋皮，但尚能看出头部和四肢的位置。性别不清。死者年龄2～3岁。

死者头部左侧出土1件铜环、1件玉璧；右侧腕部戴1件铜镯（图3-6-6；图版八五，4）。

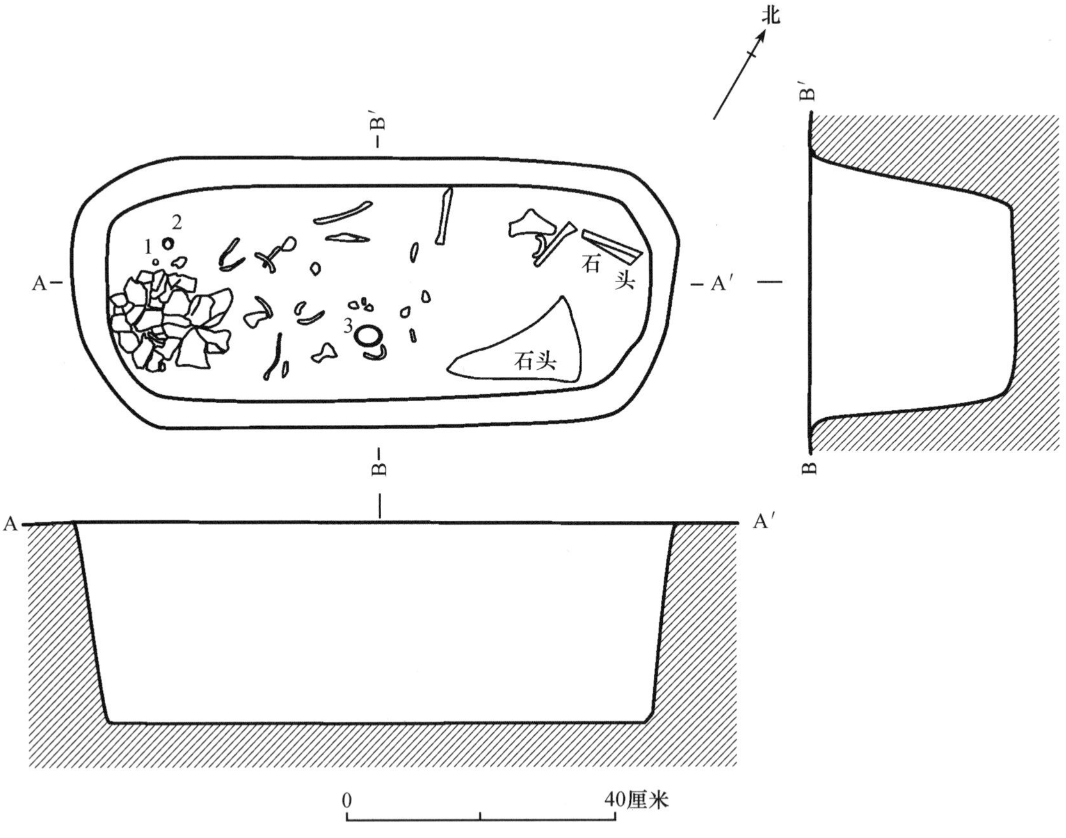

图3-6-6　98TWM8平、剖面图
1. 铜环　2. 玉璧　3. 铜镯

随葬器物

共出土器物3件。

青铜器　2件。

镯　1件。98TWM8：2，以粗铜丝环绕而成。出土时戴在死者右手腕部。铜镯粗0.3厘米（图3-6-7，1）。

环　1件。98TWM8：1，铜丝弯曲近两周而成。直径1.2厘米（图3-6-7，2）。

玉器　1件。

璧　1件。98TWM8：3，圆环状。直径2.1、厚0.2厘米（图3-6-7，3）。

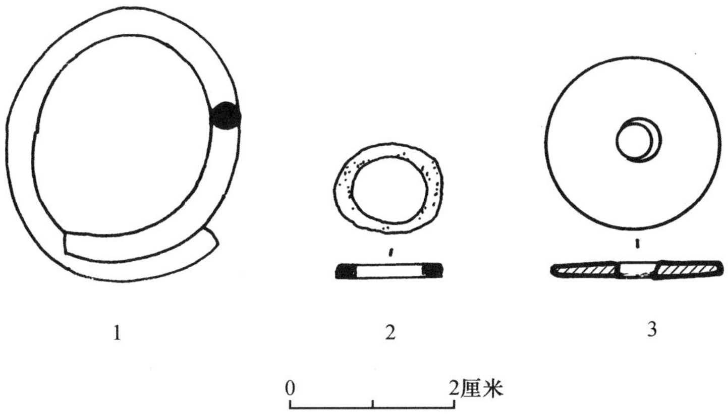

图3-6-7　98TWM8出土器物

1. 铜镯（98TWM8：2）　2. 铜环（98TWM8：1）　3. 玉璧（98TWM8：3）

5. 98TWM9

长方形竖穴土坑墓。墓口长105、宽49厘米，距地表深20厘米。墓底长95、宽40厘米，距地表深50厘米。无葬具。方向270度。

单人葬。仰身直肢葬。人骨残碎，但尚能分辨死者头骨和四肢的摆放位置。死者头顶和脚下各置一块比较平整的石块。性别不清。经鉴定，死者年龄4～5岁。

无随葬品（图3-6-8；图版八六，1）。

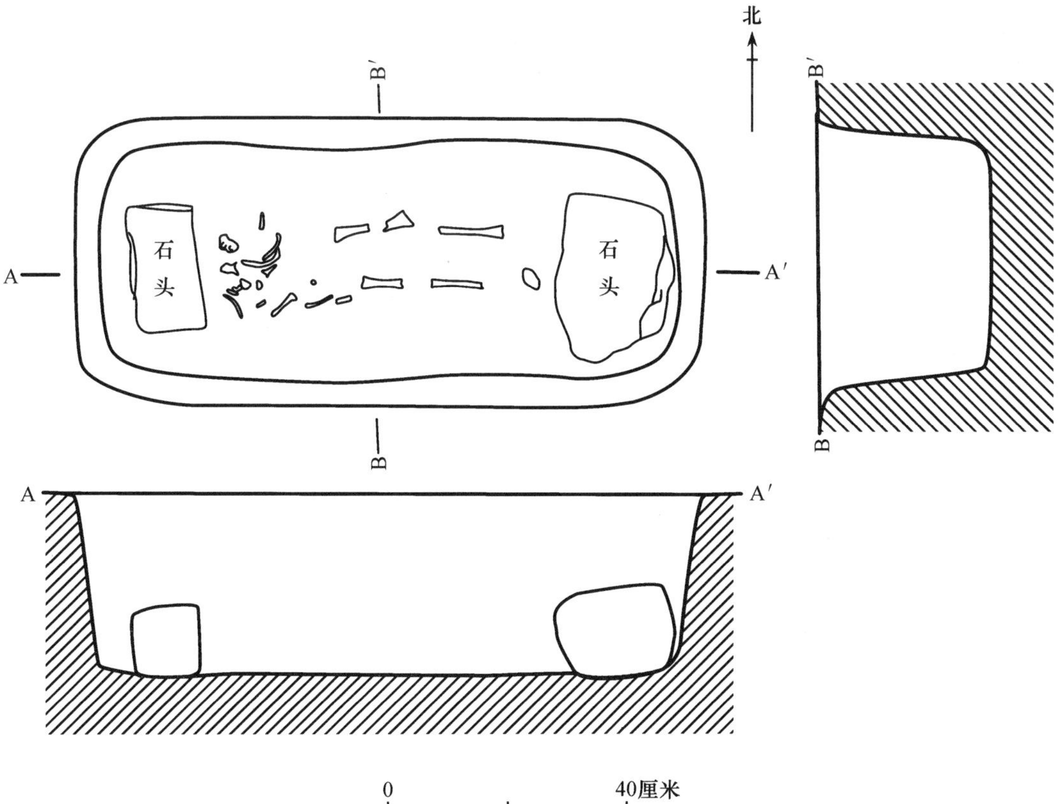

图3-6-8　98TWM9平、剖面图

6. 98TWM10

长方形竖穴土坑墓。墓口长94、宽50厘米，距地表深45厘米。墓底长85、宽40厘米，距地表深65厘米。无葬具。方向240度。

单人葬。仰身直肢葬。人骨被扰乱，但尚能分辨头骨和四肢的位置。性别不清。死者年龄3～4岁。

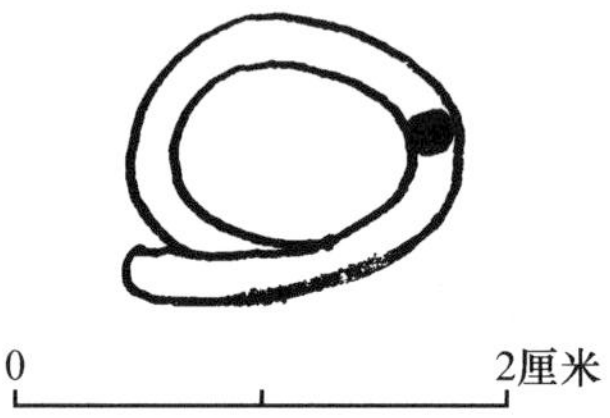

图3-6-9　98TWM10出土铜耳环（98TWM10：1）

死者头顶和脚下各放置一块平整的石块。死者头部左侧出土1件青铜耳环。

随葬器物

出土器物1件。

青铜器　1件。

耳环　1件。98TWM10：1，以扁方形铜条环绕而成。含铜量高，遍布绿锈，出土于死者头骨左侧。铜丝粗0.2厘米（图3-6-9）。

7. 98TWM11

梯形竖穴土坑墓。墓口长170、宽70厘米，距地表深55厘米。墓底长150、宽50厘米，距地表深115厘米。无葬具。方向275度。

单人葬。为仰身直肢葬。除头骨残碎外，其余部位骨架保存完好。经鉴定死者为男性，年龄50～60岁。

死者胸部左侧有石器1件、铁扣环1件；腰部左侧出土骨板1件、铁刀1件、铁镞18件；两大腿之间放置铁带扣1件、铁环3件；两小腿之间出土铁镐1件；小腿左侧出土青花瓷盘1件、铁插环1件；右侧脚下有铜吊锅1件、铁锥1件（图3-6-10；图版八七，1）。

随葬器物

共出土器物31件。

石器　1件。

石器　1件。98TWM11：25，深黑色板岩。长条形，一侧较粗，一侧较细，磨制光滑，用途不明。长10.2、宽1.3～1.8，厚1.1厘米（图3-6-11，1）。

铜、铁器　28件。

铜吊锅　1件。98TWM11：2，铁质提梁，铜吊锅。提梁与铜锅之间以铁环扣相连接。铜锅为直腹，大平底，锅底有一洞，以薄铁片补缀。上有铁质提梁，一根提梁弯曲成弓背形，与另一根提梁以环钩相套接。锅口径17、高6.6厘米（图3-6-11，2；图版八七，3）。

铁镐　1件。98TWM11：3，两端均为双面刃，中间有椭圆形銎孔。通长18、銎孔长径3.8、短径1.7厘米（图3-6-11，3）。

铁镞　18件。

铁鸣镝　1件。98TWM11：30，镝身呈棱形，镝基呈橄榄形，镝铤呈方锥形。通长17.3厘米（图3-6-11，4；图版八七，4）。

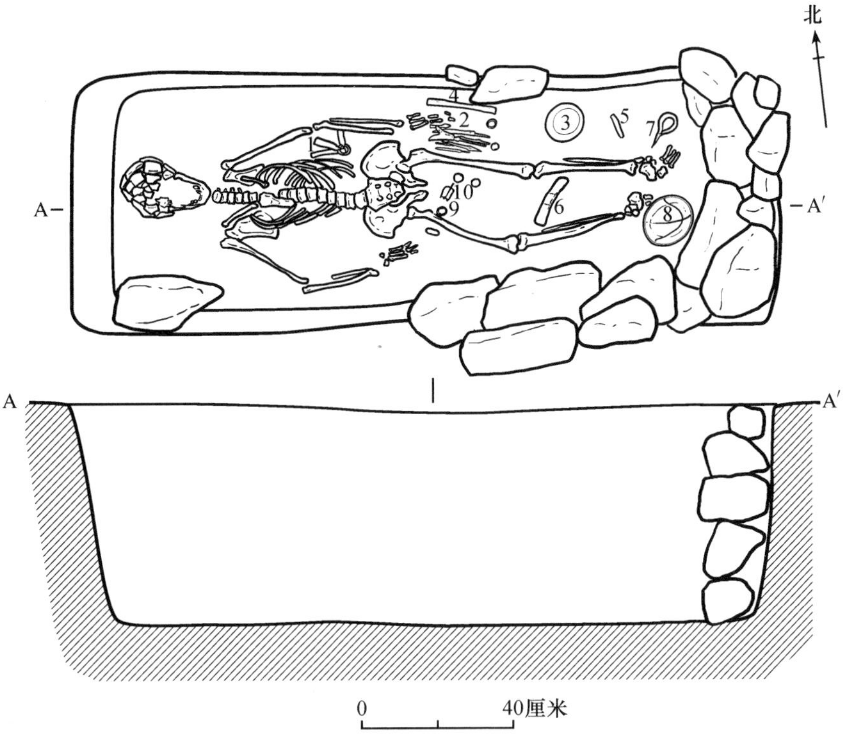

图3-6-10　98TWM11平、剖面图

1. 铁扣环　2. 铁器　3. 青花瓷盘　4. 骨板　5. 石器　6. 铁镐　7. 铁插环　8. 铜吊锅　9. 铁带扣　10. 铁环

舌头形　3件。镞尖呈舌状。98TWM11：13-1，圆锥形铤。通长11厘米（图3-6-11，6）。98TWM11：13-2，方锥形铤。通长12.5厘米（图3-6-11，7）。98TWM11：28，方锥形铤。通长10.5厘米（图3-6-11，5）。

柳叶形　1件。98TWM11：15，镞身呈柳叶形，圆锥形铤。通长8厘米（图3-6-11，8）。

扁凿形　1件。98TWM11：14，镞身呈凿形，方锥形铤。通长10.5厘米（图3-6-11，9）。

扁铲形　9件。98TWM11：12，共9支，形制相同。镞尖呈铲形，镞身细长，末端加粗，方锥形铤。通长12.7厘米（图3-6-11，10）。

棱形　2件。98TWM11：10，镞身呈棱形，镞身与铤相接处有圆盘状座，方锥形铤，铤上残留箭杆木灰痕迹。通长12.2厘米（图3-6-11，12）。98TWM11：11，镞身呈棱形，尖残，方锥形铤。铤上残留箭杆木灰痕迹。通长11.5厘米（图3-6-11，11）。

叉形　1件。98TWM11：9，镞身呈叉形，有镞基，方锥形铤，其上残留箭杆木灰痕迹。通长17.3厘米（图3-6-11，13）。

铁刀　1件。98TWM11：8，刀身呈长条形，直背弧刃，长方形刀把。通长18、刀身宽1.3厘米（图3-6-11，14）。

铁锥　1件。98TWM11：6，锥身剖面呈圆形，锥尾呈扁方形。通长9.5厘米（图3-6-11，15）。

铁环　3件。98TWM11：17，圆环状，外径5、内径3.9厘米（图3-6-11，16）。98TWM11：18，圆环状。外径4、内径2厘米（图3-6-11，17）。98TWM11：19，圆环状，已残，剖面呈椭圆形。外径1.6、内径0.6厘米（图3-6-11，18）。

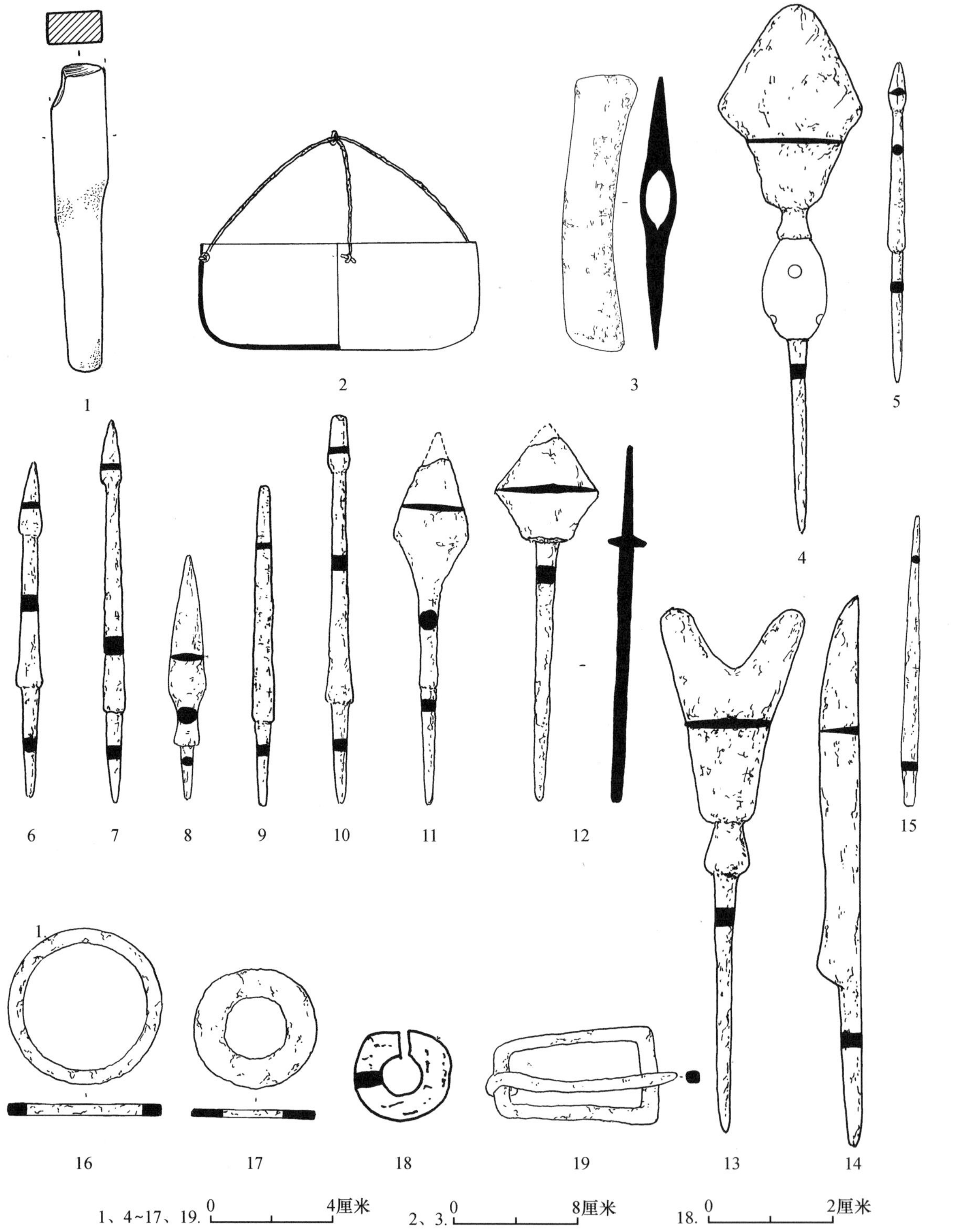

图3-6-11　98TWM11出土器物

1. 石器（98TWM11：25）　2. 铜吊锅（98TWM11：2）　3. 铁镐（98TWM11：3）　4. 铁鸣镝（98TWM11：30）　5～7. 舌头形铁镞（98TWM11：28、98TWM11：13-1、98TWM11：13-2）　8. 柳叶形铁镞（98TWM11：15）　9. 扁凿形铁镞（98TWM11：14）　10. 扁铲形铁镞（98TWM11：12）　11、12. 棱形铁镞（98TWM11：11、98TWM11：10）　13. 叉形铁镞（98TWM11：9）　14. 铁刀（98TWM11：8）　15. 铁锥（98TWM11：6）　16～18. 铁环（98TWM11：17、98TWM11：18、98TWM11：19）　19. 铁带扣（98TWM11：23）

铁带扣　1件。98TWM11：23，梯形。环扣长5.3、宽3.3厘米。卡针长6.3厘米（图3-6-11，19）。

铁扣环　1件。98TWM11：26，通长18、铁环外径3.5、内径2.5厘米（图3-6-12，1）。

铁插环　1件。98TWM11：5，通长13.2、铁环外径8.3、内径4.2厘米（图3-6-12，2；图版八七，5）。

骨器　1件。

骨板　1件。98TWM11：7，两头宽，中间窄，正面微弧，背面略凹。长21.8、宽2.4、厚0.2厘米。推测为骨弓背贴片（图3-6-12，3）。

瓷器　1件。

青花盘　1件。98TWM11：4，浅盘，亮青釉，釉面有气孔，盘面饰蓝色线条三圈。圈足较矮，露胎，胎上有粘砂，圈足底有磨痕，底釉色较浅，制作较粗糙。口径12.8、底径7.8、高2.4厘米（图3-6-12，4；图版八七，2）。

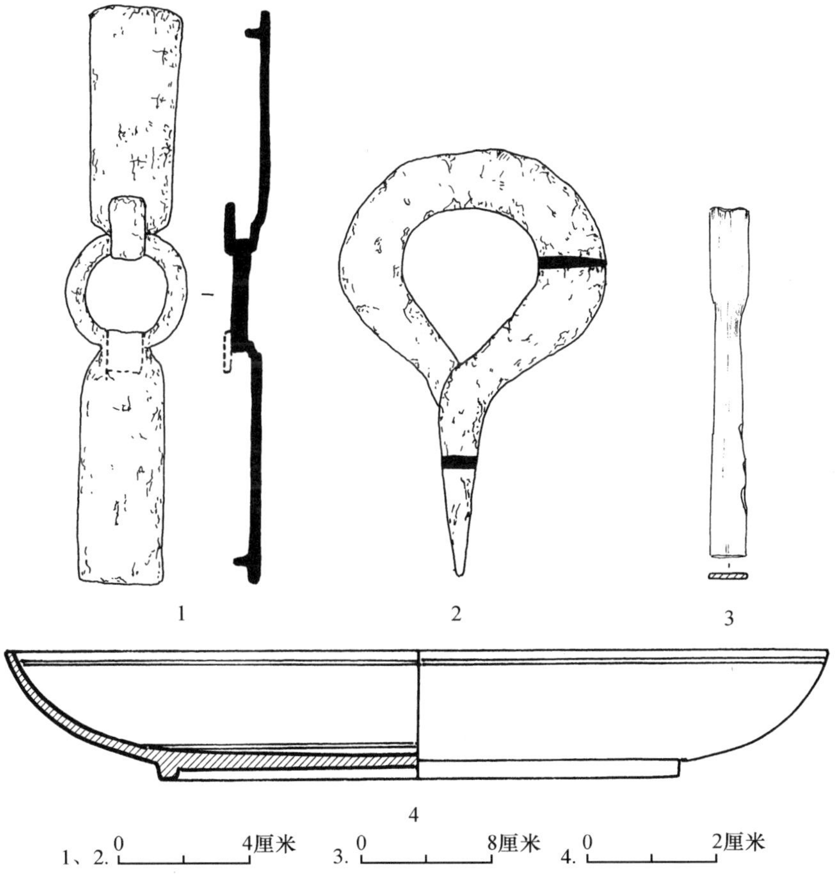

图3-6-12　98TWM11出土器物

1. 铁扣环（98TWM11：26）　2. 铁插环（98TWM11：5）　3. 骨板（98TWM11：7）　4. 青花瓷盘（98TWM11：4）

8. 98TWM12

长方形竖穴土坑墓。墓口长205、宽70厘米，距地表深70厘米。墓底长195、宽60厘米，距地表深130厘米。无葬具。方向255度。

单人葬。仰身直肢葬。除头骨残碎外，其余部位保存完好。经鉴定死者性别为男性，年龄50～60岁。

随葬器物

共出土器物31件。

石器　1件。

玛瑙块　1件。98TWM12：18，橘黄色，局部暗红。一侧有打击疤痕。长2.7厘米（图3-6-13，1）。

铜、铁器　20件。

铜活环　2件。98TWM12：5、98TWM12：6，2件形制完全相同，均为圆形铜环，中间有柱形环扣相套接，下接圆角长方形链杆，其表面刻划斜线交叉纹两组，一组四条。最底端饰三条刻划横纹。均为环外径3.2、内径2.4、通长5.9厘米（图3-6-13，2、3）。

铜环　2件。98TWM12：7，圆环状。环剖面呈扁圆形，器表布满绿锈。环外径3.6、内径2.1厘米（图3-6-13，4）。98TWM12：16，圆环状。环外径2、内径1.6厘米（图3-6-13，5）。

铁环　2件。98TWM12：4，圆环状。环外径6.4、内径5.5厘米（图3-6-13，6）。98TWM12：24，环外径6.3、内径5.3厘米（图3-6-13，7）。

弓囊铁框　1件。98TWM12：10，呈不规则长方形。出土时置于死者右腿上，囊内有扁铲形铁镞、骨片等。长44、最宽29.6厘米（图3-6-13，8）。

铁弓囊饰　2件。98TWM12：8，帽形，顶端饰铁铺首衔环，背面有针形环纽，呈一字形。直径5.6、厚0.2厘米（图3-6-13，9）。98TWM12：9，整体呈簸箕形，下饰波浪形边缘，正中有衔环，内侧有针形环纽，呈一字形。长7.6、最宽5.3厘米（图3-6-13，10）。

铁镞　5件。

棱形　3件。棱形镞身，方锥形铤，铤上残留箭杆木灰痕迹。98TWM12：19，通长11.9厘米（图3-6-13，11）。98TWM12：20，通长10.6厘米（图3-6-13，13）。98TWM12：22，通长10.1厘米（图3-6-13，12）。

矛形　2件。98TWM12：21-2，矛形镞身，有隆起的脊线，方锥形铤，铤上残留箭杆木灰痕迹。通长11厘米（图3-6-13，14）。98TWM12：21-1与此形制完全相同。

铁刀　1件。98TWM12：14，刀身为长方形，刀尖已残，刀把亦为长方形。残长18.1、刀身最宽1.8厘米（图3-6-14，1）。

镂孔铜套铁锥　1件。98TWM12：12，铁锥外侧包裹木质材料，木质材料外为镂孔铜套。锥首为环首，锥身截面为椭圆形，锥身上部饰桥形纽，锥身锈蚀严重，锥首环柄上粘有死者衣纹。锥长15.8、铜套长12.7厘米。据现在的民族学材料，镂孔铜套铁锥与铜活环很可能是一套，俗称“铜针筒”，活环是拉针用的，是一种游牧民族用的缝补工具（图3-6-14，2）。

铁环钩　1件。98TWM12：15，用粗铁丝弯曲而成，一侧呈圆环状，一侧呈钩状。通长5.5、环径2.5厘米（图3-6-14，3）。

铁环扣　2件。98TWM12：10-1，一侧为圆环，一侧为长条形环扣，尾端呈锯齿状。通长6、环径2.5、扣长4.1、宽1.7厘米（图3-6-14，4）。98TWM12：10-2，一侧为圆环，一侧为竖起的圆形环纽。通长3.9、环径1.7、扣长径1.8厘米（图3-6-14，5）。

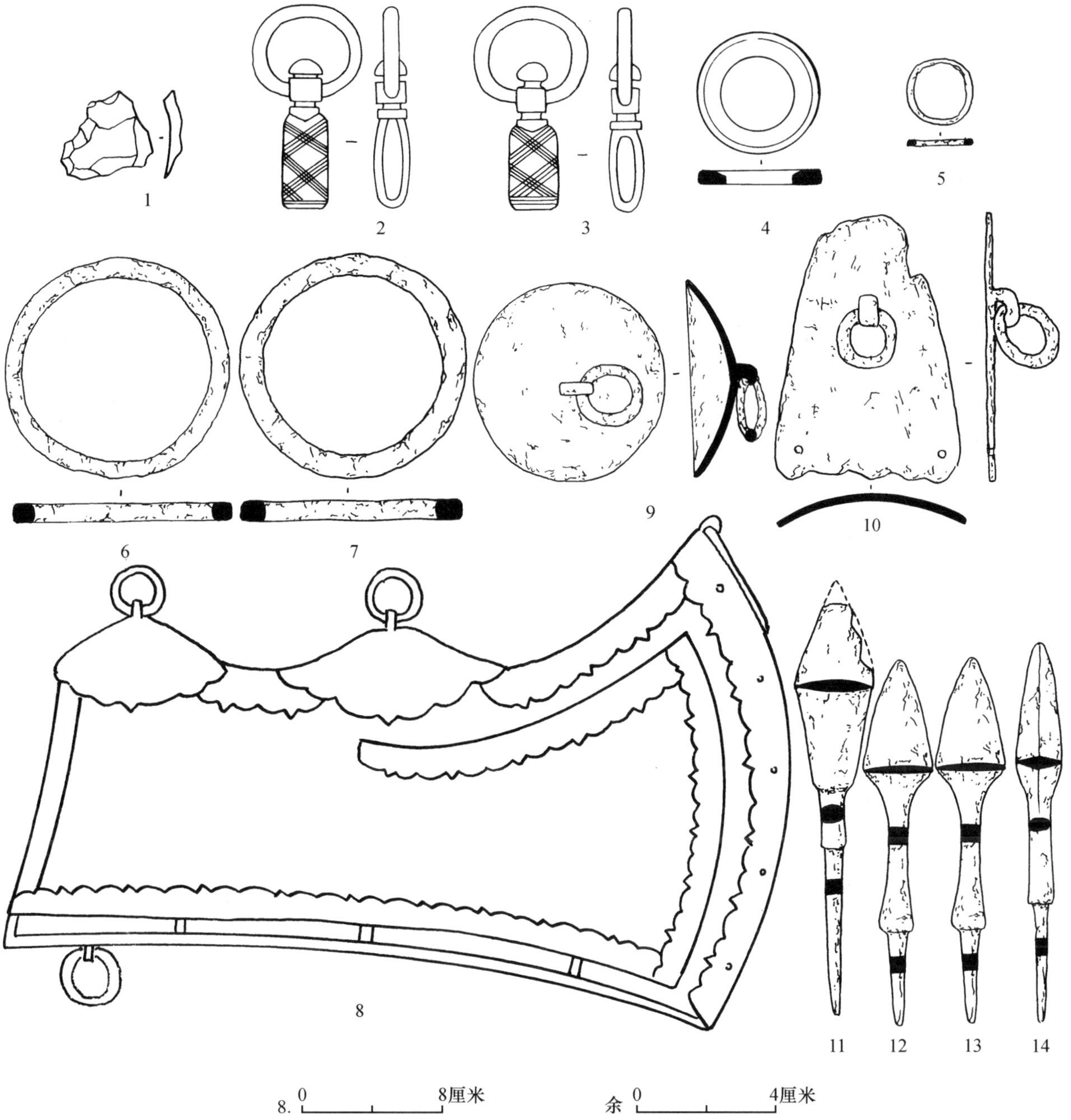

图3-6-13　98TWM12出土器物

1. 玛瑙块（98TWM12：18）　2、3. 铜活环（98TWM12：5、98TWM12：6）　4、5. 铜环（98TWM12：7、98TWM12：16）　6、7. 铁环（98TWM12：4、98TWM12：24）　8. 弓囊铁框（98TWM12：10）　9、10. 铁弓囊饰（98TWM12：8、98TWM12：9）　11～13. 棱形铁镞（98TWM12：19、98TWM12：22、98TWM12：20）　14. 矛形铁镞（98TWM12：21-2）

铁片　1件。98TWM12：17，长条形，已残，截面呈梯形。残长4.2、厚0.2～0.5厘米（图3-6-14，6）。

骨器　8件。

扣　7件。形制基本相同。均为蘑菇形骨扣，正面圜丘状，背面平整，有桥形纽。98TWM12：2-1，直径约1厘米。其他2件与此形制相同，并用细铁丝穿扎在一起。

98TWM12：23，共4件，用铁丝穿扎在一起，4件形制均相同。直径约1厘米（图3-6-14，7）。

竹节形饰　1件。98TWM12：3，竹节形。以扁方形骨条磨制而成。长4.9、宽0.8厘米（图3-6-14，8）。

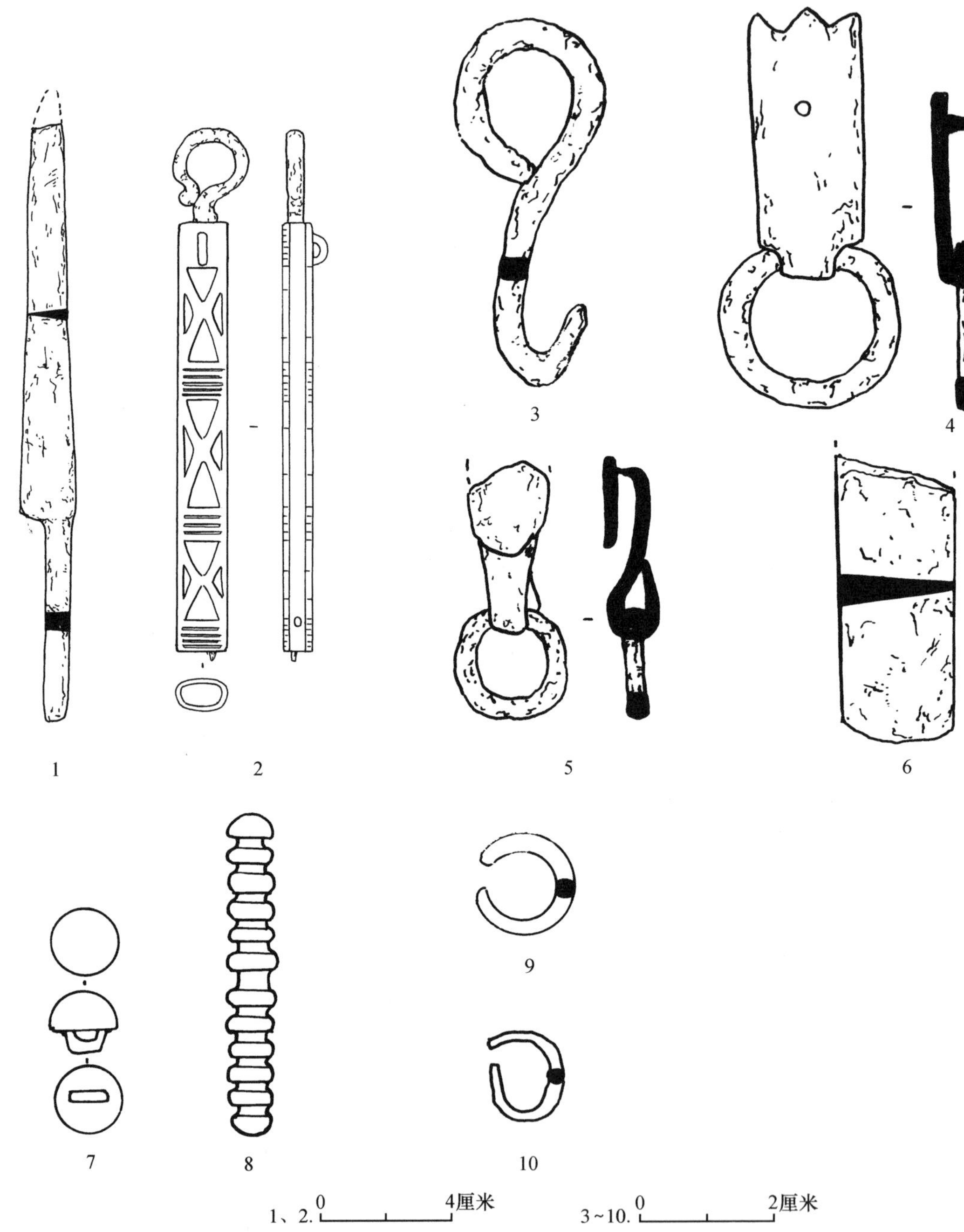

图3-6-14　98TWM12出土器物

1. 铁刀（98TWM12：14）　2. 镂孔铜套铁锥（98TWM12：12）　3. 铁环钩（98TWM12：15）　4、5. 铁环扣（98TWM12：10-1、98TWM12：10-2）　6. 铁片（98TWM12：17）　7. 骨扣（98TWM12：2-1）　8. 竹节形骨饰（98TWM12：3）　9、10. 铅丝耳环（98TWM12：1-1、98TWM12：1-2）

铅器　2件。

铅丝耳环　2件。以铅丝环绕而成，遍布灰白色氧化物。出土于死者头部左侧。98TWM12：1-1，环外径1.9、粗0.2厘米（图3-6-14，9）。98TWM12：1-2，环外径1.1、粗0.2厘米（图3-6-14，10）。

9. 98TWM13

梯形竖穴土坑墓。北壁后半部以石块砌筑。墓口长190、宽70厘米，距地表深70厘米。墓底长170、宽50厘米，距地表深130厘米。无葬具。方向255度。

单人葬。为仰身直肢葬。人骨保存完好。经鉴定，死者为女性，年龄20岁左右。

死者头骨左侧出土铅丝耳环1件，骨扣2件；头骨右侧出土铁剪刀1件；腰部放置铜环4件；左手附近出土铜戒指1枚（图3-6-15；图版八八，1）。

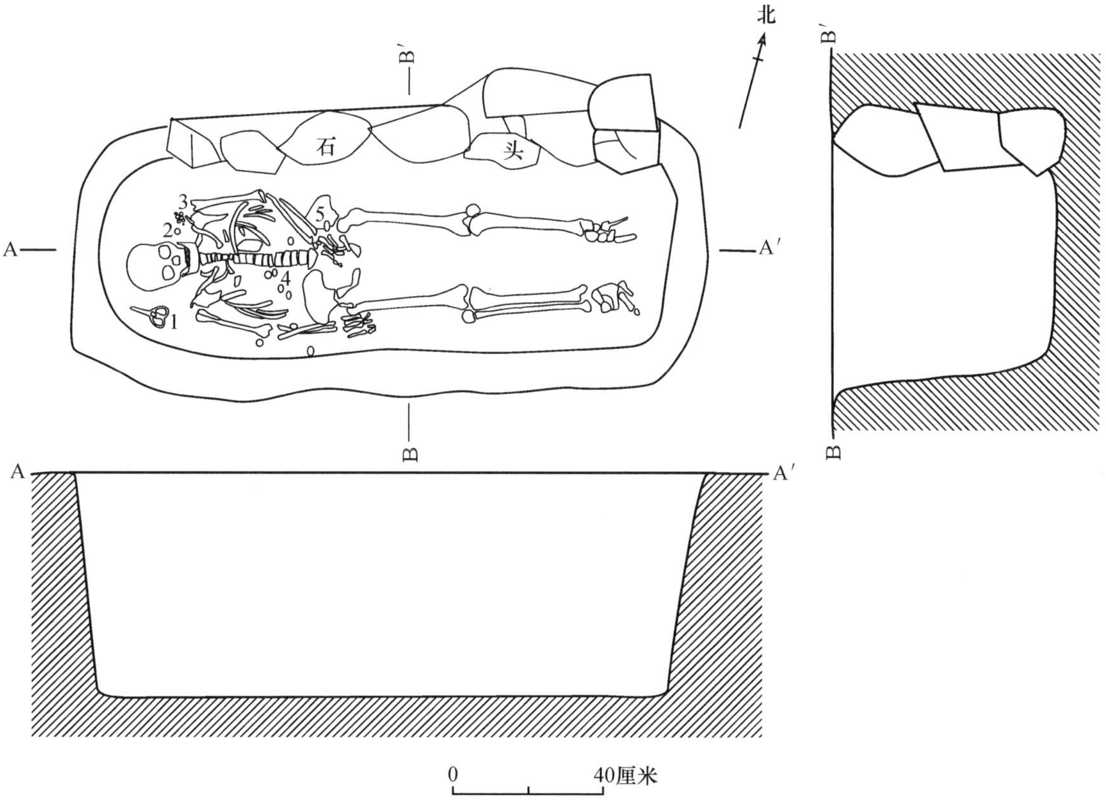

图3-6-15　98TWM13平、剖面图

1. 铁剪刀　2. 铅丝耳环　3. 骨扣　4. 铜环　5. 铜戒指

随葬器物

共出土器物14件。

铜、铁器　11件。

铜戒指　1件。98TWM13：4，出土时戴在死者左手无名指上，锈蚀严重，含铅量高。戒面呈橄榄形，最大宽度0.5、环径2.1厘米（图3-6-16，1；图版八八，2）。

铜环　9件（图版八八，3）。98TWM13：5，含铅量较高，锈蚀严重，环径呈扁方形。环外径2.2、内径1.8厘米（图3-6-16，4）。98TWM13：6-1，含铅量较高。环外径2.1、内径1.9厘米（图3-6-16，2）。98TWM13：6-2，含铅量较高。环外径2、内径1.8厘米（图3-6-16，3）。98TWM13：8，含铅量高，呈银灰色，环径较粗，制作规整，布满绿锈。环外径2.4、内径1.8厘米（图3-6-16，5）。

铁剪刀　1件。98TWM13：1，长12.6、宽6.3厘米（图3-6-16，6；图版八八，5）。

骨器　2件。

扣　2件。形制相同，均为蘑菇形骨扣，正面圜丘状，背面平整，有桥形纽。98TWM13：3，一共5个，大小基本一致，用铁丝穿扎。直径0.7～0.8厘米（图3-6-16，7；图版八八，4）。98TWM13：7，仅1个，用铁丝穿扎。直径0.9厘米（图3-6-16，8）。

铅器　1件。

铅丝耳环　1件。98TWM13：2，圆环状，一端有缺口。直径2.2、厚0.3厘米（图3-6-16，9）。

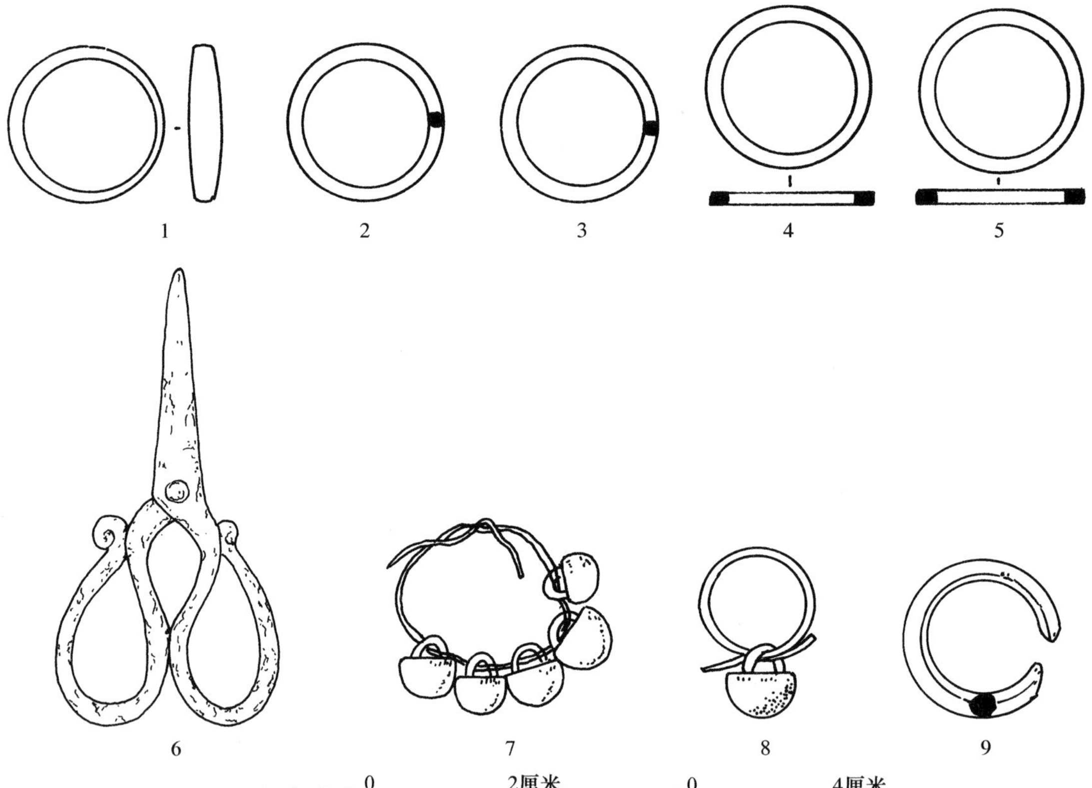

图3-6-16　98TWM13出土器物

1. 铜戒指（98TWM13：4）　2～5. 铜环（98TWM13：6-1、98TWM13：6-2、98TWM13：5、98TWM13：8）
6. 铁剪刀（98TWM13：1）　7、8. 骨扣（98TWM13：3、98TWM13：7）　9. 铅丝耳环（98TWM13：2）

10. 98TWM14

梯形竖穴土坑墓。墓口长230、宽70厘米，距地表深70厘米。墓底长210、宽50厘米，距地表深130厘米。无葬具。方向240度。

单人葬。仰身直肢葬。人骨保存完好。经鉴定，死者为男性，年龄20岁左右。

死者胸部左侧出土铜活环1件、铜环1件、钻孔骨片1件、铁环1件；胸部右侧出土骨扣2

枚；死者左手上戴铜指环2件；右侧大腿周围出土骨柄铁刀1件、铜活环1件、铜环3件、铁刀1件、铁环3件、铁锥1件、铜箍1件、铜穿钉1件、铁铊头1件、铁带扣2件、骨锥套1件、铁镞6件、铁镊子1件；左侧大腿附近出土骨板1件、铜环1件；两腿之间出土铜钱1件、铜环1件、铁带扣1件、铁火链1件（图3-6-17）。

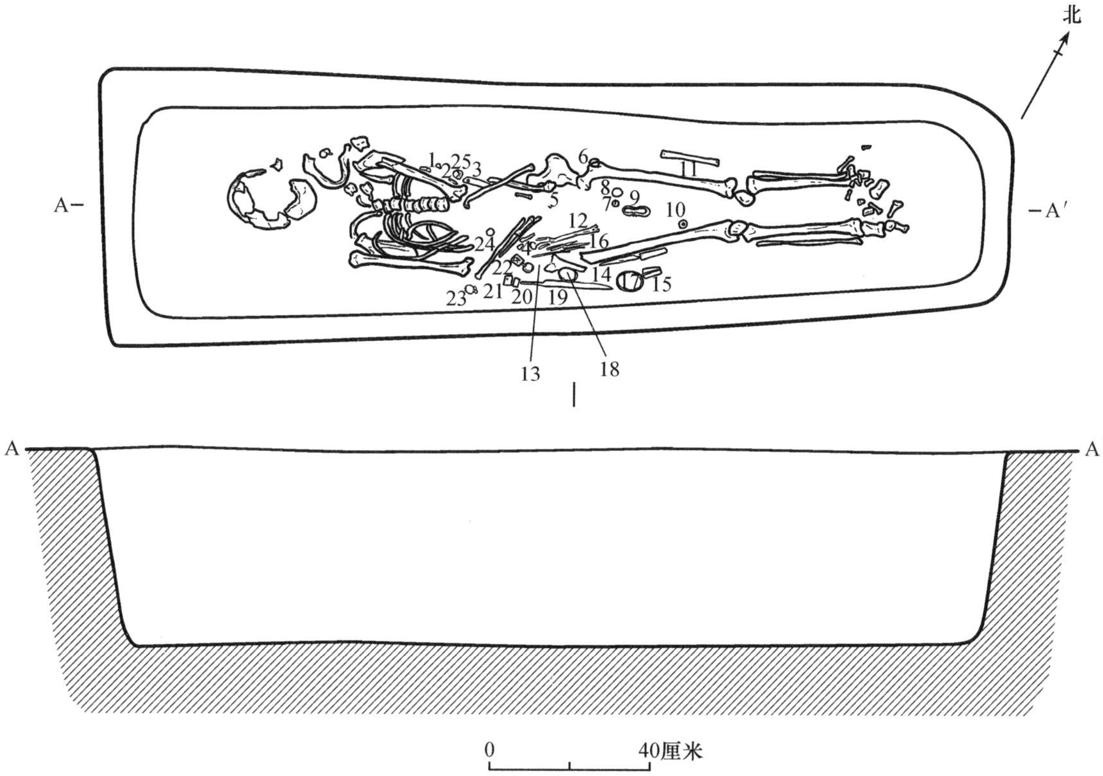

图3-6-17　98TWM14平、剖面图

1. 铁铊头　2、8、17、24. 铜环　3. 钻孔骨片　4. 铁锥　5. 铜指环　6、18. 铁环　7、15. 铁带扣　9. 铁火链　10. 铜钱　11. 骨板　12. 骨锥套　13. 铁器　14. 骨柄铁刀　16. 铁镊子　19. 铁刀　20. 铜穿钉　21. 铜箍　22、25. 铜活环　23. 骨扣

随葬器物

共出土器物37件。

铜、铁器　32件。

铜活环　2件。98TWM14：1，圆形铜环，中间有柱形环扣相套接，下接圆角长方形链杆。环扣上饰人字纹。链杆表面饰短线纹和人字纹组成的方框，内填单线交叉形成的三组对顶三角形。环外径3.1、内径2.4、通长6.9厘米（图3-6-18，1）。98TWM14：2，圆形铜环，上饰有双线纹。中间的柱形环扣上饰倒人字纹，下接方形链杆。链杆表面刻两组短竖线组成的方框，内填斜向交叉形成的两组对顶三角形。环外径3、内径2.2、通长6.6厘米。这两件器物均含铜量高，器身布满绿锈（图3-6-18，2）。

铜环　6件。98TWM14：3，铜环含铅量较高，呈银灰色，因长期使用磨损严重。外环径2.9、内环径2.2厘米（图3-6-18，3）。98TWM14：4，环身正面刻划双线纹，因长期使用已磨损成椭圆形。外环径2.8、内环径2.2厘米（图3-6-18，4）。98TWM14：27，环外径3.4、内径

2.7厘米。含铅量较高，遍布绿锈（图3-6-18，5）。98TWM14：28，共3枚，相叠套在死者无名指上，含铜量高，因靠近铁器，环身同时布满绿锈和红锈。98TWM14：28-1，外径2.4、内径2厘米。98TWM14：28-2，外径2.2、内径1.8厘米（图3-6-18，6）。98TWM14：28-3，外径1.9、内径1.7厘米。

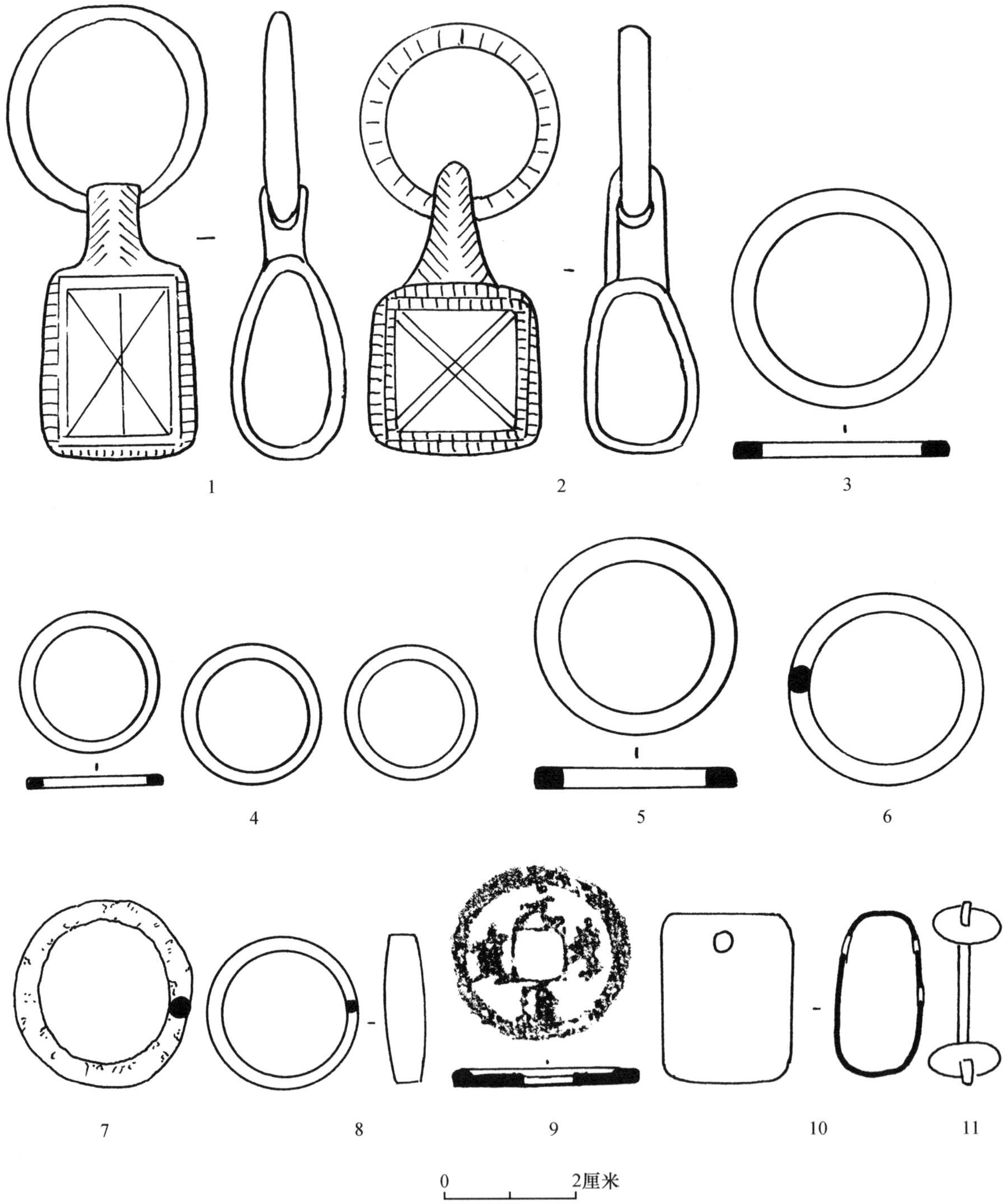

图3-6-18　98TWM14出土铜器

1、2. 活环（98TWM14：1、98TWM14：2）　3～6. 环（98TWM14：3、98TWM14：4、98TWM14：27、98TWM14：28-2）　7、8. 指环（98TWM14：26、98TWM14：30）　9. 铜钱（98TWM14：5）　10. 箍（98TWM14：7）　11. 穿钉（98TWM14：8）

铜指环　2件。98TWM14：26，圆环状，含铜量高，遍布绿锈，出土时戴在死者左手中指上，靠近食指和无名指的部位已磨扁变形。环外径3、内径2.4厘米（图3-6-18，7）。98TWM14：30，戒面呈橄榄形，素面。含铜量高，锈蚀较轻，出土时戴在死者左手无名指上。环外径2.2、内径1.8、戒面宽0.9厘米（图3-6-18，8）。

铜钱　1件。98TWM14：5，圆形方孔钱，上刻“元丰通宝”。直径3、厚0.2厘米（图3-6-18，9）。

铜箍　1件。98TWM14：7，以铜片卷曲焊接而成，顶端有穿孔，遍布绿锈。推测为刀柄加固器具之一。长2.6、宽2厘米（图3-6-18，10）。

铜穿钉　1件。98TWM14：8，以两片圆形铜片和一根铜穿钉组成，推测为木柄铜箍铁刀刀柄加固器具之一。钉长2.5、粗0.1厘米（图3-6-18，11）。

铁镊子　1件。98TWM14：14，镊子顶套圆环，圆环已经不完整。中间亦有圆环，亦残断。长13.7厘米（图3-6-19，1）。

骨柄铁刀　1件。98TWM14：9，铁刀为直背直刃，骨柄为整段骨头磨制而成，中空。铁刀长9.2、宽1、通长16厘米（图3-6-19，2）。

铁镞　6件。

棱形　1件。98TWM14：16，镞身呈棱形，方锥形铤，铤上残留箭杆木灰。通长13.7厘米（图3-6-19，3）。

扁铲形　5件。98TWM14：17-1，镞尖呈扁铲形，方柱形镞身，方锥形铤。通长11.5厘米。其余4件与此件形制完全相同（图3-6-19，4）。

铁刀　1件。98TWM14：15，直背弧刃，长条形刀柄。通长27、刀身宽2厘米（图3-6-19，5）。

铁锥　1件。98TWM14：10，环首铁方锥。长8.9厘米（图3-6-19，6）。

铁环　4件。98TWM14：18，圆环状，锈蚀严重。环外径6.8、内径5.4厘米（图3-6-19，7）。98TWM14：20，外环径3.1、内径2.3厘米，与此形制相同还有2支（图3-6-19，8）。

铁火链　1件。98TWM14：21，扁环形，长6.6、宽2.8厘米（图3-6-19，9）。

铁带扣　3件。98TWM14：22，带扣平面呈长方形。长3.6、宽2.4厘米。卡针长4.3厘米（图3-6-19，10）。98TWM14：23，带扣平面呈梯形。长5.3、宽3.4厘米。卡针长6厘米（图3-6-19，11）。98TWM14：24，带扣平面呈圆形。环径2、卡针长2.2厘米（图3-6-19，12）。

铁铊头　1件。98TWM14：25，呈梨形，顶端有圆形固定孔。直径3.5厘米（图3-6-19，13）。

骨器　5件。

扣　2件。98TWM14：6，蘑菇形骨扣，正面圜丘状，背面平整，有桥形纽。一共2个，大小不一，用铁丝穿扎。直径0.7～1.1厘米（图3-6-20，1）。

锥套　1件。98TWM14：11，以鹿腿骨改制而成，顶端有穿孔以便悬挂，出土时环首铁锥插在骨套内。长17.9厘米（图3-6-20，4）。

骨板　1件。98TWM14：12，由长短两片对接而成。正面微弧，背面略凹，背面刻划较细凹槽。通长19.7、宽2.7、厚0.4厘米，推测为骨弓背贴片（图3-6-20，2）。

钻孔骨片　1件。98TWM14：13，弯曲的长条形，骨片上有三个圆形钻孔，其中一个钻孔内有铁钉，一端残断。骨片残长17.2、宽2、厚0.4厘米。出土于死者左侧背后，可能是背囊附

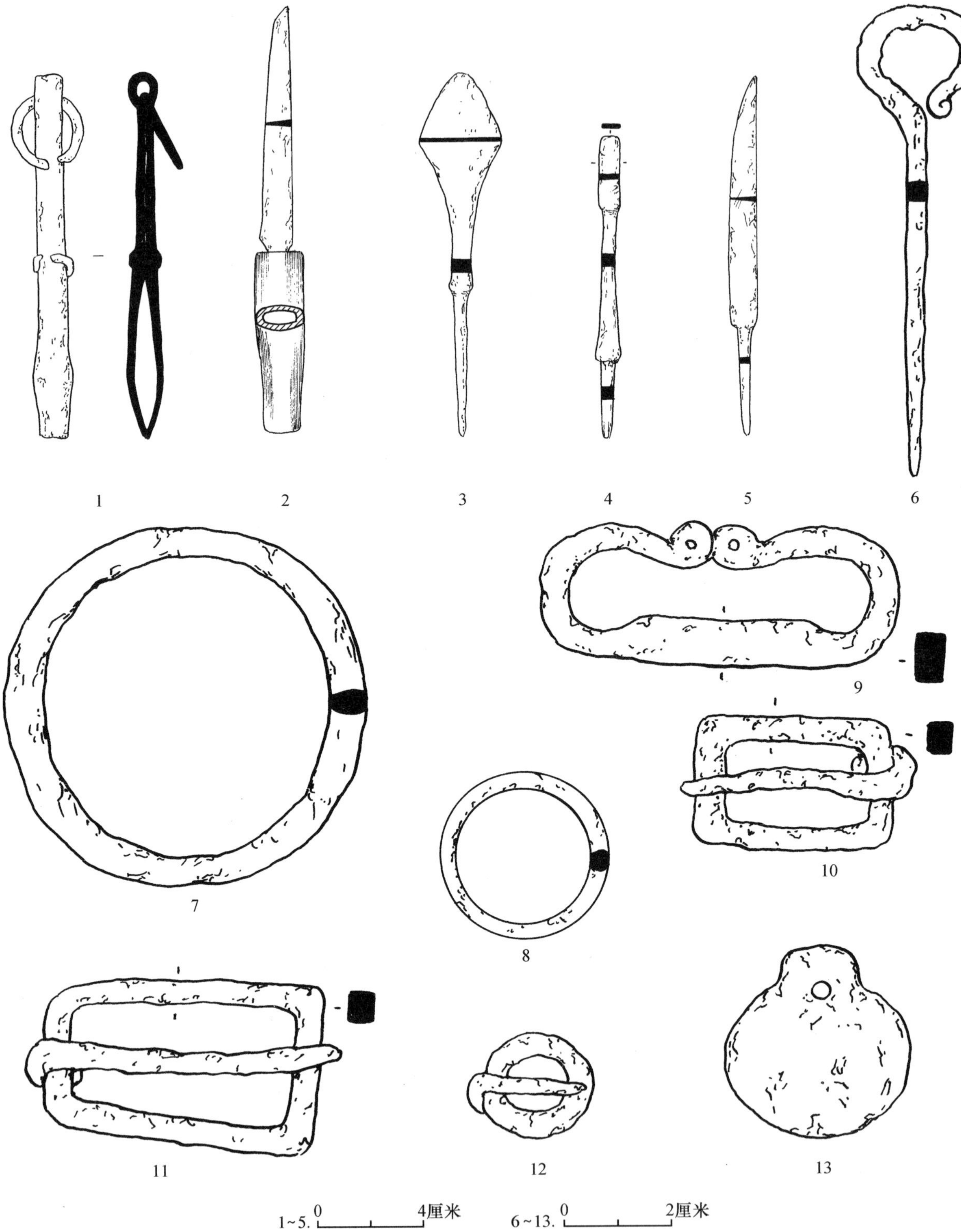

图3-6-19　98TWM14出土铁器

1. 镊子（98TWM14：14）　2. 骨柄铁刀（98TWM14：9）　3. 棱形镞（98TWM14：16）　4. 扁铲形镞（98TWM14：17-1）　5. 刀（98TWM14：15）　6. 锥（98TWM14：10）　7、8. 环（98TWM14：18、98TWM14：20）　9. 火链（98TWM14：21）　10～12. 带扣（98TWM14：22、98TWM14：23、98TWM14：24）　13. 铊头（98TWM14：25）

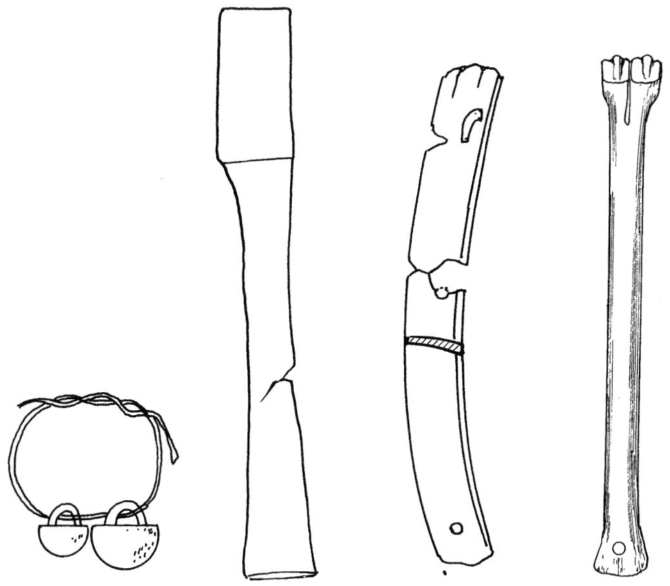

图3-6-20　98TWM14出土骨器

1. 扣（98TWM14：6）　2. 骨板（98TWM14：12）　3. 钻孔骨片（98TWM14：13）　4. 锥套（98TWM14：11）

件之一（图3-6-20，3）。

11. 98TWM15

梯形竖穴土坑墓。墓口长190、宽70厘米，距地表深70厘米。墓底长180、宽60厘米，距地表深130厘米。无葬具。方向255度。

单人葬。为仰身直肢葬。人骨腰椎处被老鼠扰乱。经鉴定，死者性别为女性，年龄60岁左右。

死者头骨左侧出土铅环1件、右侧胸部出土骨扣2件、银管1件（图3-6-21；图版八六，2）。

随葬器物

共出土器物4件。

骨器　2件。

扣　2件。两件形制相同，蘑菇形骨扣，正面圜丘状，背面平整有桥形纽。98TWM15：2，直径0.9厘米（图3-6-22，1）。98TWM15：3，直径0.9厘米。用铁丝穿扎（图3-6-22，2）。

铅器及银器　2件。

铅环　1件。98TWM15：1，以铅丝环绕而成。出土于死者头骨附近，推测为束发用具。铅丝粗0.25厘米（图3-6-22，3）。

银管　1件。98TWM15：4，以银片卷曲呈管状，器表刻划斜线纹及双线纹，推测为烟袋嘴。长5.5、直径0.7厘米（图3-6-22，4）。

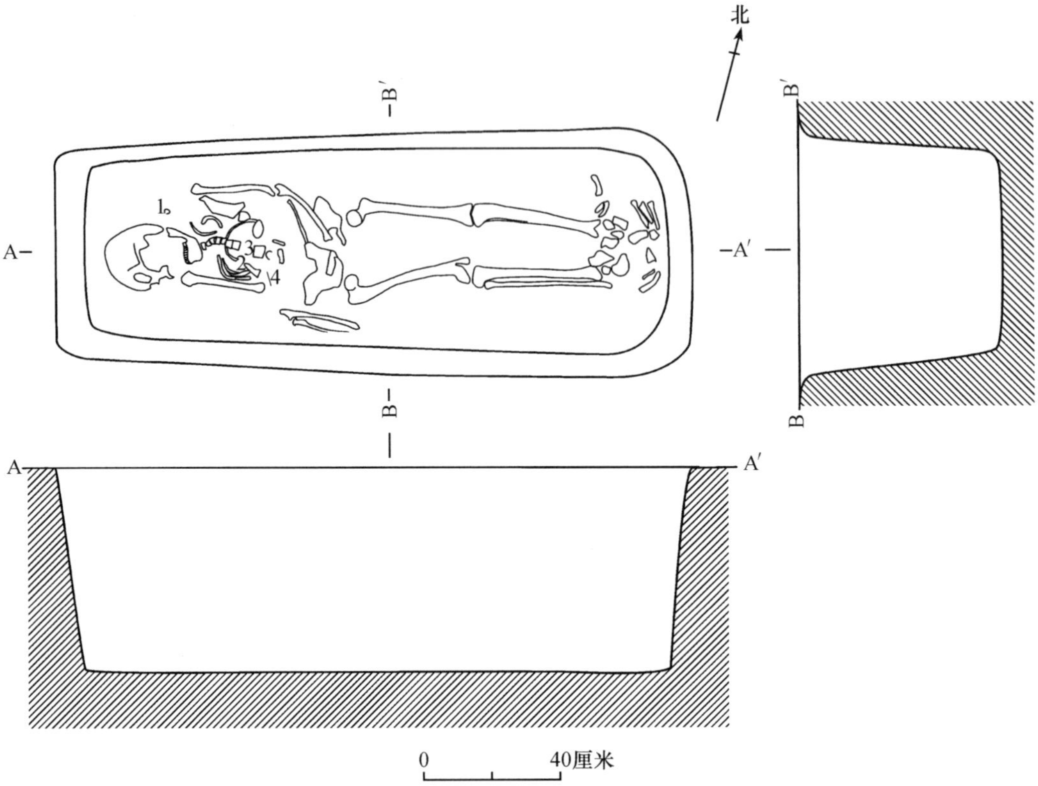

图3-6-21　98TWM15平、剖面图

1. 铅环　2、3. 骨扣　4. 银管

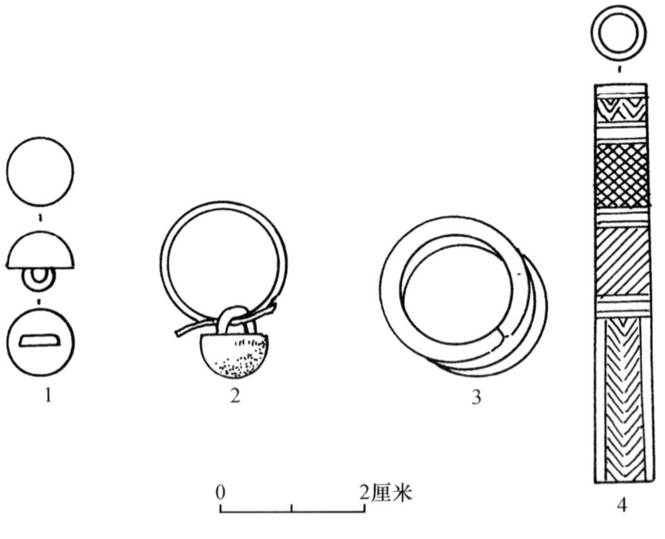

图3-6-22　98TWM15出土器物

1、2. 骨扣（98TWM15：2、98TWM15：3）　3. 铅环（98TWM15：1）　4. 银管（98TWM15：4）

12. 98TWM16

梯形竖穴土坑墓。墓口长100、宽59厘米，距地表深30厘米。墓底长95、宽50厘米，距地表深40厘米。无葬具。方向220度。

单人葬。仰身直肢葬。人骨较零碎。性别不清。年龄4～5岁。

无随葬品（图3-6-23；图版八六，3）。

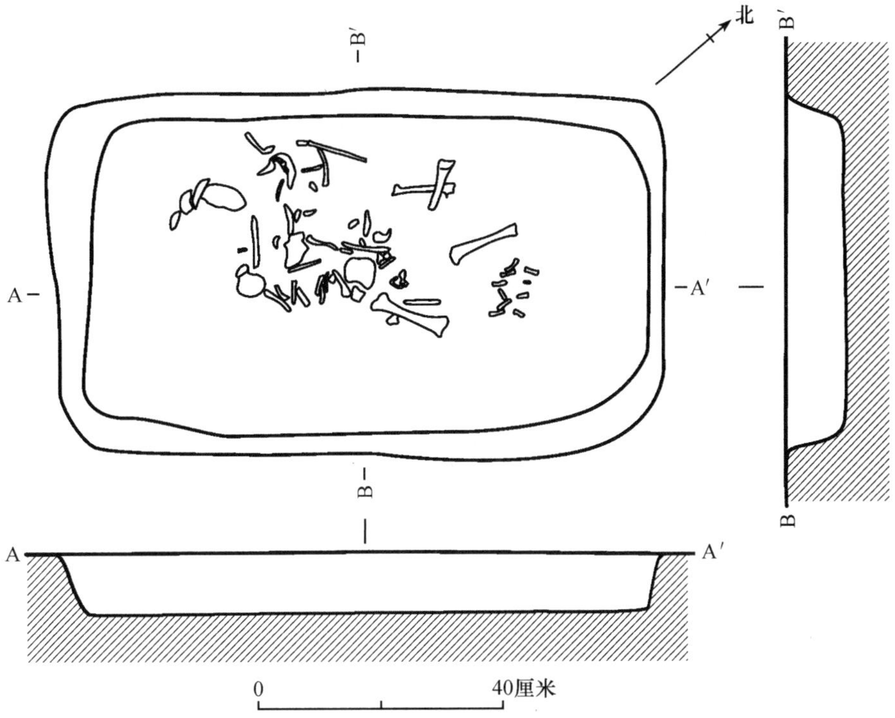

图3-6-23　98TWM16平、剖面图

第四章　其他遗存

第一节　未分期遗迹单位详述

第Ⅰ区、第Ⅱ区、第Ⅵ区均发现了一些灰坑，开口于第2层下或第1层下，然因未出土任何器物，或未出土有分期特征的器物，或其堆积中也未出土具有时代特征的陶片，因此无法进行详细的划分。此类灰坑共发现10座。详细介绍如下。

1. 97ⅠTWH60

位于Ⅰ区T340东部，伸入东隔梁。开口于第2层下，打破生土。平面近圆形，弧壁，圜底。坑口直径1.1～1.2米，深0.3米。坑内堆积呈黑褐色，质地疏松，无出土器物（图4-1-1）。

2. 97ⅠTWH62

位于Ⅰ区T395西部。开口于第2层下，打破第3层。平面呈圆形，直壁，平底。坑口直径约0.55米，深0.3米。坑内堆积呈黑褐色，夹杂砾石，质地疏松，无出土器物（图4-1-2）。

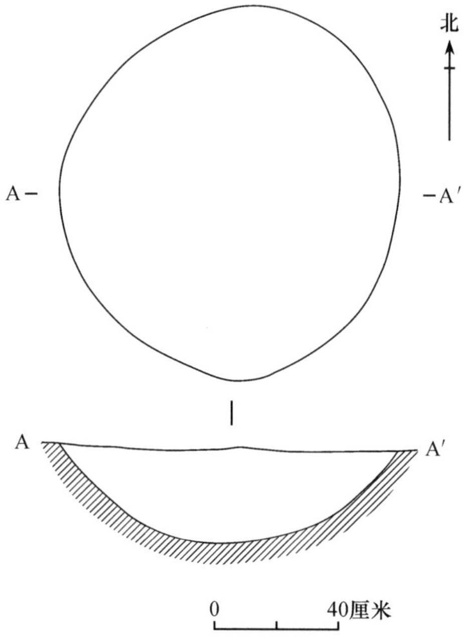

图4-1-1　97TWH60平、剖面图

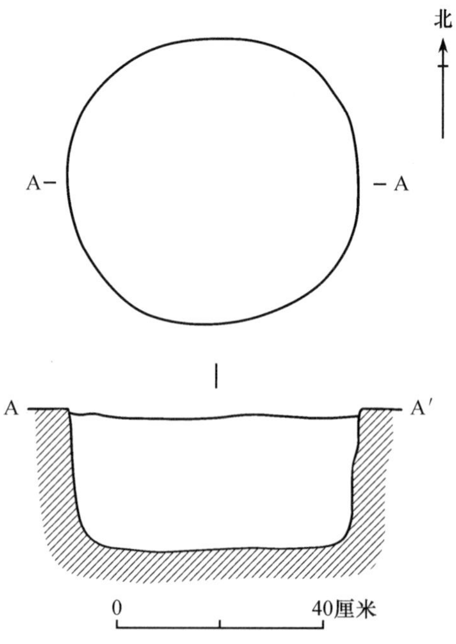

图4-1-2　97TWH62平、剖面图

3. 97 Ⅰ TWH65

位于Ⅰ区T339西北部，伸入其北隔梁及T338东隔梁。开口于第1层下，打破生土层。平面近圆形，弧壁，平底。坑口直径1.26 ~ 1.44米，深0.21米。坑内堆积呈黑褐色，质地疏松，无出土器物（图4-1-3）。

4. 97 Ⅱ TWH76

位于Ⅱ区T435西南部，伸入T434东隔梁。开口于第2层下，打破97TWH77和第3层。平面近椭圆形，弧壁，圜底。坑口长径2.2米，短径1.7米，深0.3米。坑内堆积为黄白色花土，质地疏松，出土器物1件（图4-1-4）。

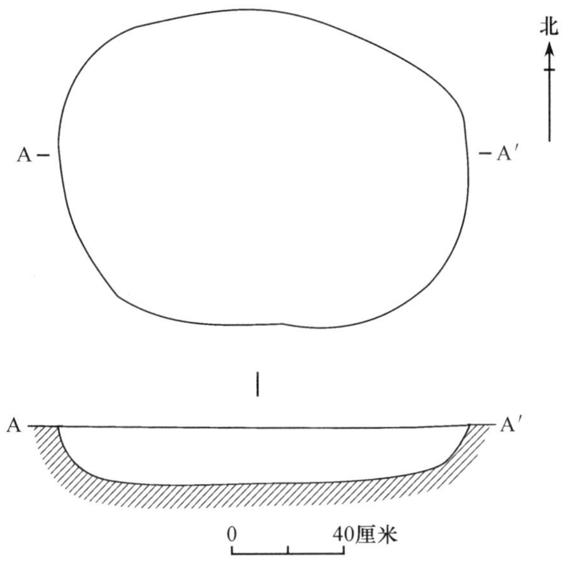

图4-1-3　97TWH65平、剖面图

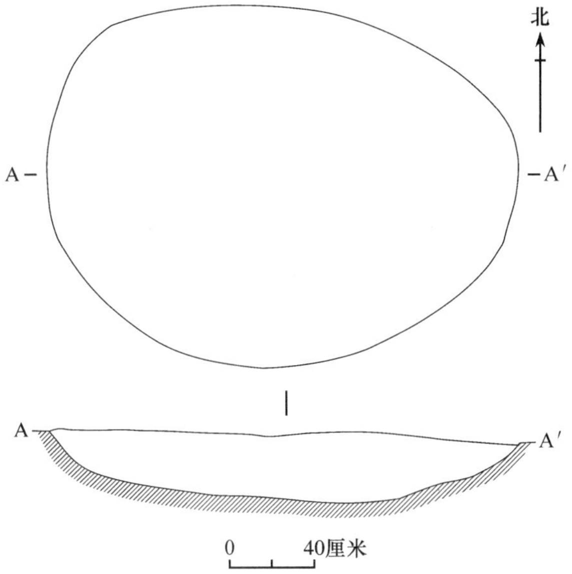

图4-1-4　97TWH76平、剖面图

出土器物

陶器　1件。

C型网坠　1件。97TWH76：1，夹砂灰褐陶。亚腰形，中间有横向凹槽，将网坠分为大小几乎相同的两部分。一侧有竖向的浅凹槽。直径2.5、高2.4厘米（图4-1-5）。

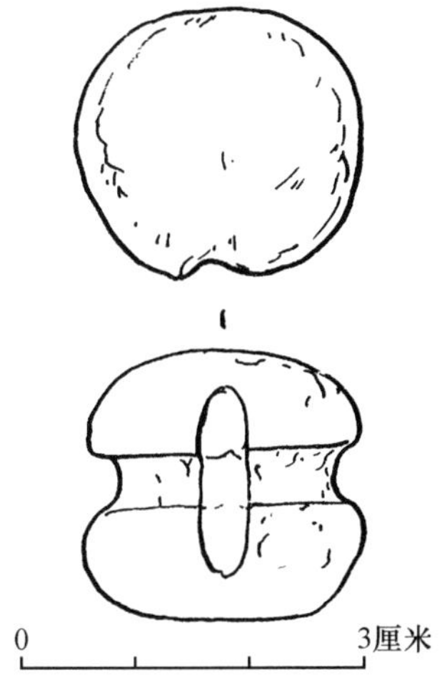

图4-1-5　97TWH76出土C型陶网坠（97TWH76：1）

5. 97 Ⅱ TWH77

位于Ⅱ区T435西南部，伸入T434东隔梁。开口于第2层下，打破第3层、第4层和97TWH80，并被97TWH76打破。平面呈椭圆形，斜壁，平底。坑口长径1.9米，短径1.7米，深0.3米。坑内堆积为五花土，质地疏松，出土器物12件（图4-1-6）。

出土器物

陶器　3件。

网坠　3件。

Ba型　2件。卵圆形。97TWH77：2，夹砂红褐陶。一侧有竖向凹槽，中间有一圆形钻孔，器表不规整。直径2、高2.4厘米（图4-1-7，1）。97TWH77：7，夹砂灰褐陶。表面平滑，中间有一圆形钻孔。长2.8、厚1.5厘米。

Ea型　1件。97TWH77：1，以夹砂黄陶片制成。圆形，中间有一圆形钻孔，两端打制小豁口。直径7.2、厚0.7厘米（图4-1-7，2）。

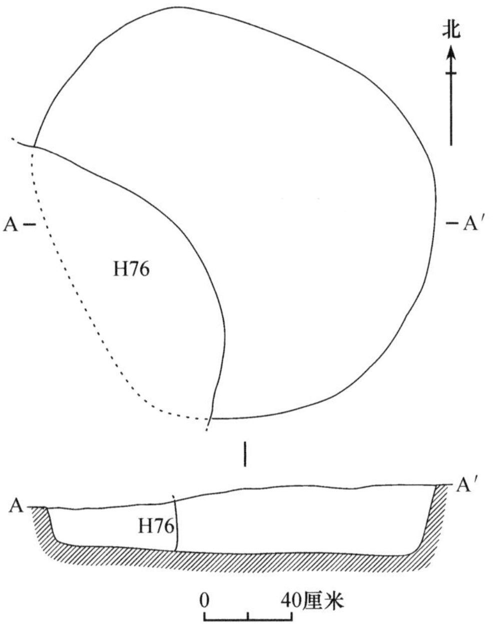

图4-1-6　97TWH77平、剖面图

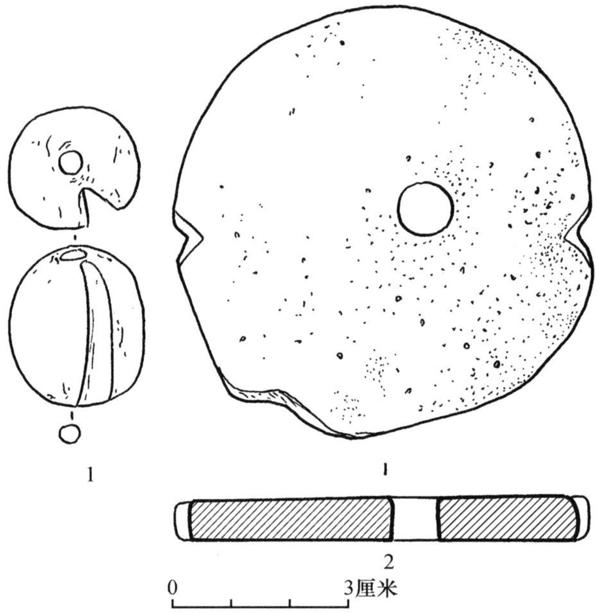

图4-1-7　97TWH77出土陶网坠
1. Ba型（97TWH77：2）　2. Ea型（97TWH77：1）

石器　9件。

C型镞　1件。97TWH77：6，青灰色板岩。三棱形。镞身剖面呈三角形，仅余镞身上部。长2.6、宽0.7、厚0.5厘米（图4-1-8，2）。

锥　1件。97TWH77：8，青灰色板岩。近方锥形。其中一面中间有浅凹槽。残长4.1、宽0.5、厚0.5厘米（图4-1-8，1）。

B型研磨器　1件。97TWH77：9，灰白色石英砂岩。卵圆形，一面有使用痕迹。长14.2、宽12.4、厚2.2厘米（图4-1-9，4）。

斧　1件。97TWH77：4，黑灰色细砂岩。长条形，器表遍布打制痕，双面刃，形制不甚规整。长15.6、宽5.4、厚3厘米（图4-1-9，1）。

剑柄　1件。97TWH77：10，黑灰色细砂岩。应为制作石剑的半成品，近余剑身下部及剑柄部，有打制留下的剥片痕。残长7.9、宽6.2、厚1.2厘米（图4-1-8，3）。

石饼　2件。扁圆形。97TWH77：11，灰白色石英砂岩。直径8.5、厚1.3厘米（图4-1-8，

4）。97TWH77：12，灰白色石英砂岩。长径14、短径11.2、厚2.6厘米（图4-1-9，3）。

砺石　1件。97TWH77：5，暗紫色石英砂岩。不规则形，一面较为平滑，一面磨出凹面，一端残。长13.2、宽8.8、厚3.6厘米（图4-1-9，2）。

石器　1件。97TWH77：3，灰色细砂岩。平面呈圆角三角形，一面较平，一面呈坡状。长10.6、厚1厘米（图4-1-8，5）。

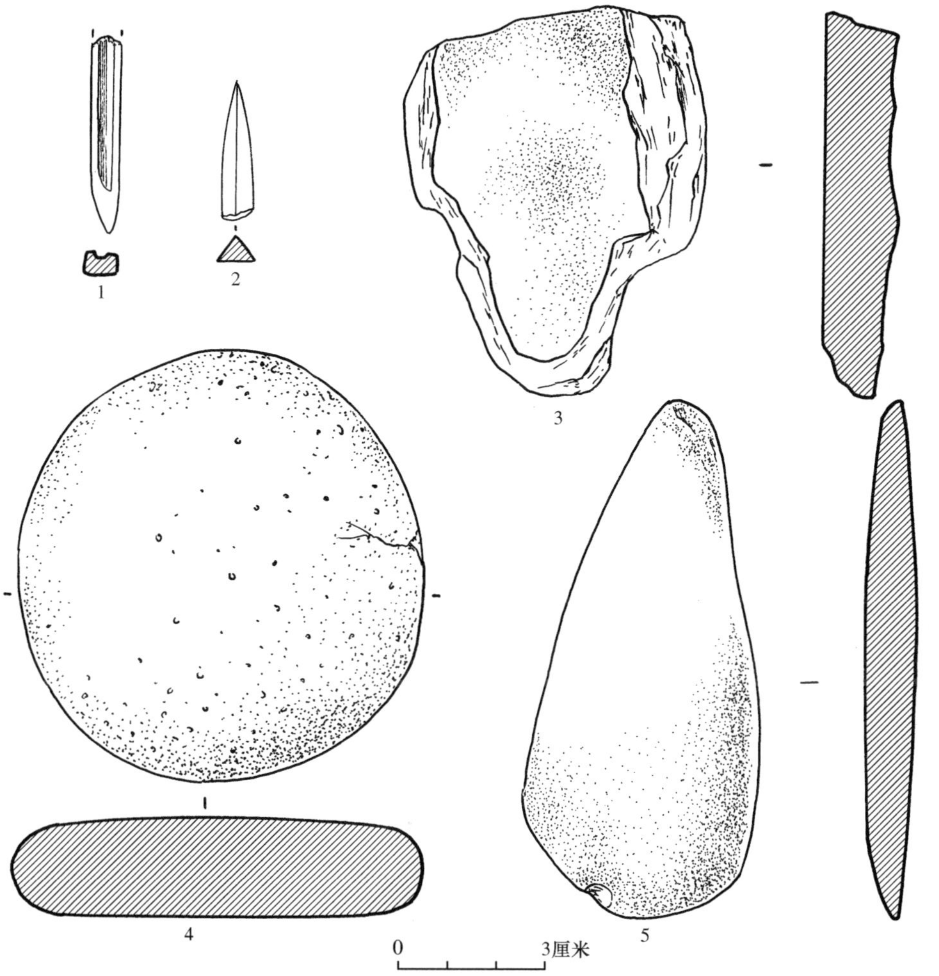

图4-1-8　97TWH77出土石器

1. 锥（97TWH77：8）　2. C型镞（97TWH77：6）　3. 剑柄（97TWH77：10）　4. 石饼（97TWH77：11）　5. 石器（97TWH77：3）

6. 97ⅡTWH81

位于Ⅱ区T377东南部，伸入T376东隔梁内。开口于第2层下，打破第3层、97TWF10和97TWF15。平面近椭圆形，弧壁，圜底。坑口长径1.86米，短径1.56米，深0.4米。坑内堆积呈黑褐色，质地疏松，出土器物3件（图4-1-10）。

出土器物

陶器　1件。

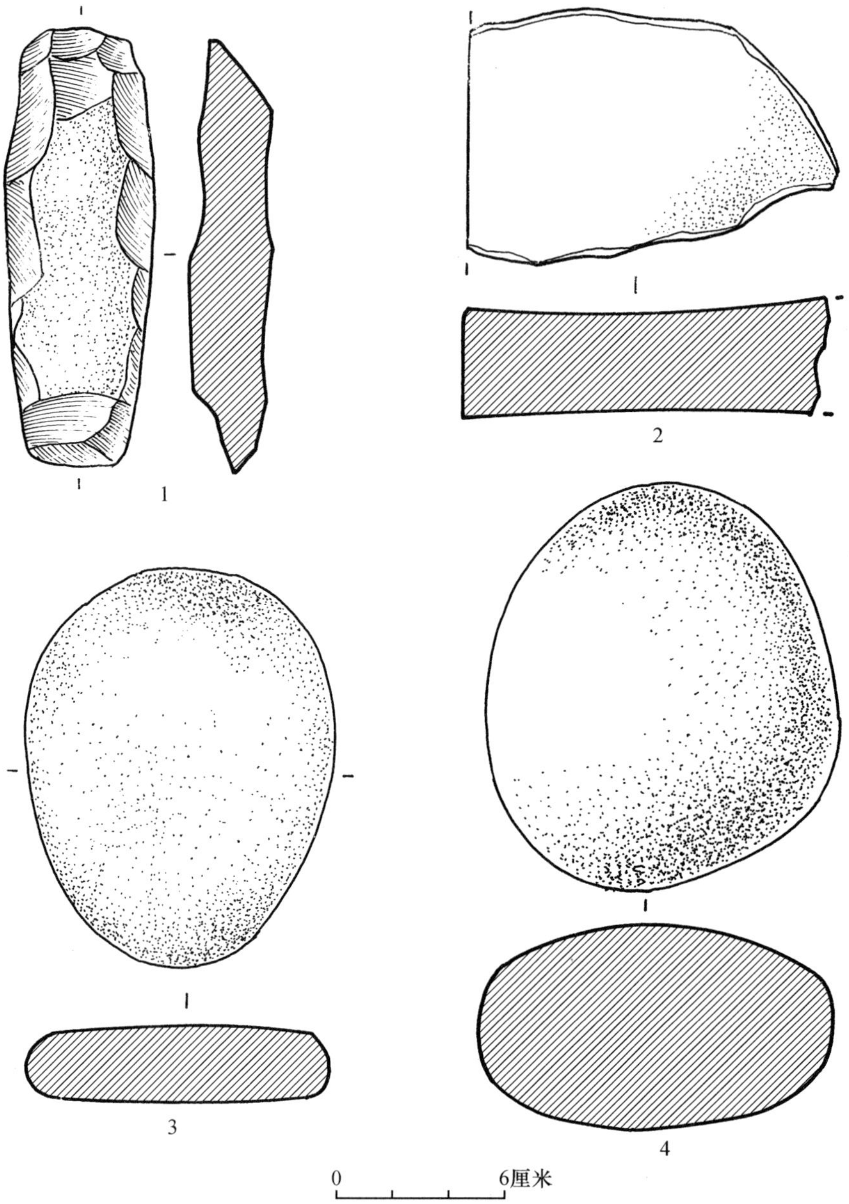

图4-1-9　97TWH77出土石器

1. 斧（97TWH77：4） 2. 砺石（97TWH77：5） 3. 石饼（97TWH77：12） 4. B型研磨器（97TWH77：9）

C型网坠　1件。97TWH81：1，夹砂灰褐陶。亚腰形，中间有横向凹槽，将网坠分为大小几乎相同的两部分。长径2.6、短径2.2、高1.8厘米（图4-1-11，1）。

石器　2件。

B型网坠　1件。97TWH81：2，椭圆形，两端打制豁口。长径3.6、短径2.8、厚1厘米（图4-1-11，2）。

A型研磨器　1件。97TWH81：3，圆柱形，一端有使用痕迹。长14.5、宽6.8、厚4.2厘米（图4-1-11，3）。

7. 97ⅡTWH82

位于Ⅱ区T375北部，伸入T375北隔梁及东隔梁、T376西北部。开口于第2层下，打破第3层、97TWG10和97TWG5。平面呈椭圆形，斜壁，平底。坑口长径3.36米，短径2.16米，深0.32米。坑内堆积呈黑褐色，质地疏松，出土器物7件（图4-1-12）。

出土器物

陶器　1件。

A型纺轮　1件。97TWH82：6，夹砂黄陶。圆饼形，中间有一圆形钻孔，仅余器身一半。长5.9、厚1厘米（图4-1-13，1）。

石器　4件。

Aa型刀　2件。平面近梯形，刀身较宽，直背直刃，双面刃，背部有部分破损。97TWH82：2，灰色板岩。仅余刀身一段。长

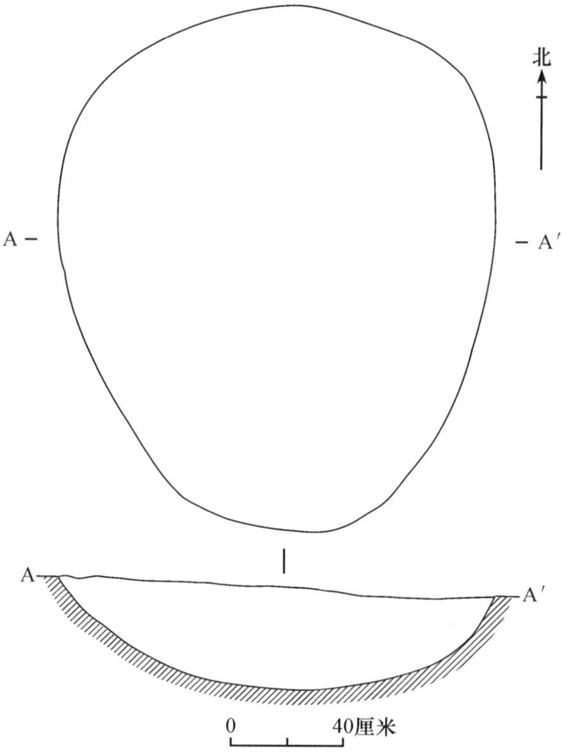

图4-1-10　97TWH81平、剖面图

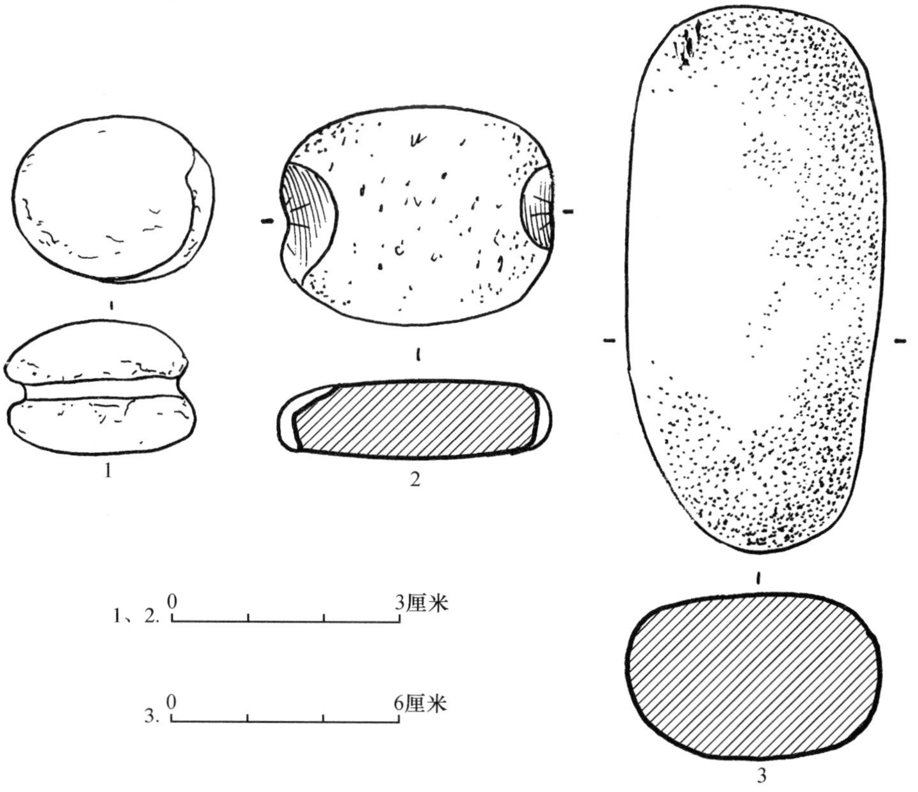

图4-1-11　97TWH81出土器物

1. C型陶网坠（97TWH81：1）　2. B型石网坠（97TWH81：2）　3. A型石研磨器（97TWH81：3）

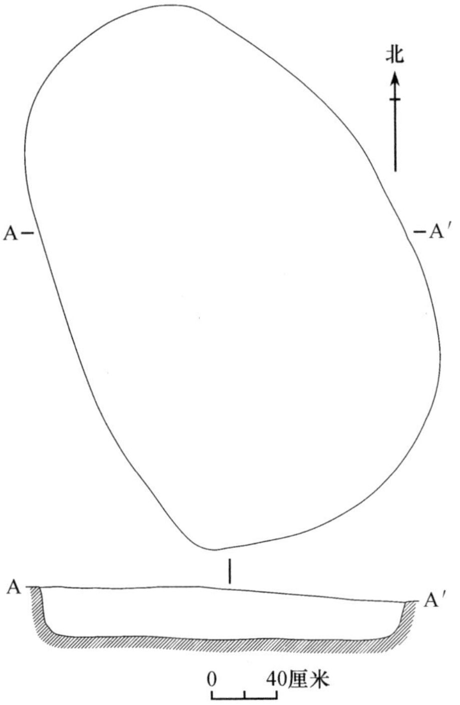

图4-1-12　97TWH82平、剖面图

5.7、宽5.3、厚1.2厘米（图4-1-13，2）。97TWH82：3，灰色板岩。仅余刀身一段。长4.1、宽3.5、厚0.3厘米。

滑石范　1件。97TWH82：4，仅存石范一角，表面饰网格纹。残长6.6、宽4.7、厚1.1厘米（图4-1-13，5；图版三二，7）。

气孔玄武岩块　1件。97TWH82：5，灰色气孔玄武岩块。椭圆形，周身遍布气孔。长9、宽7.2、厚4厘米（图4-1-13，6）。

骨器　2件。

簪　1件。97TWH82：8，呈钉形，顶端有帽，簪身呈圆柱形，尖残。残长5.6、直径0.9厘米（图4-1-13，4）。

凿　1件。97TWH82：1，长条形，一侧有浅凹槽，双面斜刃，刃部锋利。长7.2、宽1.5、厚0.7厘米（图4-1-13，3）。

8. 97ⅡTWH92

位于Ⅱ区T408南部。开口于第1层下，打破97TWM3和

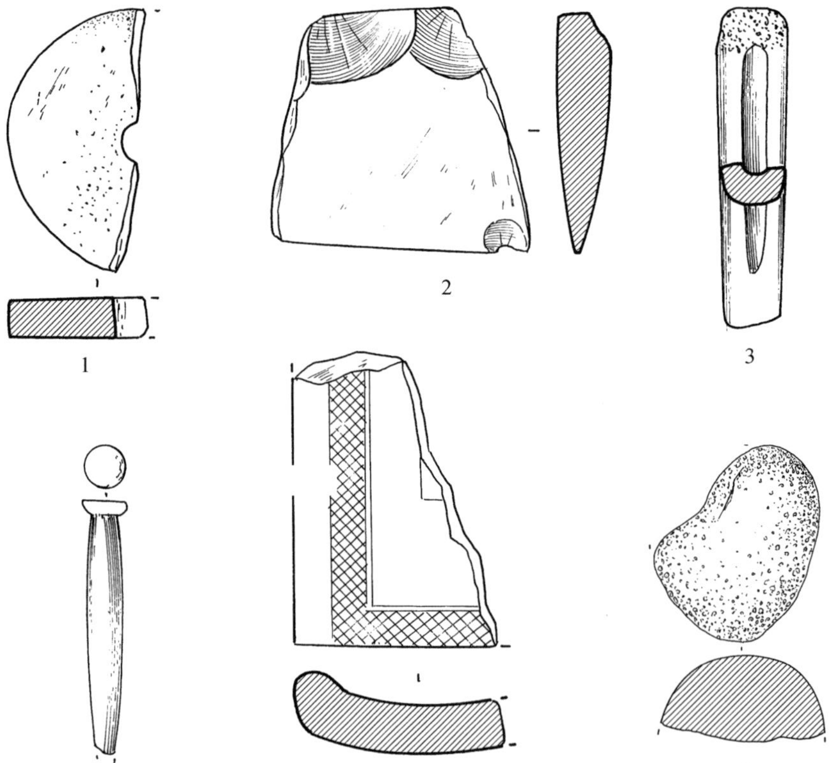

图4-1-13　97TWH82出土器物

1. A型陶纺轮（97TWH82：6）　2. Aa型石刀（97TWH82：2）　3. 骨凿（97TWH82：1）　4. 骨簪（97TWH82：8）　5. 滑石范（97TWH82：4）　6. 气孔玄武岩块（97TWH82：5）

生土层。平面呈不规则形，直壁，平底。坑口长径1.4米，短径1.05米，深0.3米。坑内堆积呈黑褐色，质地疏松，无出土器物（图4-1-14）。

9. 97ⅡTWH110

位于Ⅱ区T498西南部。开口于第1层下，打破97TWG13。因被破坏严重，形制不清，弧壁，平底。坑口尺寸不清，深0.42米。坑内堆积呈黑灰色，夹杂木炭屑，质地疏松，出土器物1件（图4-1-15）。

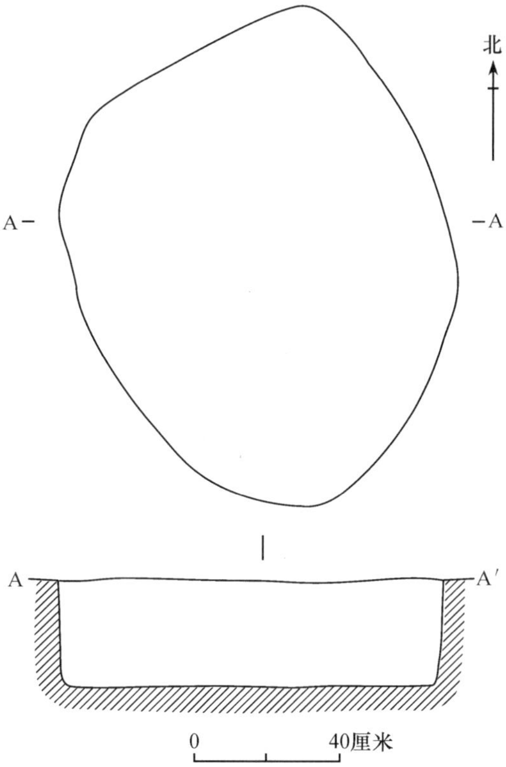

图4-1-14　97TWH92平、剖面图

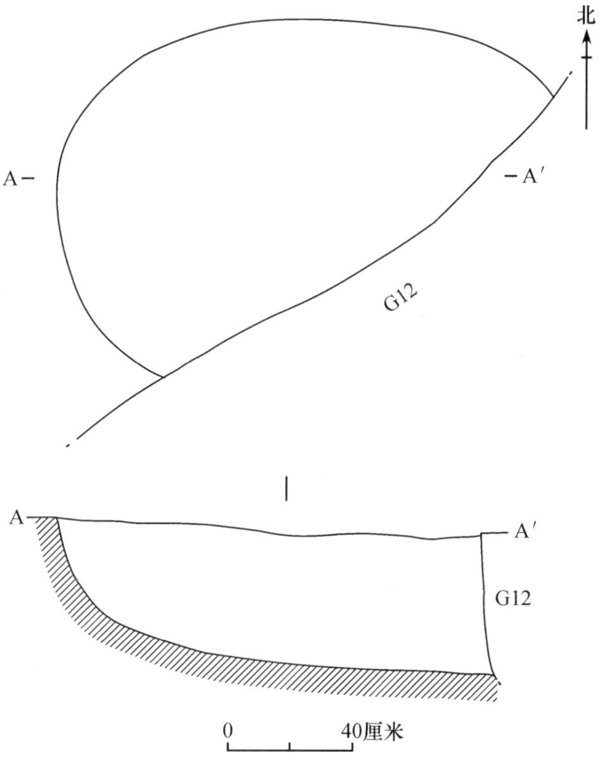

图4-1-15　97TWH110平、剖面图

出土器物

骨器　1件。

镞　1件。97TWH110：1，三棱形镞，镞身平面呈矛形，扁圆形铤。长4.7、宽0.7、厚0.6厘米（图4-1-16）。

10. 97ⅡTWH105

位于Ⅱ区T500东部及T501西部。开口于第1层下，打破第3层。平面呈不规则椭圆形，弧壁，圜底。坑口长径2.34、短径1.4、深0.23米。坑内堆积呈黑褐色，质地疏松，无出土器物（图4-1-17）。

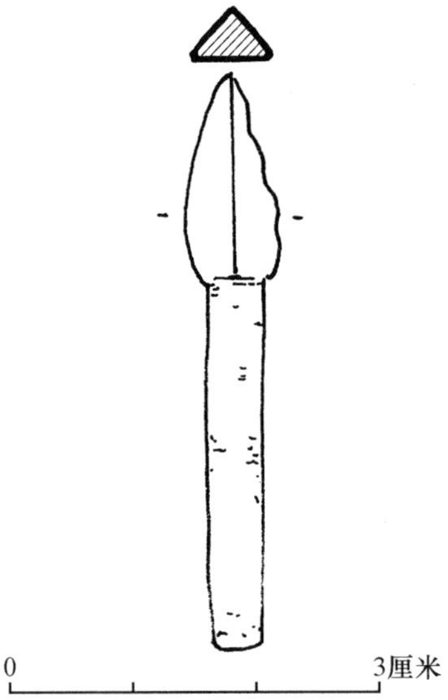

图4-1-16　97TWH110出土骨镞（97TWH110：1）

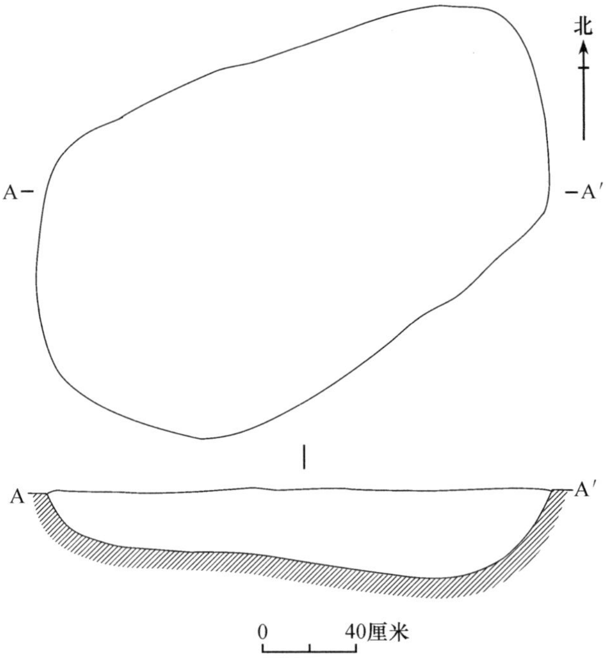

图4-1-17　97TWH105平、剖面图

第二节　采集品及耕土层出土器物详述

万发拨子遗址采集品及耕土层出土器物数量较多，对采集的陶容器进行了全部发表，其他质地的器物选取比较典型的进行介绍。

陶器　32件。

万发拨子遗址共采集（及征集）到陶容器共32件。

罐　16件。

竖耳罐　2件。采：2，夹砂黄褐陶，局部发黑。微侈口，鼓腹，上腹部饰两对称竖桥耳，台足，器形不规整。口径8.8、底径5.8、高12厘米（图4-2-1，1）。采：30，夹细砂黑褐陶。侈口，圆唇，上腹部饰对称竖桥耳，内壁呈黄色。口径7.2、残高7.6厘米（图4-2-1，2）。

盲耳罐　1件。采：12，泥质黄陶，局部发黑，直口，圆唇，鼓腹，上腹部是两对称盲耳，下腹部内收，平底。口径13、底径5.2、高5.4厘米（图4-2-1，3）。

单横耳罐　1件。采：1，夹细砂黄陶，夹蚌粉。敛口，弧腹，上腹部饰单横桥耳，平底，器型不规整。口径6.6、底径4.6、高7.2厘米（图4-2-1，4）。

双鋬耳罐　2件。采：8，夹砂红褐陶，局部发黑，局部露出红胎。口沿部已残，上腹部饰对称盲耳，盲耳残半，弧腹，小台足。底径7、残高14.2厘米（图4-2-1，5）。采：27，泥质黑陶。仅余口沿残片，局部露处红胎。敛口，鼓腹，口沿下饰对称鹰嘴鋬，底已残。口径11、残高10.4厘米（图4-2-1，6）。

四鋬耳罐　2件。采：4，泥质黑褐陶，器表抹光。卷沿，圆唇，束颈，鼓腹，下腹部饰四盲耳，盲耳多残半，喇叭状圈足，器壁较厚。口径7.8、底径6、高12.2厘米（图4-2-1，7）。

采：9，泥质黑褐陶，器表抹光。敛口，方唇，弧腹，上腹部饰四錾耳，喇叭状高圈足。口径6.6、底径4.4、高10.4厘米（图4-2-1，8）。

罐底　4件。采：21，磨光黄陶，内部呈红色，夹大量蚌粉。弧壁，平底，器壁较厚。底径7.4、高5.4厘米（图4-2-1，12）。采：23，夹砂红陶，夹蚌粉。弧腹，平底，器壁较厚。口径11.8、底径8、高4.4厘米（图4-2-1，11）。采：25，泥质黄褐陶，夹云母。仅余腹及底残片，弧腹，器壁较厚，台足。底径5.8、残高6.2厘米（图4-2-1，10）。采：31，夹砂黑褐陶，夹蚌粉。弧腹，台足。底径4.8、残高4.6厘米（图4-2-1，9）。

无耳罐　4件。采：7，夹砂黑褐陶，局部抹光，类似于黑皮陶。口、颈部已残，鼓腹，小平底。底径5、残高18厘米（图4-2-1，13）。采：24，泥质灰陶，圆鼓腹。最大腹径12、残高

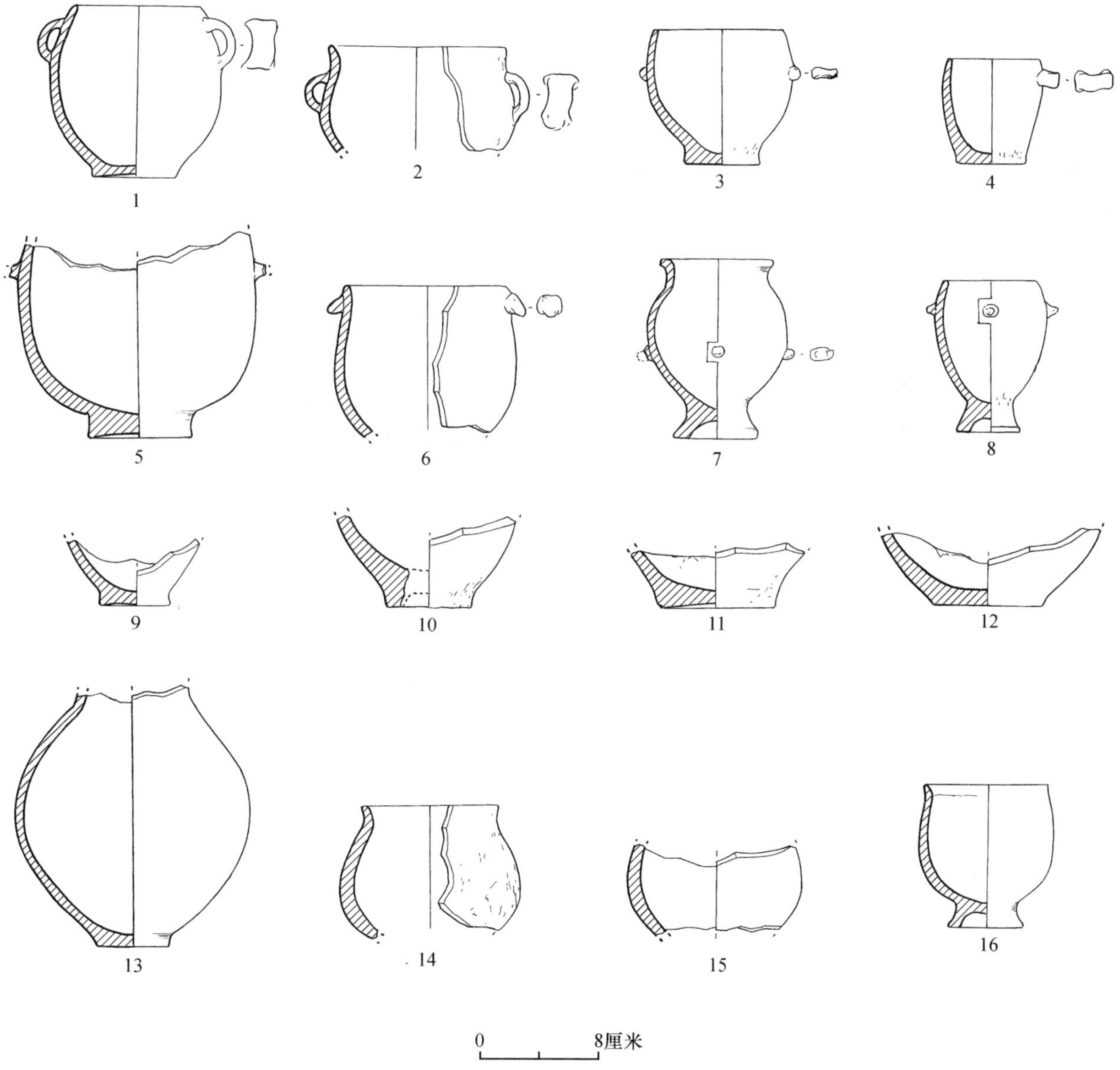

图4-2-1　采集陶器

1、2. 竖耳罐（采：2、采：30）　3. 盲耳罐（采：12）　4. 单横耳罐（采：1）　5、6. 双錾耳罐（采：8、采：27）　7、8. 四錾耳罐（采：4、采：9）　9～12. 罐底（采：31、采：25、采：23、采：21）　13～16. 无耳罐（采：7、采：32、采：24、采：3）

6.4厘米（图4-2-1，15）。采：32，夹砂灰陶，夹蚌粉，局部发黄，烧制火候较低，有大块陶片脱落。侈口，圆唇，鼓腹，底已残。口径9.2、残高9.4厘米（图4-2-1，14）。采：3，泥质黄陶，器表抹光。侈口，尖唇，口沿内壁斜抹，弧腹，圈足外撇。口径8.6、底径5.2、高9.8厘米（图4-2-1，16）。

壶　6件。

敞口壶　2件。T802采：1，夹砂黄褐陶，仅余壶身上部。圆唇，斜直颈，广肩。口径14、底径30.2、高15.6厘米（图4-2-2，1）。采：11，夹砂黄陶，夹大量蚌粉。侈口，方唇，斜直颈，圆鼓腹，腹中部有一破碎孔，台足。口径5.9、底径4.4、高10.8厘米（图4-2-2，6）。

侈口壶　1件。采：22，夹砂黄陶，夹大量蚌粉。仅余壶身上部分，斜直颈，方唇。口径20、残高9.6厘米（图4-2-2，2）。

横桥耳壶　1件。采：5，泥质黄褐陶，局部发黑。侈口，卷沿，圆唇，直颈，弧腹，最大腹径处饰两横桥耳，平底，器壁较厚。口径8.8、底径7、高17厘米（图4-2-2，3）。

四盲耳壶　1件。采：14，泥质黑褐陶，器表磨光，卷沿，圆唇，束颈，鼓腹，最大腹径处饰四盲耳，小平底。口径6.2、底径4.6、高8.2厘米（图4-2-2，4）。

双鋬耳壶　1件。采：6，泥质黑皮陶，局部发黑。侈口，卷沿，方唇，束颈，上腹部饰两对称鋬耳，平底。口径8.8、底径6、高15.4厘米（图4-2-2，5）。

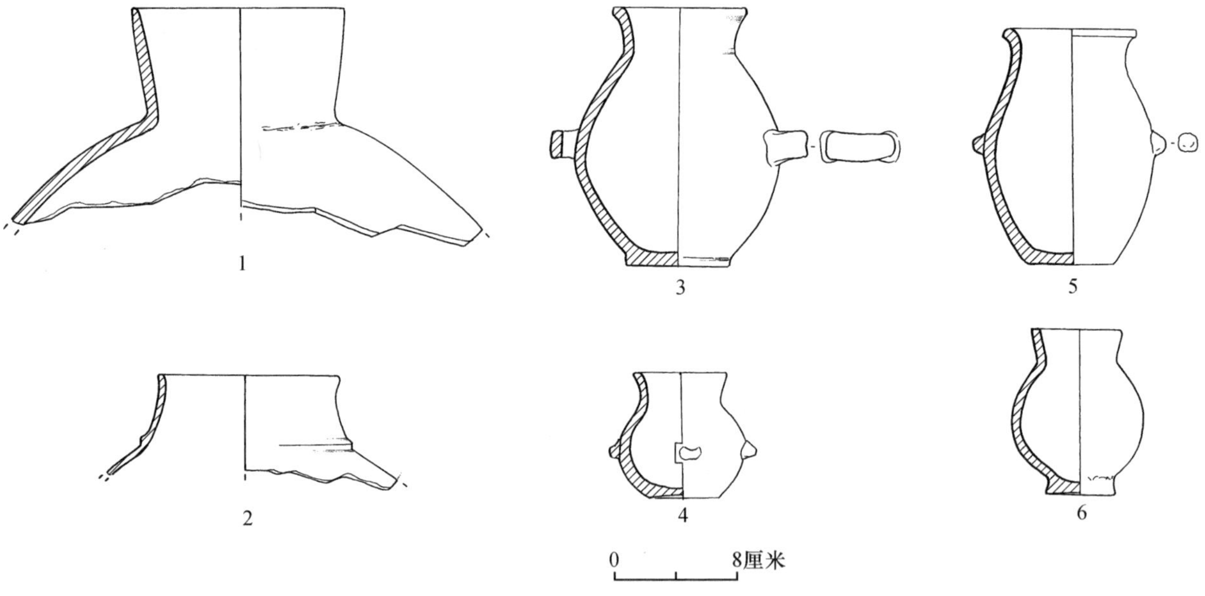

图4-2-2　采集陶壶

1、6. 敞口壶（T802采：1、采：11）　2. 侈口壶（采：22）　3. 横桥耳壶（采：5）　4. 四盲耳壶（采：14）　5. 双鋬耳壶（采：6）

甑　1件。采：26，泥质黑褐陶。腹上部已残，内壁呈黑色，器壁较厚，台足，中间有一圆形孔，底径7.2、残高5.6厘米（图4-2-3，1）。

碗　6件。

圈足碗　3件。采：16，泥质黄陶，夹大量蚌粉。仅余残片，敞口，方唇，靠近口沿部饰有并排两个圆形乳凸，弧腹，圈足。口径13、底径5.8、高7.2厘米（图4-2-3，4）。采：20，磨光黑皮陶。仅余碗底，弧腹，圈足，内部亦呈黑色。底径6.4、残高3.8厘米（图4-2-3，2）。征集：202，泥质黄陶，器表磨光。敛口，方唇，弧腹，圈足。口径22、底径9.8、高9厘米（图4-2-3，3）。

假圈足碗　2件。采：15，泥质黄褐陶，内壁呈黑色。敞口，圆唇，弧腹，台足。口径19.8、底径7.2、高9.6厘米（图4-2-3，6）。采：19，磨光黑皮陶。口部已残，弧腹，台足。底径6.2、残高6.6厘米（图4-2-3，5）。

台足碗　1件。征集：204，泥质红陶，器表有刮抹痕。敞口，方唇，弧腹，台足。口径27、底径10.6、高15.2厘米（图4-2-3，7）。

豆　3件。采：13，夹砂黑褐陶。卷沿，圆唇，口沿部贴塑一圈凸棱，形成厚厚的圆唇，圆鼓腹，上腹部是两对称桥形盲耳，高喇叭状圈足。口径11、底径9.6、高17厘米（图4-2-3，8）。采：28，夹砂黄褐陶，局部发黑。仅余豆柄，斜直壁，中空。残长12.2厘米（图4-2-3，9）。采：29，泥质黄褐陶，夹云母。仅余喇叭状高圈足，器表抹光。底径6.4、残高5.4厘米（图4-2-3，10）。

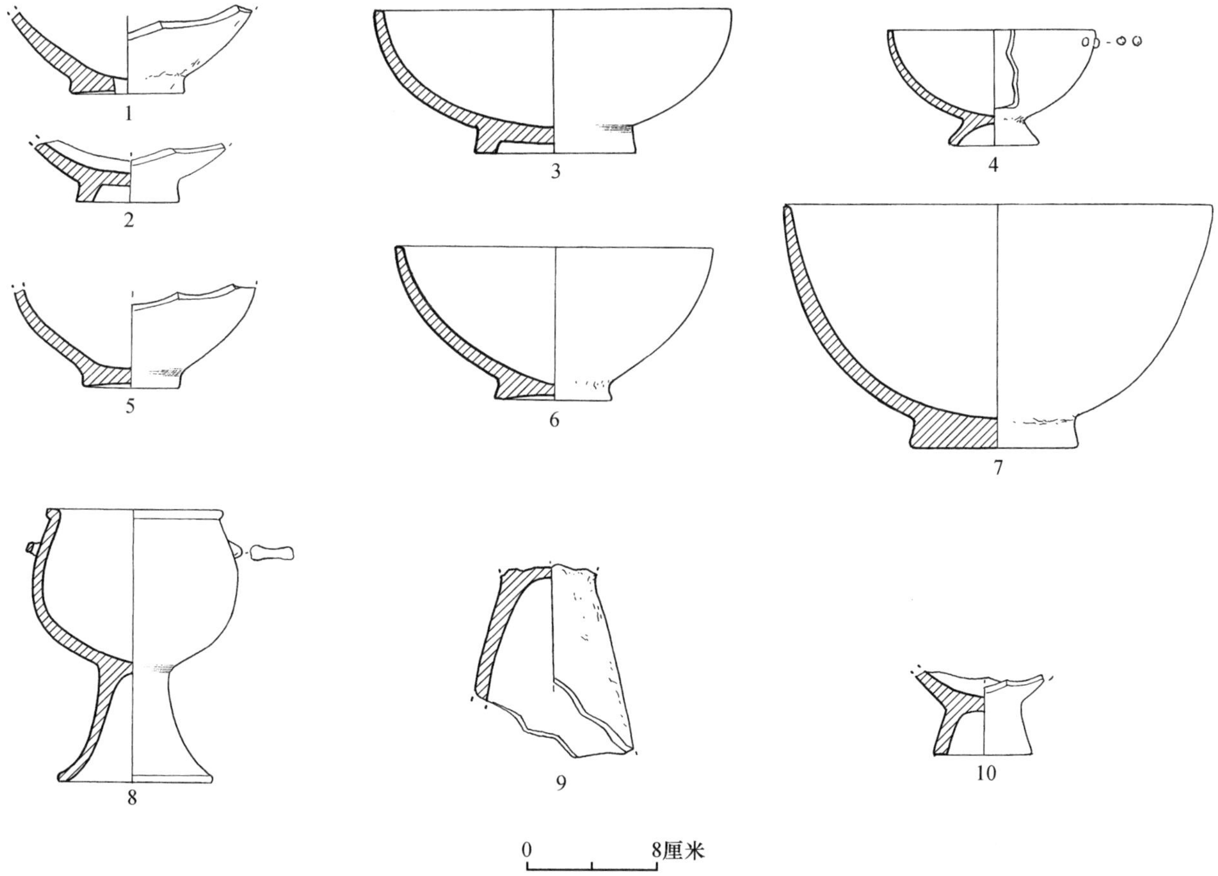

图4-2-3　采集、征集陶器

1. 甑（采：26）　2～4. 圈足碗（采：20、征集：202、采：16）　5、6. 假圈足碗（采：19、采：15）
7. 台足碗（征集：204）　8～10. 豆（采：13、采：28、采：29）

石器　2件。

纺轮（棍棒头？）　2件。圆鼓形，中间有圆形钻孔。采：17，灰白色石英砂岩。孔径

1.3、直径5、厚3.8厘米（图4-2-4，4）。采：18，紫红色细砂岩。孔径1.45、直径4.6、厚4.4厘米（图4-2-4，3）。

范　1件。采：535，平面近长方形，凹进部分为圆形，四周饰放射线纹，推测为铜泡的范（图版三二，8）。

铁器　2件

镢　1件。采：33，平面近长方形，长方形銎孔，刃残。长9、宽6.1、厚2.5厘米（图4-2-4，2）。

剑　1件。采：34，长条形，剑柄中间饰两圆形扣，器身锈蚀严重。长24.8、宽2.3、厚0.2厘米（图4-2-4，1）。

鎏金器　1件。

铜簪　1件。97TWT334①：1，青铜质，表面鎏金。簪首呈宝顶状，上饰荷花造型，两条插针，其中一条已残断。簪首长2.9、宽1.5、高1.4厘米；插针长9.6厘米（图4-2-4，5；图版三二，5）。

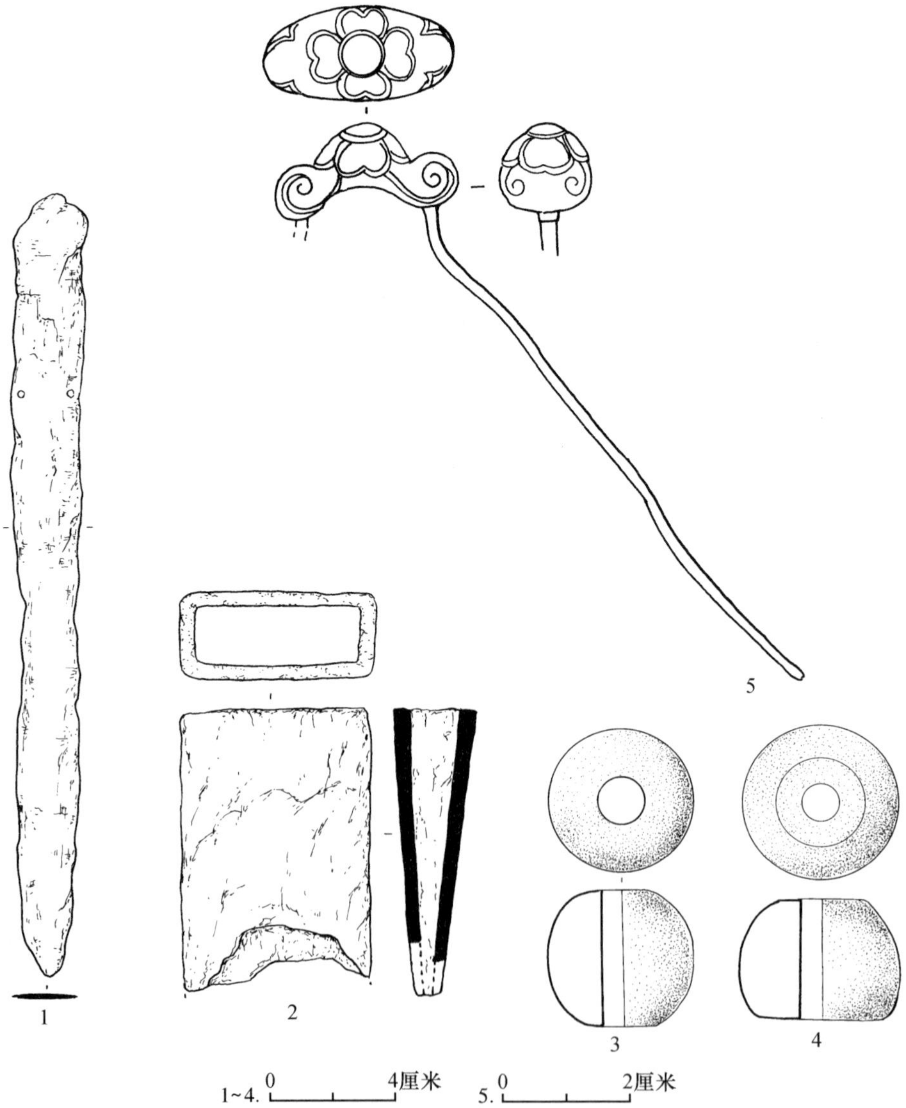

图4-2-4　采集器物

1. 铁剑（采：34）　2. 铁镢（采：33）　3、4. 石纺轮（采：18、采：17）　5. 鎏金铜簪（97TWT334①：1）

第五章 结 语

第一节 各期文化遗存的特点、年代及性质

一、第一期遗存的特点、年代及性质

（一）第一期遗存的分段及文化特征

万发拨子第一期遗存包括第Ⅰ区的第13～11层，第Ⅱ区的第11～9层，以及6座灰坑（97TWH43、97TWH58、97TWH59、97TWH146、97TWH148、97TWH149），1座房址（97TWF15）。根据其出土物的不同，分为早晚两段。

（1）以97TWH43、97TWH58、97TWH59、97TWH149为代表的早段遗存

早段遗存仅包括4个灰坑，分别为97TWH43、97TWH59、97TWH58、97TWH149。这4座灰坑均坐落在魏晋时期地层或汉代地层之下。属于这一期的地层并未发现，推测由于后期人为各种扰动，原始地层已经无存，这4个灰坑的开口层位已经非原始层位。

早段遗存是一种以椭圆形或圆形灰坑，手制的施刻划横线纹筒形罐及平底陶器、打制或磨制石器、磨制骨角器为主要内涵的文化遗存。

灰坑平面均为椭圆形或圆形，弧壁，圜底或平底。坑深0.5～0.66米。

陶器少见完整者，以筒形罐为主，多泥质红褐陶，个别夹滑石，火候均较低，壁较厚，直口或侈口，少量平底器器底。

陶片除个别为素面外，纹饰多为刻划而成，以横线纹和变形之字纹为主，少量潦草人字纹和斜线纹。另有少量压印纵横线纹。总体来说，本期陶器纹饰较为简单。

石器数量较多，打制、磨制均有。包括凿、镰、刀、镞、网坠、饼、研磨器、砺石、制作石器的废弃料及不知名石器等。除石饼及个别石网坠是石英砂岩和细砂岩质外，其余均为灰色板岩。

骨角器数量也较多。主要有骨锥、骨镞、骨簪、骨管、牙刀、狍子角，以及动物掌骨磨制的骨器。其余还可见鳖甲、鱼鳃骨、河螺等。

（2）以97TWF15为代表的晚段遗存

晚段遗存包括第Ⅰ区的第13～11层，第Ⅱ区的第11～9层，以及97TWF15、98TWH146、98TWH148这几个单位。

晚段遗存是一种以圆形浅地穴式房址，椭圆形灰坑，饰有繁复花纹的筒形罐，打制或磨制石器，磨制牙器为主要内涵的文化遗存。

灰坑均为椭圆形，弧壁，圜底或平底。坑深0.6～0.68米。

房址平面呈圆形，为浅地穴式，居住面未经过修整。以条石垒砌方形灶，灶址位于房屋中间。穴壁四周有一圈柱洞。

房址及地层中出土陶器除筒形罐外，还有小陶杯、圈足碗、平底器器底。多泥质陶，少量夹砂陶，个别夹滑石。以褐陶为主，还有黑陶。火候比早段陶器高，多手制，个别器壁经慢轮修整。筒形罐以敛口为主，有少量为直口。

晚段遗存中出土的陶片均饰有花纹，多为压印或戳印纹，少量刻划纹。纹饰有人字纹、席纹、网格纹、斜点纹、斜线纹、篦点纹以及复合纹饰。复合纹饰包括括号纹+横点纹、斜线纹+粗横点纹、括号纹+人字纹、横点纹+曲点纹、叶脉纹+错乱斜线纹这几种组合类型。其中，复合纹饰、人字纹、篦点纹多以压印或戳印为主；席纹和网格纹以刻划为主。另有1件纹饰陶片比较特殊，其纹饰为双线横纹+指甲纹组合而成，其中双线横纹为刻划而成，指甲纹则应该是用指甲戳印而成。

晚段遗存中尽管完整陶器较少，陶片上亦多不是完整的图案，但仍旧能展示出该时期陶器纹饰的丰富多彩。其纹饰较新石器时代早期更加繁复美观，构图更加富有装饰效果。出土利用废弃陶片磨制而成的纺轮。纺轮上有刻划的横线纹或水波纹。

石器数量较多，出土镐、凿、饼、砺石、刀、斧、镞、网坠、研磨器、磨盘、剑、石坠、刮削器等，其他还包括不知用途的齿状石器、不知名石器、绿石块、红石块。石器以石英砂岩和板岩为主，还有少量粉砂岩和细砂岩。

骨、角器数量较少，主要为动物牙磨制而成的牙刀或尖状器。

根据以往的发现，吉林省南部新石器时代遗址大多分布于临河的漫冈上，相对高度一般不超过五十米①，万发拨子遗址也符合这一规律，万发拨子新石器时代遗址亦位于遗址西南高地东坡二级阶地上，其相对高度也不超过五十米。

（二）第一期遗存的年代

（1）第一期早段遗存的年代

根据层位关系97TWH58打破97TWH59，97TWH59打破97TWH43，可知97TWH43年代最早。从其出土器物来看，这3个灰坑陶器均以筒形罐为主，均为侈口或直口，器表多施纹，主体纹饰为刻划纹，以横线纹和变形之字纹为大宗。因此可以推测，这3个灰坑年代大致相差不远。

这3个灰坑出土的陶片上多饰有刻划线纹。其中，刻划横向纹在水洞下层文化②、后洼上

① 吉林省文物考古研究所：《吉林东丰县西断梁山新石器时代遗址发掘》，《考古》1991年第4期。

② 齐俊、刘兴林：《本溪水洞遗址及附近的遗迹和遗物》，《辽海文物学刊》1998年第1期。

层文化[①]及农安元宝沟遗址[②]较为常见。有学者认为，后洼上层文化是由水洞下层文化发展而来[③]。水洞下层文化和元宝沟遗址的横向纹多较规整，而后洼上层文化的横向纹则略凌乱，并且流行在横线纹上施加其他纹饰。万发拨子遗址中出土的刻划横向纹分两种，一种较为规整，线条笔直，间隔均匀（图3-1-11，4）；一种稍显零乱，个别线条较短，个别线条较长，彼此之间间隔无规律（图3-1-11，5）。万发拨子遗址中刻划的潦草人字纹（图3-1-15，3）与变形之字纹（图3-1-11，1）在后洼上层遗址中亦有发现，只是万发拨子的潦草人字纹其人字交叉方向与后洼上层人字纹正好相反。

本期出土的筒形罐有侈口、直口两种类型，均流行刻划纹饰，且多从上腹部开始施纹，其口沿有一段素面带，这些均与农安元宝沟遗址[④]、及后洼上层遗址[⑤]保持一致。因此可以认为，万发拨子新石器时代早段遗存与元宝沟遗址及后洼遗址上层大致同时期。元宝沟遗址年代为距今6000～5500年；后洼遗址上层文化的年代目前仍有争议[⑥]。综合推测，这3个灰坑的年代大致距今6000～5500年。

98TWH149出土侈口筒形罐，器身刻数条横线纹，其器物形制与施纹方式与97TWH43较为相似，推测其年代大致相当。

因此，万发拨子第一期早段遗存的年代为距今6000～5500年。

（2）第一期晚段遗存的年代

第一期晚段遗存包括第Ⅰ区的第13～11层，第Ⅱ区的第11～9层，以及97TWF15、98TWH146、98TWH148这几个单位。

97TWF15出土的陶器以敛口或直口的筒形罐为主。根据出土的陶片纹饰可知，其施纹手法主要分为两类，一类是戳印或压印，这类纹饰占据主体地位，数量最多的为人字纹，其次是复合纹饰，另有少量斜点纹、篦点纹；一类是刻划，数量较少，有席纹和方格纹。根据以往的发现，在第二松花江流域、鸭绿江流域中上游、东辽河流域及西部草原沙丘地带的新石器时代遗存以距今5500年左右为限，前期（距今7500～5500）陶器盛行各类之字纹；后期（距今5500～4000年）以人字纹构成纹饰主体[⑦]。97TWF15应该进入了以人字纹为主要纹饰的时期。值得一提的是，其他遗址中出土的人字纹多是横向排列，而万发拨子遗址中的人字纹则都是竖向排列。

这种以平底筒形罐为主，主体纹饰为较规矩的人字纹（图3-1-5，1）、潦草人字纹

---

① 许玉林、傅仁义、王传普：《辽宁东沟县后洼遗址发掘概要》，《文物》1989年第2期。

② 吉林省文物考古研究所：《吉林农安县元宝沟新石器时代遗址发掘》，《考古》1989年第12期。

③ 杜战伟、赵宾福、刘伟：《后洼上层文化的渊源与流向——论辽东地区以刻划纹为标识的水洞下层文化系统》，《北方文物》2014年第1期。

④ 吉林省文物考古研究所：《吉林农安县元宝沟新石器时代遗址发掘》，《考古》1989年第12期。

⑤ 许玉林：《后洼遗址考古新发现与研究》，《中国考古学会第六次年会论文集》，文物出版社，1990年。

⑥ 许玉林认为距今5000年左右（许玉林、傅仁义、王传普：《辽宁东沟县后洼遗址发掘概要》，《文物》1989年第2期）；杜战伟认为距今6000～5500年（杜战伟、赵宾福、刘伟：《后洼上层文化的渊源与流向——论辽东地区以刻划纹为标识的水洞下层文化系统》，《北方文物》2014年第1期）。

⑦ 吉林省文物考古研究所：《吉林省文物考古的世纪回顾与展望》，《考古》2003年第8期。

（图3-1-6，3）、叶脉纹（图3-1-6，1）、斜点纹（图3-1-5，2）等特点与西断梁山二期文化①较为相似，只是西断梁山二期中的同类纹饰多线条较细，似刻划而成，而万发拨子此类纹饰多戳印或压印而成。这种以压印人字纹为主要纹饰的特点与左家山遗址三期②及和龙兴城新石器时代遗址③较为相似。只是这三个遗址中出土的人字纹均为横向排列，而万发拨子新石器时代晚段遗存中的人字纹均为竖向排列（图3-1-5，3、4）。左家山遗址三期^{14}C年代测定为公元前3500±120年④；西断梁山二期文化的年代距今5000年左右；和龙兴城新石器时代遗址年代距今4800～4300年。因此，推测万发拨子F15的年代距今5500～5000年。

97TWF15中出土了数量较多的复合纹饰，其中最具特色的是压印的括号纹、曲点纹、粗横点纹，这种括号纹根据排列方式的不同又可分为两种，一种是连续压印的横向纹，与横点构成组合（图3-1-7，1）；一种是连续压印的竖向纹，与人字纹构成组合（图3-1-7，4）。曲点纹形似蝌蚪，与横点纹构成组合（图3-1-7，2）。粗横点纹成组排列，分布均匀，与斜线纹构成组合（图3-1-7，3）。这种括号纹、曲点纹与粗横点纹均不见于其他遗址，应属于万发拨子遗址所特有的纹饰。

97TWF15出土了少量的刻划纹饰，主要为席纹和方格纹。与左家山第三期相比，F15的方格纹刻划在两条横线中间，形成一组，方格纹较稀疏（图3-1-5，7）。席纹多为三角形内刻划斜线纹或人字纹，线条多凌乱（图3-1-6，5、6）。左家山第三期出土的方格纹较细密，两侧未有横线，席纹多与其他纹饰组合而出现，且斜线排列较规矩。推测这两种刻划纹饰应该在辽东地区刻划纹的影响下出现，但本地特色较为突出。

98TWH148其出土的筒形罐为敛口，上腹部饰压印人字纹，其纹饰及施纹方法与F15相同，推测其年代大致相当。

98TWH146出土的筒形罐为直口，筒形罐残片上同时可见刻划横向纹与压印指甲纹，这种由刻划纹与压印纹组成复合纹饰的做法见于97TWF15，推测其年代也大致相当。

因此可以推测，万发拨子第一期晚段遗存的年代为距今5500～5000年。

（三）第一期遗存的性质及所反映的生计方式

万发拨子第一期早段出土器物以侈口或直口的筒形罐为主，器物纹饰以横线纹和变形之字纹为主要纹饰，多刻划而成。其地域特点明显，这种变形之字纹初看似横向纹，但两横线之间多有连笔，形成较小夹角，与周边其他遗址出土的之字纹均不相同，应属于简化了的之字纹。在97TWH58、97TWH59中，变形之字纹与潦草人字纹并存，说明在万发拨子遗址第一期早段，之字纹与人字纹是并行存在的，也证明这一时期很可能处于之字纹向人字纹过渡的时期，这也为之字纹的消亡时间提供了重要依据。

---

① 吉林省文物考古研究所：《吉林东丰县西断梁山新石器时代遗址发掘》，《考古》1991年第4期。

② 吉林大学考古教研室：《农安左家山新石器时代遗址》，《考古学报》1989年第2期。

③ 吉林省文物考古研究所、延边朝鲜族自治州博物馆：《和龙兴城新石器及青铜时代遗址发掘报告》，文物出版社，2001年。

④ 陈全家、赵宾福：《左家山新石器时代遗址的分期及相关文化遗存的年代序列》，《考古》1990年第3期。

万发拨子第一期晚段出土器物以敛口或直口的筒形罐为主，器物纹饰以人字纹为主，其次为复合纹饰，多压印或戳印而成，其地域特点明显。人字纹不同于周边其他遗址为横向施纹，而是竖向排列；复合纹饰中的括号纹、曲点纹与粗横点纹均不见于周边其他遗址。

从总体上来说，万发拨子第一期（新石器时代）所代表的遗存文化内涵丰富，文化面貌与周边地区其他遗址区别较大，其地域特点明显，在鸭绿江流域属首次发现，应该属于一种新的文化类型，暂称之为“万发拨子第一期遗存”。

万发拨子新石器时代早段共包含4个遗迹单位，出土石器44件，占出土器物总量的54.3%，分10种器类，包括凿、镰、刀、镞、网坠、饼、研磨器、砺石等，还包括制作石器的废弃料及不知名石器。这10种器类中，包含了农业加工工具及农业收获工具，推测当时已经有了定居农业，而且渔猎采集经济也较为发达。骨制品数量较多，可以看出当时还具备一定的骨器加工工艺。这一时期，还发现一定数量的水生物。如鱼鳃骨、鳖甲、河螺、河蚌等。可以推测，当时渔捞的水产品也是一项重要的食物来源。

万发拨子新石器时代晚段遗存共出土石器66件，分17种器类。包括镐、凿、刀、斧、镞、网坠、研磨器、磨盘、剑、石坠、刮削器、石饼、砺石等，其他还包括不知用途的齿状石器、不知名石器、绿石块、红石块。与农耕经济直接相关的石镐及与渔猎采集经济直接相关的石网坠均存在。结合这一时期的房址、灰坑及出土物可知，这一时期仍是定居农业经济，同时存在着较为发达的渔猎采集经济。 这一时期新出现的鹿角和鹿角器，说明已经具备猎捕大型动物的能力，证明狩猎水平较早段也有了一定的提高。

根据以往学者对万发拨子遗址地学环境的研究表明，“在中全新世（公元前7500～前2500），万发拨子遗址周围是温暖湿润气候条件下的针、阔叶混交林植被景观。在新石器时代晚期气候较为温暖湿润，气温比现在略高……遗址地处鸭绿江重要支流—浑江中游上段，地表水及地下水资源丰富，流经遗址周围的地表水主要是浑河和金厂河……可以确认大暖期水资源当更加丰富”[①]。可见，在新石器时代晚期，万发拨子遗址的环境是温暖湿润的，这种气候既适合农耕，也适合狩猎采集经济的发展。而遗址周边的水资源也相当丰富，因此渔业经济也相当发达。

根据汤卓炜的研究，在万发拨子新石器时代，猪和狗已经得到了驯化[②]。可见，万发拨子新石器时代遗址所反映出来的生计方式是定居农业经济，渔猎采集经济在这一地区也较为发达，同时其肉食来源已经有了家养的猪。

二、第二期遗存的文化特征、年代及性质

万发拨子第二期遗存包含第Ⅰ区的第10～9层，第Ⅱ区的第8层。

属于这一期的文化遗迹包含2座房址、5座灰坑。

房址2座（97TWF14、97TWF17）。平面呈圆角长方形，居住面未经过修整。椭圆形灶址

① 汤卓炜、金旭东、杨立新：《吉林通化万发拨子遗址地学环境考古研究》，《边疆考古研究》第2辑，科学出版社，2004年。

② 同①。

位于房址中部。房址一侧发现柱洞痕迹，未见门道迹象。

灰坑5座（97TWH115、97TWH139、97TWH140、97TWH141、97TWH142）。灰坑多呈不规则形或椭圆形，多弧壁，平底。坑深0.2～1.14米。

第二期遗存出土陶器数量不多，石器大量出土。陶器以罐、壶、钵（或碗）为主要器类，器物多残碎。

陶器多平底或圜底。陶质以夹砂陶为主，少量泥质陶，部分夹云母，个别夹蚌。颜色有黄褐、黑褐、灰色、红色、褐色等。素面，个别口沿部饰两组弦纹。

罐根据大小分两种，一种为口径大于17厘米的大口罐，侈口或敛口；一种为口径小于16厘米的小口罐，口沿下饰乳丁耳或錾耳，均为侈口。

壶形体较大，为侈口束颈。钵腹较深，近直口。

碗多器壁较厚，内壁发白，推测可能经过反复焙烧。两件圜底器口沿已残，器壁较厚，多手制，部分器壁表面可见抹光痕迹，推测后期经打磨。

这一时期出土一种夹砂红陶的圜底器，手制，烧制火候较高，器壁较厚，表面可见抹光痕迹，推测后期经打磨。这种圜底陶器多见于朝鲜半岛北部青铜文化遗址中，在我国东北境内比较少见，在通化拉拉屯北岗遗址[①]中有少量发现。

这一期出土了数量较多的陶网坠，出现了四面打制或磨制豁口的新形制，尤其是出现了6个豁口的不规则形陶网坠，具有较浓厚的地域特点。这些网坠多就地取材，利用废弃的夹砂黄褐或红褐陶片随机打制或磨制而成。

这一时期出土了数量较多的石器，石器种类多样。以打制为主，磨制石器较少。石网坠数量最多，多用石英砂岩在两侧打制豁口，有长条形、椭圆形、圆形等几种形制；其次为研磨器，根据形制不同可分为柱形、卵圆形和半圆形几种；石镐、石斧、石刀的数量相对较少，石镐与石斧的刃部多打制而成，器身保留原始的石皮，石斧的形制较为原始。磨制石器主要有石镞，数量较少，均为双翼，后锋多呈燕尾状。

万发拨子第二期仅发现生活居址，并未发现与之对应的墓葬。根据以往的研究，东北青铜时代至早期铁器时代，遗址出土陶器与墓葬出土陶器有所区别甚至互不共见。值得注意的是，万发拨子第二期遗物与马城子文化墓葬中的出土器物有着较为相似的文化面貌，而与马城子生活居址的出土器物大相径庭。

（1）万发拨子第二期出土陶器以罐、壶、钵、碗为主，其不同的器类均可在马城子A洞或C洞墓葬中找到相似的器形。

万发拨子第二期出土的大口罐和錾耳罐在马城子A洞中均能找到同样的器形。唯一的区别是，马城子A洞的陶罐多流行在口沿部饰花纹，而万发拨子第二期出土的陶罐多为素面。万发拨子第二期大口罐口径均大于17厘米，侈口或直口；马城子A洞大口罐口径多20厘米以上，亦为侈口或直口。如大口罐（97TWT399⑨：58）与马城子A洞（MAM15：1）相似；大口罐（97TWT399⑨：16）与马城子A洞大口罐（MAM18：4）相似；錾耳罐（97TWT399⑨：60）与马城子A洞（MAM12：2）錾耳罐形制较为相似；錾耳罐（97TWT399⑨：57）与马城子A洞

① 庞志国：《吉林通化拉拉屯北岗青铜时代遗址》，《辽海文物学刊》1991年第2期。

（MAM7：26）鋬耳罐相似；鋬耳罐（97TWT396⑨：15）与马城子A洞（MAM9：2）鋬耳罐相似。

万发拨子第二期直领罐（97TWH139：11）与马城子C洞直领罐（MCM3：14）形制相似；陶壶（97TWH139：10）与马城子C洞直颈壶（MCM2：3）形制相似。

万发拨子陶壶（97TWT396⑨：17）与马城子A洞中出土的斜颈壶较为相似，只是形体稍大。

万发拨子深腹钵（97TWT398⑨：77、97TWT398⑨：82）与马城子A洞陶钵（MAM15：11）形制相似。

（2）万发拨子第二期出土的陶网坠均系利用陶片打制或磨制而成。陶网坠所见的几种形制，如椭圆形、圆形和方形均能在马城子A洞中找到相似器物。

（3）万发拨子第二期遗存与马城子A洞均以石器为大宗，其中石镞、石刀均能在马城子A洞中找到相似器形。如万发拨子此期地层中出土的石镞（97TWT399⑩：8、97TWT395⑩：2）与马城子A洞（MAM14：4、MAM12：23）形制相似；石刀（97TWT399⑨：50）与马城子A洞（MAM1：4）较为相似。

据此可以推断，万发拨子第二期遗存的年代应与马城子A洞、马城子C洞墓葬大致同时期。根据马城子报告可知，马城子A洞和C洞墓葬应该属于晚期墓，其晚期墓葬有3个^{14}C测定数据，其中，马城子A洞M7测定数据为，距今3015±70年，树轮校正3180±145年。综合其他两个数据，认为马城子A洞和C洞的年代距今3200～3000年，相当于商末至西周初年①。赵宾福认为，马城子文化晚期的年代相当于商代晚期②。据此可知，万发拨子第二期遗存的年代大致为商代晚期，其下限或已进入西周时期。

由于其文化面貌具有强烈的地域特点，应属于一种新的文化类型，暂称之为“万发拨子第二期遗存”。

三、第三期遗存的文化特征、年代及性质

万发拨子第三期遗存包含第Ⅰ区的第8～4层；第Ⅱ区的第7～4层；第Ⅲ区的第6～5层；第Ⅴ区的第5层和第4层；第Ⅵ区的第6～4层。

属于这一时期的文化遗迹有房址11座、灰坑70个、灰沟5条、墓葬33座。

根据地层及出土遗物面貌的不同，第三期遗存可以分为早晚两段。

（一）第三期早段遗存的文化特征、年代及性质

1. 第三期早段遗存的文化特征

万发拨子第三期早段遗存包括第Ⅰ区的第8层及其下开口的单位97TWH140，第Ⅱ区第8层

① 辽宁省文物考古研究所、本溪市博物馆：《马城子——太子河上游洞穴遗存》，文物出版社，1994年。

② 赵宾福：《中国东北地区夏至战国时期的考古学文化研究》，科学出版社，2009年。

下开口的单位97TWH115。

从第三期开始，陶器中普遍流行竖桥耳和横桥耳。第三期早段遗存出土陶器器类较为复杂，除了第二期已有的器类，如器形较大的陶碗、侈口束颈壶外，本段新出现了竖耳罐、斜腹罐、瓮、小鋬耳罐以及袋足器等。陶器多夹砂红褐陶或夹砂黑褐陶。

此段陶碗有两种形制，一种是圈足碗，器形较小，圈足较高，器壁较薄，是第三期早段新出现的器形；一种是平底碗，器形较大，器壁较厚，烧制火候较高，内壁颜色发白。这种平底的碗在万发拨子第二期便已经出现。

两座灰坑中出土的竖耳罐形制较为相似，均为夹砂陶，竖桥耳饰于上腹部，侈口或近直口。 竖耳罐是从本期才有的器形，且主要流行于第三期。97TWH115出土的两件夹砂夹云母红陶器，器表有大片的烟熏痕迹，其器形较大，器底较小，器壁非常薄，然而因为其上半部残碎，其形制不清楚，无法知晓其用途，在本遗址中，属于孤例。仅在本段发现的夹砂褐陶大敞口斜腹罐（97TWT396⑧：13、97TWH140：13），夹砂褐陶小平底陶瓮，也不见于同时期周边遗址，应属于本地特色的器物。

此段出土的陶豆，豆盘腹部弧度较大，圈足较矮。陶纺轮均为圆饼形（A型）。陶网坠延续万发拨子第二期的传统，仍是用废弃陶片改制而成。

此段地层中出土了较多的石器，石器的种类及形制与万发拨子第二期相比，变化不大。新出现了三棱形石镞（C型）。

值得一提的是，第Ⅰ区第8层出土的鹿角坠，其形制类似于新石器时代比较流行的陶祖，很可能属于原始生殖崇拜的一种。

2. 第三期早段遗存的年代及性质

第三期早段遗存中出土的高圈足陶碗（97TWT398⑧：34），见于双房文化早期的岗上墓地[①]及延吉德新金谷土坑墓中（M7：2），同五女山城二期[②]地层中出土的碗（T403②：1）形制也颇为相似。双房文化早期年代为西周时期，五女山城二期年代大致为战国晚期，可见这种圈足碗从西周时期至战国晚期一直在使用。

第Ⅰ区第8层出土的陶豆（97TWT397⑧：54），深腹豆盘，喇叭状圈足，与本期晚段出土陶豆相比，这种陶豆圈足较矮。这种深腹喇叭状圈足的豆在大连旅顺口区的尹家村遗址（陶豆M12：4）[③]也有发现，只是尹家村的这件陶豆圈足较高，与本期第6层出土的陶豆圈足较为相似。尹家村M12是一座长方形土坑石椁墓，其出土了典型的代表双房文化第三组本土陶器主流特征的壶、罐、豆的组合，与此同出的是一件属于战国时期的“燕式豆”，因此尹家村M12的年代为战国时期[④]。据此可以推测，这种矮圈足陶豆的年代应早于尹家村M12。

万发拨子早段遗存虽出土器物不多，但从器物的种类和器形来看，其与万发拨子第二期

① 中国社会科学院考古研究所编著：《双坨子与岗上——辽东史前文化的发现与研究》，科学出版社，1996年。

② 辽宁省文物考古研究所：《五女山城——1996～1999、2003年桓仁五女山城调查发掘报告》，文物出版社，2004年。

③ 中国社会科学院考古研究所编著：《双坨子与岗上——辽东史前文化的发现与研究》，科学出版社，1996年。

④ 赵宾福：《中国东北地区夏至战国时期的考古学文化研究》，科学出版社，2009年。

具有前后承继关系。如器形较大的陶碗、侈口束颈壶、陶纺轮均与第二期相同，陶网坠也继承第二期用废弃陶片改制而成的制作传统。石器种类与第二期变化不大，流行打制石镐。因此推测，万发拨子第三期早段遗存其年代应该紧承第二期遗存，并由其发展而来。

综合以上诸多因素考虑，推测万发拨子第三期早段遗存的年代大致为春秋时期。

由于其文化面貌具有强烈的地域特点，应属于一种新的文化类型，暂称之为“万发拨子第三期早段遗存”。

（二）第三期晚段遗存的文化特征、年代及性质

1. 第三期晚段遗存的文化特征

万发拨子第三期晚段地层包括第Ⅰ区的第7～4层；第Ⅱ区的第7～4层；第Ⅲ区的第6～5层；第Ⅴ区的第5层和第4层；第Ⅵ区的第6～4层。

属于这一时期的文化遗迹有房址11座、灰坑68、灰沟5条、墓葬33座。

房址共发现11座（97TWF3、97TWF8、97TWF9、97TWF11、97TWF12、97TWF13、97TWF16、98TWF21、99TWF22、99TWF23、99TWF24）。房址平面多呈圆形或长方形（或圆角长方形），浅地穴式。大部分居住面利用自然地势加以平整，之后再用黏性较大的细黄土或黑灰土铺垫，部分经焙烧。灶址多位于房址中部或一侧，呈椭圆形或圆形。大部分房址均发现有门道和柱洞痕迹，门道位置不固定。

灰坑共发现68个（97TWH16、97TWH26、97TWH30、97TWH31、97TWH34、97TWH35、97TWH36、97TWH37、97TWH38、97TWH40、97TWH41、97TWH42、97TWH45、97TWH47、97TWH48、97TWH52、97TWH55、97TWH57、97TWH61、97TWH66、97TWH68、97TWH71、97TWH72、97TWH73、97TWH74、97TWH78、97TWH80、97TWH83、97TWH86、97TWH87、97TWH88、97TWH89、97TWH93、97TWH101、97TWH102、97TWH103、97TWH107、97TWH108、97TWH116、97TWH118、97TWH119、97TWH121、97TWH122、97TWH123、97TWH124、97TWH125、97TWH126、97TWH129、97TWH130、97TWH131、97TWH132、97TWH133、97TWH134、97TWH136、97TWH137、97TWH138、97TWH143、98TWH150、99TWH151、99TWH152、99TWH153、99TWH154、99TWH155、99TWH156、99TWH157、99TWH158、99TWH159、99TWH160）。除个别灰坑由于进入隔梁部分未清理而形制不清外，灰坑平面形制多为圆形或椭圆形，个别为不规则形或圆角长方形。灰坑出土器物以石器和骨器为主，陶器数量较少。

灰沟共发现5条（97TWG2、97TWG3、97TWG5、97TWG10、97TWG13）。灰沟平面呈不规则形或圆角长方形。陶器仅见E型陶网坠；石器仅见石研磨器、石网坠、石球、石饼、B型石镞。骨器可见骨锥、骨凿等。

万发拨子第三期晚段，遗址中出土陶器以罐、壶、碗为主。出土少量陶豆、陶甑、圈足钵、手制小陶器以及少量鼎足或鬲足等。陶纺轮和陶网坠出土数量较多，形制较为丰富。

本段遗址中出土的陶罐共包含五种不同的器类。分别为腹部饰对称鹰嘴鋬耳和桥耳的罐、无耳罐、横耳罐、竖耳罐、鋬耳罐几类。

其中，腹部饰对称鹰嘴鋬和桥耳的罐，仅发现于此期遗址中，墓葬中未见，应属于生活用器。这种罐形制较大，从第7b～3层均有发现。早期为横桥耳，鹰嘴鋬较长，晚期为竖桥耳，鋬耳较短。这种罐是第三期后段特有的器形，属于本地文化因素的器物。

无耳罐主要有两类形制。第一类器壁较薄，侈口，弧腹，平底或小台足；第二类器壁较厚，口沿部均残，弧腹，假圈足或小台足。

横耳罐均为夹砂陶，敛口，圆鼓腹，台足。

竖耳罐主要有两类形制。第一类为长弧腹，侈口，小台足或矮圈足；第二类为圆鼓腹，侈口或敛口，高圈足或台足。

鋬耳罐有三类形制。第一类器形较矮，双鋬耳侈口罐，高10～14厘米。均为圆鼓腹，台足；第二类器形较高，多器耳侈口罐（鋬耳+盲耳或四鋬耳），高20～25厘米。大口，长弧腹，小台足。第三类器形较矮，四鋬耳敛口罐，高约16厘米。弧腹，台足。第二类中的侈口鋬耳罐（鋬耳+盲耳）罐与第三类鋬耳罐多成组出现。第三类鋬耳罐亦见于墓葬中。

壶主要有两类形制。第一类器形较大，均为夹砂红褐或黄陶，仅余器身上部分，束颈，素面。第二类器形较小，器形不规整，束颈，素面无耳，平底。 第一类壶为第二期已有的器形，第二类陶壶为本期新出现的形制。

陶碗主要有三类形制。第一类器壁较薄，器形较小，多弧腹。与第三期早段不同的是，此段出土的陶碗多为台足，个别为假圈足。第二类器壁较厚，器形较大，平底或圜底。这种陶碗多以夹砂红陶制成，内壁多发白，推测经多次烧烤所致。这种器形的陶碗从万发拨子第二期便已出现。第三类与第二类较为相似，只是在器壁内侧贴附一周扉棱，这种陶碗仅见于此期。

陶豆、甑、圈足钵数量较少。豆分两类形制，第一类为喇叭状高圈足豆座，豆盘为浅弧腹（97TWT343④：5、97TWT405⑥：1）；第二类为镂孔豆座，豆盘为深弧腹（97TWT496⑥：2），仅发现1件。甑仅发现2件。均为单孔甑，器腹均为弧腹碗形。圈足钵仅发现1件（97TWT499⑤：6），矮圈足，深腹。这种钵在墓葬中（99TWM21-25：2）亦有发现。

此期开始出现为数不少的用手捏制而成的小陶器。器形多为陶盅、小陶碗。多夹砂陶，颜色有红、红褐、黄褐等，部分泥质陶，颜色有黄、黄褐、黑、红褐、红。部分陶器夹蚌粉、夹云母，器表抹光或磨光。

本段还发现一些形制比较特殊的陶器，均仅发现1件，不见于同时期其他遗址，应属于具有浓郁地方特色的器形。如第Ⅱ区中发现一件大敞口、圆鼓腹、小台足底的陶罐（97TWT496⑦：14）；97TWG5中出土的1件夹砂黑褐陶竖耳罐（97TWG5：61），器身一侧高一侧矮，竖耳紧贴口沿处，圆鼓腹，小台足；遗址中共发现弦纹壶2件，但这两件形制迥异。1件圆鼓腹壶弦纹壶（97TWT366④：6），口沿部残，腹部圆鼓，饰两横桥耳，两耳之间贴塑圆饼形贴耳，耳部以上饰两组平行凹弦纹。1件为敞口弦纹壶（99TWH156：12），圆鼓腹，横桥耳，腹部饰平行弦纹，台足。第Ⅲ区第6～5层、第Ⅵ区第4层中均可见器表饰数道凹弦纹的陶片，部分陶片上有贴耳脱落痕迹。推测这些纹饰陶片应是这种弦纹壶的残片。

第Ⅵ区第4层新出现叠唇口沿，这种叠唇是在器物口沿处贴塑一圈泥条而形成，且唇部较宽，具有浓厚的地方特色。这一时期的遗址中还出土陶塑，有陶猪、陶狗及人面塑。这种陶塑的动物或人面塑在同时期其他遗址比较少见，应属于本地特色的器物。

此期陶纺轮形制较为丰富，主要以圆饼形（A型）为主，新出现墩台形（B型）、算珠形（C型）、菌盖形（E型）几种形制。

陶网坠主要为陶片改制而成（E型），另外可见卵圆形（B型）、亚腰形（C型）、算珠型（F型）、长方形穿孔（Gb型）等新的形制。Gb型仅有少量出土。

值得一提的是，此期可见少量的鼎足和鬲足，鼎足多红陶方柱形，少数锥形。第Ⅵ区陶祖的出土，可能是某种生殖崇拜的反映。其与第二期出土的鹿角坠应属于同一种性质。

这一时期石器种类与第三期前段相比变化不大，但石器以磨制为主，细石器较多。本段出土了大量的石短剑，石短剑磨制精细，应是仿铜短剑而成。

本段发现数量较多的卜骨，多有烧灼痕。

与其他地区青铜遗址不同的是，虽然本段地层较厚，但青铜器出土数量很少，仅发现1件扇形青铜斧（97TWT331④：25），此种形制的青铜斧在东北地区和朝鲜半岛青铜时代遗址中较为常见[①]。

本段遗址中发现少量玉器，玉饰件、玉锛、玉坠、玉斧等，器形均较小。

万发拨子第三期晚段共发现墓葬33座，其中竖穴土坑墓21座、石棺墓8座、大盖石墓4座。

竖穴土坑墓根据其开口层位及随葬器物的不同可以分为以下两组。

A组（6座）：97TWM1～M4、99TWM20、99TWM21。

B组（15座）：99TWM17、99TWM18、99TWM19、99TWM22、99TWM23、99TWM25、99TWM26、99TWM27、99TWM28、99TWM31、99TWM32、99TWM49、99TWM50、99TWM52、99TWM54。

（1）A组竖穴土坑墓

A组墓葬共6座。以99TWM20、99TWM21最为典型。2座为从葬墓、2座为二人合葬墓、2座为单人葬墓。可分辨的葬式均为仰身屈肢葬。

陶器多夹砂红褐陶或夹砂灰褐陶，个别泥质黄陶，陶器烧制火候较低，器表颜色不均匀，均夹云母。流行器物组合为罐+壶+钵或罐+壶+碗。其中，罐+壶+钵的组合仅存在于此组墓葬中。A组墓葬陶罐和陶壶的形制较为复杂。

罐根据有无器耳及器耳形制的不同可以分为无耳罐、双鋬耳罐、四鋬耳罐、竖耳罐、多耳罐几种。罐的口沿部多饰一周凸弦纹，多重唇口。

壶根据口沿的不同可以分为敞口壶、侈口壶、直口壶。壶的颈腹相接处多饰一周凸弦纹，多饰竖桥耳和乳丁耳。

钵、杯仅见于此组墓葬中。碗数量较少，浅腹。

陶网坠数量较少，均为陶片改制而成。陶纺轮包含A型、B型、D型、E型几种形制。

石器多为磨制，制作精细。以石镞最为典型，出土大量板岩磨制而成的石镞，器形

① 吴大洋：《朝鲜半岛北部地区青铜时代石构墓葬研究——兼论与中国东北邻境地区之比较》，吉林大学2013年博士学位论文。

规整，均为A型石镞，推测当时是批量制作的。石刀多磨制较为精细，数量较多，类型多样，涵盖了本遗址中出现的石刀的所有类型。石斧刃部磨制较细。石凿、石锛、石网坠数量较少。

骨器多见骨凿、骨锥和骨镞等。骨镞在99TWM21中数量较多，多与石镞同时出土。99TWM21还有一定数量的蚌饰和牙饰出土。

此组墓葬出土青铜器数量不多，仅见于99TWM20、99TWM21。器类有青铜环、青铜坠饰、青铜短剑、青铜剑鞘等。

（2）B组竖穴土坑墓

B组墓葬共15座。葬式较为复杂。

这15座墓中，10座墓为二次葬。其中6座墓为迁葬空墓， 4座为无头骨的迁葬墓，这4座墓中，1座为二人合葬墓（99TWM18），3座为单人葬（99TWM19、99TWM26、99TWM27），可辨葬式的99TWM27为仰身半屈肢葬。

5座墓为一次葬，有2座无头骨，1座下肢无存。这5座墓葬中，仰身屈肢1座、仰身半屈肢（双手交叉交于腹部，下肢伸直）2座，仰身直肢葬2座（99TWM17、99TWM50）。B组墓葬葬式见表5-1-1。

表5-1-1　B组墓葬葬式统计表

	葬式	墓号	数量
二次葬	迁葬墓，无头骨	99TWM18、99TWM19、99TWM26、99TWM27	4
	迁葬空墓	99TWM22、99TWM23、99TWM25、99TWM28、99TWM31、99TWM32	6
一次葬	仰身屈肢（或半屈肢）	99TWM49（无头骨）、99TWM52（下肢无存）、99TWM54（无头骨）	3
	仰身直肢葬	99TWM17、99TWM50	2

B组墓葬陶器多夹砂黄陶或夹砂红陶，少量泥质黄陶或红陶，个别磨光黑皮陶或夹砂黑陶。多夹蚌粉，个别夹云母，器表多抹光或磨光。

器物组合为：罐+壶+碗；罐+壶；罐+碗或仅出土罐。

与A组相比，本组保留A组的无耳罐、双鋬耳罐、竖耳罐这三种器类；新出现横桥耳罐、四盲耳罐，这两种罐仅见于此组；未见A组的四鋬耳罐、多耳罐。其中竖耳罐数量较多，但A组中乳丁耳的装饰已然不见。罐多圆鼓腹，台足或圈足，个别平底。

本组仅有2座墓葬出土壶，均为横桥耳壶。

与A组不同，本组的碗均为深腹，圆弧腹。

陶纺轮数量较少，多为圆饼形。新出现B型、Ga型陶网坠，这种陶网坠仅见于B组墓葬中。

石器多出土石刀和石斧。石镞数量较A组大量较少，仅出土B型石镞。个别墓葬可见卵圆形研磨器。石网坠数量极少。

骨器仅出土猪牙饰。

个别墓葬出土铜镜和玉环。

石棺墓共发现8座。根据葬式及随葬器物的不同可以分为两组。

A组（3座）：99TWM42、99TWM47、99TWM48。

B组（5座）：99TWM40、99TWM51、99TWM53、99TWM55、99TWM56。

（1）A组石棺墓

A组墓葬共3座（99TWM42、99TWM47、99TWM48）。均位于Ⅴ区，开口于耕土层下。

葬式为单人仰身半屈肢葬，推测99TWM47为二次葬，其余墓葬为一次葬。

筑墓方式均为在墓圹内以大小不等的石块构筑石棺，在埋入人骨后，以夹杂小石块的沙土进行掩埋。

其随葬器物比较简单，陶器仅见竖耳罐、钵形口壶；A型、C型陶纺轮。石器仅见磨制精细的石刀以及石镰。同时出土铜扣、野猪牙饰。

（2）B组石棺墓

B组墓葬共5座（99TWM40、99TWM51、99TWM53、99TWM55、99TWM56）。

其中，99TWM51、99TWM53位于Ⅵ区，其余位于Ⅴ区。

B组墓葬中，2座为一次葬（99TWM40、99TWM51），99TWM40为仰身直肢葬，99TWM51为侧身屈肢葬。3座为二次葬（99TWM53、99TWM55、99TWM56），均无头骨，可辨别葬式的99TWM53为仰身直肢葬。

B组石棺墓多用大石块构筑墓壁，之后在个别墓壁内部贴砌云母页岩石板。墓底铺云母页岩石板或河卵石或碎石块。埋入人骨之后，个别墓葬在人骨上覆盖云母页岩石板，多数墓葬以夹杂石块的沙土填充。

此组墓葬随葬陶器较少，仅99TWM55随葬一件叠唇罐。主要随葬青铜环、玉石珠、银环、玻璃耳瑱等饰品。

大盖石墓

大盖石墓共发现4座（99TWM34、99TWM35、99TWM39、99TWM43）。均位于第Ⅴ区。

这4座墓葬形制大致相同，这种墓葬均以厚实的大石盖覆盖墓顶。发掘前大盖石均裸露于外表或被掀于一侧。99TWM35、99TWM39两座墓葬大盖石之下为云母页岩石板，之下为墓圹。墓圹多为大小不等石块砌筑。仅有99TWM43墓底铺河卵石，其余墓底均为基岩。

99TWM34为双人合葬，均为仰身直肢葬。其余墓葬均为迁葬墓（迁出葬）。

99TWM39、99TWM43均无随葬品。其余两墓陶器仅见盲耳壶1件、豆形罐2件。石器有石镞、石纺轮、石斧和亚腰石镐。

2. 第三期晚段遗存的年代及性质

万发拨子第三期晚段遗址中的出土器物，在同时期周边遗址中能找到相似器形。

第一类侈口弧腹无耳罐（99TWT929④：1）与五女山城二期出土的陶罐（F41：27）较为相似，两者均为夹砂陶，侈口，弧腹。只是五女山城陶罐已残，无法知晓其底部；圈足钵（97TWT499⑤：6）与五女山城二期房址中出土的同类器（F41：17）形制相似；腹部饰对称鹰嘴鋬和桥耳的夹砂褐陶罐在第7b ~ 3层均有出土，早期地层中为横桥耳、长鹰嘴鋬下垂，晚期地层中为竖桥耳，鋬耳逐渐变短，到第3层时鋬耳上扬。五女山城二期出土的陶筒形罐（F40：21）为横桥耳、鋬耳上扬，应属于过渡形制。

第一类器形较大的束颈壶（97TWT395④：41）与五女山城二期的壶（F41：25）较为相似，这种壶从万发拨子第三期早段便已经出现，其与双房文化的无耳壶似有一定的渊源关系，很可能起源于双房文化。形制较为独特的圆鼓腹弦纹壶（97TWT366④：6），这种壶与双房文化中期典型的横耳壶有一定的相似性[①]，即均为圆鼓腹，横桥耳，上腹部均饰弦纹，但双房文化中期横耳壶之间饰半月形贴耳，此件饰圆饼形贴耳；双房文化中期横耳壶底部为小台足，此件为圜底。推测是在双房文化影响下出现的新器形。

Ⅵ区第4层出土了大量夹砂口沿及器耳陶片，其叠唇口、舌状鹰嘴鋬耳、鋬耳、竖桥耳均能在五女山城二期中找到相似的器形，其带一周捺窝纹的平底器（99TWT859④：11）与五女山城二期陶器底（T406②：4）形制一致。

陶片改制而成的网坠、圆饼形的陶纺轮也见于五女山城二期中。此期大量出土的石斧、石刀、砺石、石剑、石镞均与五女山城二期同类器形制相似。

第Ⅰ区第4层出土的第一类喇叭豆座高柄豆（97TWT343④：5）与邢家店采集品（邢家店采：1）较为相似，根据金旭东先生的研究，邢家店遗址的这一件陶豆应属于邢家店一组，其陶器的年代大致为战国晚期[②]。

第Ⅱ区第4层中出土的斜腹陶碗（97TWT464④：12），与其他陶碗形制差别较大，为大敞口、斜直腹，腹部近底时内收，平底。这种碗与关马山出土的陶碗（M1：3）及东丰永合西山帽采集的碗形制较为相似，据学者研究，这种碗应该是受到宝山文化影响而出现的器形[③]。

根据五女山城报告分析，桓仁地区战国晚期至汉代初期遗存中，陶器普遍流行圆叠唇，并有铁器的出现，五女山城二期文化陶器中不见圆叠唇，也没有发现铁器，因此推测其年代应早于当地的早期铁器时代遗存，并根据其石剑的形制，推测五女山城二期的年代大致在战国晚期的范畴内[④]。万发拨子第三期晚段晚期地层中出土器物与五女山城二期出土器物表现出较大的相似性，因此可以推断，万发拨子第三期晚段遗存的年代应为战国时期，其中，第Ⅰ、Ⅱ、Ⅵ分区的第4层、第4层下开口的单位，第3层下开口的单位其年代或许已经进入战国晚期。

A组竖穴土坑墓

97TWM4、99TWM20及99TWM21均开口于Ⅵ区第5层下，A组墓葬出土器物与生活居址中出土的同类器非常的相似，其具体对应情况如表5-1-2。

---

① 赵宾福：《中国东北地区夏至战国时期的考古学文化研究》，科学出版社，2009年。

② 金旭东：《西流松花江、鸭绿江流域两汉时期考古学遗存研究》，吉林大学2011年博士学位论文。

③ 同②。

④ 辽宁省文物考古研究所：《五女山城——1996 ~ 1999、2003年桓仁五女山城调查发掘报告》，文物出版社，2004年。

表5-1-2　A组竖穴土坑墓出土陶器与生活居址相似器物对应表

	A组墓葬	生活居址中出土器物	参照器物
钵	99TWM21-25：2	97ⅡTWT499⑤：6	五女山城F41：17
双錾耳罐	99TWM21-02：2	99TWF11：1（Ⅱ第4层下）	
四錾耳罐	99TWM21-22：7	99TWF23：17（Ⅵ第4层下）	
	99TWM21-07：8	99TWF24：63（Ⅵ第4层下）	
无耳罐	99TWM20：44	99TWF23：15（Ⅵ第4层下）	
	99TWM21-07：7	99TWF23：6（Ⅵ第4层下）	
	99TWM21-08：4	99TWF24：4（Ⅵ第4层下）	
饰双錾耳和盲耳的罐	99TWM21-21：7	99ⅥTWF23：14（Ⅵ第4层下）	
		99ⅥTWF24：80（Ⅵ第4层下）	
碗	99TWM21-13：1	97ⅠTWT397⑤：7	

A组墓葬出土陶器与Ⅰ区第5层、Ⅱ区第5层及第4层下开口的单位、Ⅵ区第4层下开口的房址（F23、F24）出土的器物较为相似，Ⅰ区第5层、Ⅱ区第5层及第4层下开口单位的年代均为战国晚期范围内。99TWM21出土的陶钵（99TWM21-25：2）与五女山城二期出土的陶钵（F41：17）较为相似，五女山城二期的年代为战国晚期。考虑到A组墓葬的相对年代应该早于其他组墓葬。推测其年代大致相当于战国晚期早段。

根据以往的发现，与此相同的有通化县西江遗址甲类遗存①、集安长川②、胜利遗址③。这类遗址主要分布于浑江中游和鸭绿江中游地区。

B组竖穴土坑墓

B组墓葬出土陶器与生活居址中出土的同类器较为相似，其具体对应情况如表5-1-3所示。

表5-1-3　B组墓葬出土陶器与生活居址相似器物对应表

	B组墓葬	生活居址
竖耳罐	99TWM31：5	97ⅠTWT395④：40
	99TWM18：9	97ⅠTWH47：1（Ⅰ区第4层下）
	99TWM19：4	97ⅡTWT497④：18
横耳罐	99TWM17：1	99ⅥTWH154：1；99ⅥH155：1（Ⅵ区第4层下）

B组竖穴土坑墓中，99TWM32和99TWM52开口于第1层下，其余墓葬均开口于Ⅵ区第4层下。根据其出土陶器可知，B组墓葬出土陶器与Ⅰ区第4层及第4层下开口的单位、Ⅱ区第4层、Ⅵ区第4层下开口的单位出土器物表现出一定的相似性。Ⅰ区第4层、Ⅱ区第4层下开口单位、Ⅵ区第4层的年代均为战国晚期范围内。由此可知，土坑墓B组的年代应该位于战国晚期范围内。根据其开口层位可知，其相对年代要晚于Ⅵ区第5层下开口的A组墓葬。B组墓葬中出土的无耳陶罐（99TWM25：2、99TWM49：5）与金山屯石棺墓④出土的同类器非常相似，金山屯石棺墓的

① 何明、金旭东：《1990年吉林省通化县南部考古调查试掘的主要收获》，《北方文物》1994年第3期。

② 集安市文物管理所：《集安岭前鸭绿江流域原始社会遗址》，《博物馆研究》1986年第2期。

③ 同②。

④ 辽宁省西丰县文物管理所：《辽宁西丰县新发现的几座石棺墓》，《考古》1995年第2期。

年代为战国晚期至汉初。综合各种因素分析，可以推测，B组墓葬的年代大致为战国晚期晚段。

A组石棺墓

A组石棺墓出土的竖耳罐（99TWM47：1）与地层中出土的同类器（97TWT369⑤：19、97TWT369⑤：23）较为相似；其出土的刀（99TWM47：2）与土坑墓B组中出土的同类器（97TWM18：5）相似；其出土的野猪牙饰（99TWM42：3）与土坑墓B组中的同类器（99TWM18：12）相似。因此可知，石棺墓A组的年代大致与土坑墓B组墓葬的年代相当，即为战国晚期晚段。

B组石棺墓

99TWM40、99TWM51、99TWM53仅出土玉石珠或绿松石珠，其形制基本相似。99TWM51、99TWM53均位于Ⅵ区，99TWM53开口于耕土层下，99TWM51与土坑墓B组的开口层位相同，为Ⅵ区第4层下开口，证明其年代应该与土坑墓B组相差不远。

99TWM55出土的陶罐（99TWM55：1）口沿部为贴塑泥条形成的圆叠唇，这种叠唇罐与本溪县上堡石棺墓[①]出土的叠唇罐较为相似，上堡石棺墓出土4件叠唇罐均为夹砂陶，弧腹，平底，其器形较为一致。只是上堡石棺墓出土叠唇罐较不规整，仅1件上腹部饰乳丁耳。上堡石棺墓这种叠唇罐与青铜短剑、燕式铁凿、及典型燕式泥质绳纹陶罐共存，其年代被定为战国末或稍晚。这种管状绿松石珠亦见于上堡石棺墓中（M1：7～9），推测其年代大致相当。

99TWM56出土了玻璃耳瑱与玉石珠。根据以往的发现可知，玻璃耳瑱，曾发现于吉林榆树老河深二期文化墓地[②]，其年代已进入汉代。99TWM56出土了弹簧式银环，根据已有研究表明，这种弹簧式环，既有用铜丝盘成的，亦有用金丝制作的，年代最早的出土于琉璃河夏家店下层文化墓葬，年代最晚的出土于抚顺龙头山石盖墓中，即从夏到汉，持续使用了2000多年；分布地域上从最西的新疆，中经内蒙古、河北，一直到东北的黑、吉、辽地区均有发现。甚至在俄国外贝加尔南部、贝加尔湖沿岸、蒙古国中部及东部青铜时代的石板墓中，亦发现这种形制的金丝制成的耳环[③]。99TWM56同时出土青铜手镯，这种器身宽扁带凹槽装饰的青铜手镯见于大架山遗址一期文化遗存[④]中，还见于桓仁光复村龙头山大石盖墓，光谷村龙头山大石盖墓中出土的此型铜手镯已被火烧熔变形，亦见于桓仁望江楼M4中，被认为是高句丽早期的手镯[⑤]。

综上考虑，B组石棺墓的年代与竖穴土坑墓B组应该相差不远，推测为战国末期至汉初。

大盖石墓

大盖石墓中，99TWM34出土的B型石镞在墓葬中仅见于土坑墓B组，且其形制相同。99TWM34出土的豆形罐不见于周边其他遗址，可能是宝山文化罐式豆的前身。

99TWM35出土的盲耳壶在此墓地中仅出土1件。其圆鼓腹、敞口，小台足的形制与土坑墓

---

① 魏海波、梁志龙：《辽宁本溪县上堡青铜短剑墓》，《文物》1998年第6期。

② 吉林省文物考古研究所编：《榆树老河深》，文物出版社，1987年，图六三。

③ 转引自肖景全：《新宾旺清门镇龙头山石盖墓》，《辽宁考古文集（二）》，科学出版社，2010年。

④ 金旭东：《西流松花江、鸭绿江流域两汉时期考古学遗存研究》，吉林大学2011年博士学位论文。

⑤ 李新全：《高句丽早期遗存及其起源研究》，吉林大学2008年博士学位论文。

A组中的敞口壶形制较为相似。此壶为夹砂灰陶，夹砂灰陶器在本墓地中仅见于土坑墓A组。然而99TWM35出土的盲耳壶饰在最大径处饰横桥式盲耳，器身装饰几组水波纹，这和土坑墓A组中的敞口壶多饰乳丁耳和竖桥耳明显不同。而横桥式盲耳在本墓地仅见于土坑墓B组。

综上考虑，推测大盖石墓的年代应该晚于A组竖穴土坑墓，其年代大致与B组竖穴土坑墓相当，大致为战国晚期晚段。

综上所述，万发拨子第三期晚段遗存出土陶器以罐（横桥耳罐、竖桥耳罐、鋬耳罐、饰鹰嘴鋬和桥耳的罐、无耳罐）、壶、碗、豆为主。壶在第Ⅰ区、第Ⅱ区、第Ⅵ区均在第4层才开始出现，且数量较少。另外可见少量鬲足、鼎足、圆鼓腹弦纹罐、甑、钵等。这一时期陶器凸显了本地的特色，主要以夹砂陶为主，红陶较多，其次为黑陶、褐陶等；出现了较厚的叠唇口；耳部呈现较多样式，有鋬耳、竖桥耳、横桥耳等；碗还出现带扉棱的样式。这些器物具有着较强的土著色彩。

而此期出土的一些陶器亦可见外来因素的影响，如侈口束颈壶、圆鼓腹弦纹壶应是受到来自双房文化的影响；鬲足、鼎足数量较少，应是来自第二松花江流域西团山文化影响所致；斜直腹平底碗则是受到宝山文化影响而出现的。

万发拨子第三期晚段墓葬存在着竖穴土坑墓、石棺墓和大盖石墓三种墓葬形制。其中，A组竖穴土坑墓应是最早出现的墓葬形制，B组竖穴土坑墓与石棺墓、大盖石墓同时并行，这种不同形制的墓葬同时并存于一个墓地的现象值得进一步探讨。

万发拨子第三期晚段遗存内涵丰富，地域特点较强，与周边其他地区遗存表现出较大的差别，应属于一种新的文化类型，暂称之为“万发拨子第三期晚段遗存”。

此期地层中发现数量较多的卜骨，多有烧灼痕。根据已有学者对东北青铜时代卜骨的研究，东北青铜时代卜骨主要出土于辽西地区，这种只灼不钻的卜骨类型从新石器时代便已出现，商代晚期至春秋时期流行[①]。万发拨子第三期晚段大批卜骨的发现，为这种类型卜骨的年代下限提供了新的线索。

四、第四期遗存的文化特征、年代及性质

（一）第四期遗存的文化特征

第四期遗存包含第Ⅰ区、第Ⅱ区的第3层、第2层下开口的部分单位、第1层下开口的部分单位；第Ⅲ区的第4层及第4层下开口的部分单位；第Ⅳ区的第3层；第Ⅵ区的第3层及第2层。

属于这一期的文化遗迹有3座房址、32座灰坑、2条灰沟、7座墓葬。

房址共发现3座（97TWF4、97TWF7、97TWF10）。

其中有2座房址或用石头垒砌或用土夯筑墙基，房址内部的活动面均较平，地面局部经烘烤，质地坚硬。

① 王聪：《中国东北地区青铜时代卜骨研究》，吉林大学2008年硕士学位论文。

灰坑共发现32个（97TWH2、97TWH3、97TWH4、97TWH5、97TWH9、97TWH12、97TWH14、97TWH18、97TWH19、97TWH20、97TWH22、97TWH23、97TWH24、97TWH25、97TWH28、97TWH29、97TWH75、97TWH96、97TWH97、97TWH98、97TWH100、97TWH109、97TWH127、97TWH90、97TWH94、97TWH95、97TWH63、97TWH106、97TWH111、97TWH112、97TWH114、98TWH145）。

形制以圆形或椭圆形为主，少量形制不清或为不规则形。出土完整陶器较少，多在堆积中发现夹砂黄褐或红褐陶片，C、E型陶网坠数量较多；石器以B型石网坠、石镞、石刀等为主；骨器多见骨锥、骨管等。

灰沟共发现2条（97TWG6、97TWG7）。平面多呈条带形或不规则形。推测多为排水沟。

遗址中出土的陶器数量较少，器类比较单一。数量较多的是罐和手制小陶器，另外可见少量的碗、豆等。陶质主要为夹砂陶，其次为泥质陶。夹砂陶以红褐、黄、黑褐、灰为主。部分夹蚌粉夹云母，个别夹滑石粉。泥质陶为黄、红为主，少量灰陶。

罐主要有四类：第一类是带鋬耳和竖桥耳的罐（97TWT366③：10、97TWT366③：12），仅出土于地层中。其器形与第三期同类罐差别不大，只是此期领部加长，鋬耳变短，并微微上翘。第二类是竖耳小陶罐，微侈口，口沿部贴塑一对小竖耳（97TWH106：1、97TWH109：1）；第三类为方唇小鋬耳罐，弧腹近直，平底（97TWH4：2）；第四类为无耳罐，发现2件，但形制不一致。1件（97TWG6：32）形制较小，为方唇，圆鼓腹，平底。1件（97TWH28：2）形制稍大，微侈口，弧腹，平底。后三类均为本期才有的新器形。

碗分台足和平底两种，台足碗延续了万发拨子第三期的风格，平底碗是本期新出现的器形。

此期陶豆仅发现2件。1件为豆座，1件为豆盘。豆座仍延续了第三期喇叭形的形制，只是座底微外撇。1件豆盘为斜直腹，豆盘腹部饰盲耳。

手制小陶器除了万发拨子第三期出土的陶盅、小陶碗外，新出现很多其他的器形，有小陶豆、小陶盘、小圜底器、小陶杯等。小陶杯有两类形制：一类为斜直腹，平底（97TWF7：3）；一类形似第三类陶罐，只是器形非常小，亦为方唇、小鋬耳、平底（97TWF10：35）。

遗址中出土的陶纺轮主要有A、B、C、E型，还偶尔可见D、G型。陶网坠主要以B、C、E型为主，偶尔可见F型。B、C型所占数量最多。

遗址中出土的石器器类与器形与第三期基本相似。本期出土大量的石剑，石剑磨制精细，还有少量骨剑，骨剑中间亦有血槽，双刃有崩裂的豁口，推测是作为实用器使用。石剑的大量出土，是本期比较突出的特征。

遗址中出土的骨、角、牙器与第三期相比，无论是器类还是器形也均比较相似。

遗址中出土了第三期所不见的铁器，主要为铁镞，镞身为柳叶形或棱形，柱形铤。

本期共发现墓葬7座，包含4种不同的墓葬形制，分别为石棺墓、石椁石棺墓、大盖石积石墓、无坛石圹积石墓。后三种墓葬是本期新出现的墓葬形制。石棺墓、石椁石棺墓均开口于耕土层下。大盖石积石墓与无坛石圹积石墓位于地表之上。

本期石棺墓共3座（99TWM44、99TWM45、99TWM46），与第三期石棺墓相比，本期石棺墓无论从葬式到随葬品都有较大的变化，因此，本文将第四期石棺墓定名为C组石棺墓。

C组石棺墓葬式为火葬。其筑墓方式均是先挖一长方形墓圹，以大小不等的石块构筑石椁，葬入人骨后，人骨在墓内焚烧，未待人骨焚烧充分即填土进行掩埋，再在其上覆盖云母页岩石板。出土陶器较少，主要有四鋬耳罐和横桥耳壶。

石椁石棺墓仅1座（99TWM36）。

此墓形制比较特殊，棺内人骨分层埋葬。人骨共分三层，每层各有2具人骨。最上层人骨腰部以下经火焚烧；中间人骨在腰部以上经火焚烧；最下层人骨未经焚烧。随葬陶器较多，出土双鋬耳罐、四鋬耳罐；横桥耳壶、四鋬耳壶等。石器多为装饰品，还出土无字铜冥钱1枚。

大盖石积石墓共发现2座（99TWM38、99TWM41）。

两座墓葬形制大致相同。墓圹位于积石堆中部或一侧，平面呈长方形。以块石垒砌墓圹壁，墓圹底均铺河卵石（99TWM41河卵石之下还铺云母页岩石板）。墓圹内填土及碎石块，墓圹口覆压大盖石，盖石之上或其周围覆盖以碎石块，形成圆形或方形的大盖石积石墓。随葬品多出土于墓圹外的积石中或墓圹一端。均为火葬。出土陶器以四鋬耳罐和横桥耳壶为主，还可见A型、C型陶纺轮，石器主要可见A型石镞、C型石斧。

C组石棺墓、石椁石棺墓、大盖石积石墓三种不同形制的墓葬其出土的器物较为相似，陶器主要有四鋬耳罐、横桥耳壶，葬式也一致，均为火葬，因此可以推测，这三种墓葬其年代应该大致相当。

无坛石圹积石墓仅发现1座（99TWM37）。

与此前诸种墓葬形制不同的是，竖穴土坑墓、石棺墓、大盖石墓、石椁石棺墓、大盖石积石墓均是在地表之下砌筑墓圹，而无坛石圹积石墓是在地表之上砌筑墓圹。在地表以大石块砌出墓圹后，在墓底平铺碎石块，而后葬入人骨及随葬品，过火焚烧，待人骨烧透后以碎石块封护墓顶，并以大石块砌筑墓域边框，再往墓域边框与墓圹之间填充碎石块，使其呈漫圆状。随葬品置于墓圹内或墓外积石中。为多人火葬墓，人骨焚烧充分，器物多烧变形。

可以看出，此期四种形制的墓葬均为火葬墓。

从随葬器物上看，本期墓葬中出土陶器与遗址中出土陶器表现出较大的不一致性。如墓葬中出土的陶器主要有四鋬耳罐、横桥耳壶为主。还可见少量双鋬耳罐、四鋬耳壶。这几种器形的罐和壶却均未见于本期遗址中。

（二）第四期遗存的年代及性质

第四期遗址中出土了铁器，证明其已经进入铁器时代。由于其地层中的陶器、石器和骨角、牙器均较多的继承了第三期的器形和风格，证明其年代应相差不远，为铁器时代初期。

这一时期出土的铁器以铁镞为主，亦有少量铁镬出土。第Ⅰ区第3层出土的铁镞（97TWT396③：4），为柳叶形。这种形制的铁镞最早见于战国时期的燕下都遗址[①]

① 白云翔：《先秦两汉时期铁器的考古学研究》，科学出版社，2005年。

（YXD66W21：0275），还见于西岔沟M59，高丽墓子M15、M19，望江楼M6[①]，这些墓葬年代均为西汉中晚期至东汉早期。第Ⅵ区第3层出土的铁镞（99TWT788③：4），为尖圆头双刃镞。白云翔将这种形制的镞归为C型，其既见于西汉时期的锦西小荒山古城址（T5⑤：2），又见于东汉末年的扎赉诺尔墓地[②]。可见，这种铁镞流行于两汉时期。

第四期出土了大量的手制陶器，有陶豆、陶盅、陶杯等，其器形较小，应非实用器。这种小手制陶器多见于周边西汉至两汉时期遗址中。如直腹陶盅（97TWT396③：20）与长白县干沟子墓地中出土的同类器（AM2XK2：2，原报告称之为“浅腹罐”）较为相似；小圜底器（97TWT434③：5）与五女山城三期出土的同类器（T47③：5，原报告称之为“陶盅”）较为相似；斜腹陶盅（97TWT399③：13）与长白县干沟子墓地出土的同类器（BM2FK8：1，原报告称之为“深腹罐”）较为相似。长白县干沟子墓葬的年代大部分为西汉时期，少数墓葬年代可能能到战国中晚期[③]；五女山城第三期的年代大体在两汉之际，相当于高句丽建国前后的遗存[④]。

97TWF7、97TWF10平面均呈长方形。97TWF7两侧有石头垒砌的墙基，97TWF10四面有土夯筑的墙基。房址的活动面均较平，地面局部经烧烤，质地坚硬。这种房址格局与此前青铜时代的半地下式房址不同，而与赤柏松F4[⑤]形制较为一致，推测其年代相仿。赤柏松城址的始建年代为西汉中晚期，其城址内出土器物多为西汉时期。推测其年代大致相当。

97TWG6出土的夹砂灰陶罐（97TWG6：32），为翻沿，方唇，弧腹下部内收，平底。这种风格的陶罐普遍见于汉代墓葬中，尤其是其唇部形态与以往本地土著陶器中的尖唇和圆唇区别较大，而与汉代陶罐普遍流行的方唇特征相一致。F4出土的铁镬平面形制为长方形，长方形銎孔，为典型的燕式镬。F4出土的骨甲片、陶碗同时在黑龙江省集贤县永红城址的灰坑[⑥]中发现，其中，陶碗与永红城址出土的陶碗（H3：60、H3：61）形制非常相似，其长方形骨甲片与永红出土的骨甲片（H1：16原文称之为“穿孔骨片”）形制相似，报告作者认为永红遗址为滚兔岭文化时期的遗存。滚兔岭文化遗存的年代为两汉时期[⑦]。

97TWG6出土的陶豆，其豆盘为敞口，斜直壁，豆盘中部饰对称泥条盲耳。这种豆与本遗址中此前流行的弧腹豆盘的豆区别较大，应该是受到了宝山文化影响而出现的新器形。97TWF4出土的下腹斜内收的平底碗（97TWF4：10、97TWF4：14）在此期开始出现，其形制与关马山M1[⑧]出土的同类器（M1：13）相似，据已有学者研究，这种碗应该是受到宝山文化

---

① 李新全：《高句丽早期遗存及其起源研究》，吉林大学2008年博士学位论文。

② 白云翔：《先秦两汉时期铁器的考古学研究》，科学出版社，2005年。

③ 吉林省文物考古研究所：《吉林长白县干沟子墓地发掘简报》，《考古》2003年第8期。

④ 辽宁省文物考古研究所：《五女山城》，文物出版社，2004年。

⑤ 其材料转引自金旭东：《西流松花江、鸭绿江流域浪汉时期考古学遗存研究》，吉林大学2011年博士学位论文。

⑥ 高爱霞：《黑龙江省集贤县永红城址一、二、三号灰坑清理简报》，《北方文物》2007年第2期。

⑦ 黑龙江省文物考古研究所：《黑龙江省双鸭山市滚兔岭遗址发掘报告》，《北方文物》1997年第2期。

⑧ 吉林省文物考古研究所：《吉林九台市石砬山、关马山西团山文化墓地》，《考古》1991年第4期。

影响而出现的[①]。

C组石棺墓、石椁石棺墓、大盖石积石墓这三种不同形制的墓葬均出土四錾耳罐、四横耳壶，且形制较为相似，这三种墓葬均为火葬，因此其年代应该大致相当。这种敛口弧腹的四錾耳罐、四横耳壶大量见于新宾旺清门M1、M2，旺清门M1、M2的年代大致为西汉早中期[②]。

C组石棺墓中，99TWM45出土的铜剑仅见剑身部分，剑柄无存。根据已有学者对东北出土此种类型剑的分析，这种类型的剑（C型）主要的流行年代为战国早期至西汉初年[③]。辽宁本溪上堡石棺墓亦出土此种剑（M1：3、M1：4）。报告认为，这种剑主要分布于鸭绿江的浑江及太子河流域，其中太子河流域发现数量较多，推测应当是此型剑分布的中心地带。上堡石棺墓中这种剑与燕文化的泥质绳纹陶罐并存，其年代为战国末或稍晚[④]；大甸子石盖石棺墓[⑤]以及桦甸西荒山屯大盖石墓[⑥]中亦出土同类的细身剑，大甸子石盖石棺墓与此型剑同出的还有铁削和燕刀币，其年代定为战国末期或略晚；西荒山屯大石盖墓的年代以为战国末期至汉初。

大盖石积石墓中出土的铁镬（99TWM41：6）从仅余的器身部分看，与燕文化的铁镬较为相似。99TWM41出土的A型石镞，属于本地土著文化的凹底石镞，可见，在99TWM41中，汉文化因素的器物与土著文化因素的器物同时并存。

综合考虑，C组石棺墓、石椁石棺墓、大盖石积石墓这三种墓葬的年代大致为西汉早中期。

无坛石圹积石墓（99TWM37）中出土的陶耳瑱应是模仿玻璃耳瑱而制成。99TWM37出土四錾耳罐与双錾耳罐与冯家堡子M4[⑦]出土的同类器（图七二，1、2）非常相似，只是M37的四錾耳罐叠唇不太明显，器腹较冯家堡子略鼓，冯家堡子M4亦为无坛石圹积石墓，其年代为高句丽建国前后。推测两座墓葬年代应该相差不远。因此，99TWM37的年代大致为西汉晚期，其年代下限或可至东汉早期。

综合以上的分析，可以认为，第四期遗存的年代大致为西汉时期至两汉之际，其年代下限或可至东汉早期。

第四期无论是遗址还是墓葬中，均可见汉文化因素与本地土著文化因素同时并存，同时可见来自于宝山文化的影响。

第四期无论从墓葬类型还是器物形制方面，均紧承第三期。C组石棺墓、石椁石棺墓、大盖石积石墓均出土四横耳壶，有侈口束颈和侈口直颈两种形制，这两种形制的壶均见于东丰新宾龙头山石盖墓中，应是高句丽文化最典型四横耳壶的前身[⑧]。

---

① 赵俊杰、金旭东：《吉林九台市关马山M1的时代、文化性质及相关问题》，《考古》2014年第3期。

② 报告作者认为年代为西汉中晚期，（肖景全：《新宾旺清门镇龙头山石盖墓》，《辽宁考古文集（二）》，科学出版社，2010年）。金旭东认为其年代应该为西汉早中期（金旭东：《西流松花江、鸭绿江流域两汉时期考古学遗存研究》，吉林大学2011年博士学位论文）。

③ 吕军：《中国东北系青铜短剑研究》，吉林大学2006年博士学位论文。

④ 魏海波、梁志龙：《辽宁本溪县上堡青铜短剑墓》，《文物》1998年第6期。

⑤ 李新全：《高句丽早期遗存及起源研究》，吉林大学2008年博士学位论文。

⑥ 吉林省文物工作队：《吉林桦甸西荒山屯青铜短剑墓》，《东北考古与历史》第1辑，文物出版社，1982年。

⑦ 同⑤。

⑧ 同⑤。

根据李新全的研究，高句丽的墓葬一般是沿河流两岸或山坡分布，高句丽早期墓葬均为石圹积石墓或石盖石圹积石墓；高句丽早期墓葬没有发现葬具；高句丽早期墓葬盛行火葬；高句丽早期墓葬中出土大量的玛瑙等珠饰[①]。本遗址第四期墓葬亦是沿山坡分布，距离遗址250米处就有金厂河；本期墓葬形制亦包含大盖石积石墓和无坛石圹积石墓两种形制；墓葬中均未发现葬具；盛行火葬；流行用玉石饰品随葬。这些特征与高句丽早期墓葬特征较为一致。

万发拨子遗址位于浑江流域，这一地带正好是高句丽早期活动的中心区域。根据万发拨子第四期遗存所处的年代及特征，可以明确万发拨子第四期遗存应属于高句丽建国之前至建国之际的遗存，属于先高句丽文化。

五、第五期遗存的文化特征、年代及性质

（一）第五期遗存的文化特征

第五期遗存包含第Ⅰ区第2层；第Ⅱ区第2层；第Ⅲ区第3层；第Ⅳ区第3层。属于这一时期的文化遗迹有房址3座、灰坑16个、灰沟2条、环山围沟1条、墓葬1座。

房址共发现3座（97ⅠTWF2、98ⅣTWF19、98ⅣTWF20）。均为半地穴式建筑。穴壁多直接利用凿掘的土坎，少量沿着土坎砌筑石墙。居住面多利用自然地面平整而成，未经烘烤。与之前不同的是，此期房址室内均设有取暖设施。2座房址均将灶址设于一角，其一侧设置两条烟道，烟道均以石块排列铺砌，其上覆盖石板或石块，形成曲尺形火炕。1座房址将灶址设于中央位置，其两侧连接烟道，其上以大块石或板石覆盖，形成由一条烟道构成的环形火炕。

灰坑共发现16个（97TWH1、97TWH8、97TWH17、97TWH21、97TWH33、97TWH44、97TWH46、97TWH49、97TWH53、97TWH64、97TWH69、97TWH70、97TWH84、97TWH117、97TWH120、98TWH147）。平面形制多为圆形，有个别为不规则形或椭圆形，个别形制不清。出土陶器以陶器和石器为主，陶器多为陶网坠或纺轮。

灰沟2条（97TWG1、97TWG14）。环山围沟1条（97TWG4）。均为条带状或窄条形。

墓葬1座（99TWM29），为方坛积石墓。此墓设三级阶坛，在第三级阶坛上砌筑长方形墓圹。墓圹底铺河卵石，人骨平铺于河卵石之上，人骨未经焚烧，为多人捡骨葬。人骨上盖云母页岩石板，之上再以碎石封顶。墓葬北部设祭坛。

遗址中出土陶器较少，偶尔可见单个的陶罐、陶碗、陶豆、陶壶等出土，手制小陶器有小陶碗、小陶杯、小陶罐、小陶盘等。此期陶器主要以泥质陶为主，多黄陶和黑陶，器表抹光或磨光，个别夹砂陶，烧制火候较高。

陶罐有三类：第一类器形较小，圆鼓腹，平底，腹部饰盲耳和錾耳（97TWH1：18）；第二类器形较大，大口卷沿、圆鼓腹、平底（97TWH33：2）；第三类弧腹斜内收的罐，器壁较厚，烧制火候较高（97TWT339②：5），个别器身下部施釉（97TWH117：1）。第一类罐中

① 李新全：《高句丽早期遗存及起源研究》，吉林大学2008年博士学位论文。

的饰盲耳和鋬耳的罐，应是由第四期鋬耳罐与小竖耳罐发展而来，其器形继承了鋬耳罐的风格，为方唇、鋬耳，其盲耳则是由竖耳发展而来，第四期小竖耳罐竖耳中间的孔较小，此期孔则消失，变成盲耳。第二类和第三类罐是本期新出现的器形。

本期出土的陶碗分两类：第一类延续了第四期的风格，台足弧腹碗或深腹碗；第二类是本期才有的新器形，为斜直腹、底较厚（97TWT369②：1、97TWT369②：2）。

陶豆数量较少，仍为喇叭状豆座。

陶壶仅见2件，1件为束颈弧腹壶（97TWT395②：1），泥质黄陶，烧制火候较高，束颈部饰较浅的几何纹。1件为直领鼓腹罐（97TWT366②：22），泥质黑陶，圆鼓腹，腹部饰对称盲耳，台足。束颈弧腹壶为本期新出现的形制，直领鼓腹壶应是第三期的孑遗。

此期新出现A型陶网坠，这种圆柱形陶网坠仅在此期出土，且数量较多，多与B、C型陶网坠同时伴出。本期还可见少量D、E型和G型陶网坠。陶纺轮以A、B型为主，偶见C、E型。偶尔可见鼎足，多为方柱形，还出土枕状加重器及陶饼、陶管、陶珠等。鼎足和枕状加重器应是第三期的孑遗。陶多孔器是本期才有的器形，且仅见1件。

本期新出现青瓷器盖和一定数量的板瓦。板瓦多为夹砂红陶或灰陶，凸面多素面或施绳纹，凹面多布纹。

本期石器数量较之前大幅减少，主要有石镞、石网坠，石镞主要有B、C型，石网坠主要有B、D型。骨器出土数量较少，可见鹿角凿、骨锥、牙刀等。

此期出土了数量较多的铁器，器类有铁镞、铁椎、铁钉、铁刀、铁牛掌、铁锁、铁渣及不知名铁器等。铁镞最多，镞身形制多样，有柳叶形、铲形、三棱形、双翼等。

墓葬中出土器物以铁器为主。

（二）第五期遗存的年代及性质

第五期遗存与同时期周边遗址表现出一定的相似性。

此期3座房址均为半地穴式，屋内均设有环形或曲尺形火炕，这种房址的构造与五女山城四期的房址如出一辙。据《旧唐书·高丽传》记载："其俗贫窭者多，冬月皆作长坑，下燃煴火以取暖。"《新唐书·高丽传》亦云："窭民盛冬作长坑，煴火以取暖。"可见，高句丽人流行在屋内设火炕。

第五期遗址和墓葬中的出土器物与五女山城第四期同类器也表现出较大的相似性。

第Ⅰ区第2层出土的浅盘口泥质黄陶壶（97TWT395②：1），其形制与五女山城四期出土的同类器（报告称之为"罐"J2：3）较为相似，均为束颈，弧腹，平底。这种形制的陶壶亦见于七星山M96中，报告作者认为，这种陶壶应该是在汉文化影响下产生的器物[1]。97TWH33出土的泥质灰陶罐（97TWH33：2），大侈口，圆鼓腹，平底，其形制与五女山城四期出土的侈口罐（T403②：6）相似；97TWH117出土的釉陶罐（97TWH117：1），其形制与五女山城

① 吉林省文物考古研究所：《吉林集安高句丽墓葬报告集》，科学出版社，2009年。

四期出土的陶罐（T413②：2）较为相似，只是五女山城陶罐（T413②：2）为夹砂灰褐陶。根据以往的发现，釉陶在高句丽积石类墓葬和大型封土石室墓、壁画墓中均有出土，只是多在四耳展沿壶、釜、钵、耳杯、灶等施釉。H117这件罐仅腹部饰一层釉，釉未及底，器身下部有明显的流釉现象，应该是高句丽开始施釉的初期，说明施釉的手法还不成熟。

此期地层中出土的铜匙（97TWT399②：12），与五女山城第四期出土的同类器（T426②：10）非常相似[①]，这种铜匙是此期才有的新器形。第Ⅲ区地层中出土的铲形铁镞（98TWT555③：11）与五女山城四期出土的同类器（F2：22）形制相同，这种铲形铁镞应该是高句丽特有的器形，主要流行于高句丽中期。第Ⅳ区第2层出土的铁锁（97TWT257②：6）与五女山城第四期出土的铁锁（F70：1）形制非常相似。五女山城四期年代为四世纪末五世纪初[②]；七星山M96的年代为四世纪中叶。推测跃进五期年代也大致相当。97TWH1出土铁环（97TWH1：15）与五女山城第四期出土的同类器（F17：7、F17：8）较为相似；其出土的铁钉（97TWH1：16），钉身弯曲，剖面呈方形，这种方钉也同时见于五女山城四期[③]（编号J3：40），这种铁钉较汉代平顶圆锥状铁钉有明显的不同。

青瓷器盖（97TWT397②：1），胎色灰白，釉色青绿，应为典型的晋瓷。这种子母口的器盖，见于禹山墓区JYM3319号墓[④]，只是禹山墓区的这种器盖为釉陶，但其与晋代典型的青瓷盘口壶同出，可知，这种青瓷器盖的年代大致为晋代。

第Ⅳ区第2层出土的绳纹板瓦，这种绳纹是高句丽板瓦比较流行的纹饰。第Ⅳ区第2层出土的多孔器，根据以往学者的研究，这种平面呈长方形，器表有2个圆形孔，侧面有一孔的多孔器，最早见于抚顺高尔山山城H1中，高尔山山城H1中同时出土高句丽的陶器[⑤]。可见，高句丽时期已经有这种多孔器出土。

97TWG4出土了大量的A型陶网坠，这种细高圆柱形的陶网坠在本遗址中仅见于第2层和第2层下开口的单位中。在朝鲜半岛慈江道楚山郡莲舞里二号墓出土了同样类型的陶网坠，其同出的还有青绿色玻璃片、青铜制品等，发掘者将此墓葬年代定为公元前[⑥]。在五女山城第四期中也大量出土这种形制的陶网坠，其多与高句丽中期的陶器共出，五女山城第四期年代为公元四世纪末五世纪初，为高句丽中期遗存。考虑到97TWG4中出土这种陶网坠数量较多，推测其年代已经进入魏晋时期。

第五期共发现铁蹄掌2件，出土于地层和97TWG4中。铁蹄掌，在已有的高句丽文化遗址中有少量的发现。分牛蹄掌和马蹄掌两种。最早的一件发现于集安JSZM145号墓中（编号03JSZM145：26），为锻制成型，呈新月形，中间有3个长条形钉孔，留有钉掌一个，在此墓

① 辽宁省文物考古研究所：《五女山城》，文物出版社，2004年。

② 同①。

③ 同①。

④ 吉林省文物考古研究所、集安市博物馆：《洞沟古墓群禹山墓区JYM3319号墓发掘报告》，《吉林集安高句丽墓葬报告集》，科学出版社，2009年。

⑤ 赵里萌：《多孔器研究》，吉林大学2016年硕士学位论文。

⑥ 李正南著、文一介译：《慈州道楚山郡莲舞里二号墓发掘报告》，《东北亚历史与考古信息》1992年第1期。

中，它与铲形铁镞同出。根据原报告作者的推断，JSZM145号墓年代为公元1世纪前后①。临江墓出土1件（编号为03JYM43J：5）为半圆形，上有等距排列的5个钉眼。临江墓属于高句丽早期王陵，年代最晚不能超过3世纪末②。太王陵共出土8件，形制有半圆形和新月形两种。太王陵的使用时间为东晋安帝义熙十年，即公元414年③。可见这种铁蹄掌，主要见于高句丽早中期。

方坛积石墓（99TWM29）在本遗址中属于最晚出现的墓葬形制。据李殿福考证，方坛积石墓的年代上限最迟不晚于东汉初年，一直持续到公元4世纪。方坛阶梯积石墓的出现年代略晚于或相当于方坛积石墓④。墓葬中出土的铁镞与五女山山城出土的铁镞（F29：2）相似，铁环在高句丽早期的墓葬中比较少见，五女山城二号大型建筑址中出土此种形制的铁环（J2：7），五女山F29与五女山城二号建筑址同属高句丽中期遗存，年代在公元4世纪末至5世纪初。综合考虑，99TWM29的年代大致为魏晋时期。

值得一提的是，第Ⅲ区地层中出土了数量较大的夹砂黑陶或黄陶的弦纹陶片，这些陶片多夹蚌粉夹云母，部分陶片上有圆饼形贴耳或贴一横桥式盲耳。这种陶片应属于第三期遗存，假圈足陶碗（98TWT523③：4）也具有早期特征。这些器物在本期地层中出土，很可能是地层经过后期扰动所致。

综上所述，第五期遗存的年代应该为魏晋时期。

从墓葬形制、墓葬及遗址出土器物等所反映的文化面貌看，万发拨子第五期遗存应属于典型的高句丽中期文化遗存。

六、第六期遗存的文化特征及年代

（一）第六期遗存的文化特征

万发拨子第六期遗存均为墓葬。共发现12座墓葬。

这12座墓葬文化特征如下。

（1）均未发现葬具，且墓坑非常窄，其宽度仅容纳一具人骨。推测当时挖好墓坑之后，直接将尸骨放入墓坑内，再用沙土进行掩埋。

（2）葬式均为仰身直肢葬。

（3）出土器物以铁器为主。铁器多铁镞，铁镐、铁带扣、铁刀、铁扣环、铁插环、铁剪刀、铁砣头、铁锥、铁镊子等。铜器有铜戒指、铜环、铜活环。瓷器仅见青花瓷盘1件。骨器可见骨板、骨扣等。还出土铅丝耳环等。

---

① 吉林省文物考古研究所、集安市博物馆：《集安JSZM145号墓调查报告》，《吉林集安高句丽墓葬报告集》，科学出版社，2009年。

② 吉林省文物考古研究所、集安市博物馆：《集安高句丽王陵》，文物出版社，2004年。

③ 同②。

④ 李殿福：《集安高句丽墓研究》，《考古学报》1980年第2期。

（4）墓葬埋葬具有以下特点。

① 成人墓与未成年墓分开埋葬。

② 未成年人墓葬的随葬品相对较少，甚至无随葬品。

③ 未成年人墓葬规模相对较小，女性随葬品明显少于男性；男性墓葬随葬品数量与年龄无关。

④ 铅丝耳环随葬没有性别之分，男女均可随葬；铁带扣主要随葬于男性墓葬中；男性墓葬普遍随葬铁器。

⑤ 98TWM6、98TWM9死者头顶和脚下各放置一块比较平整的石头，其作用有待进一步考察。

（二）第六期遗存的年代

这批墓葬墓葬形制一致，出土器类及器形均较为相似，且位于一个墓区之内，相互之间距离较近。推测年代相近。其中，M14出土铜钱一枚，为北宋元丰年间（1078～1085年）的“元丰通宝”，证明这批墓葬年代上限为北宋。其出土的青花瓷盘，亮青釉，盘面饰蓝色线条三圈，圈足漏胎，胎上有粘砂，圈足底有磨痕。这种制作不精的粗胎瓷盘，在吉林省明代晚期扶余砖厂墓葬中大量发现，其青花瓷的制作风格与此件瓷器较为相似。其出土的剪刀，形状与现代剪刀相似，与辽金时期的剪刀有明显区别，亦同于扶余砖厂明代晚期墓葬中出土的剪刀（D98TWM10：2）。其出土的各式铁镞、骨板亦见于扶余砖厂明代晚期墓葬①中。因此可以推测，此批墓葬的年代为明代晚期。

第二节　其他遗存的年代

一、未分期遗迹单位的年代

在本遗址中，有10座灰坑，由于未出土有分期特征的器物，其堆积中也未出土具有时代特征的陶片，因此，很难准确将之归为某一时期。只能根据其开口层位对其年代进行大致推断。这10座灰坑，均开口于第2层或第1层下，证明其年代应该与第四期或第五期遗存的年代相当。据此可以推测，这10座灰坑的年代大致为汉晋时期。但由于本遗址部分区域发掘前为耕地，地层存在扰动现象，因此个别灰坑的年代或许能早到万发拨子第三期。

二、采集品及耕土层出土器物的年代

万发拨子遗址共采集（征集）了32件陶容器，其中大部分陶容器都能在万发拨子出土物中

① 吉林省文物考古研究所：《扶余明墓——吉林扶余油田砖厂明代墓地发掘报告》，文物出版社，2011年。

找到相似的器形（表5-2-1），其年代应该大致相似。

表5-2-1　采集（征集）陶器与出土器物对照表

器物名称	采集品	对应器物	年代
圈足碗	采：16、采：20、征集：202	97TWT398⑧：34	万发拨子第三期早段（春秋）
豆	采：29	97TWT398⑧：32	
罐底	采：23、采：31	99TWF22：55	万发拨子第三期晚段（战国）
罐底	采：25	99TWF22：6	
罐底	采：21	99TWF24：4	
敞口壶	T802：采	97TWT395④：41	
甑	采：26	97TWG5：64	
假圈足碗	采：15、采：19	97TWT496⑥：67	
台足碗	征集：204	97TWT405④：3	
竖耳罐	采：2	M22：1	战国晚期早段
双鋬耳罐	采：8	M21-02：2	
双鋬耳罐	采：27	M21-08：3	
钵	采：3	M21-26：3	
无耳罐	采：24、采：32	M20：21（钵）	
侈口壶	采：22	M21-35：7	
无耳罐	采：7	M25：2	战国晚期晚段
竖耳罐	采：30	M27：3	
横耳壶	采：5	M28：1	
盲耳罐	采：12	M31：3	
双鋬耳壶	采：6	M46：3	战国晚期至西汉早中期
敞口壶	采：11	M35：5	

四鋬耳罐（采：9），这种高圈足四鋬耳罐见于猴石古墓[①]中，旺清门龙头山石盖墓[②]中亦有出土（报告命名为陶釜M2：7）；四鋬耳罐（采：4）与四鋬耳罐（采：9）其陶质陶色与双鋬耳壶（采：6）相似，均为泥质灰陶，且陶质均较厚。推测其年代亦相当。猴石古墓的年代大致为战国晚期～汉初；旺清门龙头山石盖墓的年代为西汉早中期；双鋬耳壶（采：6）与墓葬出土同类器（M46：3）相似，M46年代大致为战国晚期～西汉早中期。因此可以推测，四鋬耳罐（采：9、采：4）的年代也大致为西汉早中期，其年代上限或许可以到战国晚期。

四盲耳壶（采：14）与敞口壶（采：6）陶质陶色相近，推测其年代大致相当，为战国晚期～西汉早中期。

采：1为单横耳罐，其器形较为特殊。万发拨子遗址中仅见此1件。其为筒腹，平底，其

① 武保中：《吉林公主岭猴石古墓》，《北方文物》1989年第4期。

② 肖景全：《新宾旺清门镇龙头山石盖墓》，《辽宁考古文集（二）》，科学出版社，2010年。

器身与墓葬中出土的錾耳罐（M36：3）较为相似；旺清门龙头山M2[①]出土类似的双横桥耳罐（M2：46），推测其年代大致相似，应为西汉早中期。

可以看出，采集陶器其年代跨度为万发拨子第三期早段（春秋时期）至西汉早中期。

石纺轮（采：17、采：18），形制非常规整，亦可能是棍棒头，同样形制的石纺轮见于旺清门龙头山M2中（M2：68，报告中称之为“石球”）。推测其年代大致相当，为西汉早中期。石范（采：35）应是铜泡的范，这种形制的铜泡见于铁匠沟战国墓葬[②]（AM3：2）中，推测其年代大致相当。

铁器中，铁镬（采：33）与燕文化的铁镬较为相似，在本遗址中见于M41和M29，可见其年代为汉晋时期。铁剑在本遗址中仅余剑身，不见剑首，推测其年代亦为汉晋时期。

鎏金铜簪（97TWT334①：1）发现于耕土层中，其样式较为精美，推测其年代当晚于魏晋时期。

第三节　第三期至第五期墓葬的讨论

一、不同形制墓葬之间的关系

万发拨子第三期至第五期墓葬根据形制的不同可以划分为七种类型，分别为竖穴土坑墓、石棺墓、石椁石棺墓、大盖石墓、大盖石积石墓、无坛石圹积石墓和阶坛积石墓几种。

不同形制墓葬年代关系如表5-3-1。

表5-3-1　不同形制墓葬年代关系表

<table>
<tr><th>期别</th><th>万发拨子
第三期晚段</th><th>万发拨子
第三期晚段</th><th>万发拨子第三期晚段
至万发拨子第四期</th><th>万发拨子第四期</th><th>万发拨子第四期</th><th>万发拨子第五期</th></tr>
<tr><td rowspan="3">墓葬形制</td><td rowspan="3">A组竖穴土坑墓</td><td>B组竖穴土坑墓</td><td rowspan="3">B组石棺墓</td><td>C组石棺墓</td><td rowspan="3">无坛石圹积石墓</td><td rowspan="3">方坛积石墓</td></tr>
<tr><td>A组石棺墓</td><td>石椁石棺墓</td></tr>
<tr><td>大盖石墓</td><td>大盖石积石墓</td></tr>
<tr><td>年代</td><td>战国晚期早段</td><td>战国晚期晚段</td><td>战国末期至汉初</td><td>西汉早中期</td><td>西汉晚期至东汉早期</td><td>魏晋时期</td></tr>
</table>

（1）从表5-3-1可以看出，不同形制墓葬的年代关系如下。

在万发拨子墓地中，竖穴土坑墓是最早出现的墓葬形制。

在战国晚期晚段，B组竖穴土坑墓与A组石棺墓、大盖石墓同时并存。这几种形制的墓葬同时并存，说明使用B组竖穴土坑墓、A组石棺墓和大盖石墓的人群在这一时期的万发拨子遗

① 肖景全：《新宾旺清门镇龙头山石盖墓》，《辽宁考古文集（二）》，科学出版社，2010年。报告作者认为年代为西汉中晚期，金旭东认为其年代应该为西汉早中期（金旭东：《西流松花江、鸭绿江流域两汉时期考古学遗存研究》，吉林大学2011年博士学位论文），本文中采用金旭东的观点。

② 邵国田：《敖汉旗铁匠沟战国墓地调查简报》，《内蒙古文物考古》1992年1、2期合刊。

址同时共存。B组石棺墓其年代承接A组石棺墓和C组石棺墓，应属于过渡类型。

西汉早中期，C组石棺墓、石椁石棺墓、大盖石积石墓同时并存。说明这一时期，使用石棺墓、石椁石棺墓及大盖石积石墓的人群在这一时期的万发拨子遗址同时共存。并且在西汉晚期至东汉早期时，出现无坛石圹积石墓这一新的墓葬类型。

（2）从分布上说，竖穴土坑墓多位于地势较低的山坡下，石棺墓多位于山丘中部向阳面上，而大盖石墓和大盖石积石墓则多位于山顶位置。因此可知，整个墓地的埋葬顺序是从地势较低的山坡向地势较高的山顶逐渐转移。

（3）根据发掘情况可知，竖穴土坑墓、石棺墓、石椁石棺墓、大盖石墓、大盖石积石墓这几种形制的墓葬墓圹均位于地表以下，而无坛石圹积石墓和方坛积石墓这两种形制的墓葬均是在地表之上砌筑墓圹。

（4）石棺墓、大盖石墓、大盖石积石墓、无坛石圹积石墓这几种形制的墓葬其墓圹的构筑方式基本一致，且具有一脉相承的特点，说明这几种类型的墓葬其形制具有前后的承继关系。但在发展过程中发生了一定的变化，即墓圹位置由地表以下转变为地表之上。大盖石积石墓应该是积石墓和大盖石墓结合的产物。

（5）在此次发掘中，受发掘面积所限，无坛石圹积石墓与方坛积石墓均仅发现1座，根据墓葬结构可知，方坛积石墓应是由无坛石圹积石墓发展而来，只是中间存在缺环。

二、墓葬的基本特征

（1）除M1～M4夹杂在居住区外，万发拨子人群拥有相对集中的墓区，墓葬区与居住区截然分开。各墓葬之间并未发现叠压打破关系，说明墓区是事先规划好，之后有计划地进行埋葬。

（2）《三国志·魏志·东夷传》载高句丽："男女已嫁娶，便稍作送终之衣。厚葬，金银财币尽送于死，积石为封，列种松柏。"由此可知，积石为封，为高句丽早期的墓葬形制。

在万发拨子遗址中，最早出现的积石墓为大盖石积石墓。而本遗址中大盖石积石墓的筑墓方式与大盖石墓及石棺墓几乎一致，因此可以推测，万发拨子遗址中，高句丽时期的方坛积石墓很可能是由当地青铜时期已经存在的石棺墓或大盖石墓发展而来，由这两种形制发展成大盖石积石墓，并在其发展过程中，逐渐抛弃了厚重的大盖石，改为以碎山石或河卵石填封墓圹，发展成无坛石圹积石墓，最后发展成方坛积石墓。而其墓圹的位置，也从地表之下逐渐移至地表之上。

（3）万发拨子墓葬均未发现木质葬具。竖穴土坑墓和石棺墓多开凿在夹杂石块的原生土层上。各种形制的墓葬均发现在墓底平铺河卵石或云母页岩石板的情况，亦有个别墓葬墓底平铺碎石块。

（4）经研究发现，纺织工具有陶纺轮和石纺轮两种。陶纺轮形制多样，石纺轮数量较少。随葬纺轮的均为女性墓，随葬石镞的均为男性墓。而石刀、石锛则在男性女性墓葬中均有发现。

（5）在随葬品方面，可以发现以下特点：

陶器组合为罐+壶+碗；罐+碗；罐+钵；罐+壶等。竖穴土坑墓、石棺墓和石椁石棺墓中，陶器多置于墓葬一端（多置于足底），个别位于腰部一侧。积石墓中，陶器多置于墓外积石中。

石器多为工具，数量种类较为丰富。石器多磨制，个别为打制。多通体磨光。种类包括石斧、石锛、石凿、石刀、石镰、石网坠、石研磨器、石镞。石镞数量较多，器形规整，推测为批量制作。石器上的钻孔有单向钻孔和双向钻孔两种。石镞仅出土于土坑墓、大盖石墓以及大盖石积石墓中。

骨器多为工具，主要有骨针、骨锥和骨镞等。个别墓中可见猪肩胛骨、野猪牙饰等。骨器多出土于土坑墓中。

装饰品多见玉石管、玻璃耳瑱、青铜环、青铜镯、铜扣、银环、玉环、铅弹子等。青铜器和铁器数量不多。青铜器有青铜镜、青铜短剑、青铜矛以及青铜装饰品等。铁器有铁镬、铁镞、铁带环。铁器仅出土于大盖石积石墓（M41）和方坛积石墓（M29）中。

三、墓葬的丧葬习俗

复杂多样的丧葬习俗，构成了万发拨子墓葬的重要特点。

根据墓圹中尸骨是否过火，万发拨子墓葬可以分为火葬墓、部分火葬墓（仅M36一座，为多人多层葬）和未经火葬的墓。

万发拨子墓地还存在一部分迁葬墓，多为迁出葬，一部分迁葬墓为空墓，一部分迁葬墓只迁出人骨，仍保留随葬品。亦有少量捡骨葬的墓。这种迁葬墓应属于二次葬。

根据墓中人骨的数量，万发拨子墓葬亦可分为单人葬、二人合葬、丛葬及多人多层葬墓（详见表5-3-2）。最常见的为单人葬，共计18座。有5座双人合葬墓，3座多人丛葬墓。双人合葬既包括母子合葬墓，亦有成年男女合葬墓。

表5-3-2　墓葬尸体处理方式统计表

分类	未经火烧墓			部分人骨经火烧墓	火葬	迁葬墓
	单人葬	二人合葬	丛葬	多人多层葬		
墓号	M1、M3、M17、M19、M27、M40、M42、M47、M48、M49、M50、M51、M52、M53、M54、M55、M56	M2、M4、M18、M26、M34	M20、M21 M29	M36	M37、M38 M41、M44 M45、M46	M22、M23、M25、M28、M31、M32、M35、M39、M43
总计	17	5	3	1	6	9

根据葬式的不同，又可分为仰身半屈肢葬、仰身直肢葬、仰身屈肢葬和侧身屈肢葬。仰身屈肢葬数量较多，这种葬式为双手交叉交于腹前，双腿弯曲膝盖朝向一侧。仰身半屈肢葬

多为双手交叉交于腹前，双腿伸直。据考证，这种屈肢双手交于腹前的埋葬形式是辽东半岛乃至吉林石棺葬文化中的常见现象。如马城子文化墓葬张家堡A洞99TWM42，朝阳十二台营子青铜短剑墓M1，吉林西团山一号棺，抚顺、辽阳的石棺墓中普遍流行这种葬式[①]。但在万发拨子墓葬中，仰身屈肢葬不仅存在于石棺墓中，亦存在于竖穴土坑墓中。侧身屈肢葬数量较少，比较明确为此种葬式的墓葬为99TWM51，此具人骨一侧胳膊笔直，一侧胳膊弯曲，双腿趋向一侧。

据文献记载：高句丽"死者殡在屋内，经三年，择吉日而葬"[②]。可见高句丽存在着二次葬的习俗[③]。

从万发拨子墓葬及辽东地区的材料看，高句丽的二次葬习俗应该是延续了浑江流域及辽东地区青铜时代已有的习俗。

（1）竖穴土坑墓均为未经火烧墓或迁葬墓，流行无头葬。有单人葬、双人合葬和丛葬几种。多人丛葬墓仅发现于土坑墓A组中。这种多人埋葬于同一墓坑，应属于氏族或家族合葬墓。

石棺墓中，除C组墓葬为火葬墓外，其余均为未经火烧墓。墓葬多为单人葬。可辨葬式包括仰身直肢、侧身屈肢和仰身半屈肢几种。

石椁石棺墓为多人多层合葬墓，部分人骨经焚烧，部分人骨未经焚烧。

4座大盖石墓中，有2座火葬墓和1座迁葬墓，还有1座主圹室为未经火葬墓、祔葬为火葬人骨的现象。

2座大盖石积石墓，1座为火葬墓，1座为迁葬墓。

无坛石圹积石墓为多人火葬墓。

方坛积石墓为多人捡骨葬。

由此可见，在万发拨子墓葬中，仅竖穴土坑墓和方坛积石墓中人骨未发现火烧迹象，其他形制墓葬中均存在一定比例的火烧人骨。人骨过火焚烧现象在万发拨子第三期～第五期墓葬中比较常见。

（2）无头葬在万发拨子土坑墓中比较常见。其是否特意为之还是因为战争所致还需要进一步探讨。万发拨子墓葬中，还发现2座墓葬（M20、M34）中的两具人骨面面相对埋葬。经鉴定，这两座墓葬的两具人骨均为一男一女，这种男女面面相对埋葬的方式十分罕见。

（3）大盖石墓（M34）存在着祔葬现象。M34，大盖石东部为一方形云母页岩石板的副棺。云母页岩石板上堆有10～15厘米的火烧人骨及石镞、陶片等。石板之下为一浅坑，坑内出土豆形罐1件、打制石斧1件。推测这一副棺为后期祔葬。

（4）石椁石棺墓（M36）中，在椁内东南角以大块云母页岩石板砌筑边厢，边厢内随葬一只狗。这种边厢随葬殉牲的习俗是否与商周时期腰坑随葬殉牲的习俗性质相同，还需要进一步的探讨。

（5）无坛石圹积石墓（M37）存在着毁器习俗。M37为多人火葬墓，墓中人骨焚烧充

---

① 辽宁省文物考古研究所、本溪市博物馆：《马城子——太子河上游洞穴遗存》，文物出版社，1994年。

② 《北史·高句丽传》卷九十四，中华书局，1974年。

③ 集安县文物保管所：《集安县上、下活龙村高句丽古墓清理简报》，《文物》1984年第1期。

分，其随葬的器物也均经火烧，其中的绿松石管已烧变色。据已有研究表明，火葬和毁器是高句丽早期葬俗的一个显著特点。如桓仁望江楼墓群的几座墓出土的遗物均经火烧过，高丽墓子墓葬经常可以见到人骨与石块烧结在一起的现象。望江楼M1出土的陶壶残片，明显是摔碎后再经火烧的，因为陶片的茬口已被火烧严重变形①。

（6）方坛积石墓（M29），方坛北部以大石块砌筑长方形平台边框，内填碎石块。平台内无遗物，推测为祭坛。

① 李新全：《高句丽早期遗存及起源研究》，吉林大学2008年博士学位论文。

附　　表

附表一　通化万发拨子房址登记表

编号	位置	开口层位	形状结构	居室（米）	门道（米）	灶（米）	柱洞（个）	出土器物	期段	备注
F15	位于Ⅱ区T376东南部、T377西南部、T347西北角、T346东北角，跨4个探方	开口于第8层下，打破生土，并被F17打破	圆形浅地穴式	直径5.4～5.5米	房址西面有一凸起，推测为门道所在	长方形，残长0.6、宽0.4米	40	陶筒形罐3、小陶杯1、刻划纹陶片1、B型石网坠3、D型石网坠2、Ad型石镞2、牙尖状器2、牙刀1	第一期	
F14	Ⅰ区T395西北角，延伸至T395北隔梁及T395西侧	开口于第10层下，打破生土，并被H140打破	延伸部位未清理，平面形制不清	不清	不清	不清	不清	无出土器物	第二期	
F17	Ⅱ区T377西部、T376东部、T346东北角	开口于第8层下，被H143打破，叠压于F15之上	圆角长方形浅地穴式	长3.4、宽2.76、深0.22米	未见门道迹象	呈椭圆形。长径1、短径0.78米	10	陶器口沿3、Ad型石镞1、石料1	第二期	
F13	Ⅰ区T370中部，伸入其北隔梁和东隔梁	开口于第5层下，被F9、H121、H123打破，并打破第6层	圆形浅地穴式	直径3.2米	未发现	圆形，直径约0.66米	未发现	E型陶纺轮1、Ea型陶网坠1、Ed型陶网坠1、石器1、D型石网坠1	第三期	隔梁部分未清理

续表

编号	位置	开口层位	形状结构	居室（米）	门道（米）	灶（米）	柱洞（个）	出土器物	期段	备注
F3	Ⅰ区T395南部，部分伸入其北隔梁	开口于第4层下，打破第8层	圆角长方形浅地穴式	长约3、宽约1.8米	未发现	圆形，直径约0.26米	4	陶罐4、陶壶1、陶器底5、Ed型陶网坠1、石斧3、Ba型石刀2、Bb型石刀1、C型石刀2、D型石刀1、B型石网坠1、Aa型石镞1、Ba型石镞1、石凿1、A型石研磨器3、B型石研磨器1、异型石研磨器1、石镐1、石饼2、石器1、骨凿1、骨针1、鱼骨3、河蚌1	第三期	
F9	跨Ⅰ区T369、T370两个探方	开口于第4层下，打破第5层及F6，并被F8、H27、H28、H67、H68打破	变形凸字形浅地穴式	长3.1、宽1.64、深0.16米	长1.7、宽0.86米	未发现	未发现	陶壶1、A型陶纺轮1、B型陶纺轮1、B型石网坠1、A型石研磨器2、砺石1、石器1、气孔玄武岩块1、骨针1、骨锥1	第三期	
F12	跨Ⅰ区T335、T365、T366三个探方	开口于第4层下，打破生土，叠压于H3、H4、H9、H18、H19、H25、H47之上	变形凸字形浅地穴式	长4.22、宽2.42、深0.2米	近长方形。长0.92、宽0.68米	椭圆形。长径1.1、短径0.98、深0.26米	3	Ba型石镞1	第三期	
F8	跨Ⅰ区T369、T370、T398三个探方	开口于第3层下，打破第4层。并被H1、H22、H23、G3所打破	长方形浅地穴式	长6.4、宽5.22、深0.4米	未发现	圆形。直径1.14米，灶坑深0.28米	未发现	Ba型石镞1、Bb型石镞2、B型石网坠2、D型石网坠1、Aa型石刀1、Ab型石刀1、骨锥2	第三期	
F11	Ⅱ区T435中部	开口于第4层下，打破生土	圆形浅地穴式	直径3.66～4米	门道位于房址西北侧，宽约1米	圆形。直径约0.3米	10	陶罐2、A型陶纺轮1、石剑1、刮削器1、Ad型石镞1、Ba型石镞2、石镐1、石饼1、气孔玄武岩块1、骨锥1	第三期	
F16	Ⅱ区T436西北部、T466西南部、T465东南部、T435东北部，跨4个探方	开口于第3层下，打破F11和第6层	圆形浅地穴式	直径5.2～6、深约0.3米	未发现	长方形。长2.5、宽1.36、厚0.12米	未发现	陶狗1、陶猪1、B型石镞1、Bb型石刀1、石剑1、骨匕1	第三期	

续表

编号	位置	开口层位	形状结构	居室（米）	门道（米）	灶（米）	柱洞（个）	出土器物	期段	备注
F21	跨Ⅲ区T153东南角、T154西南角、T131东北角、T132西北角	开口于第2层下，被M14、M15打破，并打破生土	圆形浅地穴式	直径3.56～3.96米	宽约1米	圆形，直径0.88米	未发现	陶器耳1、石饼7、A型石研磨器2、刮削器1、B型石网坠3、Aa型石镞1、Ad型石镞1、气孔玄武岩块1	第三期	
F22	房址主体部分位于Ⅵ区T770内，门道延伸至T769东隔梁	开口于第4层下，打破第5层	不规则长方形浅地穴式	长约3.7、宽2.4～3.6、深0.6米	最宽处达1米，最窄处宽0.6米	椭圆形，长径0.6、短径0.5米	2	陶罐2、陶壶1、A型陶纺轮1、陶片1、Ad型石镞1、Ae型石镞1、B型石镞2、Ba型石镞5、Bb型石镞3、C型石镞1、Cb型石镞7、Cc型石镞2、Ab型石刀1、Ba型石刀1、Bb型石刀1、D型石刀1、未分型石刀1、A型石研磨器2、B型石研磨器1、石凿1、B型石网坠1、石刮削器8、石核2、石器1、石料2、砺石1	第三期	
F23	跨Ⅵ区T792、T793、T801三个探方	开口于第4层下，打破第5层	圆角长方形浅地穴式	长约6.1、宽约3.06、深0.26～0.4米	宽约1.5米	圆形，直径约0.4米	21	陶罐4、陶壶1、小陶碗1、A型陶纺轮1、Cb型陶纺轮1、B型石镞1、石镰1、Aa型石刀1、Ba型石刀1、石球1、石斧1、A型石研磨器1、气孔玄武岩块1、石刮削器1	第三期	
F24	跨Ⅵ区T779东南部、T780西南部、T771东北部、T772西北部	开口于第4层下，打破第5层和M26	圆角长方形浅地穴式	长6.4、宽4.6、深0.12米	门道位于房址南侧，宽1.56～2.26米	圆形，直径1米	16	陶罐3、小陶碗1、A型陶纺轮3、Cb型陶纺轮1、Ed型陶网坠1、Ad型石镞1、Ae型石镞1、B型石镞2、Ba型石镞3、Bb型石镞8、C型石镞2、Ca型石镞1、Cb型石镞7、Cc型石镞1、B型石网坠1、Ab型石刀2、Ba型石刀1、石凿2、石斧3、石楔1、石锛1、石饼3、石球5、石坠2、石器3、石刮削器6、石镰1、石剑2、砺石4、气孔玄武岩块1、A型石研磨器2、石锥1、骨凿1、核桃1	第三期	

续表

编号	位置	开口层位	形状结构	居室（米）	门道（米）	灶（米）	柱洞（个）	出土器物	期段	备注
F7	跨Ⅰ区T339、T340、T369、T370四个探方	开口于第2层下，打破第3层，被H27、H28、H34、H52、H67、H68及现代沟所打破	平面呈长方形，仅西侧墙壁一段保存完整	长方形，长6.1、残宽3.7、深0.26米	未发现	圆形，直径0.24、高0.26米	未发现	小陶杯1、陶碗1、Ba型陶网坠1、C型陶网坠1、B型石网坠3、D型石网坠2、石剑1、气孔玄武岩块1、A型石研磨器1	第四期	
F10	跨Ⅱ区T376东南角、T377西南角、T346东北部以及T347西北部	开口于第2层下，打破第3层	平面呈长方形，房址四面有高约0.2米的墙基	长方形，长5.7、宽4.5米	房址东北角有一宽1.04米的豁口，疑为门道所在	圆形，直径0.8米	无	Ba型陶网坠12、Bb型陶网坠2、C型陶网坠5、F型陶网坠1、小陶杯1、B型石网坠6、C型石网坠1、D型石网坠1、Ad型石镞1、Ae型石镞1、石坠1、Bb型石刀1、未分型石刀2、石球1、石剑1、石斧2、砺石1、石器7、A型石研磨器1、B型石研磨器4、石料1、鹿角1、骨锥4、鳖甲1、野猪牙1、骨棒2	第四期	
F4	跨Ⅱ区T469和T501两个探方，并延伸至两个探方的东隔梁	开口于第1层下，打破第4层及H106	推测近圆形	长径5.94米	未发现	不规则椭圆形，长径0.7、短径0.5米	4	陶碗2、C型陶网坠1、Ec型陶网坠1、Ae型石镞1、Ba型石镞1、石饼1、石球1、石砍砸器1、石器1、石磨盘1、石料1、甲骨片3、铁镬1	第四期	进入隔梁部分未清理
F2	跨Ⅰ区T305、T306、T334、T335这4个探方	开口于第1层下，打破第2层和生土层，房址西南部被现代沟打破	圆角长方形浅地穴式	长4.45、宽3.5米	推测位于南部	长方形，长0.28、宽0.2米	5	B型陶纺轮1、河蚌1	第五期	房址南壁及西南壁被现代沟打破
F19	主体部分位于Ⅳ区T256内，跨T228、T229、T257四个探方	开口于第1层下，被现代坑打破，并打破第2层	圆角长方形浅地穴式	长约7.5、宽约5.5米	未发现	长方形，长约0.66、宽约0.5米	未发现	无出土器物	第五期	
F20	Ⅳ区T254中、东部，部分伸入T226北隔梁内	开口于第1层下，打破生土	圆角长方形浅地穴式	长约4.95、宽约3.9米	未发现	长方形，长约0.68、宽约0.4米	5	无出土器物	第五期	

附表二　通化万发拨子灰坑登记表

编号	所在位置	开口层位	形状	规格（坑口）	出土器物	期段	备注
H43	Ⅰ区T333东部	开口于第3层下，打破第7层和第8层，并被H59打破	平面呈椭圆形，弧壁，圜底	长径2.05、短径1.55、深0.66米	陶筒形罐4、陶器底2、Aa型石镞1、Ad型石镞1、石凿2、A型石网坠1、B型石网坠3、C型石网坠1、石料1、骨锥4、狍子角1、骨器1	一	
H58	Ⅰ区T333东隔梁北段	开口于第2层下，打破H59和生土	平面呈椭圆形，弧壁，圜底	长径1.54、短径1.36、深0.52米	陶器底1、陶筒形罐1、A型石网坠1、B型石网坠1、C型石网坠2、异型石镞1、石镞半成品1、石镰2、石凿2、石器1、骨锥3、骨镞1、鱼鳃骨2、鳖甲1、河螺1	一	
H59	Ⅰ区T333东部	开口于第2层下，打破H43、第7层和生土层，并被H58打破	平面呈圆形，弧壁，平底	直径约1.5、深0.5米	陶筒形罐1、A型石网坠2、B型石网坠3、D型石网坠1、Aa型石镞2、石饼3、A型石研磨器1、A型石刀1、Ba型石刀1、石料2、骨锥4、骨簪1、骨管1、牙刀1、玉凿1、河蚌1、鳖甲1	一	
H146	Ⅳ区T185东南部，部分伸入T163北隔梁内	开口于现代坑之下，打破生土	平面呈椭圆形，弧壁，不规则圜底	长径为2.38、短径1.82米	纹饰陶片2、陶筒形罐1、A型石网坠1、B型石网坠4、C型石网坠2、Aa型石镞4、A型石研磨器6、B型石研磨器4、C型石研磨器1、石剑2、石斧1、Bb型石刀1、绿石块1、红石块1、石器2、石坠1、骨锥3、骨饰1、骨器3、鹿角器1	一	
H148	Ⅳ区T163西部	开口于第2层下，打破生土，并被现代坑打破	平面呈椭圆形，弧壁，平底	坑口长径不清，短径1.4、深0.68米	陶筒形罐1、石磨盘1、A型石研磨器1、B型石研磨器1、石凿1、Aa型石镞4、A型石网坠1、B型石网坠1、C型石网坠1、E型石网坠1、石坠1、石刮削器2、齿状石器1、鹿角1、骨锥1、骨器1	一	
H149	位于Ⅳ区T163西南部，伸入T141北隔梁	开口于第2层下，打破生土，并被现代坑打破	平面形制不清，弧壁，平底	坑口尺寸不清，深约0.46米	陶口沿1、Ad型石镞2、Ba型石镞1、B型石网坠1、A型石研磨器1、石饼1、砺石1、骨锥2、牙饰1	一	伸入T163以外部分及伸入T141隔梁部分未清理
H139	Ⅰ区T396西北部，伸入其北隔梁及T395东隔梁	开口于第10层下，打破第12层和生土层	形制不清，斜壁，平底	坑口尺寸不清，深约0.25米	陶壶1、陶罐1、B型石网坠2、石器2、蚌壳1	二	伸入隔梁部分未清理

续表

编号	所在位置	开口层位	形状	规格（坑口）	出土器物	期段	备注
H141	Ⅰ区T398东北角，进入T399北部及隔梁内	开口于第10层下，打破第11层，并被H142打破	平面形制不清，弧壁，平底	坑口尺寸不清，深0.4米	陶罐1、石镐3、A型石研磨器1、石器1、Bb型石刀1	二	伸入隔梁部分未清理
H142	Ⅰ区T398东北角伸入其东隔梁及北隔梁	开口于第10层下，打破H141和第11层	平面形制不清，弧壁，平底	坑口尺寸不清，坑深0.32米	B型石网坠1、D型石网坠1、石饼1、石核1、A型石研磨器4、B型石研磨器1、石镰1、石器1、砺石1	二	伸入隔梁部分未清理
H140	Ⅰ区T395中部偏北，伸入其北隔梁	开口于第8层下，打破F14和生土层	椭圆形，弧壁，平底	坑口长径不清，短径2.6米	陶罐3、陶壶1、陶碗2、Eb型陶网坠1、Ed型陶网坠1、Ee型陶网坠1、A型石研磨器3、B型石研磨器1、C型石研磨器1、石球1、Ab型石刀1、玉刀1	三	伸入隔梁部分未清理
H129	Ⅰ区T398中部	开口于第7层下，打破生土层	圆形，直壁，平底	坑口直径为0.7、深0.92米	Aa型石镞1、B型石镞1、C型石网坠1、Ba型石刀1、石凿1、石球1、气孔玄武岩块1、骨器1	三	
H137	Ⅰ区T396西部	开口于第7b层下，打破第8层和生土层	近圆形，弧壁，圜底	坑口直径为0.56、深0.34米	无出土器物	三	
H138	Ⅰ区T395北部	开口于第7b层下，打破H140和第8层	圆形，弧壁，圜底	坑口直径为1.8、深0.54米	卜骨1	三	
H118	Ⅰ区T368北隔梁内	开口于第6层下，打破生土层	圆形，弧壁，平底	坑口直径为0.54、深0.3米	无出土器物	三	
H125	Ⅰ区T399南部	开口于第6层下，打破第7层，并被H26、G3和现代沟打破	平面形制不清，斜壁，平底	坑口尺寸不清，深0.2米	无出土器物	三	

续表

编号	所在位置	开口层位	形状	规格（坑口）	出土器物	期段	备注
H126	Ⅰ区T370南部，伸入T340北隔梁	开口于第6层下，打破生土层	椭圆形，弧壁，圜底	长径为1.4、短径1.14、深0.4米	骨锥2	三	
H131	Ⅰ区T370东部，伸入东隔梁	开口于第6层下，打破第8层和第11层，并被现代沟打破	面形制不清，弧壁，圜底	坑口尺寸不清，深约0.4米	B型石镞1、B型石网坠1	三	伸入隔梁部分未清理
H130	Ⅰ区T369南部	开口于第5层下，打破第6层	椭圆形，斜壁，平底	长径1.26、短径0.92、坑深0.28米	小陶盅1、骨凿1、卜骨1	三	
H122	Ⅰ区T369西部，伸入T368东隔梁内	开口于第5层下，打破第6层，被H66打破	椭圆形，斜壁，平底	长径1.64、短径1.4、深0.25米	气孔玄武岩块1、骨凿1	三	
H37	Ⅰ区T370东南部，伸入其东隔梁	开口于第4层下，打破第6层	平面形状不清楚，斜壁，平底	长径不清，短径0.7、深0.3米	Ed型陶网坠1	三	
H38	Ⅰ区T365东部	开口于第4层下，打破第5层，并被H18、H25打破	平面呈圆形，弧壁，平底	直径约2、深0.4米	小陶饼1、未分型石刀2、Aa型石刀1、Bb型石刀1、Ba型石镞1、石锛1、骨针1、骨锥1、牙饰1、鳖甲1、蚌壳1	三	
H41	Ⅰ区T396中部	开口于第4层下，打破第5层和第6层	椭圆形，斜壁，平底	长径1.78、短径1.4、深0.5米	B型石网坠5、D型石网坠2、石坠1、骨凿1	三	
H42	Ⅰ区T396东南部	开口于第4层下，打破第5层	椭圆形，弧壁，平底	长径2.3、短径2、深0.32米	Ba型石镞1、Bb型石刀1、A型石研磨器2、骨锥3、骨针1、骨镞1、骨簪1	三	
H47	Ⅰ区T335北部	开口于第4层下，打破生土层，并被H45打破	椭圆形，弧壁，平底	长径2.36、短径1.54、深0.3米	陶罐1、陶饰1、Ab型石刀1、骨器1	三	

续表

编号	所在位置	开口层位	形状	规格（坑口）	出土器物	期段	备注
H52	Ⅰ区T369东隔梁内	开口于第3层下，打破第4层	圆形，弧壁，平底	直径约0.94、深0.3米	Eb型陶网坠1、Cc型石镞1	三	
H66	Ⅰ区T369西部，伸入T368东隔梁	开口于第4层下，打破第5层和H122	椭圆形，弧壁，平底	坑口长径1.92、短径1.8、深0.22米	陶盅1、A型陶纺轮1、Ad型石镞1、C型石网坠1、石凿1、A型石研磨器1、异型研磨器1、骨凿1、骨钩1、骨簪2、骨锥1、牙饰2	三	
H121	Ⅰ区T369东北角，伸入其东、北隔梁	开口于第4层下，打破第5层	椭圆形，斜壁，平底	长径1.26、短径1.08、深0.52米	陶塑动物1、石剑1、A型石研磨器1	三	
H123	Ⅰ区T369东北部，伸入其东隔梁	开口于第4层下，打破第6层和第7层	不规则形，斜壁，平底	长径2.5、短径1.9、深0.3米	陶鼎足1、Aa型石刀1、Ab型石刀2、石凿1、石斧1、石锥1、骨锥3、骨簪1、兽骨1	三	
H124	Ⅰ区T369西北部	开口于第4层下，打破第5层	圆角长方形，直壁，平底	边长分别为0.8（东）、1.16（南）、0.8（西）、0.9（北）、深0.38米	Aa型石刀1、骨锥1	三	
H26	Ⅰ区T399东北部	开口于第3层下，打破第4层、第5层和H125，并被现代沟打破	不规则形，斜壁，平底	长径为2.28、短径为2.16、深0.3米	小陶碗1、Ea型陶网坠2、Eb型陶网坠1、Ad型石镞1、Ba型石镞1、Ca型石镞2、Cb型石镞1、Cc型石镞1、石镞半成品1、石锥2、石锛1、石刀1、石斧1、蚌片1、骨锥1	三	
H30	Ⅰ区T398东部	开口于第3层下，打破第4层，并被现代沟打破	椭圆形，斜壁，平底	长径2.98、短径2.45、深0.5米	小陶盅1、Ea型陶网坠1、Ec型陶网坠3、Ed型陶网坠2、Aa型石镞2、Ad型石镞2、B型石镞1、Ba型石镞2、Ca型石镞1、B型石网坠3、砺石1、Aa型石刀1、Ab石刀1、Ba型石刀1、A型石研磨器3、石器1、骨锥2、骨凿3、骨匕1、鳖甲1、卜骨1、鸡骨4、鱼骨10	三	

续表

编号	所在位置	开口层位	形状	规格（坑口）	出土器物	期段	备注
H31	Ⅰ区T398西南部	开口于第3层下，打破第4层，并被H35打破	椭圆形，弧壁，平底	长径2.5、短径1.67、深0.4米	小陶豆1、Eb型陶网坠1、Ec型陶网坠2、Ed型陶网坠1、Ad型石镞1、Ba型石镞1、B型石网坠1、Ab型石刀1、Bb型石刀1、骨锥5、狍子角1、牙饰1、鱼骨3 、鳖甲1	三	
H34	Ⅰ区T370中部	开口于第3层下，并被H20打破	圆形，直壁，平底	直径为0.76～0.8、深0.3米	无出土器物	三	
H35	Ⅰ区T397东南部	开口于第3层下，打破第4层，并被H16打破	椭圆形，斜壁，平底	长径不清，短径1.7、深0.7米	弦纹陶片1、Ba型陶网坠1、E型陶网坠1、Ea型陶网坠1、Eb型陶网坠1、Ec型陶网坠4、Ed型陶网坠3、E型陶纺轮2、陶人面塑1、Aa型石镞1、Ad型石镞2、B型石镞1、Ba型石镞2、B型石网坠2、Ab型石刀6、石斧2、石料1、石饼1、骨锥6、骨凿2、卜骨1、骨饰1、鳖甲1	三	
H36	Ⅰ区T370东北角，伸入东隔梁	开口于第3层下，打破第4层和第6层	椭圆形，弧壁，平底	长径不清，短径0.86、深0.5米	鳖甲1	三	
H40	Ⅰ区T369西北部	开口于第3层下，打破第4层，并被H21打破	圆形，斜壁，圜底	长径约0.9、深0.18米	无出土器物	三	
H45	Ⅰ区T335北部	开口于第3层下，打破第4层和H47	圆形，弧壁，圜底	直径约0.86、深0.35米	无出土器物	三	
H48	Ⅰ区T397西南部	开口于第3层下，打破第4层，并被现代沟打破	椭圆形，弧壁，平底	长径1.5米，短径不清，深0.2米	无出土器物	三	
H55	Ⅰ区T395中部	开口于第3层下，打破第4层，并被现代沟打破	圆形，弧壁，平底	直径约1.2、深0.32米	Ea型陶网坠1	三	

续表

编号	所在位置	开口层位	形状	规格（坑口）	出土器物	期段	备注
H57	Ⅰ区T395北部	开口于第3层下，打破第4层	椭圆形，弧壁，平底	长径0.6、短径0.5、深0.52米	无出土器物	三	
H68	Ⅰ区T340北部，伸入北隔梁内	开口于第3层下，叠压于H64之下	椭圆形，斜壁，平底	坑深0.36米	无出土器物	三	因被H64打破，形制已经不完整
H71	Ⅰ区T397东北部，伸入其东隔梁及北隔梁	开口于第3层下，打破第4层和H72，其西北角叠压于现代沟之下	弧壁，平底	坑深0.2米	B型石网坠1、Ba型石镞1	三	伸入隔梁部分未清理，其平面形制不清楚
H72	Ⅰ区T397东北部	叠压于H71之下，打破第4层和第6层	圆形，弧壁，圜底	直径约0.94、深0.24米	无出土器物	三	
H73	Ⅰ区T395东部，伸入其东隔梁内	开口于第3层下，打破第4层，并被现代沟打破	圆形，弧壁，平底	直径约为1.86、深0.24米	Ed型陶网坠1、B型石网坠1	三	
H74	Ⅰ区T369北部，伸入其北隔梁内	叠压于H21与H53之下，并打破F8和第5层	圆形，直壁，平底	直径约为0.6、深0.3米	无出土器物	三	
H119	T367西北部，伸入其北隔梁内	开口于第3层下，打破第4层，并被H16打破	圆形，弧壁，圜底	直径约为1米	无出土器物	三	
H136	T367北隔梁内，伸入其关键柱	其叠压于H35之下，打破生土层	近圆角长方形，斜壁，平底	长约1.5、宽0.66、深0.3米	石斧1	三	
H16	Ⅰ区T367北部	开口于第2层下，打破第3层以及H35、H119	椭圆形，斜壁，平底	长径2.9、短径2.42、深0.4米	陶罐1、C型陶网坠1、F型陶网坠1、Bb型石镞1、骨锥1、牙饰2、牙刀1	三	
H61	Ⅰ区T340东部，伸入东隔梁	开口于第2层下，打破生土	圆形，斜壁，平底	直径约为1.34、深0.45米	Ec型陶网坠1	三	

续表

编号	所在位置	开口层位	形状	规格（坑口）	出土器物	期段	备注
H115	Ⅱ区T497西部	开口于第8层下，打破第9层	不规则形，斜壁，平底	长径为2.14、短径2、坑深0.4米	陶袋足器2、陶竖耳罐2、陶双錾耳罐1、陶瓮1、A型陶纺轮1、Aa型石刀1、B型石网坠1、绿松石坠1	三	
H143	Ⅱ区T346东北角，伸入其北隔梁及东隔梁，并部分延伸至T347西北角及北隔梁	开口于第7层下，打破第8层，并被F10打破	椭圆形，弧壁，圜底	长径2.68、短径2.1、深0.18米	石斧1、A型石研磨器3、D型石网坠1、石料1	三	
H107	Ⅱ区T464北部，伸入其北隔梁	开口于第6层下，打破第7层，并被G6打破	形制不清	坑深0.6米	A型石研磨器1	三	伸入隔梁部分未清理
H101	Ⅱ区T465中部	开口于第4层下，打破第6层，并被现代沟打破	圆形，弧壁，平底	直径约1.35、深0.44米	Ec型陶网坠1、D型石网坠1、石锛1、石刀1、骨锥1	三	
H102	Ⅱ区T406中部	开口于第4层下，打破第5层	椭圆形，弧壁，圜底	长径1.05、短径0.8、深0.6米	A型陶纺轮1、A型石研磨器1、B型石网坠1、Ad型石镞1、角器1	三	
H103	Ⅱ区T406西南部，伸入T405东隔梁，T376北隔梁及T375东隔梁	开口于第4层下，叠压在H83之下	不规则形，直壁，平底	长径2.4、短径2.12、深0.5米	陶碗1、A型陶纺轮2、E型陶纺轮1、B型石网坠1、E型石网坠1、Ad型石镞1、Bc型石镞1、Cc型石镞1、A型石研磨器1、骨锥1	三	
H108	Ⅱ区T465西北角，伸入其北隔梁及T464东、北隔梁	开口于第4层下，打破第6层，并被H109打破	圆形，弧壁，圜底	直径1.1、深0.5米	无出土器物	三	
H133	Ⅱ区T376中部	开口于第4层下，打破第6层	椭圆形，弧壁，平底	长径1、短径0.65、深约0.2米	B型石网坠1、D型石网坠1	三	

续表

编号	所在位置	开口层位	形状	规格（坑口）	出土器物	期段	备注
H134	Ⅱ区T376西部，伸入T375东隔梁	开口于第4层下，打破第6层	近圆形，弧壁，平底	直径约1.7、深0.25米	A型陶纺轮2、B型石网坠6、D型石研磨器1	三	
H78	Ⅱ区T345南部	叠压于G5之下，打破第4层和生土层	平面形制不清，为弧壁，平底	坑深0.2米	无出土器物	三	被破坏
H80	Ⅱ区T435西南部，伸入T434东隔梁内	开口第3层下，被H77打破，并打破第4层	圆形，斜壁，平底	直径长约0.98、深0.25米	B型石镞1、石枕状器1	三	
H83	Ⅱ区T405东南角，伸入其东隔梁及T375北隔梁	开口于第3层下，打破H103和G10	椭圆形，斜壁，平底	长径2.5、短径2.3、深0.35米	陶鼎足1、Ed型陶网坠1、Ba型石镞1、Bb型石镞1、滑石柱1、石剑柄1、石料1、石器1、骨锥1、骨针1	三	
H86	Ⅱ区T405东北部，伸入其东隔梁、北隔梁	开口于第3层下，打破第4层	弧壁，圜底	深0.3米	Ed型陶网坠1、Aa型石镞1、Cb型石镞1	三	伸入隔梁部分未清理
H87	Ⅱ区T375北部，伸入北隔梁内	开口于第3层下，被G10、H83和H88打破	椭圆形，斜壁，平底	长径2.4、短径2.16、深0.46米	石斧2、石器1	三	
H88	Ⅱ区T405南部，伸入T375北隔梁	开口于第3层下，被现代坑打破，并打破G10和生土层	椭圆形，斜壁，平底	长径1.84、短径1.66、深0.18米	Ec型陶网坠1、石斧1、石器1	三	
H89	Ⅱ区T375北部，伸入其北隔梁内	开口于第3层下，打破G10、H87和生土层	不规则长方形，弧壁，平底	长约1.66、宽约1.4、深1.6～0.3米	无出土器物	三	
H132	Ⅱ区T376北部，伸入其北隔梁	开口于第3层下，打破第4层和F15	圆形，斜壁，平底	坑口直径为1.82、坑深0.54米	Ea型陶网坠1、B型石网坠4、气孔玄武岩块1、Ae型石镞1、A型石研磨器1、骨凿1、牙刀1	三	

续表

编号	所在位置	开口层位	形状	规格（坑口）	出土器物	期段	备注
H93	Ⅱ区T497北部，伸入其北隔梁	开口于第2层下，打破第3层	推测为椭圆形，弧壁，圜底	深0.9米	陶碗1	三	伸入隔梁部分未清理
H116	Ⅱ区T498中部	叠压于G13之下，打破第11层	圆角方形，斜壁，平底	长径为2.06、短径1.74、坑深0.9米	Ea型陶网坠1、Eb型陶网坠1、B型陶纺轮2、石斧2、未分型石刀3、Ba型石刀1、D型石刀1、A型石研磨器3、B型石网坠1、石饼1、骨锥1	三	
H150	Ⅲ区T555中部	开口于第6层下，打破生土层	椭圆形，弧壁，平底	长径1、短径0.7、深0.3米	河蚌1、河螺1	三	
H156	Ⅴ区T885东北角，延伸至T890南部	开口于第1层下，打破第5层	不规则形，弧壁，平底	长径2.5、短径2.4、深约0.14米	陶壶1、Ad型石镞1、B型石镞3、Ba型石镞2、Bb型石镞2、Cb型石镞2	三	
H157	Ⅴ区T948西北角	开口于第1层下，打破基岩	长方形，弧壁，平底	长约1.7、宽1.2、深约0.24米	Bb型石镞1、B型石网坠1	三	
H151	Ⅵ区T794东北角，伸入其北隔梁及东隔梁	开口于第4层下，打破第5层	圆角长方形，斜直壁，平底	长约1.7、宽约1、坑深0.55米	Eb型陶网坠1、Ed型陶网坠1、Ba型石镞1、B型石镞1、Bb型石镞2	三	
H152	Ⅵ区T794中部	开口于第4层下，打破第5层	圆角长方形，弧壁，平底	长约1.2、宽约0.6、深0.4米	Ad型石镞1	三	
H153	Ⅵ区T801东北角，伸入其北隔梁及东隔梁	开口于第4层下，打破第5层	平面形制不清，斜直壁，平底	坑口尺寸不清，深0.4米	Ed型陶网坠1	三	
H154	Ⅵ区T779西北角，伸入T771东北角	开口于第4层下，打破第5层	平面形制不清，斜直壁，平底	坑口尺寸不清，坑深0.2米	陶罐1	三	灰坑延伸至探方以外部分未清理
H155	Ⅵ区T779西北部，伸入其北隔梁及东隔梁	开口于第4层下，打破第5层	平面形制不清，斜壁，平底	坑口尺寸不清，坑深0.2米	陶罐1	三	灰坑延伸至探方以外部分未清理

续表

编号	所在位置	开口层位	形状	规格（坑口）	出土器物	期段	备注
H158	Ⅵ区T839东隔梁内，部分延伸至T840、T845、T846	开口于第4层下，打破第5层及M21	不规则长条形，弧壁，圜底近平	长约5、宽0.8～1.42、深约0.4米	无出土器物	三	
H159	Ⅵ区T833内，部分延伸至T825	开口于第4层下，打破第5层及M21	不规则椭圆形，弧壁，圜底近平	坑口长径5.8、短径2.9、深约0.4米	无出土器物	三	
H160	Ⅵ区T826西部，部分延伸至T825、T834	开口于第1层下，打破第5层及M21	不规则形，弧壁，圜底近平	坑口长约3.5、宽约1.2、深约0.76米	无出土器物	三	
H2	Ⅰ区T365的西部	开口于第2层下，打破第3层和H5	椭圆形，弧壁，圜底	长径0.7、短径0.49、深0.36米	无出土器物	四	
H3	Ⅰ区T366的西部	开口于第2层下，打破第3层和H4，并被H117打破	圆形，弧壁，圜底	直径为0.84～0.86、深0.34米	无出土器物	四	
H4	Ⅰ区T366的西部	开口于第2层下，打破第3层，被H3打破	椭圆形，斜壁，底近平	长径1.3、短径0.99、深0.25米	小陶罐1、Ba型陶网坠1	四	
H5	Ⅰ区T365的西部	开口于第2层下，打破第3层和第4层，并被H2打破	椭圆形，弧壁，圜底	长径1、短径0.7、深0.32米	无出土器物	四	
H9	Ⅰ区365东南部	开口于第2层下，打破第3层	椭圆形，弧壁，平底	长径2.76、短径1.96、深0.22米	Bb型石镞1、有沟砺石1、骨锥1	四	
H12	Ⅰ区T368西北部，跨T367、T397、T398三个探方	开口于第2层下，打破第3层以及H31、H35，并被G14打破	圆形，斜壁，平底	直径2.1～2.2、深0.46米	Ba型石镞1	四	

续表

编号	所在位置	开口层位	形状	规格（坑口）	出土器物	期段	备注
H14	Ⅰ区T367西北部，跨T366东北部	开口于第2层下，打破第3层，并被G14打破	椭圆形，斜壁，平底	长径1.66、短径1.1、深0.4米	无出土器物	四	
H18	Ⅰ区T365东部	开口于第2层下，叠压于H9之下，打破H19和第3层	不规则形，弧壁，平底	最长径为2.4、深0.6米	B型石网坠1、骨锥1	四	
H19	Ⅰ区T365西部	开口于第2层下，叠压于H18之下，打破第3层和生土	圆形，斜壁，平底	直径1.76～1.8、深0.3米	C型石网坠1	四	
H20	Ⅰ区T370中部	开口于第2层下，打破第3层	椭圆形，弧壁，平底	长径1、短径0.7、深0.36米	Ec型陶网坠1	四	
H22	Ⅰ区T369东北部	开口于第2层下，打破F8，被现代沟打破	圆形，斜壁，平底	直径约1.36、深0.3米	Ed型陶网坠1、D型石镞1、骨锥2	四	
H23	Ⅰ区T369东南部	开口于第2层下，打破第3层	椭圆形，弧壁，圜底	长径1.26、短径0.95、深0.33米	C型石镞1	四	
H24	Ⅰ区T370南部	开口于第2层下，打破第3层	圆形，直壁，平底	直径约0.7、深0.3米	B型石网坠1	四	
H25	Ⅰ区T365东北部	开口于第2层下，打破第3层，并被H117打破	椭圆形，斜壁，平底	长径3.6、短径1.16、深0.6米	Ec型陶网坠1、Ed型陶网坠1、Cb型石镞1、骨针1	四	
H28	Ⅰ区T370南部，伸入T340北隔梁内	开口于第2层下，打破第3层和F7，并被H64打破	不规则形，直壁，平底	长径2、短径1.52、深0.5米	陶罐1、Ec陶网坠1	四	
H29	Ⅰ区T370北部	开口于第2层下，并被现代沟和H20打破	椭圆形，斜壁，平底	长径不清，短径1.34、深0.25米	Ba型石镞1、Bb型石镞1、骨锥1	四	

续表

编号	所在位置	开口层位	形状	规格（坑口）	出土器物	期段	备注
H75	Ⅰ区T339东北角，伸入东隔梁、北隔梁及T340西北部	开口于F7之下，打破生土层	椭圆形，弧壁，平底	长径3.1、短径1.85、高0.3米	C型陶网坠1	四	
H96	Ⅱ区T438东南部，伸入T408东北部	开口于第2层下，打破生土，并被G4和H97打破	形制不清，弧壁，平底	坑口尺寸不清，深0.3米	Bb型石镞1、B型石网坠1、A型石研磨器1、石料3、骨剑1、骨管1	四	
H97	Ⅱ区T409西部，伸入T408东隔梁内	开口于第2层下，打破H96和生土层，并被G4打破	平面形制不清，弧壁，平底	坑口尺寸不清，深0.45米	A型石研磨器1、D型石网坠1、骨锥1	四	
H98	Ⅱ区T438西南角，伸入T408北隔梁内	开口于第2层下，打破生土层，并被H100和H111打破	椭圆形，斜壁，圜底	长径3、短径1.2、坑深0.35米	B型石网坠1、B型石研磨器2、骨锥1	四	
H100	Ⅱ区T407东北部，伸入其东、北隔梁内	开口于第2层下，打破H98和生土层	圆形，弧壁，平底	直径1.8、深0.5米	E型陶纺轮1、骨簪1	四	
H109	Ⅱ区T465西北角，伸入其北隔梁及T464东隔梁内	开口于第2层下，打破第3层、第4层、第6层和H108	圆形，弧壁，圜底	直径为1.05、深0.4米	小陶罐1	四	
H90	Ⅱ区T377东北部、T378西北部和T408西南部	开口于第1层下，打破第2层和生土层	不规则形，弧壁，平底	长径2.4、短径2.2、深0.66米	Ba型陶网坠1、陶饰1	四	
H94	跨Ⅱ区T437和T438两个探方	开口于第1层下，打破第2层和生土层	椭圆形，弧壁，平底	长径2.35、短径1.2、深0.4米	Ab型石刀1、Ad型石镞1	四	

续表

编号	所在位置	开口层位	形状	规格（坑口）	出土器物	期段	备注
H95	Ⅱ区T409东北部，伸入其东隔梁内	开口于第1层下，打破生土，并被G4打破	平面形制不清，弧壁，平底	长径不清，短径为1.45、深0.4米	无出土器物	四	伸入隔梁部分未清理，坑口一部分被G4破坏
H127	Ⅱ区T466西北部，伸入其北隔梁	开口于第2层下，打破G13，并被G7打破	平面形制不清，弧壁，平底	坑口尺寸不清，深约0.3米	Aa型石刀1	四	
H63	Ⅱ区T404的东北部，伸入东、北隔梁	开口于第1层下，打破第3层和生土层	椭圆形，弧壁，圜底	长径2.2、短径2.14、深0.6米	B型石研磨器1、鳖甲1	四	
H106	Ⅱ区T501东部，大部分位于东隔梁内	开口于第1层下，打破G13和第7层，并被F4打破	平面形制不清，弧壁，圜底	坑口尺寸也不清，深0.3米	小陶罐1	四	伸入隔梁部分未清理
H111	Ⅱ区T437南部，伸入T407北隔梁内	开口于第2层下，打破H98和生土层	近圆形，斜壁，平底	直径1.36～1.5、深0.55米	Ba型陶网坠1、B型石网坠1、C型石镞1、Ab型石刀1	四	
H112	Ⅱ区T500西部	开口于第1层下，打破第11层和生土层，并被G4、G13打破	形制不清，斜壁，平底	坑口尺寸不清，深0.3米	Ea型陶网坠1、石斧1、B型石网坠2、石器4、Ba型石刀1	四	
H114	Ⅱ区T407西南部，伸入T406东隔梁	开口于第2层下，打破生土层	圆形，弧壁，圜底	直径为2.36～2.4、深0.46米	Eb型陶网坠1、E型陶纺轮1、Ad型石镞2、Cb型石镞1、A型石研磨器1、B型石研磨器1、石斧1、石饼1、Ba型石刀1、黑曜石刮削器1、石纺轮1、石镐1、骨镞1、骨凿1	四	
H145	Ⅲ区T524东北角，伸入其东隔梁	开口于第4层下，打破第5层	椭圆形，弧壁，圜底	长径为1.4、短径不清，深0.8米	B型石刀1、石料1、砺石1	四	进入隔梁部分未清理

续表

编号	所在位置	开口层位	形状	规格（坑口）	出土器物	期段	备注
H1	跨Ⅰ区T367和T368两个探方	开口于第2层下，被G1打破，并打破H16和第3层	不规则形，弧壁，圜底	长径7.27、短径1.8、深0.4米	小陶罐1、Ba型陶网坠1、Ee型陶网坠1、陶管1、B型石镞1、Ba型石镞1、C型石镞2、Ca型石镞2、Cc型石镞1、B型石网坠4、D型石网坠1、石凿1、A型石研磨器3、鹿角凿1、铁环1、铁钉1	五	
H8	Ⅰ区T398的北部	开口于第1层下，打破第3层，并被现代沟打破	圆形，弧壁，圜底	直径约1.46、深0.4米	E型陶纺轮1、石刀1	五	
H17	Ⅰ区T399南部	开口于第2层下，打破第3层	圆形，弧壁，圜底	直径约0.7、深0.38米	Ed型陶网坠1、E型陶纺轮1、B型石镞1、Ab型石刀1	五	
H21	Ⅰ区T369西北部	开口于第2层下，打破H53	椭圆形，斜壁，平底	长径2.3、短径1.36、深0.5米	E型陶网坠1、Ad型石镞1	五	
H33	Ⅰ区T370的西北部，伸入T369的东隔梁	开口于第2层下，打破第4层	圆形，斜壁，圜底	直径1.2～1.3、深0.3米	陶罐1、B型石网坠1	五	
H46	Ⅰ区T331东南部	开口于第2层下，打破第3层	圆形，弧壁，平底	直径约1.25、深0.3米	A型陶纺轮1、C型陶网坠1、Cb型石镞1、B型石网坠1、Bb型石刀1、砺石2	五	
H49	Ⅰ区T398西部，伸入T397东隔梁	开口于第2层下，打破第3层和第4层	圆形，弧壁，圜底	直径0.72、深0.42米	无出土器物	五	
H53	Ⅰ区T369北部	开口于第2层下，打破第3层，并被H21打破	平面形状不完整，弧壁，平底	长径0.86、短径不清，深0.32米	Ba型陶网坠2、A型陶纺轮1、B型石网坠1	五	
H64	Ⅰ区T370南部，伸入T340北部及北隔梁	开口于第2层下，打破H28	椭圆形，弧壁，平底	长径2.04、短径1.16、深0.4米	Ec型陶网坠1、Bb型石镞1、Cc型石镞1、石刀1、石锥1、骨锥1	五	

续表

编号	所在位置	开口层位	形状	规格（坑口）	出土器物	期段	备注
H69	Ⅰ区T399东南部，伸入T369北隔梁	开口于第2层下，打破第3层，并被现代沟打破	平面形制不清，斜壁，平底	坑深0.39米	无出土器物	五	坑口已被破坏
H70	Ⅰ区T367南部	开口于第2层下，打破G1、第3层、第4层和第5层	圆形，弧壁，圜底	直径0.86～0.9、深0.44米	无出土器物	五	
H117	T365东隔梁内，伸入T366西北角	开口于第2层下，打破第3层、H3和H25	圆形，斜壁，圜底	直径为0.7、深0.48米	釉陶罐1	五	
H120	T367南部，伸入T338北隔梁	开口于第2层下，打破生土层	圆形，弧壁，圜底	直径约1、深约0.22米	无出土器物	五	
H44	Ⅰ区T334东部	开口于第1层下，打破第3层，第4层和生土层	圆形，弧壁，圜底	直径约1.06、深0.6米	无出土器物	五	
H84	Ⅱ区T439西南部，伸入T409北隔梁和T438东隔梁	开口于第2层下，打破G4	圆形，斜壁，平底	直径2.35～2.5、坑深0.3米	A型陶网坠3、A型石研磨器1、铁钉1	五	
H147	Ⅳ区T139西南部，部分伸入T138东隔梁	开口于第2层下，打破生土层	圆形，弧壁，圜底	直径为0.9、深0.3米	Ba型陶网坠1、C型陶网坠1	五	
H60	Ⅰ区T340东部，伸入东隔梁	开口于第2层下，打破生土	圆形，弧壁，圜底	直径1.1～1.2、深0.3米	无出土器物	三～五	
H62	Ⅰ区T395西部	开口于第2层下，打破第3层	圆形，直壁，平底	直径约0.55、深0.3米	无出土器物	三～五	
H65	Ⅰ区T339西北部，伸入其北隔梁及T338东隔梁	开口于第1层下，打破生土层	近圆形，弧壁，平底	直径1.26～1.44、深0.21米	无出土器物	三～五	

续表

编号	所在位置	开口层位	形状	规格（坑口）	出土器物	期段	备注
H76	Ⅱ区T435西南部，伸入T434东隔梁	开口于第2层下，打破H77和第3层	近椭圆形，弧壁，圜底	长径2.2、短径1.7、深0.3米	C型陶网坠1	三～五	
H77	Ⅱ区T435西南部，伸入T434东隔梁	开口于第2层下，打破第3层、第4层和H80，并被H76打破	椭圆形，斜壁，平底	长径1.9、短径1.7、深0.3米	Ba型陶网坠2、Ea型陶网坠1、C型石镞1、石锥1、B型石研磨器1、石斧1、石剑柄1、石饼2、砺石1、石器1	三～五	
H81	Ⅱ区T377东南部，伸入T376东隔梁内	开口于第2层下，打破第3层、F10和F15	椭圆形，弧壁，圜底	长径1.86、短径1.56、深0.4米	C型陶网坠1、B型石网坠1、A型石研磨器1	三～五	
H82	Ⅱ区T375北部，伸入T375北隔梁及东隔梁、T376西北部	开口于第2层下，打破第3层、G10和G5	椭圆形，斜壁，平底	长径3.36、短径2.16、深0.32米	A型陶纺轮1、Aa型石刀2、滑石范1、气孔玄武岩块1、骨簪1、骨凿1	三～五	
H92	Ⅱ区T408南部	开口于第1层下，打破M3和生土层	不规则形，直壁，平底	长径1.4、短径1.05、深0.3米	无出土器物	三～五	
H110	Ⅱ区T498西南部	开口于第1层下，打破G13	形制不清，弧壁，平底	坑口尺寸不清，深0.42米	骨镞1	三～五	
H105	Ⅱ区T500东部及T501西部	开口于第1层下，打破第3层	不规则椭圆形，弧壁，圜底	长径2.34、短径1.4、深0.23米	无出土器物	三～五	

附表三 通化万发拔子灰沟及环山围沟登记表

编号	所在位置	开口层位	形状	规格（坑口）	出土器物	期段	备注
G2	Ⅰ区T366西北角，延伸至T365东隔梁和关键柱	开口于第3层下，打破第4层，并被H2、H3打破	仅存部分呈不规则形，弧壁，平底	长1.9、宽0.56、深0.24米	骨锥2	三	伸入T365隔梁及关键柱部分未清理
G3	Ⅰ区T399南部，延伸至T369北隔梁	开口于第6层下，打破第7层及H125	不规则形，弧壁，平底	长约2.58、宽0.54～1.3、深约0.24米	A型石研磨器2、B型石网坠3、C型石网坠1、石球3、石饼2、石器2、石料1	三	
G5	Ⅱ区T345东北部，延伸至T375南部	开口于第2层下，打破第6层，并被H82打破	圆角长方形，弧壁，圜底近平	长7.2、宽约3.2、深0.78～0.82米	陶罐3、陶钵1、小陶杯4、陶甑1、陶壶1、陶碗1、A型陶纺轮1、E型陶纺轮2、Ea型陶网坠1、Ec型陶网坠1、Ed型陶网坠5、Ee型陶网坠4、B型石网坠4、C型石网坠1、D型石网坠1、Ad型石镞1、Ba型石镞5、B型石镞1、Ca型石镞1、Cc型石镞1、未分型石镞1、Ab型石刀4、Bb型石刀2、未分型石刀1、石镐2、石锛1、打制石斧1、石凿1、石饼2、B型石研磨器1、石砍砸器2、石球1、砺石1、石坠1、气孔玄武岩块1、石器2、骨锥4	三	
G10	Ⅱ区T375西部，延伸至T405南部	开口于第3层下，打破H87，并被H82、H83、H88、H89打破	圆角长方形，弧壁，平底	长3.7、宽2.42、深0.26米	Eb型陶网坠3、Ad型石镞1、Ba型石镞1、骨锥1、骨凿1	三	
G13	跨Ⅱ区T465、T466、T467、T497、T498、T499、T500、T501几个探方	开口于第2层下，打破第4层和第7层，并被H105、H106、H112、G4、G7打破	不规则形，局部较宽，弧壁，圜底近平	长约25、宽0.81～6.7、深1.86米	陶壶1、陶碗2、A型陶纺轮1、Cb型陶纺轮1、E型陶纺轮2、Ea型陶网坠2、Ec型陶网坠1、陶饼1、陶珠1、B型石网坠6、C型石网坠1、D型石网坠2、Ad型石镞5、Ba型石镞1、Bb型石镞1、未分型石刀1、Ab型石刀3、Bb型石刀5、石斧3、石锛1、石凿1、石镐1、石锥1、A型石研磨器1、滑石坠2、气孔玄武岩块2、骨锥5、骨凿2、骨针1、卜骨1、鳖甲1	三	延伸至探方外的部分未清理

续表

编号	所在位置	开口层位	形状	规格（坑口）	出土器物	期段	备注
G6	Ⅱ区T464内，伸入其东隔梁	开口于第2层下，打破H107，并被G7打破	条带形，一端粗，一端细，弧壁，平底	长5、宽0.45 ~ 1.9、深0.53米	小陶罐1、陶豆1、Ba型陶网坠5、Bb型陶网坠1、C型陶网坠1、Ed型陶网坠1、Ee型陶网坠1、弦纹陶片1、B型石网坠2、Ad型石镞1、B型石镞1、Ba型石镞1、Bc型石镞1、Cb型石镞1、D型石镞1、C型石刀1、石斧1、A型石研磨器1、B型石研磨器3、C型石研磨器1、石饼1、石器2、云母片1、骨锥1、牙饰1、铜环1	四	
G7	跨第Ⅱ区T434、T465、T498三个探方	开口于第2层下，打破H110、H116、H127、G6、G13	条带状，弧壁，圜底	长19.3、宽1.21 ~ 1.78、深0.94米	C型陶网坠1、Ed型陶网坠1、陶饼1、Bb型石镞1、Aa型石刀1、Bb型石刀1、石凿1、石斧3、A型石研磨器1、石饼2、气孔玄武岩块1、滑石饰1、骨簪1、骨管1、骨饰1	四	
G1	Ⅰ区T367中部，延伸至T368内	开口于第2层下，打破H1和第3层	条带状，弧壁，平底	长6.5、宽0.6 ~ 1.48、深0.3 ~ 0.42米	Ba型陶网坠1、Bb型陶网坠1、C型陶网坠1、石纺轮1、B型石研磨器1、牙刀1	五	
G14	Ⅰ区T367、T368北隔梁内	开口于第2层下，打破H12、H14、H16和第3层	窄条形，东西走向，弧壁，平底	长9.1、宽0.24、深约0.2米	无出土器物	五	
G4（环山围沟）	跨Ⅱ区T379、T409、T438、T439、T467、T468、T499、T500几个探方	开口于第2层下，打破H95、H96、H97、H112、G13、M1和第9层。并被H84打破	条带形，弧腹，圜底	长约24、宽约2.8、深约1.1米	陶鼎足1、A型陶网坠16、Ba型陶网坠8、C型陶网坠3、Ea型陶网坠1、Eb型陶网坠1、E型陶纺轮1、Cb型陶纺轮1、陶饰2、陶范1、B型石网坠12、D型石网坠2、Aa型石镞3、Ad型石镞3、Ae型石镞1、Ba型石镞2、Cc型石镞2、异型石镞2、B型石刀1、Bb型石刀1、C型石刀1、石斧3、石凿1、石锛1、A型石研磨器5、B型石研磨器1、石饼2、有沟砺石1、石刮削器2、气孔玄武岩块1、石器1、石坠1、石剑柄加重器1、骨锥10、牙饰1、骨簪2、卜骨1、骨管2、铁蹄掌1	五	

附表四 通化万发拨子战国至魏晋墓葬登记表

墓号	墓葬形制	方向（度）	尺寸（厘米）	葬具	葬式		性别	年龄	随葬品	年代	保存情况
M1	长方形竖穴土坑墓	243	墓口95×70—15 墓底90×60—25	无葬具	单人葬	仰身半屈肢葬	男	55岁左右	纹饰陶片1、Ad型石镞1、Ae型石镞8、石凿1、石器1、Ab型石刀1、骨锥1、骨针1、骨镞2、鳖甲1	战国晚期早段	骨架上半部分基本完好，下半部分被现代沟打破
M2	长方形竖穴土坑墓	133	墓口200×130—15 墓底180×110—35	无葬具	二人合葬墓	不清	不清	不清	陶钵1、Ed型陶网坠1、Ae型石镞15、Ab型石刀1、Bb型石刀1、石刀残段1、B型石网坠1、石锛1、石凿1、骨锥4、野猪牙饰1	战国晚期早段	人骨破坏严重
M3	长方形竖穴土坑墓	180	墓口100×70—15 墓底80×50—70	无葬具	迁葬墓（单人葬）	不清	男	30岁左右	石斧1	战国晚期早段	无肩胛骨，头骨、肱骨、股骨、盆骨、趾骨均残碎
M4	长方形竖穴土坑墓	10	墓口200×120—85 墓底180×100—120	无葬具	二人合葬墓	1具为仰身屈肢，1具不详	一女一幼儿性别不详	女35岁左右；幼儿年龄不详	陶多耳罐1、陶碗1、Aa型石刀1、Ab型石刀2、C型石刀1、石刀残段1、石斧1、猪肩胛骨1	战国晚期早段	幼儿骨架凌乱，葬式不详
M17	梯形竖穴土坑墓	103	墓口139×42—75 墓底134×40—120	无葬具	单人葬	仰身直肢葬	不清	6岁	陶横桥双耳罐1	战国晚期晚段	
M18	长方形竖穴土坑墓	112	墓口190×100—70 墓底180×90—105	无葬具	双人合葬（无头骨）	南侧人骨：侧身屈肢 北侧人骨：仰身屈肢	不清	不清	陶碗2、陶竖耳罐1、Aa型石刀2、Bb型石刀3、石刀残段1、Ba型石镞2、石斧1、石锛1、B型石网坠1、野猪牙饰1	战国晚期晚段	人骨腐朽严重，仅存四肢骨
M19	长方形竖穴土坑墓	112	墓口160×80—70 墓底150×70—108	无葬具	单人葬	不清	不清	不清	陶竖耳罐1、Bb型石刀1、Ba型石镞2	战国晚期晚段	人骨腐朽严重

续表

墓号	墓葬形制	方向（度）	尺寸（厘米）	葬具	葬式		性别	年龄	随葬品	年代	保存情况
M20	长方形竖穴土坑墓	12	墓口560×245—70 墓底530×230—120	无葬具	四人丛葬墓	①号：仰身屈肢；②号：仰身屈肢；③号：仰身屈肢；④号：仰身屈肢	①号：30岁；②号：30岁；③号：50岁；④号：35岁	①号：男；②号：女；③号：男；④号：男	陶壶2、Aa型陶钵2、陶竖耳罐1、陶多耳罐1、陶双鋬耳罐1、陶四鋬耳罐、陶无耳罐1、陶碗1、E型陶纺轮1、G型陶纺轮1、石凿1、Aa型石刀3、Bb型石刀2、石斧1、Ae型石镞3、角器1、青铜短剑1、青铜剑鞘1	战国晚期早段	
M22	长方形竖穴土坑墓	23	墓口200×80—75 墓底195×75—90	无葬具	迁葬墓	不清	不清	不清	陶竖耳罐1、陶横桥耳壶1、Ad型石镞1、Ae型石镞1、石镞残件2	战国晚期晚段	仅余部分肋骨及两块肢骨
M23	长方形竖穴土坑墓	110	墓口165×60—20 墓底150×50—40	无葬具	迁葬墓	不清	不清	不清	A型陶纺轮1、陶竖耳罐1、Aa型石刀1、Ab型石刀1	战国晚期晚段	人骨全部被迁走，仅余随葬品
M25	梯形竖穴土坑墓	117	墓口184×100—80 墓底144×96—94	无葬具	迁葬墓	不清	不清	不清	陶碗2、陶无耳罐2、玉环1	战国晚期晚段	人骨全部被迁走，仅余随葬品
M26	长方形竖穴土坑墓	110	墓口180×92—55 墓底174×88—75	无葬具	双人合葬（无头骨）	不清	不清	不清	无随葬品	战国晚期晚段	仅存部分肢骨，腐朽严重
M27	梯形竖穴土坑墓	110	墓口220×100—55 墓底216×96—95	无葬具	单人葬（无头骨）	不清	不清	不清	陶碗1、陶竖耳罐1、石核1、B型石研磨器3、青铜镜2	战国晚期晚段	仅存四肢骨，双手交叉于腹前，腿部残碎，葬式不清
M28	长方形竖穴土坑墓	340	墓口230×90—30 墓底230×90—49	无葬具	迁葬墓	不清	不清	不清	陶横桥耳壶1、陶竖耳罐1、陶碗1、Ba型陶网坠1、A型陶纺轮1	战国晚期晚段	人骨全部被迁走，仅余随葬品

续表

墓号	墓葬形制	方向（度）	尺寸（厘米）	葬具	葬式		性别	年龄	随葬品	年代	保存情况
M31	长方形竖穴土坑墓	10	墓口160×68—45 墓底156×66—69	无葬具	迁葬墓	不清	不清	不清	陶碗1、陶横桥单耳罐2、陶竖耳罐1、陶横桥耳壶1、Aa型石刀1	战国晚期晚段	人骨全部被迁走，仅余随葬品
M32	曲尺形竖穴土坑墓	355	墓口184×40—30 墓底180×40—50	无葬具	迁葬墓	不清	不清	不清	陶四亘耳罐1	战国晚期晚段	人骨全部被迁走，仅余随葬品
M49	长方形竖穴土坑墓	55	墓口170×70—35 墓底165×65—90	无葬具	单人葬（无头骨）	仰身半屈肢葬	女性	年龄不详	陶无耳罐1、陶双鋬耳罐1、A型陶纺轮1、F型陶纺轮1、C型石刀1、野猪牙饰1	战国晚期晚段	两手交叉于腹前，左侧腿骨较直，右侧腿骨屈向左侧
M50	长方形竖穴土坑墓	50	墓口140×80—35 墓底134×74—105	无葬具	单人葬	仰身直肢葬	不清	推测年龄较小	B型石网坠1	战国晚期晚段	骨骼较小较细
M52	长方形竖穴土坑墓	30	墓口154×68—25 墓底140×62—65	无葬具	单人葬	双手交叉于腹部	女性	年龄不详	A型陶纺轮1	战国晚期晚段	死者上身保存较好，下肢被破坏无存
M54	长方形竖穴土坑墓	65	墓口206×76—45 墓底202×70—95	无葬具	单人葬（无头骨）	仰身半屈肢葬	男性	年龄不详	陶无耳罐1、陶碗1、陶竖耳壶1、Eb型陶网坠1、Ec型陶网坠4、Ed型陶网坠1、Ga型陶网坠1、石镰1、石斧1、骨锥1、青铜矛1、铜扣1	战国晚期晚段	双手弯曲交于腹部，左侧腿骨较直，右侧腿骨屈向一侧
M40	长方形土坑石棺墓	64	墓圹282×154 墓室234×96—40	石棺	单人葬	仰身直肢葬	男性	45岁左右	玉石珠1	战国晚期晚段～汉初	棺内无随葬品，填土里发现玉石管一件
M42	长方形土坑石棺墓	45	墓圹220×94 墓室186×49—46	石棺	单人葬	仰身半屈肢葬	女性	年龄不详	陶钵形口壶1、野猪牙饰1	战国晚期晚段	两手交叉交于腹部，下肢伸直

续表

墓号	墓葬形制	方向（度）	尺寸（厘米）	葬具	葬式		性别	年龄	随葬品	年代	保存情况
M44	长方形土坑石棺墓	77	墓室210×80—36	石棺		火葬	不清	不清	无随葬品	西汉早中期	无随葬品
M45	长方形土坑石棺墓	55	墓圹224×104 墓室196×86—30	石棺		火葬			青铜短剑1	西汉早中期	
M46	长方形土坑石棺墓	50	墓圹260×122 墓室226×100—30	石棺	推测2人	火葬			陶四錾耳罐1、陶横桥耳壶1、石砍砸器1	西汉早中期	
M47	长方形土坑石棺墓	47	墓圹232×115 墓室226×94.4—30	石棺	单人葬	仰身葬	女性	年龄不详	陶竖耳罐1、Ab型石刀1、石镰1	战国晚期晚段	人骨保存不好，两手交叉于腹部
M48	长方形土坑石棺墓	45	墓圹249×84 墓室220×60—40	石棺	单人葬	仰身半屈肢葬	女性	年龄不详	A型陶纺轮1、Cb型陶纺轮1、铜扣1	战国晚期晚段	人骨保存不好，双手交叉交于腹部，下肢伸直
M51	长方形土坑石棺墓	60	墓圹84×54 墓室44×30—26	石棺	单人葬	侧身屈肢葬	不清	4～5岁	玉石珠1	战国晚期晚段～汉初	
M53	长方形土坑石棺墓	75	墓圹141×58 墓室131×41—35	石棺	单人葬	仰身直肢葬	不清	不清	绿松石珠1	战国晚期晚段～汉初	人骨腐朽严重
M55	长方形土坑石棺墓	55	墓圹152×90 墓室120×54—34	石棺	单人葬	不清	不清	不清	陶双錾耳罐1、青铜镯1	战国晚期晚段～汉初	人骨腐朽严重
M56	长方形土坑石棺墓	45	墓圹236×114 墓室174×76—30	石棺	单人葬	直肢葬	不清	不清	玉石珠1、青铜镯6、银环2、玻璃耳瑱2	战国晚期晚段～汉初	仅存部分下肢骨

续表

墓号	墓葬形制	方向（度）	尺寸（厘米）	葬具	葬式		性别	年龄	随葬品	年代	保存情况
M36	土坑石椁石棺墓	50	墓圹304×232—74 椁室240×160 棺室220×154	石棺	多人多次分层埋葬	上层人骨火葬；中层人骨火葬；下层人骨仰身直肢	下层人骨：一男一女	不清	陶侈口束颈壶1、陶侈口直颈壶1、陶四錾耳壶1、A型陶四錾耳罐1、B型陶四錾耳罐2、A型陶双錾耳罐1、石饰1、石珠2、石凿1、铜钱1	西汉早中期	三层人骨，每层两人
M34	大盖石墓	52	墓圹200×80—20	石块砌筑墓圹	圹内双人合葬	均为仰身直肢葬	一男一女	不清	陶豆形罐2、Ba型石镞2、C形石镞1、石镐2	战国晚期晚段	
M35	大盖石墓	40	墓圹270×164—40	石块砌筑墓圹	火葬	不清	不清	不清	陶盲耳壶1、A型石镞1、C型石镞2、石纺轮1	战国晚期晚段	墓圹内仅见三块火烧人骨
M39	大盖石墓	0	墓圹134×80—38	石块砌筑墓圹	迁葬墓	不清	不清	不清	无随葬品	战国晚期晚段	迁葬空墓
M43	大盖石墓	77	墓圹234×90—30	石块砌筑墓圹	迁葬墓	不清	不清	不清	无随葬品	战国晚期晚段	墓圹内出土一块人骨和两颗牙齿
M38	大盖石积石墓	70	墓圹210×80—60	石块砌筑墓圹	火葬	不清	不清	不清	陶四錾耳罐1、陶侈口直颈壶1	西汉早中期	人骨数量不清
M41	大盖石积石墓	39	墓圹300×130—40	石块砌筑墓圹	迁葬墓	不清	不清	不清	A型陶纺轮1、Cb型陶纺轮1、A型石镞1、青铜器1、铁镬1	西汉早中期	
M37	无坛石圹积石墓	90	墓圹194×136—45	石块砌筑墓圹	多人火葬墓	不清	不清	不清	陶四錾耳罐1、陶双錾耳罐1、A型陶纺轮1、陶耳瑱2、玉石珠9、青铜器1	西汉晚期～东汉早期	
M29	方坛积石墓	60	一级阶坛650×600 二级阶坛600×550 三级阶坛550×500	石块砌筑墓圹	多人捡骨葬	不清	不清	成年	Cb型陶纺轮1、铁带环1、铁镞1、铁镬1、铅弹子2	魏晋时期	三级阶坛

注：M21登记表详见第四章表4-3-1

附表五　通化万发拨子明代墓葬登记表

墓号	墓葬形制	方向（度）	尺寸	葬具	葬式	性别	年龄	随葬品	备注
M5	长方形竖穴土坑墓	250	墓口114×54—20 墓底109×43—40	无	单人仰身直肢葬	不详	5～6岁	骨扣2、绿松石珠1	
M6	长方形竖穴土坑墓	265	墓口122×50—35 墓底115×41—65	无	单人仰身直肢葬	不详	7～8岁	无随葬品	头顶和脚下各置一块石块
M7	长方形竖穴土坑墓	260	墓口145×51—40 墓底135×42—75	无	单人仰身直肢葬	男性	16～18岁	铁刀1	
M8	梯形竖穴土坑墓	240	墓口90×39—50 墓底80×31—80	无	单人仰身直肢葬	不清	2～3岁	青铜镯1、青铜环1、玉璧1	
M9	长方形竖穴土坑墓	270	墓口105×49—20 墓底95×40—50	无	单人仰身直肢葬	不清	4～5岁	无随葬品	头顶和脚下各置一块石块
M10	长方形竖穴土坑墓	240	墓口94×50—45 墓底85×40—65	无	单人仰身直肢葬	不清	3～4岁	青铜耳环1	头顶和脚下各置一块石块
M11	梯形竖穴土坑墓	275	墓口170×70—55 墓底150×50—115	无	单人仰身直肢葬	男性	50～60岁	石器1、铜吊锅1、铁镐1、铁镞18、铁刀1、铁锥1、铁环3、铁带扣1、铁扣环1、铁插环1、骨板1、青花瓷盘1、	
M12	长方形竖穴土坑墓	255	墓口205×70—70 墓底195×60—130	无	单人仰身直肢葬	男性	50～60岁	玛瑙块1、铜活环2、铜环2、铁环2、弓囊铁框1、铁弓囊饰件2、铁镞5、铁刀1、镂孔铜套铁锥1、铁环钩1、铁环扣2、铁片1、骨扣7、竹节形骨饰1、铅丝耳环2	
M13	梯形竖穴土坑墓	255	墓口190×70—70 墓底170×50—130	无	单人仰身直肢葬	女性	20岁左右	铜戒指1、铜环9、铁剪刀1、骨扣2、铅丝耳环1	
M14	梯形竖穴土坑墓	240	墓口230×70—70 墓底210×50—130	无	单人仰身直肢葬	男性	20岁左右	铜活环2、铜环6、铜指环2、铜钱1、铜箍1、铜穿钉1、铁镊子1、骨柄铁刀1、铁镞6、铁刀1、铁锥1、铁环4、铁火链1、铁带扣3、铁铊头1、骨扣2、骨锥套1、骨板1、钻孔骨片1	
M15	梯形竖穴土坑墓	255	墓口190×70—70 墓底180×60—130	无	单人仰身直肢葬	女性	60岁左右	骨扣2、铅环1、银管1	
M16	梯形竖穴土坑墓	220	墓口100×59—30 墓底95×50—40	无	单人仰身直肢葬	不清	4～5岁	无随葬品	人骨较零碎

附录一　通化万发拨子墓葬颅骨人种的类型

贾　莹[1]　朱　泓[2]　金旭东[3]　赵殿坤[4]
（1. 吉林省文物考古研究所　2. 吉林大学边疆考古研究中心
3. 吉林省文物局　4. 吉林省四平文物管理委员会）

本文测量与研究的古代颅骨标本出自吉林省通化市金厂镇跃进村万发拨子遗址①，M21为一座春秋战国时期的土坑竖穴丛葬墓，墓葬共埋葬男女老幼35人，墓葬北侧的人骨排列比较整齐，从北侧向南侧依次排列，头位于东侧或者西侧，有的幼儿南北取向，横置于成人头上。北侧的人骨骨骼保持着正常的解剖学位置关系，应是一次葬。墓葬南侧的肢骨与头骨散乱分布，残缺不全，表现出二次葬的迹象。M42为土坑石棺墓，年代在战国末至西汉初期，墓主人为一成年男性。M34为大盖石墓，年代在战国晚期至西汉早中期，是一个儿童和一对成年男女的合葬墓。

一、体质特征

春秋战国时期丛葬墓M21的颅骨保存状况不好，战国中晚期至西汉初期的石棺墓出土颅骨则保存较好，观察及测量结果分析探讨，这些颅骨表现出与比较一致的体质特征②，非测量性性状方面，表现出比较宽阔而且相当扁平的面部特征，比较高宽的颧骨，比较倾斜的额部，眉弓发育比较显著，颧骨结节不明显，鼻根凹较发达，颅高相对大于颅宽，颧骨上颌骨下缘处有比较明显的转折，较高的矢状嵴出现率。在测量性形态特征方面，M21男性3例平均颅长182.5，与万发拨子石棺墓组182.25比较一致，平均颅宽143.8，颅指数79.1，属于阔颅型，虽然由于残破，未能获得完整的颧宽值，但保存较完好的一例，面部相当宽阔，2例鼻颧角平均值为147.5，由此可知面部颇为扁平。石棺墓的两例男性颅骨标本均为中颅型，颅指数分别为77.56，75.00，为中颅型。在长高比例上，均属正颅型，颅长高指数分别为74.78，71.30。在宽高比例上，只有M34-1一例数据，属中颅型，其长高指数为96.42。能够计算上面指数的只有M34-1一例，为阔上面型，上面指数为49.01，接近阔

① 金旭东：《吉林通化万发拨子遗址》，《1999中国重要考古发现》，文物出版社，2001年版，第26～31页。

② 朱泓、贾莹、金旭东、赵殿坤：《通化万拨子遗址春秋战国时期丛葬墓颅骨的观察与测量》，《东北、内蒙古地区古代人类的种族类型与DNA》，吉林人民出版社，2006年。

上面型的下限，两例男性的面形均比较宽阔，颧宽的平均值为145.00，鼻颧角只有M34-1一例数据，为149.00，M34-1 颧宽为151.00，可知面部相当扁平。面部突度指数为正颌型，总面角M34-1为平颌型，眶指数为低眶型，平均值为74.57，M34-1 为73.59，99TWM42为75.56。99TWM42为阔额型，额顶宽指数为69.28。M34-1为中额型，额宽指数67.14，平均值68.21在中额型范围内。

女性颅骨标本中，只有M34-2保存较好，获得了比较完整的数据。M34-2颅指数68.91，属于特长颅型，长高比例上，属正颅型，宽高比例上，为狭颅型。该标本的颧宽为139.00，上面指数为中上面型，但接近阔上面型（上面指数为51.29），表明具有与男性组相同的阔面形态特征，鼻眶特征方面，为中眶性，中鼻型，上面指数为中上面型。额顶宽指数为阔额型，与男性相比，女性个体34-2具有与其他两例男性颅骨一致的人种学特征。

二、人种类型的分析与探讨

1. 与现代亚洲蒙古人种的比较

M21丛葬墓和石棺墓所代表的居民均属于现代亚洲蒙古人种范畴[①]。石棺墓组男性个体眶指数低于蒙古人种的下限，上面指数稍低于亚洲蒙古人种的下限。M21丛葬墓组与石棺墓组比较宽阔而且相当扁平的面部、比较倾斜的额部特征与东亚类型的较窄的面形、较小的面部扁平程度以及较陡直的前额等主要特征差异较大。与南亚人种类型相比，M21丛葬墓组和石棺墓组较高的颅高，比较宽阔而且相当扁平的面部、比较倾斜的额部特征与南亚蒙古人种类型相差较大，石棺墓组所表现出的较高、较狭的颅形，M21组的明显的高颅特征与北亚类型的较低而宽的颅形有着明显的差别。石棺墓组较为宽阔的面形，宽阔的额部，比较大的上面部扁平度，比较倾斜的额部等特征与东北亚蒙古人种类型更为接近，这也是石棺墓组与M21组一致的体质特征，说明这两组东北亚蒙古人种类型比较接近。M34-1眶指数具有明显的低眶特点，超出了亚洲蒙古人种四个分支类型的范围，这种特点在九台关马山战国时期墓葬出土的人骨标本中也同样存在，M21组为接近高眶型的中眶型。

2. 统计分析

鉴于M2颅骨组与石棺墓组的颅骨具有相同的体质特征，但却不具备可供进行统计分析的一系列完整数据，因此，本文以石棺墓组的数据作为统计分析的基础，采用统计学中欧氏距离系数[②]和平均数组间差异均方根[③]的方法以及SPSS11.0 统计分析软件[④]群集分析方法，讨论

① 现代蒙古人种类型的测量值转引自潘其凤、韩康信：《柳湾墓地的人骨研究》，《青海柳湾》，文物出版社，1984年，第261～303页。

② 转引自朱泓：《夏家店上层文化居民的种族类型及相关问题》，《辽海文物学刊》1989年第1期。

③ 现代蒙古人种类型的测量值转引自潘其凤、韩康信：《柳湾墓地的人骨研究》，《青海柳湾》，文物出版社，1984年，第261～303页。

④ 林杰斌、陈湘、刘明德：《SPSS11统计分析实务设计宝典》，中国铁道出版社，2002年，第157～179页。

万发拨子石棺墓组与有关各近代组及古代组之间的亲疏关系，并与古代东北地区人种类型的研究结果[①]进行比较，从而探讨春秋时期至汉初万发拨子遗址出土颅骨所代表的居民的体质类型。

（1）与各蒙古人种类型近代组的比较

万发拨子石棺墓组与蒙古人种华北近代颅骨组[②]、蒙古近代颅骨组[③]、爱斯基摩近代颅骨组[④]、通古斯近代颅骨组[⑤]的比较项目包括颅长、颅宽、颅高、最小额宽、颧宽、上面高、眶高、眶宽、鼻高、鼻宽等十项线段测量的绝对值，总面角、颅指数、颅长高指数、颅宽高指数、眶指数、鼻指数、额宽指数等七项角度和指数项目。与各近代组总计17个项目的距离系数的比较结果中，最小的函数值出现在万发拨子石棺墓组与爱斯基摩组之间（4.45）。与蒙古近代组（4.67）、通古斯近代组（4.72）、华北近代组相对疏远（4.88）。单独采用指数与角度7个项目计算欧氏距离系数，结果表明，最小函数值出现在万发拨子石棺墓组与华北近代组之间（4.91），其次为爱斯基摩近代组（5.13），蒙古近代组（5.61）、通古斯近代组（5.73）则比较疏远。万发拨子石棺墓组与其他各近代组的平均数组间差异均方根函数值的比较结果表明，全部项目最小函数值出现在万发拨子石棺墓组与爱斯基摩近代组之间（1.16），与爱斯基摩近代组、蒙古近代组、通古斯近代组的函数值分别为1.25、1.30、1.34。指数及角度均方根函数值表明，最小的函数值仍然出现在万发拨子石棺墓组与爱斯基摩近代组之间（1.45），与蒙古近代组（1.59）及华北近代组的关系相对疏远（3.59），与通古斯组的函数值为1.57。

（2）与各有关古代颅骨组的比较

本文以时间、空间、文化面貌、种族类型、族属等几个方面的因素为前提，选择了以亚洲不同人种类型为主要体质因素的十五个组与万发拨子石棺墓组进行比较，包括平洋全组[⑥]、夏家店上层文化合并组[⑦]、完工组[⑧]、扎赉诺尔汉代A组[⑨]、南杨家营子组[⑩]、白庙1组、白庙

---

① 朱泓：《中国东北地区的古代种族》，《文物季刊》1998年第1期。

② 现代蒙古人种类型的测量值转引自潘其凤、韩康信：《柳湾墓地的人骨研究》，《青海柳湾》，文物出版社，1984年，第261~303页。

③ 同②。

④ 爱斯基摩近代颅骨组数据转引自潘其凤、韩康信：《东汉北方草原游牧民族人骨的研究》，《考古学报》1982年第1期。

⑤ 通古斯近代颅骨组数据转引自韩康信：《沈阳郑家洼子的两具青铜时代人骨》，《考古学报》1975年第1期。

⑥ 潘其凤：《平洋墓葬人骨的研究》，《平洋墓葬》，文物出版社，1990年，第187~235页。

⑦ 现代蒙古人种类型的测量值转引自潘其凤、韩康信：《柳湾墓地的人骨研究》，《青海柳湾》，文物出版社，1984年，第261~303页。

⑧ 同④。

⑨ 朱泓：《从扎赉诺尔汉代居民的体质差异探讨鲜卑族的人种构成》，《北方文物》1989年第2期。

⑩ 同④。

2组[①]、本溪组[②]、大甸子全组[③]、关马山组[④]、邢家店组[⑤]、西团山文化合并组[⑥]等。选择在划分种族类型过程中起着主要作用的颅指数、颅长高指数、颅宽高指数、垂直颅面指数、上面指数、面角、鼻颧角等项目进行群集分析。扎赉诺尔汉代A组与南杨家营子组聚集在同一集群中，与其他集群成员的关系都相当疏远。平洋组、本溪组首先聚类，然后与白庙2组以及万发拨子石棺墓组聚类。完工组、关马山组、邢家店组聚成一类，与白庙1组、夏家店上层文化合并组、大甸子组再聚成大类。西团山文化合并组与其他组比较疏远。

3. 人种类型的探讨

研究表明，先秦时期东北地区居民按其体质特点大体上可归纳为两个古代人种类型，汉代以后，又增加了具有北亚蒙古人种类型因素的新的类型。这三个人种类型包括高颅阔面的古东北类型、高颅狭面的古华北类型以及鲜卑与契丹居民所代表的低颅阔面的三个大的古代居民人种类型[⑦]。

本溪组颅骨所代表的居民生活在距今4000～3000年的商周时期，属于庙后山文化类型，具有葬于石灰岩洞穴之中并火葬的习俗，原报告推测这些居民与同时代的外贝加尔地区居民的种族特征最相近似，是来自黄河流域的新石器时代移民的后裔[⑧]。另有研究认为，本溪组的长颅、狭颅与外贝加尔组的圆颅型、阔颅型存在不容忽视的本质差别[⑨]。从体质特征来看，万发拨子石棺墓组与本溪组有几项体质特征比较接近，主要在体现颅面特征及指数项目方面。二者的颅长高指数均为正颅型，颅宽高指数本溪组为狭颅型，万发拨子石棺墓组为偏狭的中颅型，二者的颧宽绝对值比较接近，本溪组颅长宽指数为长颅型，万发拨子石棺墓组为中颅型，但M34-2女性颅骨的颅长宽指数为特长的长颅型，本溪组颧宽为145.3，万发拨子石棺墓组颧宽145，表明同样具有宽阔的上面部形态，颇大的上面部扁平度特征也是一致的。平洋组颅骨出土于黑龙江省泰来县平洋砖厂墓地[⑩]，为平洋文化居民。年代为春秋晚期至战国末期。万发拨子石棺墓组与平洋组相近的项目为颧宽、颅指数、颅长高指数、颅宽高指数、鼻颧角、垂直颅面指数，表明在颅骨长、宽、高比例、面部的宽阔程度及上面部扁平程度等方面比较相近。

完工组颅骨资料采集自内蒙古呼伦贝尔盟陈巴尔虎旗的完工，年代大约相当于战国时期。

---

① 朱泓、王培新：《吉林省农安县邢家店北山墓地的古代人骨》，《考古》1989年第4期。

② 魏海波、张振标：《辽宁本溪青铜时代人骨》，《人类学学报》1989年第4期。

③ 潘其风：《大甸子墓葬出土人骨的研究》，《大甸子》，科学出版社，1996年，第224～265页。

④ 朱泓、贾莹：《九台关马山石棺墓颅骨的人种学研究》，《考古》1991年第2期。

⑤ 同①。

⑥ 贾兰坡、颜訚：《西团山人骨的研究报告》，《考古学报》1963年第2期。潘其凤、韩康信：《吉林骚达沟石棺墓人骨的研究》，《考古》1985第1期。

⑦ 朱泓：《东北地区古代居民的种族成分研究》，《博物馆研究》1989年第3期。

⑧ 同②。

⑨ 朱泓：《本溪庙后山青铜时代居民的种系归属》，《考古学文化论集(四)》，文物出版社，1997年，第211～218页。

⑩ 三宅宗悦：《赤峰红山后石椁墓人骨的人类学研究》，《赤峰红山后》，京都似玉堂株式会社，1938年，第89～110页。

据认为其体质特征上显示出与东北亚蒙古人种相似的成分居多，可能还包含有一些北亚蒙古人种的因素[①]，完工居民所具有的体质特点可能代表了拓跋鲜卑的祖先类型[②]。万发拨子石棺墓组与完工组接近的项目有颅长、颅宽、面角、颅指数、颅长高指数、颅宽高指数、鼻颧角、垂直颅面指数。

西团山文化分布于松花江上游地区，年代大约为公元前1000年，万发拨子石棺墓组与西团山合并组在颅宽、颅高、颧宽、鼻宽、面角、颅指数、面突指数等项目上比较接近。较宽阔的面形，颇大的上面部扁平度是其与本溪组、平洋组、完工组、西团山文化合并组共同的特征，是其与现代东亚类型的主要差别，却恰恰是古东北类型居民所共有的体质特征，这种特殊的体质特征或许反映了现代东亚蒙古人种的某个祖先类型的基本形态[③]。

扎赉诺尔汉代A组以北亚人种血统为主体，但在某种程度上含有一些东亚蒙古人种因素[④]。万发拨子石棺墓组在最小额宽、上面高眶高、鼻宽、面角等项目与扎赉诺尔汉代A组比较接近，与扎赉诺尔汉代A组的圆而阔并且偏低的颅型以及较狭的鼻型明显不同。据研究认为，同样被断定为拓跋鲜卑的扎赉诺尔汉代A组和南杨家营子组明显的北亚蒙古人种类型体质因素，显然是由于来自匈奴人或者其他与匈奴人具有相同种系渊源的部族基因流入的结果[⑤]。万发拨子石棺墓组具有扁平而宽阔的面部特征，却与其圆颅阔颅、偏低的颅型及比较高的面形等北亚蒙古人种类型体质因素有着本质的差别。万发拨子居民的体质类型与扎赉诺尔汉代A组和南杨家营子组的相对非常疏远的关系，支持低颅阔面的体质类型是由于较晚时期的外来因素的影响的推测[⑥]。

夏家店下层文化的年代自公元前2300～前1600年。与大甸子夏家店下层文化的居民[⑦]相比，万发拨子石棺墓组与其中等的上面高和中等的颧宽，中等的上面部扁平度等东亚蒙古人种类型的特点相悖，二者比较接近的是与东亚人种相同的高颅特征以及高而阔且比较扁平的面形，相对较阔的鼻型，较低的眶形及平颌型等有别于东亚人种的北亚蒙古人种的基因成分。

夏家店上层文化主要分布于内蒙古自治区的昭乌达盟和辽宁省的朝阳地区，年代相当于公元前1000～前300年。夏家店上层文化合并组包括红山组[⑧]、夏家店组和南山根组[⑨]，被认为具有以东亚人种成分占主导地位的东亚、北亚蒙古人种的混血类型[⑩]。万发拨子石棺墓组与夏家店上层文化合并组在颅长、上面高、眶高、鼻宽、鼻颧角等项目上比较接近，而与其狭窄的面

① 爱斯基摩近代颅骨组数据转引自潘其凤、韩康信：《东汉北方草原游牧民族人骨的研究》，《考古学报》1982年第1期。

② 朱泓：《中国东北地区的古代种族》，《文物季刊》1998年第1期。

③ 同②。

④ 朱泓：《从扎赉诺尔汉代居民的体质差异探讨鲜卑族的人种构成》，《北方文物》1989年第2期。

⑤ 同②。

⑥ 朱泓：《东北地区古代居民的种族成分研究》，《博物馆研究》1989年第3期。

⑦ 潘其凤：《大甸子墓葬出土人骨的研究》，《大甸子》，科学出版社，1996年，第224～265页。

⑧ 三宅宗悦：《赤峰红山后石椁墓人骨的人类学研究》，《赤峰红山后》，京都似玉堂株式会社，1938年，第89～110页。

⑨ 考古研究所体质人类学组：《赤峰、宁城夏家店上层文化人骨研究》，《考古学报》1975年第2期。

⑩ 转引自朱泓：《夏家店上层文化居民的种族类型及相关问题》，《辽海文物学刊》1989年第1期。

型有显著差异。

白庙组颅骨出土于河北省宣化县白庙墓地，年代大约为战国时期，依颅骨的形态特征分为两个类型，第一种类型与东亚蒙古人种接近，第二种类型与北亚人种接近，高的头高可能与东亚或东北亚蒙古人种相关①。万发拨子石棺墓组与白庙2组比较接近的项目为颅长、颧宽、眶高、垂直颅面指数、鼻颧角，表现为都具有扁平的面部和较宽的面宽。在颅指数、颅长高指数、颅宽高指数、上面指数等主要项目上差别却很大，白庙2组的短而阔的颅型，与万发拨子石棺墓组完全不同。

关马山颅骨资料出自吉林省九台市关马山遗址一座战国时期前后的丛葬石棺墓，墓中出土50余例个体。其体质特征与东亚、东北亚两个蒙古人种支系更为接近，但也不能排除在个别体质因素上存在某些北亚人种因素的可能性②。万发拨子石棺墓组与关马山组在颅指数、上面高、颅长、颅宽、眶高等项目上比较接近。

邢家店组颅骨出土于吉林省农安县邢家店遗址的北山墓地，年代大约相当于西汉时期。该墓地的颅骨具有中颅型、高颅型和狭颅型特点，并具有较高而中等宽阔并且相当扁平的面形以及明显向后倾斜的额部特征③，万发拨子石棺墓组与邢家店组在颅长、鼻宽、颅指数、垂直颅面指数、眶指数等项目上比较接近。

综上所述，万发拨子遗址具有同样体质因素的春秋时期土坑竖穴丛葬墓的居民与石棺墓组的居民是当时生活在这一地区的古东北类型的土著居民。

三、结　　语

（1）春秋时期土坑竖穴丛葬墓M21 的居民与相距不远的战国中晚期至汉代初期的大盖石墓和石棺墓的居民具有基本相同的体质特征。

（2）这些居民都属于亚洲蒙古人种范畴。与东北亚蒙古人种之间存在着相似的形态学关系，同时又含有与东亚蒙古人种比较接近的体质因素，与北亚和南亚蒙古人种类型体质特征存在较大差异。

（3）与亚洲蒙古人种各近代组的比较结果表明，万发拨子石棺墓组与爱斯基摩近代组的关系最为密切。与十三个古代颅骨组比较，万发拨子石棺墓组与本溪组、平洋组、白庙2组之间在主要体质特征上具有较多的共性，与以北亚人种类型体质因素为主的扎赉诺尔汉代A组、南杨家营子组存在显著差异，是春秋时期至汉代初期活动在通化地区的古东北类型的土著居民。

附记：原载于《社会科学战线》2006年第2期（名为《通化万发拨子墓葬颅骨人种的类型》）。

---

① 潘其凤：《内蒙古和东北地区商周时期之汉代居民的人种类型及其相互关系》，《中国考古学论丛——中国社会科学院考古研究所建所40周年纪念》，科学出版社，1993年，第267～276页。

② 朱泓、贾莹：《九台关马山石棺墓颅骨的人种学研究》，《考古》1991年第2期。

③ 同②。

附录二　通化万发拨子遗址春秋战国时期从葬墓颅骨的观察与测量

朱　泓[1]　贾　莹[2]　金旭东[3]　赵殿坤[4]
（1. 吉林大学边疆考古研究中心　2. 吉林省文物考古研究所
3. 吉林省文物局　4. 吉林省四平地区文物管理委员会）

本文所研究的颅骨标本取自吉林省通化市金厂镇跃进乡万发拨子遗址的一座竖穴土坑墓M21，该墓的年代为春秋战国时期①。M21整座墓葬共有男女老幼35具人骨，头向不一，墓葬北侧的人骨排列比较整齐，从北侧向南侧依次排列，头位于东侧或者西侧，有的幼儿南北取向，横置于成人头上。北侧的人骨骨骼保持着正常的解剖学位置关系，应是一次葬。墓葬南侧的肢骨与头骨散乱分布，残缺不全，难以拼合成同一个体，可能是二次葬。M21多数死者为仰身屈肢，亦有侧身屈肢者。双手交叉在腹部者居多。

一、观察与测量

修复起来可供观察的标本为4例男性个体和2例女性个体。从这几例随葬品来看，男性个体随葬石斧、箭镞等工具或武器之类的器物，女性个体随葬纺轮等器物，随葬品的种类有着明显的差别。在估计死者的年龄时，考虑到古今人类牙齿的磨损程度与年龄的对应关系上存在的差异，本文对依据现代人牙齿磨耗程度确定的古人骨样本的死亡年龄进行了修正②。表1为颅骨的非测量性形态特征的观察结果的综合统计。表2为颅骨的测量数据。观察和测量数据的统计结果表明，该墓男性颅骨形状多为卵圆形、椭圆形，眉弓发育特显、显著、弱各一例。额骨两例向后倾斜，一列中等程度向后倾斜。三例男性标本均无额中缝。颅顶缝均较简单，乳突发育显

① 金旭东：《吉林通化万发拨子遗址》，《1999中国重要考古发现》，文物出版社，2001年。

② 本文依据吴汝康等人研究的现代人牙齿磨耗程度判断年龄的标准进行年龄判断。但是，根据以往我们对数十批出自不同地域、不同年代、不同考古学文化墓葬的近千例能够由耻骨联合面断定年龄的古代人骨个体牙齿磨耗程度与年龄关系的对比观察，发现在古代居民中由牙齿磨耗程度判断年龄平均低于耻骨联合面断定的年龄大约5岁左右。这可能是由于当时的食物比较粗糙或古今人类在饮食习惯、生活条件和营养水平等其他非年龄因素所造成的差别。因此，在研究缺乏耻骨联合面判断年龄依据的古代人类骨骼时，我们将依据现代人牙齿磨耗程度判定的年龄值减少5岁，作为该个体死亡年龄估算值。

著者较多。枕外隆突显著和不显各一例。框型为椭圆形和斜方形，鼻根凹较深，颧骨上颌骨下缘转角处欠圆钝。有两例可见矢状嵴隆起。三例男性标本中有一例有下颌圆枕，两例无下颌圆枕。下颌角区均外翻。

女性颅骨表现为较平直的额部特征，眉弓突度发育程度不等，弱、显著、中等各一例，颅顶缝结果比较简单。乳突大小不等，枕外隆突稍显或缺。眼眶为圆形或椭圆形。

对6例可供观测的颅骨样本进行非测量性形态特征的观察结果描述如下。

No.12男性个体，大约50～60岁。颅骨保存情况不好，面部残缺。从残余部分可见颅骨比较厚重，肌嵴比较显著，颅形为椭圆形。眉弓极为显著，额骨鳞部明显向后倾斜，无额中缝，鼻根凹较深。颅内缝除人字点外，都已愈合，颅外缝前卤段为深波形，顶段愈合，顶孔段愈合情况为三级，后段愈合情况为二级，可见深波状痕迹。颅骨开裂除冠状缝左侧、星点处之外，都不是从骨缝处开裂，说明骨缝愈合的比较好。颧骨上颌骨转角欠圆钝。该颅骨乳突特大，下颌角区粗糙，外翻，髁突较大而粗糙，无下颌圆枕。

No.17男性，年龄为35～40岁，面部残缺。颅形为圆卵形，眉弓较弱，额骨鳞部明显向后倾斜，无额中缝。颅骨骨质比较粗糙，肌线和肌嵴比较显著。颅内矢状缝完全愈合。颅外缝顶峰前卤段为深波形，顶段为微波形，顶孔段与后段已愈合，有微隆起的矢状嵴，乳突发育中等。颧骨上颌骨转角圆钝。下颌角区外翻并比较粗糙，下颏呈圆形无，无下颌圆枕。

No.18男性，年龄为25～30岁，颅骨整体较大较厚重，骨壁较厚，头形为楔形，肌线和肌嵴较显著，额结节不显著，无额中缝，有矢状嵴隆起。眉间突度比较显著，眉弓较显著，眼眶上内侧角转折明显，颧骨较粗壮，乳突粗大。颅顶缝前卤段、顶段、顶孔段均愈合，后段残，有微隆起的矢状嵴。乳突大，眼眶为椭圆形，鼻根凹较深。下颌骨较为厚重，下颌角区比较粗糙，外翻，颏部为方形。下角角右侧外翻，左侧直形。有下颌圆枕。

No.29男性，成年个体，面部残缺。颅形为卵圆形，肌线不明显，额骨鳞部较平直，无额中缝。眉弓中等。颅顶缝各段全部愈合。乳突中等大小，枕外隆突稍显，无矢状嵴。

No.19女性，年龄为25～30岁，随葬品十分丰富。该标本头形为卵圆形，颅骨较小，重量较轻，额骨平直，额结节明显，眉弓弱，无额中缝，乳突较小，肌线不明显。颅顶缝前卤段为微波形，顶段为深波形，顶孔段为深波形，后段为锯齿形。无枕外隆突。眼眶呈圆形，无鼻根凹，无矢状嵴，颧弓纤细。颏部为尖形。无下颌圆枕。有眶上有一5毫米×7毫米的伤疤。下颌骨较小，牙齿较小。

No.20女性，年龄在25～30岁颅骨较小较轻，骨壁较薄肌线和肌嵴较弱，颅顶膨隆较明显，额鳞上部向后弯曲，额鳞下比较陡直。该标本头形为楔形，无额中缝，颅顶缝前卤段与顶缝愈合，顶孔段深波形，后段三级愈合，可见浅波形状痕迹。乳突较小，枕外隆突稍显。下颏为尖形，下颏角内翻。

二、讨　论

将通化万发拨子春秋战国时期丛葬墓M21颅骨组男性颅骨形态特征与现代蒙古人种形态特

征进行比较，M21墓葬颅骨组表现出颇大的鼻颧角，颧骨比较高宽，颧骨上颌骨下缘处有比较明显的转折，较高的矢状嵴出现率均反映出与现代亚洲蒙古人种比较一致的体质特征，将M21颅骨组测量值及指数值与现代亚洲蒙古人种进行比较①，平均颅长、颅宽、鼻颧角、最小额宽、眶指数均入亚洲蒙古人种变异范围之内。综合观察及测量结果，M21埋葬的人群具有与现代亚洲蒙古人种类型接近的体质因素。

尽管M21出土的颅骨标本由于残缺而未能获得比较完整的测量数据，并且存在着个体差异，有长颅形和圆颅形两种类型，但是从观察和测量结果来看，这些颅骨也表现出比较一致的体质特征，例如比较斜宽的颅部，比较宽阔而相当扁平的面部特征，眉弓发育比较显著，颧骨结节不明显，鼻根凹比较发达，颅高相对大于颅宽，下颌圆枕出现率不高。比较宽阔而且相当扁平的面部与现代东亚和南亚蒙古人种类型的面部特征相悖，其接近高眶的中眶型与南亚蒙古人种类型较低的眼眶相差较大，M21组较高的颅高，中眶型及多数具有较狭的额部等特征与现代东亚蒙古类型比较一致，明显的斜倾的额部特征，宽阔而颇为扁平的面部特征表现出与现代蒙古人种东北亚类型比较一致的体质因素。

研究表明，先秦时期东北地区存在两个大的人种类型“古华北类型”“古东北类型”②古东北类型的居民以新开流文化居民③、小河沿文化居民④、大甸子夏家店下层文化居民中的主要居民（第二、三分组）⑤、西团山文化居民⑥、庙后山文化类型居民⑦、平阳墓葬居民⑧、郑家洼子青铜短剑墓居民⑨、关马山石椁墓居民和水泉墓地居民⑩为代表，是一种以高颅、阔面、相当大的面部扁平度为主要特征的人群。古华北类型以高台山文化⑪居民、顺山屯文化居民⑫、夏家店文化上层居民⑬和大甸子第一分组所代表的夏家店下层居民为代表，是以高颅、窄面、相当大的面部扁平度为主要特征的人群这两种类型除与现代东亚蒙古人种具有较大程度接近之外，其面部形态或许与现代东亚蒙古人种的某个祖先类型的基本形态相当，即均可将其视为现代东亚人种形成过程中诸多来源中的重要源头之一。将M21组颅骨形态特征与先秦时期东北地区两个大的人种类型“古东北类型”和“古华北类型”居民体质特征相比，M21颅骨组表现出与古东北类型较为一致的体质特征，包括较高的颅形，较宽阔而且相当扁平的面形，除与现代

① 潘其凤、韩康信：《柳湾墓地的人骨研究》，《青海柳湾》，文物出版社，1984年。

② 朱泓：《东北地区古代居民的种族成分研究》，《博物馆研究》1989年第3期。

③ 潘其凤：《中国古代居民种系分布初探》，《考古学文化论集（一）》，文物出版社，1987年。

④ 朱泓：《中国东北地区的古代种族》，《文物季刊》1998年第1期。

⑤ 潘其凤：《大甸子墓葬出土人骨的研究》，《大甸子》，科学出版社，1996年。

⑥ 贾兰坡、颜訚：《西团山人骨的研究报告》，《考古学报》1963年第2期。潘其凤、韩康信：《吉林骚达沟石棺木人骨的研究》，《考古》1985年第10期。

⑦ 魏海波、张振彪：《辽宁本溪青铜时代人骨》，《人类学学报》1989年第4期。

⑧ 潘其凤：《平洋墓葬人骨的研究》，《平洋墓葬》，文物出版社，1990年。

⑨ 韩康信：《沈阳郑家洼子的青铜时代人骨》，《考古学报》1975年第1期。

⑩ 朱泓、贾莹：《九台关马山石椁墓颅骨的人种学研究》，《考古》1991年第2期。

⑪ 朱泓、王成生：《彰武平安堡青铜时代居民的种族类型》，《考古》1994年第2期。

⑫ 刘宁：《顺山屯青铜时代居民的人种学研究》，《辽海文物学刊》1994年第1期。

⑬ 朱泓：《夏家店上层文化居民的种族类型及相关问题》，《辽海文物学刊》1989年第1期。

东亚蒙古人种具有较大接近程度之外，其倾斜的面部特征，宽阔的面部形态与现代东北亚蒙古人种基本形态相近，可能表现为东亚蒙古人种类型的某一组先类型的体质形态。M21与古华北类型的人群既有比较一致的特征，又有较大的差异。M21颅骨组的高颅、较大的面部扁平度与古华北类型体质特征比较一致，但是相当宽阔的面部与古华北类型人群较窄的面部形态特征相比，还有着明显的差异。M21的人群所反映出的体质特征，显然可以划定在古东北类型范围之内，他们所拥有的体质特征与同一地区战国晚期至西汉早中期石棺墓出土颅骨的典型且普遍具有的特征一致，与同时期竖穴土坑墓出土的颅骨体质特征也一致的，没有迹象表明有外来种族类型混杂产生的明显的体质变化。相对而言，石棺墓出土的颅骨保存状况较好，获得了比较完整的数据，而且表现出比较一致且又典型的体质特征。对于石棺墓出土颅骨的测量分析及统计学研究结果表明，石棺墓埋葬的个体，具有与现代亚洲蒙古人种中东北亚人种类型比较接近的体质因素，与蒙古人种类型各有关近代组的比较表明，这一群体与爱斯基摩近代组体质特征最为接近，与各有关古代组的比较结果表明，与本溪组、太平洋组及完工组最为接近，与关山组、邢家店组①亦有比较接近的关系。他们所表现出的典型的古东北类型高颅阔面，颇为扁平的面部特征，是当时活动在这一地区的土著居民共有的种系性状。就M21所埋葬的人群来说，地域与石棺墓组相同，而且具有相同的体质特征，说明在春秋战国时期，具有这一体质因素的土著居民已在这一地区生息繁衍，为我们讨论从春秋战国时期到西汉早中期这一地区古代居民的种族类型及文化内涵提供了相当重要的证据。

三、结　　语

综上所述，通化万发拨子遗址春秋战国时期竖穴土坑墓M21出土颅骨的观察与测量结果表明，该人群具有与现代亚洲蒙古人种更为接近的体质因素，比较宽阔而相当扁平的面部特征，是古东北地区土著居民的共同的体质特征，除此之外，又具有比较斜倾的额部特征综合性体质特征与同一地区战国晚期至西汉中早期石棺墓出土颅骨比较一致，说明这是同一地区同一类土著居民的繁衍和发展的结果。石棺墓组颅骨比较完整的数据统计分析结果表明，该群体与爱斯基摩近代组体质特征最为接近，与本溪组、平洋组及完工组等古代居民最为接近，与关马山组、刑家店组亦有比较接近的关系。

附表一　通化万发拨子丛葬墓组男女两性颅骨的非测量性形态特征

观察项目	性别	体质特征	观察项目	性别	体质特征
颅形	男（4） 女（2）	椭圆形1，卵圆形2 楔形1　卵圆形1	鼻前棘	男（4） 女（2）	残4 残2
眉弓凸度	男（4） 女（2）	特显1，弱1，中等1， 显著1弱1，残1	犬齿窝	男（4） 女（2）	残4 残2

① 朱泓、王培新：《吉林省农安县刑家店北山墓地的古代人骨》，《考古》1989年第4期。

续表

观察项目		性别	体质特征	观察项目	性别	体质特征
额骨		男（4） 女（2）	中等1，倾斜2，平直1	鼻根点凹陷	男（4） 女（2）	深1，较深1，残2 无1，残1
额中缝		男（4） 女（2）	无4 无2	翼区	男（4） 女（2）	残4 残2
颅顶缝	前囟段	男（4） 女（2）	愈合2，深波形2 愈合1，微波形1	颧骨上颌骨下缘	男（4） 女（2）	转角欠圆钝1，转角圆钝1，残2 残2
	顶段	男（4） 女（2）	愈合3，微波形1 愈合1，深波形1	顶孔	男（4） 女（2）	单孔1，双孔1，残2 单孔1，双孔1
	顶孔段	男（4） 女（2）	愈合3，深波形1 愈合呈断续声波型2	矢状嵴	男（4） 女（2）	微隆起2，无1 无2
	后段	男（4） 女（2）	愈合1，3级愈合1，2级愈合呈深波形1，残1 深波形1，锯齿形1	腭形	男（4） 女（2）	残4 残2
乳突		男（4） 女（2）	中等2，大1，特大1 小2	腭圆枕	男（4） 女（2）	残4 残2
枕外隆突		男（4） 女（2）	缺1，稍显1，显著1，残1 缺1，稍显1	颏形	男（4） 女（2）	方型2，圆形1，残1 尖型2
眶型		男（4） 女（2）	斜方1，椭圆形1，残2 圆形1，残1	下颌角区	男（4） 女（2）	外翻2，右侧稍外翻，左侧直形1，残1，稍外翻1，内翻1
梨状孔		男（4） 女（2）	残4 残2	下颌圆枕	男（4） 女（2）	有1，无2，残1 无2
梨状孔下缘		男（4） 女（2）	残4 残2	颏孔	男（4） 女（2）	双孔3，残1 双孔2

附表二　通化万发拨子丛葬墓组男女两性的颅骨测量值　（长度：毫米；角度：度；指数：%）

马丁号	项目		No.12	No.17	No.18	No.29	No.19
			男性	男性	男性	男性	女性
1	颅长（g-op）		191		170	186.5	156.1
8	颅宽（eu-eu）		142	144	152.1	137	145
21	耳上颅高				118.9		
9	最小额宽（ft-ft）		93	89.2	86	101.5	84.5
26	额矢弧（n-b）		130		120	123	113
27	顶矢弧（b-1）		130	113	110	117	116
28	枕矢弧（1-o）						
29	额矢弧（chord. n-b）		114.4	103.4	118	117	100.5

续表

马丁号	项目		No.12	No.17	No.18	No.29	No.19
			男性	男性	男性	男性	女性
30	顶矢弧（chord. b-1）		117		98	109	99
23	颅周长		535		518		482
24	颅衡弧（arc. po-po）		317	320	340		320
45	颧宽（zy-zy）		136		133.3		141
	额侧角Ⅱ（g-mFH）						76.5
32	额侧角Ⅰ（n-mFH）						81
	眉间前卤角（g-mFH）						52
77	鼻颧角（fmo-n-fmo）				151	144	151
s. c.	鼻最小宽		10.2		6.3		7.5
s. s.	鼻最小宽高				2.6		1
51	眶宽（mf-ek）	R.	43.7		37		37.2
		L.			35.9		37.1
51a	眶宽（d-ek）	R.	41.7		35.2		
		L.			35.1		
52	眶高	R.			32.8		31.8
		L.			30.8		32.5
50	眶间宽（mf-mf）		22		21.6	22.1	19.3
	两眶外缘宽（fmo-fmo）				92	94.8	90
	鼻根两眶外缘宽间高（sub fmo-n-fmo）				11.6	14.5?	8
	眶间宽（d-d）		25.1				
	耳点间宽（su-su）		123		124		127
65	下颌髁间径（cdl-cdl）		128	126	117.1		119.5?
66	下颌角间径（go-go）		103.3	107.2	103.4		96.6
67	颏孔间径（ml-ml）		49.6	49.5	51.4		

续表

马丁号	项目		No.12	No.17	No.18	No.29	No.19
			男性	男性	男性	男性	女性
68（1）	髁颏长		109.2	107.5	103		100.9
69	下颌联合高（id-gn）				26		26.6?
70	下颌枝高	R.	53.7	67.7	67.3		57.8
		L.	54	66.4	67.1		53.3
71a	下颌枝最小宽	R.		34.6	31.3		33
		L.	34.1	33.2	32.5		33
	下颌体高（M1-M2）	R.	32.1	30	31.2		28.9
		L.		29.5	32.5		27.8
	下颌体厚（M1-M2）	R.	11.6	11.1	13.9		11
		L.	11.2	11.3	12.8		10.8
79	下颌角°		123	115	121		126
	颏孔弧		60.5	60.5	60		54
8：1	颅指数		74.3		89.5	73.5	92.9
52：51：00	眶指数	R.			88.6		85.5
		L.			85.8		87.6
52：51&	眶指数	R.			93.2		
		L.			87.7		
ss：sc	鼻根指数				41.3		13.3
9：08	额宽指数		65.5	61.9	56.5	74.1	58.3
40：05：00、	面突指数		65.5	61.9	56.5	74.1	
45：0.5（1+8）	横颅面指数		81.7		82.8		93.7

附记：本文原载于《东北、内蒙古地区古代人类的种族类型与DNA》，吉林人民出版社，2006年。

附录三　通化万发拨子明代墓葬出土人骨的研究

贾　莹[1]　朱　泓[2]　金旭东[3]　赵殿坤[4]
（1. 吉林省文物考古研究所　2. 吉林大学边疆考古研究中心人类学研究室
3. 吉林省文物局　4. 吉林省四平地区文物管理委员会）

一、骨骼特征

骨骼特征的观察包括男性下颌骨2例，女性颅骨2例。

M11，男性，面颅部分已损坏。下颌骨较粗壮，下颌角区粗糙，颏型呈方形。左侧下颌圆枕为长圆形，右侧下颌圆枕为条形隆起，分别位于左、右第一、第二前臼齿下方，右侧第一、第二臼齿下方可见六个圆枕。下颌右侧第三臼齿未曾萌出。年龄40～50岁。该骨骼肌嵴和骨突发达。

M14，男性，成年。仅残存下颌骨。颏型呈方形，下颌角区外翻，左侧齿槽萎缩，下颌体高明显低于右侧，可能由于牙病或其他原因导致牙齿脱落造成的。该标本肢骨较粗壮，肌嵴和骨突发达，关节端的头和髁均较粗大。左肱骨滑车上部有陈旧性裂纹。

M13，女性，24～26岁。该颅骨呈楔形。长宽比例为圆颅形，长高比例为高颅形接近正颅形，宽高比例为阔颅形。无额中缝。颅顶矢状缝前囟段为微波形，顶段为锯齿形，顶孔段为微波形，后段为锯齿形，星点处有缝间骨。椭圆眶形。眶指数属中眶形，梨型梨状孔，下缘较尖锐，但又可见明显的沟形延伸。鼻形为阔鼻形，鼻棘中等，属于第Ⅲ级。鼻根凹浅，腭形较窄，为U字形，腭圆枕呈瘤状。总面角为平颌形。下颌颏形为方形。左侧下颌角区稍显外翻。有下颌圆枕存在。

M15，女性，年龄超过50岁。颅型为楔形。长宽比例为中颅形，长高比例为高颅形，宽高比例为偏狭的中颅形。额骨平直，无额中缝。眉弓突度中等。颅顶矢状缝前囟段为深波形，顶端为锯齿形，顶孔段为微波形，后段为深波形。枕外隆凸极明显。眶型为圆形，眶指数属高眶型，梨状孔为梨形，梨状孔下缘右侧为锐形，左侧有鼻前窝。鼻棘显著，属于第Ⅳ级。鼻指数为中鼻形。无鼻根凹，鼻骨两侧有缝间骨。犬齿窝较弱。腭形为U形，腭圆枕呈嵴状。总面角为特平颌形。下颌颏型为尖形，下颌角为直形。右侧下颌圆枕位于第二前臼齿和第一臼齿下方，圆丘状凸起。该墓主人人右侧股骨中部呈O字形弯曲。

二、比较与分析

从测量数据结果来看，两例标本所表现出的形态特征具有比较明显的差异，附表一的描述统计表明21项主要数据的差异。两例标本差异较大的项目有颅长、颅高、眶指数、颅宽高指数、面角和鼻颧角。

附表一　两例标本描述统计

项目	M13	M15	例数	平均值	均值标准误差	样本标准差
颅长	164.20	181.20	2	172.70	8.50	12.02
颅宽	138.50	141.00	2	139.75	1.2	51.77
颅高	124.20	138.00	2	131.10	6.90	9.76
最小额宽	91.00	96.00	2	93.50	2.50	3.54
颧宽	131.10	128.00	2	129.55	1.55	2.19
上面高n-ad	71.00	70.50	2	70.75	0.25	0.35
眶高右	36.20	41.80	2	39.00	2.80	3.96
眶宽右mf-ek	42.20	45.10	2	43.65	1.45	2.05
鼻高	48.80	52.00	2	50.40	1.60	2.26
鼻宽	26.10	25.70	2	25.90	0.20	0.28
颅指数	80.40	77.80	2	79.10	1.30	1.84
颅长高指数	75.70	76.20	2	75.95	0.25	0.35
颅宽高指数	89.67	97.90	2	93.79	4.12	5.82
上面指数	54.16	54.68	2	54.42	0.26	0.37
眶指数	77.20	97.40	2	87.30	10.10	14.28
鼻指数	53.48	49.00	2	51.24	2.24	3.17
额宽指数	65.70	68.00	2	66.85	1.15	1.63
面角	85.50	97.00	2	91.25	5.75	8.13
面突指数	102.60	96.00	2	99.30	3.30	4.67
垂直颅面指数	57.16	50.72	2	53.94	3.22	4.55
鼻颧角	145.00	153.00	2	149.00	4.00	5.66

利用两例标本共同的完整数据进行t检验，以验证两例颅骨所具有的形态是否具有显著性差异。检验基础在于提出零假设，如果两例总体均值为0，则相互之间没有差异，如果两例总体均值与0有显著差异，则表明相互之间有显著性差异。设定零假设正确的可能性（概率）为95%，显著性水平α是在零假设成立时统计量的值落在某个极端区域的概率，为0.05，当检验统计量的概率p值小于0.05时，则由小概率原理认为零假设不成立，两者之间有显著性差异，当检验统计量的概率p值大于0.05时，则两者之间没有显著性差异，零假设成立[①]。

① 薛微编著：《SPSS统计分析方法及应用》，电子工业出版社，2004年。

附表二　两例标本的*t*检验

	平均值	差值样本标准差	样本差异 差值样本均值抽样分布的标准差	差值95%置信区间		1	df	Sig（2-tailed）
				下限	上限			
M13～M15	−3.6729	7.33870	1.60144	−7.0134	−0.3323	−2.293	20	0.033

21项数据t检验结果表明，两例标本*t*检验统计量观测值为−2.293，对应的双尾概率p值为0.033，小于显著性水平α（0.05），所以两者之间有显著的差异。

本文标本较宽阔的颅形，扁平的面部，中等宽度或稍阔的鼻形，低矮的鼻根，较浅的犬齿窝，眶型偏高，较高的下颌圆枕出现率，均属于蒙古大人种范围。

附表三　万发拨子明代组与相关颅骨组的比较①

马丁号	项目	万发拨子明代组		蒙古组 杰别茨	通古斯组 杰别茨	华北组 步达生	抚顺组 岛五郎	万发拨子大盖石墓
		M13	M15					M34-2
1	颅长	164.20	181.20	172.3	174.7	172.4	173.2	184.3
8	颅宽	138.50	141.00	142.9	140.5	133.6	135.2	127
17	颅高	124.20	138.00	120.7	120.7	131.6	133.7	136
9	最小颧宽	91.00	96.00	92.2	87.3	87.2	87.8	89
45	颧宽	131.10	128.00	131.2	130.5	124.8	128.9	139
48	上面高n-ad	71.00	70.50	71.7	70.5	69.6	71.1	74
52	眶高右	36.20	41.80	35	33.7	33.5	34.6	34
51	眶宽右mf-ek	42.20	45.10	40.8	40.4	40.8	42	42.2
55	鼻高	48.80	52.00	52.8	51.5	50.4	52.4	53.1
54	鼻宽	26.10	25.70	25.8	25.1	23.4	24.5	25.9
8：1	颅指数	80.40	77.80	83	80.6	77.55	78	68.91
17：1	颅长高指数	75.70	76.20	73.48	69.09	76.35	77.3	73.79
17：8	颅宽高指数	89.67	97.90	88.59	85.91	98.15	99	107.09
48：45	上面指数	54.16	54.68	54.65	54.1	56	55.8	53.24
52：51	眶指数	77.20	97.40	85.8	84.1	82	82.5	80.57
54：55	鼻指数	53.48	49.00	48.9	49.1	46.4	47.2	48.78
9：8	颧宽指数	65.70	68.00	64.52	62.14	65.27	64.94	70.08
72.00	面角	85.50	97.00	86.1	86	82.3	81.9	87
40：5	面突指数	102.60	96.00	99.47	101.59	99.79	95.27	102.83
48：417	垂直颅面指数	57.16	50.72	56.6	58.4	52.8	95	1.55
77	鼻颧角	145.00	153.00	145.6	149.9	145.1	140.16	

① 近代组数据转引自：中国科学院考古研究所体质人类学组：《赤峰：宁城夏家店上层文化人骨研究》，《考古学报》1975年第2期。

注：欧式距离系数和平均数组间差异均方根的计算公式为：

欧式距离系数[①]：

$$D=\sqrt{\frac{1}{m}\sum_{k=1}^{m}(X_{ik}-X_{jk})^2}$$

平均数组间差异均方根函数[②]：

$$r=\sqrt{\frac{1}{n}\sum_{k=1}^{n}\frac{(X_{ik}-X_{jk})^2}{\delta^2}}$$

其中，k表示项目，M_{ik}、M_{jk}分别为参加比较的两组之各项平均值，m、n为比较的项目数，δ为每项特征的同种系标准差，本文借用莫兰特（G. M. Morant，1923）的埃及（E）组的各项标准差，函数值表示两对比组之间关系的密切程度，函数值越小，则两组在种族关系有可能越接近。

标本的形态特征表明，扁平的面部形态是M13与M15比较一致的特征，但二者上面部扁平度不同，M15上面部颇为扁平，鼻颧角为153度，M13则具有中等扁平程度的上面部形态，鼻颧角为145度。二者均属中上面形。

从各比较组的数据可知，蒙古近代组与通古斯组非常接近的项目有颅高、颧宽、上面高、鼻高、鼻宽、上面指数、鼻指数、面角、面突指数。即两组都有比较阔的扁平的面形，中等上面高度，宽高比中等的鼻形。除颅高、鼻形外，这些特征也是M13与之相近的特征。M13较之两组具有更高的颅高，偏阔的鼻形。M13具有长宽比例的圆颅形、高颅型结合阔颅形，中眶形、阔鼻形及狭额形。眶形居中与蒙古近代组的高眶特征有所不同。较阔的颅形、平颌特征以及比较倾斜的额角与通古斯有共同之处，但中等扁平上面部形态、长高比例的高颅形，与蒙古近代组、通古斯近代组扁平的面部形态，明显的低颅特征有显著的差异，而与华北近代组及抚顺近代组比较一致。

M15具有中颅形、高颅形及偏长的中颅形，高眶形、中鼻形、中额形，其偏高、偏狭的颅形、相当大的上面部扁平度构成与蒙古近代组的明显差别，但高眶、平颌特征与蒙古近代组相近。M15扁平的颌部以及上面部（鼻颧角153度）、中等鼻形等特征与通古斯组相近，而较高偏狭的颅形、偏狭的面形，与抚顺组及华北组比较接近。

本文两例标本的形态特征与战国晚期至汉代早中期同一地区相距不远的大盖石墓出土的颅骨M34-2相比，具有显著的差异。M13阔颅形、中上面形、阔鼻形与M34-2狭长的颅形，较高而狭的面形、中鼻形具有很大的差别，比较扁平的面部、中等扁平的上面部形态比较接近。M15扁平的上面部与M34-2中等扁平的上面形态显然相悖。

由比较可知，M13、M15的高颅特征是其与蒙古近代组和通古斯近代组的主要差别，在这一点上，更接近于华北近代组和抚顺近代组。较阔的颅形、扁平的面部构成显然有别于华北近代组和抚顺近代组。由此可见，M13、M15都表现出不同程度混杂的体质因素，呈现出既有东

① 转引自朱泓：《夏家店上层文化居民的种族类型及相关问题》，《辽海文物学刊》1989年第1期。

② 转引自潘其凤、韩康信：《柳湾墓地的人骨研究》，《青海柳湾》，文物出版社，1984年。

亚蒙古人种类型特征，又含有某些北亚蒙古人种或东北亚蒙古人种因素的混杂特点，这是导致二者之间种系特征差异以及难以比较其与近代组之间亲缘关系的主要原因。

根据黄种人身高推算公式①，由股骨和胫骨推算M11身高平均值为1.61米。由M14右肱骨推算M14身高为1.68米。由M13肢骨推算M13身高平均值为1.5米。由M15未变形股骨及尺骨推算M15身高平均值为1.55米。

三、结　语

通过对标本进行观察、测量以及统计分析，可以得知两例女性都具有比较混杂的体质特征，具有与东亚蒙古人种类型相近特征，与华北近代组和抚顺近代组比较接近，但某种程度上又含有北亚或东北亚蒙古人种类型的体质因素，显示出与蒙古近代组和通古斯近代组的某些形态相似，两标本相互之间在某些特征上有很明显的差异，二者与同一地区相距不远的战国晚期至西汉早中期大盖石墓M34-1墓主人的关系颇为疏远。

附记：原文载于《东北、内蒙古地区古代人类的种族类型与DNA》，吉林人民出版社，2006年。

① 朱泓：《体质人类学》，吉林大学出版社，1993年。

附录四　通化万发拨子聚落遗址动物遗存初步分析

——新石器时代晚期至魏晋时期

汤卓炜[1]　苏拉提萨[2]　金旭东[3]　杨立新[4]

（1. 吉林大学边疆考古研究中心　2. 科伦坡大学动物学系

3. 吉林省文物局　4. 吉林省通化市文物管理办公室）

一、简　　介

万发拨子遗址是一处古代聚落遗址，坐落于中国吉林省南部，行政区划属于通化市金厂镇跃进村。该地俗称王八脖子，是因为这里地貌形态酷似头向西南趴卧的乌龟头颈部。后来这里几易其名，如现在称谓为万发拨子。遗址与通化市中心距离约为3千米。该遗址曾一度经历中国东北重要的历史阶段——先高句丽、高句丽时期。另外一处重要的早期高句丽时期都城遗址位于本遗址西南方约100千米的辽宁省的桓仁县境内。万发拨子遗址地理坐标分别为东经125°56′ ~ 126°06′，北纬41°40′ ~ 41°41′。遗址所在区域海拔高度约为400米。遗址位于长白山脉浑江盆地的小丘上，浑江支流金厂河由东向西从遗址南侧流过，注入中朝界河——鸭绿江支流的浑江。

万发拨子遗址于1996年由吉林省文化局确立为重要的考古遗址①。1997年5月至1999年10月，由吉林省文物考古研究所组队，对该遗址进行了系统性考古发掘。

经过历时3年的发掘，遗址被揭露了6015平方米，发现该遗址历经相对连续的历史发展阶段。遗址中出土了大量文物及动物遗存，这对了解经历先高句丽至高句丽时期人类的经济形态以及生存对策有非常重要的意义。

在248个考古遗迹单位中房址16处、墓葬38处、灰坑151处、灰沟12处、环壕1条②。发掘出土了6942件文物、41179件动物遗存。这些动物遗存有利于获得关于古代人类行为、动物资源

① 王光普、杨立新、王其仁：《通化县文物志》，吉林省文物志编委会，1986年。方启东：《中国文物地图集——吉林分册》，中国地图出版社，1993年。

② 本文中的数据是发掘过程中统计的，与报告中数据有不一致的地方，是由于整理后勘误和部分资料缺失所造成的。

利用方式、古生态环境特征、人口压力及人类环境意识等方面的信息。

通过来自不同单位的文物的分析，该聚落遗址主要经历从新石器时代晚期至魏晋时期的5个历史发展阶段。即主要包括新石器时代晚期（N）、青铜时代（SZ）、春秋战国时代（CZ）、两汉时期（高句丽早期）、魏晋时期（高句丽中晚期）等5个历史时期的遗存。

出土的陶器有筒形罐、钵、镂孔圈足鬲、壶、圈足碗等；骨角器有卜骨、镞、锥等；青铜器有短剑、矛、镜、环、斧等；石器有斧、刀、凿、镞、锤、砧、磨盘、臼、杵等。

根据万发拨子遗址的重要性，吉林省政府于1961年3月13日将其列为省历史及文化遗址主要保护单位之一。自此以后，一些研究者陆续就文化遗存、早期高句丽的起源、考古和民族学问题①以及地学环境考古②等进行了研究。

根据其历史学的重要性，该遗址被国家文物局定为1999年度国家重要考古发现之一③。

该遗址的动物资源由狩猎和家养动物混合而成。遗址中出土了41179件骨骼标本（附表三），其中可鉴定标本6088件，包括27种脊椎动物，有哺乳类、鸟类、爬行类、硬骨鱼类、淡水软体动物。大多数脊椎动物为哺乳动物。附表二骨骼基本元素的数量，以及与考古遗迹单位相关的可鉴定标本数（NISPs）及其百分比。附表四总结了发掘区内各物种表现出来的可鉴定标本数（NISPs）和最小个体数（MNIs）的数值。附表五给出了考古单位中发现的动物所隶属的两大生态类群：家养的和野生的；同时表明随着历史的演进，万发拨子聚落遗址所在区域的野生和家养动物呈现出阶段性变化。

二、讨　　论

（一）居民的社会结构

根据附表一可见，从新石器时代晚期至魏晋时期，房屋、灰坑、灰沟和墓葬的使用发生了变化。尤其是发掘区内尚未发现新石器时代晚期的墓葬。根据中国其他地方的考古发掘，新石器时代晚期有为数众多的墓葬④。基于青铜器和骨器的分析，这些居民拥有制造日常必需品的良好知识。这一点可以被铸范等的发现证实。万发拨子居民的社会活动与其他时期有类似之处。另外，遗址周围的环壕也使我们很好地认识到，他们已经掌握了防范野兽和其他居民袭扰的知识和措施。

---

① 王绵厚：《关于通化万发拨子遗址的考古与民族考古学考察》，《北方文物》2001年第3期。

② 汤卓炜等：《吉林通化万发拨子遗址地学环境考古研究》，《边疆考古研究》（第2辑），科学出版社，2004年。

③ 国家文物局：《1999中国重要考古发现》，文物出版社，2000年。

④ Kwang-Chih Chang. *The Archaeology of Ancient China(4th Edi.)*. Yale University press, 1986: pp107-169.

附表一　万发拨子遗址动物遗存在各遗迹单位中的分布

考古年代 Periods	房址Houses（F）		灰坑Ditches（H）		灰沟Trenches（G）		墓葬Burials（M）	
	数量No.	%	数量No.	%	数量No.	%	数量No.	%
新石器晚期N	2	12.5	8	5.3	0	0	0	0
商周SZ	7	43.7	79	52.3	3	25	2	5.3
春秋CZ	3	18.7	6	3.9	0	0	30	78.9
两汉LH	3	18.7	45	29.8	7	58.3	5	13.2
魏晋WJ	1	6.3	13	8.6	2	16.7	1	2.6

（二）动物的利用

根据动物骨骼碎块表面的分析，可以看到砍痕、动物啃咬痕（主要是啮齿类和食肉类的啃咬痕）。尽管野生动物和家养动物碎骨都存在，但是大多数碎骨属于野生动物。因此，即使驯养动物（猪、水牛、马、狗、家鸡等）骨骼提供了动物家化的信息，但是这些居民绝大多数属于狩猎采集者。

在27种可鉴定脊椎动物骨骼组合中有熊科（Ursidae），表明遗址周围或附近地区有茂密的大森林。比较可鉴定标本数（NISPs）可知，居民们绝大多数以野猪、家猪、马鹿和狍子作为他们主要肉食消费。除此之外，他们还能猎杀诸如老虎（*Panthera tigris*）这样的大型猛兽，说明这里的居民有高标准的社会组织能力。尽管小型食肉动物狗獾（*Meles meles*），在人类食肉贡献率上很低，但是却被大量猎杀。目前，狗獾在中国有两方面经济意义值得考虑，首先它是农业害兽，另一方面它是很好的皮毛产品原料。因此，可以推断当时的居民或许已经较好地掌握了皮革鞣制技术方面的知识。更进一步讲，当时的居民或许已经有了农作物保护的强烈意识①。现代的一些水生或喜水动物种类的遗存，如哺乳动物中的水獭（*Lutra lutra*）、水牛（*Bubalus* sp.），硬骨鱼类等在遗址中的出现表明遗址周围曾经有类似现代的丰富的水资源。浑江及其支流金厂河是遗址的主要水源。因此，遗址中野生动物种类的高出现率与优越的自然环境有关。进一步讲，居民们没有必要改变其原有的以狩猎为主的基本生活方式，去经营畜牧业。根据Horwitz（1993）的模式②，万发拨子的古代居民主要从事狩猎采集活动是因为从动物组合上看，野生动物与家养动物相比有更广泛的多样性。回顾一下上述的数据不难看出，猪的驯化从新石器时代晚期至魏晋一直在增加。

（三）动物的消费

根据对动物骨骼不同部位，屠宰痕迹、烹饪和处理技术的表现情况分析，可以窥见居民对

① 陈卫、高武、付必谦：《北京兽类志》，北京出版社，2002年。刘明玉、解玉浩、季达明：《中国脊椎动物大全》，辽宁大学出版社，2000年。

② Horwitz L. k. Faunal remains from area A, B, S, H, and K in Shiloh, Y. Excavations at the City of David, 1996.

其猎获的动物是如何处理的[①]。根据本遗址主要类别动物骨骼部位的表现特征了解到，这些动物是在遗址屠宰的或者在遗址附近的屠宰场地屠宰后运回遗址的。因为，万发拨子遗址的动物骨骼组合中牙齿、肱骨、股骨、肩胛骨、趾骨、腕骨和跗骨有很高的表现率，但是头骨和脊椎骨的数量却极少。

骨骼碎块中不可鉴定标本的数量达到35091件，占出土动物骨骼总数的85.2%。大多数碎骨的尺寸都小于5厘米，表明某些骨骼元素（或许主要是长骨）在遗址中经受了高强度的处理，这很类似于Pinarbasi的考古数据[②]。人们开始依赖于小范围的资源，并且或许试图通过改造或控制自然环境使人口水平在特定区域内有所增加。虽然在特定区域内可以在周围环境的其他条件未发生明显变化的情况下出现人口增加的现象，但是人们在试图从可获得的资源中通过对骨骼的深加工而索取更多的营养却会对万发拨子居民的人口增加更有效。本遗址动物骨骼组合中以不可鉴定标本占绝对优势就充分证明了这一点。除此之外，烧骨的出土说明烧烤鲜肉的饮食习俗的存在；烧蚀的骨、角证明骨骼亦可以作为燃料得到进一步利用。春秋战国时期动物资源消耗达到顶峰（附表二、附表三）。

附表二　万发拨子遗址各考古年代的骨骼基本元素与最小个体数

考古年代 Archaeological periods	骨骼基本元素 Elements
新时期晚期（N）	3151
商周（SZ）	10702
春秋战国（CZ）	15278
两汉（LH）	8294
魏晋（WJ）	3754

附表三　万发拨子遗址动物骨骼的表现

标本类型Sample type	骨骼元素数量Number of element	占骨骼元素总数的百分比%
可鉴定标本Identifiable	6089	14.8
不可鉴定标本Non identifiable	35090	85.2
总数Total	41179	100

（四）动物的家化

附表五表示从新石器时代晚期至魏晋时期家化动物的变化情况。新石器时代晚期有猪和狗两种动物得到家化。商周时期除了猪、狗之外，牛和鸡也成为家养动物。春秋时期水牛开始成

---

① Haynes G. Frequencies of Spiral and Green Bone Fractures on Uniguligate Limb Bones in Modern Surface Assemblages. *American Antiquity*, 1983(48): 102-114. Johnson E. New Developments in Bone technology. *In Advances in Archaeological Method and theory*, *Vol. 8*. New York: Academic press, 1985: 157-235.

② Carruthers D. Hunting and herding in Central Anatolian Prehistory: the 9th and 7th Millenium site at Pinarbasi. *Archaeology of the near East vi: proceeding of the 6th international symposium on the archaeology of South Western Asia and Adjucent Areas*. ARC Publication 63: Groningon, Netherlands, 2004.

为新的家养动物。两汉时期（猪、狗、马、鸡）和魏晋时期（猪、狗、马、牛）分别有4种家养动物。马的家养开始于铁器时代晚期的两汉时期，这一时期的马可能用于长途运输、商业活动或者军事行动。狗与人类的伴生总是同狩猎和防御有关。上述5种动物的家养开始于不同的时期。例如，马、牛和鸡从商周时代早期开始家养。猪和狗的家养开始于新石器时代晚期，自此之后猪的家化随着时代发展逐步增加，这表明本地居民对动物的驯养能力在增强，社会性行为也在增强。

（五）动物的屠宰年龄

万发拨子遗址动物骨骼组合中所有动物都或多或少地缺乏肱骨近端。这可能出于两种原因：一是食肉动物的消费①，另外可能是由于动物在未成年时遭到屠宰。万发拨子遗址家养的狗很少，而且大多数死于成年。而这里的居民更多地在其他动物还处于青少年发育阶段就将其屠宰了，或许小于3岁。因为大多数动物的肱骨近端至少到3岁才能与骨骼主体愈合。例如，猪的肱骨近端愈合发生在3.5岁②。

（六）环境条件

通过动物群分析来确定环境条件的主要方法依据的是物种的多样性③。某些动物能够更好地适应比较温暖和湿润的气候条件。当今在中国东北水牛（*Bubalus* sp.）和麂子（*Muntiacus* sp.）已经绝迹。但是本遗址商周和春秋战国时期却有它们的遗存。麂子喜欢温暖湿润的气候条件。这些动物碎骨在万发拨子遗址的出现说明，商周时期中国东北的气候条件比较温暖湿润，适合于上述喜暖湿动物的生存。但是几百年后中国东北的气候由温暖湿润变得干冷。因此这些喜暖湿动物被迫向暖湿地区迁移，尤其是向中国南方迁移。另外，本区全新世孢粉分析反映出相应的气候变化，即全新世早期（10000aBP ~ 7500aBP）（相当于前北方期和北方期）松、桦占优势，阔叶树为数很少。这一时期木本植物花粉占优势（53% ~ 74.6%），次之为蕨类孢子（15.3% ~ 29.5%），再次为草本花粉（10% ~ 17.5%）。因此，这类针阔混交林植被反映的是量的温带气候（早期较偏干冷，后期转温湿）。全新世中期（7500aBP ~ 2500aBP）（相当于大西洋期和亚北方期，大致对应于新石器时代中期至春秋中期），虽然木本植物依然占主导地位（49.8% ~ 85.6%），但是桦树减少，阔叶树种增加。次之为草本花粉（13.5% ~ 39.9%），再次为蕨类孢子（15.3% ~ 29.5%）。因此，植被转为温湿气候条件下的针阔混交林。这样的环境

---

① Lyman R L. *Cambridge manual In Archaeology*. Vertebrate Taphonomy, 1993: 20-325.

② Elisabeth Schmid. *Altas of Animal Bones for Prehistortans*, *Archaeologists and Quaternary Geologists*. Elsevier Publishing Company, 1972: 26-153.

③ Redding R W. Theoritical Determinants of a Herders Decisions: Modelling Variation in the Sheep/Goat Ratio: In J; Clutton—Brock and C. Grigson(Eds); *Animals and Archaeology 3: Early Herds and their Flocks,* 1984.

条件有利于麃子和水牛等喜暖湿环境的物种生存。全新世晚期（2500aBP ~ 现代）（对应于亚大西洋期或者中国历史的春秋晚期至现代），由松（42.8% ~ 52.9%）、桦（13.9% ~ 33.5%）和其他阔叶树（8.1% ~ 18.3%）等木本植物为主的针阔混交林，其次的草本植物（19.3% ~ 40.5%），再次的蕨类（10.4% ~ 21.3%）构成的植被代表气候转为凉干①。

组合中动物出现的喜水或水栖动物（如水獭、水牛、鳖、硬骨鱼、淡水软体动物）碎骨表明遗址周围或者遗址附近曾经存在过自然水体（附表四、附表五）。

附表四　各物种可鉴定数与最小个体数

分类单位 Species/Family/Class	可鉴定标本数 NISP	最小个体数MNI	分类单位 Species/Family/Class	可鉴定标本数 NISP	最小个体数MNI
Erinaceus sp.	1	1	*Panthera tigris*	6	5
Lepus sp.	14	8	*Equus caballus*	3	1
Carnis familiaris	22	7	*Sus scrofa*	2101	85
Carnis lupus	1	1	*S. scrofa domestica*	1324	47
Nyctereutes sp.	13	7	*Moschus moschiferus*	20	5
Vulpus vulpus	4	2	*Muntiacus sp.*	1	1
Cuon sp.	2	1	*Cervus elaphus*	1204	56
Ursidae	10	4	*Cervus nippon*	19	6
Martes martes	3	2	*Capreolus capreolus*	1215	64
Mustela sibirica	17	7	*Bubalus sp.*	1	1
Meles meles	69	33	*Bos sp.*	8	3
Lutra lutra	2	1	*Gallus gallus*	4	3
Lynx lynx	1	1	*Amyda sp.*	10	3
Osteicthyes	13	7	Total	6088	362

附表五　万发拨子聚落遗址各物种生态类型

生态类型Ecological Category	各时期种数Species in different periods				
	新石器晚期N	商周SZ	春秋战国CZ	两汉LH	魏晋WJ
家化类型Domesticated	2	4	5	4	4
野生类型Wild	10	14	13	13	10
总数Total Number	12	18	18	17	14

三、结　语

万发拨子遗址的居民曾经主要是狩猎采集者。然而，人们对于诸如狗、猪、马、牛、家鸡等动物的驯化却始于新石器时代晚期以来的不同历史时期。他们猎获小型食肉动物（如狗獾 *Meles meles*）的目的可能不仅在于获得肉类资源，可能还与传统皮毛产品制作以及作物保护有关。几千年前中国东北的气候条件曾经是温暖和比较湿润的，有助于上述这些动物的生存。但

① 周昆叔、陈硕民、陈承惠、叶永英、梁秀龙：《中国北方全新统花粉分析与古环境》，《第四纪花粉分析与古环境》，科学出版社，1984年。

是，现代中国东北的气候寒冷并且比较干燥[①]，这种环境无法满足适于温湿条件的喜水动物的生存。

根据烧骨可以推断，人们在食用肉之前曾经对其进行过烧烤处理。角部等处的烧骨说明骨头曾经被当作燃料使用。骨骼近端的缺失指出大多数动物都是在3岁以下被屠宰的，而不是在成年。水生或喜水动物碎骨的发现很好地表明遗址周围自然水体存在。野猪、熊和老虎的遗存足以说明居民们已经具备较高的社会组织能力，并且掌握了较强的狩猎凶猛野兽的技能。

我们目前正从事万发拨子聚落遗址动物遗存更详细的研究。

进一步研究的课题包括：

1）食物获取行为以及动物资源利用模式分析。

2）万发拨子聚落遗址古代食物网络重建。

3）通过考古DNA及食谱分析区分野猪与家猪。

对中国境内其他考古遗存进行比较研究，以期重建新石器时代晚期以来至魏晋时期的气候变化和人类饮食习惯的演化。

附记：本文原载《环境考古研究》第三辑，北京大学出版社，2006年。

① 张荣祖：《中国动物地理》，科学出版社，2004年，第55～201页。

Abstract

Wanfabozi Site is the large settlement site from the late Neolithic Period to the late Ming Dynasty period of the middle and upper reaches of the Yalu River. The site lies in the Jinchang town, Dongchang, Tonghua city of Jilin Province, 3 kilometers north of Tonghua City, about 100 kilometers southwest of the Wunvshan Mountain city of Huanren. The old Tongji Road (the road from Tonghua to Ji'an) passed through the middle part of the site, and divided the site into two parts, the west of the site was the small hill with about 15 meters high, the east of the site was the ridges and mountains. Because its shape looks like a turtle, so the locals call it "tortoise". The east was the main distribution area of the tombs, and the west was the main distribution area of the living sites. The cultural relics are mainly distributed in the area of 750 meters long from east to west, and 200 meters wide from north to the south. The total cultural relies were distributed in the area of 150000 square meters.

From April 1997 to November 1999, the Cultural and Historical Relics and Archaeology institute of Jilin Province conducted a three-years excavation in the Wanfabozi site. The excavation area covered 6457 square meters. A total of 137 ash pits, 20 carcass, 9 ash trenches, 1 ring groove and 56 tombs were found, and 6942 unearthed ancient articles made of pottery, stone, bone, bronze, gold-coated, silver, porcelain and iron were found.

On the basis of the stratigraphic sequence and collection, the remains can be divided into six periods, the remains of six different periods is relatively abundant with strong regional characteristics, so it can be named with six different culture. The culture covered the ancient remains existed in the southeastern part of Jilin Province, the east of Liaoning Province and the northwest of Korean Peninsula.

We only found the Living sites in the first phase of Wanfabozi culture. The house was a circular shallow pit with a square oven. The typical pottery was the barrel jar. The symbiotic relationship between the vestigial "之" design and the tattooing "人" design on the potteries provided the important evidence of the extinction age of "之" design. The age of the first phase was 6000-5000 years ago.

We only found the living sites in the second phase of Wanfabozi site. The typical potteries were jars, pots and bowls. Most of them were no design with sandy ware. Most of the jar with small mouth with nipple pattern ear or single ear in the rim. Most of the potteries were with round or large flat bottom. The age of this phase was the late Shang to Western Zhou Dynasty.

The culture accumulation layer of the third stage was the thickest, and it included the living sites and tombs. The houses were mainly rectangular, partly irregular and circular with shallow pits. The typical pottery were the jars with all kinds of ears, the left were bowls, pots and Dou. A small amount of the foot of Li, the foot of Ding, the Jar with horizontally design and round belly, Zeng can be seen in the layers. 21 earthern-shaft tombs, 8 stone coffin tombs and 4 tombs with earth pit covered with large stone were found in this phase. The age was the Spring and Autumn Period and the Warring States period. Some stone coffin tomb can be dated to the end of the Warring States period to the early period of the Han Dynasty.

The fourth period culture of Wanfabozi included the living sites and tombs. The houses were rectangular shallow pits with stone or earth foundation. The surface of the house was boasted hard. 1 tomb with stone inner coffin and outer coffin, 3 stone coffin tombs, 2 stone mound tomb covered with large stone, 1 Stone mound tomb with stone pit without altar were found in this phase. The typical potteries were bowl, jar, Dou and various hand-pinched potteries (cups and so on). The types of stone and bone articles were the same like those in the third phase, but the Irons were emergence, most of them were arrowheads. The typical potteries found in the tombs were jars and pots. According to the literature, this period was the stage before the founding of the Koguryo and the beginning of the founding, and the area was also in the conformity with the Koguryo rule district. So it maybe was the remains of the aboriginal koguryo.

The fifth period culture of Wanfabozi included the living sites and tombs. Most of the wall of the houses were built by the earth, a small amount of them were built by the stones. The surface was made of tended ground, unbaked. The curved or semi-circular Huokang（火炕）was found inside of the house. The excavated potteries in the site mainly included jars, pots, bowls and Dou. A large number of small hand-made potteries were found, such as small bowls, small cups and small plates. Most of the ceramics were made of black and yellow clay with polished, only a small number of them were made of clay tempered with sand. We also found some glazed jars and a green porcelain cover. The green porcelain was typical porcelain of Jin Dynasty. Only one tomb was found in this phase, it was a stone-mound tomb with three lever rectangular altars, and rectangular burial chamber was set on the third altars. A sacrificial altar was in the north of the tomb. The age of this period was Wei and Jin Dynasty.

The sixth period culture of Wanfabozi included 12 tombs. None of tomb furniture was found in these tombs. The tomb pit was very narrow just for only a human bone. It was speculated that after digging the pit, the body were put into it and then were buried with the earth and sand. They were all extended supine position burial. A large number of iron ware was unearthed, as well as copper, bone and a small number of porcelain. The age of this period was late Ming Dynasty.

（Yu Jing）

后　　记

本报告是吉林省文物考古研究所1997～1999年通化市万发拨子遗址发掘的资料和初步的研究成果。

万发拨子遗址考古发掘是国家文物局重点项目，工作从1997年4月开始至1999年11月结束。在为期三年的考古发掘中，先后有国家文物局专家组张忠培先生，国家文物局领导，吉林大学、辽宁省文物考古研究所等单位专家、同行到现场指导工作。1999年的发掘获“全国十大考古新发现”，并荣获国家年度考古工地三等奖。

该遗址考古发掘由吉林省文物考古研究所金旭东（今吉林省文化和旅游厅副厅长，吉林省文物局局长）担任领队。一直参与发掘工作的人员有：长春市文物保护研究所安文荣（今吉林省文物考古研究所所长）、四平市文物管理委员会办公室赵殿坤、吉林省文物考古研究所谷德平、张玉春、贾莹、张立新，通化市文物管理所王志敏、杨立新、王晶、苏作威，参加一部分发掘工作的有集安市博物馆董峰、通化市文物管理所朱之勇、朱爱玲，吉林省文物考古研究所李明宏、赵海龙（现单位为河北师范大学）、王昭、赵昕。

本次发掘采取多学科合作的方式，现场的各项工作也同时进行。其中人骨鉴定由吉林大学朱泓、吉林省文物考古研究所贾莹负责；动物骨骼鉴定由吉林大学汤卓炜负责；器物修复由贾莹、张玉春等负责；摄影由谷德平负责。

遗址核心区地形图的测绘工作由中国文物研究所古代建筑与古迹保护研究中心会同吉林省文物考古研究所王昭完成。

2010年，遗址发掘资料交由吉林省文物考古研究所的余静整理，2012年余静调入东北师范大学后继续承担这项工作。2013年4月至7月，经吉林省文物局出资并协调，东北师范大学余静率队重回现场，对既往发掘资料与实物进行综合整理。参与工作的有吉林省文物考古研究所林世香，四平市文物管理委员会办公室赵殿坤，通化市文物管理所王东飞、王晶、刘志鹏、李洪飞，东北师范大学硕士研究生王海丽、王春玺、张杰及王亚军、闫德弘、王艳艳，吉林大学硕士研究生王欣。

这次整理工作的文物修复及拓片由林世香负责；绘图主要由陕西省考古研究院技工张蕊侠负责，吉林大学林雪川、湘西自治州考古研究所刘玉成、吉林省文物考古研究所马洪也参与了一部分绘图工作；石器鉴定由吉林大学程新民负责；吉林省文物考古研究所赵昕补照了部分器物图，王丽萍具体负责资料移交工作。

感谢吉林省文物局、吉林省文物考古研究所诸位领导的信任，让我承担本报告的编写工作；感谢科学出版社王琳玮女士为此书稿所付出的辛苦与努力。

此报告是集体劳动成果的结晶，凝聚了多人、多年辛勤的汗水。

2013年初夏我获得整理任务后，一时不知如何进行，不知如何组织人员和协调多方关系。感谢东北师范大学历史文化学院的傅佳欣老师和他的夫人林世香，在我最需要的时候给予我无私的帮助；感谢四平市文物管理委员会办公室的赵殿坤，带我现场踏查遗址，梳理地层；感谢张蕊侠、林雪川、刘玉成、马洪，这每一副图都浸透着他们的心血和汗水；感谢我的导师滕铭予，在我最困苦的时候，坐一夜火车来工地探望我并帮我释疑；还要感谢吉林大学的赵宾福、王立新、段天璟、朱永刚等诸位老师，我的师姐唐淼以及山西大学的霍东峰，从报告初稿到定稿期间提出的宝贵意见。感谢我的学生们……正是由于你们的帮助，才能让我能在万发拨子遗址发掘20周年之际，将这份不算完美但充满了汗水与诚意的答卷呈现给读者。

难忘2013年4月的通化，乍暖还寒，我和吉林省文物考古研究所林世香带领东北师范大学的几名研究生、通化市文管办的刘志鹏和李洪飞，在万发拨子山底下一栋二层小楼的火炕上，穿着羽绒服，一边干着活，一边听着王晶描述着有关于万发拨子的“八卦”，那些记录中枯燥的签名因此变成了活生生的各种面孔，也窥见了他们既往的辛苦和执着，更坚定了我愿意继续钻研下去的决心。

整理工作按部就班，大家热情如火如荼。从7000多件器物的打包、文物搬运，到文物上架，都是我们自己动手，亲力亲为。因为经费有限，林老师还自己设计制作文物架。通化市文管办的库房潮湿破旧，几名年轻人整理陶片时居然中毒晕倒，回来后的两天还不停呕吐；我们租住的小楼也因弃置多年，年久失修，白灰墙皮不断脱落，每天早起，大家的眉毛、脸上、嘴唇上都覆盖上一层白灰，活脱脱白眉大侠再世；屋里的水龙头年久失修，抬水遂成为我们的必修课。就在这样的环境下，大家没有一丝怨言，每天晚饭后的一小时被我们戏称为“放风”时间，归来之后，餐桌上经常会有一些小惊喜：一小束雏菊，一小瓶野薄荷……在那枯燥单调的日子里，这些花絮成为我们心头的一抹亮色，芬芳着我们的记忆。

接下来是漫长的编写工作。在这期间，我经历了博士后出站，初上讲台，当上硕士生导师等种种事件，我的人生面临重要挑战，我自己的生活也天翻地覆。2016年2月，我的儿子出生了，这天使般可爱的小家伙，陪伴着我上课堂，陪伴着我继续万发拨子报告的整理工作。

然而，整理与编写工作并不顺利，我曾面临很多棘手的问题……

万发拨子遗址发掘后全部回填，历时15年后，现场已不能再进行验证。发掘资料的一部分经两次搬迁和人员调离也无法核实。有些标本被调拨他处。于是，我选择了以下处理方法：

（1）按照记录，1999年发掘的墓葬应该是分属于两个发掘区，但由于不清楚山顶上几座墓与其他墓葬的方位关系，只好划分成了四个区（第Ⅴ、Ⅵ、Ⅶ、Ⅷ区）。

（2）按照当时领队的总记录，当时不同分区曾进行了统一地层的工作。但如何统一的，不同分区之间的对应关系则不知记录于何处。所以，本书采用了分区分层介绍地层出土器物的做法，这样介绍资料会显得繁琐和阅读上的不便，但笔者认为更具原真性，可以为后来的学者创造再研究空间。

（3）对于遗迹单位，已尽最大可能将所有资料全部发表，但仍有一些遗迹单位情况不清楚；对于地层中出土器物，囿于各种条件的限制，仅挑选典型器物著录。

（4）由于保存条件的原因，通化临时库房出现了器物标签腐烂的情况，这些在整理时均归为采集品，并对其典型器物进行了著录。

万发拨子于我，是我漫长学术道路上不可逾越的重要一环，终将滋养着我荒芜已久的学术灵魂。

文中结论，均属个人观点。由于本人学识浅薄，对材料的理解和驾驭能力有限，因此对资料的试读和解释有很多不到位甚至是谬误的地方，希望各位专家不吝赐教。

余　静

2017年12月于长春

万发拨子遗址地形及周边环境（卫星照片）

图版二

1. 遗址西部

2. 遗址西部

遗址西部地形地貌

图版三

1. 遗址东部地形地貌

2. 遗址东部第Ⅵ区发掘场景照

遗址东部地形地貌及发掘场景照

图版四

1. 工作场景照

2. 工作人员合影

工作场景照及工作人员合影

1. 第Ⅰ区发掘场景照

2. 第Ⅱ区发掘场景照

遗址西部发掘场景照

图版六

1. 第Ⅲ区发掘场景照

2. 第Ⅳ区发掘场景照

遗址西部发掘场景照

1. F15灶址

2. F15

第一期遗存房址

图版八

1. A型陶纺轮（T399⑬：1）

2. 石坠（H148：8）

3. 齿状石器（H148：18）

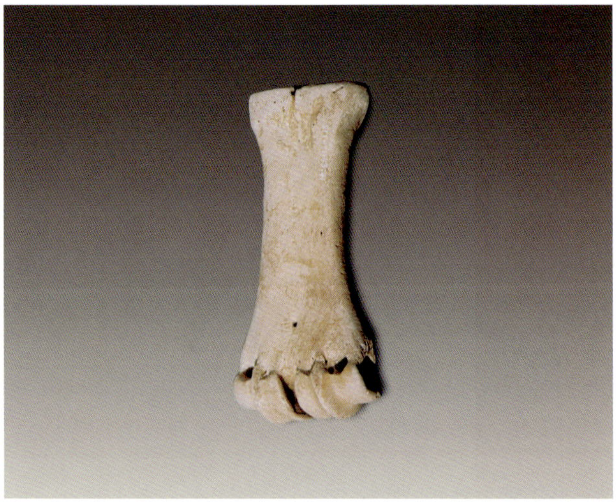

4. 骨器（H43：41）

5. 骨簪（H59：14）

6. 牙刀（H59：26）

第一期遗存器物

1. Ba型石镞（T396⑩：4）

2. Ba型石镞（T399⑨：1）

3. 骨鱼鳔（T398⑩：1）

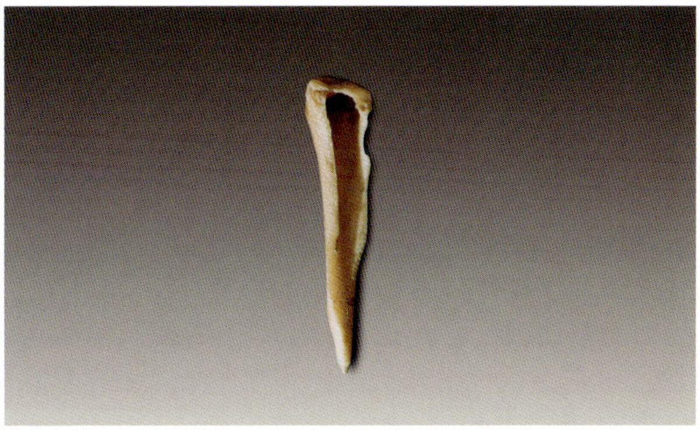

4. 骨锥（T396⑩：1）

5. 骨凿（T399⑨：2）

6. 石镐（H141：1）

7. 骨饰件（T396⑨：5）

8. 牙刀（T396⑨：6）

第二期遗存器物

图版一〇

1. F11

2. F13

第三期遗存房址

1. H115

2. H123

第三期遗存灰坑

图版一二

1. 陶瓮（H115：9）

2. 陶罐（H115：6）

3. 陶袋足器（H115：5）

4. 陶罐（H115：7）

5. 陶罐（H115：8）

6. 玉饰件（T395⑧：1）

7. 石镐（T398⑧：32）

8. 石镐（T370⑧：1）

第三期遗存（早段）器物

1. H16：8

2. F11：1

3. F11：10

4. T769⑤：19

5. F23：14

6. T369⑤：19

第三期遗存（晚段）陶罐

图版一四

1. H47：1

2. G5：60

3. T496⑦：14

4. T497④：18

5. T397⑥：27

6. T369⑥：3

第三期遗存（晚段）陶罐

1. 小杯（T331④：26）

2. 小杯（T496⑥：27）

3. 小碗（F23：5）

4. 鼎足（H83：8）

5. 壶（F23：7）

6. 碗（T496⑥：67）

7. 豆（T469⑥：2）

8. 豆（T499⑤：6）

第三期遗存（晚段）陶器

图版一六

1. A型（T397⑥：11）

2. A型（F9：9）

3. A型（H103：10）

4. A型（H103：8）

5. E型（G5：54）

6. E型（G5：53）

7. E型（T524⑤：5）

8. E型（T786④：9）

第三期遗存（晚段）陶纺轮

1. Ba型网坠（T818⑤：6）

2. Ed型网坠（F24：43）

3. Eb型网坠（T802⑤：4）

4. Ed型网坠（T779④：19）

5. B型纺轮（H116：13）

6. Cb型纺轮（F23：13）

7. B型纺轮（H116：14）

8. 猪（F16：2）

第三期遗存（晚段）陶器

1. 斧（H87：4）

2. 斧（T465⑦：2）

3. 斧（T368④：3）

4. 斧（F24：32）

5. 斧（H116：2）

6. 镐（T841④：11）

7. 镐（T809⑤：15）

8. 镐（T840④：5）

第三期遗存（晚段）石器

1. 镰（F24：34）

2. Bb型刀（T395④：28）

3. Ab型刀（H123：10）

4. Ab型刀（H35：31）

5. Ba型刀（H116：12）

6. Bb型刀（G5：50）

7. Ab型刀（H35：24）

8. Ab型刀（H47：4）

第三期遗存（晚段）石器

图版二〇

1. 刮削器（F23：12）

2. 刮削器（F24：53）

3. 刮削器（F24：52）

4. 刮削器（F24：20）

5. 棍棒头（T464⑥：3）

6. B型网坠（F24：27）

7. 剑（F24：35）

8. 短剑（T788④：8）

第三期遗存（晚段）石器

1. 石坠（F24：12）

2. 滑石坠（T555⑥：2、T555⑥：4）

3. 玉坠（T555⑥：15）

4. 滑石坠（T841④：2）

5. 玉饰（T554⑤：2）

6. 玉坠（T496⑥：15）

7. 石坠（G5：41）

8. 石坠（H41：5）

第三期遗存（晚段）器物

图版二二

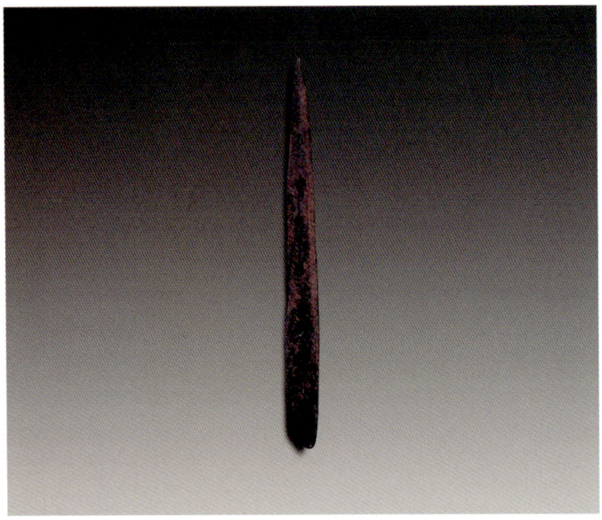

1. Bf型镞（F24：65）

2. Cc型镞（T398⑥：16）

3. Cc型镞（T398④：8）

4. Cb型镞（F22：2）

5. 枕状器（H80：2）

6. Ba型镞（T397⑥：21）

第三期遗存（晚段）石器

1. 骨匕（T398④：16）

2. 骨匕（T555⑥：71）

3. 角锥（T496⑦：13）

4. 卜骨（T398⑤：7）

第三期遗存（晚段）器物

图版二四

1. 簪（H66：13）

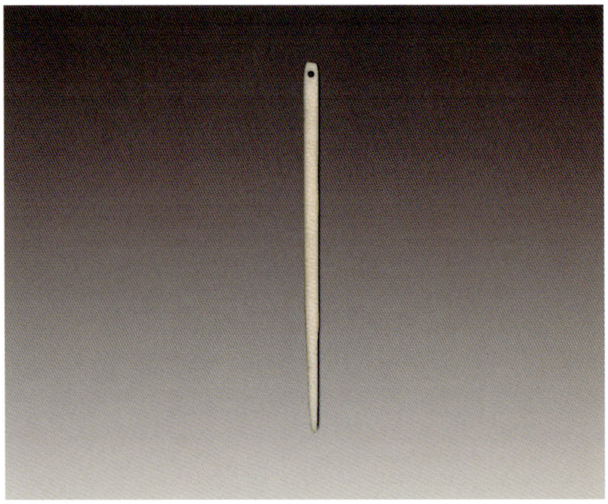

2. 针（T554⑥：31）

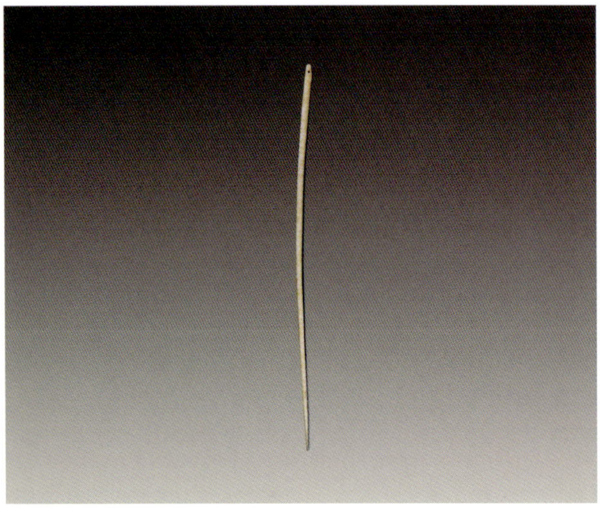

3. 针（T498④：14）

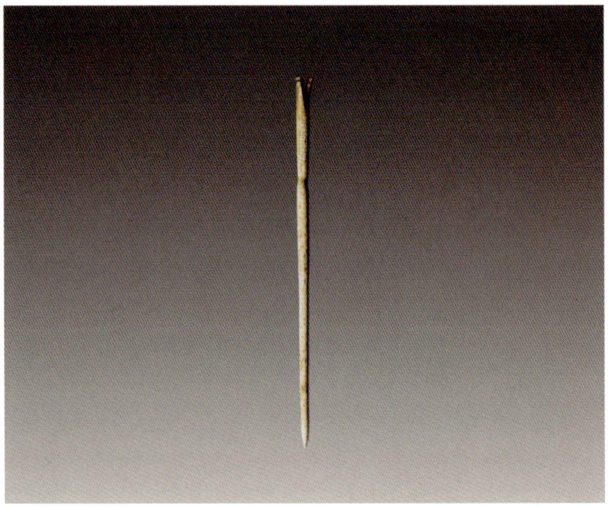

4. 簪（H123：11）

5. 镞（T369⑤：20）

6. 锥（H116：11）

第三期遗存（晚段）骨器

1. 牙饰（H16：7）

2. 獐牙饰（T465⑥：8）

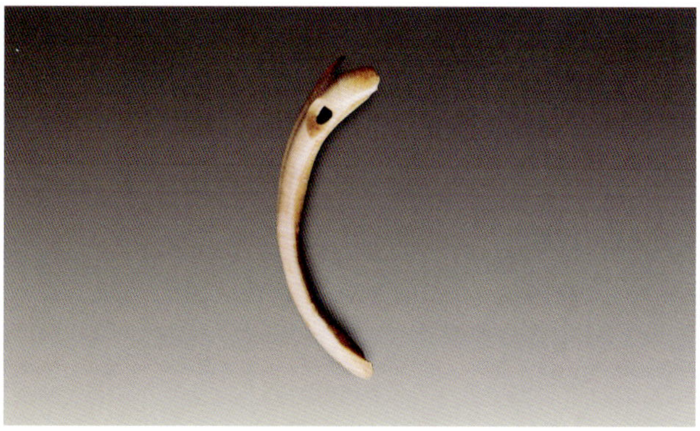

3. 牙饰（H31：10）

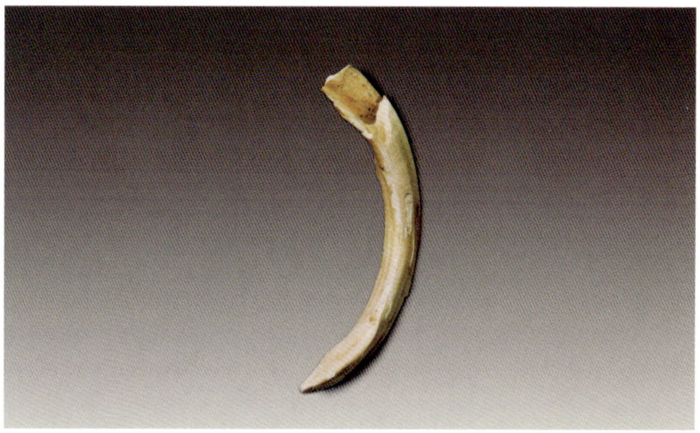

4. 野猪牙（T396④：24）

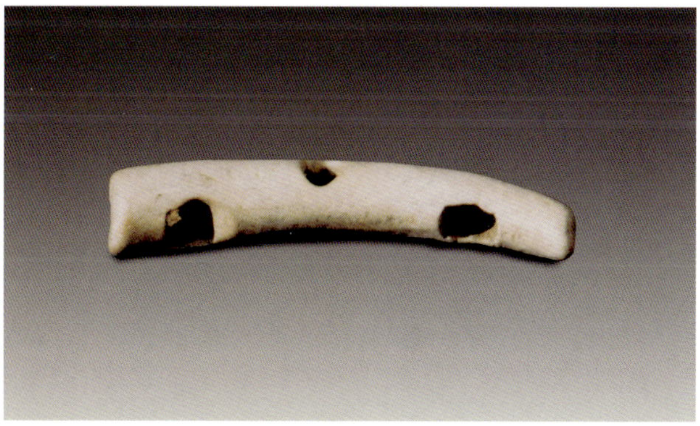

5. 骨镳（T398⑥：6）

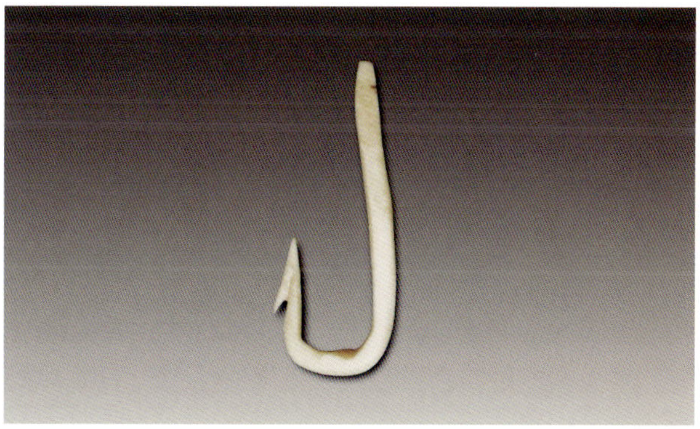

6. 骨鱼钩（T554⑥：20）

7. 牙刀（H16：6）

8. 铜斧（T331④：25）

第三期遗存（晚段）器物

图版二六

1. 短剑（T368③：6）

2. 剑（F7：4）

3. 短剑（T834③：9）

4. 斧（T779③：3）

5. B型镞（T435③：15）

6. 斧（F10：41）

7. 斧（F10：34）

第四期遗存石器

1. 铁镞（T788③：4）

2. 铁镞（T436③：3）

3. 铁镬（F4：13）

4. 骨管（T347③：3）

5. 骨剑（H96：3）

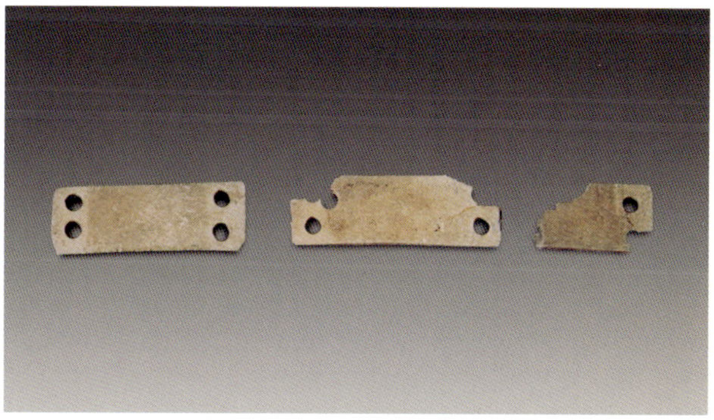

6. 骨甲片（F4：15）

7. C型陶网坠（T777③：3）

8. B型陶纺轮（T436③：2）

第四期遗存器物

图版二八

1. F2

2. F2灶址

第五期遗存房址

1. F19

2. F20

第五期遗存房址

1. 小陶杯（T196③：3）

2. 陶碗（T523③：4）

3. 陶壶（T395②：1）

4. 小陶罐（T197③：5）

5. 陶多孔器（T257②：5）

6. 板瓦（T185②：1）

第五期遗存器物

1. 石镰（T229②：1）

2. 石镰（T859②：5）

3. 石斧（T779②：1）

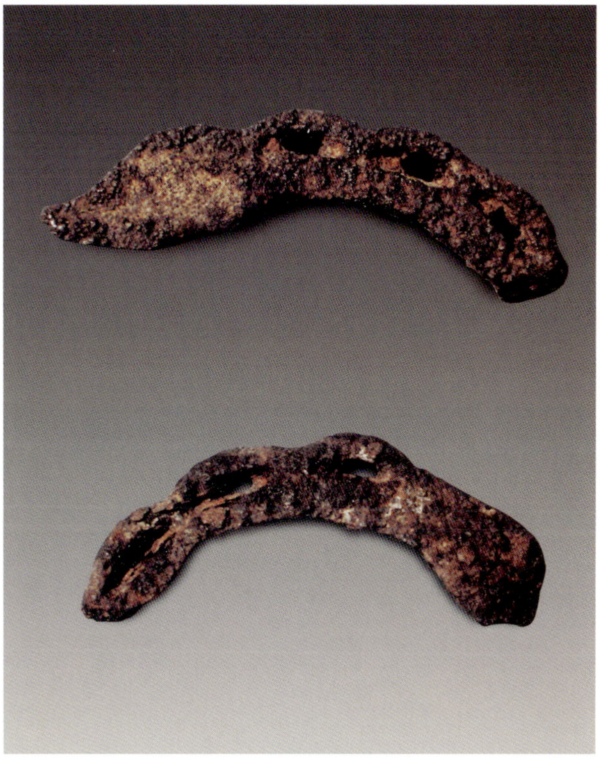

4. 铁牛掌（T257②：4）

5. 石剑柄加重器（G4：103）

6. 铁锁（T257②：6）

第五期遗存器物

图版三二

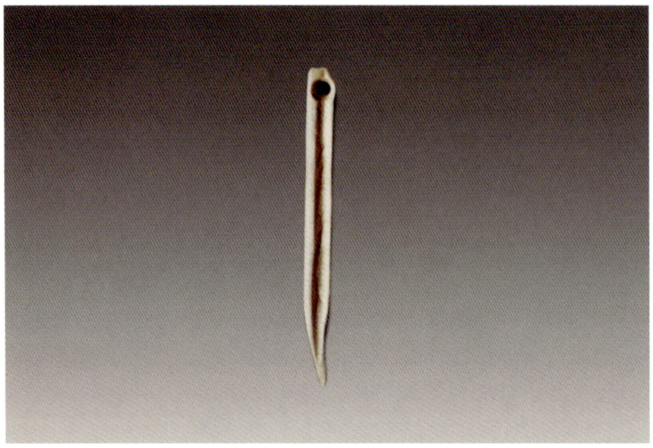

1. 骨针（T523③：5）

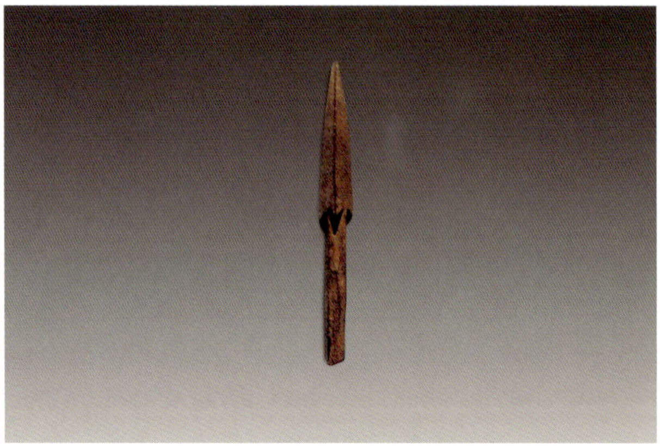

2. Cc型石镞（T340②：5）

3. B型石镞（T365②：16）

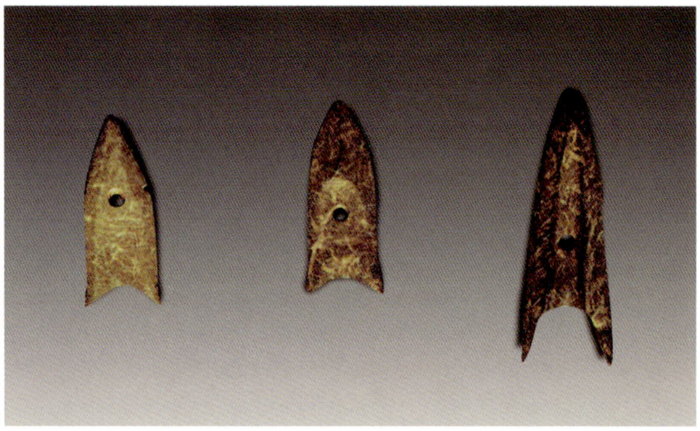

4.（左）Ad型石镞（T329②：9）、（中）B型石镞（T435②：20）、（右）Ae型石镞（T405②：26）

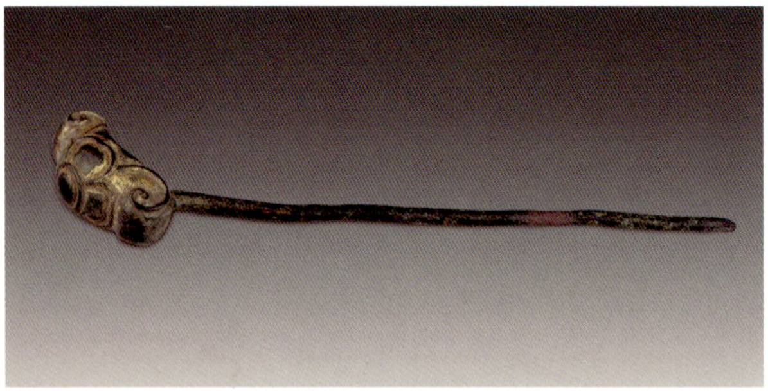

5. 鎏金铜簪（T334①：1）

6. 铁刀（T255②：3）

7. 滑石范（H82：4）（不可分期）

8. 石范（采：535）

第五期遗存、不可分期及采集器物

1. T256②：2

2. T229②：2

3. T399②：18

4. T255②：2

5. T376②：35

6. T555③：11

第五期遗存铁镞

图版三四

1. M1

2. M50

战国至魏晋时代竖穴土坑墓

1. 竖穴土坑墓M4

2. 石斧（M4：9）

3. C型石刀（M4：1）

4. 陶多耳罐（M4：10）

5. 陶碗（M4：7）

战国至魏晋时代竖穴土坑墓M4及出土器物

1. M18器物出土照

2. 竖穴土坑墓M18

3. Bb型石刀（M18：11）

4. Aa型石刀（M18：5）

5. 陶竖耳罐（M18：4）

战国至魏晋时代竖穴土坑墓M18及出土器物

1. 竖穴土坑墓M19

2. 陶竖耳罐（M19：4）

3. Bb型石刀（M19：1）

战国至魏晋时代竖穴土坑墓M19及出土器物

图版三八

1. 全景

2. 局部

战国至魏晋时代竖穴土坑墓M20

1. 青铜短剑（M20：3）出土情况

2. 陶壶（M20：19）

3. 陶竖耳罐（M20：11）

4. 陶多耳罐（M20：20）

5. Aa型石刀（M20：28）

战国至魏晋时代竖穴土坑墓M20及出土器物

图版四〇

1. 全景

2. 第1、2号人骨

3. 第6号人骨

战国至魏晋时代竖穴土坑墓M21

1. 第3号人骨

2. 第4号人骨

战国至魏晋时代竖穴土坑墓M21

图版四二

1. 第7号人骨

2. 第10号人骨

战国至魏晋时代竖穴土坑墓M21

1. 第9号人骨

2. 第12号人骨

3. 第14号人骨

4. 第16号人骨

战国至魏晋时代竖穴土坑墓M21

图版四四

1. 第17、18号人骨

2. 第19、20号人骨

战国至魏晋时代竖穴土坑墓M21

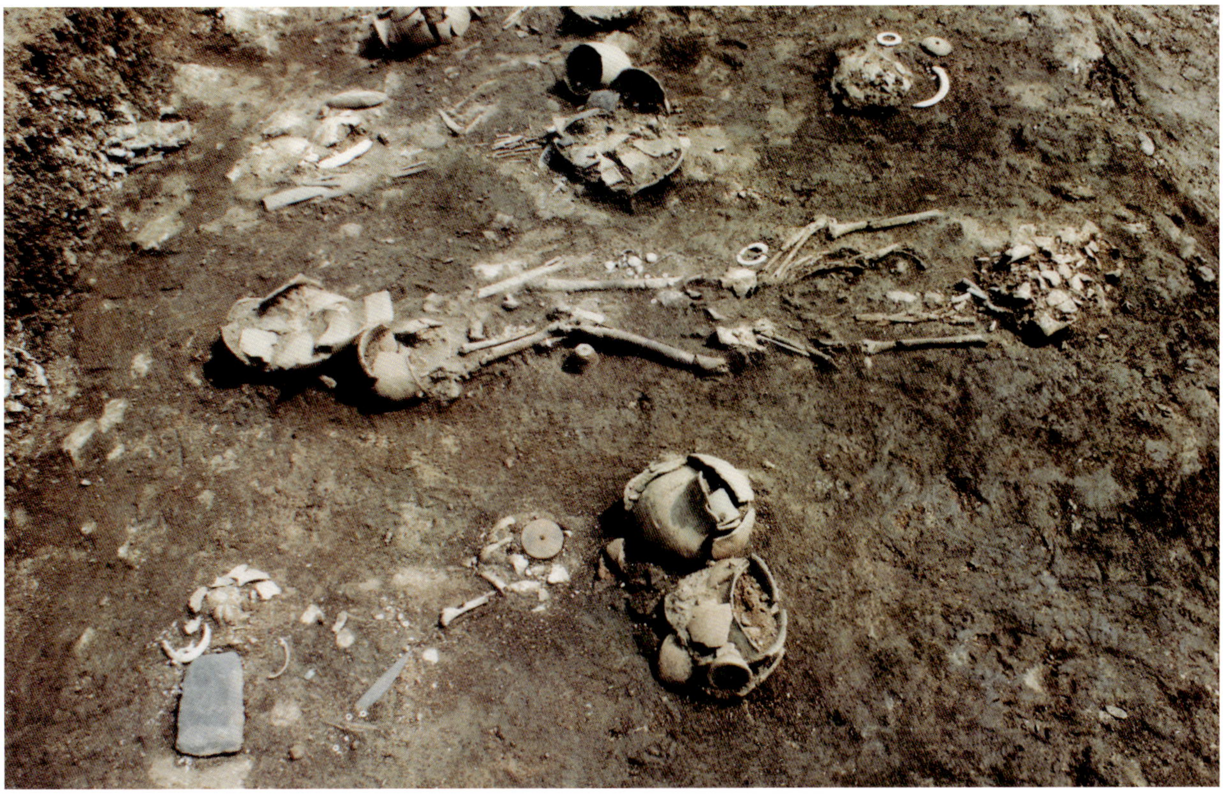

1. 第21、22号人骨

2. 第26号人骨

战国至魏晋时代竖穴土坑墓M21

图版四六

1. 第27号人骨

2. 第35号人骨随葬器物

战国至魏晋时代竖穴土坑墓M21

1. 第24号人骨

2. 第28号人骨

3. 第30号人骨

4. 第32号人骨

战国至魏晋时代竖穴土坑墓M21

图版四八

1. 竖耳罐（M21-05：5）

2. 多耳罐（M21-21：7）

3. 多耳罐（M21-13：3）

4. 四鋬耳罐（M21-32：3）

5. 无耳罐（M21-06：4）

6. 无耳罐（M21-26：2）

7. 无耳罐（M21-07：7）

8. 敞口壶（M21-22：6）

战国至魏晋时代竖穴土坑墓M21出土陶器

1. 敞口壶（M21-35：7）

2. 敞口壶（M21-11：1）

3.敞口壶（M21-03：2）

4. 直口壶（M21-12：5）

5. 直口壶（M21-27：1）

6. 直口壶（M21-30：5）

7. 钵（M21-26：3）

8. 碗（M21-13：1）

战国至魏晋时代竖穴土坑墓M21出土陶器

图版五〇

1. B型陶纺轮（M21-08：1）

2. B型陶纺轮（M21-22：5）

3. Ea型陶网坠（M21-16：3）

4. 石饼（M21-30：6）

5. B型石网坠（M21-29：2）

6. B型石网坠（M21-31：1）

战国至魏晋时代竖穴土坑墓M21出土器物

1. Ba型（M21-10：3）

2. Bb型（M21-18：1）

3. Bb型（M21-12：3）

4. Bb型（M21-23：1）

5. Bb型（M21-23：2）

6. Bb型（M21-33：1）

7. C型（M21-05：2）

8. C型（M21-21：3）

战国至魏晋时代竖穴土坑墓M21出土石刀

图版五二

1. A型斧（M21-23：5）

2. A型斧（M21-29：1）

3. B型斧（M21-21：10）

4. B型斧（M21-28：5）

5. 锛（M21-20：11）

6. 砺石（M21-28：6）

战国至魏晋时代竖穴土坑墓M21出土石器

1. 凿（M21-01：1）

2. 凿（M21-28：4）

3. 锥（M21-23：6）

4. 锥（M21-35：6）

5. 镞（M21-17：3）

6. 匕（M21-05：3）

战国至魏晋时代竖穴土坑墓M21出土骨器

图版五四

1. 白石环（M21-24：2）

2. 白石玦（M21-22：2）

3. 青铜环（M21-20：5）

4. 青铜坠饰（M21-22：1）

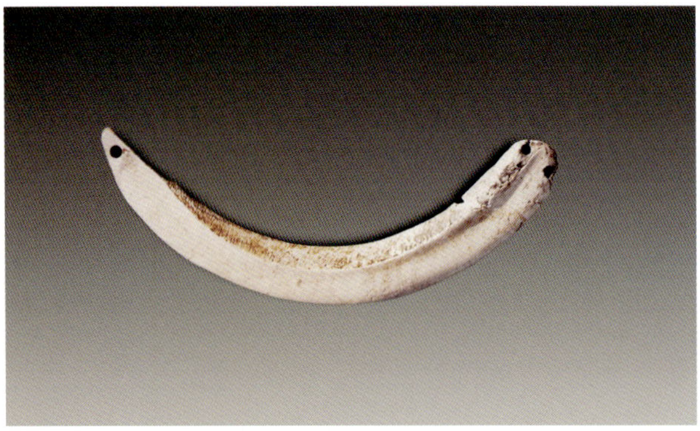

5. 牙饰（M21-24：1）

6. 牙饰（M21-20：2）

7. 海蚶壳（M21-22：3）

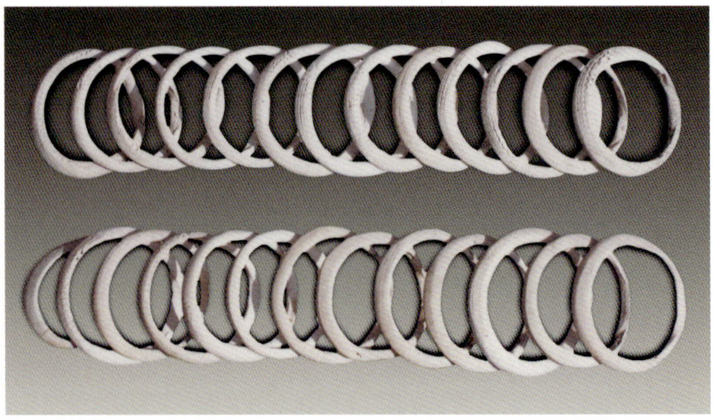

8. 蚌环（M21-20：8）

战国至魏晋时代竖穴土坑墓M21出土器物

1. M22

2. 陶横桥耳壶（M22：2）

3. 陶竖耳罐（M22：1）

战国至魏晋时代竖穴土坑墓M22及出土陶器

1. M23

2. 陶竖耳罐（M23：1）

战国至魏晋时代竖穴土坑墓M23及出土陶竖耳罐

1. M27

2. 铜镜出土情况

3. 陶竖耳罐（M27：3）

战国至魏晋时代竖穴土坑墓M27及出土器物

图版五八

1. M28

2. 陶横桥耳壶（M28：1）

3. 陶竖耳罐（M28：2）

4. 陶碗（M28：3）

5. A型陶纺轮（M28： 5 ）

战国至魏晋时代竖穴土坑墓M28及出土陶器

1. M31

2. 陶横桥耳壶（M31：1）

3. 陶竖耳罐（M31：5）

4. 陶横桥单耳罐（M31：3）

5. 陶碗（M31：2）

战国至魏晋时代竖穴土坑墓M31及出土陶器

图版六〇

1. M49

2. 人骨脚端器物出土情况

3. F型陶纺轮（M49：2）

4. 陶双鋬耳罐（M49：6）

5. 陶无耳罐（M49：5）

战国至魏晋时代竖穴土坑墓M49及出土器物

1. M54

2. 陶无耳罐（M54：8）

3. 陶竖耳壶（M54：7）

4. 青铜矛（M54：1）

5. Ed型陶网坠（M54：10）

战国至魏晋时代竖穴土坑墓M54及出土器物

1. M40

2. M44

战国至魏晋时代石棺墓

1. M42

2. 头部器物出土情况

3. 陶钵形口壶（M42：1）

战国至魏晋时代石棺墓M42及出土器物

1. 清理前

2. 清理后

战国至魏晋时代石棺墓M45

1. M46

2. 陶四錾耳罐（M46：2）

3. 陶横桥耳壶（M46：3）

战国至魏晋时代石棺墓M46及出土陶器

1. M47

2. 陶竖耳罐（M47：1）

3. Ab型石刀（M47：2）

战国至魏晋时代石棺墓M47及出土器物

1. M48

2. A型陶纺轮（M48：2）

3. Cb型陶纺轮（M48：1）

战国至魏晋时代石棺墓M48及出土陶纺轮

图版六八

1. 竖穴土坑墓M52

2. 石棺墓M51

战国至魏晋时代墓葬

1. M53

2. M55

战国至魏晋时代石棺墓

图版七〇

1. M56清理前

2. M56清理后

3. 出土的青铜手镯与玉石珠

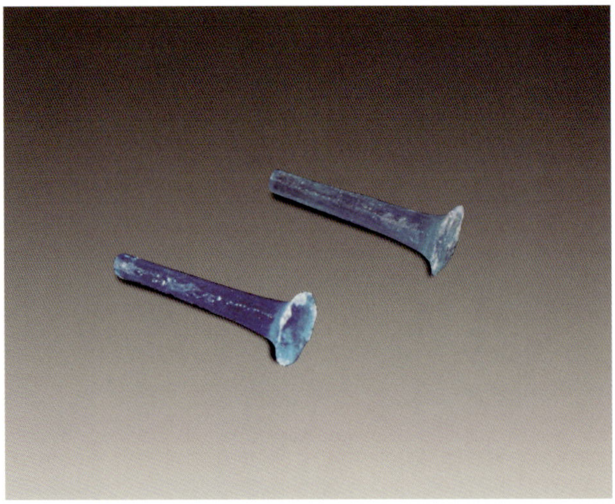

4. 玻璃耳瑱（M56：4）

战国至魏晋时代石棺墓M56及出土器物

1. 墓口封石

2. 墓圹

战国至魏晋时代土坑石椁石棺墓M36

1. 第一层人骨及随葬品

2. 第三层人骨及随葬品

战国至魏晋时代土坑石椁石棺墓M36

1. 侈口直颈壶（M36：6）

2. 侈口束颈壶（M36：2）

3. B型四鋬耳罐（M36：5）

4. A型双鋬耳罐（M36：3）

5. 四鋬耳壶（M36：14）

6. A型四鋬耳罐（M36：13）

战国至魏晋时代土坑石椁石棺墓M36出土陶器

图版七四

1. 清理前

2. 大盖石东侧方形云母页岩石板及火烧人骨

战国至魏晋时代大盖石墓M34

1. M34人骨

2. 石镐（M34：6）

3. 陶豆形罐（M34：7）

战国至魏晋时代大盖石墓M34人骨及出土器物

图版七六

1. M35清理前

2. M35清理中

3. M35清理后全景（由西南—东北拍摄）

4. 陶盲耳壶（M35：5）

5. 石纺轮（M35：2）

战国至魏晋时代大盖石墓M35及出土器物

1. 清理前

2. 清理前

战国至魏晋时代大盖石墓M39

图版七八

1. 清理前

2. 清理后

战国至魏晋时代大盖石墓M43

1. 清理前

2. 清理中

战国至魏晋时代大盖石积石墓M38

1. M38清理后

2. 陶四鋬耳罐（M38：5）

3. 陶侈口直颈壶（M38：4）

战国至魏晋时代大盖石积石墓M38及出土陶器

1. 清理前

2. 清理后

战国至魏晋时代大盖石积石墓M41

1. 清理前

2. 清理后

战国至魏晋时代无坛石圹积石墓M37

1. 清理前

2. 清理后

战国至魏晋时代阶坛积石墓M29

1. 墓室清理前

2. 墓室清理后

战国至魏晋时代阶坛积石墓M29

1. M5

2. M6

3. M7

4. M8

明代墓葬

1. M9

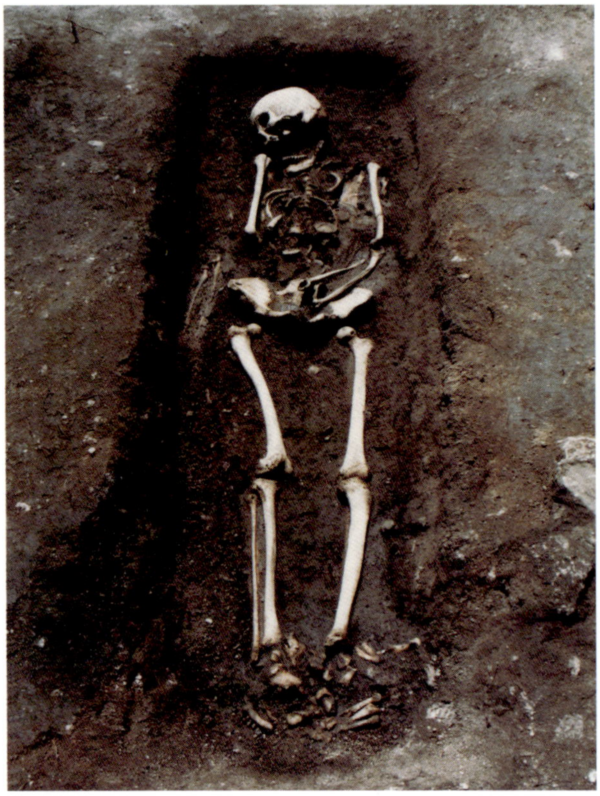

2. M15

3. M16

明代墓葬

1. M11

2. 青花瓷盘（M11：4）

3. 铜吊锅（M11：2）

4. 铁鸣镝（M11：30）

5. 铁插环（M11：5）

明代墓葬M11及出土器物

1. M13

2. 铜戒指（M13：4）

3. 铜环（M13：6）

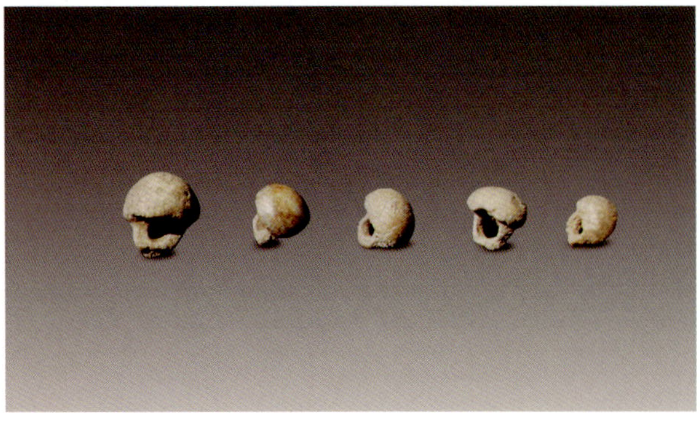

4. 骨扣（M13：3）

5. 铁剪刀（M13：1）

明代墓葬M13及出土器物